U0899278

内蒙古自治区文物考古研究所
中国人民大学北方民族考古研究所

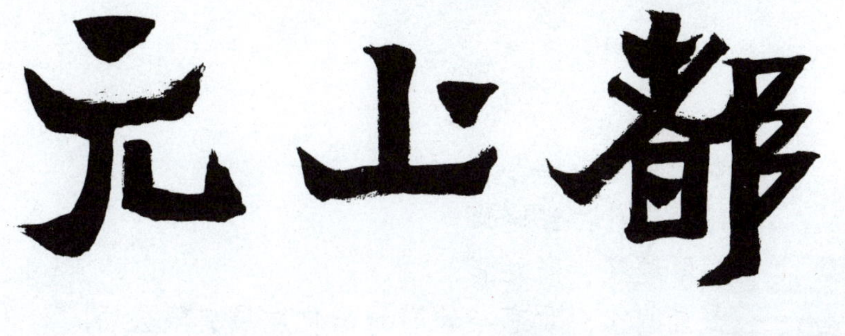

元上都

高延青题

（上）

魏　坚

中国大百科全书出版社

图书在版编目（CIP）数据

元上都/魏坚著. —北京：中国大百科全书出版社，2008.4
ISBN 978-7-5000-7895-1

Ⅰ.元… Ⅱ.魏… Ⅲ.都城－古城遗址（考古）－研究－中国－元代 Ⅳ.K878.04

中国版本图书馆CIP数据核字（2008）第052588号

责任编辑：韩小群
封面设计：江晓辉
封面题字：高延青
图文制作：北京华翰轩雅文化发展有限公司

中国大百科全书出版社出版发行
（北京阜成门北大街17号 邮政编码：100037）
http：//www.ecph.com.cn
北京朝阳新艺印刷有限公司印刷
开本：787毫米×1092毫米 1/16 印张：47.5 插页：355 字数：930千字
2008年4月第1版 2008年4月第1次印刷
印数：1000册
ISBN 978-7-5000-7895-1
定价：1380.00元

Inner Mongolia Autonomous Region Institute of Cultural Relics and Archaeology
Northern Peoples Archaeology Research Institute of Renmin University of China

Shangdu Site of the Yuan Dynasty

I

Wei Jian

Encyclopedia of China Publishing House

内 容 简 介

本书分为研究篇和报告篇两部分，是以考古学的方法系统研究元上都及其周边地区元代历史文化的学术著作。研究篇收录了作者在元上都经15年考古实践和研究完成的《元上都的考古学研究》一文，以及和相关学科专家合作完成的3篇论文。报告篇收录了作者在元上都及其周边地区进行考古调查和发掘的13篇田野考古工作报告。本书在广泛收集元代以来中外旅行家对元上都记述的资料基础上，通过对元上都及其周边墓葬和祭祀地考古学资料的综合研究,结合文献史料,对元上都古城遗址作了较为全面的分析和探讨,提出了许多值得注意的新见解,是蒙元考古和历史文化研究非常重要的资料。

本书可供考古学、历史学及民族学等研究人员及大中专院校相关专业师生阅读参考。

序

林 沄

1256年，还没有成为蒙古大汗的忽必烈，由多才多艺的佛教僧人刘秉忠谋划，在自己的分地内，在草原牧区和定居农业区的边线附近，选定了四面环山、水源丰富的金莲川，开始建造一座名为开平的新城。这是这位蒙古族历史上的杰出领袖人物，既凭藉蒙古铁骑，又怀柔汉地定居民众，以成就其大汗伟业的战略性步骤。到1260年，他就在该地举行的忽里台大会上，被选举为大汗了。一个月内，以蒙古帝国传统国都和林为基地的他的胞弟阿里不哥宣布要和他争位。但由于忽必烈控制了中原地区向和林供应粮食的咽喉，到1264年阿里不哥就向忽必烈投降了。

1260年忽必烈开始使用"中统"年号，以中原正统王朝自居。1263年，忽必烈下令把开平定名为上都，次年才把燕京改名为中都。到1267年派刘秉忠在燕京大兴土木，1272年下令把中都改为大都，1274年农历元旦首次由皇帝在大都举行朝会。但元朝的政治重心转到现今的北京后，上都仍然是和大都并存的"夏都"，每年农历四月到九月，皇帝都要带着他的后宫和政府官员到上都避暑、游猎，等于有半年时间在上都行使中央政权的职能。据《马可波罗行记》的记载，马可波罗就是在上都觐见忽必烈的。

上都城除作为忽必烈的龙兴之地外，还一再演出过许多重要的历史事件。1323年秋天的一个深夜，返程欲回大都的英宗硕德八剌，在距上都以南15千米的南坡遇弑。1328年燕铁木儿一派围攻上都，迫使上都派出降，为文宗图贴睦尔登上帝位扫除了主要障碍。而1333年，元朝最后一个皇帝妥欢贴睦尔（顺帝）也是在上都举行即位仪式的。

地处草原和定居农业地区边线附近的上都城和建立在草原深处的和林城，以及建立在后来一直是定居农业地区的大都城，都不相同。它一方面可以满足世代游牧的蒙古族皇帝和贵族们，延续传统的生活方式和保存世代的信仰和风俗习惯的需要，另一方面又便于就近控制定居农业地区，从定居地区获取丰裕的资源、人力和技术，使自己成为草原上最繁荣的城市。在地理位置上，上都又是沟通和林和大都的中转站，因而有其不可取代的特殊地位。

这样一座在中国史和世界史上都有重大意义的都城，在1358年被红巾军攻破后，宫阙尽焚，民居也只有一部分保存下来。后来常遇春等攻下开平城后也没有驻军。明初虽一度在此屯田,但很快就变成了蒙古的游牧之地。上都虽然废弃了,却也基本上免遭了后来人们活动造成的扰乱和破坏,在籍以复原历史方面,自有其特殊的意义。

可惜,在解放前,对上都虽有一些考古工作,但都是外国人做的。新中国建立后,内蒙古的考古前辈张郁、李逸友、贾洲杰等人,开始调查、勘测元上都遗址,特别是1973年调查时,已经认识到,"元上都的四关和近郊建筑是都城的组成部分",扩大了调查的范围,把城关附近的粮仓店铺、城郊的铁幡竿渠、墓地等,都写进了调查报告,这是一个重要的突破。但这些工作都只限于遗迹的地表观测和遗物的地表采集,仍有相当的局限性。过去出版的对元上都研究的论著,自然也不能不受到考古资料不足的限制。

元上都地区的考古发掘工作,是李逸友先生1990年发掘砧子山墓地和魏坚1992年主持发掘羊群庙元代祭祀遗址和墓地开始的。

魏坚1982年从吉林大学考古专业毕业后,到内蒙古文物考古研究所工作。起初是做新石器时代的田野工作,后来根据地方考古所工作的实际需要,不论什么时代的考古他都参加过。在我校的毕业生中,他是这方面最突出的一个。单就参加元上都的考古工作来说,说实在是需要很大的勇气的。因为搞考古的人都知道,搞城市考古,最容易陷进去,十年二十年也出不来成果。特别是吉林大学的毕业生,搞田野还行,文献的功底一般较差,而历史时期的城市考古要查大量文献,未免会望而生畏。记得内蒙古文物考古研究所就有一位我校的毕业生来问我,去搞元上都好不好?我就说这是好事,但有客观的困难如上,要他自己下决心。魏坚没有来问过我,他是自己下的决心吧。反正他是干了,而且一干就是十几年。干出了成果,一下把元上都的考古提到了一个全新的水平。

从这本书中可以看出,元上都考古的进展确实是很大程度上靠发掘。他主持发掘了砧子山墓地、羊群庙祭祀遗址和墓地、一棵树墓地、卧牛石墓地,清理了宫城中央的一号宫殿基址(大安阁)、南关的一处客栈遗址和一处民居遗址、皇城南门门址和瓮城、部分城墙外侧积土,还有许多基址的试掘,还发掘了一些离元上都较远的元代墓地,使我们对元上都的历史原貌的认识大大深入了一步。但是,又不是全靠发掘。因为他重新做了大量的科学测绘,还参照了航拍的照片,对元上都地面可见的遗存作了详尽、准确的记录,而且烂熟于心,纠正了不少过去的错漏之处。这十几年里他主持进行的这些工作,都显示了一种忘我的献身精神。

我特别赞成他的另一点,是他有勇气要把这一大批工作的成果早日整理发表,而且要在这些资料的基础上,参考历史文献,写成自己的博士论文。所以,我虽然对元史和元代考古素无研究,却愿意用自己是博士生导师的身份来促成这件事。其实,就元代考古而言,他经过这些年的实际工作,已经是数一数二的专家了。所缺的是元代文献的功底和对元上都原有研究成果的全面掌握,以及从一个较宽广的视野来认识他自己的工作成果。所以特地请我很敬佩的徐苹芳先生帮助指导他的论文。他不仅得益于徐先生热心的指导,还多方请教过去结识的不少元史专家，因此在解释考古资料和复原历史方面也取得了可喜的成绩。他在本书中提出的见解，如三重城垣建筑时代有先后，各城门名称的比定，四关各种建筑遗址的性质和功能的推断，城内主要殿阁（特别是大安阁、穆清阁、棕毛殿）的考定，都有其独到之处。对西内和北苑的讨论和羊群庙石雕像祭祀遗址的考证也颇见功力。尤其是利用城郊墓地的出土资料，论证元上都多民族杂处和居民的社会身份，探讨当时的营造业和其他手工业、商业、畜牧业、货币制度等问题，可谓别开生面，十分可喜。

当然，从 1992 年以来所获的考古资料是十分丰富的，本书的读者一定会发现本书所发表的资料，有很多方面还研究得不深不透。那么，是不是应该在研究得更深透以后再出版这本书呢？我觉得，尽早发表这批资料，使更多的考古学界乃至历史学界和蒙古学界的同仁，都来参加这批资料的深入研究，显然会得大于失的。中国考古学界至今尚待克服的一个陋习是：辛辛苦苦发掘出来的东西，自己没研究好就发表出来，让别人来研究，总觉得有点于心不甘。以至于有不少重要的发掘资料，出土了 20 年、30 年甚至于 40 年，至今不见出版，使有兴趣的研究者望眼欲穿，感慨无穷。像魏坚这样干田野有一股冲劲，整理研究和发表资料也有一股冲劲的，实在是多多益善，应该鞠躬致敬。

不过，有许多重要的考古资料迟迟不能发表，甚至发掘主持人去世了还沉睡在库房里，并不都是由于有私心或懒惰，而是因为无穷的新的发掘任务缠身，或是得不到整理和出版发掘报告的技术力量和经费。我觉得，魏坚还有一个值得称道之处，就是他善于统筹兼顾发掘、整理、研究等方面的工作，而且善于协调内蒙古文物考古研究所和协作单位（其中包括吉林大学考古学系）的力量，培训并凝聚了一支用起来得心应手的技术队伍。这是他在有限的时间内，能够少花钱多办事，迅速完成包括元上都在内的多项考古工作，而且及时出版好几部书的很关键的原因。中国新一代的文物考古工作者都应该这样开拓自己的事业。

在他题为《元上都的考古学研究》的博士论文提交答辩时，我有一点遗憾。就是同样作为蒙古帝国在草原上建立的都城，元上都的研究本应和哈剌和林城的研究作比较细致的对比，而限于时日和魏坚不能直接阅读吉谢列夫的《古代蒙古的城市》这部俄文著作，所以未能如愿。日本的白石典之所著《蒙古帝国历史的考古学研究》一书，在 2002 年就出版了，其中对 20 世纪 70 年代以来哈剌和林及其周围地区做的新的考古工作作了全面的介绍。但魏坚在完成博士论文前，也没能对此书加以利用。所以对这两座古城考古发现的深入比较研究，只有在此书出版后由更多有兴趣的同行们共同来做了。

预祝此书的出版能使蒙元考古和蒙元史的研究更上一层楼。

2005 年 3 月 19 日

于吉林大学边疆考古研究中心

目　录

Contents

Research

Reports

插 图 目 录

研 究 篇

报　告　篇

彩版目录

图 版 目 录

研　究　篇

壹　元上都的考古学研究

魏　坚

（内蒙古自治区文物考古研究所，呼和浩特，010010）

（中国人民大学北方民族考古研究所，北京，100872）

一、绪　论

元上都遗址，位于内蒙古自治区锡林郭勒盟正蓝旗上都河镇东北20千米处，地处滦河上游闪电河北岸水草丰美的金莲川草原上（彩版壹）。蒙古语称作“兆乃曼苏默”，即一百零八庙之意。地理坐标为东经116°09′50″～116°11′40″，北纬42°20′52″～42°22′13″，海拔在1262～1281米之间（图一；彩版贰）。元上都北依龙岗，南临滦河，史籍赞其城曰：“龙岗蟠其阴，滦水经其阳，四山拱卫，佳气葱郁……山有木，水有鱼盐，百货狼籍，畜牧蕃息”[1]。

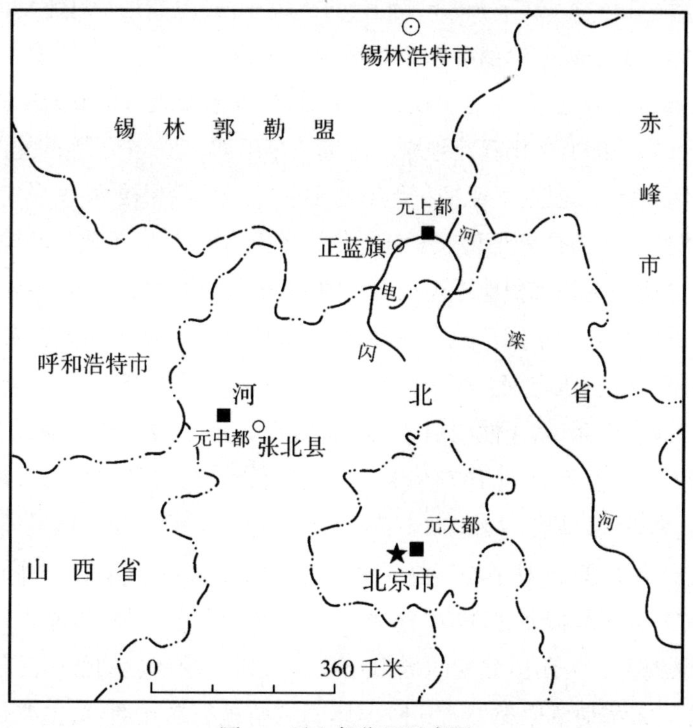

图一　元上都位置示意图

其地“北控沙漠，南屏燕蓟，山川雄固，回环千里”[2]（彩版叁、肆）。每当夏秋季节，闪电河水蜿蜒曲折，金莲花遍野盛开，牛羊布野，气候宜人，自然景色十分优美（彩版伍、陆）。元代诗人就有“牛羊散漫落日下，野草生香乳酪甜”[3]的生动描写（彩版柒）。

元宪宗元年（1251年），蒙哥汗在漠北即位后，命其弟忽必烈总领“漠南汉地军国庶事”[4]，忽必烈即由漠北南下，驻帐于桓州与抚州之间的金莲川，“征天下名士而用之”，建立了蒙元历史上著名的“金莲川幕府”[5]。元宪宗五年（1255年），蒙哥汗又将属桓州管辖的金莲川之地赐封给忽必烈，元宪宗六年（1256年）三月，忽必烈命刘秉忠在桓州东、滦河北“选地建城郭，三年建成”[6]，初名开平府。中统元年（1260年）三月，忽必烈在此继汗位，建元中统，开平遂成为临时都城。中统四年（1263年）“升开平府为上都”[7]，亦称上京和滦京，元上都正式成为元朝都城。中统五年（1264年），改燕京为中都，至元四年（1267年），北京的大都建成，至此，以大都为正都，上都为夏都，两都制正式确立。自忽必烈始，元朝的历代皇帝都实行两都巡幸制，每年农历四月至九月，元朝皇帝都在元上都避暑和处理政务。

（一）　元上都地区的地理环境

元上都所在的正蓝旗，地处广袤的锡林郭勒草原南部，北同锡林浩特市、阿巴嘎旗交界，东与多伦县、赤峰市的克什克腾旗为邻，西接正镶白旗，南通太仆寺旗，锡（林浩特）—张（家口）公路南北纵贯全境，集（宁）—赤（峰）公路连接东西。全旗地形基本为南高北低，由低山丘陵和沙地沙丘两大地貌单元构成，平均海拔为1300米左右。南部为东北—西南走向的丘陵草原，呈低山丘陵地貌，为燕山期各类花岗岩、古老变质岩构成的低山、缓丘及山前倾斜平原的组合（彩版捌）。低山丘陵地貌的东部及东南部，是一个下陷的地形，有滦河水系穿越，发育了宽阔的河谷地貌。河流冲积地形与山前倾斜平原相接，造就了丰富的自然资源和秀丽的草原景色。北部是呈西北—东南走向的浑善达克沙地，为典型的坨甸相间的地貌类型，是第四纪地质的湖相沉积地层经就地吹蚀、堆积形成的地貌组合，主要发育了固定与半固定沙丘。沙丘间分布的平阔草原，与沙地构成了独特的沙地牧场风光（彩版玖）。境内有南部属外流水系的滦河（闪电河）、黑风河和北部属内陆水系的查干淖尔、高格斯台汇水流域等，共有大小河流21条，常年性湖泊89个（彩版壹零）。位于元上都龙岗北部约20千米的乌和尔沁敖包为最高峰，海拔1673.9米。这里生长着9万亩原始森林，树木种类90余种，主要有山杨、白桦、沙地榆、小红柳、小黄沙棘（彩版壹壹）等。这一区域属中温带大陆性气候，年平均气温为15℃，1月平均气温 -18.1℃，最低气温 -33.6℃，7月平均气温18.6℃，最高气温35.4℃。年平均降水量370.7毫米。无霜期106天。平均风速4.7米每秒。

金莲川草原地区，为阴山北麓的低山丘陵与大兴安岭南麓的低山丘陵交汇地带，是宽谷草原分布区，属草甸草原类型。丘陵山体阴坡植被有岛状灌林，主要是虎榛子，草本有贝加尔针茅、大针茅、线叶菊、羊草及杂类草。典型草原植被主要有克氏针茅、大针茅、羊草、隐子草、冷蒿及杂类草(彩版壹贰)。草甸草原植被除草原成分外,尚有苔草、蒲公英、地榆等植物,并常有灌柳分布其间(彩版壹叁、壹肆)。野生植物中最负盛名的是金莲花,7月盛开季节,远望一片金色的海洋。此外还有芍药、紫菊、马莲花和蘑菇、野韭花等。其中名贵药材有甘草、麻黄、黄芪、枸杞、黄芩、赤勺、苦参、泽泻等200余种(彩版壹伍)。这里的野生动物资源特别丰富,共有120余种。主要有狐狸、沙狐、貉子、狼、猞猁、狍子、野兔、野猪、马鹿、梅花鹿、蛇、刺猬、獾和百灵鸟、天鹅、大雁、丹顶鹤、地鹔、鸿雁、山雀、沙鸡、鹰、雕等。因而,风景如画的金莲川草原地区,既是水清草美的天然优良牧场,又是骑马射猎,避暑清凉的游乐场所。

(二) 元上都地区的历史沿革

滦河,古称濡水,发源于今河北省张家口市以北的坝上沽源县境内,其上游为闪电河,蒙古语称作“上都音高勒”,也称“上都河”。蒙古语“高勒”为汉语“河”之意,故闪电河当是“上都河”之音转。此河由南向北进入正蓝旗境后,先由西南向东北流,汇入诸多小河之后,流经元上都城南,再渐东流而后折向东南,进入多伦县境内,又汇入几条大河后南下入河北省围场县境,这一段流域形成一个较大的环形回折,以下称为滦河,向东南流入渤海。自遥远的古代起,滦河流域就一直是古代北方各族繁衍生息的地方。

在20世纪80年代的文物普查中,曾经在距元上都西北约60余千米的伊和海尔汗苏木,发现过属于夏商时期的绳纹陶片和鬲足[8],表明早在青铜时代起,这里就有以从事农业为主的原始部落居住和生活。

最先来到滦河上游地区的游牧民族是东胡。大约在战国早期阶段,东胡就游牧在西拉木伦河、老哈河及以南的滦河上游地区。到公元前3世纪初期,中原的燕、赵两国便与东胡频繁往来,争战不息。据《史记·李牧列传》载,燕有熟悉东胡内情的贤将秦开,率兵北击东胡,东胡因战败而北却千余里,燕国遂在北边修长城,西起造阳(今河北怀来东北),东至襄平(今辽宁辽阳)。这道长城的北段就经过今正蓝旗南部的黑城子种畜场北约0.5千米处,跨过闪电河向西北延伸6.5千米进入太仆寺旗境内。燕国又在长城以南设置上谷、渔阳、右北平、辽西和辽东五郡。其中的上谷郡(治所在今河北怀来县东南)和渔阳郡(治所在今北京密云县西南)管辖滦河上游地区。

进入战国晚期阶段,崛起于大漠的游牧民族匈奴,占据了阴山和黄河河套地区。匈奴和东胡之间,有一块长约千里的“弃地”,双方“各居其边为瓯脱”(一说匈奴语称边界为瓯脱)。元上都所在的闪电河流域,当属于瓯脱的一部分。至秦末汉初,东胡欲以武力占领瓯脱之外的弃地,引发了双方的战争。公元前206年,匈奴冒顿单于击败东胡,尽占东胡故地，以大漠南北为中心，建立了庞大的游牧军事政权。匈奴左贤王庭正当汉朝的上谷郡正北，约在今锡林郭勒盟中部一带，而滦水上游地区则属左贤王部将的驻牧地。

东胡被匈奴击破之后，残余分为两部，一部居于大兴安岭南段的乌桓山（今赤峰市阿鲁科尔沁旗西北），号乌桓；一部退保大兴安岭北段的大鲜卑山（今通辽市科尔沁左翼中旗西边），自号鲜卑。汉朝驱走匈奴之后，难以在草原长期立足，即把接受汉朝管辖的乌桓迁徙到上谷、渔阳、右北平、辽西、辽东五郡塞外居住，并在幽州（今北京附近）特设护乌桓校尉，管辖和监护乌桓各部，使他们"不得与匈奴交通"，"为汉侦察匈奴动静"[9]。自此时起直至东汉中期乌桓内迁中原诸郡，上谷塞外之乌桓在滦河流域驻牧了 200 余年。

乌桓南迁之后，乌桓之北的鲜卑陆续南下。到东汉后期，鲜卑著名首领檀石槐曾短暂统一草原各部，在高柳（今山西阳高县）北 150 余千米的弹汗山（约当今内蒙古兴和县境内）建立牙帐，南抄缘边，北拒丁零，西击乌孙，东却夫余，"尽据匈奴故地"[10]，下辖东、中、西三部大人，其中中部大人管辖右北平以西至上谷的区域。檀石槐政权瓦解之后，部众分裂成若干集团。曹魏初年，号称"小种鲜卑"的轲比能拥众十余万骑，占据了代郡、上谷郡等边塞内外包括滦河上游地区。青龙三年（235 年），轲比能被魏明帝派刺客刺死，以滦河为中心区域统一起来的鲜卑部，部众离散，前后存在了不足 10 年。近年在正蓝旗的考古调查中，曾在伊和海尔汗苏木附近的和日木图嘎查，发现过三鹿纹鎏金铜饰牌，在锡林浩特市西南胜利嘎查也曾发现过鲜卑墓葬，并有陶器出土[11]。这些当是东汉时期活动在滦河上游地区的鲜卑部落的遗存。

轲比能政权瓦解之后，以滦河为界，东边是鲜卑化了的匈奴宇文部，后被鲜卑慕容部建立的前燕所灭。西边则是由从西汉末年即由大鲜卑山逐渐南迁的拓跋鲜卑占据，到拓跋力微时，以阴山以南的盛乐（今呼和浩特南和林格尔县土城子古城）为中心建立代政权，组成以拓跋鲜卑为核心的部落联盟。后逐渐向南推进，建立了北魏王朝。北魏时期，为防北方的柔然南下侵扰，修筑了东起今河北赤城县，西至内蒙古包头以西的一千余千米的长城。同时，在长城沿线一带设置沃野、怀朔、武川、抚冥、柔玄、怀荒、御夷等六镇。据《水经注》载："濡水出御夷镇东南"[12]，又据御制《热河濡水源考证》："又魏世祖破蠕蠕，列置降人于漠南，东至濡源，西概五原、阴山，分六镇。是御夷居六镇之东，自独石口外至开平，皆其故地"[13]。可知御夷镇的方位应在今河北张北县一带，滦河上游归御夷镇管辖。近年的考古调查中，在正蓝旗的桑根达来镇的乌日图淖尔东南边曾发现大片的北魏时期的陶窑址[14]。

隋唐时期，原来游牧在滦河上游东北地区称作库莫奚的奚族逐渐南移，并长期驻牧在滦河上游地区。奚族曾臣服于突厥，后渐强盛，分为五部，逐水草迁徙，以畜牧为业。唐代，大漠南北相继统一于唐中央王朝，唐贞观二十二年（648 年），设立松漠都督府和饶乐都督府，管辖内属的契丹和奚族[15]。唐朝末年，契丹日见强盛，911

年,耶律阿保机率军征服奚族,并设奚王府管理奚族各部,"中京之地,奚国王牙帐所居……奚地居上、东、燕三京之中"[16]。辽设五京,元代上都所辖区域,辽代大致属西京道奉盛州辖境。在元上都龙岗北的卧牛石墓地和多伦县的耗来沟墓地,都曾发现和发掘辽代墓葬,出有花边口白釉瓷碗、双联陶罐和铜镜等,在正蓝旗的桑根达来镇西南也发现有辽代古城[17]。

金代沿袭辽代政治制度,也建有五京,并将全国划分为十九路。滦河上游的金莲川地区,属西京路桓州管辖。金代实行四时捺钵制度,金世宗就经常在夏季时到金莲川避暑游猎,秋季返回中都(今北京)。金莲川原名曷里浒东川,每到夏季,川中长满金莲花,"花色金黄,七瓣环绕其心,一茎数朵,若莲而小。六月盛开,一望遍地,金色灿然。至秋花干而不落,结子如粟米而黑。其叶绿色,瘦尖而长,或五尖,或七尖","味极凉,佐茗饮之,可疗火疾"[18]。金世宗大定八年(1168年)五月,以"莲者连也,取其金枝玉叶相连之意"[19],将曷里浒东川命名为金莲川。金世宗大定年间(1161~1189年),大臣移剌子敬请求将西北路招讨司北迁至界壕附近,以保护皇帝的安全。于是,便在金莲川上建起桓州城,并成为西北路招讨司的治所。金朝在边疆三十八州派兵驻守,桓州即为其中的一座较为重要的边城。桓州城旧址即正蓝旗南面黑城子种畜场金界壕南的旧太平镇古城,称旧桓州[20]。金代中期,又建新桓州,城址即今正蓝旗上都河镇北1千米处的四郎城,城址至今保存完整,城门、台基清晰可辨[21]。桓州所在的金莲川地区是著名的牧马场,金朝在这里设群牧监管理。太祖六年(1211年)蒙古军攻下桓州,"得其监马几百万匹,分属诸军,军势大振"[22]。

太祖元年(1206年),在斡难河源的忽里台大会上,统一了漠北蒙古高原各部的乞颜部首领铁木真被推举为蒙古大汗,号成吉思汗,建立了大蒙古国。太祖六年(1211年),成吉思汗率军进攻金朝,首先占领了滦河上游的桓州及以西的昌州和抚州。在随后与金朝的战争期间,成吉思汗经常到这一地区避暑。太祖九年(1214年),成吉思汗将桓州和以西的昌、抚二州之地,分封给札剌儿、兀鲁两部[23]。其后,金莲川地区一直是札剌儿部木华黎家族的世袭领地。

中统元年(1260年)三月忽必烈即位后,正式设立开平府。中统四年(1263年)五月,升开平府为上都,此地属上都路开平府管辖。至元二年(1265年)废去开平府建置,设置开平县,属上都留守司下属机构。至正十八年(1358年)十二月,红巾军关先生、破头潘、沙刘二等由大同直趋上都,"焚宫阙,留七日,转略往辽阳,遂至高丽"[24]。历经百年陆续建成的上都宫殿,在农民起义军的烈火中化为了灰烬。自此,"因上都宫阙尽废,大驾不复北巡"。至正二十八年(1368年)闰七月二十八日,明军逼近大都,元顺帝仓皇北逃,八月十五日抵上都。"上都经红贼焚掠,公私扫地,宫殿官署皆焚毁,民居间有存者"[25]。第二年四月,明军在常遇春、李文忠等指挥下,大败元军,六月十七日,开平下,顺帝逃往应昌[26]。从此,元上都结束了其作为都城的历史。

明军攻克上都后,并未置军驻守。在明初阶段,这一带是明军与北元军相互角逐之地。到洪武二十九年(1396 年),明朝才正式在开平设开平卫指挥使司,下立五千户所,屯田驻防。三十年(1397 年)正月,"城开平卫"[27]。永乐八年(1410 年),金幼孜随明成祖朱棣到开平,据他记载:"(七月)初二日,晚次开平。营于斡耳朵,华言所谓宫殿也,盖元时宫殿也。故址犹存,荒台断础,零落于荒烟野草之间,可谓一慨"[28]。显然,明代在重修开平城时,只是把它作为一个单纯的军事据点修筑了城垣,而对已经荒废的宫殿并未加以整修。明成祖之后,蒙古势力逐渐强大。明英宗正统十四年(1449 年),发生"土木之变",明军大败。自此之后,开平一带就成为了北元云需部万户的游牧地。

清康熙十四年(1675 年),清廷仿照满州八旗制,建立察哈尔游牧八旗。开平所在地的正蓝旗隶察哈尔都统,牛羊群牧场直属朝廷内务府,太仆寺右翼牧场属太仆寺衙门管辖。乾隆五年(1740 年),直隶总督孙嘉淦到这一带视察,说开平"城广十六里有奇,龙冈秀发,滦水回环,实属形胜之区","开平城外,陇亩犹存,碾碓尚在,若非种植,何以有此"。他建议军屯,"开平城可驻满兵二千"[29]。但是,这一计划没有实施。上都城就此成了牲畜往来其间的牧场。

中华民国时, 正蓝旗牛羊群牧场、太仆寺右翼牧场属察哈尔牧区管辖。民国五年(1916 年),牛羊群牧场改为马场,名为明安牧场。民国十七年(1928 年),国民政府察哈尔特区改为察哈尔省之后,将明安牧场改为省立第二模范牧场,太仆寺右翼牧场改为省立第三模范牧场。1936 年,察哈尔部改称为察哈尔盟之后,明安牧场、太仆寺右翼牧场分别改建为明安旗和太仆寺右翼旗。

1945 年 8 月,抗战胜利后,于 1946 年建立人民政权。1949 年 3 月,将明安旗和太仆寺右翼旗合并为明安太仆寺右翼联合旗。1956 年 9 月,撤消明安太仆寺右翼联合旗建制,划归正蓝旗,形成了现在的行政区域范围。1958 年撤消察哈尔盟建制后,正蓝旗隶属内蒙古自治区锡林郭勒盟至今。

二、元上都调查、发掘与研究历史的回顾

元上都遗址,1964 年被列为内蒙古自治区第一批重点文物保护单位,1988 年被国务院公布为第三批全国重点文物保护单位。这座具有游牧生活特色的草原都城,历来为许多旅行家、历史学家和考古学家所瞩目。自元朝始,就有几位欧洲著名的旅行家对元上都有过生动的描述;近代,国外的许多旅行家和历史学者都曾实地踏查元上都,并有旅行记和研究报告发表;进入 20 世纪以来,主要是中国、日本的历史和考古学家对元上都进行了较为全面的历史考据和考古调查,并有部分科学的论著和考古调查报告发表。

（一）中世纪旅行家对元上都的记述

除了中国的正史和野史杂记以外，最早对元上都进行记述的，是意大利著名旅行家马可波罗（Marco Polo 1254～1324）。1275年，时年21岁的马可波罗随其父亲和叔父到上都觐见忽必烈汗，《马可波罗行纪》记述了当时的情景。“时大汗所驻之城曰上都，大而且富……大汗听说他的使臣尼古剌波罗同玛窦波罗二人归来，命别的使臣迎之于四十日程之外”，“他们弟兄二人携带马可到此大城以后，遂赴宫廷觐见君主。时其左右侍臣甚众，他们三人跪见，执礼甚卑。大汗命他们起立，待遇优渥”[30]。忽必烈在上都宫殿接见了马可波罗父子三人，马可波罗一行向忽必烈进呈罗马教皇的文书和圣墓灯油，忽必烈皇帝十分欣喜。《马可波罗行纪》中，专门有一章介绍上都城，对上都的宫殿、风俗、宗教等都有详细的描写。“内有一大理石宫殿，甚美，其房舍内皆涂金，绘种种鸟兽花木，工巧之极，技术之佳，见之足以娱人心目”[31]。马可波罗还记述了上都规模宏大的“竹宫”。“此草原中尚有别一宫殿，纯以竹茎结之，内涂以金，装饰颇为工巧。……此宫建筑之善，结成或拆卸，为时甚短，可以完全拆成散片，运之他所，惟汗所命。结成时则用丝绳二百余系之”[32]。马可波罗所说的“竹宫”，就是蒙古包式的大宫帐，蒙古语称作失剌斡耳朵（siraordo）。元人柳贯在《观失剌斡耳朵御宴回》诗注中写道：“车驾驻跸即赐近臣洒马奶子筵，设毡殿失剌斡耳朵，深广可容数千人[33]。”《马可波罗行纪》说：“汗在此草原中，或居大理石宫，或居竹宫，每年三阅月，即六月七月八月是已。居此三月者，盖其地天时不甚炎热而颇清凉也[34]。”对于上都洒马奶子的习俗，《马可波罗行纪》写道：“每年八月二十八日，大汗离此地时，尽取此类牝马之乳，洒之地上。缘其星者及偶像教徒曾有言曰，每年八月二十八日，宜洒乳于地，俾地上空中之神灵得享，而保佑大汗及其妻女财产，以及国内臣民，与夫牲畜马匹谷麦等物。洒乳之后，大汗始行”[35]。马可波罗也注意到了上都的佛教和道教等，从中国文献史料的记载和近年来考古调查的资料都可印证。因此，马可波罗关于上都的记述是比较真实可信的，具有较高的史料价值。

另一位意大利旅行家是鄂多立克（Odoric），约在元英宗至治年间至泰定帝泰定年间（1322～1328年间）曾在中国居住旅行。他在元朝大都居住的时间较长，对元代的宫廷建筑、宗教礼仪、风俗习惯等，都有不少翔实的记载，著有《鄂多立克东游录》一书。他的游记记载了元朝皇帝出巡时的情形：“现在，这位君王是在一个叫做上都（Sandu）的地方度夏，其地在北方，且系世上最寒冷的所在。但在冬季，他居住在汗八里。当他要从一个地方出巡另一个地方时，下面是其次序……”鄂多立克详细的叙述了扈从皇帝出巡时乘坐的车辆，除了四支骑兵扈从外，还有“四名诸王并行，他们叫做怯薛”[36]。鄂多立克记述的史实，可以得到许多汉文史料的证实。这些资料对于我们研究两都巡幸制度有很好的参考价值。

（二） 近现代对元上都的踏查与史学研究

19世纪后半期以来，元上都遗址逐渐引起世人的关注，许多外国驻华的使者、旅行家、地理学家和留学生等，对元上都遗址进行了踏查和现状记述，中国的学者也开始了对元上都的考察与研究。

英国驻华使馆医官卜士礼（Stephen Wootton Bushell）和他的同事克劳斯维诺尔（T.G. Grosvenor），1872年9月2日由北京出发，从张家口向西，经山西的河曲，又东北行到达多伦，9月17日踏查了元上都遗址。又向东南经热河（承德），过古北口回到北京。1874年，卜士礼发表了《中国长城旅行记》[37]，书中关于元上都的踏查记录，为81～84页，对于这处遗址的记述有许多非常详细的地方，比如文中对今天已经消失了的城门的构造就描述得相当细致。这是目前所知最早记载这处遗址的珍贵文献资料。

俄国旅行家阿·马·波兹德涅耶夫（А.М. позднеев 1851～1920），1892年至1893年在蒙古地区进行实地旅行考察，并将这次旅行考察的资料以日记体的形式，写成《蒙古及蒙古人》一书（两卷本），其中的第二卷是作者当时在内蒙古地区考察的记事。在第二卷第八章里，作者把1893年5月24日对元上都遗址所作的考察作了详细的描述。作者是从多伦到达上都城遗址的，"登上围墙，一眼就可以看见兆乃曼苏默是由三道城组成的，每道城均有独自的城墙。我从最外层的城市开始游览，骑马傍城墙绕行一周，从下午4时到7时半，花了三个半小时，因此可以推断，这道外城方圆至少有12俄里"[38]。作者对皇城和宫城的城墙及城门考察比较细致。如对皇城城门记述道："第二道城墙共有六座城门：北面和南面各一座，西面和东面各两座。西面和东面的两座城门相距800步远，城门都是双重的，挡住城门通道的城墙比内城墙向前突出约10俄丈。城门口向来就不是直通的，而是设在两旁，进出必须走两侧"[39]。作者对存留在皇城内的"皇元敕赐大司徒筠轩长老寿公之碑"的碑额拍摄了照片并作了拓片，附在书中。作者还对宫城城墙进行了丈量，而且特别注意到宫城南墙和城门保存较好，并在书中附有清晰的宫城南门遗址的照片。波氏虽然不是考古学者，却懂得区分遗存的早晚，在采集遗物时比较慎重。他写道："毫无疑问，这里的任何一个立阜现在都不具有它们作为元都建筑物所本应具有的那种形式，因为这些建筑物的废墟上已经不止一次地修建过新的建筑物"[40]。他的调查资料，特别是照片和拓片都十分有价值。

1908年刊印的《内蒙古旅行记述》，作者里尔伯赫（Lerberghe）可能是当时居住在天津的比利时人[41]。有关他的传略不详。书中记述的是他1906年在内蒙古地区考察时的旅行记。其中，关于古迹的记载很多。有关元上都的部分在第160～170页。同时，他也将上述卜士礼和波兹德涅耶夫的记事予以详细刊载。只可惜当时作为作者的私刊本，只限印了

200部,不能够作为卖品提供于世,致使学术界很少有人知晓。

日本学者桑原骘藏在中国清朝留学期间,于1908年7月16日,同矢野仁一等一行从北京出发,到8月28日返回北京,历时一个月有余,考察了东蒙古各地。1911年出版了《东蒙古地方旅行报告》[42],以日记体的形式,记述了亲眼所见的地貌、风物、土产和遗迹等。其中,元上都遗址的踏查是在8月19和8月20两日,拍摄了保存尚好的宫城南门的照片,有关内容载于通卷第八回第539～543页。

日本学者鸟居龙藏,于1908年1～11月,携全家进行了为期10个月的东蒙古地区旅行调查,1911年发表了日记体的《蒙古旅行》[43]。鸟居龙藏一行到达上都的时间是9月21日,作者在书中的第503～505页对上都有简略的记载。

美国地理学者易恩培(Lawrence Impey),在1925年对元上都进行了调查和实测,写成《忽必烈的夏都——上都》一书[44]。这是1937年日本东亚考古学会调查发掘元上都之前,当时留存于世的最详细、准确的调查报告。但是,这本报告只刊载了上都的城墙、城门、壕沟的实测图,却没有插入相应的照片,不能不说是一大缺憾。

日本学者驹井和爱,1937年著有《元上都城址调查》,发表在《考古学杂志》第二十七卷第九号;《满蒙旅行谈》,发表在《东方文化》第二号[45]。在这两文中,作者对元上都当时的保留现状都有专门的描述,并作了相应的考据。

日本学者原田淑人1938年著有《蒙古草原上遗留的元之旧都》[46],发表在《广播讲演·讲座》第二辑第二十五号。

上述原田淑人和驹井和爱两氏所著,均是1937年日本东亚考古学会在元上都考古调查之后的简要的成果报告,有着纪念这次考古探险的意义,主要的内容均发表在其后出版的专著《上都——蒙古多伦诺尔元代都城址调查》一书中。

日本学者石田干之助1938年发表《关于元之上都》[47]。开始利用文献资料研究上都的历史。其后,又对原稿进行了修改和补充,1960年重新发表在《日本大学创立70周年纪念论文集》第一卷的人文科学编。石田干之助先简要的介绍了上都的概况,然后分别就内城、外城、禁苑和太庙逐一论述。并对内城(即宫城)的大安阁、水晶殿、万安阁、鹿顶殿、歇山殿、清宁殿等上都宫殿介绍后,又列举了上都众多的官署名称,但对其建置年代和沿革情况,没有进行论述和说明。此外,上都所有的官署也不可能全部集中在宫城之内。他列举的上都12个城门中,"星拱门、云从门、日精门、月华门"均是元大都的城门[48],上都并无此城门名称。在外城(即皇城)一节,他较为简要的论述了上都的佛寺、道观、清真寺、孔庙和街市民居的情况。在禁苑(外城)一节里,他通过《禁扁》[49]和《马可·波罗行纪》等早期史料,论证禁苑的北部和西部是汉文史料所称之"瑞林苑",其论述基本是符合实际情况的。

此外,日本学者野上俊静1950年著有《元上都的佛教》[50]一文,后收入他的专著《〈元史·释老传〉研究》[51],对上都的佛教寺庙和元代皇帝作佛事的活动,作了专门的介绍和研究。

中国学者对元上都的研究始于20世纪中期。学者姚鉴撰有《上都》[52]一篇，费海玑撰有《元代上都人的生活》[53]一篇，在前人实地调查、研究成果的基础上，结合文献史料，分别论述了元代上都的政治、经济状况和当时人们社会生活的各个方面。袁冀写有《元代两京间驿路考释》和《元王恽驿赴上都行程考释》[54]两篇论文，对元上都和大都之间发达的驿站交通和驿路行程作了较为详尽的研究和考释。

贾洲杰1986年发表了《元上都的经济与居民生活》[55]一文，认为元上都"作为忽必烈的发迹之地，它曾有过繁荣的商业贸易、相当兴旺的手工业生产和丰富的多民族的社会生活，并因此而成为当时草原上最发达的大城市"。他指出，上都的手工业和商业活动和当时的内地城市一样，也出现了同行聚居的情况。并引"尽日笙歌毡巷北"[56]的元人诗句，显然是因为同业者聚居，才会有毡巷之名。根据他本人调查元上都的考古资料说明，元上都的大街"沿街院落鳞比，有的院落还别设一个空院墙，犹如近世商行旅店之中旅客停放车马的地方一样，在东西关尽头，建有两个大粮仓，是籴粜粮食的地方"。他还考察了元朝皇帝、贵族和一般市民的生活方式，并简略地介绍了上都居民多样的社会风俗。

陈高华、史卫民1988年出版了合著的《元上都》[57]一书，内容涉及到元代的政治、经济、军事、宗教和社会生活各个方面，为我们展示了一幅较为清晰的上都历史画卷。这是中国学者第一部以文献资料为基础，系统研究元上都的史学专著。该书以丰富的史料，介绍了上都城的兴建和衰落、城市布局和行政管理、宫廷生活和宗教活动、重大事件和社会风貌等，使我们可以比较全面地了解上都的历史和它在元代历史中的地位。该书作者认为，上都是蒙古汗国的上层统治者，根据其统治中心逐渐向中原地区转移的政治需要和生活需要而建造的草原城市，因而，它既具备中原汉制城市的基本传统风貌，又有着明显的蒙古族游牧生活的特色。并指出："上都不仅仅是元代皇帝与贵族避暑狩猎的场所，而且是与大都并列的政治中心，皇帝每年有近半年时间在这里处理朝政大事，忽里台经常在这里举行；在这里发生的重大政治事件，更为元代政治史增添了丰富多采的内容"[58]。"上都是陪都，又是根据政治需要在草原上建立起来的城市。与农业区的密切联系，是这座城市得以存在的基础。而固定的两都巡幸制度又使它的经济生活具有鲜明的季节性。城市周围发达的畜牧业，也给城市生活以深刻的影响"[59]。他们并对两都巡幸制度、忽里台和朝觐制度，赏赐与宴饮规模，平定阿里不哥和乃颜叛乱事件，处置阿合马、桑哥，以及南坡之变、两都战争等作了专门的介绍。该书内容丰富，史料翔实，征引史料和前人著作达100多种。作者在书前附有元代两都交通示意图，书末附有元上都大事年表，为研究者了解元上都的历史提供了方便。

叶新民通过查阅大量文献资料，并实地考察元上都遗址，1998年结集出版了《元上都研究》[60]一书。这本专著收录了该作者自20世纪80年代以来研究元上都的论文16篇，其中有10篇曾先后发表过，其余6篇为首次刊印。该作者利用文献和考古资料，对上都的地理环境与历史沿革、行政建置与军事防务、两都巡幸和驿站制度作了详细的论述和研究，并对上都的宫殿楼阁、城门官署和寺庙粮仓等，都作了尽可能的考释和推论。同时，以较为翔实的史料，论述了元上都的政治史略、社会经济、宫廷生活、宗教文化和对外交流等诸多方面，还通过对元人咏元上都的诗作，对元代上都不同阶层的社会生活、风土民俗及滦阳风情，进行了论述和考据。该作者认为，“从元上都统治机构的设置来看，有以下几个特点：(一)元上都作为元朝的陪都，设有庞大的封建官僚统治机构，它是整个元朝封建国家机器的一个缩影。(二)上都留守司与大都留守司同一级别，职品同为正二品。(三)上都留守司及其他许多统治机构，不少都是为元朝皇帝巡幸上都而设立的”[61]。上都“许多经济管理机构和生产部门都要为宫廷生活服务，宫廷生活又给经济生活带来深刻的影响。富有特色的畜牧业在经济生活中占主导地位。商业的繁荣和手工业的发展给草原都城增添了丰富多采的生活内容。农业规模很小，屯田只能供应军需。大量粮食的调运和储备，不仅满足了上都居民的需要，也支援了漠北蒙古地区。上都在沟通中原地区与漠北蒙古地区的经济联系中，起了积极作用”[62]。并指出，“就建筑格局和风格而言，可分为两种形制。一种是大安阁式的以中原传统为主体结构的类型；另一种是失剌斡耳朵式的以独特的蒙古民族风格为主体结构的类型。这两种不同的建筑艺术，融为一体，相映成趣，构成了上都宫廷建筑的特色”[63]。书中还附有“元上都大事年表”、“元朝皇帝巡幸上都日期表”、“参考著作书目”等三个附录，内容详细而充实。应当说，这是一部具有较高学术价值的专著，是近年来蒙元史研究的一项重要成果。

此外，还有肖瑞玲《元上都的历史地位》、王风雷《元上都教育考》、李迪、冯立升《上都在元代科技活动中的地位》、冯立升《扎马鲁丁与元上都天文台》[64]和杨选第《元上都与元代帝位争夺之关系》[65]等论文，从不同的角度和侧面，论述了元上都在元代显要的政治地位和对教育、科技发展所起到的重要作用。

（三）　元上都遗址及周边地区的考古调查、发掘与研究

元上都真正意义上的考古学调查、发掘和研究工作，肇始于20世纪30年代日本东亚考古学会原田淑人一行对元上都的调查[66]。其后，主要有20世纪50年代内蒙古文物工作队张郁[67]和70年代内蒙古大学贾洲杰一行的调查和测绘[68]。进入20世纪90年代至今，内蒙古文物考古研究所先有李逸友对元上都东南砧子山南区元代墓地的发掘[69]，后有魏坚等对元上都羊群庙元代祭祀遗址和墓葬的发掘[70]，元上都遗址的调查测绘，宫殿基址南关外遗址和皇城南门的发掘，元上都西北卧牛石、一棵树墓地[71]和元上都东南砧子山西区墓地发掘[72]，以及对元上都周围的正镶白旗、镶黄旗、锡林浩特市等相关地区元代墓葬[73]的一系列发掘等。

1937年7月,日本东亚考古学会原田淑人、驹井和爱一行7人,组成元上都遗址考古探险队,从承德出发,经河北隆化到围场,于7月11日到达多伦。自7月13日至20日,对元上都遗址作了较为细致的调查和测绘,1941年正式出版了由原田淑人和驹井和爱执笔的调查报告《上都——蒙古多伦诺尔元代都城址调查》[74]。全书文字部分分为序、调查始末、遗迹、遗物和结语五个部分。该书作者把上都三重城垣分别称为内城、外城和外苑城。调查报告详细地对内城、外城、外苑城进行了描述,并分别绘制了全城和内城的实测图,考察了城门、瓮城和三重城墙的结构,对内城和外城的部分建筑遗迹也作了考察和记述。他们结合中国文献和元代扈从诗的内容分析认为,内城主要是宫殿遗址,外城则以寺院遗址为主,外苑城建筑遗迹较少,应当是“瑞林苑”和失剌斡耳朵式的宫帐所在的地方。书中对采集的石、砖、瓦、瓷、钱币和石制品的花纹图样等,进行了分类整理,并按质地和类别一一叙说,记述较详。在外城乾元寺遗址发现的石制狮子头,雕刻十分精细,造型美观。在龙光华严寺遗址发现的石制螭首、龟趺等,反映了元代的建筑工艺水平。在上都城采集较多的是黄釉、绿釉和蓝釉的瓦当、筒瓦和板瓦,瓦当有龙纹、兽面等。从大量的鸱吻和琉璃瓦片,可以推想当年上都宫殿寺庙的华丽壮观景象。他们对发现的瓷器残片,分别归纳为钧窑、景德镇窑和龙泉窑等三大窑系的产品。书中较为珍贵的是所附56幅图版、14幅插图和百余张遗迹和遗物的照片,以及少量的花纹拓片及线图。图版和插图中的“皇元敕赐大司徒筠轩长老寿公之碑”碑额照片和拓片,以及宫城南门和诸多石制构件的照片犹为珍贵。现在,许多遗迹和遗物已经不复存在了。调查报告之后,附有石田干之助《元上都相关的主要文籍题解》一文。该文分别将汉文、西文和日文有关元上都的史料文籍作了简介,尽管仍有疏漏,但在探讨元上都研究史方面,仍然不失为一篇颇具学术价值的文章。这是以考古学的方法研究元上都的第一篇田野调查报告。

驹井和爱1940年在《东亚论丛》第三辑,发表了《元上都和大都的平面布局》[75]一文,文中指出:从元代的首都和陪都两座城址平面布局比较,上都和唐的长安城、渤海的上京龙泉府属于同一系统;大都若从担当主持者的刘秉忠的思想来推略,可能依据的是《周礼》考工记匠人条所见的“左祖右社,面朝后市”的规制。该文对元上都和大都的平面建筑布局,进行了比较研究。

20世纪50年代,内蒙古文物工作队的张郁调查和勘测了元上都遗址,写成《元上都故城》一文[76],对上都遗址作了较为详细的记述,以考古学的手段反映了50年代上都遗址的概况。该作者写道:“城之建筑分内外三重,中央为内城,又名皇城;围绕内城外围者为外城;在外城西、北两面者为外苑城,外苑城以外有郭城及壕堑”。“内城为故城主要建筑,位于外苑城东南部,当外城中央稍偏北,略呈长方形”,“内城中宫殿建筑台基累累皆是,大、小、方、圆、长方不等,有数亭台连成一体者,星罗棋布,令人有五步一楼、十步一阁之感。主要宫殿基址共三十余处,以西北隅较多,东北隅较少,南部虽多,但较分散”。“外城围绕于内城之四周外围，成正方形”，“外城内部建筑遗迹仅次于内城，南部多小型个体建筑，北部多大型建筑，文化遗存极丰富，尤以东北、西北两隅有多处大型院落遗迹”。“建筑基址上散布大型砖、瓦、琉璃瓦片等物。外城北部建筑遗迹常东西对称，似为寺庙遗址”。“外城东北隅有一瓷窑遗迹，窑址东面，生活遗物、灰层、陶、瓷片等物堆积甚丰。可见外城内不仅有众多僧侣、道士，且有相当数量经营官府工业之工匠居住”。“外苑城围绕于外城之西北两面，成矩形，……东南大部地区为内、外城所占”。“整个城址之城垣与城门之建筑规划，位置经营，不仅愈益增强故城之宏伟壮丽，且对交通联系角度，防御性保卫措施，亦付出不少匠心独到之谋划与安排”。并结合史料对相关基址和门址作了探讨。该作者在城址内采集的遗物主要有大铁釜、石基座、砖瓦、琉璃器、陶瓷器、水晶球、铜象棋子、铜龟座等，并绘制了元上都遗址平面示意图。

1973年秋，内蒙古大学历史系贾洲杰、周清澍、周良霄、李逸友等一行，赴元上都遗址进行了调查和测绘。其后，由贾洲杰执笔写成《元上都调查报告》[77]发表。这一调查报告在前人调查研究成果的基础上，对城址，特别是宫城和街区道路的勘测更为细致，绘制的上都城遗址平面图比较精确，增加了华严寺、东郊粮仓等重要遗迹的单体平面图。对元上都三重城垣的名称，分别将此前诸文的称谓予以更正，将内城称为宫城，外城称为皇城，外苑城称为外城，这样似乎更符合元上都作为都城建制的实际。该作者除对宫城、皇城、外城分别进行了细致的考察测绘外，特别对以往前人很少涉及的城郊四关作了详细的调查。他们写道：“宫城内的街道主要是一条通向三门的丁字大街。……全城建筑，不像明清北京故宫那样，有一条建筑中轴线，有前后呼应的大型建筑以及左右对称的建筑配置，而是分布着一个个自成一组的建筑群”。“皇城的街道宽窄不等，主次分明，相互对称；结合地物，长短适宜，布局十分得体”。“外城北部主要是一个东西向的山岗，没有街道，……山岗中部南边，有一座东西长350米、南北宽200米用石砌的大院墙。南墙正中的缺口可能是院门。院内空旷，未见建筑遗迹。当是原来栽培奇花异草和驯养珍兽以供宫廷观赏的地方，即文献所指的御园、后苑、北苑”。并认为，“元上都的四关和近郊建筑是都城的组成部分”，因此作了较大范围的调查，对城关近郊的关厢区、粮仓店铺、铁幡竿渠、砖瓦窑场、墓葬地等，都在调查报告中有所记述：“上都城东西有广积、万盈二仓。两仓规模都是正廒一座十三间，东西廒二座各十间”。“城北小山前的一片建筑群中间有一条东西街道。另外，在城北不远的平地上，有东西相望、各自独立、每片都有数百米长宽面积的建筑区”。“在上都城西北二、三千米处，有一个宽约一千米的山口，两山之间，现有一道古拦洪坝遗迹。坝身用褐色黏土夯筑，外用石砌。坝北迎水，南侧又附土堤以加固。坝西头留溢洪口，下接溢洪渠，流入闪电河”。这就是元上都历史上有名的铁幡竿渠。“在东北山中是当时的砖瓦窑场。在城东南隔河相望的砧子山下，是当时的墓葬地”。该调查报告介绍了在上都遗址和墓地采集的汉白玉石刻、各色琉璃瓦、带有铭文的墓志残件和不同窑口的瓷片等遗物。

该作者认为:“上都城是元初北方政治、经济中心。该城规模大于元太祖成吉思汗时期的和林而小于大都城。在布局上对它附近的应昌路、大宁路和集宁路等城市都有影响”。

1986 年,李逸友发表《内蒙古元代城址概说》[78]一文,该作者根据对元上都遗址的调查认为,“上都城为元朝的陪都,主要是为帝王避暑和游幸,因此宫城的布局是园林式的,不求整齐对称;随行处理政务的朝官,也仅临时入值,因此不带眷属,也就不必有大府第,内城中整齐划一的街区内,都仅是一些小院落式的官署;城内无百姓住宅和市区,而是分布在东、南、西三面的厢关地带,这些都与大都的城市布局完全不同”。他还通过在上都发现的宗教建筑,并利用文献对上都的佛教作了探讨。

1990 年 8～9 月,内蒙古文物考古研究所对位于元上都东南约 9 千米的砧子山元代墓地南区墓葬进行了发掘,共清理墓茔 44 座,墓葬 96 座。1994 年发表了由李逸友执笔的《元上都城南砧子山南区墓葬发掘报告》[79]。该发掘报告根据墓茔和墓葬形制,墓茔出土的碑碣、牌坊、供桌、石狮等墓仪,砖塔、石屋等建筑,以及墓葬中出土的石碑、砖铭、买地券上和器物款识上记载的汉字姓氏和居住地,将这处墓地定为由内地迁来的汉人家族墓地。

1992 年 8～10 月,内蒙古文物考古研究所清理发掘了距元上都遗址西北约 35 千米的正蓝旗羊群庙祭祀遗址和墓葬。1994 年,发表了由魏坚、李兴盛执笔的《正蓝旗羊群庙元代祭祀遗址及墓葬》发掘报告[80]和魏坚、陈永志的《正蓝旗羊群庙石雕像研究》[81]。发掘报告认为:“由椭圆形石筑围墙、方形祭台、汉白玉石雕人像及附属性建筑组成的羊群庙祭祀遗址,反映了元代蒙古上层贵族祖先崇拜的思想”。“在元上都附近发现的规模如此浩大、并显示被祭祀者高贵身份的祭祀遗址,应是 13 世纪中叶至 14 世纪中叶,元代皇族或上层贵族为祭奠其显赫祖先而建立的祭祀场所”。研究文章进一步指出:“羊群庙石雕人像虽然在服饰上具有典型的元代特色,但其右手握杯于胸前这一举止却又与 6 至 9 世纪突厥人的石雕像具有极大的相似形。这在某种程度上已经说明了二者之间的渊源关系”。“最为明显的表现是蒙古人‘万物有灵’观念支配下的‘偶像崇拜’,与突厥民族固有的‘石刻文化’达到了恰当融合与碰撞,从而导致了蒙古草原上石雕人像形制与仪态上的变化,于是体现着富贵与权力的‘握杯坐椅’式石雕像由此发端”。

1993 年 6～7 月,内蒙古文物考古研究所在内蒙古航测遥感大队的配合下,在对元上都进行重点调查和小型试掘的基础上,又对它的三重城垣及城门、瓮城、角楼、马面、护城河、道路和建筑基址等,做了较为详细科学的测绘(图二)。此后至 1998 年,又持续对元上都四关和城北的铁幡竿渠进行了调查,并对其中的 34 处建筑基址进行了测绘和少量的试掘。至此,准确搞清了元上都的经纬度、海拔高度和方向,明确了三重城垣的布局、建筑方式和结构,了解了城外四关的建筑布局规律及其不同功用和相互关系(彩版壹陆)[82]。

1995 年、1996 年和 1998 年夏季,内蒙古文物考古研究所因配合打击盗墓,对元上都西北12千米的一棵树元代墓地连续进行了抢救性考古发掘，共清理墓葬26座[83]。

1996～1997年，内蒙古文物考古研究所、锡林郭勒盟文物站和正蓝旗文物所，清理了位于元上都宫城正中央的Ⅰ号宫殿基址，并将其堆积分为两期。初步认定，上层的晚期堆积为晚于元代的喇嘛庙建筑，但其建筑所用砖石材料则多是元代遗物。“下层基址的年代，可早至忽必烈时期，即与元上都城始建年代相当”[84]。

1997年10月和1998年5月，由中国历史博物馆遥感与航空摄影考古中心和内蒙古文物考古研究所，联合对元上都遗址、砧子山、一棵树、卧牛石元代墓地和羊群庙元代祭祀遗址，分别进行了航空摄影考古勘测和地面全球卫星定位系统（GPS）测量定位，为深入地研究元上都及其周围的遗存，提供了更为直观的图像资料[85]。

1998年6～7月，内蒙古文物考古研究所为“内蒙古草原地带文物干部考古培训班”的学员组织田野实习，对元上都南关明德门道路两侧的两处遗址进行了考古发掘，分别清理了一处客栈遗址和一处较大的民居遗址，出土了较多的生活用具和建筑构件[86]。这些遗存对研究元上都居民的生产、生活及风俗习惯十分有益。

1998年8月，内蒙古文物考古研究所对位于元上都遗址西北约17千米的卧牛石墓地，进行了抢救性考古发掘，清理元代墓葬5座[87]。

1998～2000年，内蒙古文物考古研究所连续三年对砧子山墓地的西区被盗墓葬进行发掘清理工作，共清理墓茔48座，墓葬102座[88]。这批墓葬的发掘，极大地丰富了对砧子山墓地的认识，同时墓地出土的与元上都相关的碑铭石刻等，也对元上都的研究大有裨益。1998～1999年的墓葬发掘成果曾有简报发表[89]。

2000年6～8月，内蒙古文物考古研究所与锡林郭勒盟文物站及正镶白旗、镶黄旗文物所，组成联合考古队，对位于上述两旗境内的被盗墓葬进行了紧急抢救清理。先后清理发掘的元代墓葬有：正镶白旗三面井墓葬10座、伊松敖包墓葬9座；镶黄旗乌兰沟墓葬2座、博克敖包山墓葬1座。同时，为配合锡（林浩特）—桑（根达来）铁路建设工程，在锡林浩特市南的贝力克牧场清理元代墓葬1座[90]。这批墓葬的清理发掘，为我们了解元上都周围地区与元上都相关的元代遗存，提供了珍贵的资料。

2002～2003年，内蒙古文物考古研究所和锡林郭勒盟文物站，组织全盟文物干部培训班的学员，为元上都申报世界文化遗产作准备，对元上都皇城东墙北段外侧的积土和皇城南门明德门址及瓮城进行了考古清理[91]。修复石砌城墙350余米，并部分修复了明德门旧址。该项工作使我们准确地了解了元上都皇城城墙、马面和明德门及瓮城的构造，同时也为元上都的保护和修复提供了数据。

此外，1998年李逸友写有《大安御阁势岩亭》一篇，考证了元上都重要的建筑大安阁位置就在宫城三街相对中心处[92]；1999年，魏坚根据几年来在元上都调查、测绘和发掘的新资料，概要写成了《元上都及周围地区的考古发现与初步研究》一文[93]；陆思贤发表了

《关于元上都宫城北墙中段的阙式建筑台基》的文章，认为元上都宫城北墙的阙式建筑应是“承应阙”，即是元上都的“回回司天台”；张景明写有《元上都与大都城址的平面布局》，认为:“上都作为北方草原地区著名的都城之一，体现了北方民族文化和汉文化交流繁盛的状况。大都又作为中国封建社会都城比较完善的发展形态，对后世都城的整体结构影响甚大”[94]。

三、元上都城址建筑与布局的探讨

元上都是元朝建立的夏都，有元一代，在政治、经济、军事和文化上都有着十分重要的地位。大元王朝的创始人忽必烈是成吉思汗的孙子，生于太祖十年八月二十八日(1215年9月23日)。他与许多的蒙古宗王有着明显不同的政治抱负，早已“思大有为于天下”，广泛延揽人才，为将来的统治大业作准备。1242年，忽必烈将中原佛教领袖海云请到漠北，“问佛法大意”，海云南还时，将徒弟刘秉忠(僧子聪)留在了忽必烈身边。刘秉忠是儒、释、道皆通的人物，他不但不倦地向忽必烈讲述治理天下的道理，还将大批的中原儒者推荐至忽必烈帐下。宪宗元年(1251年)，忽必烈的哥哥蒙哥在漠北即大汗位，当年即命忽必烈总领漠南汉地军国庶事。忽必烈奉命由漠北南下，夏季不出征时，就驻帐于桓州与抚州之间的金莲川，广招天下名士。聚集在忽必烈周围的，既有满腹经纶的学者，又有精通治道的谋士，有的人独具一技之长，有的人是战功卓著的勇将，逐渐形成了一个文武兼备的政治集团，即所谓“金莲川幕府”[95]。

金莲川幕府的大多数人都来自中原或南方，不习惯于草居野次的帐幕生活。随着中原战事的进展，并为解决这一矛盾，忽必烈在宪宗四年(1254年)修复在战乱中已经破坏的抚州，暂充作幕府人员的住所，随后即着手在金莲川上筹建城郭，开始做长期经营的打算。宪宗六年(1256年)，忽必烈命刘秉忠选择合适地点兴筑城郭，刘秉忠选中了金桓州城以东四十里，滦河北岸的冲积平川为建城地点[96]。此地北依连绵起伏的龙岗，南临蜿蜒曲折的滦河，东西是水草丰美的金莲川草原，是理想的建城之地。新筑的城郭被称作开平。开平城的营建用了3年的时间。第一年“始营宫室”，第二年“复修宫城”[97]，“三年建成”[98]。随后的元代各个时期对城池和宫殿不断有所增修和兴建。

宪宗九年(1259年)七月，蒙古大汗蒙哥死于四川钓鱼山。在鄂州前线指挥作战的忽必烈于1260年1月返回燕京，在燕京北郊“驻冬”3个月后，于1260年4月12日返抵开平。开平一带是忽必烈经营多年的根据地，同月28日，“诸王宗亲咸会，塔察儿率先劝进”[99]，忽必烈在开平的忽里台大会上，被推举为蒙古大汗，并仿照中原王朝的惯例，正式建元“中统”，即以继承中原王朝的正统自命，开平遂成为临时都城。开平汗庭的建立，在蒙元史上是有重大政治意义的事件。蒙古国前四汗的统治中心都在漠北和林地区，从忽必烈开始,统治中心转移到了漠南汉地。在忽必烈即位前将近10年的时间里,开平是治理汉地的政治中心。因此,忽必烈在开平即位,标志着蒙古汗国的发展进入了一个新的历史阶段,也昭示了开平作为大元帝国的龙兴之地,在元朝两都制中的特殊地位。

开平和燕京,一个是忽必烈"潜邸"的根据地,一个是当时治理汉地的中心。在燕京定都,符合汉人地主阶级帮助蒙古统治者建立正统王朝的愿望,可以加强蒙古政权在中原的统治;提高开平的地位,可以作为联系蒙古本部的中心,保持蒙古旧俗,对蒙古统治者也是至关重要的。定立两都之后,忽必烈即着手对两个都城进行大规模的建设。中统二年十二月(1262年1月),"初立宫殿府,秩正四品,专职营缮"[100]。中统四年五月九日(1263年6月16日),忽必烈下令将开平府定名上都。次年八月十四日(1264年9月5日),又将燕京改名为中都[101],两都制正式确立。至元四年(1267年),在中都东北新建都城。至元九年(1272年)二月,改中都为大都,至元十三年(1276年),大都城建成,到至元二十二年(1285年),官衙和居民才大多迁入新城。

上都城的扩建和改造,经历了很多年,其官署设置亦几经变迁。"国初,置开平府。中统四年(1263年),改上都路总管府。至元三年(1266年),又给留守司印。至元十九年(1282年),并为上都留守司兼本路都总管府"[102]。上都留守司的秩品与大都留守司一样,同为正二品。由于特殊的地理位置和政治、军事的需要,元上都在整个元代都有着无可替代的作用。因此,忽必烈"建上都于滦水之阳,控引西北,东际辽海。南面而临制天下,形势犹重于大都"[103]。每年四月至九月,元朝皇帝都率文武百官、嫔妃侍从,到上都清暑游猎,在这里处理朝政大事,会见诸王、大臣,接见外国使臣,忽里台也经常在这里举行,许多重大的历史事件也发生在这里。元上都城内宫殿巍峨壮丽,寺院庙宇金碧辉煌,关厢地带街市热闹,房屋建筑鳞次栉比,呈现出一派繁华的都市景象。城之内外还建有许多公廨官署、货栈粮仓,以及酒肆客栈、店铺作坊等,这些建筑遗迹至今仍历历在目。

(一)　元上都的城垣构筑与平面分布

1. 元上都的三重城垣

元上都城垣的建筑分为内外三重,中央为宫城;围绕宫城之外者为皇城;在皇城西、北两面者为外城。以元上都宫城正北中央大殿和宫城南门至皇城南门为南北中轴线,测得元上都城南北方向与真子午线平行,为0°(彩版壹柒)。

(1)皇城

皇城位于外城之东南部,围绕于宫城四周,近方形,四墙长度不等。东墙长1410米、西墙长1415米、南墙长1400米、北墙长1395米(彩版壹捌)。城墙中间为黄土分层夯筑,夯层厚约 12～14 厘米，夯筑坚硬（彩版壹玖、贰零），内外两侧均用自然石块包砌，石墙约厚 0.5～0.6 米，外侧石块略平整，用白灰坐浆，个别地段留有勾缝痕迹（彩版贰壹、贰贰）。墙基宽 12 米，向上渐斜收，一般底部 1～2 米处坡度较缓，其上则较陡直。现存高度多约 6～7 米，顶宽约 5 米（彩版贰叁）。石砌墙体底部挖有基槽并建有斜坡状墙基，墙基较墙体向外伸出约 15～20 厘米，其中东墙墙基深 30～40 厘米，南墙墙基深 70 厘米左右。

皇城城垣有 6 门。南北墙正中各开 1 门，门外筑长方形瓮城，瓮城门亦南北开（彩版贰肆、贰伍）；东西墙对称各开 2 门，门外筑马蹄形瓮城，瓮城门分别折向南开，瓮城门道均用石块作过封堵（彩版贰陆、贰柒、贰捌）。从清理的皇城南门来看：门道总长 24 米，单门洞，青砖券顶，南端门道较为短窄，长 4.8 米，宽 4.7 米；北端门洞较长，长 19.2 米，宽 5.7 米，券门两侧留有高约 7 米的城门坍塌后的建筑残迹。城门内外的墙体均用青砖包砌，门洞内两侧的墙体砌在 3 层石条之上。在门道与门洞相接的城门两侧距地面高 1.2 米的墙上，以石条砌出边长 30 厘米，深 70 厘米的方形孔洞，可能是用来插门闩的。瓮城平面呈长方形，东西宽 63 米，南北长 51 米，墙体亦是内为夯土，外用自然石块包砌。墙体底宽 12 米，现存高度 7 米，顶宽 5.2 米。瓮城门因西侧曾经向内改小，现位于瓮城南墙中部略偏东处，长 12 米，宽 3.6 米，门道正中距南端 4.2 米处，设有止扉的将军石。在门道两侧，每侧间铺有方形柱础石 10 块，础石中间有圆形柱洞，柱础石上的木柱之间每侧立有 9 根长条形石柱。从将军石两侧烧毁的城门和铁钉、铁皮等残迹判断，瓮城门应当是木质的过梁式结构。

皇城四角筑有高大的台墩，其上建有角楼。从现存遗迹看，皇城角楼远较宫城角楼高大（彩版贰玖、叁零）。在角楼及城门内侧两端，还分别筑有登城之斜坡踏道。经解剖清理皇城东南角楼台墩，可知角楼台墩呈圆台形，由下至上渐做收分，底径约 27.5 米，顶径 13.5 米。在角楼连接的东墙和南墙内侧，各有一条登城之斜坡通道，两条通道在城墙顶部的楼角汇合。南侧通道长 47.5 米，宽约 3.5 米；东侧通道残长 37.5 米，宽约 3.5 米，构筑方法同城墙一致（图三）。

在皇城四墙外侧筑有马面，每面墙 6 个，共 24 个。马面为中间以黄土夯筑，外侧三面包砌自然石块。马面整体正视呈正梯形，底宽上窄，三面向上斜向收分（彩版叁壹）。底宽 12 米，凸出墙体约 5.4 米，现存高度约 5.8 米。马面的间距因位置不同而有差异，其中，东西城墙两城门之间的两个马面相距最远，约为 180 米；东西两城墙南北两端的马面相距最近，约为 110～115 米不等；南北城墙的马面距离在 155～160 米之间不等。

在皇城西墙和北墙之瓮城门西侧，发现有明显的河沟遗迹，河沟距城墙约 25 米，宽约 10 米，在两座西城门前绕行而过，可能具有护城河和排水沟之双重功用。

皇城的街道宽窄不等，主次分明，且结合地形，基本做到相互对称。城内以正对南门的一条宽 25 米的南街为中心，左右各有一条 15 米宽的大街，南北贯穿全城。宫城南面的

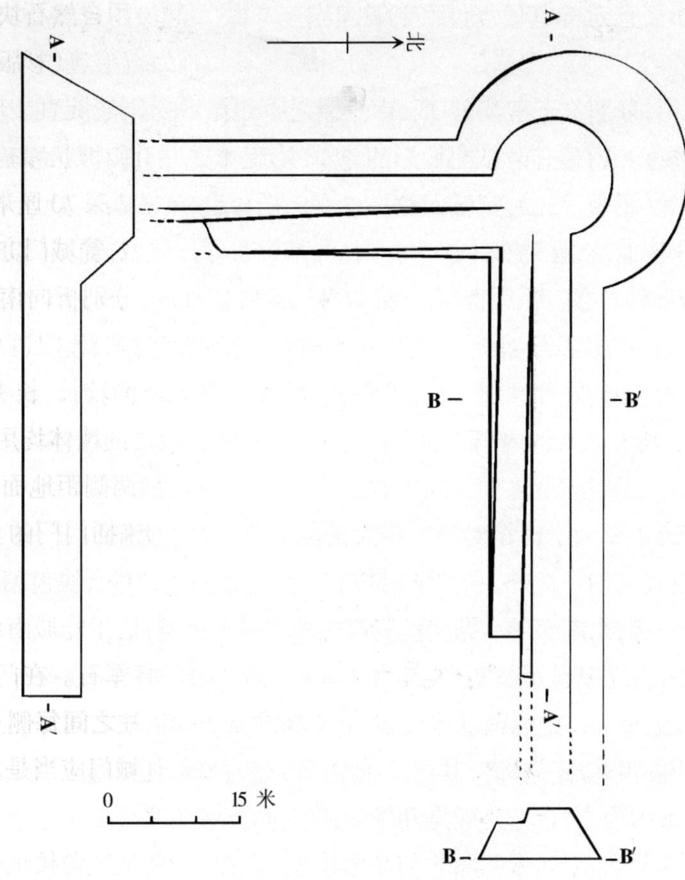

图三　皇城东南角楼及踏道平、剖面图

一条东西向宽 25 米的大街直通皇城南面的东西二门。除正对城门的主要街道外,皇城北部宫城外两侧的小街道也是纵横交错,相互对称分布。

从文献中可知,当时设在皇城内的官署和庙宇等建筑较多。现在从地表观察,在东西两侧临街巷内可以看到 20 余处较大的高台之上的官署和庭院遗址。大型的寺庙遗址,如乾元寺、大龙光华严寺、孔庙和道观等宗教性建筑则基本分布在城内四隅。皇城的东部和东南、西南两角地势低洼,留有大片的水坑。

（2）宫城

宫城为元上都的主要建筑,位于皇城中部偏北处,略呈长方形,与皇城呈回字型结构(彩版叁贰)。东墙长 605 米,西墙长 605.5 米(彩版叁叁),北墙长 542.5 米(彩版叁肆),南墙长 542 米(彩版叁伍)。墙体中间以黄土分层夯筑,内外均用 34 厘米 × 19 厘米 × 7 厘米的青砖横竖错缝包砌,以白灰坐浆,灰缝厚 1.5 厘米。砖墙底部垫有厚 40 厘米的石条或片岩做基础,在砖面与夯土墙之间约 1～1.2 米的空隙内,用规格不等的残碎砖块、小的片石和泥土逐层平铺填筑。墙基宽 10 米,现存高度约 5 米,顶宽近 5 米。砖墙向上略有收分，因均被拆毁已难知其坡度(图四)日本东亚考古学会1937年调查时，曾拍有照片(图版一,1)。

宫城设有三门，分别位于宫城东、西、南三墙之中部，门外不设瓮城(彩版叁陆)。在南门外东西两侧，环绕城门建有两排曲尺形的建筑(彩版叁柒)。日本人的调查报告中有早年拍摄的南门照片(图版一,2)，宫城四角亦建有圆形台墩，不若皇城者为大，向外凸出于墙体之外，应为角楼遗址。

在环绕宫城四墙外侧，距南墙和西墙30米、距东墙40米、距北墙70米处，挖有一条宽约8米的闭合的壕沟，经对北侧壕沟的解剖得知，河沟距现地表2.1米以上的堆积分两层，上层厚60～90厘米，为近现代堆积，下层堆积厚1米多，为古城废弃后两边倒塌的建筑物残块。其下因探沟内出水，情况不明。这条河沟应具有城内排水和护城河的双重功能。

宫城内的街道主要为三门相对的丁字大街。丁字街中央大殿以北，亦有一条向北的短街，夹在两侧宫殿之间。此外，在宫城南部有一条与通向南门的大道相交的东西横街，还有几条较窄的短街，东南部的一条南北街道还留有砖铺的路面。

宫城内宫殿和院落基址星罗棋布，南北中轴线两侧，随形就势，分布有并不对称的大型建筑基址约40余处。其中以西北隅较多，有建筑台基15处，形式多样。有不拘大小各为一体者，有数小院落连成一体者，其建筑密集程度超过城内任何地方。东北隅有建筑台基10处，以正方形的为主，台基一般是几级阶梯状，可能多为亭台楼阁之基址。南部有基址16处，分布较为分散，多一殿两厢的品字形建筑，且多围有院墙。宫城北墙正中位置有一“阙式”建筑，夯土台基与城墙连为一体，外包青砖。中间大殿呈凸字形，两端为向前突出的对称的工字形建筑，三殿相连的后部有束腰，形式类似北京明清故宫的午门，只无门洞。此建筑形体高大，东西长约130米，两端宽约60米，为宫城内最大建筑。在宫城正中三街相对之处，是一处方形的建筑，其上为一明清时期之喇嘛庙，下层则是一处较大的建筑遗址，底层以凿有燕尾槽的石条地基相连，其上东南和西南两角立有高大的汉白玉浮雕龙纹角柱，前方和东西两侧都有登台之踏道。地基边长约36.5米，从所处位置和建筑规格来看，当是一处十分重要的建筑。

(3)外城

外城是在皇城外围扩建而成，围绕于皇城之西、北两面，整体形状成曲尺形。东墙接皇城东墙北端向北延伸，长815米，南墙接皇城南墙西端向西修筑，长820米，北墙和西墙均长2220米。这样，元上都全城外观基本呈正方形，除东墙长2225米外，其余三墙皆长2220米。外城城墙均为黄土夯筑，夯层厚约20厘米左右，夯实程度不若皇城。城墙底基宽10米，顶宽2米，存高约为3～6米。墙体无马面、角楼等军事性附属设施(彩版叁捌)。外城自西门北侧225米处，斜向修一条东西向的隔墙至皇城北门瓮城西墙，将外城分为南北两部。隔墙基宽3米，残高0.7～0.8米，顶宽2.05米，夯层厚15～20厘米，夯筑不甚坚硬。该墙中部弯曲，至皇城西北角外向南有一较大的折角（彩版叁玖，1）。

外城共有4门。北墙2门，南墙1门（彩版肆壹，1），外筑长方形瓮城，形状同于皇城之南北瓮城，一般南北长60米，东西宽50米，瓮城门为南、北向直开；西墙中部1门，外筑马蹄形瓮城，形状与皇城东西门瓮城相同，南北宽60米，东西长55米，瓮城门折向南开（彩版叁玖，2）。经对外城北墙西侧城门址的解剖得知，门道宽10.8米，门道两端的夯土墙上贴一排由圆木一破为二的桦木板，厚约3～4厘米，此应为修筑墙体时的护板。瓮城的城门均用石块封堵（彩版肆零）。

围绕外城四周的护城河，位于南城墙外23米及其余三面30余米处，上口宽26～32米构筑齐整，保存较好（彩版肆壹，2）。城西北角护城河底部现存宽度为13米，保存最深处约2.5～3米（彩版肆贰）。现存河堤的坡度在30°～40°之间。在外城城门处，护城河均向外弧，和城门对应处的河沟两侧的地面略有隆起，可能是桥梁的位置所在。

外城南部位于皇城之西，有纵横交错的街道和整齐的院落遗址。在皇城西门外有两条通向外城西门和西墙下的东西大街，其间，还有几条交错的南北街道，其中皇城南侧西门外通向西墙的大街用河卵石铺垫。在与南门相对处及其东侧，为两条南北向的大街。建筑遗址一般分布在靠近街道的地方。这些院落均是房屋临街，院落在后，这里应是当时上都城内的商业区。皇城南侧西门外与卵石路之间，有一处较大的院落，内有石砌的方形台基和分布前后的房舍，横跨在路之南北（测绘54号）。在西南部分布有较多的洼地和水坑。外城隔墙的北部是一道东西向的高岗，没有发现街道，仅在北门内和东北角有少量的小型建筑遗址，在高岗中央偏南部，皇城北门外之西侧，有长方略近菱形的大型石砌围墙建筑（测绘56号），因石块大部被取用，多数地段仅留有土垄，南墙正中的缺口可能是门址所在，院内未见建筑遗迹。

2．元上都城垣、城门及相关问题的考辨

元上都始建于宪宗六年（1256年）三月，忽必烈命刘秉忠择地建城郭。刘秉忠相中了北依龙岗，南临滦水，四山拱卫，风光秀丽，水草丰美的滦水北岸兴筑新城，初名开平[104]。此后，元政府又增设了专门的营建机构，中统二年十二月（1262年1月），“初立宫殿府，秩正四品，专职营缮”[105]。有元一代，上都城都在不断地扩建和改建。开平城的兴建，留下了很多的传说，“相传刘太保建都时，因地有龙池，不能干涸，乃奏世祖当借地于龙，帝从之。是夜三更雷震，龙已飞上矣。明日以土筑城基”[106]。传说固不可信，但开平城所在草原地势低平，水沼错落，却是事实。至今，元上都城内高台建筑基址之间的空地，仍留有较多的水坑。所以，排干积水，堵塞水源，也是营建开平城的一项艰巨的工程。

(1)城垣和城门的构筑

根据考古调查和试掘并结合史料分析,元上都三重城垣并不是同一时期建成的。在忽必烈1260年登基前建成的开平,可能只是设计和营建了宫城和皇城内外两重城垣,而且当是先建宫城城垣和宫城内的部分宫殿楼阁,以及宫城外的大龙光华严寺和孔子宣圣庙等寺庙建筑。皇城城垣的最后建成,则可能是1263年开平升作都城之后完成的。特别是宫城和皇城分别包砌的青砖和自然石块,也有可能是在有了"专职营缮"机构以后加筑的。通过调查解剖这两重城垣发现,它们的建筑规格和构筑方式基本相同。均是底宽约12米,向上收分,中间以黄土夯筑,夯层均匀、坚硬,外包砖、石。其中,墙体夯土比较纯净,不含任何遗物;而包砌的砖、石间坐浆黏土的土色则呈黑灰色,内含少量的瓷片和炭灰;在包砌的砖、石和夯土墙之间的填充物,也是大量使用过的残砖碎瓦等物;个别夯土墙在包砌前进行过修补。以上几点足证,两重城垣的包砌是在上都城使用一段时间之后所为。

外城城垣底宽10米,外表未有砖石包砌。为黄色杂土夯筑,夯层薄厚不均,亦不甚坚硬,构筑方式与皇城、宫城明显不同。再从全城的布局来看,外城是在皇城外向北、向西各扩展了800余米,但却没有同样向南、向东扩展,这是因为皇城东墙外的南侧有闪电河流过,皇城南墙距闪电河最近点不足300米这样的地形条件决定的。此外,从元上都航拍照片观察,可以清楚地发现,皇城西墙外的街市与外城西墙外的街市几乎连为一体,特别是皇城西墙南侧城门外的东西大街,同外城西墙外的西关外大街在同一条直线上,这条东西大街有明显被外城西墙隔断的迹象(彩版肆叁)。这就说明,开平城最早的平面设计仅有宫城和皇城两重,皇城筑有高大坚固的角楼、马面和瓮城门,应当是全城防御的重点区域。元代诗人有"往来饮马滦河秋,滦河斜抱石城流"[107],"山拥石城月上迟,大安阁前清暑时"[108]的诗句咏叹元上都。"石城",即是指元上都以自然石块包砌的皇城。可见,高大宏伟的石砌皇城才应当是元上都的象征。外城不见角楼和马面,也许仅是为了拱卫位于皇城西、北两面的"西内"和"北苑"而构筑的。从外城西墙内外,街市和街道清晰可辨、浑然一体的情形分析,外城应是在元上都皇城和城外西关关厢形成之后加筑的。

元上都共有13座城门。其中宫城3门,分别与东、西、南"丁"字3街相对,不设瓮城。皇城6门,东西各2门,两两相对;南、北各1门,同宫城南门直对,同在一条中轴线上,6座城门均建有瓮城。外城4门,北墙2门,西墙正中1门,南墙与皇城南门对应1门,外城4座城门也分别建有瓮城。在元上都建有瓮城的皇城和外城10座城门中,凡南、北墙上的5座城门,瓮城均略呈长方形,一般50米×60米左右,瓮城门为南、北向直开;凡东、西墙上的5座城门,瓮城均为马蹄形,南北宽60米,东西长55米,瓮城门均折向南开。宫城的3座城门,从19世纪旅行家拍摄的照片来看,南门为青砖券顶的拱形门洞,但门址明显偏西,似经改建或缩小。东西2门则因破坏而形制不清,亦或也应当与南门构筑方式一样。皇城6座城门中,清理的南门,门道为青砖券顶的拱形门洞,正对的瓮城门却是由门道两侧成排的立木和石条作架，而以过木搭顶。外城的4座城门中，解剖的北墙西侧城门不见砖券痕迹，其构筑方式也许和皇城城门不同。

(2)关于城门名称的推定

元上都宫城的东、西、南3门，有丁字街与之相通。元代咏上都诗作有“东华西华南御天，三门相望凤池连”[109]的诗句，明确指出相望之3门的名字。在上都也只有宫城为3门相对，且有丁字街相连于宫城中央大殿前。3门中东门是东华门，西门是西华门，南门是御天门，其中御天门是宫城正门，位置较为重要。元代扈从诗人杨允孚诗“又是宫车入御天……。”注曰：“内门曰御天门”[110]。胡助的诗：“御天门前闻诏书，驿马如飞到大都”[111]，郑彦昭的诗：“明德城南万骑过，御天门下百官多”[112]。说明宫城御天门是百官集聚，奉旨听宣的地方，皇帝在上都之时，通过驿站可以快速地把政令传回到大都。在调查测绘中，发现在紧贴御天门外的西侧和东南侧，有两栋呈曲尺形的房屋建筑基址，如瓮城般环绕着城门。西侧建筑南北长25米，北端与城墙连接，宽5米，南端宽12米；东南侧建筑东西长28米，西端宽5米，东端宽15米，西与西侧建筑间距10米，形同门道，北侧与城墙间距10米，这应当是百官听宣时和上朝前的歇息之所[113]。

皇城六门中，以与宫城御天门同在一条南北中轴线上的皇城南门最为重要。前引郑彦昭诗：“明德城南万骑过……”，明确了明德门为上都之南门；元代诗作又有：“偶因试马小盘桓，明德门前御道宽”，诗注云：“明德门，午门也”[114]。进一步说明皇城南门即为明德门。发掘清理出的皇城南门和瓮城门址，宏伟壮观，城门砖券拱形门洞长24米，宽5.7米，其上建有高大的门楼。城门之北与御天门相对的宽约23米的大街和瓮城门南笔直的“御道”，也都清晰可辨。皇城东西四门在元代史籍和诗歌中分别称作东门、小东门和西门、小西门。元顺帝后至元元年(1335年)，权臣伯颜设计擒杀燕铁木儿长子唐其势，“其余党皆在上都东门之外”，遂率众除之[115]，可知东门应当是距宫城较近的皇城东墙北侧城门。在1990年发掘的砧子山南坡墓地M44采集的砖铭中，有阴刻“在城大东门”、“居主梁宅”、“泰定二年二月”字样的砖铭[116]，说明东门也可称作大东门，在此门外居住之人当是有一定身份者。离宫城距离较远的皇城南侧东门之外，地近滦河，小型建筑较多，应当是下层百姓杂居之处。元人王士熙咏上都诗有：“惹雪和烟复带霜，小东门外万条长[117]”。在砧子山西区墓地的一座火葬墓DZXM28中，出土刻有“上都小东关住人黄德禄之位……”的石墓碑[118]，墓主人就是在小东门外的小东关居住。可证皇城东墙南侧城门为小东门。与皇城东门和小东门对应的应当是西门和小西门。“窈窕仙姝出禁闱，小西门外绿杨堤”[119]，“小西门外草漫漫，白露垂珠午未干。沙漠峥嵘车马道，半空秋影铁幡竿”[120]。皇城西门之外地近外城，可以遥望西北哈登台山上的铁幡竿。上都有复仁门，泰定三年(1326年)五月，“修上都复仁门”[121]。元人宋本诗云：“复仁门边人寂寂，太平楼上客纷纷”[122]，袁桷诗：“北极修门不暂开，两行宫柳护苍苔”[123]。后诗中的“北极”，当是指城之北端城门，此门应是专供皇帝出入“北苑”的通道,可能长久不曾开启,以至于路上都长了苍苔,前诗中提到的复仁门亦是“人寂寂”,当是指此门而言。上都宫城北端不设城门,却在城门位置修筑了高大的阙式建筑,皇城北门由于和宫城北墙上的建筑遥遥相对,故有楼上“客纷纷”的对比。再从城门的名字来看,也与皇城南门明德门的名字对仗。因此,皇城北墙之城门当是复仁门。

关于元上都外城 4 门，元代文献有南门、西门和北门之称呼。至元十三年(1276年),元军南下,南宋遣祈请使到北方,四月二十二日“至上都开平府,入昭德门,宿城内第三街官房子”。随后南宋少帝和太皇太后亦被押送北上,“至昭德门官舍安歇”[124]。陈高华、史卫民认为,“昭德门”应是明德门之误,南宋降人应是住在皇城之内的官舍之中。同一事件中,五月初二日,南宋皇帝和太皇太后等“尽出南门十余里”,到行宫向忽必烈行初见进贡礼仪[125]。由此看来,南宋降人所出的南门,也有可能是明德门西侧的外城南门,而南宋降人就有可能是住在此门之内。外城南门与明德门同位于元上都城之南侧,又“昭”与明字意相近,所以,昭德门或许就是外城南门的正式名称也未可知。至元十三年五月初一日,南宋小皇帝等出西门五里外,跪拜蒙古“家庙”[126]。这里的“西门”,应当就是外城的西门。这似乎也可以说明南宋降人可能是住在外城之内的。元代诗人王结咏上都诗有“金马门东画省西,千官花覆暑光低”[127]的诗句。从诗中指出的方位看,金马门应当是上都之西侧的城门,而西侧的城门除西门和小西门外,只有外城西门一座城门了。所以,上都外城西门的正式名称很可能叫作金马门。外城北门在元代文人的诗作中也有反映:“阴山分脉自昆仑,朔漠绵延回北门。遥见马驼知牧地,时逢水草似渔村”[128]。现今外城北门外依旧是碧草如茵,牛羊布野的丰美草原。可惜元代文献没有留下外城北门的具体名字。

（二） 元上都四关的分布与功能

元上都城外四关及关厢地带的各类建筑，是上都城的重要组成部分。上都城北约 1.5～2 千米处,即是东西绵延的龙岗,成为北方的屏障。在正北龙岗主峰和上都城东北 1.3 千米的元山子(彩版肆肆)、西北 2 千米的哈登台山、城西 1.4 千米的西山(彩版肆伍),以及上都城东南约 8 千米的敖包山,西南 6 千米的萤石山的顶部(彩版肆陆),均建有硕大的石堆敖包。这些敖包皆是在山顶背对元上都城的一面深挖一坑取石,在面对上都城一面堆成敖包,敖包直径一般在 35～45 米之间,高约 8～10 米,连同元上都城南约 12 千米东西横亘的南屏山,共同形成对元上都的环形拱卫之势。元上都的四关也即在这 4 山拱卫之中。位于北关西北方的铁幡竿渠是元上都城的防洪建筑,在元上都的历史上曾经有着十分重要的作用。

1. 铁幡竿渠

史载，刘秉忠初建开平城时，因地多沼泽，便在山上立铁幡竿以镇水，“铁竿屹立海水竭，卧龙飞去空冥冥”[129]。元人诗注有记述：“上京西山上树铁幡竿，高数十丈，以其下海中有龙，用梵家说作此镇之”[130]，此铁幡竿所立之山称为铁幡竿山[131]。在元上都西北方的哈登台敖包顶部调查发现，石块堆起的敖包底径约40米，顶高约8～10米。在敖包西侧，有一长宽各约15米，深约3～4米的采石坑（彩版肆柒，1）。在坑内东南侧，东西向放有一长212厘米，宽118厘米，厚在55～61厘米的褐色长方形石条（彩版肆柒）。石条表面及四侧面均经加工，其上有斜向刻纹。在石条的正面有两个未穿透之凿孔，东边一孔为圆角方形，横长27厘米，竖长25.5厘米，深13厘米；西边一孔为椭圆形，横径30.5厘米，竖径27厘米，深18厘米；两孔间距为58厘米（彩版肆柒，2）。这也许就是《营造法式》中所指的幡竿夹[132]，即铁幡竿的基座。由此可以推定，哈登台敖包就是元上都的铁幡竿山，元上都的铁幡竿即位于此山之顶部。此外，在哈登台敖包的采石坑中，曾发现一柄铁钎，“长约20厘米，截面为1～1.5厘米见方，头部呈尖状，尾部因多次敲打而卷曲”。北京钢铁学院等有关部门曾取样进行金相检验，并有检验报告发表[133]。

元上都城北向西是连绵的龙岗。在距上都外城西北角约2千米处的龙岗西端和哈登台敖包之间，有一道宽约1千米的山口，铁幡竿渠北段即修筑在两山之间。据现今地面调查，在哈登台敖包山脚下向东北方龙岗山西端山脚下有一道笔直的拦洪大坝，长1064米，底宽5.2～5.8米，存高约2～3.5米，方向32°（彩版肆玖）。大坝两侧以自然石块包砌，向上斜收，石墙厚约0.6米，外侧石墙以白灰坐浆，内侧石墙以红胶泥坐浆。石墙内以黄褐色土夯筑，夯层厚8～10厘米（彩版伍零）。在据哈登台敖包山下大坝向东北55米处留有溢洪口。溢洪口宽68米，两端均留有石墙包砌的痕迹。在溢洪口向东北28米处内侧，有西北—东南向的泄洪渠与拦洪石坝相连（彩版伍壹，1）。泄洪渠在此略呈内弧形折向东南，渠道在元上都外城西门外450米处又折向西南，在西关大街北侧折向正南入闪电河（彩版肆捌、伍壹，2）。泄洪渠以土夯筑，十分高大，西侧大部紧贴山脚。渠道宽约50米，土坝底宽约23米，顶宽约4米，存高在5～6米之间，全长近6千米（彩版伍贰、伍叁）。在入闪电河之前约100米的西关大街南侧，有一条向西南岔出的渠道，长约200余米，应是后来为渠道远离城墙向西改道而重新修筑的。在石砌拦洪坝的东北端再向东北，沿龙岗山下，还筑有一道同样的拦洪坝与此坝相接，坝体方向60°，长约1000米。可能是为拦截北面龙岗南侧缓坡的雨水而同时修筑的。上述两坝相接处，在内侧形成120°夹角。此外，在拦洪坝内侧，亦有一条宽约30余米的外弧状渠道，两侧略高，中间稍凹，似为两道土垅，存高约1.5～2米，土为堆筑，夯层不清。这道宽大的土垅西南呈弧形至泄洪渠相连，东北方延伸至两拦洪坝的夹角处。其与拦洪坝之间的地段较为低洼，深3～4米，两者间的距离，中间为57米，近泄洪渠处为112米。

史载，元上都因地近龙岗，城北常有水患。铁幡竿渠就是由元代著名科学家郭守敬设计修建的。元成宗大德二年（1298 年），“召公至上都，议开铁幡竿渠。公奏：‘山水频年暴下，非大为渠堰，广五、七十步不可。’执政吝于工费，以公言为过，缩其广三之一。明年大雨，山水注下，渠不能容，漂没人畜庐帐，几犯行殿。翌日，天子北狩，谓宰臣曰：‘郭太史神人也，可惜不用其言’”[134]。据此可知，郭守敬在大德二年设计修筑的排泄山洪的铁幡竿渠，由于施工者偷工减料，修改方案，以至于第二年就遭了水患。大德五年（1301 年），王伯胜率军扈从上都，“天久雨，夜闻城西北有声如战鼙然，伯胜率卫卒百人出视之，乃大水暴至”[135]。说明洪水是由城西北的铁幡竿山口而来，修筑泄洪渠和拦洪坝都是为了保障都城的安全。现在发现的上都城西北拦洪大坝内侧的弧形建筑遗迹，很可能就是大德二年缩减建筑规模后修筑的泄洪渠。由于不能抵挡洪水，其后又重新在其外侧修筑了更为坚固的包砌石块的拦洪大坝。此外，在南端向西南入闪电河的泄洪渠，很可能也是后来为保障上都的安全改筑的。

2. 元上都四关的分布与建筑

在关厢地带的调查测绘和小型试掘中发现，除北关建筑遗迹距城址略远并相对较少外，其余三关均保存有大量建筑基址和纵横交错的街道，且每一关厢的面积都几乎与元上都城址面积相近。

（1）东关

位于皇城东墙的东门和小东门外。南侧有闪电河相隔，东北延绵至小元山子以东，东西宽约 1300 米，南北长约 2000 余米。在东门略偏北处有一低矮小山，名小东山，其上发现有石砌的方形地基。因其靠近一处仓址（调查编号 LYD-7），故可能作为一处瞭望哨也未可知（彩版伍肆）。依其地形可分为北部丘陵区和南部平原区两部分。北部因处于北面龙冈之下，地形略有起伏，建筑分布较为稀疏。其间有一条长约 900 米的东北—西南向街道，该街道利用自然形成的浅沟，呈自然弯曲状，宽度不一。沿街道南、北两侧建有民居，民居一般院门临街，内有房屋建筑；南部则因靠近闪电河而地形平坦潮湿，地表草木茂盛，故建筑全部建在人工堆砌的高台地上，大致东西成排，彼此相距较近，布局不甚有规律可循。其建筑多为小型民居，偏北处也有大型院落、官署和仓址等。这些建筑大部保存较好，布局清楚。东关共测绘 13 处建筑基址，包括官署、大型院落、仓址、民居等遗址[136]。

位在东关之东南部的一处官署遗址（调查编号 LYD-1），平面呈长方形，南北长 138 米，东西宽 94.5 米。门道位于南墙正中，院内房屋布局较为整齐、对称。正殿位于院内中部偏北处，建筑在大型台基之上，大殿南、北墙正中各有一门，东、西两侧各有两间规模相同的耳房。在正殿南略偏西处亦有三间规模较小的高台建筑基址，在中间房屋的南、北两墙外侧用石块垒砌有铺砌平整的斜坡式踏道。在院落的东南部也有一高台建筑基址。在院

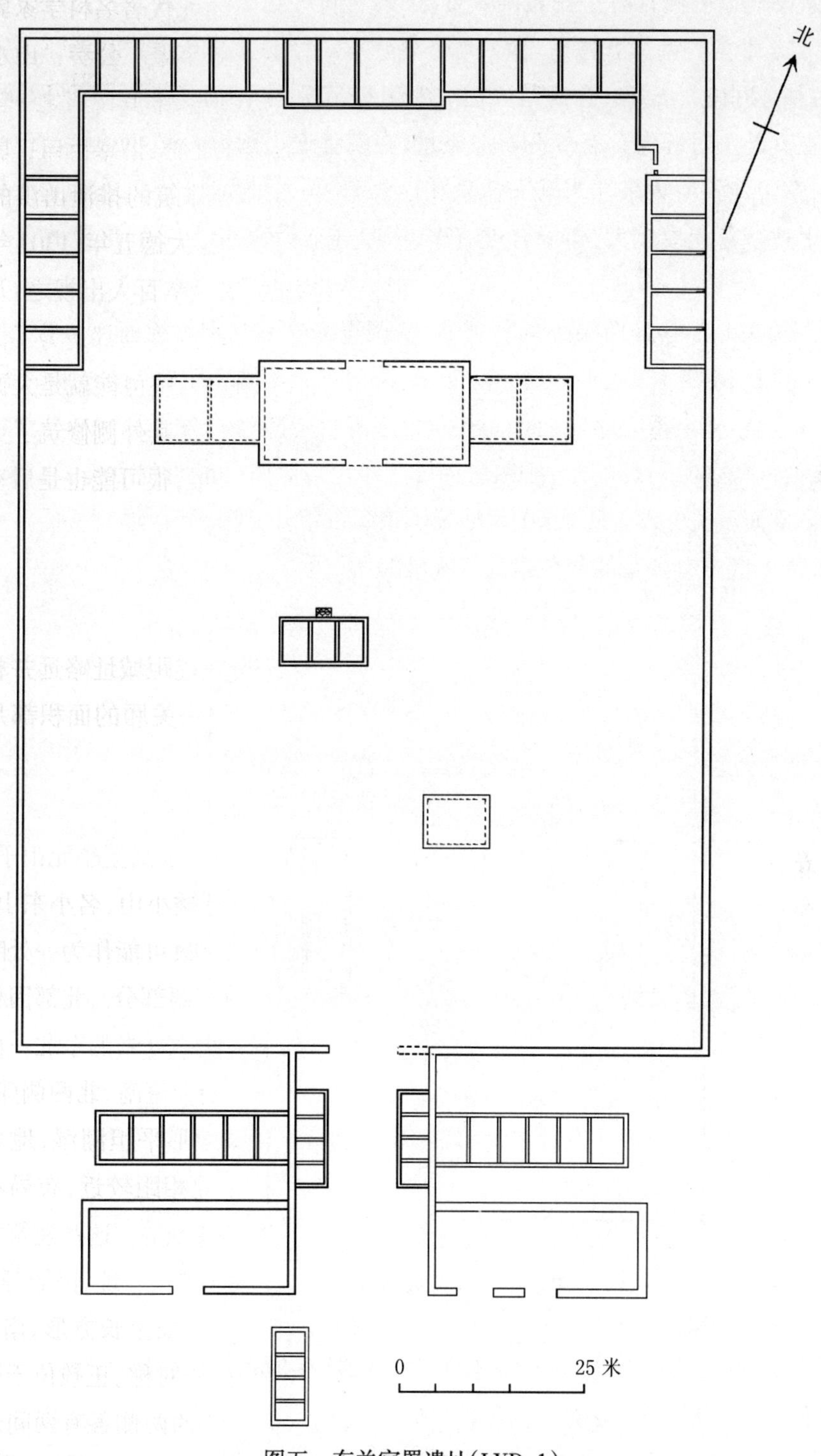

图五　东关官署遗址(LYD-1)

落的北部紧贴北墙内侧存有一排正房基址，中间3间房址规模较大，东、西两面各有房址5间。在正房基址两侧南面紧依东、西两墙亦各建有对称的5间东、西厢房。在正房基址与东、西厢房基址间砌有石墙。在院落通道的内侧北部，对称有东、西厢房基址四间，似为门卫住房。在其外侧对称保存有6间房屋基址，在院落通道南端外侧亦对称建有长方形石围墙基址，这组建筑似为来往车马夫休息和存放车、马之处所。此外，在通道外侧存有4间西房。上述院落规模较大，布局合理有序，房屋分工明确，应是一处重要的官署建筑基址（图五）。

位于东关东北部仓址西墙外的官署遗址（调查编号LYD–5），院落平面呈方形，只在其东南角作内折，南北长64米，东西宽54米，院门位于南墙正中略偏东。院内保存的建筑基址布局规整，建筑重心略向西偏。正殿位于院落中部略偏西北，平面呈长方形，在正殿南面东、西两侧各有对称的东、西厢房一排。在正殿对面门道西侧距南墙8米处，有一小型房址。平面呈长方形。此外，在紧贴院墙东南折角外，有一高台建筑基址。平面呈长方形，基址之上散布有少量的灰色素面板瓦（图六）。

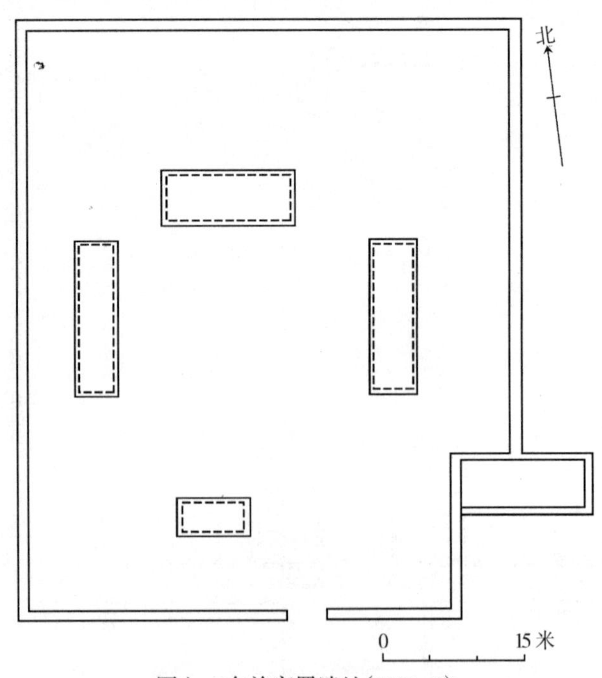

图六　东关官署遗址（LYD–5）

大型仓址（调查编号LYD–4）位于东关之东北端的小元山子的南侧缓坡地带。仓址院落平面呈长方形，南北长232米，东西宽146米，门道位于南墙正中。仓址均建在院内大型夯土台基之上，台基现存高度近2米。由正廒南、北2个仓址、东廒和西廒各3个仓址、南廒东、西2个仓址组成，中间是空旷的院落。在门道内西侧有一独立的房址，判断应为

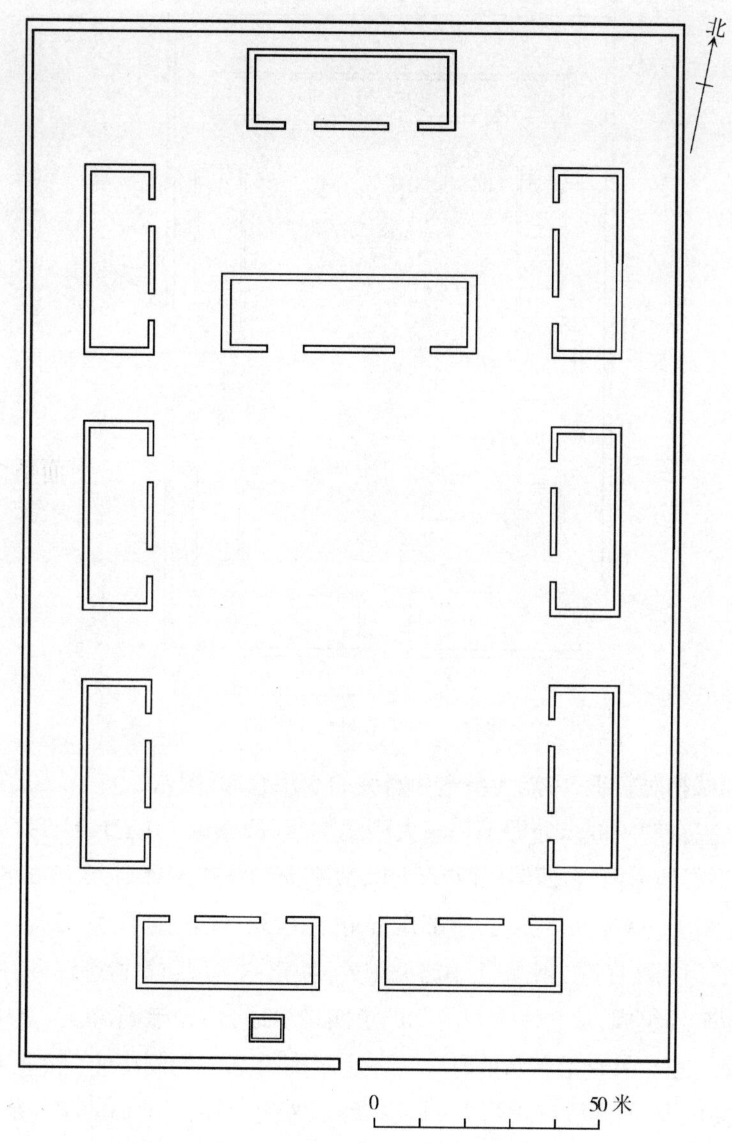

图七　东关大型仓址(LYD-4)

仓库守卫的住所(彩版伍伍)。这处仓址建于山前高阜之处,建筑规模宏大,建筑布局整齐划一,可能为元代重要的粮仓广积仓遗址(图七)。

另一处仓址(调查编号LYD-7)位于皇城东墙北段的小东山东侧,西距上都东墙约400米。仓址所在地势略高,平面呈长方形,南北长173米,东西宽123米,仓址大部分保存完好,南部被现代水渠作东北—西南向穿越,门道位于南墙正中。仓址由正廒一个仓址、东廒和西廒各两个仓址、南廒东西两个仓址组成。基址均为夯筑,仓房建在高1.5米基址之上。在其地表散布有少量的绿釉粗瓷瓮和龙泉窑青瓷盘等残片。该仓址各台基之上仓房规模有所不同,其仓址之上由2～3个小型仓房组成,说明每个仓房的专用性更强,

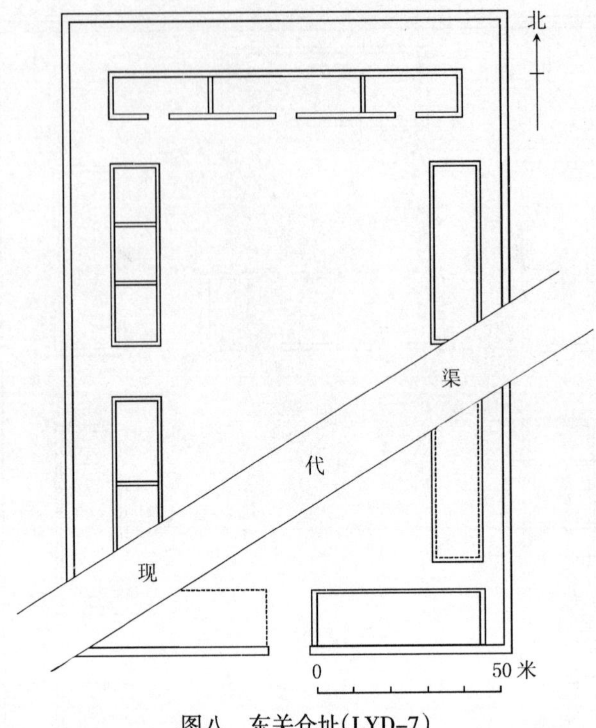

图八　东关仓址（LYD-7）

加上距元上都城相对较近，可能为皇室和宫庭的专用仓库（图八）。

在此仓址以东约 100 米处即是一座大型的院落（调查编号 LYD-9），因所在区域地势低洼，院墙依高岗地形而筑，西墙向西南斜出，故平面形状略不规则，东墙长 51 米，北墙长 69 米，西墙长 53 米，南墙西段斜出，中部作折角，东段长 36 米，西段长 42 米。院落墙基保存总体完好，院门判断在院之南墙正中略偏东处。院落内房屋建筑遗迹较多。由北向南有 5 排东西向房屋基址组成，从总体看西南部的第四排房址为一个整体单元，其中又可分为 3 个独立的院落。此外，在南墙折角处有 3 间房址，南墙东段有两间房址。除上述院内主要建筑外，在紧依院内东、西两墙有西厢房 9 间，东厢房 8 间。东厢房北面的院内东北角，有一石围墙基址，判断应为储藏柴草、杂物之处。院内地表散布有少量的板瓦。该院落是元上都四关大型院落遗址中房址数量较多的一处，共有近 60 间房屋。这些房址以排为组，多者 6 间，少则 2 间，有的还自成院落。它们之间既有联系，又相对独立，这种关系在元上都四关其他大型院落的布局中绝无仅有。因此，该院落很可能为一处官方用于招待贵宾的驿馆（图九）。

在东关南部建有较多的小型民居，位于东关大街西段南侧的一处民居（调查编号 LYD-13），为一小型院落，所在地势较为平整，北临东关大街。该民居保存较好，院墙及房屋基址均用自然石块垒砌。院落平面呈长方形，南北长 21 米，东西宽 14.3 米，院门位于南墙正中，在门外用自然石块铺砌有规整的斜坡式路面，院内北部紧贴东、西、北院墙有两间规格相同的较大房址，南面东、西两侧各有东、西厢房一排，每排有房址 3 间（图一〇）。

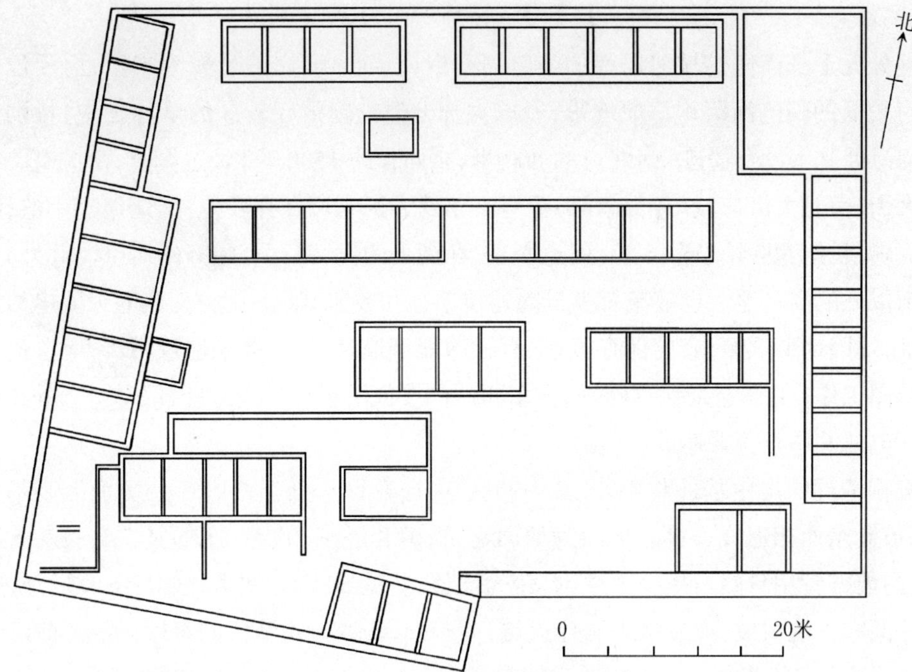

图九　东关院落遗址（LYD-9）

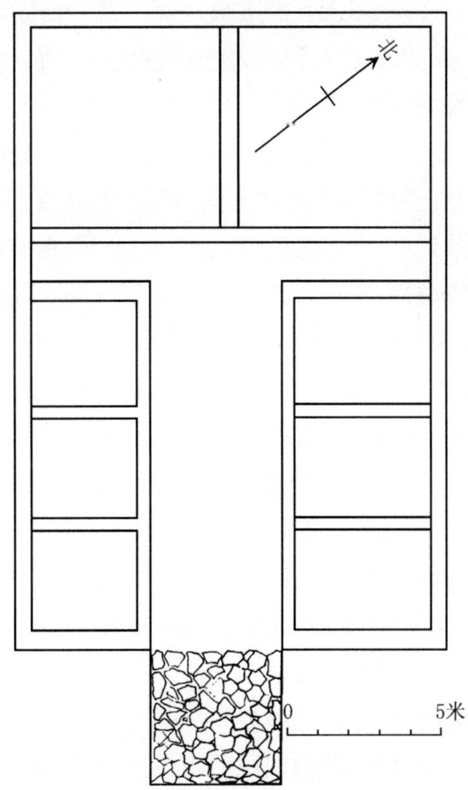

图一〇　东关民居遗址（LYD-13）

(2)南关

地处元上都南侧护城河以南的闪电河两岸，以河之北岸遗址较为丰富，但因位于地势相对较低的闪电河河川草原地带，所以大部分遗址隐没在较深的草丛之中，特别是西侧的河滩处基本没有遗迹。南北宽约 800 米，东西长约 1500 米。经过调查，南关有一"丁"字形大街，南北大街与城门(明德门)正对。东西大街东段保存较差，街道遗迹不清；西段街道清晰，长约 500 米，宽 10 米，街道平直，在街道两侧，保存有整齐的房址。此外，在南关大街以外的高台地上也散布有少量的建筑遗址和敖包基址。南关南侧靠近闪电河诸建筑遗址，均因地形低湿，有的保存极差，有的深埋于地表之下，地表遗迹不清，无法进行测量与绘图工作。北侧遗址保存尚好，在东西两侧发掘民居和客栈遗址各一处[137]，并在西北部的闪电河北调查官署遗址一处。

发掘清理的房屋基址共 4 处，其中西区 3 处，东区 1 处。西区 3 处房址形制基本相同，并彼此东西相连成一排。房屋为地面建筑，南北进深 7.5 米，东西宽 7.3～12.15 米不等，房屋墙壁皆用自然石块坐浆垒砌，较为规整，基宽 50～60 厘米，残高 16～30 厘米，其内由厅间和火炕组成，或东室为居住火炕，前有灶台，西侧为宽大的客厅；或亭间在前，火炕位于后面的东西两端。门道都位于南墙，门外有以瓦片立砌而成的斜坡状台阶，F1 台阶中部以瓦片对砌成花瓣形，屋内出土了大量的板瓦和筒瓦，可能房屋之顶部曾以瓦片铺设(图一一)。东区发掘房址 1 座，平面呈长方形，进深 7.75 米(因其西部破坏，宽度不清)，为一进两开式，分中、东、西三室，外有院墙，地面用灰色长方砖铺砌，南侧正中有石砌阶梯式台阶，其规格和面积都高于西区房屋。

遗址内出土各类完整器物近百件，以生活用品为主、建筑材料次之。生活用品多为陶器、瓷器，少量为铁器、石器。陶器均为泥质灰陶，有盆、盖盘等。瓷器多为白釉，还有白釉黑花和茶绿釉，另有少量的钧窑、龙泉窑瓷器，器形以瓮、罐、盆、碗、盘、盏为主。此外还有一定数量的钱币出土。建筑材料主要有砖、瓦、瓦当、滴水等。南关遗址的发掘，基本搞清了元上都普通房屋的规模及结构，所出器物也是普通居民日常所用之器。其中，西区 3 间一套的建筑布局中，每套均为厅堂加火炕的建筑形式，客厅较大，火炕有一铺和二铺之分，前面连接灶台。房屋北墙后另筑一墙，将 3 间房屋连成一排，但又彼此分开，后间似有储藏室功用。从建筑形式和出土的黑釉碗和酒盅等日常生活器具分析，此处应为一组客栈建筑遗址。1995 年在此发掘区东侧正对明德门御道之西的基建工程中，曾出土大量碗、碟、盅等酒具和酒缸等餐饮和盛储用具，当时即认定是一处酒店遗址。

位于南关西北部的官署遗址(调查编号 LYN-1)，北距元上都外城南墙约 100 余米。院落平面呈长方形，东西长 130 米，南北长 110 米。门道位于东墙北部。院内房址分布疏朗，不甚对称。正殿基址较大，位于院之东北部，平面呈长方形。在基址南、北两面中部均有较宽的斜坡式踏道，在正殿基址西南有两处不太完整的小型四合院式基址。此外，在正

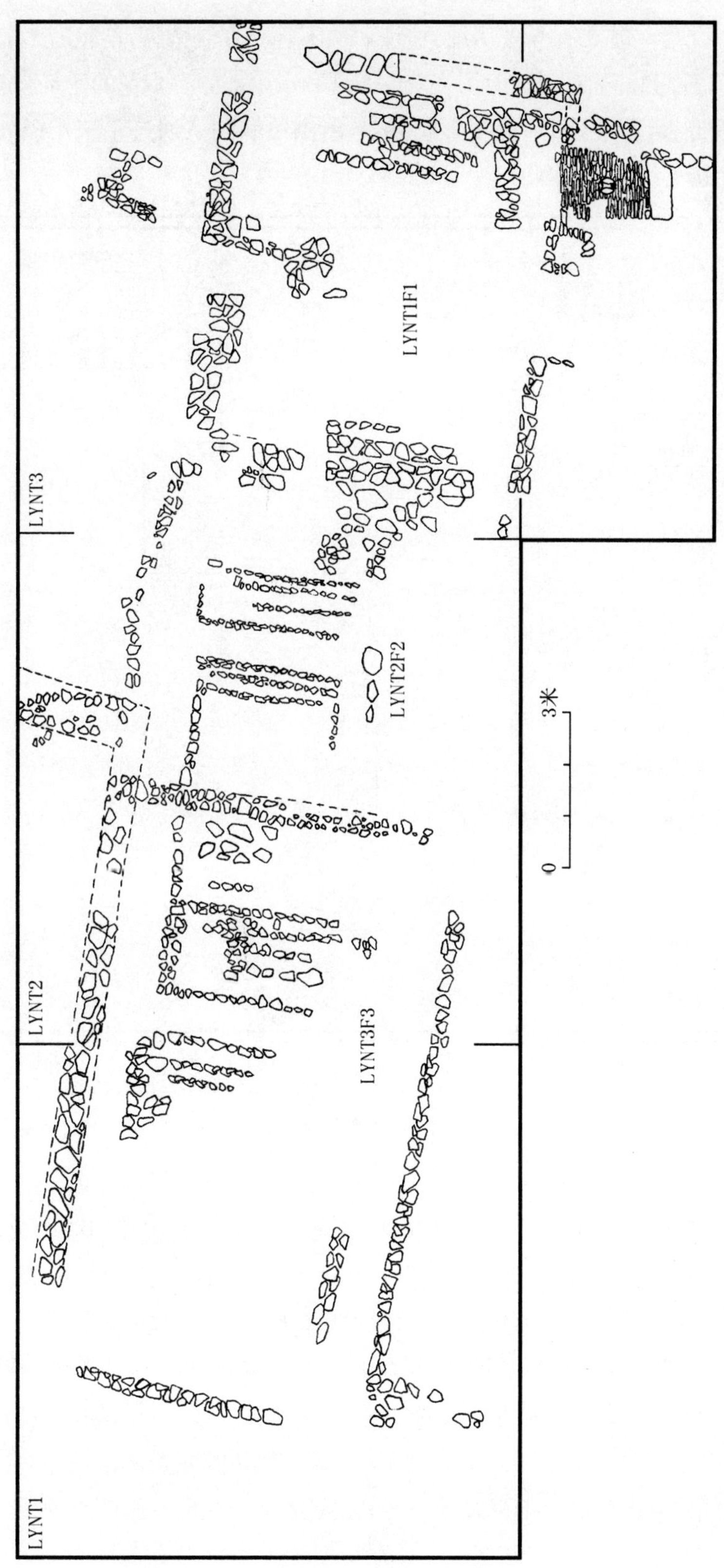

图一一　南关发掘探方 LYNT1～LYNT3 平面图

殿基址和小型院落南散布有 6 处房址，房址间数不等。在院内西北部也散布有 5 处零散的房屋基址。在院门北侧有一排房址，在院内东部和东南部亦有少量的建筑遗迹（图一二）。因该处地势较低，水草茂盛，遗迹多数被覆盖，给测绘和确认遗迹带来了极大的困难，故该区域建筑遗迹可能有所遗漏。

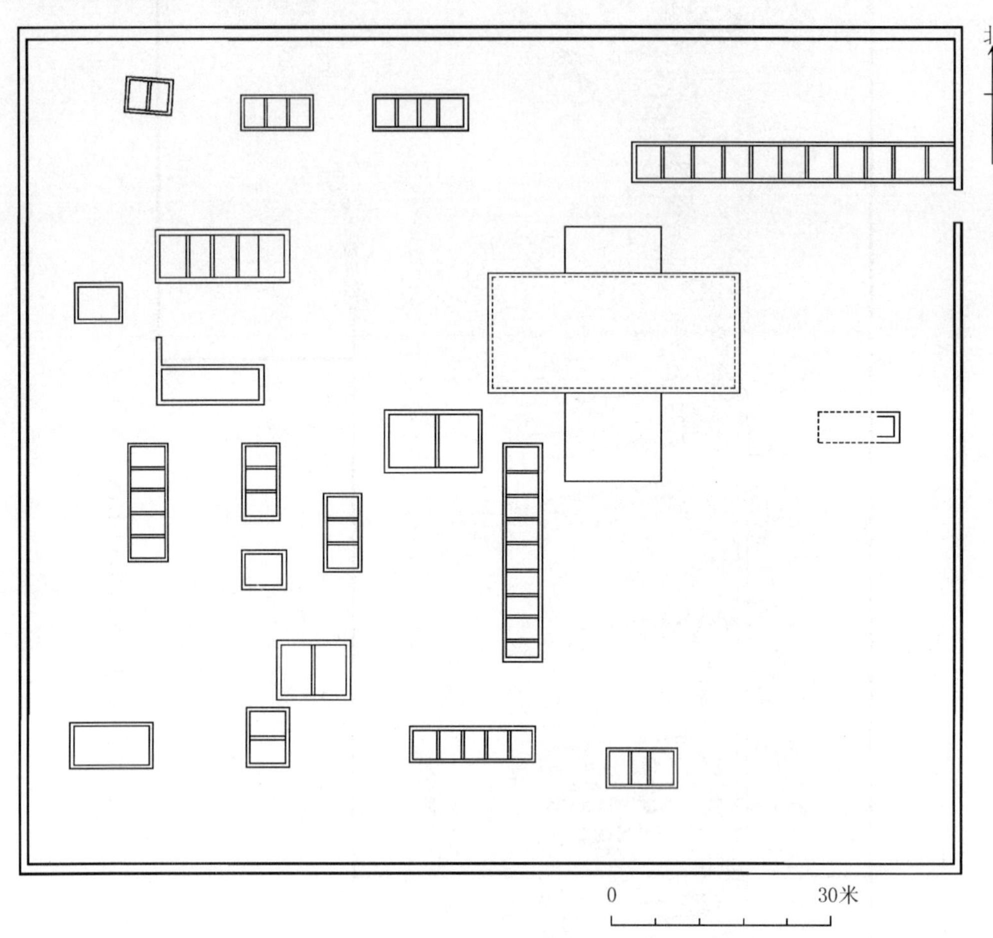

图一二　南关官署遗址（LYN–1）

（3）西关

西关外向西约 1400 米处有西山敖包，西北方为哈登台敖包，因此，西关的北部地势略窄，遗迹分布相对较少，且多为官署建筑。由外城西门向西南，则地势相对平整，房屋院落分布密集。西关偏南处有一条东西向大街（西关大街）与皇城小西门外大街相对，长约 1000 余米，宽 10 米，直通至城西的铁幡竿渠旁。大街南、北两侧为排列的店铺，店铺房屋均临街而建，后面为院落。店铺的规模多数较大。在西关北面山丘缓坡的高台地上散布有大型院落，但院落规模明显小于东关大型院落，其内布局多不规整，房屋建筑基址相对较少。在铁幡竿渠的西侧，也分布有大量的建筑遗迹。从史料记载和调查情况分析，西关应为元上都城的商业区。在西关共测绘官署、粮仓、店铺、民居等遗址 14 处[138]。

位于西关铁幡竿渠之西的一处官署遗址（调查编号 LYX–9），在大型仓址西南约 50 米处。该院落地表建筑遗迹清晰，平面呈长方形，南北长 100 米，东西宽 56 米，院门位于南墙东段。院内为一四合院形式的独立的院落，整体布局略偏西北，门道位于南房东侧。在紧依院落南墙外院门东、西两侧各有房址一排，规格相同（图一三）。

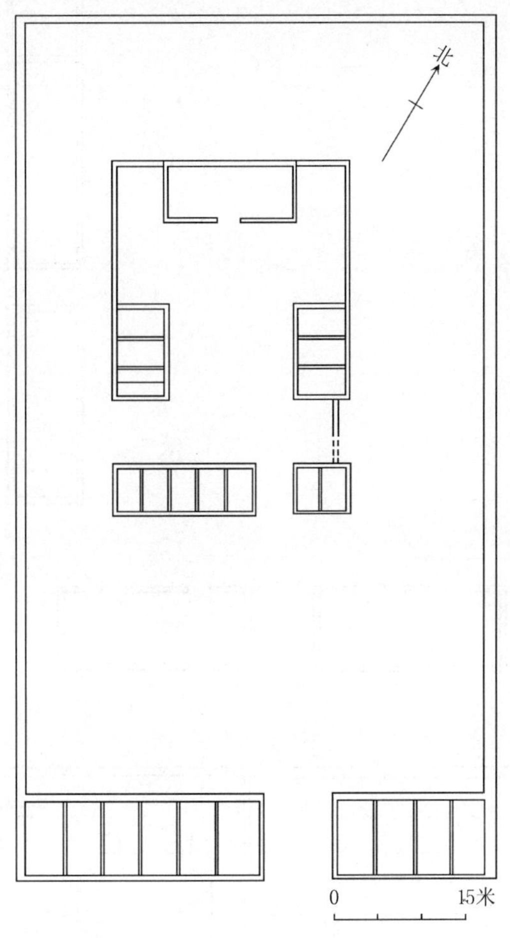

图一三　西关官署遗址（LYX–9）

大型仓址在西关之西山敖包东南侧的缓坡之上（调查编号 LYX–1），由北面仓址主体和南面东、西两个院落三部分组成。仓址主体平面呈长方形，南北长 210 米，东西宽 150 米，仓址建在高约 2 米的夯土基址之上，院门位于南墙正中。由正廒一仓、东廒和西廒各两仓、南廒东西两仓组成。其中，东、西两廒的北侧仓房南北总长约 100 米，为两间各长 56 米和 44 米的仓房相连而成，建筑规格整齐划一。仓房中间是宽敞的院落。在仓址的东南角紧贴东墙有一小型房屋基址，似为保卫仓库人员使用的房屋。仓址南面两处院落东西隔墙而邻。东侧院落平面呈长方形，南北长 72 米，东西宽 58 米，院门在南墙中部。院内台

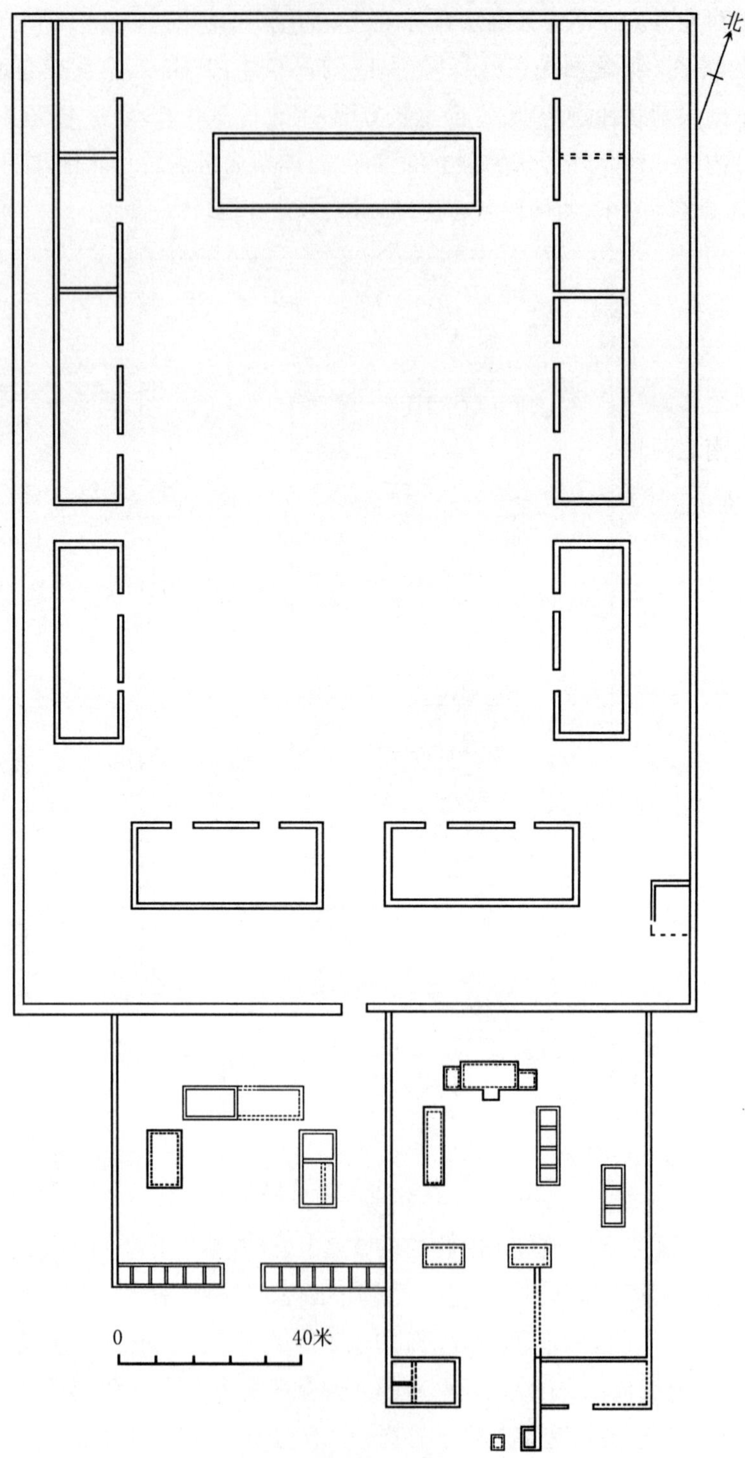

图一四　西关大型仓址(LYX-1)

基上的正殿基址位于院之西北部，由高台基址上的正殿和东、西两侧耳室及南面的两排倒座组成。在院内近东墙处亦有东房一排，在门道外侧东西各有一石砌围墙，在西侧围墙内西部有房址两间，该围墙应为用于车马歇脚的处所。此外，在院之最南端门道两侧对称建有小型房址两处，类似门房。从该院的房址布局分析，判断其应为仓址官署所在地。西侧院落平面略呈长方形，东西长 62 米，南北宽 57 米，院门位于南墙中段略偏西，院内房屋建筑较少，由北侧的正殿基址和两侧的东、西厢及南墙门道两侧的两排倒座组成。北墙东端为仓址院落南门。从西侧院落的房址布局看，房屋明显多于东侧院落，加之仓址院落门道开于此院，应是储运粮食和守卫仓库的人员住所（图一四；彩版伍陆，1）。这处仓址很可能就是元代著名粮仓万盈仓的遗址。

西关大街南北两侧建有较多的店铺商肆建筑。在西关大街中段南面发现一处店铺遗址（调查编号 LYX–10），该店铺因地势所限，东墙略作东南—西北向，故其平面略作不规则四边形，南北长 65 米左右，东西宽 50 余米。店铺院墙基址均用自然石块垒砌，院门位于南墙偏东处，门外有石砌路面。店铺由北端临街的十间房址组成，但各房址进深、间宽皆不等，这种现象在西关店铺建筑中普遍存在，可能是根据店面规模需要而建。店院内房址集中于西部，基本为四合院形式。店铺院内暴露遗物极少，仅有少量的灰色素面板瓦、灰色素面砖和黑釉圆沿粗瓷瓮等残片（图一五）。

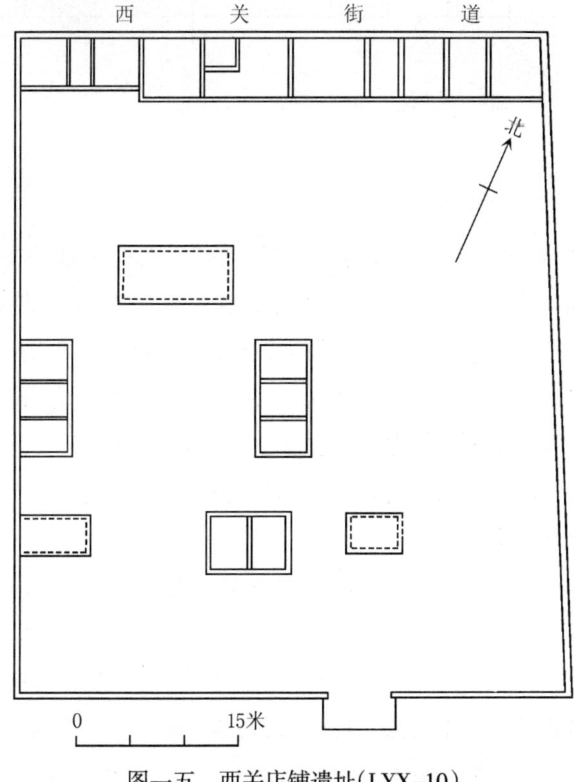

图一五　西关店铺遗址（LYX–10）

西关存有较多的民居，大小不等。位于西关大街中段北部的一处民居（调查编号LYX-12），平面呈长方形，东西长 40 米，南北宽 24.4 米，院墙砌筑痕迹较为清晰，为西关民居中保存最好的一处。从总体布局来看，院门应在南墙东段。院内房屋基址基本沿四墙分组分布，基址建筑规整，院落中央略显空旷（图一六）。

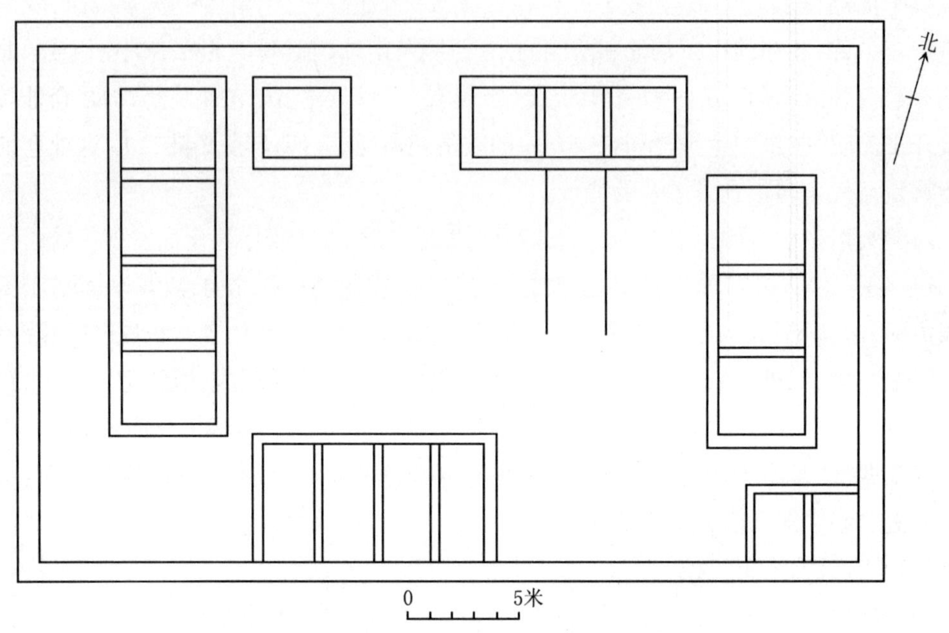

图一六　西关民居遗址(LYX-12)

(4)北关

地处外城北墙外，往北近 2000 米为东西横亘的龙岗，山下地势平坦，东西宽约 2500 米。其中，东半部因为早年被开垦为农田，建筑遗迹不甚清楚；西部则地势开阔，与西关北部相连，留存有较多的建筑遗迹。调查中发现，在北关中部偏西处有两个特大型院落，院内均有房址百余间，且成排分布，应是当时驻军的兵营。在兵营北部有少量的大型院落，院内房址极少，性质不清。此外，在北关的北部有一条东北—西南向，长约 800 米，宽约 60 米的建筑带，因保存较差，建筑布局和院落布局不清。因北关诸遗迹相对保存较差，调查测绘仓址、兵营和大型院落 4 处[139]。

仓址位于北关东北部山丘的缓坡脚下（调查编号 LYB-4），平面呈长方形，东西长 82 米，南北宽 72 米，仓址院门位置不详。院内紧依东、西、北三墙各有仓房 1 排，进深均为 9 米，中间仓房东西长 81.5 米，东、西两侧仓房长 58.5 米，东、西两侧仓址各由 2 间仓房组成，做对称分布，规格相同。仓址北面仓房较大，长 33 米，南面仓房略小，长 25 米。在院内中部亦建有 2 个大型仓址，规格相同，仓址东西长 38 米，南北进深 11 米。在仓址地表暴

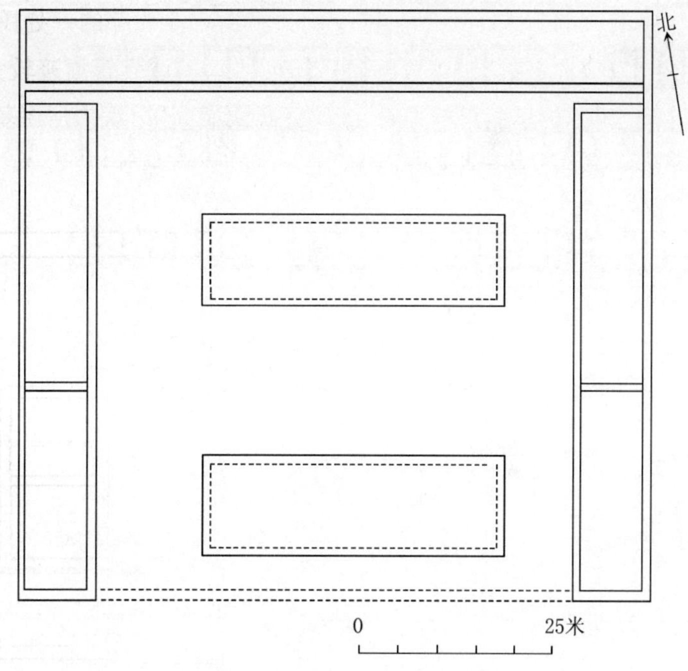

图一七　北关仓址(LYB–4)

露有较多的灰色素面砖和灰色素面板(筒)瓦残片(图一七;彩版伍陆,2)。

兵营遗址位于北关西北部略偏南处(调查编号 LYB–2),院落平面呈长方形,南北长 227 米,东西宽 130.5 米,院落墙址均为自然石块垒砌,院门位于南墙正中。该院落布局井然有序,分为北部的住宿区、南部西侧的官署区和东侧的仓储区三部分。住宿区位于院落的北半部,南部有隔墙与官属区分开。东西宽约 128 米,南北长约 63 米。院落内有南北 4 排共 102 间分布整齐,规格划一的房址。同时,在紧贴院之东、西两墙有厢房 2 排 20 间。在西侧厢房南端开一西侧门。住宿区与西侧官署区之间有墙相隔,但与东侧仓储区之间有一通道。官署区占据了东侧三分之二的院落,由 3 个既独立又相互联系的小院落组成。北面并列的两个院落内均建有高台建筑基址,东面基址南侧建有斜坡踏道;南面院落内东北角和南部亦各有一高台建筑基址,南部台基南侧正中有斜坡式踏道,东墙北段有一侧门通往仓储区。仓储区位于院落东侧,西与官署区相邻,北与住宿区相连。该区由北向南有 5 排房址,相对错落分布。在仓储区北面院落东墙亦有 3 间房址,可能为仓储区警卫人员住房。在仓储区南部有 3 处呈"品"字形分布的小型高台建筑基址,现存高度 0.5 米,在院落西南部亦保存一正方形高台建筑基址。兵营院落内地表暴露遗物极少,有少量的灰色素面板(筒)瓦和灰色素面砖。在官署区内的高台建筑基址上散布有少量的琉璃构件(图一八)。

位于北关之中部的大型院落(调查编号 LYB–3),平面略呈长方形,东西长 46 米,南

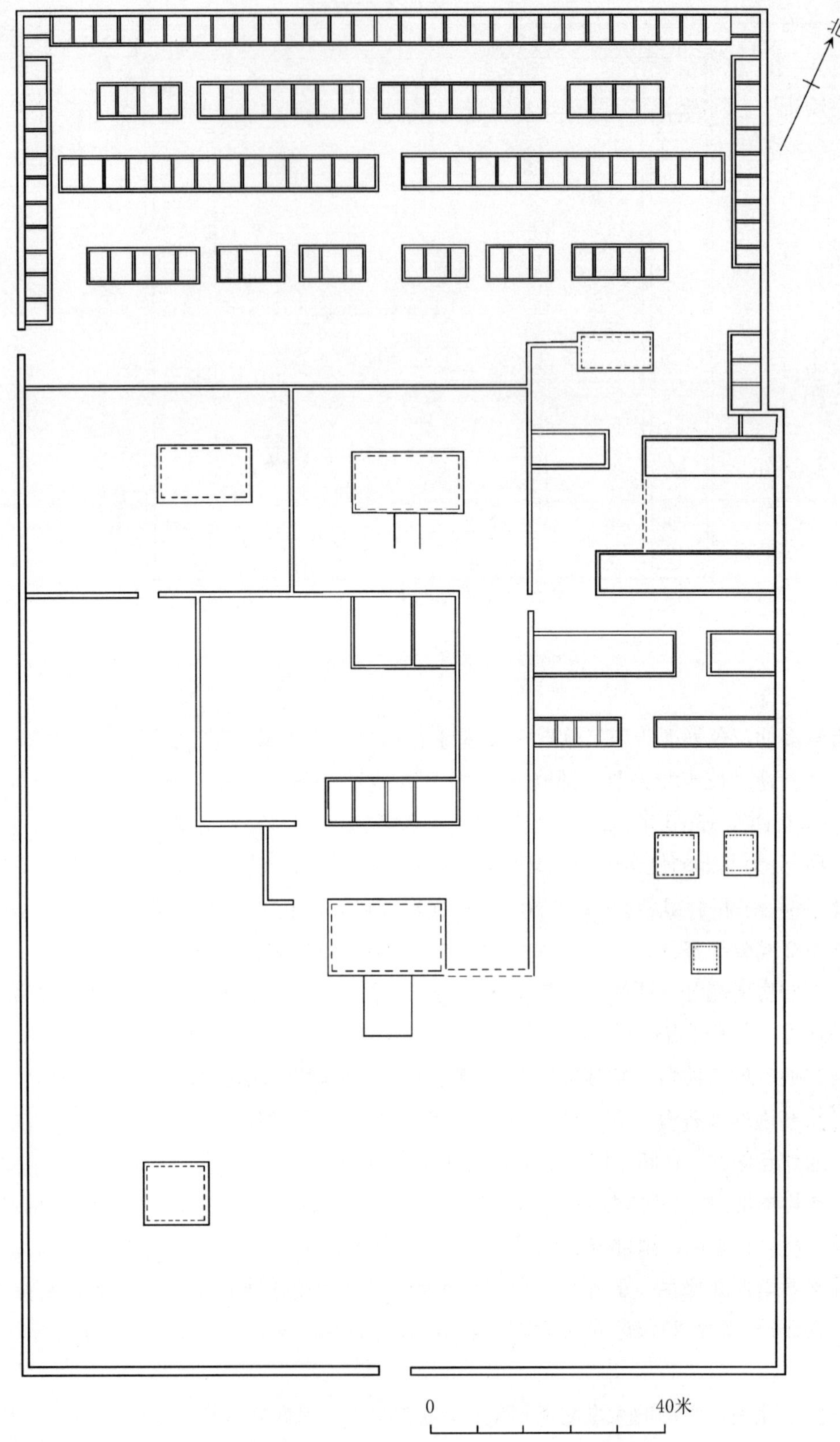

图一八　北关兵营遗址（LYB-2）

北宽44米。该院落保存较好，遗迹十分清晰，院墙及房屋基址均用自然石块垒砌，院门位于南墙正中。院内北部有两排并列的房址，南面对称有东、西厢房各一排。院中央和南北两端留有较大的空地。院内地表暴露有少量的灰色素面砖和灰色素面瓦残块(图一九)。

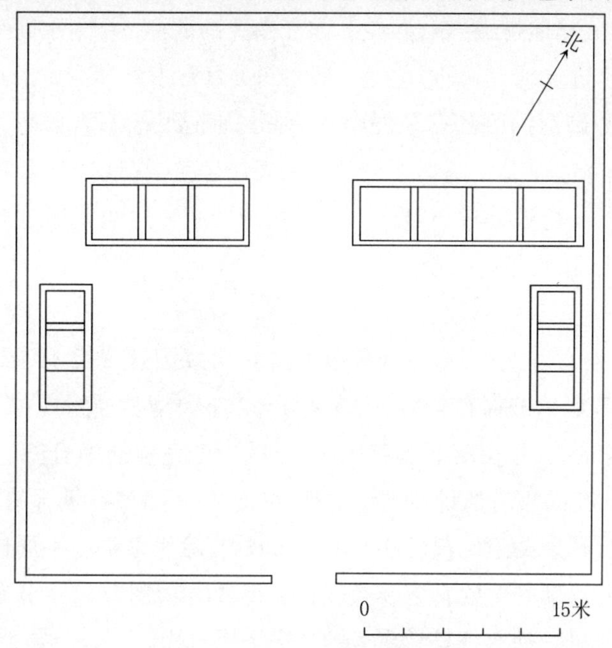

图一九　北关院落遗址(LYB-3)

3. 元上都四关功能的讨论

元上都四关是元上都城极为重要的组成部分。依据调查材料，四关内的遗址大致可以分为官署、仓址、驿馆、大型院落、店铺、民居和兵营等几类。但几类遗存在每关的分布情况又各有侧重，从而形成了既相互关联，又各具特点的分布规律。元代诗人曾有“西关轮舆多似雨，东关帐房乱如云”[140]和“滦水桥边御道西，酒旗闲挂暮檐低”[141]，“滦河美酒斗十斤，下马饮者不计钱”[142]的诗句，反映了元上都城关的生活情景。据调查，西关街道交错，建筑遗迹比较密集，可能作为元上都的主要商业区，因而显示出到处店铺林立、商贾云集的繁荣景象。史载，上都外城的“大西关”外设有“马市”[143]。还有“羊市”、“牛市”，甚至还有专门贩卖驱口(奴隶)的“人市”[144]。靠近皇城的东关则因地近皇城，东门外建筑遗址较少，有的大型院落内也特别空旷，似留有搭建蒙古包的地方，应主要作为王公贵族、元朝官员和朝觐者的聚居地而使帐幕云集，其偏南的小东门外，则可能为百姓杂居之地。南关的主要遗迹多位于元上都明德门御道两侧。在南关明德门外御道西侧发掘的客栈遗址，为成排的石基础房屋，房屋内均砌有一至两铺火炕，居住面上有塌落的大量板瓦、筒瓦等建筑构件，建筑布局整齐划一。紧靠客栈遗址的东侧，曾出土过较多的大型酒缸和饮酒器具，明显属于酒店遗址。御道东侧则发现了高大的敖包和分布不甚密集的房舍。故南关遗址中,酒店和客栈遗址是其主要组成部分。在北关外,发现了建筑规模较大的并列的两处驻军院落遗址,东侧院落的后院为整齐排列的成百间住房,前院则纵向分为指挥和仓储区两个独立的院落。

元上都四关的关厢地带,在东、西关北部和南关的北侧,主要分布有一定数量的规模略大,布局规整的建筑基址,当是管理元上都和四关日常事务和商贸活动的官署遗址。在西关的南部、南关的御道两侧和东关的南部,则分别主要是商肆店铺、大型仓址、酒店客栈和普通居民的住宅区。北关基本不见商肆和民居建筑,在铁幡竿渠内侧主要是建筑规模宏大的兵营和仓址、行殿等建筑基址。下面据考古调查的四关建筑总体布局和建筑特点,并结合文献记载,按类进行分析。

(1)官署

调查认定的9处官署遗址,有7处分布于西关,东关和南关各有1处。这些官署遗址建筑规模均较大,基址一般保存较好,大多由1~2座大型基址组成,多在大型基址南面东、西两侧建东、西厢房,并在南面建有倒座,形成一个完整的四合院。院内布局较为整齐,房屋相对较少。有的官署遗址有数组房址,如南关的LYN–1明显有3组四合院组成,东面一组规模较大,其余两组规模较小。在上都城内,除供皇帝巡幸居住和处理政务的诸多殿阁和庙宇之外,六部的主要官署也应当在上都城内。所以,这些分布在四关的官署遗址,可能为上都留守司管理上都日常事务的各类下属机构。

据《元史》记载"国初,置开平府。中统四年,改上都路总管府。至元三年,又给留守司印。十九年,并为上都留守司兼本路都总管府"[145]。上都留守司的职能是"掌守卫宫阙都城、调度本路供亿诸务,兼理营缮内府诸邸、都宫原庙、尚方车服、殿庑供帐、内苑花木,及行幸汤沐宴游之所,门禁关钥启闭之事",同时又要"兼治民事,车驾还大都,则领上都诸仓库之事"[146]。上都留守司负责管理上都城及其辖境内诸事,下设有许多机构和官员。据《元史》记载,上都留守司的下属机构,根据其不同的职掌大致可以分为6类,分别为:民政、治安、军事、巡幸供给、营造诸司、仓库及税课等[147]。而每类机构又依其职能的不同下设数个分支机构,据研究,上都留守司直属的分支机构包括掌营修的修内司、造铁器的器物局、掌诸王驸马使客饮食的饩廪局、掌酿酒养鹰的云需总管府,以及兵马司、司狱司、警巡院、开平县、平盈库、万盈库、广积仓、万盈仓、永丰仓、税课提举司等等,有26个之多[148]。所以,根据上都城内外建筑的实测情况分析,上都留守司作为负责上都城日常管理和供需各项事宜的常设机构,其部分下属部门依据职能需要而分设在四关是十分必要的。此外,元政府各省、部及上都路等近30个部门直属的各类上都官署,也应主要分布在关厢地带[149]。砧子山墓地砖券穹隆顶墓DZXM64出土的一件漆器的底部,由右至左的三行墨书为:"南□路总管府提调官达鲁花赤哈剌哈孙明威","内府□……","杂造局官孙进万丈清今……"[150],这可能是上都杂造局为南□路总管府的官员制作的漆器。上都杂造局是元朝武备寺所属秩正七品的上都官署[151]。

(2)仓址

调查发现的几处仓储遗址，分别位于东、西两关和北关。其中最重要的是东关之东北部小元山子下的LYD-4和西关之西南部西山下的LYX-1，两座位于高阜之处的大型仓址。1973年，贾洲杰先生等在调查中发现了这两处仓址，并据文献记载，分别将东关仓址考证为广积仓，西关仓址考证为万盈仓，是为元代两座著名的粮仓[152]。

上都是元代北方地区重要的储粮基地。“上都地寒，不敏于树艺，无土著之民，自谷粟布帛，以至纤靡奇异之物，皆自远运至”[153]。可见，上都的粮食和其他物资主要靠外地运来。上都不仅有相当数量的常住居民，还有大批的临时人口。主要有扈从皇帝前来的诸王贵戚、百官嫔妃、僧道儒士和军队侍从等，还有每年赶来做买卖的大批外地商人，当地的驻军和上都周围的牧民和猎户也不在少数。因而，“上都每年合用米粮不下五十万石”[154]。王恽在至元三十年前后的一份奏文里写道：“上都北边，每岁临幸及屯戍重兵，岁用粮斛甚广”[155]。因此，粮食的储备和供应就成为上都经济生活的重要内容。为了储备大批的粮食，元王朝早在忽必烈中统到至元初年，就在上都城外的东西两侧先后修筑了两座规模宏大的粮仓，即广积仓和万盈仓，秩正六品，同属上都留守司管辖。广积仓初名永盈仓，成宗大德年间改称广积仓[156]。两仓“北连沙漠，地接禾(和)林，乃边远酷寒之地。周岁出纳，少者不下三四十万余石”[157]。据《永乐大典》记载，这两座粮仓都由正廒和东、西、南廒组成，形制完全相同，各仓皆进深四丈五尺，长十一丈二尺和十一丈六尺。若按照1宋尺等于31.6厘米计算，各仓进深应该是14.22米，长度应当是35.4米和36.7米，比实际测量的进深15～17米、长42～48米的数据略小[158]。这可能因为：一者，宋尺的大小因时间、地点和测量对象不同而有所不同。二来，现在的测量是按照基址的边缘实测的，并包括了仓房墙体的厚度。除去上述因素，则二者还是较为接近的。由于上都粮仓特殊的作用，“又系酷寒之地”，“比之大都平准行用库品级尤高”[159]，仓库官员的升迁也与内地有所不同。上都大量的粮食要运往北边和林等地。世祖至元二十五年(1288年)十二月，“命上都募人运米万石赴和林”[160]，成宗大德元年(1297年)，“令各部宿卫输上都、隆兴粮各万五千石于北地”[161]。上都粮仓的储备粮还用于赈济灾民。成宗大德六年(1302年)三月，“上都大水民饥，减价粜粮万石赈之”[162]，文宗天历二年(1329年)十二月，“赈上都留守司八剌哈赤二千二百余户，烛剌赤八百余户粮三月，钞有差”[163]。文宗至顺元年(1330年)秋七月，“蒙古百姓以饥乏至上都者，阅口数给以行粮，俾各还本部”[164]。

此外，在上都的东关和北关还发现两座规模略小的仓址。东关的仓址位于上都东门东北方约近400米的高阜之处，地近皇城东门，建筑规制同于上述两处粮仓。但是，该仓址各台基之上仓房分别由2～3个小型仓房组成，说明每个仓房有更强的专用性，加上距皇城较近，其可能为皇室和宫庭的专用仓库。史载，至元五年(1268年)，建上都太仓，秩正六品,“掌内府支持米、豆及酒材、米曲药物”[165],即收贮宫廷所需粮食等物,性质与前述两仓有别,属专门负责宫廷饮食的宣徽院管辖。此仓或者就是上都太仓也未可知。北关仓址位于兵营遗址东北部不远的山脚之下,形制与上述仓址不同,从其平面布局来看,北、东、西三面为规制划一的仓房,院中前后两排房屋,则属仓库官署或守卫人员的住所。很可能是为北关外驻军和行殿供应粮米材物的专用仓库。

调查发现,西关万盈仓南面还有两个相连的院落。其东侧院落应为万盈仓的官署所在地,而西侧院落可能为储运粮食和粮仓守卫人员的住所。在东关广积仓西墙外南侧发现的 LYD-5 大型院落,为一殿两厢式的官衙建筑形式,特别是其与广积仓相邻的东墙南侧,还建有一排房屋,表明了其与粮仓的连带关系。这座院落极有可能是广积仓官署和守卫的驻地。这些发现反映了元上都的基本仓储状况,丰富了对元上都仓储管理状况的认识。

(3)兵营

为保证上都及其周围地区的安全,元廷除在皇帝巡幸时派大批军队在上都的山前山后驻守外,还设置了专门的军事机构,管理在上都路内长期驻防的军队。其中一部分是上都留守司下设的兵马司,秩正四品,设指挥使、副指挥使等官员。兵马司下设 24 所巡检司,夜间有马步弓手职守巡逻[166]。元上都建立之初,守卫上都的军队主要是侍卫亲军。中统元年(1260 年)以中原汉军组成武卫军,至元元年(1264 年)十月,改武卫军为侍卫亲军。按照元代初年的军事制度,驻守元上都的军队是不固定的。“郡邑镇戍士卒,皆更相易置,故每岁以他郡兵戍上都”,“军士疲于转输”,因此,“每岁转饷,不胜劳费”[167]。为改变这种状况,至元十六年(1279 年)四月,“定上都戍卒用本路元籍军士”[168],“以上都民充军者四千人,每岁令备镇戍,罢它郡戍兵”[169],同时将上都镇戍军定名为虎贲军,次年,“以留守司兼管奥鲁(即军人家属)事。”大德元年(1297 年)初,设立虎贲亲军都指挥使司[170]。虎贲亲军都指挥使,往往由上都路总管府总管或上都留守司留守兼任。这种军政合一的体制,有助于维护和加强上都地区的治安。

在上都北关西北部发现的两处大型兵营遗址,东西并列,建筑规制划一,面积较大。对地表保存清晰的东侧一处遗址进行的调查测绘表明,该遗址由一个长方形院落组成,院内分为北端的兵营区和南端的官署区、仓储区三个部分,这三个区域既合为一个整体,又相对独立,其中仅兵营区院内的房址就有 102 间。若加上西侧的院落,两处遗址的房屋总数应当在 200 余间以上。若以每间驻兵 3～4 人计之,这两座兵营可驻军 6000～8000 人。在其北端还发现了建筑较少的大型空旷院落。

文宗时,镇守上都的虎贲卫军共有百户 200 员,元代规定,军队百户分为上、下两等,上百户统军 70 人,下百户统军 50 人。以此计算,长期驻防元上都的镇戍军队总数大致应在 10000 人至 14000 人之间。这样看来,上都北关的兵营就可以容纳下大多数驻军,其余少量的驻军也许分布在其他三关或仓储重地。此外，每年随皇帝巡幸扈从上都的军队也不在少数。武宗至大二年（1309年），从六卫汉军内抽调骑兵6000人、步兵2000人参加扈从[171]。文宗至顺元年（1330年），从各卫军中抽调1500人扈从上都，“又发诸卫汉军万五千人驻山后，蒙古军三千人驻官山，以守关梁”[172]。这里蒙古军驻守的“官山”，或许就是元上都北面的龙岗。而山下兵营北侧大型院落内的空旷之处，也许就是为这些扈从的蒙古军士兵临时搭建蒙古包而专门留下的。

因此，可以推断北关的这两处特大型兵营遗址，应是元上都虎贲亲军都指挥使司的主要屯兵之处。兵营南端的建筑，应当是虎贲亲军都指挥使的官署和驻军的仓储要地。

（4）大型院落

面积较大的院落遗址在东、西两关偏南处和南关靠近城门的御道两侧分布和发现较多。这些院落面积较大者边长可达百米以上，显示出高宅大院的宏伟气派。有的大型院落内往往分隔成相对独立的单元，周围套有院落隔墙；有的大型院落内的房屋相对较少，一般留有较大面积的空地；有的则建成“四合院”形式。

在东关的东门外所见大型院落遗址，多为房址建在院落北端高台基上，而南端较为空旷的建筑址。这些大型院落距皇城相对较近，应该多为前来觐见皇帝的蒙古宗王和元朝达官贵人的居所，院落空旷处可能是为搭建蒙古包留下的空地。史载，元朝诸多权臣就居住在东关。元顺帝后至元元年（1335年），权臣伯颜设计擒杀燕铁木儿长子唐其势，唐其势的死党剌剌就住在东门外的帐房之中[173]。这些大型院落在院内搭建帐房应与蒙古族居住的风俗习惯有关。在1990年发掘的砧子山南坡墓地M44采集的砖铭中，有阴刻“在城大东门”、“居主梁宅”、“泰定二年二月”字样的砖铭[174]，说明在东门外高宅大院居住的当是有一定身份者。在西关偏南处的西关大道南北商业区范围之内，间或分布有较大型的居住院落。这些院落面积均相对小于东关的大型院落，而且有的院落常常与临街的店铺连为一体，在院落内建成“一正两厢式”或“四合院式”建筑[175]；在南关东侧闪电河北岸发掘的一处较大住宅内，发掘房址1座，平面呈长方形，进深7.75米（因其西部破坏，宽度不清），为一进两开式，分中、东、西三室，外有院墙，地面用灰色长方砖铺砌，南侧正中有石砌阶梯式台阶，建筑规格较高[176]。这些院落可能是在元上都常住的富商大贾或上层富豪的住宅。

在东关发现的LYD–9，位于东关略偏南处，该院落是元上都四关大型院落遗址中房址数量较多的一处，共有近60间房屋。这些房址以排为组，多者6间，少则2间，有的还自成院落。它们之间既有联系，又相对独立。因此，该院落可能为一处用于接待来元上都觐见皇帝的达官显贵或外国使团临时居住的官方驿馆。在南关明德门御道西侧发掘的一处大型院落内，有形制基本相同并彼此相连的3处较大房址。房屋墙壁皆用自然石块坐浆垒砌，其内由厅间和火炕组成，门道位于南墙，门外有以瓦片立砌而成的斜坡状台阶，台阶中部以瓦片对砌成花瓣形,屋内出土了大量的板瓦和筒瓦,判断该房屋之顶部曾以瓦片铺设[177]。结合此遗址东侧发现的酒店遗址判断,该院落应为民间客栈遗址无疑。酒店和客栈东西相邻,配套而建,反映了元上都居民的日常生活和社会习俗。在西关发现的诸多院落中,虽然没有可以明确认定的驿馆和客栈类建筑,但是,作为元上都主要商业区的西关范围之内,在成排的临街店铺后面都连有后院及成排整齐分布的住房,就目前调查发现的建筑基址来看,有的应当是属于私家客栈馆舍之类建筑。

(5)店铺

目前调查认定的店铺遗址,均分布于西关东西大街的南北两侧。每个店铺均为一个独立的院落。临街处有数间或十余间不等的房间,院内亦有数量不等的居住房屋。

元上都做为元朝的夏都,每年四至九月元朝皇帝来此避暑和处理政务时,都会带来大批的官员和王公贵族,从而也带动了元上都商业的繁荣,为元廷带来了可观的商业税收。元上都的商税管理机构最初是宣课提领,至元十九年(1282 年)二月改为上都宣课提举司[178]。成宗元贞元年(1295 年)又改为上都税课提举司,从五品[179]。成宗元贞元年(1295年)曾"用平章剌真言,又增上都之税"[180],大德元年(1297 年),"减上都商税岁额为三千锭"[181]。到元朝中期阶段,元上都的商业税收达到一万二千余锭[182]。可见元上都地区的商业贸易活动是相当繁荣的。元代诗人曾有诗对此有所描绘:"煌煌千舍区,奇货耀出日。方言互欺诋,粉泽变初质。开张益茗酪,谈笑合胶漆。"[183]说着各种方言的外地商人相互谈笑,呈现出一派生意兴隆的景象。元上都的商贸主要集中在春夏之际,每年皇帝离开上都返回元大都后,随着商业需求的下降,许多商人便关门歇业。所以才有"官曹多合署,贾肆不常居"[184]的情形。在西关南侧发现的西关大街的街道南北两侧,有成排的临街店铺,这条大道向东一直通到外城南段西墙下,同外城内皇城小西门外大街相对。此类店铺建筑均连有后院及成排的住房。有的同一排临街店铺的房间大小还有所不同,可能反映了买卖行当和所卖货物的不同。上都还有很多的茶楼酒肆。上都草原出产的芍药制成的"芍药芽",号"滦水琼芽",此茶清香可口,能够"一饮云腴睡眼开"[185],扈从诗人杨允孚赞上都酒曰:"举杯一饮滦阳酒,消尽南来百感情"。又写道:"卖酒人家隔巷深,红桥正在绿杨阴。佳人停绣凭栏立,公子簪花倚马吟"[186]。在西关大街南北两侧的纵向小街巷内,常可以见到店铺式的建筑遗址,其中或可就有茶楼酒肆。南关御道西侧的客栈遗址之东的基建工地,曾出土过大量的酒缸和饮酒器具,此为酒店遗址当不会有误。

(6)民居

在元上都四关城区分布的民居,以东关和西关相对较多,南关,特别是北关分布较少。在东关和西关曾调查测绘了 6 处民居遗址[187],基本上可以代表元上都地面建筑的民居特点。需要说明的是,调查测绘的这类不同规格的民居,也应是当时在社会上有不同社会地位和经济实力的居民住所。这些民居中,有的院落略大,其间又可以分为小的院落;有的院落则是常见的小型"四合院式"建筑。在离皇城距离较远的南侧小东门外往东的闪电河北岸,分布有大片的小型建筑。因此地接近河滩,所以地基都较高,而且多是二三间房址的小型院落。在砧子山西坡墓地的一座火葬墓DZXM28中,出土刻有"上都小东关住人……黄德禄之位……"的石墓碑[188],说明墓主人就是居住在小东门外的小东关。可见这里应当是普通百姓的杂居之处。但是,在宋代文人的记述中,下层百姓的房屋则更为简陋。宋人严光大记载上都城下层百姓的居住条件是:"屋宇矮小,多以地窟为屋。每掘地深丈余,上以木条铺为面,次以茨盖上,仍种麦、菜,留窍出火。有地屋,掘地三四尺,四周土墙"[189]。这应当是地穴和半地穴式的房屋。元代诗人有"腊冻彻泉地坟起,土膏春动消成洼。千条万条壁缝折,十家九家屋山斜。"[190]经过寒冬,春天融化之后,许多低矮破旧的房屋就会因变形而东倒西歪。元人的记载常提到上都的"土房"和"板屋","土房通火为长炕"[191],指的应当就是上都普通居民的居住环境。在调查和试掘的民居遗址中,常可以发现火炕的遗迹。这些记载和诗歌真实的再现了元上都普通居民的生活。

(三)　元上都城内主要建筑的考证

忽必烈创建的元王朝,采用了唐宋以来的中原仪礼制度,同时也保留了一些蒙古民族固有的习俗。从元初起,元廷就特别重视两都宫殿的营建,设置了许多与营修宫室有关的官衙。据《经世大典》载,"国初建开平府宫阙、燕京琼花岛上下殿宇,始置祗应司"。开平宫室创建后,元廷又不断增修扩建,使其规模愈加宏大完美。"上都宫阙,创于先帝,修于累朝"[192]。上都宫殿可以分为三大组建筑。一组是以大安阁、穆清阁和水晶殿等为主体的建筑群,主要分布在宫城之内,可以视为上都的大内;一组是包括棕毛殿及一些附设帐幕在内的以宫帐建筑为特色的建筑群,分布在外苑城,应在西内;一组是拥有诸多行殿的伯亦斡耳朵行宫,应该是分布于上都城外。此外,还有分布在皇城之内的各类宗教、孔学等建筑群体。这些不同建筑风格的殿阁楼宇,在上都城融为一体,相映成趣,构成了上都宫廷建筑的特色。

明孙世芳等编撰的《宣府镇志》记载上都宫殿楼阁曰:"大明殿,门左曰星拱,右曰云从。有仪天殿,门左曰日精,右曰月华。宝云殿侧,有东西暖阁。宸丽殿侧,有东西香殿。玉德殿后,有寿昌堂。惑祸殿,有紫檀阁、连香阁、延春阁。其前拱宸堂,为百官议政之所。后御膳房、凝晖楼,侧有绿珠、瀛洲二亭,有金露台"[193]。顾祖禹《读史方舆纪要》卷一八《开平卫》[194]条与《宣府镇志》的记载一样。清金志章等编修的《口北三厅志》卷三[195]所引《宣镇旧志》,其中的上都宫殿楼阁名,也与上述两书一样。其实,这些记载都是照抄了《宣府镇志》的错误记载。将《宣府镇志》等书的记载与《元史》[196]、《禁扁》[197]、《故宫遗录》[198]、《元大都宫殿图考》[199]等书加以对照，便会发现《宣府镇志》等书所载的宫殿名称，都是大都的宫殿。就像叶新民在其所著《元上都研究》一书中明确指出的那样，这是“明清的志书编者误把大都的宫殿当作上都的宫殿”[200]的缘故。

开平城宫室的营建，是在地势低平，水沼错落的闪电河北岸进行的，因此给营建工程带来很大的困难。据波斯史学家拉斯特丁的记载，当时的人们把草地中间的湖水排干，并用石头、石灰、碎砖等材料填平，熔了很多锡加固。“在升起达一人之高后，再在上面铺上石板……在那石板上面，建造了一座中国风格的宫殿”[201]。郝经在《开平新宫五十韵》中写道：“穹庐罢迁徙，区脱省勤劬。阶土遵尧典，卑官协禹谟”[202]。在汉族儒臣看来，开平城的创建，是草原游牧生活适应中原传统制度的产物。

1. 主要殿阁

元上都的主要宫殿楼阁基本都位于宫城之内。宫城中以正北的阙式建筑、正中的方形台基和南墙正中的御天门，为一条南北中轴线，宫殿楼阁均随形就势，自成体系的错落分布于两端，并无左右对称的配置。宫城内现今地表所见大小台基计有 43 处。见于史籍的殿阁有大安阁、穆清阁、水晶殿、洪禧殿、香殿、睿思殿、崇寿殿、仁寿殿、清宁殿、鹿顶殿、歇山殿、隆德殿、玉德殿、明仁殿、兴圣殿、东便殿、五花殿、楠木亭、宣文阁、万安阁、统天阁和宫学场所等。这些建筑在上都城内的位置，除一部分主要殿阁在元代文献和元人诗歌中有所反映，并根据考古调查可以大致推定外，其余大部分殿阁和三省六部的官衙等，都有待于考古工作的进一步深入而逐步实现。

(1)大安阁

大安阁是上都的主要宫殿，元朝皇帝在这里登基、临朝、议政、修佛事、与诸王、大臣聚会、接见外国使者，它是上都的大内[203]，相当于大都皇宫的大明殿。在这里经常举行重大的典礼，忽必烈之后，有元成宗、武宗、天顺帝、文宗、顺帝等，五位皇帝即位时的忽里台是在此召开的。元武宗“即位于上都，受诸王文武百官朝于大安阁，大赦天下”[204]。元灭南宋后，南宋幼主被送到上都，“世祖御大安阁受朝降”[205]。

虞集《跋大安阁图》记载，“世祖皇帝在藩，以开平为分地，即为城郭宫室。取故宋熙春阁材于汴，稍损益之，以为此阁，名曰大安。既登大宝，以开平为上都，宫城之内不作正衙，此阁岿然遂为前殿矣。规制尊稳秀杰，后世诚无以加也”[206]。此说中建大安阁是忽必烈为藩王时所为，不确。“大安阁，故宋汴熙春阁也，迁建上京”[207]。金朝灭亡之后，汴京城内宫殿毁坏殆尽，“惟熙春一阁岿然独存”[208]，“盖其阁皆杪木壁饰，上下无土泥，虽欲毁之，不能。世岂复有此良匠也”[209]。据此可知，熙春阁是一座以木结构为主的坚固建筑物。至元三年(1266 年)，忽必烈下令拆迁熙春阁，经水道陆路将材料运往上都。大安阁即是仿照熙春阁的规模建造的，只是“稍损益之”。元人王恽所记熙春阁“高二百二十尺，广四十六步有奇,从则如之”,“为柱者五十有二,居中阁位与东西耳。为楹者各二,共长丈有二尺,上下作五檐覆压。其檐长二丈五尺,所以蔽亏日月而却风雨也”。全阁“飞翔突起,干青霄而矗上”,令观者有“神营鬼构、洞心骇目”[210]之叹。元代许多诗人提到这座雄伟瑰丽的建筑,都把它视作上都的象征,从咏叹大安阁的诗作中,亦可了解大安阁的建筑风格和特点。“大安御阁势岧亭,华阙中天壮上京”[211];“层甍复阁接青冥,金色浮图七宝楹”[212];“大安阁是广寒宫,尺五青天八面风。”[213]可见大安阁是一座位于宫城正中的,每层有中阁和耳房,具有高入云霄雄伟气势的三层方形楼阁式建筑。

因大安阁在元代地位的重要,所以近代学者对其在元上都的位置多有考证。贾洲杰

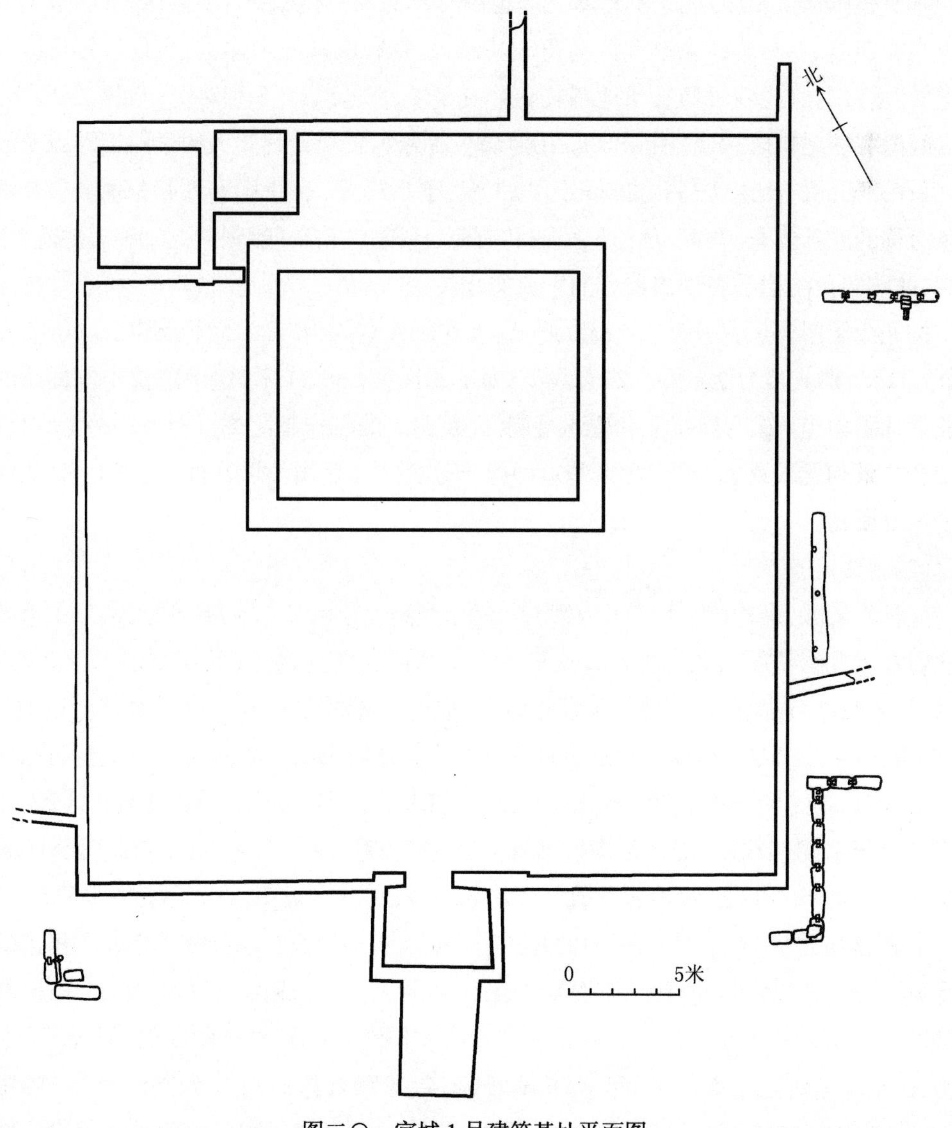

图二〇　宫城1号建筑基址平面图

经过考古调查认为应当是宫城北墙中央的阙式建筑[214];陈高华、史为民则推测当是宫城中央的台基[215];李逸友根据调查和考古发掘,亦认为宫城中央的台基为大安阁旧址[216]。

在宫城正中与东华门、西华门和御天门三街相对之处,考古发掘了一处方形的建筑基址(测绘 1 号)。基址分上下两层遗迹。其上层堆积为一明清时期的喇嘛庙,规模较小,所用建筑材料都是元代上都及其城外的建筑构件和石制品。下层则是一处较大的方形建筑基址,从发掘出土的东南角和西南角底层的石条地基来看,东西宽 36.5 米,在东侧揭露的地基向北 6.8 米处,有向东延伸出的地基,再向北端亦有向东延伸出的地基,很可能是该建筑的东西两侧建有踏道,或是另有建筑配置。从钻探的情况来看,东侧地基向北被上层台基所叠压,若在北侧向东的地基之北也有对称的 6.8 米的距离的话,则下层地基南北长也当在 36 米左右。在东侧和西南角地基处,暴露有成排的木柱,这当是当年筑地基时打下的"木钉"。底层砂岩质石条地基长 0.8～1.3 米,宽 0.5 米,个别略宽,厚约 25 厘米。石条之间凿有燕尾槽以相连(图二〇)。在前端东西两角发现立有高大的汉白玉浮雕龙纹角柱。保存完整的西南角柱,高 2.1 米、宽 0.53 米、厚 0.52 米。在正面和西侧分别竖向浮雕有一条对称的五爪腾龙,并配以牡丹、菊花和荷花、莲藕等花卉。雕刻的龙纹神态飘逸,形象逼真,纯熟的技法似乎表现出典型的中原文化传统(图二一)[217]。

按元代使用宋尺,一尺约为 31.6 厘米。大安阁长宽均为"四十六步有奇",一般步量法 2 步为 5 尺,则 1 步为 2.5 尺,"四十六步"为 115 尺,合 36.34 米,这一边长与发掘出的基址长宽几乎相当。从所处位置和建筑规制,以及出土的制作精美的汉白玉浮雕龙纹角柱,并结合文献和元人诗歌分析,此处基址即应当是金亡之后由汴熙春阁"迁建上京"的大安阁的遗址所在。

(2)穆清阁

又称穆清殿,最初建于何时史无明确记载。至治元年(1321 年)五月,英宗与平章政事拜住曾在上都穆清阁商讨失烈门谋反事件,"帝密得其事,御穆清阁,召拜住谋之"[218]。可见穆清阁兴建应在此前。到顺帝至正年时又"重建穆清阁"[219]。据权衡记载,"至正十三年(1353 年)……上都穆清阁成,连延数百间"[220]。《析津志》载:"至正年间,今上新盖穆清阁与大安相对,阁之两陲俱有殿,特出层霄,冠于前古。下亦三面别有殿,北有山子殿,上位每于中秋于此阁燕赏乐,如环佩隐隐然在九霄之上,着意听之,杳不可得,是为天下第一胜景。盖其地势抱皇城,缔构非凡故耳。然入八月,则琼楼玉宇,高处不胜寒矣"[221]。

上都宫城之中,惟有北墙正中的建筑,夯土台基十分高大,两侧又有对称相连的东西配殿,中殿呈凸字形而凹后,东西殿为工字形而趋前,形成阙式建筑(测绘 2 号,彩版伍柒)。在三殿相连的后部有束腰,正视其形式类似北京明清故宫的午门,只无门洞。此殿夯土台基与城墙连为一体,墙上不设城门,台基和墙体有可能为同时夯筑(彩版伍捌)。台基外包青砖,东西宽约130 米,两端配殿南北长约 60 余米,为宫城内最高大之建

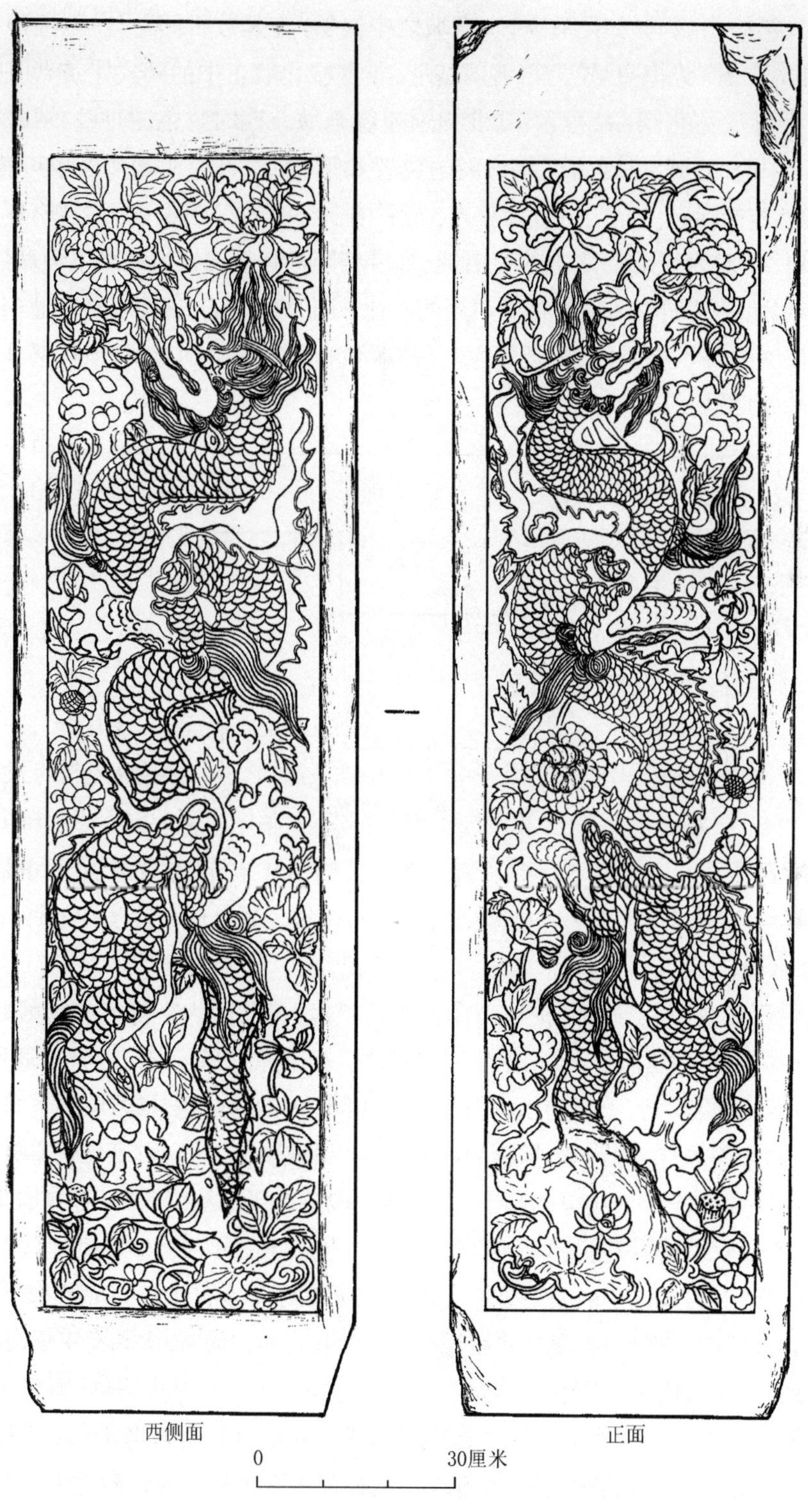

图二一　宫城1号基址下层出土汉白玉角柱(LYD1G4:1)

筑(图二二;彩版伍玖)。如此看来,在宫城之中能够“连延数百间”,且“两陲俱有殿”,又“与大安相对”,并“势抱皇城”的穆清阁基址,非宫城北墙正中的阙式建筑台基莫属。元人周伯琦有诗曰:“北阙岧峣号穆清,北山迢递绕金城。四时物色图丹壁,翠辇时临号太平。”[222]诗中的“北阙”已经言明穆清阁的位置和形状,而且说明穆清阁也可称作“太平楼”。元人宋本有诗云:“复仁门边人寂寂,太平楼上客纷纷。”[223]据前文考查,复仁门即皇城北门,此门正对宫城北墙之上的穆清阁,二者相距甚近。因宫城北墙不设城门,皇城北门亦鲜少利用,故有城门清净与楼阁热闹的对比。同时也反证了,位于皇城北门之南的宫城北墙上的大殿即是穆清阁(彩版陆零)。日本东亚考古学会当年调查时,基址之上尚留有喇嘛教建筑(图版二)。

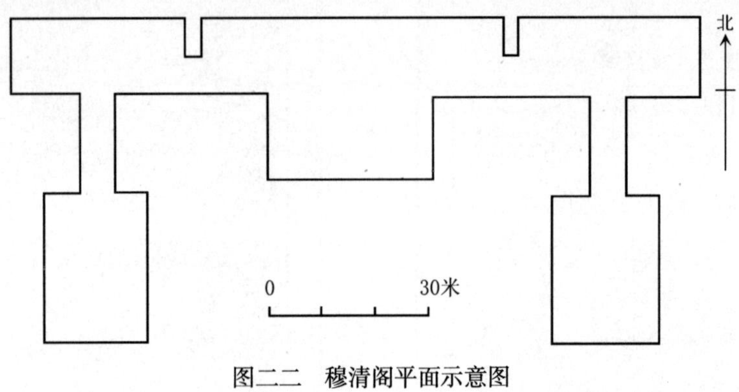

图二二　穆清阁平面示意图

在此大殿中央台基南部55米处,有一东西长约100米,南北宽约30米的高大基址,日本人1937年调查时,其上为一处晚期的喇嘛庙建筑。基址的始建年代不详(图版三)。

(3)水晶殿

水晶殿可能是以其独特的构造而命名的,《禁扁》将其列为上都五座宫殿之首,可见它是一座十分重要的宫殿。元人萧洵记大都宫城“有水晶二圆殿,起于水中,通用玻璃饰,日光四彩,宛若水宫”[224]。上都的水晶殿当与此相同。周伯琦咏水晶殿诗有“冰华雪翼眩西东,玉座生寒八面风”的诗句[225],描绘的可能就是“用玻璃饰”的宫殿。元代皇帝常在殿中举行宴会或处理政务。“白昼萧韶起半空,水晶行殿玉屏风。诸王舞蹈千官贺,高捧葡萄寿两宫”[226]。“水晶宫殿柳深迷,朝罢千官散马蹄”[227]。至正十三年(1353年),周伯琦奉命赴平江(今苏州)祭祀海神天妃庙,就是在水晶殿接受元顺帝的委派的[228]。元代扈从诗人杨允孚曾写道:“大安阁下晚风收,海月团团照上头。谁道人间三伏节,水晶宫里十分秋。”并注曰:“大安阁,上京大内也。别有水晶殿”[229]。

以上资料说明,一来,水晶殿同样作为举行重要宴会和处理政务的场所,其位置应当在距大安阁较近的地方;其次,这一地点应当是在周围有水的高大台基之上。大安阁就是排干湖水后,建造在一片的沼泽之上的。现在大安阁的地基周围,考古发现了成排的木桩。忽必烈信任的康里人阿沙不花“尝扈从上都，方入朝，而宫草多露，跣足而行。帝御大安阁，望而见之，指以为侍臣戒。一日，故命诸门卫勿纳阿沙不花。阿沙不花至，诸门卫皆不纳，乃从水窦中入”[230]。说明大安阁四周可能有水池，围墙四周留有引进水源的通道。

考古调查，在宫城三街相对的大安阁东北约100米处，有一处在宫城内除穆清阁外最为高大的台基（测绘3号）。该台基呈长方形，东西长38米，南北宽28米，台高约3米。台基上的中部又有一直径约15米的圆形基址，略高于底层台基。台基周围地势低洼，形成一环形壕沟，至今仍常年有积水。该殿址位于北端的穆清阁与中央的大安阁之间的偏东处，周围视野开阔。从其所处位置和建筑台基的形制判断，可能就是在宫殿周围环以水池的上都水晶殿的基址（彩版陆壹，1）。

（4）香殿

见于《元史》、《元典章》等典籍。据皇庆二年（1313年）七月二十一日大司农司上都分司一份公文记载，“大安阁后香殿内有时分……”[231]。可知香殿应当坐落在大安阁的后面。到泰定二年（1325年）八月，又有“修上都香殿”的记载[232]。周伯琦《咏香殿》诗写道：“鹓班百和作坚材，翥凤翔龙四壁开。宝地晓张香积界，始知天子是如来。”[233]许有壬咏香殿诗：“香殿昼闲云气合，琼楼天回月轮孤。”[234]说明在大安阁后的香殿，作工坚固精巧，四壁绘有龙凤图案，是专为天子敬香拜佛的地方，故称香殿。

在大安阁遗址之后东北侧，有一与大安阁相连的建筑基址（测绘10号），东西宽35米，南北长28米，高约1米。东侧有廊道与大安阁相连，东北部为一处凸字型的建筑，建筑内北墙下有一排建筑基址，似为供奉佛座的位置，南侧院落亦与大安阁相接。从史料记载和现场勘察分析，此处遗址应当是上都香殿的基址。

（5）其他主要殿阁

元人王士点《禁扁》一书所记上都五殿为：水晶殿、洪禧殿、睿思殿、穆清殿和清宁殿。这五殿应当是上都的重要宫殿。此外见于史载的主要宫殿还有香殿、崇寿殿、仁寿殿和宫学等。

在元上都宫城之内，分布有约43处相互独立的建筑基址，这些基址大部分都有自己的院落围墙。从现今地表观察，凡建筑台基高大者，则四周院墙均较整齐、宽大而坚固；而建筑台基窄小低矮者，地表地基、房屋、院落亦较清晰可辨。以此观察，宫城内的高大台基除穆清阁、大安阁和水晶殿外，也仅有10处左右，上都的几座重要的宫殿也应当坐落在这些较为醒目的高大夯土台基之上。

睿思殿、仁寿殿、洪禧殿、崇寿殿　顺帝时，监察御史崔敬在一份上疏中谈到上都的大安阁、睿思殿、洪禧殿，并把它们称作“内殿”[235]，应当是位于宫城北部的主要宫殿。周伯琦有咏睿思殿和仁寿殿的诗：“睿思阁下锁窗幽，百宝明珠络翠裘，……榜题仁寿睿思东，星列钩陈绣阁重。”[236]可知睿思殿与仁寿殿东西并列，仁寿殿在睿思殿之东侧。

在上都宫城北部东西并列的只有穆清阁以南西侧的两个高大夯土台基。东侧大殿整体呈工字型(测绘 20 号)。北面台基为横长方形,东西长约 43 米,南北宽约 40 米,高约 2 米,四周建有围墙。台基南侧正中是一条约 30 米的长廊,与南端为一东西长 20 米,南北宽 16.5 米,高 1.5 米的台基相连;西侧大殿台基东西长约 25 米,南北宽 24 米,高约 2 米,台基南侧正中有突出的踏道,台基四周建有围墙,台基南侧有院落(测绘 19 号)。在两殿之间的南侧相接处,另随地形建有一处院落。这两处建筑基址高大宏伟,建筑规格考究,又地处宫城西北隅重要的位置,或许就是上都的睿思殿和仁寿殿(彩版陆壹,2)。

如果位于宫城西北隅的两处重要基址可以大致推定为睿思殿和仁寿殿的话,则宫城内东北隅的两处高大台基也当是重要的殿址,亦可作进一步的推测。文宗至顺二年(1331 年)二月,有修上都洪禧、崇寿等殿的记载[237]。周伯琦咏洪禧殿的诗曰:“镂花香案错琳鏐,金瓮蒲萄大白浮。群玉诸山环玉榻,瑶池只在殿西头。”[238] 洪禧殿内设有“金瓮蒲萄”,皇帝常在这里开设酒宴。许有壬有《奏事洪禧殿赋殿前芍药》和《洪禧殿进讲》等诗作,可见,洪禧殿又是宫中讲学的场所。在东华门内道路北侧,西距大安阁不足百米处,有一处带有院落的大型建筑基址(测绘 8 号),院落东西长 55 米,南北宽 50 米。院落内偏北为建筑台基,台基略呈方形,边长约 26 米,高 2 米,其上留有建筑遗迹。台基南侧及院落南端和西北角,建有整齐的房屋。该院落建筑规整,大殿下还建有整齐的房舍,可能就是经常用于讲学的洪禧殿的基址。在该殿东北方约 25 米处,又有一处南北向长方形的院落(测绘 9 号),院落南北长 68 米,东西宽 50 米。院内北侧有一长方形台基,南北长 28 米,东西宽 20 米,高约 1.5 米。在院落南端的两侧和台基的西北角,都有房址遗迹。在史籍中,崇寿殿与洪禧殿经常并提,可见两殿相距不远,此处殿址也许就是崇寿殿的基址。

宫学　宫学始建于顺帝至正元年(1341 年),“以教世戚、勋臣之子孙,建学舍内苑,以严中外之别”。读书的学子都是怯薛成员,“皆入侍帷幄,出备警跸”[239]。皇帝每年巡幸上都,学生亦随之而来,作为教师的“授经郎”,自然也在扈从之列,到上都宫城中继续授课。周伯琦有扈从诗云:“黉舍重开大殿西,牙符给事籍金闺。吾伊日课缁青简,挥染还看写赫蹏。”[240] 诗中所说“大殿”,应是指宫城中最重要的大安阁,而宫学的场所即应当在大安阁之西。在现今调查的大安阁遗址西侧,西华门内道路以北,有一处不太高的遗址台基(测绘 15 号),东距大安阁不足 20 米,基址基本呈方形,边长 33 米左右,高不足 1 米,西北角和东南侧均有突出的建筑,基址内有前后两排房址。其建筑形式不似宫殿的模式,也没有高大的夯土台基,或许就是教授学子的宫学所在地。

此外,《禁扁》所载宫城五殿之一的清宁殿,后迁建到了伯亦儿行宫。史载,泰定三年(1326 年)十一月,“徙上都清宁殿于伯亦儿行宫”[241]。所以,清宁殿原在上都宫城之内,后迁至伯亦儿行宫。如今在上都的考察,曾在宫城东北部和皇城南门清理中,发现过阴刻有“清”字的大型青砖,或许与清宁殿有关。也许清宁殿迁建前的位置亦应在宫城的东北一隅。

2. 宗教建筑

13 世纪初，成吉思汗兴起于漠北草原并建立大蒙古国时，当时的蒙古人主要信奉萨满教，只有少数部落信奉景教。蒙古贵族进入中原之后，开始接受佛教和道教，西征后又和伊斯兰教发生了联系。成吉思汗对各种宗教都采取支持和保护的方针。忽必烈和前任几代蒙古大汗一样，也很注意笼络各种宗教的上层人士，为元王朝服务。但对各种宗教和宗教中的派系，又有厚薄之分。其中最受重视的应该是佛教，特别是喇嘛教；其次是道教、伊斯兰教和基督教。忽必烈以后的元王朝大体上继续奉行这一政策。自忽必烈始，在上都城内外修建了很多不同宗教的寺宇。元代诸帝巡幸上都时，都有宗教人士跟随，在上都经常开展各种宗教活动。至元十二年（1275 年），来到上都的马可波罗曾对寺院和道宫特别注意，他写道：上都“亦有广大寺院，其大如一小城。每寺之中有僧二千余人，衣服较常人为简，须发皆剃。其中有娶妻而有多子者。尚有别种教师名称先生，守其教戒，节食苦修……不娶妻室”[242]。文献记载和考古调查发现，上都城内建有佛寺、道宫、回回寺、文庙等较多的宗教建筑，是上都城建筑的一个重要的组成部分。

金元之际，各种宗教团体及其首领都用各种手段邀取蒙古上层的恩宠，同时不断扩大自己的影响。道教全真派领袖邱处机曾应成吉思汗之召，远赴中亚觐见讲道，备受恩宠。在中原地区，全真道利用有利形势，抢占了许多佛寺和田产，佛教和道教之间发生了激烈的冲突。到宪宗五年（1255 年），嵩山少林寺长老福裕向藩王阿里不哥告发全真道“谤讪佛门”，从而引发了其后近 30 年的佛道之争。这年八月，蒙哥汗在和林大内万安阁下召集佛道两家对证，最后蒙哥汗判定“道士理短”，下令退还所占佛寺，修复佛像，焚毁伪经[243]。宪宗八年（1258 年）夏，忽必烈受蒙哥汗委托，在新建的开平“大集九流名士，再加考论，俾僧道两路，斜正分明”，举行了第二次佛道大辩论。辩论是在“上都宫中大阁之下”进行的，到会僧人 300 余人，道士 200 余人，儒士、官员 200 余人。僧人中还有来自吐蕃的喇嘛教萨思迦派领袖八思巴。辩论到夕阳时分，阁中昏暗，忽必烈宣布道士失败，令将所占寺宇田产 400 余处交还释家。并要参与抗辩的 17 名道士按照事先的约定，到刚刚建成的大龙光华严寺“脱袍去冠”，削发为僧[244]。这场辩论是元代宗教史上具有重要意义的事件，至此，释道并立的局面转变为释在道前，佛教的地位显著提高。在所有宗教中占据首要地位。但是，忽必烈对道教仍是加以保护和支持的，中统三年（1262 年），给予全真道领袖张志敬“光先体道诚明真人”的封号，表彰他“增光前辈，垂法后人”，上都最重要的宫观长春宫仍不时地接受皇帝的敕令，开设金箓周天大醮[245]。

喇嘛教是佛教的一个支派，创建于吐蕃。宪宗三年（1253 年），喇嘛教萨思迦派的领袖八思巴在六盘山谒见出征云南归来的忽必烈，备受尊敬。八思巴追随忽必烈东还。中统元年（1260年），忽必烈即汗位，封八思巴为国师。至元六年（1269 年），升号帝师、大宝法王[246]。自此,帝师成为元代特设的最高神职,享有极高的地位。上都每年六月举行游皇城仪式,常由帝师主其事。“每年六月望日,帝师以百戏入内,从西华入,然后登城设宴,谓之游皇城是也。”诗人写道:“百戏游城又及时,西方佛子阅宏观。彩云隐隐旌旗过,翠阁深深玉笛吹。”可见其盛况。另外,宫中每遇举行盛大宴会,喇嘛僧都会“设止雨坛于殿隅”[247],以法力止雨以保证宴会顺利进行,成为惯例。佛事的地点,有在宫内,或在寺院,也有在铁幡竿[248]。

此外,伊斯兰教和景教也随着西征和商路的开通,在元代大为发展。上都城内就建有回回寺,并发现了伊斯兰教和阿拉伯文的石刻。

见于文献记载的上都寺院庙观主要有:大龙光华严寺、大乾元寺、开元寺、帝师寺、庆安寺、弘正寺、黄梅寺、崇真万寿宫、长春宫、寿宁宫、太一宫、回回寺,以及儒学的文庙及国子监等,主要位于皇城之内。以下根据文献记载和考古调查,择其主要叙述之。

(1)华严寺

又称大龙光华严寺。上都建成后,在“乾、艮二隅立二佛寺,曰乾元,曰龙光华严”[249]。华严寺和乾元寺是上都最重要的两座佛寺。按八卦方位,乾为西北,艮为东北,这两座佛寺分别位于上都皇城的西北和东北两隅。

华严寺创建较早,“丙辰之岁,始城上都。又三年戊午之岁,作大龙光华严寺。寺于城东北隅,温公主之”[250]。“戊午之岁”为元宪宗八年(1258 年),温公即是刘秉忠的“少时相好”,大龙光华严寺的第一代住持僧至温。因至温和第二代住持福裕均出自禅宗曹洞宗领袖万松门下,所以,大龙光华严寺是一座禅宗寺院。

华严寺的建造花费巨大,元代著名文人袁桷在其诗作《华严寺》的“相杵歌长筑万钉”一句下注曰:“殿基水泉涌沸,以木钉万枚筑之,其费巨万”[251]。因皇城东北部地势低洼,建寺时泉水涌沸,所以在地基之上打入成排的木桩,才可以使基础稳固,其上再以夯土筑台基。上都的许多建筑都是采用打木桩的方法来加固地基的。华严寺建成后又曾几次扩建和维修。仁宗时,对华严寺进行扩建,历经十年才竣工[252]。英宗嗣位,“命于大殿之南,别作前殿”[253]。至治元年(1321 年),“调军三千五百人修上都华严寺”[254]。同年六月,“作金浮屠于上都,藏佛舍利”[255]。至治三年(1323 年)二月,“作上都华严寺、八思巴帝师寺及拜住第,役军六千二百人”[256]。至正七年(1347 年)八月,元顺帝以华严寺“犹有未备”,“谕旨中书赐以钞十万缗给其营缮之费”[257]。抽调大批军队修建华严寺,表明了元廷对这座寺院的重视程度。

华严寺位于上都皇城东北角(测绘 46 号),前人多已考证无误。该寺是以中院为主体,东、中、西三跨院相连,四周围以院墙的建筑布局。实测外围院墙东西宽约 325 米,南北长约 200 米。中院四周墙体完整,基宽约 6 米,似为一周回廊式建筑。南北长 165 米,东西宽 92.5 米。院内正中偏南处建一夯土台基,东西长约 35 米,南北宽约 25 米,高约 3.5

米。台上后部留有东西长约24米，南北宽约10米，高约0.5米的黄土台。台基南侧留有斜坡踏道，北侧为向北的长条形廊道。廊道之北又有一长方形台基，东西长22.5米，南北宽12.5米，高约3米。台基东南侧靠近院墙处，建一南北长15米，东西宽10米的小院，其内北侧有房间2座。中院内南部东西两侧有碑亭基址。西院东西宽115米，后半部与中院各以墙相隔，中间形成较宽的空地，其间亦建有横凸字型的台基，台基南侧有房址遗迹。西院内后部靠近西墙，建有大片的建筑；东侧则较低洼而没有建筑遗迹；南部也留有两排房址。东院宽约70米，中部似有一墙，南北长约110米，南部遗迹现象不清。北部有南北一排3个建筑台基，高约1米。北部台基东西长18米，南北宽12米；中间台基方形，边长8米；南部基址较小，位于墙基之上，似为门楼遗址。在中间台基和南部基址之间的西侧，有一排南北向的建筑。在整体院落围墙正对中院的北端和围墙的东北角，均有房址建筑遗迹。从整体平面布局分析，中院有前后大殿、回廊、碑亭，当是主殿；东院建筑主体虽小，但布局规整，应是偏殿，其中应有僧房；西院建筑房址较多，且绵延成片，当主要是僧人居住的僧房和仓储之地（图二三；彩版陆贰）。

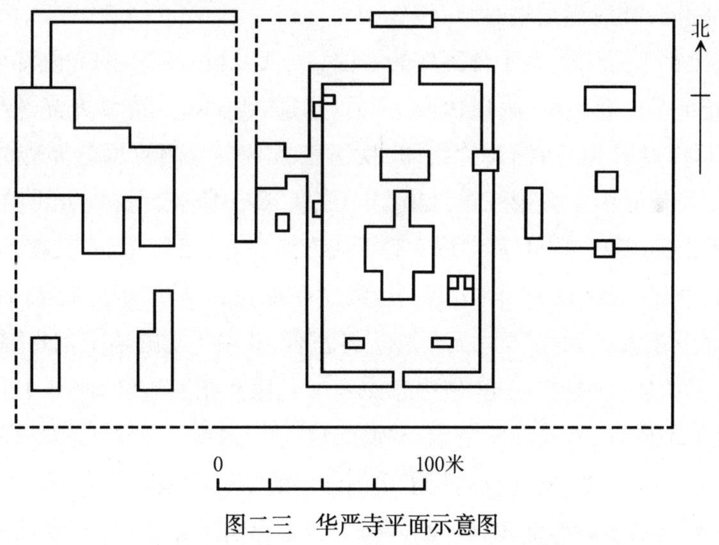

图二三　华严寺平面示意图

在华严寺大殿的堆积中，含有大量的黄、绿、蓝色釉的琉璃瓦和彩色、涂金的麻刀泥塑像残块。1937年日本东亚考古学会调查元上都时，曾在华严寺遗址的草丛中发现了大理石的龟趺（图版四，2），并在皇城明德门外的敖包一侧，找到了大理石的“皇元敕赐大司徒筠轩长老寿公之碑”的碑额（图版五）[258]。寿公是华严寺的第六代主持长老，法名惟寿，官授大司徒（图版六）。1973年贾洲杰等调查时，发现一件汉白玉螭首[259]。此后，在华严寺南侧的草丛中又发现大型石柱础（彩版陆叁，1），正蓝旗文物所也在宫城中采集到两件汉白玉螭首（彩版陆叁，2），以及部分雕花的石构件（彩版陆肆）。

龟趺长140厘米，宽110厘米，龟身中部凿一横向的长方形碑座，龟首已残。

碑额为盘绕的双龙,高123厘米,宽120厘米,雕刻技法精巧。碑额两面的中央为一圭形平面,高71.6厘米,宽36.6厘米。正面阴刻“皇元敕赐大司徒筠轩长老寿公之碑”三行十五字篆书。

汉白玉螭首为龙首形,卷唇露齿,须发飘逸,上部中腰有一浅槽。长91厘米,宽31厘米,厚32厘米。

此外,有英宗至治二年(1322年)袁桷撰写的《上都华严寺碑》碑文传世[260],对研究华严寺的修建过程和上都宗教的历史多有裨益。

(2)乾元寺

又称大乾元寺。始建于至元十一年(1274年),“制与仁王寺等”[261]。仁王寺即大都的大护国仁王寺,此寺建成后,“诏请胆巴金刚上师主持仁王寺,普度僧员”[262]。寺中供奉的“梵天佛像”,“多秘不可观”[263],显然说明仁王寺应当是喇嘛教寺院。由此看来,乾元寺亦应属于喇嘛教寺院。乾元寺是由元代工艺名家尼波罗(今尼泊尔)人阿尼哥主持的。“凡两京寺观之像,多出其手”[264]。至元十三年(1276年),阿尼哥又“建寺涿州,如乾元制”[265]。可见此三座庙宇规制相同,都应当是喇嘛教寺院。

乾元寺在上都寺院中具有十分突出的地位。元代凡设神御殿的寺院都设有规运提点所,秩正四或正五品。延祐六年(1319年)六月,仁宗“赐大乾元寺钞万锭,俾营子钱,供缮修之费,仍升其提点所为总管府,给银印,秩正三品”[266],专门管理乾元寺的财经营利事物,延祐七年二月被撤消。大德五年(1301年)成宗“赐上都乾元寺地九十顷,钞皆如兴教之数”[267]。泰定二年(1325年)七月,“修大乾元寺”[268]。三年,泰定帝“幸大乾元寺,敕铸五方佛铜像”[269]。后至元三年(1337年)七月,元顺帝“幸乾元寺”[270]。至正七年(1347年)三月,元顺帝“遣使修上都大乾元寺”[271]。元廷甚至将酒店、湖泊等赏赐给上都寺院,但这些寺院凭借特权经常不按规定纳税,以至“侵损官课”[272]。仁宗延祐五年(1318年)二月,元廷再次发布命令:“敕上都诸寺、权豪商贩货物,并输课税”[273]。这些开支浩大的赏赐和修缮,表明了元廷对寺院的重视程度,同时也体现了僧侣阶层的宗教特权。

乾元寺位于上都皇城西北角(测绘44号),此前已有人踏查考证。寺院为前、后两院的长方形建筑,四周建有围墙,南北长约265米,东西宽约132.5米。前院为竖长方形,南北长约167.5米,四周墙基宽约10米,似为一周回廊式建筑。院落中央略偏北处有一长方形夯土台基,南北长约45米,东西宽约40米,高约4米。台基前左右对称有两处碑亭遗址。后院为横长方形,南北宽约97.5米。院落中央后部是一个长约30米,宽约10米,高约3.5米的十字型建筑台基;台基前对称有东西配殿,基址南北长约20米,东西宽约14米,高约3.5米;东西配殿北侧还有两处基本对称的小型建筑。在乾元寺前院西墙外,有一排建筑基址,为一处东西长55米,南北宽30米的小型院落。院落北端有一东西长12米,南北宽6米的建筑台基,南端为一排13间的房址。此处院落应当是乾元寺僧人的居住禅房

(图二四;彩版陆伍)。在后院东墙外约 90 米处,亦有一处大型的建筑遗址(测绘 45 号),房舍众多,不知其与乾元寺是否有关。

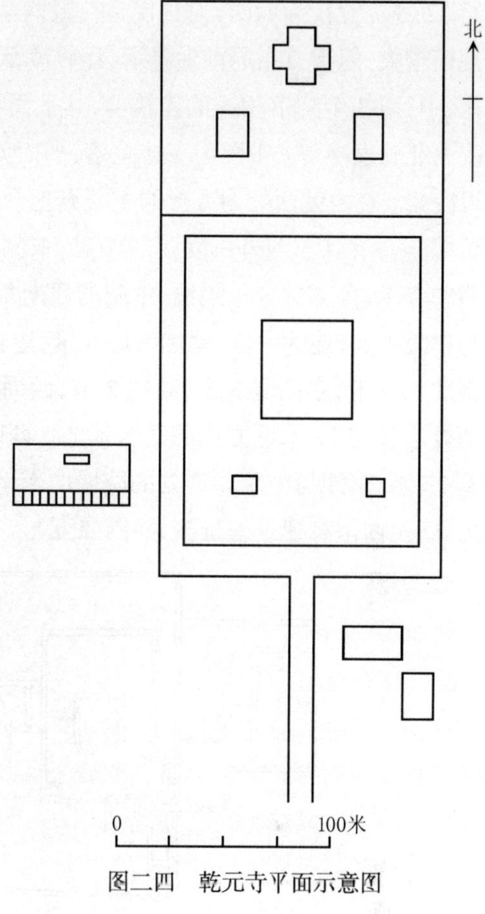

图二四　乾元寺平面示意图

基址之上散布有较多的琉璃砖瓦建筑构件，形制基本同于华严寺基址的同类遗物。1937 年日本东亚考古学会曾在乾元寺基址采集到一件汉白玉的螭首。螭首为狮首形,卷唇露齿,目视前方,颈部刻划出成排整齐团曲的鬃毛。螭首头高 40 厘米，长 91.6 厘米,后部宽 28.3 厘米,厚 26.6 厘米,中腰留一横向的浅槽(图版四,1)[274]。此类形制石狮在喇嘛教寺院中最为常见。

乾元寺规模宏大，分前后两进殿堂,前院四周还建有完整的回廊,寺外有僧房。建筑布局整齐对称,保存亦较完好,是元代喇嘛教寺院遗址珍贵的资料。

(3)帝师寺

忽必烈是在上都举行忽里台继蒙古汗位的。“龙飞之初,诏槊思吉亦里拣卜八黑思八大师起寺上都大内之西南，车驾时往幸焉,俾东宫皇太子以次诸王皆师事之”[275]。中统元年(1260 年),忽必烈封八思巴为国师。至元六年(1269 年),升号帝师、大宝法王[276]。至元十一年(1274 年)十二月,帝师八思巴在上都为皇帝太子讲经[277]。元成宗铁穆耳即位后,于大安阁举行佛事,帝师在座[278]。元英宗对喇嘛教更是推崇备至,延祐七年(1320 年)十一月,英宗刚一即位就下诏各郡县“建帝师八思巴殿,其制视孔子庙有加”[279]。至治元年(1321 年)五月,又“毁上都回回寺,以其地营帝师殿”[280]。至治三年(1323 年)二月,在抽调大批军队修上都华严寺的同时,修建八思巴帝师寺[281],已如前述。泰定帝时,下令在各行省帝师寺内供奉八思巴的绘像[282]。元代诸帝“于即位之初,故事须受佛戒九次,方登大宝”。受戒有戒坛,上供马哈剌佛[283]。泰定元年(1324 年)六月,泰定帝在上都“受佛戒于帝师”,十二月,“帝复受佛戒于帝师”[284]。以至于贵族官僚纷纷以受戒为荣,成为时尚。元人有诗曰:“似将慧日破黄昏,白昼如常下钓轩。男女倾城求受戒,此中秘密不能言”[285]。

上述史料中,已经言明帝师殿位于上都宫城之西南。在调查测绘中发现,宫城西南部有 3 组建筑拥有高大的台基(测绘 31 号、32 号、34 号),然就位置和规模而言,西侧的测绘 32 号位置较为偏西，而且仅是一殿两厢式的单独院落，规模太小；北侧的测绘 31 号虽规模较大，但建筑布局前后错落，比较凌乱。位于南端正中位置的测绘 34 号基址，是一处东、中、西 3 个院落相连的建筑群，其平面布局类似于大龙光华严寺。东西宽约 128 米，3 院南北长度不等。中院为主体院落，平面为长方形，南北长约 62 米，东西宽 45 米，四周围以院墙。院内偏西处为方形的主殿夯土台基，边长约 10 米，高约 2 米，台基四周筑长方形院墙，南端留门，与外围院落门相对；东侧略偏前处，亦有一个方形的台基，边长约 9 米，高约 2 米，台基后有一隔墙；中院的西南角建有成排的房址。东院基本成方形，院落后墙与中院平齐，连为一体，南墙缩后 9 米，边长约 53 米。院落中央偏后处，有一长方形台基，南北长 9 米，东西宽 8 米，高约 2 米，四周亦有小的围墙建筑；在院落西部和东南角还有两处边长约 15 米近方形的建筑基址。西院较小，位于中院西墙中部，南北长 28 米，东西宽 27 米，东侧与中院相连处的院墙向南呈曲尺形突出。院内纵向有一隔墙，将院落一分为二，院内留有建筑基址多处(图二五)。

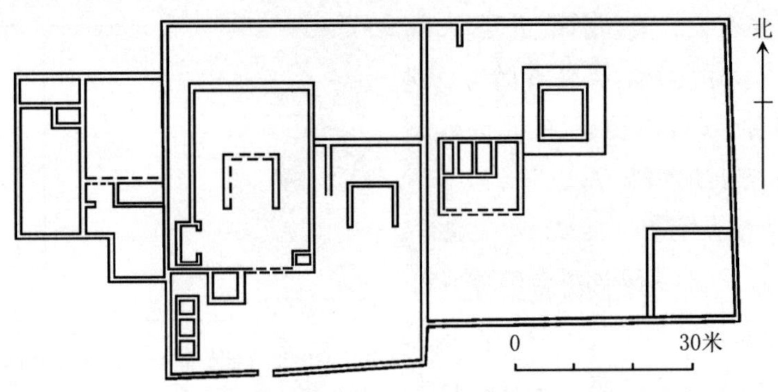

图二五　帝师寺平面示意图

从平面布局分析，这处建筑基址是逐渐增扩形成的。对照史料，中院内西侧小型院落内的大殿，应当就是最早修建的“帝师殿”，其后有增建了东侧偏前的大殿，并在两殿外围加筑了院落围墙；而东侧方形院落则可能是在英宗至治年间修建“帝师寺”时的建筑。西侧的小型院落应当是这座喇嘛寺院的僧房和仓储之地。

(4)文庙

元廷为了标榜文治，竭力崇儒重道。忽必烈中统二年(1261 年)六月，发布祭祀和保护孔庙的诏令[286]。八月，“命开平守臣释奠于宣圣庙”[287]。可知此时已建有孔庙，只是规模不大而已。至元四年(1267 年)五月，“敕上都重建孔子庙”[288]。至元六年(1269 年)，建成孔子庙于“都城东南”[289]。到仁宗皇庆二年(1313 年)，又对庙宇重加修缮，“增廊庑斋厅”，在孔子庙西北增设儒学堂，供国子生读书[290]。文宗至顺二年(1331 年)八月与顺帝至元二年(1336 年)六月，都曾敕撰上都孔子庙碑，以示皇帝尊孔重儒之意[291]。

考古调查发现，上都皇城东南角留有一座前后两殿式的建筑基址(测绘 48 号)。基址围墙南北长 67.5 米，东西宽 62.5 米。院内南侧基址略低，东西长约 40 米，南北宽约 26 米，高约 0.5 米；北侧基址较高，北端出于围墙之外，东西长约 27.5 米，南北宽约 18 米，高约 1.5 米。在此建筑基址围墙外的西北侧，有一小型院落与其相连，东西长约 50 米，南北宽约 35 米，因荒草丛中，地势低洼，遗迹现象不甚清楚（图二六）。此外，在西北方距该基址约 170 米处，另发现一处一殿两厢式的建筑基址（测绘 47 号），基址院落略呈方形，边长约 42 米，基址保存清晰。

结合史料分析，位于皇城东南角的 48 号基址，从其方位和建筑形式来看，就应当是孔子庙的遗址。与其相连的西北侧的院落，也许就是增设的供国子生读书的学堂，但迹象不甚清楚。此外，史籍所言的“西北”也未说其一定相连而建，故而在其西北方发现的 47 号基址，也有可能是国子生读书的学堂所在，亦或是其他庙宇建筑也未可知。

（5）开元寺

始建于何时不见史载。《元史·释老传》记，武宗至大元年（1308 年），“上都开元寺西僧强市民薪，民诉诸留守李璧。璧方询问其由，僧已率其党持白梃突入宫府，隔案引璧发，捽其地，捶扑交下。拽之以归，闭诸空室，久乃得脱。奔诉于朝，遇赦以免”[292]。西僧即是来自吐蕃的喇嘛僧人，由此可知开元寺也是一座喇嘛教寺院。元代喇嘛教受到朝廷的庇护，喇嘛僧人更是有恃无恐，敢于打骂和囚禁上都留守。说明到武宗时期，开元寺已经是很有势力的喇嘛僧众的寺院了。延祐三年（1316 年）正月，仁宗“赐上都开元寺江浙田二百顷”，同时赐华严寺百顷[293]。以此看来，开元寺应当是上都具有一定规模的著名寺院。

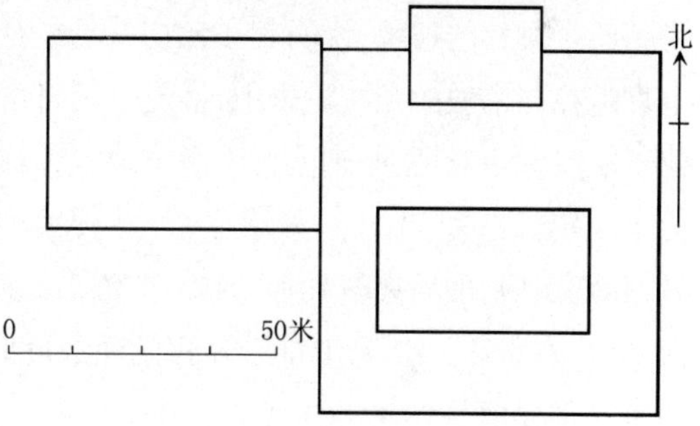

图二六　文庙平面示意图

在皇城西南部的调查测绘中发现，位于皇城小西门内大街的南侧，有一处较高的建筑台基和院落（测绘 52 号）。院落为长方形，南北长约 110 米，东西宽约 57 米。台基位于院内北部，南北长约 30 米，东西宽约 25 米，高约 2 米，其上中部还可明显看出有一边长约 15 米的凸起部分，在台基北侧约 18 米处，还有一处较小的夯土台基。在这处基址的西侧低洼处，还发现了成排的木桩（图二七；彩版陆陆）。

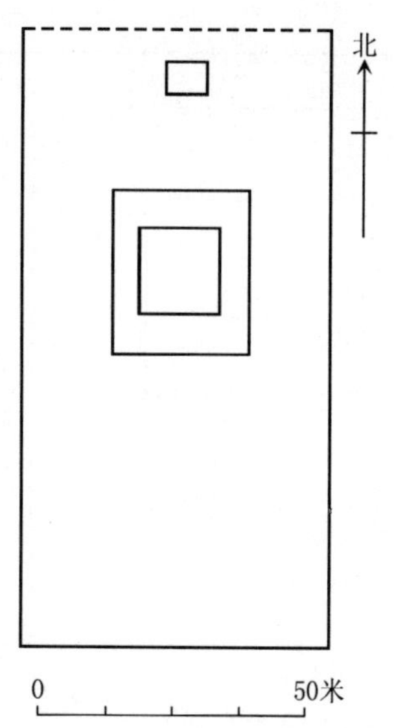

图二七　开元寺平面示意图

开元寺建于元上都何处,史料并无明确记载。但是,从其在上都诸寺院中的地位和重要性来看,也应当建在皇城之内。因皇城西北和东北二隅已建有乾元、华严两寺,东南角建有文庙,所以,开元寺就有可能建在皇城的西南角。此外,这处建筑基址的平面布局与同是喇嘛教寺院的乾元寺基本相似。即便其不是开元寺,也当是上都城内的一座重要的庙宇。当调查测绘这处基址时,因其大部分隐没在茂密的草丛中,北端又常年被水浸泡,所以,与基址院落相关的其他遗迹现象难以发现和判断。

(6)其他

由于元廷对各种宗教和教派采取兼容并蓄的方针,使元朝时期的宗教得到了很大的繁荣和发展。在元上都城及其城外,除了上述几处可以大致考证认定的寺庙外,还有长春宫、崇真宫、寿宁宫、太一宫、黄梅寺、庆安寺、回回寺、城隍庙和三皇庙等庙观寺院。

上都的道教也有很大的势力。在创建华严寺和乾元寺不久,就"复立老子宫于东、西"[294]。中统二年(1261年)四月,忽必烈诏令"就上都长春宫作清醮三昼夜,为民祈福"[295]。长春宫是一座全真教的道观,说明其在元初就已经存在了,并常在元人的一些诗文里提到。但是因全真道在与佛教的几次论争中,接连受到打击,其地位远不及正一教。正一教又称玄教,创建于东汉顺帝时期,原来流行于南方地区,元朝统一全国后,在北方地区也得到了发展。至元十三年(1276年),正一教第三十六代天师张宗演曾朝见忽必烈,忽必烈令其主持江南道教,并赐园田、加号玄教大师、佩银印[296],后"建崇真宫于两京"[297]。大都崇真宫建成于至元十四年(1277年)十月[298],上都崇真宫的建成的时间应与之相近。每年皇帝巡幸上都,正一教的首领都要扈从住在崇真宫中。寿宁宫也是正一教的道宫,建于元代初期。至元十八年(1281年)八月,忽必烈"设醮于上都寿宁宫"[299]。至元三十一年(1294年)四月,成宗即帝位于上都,五月"始设醮于寿宁宫"[300]。上都的设计建造者刘秉忠在上都城南的南屏山建有南庵,设坛祠太一六丁之神。至元十一年(1274年)刘秉忠死,同年,"建太一宫于两京"[301]。史载,上都太一宫就在南屏山刘秉忠设坛处[302]。

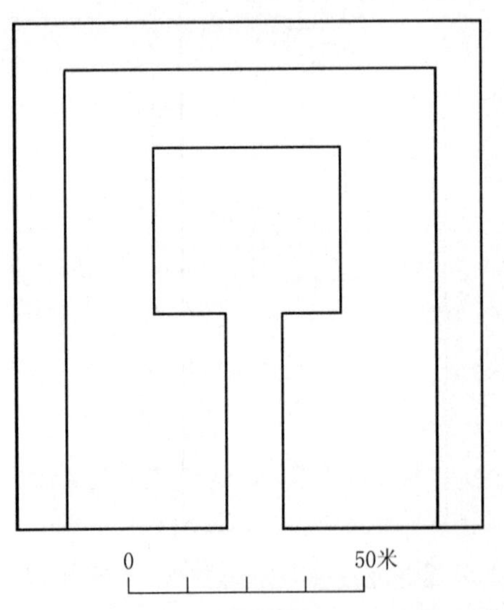

图二八　崇真万寿宫(长春宫)平面示意图

在上都皇城小西门内大街北靠近城门处,调查发现一处规模较大的建筑基址(测绘53号)。该建筑址院落大致呈方形,除南侧近街道处的院墙迹象不清外,其他三面围墙清晰规整,边长约100米。院落内中央略偏北处是一个夯土台基,东西长约40米,南北宽约32米,高约1.5米。台基南端是长约35米,宽约10米的廊道,在院落墙内侧三面建有廊房(图二八)。从其所处位置和形制规模分析,很有可能就是建于至元年间,在上都具有重要地位的崇真宫或长春宫。

此外,在清理上都皇城东墙外的积土时,出土的残碑上有“北为今都……始作城隍”字样,说明城隍庙应当建在上都城南。

伊斯兰教和基督教在元朝也颇为流行,上都又是色目商贾经常来往之地,所以,上都周围也有一部分居民是伊斯兰教和景教的教徒。

在上都的色目人可能不在少数,他们的势力随着元朝的政治斗争而时有起落。英宗至治元年(1321 年)五月,“毁上都回回寺,以其地营帝师殿”[303],已如前述。可见上都城内在此之前就应当建有回回寺。到泰定帝时,为了笼络色目人,在泰定元年(1324 年)六月,“作礼拜寺于上都及大同路,给钞四万锭”[304]。上都城内回回寺建于何处,史无明载。若依前文推定的宫城西南角的 34 号建筑址为帝师寺的位置,则被毁的回回寺的旧址也当在此处。另外,在皇城之内的南端,还有两处较大的建筑基址。一处是位于推定的开元寺以东约 230 米处的院落(测绘 51 号),略呈长方形,东西长约 80 米,南北宽约 75 米。方形台基位于院落正中略偏东南处,边长约 25 米,高约 2.5 米,在台基北端院墙处,还有一处小型的台基(图二九);另一处是位于孔子庙西北约 170 米处的 47 号基址。上都皇城之内建筑基址较少,明显的几处高大台基均历历在目,所以,这两处建筑基址中,或许就有泰定帝时所建的礼拜寺也未可知。

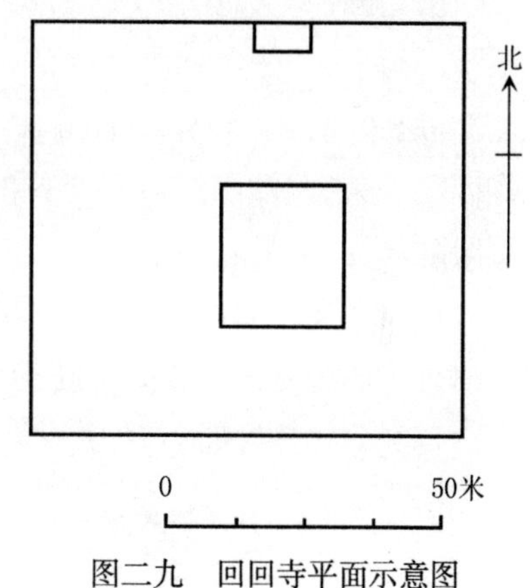

图二九 回回寺平面示意图

上都宫城中央大安阁基址发掘时,在其上层的晚期建筑墙体内,发现了大量的伊斯兰教的墓顶石,其中一块刻有古阿拉伯文。此外,在皇城南门明德门瓮城门的清理中,发现用于支撑过梁式门洞的许多立石,也同样利用了伊斯兰教的墓顶石。这些石料明显是被从其他地方拆来二次利用的。现举出土于大安阁上层基址的二例说明之:

第一例 97LYD1M:221,灰白色砂岩。三面略呈圆柱体,表面成弧形,底面加工平整。长 116 厘米,一端略粗,横宽 19 厘米,高 20 厘米;另一端略细,横宽 18.5 厘米,高 16 厘米。弧面和两端均阴刻阿拉伯文。弧面横向刻 6 行字,两端各刻 2 行字。靠近粗端的弧形正面有 25 厘米见方的一块残缺。请教北京大学陈嘉厚先生等辨识,石刻弧面的前 4 行释文为:

“奉至仁至善的真主之名,不信道的人们几乎以他们的怒目使你跌倒。当他们听到宣读教诲的时候,他们说:‘他确是一个疯子’。这《古兰经》不是别的,它是对全世界的教诲。真主奉使人类有了他就不再崇拜其他神灵的真主之名,奉裁决一切的真主之名,奉崇高的真主之名,真主赐福于真主的使者、穆斯林的埃米尔、至仁至善的真主的挚友穆罕默德。一切赞颂归于坐在最高宝座上的真主。……”

石刻两端的释文为，粗端：“穆罕默德是真主的使者。”细端：“除真主外，别无神灵”（图三〇；彩版陆柒，1；图版七，1）。

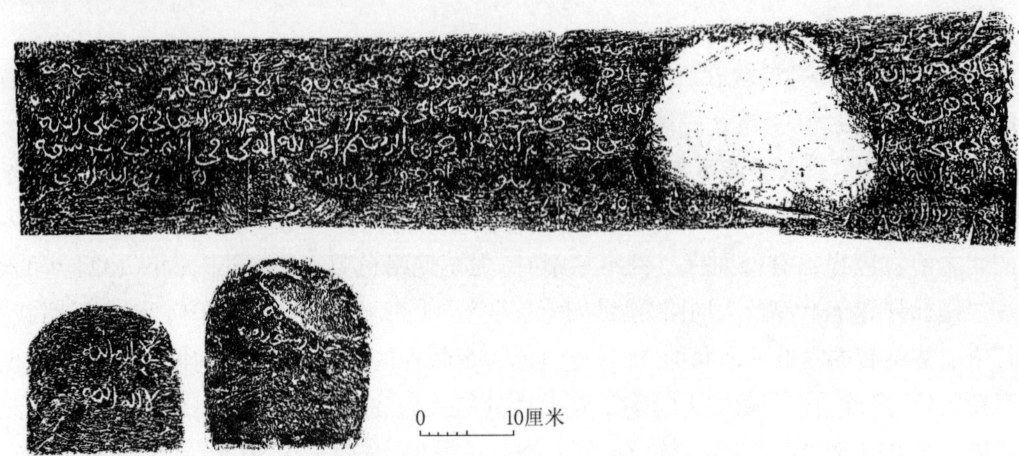

图三〇 宫城1号基址上层出土阿拉伯文石刻拓片（97LYD1M：221）

第二例 97LYD1M：219，黄褐色砂岩。通长105厘米，整体如梯形，一端粗大，一端渐窄。顶部为一平卧的半圆柱体，其下是两级逐级加宽加长的台阶式基座。基座底面粗端宽20厘米，高20厘米；细端宽17厘米，高16厘米。上端弧面正中在四出花瓣形开光内作团花一朵，两端围衬同一样式的花卉纹带；宽、窄两端分别浮雕出日、月形象（图三一；彩版陆柒，2；图版七，2）。

这些发现表明，在上都周围生活着很多的伊斯兰教徒，有了他们常年的生居死葬，才会出现将那些墓顶石搬来重新利用的情形。

景教是基督教的一支，教徒称作也里可温，唐代开始传入中国。到13世纪初，分布在

图三一 宫城1号基址上层出土石刻（97LYD1M：219）

阿尔泰山附近的克烈部和居于阴山地带的汪古部是信仰景教的主要部落。元朝建立以后，景教在中国的信徒急剧增长，并在中国设立了4个主教区。目前在内蒙古阴山以北达茂旗元代汪古部首府敖伦苏木古城周围，发现了大量的景教徒墓地，其最有代表性的遗物就是刻有十字架的墓顶石。20世纪80年代初，在赤峰市松山区城子乡元代松州古城所在的城子村北山坡上，发现了一块也里可温瓷质墓碑[305]。墓碑呈长方形，高47厘米，宽39厘米，厚6厘米。碑体表面光滑，中央偏上方，绘一大十字架，下方托以盛开的九瓣莲花。十字架上方左右各一行古叙利亚文，下方左右各四行古回鹘文。内容为景教赞颂语和死者生平。元代松州属上都路，景教归属汗八里（元大都）教区管辖。虽然在史料记载和上都的调查中，目前还没有发现在上都城有景教活动的明确证物，相信随着考古工作的不断深入，这些问题将会逐步得到澄清。

上都宗教寺庙道观的兴建，反应了元代各种宗教的发展与创新。特别是佛教和喇嘛教的发展，开创了繁荣鼎盛的局面。“自佛法入中国为世所重，而梵宇遍天下，至我朝优加尊敬。室宫制度咸如帝王居，而侈丽过之。或赐以内帑，或给之官币，随所费不赀，而莫与之较”[306]。元代诗人萨都剌描绘上都寺院的情景，写道：“院院翻经有咒僧，垂帘白昼点酥灯。”[307]正是当时上都佛事活动的盛况和僧侣生活的真实写照。故而有人说：“国家财富，半入西番”[308]。以至到元文宗时，“中书省臣言：‘内外佛事三百六十七所，用金、银、钞、币不赀，今国用不充，宜从裁省’，命省人及宣政院裁减。上都岁作佛事百六十五所，定为百四所，令有司永为岁例”[309]。可见宗教活动在元代社会政治经济生活中，占有及其重要的地位。

3. 西内

元代史料和元人的诗歌之中，经常提到西内、失剌斡耳朵和棕毛殿。关于上都的西内，元代扈从诗人周伯琦写道：“皇舆吉日入西内，马湩新羞白玉浆”[310]，“大驾留西内，兹辰祀殿扬。”[311]所谓“西内”，当是相对于宫城“大内”而言的，应在“大内”以西。如前文所述，上都皇城西、北两侧的外城之间，有一道东西向呈外弧形的隔墙，将外城分隔为互不相通的西、北两部分。元人诗歌曰：“西内西城外，周围十里中。草阴迷辇路，山色护离宫。”[312]这里所说的“西城外”，应该是指皇城西门之外。考古调查发现，皇城西门外的外城西部以皇城西门外大街为界，南侧是与外城西关街区相同的街市道路，其中也有较多的建筑基址；北侧则是一片空旷之地。调查测绘外城西侧四周的范围，也与诗中所言的“十里”相近，其地西、北两侧，就是龙岗和哈登台敖包，故而可言“山色护离宫”。此“离宫”，亦应是相对于大内宫殿而言的，并非城外之离宫。若如此，则所谓西内，就不应当在南半部街区之内，而当在位于皇城西门和外城西门之间往北的区域内。

失剌也作昔剌，蒙古语黄色之意。斡耳朵是营帐，失剌斡耳朵即黄色的营帐。在哈剌和林南约 20 千米处窝阔台汗的驻夏地，就设有可容千人的失剌斡耳朵[313]。忽必烈建立元朝后，沿袭蒙古旧制，也在上都设有失剌斡耳朵。“(失)剌斡耳朵者，即世祖皇帝之行在也”[314]。失剌斡耳朵是举行“大宴”，即“诈马宴”的地方。至正九年(1349 年)曾“大宴失剌斡耳朵”[315]。柳贯《观失剌斡耳朵御宴回》诗曰：“毳幕承空柱绣楣，彩绳亘地掣文霓。辰旗忽动祀光下，甲帐徐开殿影齐。芍药名花围簇坐，葡萄法酒拆封泥。御前赐酺千官醉，恩觉中天雨露低。”诗后注：“车驾驻跸，即赐近臣洒马奶子御筵，设毡殿失剌斡耳朵，深广可容数千人”[316]。元末诗人迺贤有诗为《失剌斡耳朵观诈马宴》[317]，很显然，柳贯在失剌斡耳朵所观的“御宴”，就是迺贤所观之“诈马宴”。

蒙古的王公贵族在大聚会时都要举行诈马宴，重要的政务包括选举蒙古大汗，都要在诈马宴上决定。诈马宴又称“质孙宴”，参加宴会者要穿皇帝赐予的一色质孙服。宴会一般要连开 3 天，与宴者每天要换一次衣服。元代史料中，诈马宴常常是在“棕殿”举行。“平沙班诈马，别殿燕棕毛。”[318]元人袁桷有很多描写棕殿的诗：“沈沈棕殿内门西，曲宴名王舞马低。”[319]由此可知，诈马宴是在棕殿举行的，棕殿很可能就在失剌斡耳朵，而其位置是在“内门”之西。杨允孚写道：“北极修门不暂开，两行宫柳护苍苔。有时金锁因何掣，圣驾棕毛殿里回。”诗后注曰：“棕毛殿在大斡耳朵”[320]。这里的大斡耳朵就应当是失剌斡耳朵。因此，失剌斡耳朵应当是以高大的棕毛殿为主，包括一些附设帐幕在内的一组宫帐建筑。马可波罗曾记述了上都规模宏大的“竹宫”，“纯以竹茎结之，内涂以金，装饰颇为工巧。……此宫建筑之善，结成或拆卸，为时甚短，可以完全拆成散片，运之他所，惟汗所命。结成时则用丝绳二百余系之”[321]。马可波罗所说的“竹宫”，就是蒙古包式的大宫帐，也即是失剌斡耳朵。据记载，泰定二年(1325 年)二月十六日，“敕造上都棕毛殿铺设，省下随路民匠为之。九月十三日输之留守司。成造地毯两扇，积二千三百四十三尺”[322]。由此可知棕毛殿之宏大。元廷以大量的经费修建斡耳朵，据至正七年(1347 年)九月统计“上都斡耳朵成，用钞九千余锭”[323]。

近人研究元上都，多认为西内即是失剌斡耳朵，棕毛殿应在失剌斡耳朵。但是在此基础上也有不同的看法。陈高华、史为民二位先生认为，西内“范围甚大，至少包括棕殿和慈仁殿(宫)，可能还包括龙光殿(宫)”，而且“这些名称所指的场所都在上都城外”[324]。叶新民先生则认为，“伯亦斡耳朵即是西内”，日本人 1937 年“考古调查在外苑城南部发现的宫殿台基，可能就是伯亦斡耳朵的遗址”，并初步推断，“失剌斡耳朵设在上都外苑城”[325]。

陈高华、史为民二位研究者的上述推断，与元人周伯琦的两首诗有关。一首题为《五月八日上京慈仁宫进讲纪事》，首四句是：“黼扆临西内，文臣侍大廷。曙光团露瓦，暑气散风棂。”[326]周伯琦的诗篇还多次提到他在慈仁殿“进讲”、“谢恩”。另一首名《诈马行》的诗中有“扶桑海色朝曈曈，天子方御龙光宫”[327]的诗句。由此推测：一是周伯琦进讲的慈仁殿可能在西内；二是举行诈马宴的棕毛殿应距龙光宫不远，则龙光宫当在西内。因这两座宫殿均在城外行宫之中,因而进一步认为西内应当在上都城外。其实,这是误把位在上都城外的伯亦斡耳朵及其中的几座宫殿当作西内的建筑的结果。

据前文推断可知,上都西内位置,应当是在宫城大内之西的皇城西门之外。这一区域中,在皇城西门外大街以南地段,因有街区道路交错分布,又有建筑台基散布其间,故而不可能有大型的宫帐建筑于此。所以,西内的位置只能在皇城西门外大街以北的区域内。考古调查证实,这一区域地势平坦,鲜有宫殿和房舍建筑遗迹存在,作为宫帐所在地甚为合适。调查中发现,在距皇城西北角楼向西南220米处,有一处略微凸起的高地,其四周围以低洼的环壕,尤以东、北两面环壕较为明显。环壕内的高地较为平整,直径约140米,高地四角方位各有一处略较高大的土丘。北侧环壕宽约20米,深约0.6米,北距与北苑的隔墙26米。有趣的是,位于北端的隔墙,也在这里呈外弧形,可能是在搭建了圆形宫帐之后,出于对西内的安全考虑,才随形就势加筑了一道围墙与北苑分开。因此,这一处所极有可能就是棕毛殿所在的位置。至于周伯琦诗中所记,前一首描绘的只是西内的景物,并未明言慈仁殿就在西内;后一首描写的是诈马宴时天子曾御驾龙光宫,也不能说明龙光宫就在棕毛殿所在的西内。

伯亦斡耳朵,又作伯亦儿行宫。《禁扁》一书记载,龙光、慈仁、慈德三殿在伯亦斡耳朵。泰定三年(1326年)十一月,又"徙上都清宁殿于伯亦儿行宫"[328]。泰定四年(1327年)八月,"伯亦斡耳朵作钦明殿成",十一月,"给伯亦斡耳朵驼、牛"[329]。可见,伯亦斡耳朵的确"是一座拥有众多宫殿的行宫"[330]。至元十三年(1276年),南宋少帝、太后一行投降后被送到上都。五月初二日,"天晓,尽出南门十余里,宰执同属官亦列,铺设金银玉帛一百余桌,在草地行宫殿下,作初见进贡礼仪。行宫殿宇宏丽,金碧晃耀"[331]。这座金碧辉煌的行宫应该就是拥有诸多行殿的伯亦斡耳朵。与周伯琦同时的诗人许有壬有诗题为《宴慈仁殿,周览山川,喜而有作》[332],说明慈仁殿及伯亦儿行宫当位于山野之中,而出上都"南门十余里",恰好可达闪电河南岸的南屏山中。因此,元代被视作离宫的应当是伯亦儿行宫,而非建有棕毛殿的失剌斡耳朵。元人有诗曰:"离宫金碧郁岧嶢,只隔滦河一水遥。知是上林进果来,铃声隐隐转山腰。"[333]此诗更是明确指出离宫是在滦水之南的山岭之中。所以,叶新民先生所言"伯亦斡耳朵即是西内"可能不确。考古调查曾在南屏山中发现过一些建筑遗迹,只是工作刚刚开始,许多遗迹现象尚不得确认。也即是说,伯亦斡耳朵是一座位于上都城南包括了慈仁、慈德、龙光诸殿的行宫。失剌斡耳朵所在的西内,则是以棕毛殿为主,包括一些附设帐幕在内的一组宫帐建筑,其位置应该在皇城西门外之北端。

另在外城西南的皇城小西门外发现的大型院落基址(测绘54号),规模宏大,构筑规整,院墙为石砌,南北长320米,东西宽168米。院中央略偏北处是一个前后两殿,中间以廊道相连,并有厢房的较大的工字型建筑。在这个建筑的南北两侧,散落建有较多的房

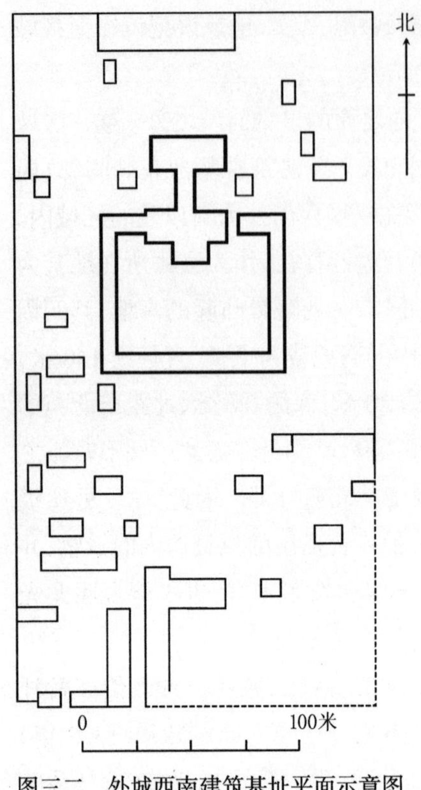

图三二 外城西南建筑基址平面示意图

屋，门道建在南墙偏西处的两栋较大型的房址之间（图三二）。1973年元上都的调查报告认为，这个大院"明显地截断了贯通城东西的元代主要街道，因之断定是元以后明代的建筑"[334]。1998年调查元上都的李逸友先生认为，这座院落基础以石块构筑，整齐而坚固，与城中所见明代开平卫指挥使司的墙基完全不同，应属元代权臣燕铁木儿的宅第[335]。史载，元文宗至顺二年（1331年）二月"辛亥，建筑燕铁木儿居第于兴圣宫之西南，诏撒迪及留守司为燕铁木儿建居第"[336]。这里建于兴圣宫西南的宅第当在大都。至顺三年正月，文宗命上都留守司为燕铁木儿建住宅[337]，此宅应在上都城内。燕铁木儿为钦察人，武宗时始显任朝官，因拥立武宗次子图帖睦尔即位居大功，被文宗封为太平王。后因在旺兀察都密谋害死武宗长子明宗和世㻋，帮助文宗复位立下大功而大权在握。燕铁木儿"挟震主之威，肆意无忌"[338]，所以，要文宗下诏为其建造豪宅是极易之事。从这处宅院的建筑布局和特征来看，显系元代风格，再从其霸道的建筑位置和高规格的建筑水平来说，很可能就是元代晚期文宗为权臣燕铁木儿建筑在上都的宅第。

4. 北苑

元代史籍《禁扁》记载，上都有"瑞林苑"[339]。在元代其他史料中，又有"御苑"[340]、"御花园"[341]和内园等名称。元代诗人笔下的"北苑"[342]也即指此而言。显然是对皇家园林的各种流行称呼。《元上都》一书认为："瑞林苑可能即北苑，一为正式名称，一则因方位而起的习惯称呼"[343]。所言甚是。

从外城南、北隔墙北侧向东，沿皇城北墙外护城河北侧，到外城东墙，是一道东西向的高岗，岗上地势平坦，没有街道，也基本不见建筑遗址。仅在皇城西北角外北侧、外城北部正中偏南处，发现一处大型院落（测绘56号）。院落为对称的菱形四边形，东北、西南两角为锐角，西北、东南两角为钝角，南、北两墙呈东北—西南向，东、西两墙方向为350°。东西长315米，南北宽195米，南墙正中留有缺口，宽约5米。墙体为自然石块垒砌，但因近代取石破坏，地上部分已基本存留无多，仅从个别地段和取石后的壕沟，判断墙宽约1.2～1.5米。院内较为空旷，没有发现明显的建筑痕迹。

依据元代文献和考古调查可知，上都外城北部，就是元朝皇家培植奇花异草，豢养珍禽异兽的皇家园林，亦即北苑所在。许有壬《和友人北苑马上四首》写道："古木阴阴覆苑墙，雁程霜早碧云长"。园内有"高榆矮柳"自然生长，"金莲紫菊"竞相开放[344]。内园"芍药迷望，亭亭直上数尺许，花大如斗"[345]，此当是专门培植花木的地方。据以上可以推测，北苑中央的石砌大院，很可能是豢养禽兽的场所，四周围墙外有浓荫蔽日的古树；苑内各处生长着不同品种的花草树木，也有专门培植名贵花卉的内园。这里是只有皇帝和王公大臣才可以赏玩光顾的地方。

四、元上都周边墓葬和祭祀地反映的社会状况

墓葬是社会生活的缩影，一定程度上反映着当时社会的不同侧面。因此，根据发掘的墓葬资料提供的信息，来探讨古代社会的丧葬习俗、宗教信仰和由此反映的社会生产与生活，是考古学研究的重要手段。自1990年以来，随着元上都遗址考古工作的不断深入，在元上都周边地区的元代墓地的调查和发掘工作也逐步展开，在较大范围内发现了一大批元代墓葬，并对其中的部分墓葬进行了抢救发掘，获得了较多的墓葬

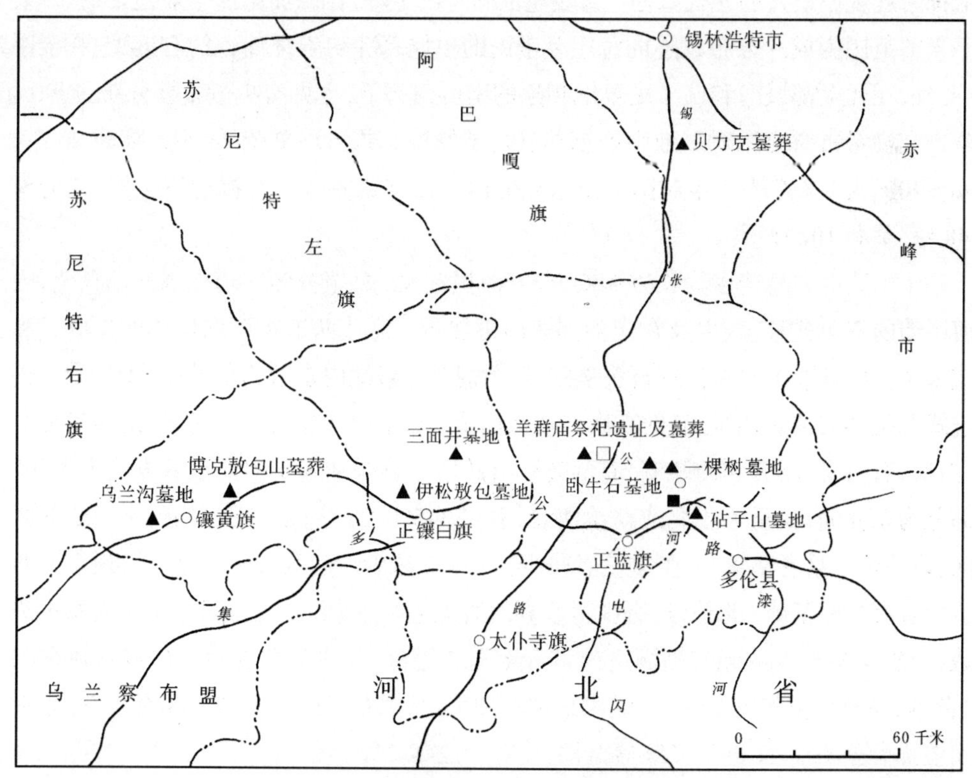

图三三　元上都周边元代墓葬分布示意图

资料。同时发掘的羊群庙奎树沟地区的祭祀遗址,也使我们从另一个角度了解了元代上层贵族的宗教祭祀活动。依据这些物质资料,使我们能够对元代的社会生活作一个初步的探讨。

(一)　元上都周边地区墓葬反映的元代社会生活

1. 墓地概况

近年来,内蒙古文物考古研究所在元上都城址周围及较远的旗县,已经发现了10多处埋葬较为集中的元代墓地。目前部分进行发掘的墓地有9处。其中位于元上都城址周围35千米范围之内的墓地有:多伦县砧子山[346]、正蓝旗卧牛石、一棵树[347]和羊群庙[348]4处墓地。还有距元上都100千米左右的正镶白旗三面井和伊松敖包[349]、镶黄旗乌兰沟和博克敖包山[350]、锡林浩特市贝力克[351]等5处墓地(图三三)。

(1)砧子山墓地

位于多伦县西北的上都河乡境内,西北距元上都古城遗址9千米,是目前已发现的元上都附近规模最大的元代墓地。墓地凭依砧子山主峰,在四面山麓缓坡地带约20余平方千米的范围内成片分布,连同每座墓茔内的单体墓葬初步统计,约有近1500余座墓葬。此外,在元上都城南和砧子山墓地相连的南屏山脚下,也见有少量墓葬分布。1990年,内蒙古文物考古研究所对墓地南区墓葬进行了发掘,共清理墓茔44座,墓葬96座[352];1998～2000年,又连续3年对砧子山墓地的西区被盗墓葬进行发掘清理工作,共清理墓茔48座,墓葬102座[353]。

砧子山墓地的墓茔多为长方形或方形,面积较大。墓茔分为一道围墙的单墓茔,内外两道围墙的双重式墓茔,以及在南侧围墙内再加筑一道或两道东西向墙体的二进式和三进式墓茔。墓茔墙体均为自然石块垒砌,较为规整。墓地内多数为单墓茔,少量为三进或二进式墓茔和双重式墓茔,有的在南墙设有门道。墓茔内常建有墓上建筑,地表尚见有石碑、石狮、石拱桌、石凳和砖雕等,有的还建有砖塔。墓茔和墓茔内的墓葬方向大致相同,大部分为东北向,少量为正北或略偏西北,多在345°～25°之间。墓葬均位于墓茔北区或内区,以一茔一墓者多见,一茔多墓者较少。一茔多墓者一般为2～3座墓葬,最多的两个墓茔内各有7座墓葬。此外,还有少量墓葬地表无墓茔。墓葬以长方形土坑竖穴墓占绝大多数,个别墓葬为土坑竖穴侧洞室或带有生土二层台,有的墓葬地表用砖或石块垒砌边框。此外,还有少量砖室墓、砖石混砌墓和石砌墓,其中有墓道的大型墓葬有2座。墓地除早期盗扰十分严重外,近年又屡遭盗掘,仅有少数墓葬保存完整。

砧子山墓地骨灰葬和尸骨葬均较流行,但不同墓区的比例却有所不同。南区墓地发掘的 96 座墓葬中,除去因盗掘而情况不明者外,完整的尸骨墓只有 15 座,应是以骨灰葬为主;西区发掘的 102 座墓葬中,葬有尸骨者共 63 座,骨灰墓为 39 座,则是以尸骨葬为主。葬有尸骨的墓葬多以木棺做葬具。木棺形制多样,以平面呈长梯形,头大尾小者为多,长方形木棺次之。葬式以仰身直肢葬为主,极少为仰身屈肢葬和俯身屈肢葬。骨灰墓多将骨灰置于木制长方形或正方形骨灰盒内,有的也将骨灰置于尸床之上或石函之内。墓地内多为单人葬,少量为同穴和异穴合葬。

在砧子山西区的 58 座墓中,共有 64 具尸骨个体可做人骨鉴定。其中,男性个体 32 例,女性个体 26 例,儿童个体 6 例。除儿童外,年龄最大者 45～50 岁,最小的 17～19 岁,平均年龄为 28～33 岁。其中有 5 例个体含有欧罗巴人种成分。

在总计 198 座墓葬中,有随葬品的墓葬约占半数以上,有 1963 件,但多寡不一。其余各墓或因盗掘而不见随葬品。随葬品出有灰陶盆、茶釉长瓶、黑釉瓶、双耳瓶、绿釉盖罐、釉陶香炉、白瓷碗、铁锈花罐、影青瓷小碗、龙泉窑大碗、钧窑杯、铜盆、铜镜、银壶、金银装饰品及骨器、木器、石器、彩石、漆器、料器和建筑材料、毛类织物、皮制品和桦树皮等。出土的钱币以宋钱为主,余为唐和金代钱币,也有极少元代铸币,多散布于墓底和棺(骨灰盒)底部,少量的出于填土中。此外,铁器出土数量较多,多为辖和饰片,余为大量的棺箍和棺钉。

(2)卧牛石墓地

位于正蓝旗元上都古城西北约 17 千米的上都音高勒苏木的山湾之内。墓地北面依山,西、南两面为丘陵区,东面地势平整,为开阔的草原。

该处墓地分布面积较大,在沿缓坡东西宽约 800 余米,南北长近 300 米的范围之内,散落分布有 40 余座墓葬,其中有石围墙墓茔的墓葬 10 余座。墓葬无论有无墓茔,在墓室顶部均堆有一层大小不等的自然石块。1998 年在该墓地共清理 5 座墓葬[354],其中有 1 座带有墓茔,平面呈“凸”字形,为二进式墓茔。墓葬均属早期盗扰,皆为骨灰墓,方向 340°～355°。其形制有砖椁墓、木椁墓和竖穴土坑墓三类,墓内均为木制骨灰盒。砖椁墓是在竖穴土坑内用 30 厘米 × 14 厘米 – 4 厘米的单砖平砌一砖椁,墓底铺有石板,在椁内置一木骨灰盒,这类墓葬较其他两类墓随葬物品略多;木椁墓在竖穴土坑内置木椁,椁内置一木骨灰盒,有的骨灰直接放在木椁之内,这类墓葬随葬物品略少;竖穴土坑墓仅见一座,内置木制骨灰盒,骨灰置于盒中偏南处,在骨灰中出有铜钗 1 件。

墓地各墓随葬品数量悬殊较大,多者 60 件,少则仅 1 件。其中以钱币为主,多散布于骨灰盒底部或墓底。瓷器主要有小口瓶、梅瓶和碗,铁器主要为棺钉,陶器为陶盒,金器均为饰片,釉陶器均为香炉。此外,还有少量的骨器、铜饰件、珠饰、蚌饰、琥珀饰片、彩石和木炭。彩石之上皆涂红彩。有的墓葬出有少量棺钉。

卧牛石墓地墓葬形制规整,保存较好,墓葬内随葬品较为丰富。墓葬形制和葬俗同元上都东南方向的砧子山元代墓葬较为接近。

(3)一棵树墓地

位于正蓝旗元上都古城西北约 12 千米的上都音高勒苏木北面的山湾之阳坡。墓地内各墓葬基本分布在两个相邻的地势呈北高南低的缓坡地带,分为两个区,东西相距约 1500 米。

1995～1998 年,3 次共清理墓葬 26 座[355]。墓葬均遭到不同程度的早期盗扰。墓向均为东北或西北向,在 325°～20°之间。其中Ⅰ区墓地墓葬分布较为分散,清理的 8 座墓葬中,有 6 座带有石砌墓茔墙,多为长方形;Ⅱ区墓地内各墓分布呈东—西向排列,大致可以分为南北两排,其中只有一座墓有长方形墓茔。

7 座墓茔均为围有一道围墙的单墓茔,墙体用自然石块垒砌,较为规整。墓茔规格较小,无门道痕迹。皆为一茔一墓。没有墓茔的 19 座墓葬,均为土坑竖穴墓,平面以长梯形墓为主,长方形墓次之。多数墓葬的墓口地表均用自然石块垒砌有地面标志,形状多不规则。有的墓内置有生土二层台,个别底部铺砖,应是木棺之替代物。墓葬早期盗扰十分严重,葬式多不清楚,仅从保存较好的几座墓人骨的盆骨以下判断为仰身直肢葬。有 15 座墓葬有木棺,大多保存较差。可以确定其形制的木棺,平面多呈长梯形,头部高阔,尾部低矮,棺体外侧近头部、中部和近尾部均用铁棺箍加固。有殉牲的墓葬共 9 座,均用少量羊骨。

墓内随葬品位置因盗扰多不清楚。墓葬出土随葬品普遍较少,共出土各类随葬品 182 件,有 8 座墓无任何随葬品。有随葬品的墓亦多寡不一,一般在 5～8 件左右,最多的有 61 件,少的墓仅 1 件。随葬品中以钱币为主,多随葬于墓坑底部或木棺内底部。铁器次之,主要有铁剑、车辖、马蹬、镞、环等,马镫多随葬于木棺近脚部。此外,还有少量的铜镜、桦树皮器、金耳饰、银器、骨器、铜饰件、珠饰和少量的毛毡、丝织品。有的墓出土少量铁棺箍和棺钉。

(4)羊群庙墓葬

位于元上都西北约 35 千米的羊群庙 1 号祭祀遗址西南侧的小山湾内,其西、南、北三面均为低山所环抱,形似簸箕。

1992 年在发掘羊群庙元代祭祀遗址时,在此山湾内清理 4 座墓葬[356]。墓葬地表均用自然石块围成长方形墓茔,茔墙内多为一穴,仅 M4 为两穴。墓穴皆为土坑竖穴式。清理的 4 座墓由东北向西南一字排列,头向西北。其中一座小孩墓无棺,余均有木棺,皆为单人仰身直肢葬。出土的随葬品有鎏金银杯、鎏金铜扣饰、铁环、棺钉和少量丝织品等。

(5)三面井墓地

位于正镶白旗乌宁巴图苏木东北三面井嘎查北约 2 千米的浅山之阳坡上,东略偏南距元上都遗址约 85 千米。墓地位于孤立的木松陶勒盖山之南坡,山坡下是地势开阔的平川草原,墓地呈北高南低的缓坡状。2000 年 7 月,在这处墓地清理墓葬 10 座[357]。墓葬均为西北向,在 305°～354°之间。墓葬大部分被早期盗扰,主要为长梯形土坑竖穴墓,墓口地表皆平铺自然石块，范围略大于墓口，深入表土以下 0.3～0.4 米，形成不甚规整的长方形地表标志。

墓葬绝大部分为一墓一棺，极个别没有木棺。木棺平面呈长梯形，头部高阔，尾部低矮。棺内均为单人葬，尸骨盗扰严重，为仰身直肢葬，有的尸骨头部垫有桦树皮器。有殉牲的墓葬 5 座，皆为羊肢骨，置于墓内东北角。墓地所出尸骨经过鉴定，男性墓 6 座，女性墓 4 座，均为成人墓。平均年龄 27～32 岁，年龄最大者 45 岁左右，最小者 20 岁左右。

墓葬遗物总体数量偏少，共出土各类随葬品 23 件。所出随葬品以铁器为主，铜镜次之，少量的铜饰件、桦树皮器、固姑冠、铅制品、骨饰件等。

(6)伊松敖包墓地

位于正镶白旗乌宁巴图苏木伊松敖包的西南坡，西距英图嘎查约 3 千米，东距元上都遗址约 105 千米。墓地位于一列西北—东南走向的浅山丘陵之西南坡上，西、南两面地势平坦。墓地内略作东高西低，地势不甚平整。墓地内据地表观察，有近 30 座墓葬，大部被盗掘。2000 年 6～7 月，对其中的 9 座墓进行了抢救清理[358]。

有 6 座墓葬带有墓茔，规模较小，均为单墓茔。其中，有长方形墓茔 3 处，圆形墓茔 2 处，椭圆形墓茔 1 处，墓茔边长或直径均在 9 米以内。茔墙墙体皆用自然石块垒砌。长方形墓茔墙体垒砌较为规整，圆形或椭圆形墓茔内边整齐，外边略不规整。清理的 9 座墓均为土坑竖穴式，墓穴平面形状与墓茔形状基本一致。墓向为东北向，多为 0°～10°之间。墓葬均为早期被盗，墓中没有发现葬具。有骨灰墓 3 座，尸骨墓 2 座，其他 4 座墓葬因早期盗扰十分严重，情况不详。2 座尸骨墓皆为仰身直肢。墓内有殉牲的墓 5 座，均为羊肢骨和羊肩胛骨，分别出土于墓底或填土中。因被盗严重，发现的随葬品极少，仅在填土内出有少量的铁器和桦树皮残片。

(7)乌兰沟墓地

位于镶黄旗所在地新宝力格镇西约 15 千米处，其北 3 千米处为东北—西南走向的金界壕，东略偏北约 190 千米为元上都遗址。墓地北、西、南三面环山，中部为一条东西向的自然大冲沟，沟之两侧亦有多条小的冲沟纵横交错。墓葬多位于山湾内北坡的缓坡及沟沿地带。2000 年 7 月，清理了其中 2 座墓葬[359]。均为土坑竖穴墓，墓口地表用一层自然石块覆盖，早期盗扰，墓向西北。墓口平面呈长方形，墓壁加工较为规整，无葬具。一座出有少量尸骨，另一座葬有少量骨灰。墓内仅在扰土中出土黑釉瓷罐和铁剪各 1 件。

1988 年，在该处墓地曾出土金马鞍饰件、高足金杯、金镯、金耳坠等一批珍贵文物[360]。乌兰沟墓地清理的两座墓葬，虽然随葬品极少，但在墓口地表用自然石块垒砌边框和平铺一层石块的墓葬形制，在元上都遗址西北的一棵树墓地、正镶白旗的三面井墓地等，都有同类丧葬习俗的墓葬发现。

(8)博克敖包山墓葬

位于镶黄旗翁贡乌拉苏木乌力乌素嘎查博克敖包山东南的缓坡地带,元上都遗址位于其正东约150千米处。墓葬所在的坡下是东西狭长的平川地带,南侧面临王墓山,西面地势开阔平坦。墓地内地势由西北向东南作缓坡状,地表较为平整。在地表见有圆形石头圈和石头堆等墓葬标志,在冲沟断崖壁上,也发现带有木棺的土坑墓暴露。1993年10月调查时,发现墓葬20余座。2000年7月,对其中的一座墓葬进行了清理[361]。

该墓由墓茔和墓葬两部分组成。墓茔平面略呈圆形。茔墙墙体用一层自然石块铺砌,南北直径7.5米,没有发现门道痕迹。墓穴位于墓茔中部略偏北,为土坑竖穴墓,早期盗扰。平面呈长方形,方向25°。墓壁加工规整,墓底平整,填土内夹杂有大量石块。墓内置木棺1具,基本保存完整,木棺顶部偏上方处,有一盗洞。木棺平面呈长方形,棺板两侧长于两端,用榫卯结构连接。墓内葬有尸骨1具,因盗扰仅存少量肢骨、脊椎骨和肋骨,葬式不清。在木棺外东北角,放有铁釜1件,因残朽形制不清。棺内出土有金耳饰和珠饰各1件。

博克敖包山墓地椭圆形石圈墓茔与元上都附近的一棵树墓地墓茔相一致。墓内随葬品虽然因为早期盗掘出土极少,但用金丝弯制的金耳饰在元上都附近墓地属常见之物。

(9)贝力克墓葬

位于锡林浩特市南207国道锡(林浩特)—张(家口)段41千米里程碑东南约3千米的贝力克牧场内,南距元上都遗址约100千米。墓地所在的锡林郭勒草原中部,地势较为平坦,其西北5千米为浅山丘陵区,当地俗称平顶山。墓地周围地表间或分布有较多的火山岩块,发现石圈墓3座,对其中的1座墓葬进行了清理[362]。

墓葬为土坑竖穴式,已遭早期盗扰。墓口外侧地表平铺一层大小悬殊的自然石块,形成石围墙,墓坑平面呈圆形,直径2米,墓壁筒形,加工较为规整,墓底平整。因盗扰没有发现葬具和尸骨。墓内无随葬品出土,但在填土中发现有典型的元代瓷片。该墓地在墓口外侧地表用自然石块平铺的习俗,在一棵树墓地、乌兰沟墓地均有发现,所出瓷片也是元代古城和墓葬中常见之物。

2. 墓葬族属

在元上都城址周围发掘的砧子山、卧牛石墓地同一棵树、羊群庙墓地,无论从墓葬形制还是随葬品种类上,都存在着明显地差别。

砧子山墓地的墓葬一般都建有墓茔,墓茔的大小规模以墓主人贫贱富贵的不同而各不相同。富贵之家的墓茔规模较大,茔墙内往往建立碑碣、牌坊、石狮、石凳和供桌等墓仪,甚至还建有砖塔、石屋、对扣莲花座等建筑;贫贱之家仅筑小型墓茔,地表无建树,甚至连砖铭也没有,还有少量墓葬没有墓茔。骨灰葬数量较多。随葬品出有灰陶盆、茶釉长瓶、黑、白釉梅瓶、双耳瓶、绿釉盖罐、釉陶香炉、白瓷碗、铁锈花罐、影青瓷小碗、龙泉窑大碗、钧窑杯、铜盆、铜镜、银壶、金银装饰品和大量的唐宋铜钱等。其中西区墓地的一座墓茔内，单独埋有一座方形穹隆顶带墓道的砖室墓，因早期被盗，墓顶坍塌，墓置双棺，葬男女2人。棺下垫有大量的木炭，墓室西北角摆放有黑釉大碗、双耳瓶、小罐、香炉等陪葬品，还出土“大观通宝”，八思巴文“大元通宝”厌胜钱和金质“天下太平”春钱和部分装饰品等。墓室绘有壁画，顶部绘黑彩卷云纹图案，全部脱落，四壁绘有黑、红、绿彩的人物、花草壁画，因脱落仅可分辨墓道拱形顶上部为1马和2人，墓道两侧前壁相向2人。墓内填土中还出有石刻仿木结构屋顶，似为墓葬封顶构件[363]。卧牛石墓地也存在二进式墓茔，发掘的5座墓葬均为骨灰葬，墓葬结构和出土随葬品完全同于砧子山墓地同类墓葬[364]。

砧子山墓地所见的石碑、砖铭、买地券和器物款识上都记有汉字姓氏和名字，以及刻记有住地的铭文，如：“孙副使”、“丁云室”、“胡子通”、“马志福”[365]、“黄得禄”[366]、“西门东街北居住”、“在城大东门居主梁宅”、“上都小东门外居住”[367]、“上都小东关住人”[368] 等。1973年曾征集一块石刻建塔铭云：“滦京成物关寓居，上谷赵公荣辅在日，悯坟山先茔之域，庶民野祭地，沙草弥漫，曷伸起敬之诚，愿舍己贫，鸠工创塔，此志未果，乃遗嘱其子，必继其事，明敬遵治，命立浮屠二丈余，岁时拜扫，有所瞻仰云，遂志于塔之阴，至正四年七月吉日立石”[369]。刻铭中所见年号有：大德、延祐、泰定、至正等，最晚的年号是“至正丙申仲秋”[370]，为至正十六年（1356年），距1358年红巾军攻克上都仅两年。主持1990年砧子山南区墓地发掘的李逸友先生认为，这些刻铭可证砧子山的墓主都是元上都的汉族居民，每个墓茔内应是一个家族。因此，砧子山和卧牛石墓地埋葬的，应该是居住在元上都城区周围的汉族居民，从墓地出土的刻铭来看，他们大多数是自元上都建城时，陆续从内地迁来。因此，砧子山和卧牛石墓地应当是元王朝100年历史中，生活在上都城区的汉人家族墓葬。特别砧子山墓地是内蒙古地区目前发现的规模最大，延续时间最长的一处元代墓葬区。

一棵树和羊群庙墓地的墓茔均为小型的单墓茔，墓茔内多为一穴。多数墓葬的地表用自然石块堆砌标志。木棺平面多呈长梯形，头部高阔，尾部低窄，棺体外侧用三道铁棺箍加固。较多的墓葬用羊骨殉葬。墓内随葬品因盗扰多位置不清，且普遍较少。随葬品以钱币为主，此外有铁剑、铁镞、铁刀、铁辖、铁马镫、铁环等，马镫多随葬于木棺近脚部。此外，还有少量的铜镜、铜饰件、银扁壶、银饰牌、金耳饰、鎏金银杯、鎏金铜扣饰、桦树皮器、骨器、珠饰和少量的毛毡、丝织品等。

一棵树和羊群庙墓葬的葬俗葬式及陪葬品，带有浓郁的游牧民族特色，此两处墓地应是元上都城区周围普通蒙古人的墓地。

其余远离元上都城郊，地处草原深处的5处墓地，情况大同小异。正镶白旗三面井墓地，墓棺为头部高阔，尾部低矮的长梯形，出土固姑冠、桦树皮器并以羊肢骨殉葬；伊松敖包墓地则没有葬具，部分墓葬为骨灰葬，亦以羊肢骨和肩胛骨殉葬，出土桦树皮器，反映的也是游牧文化特征。镶黄旗乌兰沟墓地1988年曾出土金马鞍饰件、高足金杯、铜镯等典型游牧文化特色的遗物[371]，清理的2座墓葬中，有1座为骨灰葬；博克敖包山墓地只清理1座墓葬，出土有金丝弯制的金耳饰。锡林浩特市的贝力克墓葬没有随葬品，但从墓葬形制亦可看出其游牧文化特色。综上所言，地处元上都城区以外草原地区发现的5处墓地，从墓葬形制到出土物显然带有明显的游牧文化特征，这些墓葬应当属于远离元上都城区的草原上的普通蒙古人的墓葬。

3. 墓葬反映的社会生活

元上都周围发掘的元代墓葬，明显地分为两类。一类是地处城郊以砧子山和卧牛石墓地为代表的汉人家族墓地；一类是以城郊和远离城区的草原深处的墓葬为代表的普通蒙古人的墓葬。

汉人墓地仅见于元上都城区周围，说明当时居住在城外四关的汉人，主要是为宫廷付出劳役，并为官府当差，还有一部分汉人应当是在上都城从事商业贸易和手工业生产的。开平修筑之初，城区周围就聚集了大量的工匠和付出劳役的人群。随着元朝两都制的确立，上都城城垣、宫殿、寺庙和周围离宫别馆的增建和维修，就成了这座草原都城每日不可或缺的事情，而固定的两都巡幸制度又使它的经济生活具有鲜明的季节性。因此，居住在上都城区周围的汉族居民也就成为了这种日常经济活动的主体。蒙古人的墓葬具有鲜明的民族特色，反映了浓重的游牧射猎文化色彩，表明其是以从事畜牧业生产为主要生业的。其中，位于城区周围的一棵树、羊群庙墓地的埋葬规格和随葬品要略高于远离城区的三面井等几处墓地，似乎说明当时上都城区牧民的生活水平要略高于周围地区的牧民。此外，上都城周围也存在少量的农业和蔬菜种植和官府的屯田，但不为主要经济手段。下面根据墓葬所出资料，结合史料，对上都地区的营造业、商业和手工业、畜牧业及货币制度等做一简单探讨。

(1)营造业

忽必烈为了向中原汉地发展，并满足幕府汉人幕僚的要求，前后用了3年时间营建开平城，其中使用的大量人力应该是来自中原汉地的汉人，这些人也应当是迁往元上都地区的最早的汉族居民。其后，忽必烈在开平登基继蒙古汗位后，又于中统二年十二月(1262年1月)，“初立宫殿府，秩正四品，专职营缮”[372]。到中统四年(1263年)五月，忽必烈下令将开平升为都城，定名上都。自此，上都的扩建和改造就一直在进行。至元元年(1264年)四月，上都御苑官南家带请求修造驻跸凉楼(东凉亭，即多伦县之白城子)[373]和扩展牧地，忽必烈没有同意，下令在农闲时再行修造。此事表明了对营造人工的需求，也说明这些参与营造的工匠，也可能从事一些农牧业生产。至元三年(1266年)十二月，“建大安阁于上都”，至元四年(1267年)五月，“敕上都重建孔子庙”，五年正月，在上都建城隍庙[374]等等。因忽必烈大兴土木，营建上都城，还曾遭到蒙古宗王的诘问：“本朝旧俗与汉法异，今留汉地，建都邑城郭，仪文制度，遵用汉法，其故何如？”[375]然而，忽必烈仍以统一全国的决心，继续上都的营建。有元一代，上都的营造一直在进行。泰定三年(1326年)十一月，“徙上都清宁殿于伯亦儿行宫”[376]，“至正十三年……上都穆清阁成，连延数百间”[377]。上都的营建是元朝政治统治的需要，同时，也使更多的汉族工匠在上都定居下来，成为上都的常住居民。

(2)商业和手工业

元上都作为建立在草原上的都城，“自谷粟布帛，以至纤靡奇异之物，皆自远至。官府需用百端，而吏得以取具无阙者，则商贾之资也”[378]。可见商业活动在上都的城市生活中的重要性。忽必烈在建元之初，已经充分认识到这一点。至元二年(1265年)二月，他下令免除上都的商税。至元七年(1270年)，尚书省臣言：“上都地里遥远，商旅往来不易，特免收税以优之”[379]。到至元二十年，“始定上都税课六十分取一”[380]，整个元代，上都税课大体保持不变。上都特殊的地理和经济环境，元政府鼓励商业的政策，促使很多从事商业和手工业生产的商人和手工匠人在此长期居住。这其中大多数应当是来自中原的汉人，也有来自阿拉伯、中亚和欧洲的色目人。马可·波罗父子作为来自意大利威尼斯的商人，就曾到过元上都，并受到忽必烈的接见。在砧子山西区墓地第十六号墓茔中，分别埋有7具排列整齐的人骨个体，其中有2男1女3具带有欧罗巴人种成分的成年个体。另在2个单人墓葬中，也各出有1具有欧罗巴人种成分的青年男性个体。虽然这些人骨个体在砧子山汉人家族墓地中的相关情况还需要进一步研究，但是，砧子山墓地作为集中埋葬来自各地甚至国外的，在元上都从事商业或手工业的普通人的墓地却是很可能的。元代中期著名学者袁桷曾多次扈从上都，他的诗有很多是描写上都商业活动的：“煌煌千舍区，奇货耀出日。方言互欺诋，粉泽变初质。开张益茗酪，谈笑合胶漆。”[381]在规模较大的商市，“奇货”充斥，说着各地“方言”的商人相互欺瞒，开张后的商肆彼此谈笑，气氛融洽，呈现出一派生意兴隆的景象。在上都城“大西关”外设有“马市”[382]，还有“羊市”、“牛市”[383]，进行牲畜的交易。元上都特殊的气候环境，决定了其商贸活动主要集中在春夏之际，每当秋凉季节皇帝返回大都后，商品需求也随之下降，这里的商业活动便也转入萧条。所以才会出现“官曹多合署，贾肆不常居”[384]的情形。

地处草原地带的上都，手工业生产十分发达，元政府在上都设置了许多手工业管理和生产机构，基本分属两大系统。一类是属于元朝中央国家机构，一类是属于上都留守司兼总管府所属机构。从行业来看，上都官手工业门类颇多，主要有制甲业、制鞍业、铁器冶造业、金银器制造业、制毡业、皮革制造业、织染业等。上都官手工业的生产主要是为了满足皇室和官府的需要，同时也利用草原出产的原料，发展相关的行业。官手工业的产品一般不进入流通市场。据至元三十年(1293年)的统计,“上都工匠二千九百九十九户,岁糜官粮万五千二百余石”[385],到元朝中期,仅元朝政府中政院系统管领上都等处诸色人匠提举司所属,即有民匠2500余户[386]。砧子山西区墓地DZXM64出土1件漆器,仅存底部红色漆片。上残存有竖写墨书三行,为楷书。从右向左第一行为“南□(康)路总管府提调官达鲁花赤哈剌哈孙明威”;第二行位于中间,略偏高,字体较大,为“内府”其下一字缺左侧偏旁,右侧为一“易”字,可能是一“场”或“杨”字,再下缺失;第三行为“杂造局官孙进万□□□……”[387]。上都杂造局是属于元政府武备寺在上都的附属机构,这件漆器很可能是与上都杂造局有关。由此看来,上都周围汉族居民有相当一部分应当是属于为上都官手工业管辖的工匠。当然,这其中从事个体手工业生产制作,并将商品投入流通市场的各类工匠也当不在少数。

(3)畜牧业

上都周围广阔的金莲川草原,有闪电河水的滋润,水草丰美,自古以来就是优良的天然牧场,许多著名的北方游牧民族曾在这里繁衍生息。金代曾在桓州(今正蓝旗北1千米四郎城[388])和抚州(今河北张北县)设有牧场。史载:上都“地高寒,鲜土种之利。在野者畜牧散居,以便水草”[389],“山有木,水有鱼盐,百货狼藉,畜牧蕃息,大供居民食用”[390]。元朝“以弓马之利取天下”,对畜牧业特别重视。中统四年(1263年)设群牧所,至元十二年(1275年)改群牧所为尚牧监,至元十九年(1282年)改尚牧监为太仆院,至元二十年(1283年)改太仆院为卫尉院,至元二十四年(1287年)立太仆寺,管辖全国14处牧场,上都为其中主要牧场之一。牧场上的牧人称为哈赤、哈喇赤,按千户、百户组织管理,父子相承服役。

元朝皇帝在上都巡幸驻夏时,蒙古诸王、贵族都要前来朝觐,同时带来庞大的随从队伍和大量的牲畜,“宜趁夏时刍牧上都”[391],即适时地利用上都周围的优良牧场放牧他们的牲畜。每年这时的上都草原上“毡车如雪”,“白马如云”[392],一派热闹景象。上都的畜产品主要用于宫廷生活,皇帝每年六月在上都举行规模盛大的“质孙宴”,需要大批的肉食和奶食品。据元人记载,每次“质孙宴”大约用羊二千只,嗷马三匹。皇帝一膳要用汤羊十六只,餐余分赐左右大臣[393]。元朝皇族每年七月七日要在上都望祭北方陵园,以白马奶洒地,宰大量牲畜为祭品。八月,在上都开马奶子宴,宴后“始奏起程”[394],皇帝和扈从队伍南返大都。

由于畜牧业在元朝,特别是在上都的经济生活中占有的重要地位,元朝政府对上都等地的牧业生产采取扶持发展的政策。忽必烈时的中书右丞相卢世荣建言:“宜于上都、隆兴等路,以官钱买币帛易羊马于北方,选蒙古人牧之,受其皮毛、筋角、酥酪等物,十分为率,官取其八,二与牧者。马以备军兴,羊以充赐予。”[395]

上都周围官营牧场以外的草原,还有为各斡耳朵、驿站专设的牧地和诸王头下的牧场。诸王拥有大量的怯怜口(私属人口)为主人放牧,从事畜牧业生产。泰定三年(1326年)

七月，右丞相等奏："斡耳朵思住冬营盘，为滦河走凌河水冲坏"，要求发军筑护水堤[396]。说明官府在上都草原冬季筑有固定的"住冬营盘"。至顺元年（1330 年）十一月，"赈上都滦河驻冬各宫分怯怜口万五千七百户粮二万石"[397]。"各宫分"即各斡耳朵。因此可知，上都及其周围地区很大范围之内都分别是属于元朝政府和诸王的牧地，而埋葬于上都城区周围和更远处的从事放牧射猎生活的蒙古人，当是属于不同层次的机构管辖，身份亦有所不同的牧民。从埋葬的规格和随葬品的差别来看，城区附近可能是为官府放牧的牧民，他们的生活景况要相对好一些，而在远郊可能为诸王放牧的怯怜口，其社会地位和生活境况就要差一些，时常需要赈济。

（4）货币制度

在元上都周围发掘的 9 处墓地中，只有距离上都较近的砧子山、卧牛石和一棵树墓地出有铜钱。其中砧子山南区墓地出土 1562 枚，西区墓地出土 1619 枚，卧牛石墓地出土 137 枚，一棵树墓地出土 78 枚。钱币多散布于墓底或棺（骨灰盒）底部，少量的出于填土中。砧子山墓地出土钱币中，出有用作镇墓的瘗钱，大都涂有极易脱落的红色颜料，有的还涂有红、绿、蓝、白诸色。砧子山西区墓地共出土瘗钱 52 枚。

上述墓地出土的钱币中，以北宋钱占最大宗，其次为少量金代的大定通宝、正隆元宝和唐代的开元通宝、乾元重宝，另有极少的南唐篆书开元通宝及南宋建炎通宝、绍兴元宝和淳祐元宝。在砧子山墓地两区墓葬中，共出土元代钱币 17 枚。其中八思巴文大元通宝折十钱 4 枚，大德通宝 5 枚，至大通宝 8 枚。

元朝建立之初，就曾印行纸钞，并停止铜钱继续流通，但是大量的铜钱还私藏在民间，时常进入流通领域。武宗至大二年（1309 年）为改变钞法，印行至大银钞并铸造至大铜钱，至大三年（1310 年）正月正式付诸实行，并诏令"历代铜钱，悉依古例，与至大钱通用。其当五、当三、折二，并以旧数用之"[398]。这是元朝政府首次恢复行用历代铜钱。由于新铸至大钱数量较少，历代旧钱数量多，民间仍旧重用铜钱，纸钞仍不受欢迎。因行用历代铜钱已成合法，民间交易便信任和收受铜钱，造成官府不能控制货币发行量以增加财政收入的局面。遂于至大四年（1311 年）下诏，停止使用至大银钞与铜钱，恢复使用中统钞和至元钞，使这次改变钞法归于失败。虽然历代铜钱和至大铜钱退出了流通领域，但仍大量留存民间。到至正十年（1350 年），元朝政府又一次改变钞法，印造至正交钞并鼓铸至正铜钱，与历代铜钱并行使用。这次恢复行用历代铜钱后不久，物价暴涨，行用铜钱已经变得十分不合算，便逐渐自行退出了流通领域。这样，至正和历代铜钱依然继续积存在民间。

由上述可知，有元一代，仍以印造和行用纸钞为主。虽然元朝政府也曾铸造过铜钱作为辅币，并与历代铜钱并行流通，但都仅仅行用短暂一时，很快就为纸钞所取代了。

砧子山及上都周围墓葬出土的铜钱，正好说明了元代民间的确存有大量的铜钱。这些铜钱虽然不能作为合法货币流通，但依然保持有货币的价值，随时都有可能进入流通领域。墓葬随葬较多的铜钱,正是这些铜钱仍然具有货币价值的真实反映。

值得注意的是,元上都周围墓葬中,没有发现至正铜钱。这也许一者是当时铸造数量较少,在上都地区鲜有流通;二来到至正十八年(1358年),红巾军关先生、破头潘率军攻破上都城,5年后起义军又一次攻克城池,城区居民也相继南逃,上都已经少有城市居民,更没有货币流通。墓葬之中不见至正铜钱也就不足为奇了。

此外,在砧子山西区和南区墓葬中,各出土一枚春钱。西区墓葬春钱为金质;南区墓葬春钱为鎏金铜质,已锈裂。钱文用锤碟法制作,均为“天下太平”字文。春钱是元代妇女首饰中的装饰品,又可以称作装饰钱。李逸友先生对此有过考证[399]。《古钱汇考》引《闲居录》云:“至大改元,妇人首饰皆以金银作小钱,戴之,谓之春钱。越明年,有铸钱之令。三年,春钱行用,其先兆欤。”敖汉旗玛尼罕乡五十家子村一处窖藏内,曾出土过1枚金质春钱,钱文为“至大元宝”[400],由此可知,春钱始行于至大年间,用金银作成小钱形状佩带。一般为小钱上穿孔,悬佩在簪、钗的端头,用细线悬吊,行走和摇头时可以产生轻盈摇曳的美感。春钱先由富贵人家开创,庶民百姓仿效为之。钱文开始用年号,后因年号更换频繁,钱文容易过时,于是出现了不用年号的吉祥祝语,无论年号如何更改都可以佩带,“天下太平”钱文就是其中之一。

(二) 羊群庙祭祀遗址的发现与相关问题的探讨

1. 祭祀遗址概况

羊群庙祭祀遗址,位于元上都西北35千米的羊群庙奎树沟地区。这一区域中间是略有起伏的草原,四周7～8千米范围内是连绵的浅山丘陵,锡(林浩特)—张(家口)公路从中间南北穿行而过,根据1992年的调查,这里分布着较多的带有石雕像的建筑基址。在公路的西侧约1.5千米处,有4座较大型建筑基址,排列于一列东北—西南走向的小山脚下,另有3座较小者,分布于浅山北端向西的山沟内的沟沿两侧,故当地俗称此地为“石人湾”。在公路东侧约3千米的范围内,在调查中,也发现有砂岩质的石雕像(彩版陆捌,1;彩版陆玖)和小型的基址多处。此外,在元上都城内也发现有移放于此砂岩质碉像一尊(彩版陆捌,2～4)。1992年的发掘,选择了奎树沟山前相邻的4座大型建筑基址。4座基址坐落在小山脚下,背西向东,由南向北依次排列。相距最近的一、二号祭祀址,间距约350米,三、四号祭祀址相距最远,间距约900米。

经过发掘的4处祭祀遗址均由石围墙、祭台、汉白玉石雕像和建筑基址及供祭遗存组成。石围墙为东西略长的椭圆形,长径为30～40米,系用自然石块叠砌,基宽约1.3米。方向110°～130°。祭台位于围墙中间偏后处,略呈方形,4座祭台大小不一。一号祭台最大,呈方形,边长约8.75米,存高1.25米;三号祭台较小。长4米,宽3.5米,存高0.7米。

祭台均是中间以黄土夯筑,四周以青砖或石块围砌,向上呈台阶状收分成三级。汉白玉石雕像在台基前方,基本位于围墙的中央,共出土4尊(四号已残损过甚,仅剩基座部分)。雕像头部均因破坏而无存,残高在1.35～1.55米之间。雕像端坐于靠背圈椅之上,内穿紧袖长衫,外穿右衽半袖长袍,一、三号雕像胸背部绣双龙卷云纹,二号雕像则为团花和云肩。雕像均脚蹬如意纹厚底靴,身左侧佩带长方形大袋、小方盒和带鞘蒙古刀,右侧佩带火镰包、黄羊角和带鞘蒙古刀。雕像均右手握高脚杯于胸前,左手自然垂放于坐椅扶手之上。一号雕像左手无名指、二号雕像左手小指上均戴有嵌宝石的戒指,三号雕像左手部残损,情况不明。此外,一号雕像胸部残留有两绺分叉的胡须,二号雕像背部亦残留有一根短辫。椅背均雕饰团花牡丹,扶手为对扣的莲花。坐椅下为长方形基座,正面雕饰有3组如意纹图案,其他三面无纹饰。在石雕像与身后祭台的四角均保存有大块平整的基石,石雕像四周还铺有白灰地面和单砌的砖墙,表明在祭台之上和石雕像的四周,应有罩护祭台和石雕像的亭阁式建筑[401]。

2. 石雕像的分布与族属

石雕人像在我国的新疆和内蒙古北部地区都曾有过发现[402]。在国外,主要是在蒙古国的东南部和中亚哈萨克斯坦发现较多。但以往的研究者多将其笼统归为突厥遗存。近年来,前苏联学者维克多罗娃和蒙古国学者巴雅尔,根据对蒙古国达里甘加和温都尔汗山等地发现的石雕像进行比较研究,得出了其中大部分石雕像属13、14世纪蒙古人的石雕像的结论[403]。

目前发现的石雕像从其形制来分析,可以粗略地划分为立式的A型和坐式的B型两个类型。

A型　呈立式。以自然砂岩雕成。一般粗略勾勒面部,多为右手举杯于胸前(手指多不触杯),杯呈高脚杯式或罐形。服饰多为开襟圆领或斜交领式,腰两侧挂长方形带或刀剑。有的双手合握于脐下。

B型　呈坐式。除砂岩、火山岩外,部分用大理石、汉白玉雕琢。有的盘腿曲坐,右手握杯于胸前,左手下垂,部分带头盔。头发束结,垂至耳侧。有的坐高靠背椅,右手握高柄杯,左手放扶手上,雕琢精细。

根据目前的发现,A型石雕像多分布于欧亚草原地带的西部,主要集中于额尔齐斯河流域,阿尔泰山及西伯利亚、图瓦一带。B型石雕像则多见于欧亚草原地带的东部地区,即蒙古国的东方省、苏赫巴特省、东戈壁省和内蒙古的北部草原地带。A型石雕像多选用长条状自然石料,或就其原形,或粗略修整。雕刻手法多用阴刻或线刻,构图简单明了,人物面部特征不明显,粗率朦胧,握杯姿态多以手指捏托,腰部挂有短剑和长刀。B型石雕像一般是根据构图造型所需确定石料,多选用易于雕凿之石灰岩及大理石、汉白玉等。雕刻手法以圆雕为主，一般男性表现为“握杯坐椅”式（彩版陆玖，1、2），女性多呈女性特征明显的站立式（彩版陆玖，3、4），往往发现两性雕像摆放于一处。其仪态与装饰表现细腻逼真，形象生动，写实性较强。

据《北史》、《周书》、《隋书》中突厥本传的记载和在蒙古国鄂尔浑河畔和硕柴达木发现的突厥碑铭记载的突厥人的丧葬习俗，结合前苏联学者卡扎凯维奇、阿尔斯拉诺瓦，恰里科夫，蒙古国的巴雅尔及中国的黄文弼等人的研究，我们认为，A 型石雕像应属公元6～9 世纪古代突厥人的文化遗存[404]。而据《元史·舆服志》和元刻《事林广记》的记载和插图，特别是近年来相继发现的元代墓葬壁画资料[405]的分析判断，B 型石雕像当是属于公元 13～14 世纪的蒙古人的文化遗存[406]。

3. 石雕像的性质和文化渊源

羊群庙奎树沟地区发现的元代祭祀遗址和石雕人像，反映了元代蒙古上层贵族对天和祖先崇拜的思想。首先，从地理位置上，祭祀地选择了四面环山，背西向东，地势开阔的山前地带。其次，发掘的“石人湾”祭祀遗址的石围墙构筑整齐，祭台叠砌考究，似乎反映了中国传统的“天圆地方”观念。第三，发掘出土的汉白玉石雕像雕刻精细入微，逼真传神，庄严肃穆，体现了身份的高贵及相互间的差别，表明每一座雕像都代表着不同的个体。第四，这一区域发现的其他祭祀址和石雕像，虽然品级不高，但从整体上反映出了这一区域的重要性。中统二年（1261 年）四月八日，忽必烈“祀天于旧桓州西北郊。皇族之外，皆不得预礼也”[407]。羊群庙奎树沟地区即位于元上都和金代桓州城西北约 30～40 千米范围之内，可知忽必烈率皇族宗亲所作的这次祭天活动，极有可能是在羊群庙一带进行的。元代皇族每年还要举行祭祖仪式，“岁以七月七日或九日，天子与后素服望祭北方陵园，奠马酒，执事者皆世臣子弟”[408]。元代诗人萨都剌写道：“祭天马酒洒平野，沙际风来草亦香，白马如云向西北，紫驼银瓮宴诸王。”[409]可见，元代皇家祭天、祭祖均是在元上都的西北方向。这个方向也恰恰是由元上都望去的位于蒙古国三河河源处的肯特山起辇谷的方向。也就是说，位于金代桓州西北的羊群庙一带，应当是元代皇家贵戚祭天、祭祖之地。羊群庙的奎树沟“石人湾”，应是 13 世纪中叶至 14 世纪中叶元代上层贵族为祭祀其显赫祖先而建立的祭祀场所。

蒙古高原及周边地区，在商周阶段，一直是北方游牧民族活动的重要舞台，曾经创造了极富特征的“鹿石文化”。这些“鹿石是一种拟人的石雕像……只用斜线表示头部，并刻有悬挂兵器和工具的腰带”[410]。自汉代以来，这里一直是突厥语系诸部落的驻牧地，公元552 年，青突厥人建立了突厥汗国，突厥语系诸部落达到了空前的统一。特殊的政治、经济环境造就了突厥民族“重兵死而耻病终”[411]的生存价值观念，“尚武”传统在其社会中是根深蒂固的，他们“以弓矢为爪牙，以甲胄为常服”[412]，这种骑士精神与尚武传统的广泛传承,形成了突厥社会中“刻石记功”,“杀人立石”的“石刻文化”[413]。这种“石人”与“鹿石文化”应当具有一定的渊源关系。所以,分布于蒙古高原为数众多的“石人”,一般均表现为“手握刀匕”式。13世纪初蒙古人兴起后,成吉思汗征服了突厥语族的克烈、乃蛮、汪古诸部,建立起蒙古汗国,又相继吞并了花剌子模、钦察等一系列属于突厥语系的国家。这样,就为蒙古人接触和汲取“石刻文化”创造了条件,随着蒙古汗国大一统国家的建立,蒙古人“万物有灵”观念支配下的偶像崇拜,与突厥民族固有的“石刻文化”达到了恰当的碰撞与融合,从而导致了蒙古草原上石雕人像形制与仪态上的进一步变化,于是体现着权力与富贵的“握杯坐椅”式石雕人像便由此发端。因此可以说,羊群庙石雕人像来源于蒙古高原的最早的“鹿石文化”传统和古突厥人的“石刻文化”,应当是符合客观事实的。

4. 羊群庙祭祀遗址与石雕像的考证

正蓝旗羊群庙奎树沟出土的4座汉白玉石雕人像(其中一座仅存基座部分)的年代和性质,在原发掘报告及相关文章里曾略作过分析与研究,初步认定其为“元代皇族或上层贵族为祭奠其显赫祖先而建立的祭祀场所”[414],是“元代蒙古上层显贵的一处宗庙群落”[415],“汉白玉石雕人像则为其祖先或逝去者的形象,或属于皇族,或属于贵戚”[416]。但其究属元代何种人的祭祀性建筑,尚因缺乏确切的纪年名款与共存物而未曾彻底明确。为求甚解,近年来,通过对这类建筑基址及石雕人像的进一步考察,并结合元代文献进行比较研究,可以认为,由椭圆形石筑围墙、方形祭台、汉白玉石雕人像及附属性建筑组成的羊群庙祭祀遗址,可能与元代权臣燕铁木儿的家族祭祀地有关。

元文宗时,扈从诗人许有壬有《陪右大夫太平王祭先太师石像》的诗作一首。诗曰:“石琢元臣贵至坚,元臣何在石依然,巨杯注口衣从湿,肥脔涂身色愈鲜。范蠡铸金功岂并,平原为绣世谁传,台前轩马踏歌起,未信英姿在九泉。”[417]这首诗题下作者自注曰:“像琢白石,在滦都西北七十里地,日旭泥白。负重台架小室贮之,祭以酒湩,注彻,则以肥脔周身涂之。从祖俗也”[418]。这是许有壬记载元权臣燕铁木儿家族祭祀地的具体情况。仔细分析所记内容,基本上与羊群庙祭祀遗址发掘的情况相吻合。主要有如下几个方面:

首先看地理方位。按许有壬所记,先太师石像“在滦都西北七十里地”。“滦都”指元上都,因处于滦河上源故名。祭祀遗址所在的羊群庙奎树沟地区,正处于元上都故城的西北方,从里程上看,约合35千米左右[419]。所以,正蓝旗羊群庙奎树沟发掘出土的汉白玉石雕人像与祭祀建筑基址,从地望上看,与许有壬诗中所记燕铁木儿祭奠其“先太师石像”的方向和里程是大体一致的。

其次看祭祀对象。“像琢白石”无疑指的是汉白玉雕琢的石像,与羊群庙出土的汉白玉雕像相吻合;“负重台”当是背后有阶梯状祭台,与羊群庙祭祀遗址石雕像后夯筑的方形阶梯状祭台的形制相一致;“架小室贮之”,显然又可与石雕像周围的亭阁式建筑相对应。

再次看祭祀习俗。“祭以酒湩,注彻,则以肥脔周身涂之”,是一种较为特殊的祭祀习俗,可溯源至古突厥人。段成式《酉阳杂俎》曾载:“突厥事祆神,无祠庙,刻毡为形,盛于皮袋,行动之处,以脂苏涂之”[420]。燕铁木儿为钦察人,乃突厥之后裔,自应有此祭俗传统。而考察羊群庙出土石雕像,在其雕琢皱褶之处,亦发现有深褐色垢物,且分布范围较广,这当是“以肥脔周身涂之”后的遗存物。

从上述三个方面的考察,我们可得出一个较为明确的结论:正蓝旗羊群庙奎树沟发掘的四处建筑基址,应当是元末权臣燕铁木儿家族的宗庙祭祀建筑遗存,其建筑基址中出土的几座大型汉白玉雕像,即是许有壬诗中记载的“先太师石像”,其中应当包括了燕铁木儿的几代祖先,甚至燕铁木儿本人的祭祀雕像。

关于燕铁木儿家族的宗庙建筑,还有两件历史事件与其有直接关系。一是礼部尚书马祖常奉诏为燕铁木儿“制文立石”之事,二是元文宗“诏建燕铁木儿生祠”之事。

天历二年(1329 年),燕铁木儿奉玉玺北迎明宗南下,于旺忽察都之地毒死明宗后,在上都扶持文宗复位。元文宗“以燕铁木儿有大功劳于王室,封其曾祖父班都察漂阳王,曾祖妣玉龙彻漂阳夫人;祖父土土哈升王,祖妣太塔你升王夫人;父床兀儿扬王,母也先帖你、公主察去儿并为扬王夫人”[421]。“三年二月,文宗欲昭其勋,诏命礼部尚书马祖常制文立石于北郊”[422]。推敲上述史实,元文宗既然册封其三代祖先为王,那么就应当有燕铁木儿的三祖宗庙,而马祖常“制文立石”之地也就自然在其宗庙之内。所以,文中所记立石之“北郊”,当是元上都的北郊,羊群庙发现的祭祀遗址及石雕像,即应当是燕铁木儿家族的宗庙所在地,所立之石亦可以认定为“先太师”之石像。

关于燕铁木儿的生祠情况,《元史·文宗本纪》载:至顺二年(1331 年)四月庚戌,“诏建燕铁木儿生祠于红桥南,树碑以记其勋”。此处所言“红桥”,即是著名的“两都之战”中的红桥战役的“红桥”。在这次战役中,燕铁木儿大败王禅为首的上都军队,由此,红桥战役成为“两都之战”的重要军事转折点。所以,元文宗要在“红桥”为燕铁木儿建立生祠,以彰其功。关于“红桥”的具体方位,根据元文宗“驾幸上都……次红桥,临视燕铁木儿生祠”[423]的记载,亦应当在羊群庙奎树沟的附近。

通过上述论证可以说明,羊群庙奎树沟一带发掘的 4 处大型的祭祀建筑基址,应当为燕铁木儿的家族宗庙遗址。根据祭祀遗址规模的差异和石雕像装束的细微差别,说明每座石雕像代表的是某一个特定的人。据《至正集》所载,许有壬陪燕铁木儿祭祀的石像为“先太师石像”,则在羊群庙出土 4 座汉白玉雕像的祭祀基址,即应是燕铁木儿三代祖先的宗庙和燕铁木儿本人的生祠所在地。

据前文所言,虽然目前在羊群庙地区还没有发现明确的元代皇家祭祀遗存,但这里一定范围之内应当是元代皇家祭天、祭祖之地,当是没有问题的。同时,在奎树沟一带发现的燕铁木儿家族祭祀地和其他普通的石雕像表明，这一区域也是蒙古上层贵族和其他普通家族进行祭祀的宗庙所在地。那么，燕铁木儿又何以在奎树沟一带建立如此显贵的三代祖先的宗庙和自己生祠的呢？

从羊群庙石雕像的规格与装饰来看，以讲究的汉白玉为原料，雕琢的人物形象端庄大方，身着比肩、云靴，雕饰有龙纹、花卉，完全是一派蒙古皇族的气派。元朝蒙古皇族极为讲究服饰的色泽、质地与装饰图案，原则是“上得兼下，下不得僭上”[424]，从这个角度考虑，羊群庙石雕像的规格与服饰，带有明显的皇家气度，燕铁木儿家族的身份地位似很难与此比同。但我们如略了解一下燕铁木儿家族当时所处的环境和历史背景，则又似不难理解。燕铁木儿祖父班都察，因率钦察军随世祖征大理国与南宋有功，掌管朝廷宿卫。其子土土哈因骁勇善战，随世祖平海都叛乱有功，亦多次受封，大德元年（1297 年）曾“拜银青荣禄大夫、上柱国、同知枢密院事、钦察军都指挥使”[425]，后追封延国公，加封升王。土土哈之子床兀儿，亦因骁勇善战，因袭父职，武宗时，“赐以衣帽、金珠等物甚厚，拜骠骑卫将军、枢密院副使、钦察亲军都指挥使、太仆少卿”，并“赐以先朝所御大武帐等物……复封容国公，授以银印，赐尚服衣缎及虎豹之属”[426]，仁宗世累封扬王。燕铁木儿即为床兀儿之子，武宗时即被封为同知宣徽院事，泰定帝至和元年（1328 年）任同佥枢密院事，掌宿卫。同年八月，燕铁木儿发动兵变，迎武宗次子图帖木儿即位，是为文宗。随后，他平上都梁王王禅、左丞相倒剌沙之乱，毒死明宗，扶文宗复位，成为文宗朝声威赫赫的权臣。元文宗曾诏谕群臣曰“凡今臣僚，唯丞相燕铁木儿、大夫伯颜许兼三职属事，余者并以减省”，并授燕铁木儿“开封仪同三司、上柱国、太平王、答剌罕、中书右丞相、录军国重事、监修国史、提调燕王宫相府事、大都督、领龙翊亲军都指挥使司事。凡号令、刑名、选法、钱粮、造作、一切中书、政务、悉听总裁”。燕铁木儿一时权倾朝野，其子唐其势曾扬言：“天下本我家之天下”[427]。由此可见燕氏家族势力之一斑。而考察其宗庙与生祠建筑，也正是在这种情况下建造的。由此说，羊群庙石雕像的雕琢规模与所饰龙纹比肩、牡丹花卉，与燕铁木儿家族当时所处的身份、地位也同样是相符的。

羊群庙石雕像祭祀遗址，其性质是属于整个蒙古民族“偶像崇拜”的一个方面。由此而论，蒙古草原其他地区发现的同时代相类似的石雕像，亦当属于不同的蒙古家族，只是规格、级别不同而已。虽然燕铁木儿属于突厥人的后裔，但其终究是元王朝的权臣，是属于极端蒙古化了的钦察人。那么，接受在蒙古高原上有着很深文化渊源的，且尚属于本民族所固有的“偶像崇拜”习俗，自然是合乎情理的事情了。

五、结　语

近年来在元上都的田野考古工作是进一步认识元上都的基础。通过对元上都的考古

学考察,借鉴前人的研究成果,结合文献典籍的有关记载,我们可以初步得出如下认识:

第一,开平城的营建和开平汗庭的建立,是蒙元史上具有重大意义的事件。忽必烈在开平即位,标志着蒙古汗国的发展进入了一个新的历史阶段。从忽必烈开始,蒙古汗国的统治中心从漠北草原转移到了漠南汉地。元上都作为元朝的龙兴之地,在蒙元政权从蒙古汗国转化为大元帝国的过程中起到了重要的作用,在元朝两都制中占有特殊的地位。因此,元上都是蒙古族掌握政权之后建立的第一座真正意义上的帝国都城,是与大都并列的北控大漠,南屏燕蓟,连接欧亚大陆各国的重要枢纽。

第二,元上都作为元王朝的夏都,是在兼容并蓄的基础上发展起来的。其在总体布局上,反映出多元开放、草原气息浓厚的个性,既具备了中原城市的传统模式,又明显地体现了蒙古族游牧生活的特色。上都的宫殿建筑可以分为三组:一组是以大安阁、穆清阁和水晶殿等汉式殿阁为主体的建筑群,主要分布在宫城大内;一组是以棕毛殿为主并包括一些附设帐幕在内的以宫帐建筑为特色的失剌斡耳朵,位置在西内;一组是拥有诸多行殿的伯亦斡耳朵草地行宫,应当在上都城南的南屏山中。此外,还有分布在皇城之内的各类宗教、儒学等不同建筑风格的殿阁庙宇及御花园,在上都城融为一体,相映成趣,构成了上都建筑的特色。

第三,元上都三重城垣和城内主要建筑的构筑是在不同阶段相继完成的。最早的开平城,可能只是按照内外两重城垣设计和营建的,而且当是先建宫城城垣和宫城内的部分宫殿楼阁,以及宫城外的大龙光华严寺和孔子宣圣庙等寺庙建筑;石块包砌的皇城和外城城垣的最后建成,则可能是开平升作都城和大元王朝建立之后逐步完成的。因此,由于每重城垣功用的不同,皇城成为全城军事防御的重点;宫城中的建筑亦因不是一次性布局,而没有对称的左右配置,中轴线两侧的诸多宫殿建筑,采取了随形就势,自成一体的离宫别馆式的建筑形式。以万安宫为主要建筑,城市布局较为随意,而辅以四季离宫的蒙古帝国都城哈喇和林城对于以三重城垣相套,讲究对称布局,城市功能齐全的元大都来说,元上都是蒙古汗国草原都城向中原王朝完备的帝国都城过渡的重要中间环节。

第四,元上都面积广大的四关是上都城的重要组成部分。调查发现的官署、仓址、大型院落、驿馆、店铺、民居和兵营等几类遗存,在每关的分布既相互关联,又各有侧重。规模较大,布局规整的官署遗址基本位于每关的北部地区;粮仓等重要建筑均建在东、西关的高阜之处;在西关的南部和南关的御道两侧,则主要是商肆店铺和酒店客栈等建筑;东关外是以大型的住宅和官府驿馆为主,东关南部则是范围较大的普通居民的住宅区;北关基本不见商肆和民居建筑,在铁幡竿渠内侧建有规模宏大的兵营、行殿和仓址等建筑基址。元上都的四关与上都城的政治、经济生活息息相关,是上都百年历史最真实的反映。

第五,元上都周围发现的墓葬表明,元代的蒙古人和汉人是分开埋葬的。墓葬形制的差别和随葬品的多寡,反映出了墓主人身份的贵贱。开平修筑之初,城区周围就聚集了大量的汉人工匠和付出劳役的人群。随着元朝两都制的确立,上都城的增建和维修,就成了这座草原都城每日不可或缺的事情,而固定的两都巡幸制度又使它的经济生活具有鲜明的季节性。上都的汉人大部居住在城关地带,主要是为宫廷付出劳役和当差,还有一部分汉人和色目人应当是在上都城从事商业贸易和手工业生产。城市周围发达的畜牧业和畜产品的加工,也给城市生活以深刻的影响。带有浓厚游牧射猎文化色彩的蒙古人的墓葬,反映了游牧在上都城区周围和远郊的蒙古人,当是属于不同机构管辖,身份亦有所不同的牧民。

第六,羊群庙祭祀遗址的发现与研究,是元代考古的重要收获之一。羊群庙地区,应当是元代皇家贵戚祭天、祭祖之地。由椭圆形石筑围墙、方形阶梯状祭台、汉白玉石雕像及亭阁式附属性建筑组成的羊群庙祭祀遗址,反映了元代蒙古上层贵族祖先崇拜的思想。羊群庙的石雕像是属于蒙古民族偶像崇拜的重要内容,应源于蒙古高原历史悠久的"鹿石文化";其右手握杯于胸前的形态与6～9世纪突厥人的石雕像有着密切的渊源关系,是蒙古民族万物有灵观念支配下的偶像崇拜,与突厥人"石刻文化"融合与碰撞的产物。依据文献资料分析,羊群庙奎树沟一带发掘的4处大型祭祀遗址,应是元代权臣燕铁木儿三代祖先的宗庙和燕铁木儿本人的生祠所在地。

注　释

[1] 王恽:《中堂事记》,《秋涧集》卷八○,《四部丛刊》本。

[2] 顾祖禹:《读史方舆纪要》,中华书局,1957年刊本。

[3] 萨都剌:《上京即事五首》,《雁门集》卷六。

[4] 《元史》卷四《世祖纪》一。

[5] 萧启庆:《忽必烈潜邸旧侣考》,《元代史新探》,新文丰出版公司,1983年。

[6] 《元史》卷一五七《刘秉忠传》。

[7] 《元史》卷五《世祖纪》二。

[8] 正蓝旗文物所文物普查资料。

[9] 《后汉书》卷九○《乌桓传》。

[10] 《后汉书》卷九○《鲜卑传》。

[11] 内蒙古文物考古研究所:《内蒙古地区鲜卑墓葬的发现与研究》,科学出版社,2004年;锡林郭勒盟文物站文物普查资料。

[12] 郦道元:《水经注》卷十四,陈桥驿点校本,第286页,上海古籍出版社,1990年。

[13] 《水经注》点校本第8页。

[14] 正蓝旗文物所文物普查资料。

[15] 《旧唐书》卷一九九下《奚传》。

[16] 叶隆礼:《契丹国志》卷二十二,贾敬颜、林荣贵点校本,上海古籍出版社,1985年。

[17] 多伦县、正蓝旗文物所文物普查资料。

[18] 黄可润:《口北三厅志》卷五《物产》,《满蒙丛书》。

[19] 《金史》卷六《世宗纪》上;卷二四《地理志》上。

[20] 特木尔:《金代旧桓州城址考》,《内蒙古文物考古》1999年第2期。

[21] 内蒙古草原地带文物干部考古培训班:《正蓝旗四郎城调查简报》,《内蒙古文物考古》1999年第2期。

[22] 《元史》卷一《太祖纪》。

[23] 《元史》卷五八《地理志》一。

[24] 《元史》卷四五《顺帝纪》八。

[25] 刘佶:《北巡私记》。

[26] 《明太祖实录》卷四三;刘佶:《北巡私记》,《云窗丛刻》本。

[27] 《明太祖实录》卷二四九。

[28] 金幼孜:《北征录》,《满蒙丛书》本。

[29] 孙嘉淦:《口外驻兵疏》,《孙文定公奏疏》卷四。

[30] 《马可波罗行纪》,冯承钧汉译本,台湾商务印书馆,2000年版(下同),第一卷,第一三章,24页、第一四章,25页。

[31] 《马可波罗行纪》第一卷,第七四章,177页。

[32] 《马可波罗行纪》第一卷,第七四章,177页。

[33] 柳贯:《观失刺斡耳朵御宴回》,《柳待制文集》卷五,《四部丛刊》本。

[34] 《马可波罗行纪》第一卷,第七四章,177页。

[35] 《马可波罗行纪》第一卷,第七四章,178页。

[36] 《鄂多立克东游录》,何高济译,中华书局,第76页。

[37] 石田干之助:《元上都相关的主要文籍题解》,东亚考古学会编:《上都——蒙古多伦诺尔元代都城址调查》,1941年,附录二,四三页、四四页。

[38] 阿·马·波兹德涅耶夫:《蒙古及蒙古人》,张梦玲等汉译本,内蒙古人民出版社,1983年(下同),第二卷,第359页。

[39] 阿·马·波兹德涅耶夫:《蒙古及蒙古人》,第二卷,第363页。

[40] 阿·马·波兹德涅耶夫:《蒙古及蒙古人》,第二卷,第368页。

[41] 石田干之助:《元上都相关的主要文籍题解》,东亚考古学会编:《上都——蒙古多伦诺尔元代都城址调查》,1941年,附录二,四五页、四六页。

[42] 石田干之助:《元上都相关的主要文籍题解》,东亚考古学会编:《上都——蒙古多伦诺尔元代都城址调查》,1941年,附录二,四六页、四七页。

[43] 石田干之助:《元上都相关的主要文籍题解》,东亚考古学会编:《上都——蒙古多伦诺尔元代都城址调查》,1941年,附录二,四七页。

[44] 石田干之助:《元上都相关的主要文籍题解》,东亚考古学会编:《上都——蒙古多伦诺尔元代都城址调查》,1941年,附录二,四六页。

[45] 石田干之助:《元上都相关的主要文籍题解》,东亚考古学会编:《上都——蒙古多伦诺尔元代都城

址调查》,1941 年,附录二,四七页,四八页。

[46] 石田干之助:《元上都相关的主要文籍题解》,东亚考古学会编:《上都——蒙古多伦诺尔元代都城址调查》,1941 年,附录二,四八页。

[47] 石田干之助:《关于元之上都》,《考古学杂志》第二十八卷第二、八、一二期。

[48] 朱偰:《元大都宫殿图考》,附元大都宫殿图,北京古籍出版社,1990 年。

[49] 王士点:《禁扁》,扬州书局重刊楝亭藏本。

[50] 野上俊静:《元上都的佛教》,《佛教史学》1950 年第 2 期。

[51] 野上俊静:《〈元史·释老传〉研究》,京都,1978 年。

[52] 姚鉴:《上都》,《留日同学会季刊》第 4 期,1943 年。

[53] 费海玑:《元代上都人的生活》,《大陆杂志》第 19 卷第 11 期。

[54] 袁冀:《元代两京间驿路考释》、《元王恽驿赴上都行程考释》,《元史研究论集》,台湾商务印书馆,1974 年。

[55] 贾洲杰:《元上都的经济与居民生活》,《蒙古史研究》第二辑,1986 年。

[56] 宋本:《上京杂诗》,《永乐大典》卷七七〇二,中华书局,1986 年影印本,第四册。

[57] 陈高华、史卫民:《元上都》,吉林教育出版社,1988 年。

[58] 陈高华、史卫民:《元上都》,第五章,吉林教育出版社,1988 年。

[59] 陈高华、史卫民:《元上都》,第六章,吉林教育出版社,1988 年。

[60] 叶新民:《元上都研究》,内蒙古大学出版社,1998 年。

[61] 叶新民:《元上都研究》,五,内蒙古大学出版社,1998 年。

[62] 叶新民:《元上都研究》,七,内蒙古大学出版社,1998 年。

[63] 叶新民:《元上都研究》,三,内蒙古大学出版社,1998 年。

[64] 参见:《中国蒙古史学会第三次年会》提交论文,内蒙古锡林郭勒盟正蓝旗,1998 年。

[65] 杨选第:《元上都与元代帝位争夺之关系》,《广播电视大学学报(哲学社会科学版)》1998 年第 2 期。

[66] 东亚考古学会编:《上都——蒙古多伦诺尔元代都城址调查》,东亚考古学会,1941 年。

[67] 内蒙古文物工作队编:《内蒙古文物资料选辑》第九编,181 页,内蒙古人民出版社,1964 年。

[68] 贾洲杰:《元上都调查报告》,《文物》1977 年第 5 期。

[69] 内蒙古文物考古研究所、锡林郭勒盟文物管理站、多伦县文物管理所:《元上都城南砧子山南区墓葬发掘报告》,《内蒙古文物考古文集》第一辑,中国大百科全书出版社,1994 年。

[70] 内蒙古文物考古研究所、正蓝旗文物管理所:《正蓝旗羊群庙元代祭祀遗址及墓葬》,《内蒙古文物考古文集》第一辑,中国大百科全书出版社,1994 年。

[71] 魏坚:《元上都及周围地区的考古发现与初步研究》,《内蒙古文物考古》1999 年第 2 期。

[72] 内蒙古文物考古研究所、吉林大学边疆考古研究中心:《元上都城址东南砧子山西区墓葬发掘简报》,《文物》2001 年第 9 期。

[73] 参见本书:《多伦县砧子山西区墓地》。

[74] 东亚考古学会编:《上都——蒙古多伦诺尔元代都城址调查》,东亚考古学会,1941 年。

[75] 驹井和爱:《元上都和大都的平面布局》,《东亚论丛》第三辑,1940 年。

[76] 内蒙古文物工作队编:《内蒙古文物资料选辑》第九编,181 页,内蒙古人民出版社,1964 年。

[77] 贾洲杰:《元上都调查报告》,《文物》1977 年第 5 期。

[78] 李逸友:《内蒙古元代城址概说》,《内蒙古文物考古》第 4 期,1986 年。

[79] 内蒙古文物考古研究所、锡林郭勒盟文物管理站、多伦县文物管理所:《元上都城南砧子山南区墓葬发掘报告》,《内蒙古文物考古文集》第一辑,中国大百科全书出版社,1994 年。

[80] 内蒙古文物考古研究所、正蓝旗文物管理所:《正蓝旗羊群庙元代祭祀遗址及墓葬》,《内蒙古文物考古文集》第一辑,中国大百科全书出版社,1994 年。

[81] 魏坚、陈永志:《正蓝旗羊群庙石雕像研究》,《内蒙古文物考古文集》第一辑,中国大百科全书出版社,1994 年。

[82] 魏坚:《元上都及周围地区的考古发现与初步研究》,《内蒙古文物考古》1999 年第 2 期; 参见本书:《元上都四关调查》。

[83] 魏坚:《元上都及周围地区的考古发现与初步研究》,《内蒙古文物考古》1999 年第 2 期。

[84] 魏坚:《元上都及周围地区的考古发现与初步研究》,《内蒙古文物考古》1999 年第 2 期;魏坚、王新宇:《元上都重要考古发现的意义》,《中国文物报》1997 年 3 月 16 日 3 版。

[85] 中国历史博物馆遥感与航空摄影考古中心、内蒙古文物考古研究所:《内蒙古东南部航空摄影考古报告》,科学出版社,2002 年。

[86] 魏坚:《元上都及周围地区的考古发现与初步研究》,《内蒙古文物考古》1999 年第 2 期。

[87] 参见本书:《正蓝旗卧牛石墓地》

[88] 参见本书:《多伦县砧子山西区墓地》。

[89] 内蒙古文物考古研究所、吉林大学边疆考古研究中心:《元上都城址东南砧子山西区墓葬发掘简报》,《文物》2001 年第 9 期。

[90] 参见本书:《正镶白旗伊松敖包墓地》、《正镶白旗三面井墓地》、《镶黄旗乌兰沟墓地》、《镶黄旗博克敖包山墓葬》、《锡林浩特市贝力克墓葬》。

[91] 参见本书:《元上都皇城南门及东墙清理修复报告》。

[92] 李逸友:《大安御阁势岩亭》,参见:《中国蒙古史学会第三次年会》提交论文,内蒙古锡林郭勒盟正蓝旗,1998 年。

[93] 魏坚:《元上都及周围地区的考古发现与初步研究》,《内蒙古文物考古》1999 年第 2 期。

[94] 陆思贤:《关于元上都宫城北墙中段的阙式建筑台基》,《内蒙古文物考古》1999 年第 2 期; 张景明:《元上都与大都城址的平面布局》,《内蒙古文物考古》1999 年第 2 期。

[95] 萧启庆:《忽必烈潜邸旧侣考》,《元代史新探》,新文丰出版公司,1983 年。

[96] 张文谦:《故光禄大夫太保刘公行状》,《藏春集》附录。

[97] 王磐:《藁城令董文柄遗爱碑》,《嘉靖藁城县志》卷八;姚燧:《参知政事贾公神道碑》,《牧庵集》卷一九。

[98] 姚燧:《参知政事贾公神道碑》,《牧庵集》卷一九。

[99] 元明善:《廉希宪神道碑》,《元文类》卷六五。

[100] 《元史》卷四《世祖纪》一。

[101] 《元史》卷五《世祖纪》二。

[102]　《元史》卷九十《百官志》。

[103]　虞集:《贺丞相墓志铭》,《道园学古录》卷一八。

[104]　张文谦:《故光禄大夫太保刘公行状》,《藏春集》附录。

[105]　《元史》卷四《世祖纪》一。

[106]　孔齐:《上都避暑》,《至正直记》卷一。

[107]　陈旅:《苏伯修往上京,王君实有诗,伯修征和章》,《安雅堂集》卷三。

[108]　王士熙:《上京次李学士韵》,《皇元风雅》卷一二。

[109]　周伯琦:《扈从上京宫学纪事绝句二十首》,《近光集》卷一。

[110]　杨允孚:《滦京杂咏》,《知不足斋丛书》本。

[111]　胡助:《滦阳杂咏十首》,《纯白斋类稿》卷一四。

[112]　郑彦昭:《上京行幸词》,《永乐大典》卷七七〇二。

[113]　内蒙古文物考古研究所调查资料。

[114]　杨允孚:《滦京杂咏》,《知不足斋丛书》本。

[115]　杨瑀:《山居新语》,《知不足斋丛书》本。

[116]　内蒙古文物考古研究所、锡林郭勒盟文物管理站、多伦县文物管理所:《元上都城南砧子山南区墓葬发掘报告》,《内蒙古文物考古文集》第一辑,中国大百科全书出版社,1994年。

[117]　王士熙:《上都柳枝词》,《皇元风雅》卷一二。

[118]　参见本书:《多伦县砧子山西区墓地》。

[119]　杨允孚:《滦京杂咏》,《知不足斋丛书》本。

[120]　胡助:《滦阳杂咏十首》,《纯白斋类稿》卷一四。

[121]　《元史》卷三〇《泰定帝纪》二。

[122]　宋本:《上京杂诗》,《永乐大典》卷七七〇二。

[123]　袁桷:《滦京杂咏》卷上。

[124]　严光大:《祈请使行程记》,《四库全书总目提要》第九卷。

[125]　严光大:《祈请使行程记》,《四库全书总目提要》第九卷。

[126]　严光大:《祈请使行程记》,《四库全书总目提要》第九卷。

[127]　王结:《开平事》,《口北三厅志》卷一五《艺文》四。

[128]　宋本:《上京杂诗》,《永乐大典》卷七七〇二。

[129]　伍良臣:《上京》,《永乐大典》卷七七〇二。

[130]　周伯琦:《立秋日书事五首》,《近光集》卷二。

[131]　《元史》卷一四五《答礼麻识理传》。

[132]　贾洲杰:《元上都调查报告》,《文物》1977年第5期。

[133]　贾洲杰:《元上都》,《内蒙古大学学报》1977年第5期。

[134]　齐守谦:《知太史院事郭公行状》,《元文类》卷五〇。

[135]　《元史》卷一六九《王伯胜传》。

[136]　参见本书:《元上都四关调查》。

[137] 参见本书:《元上都南关遗址试掘》;《元上都四关调查》。

[138] 参见本书:《元上都四关调查》。

[139] 参见本书:《元上都四关调查》。

[140] 宋本:《上京杂诗》,《永乐大典》卷七七〇二。

[141] 张昱:《塞上谣》,《张光弼诗集》卷三。

[142] 马祖常:《车簇簇行》,《石田文集》卷五。

[143] 《元史》卷六四《河渠志一·滦河》。

[144] 郑介夫大德七年奏议,杨士奇等编《历代名臣奏议》卷六十七《治道》。

[145] 《元史》卷九〇《百官志》六。

[146] 《元史》卷九〇《百官志》六。

[147] 陈高华、史卫民:《元上都》,吉林教育出版社,1988 年。

[148] 叶新民:《元上都研究》,内蒙古大学出版社,1998 年。

[149] 叶新民:《元上都研究》,内蒙古大学出版社,1998 年。

[150] 参见本书:《多伦县砧子山西区墓地》。

[151] 叶新民:《元上都研究》,内蒙古大学出版社,1998 年。

[152] 贾洲杰:《元上都调查报告》,《文物》1977 年第 5 期。

[153] 虞集:《贺丞相墓志铭》,《道园学古录》卷一八。

[154] 魏初:《奏议》,《青崖集》卷四,《四库珍本丛书初集》本。

[155] 王恽:《便民三十五事·纳粟除监当官》,《秋涧集》卷九〇。

[156] 《经世大典·工部·仓廪》,《永乐大典》卷七五一一;《经世大典·官制·仓库官》,《永乐大典》卷七五一七;《元史》卷九〇《百官志》六。

[157] 《经世大典·官制·仓库官》,《永乐大典》卷七五一七。

[158] 参见本书:《元上都四关调查》。

[159] 《经世大典·官制·仓库官》,《永乐大典》卷七五一七。

[160] 《元史》卷一五《世祖纪》一二。

[161] 《元史》卷一九《成宗纪》一。

[162] 《元史》卷二〇《成宗纪》二。

[163] 《元史》卷三三《文宗纪》二。

[164] 《元史》卷三四《文宗纪》三。

[165] 《元史》卷八七《百官志》三。

[166] 《元文类》卷四一,《经世大典序录·弓手》。

[167] 《元史》卷九九《兵志二·镇戍》。

[168] 《元史》卷一〇《世祖纪》七。

[169] 《元史》卷九九《兵志二·镇戍》。

[170] 《元史》卷八六《百官志》二。

[171] 《元史》卷九九《兵志·宿卫》。

[172]　《元史》卷三四《文宗纪》。

[173]　杨瑀:《山居新语》,《知不足斋丛书》本。

[174]　内蒙古文物考古研究所、锡林郭勒盟文物管理站、多伦县文物管理所:《元上都城南砧子山南区墓葬发掘报告》,《内蒙古文物考古文集》第一辑,中国大百科全书出版社,1994年。

[175]　参见本书:《元上都四关调查》。

[176]　参见本书:《元上都南关遗址试掘》。

[177]　参见本书:《元上都南关遗址试掘》。

[178]　《元史》卷一二《世祖记》九。

[179]　《元史》卷八五《百官志》一。

[180]　《元史》卷九四《食货志二·商税》。

[181]　《元史》卷一九《成宗纪》二。

[182]　《元史》卷九四《食货志二·商税》。

[183]　袁桷:《开平十咏》,《清容居士集》卷一六,《四部丛刊》本。

[184]　周伯琦:《上京杂诗十首》,《近光集》卷一。

[185]　王沂:《芍药茶》,《伊滨集》卷一一,《四库珍本丛书初集》本。

[186]　杨允孚:《滦京杂咏》,《知不足斋丛书》本。

[187]　参见本书:《元上都四关调查》。

[188]　参见本书:《多伦县砧子山西区墓地》。

[189]　严光大:《祈请使行程记》,《四库全书总目提要》第九卷。

[190]　宋本:《上京杂诗》,《永乐大典》卷七七〇二。

[191]　马祖常:《上京翰苑书怀》,《石田文集》卷三。

[192]　《元史》卷一八六《陈祖仁传》。

[193]　孙世芳等:《宣府镇志》卷二二《宫宇》,嘉靖四十年修,万历二年补修本。

[194]　顾祖禹:《读史方舆纪要》,中华书局,1957年刊本。

[195]　黄可润:《口北三厅志》,《满蒙丛书》本。

[196]　宋廉等撰:《元史》,中华书局点校本。

[197]　王士点:《禁扁》,扬州书局丛刊楝亭藏本。

[198]　萧洵:《故宫遗录》,《知不足斋丛书》本。

[199]　朱偰:《元大都宫殿图考》,北京古籍出版社,1990年。

[200]　叶新民:《元上都研究》,内蒙古大学出版社,1998年。

[201]　拉施特丁:《史集》第二卷,第325页,余大钧、周建奇译本,商务印书馆,1985年。

[202]　郝经:《郝文忠公集》卷一四,嘉庆三年重修本。

[203]　杨允孚:《滦京杂咏》,《知不足斋丛书》本。

[204]　《元史》卷二二《武宗纪》一。

[205]　《元史》卷一二七《伯颜传》。

[206]　袁桷:《跋大安阁图》,《道园学古录》卷一〇。

[207] 周伯琦:《扈从上京宫学纪事》,《近光集》卷一。

[208] 王恽:《熙春阁遗制记》,《秋涧集》卷三八。

[209] 刘祁:《归潜志》,崔立印点校本,中华书局,1983 年。

[210] 王恽:《熙春阁遗制记》,《秋涧集》卷三八。

[211] 周伯琦:《次韵王师鲁待制史院题壁二首》,《近光集》卷一。

[212] 周伯琦:《扈从上京宫学纪事》,《近光集》卷一。

[213] 许有壬:《竹枝十首和继学韵》,《至正集》卷二七,聊城石印本。

[214] 贾洲杰:《元上都调查报告》,《文物》1977 年第 5 期。

[215] 陈高华、史卫民:《元上都》,吉林教育出版社,1988 年。

[216] 李逸友:《大安御阁势岧亭》,参见:《中国蒙古史学会第三次年会》提交的论文,内蒙古锡林郭勒盟正蓝旗,1998 年。

[217] 参见本书:《元上都宫城 1 号基址发掘报告》。

[218] 《元史》卷一六三《拜住传》。

[219] 《元史》卷四三《顺帝纪》。

[220] 权衡:《庚申外史》,《丛书集成》初编本。

[221] 熊梦祥:《析津志辑佚》第 221~222 页,北京图书馆善本组辑,北京古籍出版社,1983 年。

[222] 周伯琦:《扈从上京宫学纪事》,《近光集》卷一。

[223] 宋本:《上京杂诗》,《永乐大典》卷七七〇二。

[224] 萧洵:《故宫遗录》,《知不足斋丛书》本。

[225] 周伯琦:《扈从上京宫学纪事》,《近光集》卷一。

[226] 萨都剌:《上京杂咏五首》,《雁门集》卷六。

[227] 黄可润:《口北三厅志》卷一三,《满蒙丛书》本。

[228] 《供祀记》,《海道经》附《丛书集成初编》本。

[229] 杨允孚:《滦京杂咏》,《知不足斋丛书》本。

[230] 《元史》卷一三六《阿沙不花传》。

[231] 《元典章》卷五九《侨道·道傍等处栽树》,元刻本。

[232] 《元史》卷二九《泰定纪》。

[233] 周伯琦:《咏香殿》,《近光集》卷一。

[234] 许有壬:《和闲闲宗师至上京韵二首》,《至正集》卷一六。

[235] 《元史》卷一八四《崔敬传》。

[236] 周伯琦:《扈从上京宫学纪事》,《近光集》卷一。

[237] 《元史》卷三五《文宗纪》四。

[238] 周伯琦:《咏洪禧殿》,《近光集》卷一。

[239] 王沂:《授经郎板屋记》,《伊滨集》卷一八。

[240] 周伯琦:《扈从上京宫学纪事》,《近光集》卷一。

[241] 《元史》卷二九《泰定纪》。

[242]　《马可波罗行纪》第一卷,第七四章,179 页。

[243]　祥迈:《至元辩伪录》卷三,《大正新修大藏经》本。

[244]　祥迈:《至元辩伪录》卷二,《大正新修大藏经》本。

[245]　《元史》卷五《世祖纪》二。

[246]　《元史》卷二〇二《释老传》。

[247]　杨允孚:《滦京杂咏》,《知不足斋丛书》本。

[248]　《元史》卷三六《文宗纪》一。

[249]　袁桷:《华严寺碑》,《清容居士集》卷二五,《四部丛刊》本。

[250]　虞集:《佛国普安大禅师塔铭》,《道园学古录》卷四八。

[251]　袁桷:《华严寺》诗注,《清容居士集》卷一六,《四部丛刊》本。

[252]　袁桷:《华严寺碑》,《清容居士集》卷二五,《四部丛刊》本。

[253]　黄溍:《上都大龙光华严寺碑》,《金华黄先生文集》,《四部丛刊》本。

[254]　《元史》卷二七《英宗纪》一。

[255]　《元史》卷二七《英宗纪》一。

[256]　《元史》卷二八《英宗纪》二。

[257]　黄溍:《上都大龙光华严寺碑》,《金华黄先生文集》,《四部丛刊》本。

[258]　东亚考古学会编:《上都——蒙古多伦诺尔元代都城址调查》图版五七～六〇，东亚考古学会，1941 年。

[259]　贾洲杰:《元上都调查报告》图五,《文物》1977 年第 5 期。

[260]　袁桷:《华严寺碑》,《清容居士集》卷二五,《四部丛刊》本。

[261]　念常:《历代佛祖通载》卷三五,《大正新修大藏经》本。

[262]　念常:《历代佛祖通载》卷三二,《大正新修大藏经》本。

[263]　虞集:《刘正奉塑记》,《道园学古录》卷七。

[264]　《元史》卷二〇三《阿尼哥传》。

[265]　程钜夫:《凉国敏慧公神道碑》,《雪楼集》卷七。

[266]　《元史》卷二六《仁宗纪》。

[267]　《元史》卷二〇《成宗纪》。

[268]　《元史》卷二六《泰定纪》一。

[269]　《元史》卷三〇《泰定纪》二。

[270]　《元史》卷三九《顺帝纪》二。

[271]　《元史》卷四〇《顺帝纪》四。

[272]　《元典章》卷二四《僧道税·僧道租税体例》。

[273]　《元史》卷二六《仁宗纪》三。

[274]　东亚考古学会编:《上都——蒙古多伦诺尔元代都城址调查》图版四二,东亚考古学会,1941 年。

[275]　张维:《宝庆寺碑记》,《陇右金石录》卷五,1943 年甘肃省文献征集委员会校印本。

[276]　《元史》卷二〇二《释老传》。

[277] 念常:《历代佛祖通载》卷二一《释氏稽古续略》卷一,《大正新修大藏经》本。

[278] 念常:《历代佛祖通载》卷三五,《大正新修大藏经》本。

[279] 《元史》卷二七《英宗纪》一;《元典章新集至治条例纲目》,《工役·帝师殿如文庙大》。

[280] 《元史》卷二七《英宗纪》一。

[281] 《元史》卷二八《英宗纪》二。

[282] 《元史》卷二九《泰定纪》,泰定元年八月条。

[283] 杨瑀:《山居新语》,《知不足斋丛书》本。

[284] 《元史》卷二九《泰定纪》一;卷三〇《泰定纪》二。

[285] 张昱:《辇下曲》,《张光弼诗集》卷三,《四部丛刊续编》本。

[286] 《庙学典礼》卷一《先圣岁时祭祀禁约搔扰安下》。

[287] 《元史》卷四《世祖纪》一。

[288] 《元史》卷六《世祖纪》三。

[289] 许有壬:《上都孔子庙碑》,《治正集》卷四四。

[290] 许有壬:《上都孔子庙碑》,《治正集》卷四四。

[291] 《元史》卷三五《文宗纪》四;卷三九《顺帝纪》。

[292] 《元史》卷二〇二《释老传》。

[293] 《元史》卷二六《仁宗纪》二。

[294] 袁桷:《华严寺碑》,《清容居士集》卷二五,《四部丛刊》本。

[295] 王恽:《中堂事记》,《秋涧集》卷八一,《四部丛刊》本。

[296] 虞集:《张宗师墓志铭》,《道园学古录》卷五〇;袁桷:《玄教大宗师张公家传》,《清容居士集》卷三四,《四部丛刊》本。

[297] 袁桷:《玄教大宗师张公家传》,《清容居士集》卷三四,《四部丛刊》本。

[298] 《元史》卷一〇《世祖纪》七。

[299] 《元史》卷一一《世祖纪》八。

[300] 《元史》卷一八《成宗纪》一。

[301] 《元史》卷二〇二《释老传》。

[302] 熊梦祥:《析津志》,北京图书馆《析津志辑佚》本,北京古籍出版社,1983 年。

[303] 《元史》卷二七《英宗纪》一。

[304] 《元史》卷二九《泰定帝纪》一。

[305] 张松柏、任学军:《赤峰市出土的也里可温瓷质碑》,《内蒙古文物考古文集》第一辑,中国大百科全书出版社,1994 年。

[306] 《经世大典·工典总序·僧寺》,《元文类》卷四二。

[307] 萨都剌:《上京杂咏五首》,《雁门集》卷六。

[308] 郑介夫奏议,《历代名臣奏仪》卷六七。

[309] 《元史》卷三四《文宗纪》三。

[310] 周伯琦:《上幸西内,望北诸陵酹新马酒……》,《近光集》卷一。

[311]　周伯琦:《立秋日书事五首》,《近光集》卷三。

[312]　周伯琦:《上京杂诗十首》,《近光集》卷一。

[313]　白石典之:《窝阔台的哈剌和林》,《文物天地》2003年第10期。

[314]　熊梦祥:《析津志》,《永乐大典》卷七七〇二。

[315]　王祎:《上京大宴诗序》,《王忠文公集》卷三。

[316]　柳贯:《观失剌斡耳朵御宴回》,《柳待制文集》卷五。

[317]　迺贤:《失剌斡耳朵观诈马宴》,《金台集》卷二。

[318]　贡师泰:《上京大燕和樊侍中侍御》,《玩斋集》卷五。

[319]　袁桷:《伯庸开平书事次韵七首》,《清容居士集》卷一二。

[320]　杨允孚:《滦京杂咏》,《知不足斋丛书》本。

[321]　《马可波罗行纪》第一卷,第七四章,177页。

[322]　《大元毡工物记》,《广仓学窘丛书》甲集第二集。

[323]　《元史》卷四一《顺帝纪》五。

[324]　陈高华、史卫民:《元上都》,第四章,吉林教育出版社,1988年。

[325]　叶新民:《元上都研究》,三,内蒙古大学出版社,1998年。

[326]　周伯琦:《五月八日上京慈仁宫进讲纪事》,《近光集》卷一。

[327]　周伯琦:《诈马行》,《近光集》卷一。

[328]　《元史》卷二六《泰定纪》一。

[329]　《元史》卷三〇《泰定纪》二。

[330]　叶新民:《元上都研究》,三,内蒙古大学出版社,1998年。

[331]　严光大:《祈请使行程记》,《四库全书总目提要》第九卷。

[332]　许有壬:《宴慈仁殿,周览山川,喜而有作》,《至正集》卷一六。

[333]　王沂:《上京诗》,《伊滨集》卷一二。

[334]　贾洲杰:《元上都调查报告》,《文物》1977年第5期。

[335]　李逸友:《明开平卫及其附近遗迹考察》,《内蒙古文物考古》1999年第2期。

[336]　《元史》卷三三《文宗纪》。

[337]　《元史》卷三三《文宗纪》。

[338]　《元史》卷一三八《燕铁木儿传》。

[339]　王士点:《禁扁》卷乙,扬州书局重刊楝亭藏本。

[340]　杨允孚:"丞相簪花御苑回",《滦京杂咏》卷上,《知不足斋丛书》本。

[341]　宋本:"御华(花)园路接柴场",《上京杂诗》,《永乐大典》卷七七〇二。

[342]　许有壬:《和友人北苑马上四首》,《至正集》卷二七。

[343]　陈高华、史卫民:《元上都》,第四章,吉林教育出版社,1988年。

[344]　许有壬:《和友人北苑马上四首》,《至正集》卷二七。

[345]　杨允孚:《滦京杂咏》卷下,《知不足斋丛书》本。

[346]　参见本书:《多伦县砧子山西区墓地》。

[347] 参见本书:《正蓝旗卧牛石墓地》、《正蓝旗一棵树墓地》。

[348] 内蒙古文物考古研究所、正蓝旗文物管理所:《正蓝旗羊群庙元代祭祀遗址及墓葬》,《内蒙古文物考古文集》第一辑,中国大百科全书出版社,1994年。

[349] 参见本书:《正镶白旗三面井墓地》、《正镶白旗伊松敖包墓地》。

[350] 参见本书:《镶黄旗乌兰沟墓地》、《镶黄旗博克敖包山墓葬》。

[351] 参见本书:《锡林浩特市贝力克墓葬》。

[352] 内蒙古文物考古研究所、锡林郭勒盟文物管理站、多伦县文物管理所:《元上都城南砧子山南区墓葬发掘报告》,《内蒙古文物考古文集》第一辑,中国大百科全书出版社,1994年。

[353] 参见本书:《多伦县砧子山西区墓地》。

[354] 参见本书:《正蓝旗卧牛石墓地》。

[355] 参见本书:《正蓝旗一棵树墓地》。

[356] 内蒙古文物考古研究所、正蓝旗文物管理所:《正蓝旗羊群庙元代祭祀遗址及墓葬》,《内蒙古文物考古文集》第一辑,中国大百科全书出版社,1994年。

[357] 参见本书:《正镶白旗三面井墓地》。

[358] 参见本书:《正镶白旗伊松敖包墓地》。

[359] 参见本书:《镶黄旗乌兰沟墓地》。

[360] 内蒙古博物馆、锡林郭勒盟文物管理站:《镶黄旗乌兰沟出土一批蒙元时期金器》,《内蒙古文物考古文集》第一辑,中国大百科全书出版社,1994年。

[361] 参见本书:《镶黄旗博克敖包山墓葬》。

[362] 参见本书:《锡林浩特市贝力克墓葬》。

[363] 参见本书:《多伦县砧子山西区墓地》。

[364] 参见本书:《正蓝旗卧牛石墓地》。

[365] 内蒙古文物考古研究所、锡林郭勒盟文物管理站、多伦县文物管理所:《元上都城南砧子山南区墓葬发掘报告》,《内蒙古文物考古文集》第一辑,中国大百科全书出版社,1994年。

[366] 参见本书:《多伦县砧子山西区墓地》。

[367] 内蒙古文物考古研究所、锡林郭勒盟文物管理站、多伦县文物管理所:《元上都城南砧子山南区墓葬发掘报告》,《内蒙古文物考古文集》第一辑,中国大百科全书出版社,1994年。

[368] 参见本书:《多伦县砧子山西区墓地》。

[369] 贾洲杰:《元上都调查报告》,《文物》1977年第5期。

[370] 贾洲杰:《元上都调查报告》,《文物》1977年第5期。

[371] 内蒙古博物馆、锡林郭勒盟文物管理站:《镶黄旗乌兰沟出土一批蒙元时期金器》,《内蒙古文物考古文集》第一辑,中国大百科全书出版社,1994年。

[372] 《元史》卷四《世祖纪》一。

[373] 多伦县文物所白城子(东凉亭)文物普查材料。

[374] 《元史》卷六《世祖纪》三。

[375] 《元史》卷一二五《高智耀传》。

[376] 《元史》卷二九《泰定纪》。

[377] 权衡:《庚申外史》,《丛书集成》初编本。

[378] 虞集:《贺丞相墓志铭》,《道园学古录》卷一八,《四部丛刊》本。

[379] 《元史》卷七《世祖纪》三、四。

[380] 《元史》卷九四《食货志二·商税》。

[381] 袁桷:《开平十咏》,《清容居士集》卷一六,《四部丛刊》本。

[382] 《元史》卷六四《河渠志一·滦河》。

[383] 郑介夫大德七年奏议,明杨士奇等编《历代名臣奏议》卷六七《治道》。

[384] 周伯琦:《上京杂诗十首》,《近光集》卷一。

[385] 《元史》卷一七《世祖纪》一四。

[386] 《元史》卷八八《百官志》四。

[387] 参见本书:《多伦县砧子山西区墓地》。

[388] 内蒙古草原地带文物干部考古培训班:《正蓝旗四郎城调查简报》,《内蒙古文物考古》1999 年第 2 期。

[389] 虞集:《上都留守贺胜庙碑》,《道园学古录》卷一三,《四部丛刊》本。

[390] 王恽:《中堂事记》,《秋涧集》卷八一,《四部丛刊》本。

[391] 《元史》卷二五《仁宗纪》二。

[392] 吴师道:《闻危太仆王叔善除宣文阁检讨》,《吴札部集》卷四,《续金华丛书》本。

[393] 杨允孚:《滦京杂咏》;周伯琦:《近光集》卷一。

[394] 杨允孚:《滦京杂咏》卷下。

[395] 《元史》卷二〇五《卢世荣传》。

[396] 《元史》卷六四《河渠志一·滦河》。

[397] 《元史》卷三四《文宗纪》三。

[398] 《元史·食货志一》。

[399] 内蒙古文物考古研究所、锡林郭勒盟文物管理站、多伦县文物管理所:《元上都城南砧子山南区墓葬发掘报告》,《内蒙古文物考古文集》第一辑,中国大百科全书出版社,1994 年。

[400] 敖汉旗博物馆:《敖汉旗发现的元代金银器窖藏》,《内蒙古文物考古》1991 年第 1 期。

[401] 内蒙古文物考古研究所、正蓝旗文物管理所:《正蓝旗羊群庙元代祭祀遗址及墓葬》,《内蒙古文物考古文集》第一辑,中国大百科全书出版社,1994 年。

[402] 黄文弼:《新疆考古的发现》,《考古》1960 年第 2 期; 李征:《阿勒泰地区石人墓调查简记》,《文物》1962 年第 7、8 合期;丁学芸:《阿巴嘎旗巴彦图嘎石人、石堆墓》,《内蒙古文物考古文集》第一辑,中国大百科全书出版社,1994 年。

[403] Л·Л·维克多罗娃:《蒙古石人研究》,《第五次国际蒙古学家大会苏联代表团论文集》第一集,莫斯科,1987 年;巴雅尔:《东蒙古石人研究》,《蒙古的古代文化》,新西伯利亚,1985 年。

[404] 魏坚、陈永志:《正蓝旗羊群庙石雕像研究》,《内蒙古文物考古文集》第一辑,中国大百科全书出版社,1994 年。

[405] 项春松、王建国:《内蒙古昭盟赤峰三眼井元代壁画墓》,《文物》1982 年第 1 期;刘保爱、张德文:《陕西

宝鸡元墓》,《文物》1992年第2期;项春松:《内蒙古赤峰市元宝山元代壁画墓》,《文物》1983年第4期;辽宁省博物馆、凌源县文化馆:《凌源富家屯元墓》,《文物》1985年第6期。

[406] 魏坚、陈永志:《正蓝旗羊群庙石雕像研究》,《内蒙古文物考古文集》第一辑,中国大百科全书出版社,1994年。

[407] 王恽:《中堂事记》,《秋涧集》卷八一,《四部丛刊》本。

[408] 周伯琦:《立秋日书事五首》,《近光集》卷三。

[409] 萨都剌:《上京即事五首》,《雁门集》卷六。

[410] 乌恩:《论蒙古鹿石的年代及相关问题》,《考古与文物》2003年第1期。

[411] 《隋书·突厥传》。

[412] 《大唐创业起居注》卷一。

[413] 19世纪末至20世纪初,在蒙古高原相继发现了古代突厥如尼文碑铭,其内容为颂扬功绩类,可与我国古代史书之突厥本传所记"杀人立石"相映证,由是在学界形成了古代突厥人"石刻文化"之说。

[414] 内蒙古文物考古研究所:《正蓝旗羊群庙元代祭祀遗址及墓葬》,《内蒙古文物考古文集》第一辑,中国大百科全书出版社,1994年。

[415] 魏坚、陈永志:《正蓝旗羊群庙石雕像研究》,《内蒙古文物考古文集》第一辑,中国大百科全书出版社,1994年。

[416] 魏坚、陈永志:《正蓝旗羊群庙石雕像研究》,《内蒙古文物考古文集》第一辑,中国大百科全书出版社,1994年。

[417] 许有壬:《陪右大夫太平王祭先太师石像》,《至正集》卷一六。

[418] 许有壬:《陪右大夫太平王祭先太师石像》,《至正集》卷一六。

[419] 按元代里程与现代里程基本相近。

[420] 段成式:《酉阳杂俎》卷四。

[421] 《元史》卷一三八,《燕铁木儿传》。

[422] 《元史》卷二五,《文宗本纪》。

[423] 《元史》卷二五,《文宗本纪》。

[424] 《元史》卷七八,《舆服志》。

[425] 《元史》卷一二八,《土土哈传》。

[426] 《元史》卷一二八,《土土哈传》。

[427] 《元史》卷一三八,《燕铁木儿传》。

贰　元上都周围墓葬出土元代人骨研究

方启[1]　魏东[2]　魏坚[3]

（1、2.吉林大学边疆考古研究中心，长春，130012）

（3.中国人民大学北方民族考古研究所，北京，100872）

元上都遗址，位于内蒙古自治区锡林郭勒盟正蓝旗上都河镇东北20千米处，地处滦河上游闪电河北岸的金莲川草原上。

近年来，内蒙古文物考古研究所在元上都城址周围及较远的旗县，已经发现了10多处埋葬较为集中的元代墓地。目前部分进行发掘的墓地有9处。其中位于元上都城址周围35千米范围之内的墓地有：多伦县砧子山、正蓝旗卧牛石、一棵树和羊群庙4处墓地。还有距元上都100千米左右的正镶白旗三面井和伊松敖包、镶黄旗乌兰沟和博克敖包山、锡林浩特市贝力克等5处墓地[1]。

2001年，吉林大学边疆考古研究中心魏东、李法军、张全超赴内蒙古对已发掘的部分墓葬进行了性别年龄鉴定，并挑选了多伦县砧子山、一棵树、正镶白旗三面井和伊松敖包的人骨材料运回吉林大学进行研究。

一、观察与测量

本文中观察和测量的标准参照吴汝康编著的《人体测量方法》（科学出版社，1984年）和邵象清编著的《人体测量手册》（上海辞书出版社，1985年）。

（一）　多伦县砧子山墓地出土人骨的观察与测量

砧子山墓地位于多伦县西北的上都河乡境内，西北距元上都古城遗址9千米，是目前已发现的元上都附近规模最大的元代墓地。墓地凭依砧子山主峰，在四面山麓缓坡地带约20余平方千米的范围内成片分布，连同每座墓茔内的单体墓葬初步统计，约有近1500余座墓葬。此外，在元上都城南和砧子山墓地相连的南屏山脚下，也见有少量墓葬分布。1990年，内蒙古文物考古研究所对墓地南区墓葬进行了发掘，共清理墓茔44座，墓葬96座；1998～2000年，又连续3年对砧子山墓地的西区被盗墓葬进行发掘清理工作，共清理墓茔48座，墓葬102座[2]。目前在吉林大学保存有36例个体，包括18例男性个体，17例女性个体，1例性别不详，其中5例个体有明显的欧洲人种特征。经整理，有6例个体过于残破而无法修复，剩余可作观察与测量的个体共30例，包括13例蒙古人种男性，13例蒙古人种女性，4例欧罗巴人种男性（附表一至三）。

1. 蒙古人种男性颅骨观测

No.1（DZXM7）

男性，25～30岁（彩版叁零壹）。颅骨保存基本完整，右侧颧弓缺失。颅型为楔形，颅长宽指数为中颅型，颅长高指数为高颅型，颅宽高指数狭颅型。颧部较高且宽，颧颌下缘方折明显。前额倾斜，保留有完全的额中缝，额指数为阔额型。颅顶缝前囟段微波形，顶段锯齿形，顶孔段微波形，后段为复杂形。颅顶部观察到明显矢状脊。眉弓发育中等，乳突、枕外隆突也为中等。眶形为圆形，眶指数为高眶型。梨形梨状孔，梨状孔下缘呈锐型；鼻前棘中等，属BrocaⅡ级，犬齿窝弱，鼻根凹较弱，鼻指数为狭鼻型。腭形为"U"字型，腭指数为阔腭型，腭圆枕呈嵴状。方形颏，下颌角区外翻，在下颌骨内侧面观察到微弱的下颌圆枕。

No.2（DZXM8－1）

男性，45～50岁（彩版叁零贰）。颅骨保存基本完整。上颌与下颌均患有牙周病。颅型为楔形，颅长宽指数为圆颅型，颅长高指数为高颅型，颅宽高指数狭颅型。上面指数属中上面型，颧部较高且宽，颧颌下缘方折明显。前额中等，无额中缝，额指数为阔额型。颅顶缝前囟段微波形，顶段锯齿形，顶孔段深波形，后段为锯齿形。颅顶部未观察到明显矢状脊。眉弓发育较弱，乳突发达，枕外隆突稍显。方形眼眶，眶指数为高眶型。梨形梨状孔，梨状孔下缘呈钝型；犬齿窝显著，鼻根凹较深，鼻指数为狭鼻型。腭形为"U"字型，腭指数为狭腭型，腭圆枕呈嵴状。下颌角区外翻，在下颌骨内侧面未观察到下颌圆枕。

No.3（DZXM10）

男性，年龄大约在17～18岁（彩版叁零叁）。颅骨完整，两侧颧弓残破。颅型呈楔形，颅长宽指数为圆颅型，颅长高指数为高颅型，颅宽高指数为中颅型。面部较高而宽阔，颧颌下缘转角处欠圆钝。前额中等，无额中缝，额指数为中额型。颅顶缝结构：前囟段为微波形，顶端与后段为锯齿形，顶孔段为深波形。颅顶部有明显的矢状脊。眉弓发育较弱，乳突较小，枕外隆突稍显。方形眼眶，眶指数为中眶型。梨状孔呈梨型，锐型梨状孔下缘，鼻前棘中等，属BrocaⅡ级，鼻根凹明显，犬齿窝无，鼻指数为狭鼻型。"U"

字腭，腭指数为阔腭型，嵴状腭圆枕。下颏为尖形，下颌角区外翻，在下颌骨内侧面未观察到下颌圆枕。

No.4（DZXM25）

男性，45岁左右（彩版叁零肆）。颅骨保存基本完整。颅型为楔形，颅长宽指数为长颅型，颅长高指数为高颅型，颅宽高指数狭颅型。上面指数反映为中上面型，颧部较高且宽，颧颌下缘方折明显。前额倾斜程度中等，无额中缝，额指数为阔额型。颅顶缝前囟段与顶孔段微波形，顶段与后段深波形，颅顶部观察到明显矢状脊。眉弓发育中等，乳突小，枕外隆突也为中等。方形眼眶，眶指数为高眶型。梨状孔为心形，下缘呈钝型；鼻前棘中等，属 BrocaⅡ级，犬齿窝显著，鼻根凹较弱，鼻指数为阔鼻型。腭形为椭圆形，腭指数为中腭型，腭圆枕呈嵴状。方形颏，下颌角区外翻，在下颌骨内侧面观察到明显的下颌圆枕。

No.5（DZXM32）

男性，30～35岁（彩版叁零伍）。枕骨残破，无下颌。颅型为楔形，颅宽高指数阔颅型。前额中等，无额中缝，额指数为狭额型。颅顶缝前囟段、顶段及后段均为深波形，顶孔段微波形。颅顶部未观察到明显矢状脊。眉弓不发达，乳突小。眶形为长方形，眶指数为中眶型。梨状孔下缘呈锐型；鼻前棘弱，属 BrocaⅠ级，鼻根凹较弱，鼻指数为阔鼻型。腭形为"U"字型，腭圆枕呈嵴状。

No.6（DZXM38）

男性，25～30岁。颅骨左侧缺失严重，下颌严重残破。颅型为楔形，颅长宽指数为圆颅型，颅长高指数为正颅型，颅宽高指数阔颅型。颧部较高且宽，颧颌下缘方折明显。前额倾斜，额指数为狭额型。颅顶缝前囟段及顶孔段微波形，顶段及后段深波形。颅顶部观察到明显矢状脊。眉弓发育中等，乳突小、枕外隆突为中等。眶形为圆形。梨形梨状孔，梨状孔下缘呈锐型；鼻前棘中等，属 BrocaⅡ级，犬齿窝弱，鼻根凹中等，鼻指数为狭鼻型。腭形为"U"字型，腭圆枕呈嵴状。

No.7（DZXM40）

男性，30岁左右。颅骨面部缺失。颅型为楔形。前额倾斜。颅顶缝前囟段与顶段深波形，顶孔段锯齿形，后段为复杂形。颅顶部观察到明显矢状脊。眉弓发育显著，乳突、枕外隆突为中等。

No.8（DZXM64－2）

男性，45～50岁（彩版叁零陆）。颅骨保存基本完整，右侧颧弓残缺，无下颌。颅型为楔形，颅长宽指数为圆颅型。颧部较高且宽，颧颌下缘方折明显。前额中等，额指数为中额型。颅顶缝前囟段微波形，顶段深波形，顶孔段微波形，后段为深波形。颅顶部观察到明显矢状脊。眉弓发育弱，乳突小，枕外隆突稍显。方形眼眶，眶指数为中眶型。梨形梨状孔，梨状孔下缘呈鼻前沟型；犬齿窝显著，鼻根凹较弱，鼻指数为狭鼻型。腭形为“U”字型，腭指数为阔腭型，腭圆枕呈嵴状。

No.9（DZXM68）

男性，25岁左右（彩版叁零柒）。颅骨保存基本完整。颅型为楔形，颅长宽指数为圆颅型。颧部较高且宽，颧颌下缘方折明显。前额倾斜，无额中缝，额指数为狭额型。颅顶缝前囟段、顶段与后段均为深波形，顶孔段为微波形。颅顶部观察到明显矢状脊。眉弓与枕外隆突皆为中等。眶形为斜方形，眶指数为中眶型。心形梨状孔，梨状孔下缘呈锐型；鼻前棘不发达，属 Broca Ⅰ级，犬齿窝弱，鼻根凹较弱，鼻指数为狭鼻型。腭形为“U”字型，腭指数为阔腭型，腭圆枕呈嵴状。方形颏，下颌角区外翻，在下颌骨内侧面未见有下颌圆枕。

No.10（DZXM70－1）

男性，30岁左右。颅骨破损严重，无下颌。颅型为楔形，颅长宽指数为中颅型。颧部较高且宽，颧颌下缘方折明显。前额倾斜，无额中缝，额指数为中额型。颅顶缝前囟段微波形，顶段锯齿形，顶孔段微波形，后段为锯齿形。颅顶部观察到明显矢状脊。眉弓发育中等。眶形为圆形，眶指数为高眶型。梨形梨状孔，梨状孔下缘呈鼻前窝型；鼻前棘不发达，属 Broca Ⅰ级，犬齿窝弱，鼻根凹弱，鼻指数为狭鼻型。腭形为椭圆型，腭指数为阔腭型，腭圆枕呈嵴状。

No.11（DZXM77）

男性，30岁左右（彩版叁零玖）。颅骨保存完整，仅右侧颧弓缺失。上颌右侧第一臼为龋齿，齿髓腔暴露，并在齿槽面形成一个蚀洞。颅型为圆形，颅长宽指数为圆颅型，颅长高指数为高颅型，颅宽高指数中颅型。颧部较高且宽，颧颌下缘方折明显。前额倾斜，无额中缝，额指数为中额型。颅顶缝前囟段、顶孔段与后段均为微波形，仅顶段为锯齿形。颅顶部未观察到明显矢状脊。眉弓不发达，乳突中等，枕外隆突稍显。眶形为方形，眶指数为高眶型。梨形梨状孔，梨状孔下缘呈锐型；犬齿窝弱，鼻根凹中等，鼻指数为狭鼻型。腭形为“U”字型，腭指数为中腭型，腭圆枕呈嵴状。方形颏，在下颌骨内侧面观察到明显的下颌圆枕。

No.12（DZXM95）

男性，30岁左右（彩版叁零捌）。颅骨保存基本完整。在左侧下颌可观察到牙周病。颅型为楔形，颅长宽指数为圆颅型，颅长高指数为高颅型，颅宽高指数中颅型。前额中等，无额中缝，额指数为狭额型。颅顶缝前囟段、顶孔段与后段呈微波形，顶段为深波形。颅顶部观察到明显矢状脊。眉弓发育弱，乳突中等，枕外隆突稍显。长方形眼眶，眶指数为低眶型。心形梨状孔，梨状孔下缘呈鼻前窝型；鼻前棘发达，属 BrocaⅢ级，犬齿窝明显，鼻根凹较弱，鼻指数为阔鼻型。腭形为椭圆型，腭指数为狭腭型，腭圆枕呈嵴状。圆形颏，下颌角区外翻，未观察到下颌圆枕。

No.13（DZXM97）

男性，45～50岁（彩版叁壹零）。颅骨保存完整，下颌缺失。楔形颅，颅长宽指数为特圆颅型，颅长高指数为高颅型，颅宽高指数为阔颅型。颧部较高且宽，颧颌下缘方折明显。前额中等，额指数为狭额型。颅顶缝前囟段微波形，顶段深波形，顶孔段微波形，后段为深波形。颅顶部未观察到矢状脊。眉弓发育弱，乳突、枕外隆突均为中等。眶形为圆形，眶指数为中眶型。梨形梨状孔，梨状孔下缘呈鼻前沟型；鼻前棘发达，属BrocaⅢ级，犬齿窝显著，鼻根凹中等，鼻指数为阔鼻型。腭形为“U”字型，腭指数为阔腭型，腭圆枕呈嵴状。

2. 蒙古人种女性颅骨观测

No.1（DZXM3）

女性，30～35岁（彩版叁壹壹）。颅骨保存基本完整。楔形颅，颅长宽指数为特圆颅型，颅长高指数为高颅型，颅宽高指数阔颅型。颧部较高且宽，颧颌下缘方折明显。前额中等，额指数为中额型。颅顶缝前囟段、顶孔段与后段均为微波形，顶段为深波形。颅顶部未观察到明显矢状脊。眉弓发育弱，乳突极小，枕外隆突稍显。眶形为圆形，眶指数为高眶型。梨状孔下缘呈锐型；鼻前棘中等，属BrocaⅡ级，犬齿窝显著，鼻根凹较弱，鼻指数为中鼻型。腭形为“U”字型，腭指数为阔腭型，腭圆枕呈嵴状。尖形颏，下颌角区直形，在下颌骨内侧面观察到微弱的下颌圆枕。

No.2（DZXM5－1）

女性，30～35岁。仅余下颌骨。方形颏，下颌角区直形，在下颌骨内侧面观察到明显的下颌圆枕。

No.3（DZXM8－2）

女性，成年。颅骨较残，枕骨缺失，右侧顶骨破损严重，无下颌。颅型为楔形。前额平直。颅顶缝前囟段微波形，顶段锯齿形，顶孔段深波形，后段为微波形。眉弓发育弱，枕外隆突稍显。眶形为方形，眶指数为高眶型。梨形梨状孔，梨状孔下缘呈锐型；鼻前棘发育弱，属BrocaⅠ级，鼻根凹较弱，鼻指数为阔鼻型。

No.4（DZXM24）

女性，20～22岁（彩版叁壹贰）。颅骨保存基本完整，下颌骨残。楔形颅，颅长宽指数为中颅型，颅长高指数为高颅型，颅宽高指数狭颅型。颧部较高且宽，颧颌下缘方折明显。前额平直，无额中缝，额指数为狭额型。颅顶缝前囟段微波形、顶孔段和后段为微波形，顶段锯齿形。颅顶部未观察到明显矢状脊。眉弓发育弱，乳突极小，枕外隆突稍显。眶形为椭圆形，眶指数为高眶型。梨形梨状孔，梨状孔下缘呈锐型；鼻前棘中等，属 BrocaⅡ级，无犬齿窝，鼻根凹较弱，鼻指数为中鼻型。腭形为"U"字型，腭指数为阔腭型，腭圆枕呈嵴状。

No.5（DZXM30）

女性，成年（彩版叁壹叁）。颅骨保存较差，下颌枝残，两侧颧弓均断裂。颅型为楔形，颅长宽指数为特圆颅型，颅长高指数为高颅型，颅宽高指数阔颅型。颧部较高且宽，颧颌下缘方折明显。前额平直，无额中缝，额指数为狭额型。颅顶缝前囟段、顶段和后段为复杂形，顶孔段为微波形。无矢状脊。眉弓发育弱，乳突极小，枕外隆突稍显。长方形眼眶，眶指数为中眶型。梨形梨状孔，梨状孔下缘呈钝型；犬齿窝显著，鼻根凹中等，鼻指数为阔鼻型。腭形为"U"字型，腭圆枕呈嵴状。尖形颏，下颌角区直形。

No.6（DZXM36）

女性，30～35岁。颅骨保存极差，无下颌且颅骨右侧缺失严重。颅型为楔形。前额中等，无额中缝。颅顶缝前囟段微波形，顶段深波形，顶孔段微波形，后段深波形。无矢状脊。眉弓发育弱，枕外隆突缺如。眶形为方形。梨状孔下缘呈锐型；犬齿窝无，鼻根凹无。腭形为"U"字型，腭圆枕呈嵴状。

No.7（DZXM37）

女性，成年。颅骨整体破损严重，无下颌。楔形颅，颅长宽指数为圆颅型，颅长高指数为高颅型，颅宽高指数中颅型。前额平直，保留有完全的额中缝，额指数为中额型。颅顶缝前囟段与顶段锯呈齿形，顶孔段为微波形，后段为深波形。无矢状脊。眉弓发育弱，乳突小，枕外隆突缺如。眶形为方形，眶指数为高眶型。梨形梨状孔，梨状孔下缘呈锐型；犬齿窝无，鼻根凹无，鼻指数为中鼻型。腭形为"V"字型，腭圆枕呈丘状。圆形颏，下颌角区直形，在下颌骨内侧面未观察到下颌圆枕。

No.8（DZXM39）

女性，成年（彩版叁壹肆）。颅骨保存基本完整，右侧颧弓均残，下颌骨残破。颅型为楔形，颅长宽指数为圆颅型，颅长高指数为高颅型，颅宽高指数中颅型。颧部较高且宽，颧颌下缘方折明显。前额平直，无额中缝，额指数为狭额型。颅顶缝前囟段微波形，顶段锯齿形，顶孔段微波形，后段锯齿形。颅顶部观察到明显矢状脊。眉弓发育弱，乳突极小，枕外隆突稍显。眶形为方形，眶指数为高眶型。心形梨状孔，梨状孔下缘呈钝型；鼻前棘中等，属 BrocaⅡ级，犬齿窝弱，鼻根凹弱，鼻指数为阔鼻型。腭指数为阔腭型，腭圆枕呈嵴状。方形颏，在下颌骨内侧面观察到微弱的下颌圆枕。

No.9（DZXM45）

女性，成年（彩版叁壹伍）。颅骨保存基本完整。颅型为楔形，颅长宽指数为圆颅型，颅长高指数为正颅型，颅宽高指数阔颅型。颧部较高且宽，颧颌下缘方折明显。前额平直，无额中缝，额指数为狭额型。颅顶缝前囟段微波形，顶段和顶孔段深波形，后段为微波形。颅顶部观察到明显矢状脊。眉弓发育弱，乳突极小，枕外隆突稍显。眶形为圆形，眶指数为高眶型。梨状孔下缘呈钝型；犬齿窝弱，鼻根凹无，鼻指数为阔鼻型。腭形为“U”字型，腭指数为阔腭型，腭圆枕呈嵴状。圆形颏，下颌角区直形，无下颌圆枕。

No.10（DZXM55）

女性，22岁左右（彩版叁壹陆）。颅骨保存基本完整，右侧颧弓断裂。楔形颅，颅长宽指数为特圆颅型，颅长高指数为低颅型，颅宽高指数阔颅型。前额平直，无额中缝，额指数为狭额型。颅顶缝前囟段微波形，顶段与顶孔段呈锯齿形后段为微波形。颅顶部观察到明显矢状脊。眉弓发育弱，乳突极小，枕外隆突稍显。眶形为方形，眶指数为高眶型。梨形梨状孔，梨状孔下缘呈鼻前沟型；鼻前棘中等，属BrocaⅡ级，犬齿窝弱，鼻根凹无，鼻指数为中鼻型。腭形为“V”字型，腭指数为阔腭型，腭圆枕呈嵴状。圆形颏，下颌角区直形，无下颌圆枕。

No.11（DZXM66）

女性，25～30岁（彩版叁壹柒）。颅骨保存基本完整，下颌残。颅型为楔形，颅长宽指数为中颅型，颅长高指数为正颅型，颅宽高指数中颅型。颧部较高且宽，颧颌下缘方折明显。前额平直，无额中缝，额指数为阔额型。颅顶缝前囟段微波形，其他皆为锯齿形。颅顶部观察到明显矢状脊。眉弓发育弱，乳突极小，枕外隆突稍显。眶形为方形，眶指数为中眶型。心形梨状孔，梨状孔下缘呈锐型；犬齿窝显著，鼻根凹较弱，鼻指数为特阔鼻型。腭形为“U”字型，腭指数为阔腭型，腭圆枕呈嵴状。可观察到微弱的下颌圆枕。

No.12（DZXM71）

女性，30岁左右。颅骨残破严重。犬齿窝弱，无下颌圆枕。

No.13（DZXM82）

女性，23岁左右（彩版叁壹捌）。枕骨部分残缺，右侧颧弓断裂。颅型为楔形，颅宽高指数中颅型。前额平直且无额中缝，额指数为狭额型。颅顶缝前囟段微波形，顶段和顶孔段呈锯齿形后段为微波形。颅顶部观察到明显矢状脊。眉弓发育弱，乳突极小。眶形为圆形，眶指数为高眶型。梨形梨状孔，梨状孔下缘呈锐型；鼻前棘发达，属BrocaⅢ级，犬齿窝无，鼻根凹中等，鼻指数为中鼻型。腭形为“U”字型，腭指数为阔腭型，腭圆枕呈嵴状。

3. 欧罗巴人种男性颅骨观测

No.1（DZXM26）

男性，25岁左右（彩版叁壹玖）。上颌左侧第一、二前臼齿患有牙周病，下颌臼齿有龋齿。颅骨保存不完整，右侧顶骨残缺。颅型为楔形，颅长宽指数为高颅型。前额平直，无额中缝。颅顶缝前囟段微波形，顶段锯齿形，顶孔段深波形，后段为复杂形。无矢状脊。眉弓发育弱，乳突、枕外隆突也为中等。眶形为圆形，眶指数为中眶型。梨形梨状孔，梨状孔下缘呈锐型；犬齿窝显著，鼻根凹较发达，鼻指数为中鼻型。腭形为椭圆型，腭圆枕呈嵴状。方形颏，下颌角区外翻，在下颌骨内侧面观察到微弱的下颌圆枕。

No.2（DZXM27）

男性，17～19岁。颅骨保存极差，仅存面颅骨。无额中缝。颅顶缝仅能观察到前囟段呈微波形。眉弓发育弱。眶形为方形，眶指数为中眶型。梨形梨状孔，梨状孔下缘呈锐型；鼻前棘非常发达，属BrocaⅣ级，犬齿窝弱，鼻根凹中等，鼻指数为狭鼻型。腭形为椭圆型，腭指数为阔腭型，腭圆枕呈嵴状。

No.3（DZXM43）

男性，25～30岁（彩版叁贰零）。上颌臼齿患有牙周病，齿根暴露。颅骨保存较差，颅骨右侧残破，下颌亦残破。颅型为楔形，颅宽高指数高颅型。前额中等，无额中缝，颅顶部观察到明显矢状脊。颅顶缝前囟段微波形，顶段与顶孔段为锯齿形，后段为复杂形。眉弓发育中等，乳突大，枕外隆突显著。眶形为圆形，眶指数为高眶型。梨形梨状孔，梨状孔下缘呈鼻前窝型；鼻前棘非常发达，属BrocaⅤ级，犬齿窝弱，鼻根凹中等，鼻指数为狭鼻型。腭形为“U”字型，腭圆枕呈嵴状。方形颏，下颌角区外翻，在下颌骨内侧面观察到微弱的下颌圆枕。

No.4（DZXM53）

男性，25岁左右。下颌左侧臼齿患有龋病，上颌两侧第三臼均患有龋病（彩版叁叁伍，3、4）。颅骨保存不好，鼻部残破严重。颅型为楔形，颅长宽指数为特圆颅型，颅长高指数为高颅型，颅宽高指数阔颅型。前额倾斜，无额中缝，额指数为狭额型。颅顶部观察到明显矢状脊。颅顶缝前囟段微波形，顶段深波形，顶孔段微波形，后段为锯齿形。眉弓发育中等，乳突大，枕外隆突为中等。眶形为椭圆形。梨状孔下缘呈鼻前窝型；鼻前棘极发达，属BrocaⅣ级，犬齿窝弱，鼻根凹非常发达。腭形为“U”字型，腭指数为阔腭型，腭圆枕呈嵴状。方形颏，下颌角区外翻，在下颌骨内侧面观察到微弱的下颌圆枕。

4. 结论

为便于论述及分析，故将本文中的这批人骨材料中的蒙古人种称为砧子山组，欧罗巴人种称为砧子山欧洲组。

砧子山组的颅骨非测量性形态特征观察统计见表一，颅骨的部分测量特征的分级统计见表二。

表一　砧子山组颅骨非测量性形态观察统计表(男女两性)

项目	性别	例数	形态分类及出现例数					
颅型			椭圆形	卵圆形	圆形	五角形	楔形	菱形
	男	13			1（7.7%）		12（92.3%）	
	女	11					11（100%）	
眉弓			弱	中等	显著	特显著	粗壮	
	男	13	9（69.2%）	3（23.1%）	1（7.7%）			
	女	11	11（100%）					
前额			平直	中等	倾斜			
	男	13		7（53.8%）	6（46.2%）			
	女	11	9（81.8%）	2（18.2%）				
额中缝			无	1／3	1／3～2／3	2／3	全	
	男	13	12（92.3%）				1（7.7%）	
	女	11	10（90.9%）				1（9.1%）	
颅顶缝			微波	深波	锯齿	复杂		
颅顶缝 前囟段	男	13	10（76.9%）	3（23.1%）				
	女	11	9（81.8%）		1（9.1%）	1（9.1%）		
颅顶缝 顶段	男	13		8（61.5%）	5（38.5%）			
	女	11		4（36.4%）	6（54.5%）	1（9.1%）		
颅顶缝 顶孔段	男	13	10（76.9%）	2（15.4%）	1（7.7%）			
	女	11	6（54.5%）	3（27.3%）	2（18.2%）			
颅顶缝 后段	男	13	2（15.4%）	6（46.2%）	3（23.1%）	2（15.4%）		
	女	11	6（54.5%）	2（18.2%）	2（18.2%）	1（9.1%）		
乳突			极小	小	中等	大	特大	
	男	11	1（9.1%）	4（36.4%）	5（45.5%）	1（9.1%）		
	女	9	8（88.9%）	1（11.1%）				
枕外隆突			缺如	稍显	中等	显著	极显著	
	男	11		5（45.5%）	6（54.5%）			
	女	10	2（20%）	8（80%）				
眶形			圆形	椭圆形	方形	长方形	斜方形	
	男	12	4（33.3%）		5（41.7%）	2（16.7%）	1（8.3%）	
	女	11	3（27.3%）	1（9.1%）	6（54.5%）	1（9.1%）		
梨状孔			心形	梨形	三角形			
	男	11	3（27.3%）	8（72.7%）				
	女	8	2（25%）	6（75%）				
梨状孔下缘			锐形	钝形	鼻前沟形	鼻前窝形		
	男	12	6（50%）	2（16.7%）	2（16.7%）	2（16.7%）		
	女	11	7（63.6%）	3（27.3%）	1（9.1%）			
鼻前棘			Ⅰ	Ⅱ	Ⅲ	Ⅳ	Ⅴ	
	男	9	3（33.3%）	4（44.4%）	2（22.2%）			
	女	6	1（16.7%）	4（66.7%）	1（16.7%）			

续表一

项目	性别	例数	形态分类及出现例数				
犬齿窝			无	弱	中等	显著	极显著
	男	11	1（9.1%）	5（45.5%）		4（36.4%）	1（9.1%）
	女	12	5（41.7%）	4（33.3%）		3（25%）	
鼻根凹			0级	1级	2级	3级	4级
	男	12		7（58.3%）	5（41.7%）		
	女	11	4（36.4%）	5（45.5%）	2（18.2%）		
矢状脊			有	无			
	男	13	9（69.2%）	4（30.8%）			
	女	9	5（55.6%）	4（44.4%）			
腭形			U形	V形	椭圆形		
	男	12	9（75%）		3（25%）		
	女	9	7（77.8%）	2（22.2%）			
腭圆枕			无	嵴状	丘状	瘤状	
	男	12		12（11%）			
	女	10		9（90%）	1（10%）		
颏形			方形	圆形	尖形	角形	杂形
	男	7	4（57.1%）	2（28.6%）	1（14.3%）		
	女	7	2（28.6%）	3（42.9%）	2（28.6%）		
下颌角形			外翻	直形	内翻		
	男	6	6（100%）				
	女	6		6（100%）			
下颌圆枕			无	弱	明显	极显	
	男	7	4（57.1%）	1（14.3%）	2（28.6%）		
	女	8	4（50%）	3（37.5%）	1（12.5%）		

注：括号内数据为与总例数的百分比。

表二　砧子山组颅面部分测量特征统计表（男女两性）

项目	性别	例数	形态类型及出现例数					
颅长宽指数			特长颅型	长颅型	中颅型	圆颅型	特圆颅型	超圆颅型
	男	11		1（9.1%）	2（18.2%）	7（63.6%）	1（9.1%）	
	女	8			2（25%）	3（37.5%）	3（37.5%）	
颅长高指数			低颅型	正颅型	高颅型			
	男	8		1（12.5%）	7（87.5%）			
	女	8	1（12.5%）	2（25%）	5（62.5%）			

续表二

项目	性别	例数	形态类型及出现例数				
颅宽高指数			阔颅型	中颅型	狭颅型		
	男	9	3（33.3%）	3（33.3%）	3（33.3%）		
	女	9	4（44.4%）	4（44.4%）	1（11.1%）		
额宽指数			狭额型	中额型	阔额型		
	男	12	5（41.7%）	4（33.3%）	3（25%）		
	女	9	6（66.7%）	2（22.2%）	1（11.1%）		
鼻指数			狭鼻型	中鼻型	阔鼻型	特阔鼻型	
	男	12	8（66.7%）		4（33.3%）		
	女	10		5（50%）	4（40%）	1（10%）	
眶指数 R（mf—ec）			低眶型	中眶型	高眶型		
	男	11	1（9.1%）	5（45.5%）	5（45.5%）		
	女	10		2（20%）	8（80%）		
上面指数（sd）			特阔上面型	阔上面型	中上面型	狭上面型	特狭上面型
	男	6			5（83.3%）	1（16.7%）	
	女						
面突指数			突颌型	中颌型	正颌型		
	男	9		3（33.3%）	6（66.7%）		
	女	7	1（14.3%）	2（28.6%）	4（57.1%）		
腭指数			狭腭型	中腭型	阔腭型		
	男	10	2（20%）	2（20%）	6（60%）		
	女	9	1（11.1%）	1（11.1%）	7（77.8%）		
总面角			特突颌型	突颌型	中颌型	平颌型	特平颌型
	男	9		1（11.1%）	5（55.6%）	3（33.3%）	
	女	7		2（28.6%）	3（42.9%）	2（28.6%）	
中面角			特突颌型	突颌型	中颌型	平颌型	
	男	9		1（11.1%）	5（55.6%）	3（33.3%）	
	女	8		2（25%）	4（50%）	2（25%）	
齿槽面角			特突颌型	突颌型	中颌型	平颌型	超平颌型
	男	9		3（33.3%）	2（22.2%）	4（44.4%）	
	女	7		1（14.3%）	4（57.1%）	1（14.3%）	1（14.3%）

注:括号内数据为与总例数的百分比。

砧子山组男性的颅骨大多呈楔形。眉弓多数较弱。全部颅骨颧颌下缘转角均欠圆钝。前额大多中等,倾斜次之。颅顶缝前囟段多为微波形,余为深波形;顶段深波形为主,余为锯齿形;顶孔段以微波形为主;后段深波形居多。乳突大小则以中等最多,小者次之。枕外隆突中等与稍显者居多。眶形以方形为主。梨状孔则以梨形为主。梨状孔下缘多数为锐形。鼻前棘低矮,多为 BrocaⅡ级。犬齿窝弱或显著。鼻根点凹陷较浅者多,中等次之。大多数颅骨有矢状脊。腭形多为"U"字形,次为椭圆形。腭圆枕均为嵴状。下颌骨,颏形多方形,下颌角形均外翻,下颌圆枕无者居多。

砧子山组男性颅骨的颅长宽指数中,圆颅型最多,该指数的平均数为 80.66091,属于圆颅型。颅长高指数高颅型为主,1 例为正颅型,该指数的平均数为 76.89125,属于高颅型。颅宽高指数阔颅型、中颅型和狭颅型各 3 例,平均数为 95.26667,属于中颅型。额宽指数则表明狭额型颅骨占多数,中额型、阔额型紧随其后,平均数为 67.18583,属于中额型。鼻指数显示狭鼻型的出现率为 66,7%, 余下 33.3%均为阔鼻型, 该指数的平均数是 46.6175,当属狭鼻型。眶指数反映眶型以中眶型和高眶型为主,82.50091 的平均数反映为中眶型。上面指数绝大多数为中上面型,仅 1 例为狭上面型,平均数 52.08167 也属中上面型。面突指数反映以正颌型为主,平均数为 95.74444,属于正颌型。腭指数以阔腭型居多,90.511 的平均数属于阔腭型。

以上的观测反映出砧子山组男性颅骨一般具有楔形颅形, 颅长宽指数多为圆颅型,颅长高指数显示多为高颅型,颅宽高指数兼有阔颅型、中颅型和狭颅型 3 种颅型的颅部特征。上面指数大多属中上面型,颧颌下缘转角处大多欠圆钝。额指数多为狭额型。眉弓多数较弱,乳突以及枕外隆突都不甚发达。眶型以方形为主,眶指数则以中眶型和高眶型为主。鼻前棘大多低矮,犬齿窝弱或显著,鼻根凹都很浅,鼻指数多为狭鼻型。下颌角区均外翻,颏形多方形。从这些特征分析,砧子山组男性颅骨所代表的人群应当属于亚洲蒙古人种范畴。

砧子山组的女性颅骨颅型均为楔形。绝大多数女性颅骨的眉弓都不发达。颅骨颧颌下缘的转角均欠圆钝。前额平直者居多。女性颅骨中仅有 1 例颅骨有额中缝。该批女性颅骨的颅顶缝的前囟段以微波形为主;顶段绝大多数为锯齿形,深波形次之;顶孔段以微波形为主,深波形次之;后段微波形为主。乳突大多极小,枕外隆突大多稍显。方形眼眶的数量最多,占总数一半以上,其次为圆形眼眶。梨形梨状孔的数量最多。梨状孔下缘最多为锐形。鼻前棘低矮,大多为 BrocaⅡ级。绝大多数颅骨未见有犬齿窝。绝大多数颅骨的鼻根点凹陷很浅。顶部可观察到矢状脊的颅骨约占一半。腭型以"U"形为主。腭圆枕大多嵴状。下颌角颏形圆形最多,方形与尖形次之,下颌角区均为直形,约一半下颌骨可观察到下颌圆枕。

砧子山组女性颅骨的颅长宽指数多为特圆颅型和圆颅型, 平均数为 83.0325,属于圆颅型。颅长高指数则大多反映为高颅型，其 74.94875 的平均数亦属高颅型。颅宽高指数中，阔颅型和中颅型的数量相当，平均数为 90.72，属于阔颅型。额宽指数中，狭额型为主，额宽指数的平均数是 63.81667，属于狭额型。鼻指数以中鼻型和阔鼻型居多，平均数为 51.821，属于阔鼻型。砧子山组女性眶指数所反映的眶型大多为高眶型，约占总数的 80%，该指数的平均数 83.839 应属中眶型。面突指数反映以正颌型为主，平均数为 94.98714，属于正颌型。腭指数以阔腭型居多，94.10111 的平均数属于阔腭型。

以上的观测反映出砧子山组女性颅骨一般具有楔形颅形，颅长宽指数多为特圆颅型和圆颅型，颅长高指数显示大多为高颅型，颅宽高指数阔颅型和中颅型数量相当。颧颌下缘转角大多欠圆钝。额指数多为狭额型。眉弓多数发育很弱，乳突以及枕外隆突都不发达。眶型以方形和圆形为主，眶指数则以高眶型为主。鼻前棘大多低矮，犬齿窝大多没有，鼻根凹都很浅，鼻指数以中鼻型和阔鼻型为主。下颌骨颏形多圆形，下颌角区均直形。可以看出，砧子山组女性颅骨与砧子山组男性颅骨相比，仅在一些特征上有着性别差异，如眶型、鼻根凹、颏形等等，其他特征上基本是与砧子山组男性颅骨相仿的。因此砧子山组女性颅骨所代表的人群与砧子山组男性颅骨所代表的人群在基本的种系成分上没有差异，亦属于亚洲蒙古人种。

砧子山欧洲组的颅骨非测量性形态特征观察统计见表三，颅骨的部分测量特征的分级统计见表四。

砧子山欧洲组男性的颅骨均呈楔形。眉弓弱及中等各占一半。前额兼有平直、中等和倾斜。颅顶缝前囟段均为微波形；顶段锯齿形为主，余为深波形；顶孔段兼有微波、深波和锯齿形；后段复杂形居多。乳突则以大者最多，中等次之。枕外隆突中等与显著者居多。眶形以圆形为主。梨状孔则全部为梨形。梨状孔下缘锐形与鼻前窝形各占一半。鼻前棘高，多为 BrocaⅣ级，并有 BrocaⅤ级。犬齿窝弱或显著。鼻根点凹陷显著与中等各半。大多数颅骨有矢状脊。腭形“U”字形与椭圆形各半。腭圆枕均为嵴状。下颌骨，颏形多方形，下颌角形均外翻，在下颌骨内侧均可观察到微弱的下颌圆枕。

砧子山欧洲组男性颅骨的颅长宽指数中，仅有 1 例可以观测，为特圆颅型。颅长高指数均为高颅型，该指数的平均数为 78.03333，属于高颅型。颅宽高指数仅有 1 例可以观测，为阔颅型。额宽指数仅有 1 例可以观测，为狭额型。鼻指数显示狭鼻型的出现率为 66.7%，余下 33.3%为中鼻型，该指数的平均数是 44.94，当属狭鼻型。眶指数反映眶型以中眶型为主，85.16333 的平均数反映为高眶型。上面指数观测到的两例均为狭上面型，平均数 57.78 也属中上面型。面突指数反映以正颌型为主，平均数为 96.64667，属于正颌型。可以观测的两例腭指数全部为阔腭型，87.23 的平均数属于阔腭型。

表三　砧子山欧洲组颅骨非测量性形态观察统计表(男性)

项目	例数	形态分类及出现例数					
颅型		椭圆形	卵圆形	圆形	五角形	楔形	菱形
	3					3（100%）	
眉弓		弱	中等	显著	特显著	粗壮	
	4	2（50%）	2（50%）				
前额		平直	中等	倾斜			
	3	1（33.3%）	1（33.3%）	1（33.3%）			
额中缝		无	1/3	1/3～2/3	2/3	全	
	4	4（100%）					
颅顶缝		微波	深波	锯齿	复杂		
颅顶缝 前囟段	4	4（100%）					
颅顶缝 顶段	3		1（33.3%）	2（66.7%）			
颅顶缝 顶孔段	3	1（33.3%）	1（33.3%）	1（33.3%）			
颅顶缝 后段	3			1（33.3%）	2（66.7%）		
乳突		极小	小	中等	大	特大	
	3			1（33.3%）	2（66.7%）		
枕外隆突		缺如	稍显	中等	显著	极显著	
	3			2（66.7%）	1（33.3%）		
眶形		圆形	椭圆形	方形	长方形	斜方形	
	4	2（50%）	1（25%）	1（25%）			
梨状孔		心形	梨形	三角形			
	3		3（100%）				
梨状孔下缘		锐形	钝形	鼻前沟形	鼻前窝形		
	4	2（50%）			2（50%）		
鼻前棘		I	II	III	IV	V	
	3				2（66.7%）	1（33.3%）	
犬齿窝		无	弱	中等	显著	极显著	
	3		2（66.7%）		1（33.3%）		
鼻根凹		0级	1级	2级	3级	4级	
	4			2（50%）	2（50%）		
矢状脊		有	无				
	3	2（66.7%）	1（33.3%）				
腭形		U形	V形	椭圆形			
	4	2（50%）		2（50%）			

续表三

项目	例数	形态分类及出现例数				
腭圆枕		无	嵴状	丘状	瘤状	
	4		4（100%）			
颏形		方形	圆形	尖形	角形	杂形
	3	3（100%）				
下颌角形		外翻	直形	内翻		
	3	3（100%）				
下颌圆枕		无	弱	明显	极显	
	3		3（100%）			

注：括号内数据为与总例数的百分比。

表四　砧子山欧洲组颅面部分测量特征统计表(男性)

项目	例数	形态类型及出现例数					
颅长宽指数		特长颅型	长颅型	中颅型	圆颅型	特圆颅型	超圆颅型
	1					1（100%）	
颅长高指数		低颅型	正颅型	高颅型			
	3			3（100%）			
颅宽高指数		阔颅型	中颅型	狭颅型			
	1	1（100%）					
额宽指数		狭额型	中额型	阔额型			
	1	1（100%）					
鼻指数		狭鼻型	中鼻型	阔鼻型	特阔鼻型		
	3	2（66.7%）	1（33.3%）				
眶指数 R（mf—ec）		低眶型	中眶型	高眶型			
	3		2（66.7%）	1（33.3%）			
上面指数（sd）		特阔上面型	阔上面型	中上面型	狭上面型	特狭上面型	
	2				2（100%）		
面突指数		突颌型	中颌型	正颌型			
	3		1（33.3%）	2（66.7%）			
腭指数		狭腭型	中腭型	阔腭型			
	2			2（100%）			
总面角		特突颌型	突颌型	中颌型	平颌型	特平颌型	
	2			1（50%）	1（50%）		
中面角		特突颌型	突颌型	中颌型	平颌型		
	2			1（50%）	1（50%）		
齿槽面角		特突颌型	突颌型	中颌型	平颌型	超平颌型	
	2		1（50%）		1（50%）		

注：括号内数据为与总例数的百分比。

以上的观测反映出砧子山欧洲组男性颅骨一般具有楔形颅形，颅长宽指数特圆颅型，颅长高指数显示为高颅型，颅宽高指数阔颅型的颅部特征。上面指数属狭上面型，颧颌下缘转角处大多欠圆钝。额指数为狭额型。眉弓发育中等，乳突以及枕外隆突都很发达。眶型以圆形为主，眶指数则以中眶型为主。鼻前棘极高，犬齿窝弱或显著，鼻根凹较深，鼻指数多为狭鼻型。下颌角区均外翻，颏形多方形。从这些特征分析，砧子山欧洲组男性颅骨与蒙古人种差异很大，更接近于欧罗巴人种特点。

（二） 正蓝旗一棵树墓地出土人骨的观察与测量

一棵树墓地位于正蓝旗元上都古城西北约 12 千米的上都音高勒苏木北面的山湾之阳坡。墓地内各墓葬基本分布在两个相邻的地势呈北高南低的缓坡地带，分为两个区，东西相距约 1500 米。1995～1998 年，三次共清理墓葬 26 座。墓葬均遭到不同程度的早期盗扰。墓向均为东北或西北向，在 325°～20°之间[3]。目前在吉林大学保存有 5 例个体，包括 2 例男性个体，3 例女性个体，除 1 例个体过于残破而无法修复，可作观察与测量的个体共 4 例，包括 2 例男性，2 例女性（附表四、五）。

1. 男性颅骨观测

No.1（LYM15）

男性，25～30 岁（彩版叁贰壹）。颅骨较残破，右侧顶骨、枕骨严重缺失。颅型为楔形，颅长宽指数为长颅型，颅长高指数为高颅型，颅宽高指数狭颅型。颧部较高且宽，颧颌下缘方折明显。前额中等，无额中缝，额指数为阔额型。颅顶缝前囟段微波形，顶段锯齿形。颅顶部观察到明显矢状脊。眉弓发达，乳突、枕外隆突为中等。眶形为圆形，眶指数为高眶型。梨形梨状孔，梨状孔下缘呈锐型；犬齿窝显著，鼻根凹中等，鼻指数为中鼻型。腭形为“U”字型，腭指数为中腭型，腭圆枕呈嵴状。方形颏，下颌角区外翻，在下颌骨内侧面观察到明显的下颌圆枕。

No.2（LYM25）

男性，20～25 岁（彩版叁贰贰）。颅骨略有破损。颅型为楔形，颅长宽指数为长颅型，颅长高指数为高颅型，颅宽高指数狭颅型。颧部较高且宽，颧颌下缘方折明显。前额中等，无额中缝，额指数为阔额型。颅顶缝前囟段微波形，顶段锯齿形，顶孔段深波形，后段为锯齿形。颅顶部观察到明显矢状脊。眉弓不发达，乳突较小，枕外隆突稍显。眶形为方形，眶指数为高眶型。心形梨状孔，梨状孔下缘呈锐型；鼻前棘中等，属 Broca Ⅱ级，无犬齿窝，鼻根凹较弱，鼻指数为阔鼻型。腭形为“U”字型，腭指数为狭腭型，腭圆枕呈嵴状。尖形颏，下颌角区直形，在下颌骨内侧面观察到微弱的下颌圆枕。

2. 女性颅骨观测

No.1（LYM5）

女性，20～25岁（彩版叁贰叁）。颅骨略残。颅型为楔形，颅长宽指数为圆颅型，颅长高指数为正颅型，颅宽高指数阔颅型。颧部较高且宽，颧颌下缘方折明显。前额平直，无额中缝，额指数为中额型。颅顶缝前囟段微波形，顶段深波形，顶孔段微波形，后段为深波形。颅顶部未观察到明显矢状脊。眉弓发育弱，乳突极小，枕外隆突稍显。方形眼眶，眶指数为中眶型。梨形梨状孔，梨状孔下缘呈鼻前沟型；鼻前棘中等，属BrocaⅡ级，鼻根凹较弱，鼻指数为狭鼻型。腭形为"U"字型，腭指数为中腭型，腭圆枕呈嵴状。圆形颏，下颌角区外翻，无下颌圆枕。

No.2（LYM24）

女性，25岁左右（彩版叁贰肆）。颅骨略有破损。颅型为楔形，颅长宽指数为圆颅型，颅长高指数为高颅型，颅宽高指数阔颅型。前额倾斜，无额中缝，额指数为狭额型。颅顶缝前囟段微波形，顶段锯齿形。颅顶部观察到明显矢状脊。眉弓发育中等，乳突极小，枕外隆突稍显。眶形为长方形，眶指数为中眶型。梨状孔下缘呈鼻前窝型；犬齿窝显著，鼻根凹中等，鼻指数为阔鼻型。腭形为"U"字型，腭指数为阔腭型，腭圆枕呈嵴状。尖形颏，下颌角区外翻，无下颌圆枕。

3. 结论

为便于论述及分析，故将本文中的这批人骨材料中称为一棵树组。一棵树组的颅骨非测量性形态特征观察统计见表五，颅骨的部分测量特征的分级统计见表六。

一棵树组男性的颅骨均呈楔形。眉弓显著与微弱各半。全部颅骨颧颌下缘转角均欠圆钝。前额均中等。颅顶缝前囟段均为微波形；顶段均锯齿形；顶孔段观测到的1例为深波形；后段观测到的1例锯齿形。乳突大小中等与小者各半。枕外隆突中等与稍显者各半。眶形方形与圆形各半。梨状孔梨形与心形各半。梨状孔下缘均为锐形。鼻前棘弱，观测到的1例为BrocaⅡ级。犬齿窝无或显著。鼻根点凹陷较浅者与中等各半。颅骨均有矢状脊。腭形均为"U"字形。腭圆枕均为嵴状。下颌骨，颏形方形与尖形各半，下颌角区外翻与直形各半，下颌圆枕弱与明显者各半。

一棵树组男性颅骨的颅长宽指数中，均为长颅型，该指数的平均数为73.685，属于长颅型。颅长高指数均为高颅型，该指数的平均数为78.515，属于高颅型。颅宽高指数均为狭颅型，平均数为105.055，属于狭颅型。额宽指数则表明均为阔额型，平均数为70.105，属于阔额型。鼻指数显示中鼻型和阔鼻型各半，该指数的平均数是51.665，当属阔鼻型。眶指数反映眶型均为高眶型，89.53的平均数反映为高眶型。上面指数中上面型与狭上面

表五　一棵树组颅骨非测量性形态观察统计表(男女两性)

项目	性别	例数	椭圆形	卵圆形	圆形	五角形	楔形	菱形
颅型	男	2					2（100%）	
	女	2					2（100%）	

项目	性别	例数	弱	中等	显著	特显著	粗壮
眉弓	男	2	1（50%）		1（50%）		
	女	2	1（50%）	1（50%）			

项目	性别	例数	平直	中等	倾斜
前额	男	2		2（100%）	
	女	2	1（50%）		1（50%）

项目	性别	例数	无	1/3	1/3～2/3	2/3	全
额中缝	男	2	2（100%）				
	女	2	2（100%）				

项目		性别	例数	微波	深波	锯齿	复杂
颅顶缝	前囟段	男	2	2（100%）			
		女	2	2（100%）			
	顶段	男	2			2（100%）	
		女	2		1（50%）	1（50%）	
	顶孔段	男	1		1（100%）		
		女	1	1（100%）			
	后段	男	1			1（100%）	
		女	1		1（100%）		

项目	性别	例数	极小	小	中等	大	特大
乳突	男	2		1（50%）	1（50%）		
	女	2	2（100%）				

项目	性别	例数	缺如	稍显	中等	显著	极显著
枕外隆突	男	2		1（50%）	1（50%）		
	女	2		2（100%）			

项目	性别	例数	圆形	椭圆形	方形	长方形	斜方形
眶形	男	2	1（50%）		1（50%）		
	女	2			1（50%）	1（50%）	

项目	性别	例数	心形	梨形	三角形
梨状孔	男	2	1（50%）	1（50%）	
	女	1		1（100%）	

续表五

项目	性别	例数	形态分类及出现例数				
梨状孔下缘			锐形	钝形	鼻前沟形	鼻前窝形	
	男	2	2（100%）				
	女	2			1（50%）	1（50%）	
鼻前棘			Ⅰ	Ⅱ	Ⅲ	Ⅳ	Ⅴ
	男	1		1（100%）			
	女	1		1（100%）			
犬齿窝			无	弱	中等	显著	极显著
	男	2	1（50%）			1（50%）	
	女	2		1（50%）		1（50%）	
鼻根凹			0级	1级	2级	3级	4级
	男	2		1（50%）	1（50%）		
	女	2		1（50%）	1（50%）		
矢状脊			有	无			
	男	2	2（100%）				
	女	2	1（50%）	1（50%）			
腭形			U形	V形	椭圆形		
	男	2	2（100%）				
	女	2	2（100%）				
腭圆枕			无	嵴状	丘状	瘤状	
	男	2		2（100%）			
	女	2		2（100%）			
颏形			方形	圆形	尖形	角形	杂形
	男	2	1（50%）		1（50%）		
	女	2		1（50%）	1（50%）		
下颌角形			外翻	直形	内翻		
	男	2	1（50%）	1（50%）			
	女	2	2（100%）				
下颌圆枕			无	弱	明显	极显	
	男	2		1（50%）	1（50%）		
	女	2	2（100%）				

注:括号内数据为与总例数的百分比。

表六　一棵树组颅面部分测量特征统计表(男女两性)

<table>
<tr><th>项目</th><th>性别</th><th>例数</th><th colspan="60">形态类型及出现例数</th></tr>
<tr><td rowspan="3">颅长宽指数</td><td></td><td></td><td colspan="10">特长颅型</td><td colspan="10">长颅型</td><td colspan="10">中颅型</td><td colspan="10">圆颅型</td><td colspan="10">特圆颅型</td><td colspan="10">超圆颅型</td></tr>
<tr><td>男</td><td>2</td><td colspan="10"></td><td colspan="10">2（100%）</td><td colspan="10"></td><td colspan="10"></td><td colspan="10"></td><td colspan="10"></td></tr>
<tr><td>女</td><td>2</td><td colspan="10"></td><td colspan="10"></td><td colspan="10"></td><td colspan="10">2（100%）</td><td colspan="10"></td><td colspan="10"></td></tr>
<tr><td rowspan="3">颅长高指数</td><td></td><td></td><td colspan="20">低颅型</td><td colspan="20">正颅型</td><td colspan="20">高颅型</td></tr>
<tr><td>男</td><td>2</td><td colspan="20"></td><td colspan="20"></td><td colspan="20">2（100%）</td></tr>
<tr><td>女</td><td>2</td><td colspan="20"></td><td colspan="20">1（50%）</td><td colspan="20">1（50%）</td></tr>
<tr><td rowspan="3">颅宽高指数</td><td></td><td></td><td colspan="20">阔颅型</td><td colspan="20">中颅型</td><td colspan="20">狭颅型</td></tr>
<tr><td>男</td><td>2</td><td colspan="20"></td><td colspan="20"></td><td colspan="20">2（100%）</td></tr>
<tr><td>女</td><td>2</td><td colspan="20">2（100%）</td><td colspan="20"></td><td colspan="20"></td></tr>
<tr><td rowspan="3">额宽指数</td><td></td><td></td><td colspan="20">狭额型</td><td colspan="20">中额型</td><td colspan="20">阔额型</td></tr>
<tr><td>男</td><td>2</td><td colspan="20"></td><td colspan="20"></td><td colspan="20">2（100%）</td></tr>
<tr><td>女</td><td>2</td><td colspan="20">1（50%）</td><td colspan="20">1（50%）</td><td colspan="20"></td></tr>
<tr><td rowspan="3">鼻指数</td><td></td><td></td><td colspan="15">狭鼻型</td><td colspan="15">中鼻型</td><td colspan="15">阔鼻型</td><td colspan="15">特阔鼻型</td></tr>
<tr><td>男</td><td>2</td><td colspan="15"></td><td colspan="15">1（50%）</td><td colspan="15">1（50%）</td><td colspan="15"></td></tr>
<tr><td>女</td><td>2</td><td colspan="15">1（50%）</td><td colspan="15"></td><td colspan="15">1（50%）</td><td colspan="15"></td></tr>
<tr><td rowspan="3">眶指数 R（mf—ec）</td><td></td><td></td><td colspan="20">低眶型</td><td colspan="20">中眶型</td><td colspan="20">高眶型</td></tr>
<tr><td>男</td><td>2</td><td colspan="20"></td><td colspan="20"></td><td colspan="20">2（100%）</td></tr>
<tr><td>女</td><td>2</td><td colspan="20"></td><td colspan="20">2（100%）</td><td colspan="20"></td></tr>
<tr><td rowspan="3">上面指数（sd）</td><td></td><td></td><td colspan="12">特阔上面型</td><td colspan="12">阔上面型</td><td colspan="12">中上面型</td><td colspan="12">狭上面型</td><td colspan="12">特狭上面型</td></tr>
<tr><td>男</td><td>2</td><td colspan="12"></td><td colspan="12"></td><td colspan="12">1（50%）</td><td colspan="12">1（50%）</td><td colspan="12"></td></tr>
<tr><td>女</td><td></td><td colspan="12"></td><td colspan="12"></td><td colspan="12"></td><td colspan="12"></td><td colspan="12"></td></tr>
<tr><td rowspan="3">面突指数</td><td></td><td></td><td colspan="20">突颌型</td><td colspan="20">中颌型</td><td colspan="20">正颌型</td></tr>
<tr><td>男</td><td>2</td><td colspan="20"></td><td colspan="20">1（50%）</td><td colspan="20">1（50%）</td></tr>
<tr><td>女</td><td>1</td><td colspan="20"></td><td colspan="20"></td><td colspan="20">1（100%）</td></tr>
<tr><td rowspan="3">腭指数</td><td></td><td></td><td colspan="20">狭腭型</td><td colspan="20">中腭型</td><td colspan="20">阔腭型</td></tr>
<tr><td>男</td><td>2</td><td colspan="20">1（50%）</td><td colspan="20">1（50%）</td><td colspan="20"></td></tr>
<tr><td>女</td><td>2</td><td colspan="20"></td><td colspan="20">1（50%）</td><td colspan="20">1（50%）</td></tr>
<tr><td rowspan="3">总面角</td><td></td><td></td><td colspan="12">特突颌型</td><td colspan="12">突颌型</td><td colspan="12">中颌型</td><td colspan="12">平颌型</td><td colspan="12">特平颌型</td></tr>
<tr><td>男</td><td>2</td><td colspan="12"></td><td colspan="12">2（100%）</td><td colspan="12"></td><td colspan="12"></td><td colspan="12"></td></tr>
<tr><td>女</td><td>1</td><td colspan="12"></td><td colspan="12"></td><td colspan="12"></td><td colspan="12">1（100%）</td><td colspan="12"></td></tr>
<tr><td rowspan="3">中面角</td><td></td><td></td><td colspan="15">特突颌型</td><td colspan="15">突颌型</td><td colspan="15">中颌型</td><td colspan="15">平颌型</td></tr>
<tr><td>男</td><td>2</td><td colspan="15"></td><td colspan="15"></td><td colspan="15">2（100%）</td><td colspan="15"></td></tr>
<tr><td>女</td><td>1</td><td colspan="15"></td><td colspan="15"></td><td colspan="15">1（100%）</td><td colspan="15"></td></tr>
<tr><td rowspan="3">齿槽面角</td><td></td><td></td><td colspan="12">特突颌型</td><td colspan="12">突颌型</td><td colspan="12">中颌型</td><td colspan="12">平颌型</td><td colspan="12">超平颌型</td></tr>
<tr><td>男</td><td>2</td><td colspan="12">1（50%）</td><td colspan="12">1（50%）</td><td colspan="12"></td><td colspan="12"></td><td colspan="12"></td></tr>
<tr><td>女</td><td></td><td colspan="12"></td><td colspan="12"></td><td colspan="12"></td><td colspan="12"></td><td colspan="12"></td></tr>
</table>

注:括号内数据为与总例数的百分比。

型各半,平均数 55.135 属狭上面型。面突指数中颌型与正颌型各半,平均数为 100.015,属于中颌型。腭指数以狭腭型和中腭型各半,79.355 的平均数属于狭腭型。

以上的观测反映出一棵树组男性颅骨一般具有楔形颅形,颅长宽指数均为长颅型,颅长高指数显示均为高颅型,颅宽高指数均为狭颅型三种颅型的颅部特征。上面指数中上面型与狭上面型各半,颧颌下缘转角处大多欠圆钝。额指数均为阔额型。眉弓显著与微弱各半,乳突以及枕外隆突都不甚发达。眶形方形与圆形各半,眶指数均为高眶型。鼻前棘弱,观测到的一例为 BrocaⅡ级。犬齿窝无或显著。鼻根点凹陷较浅者与中等各半。颅骨顶部均可观察到矢状脊。腭型均为"U"形。腭圆枕均为嵴状。下颌骨颏形方形与尖形各半,下颌角区外翻与直形各半,下颌圆枕弱与明显者各半。从这些特征分析,一棵树组男性颅骨所代表的人群应当属于亚洲蒙古人种范畴。

一棵树组的女性颅骨颅型均为楔形。眉弓都不发达。颅骨颧颌下缘的转角均欠圆钝。前额平直者与倾斜各半。该批女性颅骨的颅顶缝的前囟段均微波形;顶段锯齿形与深波形各半;顶孔段仅观察到 1 例,为微波形;后段仅观察到 1 例,为深波形。乳突均极小,枕外隆突均稍显。方形眼眶与长方形眼眶各占一半。梨状孔仅观察到 1 例,为梨形。梨状孔下缘鼻前沟形与鼻前窝形各半。鼻前棘弱,仅观测到一例,为 BrocaⅡ级。犬齿窝弱或显著。鼻根点凹陷较浅者与中等各半。颅骨顶部一半可观察到矢状脊。腭型均为"U"形。腭圆枕均为嵴状。下颌骨颏形圆形与尖形各半,下颌角区均外翻,均未观察到下颌圆枕。

一棵树组女性颅骨的颅长宽指数均为圆颅型,平均数为 82.725,属于圆颅型。颅长高指数则均反映为高颅型,其 74.585 的平均数亦属高颅型。颅宽高指数中,均为狭颅型,平均数为 90.175,属于狭颅型。额宽指数中,均为阔额型,额宽指数的平均数是 64.78,属于阔额型。鼻指数狭鼻型和阔鼻型各半,平均数为 50.355,属于中鼻型。一棵树组女性颅骨眶指数所反映的眶型均为中眶型,该指数的平均数 83.09 应属中眶型。面突指数仅观测到 1 例,为正颌型。腭指数以中腭型和阔腭型各半,86.34 的平均数属于阔腭型。

以上的观测反映出一棵树组女性颅骨一般具有楔形颅形,颅长宽指数圆颅型,颅长高指数高颅型,颅宽高指数狭颅型。颧颌下缘转角大多欠圆钝。额指数均为阔额型。眉弓多数发育很弱,乳突以及枕外隆突较弱。眶型以方形和长方形各占一半,眶指数均为中眶型为主。鼻前棘低矮,犬齿窝弱或显著,鼻根凹都很浅,鼻指数狭鼻型和阔鼻型各半。下颌骨颏形圆形与尖形各半,下颌角区均外翻,均未观察到下颌圆枕。可以看出,一棵树组女性颅骨与一棵树组男性颅骨相比,仅在一些特征上有着性别差异,如眶型、鼻根凹、颏形等等,其他特征上基本是与砧子山组男性颅骨相仿的。因此一棵树组女性颅骨所代表的人群与一棵树组男性颅骨所代表的人群在基本的种系成分上没有差异,亦属于亚洲蒙古人种。

（三）正镶白旗三面井墓地出土人骨的观察与测量

三面井墓地位于正镶白旗乌宁巴图苏木东北三面井嘎查北约2千米的浅山之阳坡上，东略偏南距元上都遗址约85千米。墓地位于孤立的木松陶勒盖山之南坡，山坡下是地势开阔的平川草原，墓地呈北高南低的缓坡状。2000年7月，在这处墓地清理墓葬10座。墓葬均为西北向，在305°～354°之间[4]。目前在吉林大学保存有8例个体，包括5例男性个体，3例女性个体，除1例个体过于残破而无法修复，可作观察与测量的个体共7例，包括4例男性，3例女性(附表六、七)。

1. 男性颅骨观测

No.1(BWSM6)

男性，20岁左右(彩版叁贰伍)。颅骨保存基本完整。颅型为楔形，颅长宽指数为圆颅型，颅长高指数为正颅型，颅宽高指数阔颅型。颧部较高且宽，颧颌下缘方折明显。前额中等，未保留有额中缝，额指数为阔额型。颅顶缝前囟段微波形，顶段锯齿形，顶孔段微波形，后段为深波形。颅顶部观察到明显矢状脊。眉弓发育弱，乳突大，枕外隆突中等。方形眶，眶指数为高眶型。梨形梨状孔，梨状孔下缘鼻前窝型；犬齿窝弱，鼻根凹中等，鼻指数为狭鼻型。腭形为"U"字型，腭指数为狭腭型，腭圆枕呈嵴状。方形颏，下颌角区外翻，在下颌骨内侧面观察到微弱的下颌圆枕。

No.2(BWSM7)

男性，25～30岁(彩版叁贰陆)。颅骨保存基本完整。楔形颅，颅长宽指数为中颅型，颅长高指数为低颅型，颅宽高指数阔颅型。前额倾斜，额指数为中额型。颅顶缝前囟段微波形，顶段锯齿形，顶孔段微波形，后段为深波形。颅顶部观察到明显矢状脊。眉弓显著，枕外隆突为中等。眶形为长方形，眶指数为低眶型。梨形梨状孔，梨状孔下缘呈鼻前窝型；鼻前棘发达，属BrocaⅢ级，犬齿窝弱，鼻根凹中等，鼻指数为狭鼻型。腭形为"U"字型，腭指数为阔腭型，腭圆枕呈嵴状。尖形颏，下颌角区外翻，无下颌圆枕。

No.3(BWSM8)

男性，25～30岁(彩版叁贰柒)。颅骨保存基本完整。颅型为楔形，颅长宽指数为特圆型。前额倾斜，无额中缝，额指数为狭额型。颅顶缝前囟段微波形，顶段、顶孔段和后段均为深波形。颅顶部观察到明显矢状脊。眉弓发育弱，乳突、枕外隆突为中等。眶形为方形，眶指数为高眶型。梨形梨状孔，梨状孔下缘呈钝型；鼻前棘中等，属BrocaⅡ级，犬齿窝弱，鼻根凹较弱，鼻指数为阔鼻型。腭形为椭圆型，腭指数为狭腭型，腭圆枕呈嵴状。尖形颏，下颌角区外翻，无下颌圆枕。

No.4(BWSM9)

男性,25～30岁(彩版叁贰捌)。颅骨保存基本完整。楔形颅,颅长宽指数为特圆颅型,颅长高指数为高颅型,颅宽高指数阔颅型。颧部较高且宽,颧颌下缘方折明显。前额中等,无额中缝,额指数为狭额型。颅顶缝前囟段深波形,其他均为锯齿形。颅顶部观察到明显矢状脊。眉弓发育弱,乳突、枕外隆突皆为中等。眶形为方形,眶指数为中眶型。梨形梨状孔,梨状孔下缘呈锐型;鼻前棘中等,属BrocaⅡ级,犬齿窝显著,鼻根凹中等,鼻指数为狭鼻型。腭形为"U"字型,腭圆枕呈嵴状,腭指数为阔腭型。尖形颏,下颌角区外翻,在下颌骨内侧面观察到明显的下颌圆枕。

2. 女性颅骨观测

No.1(BWSM2)

女性,25～30岁(彩版叁贰玖)。颅骨保存基本完整。右侧下颌第二前臼齿根尖脓肿成一瘘洞,应为磨耗严重造成。且上下颌均有不同程度的牙周病。颅型为楔形,颅长宽指数为特圆颅型,颅长高指数为正颅型,颅宽高指数阔颅型。颧部较高且宽,颧颌下缘方折明显。前额中等,无额中缝,额指数为狭额型。颅顶缝前囟段微波形,顶段锯齿形,顶孔段深波形,后段为锯齿形。无矢状脊。眉弓发育中等,乳突小,枕外隆突稍显。眶形为方形,眶指数为高眶型。心形梨状孔,梨状孔下缘呈鼻前沟型;鼻前棘不发达,属BrocaⅠ级,犬齿窝弱,鼻根凹弱,鼻指数为阔鼻型。腭形为椭圆型,腭指数为中腭型,腭圆枕呈嵴状。尖形颏,下颌角区直形,下颌圆枕明显。

No.2(BWSM5)

女性,25岁左右(彩版叁叁零)。颅骨略残。颅型为楔形,颅长宽指数为圆颅型,颅长高指数为正颅型,颅宽高指数阔颅型。颧部较高且宽,颧颌下缘方折明显。前额中等,额指数为狭额型。颅顶缝前囟段、顶段与后段均为锯齿形,顶孔段微波形。无矢状脊。眉弓发育弱,乳突极小,枕外隆突稍显。眶形为方形,眶指数为高眶型。梨形梨状孔,梨状孔下缘呈锐型;鼻前棘发达,属BrocaⅢ级,无犬齿窝,鼻根凹较弱,鼻指数为中鼻型。腭形为"U"字型,腭指数为阔腭型,腭圆枕呈嵴状。圆形颏,下颌角区内翻,无下颌圆枕。

No.3(BWSM10)

女性,40～45岁(彩版叁叁壹)。颅骨保存基本完整,无下颌骨。楔形颅,颅长宽指数为圆颅型。颧部较高且宽,颧颌下缘方折明显。前额中等,无额中缝,额指数为狭额型。颅顶缝前囟段深波形,其他均呈锯齿形。无矢状脊。眉弓发育中等,乳突小,枕外隆突稍显。眶形为椭圆形,眶指数为中眶型。梨形梨状孔,梨状孔下缘呈鼻前窝型;鼻前棘不发达,属BrocaⅠ级,犬齿窝显著,无鼻根凹,鼻指数为阔鼻型。腭形为"U"字型,腭指数为阔腭型,腭圆枕呈嵴状。

3. 结论

为便于论述及分析,故将本文中的这批人骨材料称为三面井组。三面井组的颅骨非测量性形态特征观察统计见表七,颅骨的部分测量特征的分级统计见表八。

三面井组男性的颅骨均呈楔形。前额中等与倾斜各占一半。颅顶缝前囟段多为微波形;顶段大多为锯齿形;顶孔段微波形最多,占50%;后段深波形为主。眉弓多数较弱。全部颅骨颧颌下缘转角均欠圆钝。乳突大小则以中等最多,大者次之。枕外隆突均为中等。眶形以方形居多,长方形次之。梨状孔均为梨形。梨状孔下缘以鼻前窝形为主,约占50%。鼻前棘低矮,多为BrocaⅡ级。犬齿窝弱居多。鼻根点凹陷中等者多。颅骨均有矢状脊。腭形多为"U"字形,次为椭圆形。腭圆枕均为嵴状。下颌骨,颏形多尖形,方形次之。下颌角形均外翻,下颌圆枕无者居多。

三面井组男性颅骨的颅长宽指数中,特圆颅型最多,占50%。该指数的平均数为83.3925,属于圆颅型。颅长高指数兼有高颅型、低颅型和正颅型,该指数的平均数为72.55,属于正颅型。颅宽高指数均为阔颅型,平均数为87.71,属于阔颅型。额宽指数大多为狭额型,仅1例为中额型,平均数为62.3475,属于狭额型。鼻指数显示狭鼻型的出现率为75%,余下为阔鼻型,该指数的平均数是45.9925,当属狭鼻型。眶指数反映眶型以高眶型最多,82.8025的平均数反映为中眶型。上面指数绝大多数为狭上面型,仅1例为特狭上面型,平均数58.44,属狭上面型。面突指数反映以正颌型为主,平均数为91.94,属于正颌型。腭指数以阔腭型居多,85.68的平均数属于阔腭型。

以上的观测反映出三面井组男性颅骨一般具有楔形颅形,颅长宽指数多为特圆颅型,颅长高指数兼有高颅型、低颅型和正颅型,颅宽高指数均为阔颅型。上面指数大多属狭上面型,颧颌下缘转角处均欠圆钝。额宽指数大多为狭额型。眉弓多数较弱,乳突大小则以中等最多,大者次之。眶形以方形居多,长方形次之。眶指数反映眶型以高眶型最多。鼻前棘低矮,犬齿窝弱居多,鼻根凹中等居多,鼻指数多为狭鼻型。下颌角区均外翻,颏形多尖形。从这些特征分析,三面井组男性颅骨所代表的人群应当属于亚洲蒙古人种范畴。

三面井组的女性颅骨颅型均为楔形。绝大多数女性颅骨的眉弓都不发达。颅骨颧颌下缘的转角均欠圆钝。前额均为中等。颅顶缝的前囟段兼有微波形、深波形和锯齿形;顶段均为锯齿形;顶孔段兼有微波形、深波形和锯齿形;后段均为锯齿形。乳突小或极小,枕外隆突均稍显。方形眼眶的数量最多。梨形梨状孔的数量最多。梨状孔下缘兼有锐形、鼻前沟形和鼻前窝形。鼻前棘低矮,大多为BrocaⅠ级。犬齿窝显著、弱或无。鼻根点凹陷很浅。无矢状脊。腭型以"U"形为主。腭圆枕均呈嵴状。下颌角颏形圆形与尖形各占一半,下颌角区直形与内翻各占一半,约一半下颌骨可观察到下颌圆枕。

三面井组女性颅骨的颅长宽指数以圆颅型为主,平均数为84.70333,属于圆颅型。颅长高指数则均为正颅型,其72.375的平均数亦属正颅型。颅宽高指数均为阔颅型,平均数

表七　三面井组颅骨非测量性形态观察统计表（男女两性）

项目	性别	例数	形态分类及出现例数					
颅型			椭圆形	卵圆形	圆形	五角形	楔形	菱形
	男	4					4（100%）	
	女	3					3（100%）	
眉弓			弱	中等	显著	特显著	粗壮	
	男	4	3（75%）		1（25%）			
	女	3	1（33.3%）	2（66.7%）				
前额			平直	中等	倾斜			
	男	4		2（50%）	2（50%）			
	女	3		3（100%）				
额中缝			无	1／3	1／3～2／3	2／3	全	
	男	4	4（100%）					
	女	2	2（100%）					
颅顶缝			微波	深波	锯齿	复杂		
颅顶缝 前囟段	男	4	3（75%）	1（25%）				
	女	3	1（33.3%）	1（33.3%）	1（33.3%）			
颅顶缝 顶段	男	4		1（25%）	3（75%）			
	女	3			3（100%）			
颅顶缝 顶孔段	男	4	2（50%）	1（25%）	1（25%）			
	女	3	1（33.3%）	1（33.3%）	1（33.3%）			
颅顶缝 后段	男	4		3（75%）	1（25%）			
	女	3			3（100%）			
乳突			极小	小	中等	大	特大	
	男	3			2（66.7%）	1（33.3%）		
	女	3	1（33.3%）	2（66.7%）				
枕外隆突			缺如	稍显	中等	显著	极显著	
	男	4			4（100%）			
	女	3		3（100%）				
眶形			圆形	椭圆形	方形	长方形	斜方形	
	男				3（75%）	1（25%）		
	女			1（33.3%）	2（66.7%）			

续表七

项目	性别	例数	形态分类及出现例数				
梨状孔			心形	梨形	三角形		
	男	4		4（100%）			
	女	3	1（33.3%）	2（66.7%）			
梨状孔下缘			锐形	钝形	鼻前沟形	鼻前窝形	
	男	4	1（25%）	1（25%）		2（50%）	
	女	3	1（33.3%）		1（33.3%）	1（33.3%）	
鼻前棘			Ⅰ	Ⅱ	Ⅲ	Ⅳ	Ⅴ
	男	3		2（66.7%）	1（33.3%）		
	女	3	2（66.7%）		1（33.3%）		
犬齿窝			无	弱	中等	显著	极显著
	男	4		3（75%）		1（25%）	
	女	3	1（33.3%）	1（33.3%）		1（33.3%）	
鼻根凹			0级	1级	2级	3级	4级
	男	4		1（25%）	3（75%）		
	女	3	1（33.3%）	2（66.7%）			
矢状脊			有	无			
	男	4	4（100%）				
	女	3		3（100%）			
腭形			U形	V形	椭圆形		
	男	4	3（75%）		1（25%）		
	女	3	2（66.7%）		1（33.3%）		
腭圆枕			无	嵴状	丘状	瘤状	
	男	4		4（100%）			
	女	3		3（100%）			
颏形			方形	圆形	尖形	角形	杂形
	男	4	1（25%）		3（75%）		
	女	2		1（50%）	1（50%）		
下颌角形			外翻	直形	内翻		
	男	4	4（100%）				
	女	2		1（50%）	1（50%）		
下颌圆枕			无	弱	明显	极显	
	男	4	2（50%）	1（25%）	1（25%）		
	女	2	1（50%）		1（50%）		

注:括号内数据为与总例数的百分比。

表八　三面井组颅面部分测量特征统计表(男女两性)

项目	性别	例数	形态类型及出现例数					
颅长宽指数			特长颅型	长颅型	中颅型	圆颅型	特圆颅型	超圆颅型
	男	4			1（25%）	1（25%）	2（50%）	
	女	3				2（66.7%）	1（33.3%）	

项目	性别	例数	低颅型	正颅型	高颅型
颅长高指数	男	3	1（33.3%）	1（33.3%）	1（33.3%）
	女	2		2（100%）	

项目	性别	例数	阔颅型	中颅型	狭颅型
颅宽高指数	男	3	3（100%）		
	女	2	2（100%）		

项目	性别	例数	狭额型	中额型	阔额型
额宽指数	男	4	3（75%）	1（25%）	
	女	3	3（100%）		

项目	性别	例数	狭鼻型	中鼻型	阔鼻型	特阔鼻型
鼻指数	男	4	3（75%）		1（25%）	
	女	3		1（33.3%）	2（66.7%）	

项目	性别	例数	低眶型	中眶型	高眶型
眶指数 R（mf—ec）	男	4	1（25%）	1（25%）	2（50%）
	女	3		1（33.3%）	2（66.7%）

项目	性别	例数	特阔上面型	阔上面型	中上面型	狭上面型	特狭上面型
上面指数(sd)	男	4				3（75%）	1（25%）
	女	3			1（33.3%）	2（66.7%）	

项目	性别	例数	突颌型	中颌型	正颌型
面突指数	男	3		1（33.3%）	2（66.7%）
	女	2	1（50%）	1（50%）	

项目	性别	例数	狭腭型	中腭型	阔腭型
腭指数	男	4	2（50%）		2（50%）
	女	3		1（33.3%）	2（66.7%）

项目	性别	例数	特突颌型	突颌型	中颌型	平颌型	特平颌型
总面角	男	4			2（50%）	2（50%）	
	女	3		1（33.3%）	1（33.3%）	1（33.3%）	

项目	性别	例数	特突颌型	突颌型	中颌型	平颌型
中面角	男	4				4（100%）
	女	3		1（33.3%）	1（33.3%）	1（33.3%）

项目	性别	例数	特突颌型	突颌型	中颌型	平颌型	超平颌型
齿槽面角	男	4		3（75%）		1（25%）	
	女	3	1（33.3%）	1（33.3%）	1（33.3%）		

注:括号内数据为与总例数的百分比。

为85.34,属于阔颅型。额宽指数均为狭额型,额宽指数的平均数是64.89667,属于狭额型。鼻指数以阔鼻型为主,平均数为51.63667,属于阔鼻型。三面井组女性眶指数所反映的眶型大多为高眶型,约占总数的66.7%,该指数的平均数86.51333应属高眶型。面突指数反映中颌型与突颌形各占一半,平均数为104.685,属于突颌型。腭指数以阔腭型为主,87.32667的平均数属于阔腭型。

以上的观测反映出三面井组女性颅骨均为楔形颅,颅长宽指数以圆颅型为主,颅长高指数显示皆为正颅型,颅宽高指数皆为阔颅型。颅骨颧颌下缘的转角均欠圆钝。额宽指数均为狭额型。绝大多数眉弓都不发达,乳突小或极小,枕外隆突均稍显。方形眼眶的数量最多。眶指数则以高眶型为主。鼻前棘低矮,大多为Broca Ⅰ级。犬齿窝显著、弱或无。鼻根点凹陷很浅,鼻指数以阔鼻型为主。下颌角颏形圆形与尖形各占一半,下颌角区直形与内翻各占一半。可以看出,三面井组女性颅骨与三面井组男性颅骨相比,仅在一些特征上有着性别差异,如眶型、鼻根凹、颏形等等,其他特征上基本是与三面井组男性颅骨相仿的。因此三面井组女性颅骨所代表的人群与三面井男性颅骨所代表的人群在基本的种系成分上没有差异,亦属于亚洲蒙古人种。

(四) 正镶白旗伊松敖包墓地出土人骨的观察与测量

伊松敖包墓地位于正镶白旗乌宁巴图苏木伊松敖包的西南坡,西距英图嘎查约3千米,东距元上都遗址约105千米。墓地位于一列西北—东南走向的浅山丘陵之西南坡上,西、南两面地势平坦。墓地内略作东高西低,地势不甚平整。墓地内据地表观察,有近30座墓葬,大部被盗掘。2000年6~7月,对其中的9座墓进行了抢救清理[5]。目前在吉林大学保存有2例个体,均为女性,其中1例过于残破而无法修复,另1例可用作观察测量(附表八)。

BWYM4

女性,25岁左右(彩版叁叁贰)。颅骨保存基本完整。颅型为楔形,颅长宽指数为圆颅型,颅长高指数为正颅型,颅宽高指数阔颅型。颧部较高且宽,颧颌下缘方折明显。前额中等,无额中缝,额指数为狭额型。颅顶缝前囟段与顶段锯为齿形,顶孔段与后段为微波形。无矢状脊。眉弓发育弱,乳突中等,枕外隆突稍显。眶形为椭圆形,眶指数为中眶型。梨状孔下缘呈钝型;犬齿窝弱,无鼻根凹,鼻指数为中鼻型。腭形为"U"字型,腭指数为中腭型,腭圆枕呈嵴状。尖形颏,下颌角区直形,在下颌骨内侧面观察到明显的下颌圆枕。颅长宽指数为圆颅型。颅长高指数则反映为正颅型。颅宽高指数属于阔颅型。额宽指数狭额型。鼻指数属于中鼻型。眶指数所反映的眶型为中眶型。面突指数反映为突颌型。腭指数为中腭型。

为便于论述及分析,故将本文中的这批人骨材料称为伊松敖包组。

以上的观测反映出伊松敖包组女性颅骨所代表的人群属于亚洲蒙古人种。

二、比较与分析

（一）　与现代亚洲蒙古人种各区域性人群的比较

鉴于砧子山组颅骨、一棵树组颅骨、三面井组颅骨、伊松敖包组颅骨特征均表现出与蒙古人种类似，为进一步确定这几组元代居民与现代蒙古人种各区域性人群形态学上的关系，下面将这几组与现代北亚蒙古人种、东北亚蒙古人种、东亚蒙古人种、南亚蒙古人种进行比较。按照人类学研究惯例，本文在比较的过程中采用的是男性各有关测量项目的平均值，因而能够进行比较的组别只有砧子山组、一棵树组、三面井组。在表九中，我们将颅长、颅宽、颅指数、颅高、颅长高指数、颅宽高指数、最小额宽、额角、颧宽、上面高、垂直颅面指数、上面指数、鼻颧角、面角、眶指数、鼻指数、鼻根指数17项测量项目与现代亚洲蒙古人种各区域性类型进行了比较。

与现代亚洲蒙古人种的各区域性类型相比，砧子山组男性颅骨在颅长方面落入北亚与南亚类型的变异范围，并且极为接近东亚类型的下限，而与东北亚类型很大的颅长绝对值存在着差异。该组颅骨的颅宽绝对值落入东北亚、东亚与南亚类型的变异范围之内，而与颅宽绝对值较大的北亚类型有着很大差异。在颅指数这一项中，分别落入了北亚、东亚和南亚类型之中。颅高绝对值落入东北亚、南亚，且接近东亚变异范围的下限。颅长高指数落入东亚及南亚范畴，与北亚、东北亚类型有着一定差异。颅宽高指数落入了东北亚类型、东亚及南亚类型之中，与北亚类型差别很大。最小额宽落入北亚、东北亚与南亚类型，且与东亚类型的上限相距不远。额角所反映的额部陡直的程度落入北亚与东亚，与南亚类型的下限亦极为接近，与东北亚类型倾斜的前额有着较大区别。颧宽极为接近东亚与南亚类型的上限，而与北亚和东北亚类型有一定区别。上面高落入北亚、东北亚、东亚类型，而与低面的南亚类型相差甚大。垂直颅面指数一项落入东北亚、东亚类型中，而与北亚和南亚类型区别很大。上面指数落入北亚、东北亚和东亚类型，且与南亚类型的上限极为接近。鼻颧角只落入南亚类型之中，与其他三种类型有着一定差距。面角落入东北亚、东亚和南亚类型之中，并与北亚类型的区别较为明显。眶指数落入北亚、东北亚及东亚类型，与南亚类型差别较大。鼻指数落入北亚、东北亚及东亚类型之中，与阔鼻型的南亚人种相去甚远。鼻根指数落入北亚、东亚、南亚类型的变异范围内，而与东北亚类型不相似。

综上所述，砧子山组男性颅骨以中等的颅长与颅宽绝对值，宽阔而陡直的额部，较小的面部突度与并不宽阔的鼻型等15项颅面部特征体现了其与现代东亚蒙古人种极为接近的倾向。同时与南亚类型在13项颅面部特征中表现了相似性，其与南亚类型的主要区别在于上面高、垂直颅面指数、眶指数、鼻指数等方面，后者往往表现出低矮的面部，较低的眶型，更为宽阔的鼻部。砧子山组在颅长、颅指数、颅长高指数、额角、颧宽、鼻颧角、鼻根指数等方面与

表九　三组颅骨与亚洲蒙古人种各类型的比较(男性)(长度:毫米;角度:度;指数:%)

马丁号	组别/项目	砧子山组	一棵树组	三面井组	亚洲蒙古人种 北亚	东北亚	东亚	南亚	变异范围
1	颅长 (g—op)	174.93	173.5	177.5	174.9～192.7	180.7～192.4	175.0～182.2	169.9～181.3	169.90～192.70
8	颅宽 (eu—eu)	140.9417	129.65	148	144.4～151.5	134.3～142.6	137.6～143.9	137.9～143.9	134.30～151.50
8:1	颅指数	80.66091	73.685	83.3925	75.4～85.9	69.8～79.0	76.9～81.5	76.9～83.3	69.80～85.90
17	颅高 (ba—b)	134.4222	136.2	129.5333	127.1～132.4	132.9～141.1	135.3～140.2	134.4～137.8	127.10～141.10
17:1	颅长高指数	76.89125	78.515	72.55	67.4～73.5	72.6～75.2	74.3～80.1	76.5～79.5	67.40～80.10
17:8	颅宽高指数	95.26667	105.055	87.71	85.2～91.7	93.3～102.8	94.4～100.3	95.0～101.3	85.20～102.80
9	最小额宽 (ft-ft)	94.57583	90.895	92.215	90.6～95.8	94.2～96.6	89.0～93.7	89.7～95.4	89.00～96.60
32	额角 (n—mFH)	84	85.5	81.5	77.3～85.1	77.0～79.0	83.3～86.9	84.2～87.0	77.00～87.00
45	颧宽 (zy—zy)	136.42	129.835	135.565	138.2～144.0	137.9～144.8	131.3～136.0	131.5～136.3	131.30～144.80
48	上面高 (n—sd)	74.03583	71.4	79.2075	72.1～77.6	74.0～79.4	70.2～76.6	66.1～71.5	66.1～79.4
48:17	垂直颅面指数	53.28889	52.435	61.01333	55.8～59.2	53.0～58.4	52.0～54.9	48.0～52.2	48.0～59.2
48:45	上面指数	53.71333	55.135	58.44	51.4～55.0	51.3～56.6	51.7～56.8	49.9～53.3	49.9～56.8
77	鼻颧角 (fmo-n-fmo)	142.5455	143.75	147.75	147.0～151.4	149.0～152.0	145.0～146.6	142.1～146.0	142.1～152.0
72	面角 (n—pr FH)	82.85714	78	86.25	85.3～88.1	80.5～86.3	80.6～86.5	81.1～84.2	80.5～88.1
52:51	眶指数　右	83.22222	89.53	82.8025	79.3～85.7	81.4～84.9	80.7～85.0	78.2～81.0	78.2～85.7
54:55	鼻指数	46.6175	51.665	45.9925	45.0～50.7	42.6～47.6	45.2～50.2	50.3～55.5	42.6～55.5
ss:sc	鼻根指数	32.74091	26.405	31.2125	26.9～38.5	34.7～42.5	31.0～35.0	26.1～36.1	26.1～42.5

东北亚蒙古人种有着明显的区别,后者通常表现为很大的颅长绝对值,略长的颅型,低颅,倾斜的前额等等。砧子山组与北亚类型的区别也较大,在颅宽、颅高、颅长高指数、颅宽高指数、颧宽、垂直颅面指数、鼻颧角、面角等方面存在着较为明显的差异,后者通常表现为更大的颅宽绝对值,低颅,阔面,较大的上面部扁平度。总之,从砧子山组男性颅骨的主要颅面部形态特征中可以看出,其与现代亚洲蒙古人种的东亚类型之间存在着更多形态上的一致性。此外,与南亚类型也有着相当多的共性,而与东北亚类型,特别是北亚类型之间有着较大的形态差异。

与现代亚洲蒙古人种的各区域性类型相比,一棵树组男性颅骨在颅长方面落入南亚类型的变异范围,而与其他类型很大的颅长绝对值存在着差异。在颅指数这一项,落入了东北亚类型之中。颅高绝对值落入东北亚、东亚及南亚,与低颅的北亚类型有较大差异。颅长高指数落入东亚及南亚范畴,与北亚、东北亚类型有着一定差异。最小额宽落入北亚、东亚与南亚类型,与东北亚类型有着一定差异。额角所反映的额部陡直的程度落入东亚与南亚类型,且接近北亚类型的上限,与东北亚类型倾斜的前额有着较大区别。上面高落入东亚、南亚类型,且与北亚类型的下限相距不远。垂直颅面指数一项落入东亚类型中,且与东北亚类型的下限和南亚类型的上限接近。上面指数落入东北亚和东亚类型,且与北亚类型的上限极为接近。鼻颧角只落入南亚类型之中,与其他三种类型有着一定差距。鼻指数落入南亚类型之中,与北亚、东北亚及东亚类型相去甚远。鼻根指数落入南亚类型的变异范围内,且接近北亚类型下限。

综上所述,一棵树组男性颅骨以中等的颅长绝对值、陡直的额部等10项颅面部特征体现了其与现代南亚蒙古人种极为接近的倾向。同时与东亚类型在颅高、颅长高指数、最小额宽、额角、上面高、垂直颅面指数、上面指数等7项颅面部特征中表现出了极大的相似性,后者通常表现为高颅、陡直的前额、狭窄的上面部等等。总之,从一棵树组男性颅骨的主要颅面部形态特征中可以看出,其与现代亚洲蒙古人种的南亚类型之间存在着更多形态上的一致性,此外与东亚类型也有着相当多的共性,而与北亚、东北亚类型之间有着较大的形态差异。

三面井组男性颅骨与现代亚洲蒙古人种的各区域性类型相比,在颅长方面落入北亚、东亚与南亚类型的变异范围,而与东北亚类型很大的颅长绝对值存在着差异。该组颅骨的颅宽绝对值落入北亚类型的变异范围之内,而与颅宽绝对值较小的其他3种类型有着很大差异。在颅指数这一项中落入北亚类型变异范围,且接近南亚类型上限。颅高绝对值仅落入北亚类型,而与颅高绝对值较大的其他3种类型相距甚远。颅长高指数落入北亚范畴,且接近东北亚类型下限。颅宽高指数仅落入北亚类型之中。最小额宽落入北亚、东亚与南亚类型,与具有宽阔额部的东北亚类型相距甚远。额角所反映的额部陡直程度落入北亚类型。颧宽接近东亚与南亚类型,而与北亚和东北亚类型有一定区别。上面高落入东北亚类型。垂直颅面指数接近于北亚类型上限。鼻颧角只落入北亚类型之中。面角落入东北亚、东亚和北亚类型之中。眶指数落入北亚、东北亚及东亚类型。鼻指数落入北亚、东北亚及东亚类型之中，与阔鼻型的南亚人种相去甚远。鼻根指数落入北亚、东亚、南亚类型的变异范围内，而与东北亚类型不相似。

综上所述，三面井组男性颅骨以较大的颅宽绝对值、阔面、宽阔的额部、中等的眶型、狭窄的鼻型等等14项颅面部特征体现了其与现代北亚蒙古人种极为接近的倾向。同时与东亚类型在颅长、最小额宽、颧宽、面角、眶指数、鼻指数和鼻根指数等7项颅面部特征中表现出一定相似性。三面井组与东北亚和南亚类型相似之处甚少。总之，从三面井组男性颅骨的主要颅面部形态特征中可以看出，其与现代亚洲蒙古人种的北亚类型之间存在着更多形态上的一致性，此外与东亚类型也有着一定的共性，而与东北亚及南亚类型之间有着很大的形态差异。

表一〇中列出了3大人种间变异范围重叠较小的测量项目来与砧子山欧洲组颅骨进行比较。在这些项目当中，仅颧宽一项落入尼格罗人种变异范围，但尼格罗人种的颧宽指数变异范围多与欧洲人种重叠，因此我们可以排除尼格罗人种，认为砧子山欧洲组同尼格罗人种之间的差异较大。与蒙古人种相比，鼻指数、齿槽面角、眶高、垂直颅面指数以及齿槽弓指数等6项落入其变异范围，说明该组颅骨特征与蒙古人种较为接近。与欧洲人种进行比较，结果显示，鼻指数、鼻颧角、上面高、颧宽、齿槽弓指数等5项落入欧罗巴人种变异范围，所以该组颅骨特征与欧罗巴人种亦较为接近。因而我们可以认定，砧子山欧洲组颅骨为蒙古人种及欧罗巴人种特征的混杂。

（二） 与各近代颅骨组的比较

为进一步确定三组元代居民与现代蒙古人种各区域性人群形态学上的关系，我们又

表一〇 砧子山欧洲组与三大人种的比较(男性)(长度:毫米;角度:度;指数:%)

测量项目	砧子山欧洲组	三大人种		
		欧洲人种	蒙古人种	尼格罗人种
鼻指数（54/55）	44.94	43～49（小）	43～53（小和中）	51～60（大）
鼻根指数（SS/SC）	72.71	46～53（大）	31～49（中和大）	20～45（小和中）
鼻颧角（77）	138.67	135左右（小）	145～149（大）	140～142（中）
齿槽面角（74）	80.5	82～86（大）	73～81（中）	61～72（小）
上面高（48sd ）	73.23	66～74（小和中）	70～80（中和大）	62～71（小和中）
颧宽（45）	129.17	124～139（小和中）	131～145（中和大）	121～138(小和中)
眶高（52）	35.42	33～34（中）	34～37（中和大）	30～34（小和中）
垂直颅面指数（48/17）	55.77	50～54（中）	52～60（中和大）	47～53（小和中）
齿槽弓指数（61/60）	116.64	116～118（中）	115～126（中和大）	109～116（小）

表一一　三组与各近代颅骨组的比较(男性)(长度:毫米;角度:度;指数:%)

马丁号	组别 / 项目	砧子山组	一棵树组	三面井组	华北组	蒙古组	通古斯组	爱斯基摩组	同种系标准差
1	颅长(g-op)	174.93	173.5	177.5	178.50	182.20	185.50	181.80	5.73
8	颅宽(eu-eu)	140.9417	129.65	148	138.20	149.00	145.70	140.70	4.76
17	颅高(ba-b)	134.4222	136.2	129.5333	137.20	131.40	126.30	135.00	5.69*
9	最小额宽(ft-ft)	94.57583	90.895	92.215	89.40	94.30	90.60	94.90	4.05
45	颧宽(zy-zy)	136.42	129.835	135.565	132.70	141.80	141.60	137.50	4.57
48	上面高(n-sd)	74.03583	71.4	79.2075	75.30	78.00	75.40	77.50	4.15
52	眶高　R	34.47455	35.315	35.5375	35.50	35.80	35.00	35.90	1.91
51	眶宽(mf-ek) R	41.80091	39.13	43.1075	44.00	43.20	43.00	43.40	1.67
54	鼻宽	25.04083	26.935	25.83	25.00	27.40	27.10	24.40	1.77
55	鼻高(n-ns)	54.0825	52.17	56.32	55.30	56.50	55.30	54.60	2.92
8:1	颅指数	80.66091	73.685	83.3925	77.56	82.00	78.70	77.60	2.67
17:1	颅长高指数	76.89125	78.515	72.55	77.02	[72.12]	68.09	74.26	2.94
17:8	颅宽高指数	95.26667	105.055	87.71	99.53	[88.19]	86.68	95.95	4.30
48:45	上面指数	52.08167	55.135	58.44	56.80	55.01	53.25	56.07	3.30**
52:51	眶指数　R	82.50091	89.53	82.8025	80.66	82.90	81.50	83.00	5.05
54:55	鼻指数	46.6175	51.665	45.9925	45.23	48.60	49.40	44.80	3.82
9:8	额宽指数	67.18583	70.1084	62.34663	64.69	[63.29]	62.18	67.45	3.29*
72	面角(n-prFH)	83.22222	78	86.25	83.39	87.50	86.60	83.80	3.24

注：1 方括号内的数值系根据平均数求出的近似值。

2 标有 * 的取用挪威组同种系标准差,标有 ** 取用欧洲同种系标准差,其余选自埃及 E 组同种系标准差。

表一二　三组比较组差均方根结果(全部项目)

	华北组	蒙古组	通古斯组	爱斯基摩组
砧子山组	0.773327	1.067405	1.25832	0.654953
一棵树组	1.332536	2.147076	2.151493	1.498631
三面井组	1.175401	0.574057	0.90578	1.000067

表一三　三组比较组差均方根结果(角度指数项目)

	华北组	蒙古组	通古斯组	爱斯基摩组
砧子山组	0.807857	1.106917	1.482644	0.696021
一棵树组	1.399689	2.373651	2.510509	1.481873
三面井组	1.431474	0.510338	1.048653	1.240451

选择了华北近代组、蒙古近代组、通古斯组、爱斯基摩组等4个对比组进行比较分析。对比的项目及有关说明见表一一。

在比较中首先采用计算各对比组与三组之间的组间差异均方根函数值的方法[6]。通常,组差均方根函数值越小,表明两个对比组间的关系越密切。通过对颅长、颅宽、颅高、最小额宽、颧宽、上面高、眶高、眶宽、鼻宽、鼻高、颅指数、颅长高指数、颅宽高指数、上面指数、眶指数、鼻指数、额宽指数、面角等全部18项测量项目进行了比较,比较结果见表一二。并且又将颅指数、颅长高指数、颅宽高指数、上面指数、眶指数、鼻指数、额宽指数、面角等8项角度指数项目进行了比较,比较的结果见表一三。

运用平均数组间差异均方根值进行比较得出来的结果,无论是全部项目,还是角度指数项目,都是较为一致的。与砧子山组在形态学上最相似的是爱斯基摩组与华北组,而蒙古组和通古斯组则与砧子山组存在较大的差异。与一棵树组在形态学上最相似的是爱斯基摩组与华北组,而蒙古组和通古斯组则存在较大的差异。与三面井组在形态学上最为相似的是蒙古组,与其他三组相差较大。

(三)　与各古代颅骨组的比较

为了进一步探讨三组元代居民在体质特征上与其他古代人群的相互关系,进而为探讨考古学文化之间的关系提供人类学方面的佐证,我们挑选了与三组在时间、空间或文化性质上有关的23个古代颅骨组进行对比见表一四。

这些颅骨组包括毛饮A组、毛饮B组、城卜子组、东大井组、三道湾组、山嘴子组、固原彭堡组、大通匈奴组、外贝加尔匈奴组、潘庙组、靺鞨组、上马组、关马山组、呼和乌素组、夏家店上层合并组、龙头山组、平安堡组、庙后山组、瓦窑沟组、扎赉诺尔A组、扎赉诺尔B组、神木寨峁组、南指挥西村组。

毛庆沟与饮牛沟都位于内蒙古自治区凉城县境内的蛮汉山南麓，年代均为东周时期。二者的文化面貌与出土颅骨的体质特征都比较一致。毛庆沟·饮牛沟A组(以下简称毛饮A组)代表两个墓地中北方草原文化的个体,包括东亚和北亚两个类型的因素,以东亚类型的因素占主要地位。毛庆沟·饮牛沟B组(以下简称毛饮B组)代表两个墓地中中原文化系统的个体。他们在体质类型上基本属于东亚类型,但可能含有北亚类型的因素[7]。

城卜子组,位于四子王旗乌兰花镇西北25千米、吉生太乡南约5千米的丘陵山湾之内,年代为元朝时期。在主要颅面部形态上与东亚人种和北亚人种有着更多的接近关系。但也不排除在某些因素上可能受到了来自其他人种例如欧洲人种因素的影响。体质特征上最接近华北组和蒙古组[8]。

东大井组,颅骨材料出自于内蒙古自治区乌兰察布盟的商都县东大井墓地。据发掘者的意见,该墓地的族属为东汉时期的拓跋鲜卑。据初步研究认为该组居民在人种成分上与现代北亚蒙古人种的关系比较密切[9]。

三道湾组,位于内蒙古自治区乌兰察布盟察右后旗红格尔图乡,该墓地族属为鲜卑族,年代大约为东汉时期。三道湾鲜卑居民具有短而阔的颅型,宽阔的面形以及显著的低颅高面性质,其基本种系成分是北亚蒙古人种[10]。

山嘴子组,人骨材料收集自内蒙古自治区赤峰市宁城县山嘴子墓地,年代处于辽代偏晚阶段,族属为契丹族。该居民在种族特征上可归入现代亚洲蒙古人种中的西伯利亚人种范畴[11]。

固原彭堡组,固原彭堡于家庄墓地位于宁夏固原县西北约 15 千米的彭堡乡于家庄,时代相当于春秋晚期或战国早期,据推测,该组居民可能属于西戎的一支。经研究,他们在体质形态特征上更多地体现出北亚蒙古人种的性状[12]。

大通匈奴组, 颅骨材料采集自青海省大通县上孙家寨附近的一座东汉时期匈奴墓葬,该组居民的体质特征与西伯利亚蒙古人种较为接近;但在较大的颅高绝对值,高眶和较小的鼻颧角等特征上可能是与某些外族融合后所出现的新变异[13]。

外贝加尔匈奴组,出土于苏联外贝加尔的匈奴墓,年代为公元前 1 世纪前后,经前苏联人类学家杰别茨研究,外贝加尔匈奴组的人种类型是蒙古人种的古西伯利亚类型(贝加尔类型),它所代表的体质类型应是北匈奴的主体种系成分[14]。

潘庙组,颅骨资料出土于山东省济宁市郊的汉代潘庙遗址,其面部特征是高颅与狭颅相结合,体现出与东亚蒙古人种极为相似的性状,但在较小的垂直颅面指数所反映出的高颅低面性质及较低的眶形和较阔的鼻形等特点则显示出与南亚蒙古人种比较接近的倾向[15]。

靺鞨组,人类学资料发现于俄罗斯阿穆尔省的特洛伊茨基墓地,其年代约在公元一千纪的后半段。该墓地所代表的古代靺鞨居民在种族成分上应属于以西伯利亚人种成分占主导地位,同时又包括了部分东亚人种因素的混血类型[16]。

上马组,颅骨出土于山西省侯马市南部的上马墓地。墓地跨越年代较长,一直从西周末到整个春秋战国时期。潘其风先生认为该群体的体质特征主要是与东亚蒙古人种接近,但也包括某些东北亚人种和南亚人种的因素[17]。

关马山组,关马山遗址位于吉林省九台市附近。1989 年夏季,吉林省文物考古研究所在该遗址发掘了一座古代丛葬石椁墓,根据随葬遗物判断其年代大致为战国时期。这批资料与东亚、东北亚两个蒙古人种支系表现出更多的接近关系,同时也不能排除在个别体质因素上可能存在着北亚蒙古人种的影响[18]。

呼和乌素组,呼和乌素墓地位于内蒙古自治区乌兰察布盟察右前旗呼和乌素乡泉脑

表一四　与

马丁号	组别 / 项目	砧子山	一棵树	三面井	毛饮A	毛饮B	城卜子	东大井	三道湾	山嘴子	固原彭堡	大通匈奴	外贝加尔匈奴
1	颅长(g-op)	174.93	173.5	177.5	180.82	177.07	174.80	185.50	181.69	180.28	182.0	188.00	187.30
8	颅宽(eu-eu)	140.94	129.65	148	141.75	143.30	143.89	147.50	148.51	148.78	146.8	149.00	145.50
17	颅高(ba-b)	134.42	136.2	129.53	135.72	139.90	135.54	129.30	130.65	135.15	131.9	137.50	131.00
9	最小额宽(ft-ft)	94.58	90.9	92.22	90.55	89.33	94.29	90.90	93.36	92.83	96.0	96.00	91.90
45	颧宽(zy-zy)	136.42	129.84	135.57	134.05	135.10	137.04	142.30	141.08	141.56	139.8	—	141.00
48	上面高(n-sd)	74.04	71.4	79.21	74.31	77.47	74.39	74.60	78.91	76.47	77.8	76.00	76.40
52	眶高R	34.47	35.32	35.54	33.64	33.90	36.19	33.60	34.20	33.98	33.8	40.00	34.56
51	眶宽(mf-ek)R	41.8	39.13	43.11	43.95	44.33	41.98	44.80	43.24	43.84	42.6	45.50	43.11
54	鼻宽	25.04	26.94	25.83	25.97	24.05	27.00	27.00	27.43	26.21	26.8	29.00	27.67
55	鼻高(n-ns)	54.08	52.17	56.32	54.71	56.60	54.20	56.40	56.38	52.96	58.6	58.50	55.44
8:1	颅指数	80.66	73.69	83.39	78.46	80.93	82.55	79.60	81.88	82.63	81.1	79.26	77.80
17:1	颅长高指数	76.89	78.52	72.55	75.24	79.04	77.53	69.50	72.00	74.66	72.4	73.14	69.50
17:8	颅宽高指数	95.27	105.06	87.71	96.19	97.68	95.40	88.20	88.02	91.31	89.7	92.28	90.10
48:45	上面指数	52.08	55.14	58.44	54.53	57.51	54.45	52.40	56.21	53.77	55.6	—	54.20
52:51	眶指数　R	82.5	89.53	82.8	76.71	76.46	82.68	74.20	78.22	77.50	79.46	86.96	80.17
54:55	鼻指数	46.62	51.67	45.99	47.56	42.09	49.79	47.90	48.86	49.51	46.2	49.57	49.30
9:8	额宽指数	67.19	70.11	62.35	64.39	62.34	65.64	61.80	62.94	62.47	65.11	64.43	63.10
72	面角(n-prFH)	83.22	78	86.25	86.14	84.25	84.16	88.70	87.50	84.40	90.7	87.00	—

注:表中方括号内的数据系根据平均值计算所得的近似值。

村东的一处山坡上,年代为战国至汉代。人类学特征上与现代亚洲蒙古人种的东亚类型最接近,与东北亚类型也有一定程度的接近。与近代颅骨组比较,其与华北近代组最为接近[19]。

夏家店上层合并组,包括红山组、夏家店组、南山根组3个颅骨组的材料,三组在种族特征上无明显差异,可以被认为是属于同一体质类型,即:以东亚类型成分占主导地位的东亚、北亚蒙古人种的混血类型[20]。

龙头山组,标本出土于内蒙古克什克腾旗的夏家店上层文化墓葬中,该组居民的体质特征基本上也属于亚洲蒙古人种的东亚类型, 可能存在个别与北亚类型相近似的特征,但与南山根类型又有所区别[21]。

平安堡组,遗址位于辽宁省彰武县,属高台山文化遗存。该组古代居民在较高而偏狭

古代组比较

潘庙	鞑鞨	上马	关马山	呼和乌素	夏家店上层合并	龙头山	平安堡	庙后山	扎赉诺尔A	扎赉诺尔B	神木寨峁	南指挥西村	瓦窑沟
179.85	181.60	181.62	181.30	184.5	181.19	178.28	188.50	192.80	185.00	186.30	180.74	180.63	181.33
144.33	144.50	143.41	139.94	140.3	136.20	137.29	135.75	144.00	146.08	149.60	138.20	136.81	140.08
142.43	134.50	141.11	141.79	145.2	140.70	137.16	141.65	143.50	126.76	135.50	133.95	139.29	139.45
91.29	90.50	92.41	92.93	92.5	89.00	90.32	94.50	99.00	94.04	93.10	90.67	93.29	91.50
139.15	139.70	137.26	140.14	136.8	133.75	135.07	131.25	145.30	140.20	136.75	131.18	131.48	136.33
71.83	73.70	75.02	74.60	77.4	75.10	74.44	74.40	75.50	76.16	77.34	68.89	72.60	72.50
32.80	34.20	33.57	31.92	35.4	34.44	33.30	34.75	32.60	34.84	32.88	33.38	33.62	33.38
—	43.30	42.99	42.94	43.4	42.80	42.03	43.20	44.60	42.87	42.65	41.74	42.48	41.92
26.27	27.00	27.27	26.50	25.6	28.08	26.43	24.50	25.90	27.34	27.02	25.75	27.74	26.38
53.16	54.90	54.41	54.11	57.5	53.60	53.01	52.40	54.10	56.44	57.34	51.75	51.61	55.00
80.12	80.30	78.55	77.05	76.06	75.06	77.18	72.01	74.80	79.00	80.35	76.43	75.75	77.25
79.05	74.10	77.69	78.60	78.36	78.26	76.66	75.18	74.50	68.55	72.74	74.00	77.16	76.90
98.74	93.10	98.62	101.47	103.01	103.46	99.67	104.42	99.65	86.79	90.36	96.86	102.04	99.55
51.78	52.80	54.59	54.76	54.53	56.15	54.88	56.73	51.96	54.30	55.77	50.49	55.28	53.25
—	79.00	78.08	74.43	81.57	80.48	79.35	80.47	74.94	81.27	77.09	79.97	79.25	79.87
49.39	49.20	50.43	48.67	44.19	52.43	50.07	46.92	48.02	48.52	46.84	49.93	53.84	48.21
63.25	62.60	64.49	65.63	65.87	65.35	65.88	69.65	68.75	[64.38]	[62.23]	65.67	[68.19]	65.27
80.83	89.80	82.42	85.72	87.0	80.60	86.04	81.75	85.00	87.50	85.75	83.14	81.05	83.33

的颅型、较大的上面高和较窄的面形等重要颅面部形态特征方面与现代东亚蒙古人种颇具一致性；但其又具有较大的上面部扁平度，这一特点使其有可能与北亚蒙古人种或东北亚蒙古人种相对比[22]。

庙后山组，颅骨是在辽宁省本溪市庙后山古墓葬中发掘和采集的。^{14}C 年代测定结果为距今 4000～3000 年之间，相当于商周时期。该组居民的主要种系特征与现代东亚蒙古人种比较接近，但在面部的宽度与扁平度反面又与现代北亚、东北亚蒙古人种颇为相似[23]。

瓦窑沟组，人骨资料出土于陕西省铜川市瓦窑沟，青铜时代。结果表明，这组颅骨的种族特征可归入亚洲蒙古人种的东亚类型，同时也显示出某种程度南亚类型的影响。在近代对比组中，瓦窑沟组的基本体质类型与华北近代组、华南近代组关系最近[24]。

扎赉诺尔 A 组与 B 组颅骨材料来自内蒙自治区呼伦贝尔盟新巴尔虎右旗的扎赉

诺尔汉代墓群，研究者认为其文化性质是鲜卑遗迹。扎赉诺尔A组的体质类型与西伯利亚蒙古人种最为接近，B组代表的是西伯利亚蒙古人种和北极蒙古人种的混血类型[25]。

神木寨峁组，遗址位于陕西省神木县店塔乡寨峁村，南距神木县约16千米，距店塔乡约1千米。发掘者认为其绝对年代约距今4800～4100年。其人类学特征与现代蒙古人种的南亚和东亚最为接近，在现代组中最接近华南和华北两组[26]。

南指挥西村周组，西村周组的颅骨材料采集自陕西省凤翔县南指挥西村的先周和西周墓葬。原报告认为西村周组"与现代亚洲蒙古人种中的东亚人种有着较为密切的关系"。潘其风先生认为，该组与火烧沟组以及步达生的甘肃史前组中的辛店、寺洼等文化的头骨比较接近。朱泓先生认为，西村周组所代表的周人的体质特征中起码包括了蒙古人种的南亚和东亚两种类型的成分，而且以南亚蒙古人种的因素略占优势[27]。

经计算平均数组差均方根函数值。首先通过对颅长、颅宽、颅高、最小额宽、颧宽、上面高、眶高、眶宽、鼻宽、鼻高、颅指数、颅长高指数、颅宽高指数、上面指数、眶指数、鼻指数、额宽指数、面角等全部18项测量项目进行了比较，然后又将颅指数、颅长高指数、颅宽高指数、上面指数、眶指数、鼻指数、额宽指数、面角等8项角度指数项目进行比较。两次得出的结论大致相近。各对比组比较的结果见表一五。

通过比较，同砧子山组关系最为密切的古代对比组为城卜子组及瓦窑沟组，最为疏远的为东大井组。同一棵树组最为接近的古代对比组为南指挥西村组及夏家店上层合并组，最为疏远的是东大井组。同三面井组最为接近的古代对比组为三道湾组，最为疏远的为平安堡组。

三、病理观察

（一）牙周病

这种牙病主要症状是齿槽萎缩致使牙根明显暴露。在砧子山墓地中，发现有4例牙周病患者，且均为男性（彩版叁零贰，1、2；彩版叁叁叁，1～3；彩版叁叁肆，3；彩版叁叁伍，1、2）。三面井墓地中发现1例女性患有牙周病（彩版叁叁伍，5、6）。

（二）龋齿

在砧子山墓地中，发现有3例龋齿患者，且均为男性（彩版叁叁肆；彩版叁叁伍，3、4）。

表一五　古代组比较组差均方根结果

	砧子山组		一棵树组		三面井组	
	全部项目	角度指数	全部项目	角度指数	全部项目	角度指数
毛饮 A	0.709777	0.750038	1.585687	1.790789	1.000529	1.201757
毛饮 B	0.938947	1.041086	1.84067	2.035068	1.092029	1.331401
城卜子	0.503196	0.507363	1.492387	1.723405	0.924024	1.120042
东大井	1.321621	1.48076	2.359596	2.688677	1.004797	1.129565
三道湾	1.103691	1.21724	2.185547	2.475665	0.568933	0.546125
山嘴子	0.866207	0.863787	2.01646	2.197072	0.789558	0.835017
固原彭堡	1.047075	1.187047	2.144525	2.462359	0.717169	0.768728
大通匈奴	1.481138	0.912136	2.23898	1.992249	1.216655	0.892409
外贝加尔匈奴	1.145745	1.285786	1.952042	2.148428	0.941712	1.101756
潘庙	0.775281	0.731345	1.427376	1.439018	1.451783	1.719964
鞑鞨	0.875644	1.013845	1.887213	2.232157	0.892593	1.036227
上马	0.749053	0.739928	1.436422	1.400368	1.226793	1.507905
关马山	0.922087	1.034867	1.521552	1.556552	1.493507	1.789685
呼和乌素	1.025045	1.058859	1.544646	1.446682	1.47513	1.836919
夏家店上层合并	1.111779	1.284984	1.007136	0.900859	1.65599	2.071674
龙头山	0.711192	0.836182	1.18311	1.40238	1.304884	1.542421
平安堡	1.27225	1.511932	1.220326	1.003514	1.84704	2.276876
庙后山	1.31677	1.085358	1.981591	1.526462	1.744078	1.90412
扎赉诺尔 A	1.187171	1.394292	2.128706	2.463224	0.81668	0.951176
扎赉诺尔 B	1.056511	1.03608	2.072789	2.261778	0.751467	0.679244
神木寨峁	0.793777	0.795619	1.214479	1.464925	1.443492	1.608089
南指挥西村	1.016956	1.190784	0.963828	0.935253	1.670113	2.034489
瓦窑沟	0.637481	0.664738	1.233046	1.294281	1.308578	1.573489
一棵树	1.367403	1.590503	—	—	2.11696	2.515758
三面井	1.050607	1.279363	2.11696	2.515758	—	—

四、结 语

1)砧子山组男性颅骨的主要颅面部形态特征中可以看出,其与现代亚洲蒙古人种的东亚类型之间存在着更多形态上的一致性,与南亚类型也有着相当多的共性,而与东北亚类型,特别是北亚类型之间则有着较大的形态差异。在与近代颅骨组的比较中,与砧子山组在形态学上最相似的是爱斯基摩组与华北组,而蒙古组和通古斯组则与砧子山组存在较大的差异。在与古代组的比较中,同砧子山组关系最为密切的古代对比组为城卜子组及瓦窑沟组,最为疏远的为东大井组。

从一棵树组男性颅骨的主要颅面部形态特征中可以看出,其与现代亚洲蒙古人种的南亚类型之间存在着更多形态上的一致性,与东亚类型也有着相当多的共性,而与北亚、东北亚类型之间则有着较大的形态差异。在与近代颅骨组的比较中,与一棵树组在形态学上最相似的是爱斯基摩组与华北组,而蒙古组和通古斯组则存在较大的差异。在与古代组的比较中,同一棵树组最为接近的古代对比组为南指挥西村周组及夏家店上层合并组,最为疏远的是东大井组。

从三面井组男性颅骨的主要颅面部形态特征中可以看出,其与现代亚洲蒙古人种的北亚类型之间存在着更多形态上的一致性,与东亚类型也有着一定的共性,而与东北亚及南亚类型之间则有着很大的形态差异。在与近代颅骨组的比较中,与三面井组在形态学上最为相似的是蒙古组,与其他三组相差较大。在与古代组的比较中,同三面井组最为接近的古代对比组为三道湾组,最为疏远的为平安堡组。

砧子山欧洲组颅骨为蒙古人种及欧罗巴人种特征的混杂。

2)按照墓葬形制及随葬品的不同,发掘者区分出了不同的族属,认为砧子山墓地是地处元上都城郊的汉人家族墓地,一棵树墓地是城郊普通蒙古人的墓葬,三面井及伊松敖包墓地是远离元上都城区的草原上的普通蒙古人的墓葬。通过本文的研究,似乎可以认定砧子山墓地并不是单纯的汉人家族墓地,在出土的人骨材料中就发现了欧罗巴人种,并且已经区分出的砧子山欧洲组已经混杂蒙古人种与欧罗巴人种特征。结合史料,这种现象并不奇怪,在我们的脑海中可以浮现出这样一幅画面:几位来自欧洲的商人流连于元上都的繁华与美丽,遂扎根于此,娶妻生子,代代相传。而既然元上都的商人和手工业者能够与白人通婚,处于同一地域的城郊蒙古人牧民是否也拥有同等的权利呢?在一棵树组与三面井组的比较中,二者的人类学特征并不相近,这种结果一方面可能是由于一棵树组样本量过少的缘故,另一方面是否可以认为是由于一棵树组混杂了欧罗巴人种血统的缘故呢。相对而言,三面井组表现了难得的单纯性:其与现代亚洲蒙古人种的北亚类型之间存在着更多形态上的一致性,在与近代颅骨组的比较中,与三面井组在形态学上最为相似的是蒙古组,在与古代组的比较中,同三面井组最为接近的古代对比组为三道湾组。这些似乎也在表明处于草原深处蒙古牧民的闭塞之甚而至于其社会地位的卑下。

3)关于砧子山组的人类学特征的问题,似乎也应该考虑到其是否与当地的蒙古族居民以及外来的欧罗巴人种进行了混杂，因而在其观测的结果中也体现了这种混杂性。

4)如果我们抛开上面的假设,也许砧子山组居民并未受到混杂的影响,或受到的影响极小,或者可以得出其他的结论。本文结果认为其与现代亚洲蒙古人种的东亚类型之间存在着更多的形态上的一致性,此外与南亚类型也有着相当多的共性,在与近代颅骨组的比较中,与砧子山组在形态学上最相似的是爱斯基摩组与华北组,在与古代组的比较中,同砧子山组关系最为密切的古代对比组为城卜子组及瓦窑沟组。城卜子古城是内蒙古中南部规模较大且较重要的元代古城之一，元上都城郊砧子山古代居民与之有着密切的关系是可以接受的。瓦窑沟组正是“古中原类型”的代表——“从现有的古人骨资料来看，黄河中下游地区先秦时期原始土著居民的种族类型应该是‘古中原类型’。属于该类型的人群主要包括仰韶文化、大汶口文化、庙底沟二期文化、山东龙山文化、河南龙山文化的居民以及由殷墟中小墓中大多数墓主人所代表的殷商民族中的平民和西村组、瓦窑沟组所代表的周人。该类型居民的主要体质特征为:偏长的中颅型以及高而偏狭的颅型,中等偏狭的面宽和中等的上面部扁平度,较低的眶型和明显的低面、阔鼻倾向。如果将其与现代亚洲蒙古人种各区域性类型进行比较,该类型居民似乎介于东亚人种和南亚人种之间的位置上,并且在若干体质特征上与现代华南地区的居民颇相近似。这一古代类型的居民在先秦时期曾广泛分布在黄河中下游地区。此外,在其中心分布区以外的一些地方也可以发现他们的踪迹。例如,位于丹江流域的河南淅川下王岗居民和位于长江下游地区的江苏常州圩墩居民亦应属于该类型,故长江中下游地区可能是‘古中原类型’的外延部分。中原地区秦汉以降的古人种学材料中，目前我们只了解到山东广饶五村和济宁潘庙的两批汉代居民亦属该类型,其他地区尚无相应的古人骨资料。”[28]在与古代颅骨组的比较结果中,砧子山组与潘庙组也表现出了相当的相似性，那么是否可以认为元上都城郊这批汉人即是“古中原类型”的后裔呢。

附记:本文人骨材料系由内蒙古文物考古研究所提供,人骨的性别、年龄鉴定工作由吉林大学边疆考古研究中心魏东、李法军、张全超完成,朱泓教授对本文给予了悉心指导。在此一并表示感谢!

注 释

[1][2][3][4][5]魏坚:《元上都的考古学研究》,参见本书《研究篇》。

[6] 平均数组间差异均方根公式为

$$\sqrt{\frac{\sum \frac{d^2}{\delta^2}}{n}}$$

式中 d 为两个对比组之间每项平均值的组差, δ 为同种系标准差。

[7] 潘其风:《毛庆沟墓葬人骨的研究》,《鄂尔多斯式青铜器》(下编),文物出版社,1986 年;朱泓:《内蒙古凉城地区东周时期墓葬人骨研究》,《考古学集刊》第 7 期,科学出版社,1991 年。

[8] 郑丽慧:《内蒙古四子王旗城卜子元代墓葬出土人骨的人种学研究》,吉林大学硕士论文,2003 年。

[9] 陈靓等:《内蒙古东大井东汉时期鲜卑墓葬人骨研究》,《内蒙古文物考古》2003 年第 1 期。

[10] 朱泓:《察右后旗三道湾汉代鲜卑族的人种学研究》,《内蒙古文物考古文集》第二辑,中国大百科全书出版社,1998 年。

[11] 朱泓:《内蒙古宁城山嘴子辽墓契丹族颅骨的人类学特征》,《人类学学报》1990 年第 1 期。

[12] 韩康信:《宁夏彭堡于家庄墓地人骨种系特点之研究》,《考古学报》1995 年第 1 期。

[13] 潘其风、韩康信:《内蒙古桃红巴拉和青海大通匈奴墓人骨的研究》,《考古》1984 年第 4 期。

[14] 转引自朱泓:《察右后旗三道湾汉代鲜卑族的人种学研究》,《内蒙古文物考古文集》第二辑,中国大百科全书出版社,1998 年。

[15] 朱泓:《山东济宁潘庙汉代墓葬人骨研究》,《人类学学报》1990 年第 1 期。

[16] 朱泓:《靺鞨人种研究》,《青果集——吉林大学考古系建系十周年纪念文集》,知识出版社,1998 年。

[17] 潘其风:《上马墓地出土人骨的初步研究》,《上马墓地》文物出版社,1994 年。

[18] 朱泓等:《九台关马山石棺墓颅骨的人种学研究》,《考古》1991 年第 2 期。

[19] 魏东:《察右前旗呼和乌素战国——汉代墓葬出土颅骨的人类学特征》,《边疆考古研究》第 1 辑,科学出版社,2003 年。

[20] 中国科学院考古研究所体质人类学组:《赤峰、宁城夏家店上层文化人骨研究》,《考古学报》1975 年第 2 期; 朱泓:《夏家店上层文化居民的种族类型及相关问题》,《辽海文物学刊》1989 年第 1 期。

[21] 陈山:《克什克腾旗龙头山青铜时代颅骨的人类学研究》,《人类学学报》2000 年第 1 期。

[22] 朱泓、王成生:《彰武平安堡青铜时代居民的种族类型》,《考古》1994 年第 2 期。

[23] 魏海波、张振彪:《辽宁本溪青铜时代人骨》,《人类学学报》1989 年第 4 期。

[24] 陈靓:《瓦窑沟青铜时代墓地颅骨的人类学特征》,《人类学学报》2000 年第 1 期。

[25] 潘其风、韩康信:《东汉北方草原游牧民族人骨的研究》,《考古学报》1982 年第 1 期;朱泓:《扎赉诺尔汉代墓葬第三次发掘出土颅骨的初步研究》,《人类学学报》1989 年第 2 期;朱泓:《从扎赉诺尔汉代居民的体质差异探讨鲜卑族的人种构成》,《北方文物》1989 年第 2 期。

[26] 方启:《陕西神木县寨峁遗址墓地的古人骨研究》,《边疆考古研究》 第 2 辑, 科学出版社,2004 年。

[27] 韩伟等:《凤翔南指挥西村周墓人骨的测量与观察》,《考古与文物》1985 年第 3 期;焦南峰:《凤翔南指挥西村周墓人骨的初步研究》,《考古与文物》1985 年第 3 期;潘其风:《我国青铜时代居民人种类型的分布和演变趋势》,《庆祝苏秉琦考古五十五年论文集》,文物出版社,1989 年;朱泓:《殷人与周人的体质类型比较》,《华夏考古》1989 年第 1 期。

[28] 朱泓:《体质人类学》,高等教育出版社,2004 年。

附表一　砧子山欧洲组(男性)

项目			DZXM27	DZXM26	DZXM43	DZXM53	平均值
1	g-op			169.5	167.2	168	168.2333
5	n-enba			103.4	96.3	96	98.56667
8	eu-eu					144.3	144.3
9	ft-ft		89.43	94.5	92.8	88.9	91.4075
11	au-au				124.8	121.5	123.15
12	ast-ast			105	103.2	112.3	106.8333
7	enba-o			35.57	35.42	38.58	36.52333
16	枕骨大孔宽			25.83	29.46	30.91	28.73333
17	b-ba			137.2	126.4	130.3	131.3
21	po-po				109.5	115.2	112.35
23	g-op-g				498	500	499
24	po-b-po				320	325	322.5
25	n-o			350	350	360	353.3333
26	n-b		120	120	125	125	122.5
27	b-l			125	110	125	120
28	l-o			105	115	110	110
29	n-b		108.73	103.66	111.79	110.29	108.6175
30	b-l			111.75	101.65	108.68	107.36
31	l-o			82.84	91.67	86.58	87.03
40	pr-enba			103.29	88.88	93.85	95.34
43	fmt-fmt		100.04	101.43	100.19	98.57	100.0575
44	ek-ek		90.86	94.85	94.01		93.24
45	zy-zy				133.63	124.71	129.17
46	zm-zm		95.46	94.64	95.46	94.92	95.12
47	n-gn					115.84	115.84
48	n-pr		70.57	66.97	72.61	71.81	70.49
	n-sd(av)		73.7	70.17	75.34	73.71	73.23
50	mf-mf		17.77	19.34	14.19		17.1
51	mf-	L	42.01	43.25	42.95	45.23	43.36
	ek	R	40.52	41.72	42.48		41.57333
51a	d-ek	L	39.06	40.6			39.83
		R	38.78	38.23	41.63		39.54667
52	眶高	L	34.74	33.61	39.86	32.81	35.255
		R	33.67	34.91	37.69		35.42333
MH	fmo-zm	L	47.88	42.33	47.03	45.77	45.7525
		R	46.89	43.31	46.81	47.14	46.0375

续附表一

项目			DZXM27	DZXM26	DZXM43	DZXM53	平均值
54	鼻宽		23.72	24.28	22.77		23.59
55	n-ns		53.6	47.88	57.12	56.5	53.775
SC	鼻最小宽		5.4	9.7	6.5		7.2
SS	鼻最小宽高		4.4	4.6	5.8		4.933333
60	pr-alv		60.37	55.98		52.97	56.44
61	ekm-ekm		64.44	67.42		65.01	65.62333
62	ol-sta		44.08			44.62	44.35
63	enm-enm		37.83	42.45		39.55	39.94333
FC	fmo-fmo		94.22	95.41	96.09	93	94.68
FS	n to fmo-fmo		18.2	18.9	16.5	12.2	16.45
DC	d-d		19.37	19.82			19.595
32	∠n-m and FH				80	84	82
	∠g-m and FH				73	76	74.5
	∠g-b and FH				44	48	46
72	∠n-pr and FH				86	84	85
73	∠n-ns and FH				76	82	79
74	∠ns-pr and FH				88	73	80.5
75	∠n-rhi and FH				61		61
77	∠fmo-n-fmo		141	138	137		138.6667
	∠zm-ss-zm		121	120	135	130	126.5
	72-75				25		25
	∠pr-n-ba			72	62	66	66.66667
	∠n-pr-ba			69	73	69	70.33333
	∠n-ba-pr			41	45	45	43.66667
65	cdl-cdl					114.16	114.16
66	go-go			96097		98.66	48097.83
67	Bimental breadth			49.49	44.56	43.86	45.97
68	下颌体长			77.4		59.7	68.55
Jan-68	下颌体最大投影长			105.6		99.7	102.65
69	id-gn			30.97	27.26	29.01	29.08
Jan-69	下颌体高 I	L		14.19	14.86	12.7	13.91667
		R		13.9	12.16	11.32	12.46
	下颌体高 II	L		30.04	24.74	21.43	25.40333
		R		29.86		19.03	24.445
Mar-69	下颌体厚 I	L		10.65	8.27	10.35	9.756667
		R		9.88	8.39	10.44	9.57
	下颌体厚 II	L		9.44	6.54	9.19	8.39
		R		10.26	7.27	8.92	8.816667

续附表一

项目			DZXM27	DZXM26	DZXM43	DZXM53	平均值
70	下颌枝高	L		67.15	77.48	72.19	72.27333
		R		68.03		64.14	66.085
71	下颌枝宽	L			41.06	36.04	38.55
		R				38.02	38.02
71a	下颌枝最小宽	L		32.13	28.11	25.97	28.73667
		R				27.58	27.58
79	下颌角			121		132	126.5
	颏孔间弧			60	57	50	55.66667
	颅长宽指数					85.89	85.89
	颅长高指数			80.94	75.6	77.56	78.03333
	颅宽高指数					90.3	90.3
	额宽指数					61.61	61.61
	枕骨大孔指数			72.62	83.17	80.12	78.63667
	面突指数			99.89	92.29	97.76	96.64667
	垂直颅面指数	pr		48.81	57.44	55.11	53.78667
		sd		51.14	59.6	56.57	55.77
	上面指数(K)	pr			54	57.58	55.79
		sd			56.45	59.11	57.78
	上面指数(V)	pr	73.93	70.76	76.06	75.65	74.1
		sd	77.21	74.14	78.92	77.65	76.98
	鼻指数		44.25	50.71	39.86		44.94
52:51	眶指数	L	81.64	77.71	92.81	72.54	81:175
		R	83.09	83.68	88.72		85.16333
52:51a	眶指数	L	88.94	82.78			85.86
		R	86.82	91.32	90.54		89.56
54:51	鼻眶指数	L	56.46	56.14	53.02		55.20667
		R	58.54	58.2	53.6		56.78
54:51a	鼻眶指数	L	60.73	59.8			60.265
		R	61.17	63.51	54.7		59.79333
	鼻根指数		81.48	47.42	89.23		72.71
	腭指数		85.82			88.64	87.23
	横颅面指数						
	高平均指数						
	下颌骨指数					52.3	52.3
	下颌枝指数	L			53	42.92	47.96
		R				59.28	59.28

附表二　砧子山组(男性)

项	目	DZXM95	DZXM77	DZXM32	DZXM8-1	DZXM97	DZXM70-1	DZXM10	DZXM25	DZXM38	DZXM64-2	DZXM68	DZXM7	平均值
1	g-op	175.5	179.3		185.5	168.6	172.5	171.4	180	174.03	168.8	172	176.6	174.93
5	n-enba	102.1	104.8	88.04	106.7	98.5		100.5	98.8	97.05			101.9	99.82111
8	eu-eu	145	145	138.2	150.5	149.7	134.8	140.5	129.7	142	137.9	145.5	132.5	140.9417
9	ft-ft	99.3	94.1	88.5	104.4	97.2	91.14	94.37	93.7	93.04	92.7	92.3	94.16	94.57583
11	au-au	127.7	128.6	122.9	127.2	132.7	125.2	124	120.3		126.7	134.3	132.3	127.4455
12	ast-ast	118.1	105.3		112.09	115.3		103.22	109.86	105.63	99	117	107.36	109.286
7	enba-o	33.33	33.54	37.34	34.76	34.21		34.46	39.74	35.04			40.9	35.92444
16	枕骨大孔宽	28.7	26.95	28.91	27.08	28.25		28.28	32.41	26.59			30.64	28.64556
17	b-ba	139.2	135.6	124.4	147.7	127.6		137	135.7	126.4			136.2	134.4222
21	po-po		118.5		123	114.5	111	115.2	116.2		116.2	112	111	115.2889
23	g-op-g	508	520		531	510	495	498	495	500	487	505	520	506.2727
24	po-b-po	345	325	305	345	320	315	320	318		315	315	310	321.1818
25	n-o	367	370		385	353		356	370	350			360	363.875
26	n.b	130	125	120	135	120	120	115	120	125	122	115	120	122.25
27	b-l	125	120		125	120	115	130	140	115	122	125	130	124.2727
28	l-o	112	125		125	113		111	110	110			110	114.5
29	n-b	116.45	111.27	107.34	117.89	106.03	107.74	106.18	106.24	112.19	107.84	109.11	103.5	109.315
30	b-l	111.25	107.6		113.8	106.45	104.65	112.18	123.48	109.72	108.39	109	115.42	111.0855
31	l-o	92.56	107.04		107.09	95.33		90.74	93.77	84.1			91.57	95.275
40	pr-enba	103.57	98.85	85.94	99.19	98.61		84.83	97.64	94.47			97.33	95.60333
43	fmt-fmt	106.27	108.51	99.03	110.49	103.63	103.16	101.91	106.07		99.68	102.34	107.49	104.4164
44	ek-ek	95.6	104.23	93.45	98.9	94.77	93.72	94.15	99		89	95.29	98.49	96.05455
45	zy-zy		136.56		136.59	138.19	130.54		131.28			145.36		136.42
46	zm-zm	95.38	104.37	99.43	92.39	102.63	101.3	93.37	93.8		100.84	103.86	102.34	99.06455
47	n-gn		122.09		120.92			122.25	103.22			134.63	133.91	122.8367
48	n-pr	79.36	70.56	64.92	72.31	66.79	75.5	66.57	64.08	80.46	62.11	76.9	80.9	71.705
	n-sd (av)	83.44	72.6	67.31	74.7	70.4	77.41	68.53	65.86	81.4	64.75	78.52	83.51	74.03583
50	mf-mf	21.28	20.8	16.86	20.41	19.36	16.56	17.37	22.94		17.43	16.59	19.56	19.01455
51	mf-ek L	41.66	45.61	39.95	44.82	41.93	40.42	44	41.33		38.51	41.64	43.17	42.09455
	mf-ek R	40.41	44.86	39.64	43.72	40.73	42.11	41.5	42.44		39.7	42.66	42.04	41.80091

续附表二

项目			DZXM95	DZXM77	DZXM32	DZXM8-1	DZXM97	DZXM70-1	DZXM10	DZXM25	DZXM38	DZXM64-2	DZXM68	DZXM7	平均值
51a	d-ek	L	40.18	44.73	38.18	40.81	39.72	37	40.68	38.42		36.13	38.75	40.27	39.53364
		R	40.74	42.94	38.72	39.76	38.98	39.42	39.92	39.33		36.92	40.49	40.27	39.77182
52	眶高	L	35.42	32.48	31.47	38.14	34.83	36.28	36.57	35.98		30.2	35.92	39.06	35.12273
		R	34.72	32.04	30.95	37.24	34.26	36.53	34.76	36.14		30.62	33.77	38.19	34.47455
MH	fmo-zm	L	46.71	43.41	39.02	47.59	42.21	48.82	43.17	42.24		43.92	55.15	48.03	45.47909
		R	47.9	44.31	39.02	47.24	44.73	49.1	41.28	42.48	47.34	42.99	54.85	47.75	45.74917
54	鼻宽		24.45	30.98	26.24	24.87	27.22	24.34	23.19	26.46	22.24	24.19	23.34	22.97	25.04083
55	n-ns		56.12	55.07	46.41	55.62	52.87	58.06	52.52	49.77	55.66	52.77	52.16	61.96	54.0825
SC	鼻最小宽		9.8	6.6		10.2	6.8	6	6.6	8.25	6.66	7.2	7.7	5.14	7.359091
SS	鼻最小宽高		3.9	1.3		2.8	2.3	1.8	3.7	1.4	2.5	1.6	3.8	1.4	2.409091
60	pr-alv		58.05	50.85	48.63	59.96	59.06	52.65	38.02	61.61		54.93	52.36	50.61	53.33909
61	ekm-ekm		68.09	63.18	55.19	58.26	56.9	64.5	57.09	55.38		58.34	68.28	65.22	60.94818
62	ol-sta		45.16	47.61		44.69	44.72	37.62	33.08	44.89		37.67	41.69	46.12	42.325
63	enm-enm		40.56	35.34	36.29	35.35	40.74	35.02	37.07	37.68		38.09	37.81	41.5	37.76818
FC	fmo-fmo		99.14	101.69	91.34	99.86	94.96	93.05	95.21	98.9		89.77	94.82	98.14	96.08
FS	ntofmo-fmo		18	16.8	13.8	20.8	16	11.4	17.3	20.8		13.3	13.7	15	16.08182
DC	d-d		21.94	21.18	19.93	24.4	20.36	18.75	17.72	25.61		19.8	20	21.83	21.04727
32	∠n-mandFH			83		89	84	78	86	86		90	74	86	84
	∠g-mandFH			18		87	78	73	80	80		84	68	79	71.88889
	∠g-band FH			47		47	43	43	50	49		47	41	43	45.55556
72	∠n-pr and FH			87		80	81	83	89	77		88	82	82	83.22222
73	∠n-ns and FH			87		83	80	82	89	77		86	83	80	83
74	∠ns-pr and FH			85		78	84	85	87	75		75	80	90	82.11111
75	∠n-rhi and FH			70				59		68					65.66667

续附表二

项目			DZXM95	DZXM77	DZXM32	DZXM8-1	DZXM97	DZXM70-1	DZXM10	DZXM25	DZXM38	DZXM64-2	DZXM68	DZXM7	平均值
77	∠fmo-n-fmo		141	149	144	131	140	151	139	136		147	151	139	142.5455
	∠zm-ss-zm		128	133	123	118	128	128	127	123		131	133		127.2
	72-75			17				24		9					16.66667
	∠pr-n-ba		67	65	67	64	70		57	71	64			64	65.44444
	∠n-pr-ba		67	75	70	75	70		82	72	68			68	71.88889
	∠n-ba-pr		46	40	43	41	40		41	38	50			48	43
65	cdl-cdl									116.75			127.79		122.27
66	go-go			106.55		107.21				98.92					104.2267
67	Bimental breadth		46.4	45.06		47.7			46.96	48.11			49.19	49.6	47.57429
68	下颌体长			79.4						77			68.2	79	75.9
Jan-68	下颌体最大投影长			105					12.8	100			106.8	115.5	88.02
69	id-gn		36.89	31.04		29.6			33.02	27.54			36	37.11	33.02857
Jan-69	下颌体高Ⅰ	L	16.48	17.78		14.34			14.39	13.65			13.83	16.57	15.29143
		R	16.27	16.85		13.78			15.77	13.72			14.3		15.115
	下颌体高Ⅱ	L	32.61	33.19		26.91			27.53	28.19			31.59	33.14	30.45143
		R	31.91	29.57		29.58			29.06	29.77			30.42		30.05167
Mar-69	下颌体厚Ⅰ	L	13.84	13.67		12.57			12.06	12.23			9.31	11.58	12.18
		R	14.01	11.39		12.2			11.82	12.64			9.82	11.79	11.95286
	下颌体厚Ⅱ	L	11.05	1.065		10.54			9.27	8.53			10.93	9.95	8.762143
		R	10.9	10.8					9.15	9.24			10.92	11.79	10.46667
70	下颌枝高	L		77.72						67.3			64.95	71.89	70.465
		R		75.04		69.67				64.83					69.84667
71	下颌枝宽	L											42.56	44.5	43.53
		R		49.57									39.78	43.96	44.43667
71a	下颌枝最小宽	L		40.33		37.01			35.37	33.1			34.37	36.46	36.10667
		R		39.67		34.83				34.2			32.49	35.28	35.294

续附表二

项	目		DZXM95	DZXM77	DZXM32	DZXM8-1	DZXM97	DZXM70-1	DZXM10	DZXM25	DZXM38	DZXM64-2	DZXM68	DZXM7	平均值
79	下颌角			110						116			126	135	121.75
	颏孔间弧		57	55		56			57	60			55	25	52.14286
	颅长宽指数		82.62	80.87		81.13	88.79	78.14	81.97	71.06	81.38	81.69	84.59	75.03	80.66091
	颅长高指数		79.32	75.63		79.62	75.68		79.93	75.39	72.44			77.12	76.89125
	颅宽高指数		96.55	93.52	90.01	98.14	85.24		97.51	104.63	89.01			102.79	95.26667
	额宽指数		68.48	64.9	64.04	69.37	64.93	67.61	67.17	72.24	65.77	67.22	63.44	71.06	67.18583
	枕骨大孔指数		86.11	80.35	77.42	77.91	82.58		82.07	81.56	75.88			74.91	79.86556
	面突指数		101.44	94.32	97.22	92.96	100.11		84.41	98.83	96.89			95.52	95.74444
	垂直颅面指数	pr	57.01	52.04	52.19	48.96	52.34		48.59	47.22	63.66			59.4	53.49
		sd	59.94	35.54	54.11	50.58	55.17		50.02	48.53	64.4			61.31	53.28889
	上面指数(K)	pr		51.67		52.94	48.33	57.84		48.81			52.9		52.08167
		sd		53.16		54.69	50.94	59.3		50.17			54.02		53.71333
	上面指数(V)	pr	83.2	67.61	65.29	78.27	65.08	74.53	71.3	68.32		66.55	74.04	79.05	72.11273
		sd	87.48	69.56	67.7	80.85	68.6	76.42	73.4	70.21		64.21	75.6	81.6	74.14818
	鼻指数		43.57	56.26	56.54	44.71	51.48	41.92	44.15	53.16	39.96	45.84	44.75	37.07	46.6175
52:51	眶指数	L	85.02	71.21	78.77	85.1	83.07	89.76	83.11	87.06		78.42	86.26	90.48	83.47818
		R	85.92	71.42	78.08	85.18	84.11	86.75	83.76	85.16		77.13	79.16	90.84	82.50091
52:51a	眶指数	L	88.15	72.61	82.43	93.46	87.69	98.05	89.9	93.65		83.59	92.7	97	89.02091
		R	85.22	74.62	79.93	93.66	87.89	92.67	87.07	91.89		82.94	83.4	94.83	86.73818
54:51	鼻眶指数	L	58.69	67.92	65.68	55.49	64.92	60.22	52.7	64.02		62.81	56.05	53.21	60.15545
		R	60.5	69.06	66.2	56.88	66.83	57.8	55.88	62.35		60.93	54.71	54.65	60.52636
54:51a	鼻眶指数	L	60.85	69.26	68.73	60.94	68.53	65.78	57.01	68.87		66.95	60.23	57.04	64.01727
		R	60.01	72.15	67.77	62.55	69.83	61.75	58.09	67.28		65.52	57.64	57.04	63.60273
	鼻根指数		39.8	19.7		27.45	33.82	30	56.06	16.97	37.54	22.22	49.35	27.24	32.74091
	腭指数		89.81	74.23		79.1	91.1	93.09	112.06	83.94		101.11	90.69	89.98	90.511
	横颅面指数														
	高平均指数														
	下颌骨指数									65.95			53.37		59.66
	下颌枝指数	L											65.53	61.9	63.715
		R		66.06											66.06

附表三　砧子山组(女性)

项	目	DZXM24	DZXM5-1	DZXM8-2	DZXM71	DZXM36	DZXM3	DZXM82	DZXM45	DZXM66	DZXM55	DZXM39	DZXM30	DZXM37	平均值
1	g-op	169.5		161		171.5	160.4		170.3	169.1	167.6	174.8	168.9	169.3	168.24
5	n-enba	91.7					87.7	91.7	90.3	123.4	87.7	97.9	99.7	94.5	96.06667
8	eu-eu	128.7					141.5	141.5	142.2	129.5	147.2	144.9	146.3	140	140.2
9	ft-ft	83		95.2			96.2	70.9	92.9	94.3	87.7	91.8	94.5	92.53	89.903
11	au-au	113.6					119.5	119	119.5	115.5	129.4	121.6	127.6		120.7125
12	ast-ast	100.1					102.4	108.5	103.8	102.5	109.9	104.7	105.86		104.72
7	enba-o	34.2					33.03	34.7	36.33	33.39	38.71	38.22	32.65	34.68	35.10111
16	枕骨大孔宽						30.33	28.14	27.26	30.69		28.04	27.08	25.68	27.98125
17	b-ba	129.3					122.9	130.3	125.5	123.4	116.8	134.6	127.9	131.4	126.9
21	po-po	106.5					113.2	114.2	116.5	107.5	108.4	116	114.2		112.0625
23	g-op-g	480					487		505	485	503	510	495	496	495.125
24	po-b-po	300					325	325	320	300	310	325	325		316.25
25	n-o	347					345	350	364	345	355	360	334	360	351.1111
26	n-b	120		117		120	125	120	122	120	125	120	120	125	121.2727
27	b-l	112		115		110	115	120	130	115	105	125	112	130	117.1818
28	l-o	115					105	110	112	110	125	115	102	105	111
29	n-b	105.88		101.81		102.51	108.23	104.85	109.82	104.69	109.43	103.82	103.66	103.32	105.2745
30	b-l	101.65		102.17		99.83	104.33	104.84	113.63	102.25	94.45	111.26	103.66	115.78	104.8955
31	l-o	97.83					88.84	93.78	99.02	92.65	101.24	97.68	91.92	91.2	94.90667
40	pr-enba	90.21					91.75	84.36	80.19		86.08	94.34	94.32		88.75
43	fmt-fmt	93.4		103.28			104.1	95.2	97.76	101.94	96.35	102.86	103.53		99.82444
44	ek-ek	86.63		93.84			96.99	88.96	91.09	95.92	90.65	98.28	95.77		93.12556
45	zy-zy									124.3					124.3
46	zm-zm	88.86					99.1	85.1	92.4	96.13	96.2		94.66		93.20714
47	n-gn								97.34		115.28				106.31

续附表三

项目			DZXM24	DZXM5-1	DZXM8-2	DZXM71	DZXM36	DZXM3	DZXM82	DZXM45	DZXM66	DZXM55	DZXM39	DZXM30	DZXM37	平均值
48	n-pr		64.4				66.43	66.03	66.08	59.94		64.62	64.17	64.42		64.51125
	n-sd(av)						69.35	68.64	68.6	63.04		67.97	66.31	67.17		67.2275
50	mf-mf		16.76		19.79		21.84	20.63	18.19	21.34	20.04	20.33	22.87	18.57		20.036
51	mf-		37.18		39.38		39.46	39.69	37.55	37.43	40.46	38.18	40.87	41.22		39.142
	ek		36.56		40.24			40.83	38.42	36.82	40.45	38.8	39.97	40.38	41.75	39.422
51a	d-ek		36.34		38.47			37.16	36.34	37.83	38.06	36.64	39.98	40.39		37.91222
			35.36		38.56			37.22	37.79	36.03	37.57	37.48	39.67	40.76	38.93	37.937
52	眶高	L	36.32		36.16		35.73	37.94	33.81	36.06	32.65	34	35.17	33.49		35.133
		R	36.28		36.83			38.3	33.48	34.96	32.73	32.82	35.44	32.14	35.53	34.851
MH	fmo-zm	L	39.25		42.27			42.28	43.01	45.57	39.52	43.49	42.23	44.67		42.47667
		R	39.83					42.63	41.16	45.37	41.88	44.18		43.59	38.9	42.1925
54	鼻宽		23.27		23.96			24.12	23.67	24.93	29.22	23.94	26.52	23.91	24.99	24.853
55	n-ns		48.33		44.95			48.21	50.18	48.07	46.4	49.67	48.89	45.75	49.95	48.04
SC	鼻最小宽				7				6.9		9.8	6.5	8.43	11.2	7.3	7.91625
SS	鼻最小宽高				1.9				2.8		1.8	1.2	0.8	6.3		2.471429
60	pr-alv		45.24					47.64	41.75	42.08		44.65	51.5	48.64		45.92857
61	ekm-ekm		57.11					55.65	57.65	57.77	58.57	63.25	62.26	60.22		59.06
62	ol-sta		39.79		34.89			40.79	38.13	34.66	37.78	34.13	43.05	42.6		38.42444
63	enm-enm		35.26		37.24			32.31	32.96	38.77	35.28	36.5	38.6	35.56		35.83111
FC	fmo-fmo		86.2		96.27			97.46	88.19	89.2	94.45	88.86	98.36	95.78		92.75222
FS	ntofmo-fmo				15.5			11.4	12.8	12.2	15	13	14.2	17.7		13.86667
DC	d-d		18.86		21.52			25.23	20	21.47	25.29	20.25	23.53	19.02		21.68556
32	∠n-m and FH							90	95	85	87	81	94	92		88.75
	∠g-m and FH							84	90	84	82	80	89	89		85.75

续附表三

项目			DZXM24	DZXM5-1	DZXM8-2	DZXM71	DZXM36	DZXM3	DZXM82	DZXM45	DZXM66	DZXM55	DZXM39	DZXM30	DZXM37	平均值
32	∠g-b and FH							41	54	48	47	41	46	52		46.75
72	∠n-pr and FH							82	87	85		82	84	79		82.28571
73	∠n-ns and FH							79	84	86	85	84	82	82		82.5
74	∠ns-pr and FH							86	96	80		76	85	81		83.71429
75	∠n-rhi and FH								66		74	71		60		66.6
77	∠fmo-n-fmo				144			151	145	147	143	147	150	139		145.6667
	∠zm-ss-zm							121	129	129		132		126		127
	72-75		15						21			11		19		16.5
	∠pr-n-ba							72	62	60		68	67	66		65.42857
	∠n-pr-ba							65	74	80		68	73	75		72.28571
	∠n-ba-pr							43	44	40		44	40	39		42.28571
65	cdl-cdl			119.79						118.12						118.955
66	go-go			96.63				93.81		90.01		93.28				93.4325
67	Bimental breadth							46.32		44.06		44.31	45.56	47.19		46.005
68	下颌体长									68.5		65				70.1
Jan-68	下颌体最大投影长									99.2		95.4				99.36667
69	id-gn			31.8				29.83		24.51		31.3	33.5	24.94		29.31333
Jan-69	下颌体高 I	L		14.55				13.37		12.13		12.78	13.69	13.05		13.26167
		R		13.46				12.89		13.84		12.99	13.25	13.14		13.26167
	下颌体高 II	L		29.29				25.31		24.42		24.81	27.51			26.268
		R		29.73				24.72		22.09		24.96	24.78			25.256

续附表三

项目			DZXM24	DZXM5-1	DZXM8-2	DZXM71	DZXM36	DZXM3	DZXM82	DZXM45	DZXM66	DZXM55	DZXM39	DZXM30	DZXM37	平均值
Mar-69	下颌体厚Ⅰ	L		10.74				11.1		9.88		11.18	11.58	11.44		10.98667
		R		11.54				11.11		9053		11.81	11.39	12.22		1518.512
	下颌体厚Ⅱ	L		11.96				9.97				8.89				10.27333
		R		13.24				8.12				9.72	12.13			10.8025
70	下颌枝高	L		75.36						62.47		65.53		63		66.59
		R						61.32		60.45						60.885
71	下颌枝宽	L		40.2						37.67		38.29		34.78		37.735
		R						36.82		36.89						36.855
71a	下颌枝最小宽	L		34.41						31.42		28.8		26.89		30.38
		R		33.95				29.31		29.51		28.5				30.3175
79	下颌角			114						127		127				122.6667
	颏孔间弧							52.5		50		53	52	60	53	53.64286
	颅长宽指数							88.22		83.5	76.58	87.83	82.89	86.62	82.69	83.0325
	颅长高指数							76.62		73.69	72.97	69.69	77	75.73	77.61	74.94875
	颅宽高指数							86.86	92.08	88.26	95.29	79.35	92.89	87.42	93.86	90.72
	额宽指数							67.99	50.11	65.33	72.82	59.58	63.35	64.59	66.09	63.81667
	枕骨大孔指数							91.83	81.1	75.03	91.91		73.36	82.94	74.05	81.01125
	面突指数							104.62	92	88.8		98.15	93.36	94.6		94.98714

续附表三

项目			DZXM24	DZXM5-1	DZXM8-2	DZXM71	DZXM36	DZXM3	DZXM82	DZXM45	DZXM66	DZXM55	DZXM39	DZXM30	DZXM37	平均值
79	垂直颅面指数	pr	49.81					53.73	50.71	47.76		55.33	47.67	50.37		50.76857
		sd	51.62					55.85	52.65	50.23		58.19	49.26	52.52		52.90286
	上面指数(K)	pr														
		sd														
	上面指数(V)	pr	72.47					66.63	77.65	64.87		67.17		68.05		69.47333
		sd	75.11					69.26	80.61	68.23		70.65		70.96		72.47
	鼻指数		48.15		53.3			50.03	47.17	51.86	62.97	48.2	54.24	52.26	50.03	51.821
52:51	眶指数	L	97.69		91.67		90.55	95.59	90.04	69.34	80.7	89.05	86.05	81.25		87.193
		R	99.23		91.53			93.8	87.14	34.95	80.91	97.47	88.67	79.59	85.1	83.839
52:51a	眶指数	L	99.94		93.84			102.1	93.04	95.32	85.79	92.79	87.97	82.92		92.63444
		R	102.6		95.51			102.9	88.59	97.03	87.12	87.57	89.34	78.85	91.27	92.078
54:51	鼻眶指数	L	62.59		60.84			60.77	63.04	66.6	72.22	62.7	64.89	58.01		63.51778
		R	63.65		59.54			59.07	61.61	67.71	72.24	61.7	66.35	59.21	59.86	63.094
54:51a	鼻眶指数	L	64.03		62.28			64.91	65.13	65.9	76.77	65.34	66.33	59.2		65.54333
		R	65.81		62.14			64.8	62.64	69.19	77.77	63.87	66.85	58.66	64.19	65.592
	鼻根指数				27.14				40.58		18.37	18.46	9.49	56.25		30.08714
	腭指数		88.62		106.74			79.8	86.44	111.86	93.38	106.94	89.66	83.47		94.10111
	横颅面指数															
	高平均指数															
	下颌骨指数									57.99						61.05
	下颌枝指数	L		53.34						60.3		58.43		55.21		56.82
		R						60.05		61.03						60.54

附表四　一棵树组(男性)

项　目			LYM15	LYM25	平均值
1	g-op		172	175	173.5
5	n-enba		99.4	98.4	98.9
8	eu-eu		129.6	129.7	129.65
9	ft-ft		92.19	89.6	90.895
11	au-au		123.8	121.5	122.65
12	ast-ast			101.3	101.3
7	enba-o			32.7	32.7
16	枕骨大孔宽			29.2	29.2
17	b-ba		137.5	134.9	136.2
21	po-po		113.2	113.5	113.35
23	g-op-g		500	495	497.5
24	po-b-po		310	300	305
25	n-o		355	359	357
26	n-b		120	120	120
27	b-l		125	122	123.5
28	l-o		100	117	108.5
29	n-b		103.55	108.4	105.975
30	b-l		116.02	108.2	112.11
31	l-o		84.94	97.5	91.22
40	pr-enba		97	100.8	98.9
43	fmt-fmt		102.88	99	100.94
44	ek-ek		93.9	90.9	92.4
45	zy-zy		135.17	124.5	129.835
46	zm-zm		104.25	96.7	100.475
47	n-gn		107.82	115.66	111.74
48	n-pr		67.81	70.8	69.305
	n-sd(av)		69.8	73	71.4
50	mf-mf		18.31	19.5	18.905
51	mf-	L	42.2	38.1	40.15
	ek	R	40.06	38.2	39.13
51a	d-ek	L	40.75	36.8	38.775
		R	39.55	36.8	38.175
52	眶高	L	35.63	34.1	34.865
		R	36.83	33.8	35.315
MH	fmo-zm	L	44.79	39.5	42.145
		R	45.8	43.5	44.65
54	鼻宽		27.07	26.8	26.935
55	n-ns		53.74	50.6	52.17
SC	鼻最小宽		301	10	155.5

续附表四

项　目			LYM15	LYM25	平均值
SS	鼻最小宽高		0.8	2.7	1.75
60	pr-alv		53.62	55.7	54.66
61	ekm-ekm		60.37	62.4	61.385
62	ol-sta		44.83	47	45.915
63	enm-enm		36.13	36.8	36.465
FC	fmo-fmo		93.02	20.4	56.71
FS	n to fmo-fmo		14.3	8.9	11.6
DC	d-d		17.83	22.1	19.965
32	∠n-m and FH		86	85	85.5
	∠g-m and FH		77	82.5	79.75
	∠g-b and FH		48	48	48
72	∠n-pr and FH		78	78	78
73	∠n-ns and FH		82	81	81.5
74	∠ns-pr and FH		61	77	69
75	∠n-rhi and FH			68	68
77	∠fmo-n-fmo		143.5	144	143.75
	∠zm-ss-zm			131	131
	72-75			10	10
	∠pr-n-ba		66	71	68.5
	∠n-pr-ba		74	67	70.5
	∠n-ba-pr		40.5	42	41.25
65	cdl-cdl			108.97	108.97
66	go-go				
67	Bimental breadth		50.42	45.82	48.12
68	下颌体长		71.6	69	70.3
Jan-68	下颌体最大投影长		96	105.5	100.75
69	id-gn		31.05	33.04	32.045
Jan-69	下颌体高Ⅰ	L	14.84	12.69	13.765
		R	15.48	12.7	14.09
	下颌体高Ⅱ	L	23.05	29.49	26.27
		R	24.75	30.79	27.77
Mar-69	下颌体厚Ⅰ	L	13.04	12.27	12.655
		R	12.66	12.57	12.615
	下颌体厚Ⅱ	L	15.75	10.86	13.305
		R	15.77	10.8	13.285
70	下颌枝高	L			
		R			
71	下颌枝宽	L			
		R			

续附表四

项　目			LYM15	LYM25	平均值
71a	下颌枝最小宽	L	33.27	32.22	32.745
		R	30.79	34.16	32.475
79	下颌角		115	125	120
	颏孔间弧		60	54	57
	颅长宽指数		73.26	74.11	73.685
	颅长高指数		79.94	77.09	78.515
	颅宽高指数		106.1	104.01	105.055
	额宽指数		71.13	69.08	70.105
	枕骨大孔指数			89.3	89.3
	面突指数		97.59	102.44	100.015
	垂直颅面指数	pr	49.32	52.48	50.9
		sd	50.76	54.11	52.435
	上面指数(K)	pr	50.17	56.87	53.52
		sd	51.64	58.63	55.135
	上面指数(V)	pr	65.05	73.22	69.135
		sd	66.95	75.49	71.22
	鼻指数		50.37	52.96	51.665
52:51	眶指数	L	84.43	89.5	86.965
		R	90.58	88.48	89.53
52:51a	眶指数	L	87.44	92.66	90.05
		R	93.12	91.85	92.485
54:51	鼻眶指数	L	64.15	70.34	67.245
		R	66.58	70.16	68.37
54:51a	鼻眶指数	L	66.43	72.83	69.63
		R	68.32	72.83	70.575
	鼻根指数		25.81	27	26.405
	腭指数		80.41	78.3	79.355
	横颅面指数				
	高平均指数				
	下颌骨指数			63.32	63.32
	下颌枝指数	L			
		R			

附表五　一棵树组(女性)

项　目			LYM25	LYM5	平均值
1	g-op		169.6	169.6	169.6
5	n-enba		91	92.1	91.55
8	eu-eu		139.6	141	140.3
9	ft-ft		87.5	94.3	90.9
11	au-au		116	128.6	122.3
12	ast-ast			105.8	105.8
7	enba-o		34.5	33.19	33.845
16	枕骨大孔宽		28.63	27.3	27.965
17	b-ba		127.7	125.3	126.5
21	po-po		109.2	110.2	109.7
23	g-op-g		491	505	498
24	po-b-po		315	320	317.5
25	n-o		350	365	357.5
26	n-b		125	130	127.5
27	b-l		125	120	122.5
28	l-o		100	115	107.5
29	n-b		109.36	111.75	110.555
30	b-l		112.59	105.65	109.12
31	l-o		90.65	91.54	91.095
40	pr-enba		84.54		84.54
43	fmt-fmt		94.54	110.72	102.63
44	ek-ek		88.65	100.36	94.505
45	zy-zy			132.47	132.47
46	zm-zm		87.9	95.15	91.525
47	n-gn			117.41	117.41
48	n-pr		66.44		66.44
	n-sd(av)		69.63		69.63
50	mf-mf		19.8	22.43	21.115
51	mf-	L	38.27	40.57	39.42
	ek	R	37.89	42.3	40.095
51a	d-ek	L		39.25	39.25
		R		40.11	40.11
52	眶高	L	31.86	35.68	33.77
		R	31.49	35.14	33.315
MH	fmo-zm	L	38.04	46.15	42.095
		R	38.96	45.38	42.17

续附表五

项　目			LYM25	LYM5	平均值
54	鼻宽		26.33	24.83	25.58
55	n-ns		48.59	53.37	50.98
SC	鼻最小宽		9	8.2	8.6
SS	鼻最小宽高		2.9	2.8	2.85
60	pr-alv		49.08		49.08
61	ekm-ekm		56.4	62.4	59.4
62	ol-sta		38.9	41.86	40.38
63	enm-enm		36.04	33.46	34.75
FC	fmo-fmo		89.21	100.88	95.045
FS	n to fmo-fmo		17	14.9	15.95
DC	d-d			24.62	24.62
32	∠n-m and FH		81	84	82.5
	∠g-m and FH		75	83	79
	∠g-b and FH		41	47	44
72	∠n-pr and FH		87		87
73	∠n-ns and FH			80	80
74	∠ns-pr and FH				
75	∠n-rhi and FH				
77	∠fmo-n-fmo		136	145	140.5
	∠zm-ss-zm			137	137
	72-75				
	∠pr-n-ba		62		62
	∠n-pr-ba		74		74
	∠n-ba-pr		44		44
65	cdl-cdl			122.03	122.03
66	go-go			102.52	102.52
67	Bimental breadth		44.06	54.1	49.08
68	下颌体长			66.1	66.1
Jan-68	下颌体最大投影长			106.8	106.8
69	id-gn		32.55	34.23	33.39
Jan-69	下颌体高Ⅰ	L	14.28	15.87	15.075
		R	14.27	15.83	15.05
	下颌体高Ⅱ	L	22.12	29.76	25.94
		R	22.33	28.69	25.51
Mar-69	下颌体厚Ⅰ	L	11.04	13.31	12.175
		R	10.7	13.02	11.86
	下颌体厚Ⅱ	L	8.74	12.44	10.59
		R	7.6	12.85	10.225

续附表五

项　目			LYM25	LYM5	平均值
70	下颌枝高	L	63.52	61.06	62.29
		R		61.11	61.11
71	下颌枝宽	L		39.81	39.81
		R		38.26	38.26
71a	下颌枝最小宽	L	24.47	32.82	28.645
		R		30.93	30.93
79	下颌角			138	138
	颏孔间弧		55	63	59
	颅长宽指数		82.31	83.14	82.725
	颅长高指数		75.29	73.88	74.585
	颅宽高指数		91.48	88.87	90.175
	额宽指数		62.68	66.88	64.78
	枕骨大孔指数		82.99	82.25	82.62
	面突指数		92.9		92.9
	垂直颅面指数	pr	52.03		52.03
		sd	54.53		54.53
	上面指数(K)	pr			
		sd			
	上面指数(V)	pr	75.59		75.59
		sd	79.22		79.22
	鼻指数		54.19	46.52	50.355
52:51	眶指数	L	82.78	87.95	85.365
		R	83.11	83.07	83.09
52:51a	眶指数	L		90.9	90.9
		R		87.61	87.61
54:51	鼻眶指数	L	68.8	61.2	65
		R	69.49	58.7	64.095
54:51a	鼻眶指数	L		63.26	63.26
		R		61.9	61.9
	鼻根指数		32.22	34.15	33.185
	腭指数		92.75	79.93	86.34
	横颅面指数				
	高平均指数				
	下颌骨指数			54.17	54.17
	下颌枝指数	L		65.2	65.2
		R		62.61	62.61

附表六　三面井组(男性)

项　目			BWSM9	BWSM8	BWSM7	BWSM6	平均值
1	g-op		178.7	174.3	179.2	177.8	177.5
5	n-enba		93.9		120.5	97.6	104
8	eu-eu		153.4	149	143.1	146.5	148
9	ft-ft		96.18	85.8	95	91.88	92.215
11	au-au		133.3	135.1	131	127.7	131.775
12	ast-ast		115.99	115.34	110.98	115.3	114.4025
7	enba-o		35.07		34.96	34.45	34.82667
16	枕骨大孔宽		29.02		28.86	30.63	29.50333
17	b-ba		134		123.3	131.3	129.5333
21	po-po		115.5	104.9	110	111.5	110.475
23	g-op-g		525	512	518	526	520.25
24	po-b-po		330	310	315	323	319.5
25	n-o		370		349	363	360.6667
26	n-b		135	126	125	120	126.5
27	b-l		130	130	105	110	118.75
28	l-o		105		119	133	119
29	n-b		117.45	113.84	108.79	106.46	111.635
30	b-l		115.14	117.67	95.89	108.25	109.2375
31	l-o		92.26		95.34	97.57	95.05667
40	pr-enba		86.26		101.71	97.16	95.04333
43	fmt-fmt		104.07	105.03	105.55	105.05	104.925
44	ek-ek		95.73	102.38	98.72	95.79	98.155
45	zy-zy		132.71	137.29	138.44	133.82	135.565
46	zm-zm		98.03	105.2	95.19	105.5	100.98
47	n-gn		123.41	121.96		127.99	124.4533
48	n-pr		72.57	77.03	75.38	81.33	76.5775
	n-sd(av)		74.77	80.09	78.55	83.42	79.2075
50	mf-mf		15.88	20.7	17.24	17.93	17.9375
51	mf-	L	40.56	43.07	44.94	42.99	42.89
	ek	R	43.97	43.43	43.09	41.94	43.1075
51a	d-ek	L	38.86	39.77	40.4	39.35	39.595
		R	40.78	41.25	40.5	38.81	40.335
52	眶高	L	35.64	37.19	33.52	34.95	35.325
		R	35.75	37.31	31.92	37.17	35.5375
MH	fmo-zm	L	46.23	51.05	38.82	50.99	46.7725
		R	48.49	47.1	40.01	56.41	48.0025
54	鼻宽		24.18	27.11	25.94	26.09	25.83
55	n-ns		55.88	52.39	57.79	59.22	56.32
SC	鼻最小宽		7.8	8.7	5	8.5	7.5

续附表六

项目			BWSM9	BWSM8	BWSM7	BWSM6	平均值
SS	鼻最小宽高		2	2.9	2	2.2	2.275
60	pr-alv		47.15	63.98	54.77	55.65	55.3875
61	ekm-ekm		64.85	65.88	64.43	67.38	65.635
62	ol-sta		37.8	50.38	42.81	51.63	45.655
63	enm-enm		38.94	37.2	40.65	36.61	38.35
FC	fmo-fmo			100.2	99.38	99.02	99.53333
FS	n to fmo-fmo		12.3	15.1	15.4	11.9	13.675
DC	d-d		19.69	22.86	21.36	22.68	21.6475
32	∠n-m and FH		81	74	85	86	81.5
	∠g-m and FH		79	69	75	74	74.25
	∠g-b and FH		43	41	41	45	42.5
72	∠n-pr and FH		89	84	89	83	86.25
73	∠n-ns and FH		86	88	86	88	87
74	∠ns-pr and FH		78	71	90	77	79
75	∠n-rhi and FH		68	68	69	68	68.25
77	∠fmo-n-fmo		150	146	144	151	147.75
	∠zm-ss-zm		134	136	133	131	133.5
	72-75		11	16	20	15	15.5
	∠pr-n-ba		61		57	65	61
	∠n-pr-ba		71		85	66	74
	∠n-ba-pr		49		40	50	46.33333
65	cdl-cdl			116.19		118.83	117.51
66	go-go		98.38	101.09	100.94	95.09	98.875
67	Bimental breadth		45.36	53.02	47	51.09	49.1175
68	下颌体长		71.8	75.8		86.3	77.96667
Jan-68	下颌体最大投影长		101.2	118		106.8	108.6667
69	id-gn		31	326.68	30.79	32.27	105.185
Jan-69	下颌体高Ⅰ	L	17.43	14.93	17.18	16.2	16.435
		R	14.21	41.02	17.24	14.84	21.8275
	下颌体高Ⅱ	L	27.41	32.77	26.31	30.81	29.325
		R	29.69	32.85	30.89	32.14	31.3925
Mar-69	下颌体厚Ⅰ	L	12.68	12.97	11.34	13.86	12.7125
		R	11.43	11.61	12.38	13.43	12.2125
	下颌体厚Ⅱ	L	9.79	11.32	11.65	12.8	11.39
		R	9.15	11.32	13.22	13.46	11.7875
70	下颌枝高	L	68.33	65.5		73.14	68.99
		R	70	66.5		72.89	69.79667
71	下颌枝宽	L					
		R					

续附表六

项目			BWSM9	BWSM8	BWSM7	BWSM6	平均值
71a	下颌枝最小宽	L	30.8	32.84		36.52	33.38667
		R	31.27	36.01		36.95	34.74333
79	下颌角		121	125		108	118
	颏孔间弧		52	65	58	62	59.25
	颅长宽指数		85.84	85.48	79.85	82.4	83.3925
	颅长高指数		74.99		68.81	73.85	72.55
	颅宽高指数		87.35		86.16	89.62	87.71
	额宽指数		62.7	57.58	66.39	62.72	62.3475
	枕骨大孔指数		82.75		82.55	88.91	84.73667
	面突指数		91.86		84.41	99.55	91.94
	垂直颅面指数	pr	54.16		61.5	61.94	59.2
		sd	55.8		63.71	63.53	61.01333
	上面指数(K)	pr	54.68	56.11	54.77	60.78	56.585
		sd	56.34	58.34	56.74	62.34	58.44
	上面指数(V)	pr	74.03	73.22	79.66	77.09	76
		sd	76.27	76.13	82.52	79.07	78.4975
	鼻指数		43.27	51.75	44.89	44.06	45.9925
52:51	眶指数	L	87.87	86.35	74.59	81.3	82.5275
		R	81.31	85.91	74.08	89.91	82.8025
52:51a	眶指数	L	91.71	93.51	82.97	88.82	89.2525
		R	87.67	90.45	78.81	95.77	88.175
54:51	鼻眶指数	L	59.62	62.94	57.72	60.69	60.2425
		R	54.99	62.42	60.2	62.21	59.955
54:51a	鼻眶指数	L	62.22	68.17	64.21	66.3	65.225
		R	59.29	65.72	64.05	67.22	64.07
	鼻根指数		25.64	33.33	40	25.88	31.2125
	腭指数		103.02	73.84	94.95	70.91	85.68
	横颅面指数						
	高平均指数						
	下颌骨指数			65.24		72.62	68.93
	下颌枝指数	L					
		R					

附表七　三面井组(女性)

项　目			BWSM2	BWSM5	BWSM10	平均值
1	g-op		170.8	160.5	173.6	168.3
5	n-enba		92.9	85.3		89.1
8	eu-eu		145.5	135.5	146.7	142.5667
9	ft-ft		93.4	87.7	96.5	92.53333
11	au-au		131.7	125.6	137	131.4333
12	ast-ast		112	115.4	111.8	113.0667
7	enba-o		34.74	34.17		34.455
16	枕骨大孔宽		25.93	28.67	29.45	28.01667
17	b-ba		124	115.8		119.9
21	po-po		107.2	107	108.5	107.5667
23	g-op-g		505	484	505	498
24	po-b-po		310	305	310	308.3333
25	n-o		355	340	350	348.3333
26	n-b		115	120	120	118.3333
27	b-l		120	115	110	115
28	l-o		120	105	120	115
29	n-b		103.02	102.14	106.11	103.7567
30	b-l		105.04	96.03	100.69	100.5867
31	l-o		95.52	87.01	96.41	92.98
40	pr-enba		102.78	84.22		93.5
43	fmt-fmt		105.11	97.04	107.14	103.0967
44	ek-ek		99.73	90.17	99.45	96.45
45	zy-zy		134.27	123.77	136.15	131.3967
46	zm-zm		107.69	100.46	104.49	104.2133
47	n-gn		123.43	119.64		121.535
48	n-pr		76.16	71.17	68.09	71.80667
	n-sd(av)		78.72	73.4	70.51	74.21
50	mf-mf		21.64	17.49	17.63	18.92
51	mf-ek	L	40.92	39.64	42.76	41.10667
		R	39.95	37.51	41.56	39.67333
51a	d-ek	L	39.79	36.21	38.19	38.06333
		R	39.79	37.16	41.13	39.36
52	眶高	L	35.79	34.49	33.57	34.61667
		R	35.56	34.21	32.97	34.24667
MH	fmo-zm	L	46.42	42.83	44.53	44.59333
		R	48.82	43.44	44.93	45.73

续附表七

项目			BWSM2	BWSM5	BWSM10	平均值
54	鼻宽		28.9	24.21	25.58	26.23
55	n-ns		53.33	50.02	48.89	50.74667
SC	鼻最小宽		10.5	7.6	8	8.7
SS	鼻最小宽高		2.3	1.9	2.8	2.333333
60	pr-alv		55.04	45.08		50.06
61	ekm-ekm		65.25	63.24		64.245
62	ol-sta		48.42	38.3	45.77	44.16333
63	enm-enm		39.14	35	41.09	38.41
FC	fmo-fmo		99.07	91.33	96.92	95.77333
FS	n to fmo-fmo		11.7	12	12.1	11.93333
DC	d-d		22.34	18	23.24	21.19333
32	∠n-m and FH		81	87	80	82.66667
	∠g-m and FH		78	83	75	78.66667
	∠g-b and FH		44	46	46	45.33333
72	∠n-pr and FH		77	88	82	82.33333
73	∠n-ns and FH		79	86	83	82.66667
74	∠ns-pr and FH		69	72	82	74.33333
75	∠n-rhi and FH		66	70	67	67.66667
77	∠fmo-n-fmo		157	151	130	146
	∠zm-ss-zm		140	131	136	135.6667
	72-75		11	18	15	14.66667
	∠pr-n-ba		75	65		70
	∠n-pr-ba		60	65		62.5
	∠n-ba-pr		45	50		47.5
65	cdl-cdl		126.47			126.47
66	go-go		98.59	87.94		93.265
67	Bimental breadth		52.08	44.3		48.19
68	下颌体长		79.5			79.5
Jan-68	下颌体最大投影长		104.4			104.4
69	id-gn		34.43	32.01		33.22
Jan-69	下颌体高 I	L	14.22	15.59		14.905
		R	14.04	14.18		14.11
	下颌体高 II	L	29.27	27.77		28.52
		R	28.11	24.07		26.09
Mar-69	下颌体厚 I	L	14.28	10.77		12.525
		R	14.21	11.38		12.795
	下颌体厚 II	L	11.43	9.21		10.32
		R	11.35	10.13		10.74

续附表七

项　目			BWSM2	BWSM5	BWSM10	平均值
70	下颌枝高	L	63.99	59.3		61.645
		R	62.58	58.21		60.395
71	下颌枝宽	L		37.05		37.05
		R	42.89			42.89
71a	下颌枝最小宽	L		29.1		29.1
		R	37.25	30.21		33.73
79	下颌角		117			117
	颏孔间弧		64	51		57.5
	颅长宽指数		85.19	84.42	84.5	84.70333
	颅长高指数		72.6	72.15		72.375
	颅宽高指数		85.22	85.46		85.34
	额宽指数		64.19	64.72	65.78	64.89667
	枕骨大孔指数		74.64	83.9		79.27
	面突指数		110.64	98.73		104.685
	垂直颅面指数	pr	61.42	61.46		61.44
		sd	63.48	63.39		63.435
	上面指数(K)	pr	56.72	57.5	50.01	54.74333
		sd	58.63	59.3	51.79	56.57333
	上面指数(V)	pr	70.72	70.84	65.16	68.90667
		sd	73.1	73.06	67.48	71.21333
	鼻指数		54.19	48.4	52.32	51.63667
52:51	眶指数	L	87.46	87	78.51	84.32333
		R	89.01	91.2	79.33	86.51333
52:51a	眶指数	L	89.95	95.25	87.9	91.03333
		R	89.37	92.06	80.16	87.19667
54:51	鼻眶指数	L	70.63	61.07	59.82	63.84
		R	72.34	64.54	61.55	66.14333
54:51a	鼻眶指数	L	72.63	66.86	66.98	68.82333
		R	72.63	65.15	62.19	66.65667
	鼻根指数		21.9	25	35	27.3
	腭指数		80.83	91.38	89.77	87.32667
	横颅面指数					#DIV/0!
	高平均指数					#DIV/0!
	下颌骨指数		62.86			62.86
	下颌枝指数	L		62.48		62.48
		R	68.54			68.54

附表八　伊松敖包组(女性)

项	目	BWYM4	项	目		BWYM4
1	g-op	168	50	mf-mf		23.59
5	n-enba	94.3	51	mf-ek	L	38.24
8	eu-eu	141.7			R	38.75
9	ft-ft	93.12	51a	d-ek	L	36.01
11	au-au	130			R	37.76
12	ast-ast	112.88	52	眶高	L	32.2
7	enba-o	32.12				
16	枕骨大孔宽	30.08			R	31.81
17	b-ba	119.8				
21	po-po	107.2	MH	fmo-zm	L	45.66
23	g-op-g	502			R	46.36
24	po-b-po	310	54	鼻宽		25.66
25	n-o	350	55	n-ns		52.44
26	n-b	120	SC	鼻最小宽		11.76
27	b-l	120	SS	鼻最小宽高		2
28	l-o	110	60	pr-alv		52.33
29	n-b	107.62	61	ekm-ekm		63.76
30	b-l	104.79	62	ol-sta		46.84
31	l-o	90.3	63	enm-enm		37.68
40	pr-enba	100.65	FC	fmo-fmo		95.13
43	fmt-fmt	106.24	FS	n to fmo-fmo		15.4
44	ek-ek	96.64	DC	d-d		22.93
45	zy-zy	133.68	32	∠n-m and FH		83
46	zm-zm	102.2		∠g-m and FH		80
47	n-gn	117.99		∠g-b and FH		44
48	n-pr	70.85	72	∠n-pr and FH		84
	n-sd(av)	72.99	73	∠n-ns and FH		86

叁　元上都及周围地区出土金属器物的分析与研究

李秀辉[1]　魏坚[2]

（1.北京科技大学冶金与材料史研究所，北京，100083）

（2.中国人民大学北方民族考古研究所，北京，100872）

元上都遗址在内蒙古自治区锡林郭勒盟正蓝旗境内，位于滦河上游的闪电河北岸，是忽必烈于1256年创建于北方草原上的都城。本次分析、鉴定的金属器物分别出土于元上都城址内外的宫城1号基址、南关遗址和皇城明德门瓮城遗址（编号LYD1、LYN、LYW），以及元上都城址东南的多伦县砧子山西区墓葬（编号DZX），元上都北面的正蓝旗一棵树墓地（编号LY）和卧牛石墓地（编号LW），详细情况如表一所示。虽然鉴定的金属器物多为小件器物的残片，且铁器毁损比较严重，但是这项研究工作仍是很有意义的。一

表一　经鉴定的元上都及其周围地区的金属器物

器物名称	器物标号	实验样品号	器物件数
铁器残片	LYD1F1:15	2750	1
铜烟锅残片	LYD1F1:32	2751	1
铁器	LYD1F1:35	2768	1 （锈蚀严重）
铁器	LYD1G3:2	2764	1
铁器	LYD1③:2	2766	1
铁棺钉	DZXM4:2	2759	1
铁棺钉	DZXM8:25	2760	1
铁釜残片	DZXM8:33	2763	1
铁棺钉	DZXM74:9	2758	1
铁棺钉	DZXM74:8	2762	1
铁镞	DZXM76:5	2761	1
铁棺钉	DZXM86:18	2756	1
铁器	DZXM86:17	2757	1

续表一

器物名称	器物标号	实验样品号	器物件数
铁饰件	LYNT5②:16	2765	1
铁钉	LYNT5②:17	2781	1
铁棺钉	LWM2:11	2779	1
钱币	LWM2:33	2780	1
铜壶口沿	LYW:12	2752	1
铁镞	LYW:13	2755	1
铁棒	LYW:18	2754	1　（锈蚀严重）
铜片	LYW:51	2753	1
铁棺箍	LYM1:2	2772	1
铜镜	LYM2:1	2777	1
铁剑	LYM2:3	2774	1
铜环	LYM20:1	2769-1、2、3	1
铁马镫	LYM14:5	2771	1
铜片	LYM2:5	2773-1、2	1
铜片	LYM:16	2778	1
金片	LWM2:6	2775	1
铜簪	LWM2:7	2776	1
银铜饰件	LWM2:5	2770-1、2	1
铁辖	LYNT2F2:4	2767	1
合计	/	/	32

方面是由于元上都城址本身的重要性所决定;另一方面则是因为有关封建社会后期冶金史、材料史的研究一直很少,此次分析鉴定结果定会提供有价值的研究资料。

在32件金属器物中,因LYD1F1:35铁器、LYW:18铁器锈蚀严重,无法制样。其余30件金属器物中，有铜器11件、金片1件、铁器18件。利用金相显微镜(Leica DMRXP)观察30件金属器物33个样品的金相组织,判定器物的制作工艺。利用扫描电镜能谱仪(JSM-6480LV、NORAN System Six)测定铜器、金器的合金成分,确定制作器物的材质。

一、铜器的分析结果

1. 铜烟锅残片(LYD1F1:32,2751)

铜烟锅残片出土于元上都宫城1号基址。表面棕褐色,内壁粘有一层黑炭,其合金成分为：Cu 65.2%、Zn 33.0%、Fe 0.3%、Cl 0.82%、Ni 0.6%，为含有少量铁、镍元素的黄铜（图一）。样品显示的金相组织为：（α+β）+ 针状 α 固溶体，偏析不明显（图版一七，1）。部分晶界锈蚀。观察分析表明铜烟锅是使用黄铜（Cu-Zn 合金）铸造而成，在长期的使用过程中不断受热，使其组织发生了部分改变。

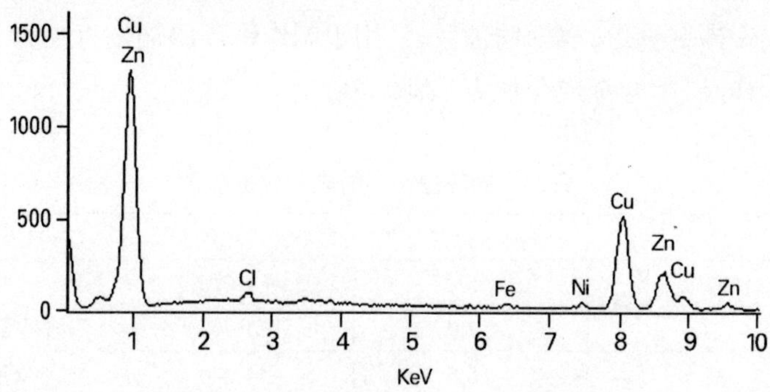

图一　铜烟锅残片样品（2751）的能谱曲线

元代黄铜实物的发现是非常重要的发现。

2. 铜壶口沿（LYW：12，2752）

铜壶口沿出土于皇城南门瓮城门内堆积，表面灰色，断口灰色。器身很薄，厚约 1 毫米；口沿稍厚，最厚处为 3 毫米。其合金成分为：Cu 75.6%、Sn 22.5%、Pb 5.2%，为铅锡青铜（图二）。样品显示的组织非常细小，组织中 α 固溶体偏析明显，（α+δ）共析体量多。边部沿晶界锈蚀，有自由铜沉淀（图版一七，2）。观察分析表明铜器是使用高锡青铜铸造而成，由于含锡量较高，器物表面成银灰色。

3. 铜片（LYW：51，2753）

铜片出土于瓮城门内堆积，长方形，四周有倒角。长 6.0 厘米、宽 1.9 厘米、厚 0.5 毫

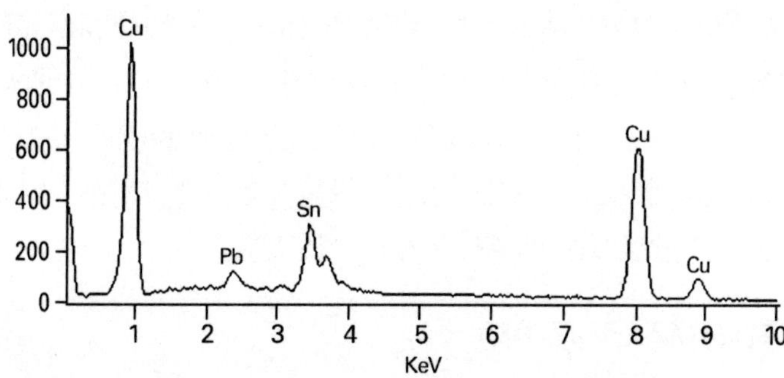

图二　铜壶口沿残片样品（2752）的能谱曲线

米。在长方形长边的中线上有 3 个冲出的小孔，直径 3～4 毫米。铜片表面锈蚀不重。铜片的材质为纯铜，其样品显示的组织为热加工的组织：α 等轴晶和孪晶(图版一七，3)。观察分析表明，铜片是采用纯铜加热锻打而成。

4. 铜环(LYM20：1，2769)

铜环出土于一棵树墓地，表面锈蚀较轻，用于制作铜环的铜丝直径为 2.16 毫米。按不同部位制成 3 个样品，其合金成分如表二、图三所示：

表二　铜环(2769)的成分分析结果

样品号	Cu/（wt%）	Zn/（wt%）	Pb/（wt%）	材　质
2699-1	82.8	15.2	2.0	CuZnPb
2699-2	80.2	17.9	1.7	含少量 Pb 的 CuZn
2699-3	83.3	15.5	1.2	含少量 Pb 的 CuZn

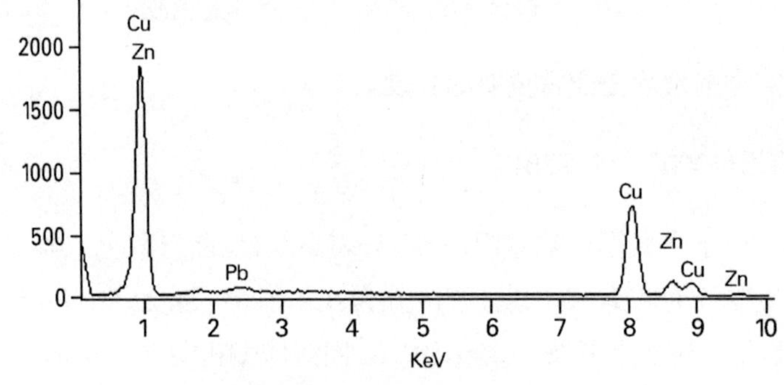

图三　铜环样品(2769)的能谱曲线

由表二可以看出，铜环 3 个样品的合金成分比较均匀，材质为铅锌青铜，平均含锌量约为 16%。这是很重要的发现。

3 个样品显示的金相组织均为热加工的组织：细小的 α 等轴晶和孪晶，但也有差别。样品 2699-1 的金相组织中的铅沿加工方向排列，取向明显(图版一七，4)；α 等轴晶和孪晶的晶粒大小比较均匀。样品 2699-2 的金相组织中的 α 等轴晶和孪晶的晶粒大小很不均匀，呈分层现象，样品边部部分晶粒内存在滑移线，铅分布取向不明显(图版一七，5、6)。晶粒大小不同且分层，说明样品经过多次锻打且每次加热时间不同。样品 2699-3 的金相组织中 α 等轴晶和孪晶的晶粒非常细小，铅呈弥散分布(图版一八，1)。分析结果表明铜环是采用黄铜既经过反复加热锻打又经过冷锻而成。

5. 银铜饰件(LWM2：5，2770)

铜饰件出土于正蓝旗卧牛石墓地 M2 的棺内，是很短的一段小圆柱。表面锈蚀很轻。

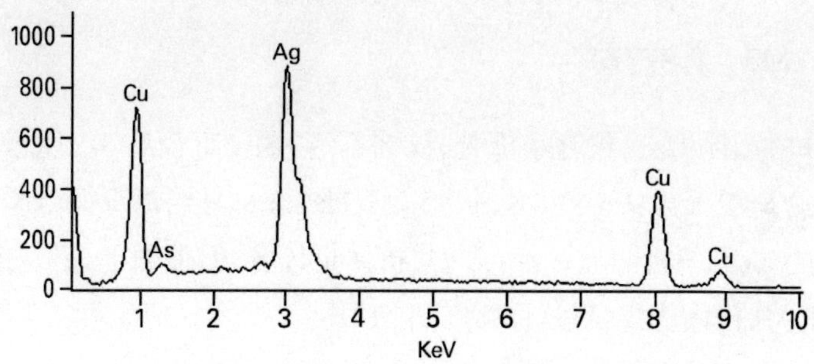

图四　银铜饰件样品(2770)的能谱曲线

其合金成分为:Cu 46.2%、Ag 49.5%、As 4.3%(图四),是 CuAgAs 合金。样品显示的金相组织为冷加工的组织状态,晶粒沿加工方向拉长、取向排列。样品 2770-1 的金相组织中晶粒变形量很大(图版一八,2),2770-2 组织中晶粒变形稍小,取向比较明显(图版一八,3)。分析结果表明铜饰件是采用银铜合金冷锻而成。

6. 铜片(LYM2:5,2773)

铜片出土于元上都一棵树墓地,边部折叠处夹有木炭,带有 2 个小铆钉。铜片很薄,厚 0.42 毫米。铜片上有 2 个冲出的小孔,直径 3 毫米。铜片锈蚀很重。将铜片(2773-1)及铆钉(2773-2)分别制样,进行分析鉴定。分析结果显示铜片和铆钉的材质均为纯铜,其金相组织均为热加工的组织:α 等轴晶和孪晶,但样品 2773-1 的组织细小(图版一八,4),2773-2 的组织较粗大(图版一八,5),说明铆钉的加热锻打时间长,冷却慢,晶粒有充分的时间长大。

7. 铜簪(LWM2:7,2776)

正蓝旗卧牛石墓地出土,为一小残片。其成分为:Cu 82.0%、Pb 9.9%、Ag 2.1%、O 6.1%(图五)。金相组织为冷加工的组织:组织非常细小,晶粒变长,沿加工方向取向排列,铅存在于晶界处(图版一八,6)。铜片是采用 CuAgPb 合金冷锻而成。

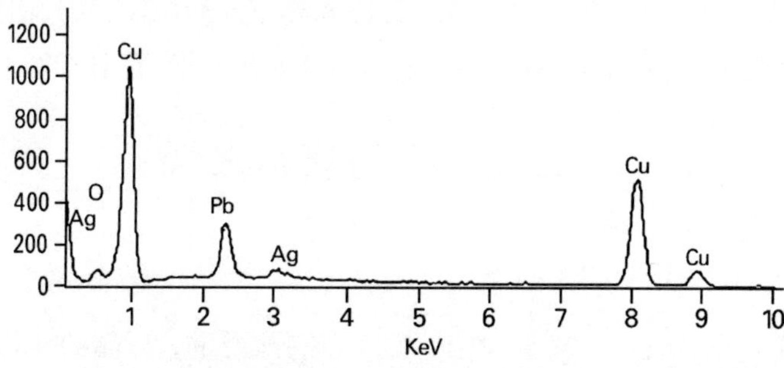

图五　铜簪(2776)的能谱曲线

8. 铜镜(LYM2：1,2777)

元上都一棵树墓地出土，仅存小部分，纹饰不清。铜镜直径约 8.5 厘米。表面有绿色锈蚀产物。铜镜的合金成分为：Cu 81.8%、Sn 13.2%、Pb 5.0%，是铅锡青铜材质。其组织非常细小，α 固溶体树枝状晶偏析明显，(α + δ)共析体量较多，但很细小。铅呈细小颗粒弥散分布。部分(α + δ)共析体优先锈蚀(图版一九,1)。

9. 铜片(LYM：16,2778)

元上都明德门门内堆积土中出土，长方形，长 3.0 厘米、宽 2.6 厘米、厚 0.55 毫米。靠短边一侧有倒角，且有 2 个冲出的小孔，小孔直径 3 毫米。成分分析结果显示，铜片材质中含 Cu 86.8%、Pb 13.2%，是铅青铜。样品的金相组织显示为热加工的组织，α 等轴晶和孪晶，铅存在于晶界处(图版一九,2)。分析结果表明铜片是采用铅青铜加热锻打而成。

10. 钱币(LWM2：33,2780)

元上都卧牛石墓葬出土，钱币残破。钱币的合金成分为：Cu 74.4%、Sn 19.1%、Pb 6.6%，材质为铅锡青铜。样品两侧沿晶界锈蚀，且有较多自由铜沉淀，自由铜呈小颗粒状。铅呈颗粒状弥散分布。浸蚀后，α 固溶体偏析明显，(α + δ)共析体量多，连成网状(图版一九,3)。分析结果表明钱币是采用铅锡青铜铸造而成。

根据以上分析结果，可以看出元上都及其周围地区出土的铜器的材质有：纯铜、锡青铜、铅锡青铜、铅青铜、黄铜、铅锌黄铜、银铜合金，不同的铜器材质不同；铜器制作采用了铸造、热锻、冷锻、热锻和冷锻工艺，不同的铜器采用的制作方法不同。

二、金片的分析结果

金片(LWM2：6,2775)很小，正蓝旗卧牛石墓葬出土。似为制作饰品后剩下的边角料，较薄，厚约 0.4 毫米。其成分为：Au 88.1%、Ag 8.5%、Cu 3.0%(图六)，相当于现代的 21K 金。样品的金相组织为 α 等轴晶和孪晶，说明金片是加热锻打而成的。

三、铁器的分析结果

1. 铁器残片(LYD1F1：15,2750)

元上都宫城 1 号基址上建筑 F1 内出土，表面锈蚀严重。样品的金相组织部分锈蚀，但仍然可以看出其金相组织为先共晶奥氏体和共晶莱氏体，存在 Fe_2S 夹杂，表明铁器是

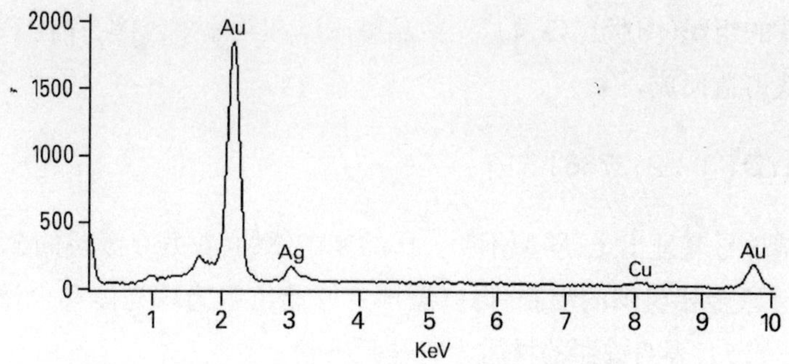

图六　金片样品(2775)的能谱曲线

采用亚共晶白口铁铸造而成的(图版一九,4)。

2. 铁镞(LYW：13,2755)

元上都瓮城门内堆积出土,锈蚀严重,仅存少量金属。样品的金相组织为铁素体组织,铁素体晶粒大小不均匀(图版一九,5),含碳量小于0.1%,存在长条状氧化亚铁硅酸盐夹杂,说明铁镞是采用含碳很低的铁材锻打而成的。

3. 铁棺钉(DZXM4：2,2759)

多伦县砧子山西坡墓地M4内出土,共出土4个,是比较小的棺钉。样品大部分锈蚀,仅存少量金属。其金相组织为铁素体组织(图版一九,6),部分晶界锈蚀。铁棺钉是采用含碳很低的铁材锻打而成的。

4. 铁棺钉(DZXM8：25,2760)

多伦县砧子山西坡M8出土,共12个。样品锈蚀比较严重,仅存部分金属。其金相组织为铁素体组织,晶粒大小不均,存在长条状夹杂,在铁素体晶粒内存在浮凸组织(图版二〇,1)。铁棺钉是采用含碳很低的铁材锻打而成的。

5. 铁镞(DZXM76：5,2761)

多伦县砧子山西坡M76出土。铁镞形制比较有特点,镞比较长、扁,与铁镞LYW:13(2755)形制差别很大,保存较好。样品部分锈蚀,其组织为铁素体组织,晶粒大小比较均匀,氧化铁硅酸盐夹杂物沿加工方向拉长变形(图版二〇,2),表明铁镞是采用含碳很低的铁材锻打而成。

6. 铁釜残片(DZXM8：33,2763)

多伦县砧子山西坡M8出土。样品部分莱氏体锈蚀(图版二〇,3),浸蚀后显示的组织为亚共晶白口铁的组织(图版二〇,4):先共晶奥氏体和共晶莱氏体,存在 Fe_2S 夹杂,说明铁釜是采用生铁铸造而成。

7. 铁器(LYD1③：2,2766)

元上都宫城 1 号基址出土,器型不明。样品基本锈蚀,仅残存零星的金属颗粒。但锈蚀中依然保存有原金相组织的形貌,可以看出其原始组织为珠光体和少量铁素体,含碳量较高(图版二〇,5),表明铁器的材质为铸铁脱碳钢。

8. 铁辖(LYNT2F2：4,2767)

元上都城址南关出土。样品部分锈蚀。浸蚀后显示的组织为珠光体和少量铁素体,部分铁素体锈蚀,含碳量较高(图版二〇,6),表明铁器的材质为铸铁脱碳钢。

其他铁器:DZXM86：17 铁器(2757)、DZXM86：18 铁棺钉(2756)、DZXM74：9 铁棺钉(2758)、DZXM74:8 铁棺钉(2762)、LYD1G3:2 铁器(2764)、LYNT5②:16 铁饰件(2765)、LYM14：5 铁马镫(2771)、LYM1：2 铁棺箍(2772)、LYM2：3 铁剑(2774)、LWM2：11 铁棺钉(2779)、LYNT5②：17 铁钉(2781)等 11 件全部锈蚀,不能准确判断铁器的材质和制作工艺。

由以上的分析研究可以看出,铁器的制作采用了锻打或铸造成型,对于铁棺钉、铁镞采用了锻打成型的技术,对于铁釜则采用了铸造成型的技术。

四、分析结果讨论

本次鉴定分析的元上都及其周围地区出土的金属器物多为小件器物或残破器物,部分器物的器型不明,而且铁器锈蚀严重,分析鉴定结果不能充分反映当时的技术状况,但也发现了很有特点的现象。

1. 黄铜实物的发现

本次鉴定的铜器中发现了 2 件黄铜器物,铜烟锅残片(LYD1F1：32,2751)和铜环(LYM20：1,2769)。铜烟锅含锌量为 33.0%,铜环含锌量约为 16.0%,目前元代的黄铜实物出土很少,因此元上都宫城 1 号基址出土的铜烟锅和一棵树墓地出土的铜环是非常重要的黄铜实物证据。

我国考古发掘的最早的黄铜器物,是 1974 年在山东胶县三里河龙山文化地层中发现的两段黄铜锥[1]。姜寨第一期文化也发现了黄铜片及黄铜管状物[2]。山东长岛出土西周时期的2件铜镞的材质为含锌10.0%～11.0%的黄铜[3]。早期黄铜是采用了含锌的共生矿或混合矿冶炼而偶然得到的。新疆营盘发现的公元4世纪墓葬中出土的戒指、耳环及镯各1件，是含锌20%～22%的黄铜饰物[4]。内蒙古察右中旗七郎山墓地出土的96ZQM7:1铜指环、96ZQM18:4铜饰件是黄铜饰品，含锌量分别为7.3%、18.3%，墓地年代相当于公元4世纪末，其下限不会晚于5世纪初[5]。青海都兰唐代吐蕃墓葬出土的铜带扣、铜带环、铜钩饰、铜牛鼻圈、铜条是含锌17.2%～29.2%的黄铜实物[6]。五代末至宋初（10世纪）的炼丹文献中有用铜和炉甘石（菱锌矿）炼制黄铜的记载。元代文献记载有：赤铜入炉甘石，炼为黄铜，其色如金。根据文献记载和考古发现，古罗马人和波斯人炼制黄铜早于中国。用铜与炉甘石炼制黄铜的方法是传自西域还是源于炼丹术尚待研究，这些黄铜实物的发现为黄铜冶炼史的研究提供了宝贵的实物证据。

2. 银铜合金实物的发现

本次鉴定的铜器中发现了以银铜合金制作的铜饰件（LWM2:5，2770），含银49.5%，这也是比较重要的发现。

银铜合金实物的发现很少，目前我国发现最早的银铜合金实物是公元前2世纪的河北满城汉墓出土的M1:4265镞，成分为66.17%Ag、27.8%Cu、2.5%Pb、2.5%Sn，接近Ag-Cu合金的共晶成分，其金相组织为铸态组织。M2:4147银柄铁刃环首刀的柄和环首亦是采用银铜合金铸造而成[7]。

本次发现的出土于正蓝旗卧牛石墓地LWM2的银铜合金实物采用了冷加工工艺制作，金相组织显示：组织非常细小，晶粒沿加工方向拉长变形、取向排列。与河北满城汉墓出土的M1：4265镞、M2:4147银柄铁刃环首刀的合金成分及制作工艺不同。

3. 不同墓地出土铜片的比较

本次鉴定的铜器中共有4件铜片，分别出土于元上都明德门和瓮城、一棵树墓地和卧牛石墓地，它们的形状和保存情况不同，具体情况如表三所示。LYW：51铜片（2753）、

表三　不同地点出土铜片的比较

样品号	器物标号	外观特征	材质	制作工艺
2753	LYW：51	完整，长方形，沿长边中线有3个小孔	Cu	热锻
2773	LYM24：5	残片，边缘不整，有2个小孔	Cu	热锻
2776	LWM2：7	残片，边缘呈弧形，无孔	CuAgPb	冷锻
2778	LYM：16	长方形，一边部有倒角，带有对称的2个小孔	CuPb	热锻

LYM24：5 铜片(2773)、LYM：16 铜片(2778)是加热锻打而成,LWM2:7 铜片(2776)是冷加工而成,前 3 件铜片(2753、2773、2778)的材质是纯铜或铅青铜,后一件铜片(2776)的材质是 CuAgPb 合金。材质不同,采用的制作工艺不同,可能是工匠们对材质的性能有一定的了解,有针对性的选择了不同的技术;也有可能因铜片来源于不同的作坊造成的。铜片似乎用于加固木器。

4. 有关元代的铜镜研究

铜镜出土于一棵树墓地,成分为:Cu 81.8%、Sn 13.2%、Pb 5.0%,与鼎盛时期铜镜的合金成分有很大差别,与早期铜镜的成分相似。

中国古代铜镜的制作起始于 4 千年前的齐家文化,流行春秋战国时期,在汉代和隋唐时期达到鼎盛和繁荣,五代以后,在人们日常生活中虽然仍然使用,但逐渐衰落[8]。目前经过分析研究的元代铜镜很少,何堂坤分析了一面元代铜镜,其成分为:Cu 85.952%、Sn 6.676%、Pb 7.371%[9],与一棵树出土的铜镜比较,铅含量相近,但锡含量较低。

5. 有关铜器材质的研究

本次分析研究的元上都及其周围地区出土的 10 件铜器的材质有:纯铜、锡青铜、铅锡青铜、铅青铜、黄铜、铅锌黄铜、银铜合金共四类 7 种,这是以往的分析检测中没有出现过的现象。一方面说明铜器来源于不同的地区和不同的人,反映出元代不同地区人们往来与交流的发达程度,这与元上都的地理位置和政治地位是密切相关的;另一方面可能与元代冶金技术的发展变化有关,问题的解答有待于深入的研究工作。

6. 元上都及周围地区出土铁器与元大都遗址出土铁器的比较

本次分析鉴定的元上都及周围地区出土铁器多为棺钉、箭头、铁釜残片和不明器型的器物,没有完整的工具、兵器和生活用具。但在本次分析研究中也发现了与元大都遗址出土铁器相同的现象,如亚共晶白口铁含有较多的 Fe_2S、铁素体组织中存在“浮凸”组织、锻打的器物数量较多等现象。

亚共晶白口铁含有较多的 Fe_2S,与宋以后大规模用煤炼铁有关。使用煤取代木炭炼铁,煤中含有有机硫化物及无机硫化物,使炉料中的硫含量成倍增加,由于炉渣的脱硫能力不高,因此有较多的硫进入铁中。

铁素体组织中产生“浮凸”组织的最基本的原因,在于矿石中磷在冶炼过程中进入铁中,而在随后的脱碳退火和冷、热加工过程中不能有效的脱去,又由于固溶在铁中的磷与铁形成的固溶体与铁基体具有不同的耐腐蚀性能，在浸蚀时引起贫磷区域的优先腐蚀,从而产生浮凸组织[10]。

锻打铁器数量多与宋元时期用煤炼铁有直接的关系。用煤炼铁以后铁产量增加,生产成本降低,铁器使用更加广泛,而简单易行的锻造作坊增多,其结果就是锻打铁器数量增加。

通过对元上都及其周围地区出土的金属器物的分析研究,获得了重要的、有特点的研究资料,充实了有关元代社会生活和冶金技术的研究,为今后继续开展此方面的研究提供了参考资料。

附记:本文的实验工作得到了北京科技大学冶金与材料史研究所刘建华老师、冶金与生态工程学院实验中心王连伟老师的帮助,谨此一并致谢!

注　释

[1]　北京钢铁学院冶金史组;《中国早期铜器的初步研究》,《考古学报》1981 第 3 期。

[2]　韩汝玢、柯俊:《姜寨第一期文化出土黄铜制品的鉴定报告》,《姜寨》,文物出版社,1988 年,第 544 页。

[3]　何堂坤:《山东青铜器合金成分分析》,《文物春秋》1992 年第 1 期。

[4]　韩汝玢等:《中国古代铜器的显微组织》,《北京科技大学学报》2002 年第 2 期。

[5]　李秀辉:《内蒙古乌盟商都东大井墓地,察右中旗七郎山墓地出土金属器物的金相学研究》,《内蒙古地区鲜卑墓葬的发现与研究》,科学出版社,2004 年。

[6]　李秀辉、韩汝玢:《青海都兰吐蕃墓葬出土金属文物的研究》,《自然科学史研究》,1992 年第 3 期。

[7]　金相实验室:《满城汉墓部分金属器的金相分析报告》,《满城汉墓发掘报告》,文物出版社,1980 年。

[8]　孙淑云、李延祥:《中国古代冶金技术专论》第 194 页,中国科学文化出版社 2003 年,第 194 页。

[9]　何堂坤:《我国古镜化学成分的初步研究》,《科技史文集》,1989 年第 15 期第 92 页。

[10]　陈建立、韩汝玢等:《古代钢铁制品中浮凸组织的初步研究》,《文物保护与考古科学》2003 年第 4 期。

肆　元上都城市生态系统的环境背景研究

汤卓炜[1]　魏坚[2]　姜晓宇[1]
（1. 吉林大学边疆考古研究中心，长春，130012）
（2. 中国人民大学北方民族考古研究所，北京，1000872）

一、引　言

元上都，又名“上京”、“滦京”，坐落于内蒙古自治区的锡林郭勒盟正蓝旗上都河镇东北20千米处，地处滦河上游闪电河以北的金莲川草原上，因此又称“滦阳”。元上都于元世祖忽必烈时期建造，作为元朝两都制中的夏都，在元朝的历史上曾发挥过不可替代的作用。作为蒙古族掌握政权之后建立的第一座帝国都城，其所处的地理环境和地理位置均有着重要的研究意义。

12世纪初期，蒙古族在北方草原大漠兴起。1206年，成吉思汗统一蒙古各部落，建立蒙古国，将势力范围由漠北扩大到漠南和中原地区；1251年，忽必烈受蒙哥汗之命总领漠南军国庶事，并驻帐于滦河上游闪电河北岸的金莲川地区，广招天下名士，建立了著名的金莲川幕府。由于幕府中的大多数人习惯于城居，于是在1256年，忽必烈命令刘秉忠择址兴建城郭。刘秉忠选择桓州东、滦水北兴建新城，3年之后建成。城市背靠山峦，南临滦河，气势恢宏，命名为开平。1260年忽必烈在此登基，继承蒙古汗位，将开平作为临时都城。1263年，忽必烈诏令开平府为上都，同年迁都燕京，后改燕京为中都，遂开启了元朝的两都制度。1272年，改元中都为大都，上都则成为元代避暑理政的夏都。这样一来，上都就与大都构成了南北遥相呼应的两个地处不同地理环境的都城。在此期间，元王朝对上都开始了大规模的改建与扩建。1273年，忽必烈在上都发出了兴师伐宋的诏书。因此，上都自建成之日起就在元代历史中占据着重要的地位。作为元代的夏都，元上都不仅仅是一个消夏的场所，更是元朝的肇兴之地和联系蒙古本部的中心，通过定期的巡守，可以联系漠北的蒙古王室和贵族，稳定内部，保持蒙古旧俗。元代11位皇帝中的6位都在上都登基，其重要性可见一斑。元上都选择在龙岗以南、滦河以北修建，并在外围兴建具有防洪作用的铁幡竿渠等水利工程，与其所处的地理环境密切相关。因此，对于元上都的地理因素、自然资源、季风性气候，以及该地水文特点的相关研究，在解释元上都兴衰过程中的人地关系等方面，具有重要的环境考古学意义。从生态学的角度看，元上都城市生态系统的维系与资源环境背景的关系，同样对加深元上都的认识有所帮助。

二、元上都所处的地理位置及地貌条件

元上都遗址地处内蒙古中部广袤的锡林郭勒草原南部，距浑善达克沙地东南缘约24千米。1993年，内蒙古文物考古研究所同内蒙古测绘局航测遥感大队，对元上都进行了测绘，得到元上都城址的准确位置，东经116°09′50″～116°11′40″，北纬42°20′52″～42°22′13″；海拔在1265～1281米之间[1]。元上都所在的正蓝旗地势为南高北低，平均海拔高度为1300米左右，高于元上都遗址。另外，位于元上都北面龙岗北部约18千米的乌和尔沁敖包为最高峰，海拔1673.9米，这里与南面的元上都城址的垂直高差达到370多米。南部以低山丘陵为主，北部以沙地沙丘为主的两大地貌单元构成这一地区的基本地貌格局。南部燕山期花岗岩和古老变质岩构成的低山丘陵、缓丘及山前倾斜平原组合呈北东—南西走向。北部湖相沉积经第四纪风蚀堆积作用发育而成的浑善达克沙地呈北西—南东向展布，构成固定、半固定沙丘与平坦草原相间（坨甸相间）分布的沙地－草原景观。这一地区正位于我国沙漠－黄土边界带的核心地区。属于沙漠覆盖平原与干燥剥蚀丘陵地貌类型的交接地带。沙漠黄土边界带是指沙漠区和黄土区之间实际存在的风成砂和黄土沉积在空间上犬牙交错、时间上交互叠覆的地带[2]。元上都西北面是地势高于该城址的连绵的龙岗（亦称卧龙山），龙岗属于新华夏构造体系控制下的大兴安岭褶皱山系的南缘与阴山北麓晚古生代海西期纬向构造带的交汇处。尽管元上都地处干燥剥蚀丘陵地带，但是由于在这一地带东部和东南部古老地缝合线基础上发育的下陷地形，为星罗棋布的河湖地貌的形成创造了深厚的地质基础，使得本区既发育有外流水系的滦河上游闪电河、黑风河，也发育了内流水系的查干淖尔、高斯台汇水流域。元上都周边草原上发育的21条河流和89个常年性湖泊具有极其重要的稳定土地系统的生态学价值。

应当指出，元上都所在的地理位置是固定的，但是上述地貌条件指的是现代的状况。能否以这样的地理背景状况作为分析元上都城市生态系统维系的环境因素，还要看元代以前，以及元代至今这里的生态地质环境条件是否发生了明显的变化。

三、元上都现代植被、野生动物资源及古代植被与气候特征

龙岗所在区域现代生长着9万亩原始森林，树木种类多达90余种，呈现的是温带阔叶林植被景观。主要树种有山杨、白桦、沙地榆、小红柳、小黄沙棘等。丘陵山体阴坡呈现岛状灌木林景观，木本植物以虎榛子为主，草本有贝加尔针茅、大针茅、线叶菊及杂类草。

金莲川草原地带则属于宽谷草原分布区的草甸草原类型,其中生长的典型草原植被有克氏针茅、大针茅、羊草、隐子草、冷蒿、百里香及杂类草。草甸草原中除了生长上述草原成分及夹杂的灌柳之外,还有苔草、蒲公英、地榆、芍药、紫菊、马莲、野韭以及名贵药材甘草、麻黄、黄芪、枸杞、黄芩、赤芍、苦参、泽泻等200余种。元上都周围的野生动物资源也非常丰富,多达120余种。有食肉类的赤狐、沙狐、貉、狼、猞猁、獾,食草类的狍、马鹿、梅花鹿、野猪、野兔,食虫类的刺猬,爬行类的各种蛇,以及多种鸟类如百灵鸟、天鹅、大雁、鸿雁、丹顶鹤、地鵏、山雀、沙鸡、鹰、雕等。

元上都所在地理区域的气候类型包括部分半湿润森林草原、半干旱、干旱草原以及干旱荒漠草原等气候,与中国北方农牧交错带界限相似。根据董光荣等人的研究,这一地区现代的位置相当于现代多年平均降水400～200毫米等值线间的区域。其南界的400毫米等雨线是我国温带森林草原和干草原西北界,其代表性土壤是森林草原褐土和干草原黑土、黑垆土;其北界的200毫米等雨线,是我国现代夏季风的北界,也是现代荒漠南缘,同时也是固定、半固定沙地或沙黄土的北缘,流动沙地的南缘。元上都正是位于这一地理区域,因此,该地区目前的气候,应是典型的半干旱草原气候,位于夏季风的北端,全年受冬季风影响明显。由于该地区的显著特点是生态环境脆弱、在时间和空间上有不稳定性,因此这一地带的南北界在历史上存在着空间上的摆动。摆动的范围主要是南北向摆动,全新世以来,摆动幅度最大的时期是全新世大暖期。这一时期,气候温暖湿润,夏季风强盛,因此,该区域被夏季风向北推送,其南界到达了现在的200毫米降水线附近,也就是现在沙漠－黄土边界带的北界。从大暖期至今,气候出现了多次波动,主体上逐渐变冷,沙漠－黄土边界带逐渐向南迁移至现在的位置。

竺可桢在《中国近五千年来气候变迁的初步研究》一文中指出,13世纪初期出现了一段短暂的温暖期,一直持续到13世纪中期。可以推断,当时我国的沙漠－黄土边界带应该比现代的靠北。相当于南宋后期或元代早期(1200～1300年),与全世界持续一百多年暖期相一致,中国正处于5000年来第四温暖期,但是北方比南方干旱少雨。而元末和明清时期(1300～1900年),与全球性气候恶化相一致,中国的气候也不稳定,干湿波动比较频繁,总体上处于5000年来第四寒冷期[3]。元代初期至鼎盛时期,滦河上游的金莲川一带气候是比较温暖湿润的,温带森林草原发育,植被种类丰富,尤其是木本植物。夏季风较为强盛,雨水丰沛。而这一时期正是蒙古族在大漠草原上崛起直至在金莲川建立幕府的时期,元上都就是在这个历史地理环境较为优越的时期兴建的。但是这种温暖环境是短暂的。13世纪后期,气候变冷,而14世纪的气候比13世纪和现在更冷,可以推断,当时的沙漠－黄土边界带应该在比现在位置靠南的地方。这一时期,气候寒冷干燥,冬季风盛行,夏季风渐弱。而这一时期的元上都气候不如13世纪初期那样温暖湿润,仅仅是在夏季较为湿润,总体气候偏冷,忽必烈入主中原,以燕京为中都,而后改中都为大都,以上都为避暑理政的夏都,其原因与环境的变迁不无关系。

虽然在元代,元上都这一地区出现了气候的波动,但是总体气候还是较为优越的,气温有变冷的趋势,但是还不是很严重,呈现温带森林草原的气候类型。从地层孢粉分析可以看出,元上都地区蒙元时期的主要孢粉为“蒿 – 松”组合带,而且先后还有双星藻、水龙骨、蹄盖蕨、卷柏、藜、蓼、麻黄、栎、椴、桦等植物。这是典型的森林草原植被组合,植物群落较多,以草本植物占优势,木本植物和蕨类植物次之。而气候的变化则从藻类植物的减少体现出来,说明晚期这一地区不如早期湿润。早期这一地区体现温暖气候的是温暖湿润环境下的针阔混交稀树草原生态景观,到了后期植物群落演替趋于成熟,形成水生藻类、湿地沼泽种类丛生、平川草本植物繁盛、高坡丘陵灌木乔木成林的稀林草原生态景观。

元上都所在的金莲川,在文献记载中自古就是水草丰美,植被种类繁多的理想环境。在这片草原上,给人最深刻印象的便是生长繁茂的金莲花,金莲花“花色金黄,七瓣环绕其心,一茎数朵,若莲而小”,属于这一地区代表性的草本植物,“一望遍地,金色灿烂”,在这片土地上生长茂盛。1168 年,金世宗完颜雍将此地命名为金莲川,取其“金枝玉叶相连之意”。据记载,这一地区还有芍药、紫菊、蘑菇、野韭、沙葱等植物。可以推测,在 13 世纪初的温暖时期,这些茂盛的草本植物极为有利于牧业的发展,早期蒙古游牧民族正是在这个理想的环境里发展经济,并逐渐强大起来。在此后的元代历史中,这里也仍然是蒙古族的后方核心区域。在金莲川的北部是卧龙山,据记载卧龙山向东数十里便可见松林数百里,可见当时这里的森林资源也十分丰富。这些松林既是兴建元上都的主要建筑材料来源,也是后期元上都城市民日常炊薪以及冬季取暖的重要燃料之一[4]。

四、元上都所在地区全新世生态地质环境类型的变迁

从大跨度的时间尺度来看,全新世大暖期(距今 7500～5000 年),元上都所在区域曾经属于半湿润温带森林、森林草原生态地质环境类型中的半湿润温带落叶阔叶林平原山地亚类。然而距今 3000 年以来,这一地区已经属于半干旱温带草原、森林草原生态地质环境类型中的半干旱温带草原、森林草原高山亚类[5]。因此可以说,在距今 3000 年来宏观上生态地质环境类型未发生明显变化, 尤其是控制地貌条件的地质环境没有产生重大变化的前提下,有理由根据现存的地貌状况研究蒙元时期元上都城市生态系统的背景条件。

五、元上都选址体现的古代“风水”观以及兴修水利的环境因素

1256 年,忽必烈命令刘秉忠兴建都城,刘秉忠于滦水北、龙岗南设计建造新城,用时 3 年。龙岗也称卧龙山,是一块小的山地,龙岗再向北就是广袤的浑善达克沙地,因此龙

岗是元上都城抵挡北方风沙的重要屏障，龙岗以南的金莲川，受到滦河水系的滋润，呈现了与龙岗以北截然不同的自然风貌。而元上都正是在这一块山之南、水之北，古代风水学上称之为“阳地”的风水宝地上兴建的。

我国的气候条件较为独特，尤其是季风环流和水文有自己的特点。我国位于欧亚大陆东部，具有典型的温带季风性气候，全年受到东亚季风的影响，四季分明，雨热同步。冬季盛行西北季风，夏季盛行东南季风。冬季的西北季风寒冷而干燥，来自于欧亚大陆腹地，往往夹杂着沙尘，是我国黄土和沙漠产生的重要推动力。夏季的东南季风温暖湿润，来自于大洋，带来大量的雨水，是农耕文明最重要的气候因素。因此，北东—南西向分布的山脉或山丘就成了保护人们避风的天然屏障，这些山既可以阻止冬天北方寒冷的西北季风，又可以在夏季吸纳住由南方而来的雨水，人们选择在这些山的南面居住就是利用了山脉对局部季风的影响，另外，在山的南面居住更容易接受日照，这也是山的向南面被称为“阳”的原因。

我国的主要江河，受到我国三大阶梯地形的影响，总体上呈现自西向东流的趋势，李煜名句“恰似一江春水向东流”正是对这种独特的水文现象的概括。受季风气候的影响，我国的雨水在时间上分布不均匀，夏季降雨频繁，极易形成洪水和山洪，因此我国自古就饱受洪水的侵害。受到地转偏向力的影响，北半球水平运动的物体在运动过程中会向右偏转，因此，我国的河水在运动过程中也会向右偏转，这就造成我国的大部分河流南岸的水位要高于北岸的水位，尤其在洪水到来的时候就更加明显。洪水到来之时，南岸水位的升高以及流速的加快，引起侧向侵蚀的强度也会加大，造成对沿岸地带更大的威胁与破坏；而北岸则受洪灾的影响要小于南岸，防洪抗洪的压力也小于南岸。

自原始社会时期开始，人类逐渐由穴居、巢聚发展为原始聚落聚居。随着生产力的提高，人类开始有选择的建立居民点，居民点的选择一般都在避风、向阳、近水的地域。因此原始社会时期，生活在黄河流域的人们兴建聚落就选择在河流的北岸，并且选择有山脉作为天然屏障的地区，在山的南侧定居。这种选择起初是来自人们对自然环境的了解和经验的总结，后来发展为传统建筑学里面的风水阴阳学理念——山北、水南为阴，山南、水北为阳。古代历代地名，如咸阳（渭河北）、泾阳（泾河北）、洛阳（洛水北）、岳阳（洞庭湖北）、衡阳（衡山南）、渔阳（今蓟县，燕山南）等地名都是以这种理念而命名的[6]，而当时兴建这些城市一定受当地的气候环境所影响。

元上都也许就是在这种阴阳风水理念下所选址兴建的。元上都西北的卧龙岗是一个理想的天然屏障。冬季风来临时，这个天然屏障阻挡住了由西北吹过来的强烈的寒冷干燥的季风，减少了西北浑善达克沙地的风沙对元上都的影响。夏季风到来的时候，龙岗阻减缓了东南季风的西进，使水汽在龙岗南侧聚集停留形成降雨，这些降雨滋润了龙岗以南广大的金莲川，同时也滋养了元上都。唯一不足的是，夏季风强烈的年份，龙岗南面的降雨过多,往往在山南面形成山洪,这就直接会威胁到元上都,因此元上都的建造就不得不考虑防洪问题。元上都南面就是闪电河,闪电河是滦河的上游,元上都兴建于滦河的北面,所以也叫滦阳,这一点和上述古代城市的命名实属类同。

在滦河以北兴建上都城可以减少防洪的压力，但是其防洪仍然是很值得重视的问题。虽然元上都所在地位于我国沙漠－黄土边界带上,其北界是我国夏季季风所到最北的边界,但是元代历史时期的金莲川仍然是以比较温暖湿润的气候为主,雨水很丰沛。元上都会同时受到闪电河洪水和龙岗山洪的威胁,因此元上都的水利建设尤为重要。

元上都的水利工程首推铁幡竿渠。据记载,铁幡竿渠是科学家郭守敬在大德二年到实地勘察后设计的。当年,郭守敬被成宗召至上都商议开渠防洪事宜,经勘查后郭守敬上奏,认为山洪频频发生,应该开大渠 570 步宽,但是成宗认为郭守敬言过其实,为了节省工费减小了防洪渠的宽度,结果第二年山洪暴发,防洪渠无法容纳,导致“漂没人畜庐帐,几犯行殿”。从上面的记载可以看出,当时山洪频繁,水量还是很大的。又有记载,由于大德二年修建的防洪渠渠道狭窄,导致大德三年遭水毁,大德五年又有王伯胜率百人夜战洪水,集土石建立防洪堤抵挡洪水[7]。

经考古调查,发现在上都城西北二三千米处,有一个宽约 1 千米的山口,两山之间的南侧,有一道古拦洪坝遗迹。坝身用褐色黏土夯筑,两侧用石砌。坝北迎水,南侧又附土堤以加固。坝西头的哈登台敖包山下留溢洪口,下接泄洪渠,向南流入闪电河。现今考古调查在元上都城址西侧和北端,发现了高大的土堤和石块包砌的拦洪坝,可能就是大德年间修筑的铁幡竿渠遗迹[8]。

铁幡竿渠以铁幡竿为名。据记载,传上都所在金莲川曾经为海,有龙,刘秉忠建造上京时,曾经做法驱龙,并立铁幡竿镇之。经过实地考察,在上都城西北的哈登台山上发现一块长 2.1 米,宽 1.1 米,厚 0.6 米的褐色大理石条,石条正面排凿两个约 26 厘米 × 30 厘米、深 13～16 厘米的孔洞[9]。推断这是铁幡竿渠旗杆的基座。

元上都除了防洪工程外,还有滦河护水堤以及御河堤。由于上都城城南距离滦河上游闪电河河岸仅 0.5 千米左右,因此,每到汛期,河水泛滥,水势凶猛,所以建有滦河护水堤。文献记载为了修筑护水堤,上都留守司曾多次上书枢密院请调虎贲军参与抗洪。

除了防洪工程之外,元上都城兴建时还有排涝工程。元上都城距离滦河较近,地势较低,有大量的湖泊和沼泽,因此在上都的修建过程中都要涉及到排干湖水,堵塞水源的问题,较大的水源地则建为池塘。在城东北和西南就有两个较大的池塘。

在皇城东北角建有华严寺,据记载,当年“殿基泉水沸涌,以木钉万枚筑之,其费巨万”。据实地考察,在皇城西南角有一组寺院建筑遗址,这个遗址的西墙外,从地上露出一排半米高的木桩,长 1.5 米,地下部分被削成锥体[10],这些木桩应该就是记载中的木钉。这也是元上都兴建时排涝的实例。另外,为了排泄皇城城墙城头的积水,还在城墙的墙皮砌出 10 厘米深,20 厘米宽的流水漕。

六、维系元上都城市生态系统的资源环境背景

元上都在其逐步发展过程中,城市生态系统的规模也在不断扩大,功能更趋多样化,维系这一巨大城市生态系统的物质流、能量流、人口流、信息流也同样高速运转。因而对支持该系统的资源环境就提出更高要求,造成更大的压力。

首先,是城垣建设对土壤资源需求的不断强化。根据每修筑一米城墙需用夯土 34.18 立方米的土方用量估计,并考虑夯土所用土质分析结果表明的就地取材的实际情况,可以推断,随着城市规模的不断扩大以及功能分区细化对土层的大量需求,对这一地区平均只有 0.5～1.5 米厚的土层来说,会造成难以恢复的巨大破坏,严重影响城市周围草地植被赖以生存的土壤承载力。

其次,从水文地质及地貌条件来看。虽然元上都地处水草丰茂的金莲川腹地,有充足的地表及地下水资源,但是正如前面提到的,这里地势总体上较周边地区低洼,容易在温暖湿润的多雨季节或年份形成洪涝,既造成城市周边有限的旱作农耕土地的洪涝灾害,又在排水不畅的情况下构成水源的污染,威胁城市生态系统的正常运转。尽管城市构筑时考虑到“风水”理念中的“山阳水阴”,但也正是没有充分考虑地势的局部特征,导致了需要调动大量人力、物力,以及牺牲更多表土资源来修筑具有防洪功能的铁幡竿渠。

另外,在构筑和维系这个庞大的城市生态系统时,对木材的消耗也是相当惊人的。尽管当时周边地区有丰富的森林资源可供利用,但是对于城内的 5 万人,以及保证该城市生态系统正常运转的总计可能约 15 万人的能源消费,仅仅靠燃烧牛粪是无法满足的,因此无论是建筑用材,取暖、炊饮,还是手工业加工等都需要足够的燃料支持。取之方便的林地木材资源必然成为首当其冲的受害者。林地资源的破坏成为城市周边生态环境恶化的重要因素。

即使是和平时期,仅仅以畜牧经济为依托的饮食资源供应,也是无法满足巨大人口的日常需求的,更何况战时的粮草需求会远大于平时。因此,为满足日益增长的食品需求,加快畜牧业发展的同时,对农业经济的依赖也会不断加大。畜群扩大,汉族农户的迁入都不同程度上加重了对草地资源的破坏。尽管有比较发达完善的交通运输系统,能为食品等物资的补充提供支持,有一定量的粮食储备作为战略物资保障,并有狩猎经济的补充,但是在战争时期就很难保证持续不断的粮食供应,来维持如此庞大的城市生态系统了。这也是以牧业经济为主的草原帝国的脆弱城市生态系统,在建立都城和定居过程中所必须面对的潜在危机。

元朝后期全球气候的波动性加强，干旱寒冷气候的频繁出现，进一步削弱了维持城市生态系统的外围环境的载荷能力。再加上农民起义烧杀劫掠，对元上都城市生态系统的毁灭性打击，使得这个昔日辉煌的北方草原大都市，终于风光不再。认识到草原都市营建过程中埋下的生态危机的伏笔，在这种自然与人为因素的双重打击下丧失城市生态系统的功能，其最终成为一片荒芜之地，给人们留下无限的慨叹也就不难理解了。

七、结　语

元上都以其重要的地理位置，以及在草原帝国崛起过程中所占据的重要政治、军事、经济、文化地位，在元代历史上发挥了不可替代的作用。历史气候和环境背景深刻地影响了元上都的选址、兴建以及城市生态系统的维系。在我国的城池发展史中，元上都的历史较短，但是其意义重大，它是北方游牧的蒙古族所建立的第一个大型都城。由于元上都位于我国的沙漠黄土边界带上，其所处的独特气候等自然地理条件，以及对建造都城构成的重要的影响因素，对于我们今天在城市建设中，避免高强度人类活动及对战乱浩劫的防范，有较好的借鉴作用。同时，了解元上都兴衰过程的资源环境背景，对于保护元上都这个世界人类文化遗产也具有重要的现实意义。

注　释

[1] 魏坚：《元上都及周围地区的考古发现与初步研究》，《内蒙古文物考古》1999年第2期，第21页。

[2] 董光荣等：《末次间冰期以来沙漠－黄土边界带移动与气候变化》，《第四纪研究》1997年，第2期，第162页。

[3] 黄春长：《中国东部历史时期的气候变化》，《环境变迁》，科学出版社，2000年，第146～149页。

[4] 郭殿勇：《从元上都的兴衰看人类活动对自然环境的影响》，《西部资源》2005年第1期，总第4期，第13页。

[5] 邵时雄、刘海坤：《中国晚更新世以来古生态地质环境分区特征》，《中国北方晚更新世以来地质环境演化与未来生存环境变化趋势预测》，地质出版社，1999年第153～158页。

[6] 亢亮、亢羽：《风水与城市》，百花文艺出版社，1999年，第8页。

[7] 关玉璋等：《元上都水利考察》，《内蒙古水利》1996年第1期，第54页。

[8] 贾洲杰：《元上都调查报告》，《文物》1977年第5期，第71页。

[9] 贾洲杰：《元上都调查报告》，《文物》1977年第5期，第71页。

[10] 贾洲杰：《元上都调查报告》，《文物》1977年第5期，第67页。

报 告 篇

壹　元上都四关调查

元上都遗址，位于正蓝旗敦达浩特镇东北约20千米处，始建于宪宗六年（1256年），初名开平。中统元年（1260年）元朝的开国皇帝忽必烈在此继蒙古汗位，遂成为临时都城。中统四年（1263年）升开平府为上都，至元四年（1267年）大都建成，元朝的两都制确立。有元一代，每到夏天，元朝皇帝都在上都清暑和处理政务，诸王、大臣经常在此朝会。上都城内宫殿巍峨壮丽，寺院庙宇金碧辉煌。城外四关街市繁华，房屋建筑鳞次栉比，呈现一派繁华的都市景象。此外，上都还建有许多宫廨官署，设有庞大的封建官僚机构。至元十八年（1281年）设上都留守司，负责掌管元上都的一切军政事务。留守司同知为正二品官员，元上都在元朝是与元大都地位相等的都城。

元上都是元朝的夏都，地处风景优美的草原腹地，人为破坏较少。作为一座在中国乃至世界史上产生过巨大影响的草原都城，其不仅保存有完好的城内遗存，而且在城外四个关厢地带，都留存有面积广阔的、丰富的建筑遗存。这些建筑遗存都是元上都的重要组成部分，对于了解元上都的百年历史，具有更为直接和重要的意义。1993年，内蒙古文物考古研究所在对元上都遗址进行考古测绘时，曾对城外四关遗址作过初步的调查。在此基础上，又于1998年对四关诸遗存进行了较大面积的复查，并对保存完整、布局清楚的典型遗址进行了测量、绘图工作，共绘制各类遗址平面图34幅。现将调查情况报告如下。

一、东　关

位于皇城东墙的东门和小东门外。南侧有闪电河相隔，东北延绵至小元山子以东，东西宽约1300米，南北长约2000余米。依其地形可分为北部丘陵区和南部平原区。北部因处于北面龙冈之下，地形略有起伏，建筑分布较为稀疏。中部有一长约900米的东北—西南向街道，街道在自然浅沟的基础上建成，呈自然弯曲状，宽度不一。沿街道南、北两侧盖有民居，民居一般院门临街。大型粮仓广积仓就建在北区的东北部；南部则因靠近闪电河而地形平坦潮湿，地表草木茂盛，故建筑全部建在高台地上，大致东西成排，彼此相距较近，布局不甚有规律可循。其建筑均多为小型民居，也有大型院落、官署和仓址。这些建筑大部保存较好，布局清楚，少量的保存较差，布局不很清楚，应为元代居民居住之地。东关共测绘官署、大型院落遗址、仓址、民居等遗址 13 处，并采集一批遗物。现叙述如下。

1.遗迹

官署　1处。

LYD–1　位于东关之东南部。平面呈长方形，院墙和院内建筑基址大部分保存较好。南北长 138 米，东西宽 94.5 米。墙基宽 1 米。方向 343°。门道位于南墙正中，院内房屋基址较少，但布局较为整齐、对称。正殿位于院内中部偏北处，建筑在大型基址上，台基上之中部为东西长 29 米，南北进深 11.5 米，基宽 0.7 米的大殿，大殿南、北墙正中各有一门，宽 5 米。大殿的东、西两侧各有两间规模相同的耳房，耳房东西宽 7 米，南北进深 9 米，基宽 0.5 米。在正殿南略偏西处亦有一规模较小的高台建筑。其上有 3 间房屋基址，房屋南北进深 6.5 米，墙基宽 0.5 米。房屋间宽规格不一，中间略窄，间宽 3 米；东、西两侧房屋略大，间宽 4 米。在中间房屋的南、北两墙外侧用石块垒彻有宽 2 米的斜坡式踏道。踏道铺砌平整，北面长 1 米，南面因破坏长度不详。在院落的东南部也有一高台建筑基址，东西长 9 米，南北宽 7 米。基址之上房屋或墙基宽度不详。

在院落的北部紧贴北墙内侧存有一排正房基址，共由 13 间房屋组成，墙基宽 0.5 米，中间 3 间房址规模较大，南北进深 10 米。3 间房址以中间房址最大，东西间宽 12 米，东西两侧房址较小，东西间宽 4 米。东、西两面各有东西间宽 4 米，南北进深 8 米的房址 5 间。在正房基址两侧南面紧依东、西两墙亦各建有对称的南北间宽 5 米，东西进深 8 米的 5 间东、西厢房基址，基址宽 0.5 米。在正房基址与东、西厢房基址间垒有宽 0.5 米的石墙，其中东墙清楚的保留有宽 1 米的门道。

院落门道位于南墙正中，宽 9.5 米。在门道外东、西两侧用自然石块垒砌成长 33 米的通道，石墙基宽 1 米，通道宽 1.85 米。在通道内侧北部距院落南墙 7.5 米处，对称有东、西厢房基址四间，厢房间宽 3.5 米，进深 4.5 米，基宽 0.5 米。应为守护院落之用。

在院落通道南端外侧对称建有一东西长 29 米、南北宽 12.5 米，墙基宽 1 米的石围墙基址。东侧石围墙在南墙西段有宽 4 米的两个门道，两门道间距 4.5 米。西侧石围墙正中有一宽 4 米的门道。判断应为存放车、马之用。在院落的北面对称保存有 6 间房屋基址，基址规格完全相同，进深 7 米，中间四间略窄，间宽 4 米。东、西两端略宽，间宽 4.5 米。应为来往车马夫休息之地。

此外，在通道外侧南约 4.5 米处存有 4 间东西进深 5 米，南北间宽 3 米，墙基宽 0.5 米的西房。可能是供看守车马用的房屋（图一）。

根据上述院落的规模，有序合理的布局和房屋的明确分工，判断该遗存应为一处重要的官署遗址。

仓址　1处。

LYD–7　位于东关之中部略偏北处，西距元上都古城之东墙约近 400 米。

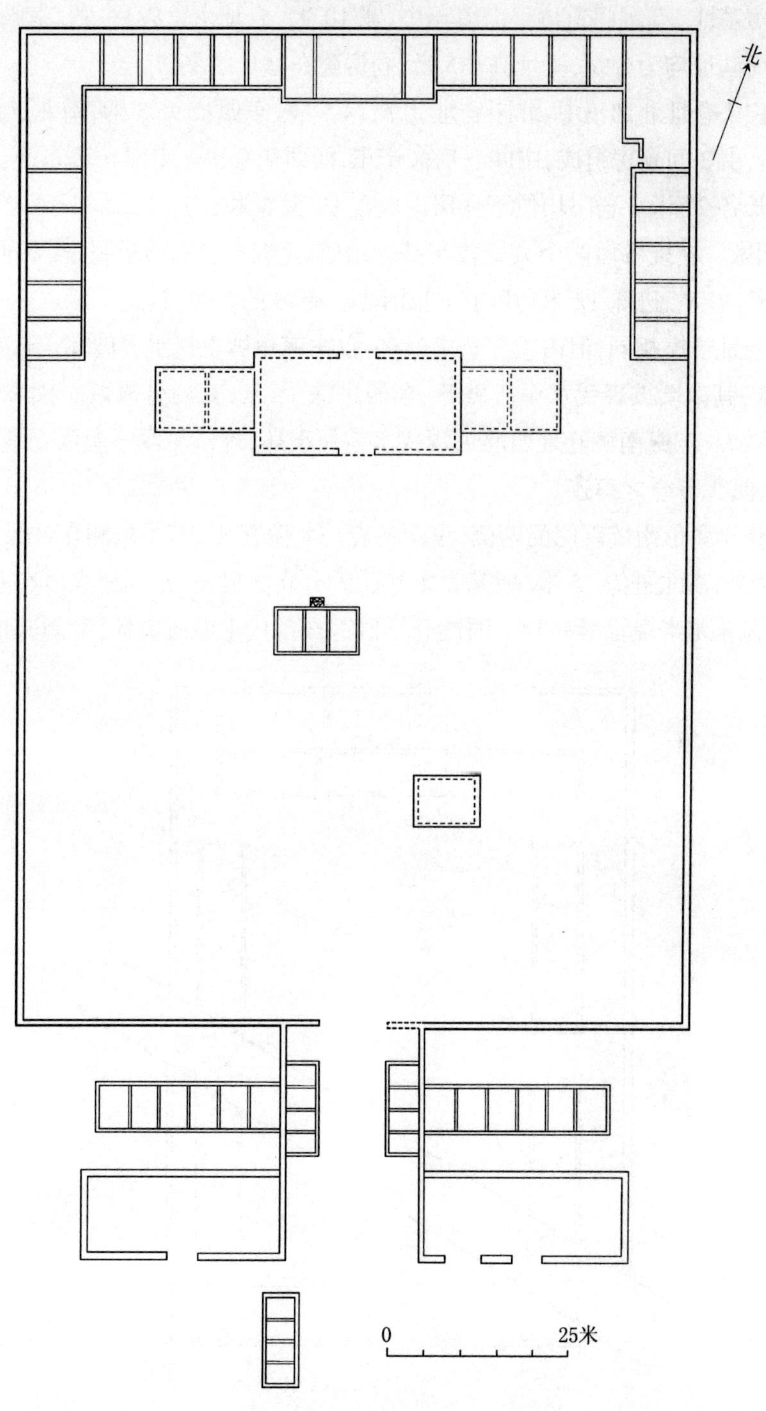

图一 东关官署遗址（LYD-1）

仓址所在地势略高，平面呈长方形，南北长 173 米，东西宽 123 米，院墙基宽 1.5 米。方向 0°。仓址大部分保存完好，南部被宽 18 米的现代水渠作东北—西南向穿越，破坏其内部部分仓房基址。仓址门道位于南墙正中，宽 10 米。仓址由正廒、东廒、南廒、西廒四部分组成。四面基址均为夯筑，基址高 1.5 米，仓房建在基址之上。

正廒　位于仓址北部正中，北距仓址北墙 14.5 米。东西长 96.5 米，南北进深 12.5 米，墙基宽 1 米。由 3 间仓房组成，中间仓房大于东、西两侧仓房。中间仓房东西长 41 米，两侧仓房东西长各 27 米。仓门均位于仓房南墙正中，宽 6 米。

东、西两廒　仓址各由两个大型建筑基址组成，呈对称分布，规格完全相同。西廒北侧仓址南北长 49 米、进深 12 米，其内为 3 个间宽 15 米的仓房，门道不清。东廒北侧仓址与西廒北侧仓址规模相同，但内无分仓之痕迹，仅东南角被现代水渠破坏。西廒南侧仓址南北长 44 米，其南端被现代水渠所破坏，东西进深 12 米，其内分成两个间宽各 20 米的仓房，仓门不清。东廒南侧仓址西北被现代水渠所破坏，规格与西廒南侧仓址完全相同。地表保存较差，无分仓之痕迹。

南廒　位于紧依南墙院门的两侧，东西各有一大型仓址。其中东侧仓址保存完整。仓址东西长 47 米，南北进深 15 米，墙基宽 1 米。无分仓之痕迹，在其地表散布有少量的绿釉粗瓷瓮和龙泉窑青瓷盘等残片。西侧仓址西部被现代水渠所破坏，又因其地势相对较

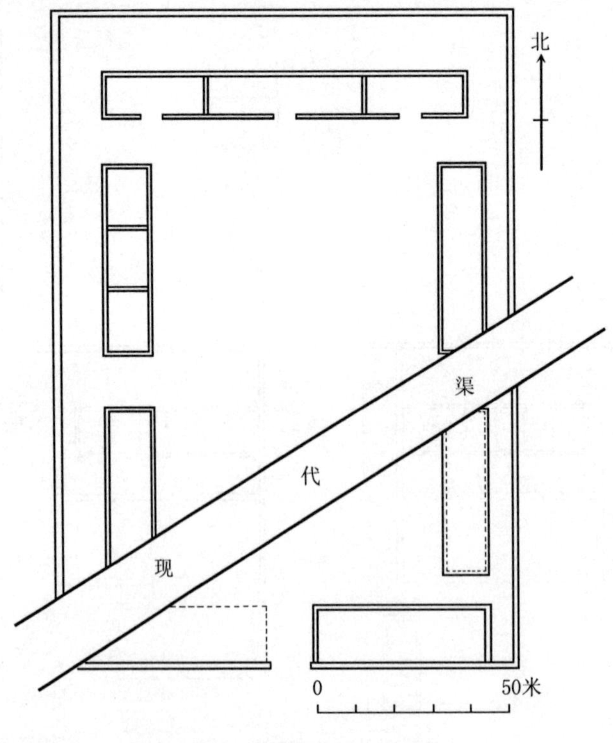

图二　东关仓址（LYD-7）

低,保存较差,仅可复原其现存基址,其他情况不明(图二)。

该仓址各台基之上仓房规模有所不同,其仓址之上由2～3个小型仓房组成,说明其每个仓房的专用性更强,加上距元上都城相对较近,可能为皇室和宫庭的专用仓库。

粮仓　1处。

LYD-4　位于东关之东北端的小元山子的南侧缓坡地带。

粮仓院落平面呈长方形,南北长232米,东西宽146米,墙基宽2米,现存高度约2米。方向350°。门道位于南墙正中,宽7米。

仓址均建在院内大型台基之上,台基现存高度约2米。由正廒、东廒、南廒、西廒组成。

正廒　由南、北两个仓址组成。北面仓址北距院落北墙3米,平面呈长方形,东西长45米、南北宽17米、墙基宽0.7米。南墙东、西两侧各有一仓门,宽6米。南面仓址与北面仓址相距32.5米。平面呈长方形,东西长56米,南北宽17米,墙基宽0.7米。在南墙开有两个仓门,宽6米。

东廒　由3个仓址组成,平面呈长方形。仓址间距由北向南分别为6米、15米。北面仓址南北长45米,东西宽17米,墙基宽1.2米。中间仓址南北长43米,东西宽16米,墙基宽1.2米。南面仓址南北长45米,东西宽16米,墙基宽1.2米。每仓均在西墙设有两门,宽5米,

西廒　由3个仓址组成,平面呈长方形,基本与东廒仓址对称。仓址间距由北向南分别为7米、17米。仓址东西宽度相同,均为16米。南北长度略有差异。北面仓址南北长48米;中间和南面仓址相同,南北长42米。仓址墙基宽均为1.2米。每仓均在东墙设有两门,宽5米。

南廒　由东、西两个仓址组成,间距12.5米。两个仓址形状及规格完全一致。现以东侧仓址为例说明。仓址平面呈长方形,东西长42米,南北宽16米,墙基宽1.2米。北墙东、西两侧各开一门,宽5米。

在门道内西侧南墙与西侧仓址间有1房址，平面呈长方形，东西长8米，南北宽6米,基宽0.5米。没有发现门道痕迹(图三)。判断应为粮仓守卫之地。

大型院落　5处，主要分布于东关南区。编号为LYD-2、LYD-3、LYD-5、LYD-8、LYD-9。

LYD-2　位于东关之中部。

该院落平面形制不规整,由南部大院落和东北部小院落两部分组成。南面院落东墙和南墙一段被现代水渠破坏,其余保存较好。

南部院落平面基本呈正方形,西墙长153米,南墙长152米,墙基宽1.2米。方向6°。东墙由南向北98.5米处外折5米,与东北角小院落东墙相连。门道位置不详。

南部院落内建筑遗迹极少,仅存有3处小型建筑基址。一号基址位于院内中部略偏

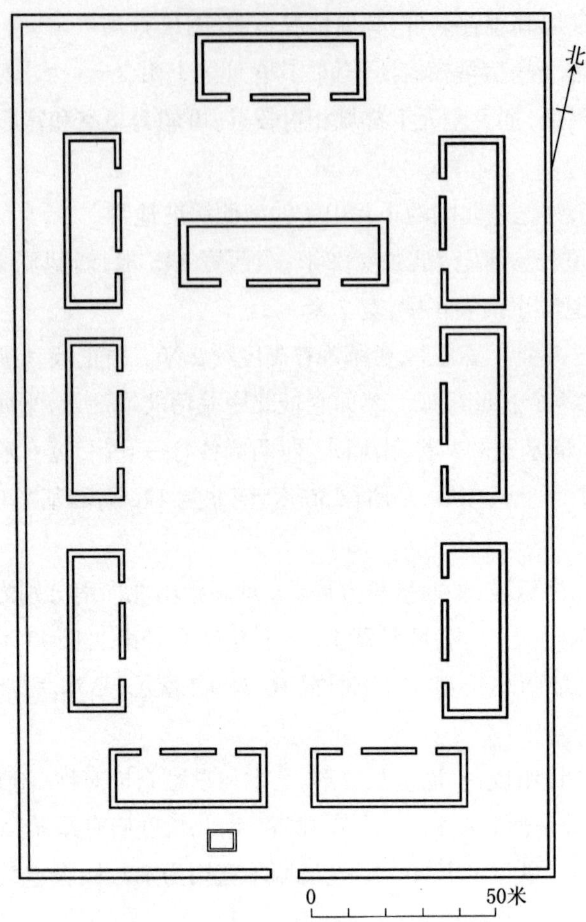

图三　东关粮仓遗址(LYD-4)

西北处,平面呈长方形,南北长 11.5 米,东西宽 8 米,现存高度 0.8～1 米,墙基宽 0.5 米。在基址的四角筑有 4 个加固用的护堤(形似四玦),南面正中筑有宽 2.5 米,长 1.6 米的阶梯。二号基址位于一号基址西北约 24 米处,保存较差。平面呈长方形,南北长 10.5 米,东西宽 4 米,其内分间不清。三号基址位于一号基址东北 35 米处,平面呈长方形,东西长 14.5 米,南北宽 9 米,现存高度 1 米。基址南面正中筑有宽 2.4 米,长 2.4 米的阶梯。

东北部小院落位于南部院落的东北角,沿东墙向北延伸出 42 米。平面呈长方形,南北长 86 米,东西宽 56.5 米,墙基宽 1 米,院墙西南角作内折。门道位于南墙正中,宽 4 米。

小院落北部距北墙 16 米处砌有东西向石墙一道,将小院分成南、北两院。因中间石墙被当地老乡挖石取走,形成一条整齐的浅沟,故两院之间有无门道则不清楚。

小院南面院落房屋不多,但布局严整。正殿位于院内中部偏北处,平面呈长方形,东西长 16 米,南北宽 8 米,现存高度 1 米,墙基宽度不清。正殿基址南面正中有一长 4.4 米,宽3.2米的阶梯。在正殿南面东、西两侧保存有形制、规格完全一致的东、西厢房各一排。每排3间，长10.4米，房址间宽3米，进深3.5米。

小院北面院落紧依北墙有一排正房，共由10间房址组成，长39米。房址间宽3.5米，进深4米，基宽0.5米。在该院东墙中段开有一便门，宽3米（图四）。

从院落的布局分析，判断其北部小型院落应先行建成，后根据需要增筑南部院落。南部院落较大，但院内房屋极少，且地势平坦，可能是用于临时搭建蒙古包的。

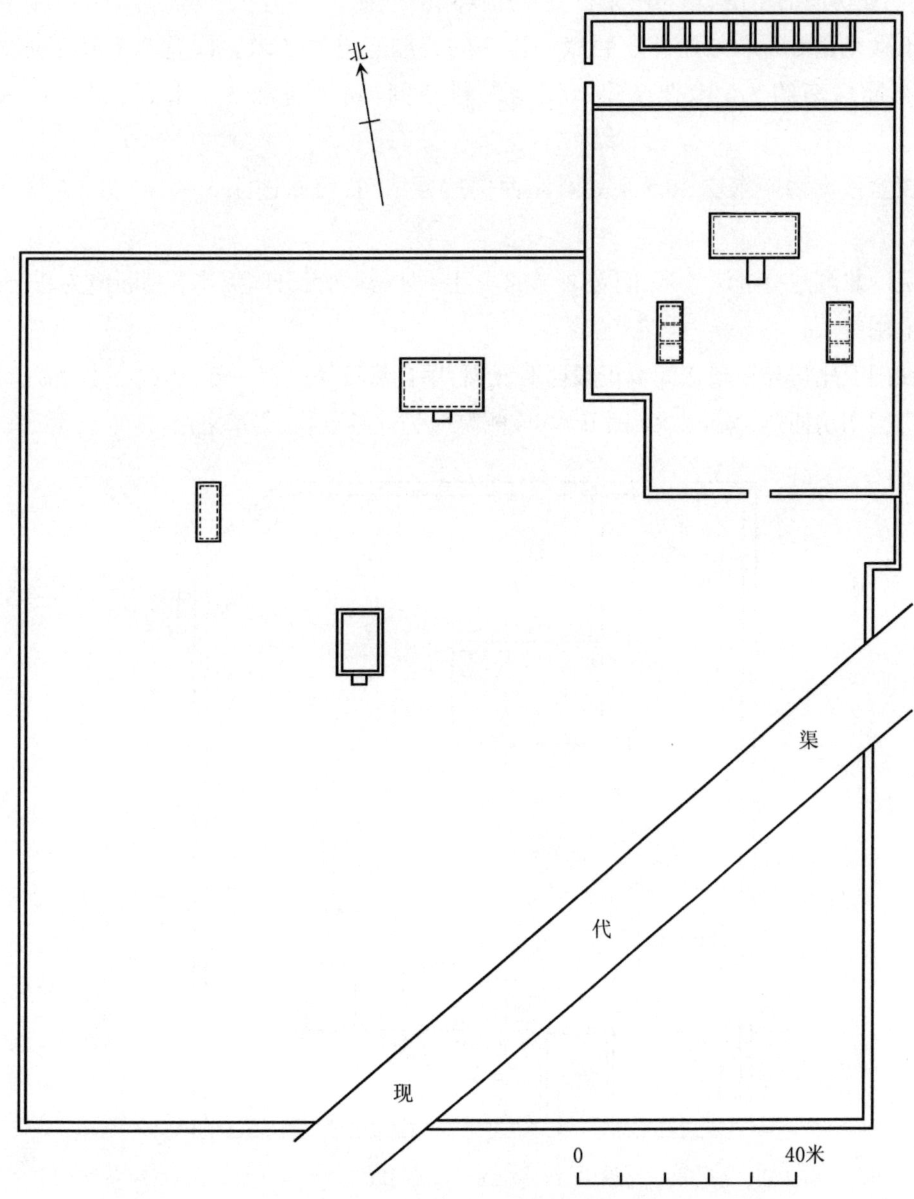

图四　东关大型院落遗址（LYD-2）

LYD-3　位于东关之中部。

院落平面呈长方形,东北角因地势原因斜收。南北长 53 米,东西宽 47 米,墙基宽 1 米。方向 5°。院门位于西墙南段,宽 4 米。

院落内房屋址保存完整、清晰,其房屋布局似无规律。因院内东面地形低湿,院内房址略向东偏。

正殿位于院内西北部,平面呈长方形,东西长 12.3 米,南北宽 8.5 米,石砌墙基宽约 0.7 米。在房屋的东南、东北两角各有一加固用的护堤。

正殿东南 5.8 米处建有东厢房一排 3 间, 厢房进深 7 米, 间宽 3.5 米, 基宽 0.5 米。在厢房南约 3.6 米处亦建有正房一排 3 间,房屋进深 5.5 米,间宽 4 米,基宽 0.5米。

在紧依南墙距东墙 10.5 米处有东西向房屋两间,房屋进深 6 米,间宽 3.5 米,基宽 0.5 米。

院门北侧建有进深 5 米、间宽 8 米的房址一处,其内无分间痕迹。判断应为看护院落的门卫用房。

在门卫用房与正殿之间及正殿西墙北面,用自然石块垒砌一墙,形成一小侧院。门道位于门卫用房西侧,宽 1.5 米(图五)。该侧院应为储藏杂物、柴草之用。

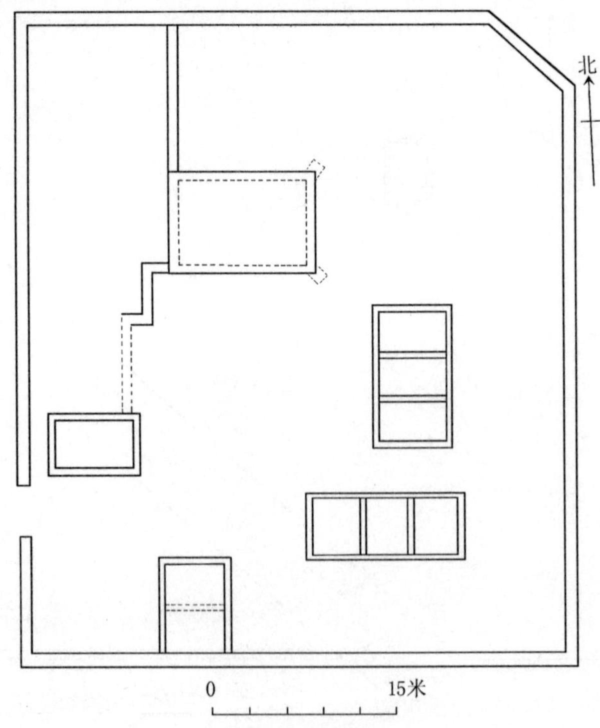

图五　东关大型院落遗址(LYD-3)

LYD-5　位于东关东北部，紧依粮仓西墙之外。

院落相对保存较差，除东南角暴露有少量的石墙痕迹外，其他墙体不见石墙之痕迹。但院落四墙总体形状仍较清楚，现存高度约 0.5 米。

院落平面呈方形，只在其东南角作内折角，南北长 64 米，东西宽 54 米，墙基宽 1 米。方向 5°。院门位于南墙正中略偏东，宽 4 米。

院内保存建筑基址较少，但布局规整，建筑重心略向西偏。

正殿位于院落中部略偏西北，平面呈长方形，东西长 14 米，南北宽 8 米，其上建筑基址不清。

在正殿南面东、西两侧各有对称的东、西厢房一排。南北长 10.5 米，东厢房进深 5 米，西厢房进深 4.5 米。厢房因保存较差，分间不清。

在正殿对面门道西侧距南墙 8 米处，有一小型房址。平面呈长方形，东西长 7.5 米，南北宽 4 米，无分间痕迹。应为看守院落门卫之用房。

此外，在紧贴院墙东南折角外，有一高台建筑基址。基址平面呈长方形，东西长 15 米，南北宽 6.5 米。墙基宽 0.7 米，其内房屋分间不清。基址之上散布有少量的灰色素面板瓦（图六）。

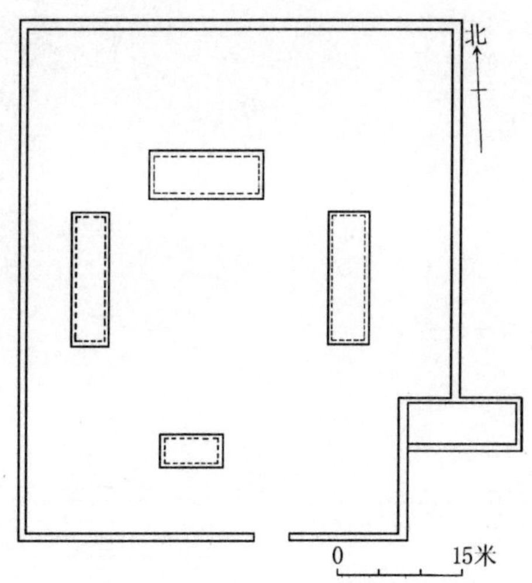

图六　东关大型院落遗址（LYD-5）

根据院落规模和院内房屋布局，分析不应为民居之用，可能为管理粮仓之官署所在。

LYD-8　位于东关之北侧西端，西约 100 米处即为元上都东墙。

该院落遗址因地势低洼下湿，相对保存较差。但其院墙和院内建筑遗迹仍可准确认定。

院落平面呈不规则四边形，因院落东面为一西北—东南向的水渠，故东墙依地势而筑，亦作西北—东南向倾斜。其东墙长 96 米，南墙长 88 米，西墙长 92 米，北墙长 61 米，院墙基宽1.2米。西墙方向355°，院门位于南墙中部，宽8.5米。

院内建筑遗迹较少，且保存较差，房屋建筑基址一般高出现地表约30～50厘米。

正殿位于院内之北端，距北墙6米。平面呈长方形，东西长19米，南北宽6米。其内墙基宽和分间情况不详。

正殿南面东、西两侧有东、西厢房各一处，规格及形制相同。平面呈长方形，南北长17米，东西宽9.5米。房屋基宽和分间情况不清。东、西厢房为不对称分布，东厢房紧依院落东墙而建，作西北—东南向。

在西厢房南20米有一建筑基址，平面呈长方形，东西长18米，南北宽12.5米。房址基宽和分间情况不详（图七）。

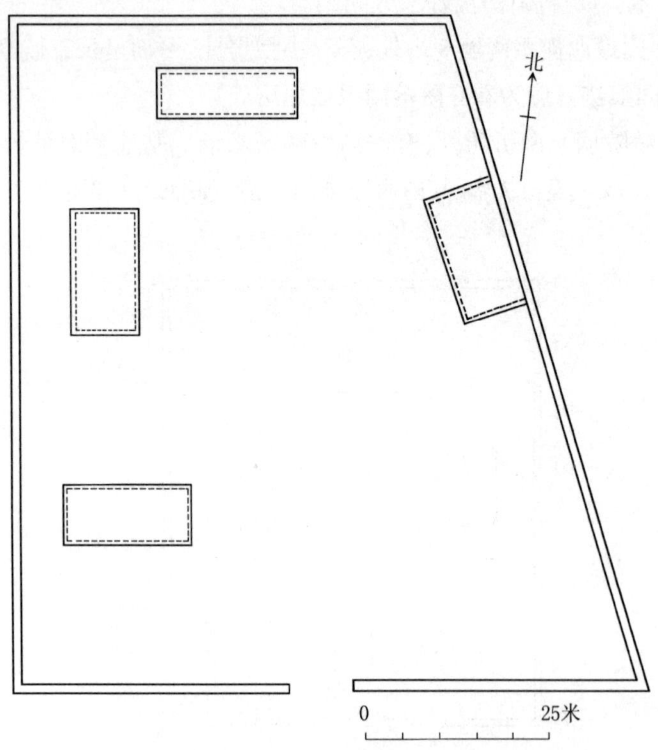

图七　东关大型院落遗址（LYD-8）

LYD-9　位于东关之南部，西约100米即为LYD-7号仓址。

院落所在区域因地势低洼，较为潮湿。院墙依高岗地形而筑，平面形状不规则，各墙长度和方向也不一样。东墙长51米，方向350°。南墙中部作折角，东段长36米，西段长42米，西墙长53米、北墙长69米。院落墙基保存总体完好，现存高度约0.5～1米。院门遗迹不清，判断在院之南墙西段，宽度不详。

院落内房屋建筑遗迹较多，基本成排分布。院内中部由四排东西向房屋基址组成，由北向南第一排位于北墙中段（其后墙距北墙仅0.4米），由东、西两排房址组成，东侧一排共6间，西侧一排4间；两排房址规格相同，房址进深5.5米，间宽4米，基宽0.5米；两排房址间距4.5米。第二排位于院落中部略北，也由东、西两排各5间房址组成，东、西两排房址间距4米，后墙相连；房址规格相同，进深5米，间宽4米，基宽0.4米。第三排位于院落中部略偏东南，亦由东、西两排房址组成；两排房址间距6米，规格不一。东侧一排由5间房址组成，房址规格略小，进深4.5米，间宽3～4米，基宽0.4米，其房址的东墙向南延伸，判断原来可能是一独立的小院；西侧一排由4间房址组成，规格略大，进深6.5米，间宽4米，基宽0.4米。第四排位于院落之西南角，亦由东、西两排房址组成，两排房址间距3.2米，规格不一；西面一排由5间进深6米的房址组成，并可分为东、西两个小院，均有院墙向南延伸，院落南墙不清；东侧小院有3间间宽3米的房址，西侧小院为两间间宽4米的房址。东面一排进深5米，东西长8.5米，分间不清。在东、西两排房址的北面用石块垒砌一后院，东西长23.6米，南北宽3.2～4.4米，基宽0.4米；后院应为两排房址共用。从总体看第四排房址即为一个整体，又可分为3个独立的单元院落。

此外，在南墙折角处有3间进深7米，间宽4米，基宽0.5米的房屋基址；在紧依南墙东段有进深6米，间宽分别为5.5米和4米、基宽0.5米的两间房址。

除上述院内主要建筑外，在紧依院内东、西两墙内侧各有一排东、西厢房。东厢房由8间进深5.5米，间宽4米，基宽0.5米的房址组成；东厢房北面的院内东北角，有一南北长13.5米，东西宽10米，基宽0.6米的石围墙基址，门道不清，判断应为储藏柴草、杂物之用。西厢房由9间房址组成，规格不一。南面5间进深8米，间宽4.5米，基宽0.5米；北面四间进深5米，间宽4米，基宽0.5米的房址。在西厢房由南向北第二、三间之间紧贴其东墙还有一进深4米，间宽3.5米的石墙基址，用途不详。

院内地表除散布有极少的板瓦外，无任何遗物发现（图八）。

从该院落内的房址数量来看，是元上都四关大型院落遗址中房址数量较多的一处。这些房址以排为组，多者6间，少则两间，有的还自成院落。它们之间既有联系，又相对独立，这种关系在元上都四关其他大型院落的布局中绝无仅有。因此，该院落可能为一处官方用于招待贵宾的驿馆。

民居　5处，均位于东关北区，编号为LYD-6、LYD-10、LYD-11、LYD-12、LYD-13。

LYD-6　位于东关之东北部，西北约300米即为东关粮仓遗址。

该民居建筑在山坡之南侧，东西两墙建在地势不高的山脊之上，院落处在东、西两面略高，中间略低的弧形地带。

院落平面呈长方形，南北长57米，东西宽25.5米，墙基宽0.9米。方向312°。南墙大部分被毁，院门位置不详。

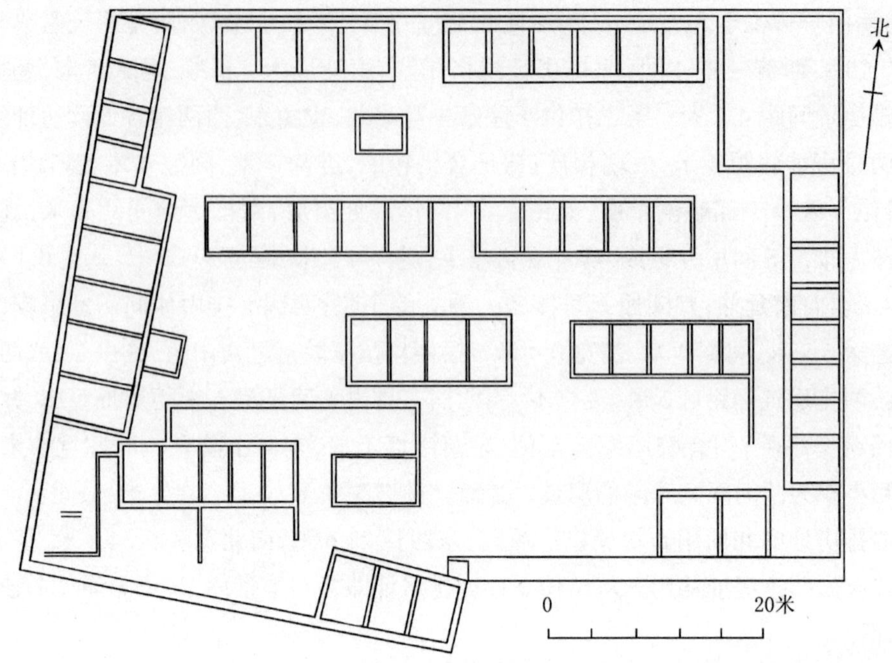

图八　东关大型院落遗址（LYD-9）

院内建筑基址保存较好。北面紧贴东墙处有规格略大的正房两间。房址进深7.5米、间宽8米，除南墙基宽0.6米外，其余三墙均为0.9米（东、北两墙与院墙共用一墙）。

在北面房址南7米处依东、西两墙对称各有房址两间。两处房址间距7.5米，规格相同，进深7米，间宽4米，除房址的东、西两墙利用院墙宽为0.9米外，其余墙体基宽均为0.6米。

在院落的南部亦依东、西两墙对称有东、西厢房各一排。厢房由3间房址组成，规格完全相同，房址进深5米，间宽3.5米，除房址的东、西两墙利用院墙宽0.9米外，其他墙体基宽均为0.6米（图九）。

LYD-10　位于东关中部丘陵之阳坡处，北距LYD-9约300米。

院落地势平整，略呈北高南低。平面呈长方形，南北长31.5米，东西宽16米，北部东侧房址向南的院墙向里缩进约1米，墙基宽0.5米。方向295°。院门位于南墙正中，宽2.6米。

院内房址由南、北两部分组成。北部房址东侧由3间进深5米，间宽3米，墙基宽0.5米的房址组成，房址的西墙向北延伸，与院落北墙相接形成一后院。其西面紧依西墙亦有进深5米，间宽3米，墙基宽0.5米的房址1间。南部房址在门道西侧紧贴西南角（西南两墙利用院墙）有进深4米，间宽3.5米，墙基宽0.5米的房址两间。

此外，在门道东侧有一南北长6.5米，东西宽5.5米，墙基宽0.5米的石围墙，其用途不详（图一〇）。

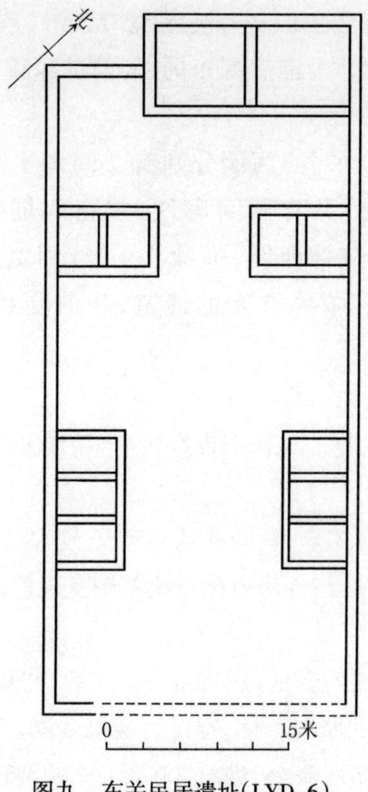

图九　东关民居遗址(LYD–6)

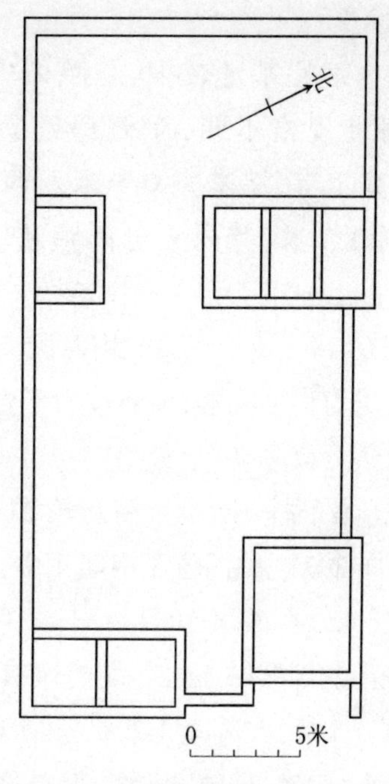

图一〇　东关民居遗址(LYD–10)

LYD–11　位于东关大街北侧之东段。东北距东关粮仓约100米。

该民居为小型院落，地势较为平整，为前院后屋式建筑，南临东关大街。

院落平面呈长方形，南北长10米，东西宽9.1米，院墙基宽0.4米，现存高度约0.2～0.5米。方向333°。院门位于南墙正中，宽1.8米。

民居院内房址极少，仅在其北部利用院之东、西、北三墙有房址2间。房址间进深3.7米，间宽3.2米，墙基宽0.4米(图一一)。

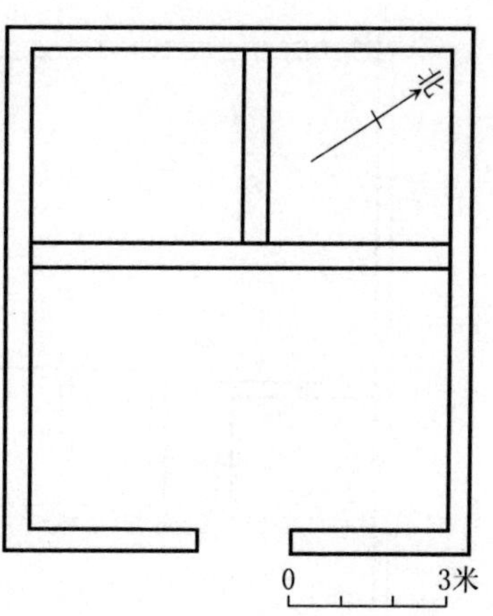

图一一　东关民居遗址(LYD–11)

LYD–12　位于东关大街中段北侧，西距LYD–11约50米。

民居为小型院落，地势较为平整，南临东关大街。院落及院内遗迹大部保存完整，院墙及房屋基址均用自然石块垒砌。

院落平面呈长方形，南北长 23.2 米，东西宽 16.1 米，墙基宽 0.5 米，现存高度 0.3～0.5 米。院门位于南墙中部略偏东，宽 2 米。为前后院布局，前院进深较短，约是后院的 1/2。

院内房屋基址较少，在院内中部偏南部依东、西两墙分别有 2 间和 1 间房址。两处房址规格不同，东侧房址紧依院落东墙，共有两间房址，规格相同，进深 5 米，间宽 3 米，墙基宽 0.5 米。西侧房址紧贴院落西墙，进深 3.9 米，间宽 5.5 米，墙基宽 0.5 米，其内无分间痕迹。两处房址间有宽 2 米的通道，与前院和后院相通（图一二）。

LYD-13　位于东关大街西段南侧。

民居为小型院落，地势较为平整，北临东关大街。该民居保存较好，院墙及房屋基址均用自然石块垒砌。

院落平面呈长方形，南北长 21 米，东西宽 14.3 米，院墙基宽 0.5 米，现存高度约 0.5 米。方向 293°。院门位于南墙正中，宽 4.5 米。并在门外用自然石块铺砌有规整的斜坡式路面，长 4.5 米，宽 4.5 米。

院内北部紧贴东、西、北院墙有两间规格相同的房址，房址进深 6.8 米，间宽 6.4 米，墙基宽 0.5 米。在其南 1.2 米东、西两侧各有东、西厢房一排，每排有房址 3 间。东厢房略大，进深 4.5 米，间宽 3.6 米，墙基宽 0.5 米。西厢房略小，进深 3.6 米，间宽 3.6 米，墙基宽 0.5 米（图一三）。

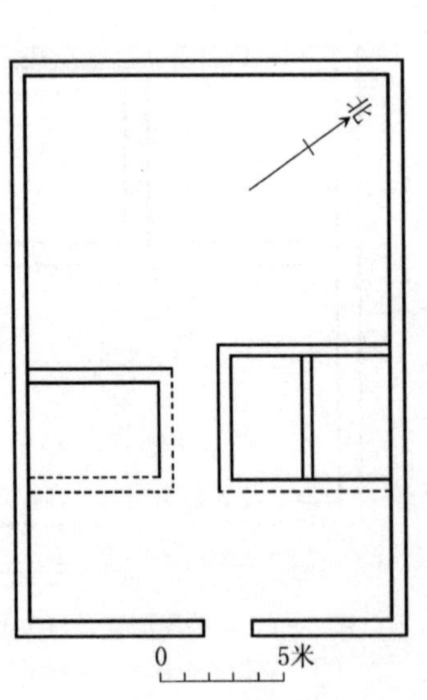

图一二　东关民居遗址（LYD-12）

图一三　东关民居遗址（LYD-13）

2.遗物

在东关地表采集遗物17件。均为瓷器,有龙泉窑、磁州窑、钧窑等名窑瓷器,也有附近地方窑系生产的白釉瓷器和黑釉瓷器。

龙泉窑瓷器　3件。有罐、碗。

罐　1件。残。LYDC:8,直口,方唇,矮领,鼓肩,肩部以下残缺。瓷质细腻,内外壁施浅绿釉,肩部作瓜棱状。口径12厘米,残高5.2厘米(图一四,10)。

碗　2件。残。瓷质细腻,内外壁施浅绿釉,内底印有花草图案。LYDC:2,敞口,圆唇,弧腹斜收,圈足。口径12厘米,底径4厘米,高5厘米(图一四,1)。LYDC:15,残存底部,圈足。底径7.2厘米,残高3.6厘米(图一四,14)。

磁州窑瓷器　7件。有罐、盆、器盖等。

罐　4件。LYDC:11～14,仅存小块残片,瓷质细腻,内壁施酱釉,外壁作白釉黑花(图一四,3、12、2、4)。

盆　1件。残。LYDC:5,敞口,圆唇,平底折沿,上腹直斜收,下腹残缺。瓷质细腻,施白釉黑花。口径44厘米,残高5.6厘米(图一四,15)。

器盖　2件。残。盖面弧隆。瓷质较细,内壁脱釉,外壁施白釉黑花。LYDC:4,圆纽。残高3.6厘米(图一四,9)。LYDC:10,子母口。直径8厘米,残高4.6厘米(图一四,8)。

钧窑瓷器　1件。碗。LYDC:17,残。敞口,圆唇,上腹较直,下腹残缺。瓷质较细,内外壁施天蓝釉。口径18厘米,残高4厘米(图一四,11)。

白釉瓷器　5件。有罐、盆、碗、盘。

罐　1件。残。LYDC:9,直口,圆唇,矮领,鼓肩,肩部以下残缺。瓷质细腻,内外壁施白釉。口径8.8厘米,残高4厘米(图一四,5)。

盆　2件。残。直口,平短折沿,上腹略有弧度,下腹残缺。内外壁施白釉。LYDC:6,方圆唇,瓷质较粗。口径28厘米,残高8厘米(图一四,17)。LYDC:7,圆唇,瓷质较细。口径24厘米,残高4.4厘米(图一四,16)。

碗　1件。残。LYDC:3,敞口,圆唇,弧腹斜收,圈足。瓷质较细,内外壁施白釉,下腹脱釉,内底有六个支钉痕迹。口径9.2厘米,高3.8厘米(图一四,7)。

盘　1件。残。LYDC:1,敞口,圆唇,平折沿,浅腹,圈足。瓷质较细,内壁及口外侧施白釉,外壁及口部外侧施白釉,外壁脱釉,内底残存有2个支钉痕迹。口径13.4厘米,底径6厘米,高2.4厘米(图一四,6)。

黑釉瓷器　1件。残。碗,LYDC:16,敞口,圆唇,弧腹斜收,近底残缺。瓷质较细,内壁施白釉,外壁施黑釉。口径20厘米,残高6.4厘米(图一四,13)。

图一四　东关采集瓷器

1、7、11、13、14.碗(LYDC：2、3、17、16、15)　2～5、10、12.罐(LYDC：13、11、14、9、8、12)　6.盘(LYDC：1)　8、9器盖(LYDC：10、4)　15～17.盆(LYDC：5、7、6)

二、南　关

地处元上都南侧护城河以南的闪电河两岸，以河之北岸遗址较为丰富，但因位于地势相对较低的金莲川草原，所以大部分遗址隐没在较深的草丛之中，特别是西侧的河滩处基本没有遗迹。南北宽约800米，东西长约1500米。经过调查，南关有一“丁”字形大街，南北大街与皇城南门正对。东西大街东段保存极差，街道遗迹不清；西段街道清晰，长约500米，宽10米，街道平直，在街道两侧，保存有整齐的房址。此外，在南关大街以外的高台地上也散布有少量的建筑遗址。南关内诸建筑遗址均因地形下湿，有的保存极差，有的深埋于地表之下，地表遗迹不清，无法进行测量与绘图工作。仅在南关西北部的闪电河北发现、调查官署遗址一处，并采集部分遗物。

1.遗迹

官署　1处。

LYN-1　位于南关西北部，北距元上都外城南墙约100余米。

官署院落平面呈长方形，东西长130米，南北长110米。方向0°。院落墙址除西北角外，其余大部保存完好。但院墙石砌墙基暴露较少，从保存较好段测得墙基宽1.2米，现存高度约1米。院门位于东墙北段（应与南关东西大街相对），宽4.2米。院内房址呈单体分布，布局较为凌乱。

正殿基址位于院之东北部，平面呈长方形，东西长34.5米，南北宽15.5米，现存高度约1.5米。在正殿基址南、北两面中部均有宽13.2米的斜坡式踏道，南面踏道长12米，北面踏道长6米。正殿基址上的房屋建筑遗迹不清。

在正殿基址西南有两处小型院落基址。东侧院落北面房址东西宽13.2米，进深6.9米，墙基宽0.6米，其内分为东西两间，西间宽6米，东间宽5.4米。东、西两侧厢房房址间数不一，东侧厢房由9间房址组成，规格相同，房址进深5.5米、间宽3米、墙基宽0.5米。西侧厢房由3间规格相同的房址组成，房址进深5米，间宽3米，墙基宽0.5米。西侧院落北面房址东西长15米，南北宽5米，墙基宽0.6米。北面房址西墙向北延伸3.2米，用途不清。东、西两侧厢房房址间数不一，东侧厢房由3间房址组成，房址进深5米，间宽3米，墙基宽0.5米。在东厢房南4米处有一东西长6米，南北宽5米，墙基宽0.5米的房址，其内分间不清，从布局分析，应为西侧院落的一个组成部分。西侧厢房由5间房址组成，进深5米，间宽3米，墙基宽0.5米。

此外，在正殿基址和小型院落南散布有6处房址，房址间数不等。由东向西第一处房址位于正殿基址东南约10.8米，保存较差，除东段保存完整外，其余遗迹不清，但仍可复原其形状及规格，平面呈长方形，东西长 10.8 米，南北宽 4 米，墙基宽 0.6 米。第二处房址位于正殿基址南 35 米，由 3 间房址组成，房址进深 5 米，间宽 3 米，墙基宽 0.5 米。第三处位于东侧院落之东厢房南 9 米处，由 5 间房址组成，房址进深 4.8 米，间宽 3.5 米，墙基宽 0.5 米。第四处房址位于东侧院落之西厢房南 9 米，由 2 间房址组成，房址进深 7.4 米，间宽 5 米，墙基宽 0.5 米。第五处房址北距第三处房址 1.2 米，由两间房址组成，为厢房，房址进深 6 米，间宽 4 米，墙基宽 0.5 米。第六处房址位于院落西南角，东距第五处房址 13.2 米，房址东西长 11.4 米，南北宽 6 米，墙基宽 0.5 米，其内无分间痕迹。

在院内西北部也散布有 5 处零散的房屋基址。第一处房址位于西侧院落北面房址北 10.8 米，由 5 间房址组成，房址进深 6.6 米，间宽 3.6 米，外墙基宽 0.6 米，内墙基宽 0.4 米。第二处房址位于第一处房址西南 4.8 米，房址东西长 7.2 米，南北宽 5.4 米，墙基宽 0.6 米。其他 3 处房址位于近院落北墙处。由东向西，第三处房址西距第四处房址 7.8 米，由 4 间房址组成，房址进深 4.5 米，间宽 3.5 米，墙基宽 0.5 米。第四处房址南距第一处房址 13 米，由

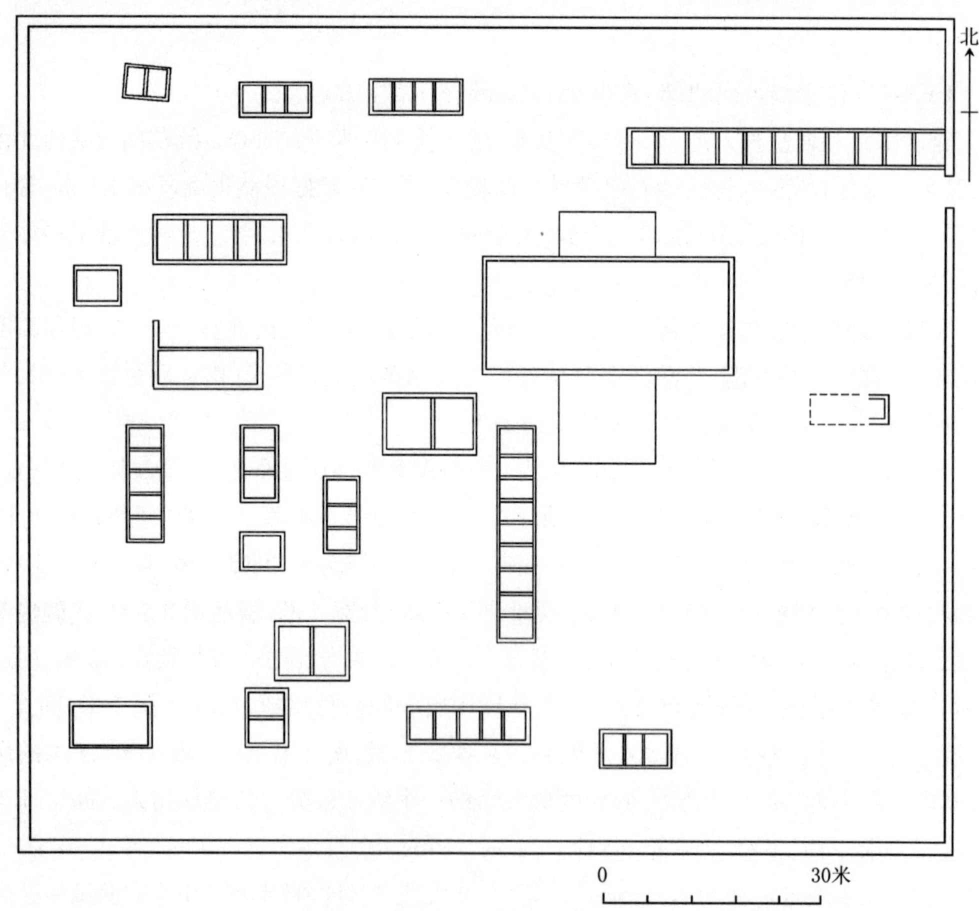

图一五　南关官署遗址(LYN-1)

3间房址组成，房址进深4.5米，间宽3.5米，墙基宽0.5米。第五处房址东距第四处房址9.5米，由两间房址组成，略呈西北—东南向，房址进深4.5米，间宽4米，墙基宽0.5米。

在院门北侧有一排房址，共由11间房址组成。房址长45米，进深5米，间宽3.5米，墙基宽0.5米（图一五）。

在院内东部和东南部亦有少量的建筑遗迹，因该处地势较低，水草茂盛，多数被覆盖。给测绘和确认遗迹带来了极大的困难，故该区域建筑遗迹可能有所遗漏。

从该院落的规模和院内建筑遗迹分析，可能为一处官署遗址。

2.遗物

在南关共采集遗物17件，以瓷器为主，少量的釉陶器、板瓦、铜饰件、铁饰片等。

瓷器　12件。有龙泉窑、磁州窑、钧窑等名窑瓷器和青花、白釉瓷、酱釉、红绿釉和无釉瓷器。

龙泉窑瓷器　3件。有罐、碗。

罐　1件。残。LYNC：6，直口，微敛，圆唇，短折沿，鼓肩，肩部残存一耳，肩部以下残缺。瓷质细腻，内外壁施浅蓝釉。口径20厘米（图一六，2）。

碗　2件。残。敞口，圆唇，弧腹斜收，近底残缺。瓷质细腻，内外壁施浅蓝釉，内底印有花草图案。LYNC：5，釉体有冰裂纹。口径12厘米，残高6厘米（图一六，8）。LYNC：15，口径12厘米，残高6.5厘米（图一六，7）。

磁州窑瓷器　1件：残。罐，LYNC：16，残存小块胶片。瓷质较细，外壁作白釉剔花图案（图一六，12）。

钧窑瓷器　1件。残。碗，LYNC：13，直口，圆唇，上腹较直，下腹斜收，圈足。瓷质细腻，内外壁施天蓝釉，近底脱釉。口径13.2厘米，底径5厘米，高4.5厘米（图一六，10）。

青花瓷器　2件。残。仅存底部，圈足。瓷质细腻，内外壁底青花釉。LYNC：9，底径9厘米，残高2.3厘米（图一六，5）。LYNC：10，残高4.4厘米（图一六，9）。

酱釉瓷器　1件。残。双耳壶，LYNC：2，小口，圆唇，束颈，颈部施双耳，溜肩，鼓腹，最大腹径近底部，圈足。瓷质较细，口部及外壁施酱油，近底脱釉。口径3.8厘米，底径5厘米，高8.6厘米（图一六，4）。

白釉瓷器　2件。有碗、盘。

碗　1件。残。LYNC：14，敞口，圆唇，弧腹斜收，圈足。瓷质细腻，内外壁施白釉，下腹脱釉，内底残存有二个支钉痕迹。口径13厘米，底径5厘米，高4厘米（图一六，13）。

盘　1件。残。LYNC：12，敞口，圆唇，平折沿，浅腹，圈足。瓷质较细，口部及内壁施白釉，外壁脱釉，内底残存有一个支钉痕迹。口径13.8厘米，底径6厘米，高2.2厘米（图一六，6）。

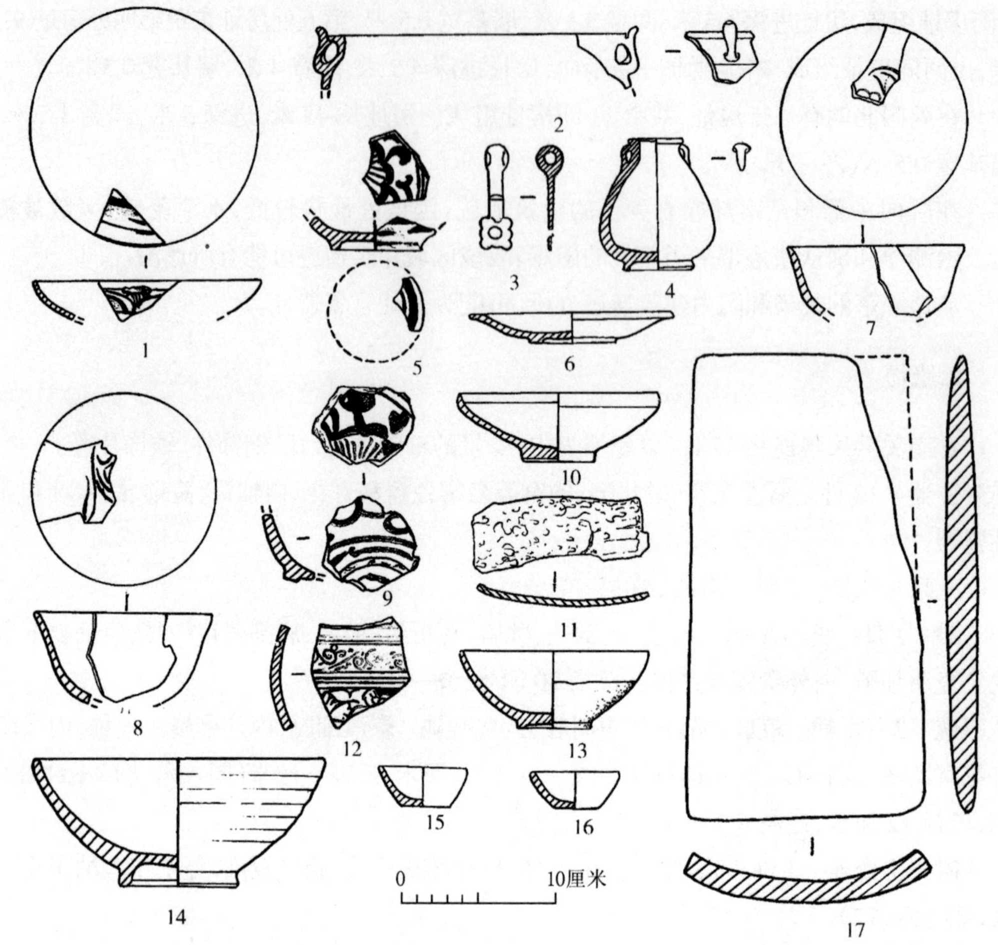

图一六　南关采集铜、铁、瓷、釉陶器，板瓦

1、7、8、10、13、14.瓷碗（LYNC：11、15、5、13、14、1）　2.瓷罐（LYNC：6）　3.铜饰件（LYNC:7）　4.瓷双耳壶（LYNC：2）　5、9、12.瓷器（LYNC：9、10、16）　6.瓷盘（LYNC：12）　11.铁饰片（LYNC:8）　15、16.釉陶盏（LYNC：3、4）　17.板瓦（LYNC：17）

红绿釉瓷器　1件。残，碗。LYNC：11，敞口，圆唇，弧腹斜收，下腹残缺。瓷质细腻，内外壁施红绿釉。口径16厘米，残高2.6厘米（图一六，1）。

无釉瓷器　1件。完整，碗。LYNC：1，直口，圆唇，弧腹斜收，圈足，内底尖圆。瓷质较细，无釉。口径20厘米，底径8厘米（图一六，14）。

釉陶器　2件。完整，盏。敞口，圆唇，直腹斜收，平底。瓷质较细，口部及外壁脱釉。LYNC：3，内壁施茶绿釉。口径6厘米，底径3.2厘米，高2.5厘米（图一六，15）。LYNC：4，内壁施黑釉。口径6厘米，底径2.6厘米，高2.5厘米（图一六，16）。

板瓦　1件。略残。LYNC：17，平面略呈梯形，方圆头。灰色，外壁素面，内壁布纹。长

29.5 厘米，宽 15～18 厘米，厚 1.8 厘米(图一六，17)。

铜饰件　1 件。完整。LYNC：7，扁长条形，上端有一圆形穿带，下端作花瓣形，上有一圆孔。表面微鼓，背部平整。铸制。长 6.2 厘米，厚 0.3 厘米(图一六，3)。

铁饰片　1 件。残。LYNC：8，呈不规则长条形，表面锈蚀严重。长 11.6 厘米，宽 4 厘米，厚 0.6 厘米(图一六，11)。

三、西　关

西关外约 1400 米处有西山敖包，西北方则为哈登台敖包，因此，西关的北部地势略窄，遗迹分布相对较少，且多为官署建筑。由外城西门向西南，则地势相对平整，房屋院落分布密集。西关偏南处有一条东西向大街(西关大街)，长约 1000 余米，宽 10 米，直通至城西的铁幡竿渠旁。大街南、北两侧为排列的店铺，店铺房屋均临街而建，后面为院落。店铺的规模多数较大。在西关北面山丘缓坡的高台地上散布有大型院落，但院落规模明显小于东关大型院落，其内布局多无规律，房屋建筑基址相对较少。在铁幡竿渠的西侧，也分布有大量的建筑遗迹。从史料记载和调查情况分析，西关应为元上都城的商业区。西关共测绘官署、粮仓、店铺、民居等遗址 14 处，采集一批遗物。现叙述如下：

1.遗迹

官署　7 处，主要分布于西关北部。

7 处官署编号为 LYX-4、LYX-5、LYX-6、LYX-7、LYX-8、LYX-9、LYX-13。

LYX-4　位于西关北面的一个山湾之脚下。

官署院落位于北高南低的缓坡之上，其南部有一东北—西南向的自然断崖将院落分为北高南低的两部分，高差约 1.5 米。从院墙墙体和院内建筑布局分析，应为官署修建之前，这种地形就已形成。

院落平面呈长方形，南北长 95 米，东西宽 75 米，墙基宽 0.9 米。方向 345°。院门位于南墙正中，宽 7 米。在院门内侧东、西两端各用自然石块垒砌一墙，西墙保存完整，长 8 米；东墙残缺，残长 1 米，用途不详。

院内房屋布局略向西偏。正殿基址位于院内中部略偏西北，东西长 15 米，南北宽 9 米，墙基宽 0.5 米，内无分间痕迹，在基址南面中部建有一斜坡式踏道，踏道长 7 米，宽 5 米。在正殿南面东、西两侧各有东、西厢房一排，但其长度因受地形的限制，长度不一。东厢房南北长 16 米，东西宽 5 米，墙基宽 0.5 米。西厢房南北长 22.5 米，东西宽 5 米，墙基宽 0.5 米。两侧厢房均分间不清。

此外，在东厢房后(东)面 10.2 米处有一南北长 6.5 米，东西宽 5.5 米的房屋基址，墙基

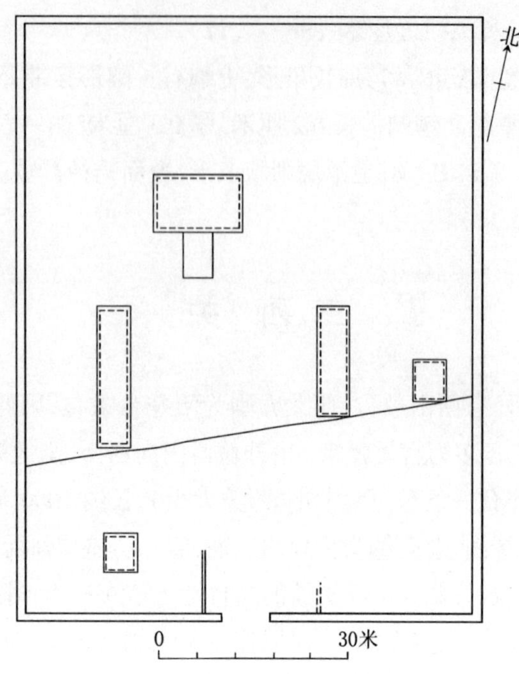

图一七　西关官署遗址(LYX-4)

宽 0.5 米,其内无间痕迹。在院内西南角亦有一南北长 6 米,东西宽 5 米的房屋基址,墙基宽 0.5 米,内无分间痕迹(图一七)。

院内地表暴露有少量的灰面素面砖和灰面素面板瓦残片。

根据院落的规模和房址布局、规格分析,判断其应为一处官署遗址。

LYX-5　位于西关之北部。

该院落遗址保存较好,平面呈长方形。南北长 123 米,东西宽 92 米,院墙基宽 1.2 米,残高 0.5～1 米。方向 5°。院门位于南墙中部略偏西,宽 7 米。

院内房址多集中于中部略偏西。在院内北部有两个大型高台建筑基址。北面大殿基址东西长 28.8 米,南北宽 18.5 米,墙基宽 1 米。门道位于南墙正中,宽 5 米。南面大殿与北面大殿相距 15.6 米。东西长 18 米,南北宽 6.5 米,墙基宽 0.6 米。南面大殿基址在北墙中部开有一门(基本与北大殿基址南门相对),宽 5 米;在南面大殿中部有斜坡式踏道,长 11.5 米,宽 6.6 米。两殿的西侧用宽 1.2 米的石墙垒砌封闭,从地形看,主要是用于防水。

在南大殿基址南面的东、西两侧对称建有东、西厢房一排,其房址间数、规格完全相同。现以西侧厢房为例说明:厢房共由 3 间房址组成,进深 4.5 米,间宽 3.5 米,墙基宽 0.5 米。

在东、西厢房南面 7.5 米处东、西各有东西向房址一排,均由 3 间组成,规格与形制完全相间。以东侧房址为例说明,房址进深 4.2 米,间宽 3.5 米,墙基宽 0.5 米。

院内的东南部紧依南墙有东厢房 5 间,房址进深 4.5 米,间宽 3.5 米,基宽 0.5 米。在此厢房北面 7 米亦有东厢房 2 间，房址进深 4.5 米，间宽 3.5 米，墙基宽 0.5 米。

在院门西侧外紧贴南墙（其北墙利用院落南墙），亦建有一排房屋，共由 10 间房址组成。房址进深 5.5 米，间宽 3.5 米，墙基宽 0.5 米（图一八）。

院内地表暴露有少量的灰色素色板瓦和灰色素面砖。

根据院内遗迹，房址布局和规格分析，应为一处官署遗址。

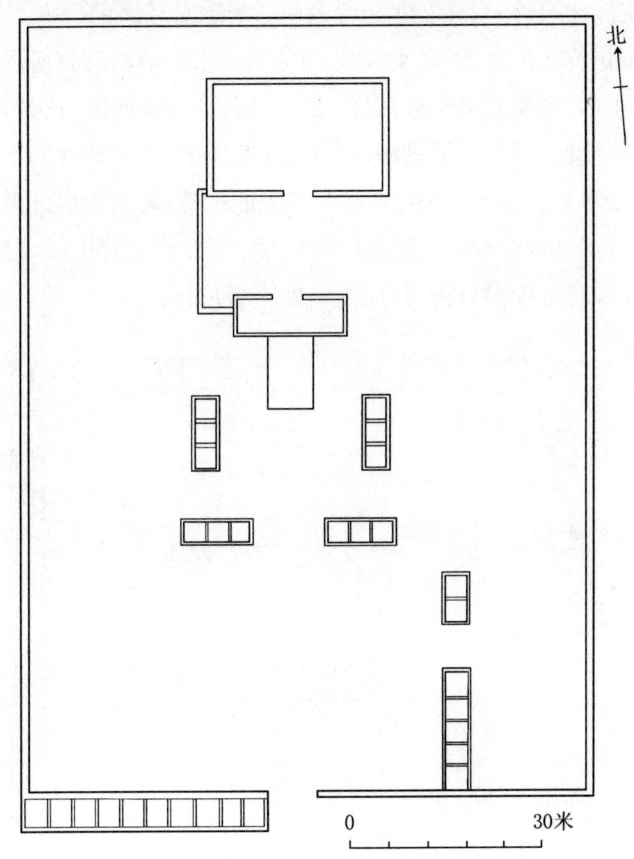

图一八　西关官署遗址（LYX–5）

LYX–6　位于西关北端，铁幡竿渠之东侧。

该院落因紧依铁幡竿渠，故西墙走向受渠道走向的限制，呈东北—西南向。因此，院落平面呈不规则的四边形，四墙长度不一。东墙长 105 米，方向 340°，南墙长 127 米，西墙长 110 米，北墙长 96 米。整个院落墙基保存较好，现存高度 1～2 米，墙基宽 0.8 米。院门位于南墙正中，宽 10.4 米。

院内建筑布局独特，除主体建筑外，在其东、西、北三墙内侧和南墙外侧均有较多的房屋基址。

院内主体建筑由正殿、东、西厢房和南房组成，呈四合院布局。

正殿基址位于院内中部偏北处，东西长 24 米，南北宽 13.5 米，墙基宽约 0.5 米。在正殿基址南面东、西两侧各有东、西厢房一排，厢房规格相同，房址南北长 20 米，东西进深 6 米，墙基宽约 0.5 米；其内因保存较差，分间不清。

在东、西厢房南 2 米处亦东、西各有东西向房址一排，房址规格相同，东西长 17.6 米，南北进深 5 米，墙基宽约 0.5 米，其内分间不清。

院内在上述主体建筑外，东、西、北三墙内侧建有数量较多的房屋。其中，依东墙有房屋基址 21 间，房址进深 5.5 米，间宽 4 米，墙基宽 0.5 米。依西墙有房屋基址 23 间，房址进深 5.5 米，间宽 4 米，墙基宽 0.5 米，仅南端一间因受院墙所限，房址进深 4 米，间宽 5 米。依北墙有房屋基址 21 间，房址进深 5.5 米，间宽 4 米，墙基宽 0.5 米。

此外，在紧依南墙外门道东、西两侧有小型房址一排，其东侧房址由 15 间组成，西侧房址由 16 间组成。房址规格相同，进深 4 米，间宽 3 米，墙基宽 0.5 米(图一九)。

根据院落布局和房址规模分析，其应为一处官署遗址。

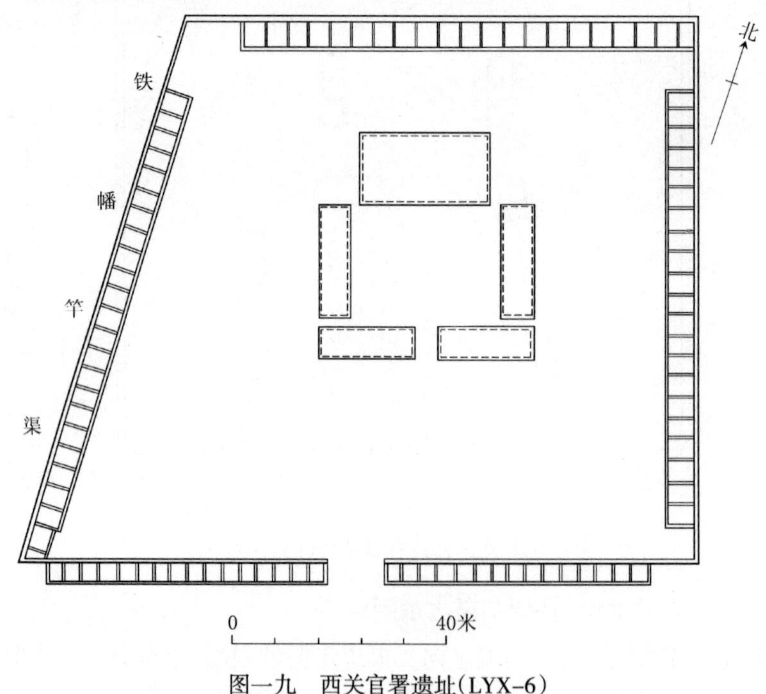

图一九　西关官署遗址(LYX-6)

LYX-7　位于西关之北部，南距 LYWX-6 约 300 米。

官署院落，平面呈长方形，南北长 170 米，东西宽 120 米，院墙基宽 1.5 米，方向340°。该院之四墙以东墙保存最好，南、北两墙次之，西墙保存最差，仅根据草色不同与房屋遗迹来确定其西墙位置。院门位于南墙东段，宽 16 米。

该院落由内院和外院两部分组成。

内院位于院内中部紧依东墙处（两墙之东墙共用一墙），其平面呈正方形，边长 70 米，墙基宽 1 米。院门位于南墙正中(基本与外院南墙门道位于同一轴线)，宽 6.5 米。院内建筑遗迹较少，正殿基址位于院内中部偏北处，为高台建筑，平面呈长方形，东西长 13.5 米，南北宽 9 米，墙基宽约 0.5 米。在正殿基址南面紧依东墙亦有一房屋基址(东厢房)，南北长 14 米，东西宽 9.5 米，其内分间不清。

外院内房屋基址相对较多，由北向南依次叙述如下：

在外院东距北墙 9.6 米处紧依东墙有一排大型房屋基址，东西长 65 米，南北进深 10 米，墙基宽约 0.5 米，但因保存较差，内分间不清。在其南 7 米处紧贴东墙亦有房屋基址一处，房址东西长 8 米，南北进深 6 米，墙基宽 0.5 米，分间不清。

在内院与外院西墙间(距内院西墙 12 米)，依外院北墙建有一南北长 93.6 米，东西进深 5.5 米，基宽 0.5 米的西房一排，因保存较差，分间不清。在西房的西南约 1 米处亦有一处房屋基址，房址南北长 16 米，东西进深 5.5 米，墙基宽约 0.5 米，其内分间不清。

在外院西南部保存有房址两排。北面一排东西长 20.5 米，南北进深 9 米，墙基宽 0.5

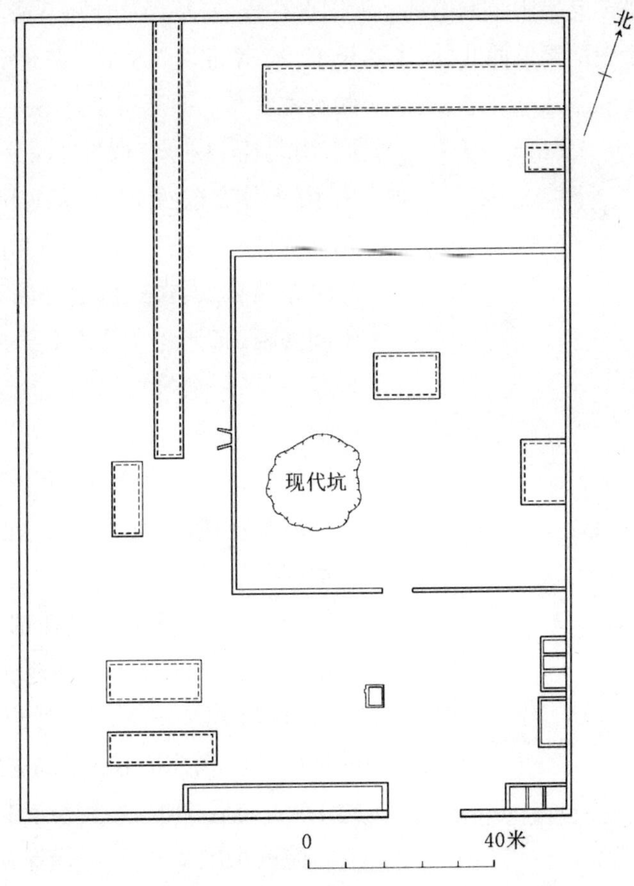

图二〇　西关官署遗址(LYX-7)

米，其内分间不清。南面一排东西长24米，南北进深7米，墙基宽0.5米，其内分间不清。两排房址间距6米。在院门西侧紧依南墙内侧（与院之南墙共用一墙），有房屋基址一排，东西长42米，南北进深5米，墙基宽0.5米；因保存较差，分间不清。

在外院与内院南墙外紧依外院东墙建有东房两排。北面一排由3间房址组成，进深5米，间宽4米，墙基宽0.5米。南面一排分间不清，南北长10.5米，东西进深5米，墙基宽0.5米。在外院的东南角亦依东、南两墙有房址3间，房址进深5米，间宽4米，墙基宽0.5米。

此外，在内、外院中部门之西侧有一进深3.5米，间宽4米，墙基宽0.5米的小房址（图二〇）。可能为值班保卫用房。

LYX-8　位于西关之西部，西约50米，为粮仓遗址。

院落位于山坡之上，地势北高南低。北墙为便于排水，作西北—东南向垒砌。故院落呈不规则四边形，南北长96～108米，东西宽61米，院墙基宽1米。方向345°。现院落墙体保存较好，现存高度约1～1.5米。因南墙被多条现代小路干扰，院门位置不清。院之中部亦被现代土路东—西穿越，但不影响对院内房屋遗迹的调查测绘。

院内房屋遗迹主要集中于偏南部。但因保存较差，基宽及分间不清。

正殿基址位于中部略偏西北处，东西长12米，南北宽7.8米。在正殿的南面东、西两侧对称有东、西厢房基址各一处。厢房规格相同，南北长13.5米，东西进深5米。在东、西厢房南10米处有东西向房屋基址两排，规格不一。东侧房址东西长15.6米，南北进深4.8米；西侧房址东西长11.5米，南北进深4.8米；两排房址中间间距3.6米。在院落南部亦有东、西厢房基址各一排，厢房规格相同，南北长13.5米，东西进深5.5米，分间不清。

此外，在正殿基址的西北约2米处，有一小型房屋基址，南北长7.2米，东西进深5米，分间不清（图二一）。

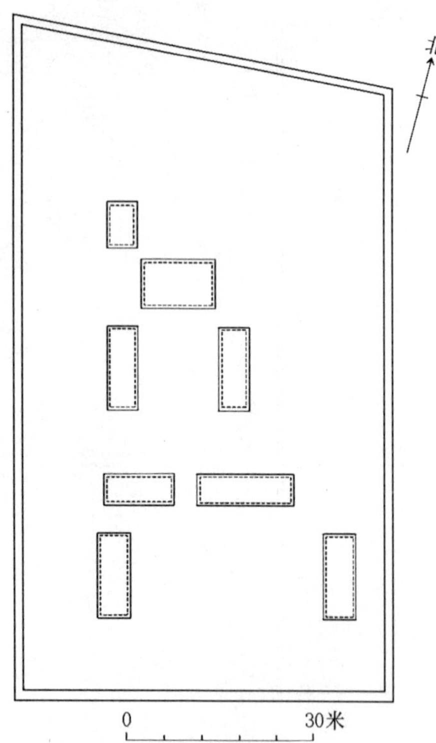

图二一　西关官署遗址（LYX-8）

LYX-9　位于西关之西部，应是一处官署遗址。东北约50米为粮仓遗址。

该院落遗址保存较好，地表建筑遗迹清晰。平面呈长方形，南北长100米，东西宽56米，院墙基宽1米。方向340°。院门位于南墙东段，宽8米。

院内房屋基址较少，但保存较为完好，为一四合院形式的建筑，整体布局略偏西北。

正殿基址位于院内中部偏西北处，东西长15.5米，南北宽7米，墙基宽0.5米。门道位于南墙正中，宽3米。在正殿基址南10米，东、西两侧对称有东、西厢房各一排，均由3间房址组成。两排厢房规格相同，进深6米，间宽4米，墙基宽0.5米。在厢房南7.5米处，亦有两排房屋基址，每排间数不等。东侧一排由两间房址组成，房址进深6米，间宽3米，墙基宽0.5米。西侧房址由5间房址组成，房址进深6米，间宽3米，墙基宽0.5米。在沿正殿基址北墙、东、西厢房后墙和东厢房与东侧南房之间均留有石墙封闭之墙基，形成一独立的院落，墙基宽0.5米；判断主要应为防止雨水进院。

在紧依院落南墙外院门东、西两侧各有房址一排，规格相同。其中，门道东侧有4间房址，西侧有6间房址，均进深9米，间宽4米，基宽0.5米。该房屋基址东、西两端保存较差，遗迹不很明显（图二二）。

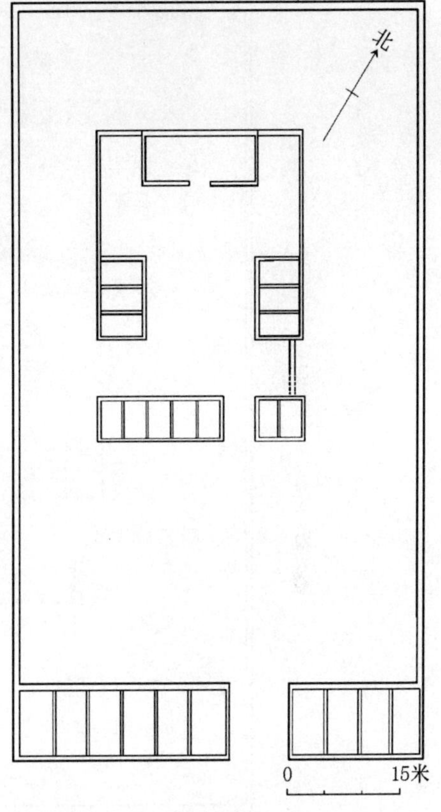

图二二　西关官署遗址（LYX-9）

LYX-13　位于西关之西端。

院落平面呈长方形，南北长128米，东西宽108米。方向340°。院落墙基保存较好，现存高度约0.5～1米，但地表仅暴露有少量的墙基石块，准确宽度无法得知。院门位于南墙正中，宽6米。

院内房屋基址较少，主要集中在中部。但院内房屋基址大部分石砌墙基不清，故无法判断房址的准确间数与宽度。

院内房屋基本作四合院形式布局。正殿基址位于中部偏北处，东西长25米，南北宽10米。在殿基南有一长13.5米，宽9米的石砌踏道。正殿基址南面东、西两侧各有东、西厢房一排，其规格相同，南北长19米，东西进深5.5米，其内分间不清。在东、西厢房南11米有东、西房址各一排，两排房址规格相同。东西长14.5米，南北进深5.5米，分间不清。

此外，在正殿基址北17.4米有房屋基址一排，房址南北长11.5米，东西进深4.5米。在院内东南部亦有房屋基址一排，南北长12.5米，东西进深6米。两处房址均分间不清（图二三）。

粮仓　1处。位于西关之西部。

LYX-1　粮仓在西关西部之西山敖包东南侧的缓坡之上，由北面仓址主体和南面东、西两个院落三部分组成。

仓址主体　仓址主体院落平面呈长方形，南北长210米，东西宽150米，院墙基宽

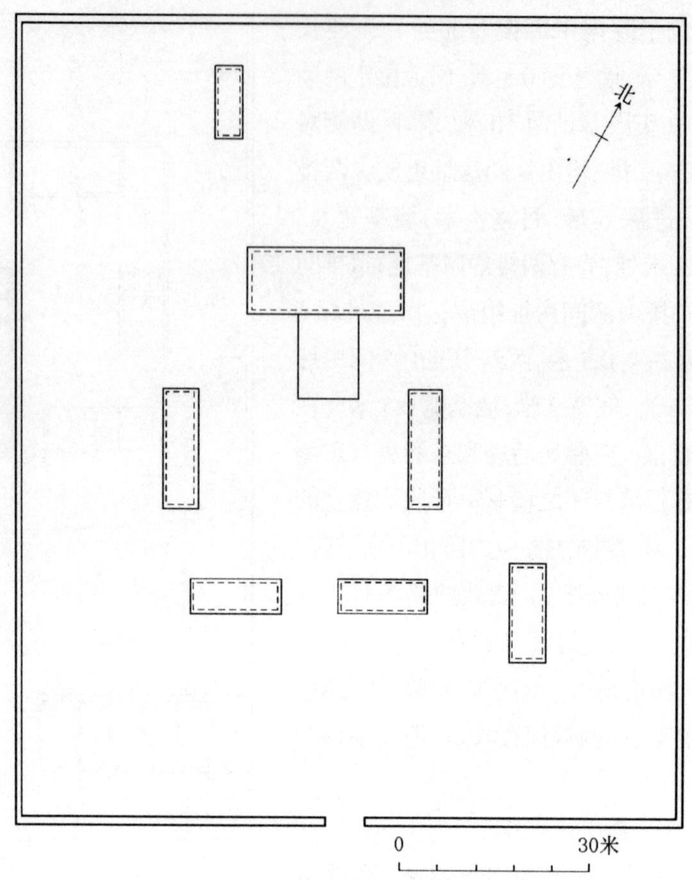

图二三 西关官署遗址（LYX–13）

1.2 米。方向 334°。粮仓基址均为夯土构筑，基址现存高度约 2 米，粮仓建在基址之上。仓址院门位于南墙正中，宽 5.6 米，与南面西侧院落相通。

仓址由正廒和东廒、西廒、南廒组成。

正廒　位于仓址北部，东西长 59 米，南北宽 16 米，仓址墙基宽 1 米。无分仓之痕迹，仓门位置及宽度不详。

东、西廒　两廒仓址各由 4 个大型仓房组成，呈对称分布，规格完全相同。现以西廒为例说明：西廒仓房由北向南第一仓房南北长 28 米，东西宽 15 米，仓门位于东墙中部略偏北，宽 5 米。第二仓房与第一仓房相隔一墙，南北长 28 米，东西宽 15 米，仓门位于东墙北段，宽 5 米。第三仓房与第二仓房也相隔一墙，南北长 44 米，东西宽 15 米，在仓房东墙南段和北段各有一仓门，宽 4 米。第四仓房北距第三仓房 8 米，南北长 44 米，东西宽 15 米，在仓房东墙南段和北段各有一仓门，宽 5 米。仓址墙基均宽 1.2 米。

南廒　位于仓址的南部。两间仓房东、西相邻，形制相同。以东侧仓房为例说明：仓房东西长 42 米，南北宽 17 米，仓房北墙东段和西段各有一仓门，宽 5 米。仓址墙基宽 1.2 米。

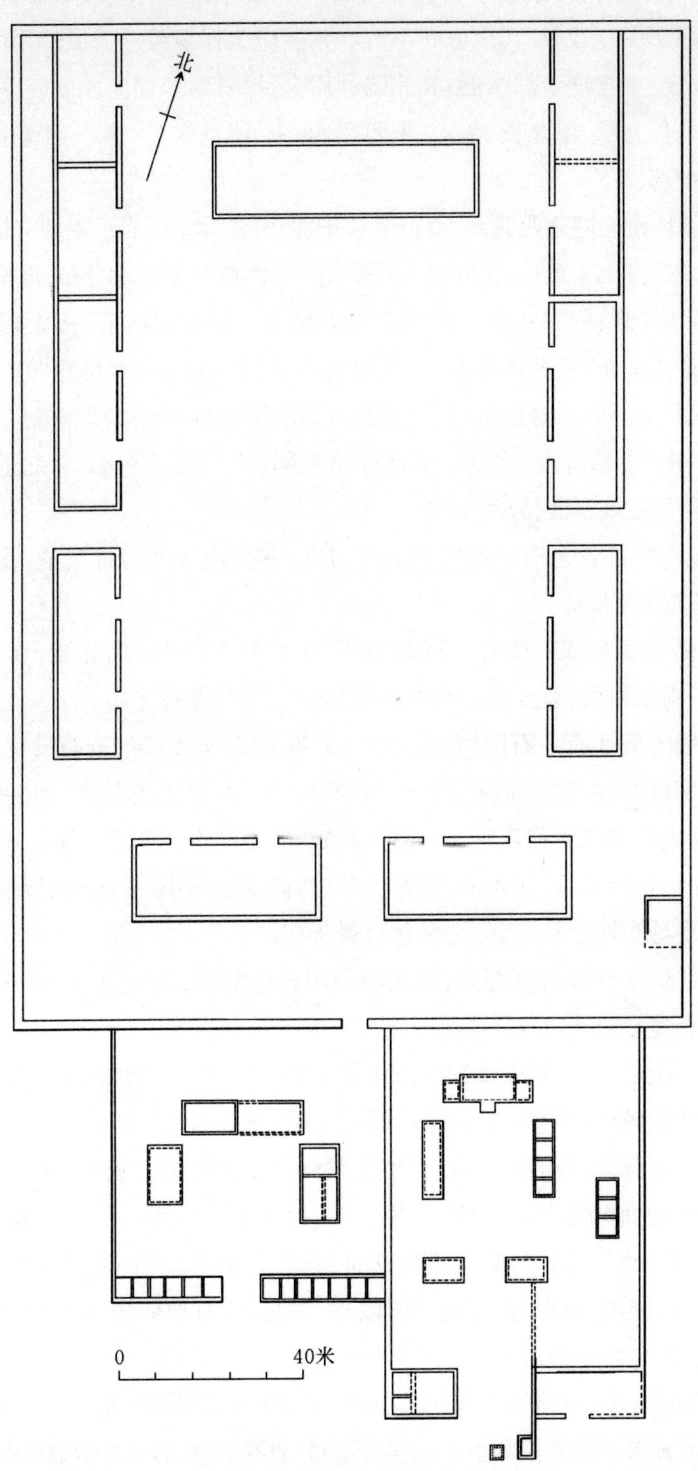

图二四　西关粮仓遗址(LYX-1)

此外，在仓址的东南角紧贴东墙有一南北长 11.2 米，东西宽 8 米，墙基宽 0.6 米的房屋基址。因其南部保存较差，其内分间不清。判断应为保卫粮仓人员使用的房屋。

东侧院落　位于仓址南部东侧，其北墙利用仓址南墙，西面为西侧院落。

院落平面呈长方形，南北长 72 米，东西宽 58 米，墙基宽 0.8 米。因南墙保存较差，院门可能在南墙中部。

院内正殿基址位于院之西北部，由正殿和东、西两侧耳室组成。正殿基址为高台建筑，平面呈长方形，东西长 13 米，南北进深 5.5 米。东、西两侧耳室对称分布，规格相同。南墙与正殿平齐，进深 4.5 米，间宽 4 米。正殿南面中部有一斜坡式踏道，长 2.4 米，宽 3.2 米。

在正殿基址南面东、西两侧各有东、西厢房一排，形制相同，规格相等。以保存较好的东厢房为例说明：由 4 间房址组成，房址进深 4.2 米，间宽 4 米，墙基宽 0.5 米。

东、西厢房南 12 米有房址两排，房址规格相同，皆东西长 9 米，南北进深 5 米，墙基宽 0.5 米。因保存较差，其内分间不清。

此外，在院内中部近东墙处亦有东厢房房址一排，由 3 间房址组成，房址进深 5 米，间宽 4 米，墙基宽 0.5 米。

在门道东侧外面紧依南墙有一石砌围墙，东西长 24.5 米，南北宽 10 米，墙基宽 0.6 米；围墙门位于南墙西段，宽 5 米。判断该围墙应为车马歇脚之用。

在院之西墙外侧亦有一石围墙，东西长 15 米，南北宽 10 米，围墙没有发现门道。在围墙内西部有房址两间，房址进深 4.5 米，间宽 4.5 米，东墙遗迹不清。此围墙用途不详。

此外，在院之最南端对称建有小型房址两处（应为门道内侧之房屋），规格不一。东侧房址略大，平面呈长方形，进深 4 米，间宽 5 米；西侧房址略小，平面呈正方形，边长 3 米。

从该院的房址布局分析，其应为粮仓官署所在地。

西侧院落　位于仓址南部西侧，其北墙利用仓址南墙，仓址门道与该院相通，东面与东侧院落隔墙相连。

院落平面略呈长方形，东西长 62 米，南北宽 57 米。院门位于南墙中段略偏西，宽 10.5 米。

院内房屋建筑较少，正殿基址位于中部偏北处，东西长 27 米，南北进深 7 米。被隔成东、西两个大殿，东侧大殿间宽 15 米，西侧大殿间宽 12 米，墙基宽 0.5 米。

在正殿基址南面两侧有东、西厢房各一排，其规格及形制不一。东侧厢房南北长 16 米，东西进深 8 米，墙基宽 0.5 米，由两间房址组成，北面房址略小，间宽 6.5 米，南面房址略大，间宽 9.5 米，屋内后（东）面也有一石墙基，用途不明。西厢房南北长 12 米，东西进深 7 米，因保存较差，分间不清。

此外，在门道内东、西两侧各有一排房址，两侧房址规格相同。房址进深 5 米，间宽 3.5 米，墙基宽 0.5 米。门之东侧由 7 间房址组成，西侧由 6 间房址组成（图二四）。

从西侧院落的房址布局看，房屋明显多于东侧院落，加之仓址院落门道开于此院。判断该院应是储运粮食和守卫粮仓之地。

店铺　5处。多位于西关大街南面，少量的位于北面。编号为LYX-2、LYX-3、LYX-10、LYX-11、LYX-14。

LYX-2　位于西关大街南面。

店铺院落呈长方形，南北长65.5米，东西宽43.5米，院墙基宽0.5米。方向350°。院门位于南墙西侧，宽4米。

店铺由临街的10间房址组成，进深6.5米，墙基宽0.5米。间宽不一，由东向西分别为6.5米、3.5米、2.5米、4.25米、3.25米、5米、5米、4米、4米、5.5米。

院内房址较少，均位于院落西部。正房房址东西长11米，南北进深4米，墙基宽约0.5米，内部保存较差，分间不清。正房房址南5米处东、西两侧各有东、西厢房一排，形制及规格相同，均由3间房址组成，房址进深6米，间宽3.5米，墙基宽0.4米。在东、西厢房南5.5米处有房址两处。东侧房址保存完整，由两间进深5米，间宽3.5米，墙基宽0.4米的房址组成。西侧房址保存较差，仅有北面墙基和南面西段墙基，其他情况不详(图二五)。

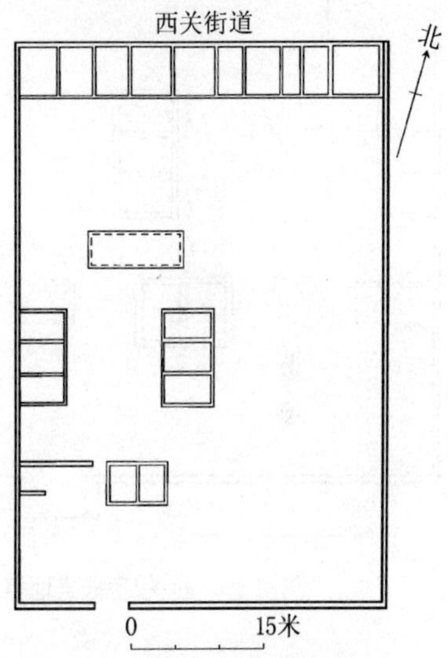

图二五　西关店铺遗址(LYX-2)

LYX-3　位于西关大街南面。

店铺院落呈长方形，南北长28.2米，东西宽14米，墙基宽0.6米。方向350°。院门位于东墙南段，宽1.95米。

店铺由临街的3间规格相等的房址组成，房址进深6米，中间1间间宽4米，东、西两侧间宽5米，墙基宽0.5米。

院内住房位于院之西南角，西、南两墙利用院之西墙和南墙。由3间房址组成。房址进深5.4米，间宽5.5米，墙基宽0.5米(图二六)。

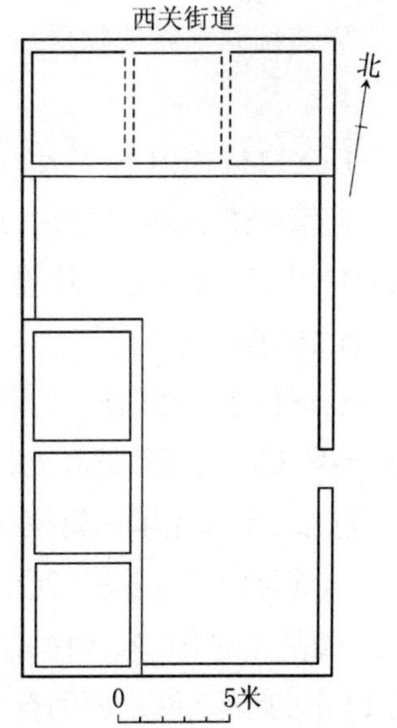

图二六　西关店铺遗址(LYX-3)

LYX-10　位于西关大街中段南面。

该店铺因地势所限，东墙略作东南—西北向，故其平面略作不规则四边形，各墙长度、方向亦有所差别。其中，东墙长64米。方向345°，南墙长53.5米，西墙长63.5米，北墙长51米。店铺院墙基址保存较好，均用自然石块垒砌，宽0.5米。院门位于南墙偏东处，宽3米，门外有长3米，宽4米的石砌路面。

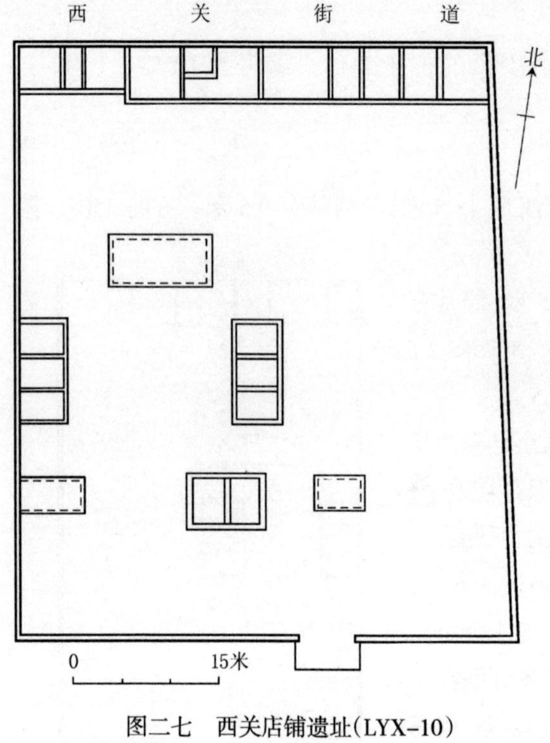

图二七　西关店铺遗址（LYX-10）

店铺由临街房址10间组成，西面3间房址进深略短，为5米，中间间宽为2.5米，东、西两侧为4.5米，墙基宽0.5米。东面房址进深略长，为6米，但间宽不等，由西向东分别为6米、8.5米、8.5米、3米、4.5米、4.5米、5米。这种现象在西关店铺建筑中普遍存在，判断应为根据店面规模需要而建成。

店院内住房房址集中于西部。正房位于中部偏西北处，东西长11.5米，南北进深5.5米，墙宽约0.5米，因保存较差，内部分间不清。正房基址南面东、西两侧各有一排厢房，规格完全相同，各由3间房址组成，进深5米，间宽4米，墙基宽0.5米。东、西厢房南约5米亦有3处房屋基址。由西向东第一处紧依院之西墙，东西长7米，进深4米，墙基宽约0.5米，内部分间不清；第二处位于东厢房南，由两间进深6米，间宽4米，墙基宽0.5米的房址组成；第三处基本与院门正对，东西长5.5米，进深4米，墙基宽约0.5米，内分间不清（图二七）。

店铺院内暴露遗物极少，仅有少量的灰色素面板瓦、灰色素面砖和黑釉圆沿粗瓷瓮等残片。

LYX-11　位于西关大街中段北面，西南约100米与LYX-10隔街相望。

店铺院落平面略呈长方形，南北长57.5米，东西宽52米。方向355°。店铺院落墙基保存完好，均为自然石块垒砌，墙基宽0.8米，现存高度0.5～1米。院门开于南墙东段，宽10米。

店铺位于南墙门道东、西两侧临街处。东侧店铺较小，共由4间房址组成，房址进深5米，间宽3.5米，墙基宽0.5米。西侧店铺共有5间房址，除西南角店铺进深5.5米外，其他4间进深6.5米，但间宽不等，由东向西间宽分别为3.5米、6米、5.5米、6.5米、5.5米。

店铺院内房屋较多，且布局规整。正房基址位于中部偏北，东西长11.5米，南北进深7米，墙基宽约0.5米，因保存较差，无分间痕迹。在正房基址东侧有南北长34.5米，东西宽14米的小院，院之西侧有10间进深5米，间宽4米，墙基宽0.5米的房址组成，面朝院内。正房基址西侧紧贴西墙亦有8间进深5米，间宽4米，墙基宽0.5米的房址一排。此外，在紧依北墙也有两组房址，东侧一组由5间房址组成，西侧一组由3间房址组成。两处房址规格相同，皆为进深5米，间宽3米，墙基宽0.5米(图二八)。

院内地表暴露有极少的灰色素面板瓦和灰色素面砖残块。

根据元上都西关店铺调查情况分析，该店铺为西关大型店铺。另外，该店铺院内房址多达二十余间，明显多于其他大型店铺的房址数量。该店铺是否兼营旅店业，应值得注意。

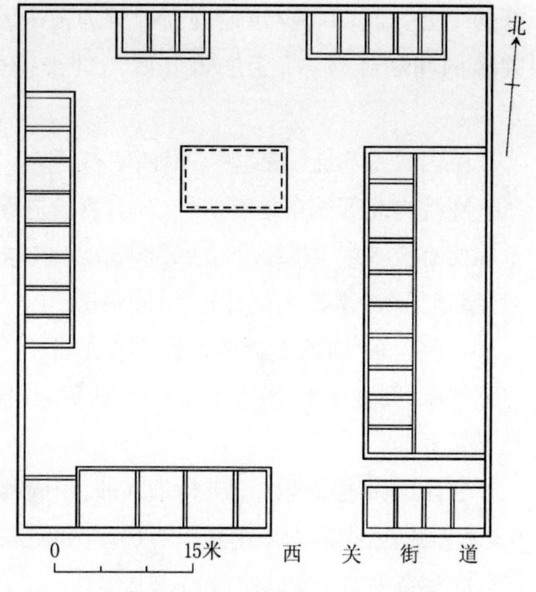

图二八　西关店铺遗址(LYX-11)

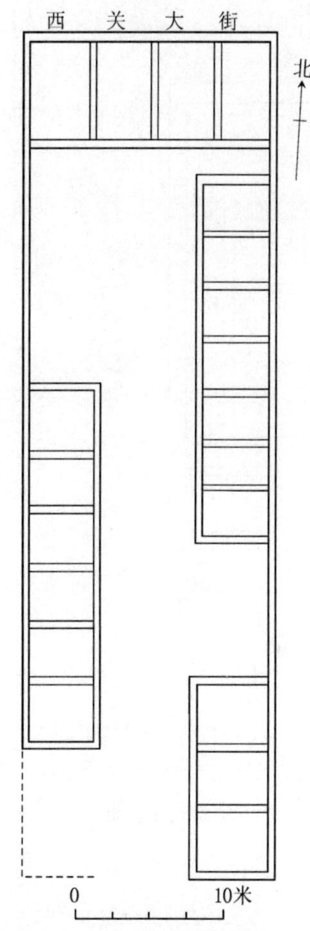

图二九　西关店铺遗址(LYX-14)

LYX-14　位于西关大街东段南面。

店铺院落依地势而建，平面呈长方形，南北长55.8米，东西宽17米。方向355°。该店铺院落除西南角墙基不清外(判断原来东、西两墙因地势所限，长度不一)，其他院墙保存较好，墙基宽0.5米，现存高度0.3～0.6米。门道位于南墙中段，宽度不详。

店铺有4间临街店面房址，规格相同。房址进深6.5米，间宽4米，墙基宽0.5米。

店院内因地势宽度所限，均紧贴东、西两墙建房。紧依东墙北段有房址7间，房址进深5米，间宽4米，墙基宽0.5米；其南8.25米处有房址3间，房址进深5.3米，间宽4.5米，墙基宽0.5米。紧依西墙南端有房址6间，房址进深5米，间宽4米，墙基宽0.5米(图二九)。

民居　1处。

LYX-12　位于西关大街中段北部。

该民居依地势而建。其平面呈长方形，东西长40米，南北宽24.4米。方向350°，为西关民居中保存最好的一处。其四墙砌筑痕迹断续较为清晰,院墙基宽 1 米,现存高度 0.2～0.5 米。因院墙的间断处较多,无法得知院门的准确位置,但从总体布局判断,院门应在南墙东段。

院内房屋基址较多,基本沿四墙布局。

在院内北部偏东处有房址 3 间,房址进深 4 米,间宽 3.5 米,墙基宽 0.5 米,在中间房址前面有长 6 米,宽 2.8 米的石铺路面。在这组房址西约 5 米处有一进深 4 米,间宽 4.5 米,墙基宽 0.5 米的房址,内无分间痕迹。

在院内东、西两侧近墙处各有东、西厢房一排。其中,东侧厢房由 3 间房址组成,房址进深 5 米,间宽 4 米,墙基宽 0.5 米;西侧厢房由 4 间房址组成,房址进深 6 米,间宽 4 米,墙基宽 0.5 米。

在院之南墙偏西内侧有房址 4 间,南墙利用院墙。房址进深 5 米,间宽 3.5 米,墙基宽 0.4 米。此外,在院内东南角也有房址两间,东、南两墙均利用院墙,房址进深 3.5 米,间宽 3.5 米,墙基宽 0.4 米(图三〇)。

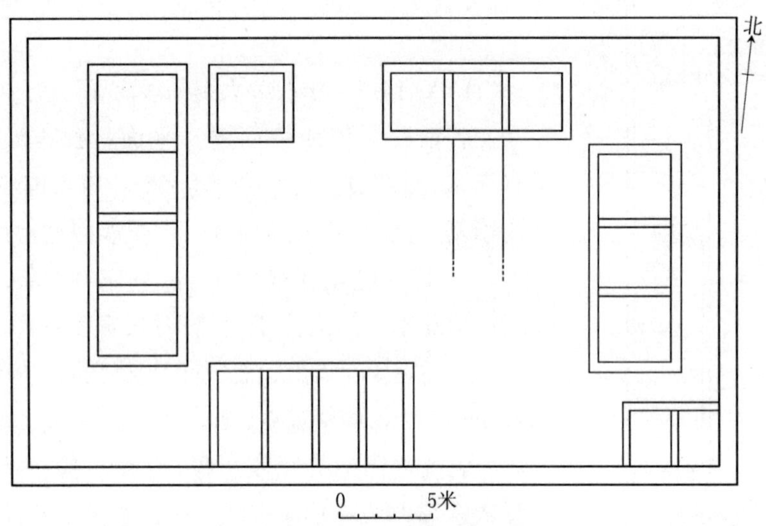

图三〇　西关民居遗址(LYX-12)

2.遗物

在西关共采集遗物 19 件。以瓷器为主,少量的陶器、滴水。

瓷器　18 件。有龙泉窑、磁州窑、钧窑等名窑产品和青花、黑釉、白釉、木叶纹瓷器。

龙泉窑瓷器 5 件。有罐、盆、碗、高足杯。

罐　2 件。残。分两型。

A 型　1 件。LYXC：13，仅存底部，假圈足。瓷质细腻，内壁脱釉，外壁施浅蓝釉。底径 12 厘米，残高 4 厘米（图三一，20）。

B 型　1 件。LYXC：14，仅存底部，圈足。瓷质细腻，内壁脱釉，外壁施浅蓝釉，近底存有印花图案。底径 10 厘米，残高 6 厘米（图三一，17）。

盆　1 件。残。LYXC：12，仅存底部，圈足。瓷质细腻，内外壁施浅蓝釉，内底印有花草图案。底径 7.2 厘米，残高 3.6 厘米（图三一，13）。

碗　1 件。残。LYXC：17，残存底部，圈足。瓷质细腻，内外壁施浅绿釉，内底印有花草图案。底径 7.6 厘米，残高 4.5 厘米（图三一，11）。

高足杯　1 件。残。LYXC：10，仅存底部，喇叭口高圈足。瓷质细腻，内外壁施浅蓝釉，内底印有花草图案。底径 3.6 厘米，残高 5.6 厘米（图三一，9）。

磁州窑瓷器　4 件。有筒形罐、盆。

筒形罐　2 件。残。直口，圆唇，短折沿，上腹较直，下腹残缺。瓷质较细，外壁施白釉黑花。LYXC：3，口径 24 厘米，残高 3.6 厘米（图三一，4）。LYXC：4，口径 22 厘米，残高 6.8 厘米（图三一，19）。

盆　2 件。残。仅存底部，圈足。瓷质细腻，内底有 6 个支钉痕迹。LYXC：18，底径 9.2 厘米，残高 4.5 厘米（图三一，6）。LYXC：16，圈足外侧残存一墨书“六”字。底径 8 厘米，残高 4 厘米（图三一，7）。

钧窑瓷器　1 件。残。碗，LYXC：9，敞口，圆唇，上腹较直，下腹斜收，近底残缺。瓷质细腻，内外壁施天蓝釉。口径 16 厘米，残高 5.2 厘米（图三一，8）。

青花瓷器　1 件。残。碗，LYXC：8，残存小块口，敞口。瓷质细腻，内外壁施青花釉（图三一，3）。

黑釉瓷器　6 件。有瓮、罐、盆、碗。

瓮　1 件。残。LYXC：1，敛口，方唇，上腹外侈，下腹残缺。瓷质较细，内壁施黑釉，外壁作黑釉剔花，口部脱釉。口径 20 厘米，残高 6 厘米（图三一，2）。

罐　2 件。残。瓷质细腻，内外壁施黑釉。LYXC：5，敛口，圆唇，矮领，鼓肩，肩部以下残缺。口径 18 厘米，残高 6 厘米（图三一，16）。LYXC：15，残存底部，平底内凹。底径 11 厘米，残高 6.5 厘米（图三一，18）。

盆　1 件。残。LYXC：2，敞口，平沿，上腹弧斜收，下腹残缺，外壁口部施凹旋纹两周。瓷质较粗，内外壁施黑釉。口径 36 厘米，残高 13.2 厘米（图三一，1）。

碗　1 件。残。LYXC：20，仅存圈足。瓷质较细，内壁施白釉，外壁施黑釉，近底脱釉。圈足内有一墨书，辨识似一“魏”字。底径 6.5 厘米，残高 2.3 厘米（图三一，10）。

高足杯　1 件。残。LYXC:11，仅存底部，喇叭口高圈足。瓷质较细，内外壁施白釉，近底脱釉。底径 3.6 厘米，残高 5 厘米（图三一，12）。

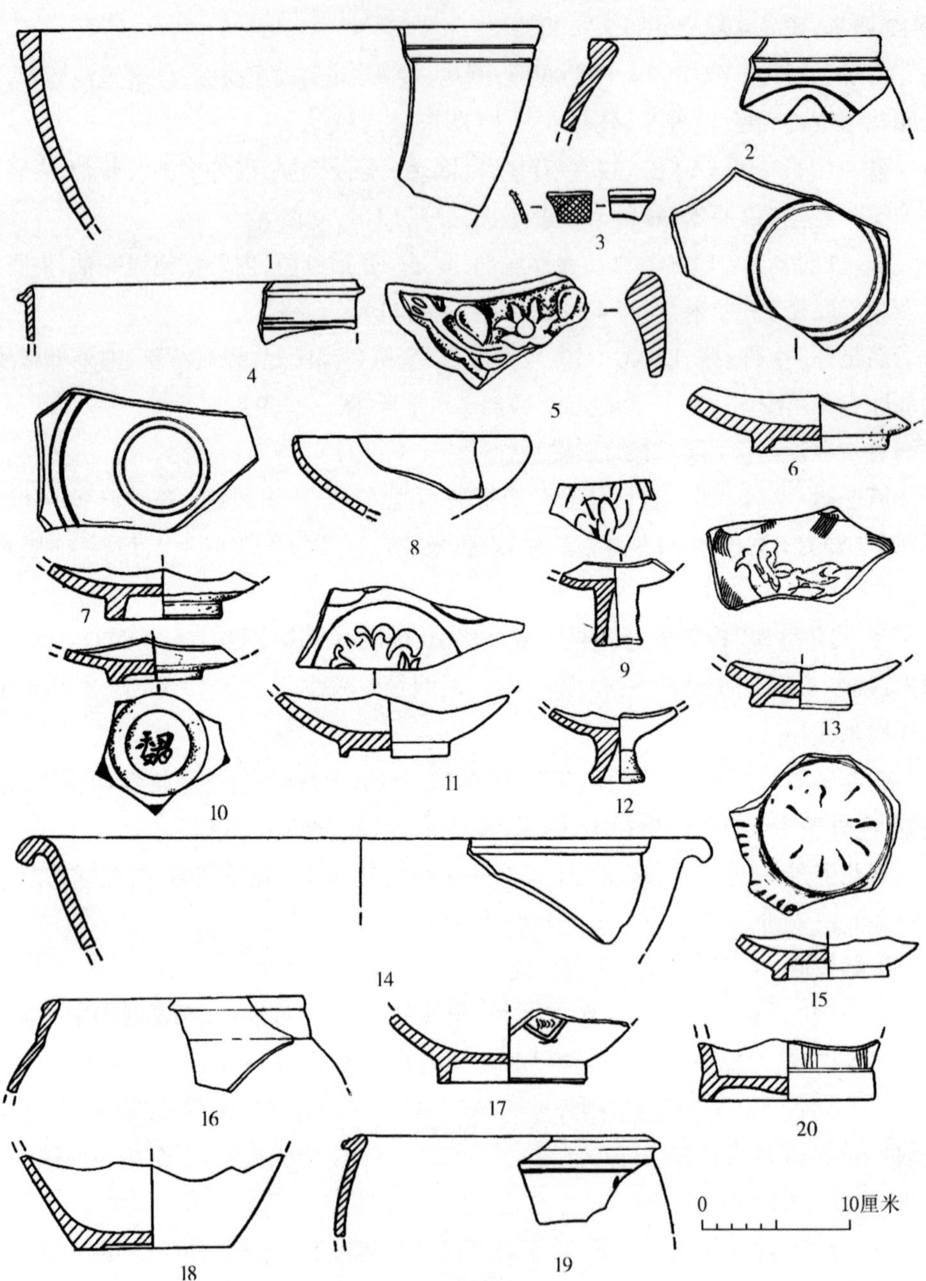

图三一　西关采集陶、瓷器

1、6、7、13.瓷盆(LYXC：2、18、16、12)　2.瓷瓮(LYXC：1)　3、8、11、15.瓷碗(LYXC：8、9、17、19)　5.滴水(LYXC：7)　9.高足瓷杯(LYXC：10)　10.碗底墨书(LYXC：20)　12.高足瓷杯(LYXC：11)　4、19.筒形瓷罐(LYXC：3、4)　14.陶盆(LYXC：6)　16～18、20.瓷罐(LYXC：5、14、15、13)

木叶纹瓷器 1件。残。LYXC:19,残存底部,圈足。瓷质细腻,内外壁施黑釉,内底(壁)有铁红色木叶纹。底径8厘米,残高3.2厘米(图三一,15)。

陶器 1件。残。盆,LYXC:6,敞口,圆唇,卷沿,上腹斜收,下腹残缺。泥质灰陶,内壁作横向压光。口径48厘米,残高7.2厘米(图三一,14)。

滴水 1件。残。LYXC:7,呈弧边三角形,正面模印有牡丹花图案。残长13.6厘米,残宽7.6厘米,厚2.4厘米(图三一,5)。

四、北 关

位于外城北墙外,往北近2000米为东西横亘的龙冈,山下地势平坦,东西宽约2500米。其中,东半部因为早年被开垦为农田,建筑遗迹不甚清楚;西部则地势开阔,与西关北部相连,留存有较多的建筑遗迹。调查中发现,在北关西北部偏南处有两个东西并列的特大型院落,院内各有房址百余间,且成排分布,判断应是当时驻军的院落。在兵营北部有少量的大型院落,院内房址极少,性质不清。此外,在北关的北部有一条东北—西南向,长约800米,宽约60米的建筑带,因保存较差,建筑和院落布局尚不清楚。因北关诸遗迹相对保存较差,这次调查测绘仓址、兵营和大型院落4处,现叙述如下:

仓址 1处。

LYB-4 位于北关东北部山丘的缓坡脚下。

仓址平面呈长方形,东西长82米,南北宽72米,墙基宽1米,现存高度约1～1.5米,方向5°。该仓址总体保存较好,仅南墙遗迹不清,仓址院门位置不详。仓址紧依东、西、北三墙各有仓房一排,进深均为9米,现存高度约1米。北面一排仓址由3间仓房组成,中间仓房东西长31.5米,东、西两侧仓房长25米,墙基宽1米。东、西两侧仓址各由两间仓房组成,做对称分布,规格相同,仓址北面仓房较大,长33米;南面仓房略小,长25米,墙基宽1米。在院内中部亦建有两个大型仓址,规格相同,仓址东西长38米,南北进深11米,墙基宽1米。因其内部保存较差,没有发现分仓迹象。在仓址地表暴露有较多的灰色素面砖和灰色素面板(筒)瓦残片(图三二)。

兵营 1处。

LYB-2 兵营遗址位于北关西北部略偏南处,西北距LYB-1约500米。

院落平面呈长方形,南北长227米,东西宽130.5米。方向332°。院落墙址均为自然石块垒砌,墙基宽1.2米;北半部保存较好,现存高度约0.5～1米;南半部保存较差,基本与现地表高度一致,但仍可看出其墙基痕迹。院门位于南墙正中,宽5.6米。此外,在西墙北段(兵营区)开有一侧门,宽4米。

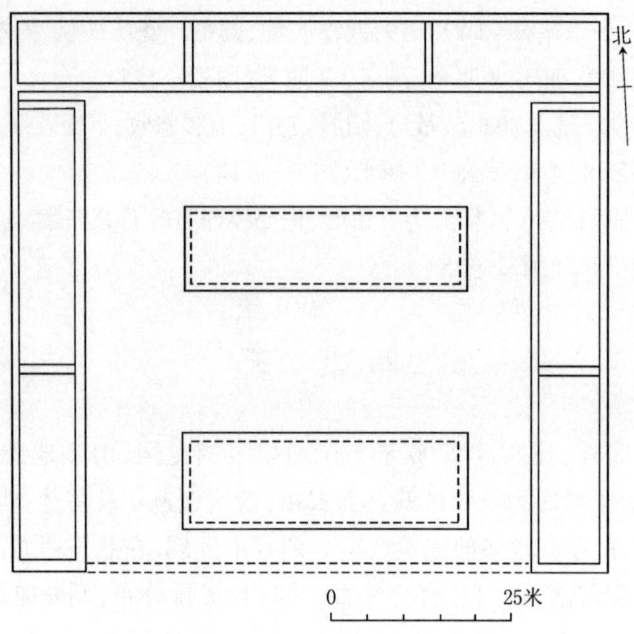

图三二　北关仓址（LYB–4）

该院落布局井然有序，大致可分为北部的兵营区、南部西侧的官署区和东侧的仓储区三部分。

兵营区　位于院落的北半部，南部有隔墙与官属区分开。东墙略内收，窄于南部院落，东西宽约128米，南北长约63米。院落内由北向南有4排房址。北面一排房址紧依院内北墙而建，共由31间房址组成。中间29间房址进深6米，间宽4米，墙基宽0.5米。东、西两侧各一间房址，因有东、西墙的房址而进深较浅，为5米，间宽5.5米，墙基宽0.5米；第二排由四组22间房址组成，对称分布。中间两组房址各7间，东、西两侧房址各4间，规格相同。房址进深6米，间宽4米，墙基宽0.5米，每组房址间距3米；第三排由东、西两组房址组成，共28间，每组房址14间，规格相同，房址进深6米，间宽4米，墙基宽0.5米，两组房址间距4米；第四排由6组房址组成，共21间。中间4组房址各3间，余东侧房址4间，西侧房址5间，规格相同。房址进深6米，间宽4米，墙基宽0.5米，房址间距中间为5米，两侧为3米。

兵营区在紧贴院之东、西两墙各有厢房一排。其中，东侧厢房9间，西侧厢房11间（西侧厢房南即为院落西侧门），两侧厢房规格略小，房址进深5米，间宽4米，墙基宽0.5米。

兵营区与官署区之间没有通道，但与仓储区之间有一通道。

官署区　由3个既独立，又相互联系的院落组成。

北面西侧院落东西长46.2米，南北宽35.2米，院墙基宽0.8米。门道位于南墙中段偏西，宽 3.5 米。院内中部略偏东北有一高台建筑基址，平面呈长方形，东西长 16 米，南北宽 9 米，墙基宽约 0.5 米，现存高度约 1 米。

北面东侧院落东西长 40 米，南北宽 35.2 米，院墙基宽 0.8 米。院内中部有一高台建筑基址，平面呈长方形，东西长 19 米，南北宽 10 米，墙基宽约 0.5 米，现存高度 1 米。在基址南面正中有一斜坡式踏道，长 5.5 米，宽 4 米。院门位于南墙西段，宽 11 米。

南面院落位于北面两院之南（北墙与北面东、西两院南墙共用一墙），东西长 44.8 米，南北宽 39.2 米，院墙基宽 0.8 米。院门位于南墙西段，宽 5 米。院内东北角有一高台建筑基址（为遗址内最高点），平面呈长方形，东西长 18.4 米，南北宽 12 米，基宽 0.5 米，其上由两间房址组成，东侧房址间宽 8.2 米，西侧房址间宽 10.2 米。院内东南角有房址 4 间，进深 8 米，间宽不等，由东向西分别为 7 米、4.2 米、5 米、4 米，墙基宽 0.5 米。

在南面院落外的南部也有一高台建筑基址，平面呈长方形，东西长 20 米，南北宽 12 米，墙基宽 0.5 米，现存高度约 1 米。台基南侧正中有斜坡式踏道，长 10 米，宽 8 米。

官署区因南墙位置不清，故正门位置不详。东墙北段有一侧门通往仓储区，宽 3 米。

仓储区　位于院落中部东侧，西与官署区相邻，北与兵营区相连。该区房址布局相对保存较差。该区由北向南有五排房址，其内均分间不清。北面第一排位于仓储区北墙，东西长 10 米，南北进深 7 米，墙基宽约 0.5 米。第二排由东、西两组房址组成，东侧房址东西长 24 米，南北进深 7 米，墙基宽 0.5 米；西侧房址东西长 10 米，南北进深 7 米，墙基宽 0.5 米。第三排房址紧依东墙，东西长 32 米，南北进深 7 米，墙基宽 0.5 米。第四排房址由东、西两组房址组成，东侧房址东西长 13 米，南北进深 9 米，墙基宽 0.5 米；西侧房址东西长 24.5 米，南北进深 7 米，墙基宽 0.5 米。第五排亦由东、西两组房址组成，东侧房址东西长 21 米，南北进深 5 米，墙基宽 0.5 米；西侧房址由 4 间房址组成，进深 5 米，间宽 4.5 米，墙基宽 0.5 米。

在仓储区北面紧依院落东墙与兵营区相通处有 3 间房址，房址进深 5 米，间宽 4 米，墙基宽 0.5 米。判断应为警卫仓储区之用房。

在仓储区南部有 3 处小型高台建筑基址，呈“品”字形分布。一号基址位于西北部，平面呈正方形，边长 7 米，墙基宽约 0.5 米，现存高度 0.5 米。二号基址位于一号基址东 5 米，平面呈长方形，南北长 7 米，东西宽 5 米，墙基宽约 0.5 米，现存高度 0.5 米。三号基址位于一、二号基址南 11 米，平面呈正方形，边长 5 米，墙基宽约 0.5 米，现存高度 0.5 米。

兵营院落内除上述三区外，在院落南部还有少量建筑基址。但因保存极差，无法进行准确调查与测绘。仅在院落西南部保存一高台建筑基址，平面呈正方形，边长 11 米，墙基宽约 0.5 米，现存高度 1 米（图三三）。

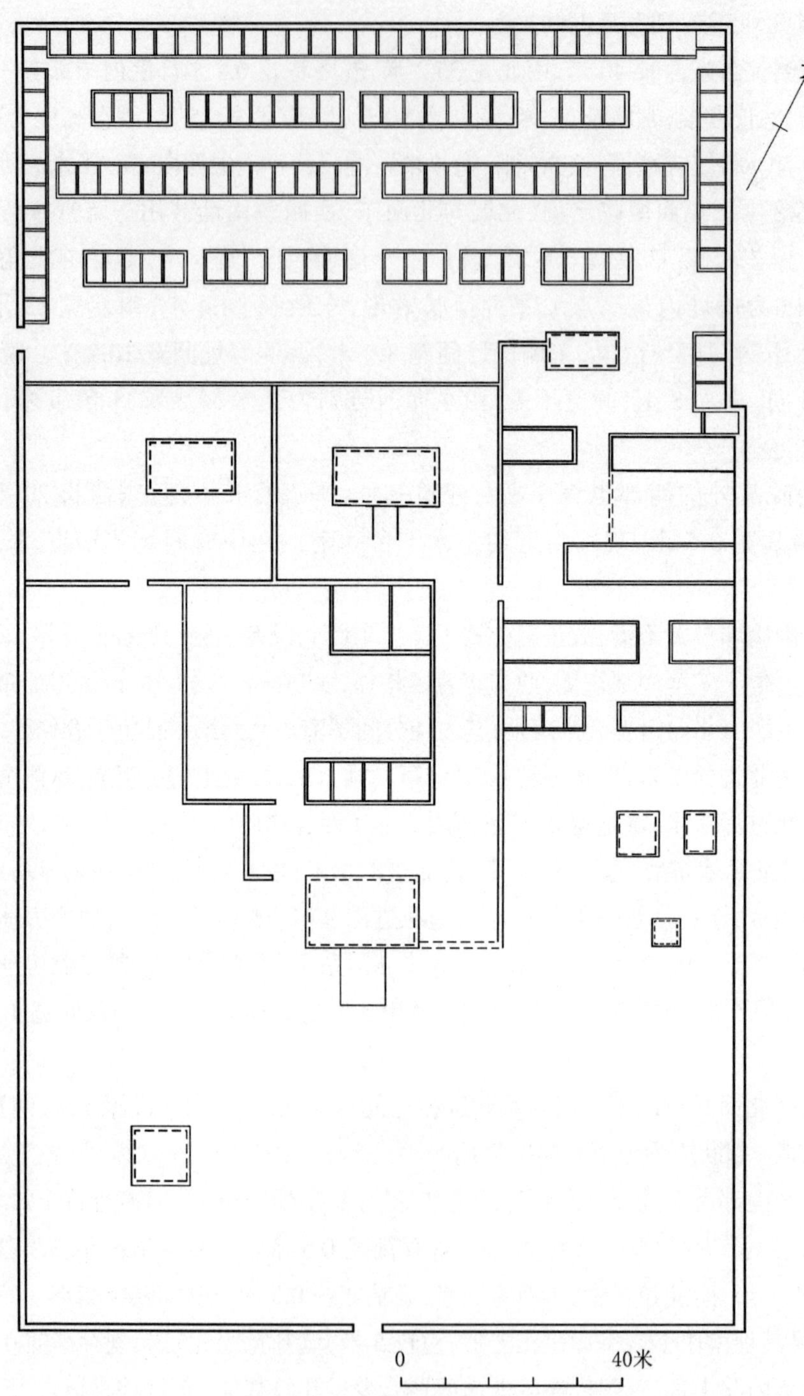

图三三　北关兵营遗址(LYB-2)

兵营院落内地表暴露遗物极少，兵营区内有少量的灰色素面板（筒）瓦和灰色素面砖。在官署区内的高台建筑基址上散布有少量的琉璃构件，但因残损严重，形制不详。

大型院落　2处。编号为LYB–1、LYB–3。

LYB–1　位于北关之西北部。

院落平面呈长方形，东西长55米，南北宽46米。方向320°。院落墙基均暴露于地面，皆用自然石块垒砌而成，两边平齐规整，墙基宽1米，现存高度约1米。院门位于南墙正中，宽4米。

院内房址较少，有正殿基址和东、西厢房各一处。

正殿基址位于院内中部偏北处，平面呈长方形，东西长12.2米，南北宽8米。因墙基大部埋于地表之下，地表暴露有少量的石砌墙基。墙基宽0.5米，房址内分间及布局不清。

正殿基址东、西两侧各有东、西厢房一排，其规格完全相同。均由4间房址组成，房址进深5米，间宽不一，中间两间房址间宽7米，南北两侧房址间宽4米，墙基宽0.5米（图三四）。

院落地表暴露有少量的灰色素面砖和灰色素面板（筒）瓦残块。

LYB–3　位于北关之中部。

院落平面略呈长方形，东西长46米，南北宽44米，墙基宽0.7米。方向335°。该院落

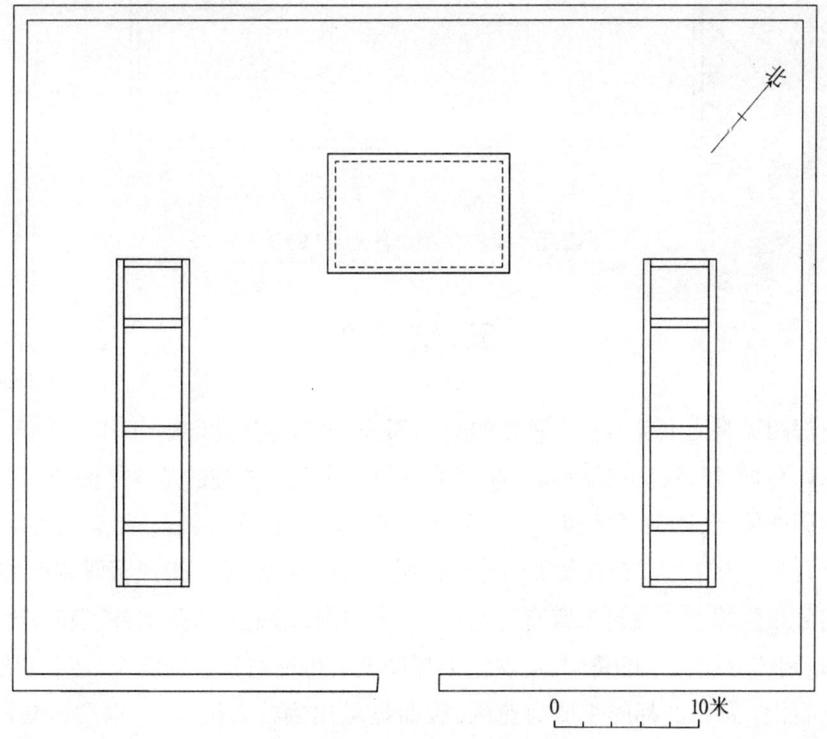

图三四　北关大型院落遗址（LYB–1）

保存较好，遗迹十分清晰，院墙及房屋基址均用自然石块垒砌，现存高度约0.5～0.8米。院门位于南墙正中，宽5米。

院内房址极少，北部有两排并列的房址。东侧房址由4间组成，西侧房址由3间组成。两排房址规格相同，房址进深4.3米，间宽4米，墙基宽0.5米。在其南面近院之东、西两墙对称有东、西厢房各一排，两厢房规格相同，均由3间房址组成，进深2.7米，间宽2.7米，墙基宽0.5米（图三五）。

院内地表暴露有少量的灰色素面砖和灰色素面瓦残块。

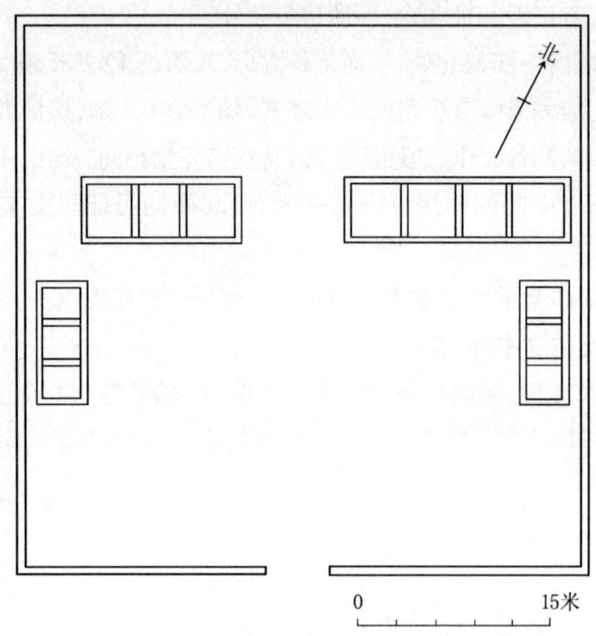

图三五　北关大型院落遗址（LYB-3）

五、结　语

元上都四关是元上都城极为重要的组成部分。这次调查和测绘工作基本摸清了四关遗迹的总体布局、以及部分遗迹间的相互关系和不同类型遗迹的基本平面结构。

依据调查情况，四关遗址初步可以分为官署、仓址、粮仓、兵营、驿馆、大型院落、店铺和民居等几类。但几类遗存在每关的分布情况又各有侧重，从而形成了既相互关联，又各具特点的分布规律。元代诗人曾有“西关轮舆多似雨，东关帐房乱如云”[1]和“滦水桥边御道西，酒旗闲挂暮檐低”[2]的诗句，反映元上都城关的生活情景。据调查，西关建筑遗迹比较密集，可能作为元上都的主要商业区，因而显示出到处店铺林立、商贾云集的繁荣景象；靠近皇城的东关偏北的东门外建筑遗址较少，应主要作为元朝官员和朝觐者的聚居地而可能帐幕云集，其偏南的小东门外，则可能为百姓杂居之地；南关的主要遗迹因多位于元上都明德门御道两侧，故酒店和客栈是其主要组成部分。通过这次调查和测绘工作，我们对四关的总体布局和建筑特点，主要有以下几点认识：

1）调查认定的9处官署，多分布于西关，少量的分布于东关和南关。这些官署遗址建筑规模一般较大，基址一般保存较好。这些官署大多由1～2座大型基址组成，多在大型基址南面东、西两侧建东、西厢房，并在东、西厢房南面建有房屋，形成一个四合院。院内布局较为整齐，房屋相对较少。但也有官署布局有数组房址组成，如LYN-1明显有3组四合院组成，除东面一处规模较大外，其余两处规模较小。

上都城内除供皇帝居住和行政的诸多宫殿和庙宇之外，六部的官署也应当在上都城内。所以，这些分布在四关的官署遗址，可能为上都留守司管理上都日常事务的下属机构。

据《元史》记载“国初，置开平府。中统四年，改上都路总管府。至元三年，又给留守司印。十九年，并为上都留守司兼本路都总管府”[3]。上都留守司的管理职能是“掌守卫宫阙都城、调度本路供亿诸务，兼理营缮内府诸邸、都宫原庙、尚方车服、殿庑供帐、内苑花木，及行幸汤沐宴游之所，门禁关钥启闭之事”，又要“兼治民事，车驾还大都，则领上都诸仓库之事”[4]。上都留守司设“达鲁花赤、总管、留守六人，职正二品”[5]。上都留守司负责管理元上都城及其辖境的诸事，下设有许多机构和官员。据《元史》记载，上都留守司的下属机构，根据其不同的职掌大致可以分为六类机构。分别为：民政机构、治安机构、军事机构、巡幸供给机构、营造诸司、仓库及税课机构[6]。而每类机构又分别依其职能的不同下设数个机构。据考究，上都留守司的直属机构有26个之多[7]。所以上都留守司作为负责管理上都城的各项事宜的常设机构，在元朝的地位十分重要。

2）这次调查的两处粮仓遗址，分别位于东关之东北部和西关之西南部的两座敖包下的高阜之处。1973年，贾洲杰先生等在对元上都调查中发现这两处粮仓遗址，并结合史料记载，分别将东关粮仓考证为广积仓，西关粮仓考证为万盈仓[8]。

这次调查发现，西关的万盈仓除仓址主体外，在南面还有两个相连的院落。经过调查分析，东侧院落应为管理粮仓的官署所在地，而西侧院落应为储运粮食和守卫粮仓人员的住所。在东关广积仓西墙外南侧发现的LYD-5大型院落，从其平面布局来看，也应当属于粮仓的管理和守卫人员的住所。此外，在皇城东墙外发现的LYD-7仓址，虽面积略小，但平面布局与上述两座粮仓十分相似，也极有可能属于粮仓类建筑。这些发现真实地反映了元上都粮仓遗址全貌，丰富了对元上都粮仓储运管理状况的认识。

3）这次在北关发现了两处大型兵营遗址，并对地表保存清晰的一处进行了测绘工作。该遗址由一个特大型院落组成，院内分为兵营区、官署区和仓储区3个部分，这3个区域作为一个整体，既相对独立，又相互联系。

元上都建立之初，按照元代的军事制度，驻守元上都的军队是不固定的。“郡邑镇戍士卒，皆更相易置，故每岁以他郡兵戍上都”[9]。到至元十六年(1279年)确定上都镇戍军定名为虎贲军。“管领上都路元籍军人，兼奥鲁之事”[10]。大德元年(1297年)初，改虎贲军为虎贲亲军都指挥使司[11]。镇守上都的虎贲军共有百户200员，元代规定，军队百户分为上、下两等，上百户统军70人，下百户统军50人。以此计算，镇戍元上都的军队总数大致应在10000～14000人之间。

发现的北关兵营遗址应是元上都虎贲军的屯兵之处，元上都镇戍军在至元十六年(1279年)确定为虎贲军的第二年，置立都指挥使二员，副都指挥使二员。因此，推断这两处特大型兵营遗址应是都指挥使的官署和屯军之处。

4）在东关发现了数量较多的大型院落遗址。这些大型院落遗址距皇城相对较近，大致可分为元朝达官贵人的居所和驿馆两类。

这次调查可以基本确定为驿馆的仅有LYD-9一处，其院内房屋多达58间，房间既相对独立又可成为一个整体，可能是来元上都觐见的王公贵族或外国使臣临时居住的驿馆。

东关大型院落遗址院落内的房屋相对较少，均留有较大面积的空地，可能是用于搭建帐房的。据史载，元朝许多权臣都居住在东关。如顺帝时，权臣唐其势的死党剌剌就住在东门外的帐房之中[12]。这些大型院落可能在院内空地扎建帐房，这应与蒙古族的风俗习惯有关。

5）这次调查的店铺遗址均分布于西关东西大街的南北两侧。每个店铺均为一个独立的院落。临街处有数间或十余间不等的房间，院内亦有数量不等的居住房屋。这是元上都四关中最大的商业区的真实写照。

元上都做为元朝的夏都，每年的四月至九月元朝皇帝来此避暑和处理政务时，都会带来大批的官员和王公贵族，从而带动了元上都商业的繁荣，也为元上都带来了可观的商业税收。元上都的商税管理机构最初是上都宣课提领，至元十九年(1282年)改为上都宣课提举司[13]。成宗元贞元年(1259年)又改为“上都税课提举司”[14]。成宗元贞元年“用平章剌真言，又增上都之税”[15]。元朝中期元上都的商业税收约为一万二千余锭[16]。可见元上都地区的商业发达程度。这在元代诗人的诗中也可略见一斑。“白氈时逢贾，朱衣定指僧”[17]、“煌煌千舍区，奇货耀出日。方言互欺诋，粉泽变初质。开张益茗酪，谈笑合胶漆。”[18]元上都的商业主要集中在春、夏之际，每当皇帝离开上都回到元大都后，商业需求明显下降，许多商人关门歇业。

我们调查的元上都店铺遗址，反映出了元上都商业发展的繁荣景象。

6）在东关和西关调查测绘了6处民居，这6处民居基本上可以代表元上都四关各个类型的民居。这里需要说明的是，这次调查的元上都民居，也应是在当时社会上有一定地位和经济实力的居民的住所。下层百姓的房屋一般较此简陋，从宋人严光大的记载中可以看到上都城普通百姓的居住条件："屋宇矮小，多以地窟为屋。每掘地深丈余，上以木条铺为面，次以茨盖上，仍种麦、菜，留窍出火。有地屋，掘地三四尺，四周土墙。"[19]元代诗人有"腊冻彻泉地坟起，土膏春动消成洼。千条万条壁缝折，十家九家屋山斜"[20]的感叹。这些记载和诗歌真实的再现了元上都普通居民的居住环境。

附记：调查测绘工作由魏坚主持。参加这次调查、测绘工作的有曹建恩、李兴盛、罗金明、王庆华。

执笔：魏　坚　李兴盛

绘图：李兴盛　郝晓菲

注　释

[1]　宋本：《上京杂诗》，《永乐大典》卷七七〇二，中华书局影印本，1986年。

[2]　张昱：《塞上谣》，《张光弼诗集》卷三。

[3]　《元史·百官志》卷九〇。

[4]　《元史·百官志》卷九〇。

[5]　《元史·百官志》卷九〇。

[6]　陈高华、史卫民：《元上都》，吉林教育出版社，1988年。

[7]　叶新民：《元上都研究》，内蒙古大学出版社，1998年。

[8]　贾洲杰：《元上都调查报告》，《文物》1977年第5期。

[9]　《元史·兵制》卷九九。

[10]　《元史·百官志》卷八六，《元史·世祖记》卷一一。

[11]　《元史·百官志》卷八六，《元史·世祖记》卷一一。

[12]　杨瑀：《山居新语》，《知不足斋丛书》。

[13]　《元史·世祖记》卷一二。

[14]　《元史·百官志》卷八五。

[15]　《元史·食货志》卷九四。

[16]　《元史·食货志》卷九四。

[17]　袁桷：《扈跸开平次鲁子翚御史韵》，《清容居士集》卷九。

[18]　袁桷：《开平十咏》，《清容居士集》卷一六。

[19]　严光大：《祈请使行程记》，《四库全书总目提要》第九卷。

[20]　宋本：《上京杂诗》，《永乐大典》卷七七〇二，中华书局影印本，1986年。

贰　元上都南关遗址试掘

1998年6～7月，内蒙古文物考古研究所为配合全区草原地区文物干部训练班学员实习，对元上都南关遗址明德门外东、西两处居住遗址进行了试掘（彩版柒零），在明德门西侧布10米×10米探方3个（编号LYNT1～LYNT3），东侧布10米×10米探方2个（编号LYNT4～LYNT5），加上向南扩方10米×4米，LYNT4向西扩方10米×2米，扩方面积60平方米（彩版柒壹、柒贰）。本次发掘面积共560平方米，清理房址4处，出土较多的陶、瓷器和建筑材料等。现将这次工作的主要收获简报如下。

一、地层堆积及出土遗物

1.地层堆积

南关遗址区面积较大，从发掘的两个区堆积情况来看，其地层堆积和各层出土遗物大致相同，共分2层。现以LYNT2西壁剖面为例说明如下（图一）。

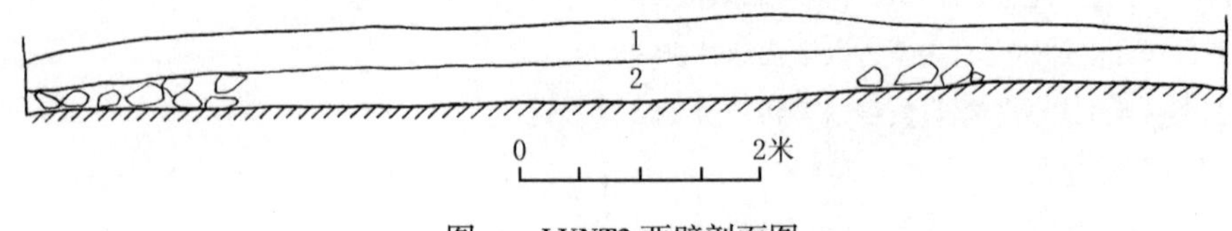

图一　LYNT2西壁剖面图

第1层　地表堆积层。土色灰黑，土层坚硬，内含草根及较多的陶、瓷片和建筑材料，铁片、兽骨等。厚8～35厘米。在此层下开口的单位有F2。

第2层　呈灰褐色土，土质松软，为房屋废弃之堆积，出土有大量的陶、瓷片和建筑材料。深8～35厘米，厚17～35厘米。

此层以下为生土层。

2.出土遗物

地层内出土遗物以瓷器为主，建筑材料次之，少量的陶器、铁器、骨器。

瓷器　器形以碗、盘类为主，少量的瓮、敛口罐、筒形罐、高足杯、盏等。

瓮　2件。形制相同。口微敛，圆沿，上腹略外侈，长圆腹，最大腹径略偏上，下腹急收，小平底。瓷质较粗，内外壁施茶绿釉，口部脱釉，近底饰凹弦纹。LYNT2①：7，口径51厘米，腹径53厘米，底径22厘米，高68厘米（图二，1）。LYNT2②：3，下腹残缺。口径41厘米，残高41.2厘米（图二，2）。

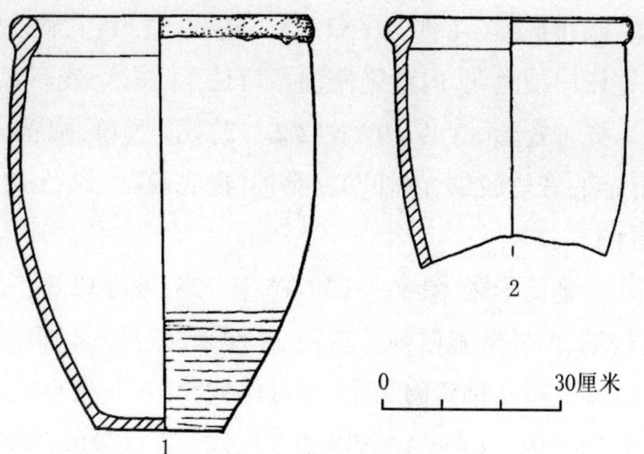

图二　LYN探方出土釉陶瓮

1、2.瓮（LYNT2①：7、LYNT2②：3）

敛口罐　3件。残，有白釉剔花罐、磁州窑罐、黑釉罐。

白釉剔花罐　1件。LYNT2①：2，残。直口，圆唇，短折沿，矮领，鼓肩，鼓腹，下腹残缺。瓮质较细，外壁作白釉剔花，图案共分3层，上、下两层为草叶纹，中间主体图案为宝相花。内壁施豆绿釉。口径15厘米，腹径28厘米，残高22厘米（图三，1）。

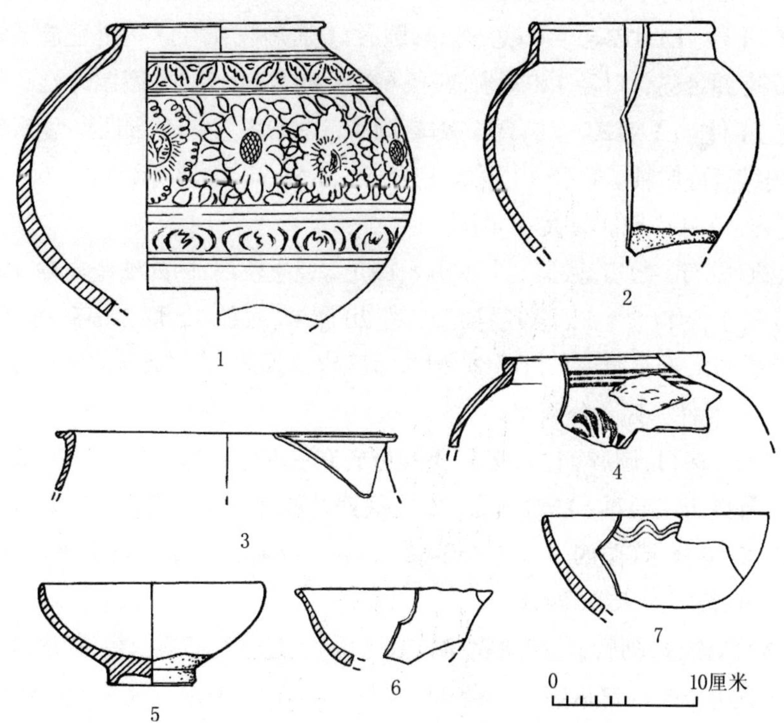

图三　LYN探方出土瓷器

1.白釉剔花罐（LYNT2①：2）　2.黑釉瓷罐（LYNT2②：2）　3.白釉筒形罐（LYNT5②：25）　4.磁州窑罐（LYNT3②：4）　5.钧窑碗（LYNT4②：1）　6、7.龙泉窑碗（LYNT4②：22、23）

磁州窑罐　1件。LYNT3②：4,残。直口,方唇,矮颈,鼓肩,肩部以下残缺。瓷质较细,外壁施白釉黑花,内壁施酱釉。口径14厘米,残高6.4厘米(图三,4)。

黑釉瓷罐　1件。LYNT2②：2,残。直口,圆唇,鼓肩,最大腹径略偏上,下腹斜收,近底残缺。瓷质较细,内外壁施黑釉,近底脱釉。口径12.4厘米,腹径19.2厘米,残高15.6厘米(图三,2)。

白釉筒形罐　1件。LYNT5②：25,残存口部。直口微敛,矮平折沿,上腹略外侈。瓷质较细,内外壁施白釉。口径24厘米,残高6.4厘米(图三,3)。

碗　以白釉瓷碗为主,少量的钧窑碗、龙泉窑碗、黑釉碗、酱釉碗。

钧窑碗　1件。LYNT4②：1,残。直口微敛,圆唇,上腹较直,下腹斜收,圆足,内底尖圆。瓷质较细,内外壁施蓝釉,近底脱釉。口径16厘米,底径6厘米,高7厘米(图三,5)。

龙泉窑碗　2件。分两型。

A型　1件。LYNT4②：22,残。花边口,圆唇,弧腹斜收,近底残缺。瓷质细腻,内外壁施白蓝釉,内底有印花图案。口径14厘米,残高5厘米(图三,6)。

B型　1件。LYNT4②：23,残。敞口,圆唇,弧腹斜收,近底残缺。瓷质细腻,内外壁施白蓝釉,外壁近口部印有浅细等距的3道水波纹。口径16厘米,残高7厘米(图三,7)。

黑釉碗　1件。LYNT2①：4,残。敞口,圆唇,直腹斜收,圈足。内外壁施黑釉,近底脱釉,内底残存有圈足迹。口径7.8厘米,底径6.8厘米,高5.6厘米(图四,1)。

酱釉碗　1件。LYNT2②：5,残。敞口,圆唇,浅腹,弧腹斜收,圈足。瓷质较粗,内外壁施酱釉,内壁近底脱釉。口径12厘米,底径5.6厘米,高3.5厘米(图四,2)。

白釉瓷碗　7件。残。有大、小两种。

白釉大碗　2件。敞口,圆唇,弧腹斜收,圈足。瓷质较细,内外壁施白釉,内底残存有3个支钉痕迹。LYNT4②：2,下腹脱釉。口径20厘米,底径7.5厘米,高6.8厘米(图四,12)。LYNT4②：3,近底脱釉。口径20厘米,底径6.8厘米,高7厘米(图四,4)。

白釉小碗　5件。残。分两型。

A型　2件。敞口,圆唇,上腹较直,下腹近底有一不明显的折角,圈足。瓷质较细,内外壁施白釉,外壁近底脱釉。LYNT4②：4,内底残存有2个支钉痕迹。口径10.5厘米,底径4.8厘米,高3.4厘米(图四,7)。LYNT4②：7内底残存有5个支钉痕迹。口径12.2厘米,底径6厘米,高4厘米(图四,6)。

B型　3件。敞口,圆唇,直腹斜收,圈足。瓷质较细,内外壁施白釉,近底脱釉。LYNT4②：6,内底残存1个支钉痕迹。口径9.5厘米,底径4.4厘米,高3.2厘米(图四,5)。LYNT1②：1,口径10厘米,底径3.8厘米,高3厘米(图四,13)。LYNT4②：9,口径8.8厘米,底径4.6厘米,高2.8厘米(图四,11)。

龙泉窑高足杯　1件。LYNT4②：21。仅存足部,喇叭口高圈足。瓷质细腻,内外壁施

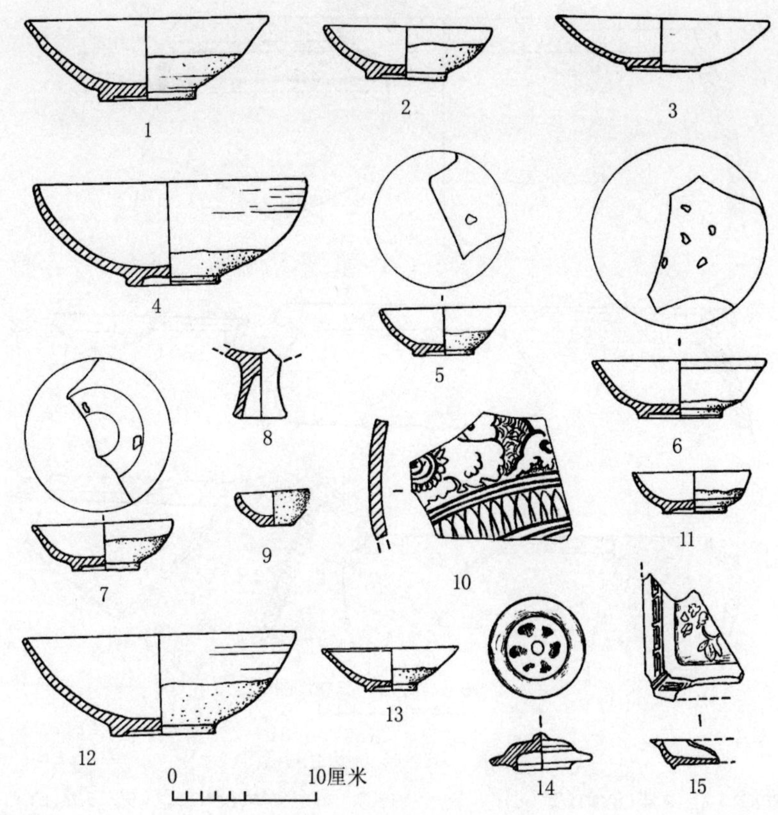

图四　LYN 探方出土瓷器

1.黑釉碗（LYNT2①：4）　2.酱釉碗（LYNT2②：5）　3.白釉盘（LYNT2②：4）　4、12.白釉碗（LYNT4②：3、2）　5～7、11、13.白釉小碗（LYNT4②：6、7、4、9；LYNT1②：1）　8. 高足杯（LYNT4②：21）　9.盏（LYNT1②：2）　10.磁州窑瓷片（LYNT4②：20）　14.磁州窑器盖（LYNT2①：1）　15.龙泉窑方盘（LYNT1①：3）

绿釉。底径 3.6 厘米，残高 4.8 厘米（图四，8）。

龙泉窑方盘　1 件。LYNT1①：3，仅存一角，直口，方唇，平斜折沿，浅腹，平底。瓷质细腻，内外壁施浅绿釉，内壁有印花图案，沿面作回字纹，内底饰花草纹。高 2 厘米（图四，15）。

白釉盘　1 件。LYNT2②：4，残。敞口，圆唇，浅腹，弧腹斜收，圈足。瓷质细腻，内壁施黑釉，外壁饰白釉。口径 15.5 厘米，底径 5.2 厘米，高 3.5 厘米（图四，3）。

磁州窑器盖　1 件。LYNT2①：1，完整。圆形，子母口，顶部弧形隆起，中间作一扁圆纽。瓷质较细，外壁施白釉黑花。直径 7.2 厘米，高 2.4 厘米（图四，14）。

盏　1 件。LYNT1②：2，完整。敞口，圆唇，腹壁斜收，平底。瓷质较粗，内壁施白釉，口部及外壁脱釉。口径 5.6 厘米，底径 2.4 厘米，高 2.4 厘米（图四，9）。

磁州窑瓷片　1 件。LYNT4②：20 器形不明。瓷质较细，外壁施龙纹、几何纹等，白釉黑花图案。残长 11 厘米，残宽 9.2 厘米（图四，10）。

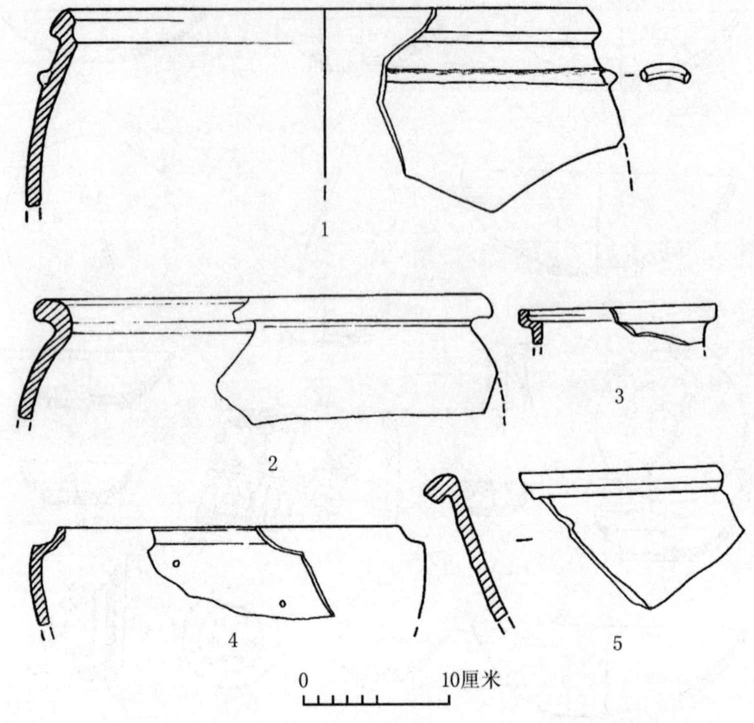

图五　LYN 探方出土陶器

1.釜（LYNT2②：7）　2.罐（LYNT2②：8）　3.壶（LYNT5②：26）　4.钵（LYNT2②：9）　5.盆（LYNT5②：15）

陶器　5 件。均残。器形有罐、壶、盆、釜、钵。

罐　1 件。LYNT2②：8，残。敛口，圆唇，束颈，弧折沿，鼓肩，肩部以下残缺。泥质灰陶，内壁素面，外壁施横向压光。口径 32 厘米，残高 12 厘米（图五，2）。

壶　1 件。LYNT5②：26，现存口部。盘口，方圆唇，颈部较直。泥质灰陶，素面。口径 13.6 厘米，高 2.4 厘米（图五，3）。

盆　1 件。LYNT5②：15，残。敞口，圆唇，弧折沿，直腹斜收，下腹残缺。泥质灰陶，外壁素面，内壁施横向压光（图五，5）。

釜　1 件。LYNT2②：7，残。口微敛，尖圆唇，唇内侧作凹弦纹，上腹弧形外侈，肩部残存一錾耳。夹砂灰陶，素面，肩部饰凹弦纹一周。口径 36 厘米，腹径 41 厘米，残高 14 厘米（图五，1）。

钵　1 件。LYNT2②：9，残。子母口微敛，上腹弧形微内收，下腹残缺。泥质灰陶，素面。口径 24 厘米，残高 6.6 厘米（图五，4）。

铁器　6 件。均表面锈蚀严重，器形有饰件，饰片，环钉。

饰件　1 件。LYNT5②：16，残。中部为中间略鼓两端略收的圆柱体，上端扁平，下端作一方形铁柱。残长 11.7 厘米（图六，1）。

饰片　2件。残，分两型。

A型　1件。LYNT5②：27。平面扁三角形，底部尖圆，端部残缺，片体略有弯曲。残长6.8厘米，最大宽度5厘米，厚0.3厘米（图六，4）。

B型　1件。LYNT5②：20。长条扁平体，由上至下渐收，端、底部残缺，形制及用途不明。残长7.4厘米，宽2.3厘米，厚0.4厘米（图六，2）。

环　1件。LYNT5②：19，完整。方形，横截面呈方形。长3.5厘米，宽2.6厘米，截面径0.6厘米×0.6厘米（图六，3）。

钉　2件。钉身呈方型，由上至下渐细。LYNT2①：8，完整。端部扁平。长21.6厘米，

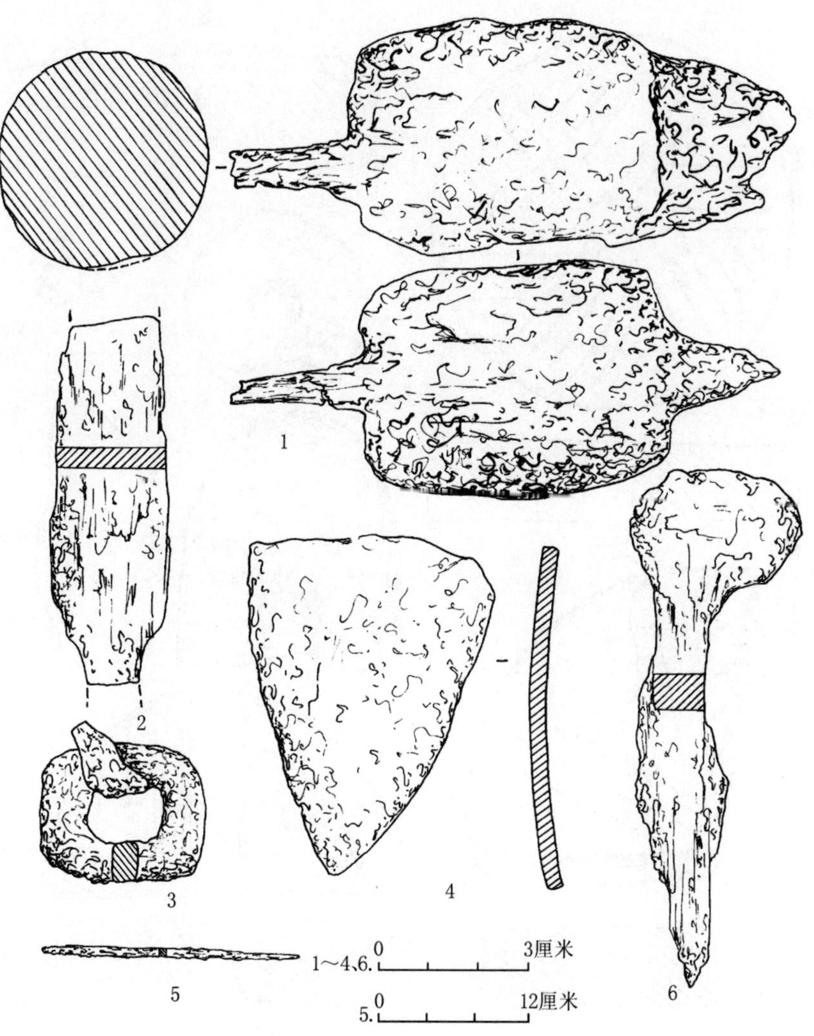

图六　LYN探方出土铁器

1.饰件（LYNT5②：16）　2、4.饰片（LYNT5②：20、27）　3.环（LYNT5②：19）　5、6.钉（LYNT2①：8、LYNT5②：17）

截面径 0.8 厘米 × 0.5 厘米(图六,5)。LYNT5②:17,尖部残缺。端部扁圆。残长 10.4 厘米,截面径 0.7 厘米 × 1 厘米(图六,6)。

石器　5 件。有磨盘、夯锤。

磨盘　3 件。分 2 型。

A 型　2 件。平面呈圆形,中钻一孔,正面凿刻有六组等距的残沟纹,背面平整。石质坚硬,制作较为精细。LYNT2②:10,完整,呈灰白色。直径 30 厘米,厚 6 厘米,孔径 4 厘米(图七,1)。LYNT1②:8,残存 1/4。正面残存有 3 个等份,呈青灰色。直径 40 厘米,厚 6 厘米(图七,2)。

B 型　1 件。LYNT3②:9,残存约 1/4。圆形,正面平整,边部有一较宽的凸棱,底平凿

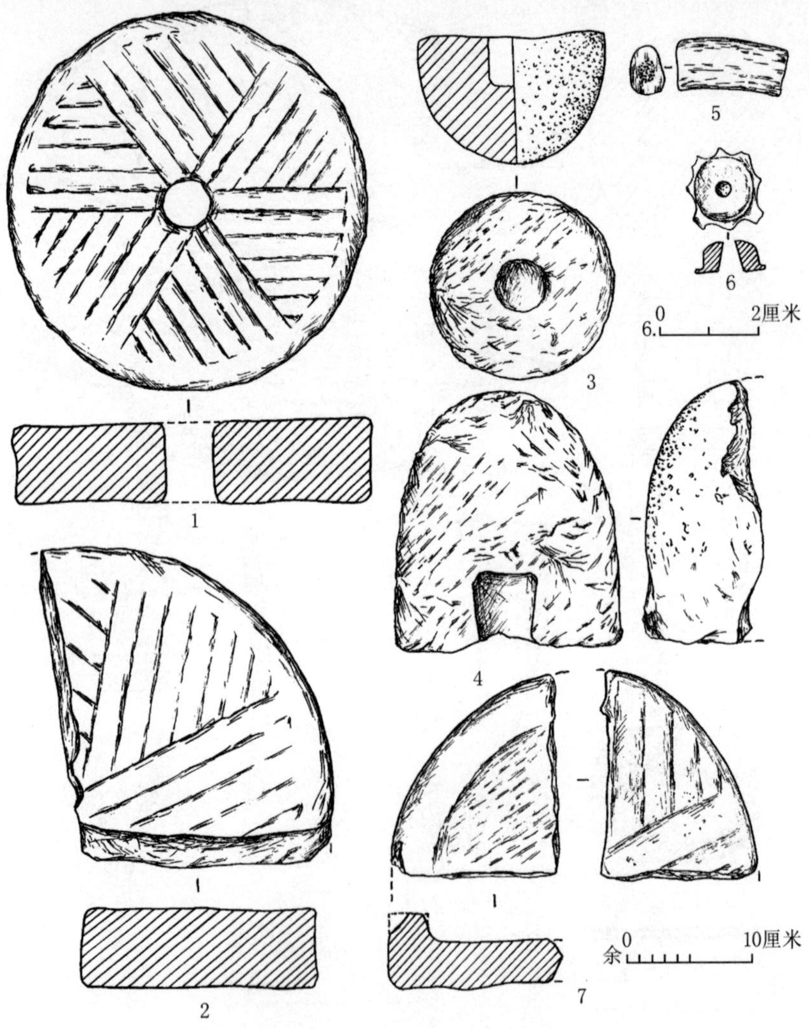

图七　LYN 探方出土石、骨器

1、2、7.石磨盘(LYNT2②:10、T1②:8、T3②:9)　3、4.石夯锤(LYNT3②:5、6)

5、6.骨饰件(LYNT5②:21、T3②:10)

刻有规整等距的浅沟纹。石质坚硬,呈灰白色,加工精细。厚4厘米(图七,7)。

夯锤　2件。形制相同。平面呈圆形,半球体,夯面圆弧,顶部中间有一圆形臼坑。石质坚硬,呈灰白色。LYNT3②:5,完整,制作较精细。直径15.4厘米,高10.4厘米(图七,3)。LYNT3②:6,残存1/2,制作略粗糙。高21.5厘米(图七,4)。

骨器　2件。有饰件和半成品。

饰件　1件。LYNT5②:21,残。圆形,顶部微隆,中间钻有一0.2厘米的圆孔,底部平整,边缘残存有等距的齿纹。表面磨制精细。残径1.5厘米,厚0.645厘米(图七,6)。

半成品　1件。LYNT3②:10,完整。两端平整,略有弧度,横截面呈椭圆形,未做深加工。形制及用途不明。长10厘米,截面径3.1厘米×3.8厘米(图七,5)。

建筑材料　11件。有砖、筒瓦、板瓦、瓦当、滴水、鸱吻。

砖　1件。LYNT2①:6,完整。长方形,灰色,素面。长34.5厘米,宽17厘米,厚5厘米(图八,1)。

筒瓦　1件。LYNT1②:6,完整。长方形,弧是圆的1/2,子母口。泥质灰陶,外壁素面,内壁布纹,长24厘米,宽12厘米,厚1.6厘米(图八,4;彩版柒柒,4)。

板瓦　2件。完整,平面略作长梯形。泥质灰陶,外壁素面,内壁布纹。LYNT1②:3,方头。长29.5厘米,宽17～18.2厘米,厚1.8厘米(图八,2;彩版柒柒,5)。LYNT2②:1,头部尖圆。长27.6厘米,宽15～17厘米,厚2厘米(图八,3)。

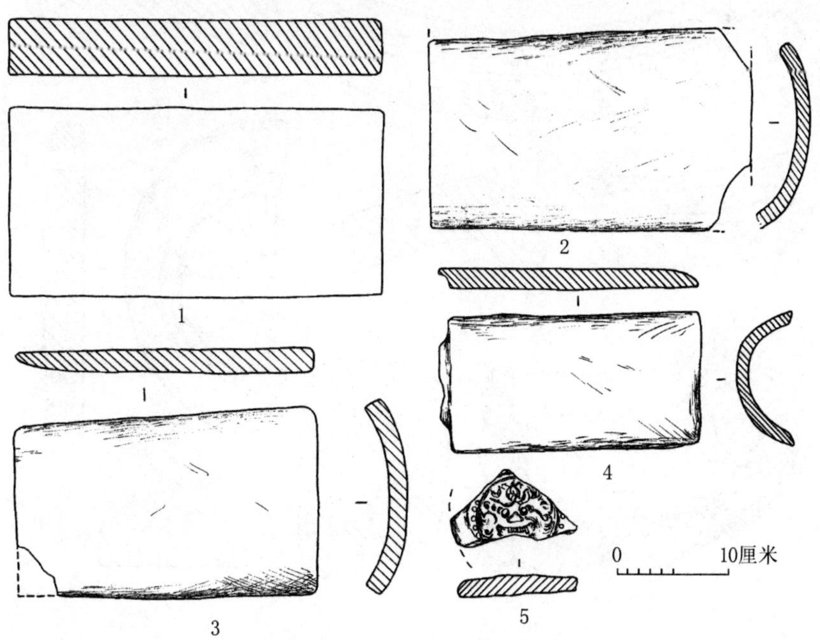

图八　LYN探方出土建筑构件

1.砖(LYNT2①:6)　2、3.板瓦(LYNT1②:3、T2②:1)　4.筒瓦(LYNT1②:6)　5.兽面瓦当(LYNT5②:2)

瓦当　2件。均残。有兽面瓦当、莲花纹瓦当。

兽面瓦当　1件。LYNT5②：2,圆形,表面微鼓,宽缘,兽面弧形隆起,眼珠突出,三角形鼻,嘴角向上弯曲,面部胡须上翘,边部饰凸弦纹和连珠纹各一周。泥质灰陶。厚1.6厘米(图八,5;图一〇,3)。

莲花纹瓦当　1件。LYNT3②：8,圆形,表面平整,宽缘,内饰莲花纹图案,一侧钻有一孔,背面平整。泥质灰陶。直径11.7厘米,厚1.4厘米(图九,5;图一〇,5)。

滴水　3件。残,形制相同。带状,上边饰戳刺纹一周,中间施凹弦纹,底边作绳索状压印纹。泥质灰陶。LYNT5②：7,残长20厘米,宽3.8厘米,厚2厘米(图九,2;图一〇,4)。LYNT5②：8,残长19.5厘米,宽4厘米,厚2厘米(图九,1;图一〇,1;图版八,1)。LYNT5②：9,残长8厘米,残宽3.8厘米,厚1.8厘米(图九,3;图一〇,2)。

鸱吻　1件。LYNT5②：1,残。由上至下渐细,尖,底部残缺,上面印有浮雕图案。残长11.2厘米,残高10.6厘米(图九,4;图版八,2)。

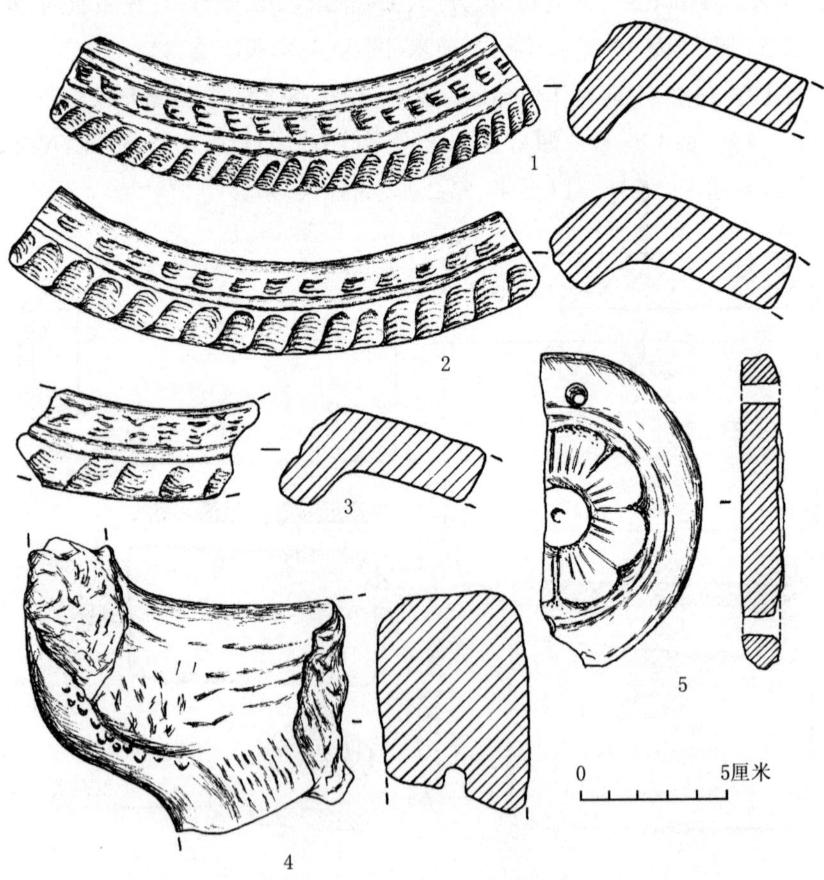

图九　LYN探方出土建筑构件

1～3.滴水(LYNT5②：8、7、9)　4.鸱吻(LYNT5②：1)　5.莲花纹瓦当(LYNT3②：8)

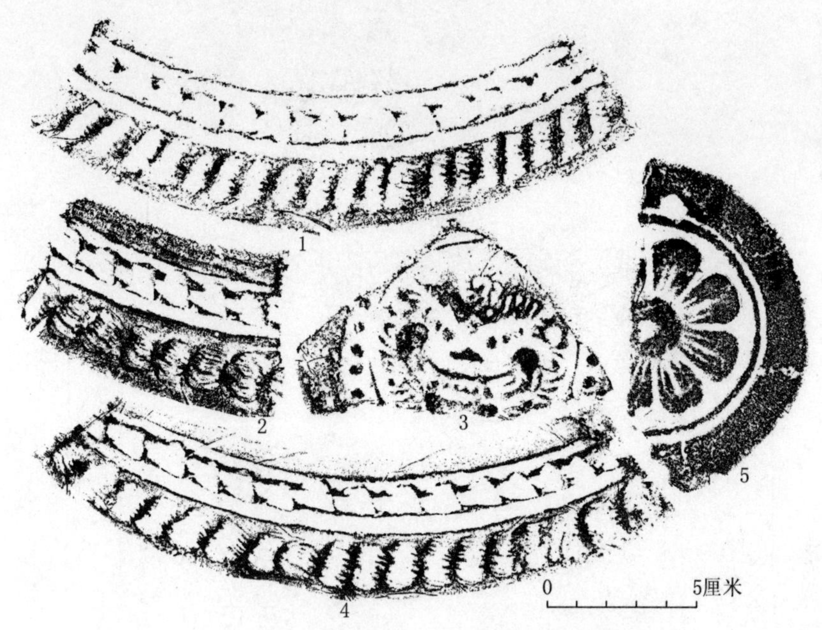

图一〇　LYNT3、T5 出土建筑构件拓片

1、2、4.滴水(LYNT5②：8、9、7)　3.兽面瓦当(TYNT5②：2)　5.莲花纹瓦当(TYNT3②：8)

二、房屋遗址及出土遗物

这次清理共清理出四处保存相对完整的房屋基址，分别编号为 LYNF1～LYNF4。现分别介绍如下：

LYNF1

(1)　房址形制

位于 LYNT1 之内,开口于 1 层下,为地面式建筑,方向 10°。房址平面基本呈方形,东西长 8 米,南北进深 7.3 米。房屋建筑时先用土垫平,其上用自然石块垒砌墙基。墙基宽 50～60 厘米,残高 30～16 厘米。房址由东、西两间组成,因南墙中段墙基不清,门道位置不能准确以定,但大致可以推定在西房南墙中段。东、西两室间宽不一,东侧房间内侧间宽 2.95 米,南部有火炕一组(彩版柒叁,1)。炕洞残长 3.6 米,宽 1.75 米,共有 4 趟火道,隔墙均用自然石块垒砌,灶应位于炕洞之南侧(彩版柒叁,2)。在南墙正中偏东处的外侧,有用板瓦斜立砌的斜坡踏道,中间用板瓦围砌出如圜钱状的花纹图案(彩版柒肆,2)。西侧房间内侧间宽 3.2 米,空旷无任何遗迹。

此外,在该房址南侧有一小型院落,东西长 8 米,南北进深 1.8 米。院之门道位置大致在南墙中段,其内无任何遗迹(图一一)。

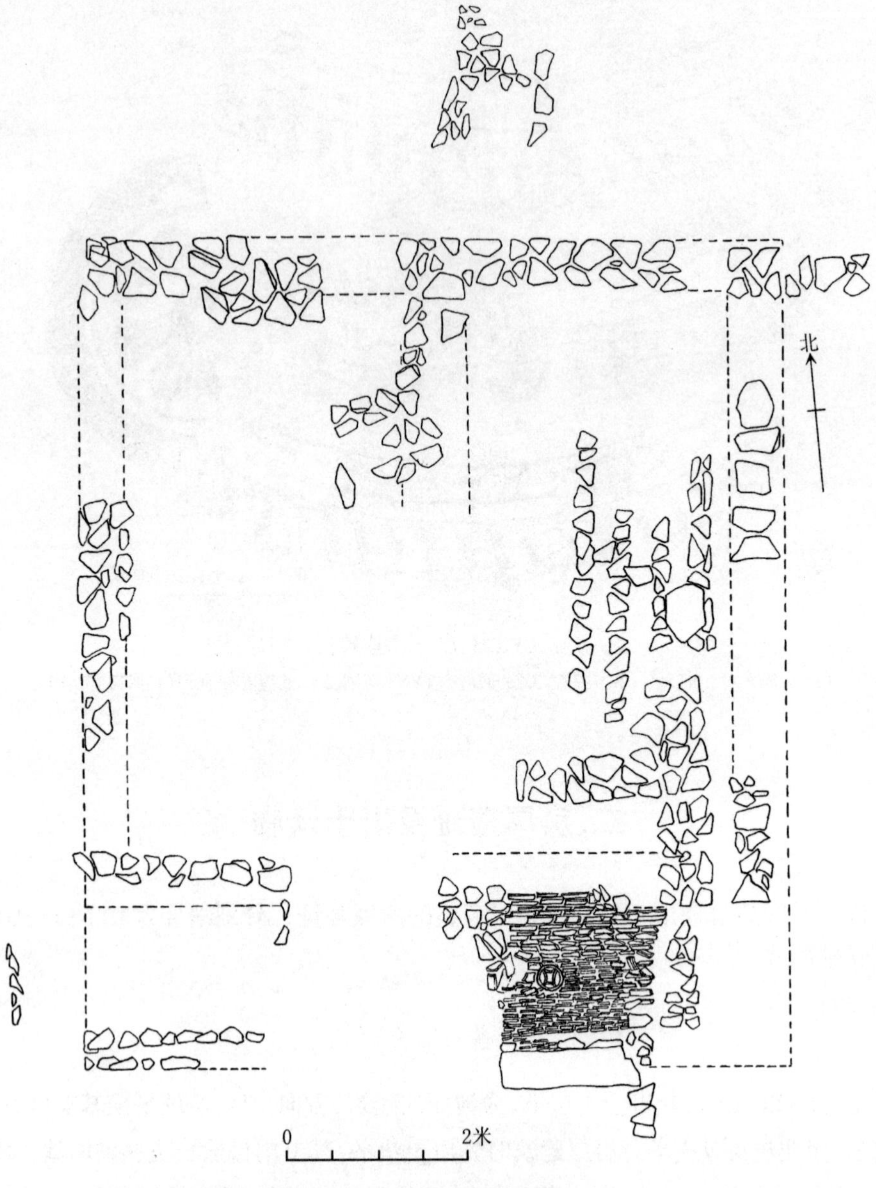

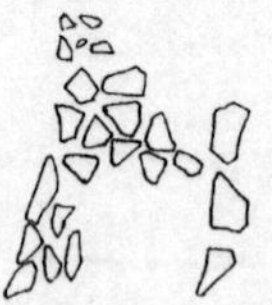

图一一　LYNF1 平面图

（2）　出土遗物

房址内共出土各类文物 14 件。有瓷器、陶器、铁器、石器、骨器、玻璃器和钱币等。

瓷器　3 件。有黑釉罐、酱釉小口壶、白瓷碗。

黑釉双耳罐　1 件。LYNF1∶12，残。直口，圆唇，矮领，溜肩，鼓腹，肩部残存一耳，下腹斜收，近底残缺。瓷质较细，内外壁施黑釉，唇部及近底脱釉。口径 8 厘米，腹径 12.8 厘米（图一二，2）。

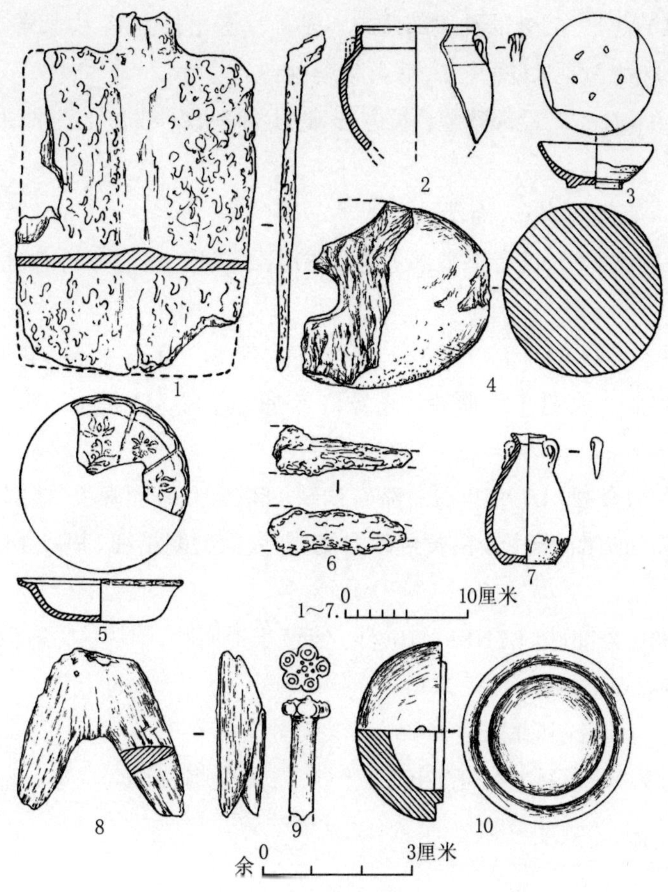

图一二　LYNF1 出土铁、陶、瓷、石、骨、玻璃器

1.铁锹(LYNF1∶6)　2.双耳瓷罐(LYNF1∶12)　3.白釉瓷碗(LYNF1∶14)　4.石夯锤(LYNF1∶13)　5.陶模具(LYNF1∶11)　6.铁凿(LYNF1∶7)　7.小口双耳瓷壶(LYNF1∶1)　8.骨饰件(LYNF1∶8)　9.玻璃饰件(LYNF1∶10)　10.骨盒(LYNF1∶9)

酱釉小口双耳壶　1件。LYNF1∶1,口部及一耳残缺。侈口,圆唇,束颈,颈部施对称双耳,直腹,最大腹径近底部,平底。瓷质较粗,呈暗红色,口部及外壁施酱釉,下腹脱釉。口径3.2厘米,腹径7.2厘米,底径4.4厘米,高10.6厘米(图一二,7)。

白釉碗　1件。LYNF1∶14,口部略有残缺。敞口,圆唇,弧腹斜收,矮圈足。瓷质较细,内外壁施白釉,近底脱釉,内底残有5个支钉痕迹。口径10厘米,底径4.8厘米,高3.6厘米(图一二,3)。

陶器　1件。为模具。LYNF1∶11,残。敞口,圆唇,花瓣口,平折沿,浅腹,腹壁弧腹斜收,平底。泥质红陶,内壁残存有3个等分的陶铸图案,内各有金莲花一朵,外壁素面。泥质红陶。口径13.8厘米,底径8厘米,高3.2厘米(图一二,5)。

铁器　2件。残。表面锈蚀严重。有锹、凿。

锹　1件。LYNF1：6，銎部及边部残缺。平面呈圆角长方形，中起脊。长29.2厘米，宽20厘米，厚1.1～1.3厘米(图一二，1；彩版柒捌，3)。

凿　1件。LYNF1：7，銎部残缺。长方形，近尖部斜收。残长12.8厘米(图一二，6；彩版柒捌，4)。

骨器　2件。完整。有盒、饰件。

盒　1件。LYNF1：9，仅有下半部。呈半球形，子母口，表面磨制精细。直径3.7厘米(图一二，10)。

饰件　1件。LYNF1：8，完整。饰件呈八字形，背面平整，正面由边向内渐鼓，表面磨制精细。顶宽1.7厘米，底宽3.5厘米，高3.4厘米，厚0.3～0.9厘米(图一二，8)。

石器　1件。为夯锤。LYNF1：13，略有残缺。椭圆形，夯面圆弧，端部平整，顶部有一直径3.6厘米，深5厘米的臼坑。白黄色砂岩制成，表面磨制精细。短径14.4厘米，高8厘米(图一二，4)。

玻璃器　1件。为饰件。LYNF1：10，残。蓝色半透明状，圆柱体，顶部饰一宝相花。直径0.5厘米，残高2.6厘米(图一二，9)。

钱币　4枚。有唐钱和北宋钱。

唐钱　1枚，为“开元通宝”。LYNF1：2，折二，八分书，对读，花穿。直径2.5厘米(图一三，1)。

北宋钱　3枚。

景德元宝　1枚。LYNF1：3，折二，真书，旋读，穿较小。直径2.5厘米(图一三，2)。

皇宋通宝　1枚。LYNF1：5，折二，真书，字体较小，对读，花穿，略宽。直径2.55厘米(图一三，4　)。

元丰通宝　1枚。LYNF1：4，折二，篆书，旋读。直径2.45厘米(图一三，3)。

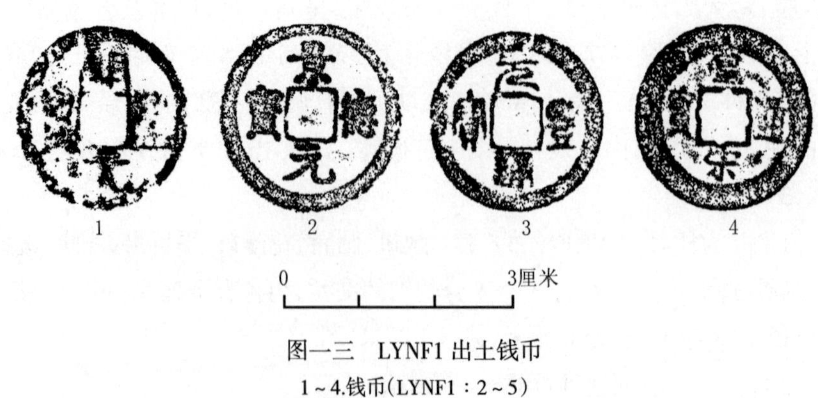

图一三　LYNF1出土钱币

1～4.钱币(LYNF1：2～5)

LYNF2

（1）　房屋形制

位于LYNT2内，开口于1层下。为地面式建筑，方向10°。房址平面略呈长方形，东西间宽7.2米，南北进深7.3米。墙基用自然石块垒砌，从保存较好的西墙测知，墙基宽50厘米，现存高度25厘米。房址由东、西两间组成，东、西两墙保存相对较好，南、北两墙残缺严重，门道位置不详。两房中间隔墙完全破坏，依据两房之炕洞遗迹大致做了推定。东、西两室间宽不一，东侧房址内侧间宽3米，西侧房址间宽2.75米。在东侧房址内西南有炕洞遗迹一组，保存完整。炕洞长3.2米，宽1.5米，共由4趟火道组成，隔墙均有自然石块垒砌。西侧房址东部亦有炕洞遗址一组，保存较为完整。炕洞长3米，宽0.75米，共由3趟火道组成，隔墙亦有自然石块垒砌。此外，房址内没有发现任何遗迹(彩版柒肆，1)。

从房址南侧清理的情况判断，房址南侧应有一小型院落，东西长7.25米，南北宽2.2米。院落保存较差，门道位置不详，院内无任何遗迹现象(图一四)。

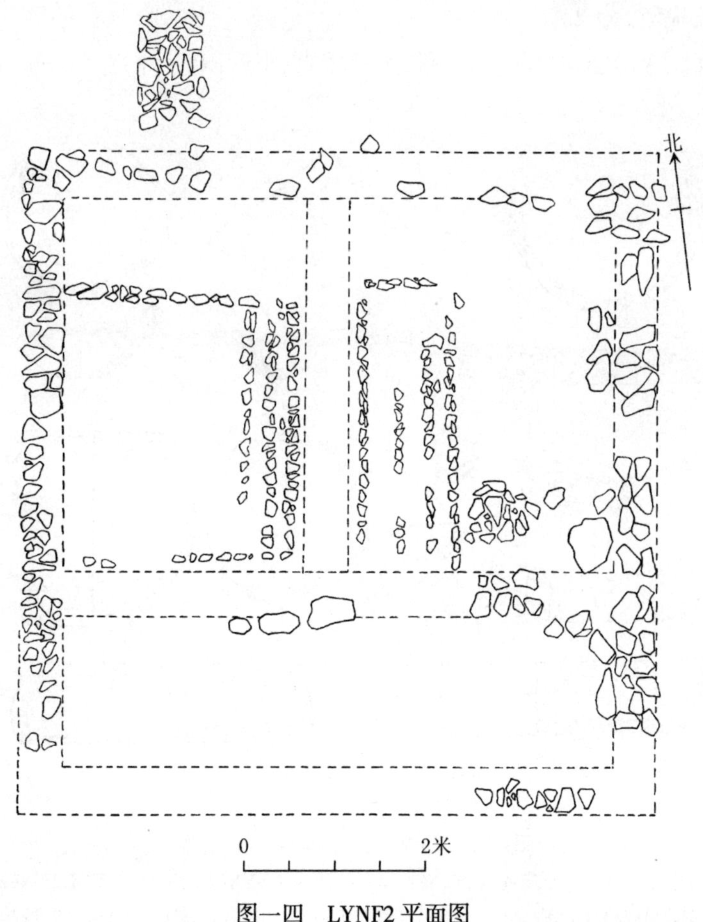

图一四　LYNF2平面图

(2) 出土遗物

房址内共出土各类文物 12 件。以瓷器、陶器略多,铁器、铜器、古钱币略少。

瓷器　4 件。完整。器形有黑釉双耳罐,钧窑敛口罐、盏(彩版柒柒,2)。

黑釉双耳罐　1 件。LYNF2：8,直口微敛,方唇,矮领,溜肩,肩部施对称双耳,鼓腹,下腹斜收,圈足。瓷质略粗,外壁施黑釉,内壁施酱釉,唇部及近底脱釉。口径 9.6 厘米,底径 7.2 厘米,腹径 14 厘米,高 12.8 厘米(图一五,8)。

钧窑敛口罐　1 件。LYNF2：1,敛口,圆唇,上腹斜外侈,最大腹径近底部,圈足。瓷质较细,内外壁施蓝釉,圈足脱釉。口径 6 厘米,底径 5.6 厘米,腹径 11 厘米,高 10.6 厘米(图一五,7;彩版柒柒,1)。

盏　2 件。形制相同。敞口,圆唇,直腹斜收,平底。内壁施黑釉,口部及外壁脱釉。LYNF2：9,口径 5.2 厘米,底径 3 厘米,高 2.2 厘米(图一五,6)。LYNF2：10,口径 6.4 厘米,底径 3 厘米,高 2.8 厘米(图一五,5)。

陶器　3 件。均为泥质灰陶,轮制。器形有盘、砚台。

盘　2 件。完整,分 2 型。

A 型　1 件。LYNF2：7,直口,方唇,上腹较直,下腹斜收,平底。素面。口径 24 厘米,

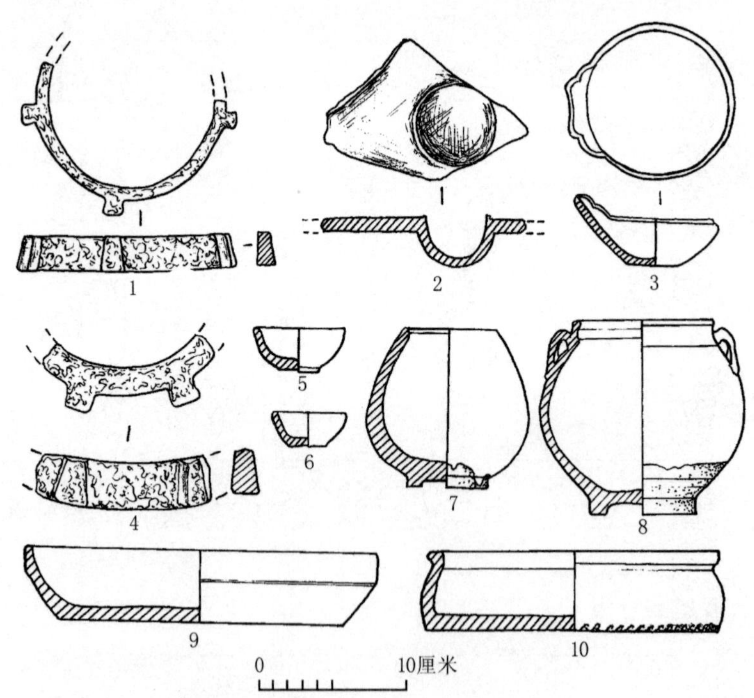

图一五　LYNF2 出土铜、铁、陶、瓷器

1、4.铁辖(LYNF2：4、3)　2.陶砚台(LYNF2：11)　3.铜勺(LYNF2：2)　5、6.瓷盏(LYNF2：10、9)　7.敛口瓷罐(LYNF2：1)　8.双耳瓷罐(LYNF2：8)　9、10.陶盘(LYNF2：7、12)

底径 20 厘米,高 5 厘米(图一五,9;彩版柒柒,3)。

B 型　1 件。LYNF2：12,敛口,圆唇,腹部略作弧形外侈,大平底。素面,底部施压印纹一周。口径 20 厘米,底径 20.8 厘米,高 5.2 厘米(图一五,10)。

砚台　1 件。LYNF2：11,残。形制不清,仅有墨臼和小部砚面。素面(图一五,2;图版八,3)。

铁器　2 件。皆为辖,形制相同。残,圆形,表面锈蚀严重。LYNF2：3,其上残存有 2 齿。厚 3.2 厘米(图一五,4)。LYNF2：4,其上残存有 3 齿。直径 13 厘米,厚 2.4 厘米(图一五,1)。

铜器　1 件。LYNF2：2,为勺,残。侈口,方唇,直腹斜收,小平底,口外侧有一宽扁柄。铸制,胎较厚。口径 10.4 厘米,底径 3.6 厘米,高 2.8 厘米(图一五,3;彩版柒捌,1)。

钱币　2 枚。治平元宝 1 枚,另一枚因表面锈蚀严重,钱文不清。

治平元宝　1 枚。LYNF2：5,折二,真书,旋读,穿略小。直径 2.4 厘米(图一六,1)。

图一六　LYNF2、F3 出土钱币
1～3.钱币(LYNF2：5,LYNF3：2、3)

LYNF3

(1)　房址形制

大部位于 LYNT3 内,小部位于 LYNT2 内,开口于 1 层下。为地面式建筑,方向 10°。房址保存基本完整,平面呈长方形,东西间宽 12.15 米,南北进深 7.3 米。墙基均用自然石块垒砌,墙基底宽 0.55 米,顶宽 0.45 米,现存高度约 30 厘米,房屋门道位置不详。房址由东西两间组成,房内隔墙遗迹不清,依据两房内的炕洞遗迹推断两房隔墙。东面房址内侧间宽 3.7 米,内有炕洞遗迹一组,位于屋内中部偏西,北半部保存较好,南半部残缺。炕洞残长 4.25 米,宽 2 米,从少量残存判断,其由 4 趟火道组成,隔墙均用自然石块垒砌,其上盖有石板。西面房址内侧间宽 6.95 米,在屋内东北部残存有炕洞遗迹一组,残缺严重。炕洞残长 3.65 米,残宽 2.25 米,残存有 3 趟火道,隔墙亦用自然石块垒砌。在东面房址内炕洞遗迹东侧和西面房址内西南部残存有少量的地面,地面用自然石块平铺,略不平整。此

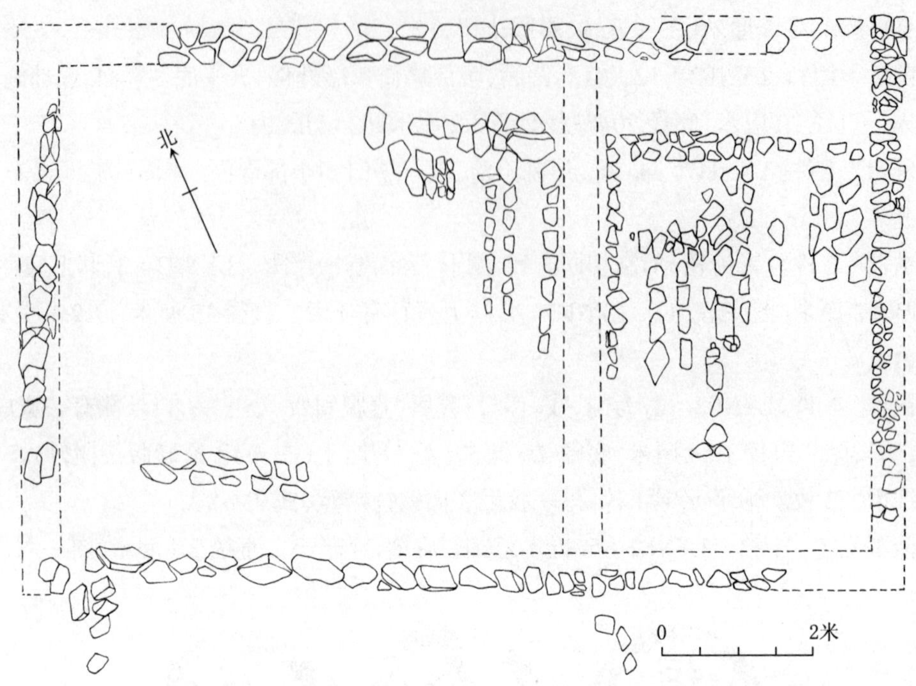

图一七 LYNF3平面图

外,房址内没有发现任何遗迹现象(图一七)。

(2) 出土遗物

房址内共出土各类文物17件。以瓷器为主,少量的釉陶器、铜器、珠饰、钱币。

瓷器 8件。器形有碗、龙泉窑器柄、盏。

碗 3件。残,有龙泉窑碗、钧窑碗、豆绿釉碗。

龙泉窑碗 1件。LYNF3:9,敞口,圆唇,弧腹斜收,圈足。瓷质细腻,紫红色胎,内外壁施绿釉,外壁下施饰印花图案。口径18厘米,底径7.2厘米,高7.5厘米(图一八,1)。

钧窑碗 1件。LYNF3:15,敞口,圆唇,弧腹斜收,圈足,内底尖圆。瓷质较细,内外壁施天蓝釉,圈足脱釉。口径16厘米,底径6厘米,高6.8厘米(图一八,2)。

豆绿釉碗 1件。LYNF3:8,直口,圆唇,上腹较直,下腹作折角斜收,圈足,内底尖圆。瓷质较粗,内外壁施豆绿釉,挂釉不匀,圈足脱釉。口径11.2厘米,底径4.8厘米,高4厘米(图一八,3)。

龙泉窑器柄 1件。LYNF3:16,残。仅存柄部龙头部分,器形不详。瓷质细腻,施浅蓝釉(图一八,6)。

盏 4件。完整,形制相同。敞口,圆唇,腹壁斜收,小平底。瓷质较粗,内壁施茶绿釉,口部及外壁脱釉。LYNF3:11,口径5.4厘米,底径2.8厘米,高2.4厘米(图一八,4)。LYNF3:13,口径5.6厘米,底径2.8厘米,高2.2厘米(图一八,5)。

釉陶器　2件。器形为三彩盘，皆残。LYNF3：10，口略侈，圆唇，浅腹斜收，圈足。内外壁施三彩釉，近底脱釉。口径11.2厘米，底径4.8厘米，高2.4厘米（图一八，7）。LYNF3：17，残存底部。圈足底，内壁施黄、绿三彩釉，外壁脱釉。底径4.6厘米（图一八，8）。

铜器　1件。为簪。LYNF3：1，尖部残缺。扁长方形，端部弯折。残长8.5厘米，宽0.5厘米，厚0.15厘米（图一八，12）。

珠饰　3件。分三型。

A型　1件。LYNF3：5，橄榄形，珠体作内弧六边形。墨绿色，竖穿一孔。长1.9厘米，最大径1.1厘米，孔径0.2厘米（图一八，9）。

B型　1件。LYNF3：6，不规则椭圆形，一端平整，一端尖圆。黄绿色，平整面钻有两个直径0.2厘米的圆孔（未通），表面磨制精细。长1.4厘米，直径0.9厘米（图一八，10）。

C型　1件。LYNF3：7，梯形柱状，六棱体，边略内弧，竖穿一孔。半透明体，呈淡绿色。长0.8厘米，宽0.5～1厘米，孔径0.2厘米（图一八，11）。

钱币　3枚。均为北宋钱。

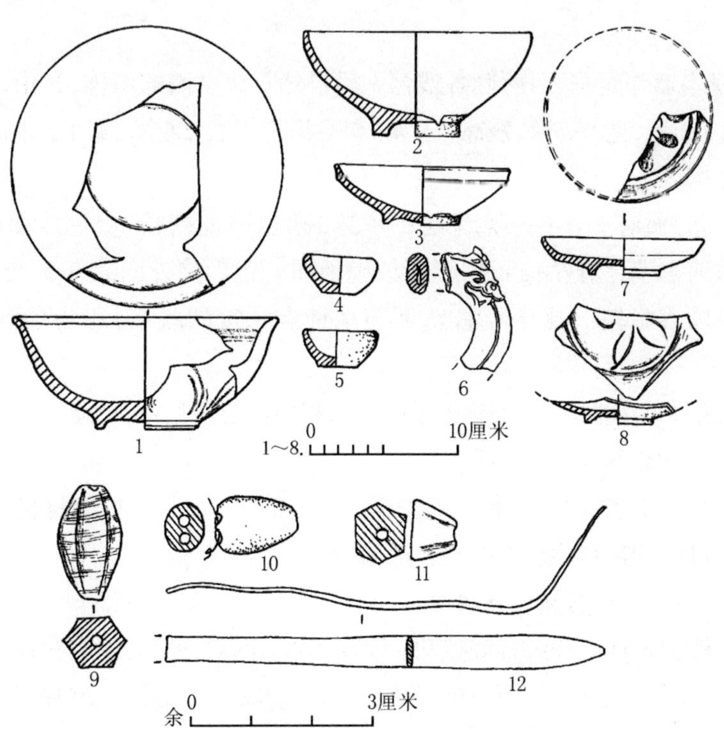

图一八　LYNF3出土铜、陶、瓷器，珠饰

1.龙泉窑碗（LYNF3：9）　2.钧窑碗（LYNF3：15）　3.豆绿釉碗（LYNF3：8）　4、5.瓷盏（LYNF3：11、13）　6.瓷器柄（LYNF3：16）　7、8釉陶盘（LYNF3：10、17）　9～11、珠饰（LYNF3：5、6、7）　12.铜簪（LYNF3：1）

景德元宝　1枚。LYNF3：4，折二，真书，旋读，穿较小。直径2.55厘米（残损）。

天禧通宝　1枚。LYNF3：2，折二，真书，旋读，穿略小。直径2.5厘米（图一六，2）。

熙宁元宝　1枚。LYNF3：3折二，篆书，旋读。直径2.5厘米（图一六，3）。

LYNF4

（1）房址形制

位于LYNT5内，开口于1层下。为地面建筑，方向23°。房址保存相对较差，仅依少量石墙残存对其进行初步复原。房址残存平面呈长方形，东西残长10.8米，南北进深不一，中间房址和东侧房址进深5.35米，西侧房址进深5.8米。从发掘情况判断，房址由中、东、西3间组成，墙基均用自然石块垒砌，其间坐有泥浆，宽0.45～0.5米，残高0.25～0.35米，在中间房址西墙基的东北、东南、两角均用较大的石块作为柱础，柱础面较为平整。房址门道位置不详，但从中间房址南侧残存的小面积石砌台阶判断，门道应位于中间房址南墙。中间房址复原内侧间宽5.25米，在房址内北墙偏东处残存有少量的砖铺地面，地面较为平整，在地面的东北角保存有一较为完整的灶，其平面呈圆形，直径0.45米，深0.3米，灶壁有红烧土痕迹（彩版柒伍）。房址东、西两侧的房址均残损严重。东侧房址残存间宽1.4米；西侧房址残存间宽3.35米。在东侧房址内西南角发现一完整的铁釜（彩版柒陆）。

房址中室南墙外面东、西两侧各残存一段自然石块垒砌的墙体，其中以东墙保存相对完整，残长1.3米，宽0.7米，残高0.8米，向南清理出长2.6米、宽1.2米的石砌斜坡式台阶，铺砌较为规整。

房址后（北）面有一小院，院墙宽0.95米，根据墙址判断，房址后面南北进深4.2米，院内中部偏东残存有小面积的石板铺砌地面。距后院外向北3米处有一残长2.8米，宽2.5米的石板路。这条石板路面与房址有一定的联系，应为后院向外之通道（图一九）。

此外，在清理该房址时，出土有大量的板瓦和少量的筒瓦、滴水等。

（2）出土遗物

房址内共出土各类文物30件。有瓷器、陶器、铁器、角蚌器、建筑材料、珠饰。

瓷器　16件。器型有罐、香炉、碗、盘、盏等。

罐　2件。均为黑釉瓷碗，分两型。

A型　1件。LYNF4：29，近底残缺。敛口，圆沿，溜肩，鼓腹，下腹斜收。瓷质较细，内外壁施黑釉，口部脱釉，肩部以下施凸弦纹。口径20.8厘米，腹径29厘米，残高24厘米（图二〇，1）。

B型　1件。LYNF4：28，残存底部。近底弧形斜收，圈足。瓷质较细，内外壁施黑釉，近底脱釉。底径7.2厘米，残高4.8厘米（图二〇，16）。

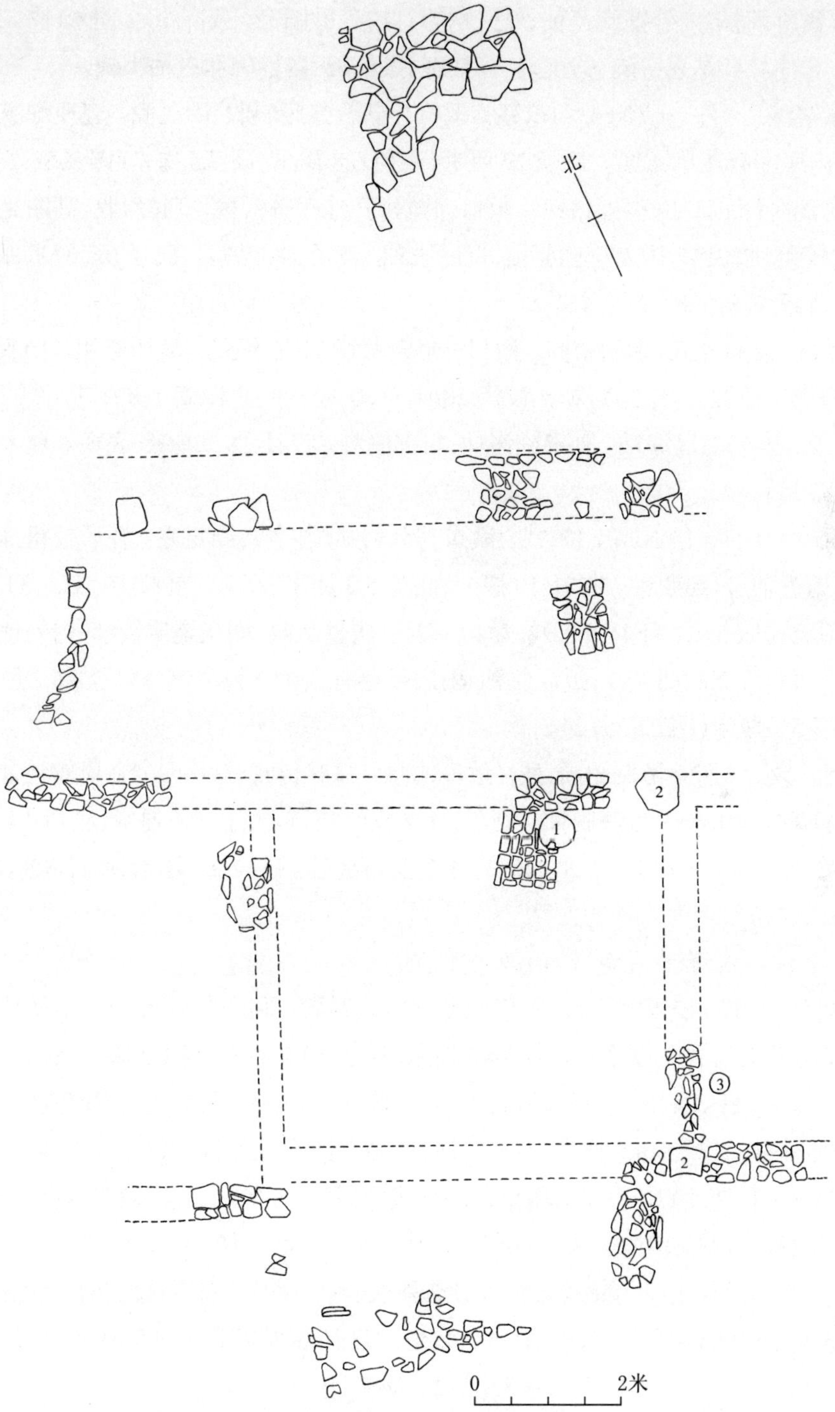

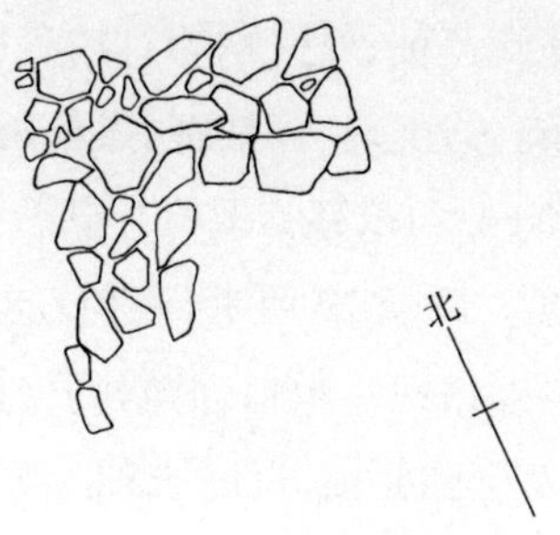

图一九　LYNF4平面图

1.灶　2.柱础石　3.铁釜

钧窑香炉　1件。LYNF4：27残存口部小块。直口、方唇，平折沿。上腹略有弧度，下腹残缺。瓷质细腻，内外壁施蓝釉，外壁贴塑有精美的图案。残高10.2厘米(图二〇，10)。

碗　8件。有龙泉窑碗、钧窑碗、酱釉碗、黑釉碗、白釉碗和白釉小碗。

龙泉窑碗　1件。LYNF4：16，残。敞口，圆唇，弧腹斜收，圈足底。瓷质细腻，内外壁施绿釉，内底印有花草图案。口径19厘米，底径6.8厘米，高7.5厘米(图二〇，2)。

钧窑碗　1件。LYNF4：19，残。敞口，圆唇，唇外有一折棱，直腹斜收，高圈足，内底尖圆。瓷质较粗，胎较厚，内外壁施蓝釉，近底脱釉。口径18.8厘米，底径6.2厘米，高7厘米(图二〇，14)。

酱釉碗　2件。残，形制相同。敞口，圆唇，弧腹斜收，圈足。瓷质略粗。LYNF4：14，口部及外壁施白釉，外壁施酱釉。口径20厘米，底径5.8厘米，高6.8厘米(图二〇，11)。LYNF4：22，内壁施豆绿釉。外壁施酱釉，口部脱釉。口径18.2厘米，底径6厘米，高7厘米(图二〇，4)。

黑釉碗　1件。LYNF4：17，残。敞口，圆唇，弧腹斜收，圈足底。瓷质较粗，内壁施白釉，外壁施黑釉，口部脱釉。口径19厘米，底径5.2厘米，高7.2厘米(图二〇，3)。

白釉碗　1件。LYNF4：21，残。敞口，圆唇，腹壁斜收，圈足瓷质较细，内外壁施白釉，口外侧饰两周浅细的凹弦纹，近底脱釉，内底残存有3个支钉痕迹。口径15.2厘米，底径5厘米，高5.7厘米(图二〇，12)。

白釉小碗　2件。形制相同，残。敞口，圆唇，弧腹斜收，矮圈足。瓷质较粗，内外壁施白釉。LYNF4：20，外壁近底脱釉，内底有4个支钉痕迹。口径9.6厘米，底径4.8厘米，高3厘米(图二〇，8)。LYNF4：23，内底有5个支钉痕迹。口径9.6厘米，底径4.8厘米，高3厘米(图二〇，5)。

盘　3件。残，有青花盘、酱釉盘、白釉盘。

青花盘　1件。LYNF4：24，残存小块。敞口，圆唇，平折沿，浅盘，平底。瓷质细腻，内壁残存部分花草纹青花图案。口径14.8厘米，底径13.2厘米，高1.2厘米(图二〇，9)。

酱釉盘　1件。LYNF4：15，敞口，圆唇，浅腹，弧腹斜收，圈足底。瓷质较粗，内壁施白釉，外壁施酱釉。口径14.8厘米，底径6厘米，高3厘米(图二〇，13)。

白釉盘　1件。LYNF4：18，敞口，圆唇，浅腹斜收，圈足底，瓷质较粗，内壁施白釉，口部及外壁脱釉。口径14.8厘米，底径5.6厘米，高2.8厘米(图二〇，15)。

盏　2件。形制相同，完整。敞口，圆唇，弧腹斜收，平底。瓷质较粗，内外壁施黑釉，口部及外壁脱釉。LYNF4：25，口径5.5厘米，底径3厘米，高2.5厘米(图二〇，7)。LYNF4：26，口径6厘米，底径3厘米，高2.2厘米(图二〇，6)。

陶器　2件。均为盆，泥质灰陶。分2型。

A型　1件。LYNF4：12，敞口，圆唇，弧折沿，直腹斜收，平底。外壁素面，内壁作横向

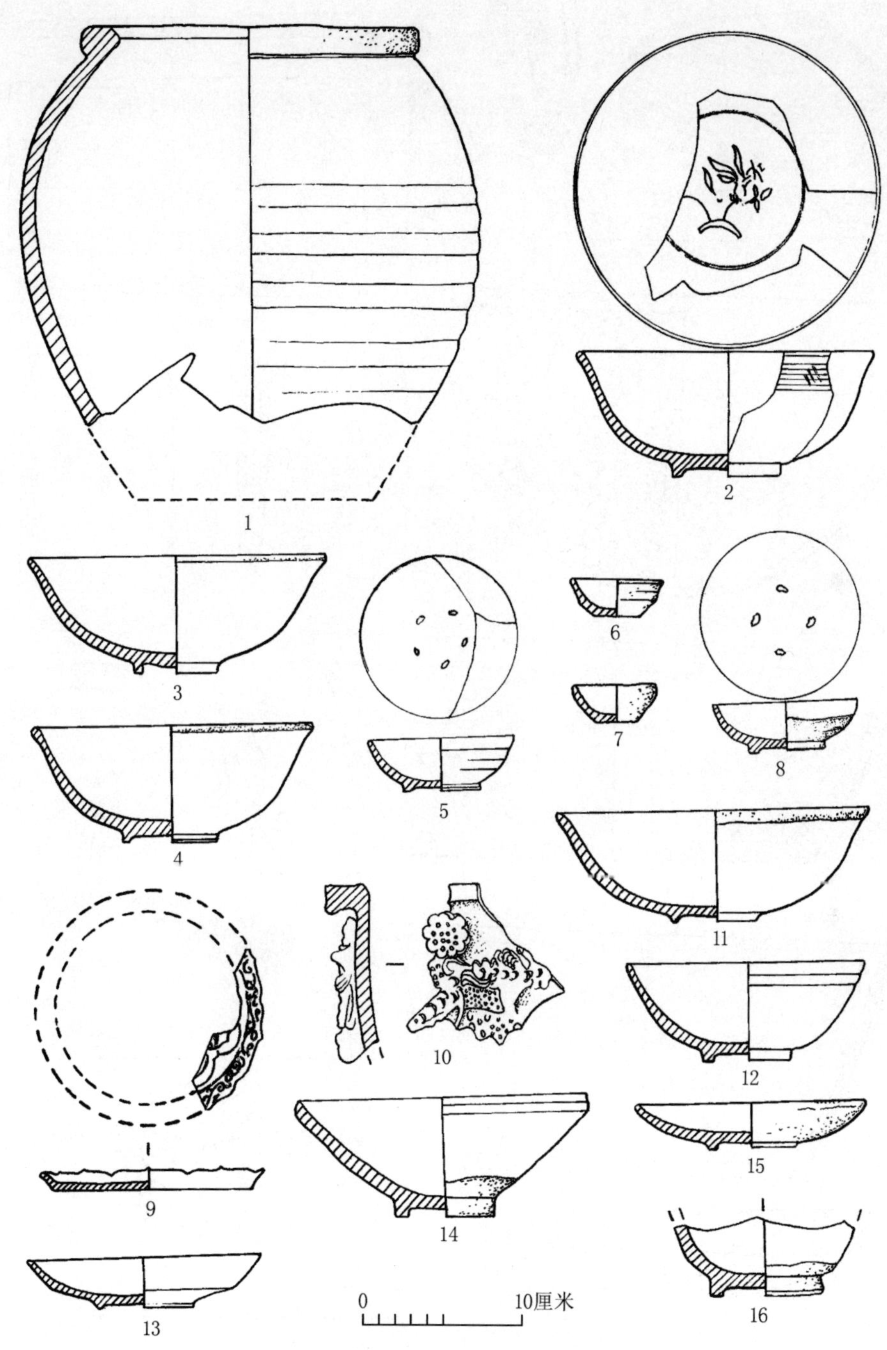

图二〇　LYNF4出土瓷器

1、16.罐（LYNF4：29、28）　2.龙泉窑碗（LYNF4：16）　3.黑釉碗（LYNF4：17）　4、11.酱釉碗（LYNF4：22、14）　5、8.白釉小碗（LYNF4：23、20）　6、7.盏（LYNF4：26、25）　9.青花盘（LYNF4：24）　10.钧窑香炉（LYNF4：27）　12.白釉碗（LYNF4：21）　13.酱釉盘（LYNF4：15）　14.钧窑碗（LYNF4：19）　15.白釉盘（LYNF4：18）

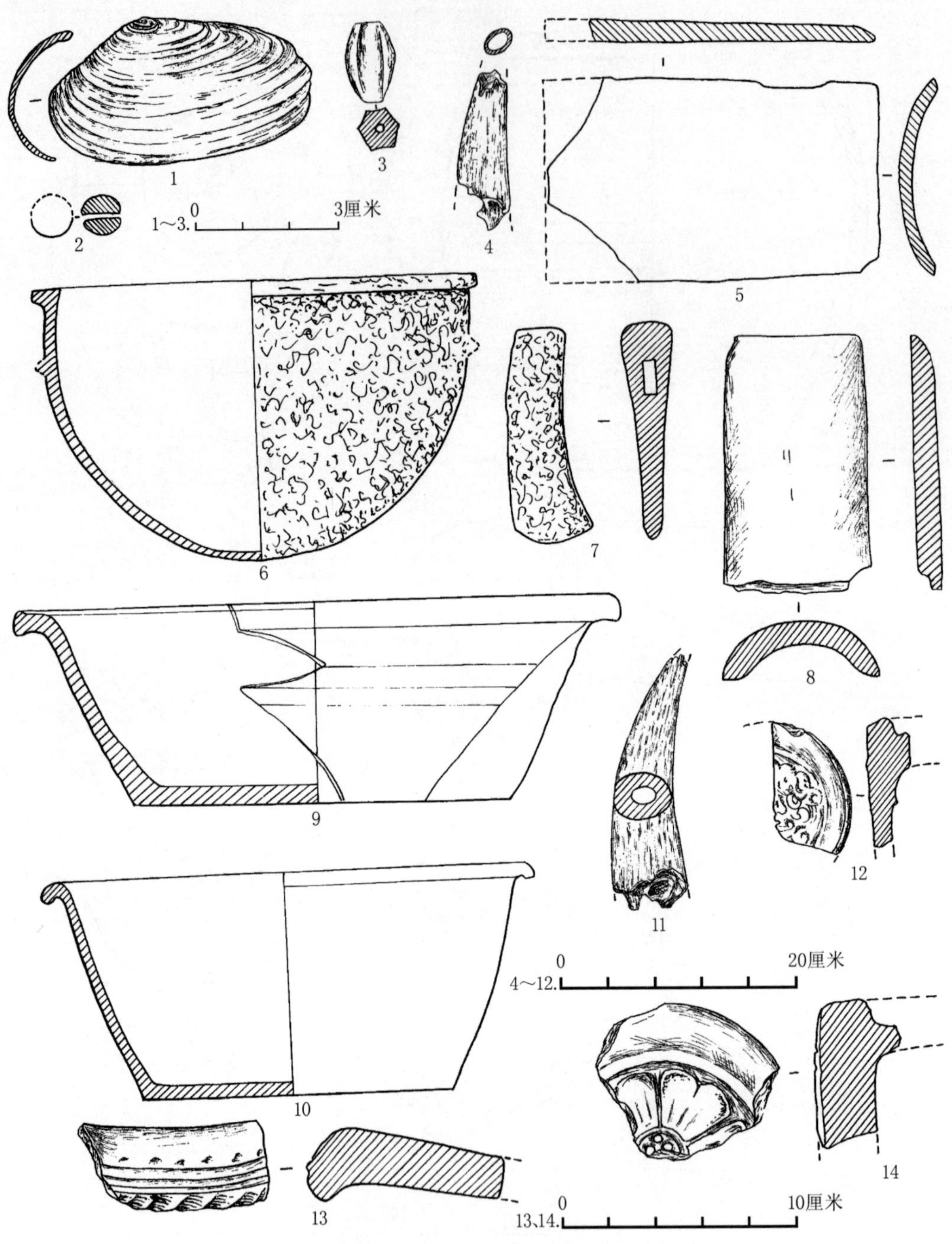

图二一 LYNF4 出土器物

1.蚌壳（LYNF4：1） 2、3.珠饰（LYNF4：3、2） 4、11.牛角（LYNF4：5、6） 5.板瓦（LYNF4：7） 6.铁锅（LYNF4：30） 7.铁斧（LYNF4：4） 8.筒瓦（LYNF4：8） 9、10.陶盆（LYNF4：13、12） 12.兽面瓦当（LYNF4：10） 13.滴水（LYNF4：9） 14.莲花纹瓦当（LYNF4：11）

压光。口径 43 厘米，底径 27 厘米，高 18.5 厘米(图二一，10)。

B 型　1 件。LYNF4：13，敞口，圆唇，平折沿，沿外侧饰一凸棱，直腹斜收。平底。素面。口径 52 厘米，底径 32 厘米，高 16.4 厘米(图二一，9)。

铁器　2 件。完整，表面锈蚀严重。有锅、斧。

锅　1 件。LYNF4：30，铸制。直口，方唇，平短折沿，上腹较直，下腹弧形斜收，圜底，上腹有四个鋬耳。口径 38.5 厘米，高 23 厘米(图二一，6；彩版柒捌，2)。

斧　1 件。LYNF4：4，锻制，斧身略作弧形弯曲，由上至下渐薄，双面刃，横穿一銎。长 18 厘米，宽 4.2～6.9 厘米，厚 1.2～4.2 厘米(图二一，7)。

角蚌器　3 件。有牛角、蚌壳。

牛角　2 件。基本未作任何加工。LYNF4：6，完整。长 20.8 厘米（图二一，11）。LYNF4：5，尖部残。残长 13.2 厘米(图二一，4)。

蚌壳　1 件。LYNF4：1，完整。无加工痕迹。长径 5.7 厘米，短径 3 厘米，厚 0.2 厘米(图二一，1)。

建筑材料　5 件。有板瓦、筒瓦、滴水、瓦当等。

板瓦　1 件。LYNF4：7，略残。平面略作梯形，头部圆弧，瓦壁由头部向尾部渐厚。灰色，外壁素面，内壁布纹。长 27.8 厘米，宽 15.5～17.8 厘米，厚 1.2～1.7 厘米(图二一，5)。

筒瓦　1 件。LYNF4：8，完整。平面呈长方形，子母口，弧是圆的 1/4。橙黄色，外壁素面，内壁布纹。长 21.2 厘米，宽 12 厘米，厚 2 厘米(图二一，8)。

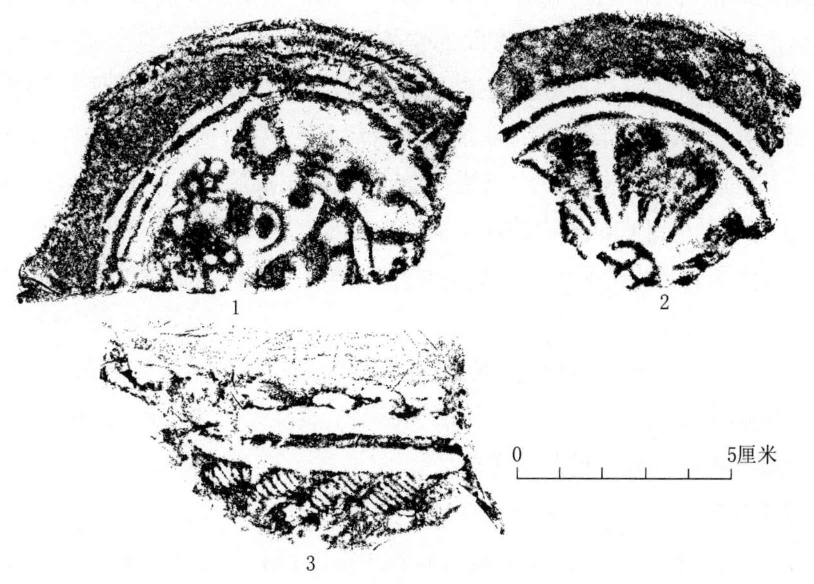

图二二　LYNF4 出土建筑构件拓片

1.兽面瓦当(LYNF4：10)　2.莲花纹瓦当(LYNF4：11)　3.滴水(LYNF4：9)

瓦当　2件。残。有兽面瓦当、莲花纹瓦当。

兽面瓦当　1件。LYNF4：10，圆形，表面平整，宽缘，中间作兽头图案。残长12厘米，厚2厘米（图二一，12；图二二，1）。

莲花纹瓦当　1件。LYNF4：11，圆形，表面略凸，宽缘，内施莲花纹图案。残长7厘米，厚2厘米（图二一，14；图二二，2）。

滴水　1件。LYNF4：9，残。带状，上、下两端各施绳索状压印纹一周，中间饰一凸弦纹。残长8.2厘米，残宽3.6厘米，厚1.7厘米（图二一，13；图二二，3）。

珠饰　2件。完整，有料珠、玛瑙珠。

料珠　1件。LYNF4：2，橄榄形，珠体作内弧六边形。半透明状，呈蓝色，竖穿一孔。长1.7厘米，最大径1.1厘米，孔径0.15厘米（图二一，3）。

玛瑙珠　1件。LYNF4：3，圆形，半透明状，呈红色，中间穿孔。直径0.9厘米，孔径0.1厘米（图二一，2）。

此外，遗址内各探方地层中和房址内所出瓷器底部均有一定数量的墨书题记，多书于碗、盘圈足内或近底部。有辨认的墨书有“温狗、申、高、馆、陈、中、画、尚、泰、汇”等，但也有一定数量的墨书题记因当时书写不规范或污损严重而无法辨认（图二三）。

三、结　语

南关遗址的试掘，虽然发掘面积较小，但对搞清元上都南关建筑结构等方面有一定的帮助。这次试掘主要有以下几个方面的收获：

1）　这次试掘虽然仅在上都城南关清理出四处房屋基址，但可以基本了解南关普通房屋的形制。房址均为地面式建筑，墙基皆用自然石块垒砌，残存的墙基高15～55厘米，墙基宽45～60厘米。墙基垒砌较为规整，有的发现坐浆痕迹。房址方向均为北略偏东，在10°～23°之间。4处房址在清理中均出土有一定数量的板瓦和筒瓦，判断房屋的顶部原应铺设有瓦。这里需要指出的是上述4处房址也应是有一定社会地位和经济条件的元上都居民的住所。

南关遗址多分布于御道两侧，是元上都诗人曾留下“滦水桥边御道西，酒旗闲挂暮檐低”[1]，“滦河美酒斗十斤，下马饮酒不计钱”[2]的诗句，真实的再现了南关酒肆的情景。这些记载在元上都四关的调查中得到了印证。

2）　这次清理的四处房屋分别在明德门外御道东、西两侧发掘所获，虽然两个发掘区的房址建筑结构基本相同，但在建筑布局和用途上仍有一定的不同。西区清理的3处房址（LYNF1～LYNF3），均由东、西两室组成，西间略大，东间略小，门道多位于西间南墙。除LYNF3外，LYNF1、LYNF2房屋南侧均有一窄小的院落。3处房址的东屋均有火炕，

图二三　LYN 探方出土器物底部墨书

1～13.墨书(LYNT1①：4、LYNT2②：6、LYNT3②：3、LYNT3②：7、LYNT4②：44、LYNT3②：2、LYNT5②：26、LYNT5②：27、LYNT4②：12、LYNT4③：15、LYNT4②：19、LYNT4②：4、LYNT4②：17)

西侧房屋除 LYNF1 外,也有火炕之痕迹,但火炕面积较小。因此,可以认为这 3 处拥有较大空间,既有火炕,又有大的客厅的房址,应当与客栈遗址有关。

东区房址只发现 LYNF4 一处,初步判断其应由中、东、西 3 间房屋组成,中屋的东北、东南、西南三角残存有较大的自然石块作为柱础。中间房址南墙外侧用自然石块铺砌有整齐斜坡式台阶,房址内残存有少量的砖铺地面。房址北(后)面有一院落,院落北面残留有整齐的石砌通道。在房址内没有发现火炕之痕迹,仅在中间房址东北角发现一地炕,应为取暖之用。此外,LYNF4 出土的建筑材料亦较西区 3 处房址丰富。由此推断,LYNF4 房址在当时应是一处小型官署。

3)　南关试掘区内地层中和各房址内出土遗物较为丰富,有瓷器、陶器、铁器、石器、骨(角、蚌)、建筑材料、钱币等。所出瓷器有龙泉窑系、钧窑系、瓷州窑系等名窑产品,这些器物的形制、釉色应当是元代常见之器物,反映了元上都居民当时的真实生活水平。

在发掘区出土的瓷器中有一定数量的墨书题记,这些题记多书于碗、盘类的圈足内或近底部,其内容多为姓氏,这种墨书题记在内蒙古地区的辽、金、元时期古城及村落遗址中如元代集宁路古城[3],元代净州路古城[4],和林格尔前瓦窑沟遗址[5]中都有数量较多的墨书题记发现,这些墨书题记应为器物所有者的姓名,为研究元代居民的风俗习惯提供了翔实的实物资料。

附记:本次试掘由魏坚主持,参加发掘的有杨春文、罗金明、张运平、李兴盛和内蒙古草原地区文物干部训练班的全体学员。在发掘中得到了锡林郭勒盟文化局、文物工作站,正蓝旗人民政府、文化局、文物管理所的大力支持,在此谨表谢意。

执笔:魏坚 李兴盛

绘图、拓片:郝晓菲

注 释

[1] 张昱:《寒上谣》,《张光弼诗集》卷三。

[2] 马祖常:《车簇簇行》,《石田文集》卷五。

[3] 乌兰察布博物馆 1984 年试掘资料,待整理。

[4] 内蒙古文物考古研究所、乌兰察布博物馆、四子王旗文物管理所:《四子王旗城卜子古城及墓葬》,《内蒙古文物考古文集》第二辑,中国大百科全书出版社,1997 年。

[5] 乌兰察布博物馆:《和林格尔县前瓦窑沟辽、金时代遗址》,《内蒙古文物考古文集》第一辑,中国大百科全书出版社,1994 年。

叁　元上都皇城南门及东墙清理修复报告

元上都皇城位于外城的东南部，平面呈方形，边长1400余米，为黄土夯筑墙体，外用自然石块包砌。皇城共设6门，其中东西各2门，南北各1门，门外均设有瓮城。每边墙体之外侧，各筑有6个梯形马面。皇城四角建有高大的圆台状角台。皇城墙体、瓮城和马面、角台保存较好（彩版柒玖）。

为了配合元上都遗址的文物保护和申报世界文化遗产工作，根据国家文物局的指示精神，并应正蓝旗人民政府的请求，内蒙古文物考古研究所会同锡林郭勒盟文物站和正蓝旗文物局，于2002年对皇城东墙北段部分墙体作了局部的清理和修复，2003年又对元上都皇城南门（编号LYM）及瓮城（编号LYW）进行了初步的清理修复工作（彩版捌零、捌壹）。在清理和修复过程中，还在瓮城外的西侧皇城南墙下，开探沟一条。通过上述工作，了解了元上都墙体、马面和城门的构造，取得了一批有价值的资料（彩版捌贰、捌叁），现将两年来的工作报告如下。

一、皇城南门

1.城门结构

南门位于皇城南墙正中位置，北与宫城南门南北相对。城门为拱洞形，青砖券顶，方向0°（彩版捌肆）。门道总长24米，因券顶已经坍塌，南端墙体残高4.25米，北端墙体残高3.55米（彩版捌伍）。门道以中间的城门位置为界，可分为南北相连的两段。南段城门以外门道略窄，券顶较低，长4.8米，宽4.7米；北段城门以内门道向两侧各扩宽0.5米，门道宽5.7米，长19.2米，墙体加高（彩版捌陆）。券门两侧有高约7米的城楼残迹。在两端青砖墙体的底部，叠砌有3层不同规格的石条，其中最下的一层厚约15厘米，在门道地面以下。地表上的两层薄厚不一，有的夹在砖墙之间，厚约10～20厘米（图一；彩版捌柒）。有的石条表面有规整的浮雕图案花纹，显然是利用了旧的建筑材料（彩版捌捌）。

门道两侧墙体基本保存较好，北侧部分有的破损脱落。券顶因坍塌严重，高度不详（彩版捌玖）。

门洞的墙体均用青砖垒砌。券顶以下墙体，砌法无严格的定式，砖的规格不一，主要有40厘米×20厘米—9厘米,38厘米×19厘米—5.6厘米,34厘米×17厘米—5.6厘米3种规格。门洞两侧直墙用青砖纵横交替错缝垒砌,墙体厚0.5~0.6米。最底一层普遍用40厘米×20厘米—9厘米的砖垒砌做为基础,向上大致每隔5层垒砌一层此砖。

南段的墙体保存较好,从底部向上至第23层砖(高1.6米)开始起券。第一层砖向墙体内缩进3~5厘米,其上开始起券,两侧券顶向内残存10~15层,做弧形渐内收。券顶为纵横交替券砌,共有4层纵砖和3层平砖。券顶用砖均用30厘米×15厘米—5厘米的灰色素面长方砖。券顶内弧表面抹有白灰,其上留有席纹痕迹(彩版玖零)。

北段墙体局部破损较为严重,相对保存略差。从底部向上至第34层(高2.7米)开始起券。从保存券顶较多的西侧墙体观测,此段券顶为纵砖和平砖交替垒砌,共由5层纵砖和4层平砖相间砌成。纵砌砖的规格和形制同于南段用砖,平砌砖的规格为36.5厘米×8.5厘米—3.5厘米。东侧券顶保存较差,所用砖的规格、形制与西侧券顶用砖相同(彩版玖壹)。

在北段墙最南端门道折角的城门两侧距地面高1.5米处,各用4块近方形石块垒砌成一个长宽约30厘米,深70厘米的横向插孔,西侧墙上插孔北侧的石块缺失。这应当是城门关闭后,插入木制门闩的插孔(彩版玖贰)。

门洞南北两端券项以外的墙体均为增筑。北端加砌2.2米,南端加砌0.9米,其上均无券顶。其中北端西侧部分加筑的墙体使用了较规整的石片。

门道内的堆积厚约3米,坍塌的券顶占据很大部分。内出土石柱础6件,规格大多为长1米,宽0.5米,厚0.5米。基本上不见木炭和木质遗物。堆积内以石片数量较多,少量的青瓷碗、铁锈花罐、陶器残片等。

门道地面底部是黄色胶泥,上有厚约0.4米的灰色土,坚硬,土里夹有灰烬、瓷片和红烧土块等。

2.出土遗物

在清理皇城南门之堆积时,出土有一定数量的遗物。出土遗物中,以瓷器、花砖为主,其他的有石器、陶器、建筑构件、骨器等。现择其标本叙述如下:

瓷器　有龙泉窑、钧窑、磁州窑、耀州窑等名窑所产的各类瓷器,也有一些地方土窑生产的酱釉、白釉、黑釉、青瓷等瓷器。

龙泉窑瓷器　以盘为主,少量的高足杯、钵、器盖、碗等。

高足杯　1件。LYM:65,口部残缺。深腹,喇叭口高圈足。瓷质细腻,内外壁施浅蓝釉。底径3.6厘米,残高8厘米(图二,21)。

钵　2件。口微残,花瓣口,中腹有一折横,假圈足,内底平整。瓷质细腻,内外壁施浅绿釉。LYM:8,口径11厘米,底径8厘米,高3.8厘米(图二,7)。LYM:9,口径12厘米,底径7厘米,高3.8厘米(图二,12)。

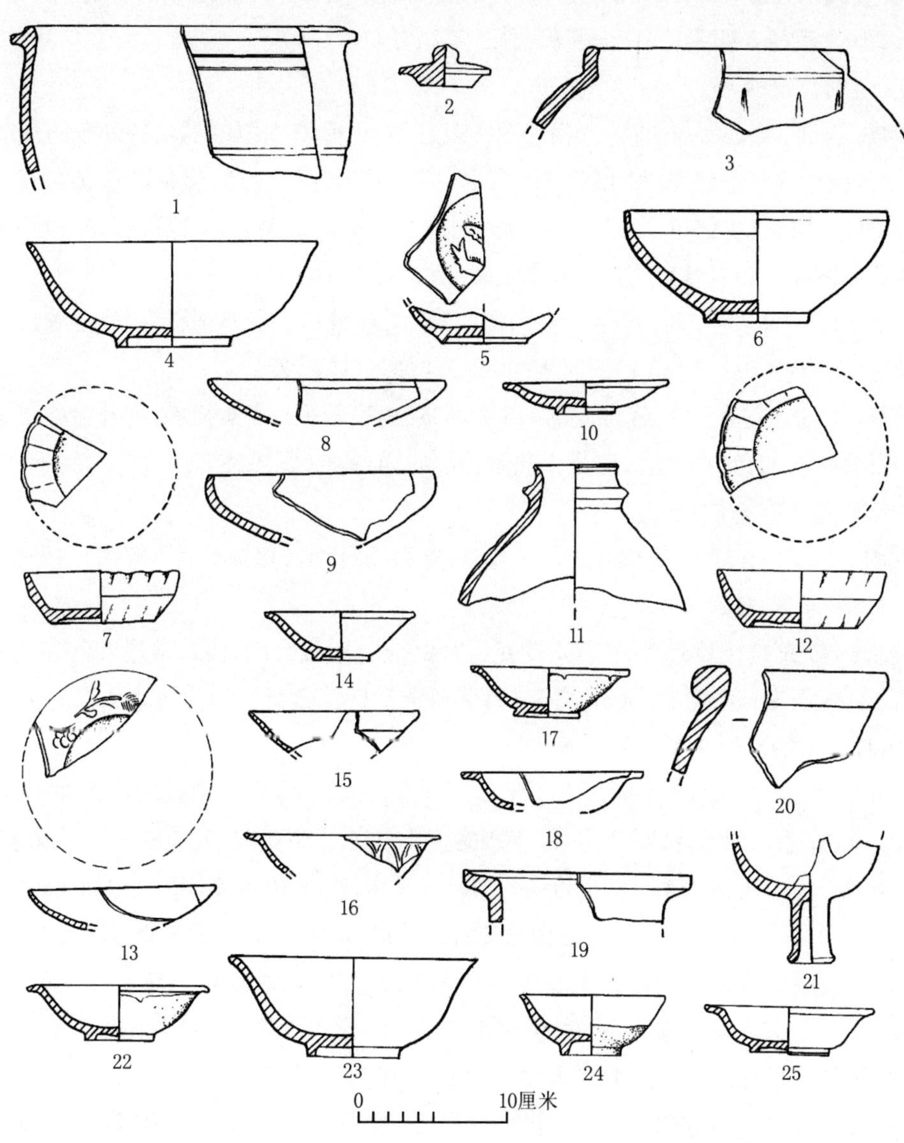

图二　LYM 出土瓷器

1.盆(LYM:62)　2.器盖(LYM:5)　3.瓮(LYM:70)　4、6、9、14、15、17、22～24.碗(LYM:59、58、60、12、73、14、71、7、3)　5、8、10、13、16、18、25.盘(LYM:11、72、2、68、75、74、10)　7、12.钵(LYM:8、9)　11.瓶(LYM:57)　19.香炉(LYM:69)　20.瓮(LYM:63)　21.高足杯(LYM:65)

器盖　1件。LYM：64，仅存小块。子母口，器型较大。瓷质细腻，内外壁施浅绿釉（图三，10）。

碗　1件。LYM：59，残。敞口，圆唇，弧腹斜收，圈足。瓷质细腻，内外壁施浅绿釉。口径20.4厘米，底径8厘米，高7.4厘米（图二，4）。

盘　5件。分3型。

A型　3件。残。敞口，圆唇，宽平折沿，圈足，内底平整。瓷质细腻，内外壁施浅绿釉。LYM：10，白釉，口径12厘米，底径5.5厘米，高3厘米（图二，25；彩版玖叁，1）。LYM：74，底部残缺。口径12.5厘米，残高2.8厘米（图二，18）。LYM：75，底部残缺。外壁腹部印有莲花纹图案。口径13.6厘米，残高2.6厘米（图二，16）。

B型　1件。LYM：68，残存口部。敞口，圆唇，腹较深。瓷质细腻，内外壁施月白釉，内壁上腹印有花草纹。口径13.5厘米，残高2.4厘米（图二，13）。

C型　1件。LYM：11，残存底部。外底圈足，内底较平。瓷质细腻，内外壁施浅绿釉，内底中部有浮雕双鱼纹图案。底径6厘米，残高2.4厘米（图二，5）。

钧窑瓷器　有香炉、碗。

香炉　1件。LYM：69，仅存口部。直口，方唇，宽折沿，直领。瓷质较细，内外壁施蓝釉。口径16厘米，残高3.4厘米（图二，19）。

碗　2件。直口，圆唇，弧腹斜收，圈足，内底尖圆。瓷质较细，内外壁施天蓝釉。LYM：58，口径18.5厘米，底径7.2厘米，高7.4厘米（图二，6）。LYM：60，近底残缺。近底脱釉。口径16厘米，残高5.5厘米（图二，9）。

磁州窑瓷器　有盆、碗、盘。

盆　3件。直口微敛，圆唇，短折沿，上腹略作弧内收，下腹残缺。瓷质较细腻，内外壁施白釉。LYM：62，口外侧施两道铁锈平行线。口径24厘米，残高10厘米（图二，1）。LYM：61，外壁施铁锈花草纹。口径24厘米，残高10厘米（图三，1）。LYM：77，仅存底部，圈足。内壁施白釉黑花，近底脱釉。圈足外侧有墨书，残存有“四元”两字。底径8.8厘米，残高4厘米（图三，7）。

碗　1件。LYM：4，敞口，圆唇，弧腹斜收，圈足。瓷质较粗，内壁施白釉黑花，外壁作米黄釉，外壁近底脱釉。口径15.8厘米，底径6.3厘米，高6.5厘米（图三，3）。

盘　1件，LYM：1，敞口，圆唇，浅腹，假圈足。瓷质较细，内壁施白釉黑花，外壁脱釉。口径14.5厘米，底径6厘米，高2.5厘米（图三，12）。

耀州窑瓷器　1件。碗，LYM：7，敞口，圆唇，弧腹斜收，圈足。瓷质较细，内外壁施深绿釉。口径17.5厘米，底径6.4厘米，高6.8厘米（图二，23）。

酱釉瓷器　有瓮、瓶、碗、盏。

瓮　1件。LYM：63，残存口部。敛口，厚圆唇，上腹外侈。瓷质较粗，内外壁施酱釉，口部脱釉（图二，20）。

瓶　1件。LYM：57，小口，圆唇，束颈，鼓肩，肩部以下残缺。瓷质较细，内外壁施酱釉。口径6.3厘米，残高9.5厘米（图二，11）。

碗　2件。底部残缺。敞口，圆唇，弧腹斜收。瓷质较细。LYM：66，外壁施酱釉，内壁施白釉。口径19厘米，残高6厘米（图三，13）。LYM：73，口内侧及内壁施酱釉，外壁脱釉。口径12厘米，残高2.8厘米（图二，15）。

盏　1件。LYM：15，敞口，圆唇，浅腹，平底。瓷质较粗，口部施酱釉，内外壁脱釉。口径6.5厘米，底径4厘米，高1.3厘米（图三，5）。

白釉瓷器　有罐、盆、碗、盘、高足杯。

罐　1件。LYM：39，仅存底部。假圈足。瓷质较细，外壁施白釉，内壁施豆绿釉。外底残存部分有墨书，可辨认者为“若”字。底径18厘米，残高9.8厘米（图三，11）。

盆　1件。LYM：78，残存底部。圈足。瓷质较细，内壁施白釉，外壁脱釉。内底残存有

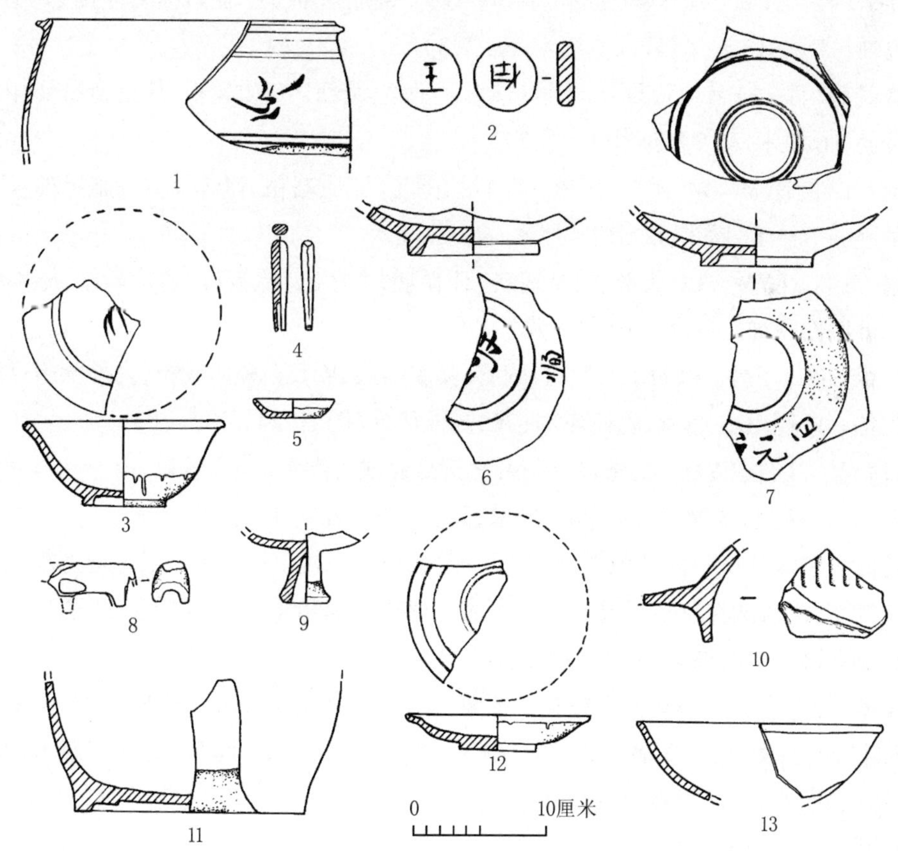

图三　LYM出土瓷、陶、骨器

1、6、7. 瓷盆（LYM：61、78、77）　2. 陶饼（LYM：76）　3、13. 瓷碗（LYM：4、66）　4. 骨管状器（LYM：6）　5. 瓷盏（LYM：15）　8. 瓷狗（LYM：13）　9. 高足瓷杯（LYM：56）　10. 瓷器盖（LYM：64）　11. 瓷罐（LYM：39）　12. 瓷盘（LYM：1）

两个支钉痕迹，圈足内外残存有墨书，字迹不清。底径10.2厘米，残高3.6厘米(图三,6)。

碗　2件，分2型。

A型　1件。LYM∶71，敞口，圆唇，斜折沿，弧腹斜收，圈足。瓷质较细，内底残存有两个支钉痕迹，外壁脱釉。口径12.2厘米，底径4.8厘米，高3.6厘米(图二,22)。

B型　1件。LYM∶12，敞口，圆唇，直腹斜收，圈足，内底尖圆。瓷质较粗，口部及内壁施白黄釉，外壁脱釉。口径10.2厘米，底径4.2厘米，高3.2厘米(图二,14)。

盘　1件。LYM∶72，近底残缺。敞口，圆唇，浅腹。瓷质较细，口部及内壁施白釉，外壁脱釉。口径16.5厘米，残高3.2厘米(图二,8)。

高足杯　1件。LYM∶56，残存底部。喇叭口，高圈足。瓷质较细，内外壁施白釉，近底脱釉，内底有5个支钉痕迹(图三,9)。

黑釉瓷器　有瓮、器盖、碗、狗。

瓮　1件。LYM∶70，残存口部。直口，矮领，方圆唇，鼓肩。瓷质细腻，内外壁施黑釉，唇部脱釉。口径18厘米，残高5厘米(图二,3)。

器盖　1件。LYM∶5，圆形，子母口，盖面平整，圆纽。瓷质较粗，外壁施黑釉，内壁脱釉。直径6.6厘米，高2.8厘米(图二,2)。

碗　1件。LYM∶14，敞口，圆唇，弧折沿，圈足。瓷质略粗，口部及内壁施黑釉，内底有一圈足迹。口径11厘米，底径4.4厘米，高3.2厘米(图二,17)。

狗　1件。LYM∶13，头部、前足残缺。体低矮，大尾巴，腿较短。瓷质较细，施黑釉，下腹及腿近底部脱釉。残高3.6厘米，残长7厘米(图三,8)。

豆绿釉碗　1件。LYM∶3，敞口，圆唇，弧腹斜收，圈足。瓷质较粗，内外壁施豆绿釉，下腹脱釉。口径10.5厘米，底径4.2厘米，高4厘米(图二,24)。

青瓷盘　1件。LYM∶2，敞口，圆唇，平折沿，浅腹，圈足。瓷质较粗，内外壁施豆青釉，挂釉不匀。口径11.5厘米，底径4.4厘米，高2厘米(图二,10)。

花砖　在清理城门内堆积中，出土了一定数量的城楼上镶嵌的花砖。均为灰色，花砖以模制为主，少量的在制成后又经雕刻而成。现按模制和雕制分类叙述如下：

模制花砖　依其图案不同分为12型。

A型　2件。一面模制有缠枝花草图案。LYM∶32，完整。长35厘米，宽17厘米，厚4厘米(图四,2;图九,2;彩版玖肆,2)。LYM∶35，残。残长22厘米，宽16.5厘米，厚4厘米(图五,1;图八,7;彩版玖肆,1)。

B型　2件。分2式。

Ⅰ式　1件。LYM∶37，残。其上残存有宝相花图案一朵，花芯划有较规整的方格纹。残长11厘米，宽15厘米，厚5厘米(图六,5;图八,6)。

Ⅱ式　1件。LYM∶17，残。平面呈亚字形，一面残存有3枝缠枝宝相花图案。制作十

图四　LYM 出土砖雕构件

1. J 型模制花砖（LYM：23）　2. A 型模制花砖（LYM：32）　3. E 型模制花砖（LYM：79）　4. I 型模制花砖（LYM：40）　5. C 型模制花砖（LYM:19）　6. H 型模制花砖（LYM:43）　7. BⅡ式模制花砖（LYM:17）　8. A 型雕刻花砖（LYM:48）　9. L 型模制花砖（LYM:30）

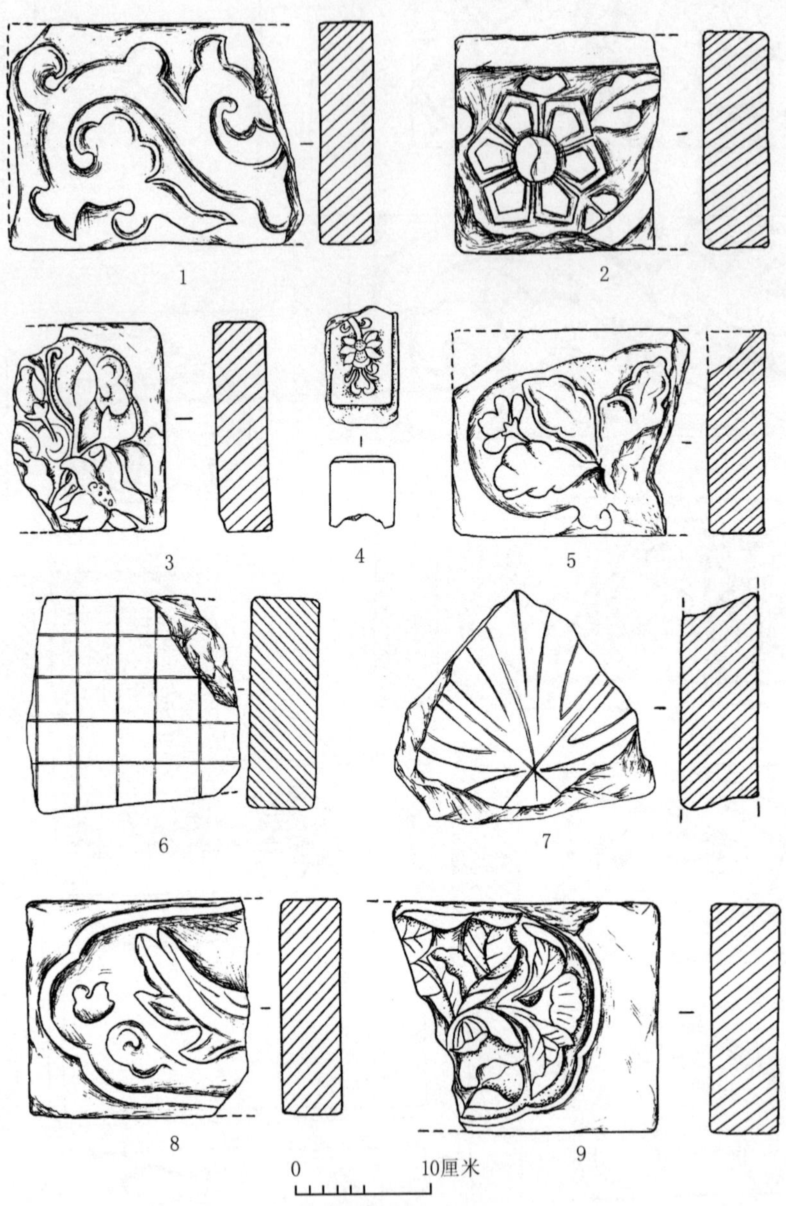

图五　LYM 出土砖雕构件

1. A 型雕刻花砖（LYM：35）　2. B 型雕刻花砖（LYM：31）　3. J 型模制花砖（LYM：36）　4. K 型模制花砖（LYM：18）　5. I 型模制花砖(LYM：41)　6. C 型雕刻花砖(LYM：50)　7. E 型雕刻花砖(LYM：44)　8. F 型模制花砖(LYM：38)　9. I 型模制花砖(LYM：21)

分规整。残长 23.5 厘米，宽 24 厘米，厚 7 厘米（图四，7；图八，4；彩版玖伍，1）。

C 型　1 件。LYM：19，残。其上模制有卷纹花草图案。残长 28.8 厘米，宽 15.5 厘米，厚 5 厘米（图四，5；图九，6；彩版玖伍，2）。

D 型　4 件，分 3 式。

Ⅰ式　1 件。LYM：20，残。一面模制有缠枝牡丹图案，背面略不平整。残长 14 厘米，宽 15 厘米，厚 5 厘米（图七，1；图八，2；彩版玖陆，1）。

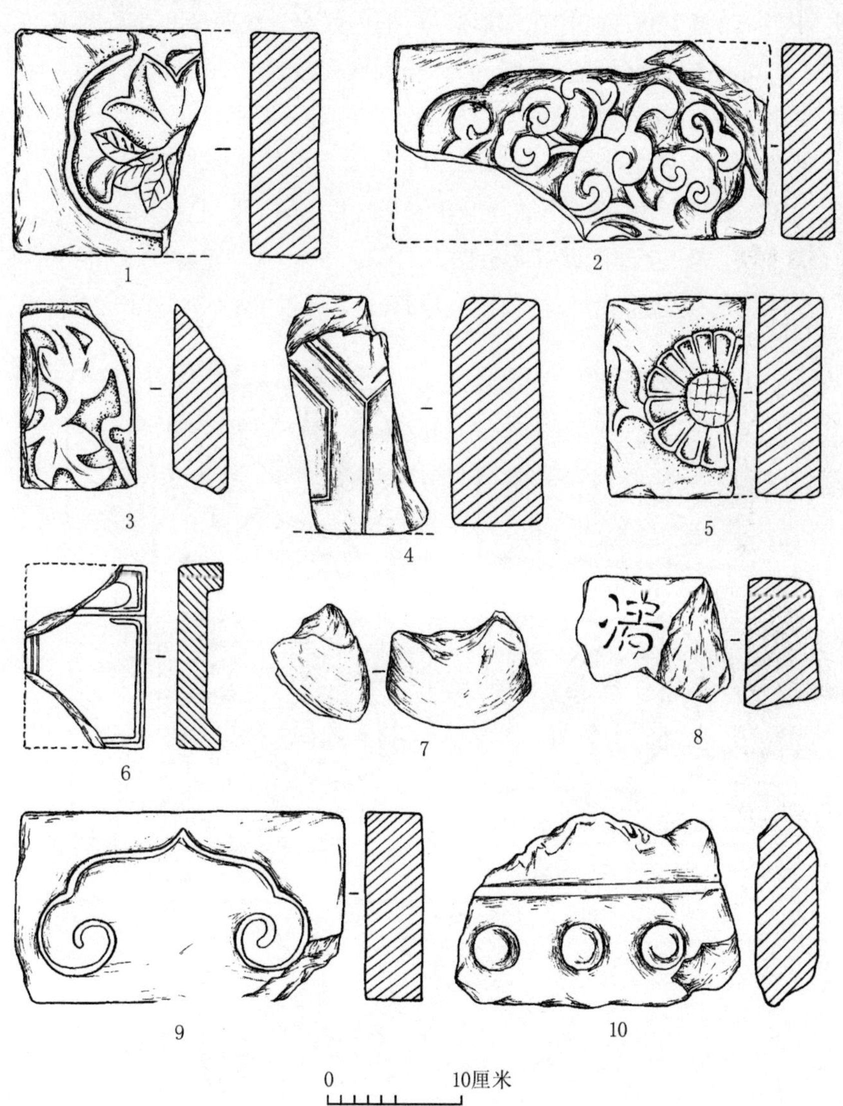

图六　LYM 出土砖雕构件、石器

1. I 型模制花砖（LYM：42）　2. J 型模制花砖（LYM：29）　3. J 型模制花砖（LYM：46）　4. D 型雕刻花砖（LYM：51）　5. BI 式模制花砖（LYM：37）　6. 石砚（LYM：33）　7. 构件（LYM：22）　8. E 型模制花砖（LYM：54）　9. A 型雕刻花砖（LYM：47）　10. G 型模制花砖（LYM：49）

Ⅱ式　2件。作椭圆形内框，框内残存有牡丹花一朵。LYM：25，残长25.6厘米，宽16厘米，厚5厘米（图七，5；图九，1；彩版玖陆，2）。LYM：26，残长22厘米，宽16厘米，厚5.2厘米（图七，2）。

Ⅲ式　1件。LYM：24，残。一面残存有模制略变形牡丹花图案。残长19厘米，宽17.4厘米，厚5.6厘米（图七，4；图八，1；彩版玖柒，2）。

E型　2件。残。一面模印阴文楷书"清"字。LYM：54，残长12厘米，残宽9.6厘米，厚6厘米（图六，8；图八，11）。LYM：79，残长24厘米，宽18厘米，厚5厘米（图四，3；图九，8）。

F型　1件。LYM：38，残。作花瓣形边框，框内残存云纹两朵和花草图案。残长17厘米，宽16厘米，厚4.5厘米（图五，8；图九，4；彩版玖柒，1）。

G型　1件。LYM：49，残。一面残存模制凸弦纹和等距的乳钉纹3个。残长22厘米，残宽14.4厘米，厚4.8厘米（图六，10；图八，3）。

H型　1件。LYM：43，残。作椭圆形花瓣形内框，框内模制变形如意图案。残长21.6厘米，宽15.8厘米，厚5.2厘米（图四，6；图九，10）。

I型　5件。残。花边形内框，内模制有牡丹花一朵。LYM：34，残长22厘米，宽17厘

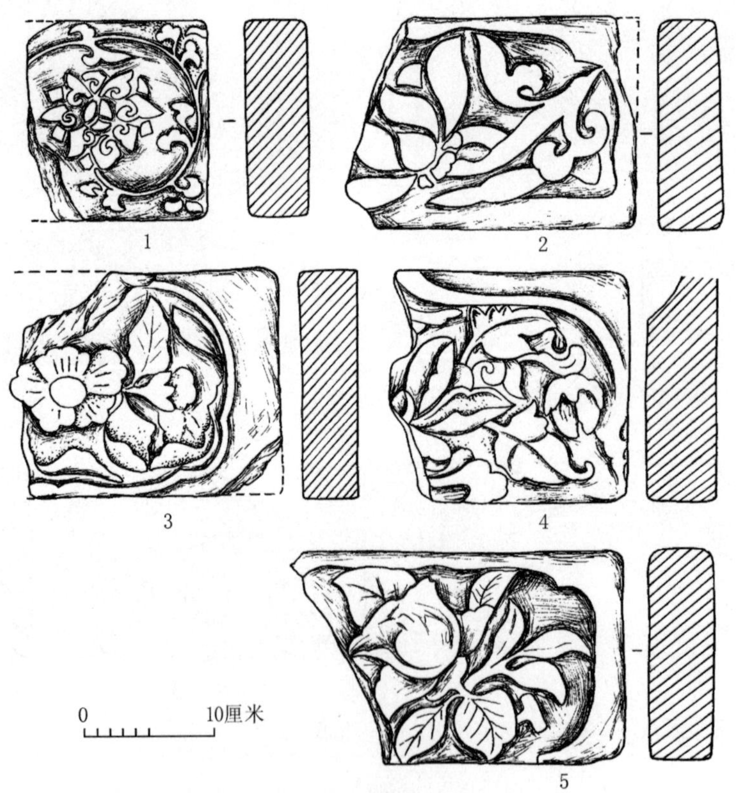

图七　LYM出土砖雕构件

1. DⅠ式模制花砖（LYM:20）　2. DⅡ式模制花砖（LYM:26）　3. Ⅰ型模制花砖（LYM:34）　4. DⅢ式模制花砖（LYM:24）　5. DⅡ式模制花砖（LYM:25）

米,厚 5.5 厘米(图七,3;图九,3;彩版玖捌,1)。LYM:40,残长 16.6 厘米,宽 14.5 厘米,厚 4.2 厘米(图四,4)。LYM:41,残长 17 厘米,宽 14 厘米,厚 4.4 厘米(图五,5)。LYM:21,仅存花瓣。残长 20 厘米,宽 17 厘米,厚 5.2 厘米(图五,9)。LYM:42,残存少量花瓣。残长 15 厘米,宽 17 厘米,厚 5.5 厘米(图六,1)。

J 型　4 件。内模制有花瓣图案。LYM:23,完整。长 32 厘米,宽 17.5 厘米,厚 4.2 厘米(图四,1;图八,5;彩版玖捌,2)。LYM:29,基本完整。长 29 厘米,宽 15.5 厘米,厚 4 厘米(图六,2)。LYM:46,残。残长 9 厘米,宽 14 厘米,厚 4.4 厘米(图六,3)。LYM:36,残。残长 12 厘米,宽 15.5,厚 4 厘米(图五,3)。

K 型　1 件,LYM:18,残。残存小块,红色。在砖的侧面模制有浮雕菊花图案。厚 4.8

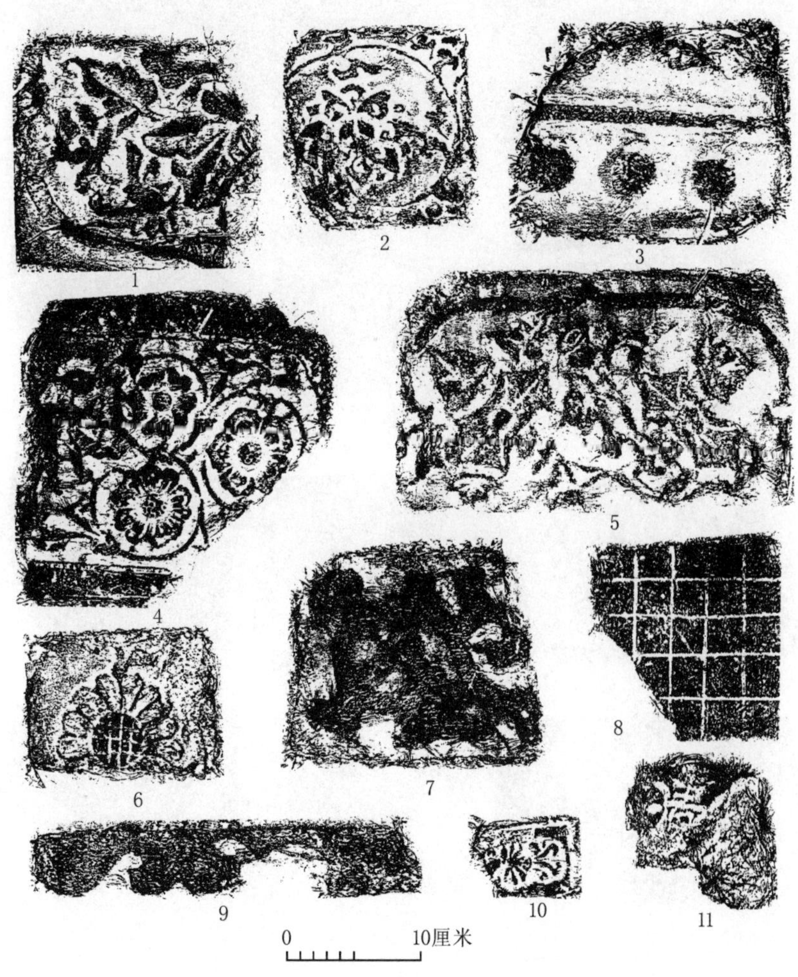

图八　LYM 出土砖雕构件拓片

1. DⅢ式模制花砖(LYM:24)　2. DⅠ式模制花砖(LYM:20)　3. G 型模制花砖(LYM:49)　4. BⅡ式模制花砖(LYM:17)　5. J 型模制花砖(LYM:23)　6. BⅠ式模制花砖(LYM:37)　7. A 型模制花砖(LYM:35)　8. C 型雕刻花砖(LYM:50)　9. L 型模制花砖(LYM:30)　10. K 型模制花砖(LYM:18)　11. E 型模制花砖(LYM:54)

厘米(图五,4;图八,10)。

L型　1件。LYM：30,完整。将砖的立、侧各一面磨成斜面,斜面之上模压有花草纹。长28.4厘米,宽13.2厘米,厚5厘米(图四,9;图八,9)。

雕刻花砖　依其图案不同,分为5型。

A型　2件。残。一面雕刻有对称的卷云纹。LYM：47,残长25.5厘米,宽14.4厘米,厚4.5厘米(图六,9;图九,9)。LYM：48,残长19厘米,宽14厘米,厚4厘米(图四,8)。

B型　1件。LYM：31,残。一面雕刻有宝相花一朵。残长15.2厘米,宽16厘米,厚5厘米(图五,2;图九,7;彩版玖柒,3)。

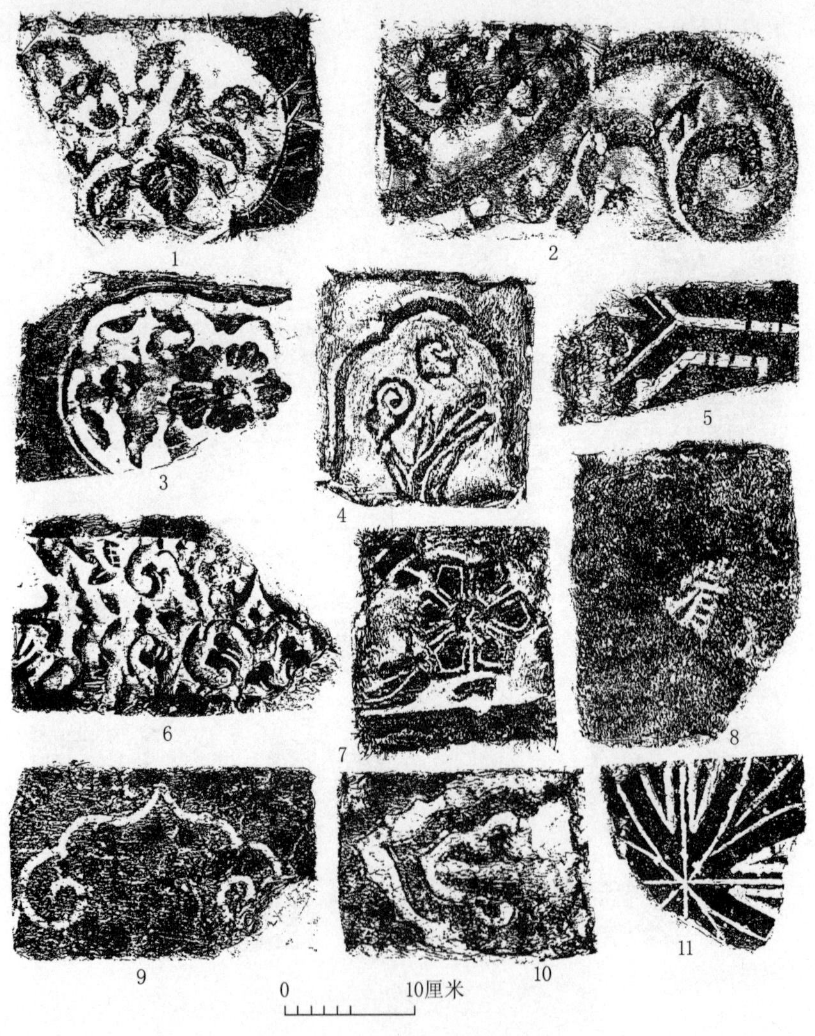

图九　LYM出土砖雕构件拓片

1. DⅡ式模制花砖（LYM：25）　2. A型模制花砖（LYM：32）　3. I型模制花砖（LYM：34）　4. F型模制花砖（LYM：38）　5. D型雕刻花砖(LYM：51)　6. C型模制花砖(LYM：19)　7. B型雕刻花砖(LYM：31)　8. E型模制花砖(LYM：79)　9. A型雕刻花砖(LYM：47)　10.H型模制花砖(LYM：43)　11. E型雕刻花砖(LYM：44)

C型 1件。LYM∶50,残。一面阴刻有规整的方格纹。残长16厘米,残宽16厘米,厚5.2厘米(图五,6;图八,8)。

D型 1件。LYM∶51,残。残存有少量的几何纹图案。残长9.5厘米,残宽17.4厘米,厚7厘米(图六,4;图九,5)。

E型 1件。LYM∶44,残。一面阴刻有放射状线条。残长20厘米,残宽16厘米,厚6厘米(图五,7;图九,11)。

石、陶、骨器、建筑构件 有石砚、陶饼、骨管状器。

石砚 1件。LYM∶33,部分残缺。平面呈长方形,底部四角有足,边部刻有平行凹线两道,椭圆形墨池。无使用痕迹,石质坚硬,呈白黄色。长14.2厘米,宽9.8厘米,高3.6厘米(图六,6)。

陶饼 1件。LYM∶76,完整。泥质灰陶片制成,平面呈圆形,表面平整。陶饼的一面磨刻一"王"字,另一面磨刻一字,因不规范,无法辨认。直径5厘米,厚1.2厘米(图三,2)。

建筑构件 1件。LYM∶22,圆形,残存小块,形制不清。泥质灰陶(图六,7)。

骨管状器 1件。LYM∶6,完整。用动物肢骨制成,长条形,孔半通,近口部施凹弦纹一周,横截面呈椭圆形。表面磨制精细。长6.2厘米(图三,4;彩版玖叁,2)。

二、瓮城址

1.瓮城及瓮城门结构

瓮城址由瓮城和门址两部分组成。

瓮城 平面呈长方形,墙基底部东西长63米,南北宽51米。墙体基宽12米,顶部残宽5.2米,现存高度7米。方向0°。瓮城内、外墙体由下至上约呈25°角斜收,截面呈正梯形。墙体夯筑而成,夯层厚约10厘米。夯窝呈圆形,直径7厘米,夯土墙体内、外两侧用较为规整的石块包砌。其中,瓮城北墙(皇城南墙城门部分)南、北两面均用青砖包砌。西、南、北墙保存较好,东墙相对保存较差(图一〇;彩版玖玖,1)。

瓮城门 南墙中部略偏东设瓮城门,南北直开,与明德门相对。方向0°。城门为过梁式结构,经火烧后,破坏严重,仅残留门道两侧柱础等遗迹,顶部因火烧坍塌,结构不清(彩版玖玖,2)。

瓮城门经过多次改建,益损情况复杂,现存情况如下:

瓮城门道长12米,不甚规整。其中最北端略敞,宽约3.8米,门道向南渐窄,南端宽约3.5米。门道正中,距门道南端基础约5米处,立一石柱。石柱顶面方形,边长35厘米,高出地面45厘米,石柱应当是用来止扉的将军石(彩版壹零零)。

瓮城门外的两侧的墙体,西侧底长30.5米,东侧底长29米,西侧比东侧长1.5米(彩

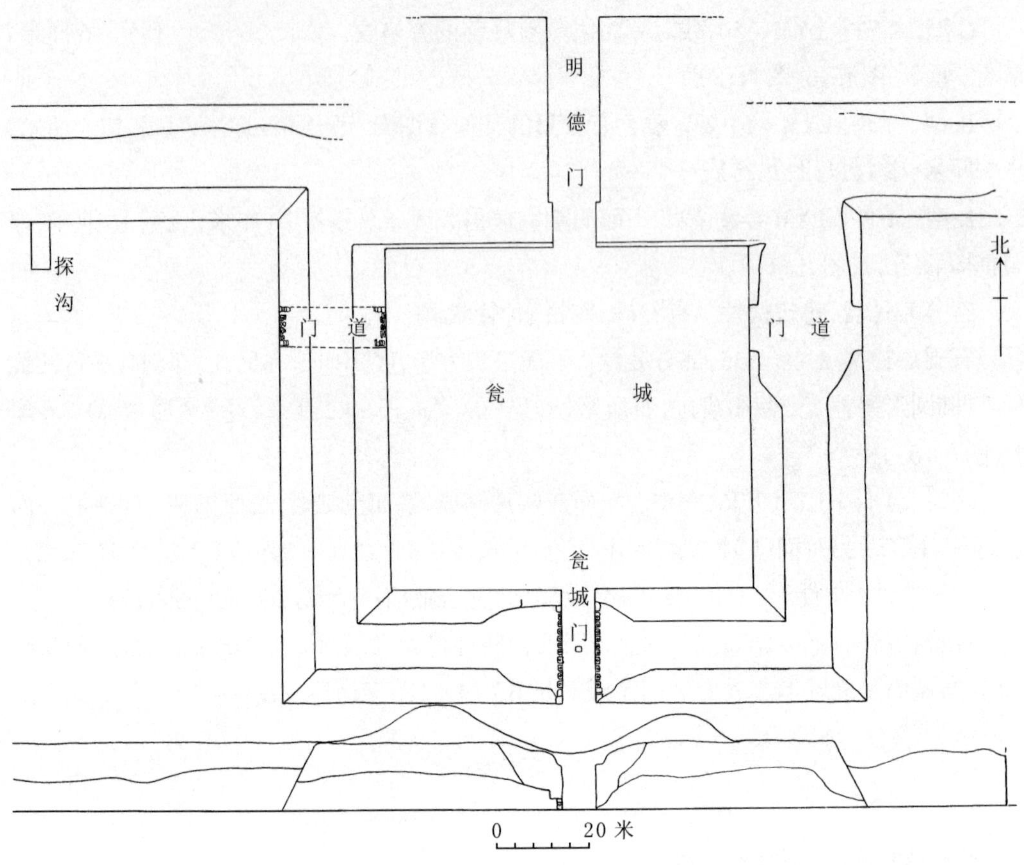

图一〇 皇城南门及瓮城平面及正视图

版壹零壹,1)。经解剖得知,瓮城门东侧墙体,垒砌在深约 1.2 米的石砌基址之上,西侧墙体则直接压在地表土之上,而在其西侧约 1.5 米处发现有石砌的基础。说明门道因西侧的墙体比原来设计的宽度向东移动了 1.5 米而变窄了。

门道南北端的两侧均垒砌有长约 2.2～2.5 米的石条砌筑的石墙,残高 1～1.7 米。南端西侧残存 3 层,东侧地面仅存一层(彩版壹零壹,2)。北端两侧,垒砌四层横长条形石条。其中东侧上层一石条上,凿有一方形小洞,长宽各 10 厘米,深 15 厘米,与之相对的西侧墙上不见相同的遗存。石条长约 80 厘米,宽约 40 厘米,厚约 20～30 厘米(彩版壹零贰)。在南北端石条之间的两侧各对称相间平铺 10 块柱础石,础石基本呈方形,一半在墙体之内,边长约 45～65 厘米之间,础石中间的柱洞直径为 15～17 厘米,深 8 厘米,其上立有木柱(彩版壹零叁)。木柱间立有长条形石柱,石柱与木柱之间以整齐的石片或立砖填实。石柱有的一根高 1.5 米左右,大多数为两根石柱叠放(总高度也为 1.5 米左右),有的保留有上部第三根石柱(彩版壹零肆)。石柱间的木柱均因火烧而只剩木炭和底部(彩版壹零伍,1),石柱则因烧烤而表面均有 8～15 厘米厚的一层剥落。依木柱残存木炭的痕迹推测，原木柱直径为25～30厘米。门道两侧有木柱10根，其间有石柱9根。其中最南端两柱洞间的石柱被取走。石柱所用石条大部为伊斯兰教徒的墓顶石，刻有花卉图案的弧形正面多向内侧，底部平整面朝向门道（图一一；彩版壹零伍，2）。

门道西侧自南向北第四块柱础石较大，与将军石为同一直线，宽约75厘米，向门道内凸出，在圆形柱洞的外侧凿有一长方形孔，孔长18厘米，宽10厘米，深15厘米，内有木屑。其东侧出有一件六边形的铁辖。东壁对称部位有后期修筑的石墙叠压其上，没做清理，推测其下门道处的建筑情况与西侧相同。因此，较大的柱础应是门枢，此处当是瓮城门门扉所在的位置（图一一；彩版壹零陆）。

靠近将军石的门道中部，有较多的铁器碎屑遗留，其范围东西长2.3米，南北宽1.5米，厚5～15厘米。可辨认的器形有铁钉、铁板等，还有一长约1米的炭化木柱东西横卧

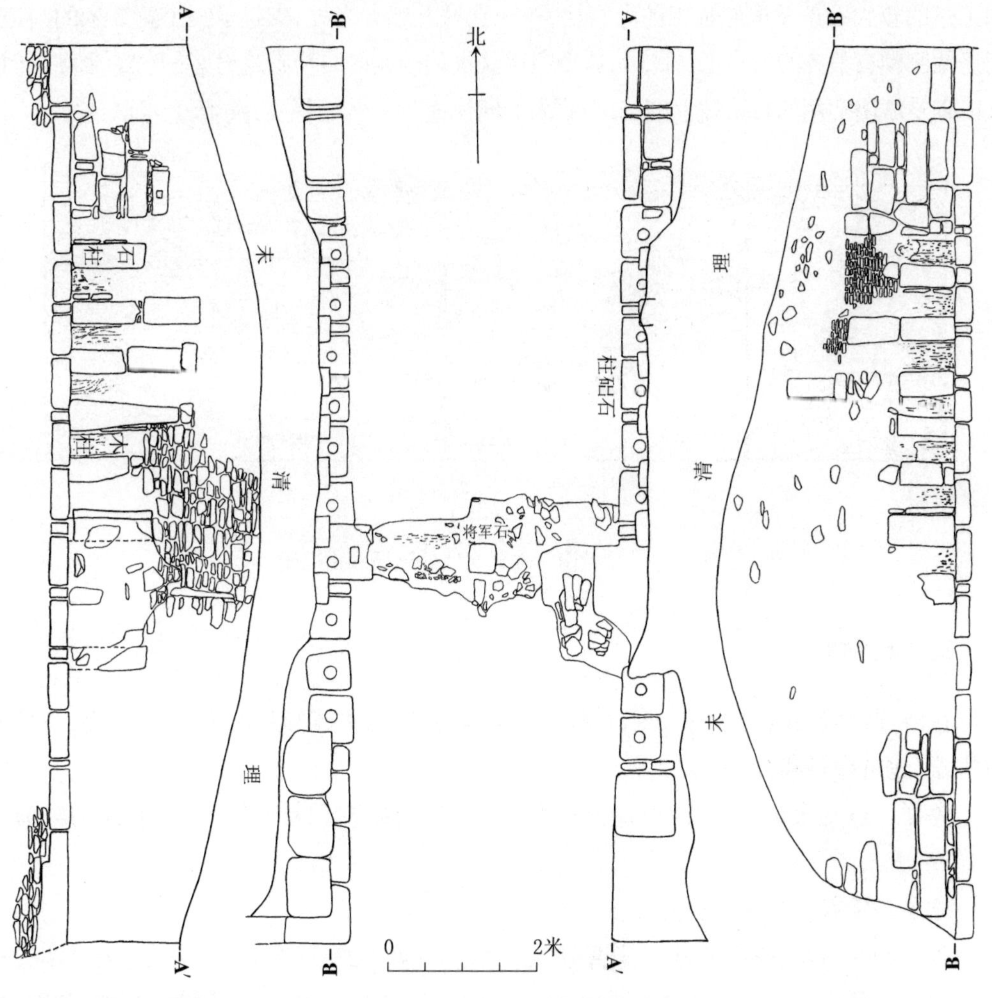

图一一　皇城南门瓮城门平面及正视图

左：东壁正视图　　右：西壁正视图

在铁屑之上。应为城门上的铁制构件和装饰物,在城门烧毁后散落于此(彩版壹零柒)。

瓮城门门道内的堆积厚2.5～3.5米,中部较厚,两边略薄。大致可分3层。最上层堆积厚约0.5米,以石片杂乱砌筑(与垒砌城墙的石片相同),似为专门封堵。中间一层堆积厚约1～2米,以石片为主,夹杂有少量的金属器、石块和青砖残块,同时有元代常见的耀州窑、龙泉窑等窑系瓷片,同时出有少量的大石条(部分是伊斯兰教徒的墓顶石)和汉白玉构件,可能为上部坍塌的堆积物(彩版壹零捌)。底层堆积厚约1米,多为木炭、铁屑和瓷片,少量的石片,应为城门被烧毁时的遗留物。门道地面经多年踩踏,成层状分布,地面嵌砖和陶瓷片等物。质地坚实,呈灰色。

在清理皇城南门瓮城时发现,瓮城的东西两侧北端墙体均砌有较大的规整石块,明显经过拆建。以西侧墙体为例,在距皇城南墙约8米处,往南拆开一个约7米宽的豁口,豁口内以加工过的较大石条及未经加工的大石块,在距瓮城北墙6米处,砌筑了一个宽3米的门道,门道两侧砌有整齐的大石条。此后,这个门道又被用较大的石块砌筑封堵,至2.5米高度时,又以砌筑城墙常用的石块往上砌筑,与原来的墙体连为一体(图一二;彩版壹零玖,1)。

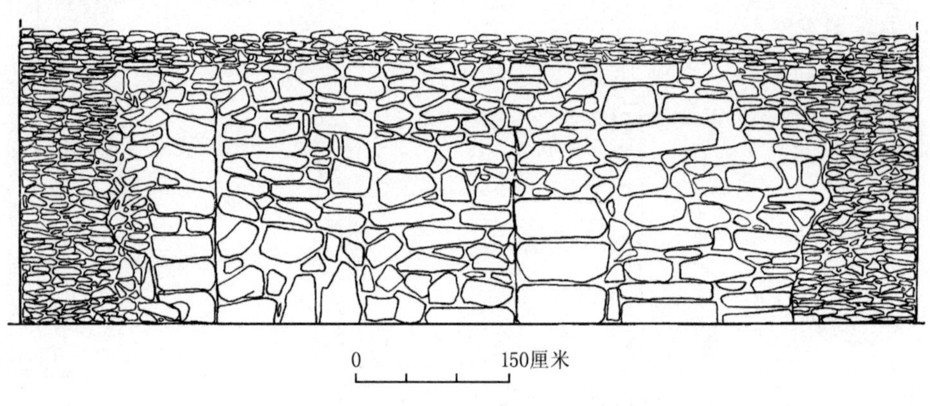

图一二 皇城南门瓮城西墙外侧局部正视图

2.出土遗物

在清理瓮城门时出土有一定数量的遗物。以瓷器为主,陶器、铜器、铁器次之,少量的釉陶器、建筑材料和石器。

瓷器 以龙泉窑、钧窑及白釉瓷器为主,少量的磁州窑、耀州窑和青釉、酱釉和绿釉瓷器。

龙泉窑瓷器 有碗、盘、高足杯。

碗 2件。残。瓷质细腻,内外壁施浅蓝釉。LYW：22,残存底部。圈足,内底印有牡丹图案。底径6.5厘米,残高2.4厘米(图一三,12)。LYW：23,近底残缺。敞口,圆唇,弧腹斜收。内外壁均印有云纹图案。口径18厘米,残高6.5厘米(图一三,13)。

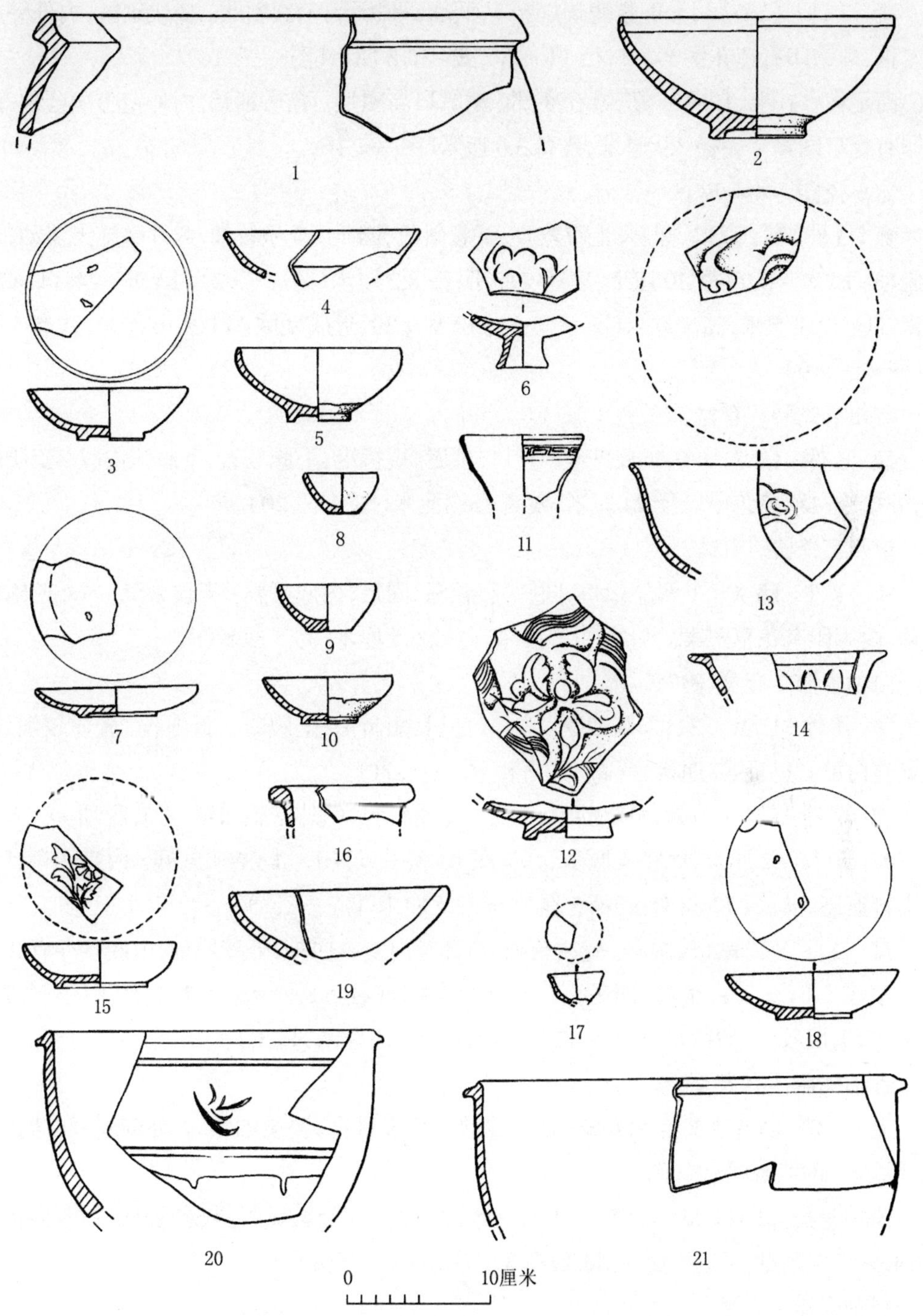

图一三　LYW 出土铜、陶、瓷、釉陶器

1.陶釜(LYW：33)　2、3、5、10、12、13、19.瓷碗(LYW：8、9、24、2、22、23、39)　4、7、14、18.瓷盘(LYW：42、3、44、10)　6.高足瓷杯(LYW：35)　8、9.釉陶盏(LYW：6、11)　11.铜壶(LYW：12)　15.瓷钵(LYW：1)　16.瓷罐(LYW：36)　17.瓷盅(LYW：5)　20、21.瓷盆(LYW：30、31)

盘　1件。LYW：44，下腹残缺。敞口，圆唇，平折沿，上腹斜收。瓷质细腻，内外壁施浅蓝釉，外壁印有莲花图案。口径14厘米，残高2.8厘米（图一三，14）。

高足杯　1件。LYW：35，残存底部。喇叭口高圈足。瓷质细腻，内外壁施浅蓝釉，内底印有花草图案。底径3.9厘米，残高3.6厘米（图一三，6）。

钧窑瓷器　均为碗。

碗　3件。残。直口，圆唇，上腹较直，下腹斜收，圈足。瓷质较细，内外壁施天蓝釉，近底脱釉。LYW：8，口径20厘米，底径7厘米，高8.2厘米（图一三，2）。LYW：24，口径12厘米，底径2.4厘米，高5厘米（图一三，5）。LYW：39，近底残缺。口径16厘米，残高5厘米（图一三，19）。

磁州窑瓷器　有盆。

盆　1件。LYW：30，近底残缺。直口，圆唇，短折沿，上腹较直，下腹弧内收。瓷质较细，外壁施白釉黑花。口径24厘米，残高13.2厘米（图一三，20）。

耀州窑瓷器　有钵。

钵　1件。LYW：1，残。敞口，圆唇，腹较深，圈足，内底平整。瓷质细腻，内外壁施深绿釉，内底印有花草图案。口径11.2厘米，底径6.5厘米，高3厘米（图一三，15）。

白釉瓷器　有盆、碗、盘。

盆　1件。LYW：31，下腹残缺。直口，圆唇，短折沿，上腹略作弧内收。瓷质较细，内外壁施白釉。口径30厘米，残高10厘米（图一三，21）。

碗　2件。敞口，圆唇，弧腹斜收，圈足。瓷质较粗，内外壁施白釉，近底脱釉。LYW：2，完整。口径9.2厘米，底径4厘米，高3厘米（图一三，10）。LYW：9，残。内底残存有三个支钉痕迹。口径12厘米，底径5厘米，高3.6厘米（图一三，3）。

盘　2件。残。敞口，圆唇。瓷质较细，口部及内壁施白釉，外壁脱釉，内底残存有2个支钉痕迹。LYW：3，浅腹，圈足。口径12厘米，底径5.8厘米，高2厘米（图一三，7）。LYW：10，腹较深，假圈足。口径12.6厘米，底径5.4厘米，高3.2厘米（图一三，18）。

青釉瓷器　有盅。

盅　1件。LYW：5，底部残缺。敞口，圆唇，弧腹斜收。瓷质细腻，内外壁施青白釉。口径4厘米，底径2.1厘米（图一三，17）。

酱釉瓷器　1件。盘。LYW：42，近底残缺。敞口，圆唇，弧腹斜收。瓷质较粗，内壁施白釉，外壁施酱釉。口径14厘米，残高3.8厘米（图一三，4）。

绿釉瓷器　有罐。

罐　1件。LYW：36，领部以下残缺。直口，圆唇，折沿，高领。瓷质较细，胎较厚，内外壁施茶绿釉。口径10厘米，残高2.8厘米（图一三，16）。

陶器　有釜、盆、钵、俑和盏等。

釜　1件。LYW：33，下腹残缺。敛口，方唇，斜折沿，上腹微侈。砂质灰陶，素面，上有烟炱痕迹。口径35厘米，残高9厘米(图一三，1)。

盆　1件。LYW：45，下腹残缺。口微敞，圆唇，圈沿，上腹斜收。泥质灰陶，素面，内壁作横向压光，内有朱砂痕迹。口径32厘米，残高10厘米(图一四，2)。

钵　1件。LYW：7，完整。敛口，圆唇，腹略弧外侈，大平底。泥质灰陶，素面，内外壁作横向压光。口径19.2厘米，底径16.5厘米，高5厘米(图一四，1)。

俑　1件。LYW：20，头部残缺。上身穿甲胄，双手握于胸前，双腿跪坐。泥质灰陶。残高22.5厘米(图一四，3；彩版壹壹零，1)。

釉陶器　有盏。2件。完整。敞口，圆唇，直腹斜收，平底。瓷质较粗，内壁施黑釉，口部及外壁脱釉。LYW：6，口径5.7厘米，底径2.4厘米，高2.6厘米(图一三，8)。LYW：11，口径7.2厘米，底径3.2厘米，高3.2厘米(图一三，9)。

建筑材料　有瓦当、琉璃构件。

瓦当　1件。LYW：48，残。圆形，表面微鼓，兽头双目圆睁，鼻孔上翘，嘴巴弯曲，面部布满胡须，外侧饰联珠纹一周。直径11.2厘米，厚2厘米(图一四，5；彩版壹壹零，3)。

琉璃构件　1件。LYW：4，残。从残存部分看，应为鸱吻头部，眼珠凸出，其他不详。泥质红陶，上施绿色琉璃(图一四，4；彩版壹壹零，2)。

铜器　有带耳筒状器、壶、饰片等。

带耳筒状器　4件。形制相同，3件完整，1件残剩1耳。喇叭口，颈部有一圆形箍，下腹竖直，平底，中空，一侧作弧形环。浇铸，表面略粗糙。该带耳筒状器可能是镶嵌于城门两侧墙体内，弧形环耳向外，其用途应为城门开启后用挂钩固定城门的。LYW：14、15、16，完整。口径16厘米，底径9.2厘米，高36厘米(图一五，1、4、3；彩版壹壹壹)。LYW：17，仅存弧形环耳(图一五，5)。

壶　1件。LYW：12，颈部以下残缺。喇叭口，尖圆唇，束颈。器壁较薄，制作精细，口外侧饰变形连弧纹一周。口径9厘米，残高4.6厘米(图一三，11)。

饰片　1件。LYW：51，完整。长条形片状，两端圆弧，两边平直，其上纵向有3个钉孔。长6厘米，宽1.8厘米，厚0.1厘米(图一五，2)。

铁器　有辖、棒、锤、弧形器、镞、环、钉等。

辖　1件。LYW：19，完整。外径平面作等边六边形，内径呈圆形。表面锈蚀严重。外径20.4厘米，内径11.6厘米，厚6.8厘米(图一四，7；彩版壹壹贰，1)。

棒　1件。LYW：18，残，锻制而成。棒体作方形柱状，保存完整，细端呈圆柱形。残长24.6厘米，宽端边长3.6厘米(图一四，12；彩版壹壹贰，2)。

锤　1件。LYW：52，完整。锤呈方形柱状，表面锈蚀严重。长12厘米(图一四，10)。

弧形器　1件。LYW：55，完整。用宽2厘米，厚0.5厘米的铁条在上端弯成小的圆形

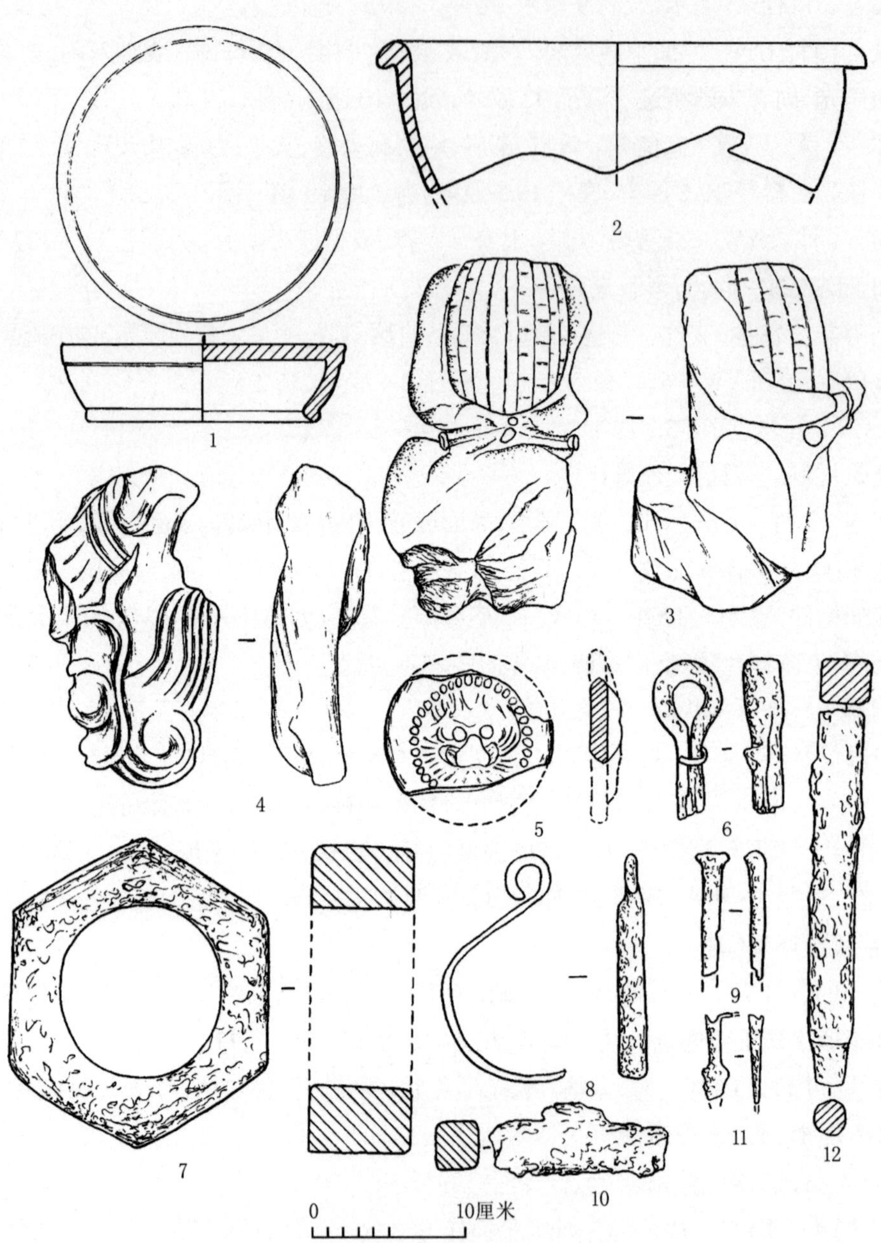

图一四　LYW 出土铁器、陶器、琉璃构件、瓦当

1.陶钵(LYW：7)　2.陶盆(LYW：45)　3.陶俑(LYW：20)　4.琉璃构件(LYW：4)　5.瓦当(LYW：48)　6.铁环(LYW：56)　7.铁辖(LYW：19)　8.铁弧形器(LYW：55)　9.铁钉(LYW：47)　10.铁锤(LYW：52)　11.铁镞(LYW：13)　12.铁棒(LYW：18)

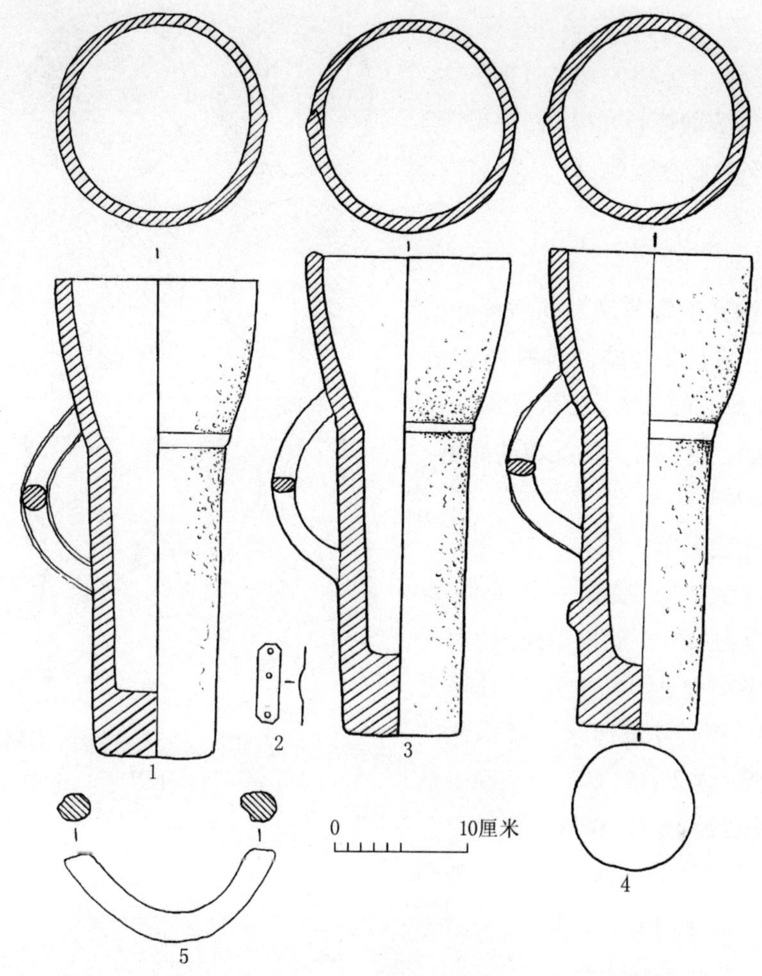

图一五　LYW 出土铜器

1、3、4.带耳筒状器（LYW：14、16、15）　2.饰片（LYW：51）　5.弧形环耳（LYW：17）

环，下端作弧形弯曲。表面略有锈蚀（图一四，8）。

镞　1件。LYW：13，头部和铤尾残缺，镞铤作方形柱状，头部呈扁三角形。表面锈蚀严重。残长5.6厘米（图一四，11）。

环　1件。LYW：56，残。用宽2.4厘米，厚1厘米的铁条弯成一圆形。表面锈蚀严重。残长10厘米（图一四，6；彩版壹壹叁，1）。

钉　1件。LYW：47，端部及尖部残缺。钉身呈方形，由上至下渐细。表面锈蚀严重。残长8厘米，截面径1厘米×0.8厘米（图一四，9）。

石器　有饰件、石球。

饰件　1件。LYW：49，残存小块，形制及用途不明。残高17.6厘米（图一六，4）。

石球　3件，形制相同。圆球体，表面规整。用灰白色砂岩制成。LYW：21，完整。直径13厘米（图一六,2；彩版壹壹肆,1）。LYW：24,完整。直径12.2厘米(图一六，1)。LYW：27,表面略有残损。直径8.5厘米(图一六,3;彩版壹壹肆,2)。

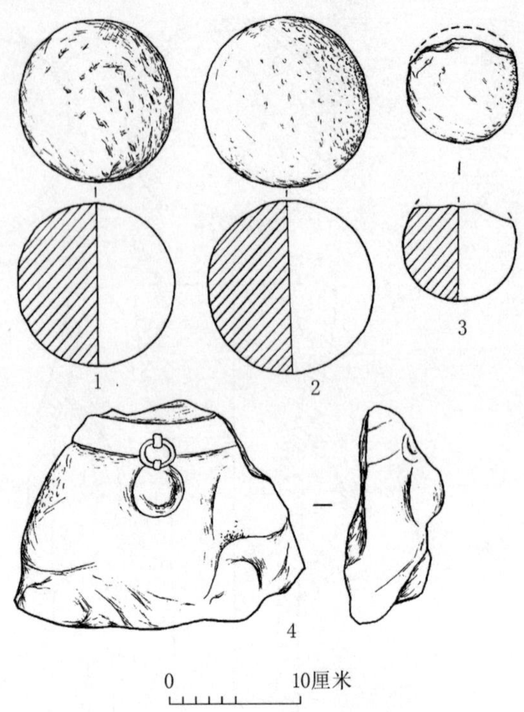

图一六　LYW出土石器

1～3.石球(LYW：24、21、27)　4.饰件(LYW：49)

3.探沟

为了搞清元上都瓮城门外城墙基础的砌筑方法，在明德门瓮城西侧25米处的皇城南墙下，布5米×2米探沟一条(编号LYMG)。现将有关情况叙述如下：

(1)　地层堆积

探沟内地层共分3层：

第1层　表土层,厚30~40厘米。黄色细砂土,应为风力自然堆积形成,内含有少量的动物骨骼、瓷片、板瓦、筒瓦等。

第2层　厚约100厘米。黄褐色砂土,土质较松。内含有较多的白灰和少量的石块、动物骨骼、瓷片、铁器等。

第3层　厚约15厘米。以白灰、砂子和红胶泥搅拌而成,铺于底面。

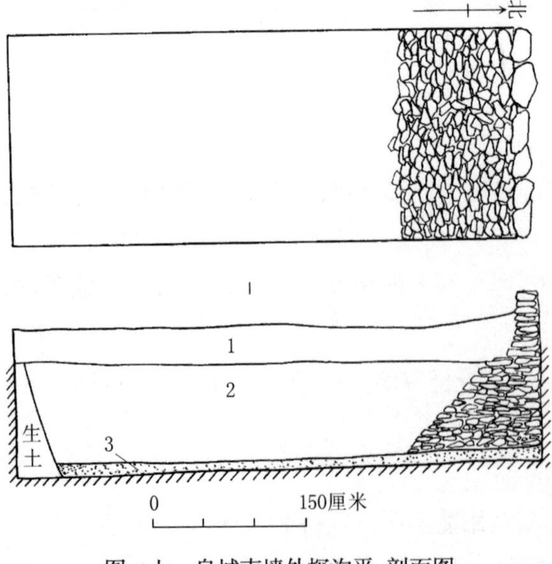

图一七　皇城南墙外探沟平、剖面图

此层以下为生土层(图一七)。

由此可以推断城墙的构筑。城墙系在原来的生土地表挖一基槽，现墙体外侧基槽宽约5米,最底层用白灰、砂子和红胶泥搅拌铺砌筑成15厘米厚地基，其上以不规则的条形石片砌筑墙基,斜坡较大,高约85厘米,宽约80厘米,其上超出原生地表,内缩25厘米左右构筑墙体。内侧以黄土夯筑，夯层厚11厘米左右,夯窝直径6厘米(彩版壹零玖,2)。

(2)　出土遗物

探沟内出土遗物较少,有白釉碗、

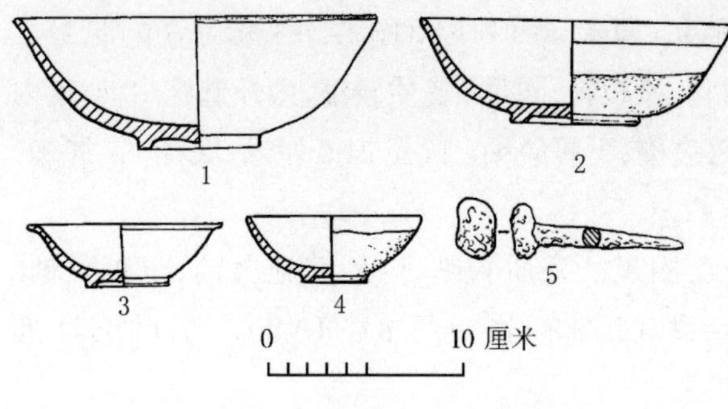

图一八　LYMG 出土瓷、铁器
1～4.瓷碗(LYMG：1、4、3、2)　5.铁钉(LYMG：5)

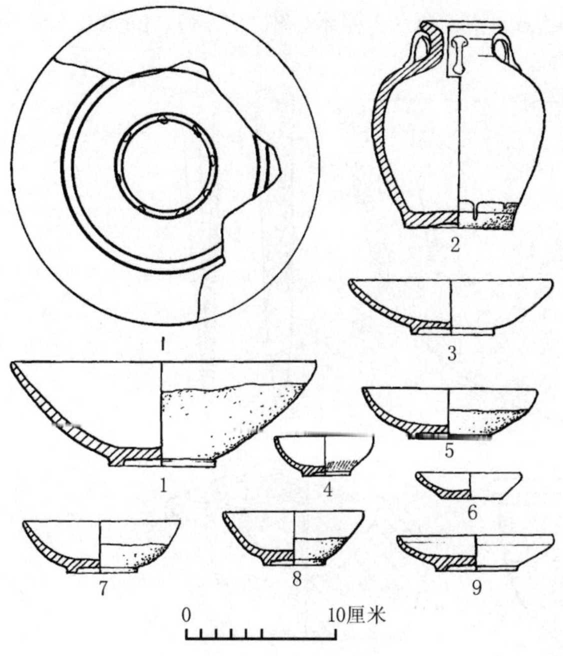

图一九　皇城南门瓮城采集瓷器
1、7、8. 碗(LYWC：10、11、3)　2. 四系罐(LYWC：1)
3、5、9. 盘(LYWC：5、2、9)　4、6. 盏(LYWC：4、6)

酱釉碗、白釉小碗和铁钉等。

白釉碗　1件。LYMG：4,敞口,圆唇,弧腹斜收,圈足。瓷质较细,内外壁施白釉,近底脱釉。口径16.6厘米,底径6.5厘米,高5.2厘米(图一八,2)。

酱釉碗　1件。LYMG：1,敞口,圆唇,弧腹斜收,圈足。瓷质较粗,外壁施酱釉,内壁施白釉,口部脱釉。口径19.5厘米,底径6.4厘米,高6.8厘米(图一八,1;彩版壹壹伍,1)。

白釉小碗　分两型。

A型　1件,LYMG：2, 敞口,圆唇,弧腹斜收,圈足。瓷质较细,口部及内壁施白釉,外壁脱釉。口径9.7厘米,底径3.8厘米,高3厘米(图一八,4;彩版壹壹伍,2)。

B型　1件,LYMG：3, 敞口,圆唇,弧折沿,弧腹斜收,圈足。瓷质略粗,口部及内壁施白釉,外壁脱釉。口径10.3厘米,底径4.6厘米,高3.2厘米(图一八,3)。

铁钉　1件。LYMG：5,完整。钉身呈圆形,由上至下渐细,尖部圆钝,端部扁圆。表面锈蚀严重。长9.4厘米,截面径0.8厘米(图一八,5)。

4.瓮城内采集遗物

瓮城内及地表堆积中出有一定数量的遗物,以瓷器为主,少量的陶器、铁器、石器。择要介绍:

瓷器　以白釉瓷器为主,少量的酱釉瓷器。

白釉瓷器　有盆、碗、小碗、盘、盏。

盆　1件。LYWC：12,直口,圆唇,短折沿,上腹较直,下腹斜收,平底。瓷质较细,上腹作瓦棱纹,内外壁施白釉。口径 23 厘米,底径 9.5 厘米,高 13 厘米(图二〇,3;彩版壹壹陆,2)。

碗　1 件。LYWC:10,残。敞口,圆唇,弧腹斜,圈足。瓷质较细,内外壁施白釉,近内底有两周平行铁锈线条,内底有 8 个支钉痕迹,下腹脱釉。口径 21.6 厘米,底径 7.4 厘米,高 7 厘米(图一九,1)。

小碗　2 件。敞口,圆唇,直腹斜收,圈足。瓷质较细,内外壁施白釉,下腹脱釉。LYWC:11,口径 10 厘米,底径 4.5 厘米,高 3.7 厘米(图一九,8)。LYWC:3,口径 11 厘米,底径 5 厘米,高 3.5 厘米(图一九,7)。

盘　分 2 型。

A 型　2 件。敞口,圆唇,腹较深,弧腹斜收,圈足。瓷质较细。LYWC:2,内外壁施白釉,外壁下腹脱釉。口径 12.5 厘米,底径 5.6 厘米,高 3.2 厘米(图一九,5)。LYWC:5,内

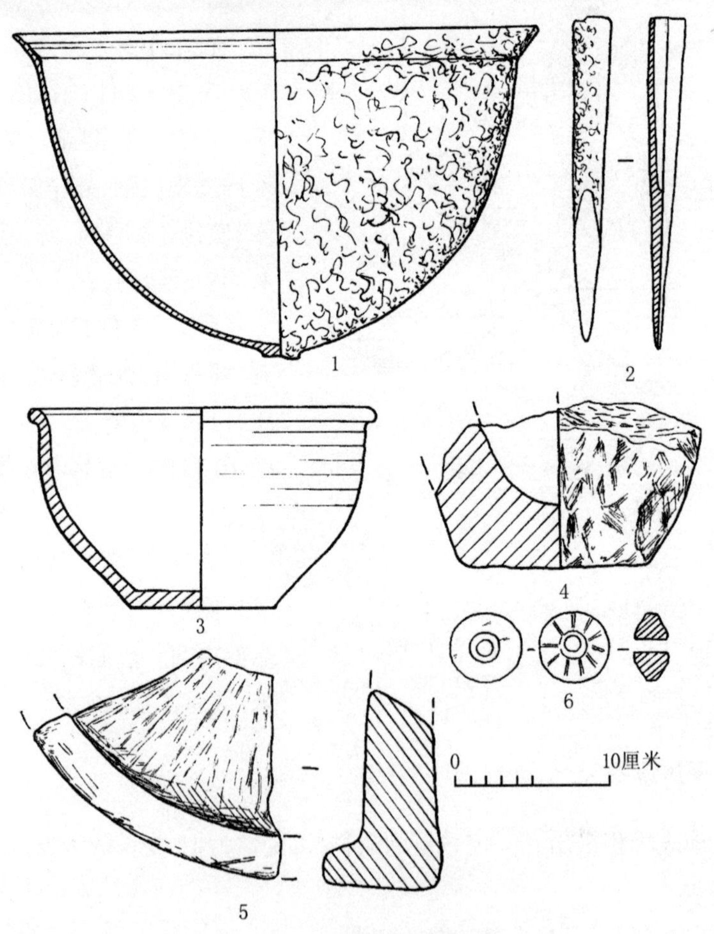

图二〇　皇城瓮城采集铁、陶、石、骨器

1.铁锅(LYWC:15)　2.铁凿(LYWC:8)　3.瓷盆(LYWC:12)　4.石臼(LYWC:14)　5.石磨盘(LYWC:13)　6.陶纺轮(LYWC:7)

壁施白釉,口部及外壁脱釉。口径14.7厘米,底径5.6厘米,高3.7厘米(图一九,3)。

B型 1件。LYWC:9,直口,圆唇,上腹较直,下腹斜收,浅盘,圈足。瓷质较细,口部及外壁施白釉,外壁脱釉。口径11厘米,底径5.6厘米,高2.2厘米(图一九,9)。

盏 1件。LYWC:4,直口,圆唇,上腹较直,下腹斜收,圈足。瓷质细腻,内外壁施白釉。口径6.6厘米,底径2.7厘米,高3厘米(图一九,4)。

酱釉瓷器 有四系罐、盏。

四系罐 1件。LYWC:1,小口,圆唇,折沿,束颈,鼓肩,鼓腹,最大腹径略偏上,下腹斜收,平底内凹,颈部作4个对称耳。瓷质较细,内外壁施酱釉,近底脱釉。口径5.6厘米,腹径12厘米,底径7.4厘米,高14厘米(图一九,2;彩版壹壹陆,1)。

盏 1件。LYWC:6,敞口,圆唇,浅腹,平底。瓷质较细,口部施酱釉,内外壁脱釉。口径7.2厘米,底径4厘米,高2厘米(图一九,6)。

石、陶器 有石磨盘、石臼和陶纺轮。

磨盘 1件。LYWC:13,残。玄武岩,深灰色,石质坚硬。圆形,正面平整,凿有等距的平行线;背部内凹,凿有浅线的凹线。厚8厘米(图二〇,5)。

石臼 1件。LYWC:14,上部残缺。白黄色砂岩,石质坚硬。平底,圆形臼槽,制作较为规整。底径12.6厘米,残高10.6厘米(图二〇,4)。

陶纺轮 1件。LYWC:7,完整。圆形,中间微鼓,中穿一孔。泥质灰陶,一面压印有放射线。直径4.6厘米,厚2.8厘米(图二〇,6;彩版壹壹零,4)。

铁器 有锅、凿。

锅 1件。LYWC:15,敞口,圆唇,斜折沿,弧腹斜收,尖圆底。器壁较薄,铸制,表面略有锈蚀。口径35.5厘米,高21.5厘米(图二〇,1)。

凿 1件。LYWC:8,完整。圆形銎口,头部尖圆,体扁平。表面锈蚀严重。长21厘米(图二〇,2;彩版壹壹叁,2)。

三、皇城东墙

2002年6~8月,对皇城东墙的北段,东北角台至北侧东门之间,长368米的外侧墙体及两个马面,进行了清理修复(编号LYDQ)。除去连接角台和门址的部分,实际修复约351米(彩版壹壹柒、壹壹捌)。方法是:首先将城墙外侧上部由于扬沙堆积的沙土清理远运,再将城墙外倒塌积土中的包砌石片清理出来,按照城墙原来包砌石片的工艺进行砌筑,同时用墙体原来坍塌下的夯土重新逐层夯筑,与包砌的石墙连为一体,墙体上部构筑方式不清楚的部分,则暂不作修复(彩版壹壹玖、壹贰零、壹贰壹)。

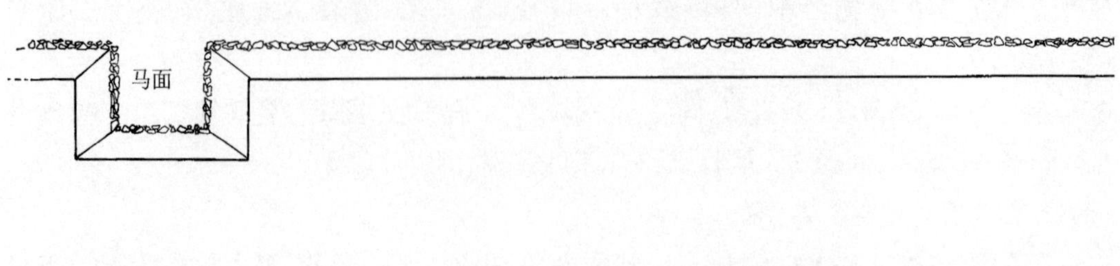

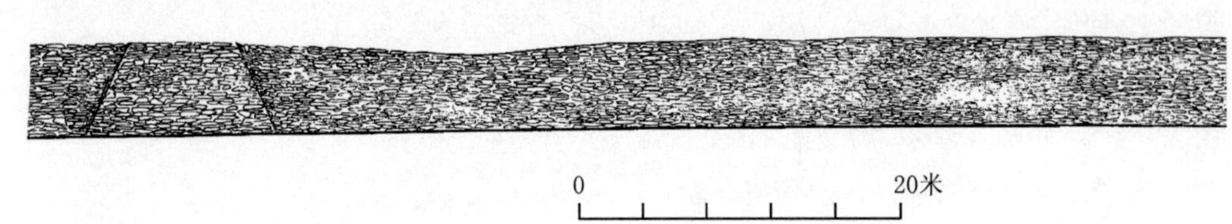

图二一　皇城东墙

1.墙体

元上都皇城东墙总长为1410米，城墙中间为黄土分层夯筑，夯层厚约12～14厘米，夯筑坚硬，内外两侧均用自然石块包砌，石墙约厚0.5～0.6米，外侧石块略平整，用白灰坐浆并勾缝（彩版壹贰贰）。墙基宽12米，向上渐斜收，一般底部1～2米处坡度较缓，其上则较陡直。大部地段墙体保存较好，现存高度多约2～5.5米。修复后的墙体高约5.8米（彩版壹贰叁）。

经解剖得知，石砌墙体底部在表土以下挖有基槽，并建有斜坡状墙基，墙基较墙体向外伸出约20～25厘米，深约30～40厘米（彩版壹贰肆、壹贰伍）。

2.马面

经过清理修复的两个马面，相距118米。其中北侧马面北距东北角台125米，南侧马面南距北侧东门101米。马面构筑方法一致，大小相同。外侧正面观为梯形，正面墙体同城墙一样，亦为倾斜内收，故侧面观为平行四边形。底宽12米，现存顶宽7米，突出墙体5.4米，现存高度约5.8米（图二一；彩版壹贰陆、壹贰柒）。

3.遗物

在清理修复过程中，采集到少量的遗物。有茶绿釉梅瓶、建筑构件、石碑残块、石球和料珠等。

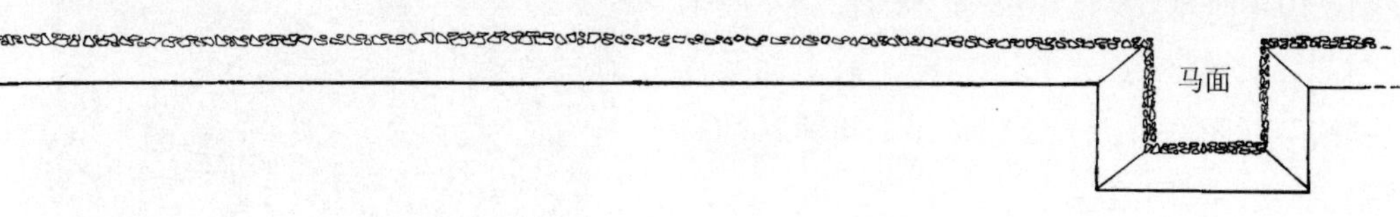

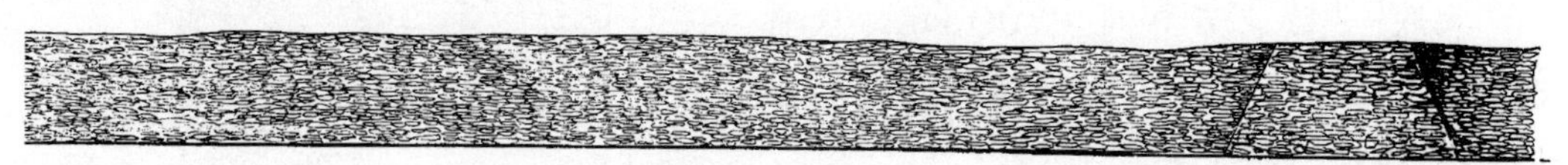

局部平面及正视图

茶绿釉梅瓶 1件。LYDQ：1，口部残缺。鼓肩，腹部弧形微内收，近底外侈，圈足。瓷质略粗，内外壁施茶绿釉，近底脱釉。腹径14.6厘米，底径9厘米，残高18.2厘米(图二二，1)。

建筑构件 2件。LYDQ：4，残。残存小块，形制及用途不明。泥质灰陶，其上存有少量的绿色琉璃。厚4厘米(图二二，3)。

石碑残块 3件。LYDQ：2。白黄色砂岩，石质坚硬。形制不清，正面平整光滑，背面

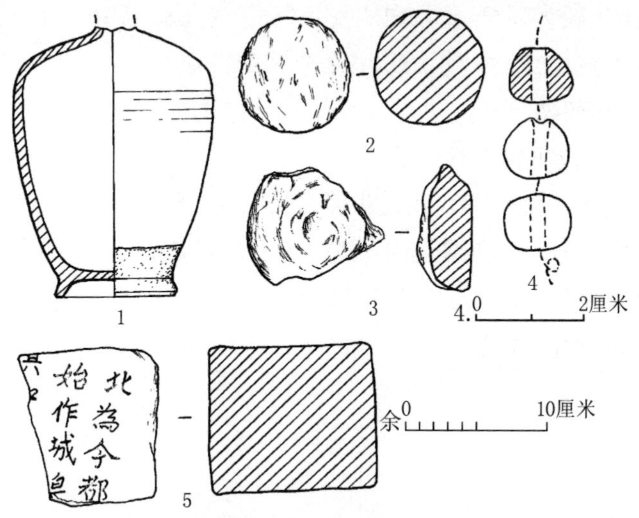

图二二 皇城东墙外清理出土陶、瓷、石器，料珠

1.梅瓶(LYDQ：1) 2.石球(LYDQ：5) 3.陶建筑构件(LYDQ：4) 4.料珠(LYDQ：6) 5.石碑残块(LYDQ：2)

略不平整。正面残存有阴刻楷书两行,从右至左第一行“北为今都”,第二行为“始作城隍”。残长10.4厘米,残宽10.8厘米,厚10.4厘米(图二二,5;图二三,1)。LYDQ:3,上面残存一“祯”字(图二三,2)。LYDQ:7,可辨认的有“先、都”二字(图二三,3)。

石球　1件。LYDQ:5,完整。圆球形,制作规整。灰白色砂岩,石质坚硬。直径8厘米(图二二,2)。

料珠　3粒。形制相同。LYDQ:6,不规则圆球形,竖穿一孔。蓝色,制作精细。直径1.2厘米,孔径0.2厘米(图二二,4)。

图二三　皇城东墙外清理出土石刻拓片

1.LYDQ:2　2.LYDQ:3　3.LYDQ:7

四、墓　葬

清理皇城南门瓮城时,在瓮城西墙外城墙倒塌堆积中发现墓葬2座,编号为LYNM1、LYNM2。

LYNM1　位于瓮城西墙约20米处。

土坑竖穴墓,平面略呈长梯形。长2.2米,头部宽1.12米,尾部宽1米,深0.2米。方向345°。直壁平底,加工较为规整,墓穴内四壁有少量的石块。墓内葬有人骨1具,仰身直肢葬,面向上。保存完整,为男性(图二四;彩版壹贰捌,1)。

墓内没有发现随葬品。

LYNM2　位于瓮城西墙约10米处。

石券竖穴墓,平面呈椭圆形。南北长径2.5米,东西最大径1.56米,深0.2米。方向95°。墓穴用城墙倒塌的石块垒砌,略不规整,其间无坐浆痕迹。墓内葬有尸骨1具,侧身屈肢葬,轻微盗扰,为男性(图二五;彩版壹贰捌,2)。

墓内没有发现任何随葬品。

五、结　语

通过对元上都皇城南门及瓮城和皇城东墙北段的清理修复,主要有以下收获:

1)　皇城南门从位置上看,是元上都最为重要的城门。元人郑彦昭诗曰:“明德城南

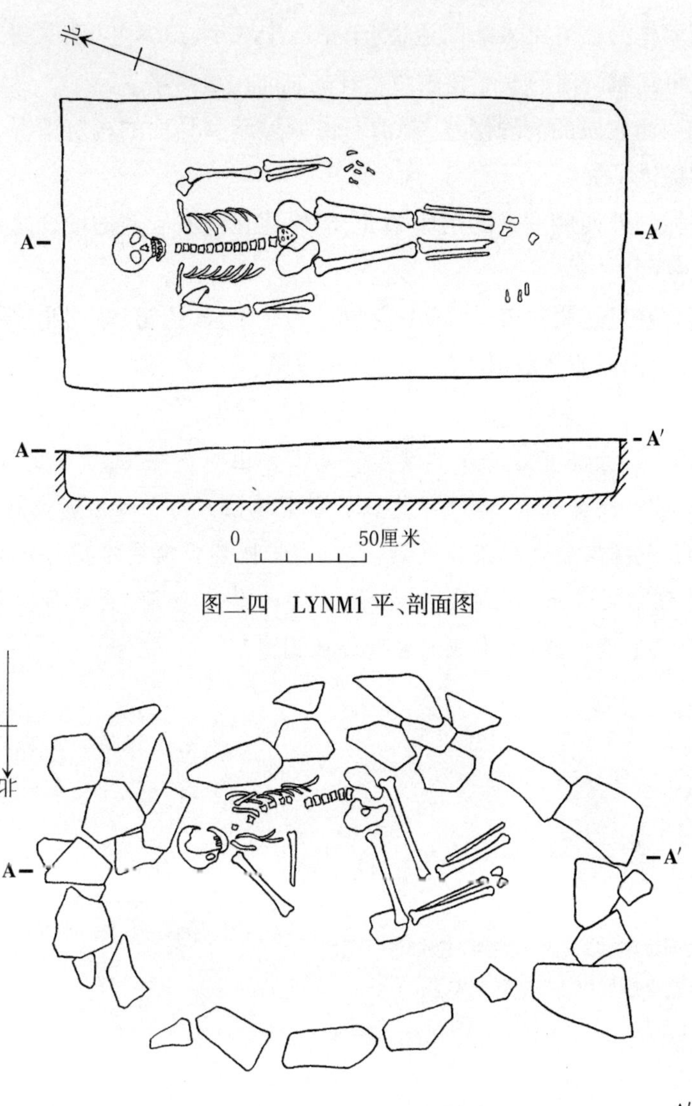

图二四　LYNM1 平、剖面图

图二五　LYNM2 平、剖面图

万骑过”[1]，明确了明德门为上都城之南门。元代扈从诗人杨允孚有诗：“偶因试马小盘桓，明德门前御道宽”，诗注云：“明德门，午门也”[2]。可见皇城南门即为明德门。

2）　基本了解了明德门及瓮城和瓮城门的形制和建筑结构。瓮城门为木过梁式，明德门为砖券拱洞式。从瓮城门烧毁的遗迹现象，以及瓮城东西墙均有开建城门和重新封堵的迹象分析，瓮城门很可能是在至正十八年（1358 年）红巾军攻陷元上都时被毁，其后在两侧拆开城墙作为临时出入的门道,到至正二十八年(1368 年)明军进攻上都时,可能为了防御而又将瓮城南门的上部和东西新开的临时门道封堵。

3) 皇城东墙北段的清理修复,搞清了皇城城墙和马面的构筑情况,为研究元代城市的军事防御提供了资料。

4) 在瓮城门外西侧发现的两座墓葬,均修建在瓮城废弃的堆积之中,判断应为元上都废弃后之墓葬。

5) 在清理修复过程中,出土了一定数量的龙泉窑、钧窑、耀州窑、磁州窑等名窑的瓷器,应当是元上都商业经济繁荣的一个真实写照。

附记:明德门及皇城东墙北段的清理修复工作由魏坚主持,参加此项工作的有王晓琨、杨春文、王庆华、王登亮和 2002 年锡林郭勒盟地区文物干部培训班的学员等(彩版壹肆贰、壹肆叁)。此项文物保护工作受到国家、自治区各级领导的高度关注(彩版壹叁零、壹叁壹)。在工作期间得到了内蒙古文化厅,正蓝旗旗委、政府、文物局和锡林郭勒盟文物站的大力支持(彩版壹叁叁、壹叁伍),在此谨表谢意!

执笔:魏坚　王晓琨　李兴盛

绘图　拓片:郝晓菲　王登亮

注　释

[1] 郑彦昭:《上京行幸词》,《永乐大典》卷七七〇二。

[2] 杨允孚:《滦京杂咏》,《知不足斋丛书》本。

肆　元上都宫城1号基址发掘报告

元上都遗址,位于内蒙古自治区锡林郭勒盟正蓝旗水草丰美的金莲川草原上。内蒙古文物考古研究所于1996年7～9月和1997年7、8月,对元上都遗址宫城中的一座宫殿基址(编号1号基址)进行了发掘,获得了许多重要的发现。该项考古发掘及其他文物保护工作,也引起了学术界和新闻媒体的高度关注(彩版壹叁陆至壹肆零;彩版壹肆肆、壹肆伍)。

史载,元上都宫城内建有大安阁、穆清阁、水晶殿、洪禧殿、香殿、睿思殿、崇寿殿、仁寿殿、清宁殿、鹿顶殿等著名殿阁。清理的元上都宫城1号建筑基址,位于宫城正中央,为东、西、南三城门相对的3条正街交汇处。这处殿址不但位置十分重要,而且规模较大,现将发掘清理的收获报告如下。

一、地层堆积及出土遗物

1.地层堆积

基址为隆起于地表的土丘状,平面为圆角方形,边长近40米,高约1.5～2.8米。顶部略显平整,其中北半部较高。地表生长着茂密的芨芨草等各种杂草(彩版壹肆陆,1)。在基址地表布10米×10米的探方16个进行清理。据发掘清理,该处建筑基址可分为上、下两大层堆积(彩版壹肆陆,2)。

第1层　即上层堆积。可分1a、1b两层。

1a层　表土层,厚10～18厘米。主要是上层基址废弃后自然形成的风沙扬土层。此层下开口的遗迹单位即是上层建筑遗存。

1b层　深10～18厘米,厚90～120厘米。主要由上层建筑遗址及其上和周边的坍塌物堆积而成。土色呈灰褐色,夹杂有黄、黑色小土块,土质松软,内含有大量的砖、瓦等建筑构件,以及陶瓷器残片和建筑用的自然石块。

第2层　即下层堆积。深100～138厘米,厚35～45厘米。主要为下层建筑基址及建筑坍塌物形成,分别叠压于第1层和上层建筑遗址之下。土质黄黑相杂,极不纯净,在结构上作分层的块状,土质紧密,其表面尤为坚硬,多处发现木炭和火烧痕迹,堆积内包含较多的砖瓦及建筑材料。

2层以下为生土层，经自然淤积形成。观察其上部为黑黄色淤泥相间叠压，较有规律，土质纯净细腻且坚实。

2.出土遗物

地层内出土遗物以1层（含1a、1b两层）较多，2层较少，分层叙述。

（1） 1层遗物

出土者多为建筑材料，有少量的瓷器和小件铜器。

瓷器　均残。有龙泉窑高足杯、酱釉碗和青花碗。

龙泉窑高足杯　LYD1①：24，上部残缺。喇叭口竹节式高足，下腹圆弧。瓷质细腻，外壁施豆青釉，釉面作冰裂纹。底径4厘米，残高6.4厘米（图一，3）。

酱釉碗　LYD1①：23，敞口，圆唇，弧腹斜收，圈足。瓷质较细，内外壁施酱釉，外壁下腹脱釉，内底有圈足迹。口径19.6厘米，底径7.6厘米，高7厘米（图一，1；图版九，1）。

青花碗　LYD1①：21，敞口，圆唇，腹壁弧内收，近底残缺。瓷质细腻，胎壁由上至下渐厚。外壁为较繁缛的花草纹，内壁近口部和底部各施两道平行线，内底残留有花草图案。残高9.6厘米（图一，2）。

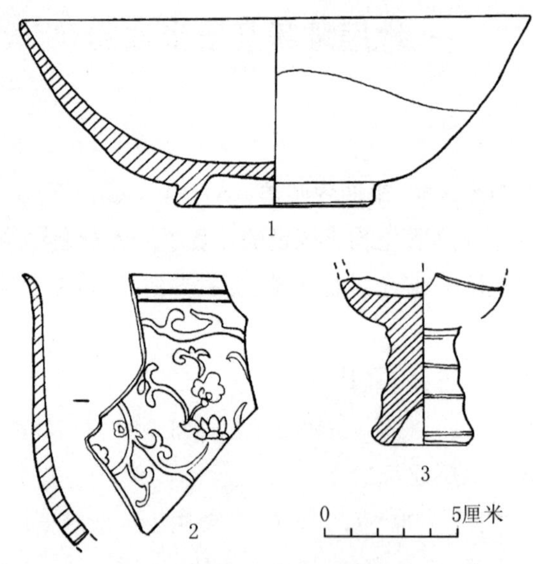

图一　上层堆积出土瓷器

1.酱釉碗（LYD1①：23）　2.青花碗（LYD①：21）　3.龙泉窑高足杯（LYD1①：24）

建筑材料　以砖为主，少量的瓦、瓦当、滴水、琉璃建筑饰件和雕花饰构件等。

砖　均残。为灰色，模制。依其图案分为7型。

A型　LYD1①：14，平面残存有花草图案，漫漶不清。制作较粗糙。残长13.5厘米，残宽13厘米，厚5.8厘米（图二，1）。

B型　LYD1①：17，背面带状凹槽面内压印有菱形网格纹。残长16厘米，残宽13厘米，厚5.4厘米（图二，6）。

C型　LYD1①：16，正面饰缠枝花草图案。制作精细。残长17.6厘米，残宽16.5厘米，厚5.5厘米（图二，5；彩版壹伍伍，2）。

D型　LYD1①：18，正面模印有一阴文楷书“清”字。略不规整。残长19.6厘米，残宽16厘米，厚5.7厘米（图二，4；彩版壹伍伍，3）。

E型　LYD1①：13，正面残存有六边形几何纹图案。背部略不平整，且由内向外渐薄。残长18厘米，残宽20厘米，厚6厘米（图二，3）。

F型　LYD1①：4，正面作浮雕双钩式缠枝忍冬纹，细部琢磨。质地坚硬细腻，制作规整。残长18.5厘米，残宽11厘米，厚5.5厘米（图二，7；彩版壹伍伍，4）。

图二　上层堆积出土建筑材料

1.A型砖（LYD1①：14）　2.G型砖（LYD1①：12）　3.E型砖（LYD1①：13）　4.D型砖（LYD1①：18）　5.C型砖（LYD1①：16）　6.B型砖（LYD1①：17）　7.F型砖（LYD1①：4）

G 型　LYD1①：12，正面模制有规整的几何纹和宝相花图案。制作规整，背面作连续绳索状凹槽。残长 22 厘米，残宽 13.6 厘米，厚 6 厘米（图二，2）。

瓦　皆残，外壁素面，内壁布纹。分板瓦和筒瓦。

板瓦　LYD1①：5，灰色。长方形，方形。宽 24 厘米，残长 13 厘米，厚 2.5厘米（图三，1）。

筒瓦　LYD1①：6，红色。子母口，圆头，弧是圆的 1/2，边缘经切削修正。宽 15.6 厘米，残长 28.5 厘米，厚 2 厘米（图三，2；彩版壹伍陆，1）。

瓦当　均残。分 2 型。

A 型　花瓣形。LYD1①：15，灰色，残。圆形，宽缘，表面平整，中心作乳凸状变形花蕊，五个如意形环套式花瓣，相连在花蕊周围。直径 12.5 厘米，厚 1.7 厘米（图三，8；彩版壹伍陆，2）。

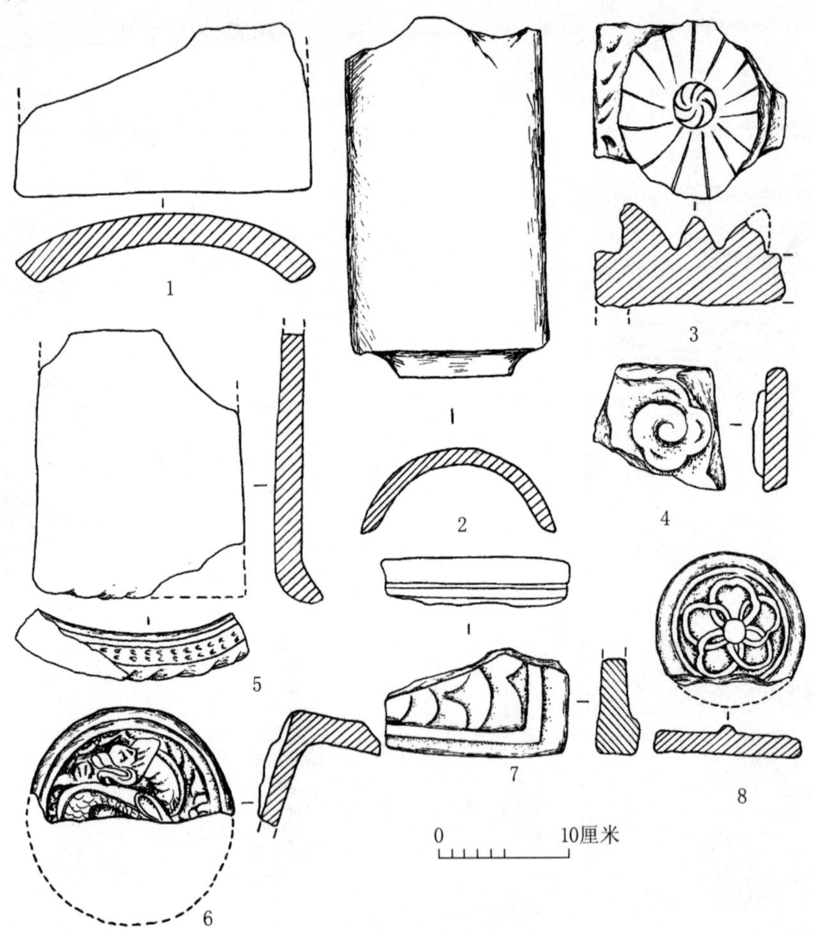

图三　上层堆积出土建筑材料

1. 板瓦（LYD1①：5）　2. 筒瓦（LYD1①：6）　3.A 型琉璃建筑构件（LYD1①：2）　4.C 型琉璃建筑构件（LYD1①：9）　5.滴水（LYD1①：25）　6.B 型瓦当（LYD1①：1）　7.B 型琉璃建筑构件（LYD1①：10）　8.A 型瓦当（LYD1①：15）

B型　龙形。LYD1①：1，红色，残半。圆形，窄缘，表面微鼓，上饰龙纹一条，为四爪，表面饰暗绿色琉璃。直径16.7厘米，厚2.1厘米(图三，6；彩版壹伍陆，3)。

滴水　均为带状滴水，灰色。外壁素面，内壁布纹。LYD1①：25，上部施两道平行凹槽，下面做压印绳纽边，中间施压印纹。宽16.6厘米，残长20.4～21厘米，厚2厘米(图三，5；彩版壹伍陆，4)。

琉璃建筑构件　均残。红色。依其图案分3型。

A型　LYD1①：2，正面堆塑花蕾一朵，由喇叭形花瓣和圆尖形花蕊组成。背部粗糙，正面施绿色琉璃。残长15.6厘米，残宽14厘米，厚8厘米(图三，3；彩版壹伍陆，5)。

B型　LYD1①：10，外边框凸出，框内模印有花卉图案。外壁施孔雀蓝琉璃。残长14.6厘米，残宽8厘米，厚2.3厘米，缘厚3厘米(图三，7)。

C型　LYD1①：9，残存部分为浮雕式卷云纹。背面粗糙且不平整，正面施绿色琉璃。残长10.4厘米，残宽8.8厘米，厚3.3厘米(图三，4；彩版壹伍陆，6)。

石构件　1件。基本完整。LYD1①：66，长条形，黄白色砂岩制成。长45厘米，宽12厘米，高12.5厘米。在构件的一侧宽面上雕出长方形边框，边框内浮雕出缠枝花卉(彩版壹陆捌，2)。

铜器　2件。完整。均为黄铜制品，有烟锅和钥匙。

烟锅　LYD1①：26，头部呈圆形臼状，杆部呈圆形，中空。长14厘米，头部直径1.8厘米，杆孔径0.2厘米(图四，2；彩版壹伍柒，1)。

钥匙　LYD1①：27，器形较小，圆柱状柄，钥体呈片状，端部有四个乳钉。长10.8厘米(图四，3；彩版壹伍柒，2)。

(2)　2层遗物

出土较少，仅有少量石器、铁器和模印花砖等。

石器　有石磨、石臼、磨棒和石球。

石磨　LYD1②：1，残存1/4。圆形，周边饰一宽凸弦纹，内凿刻有浅凹槽。底部平整，中间有一圆形浅凹坑。石质坚硬，呈灰白色。直径约38厘米，厚10.4厘米(图四，4)。

石臼　LYD1②：2，残存小块。直口，方唇，直腹斜收，平底，外侧近口部施一凸弦纹，其下浮雕莲花纹。石质坚硬，呈白灰色，制作略粗糙。高12厘米(图四，8)。

磨棒　LYD1②：3，残。圆柱状，圆头。石质坚硬，呈白黄色。长12.5厘米，直径5.3厘米(图四，9；彩版壹伍柒，3)

石球　LYD1②：4，完整。圆球形，一端钻有一较深的小圆孔。石质坚硬，呈白黄色，制作较为粗糙。直径8.5厘米，孔径1.2厘米，孔深3.2厘米(图四，1；彩版壹伍捌，1)。

铁器　完整。表面锈蚀严重。有辖、箍等。

辖　LYD1②：6，圆形，外有6齿。直径11.2厘米，宽3.6厘米，厚1.3厘米，齿长1.7

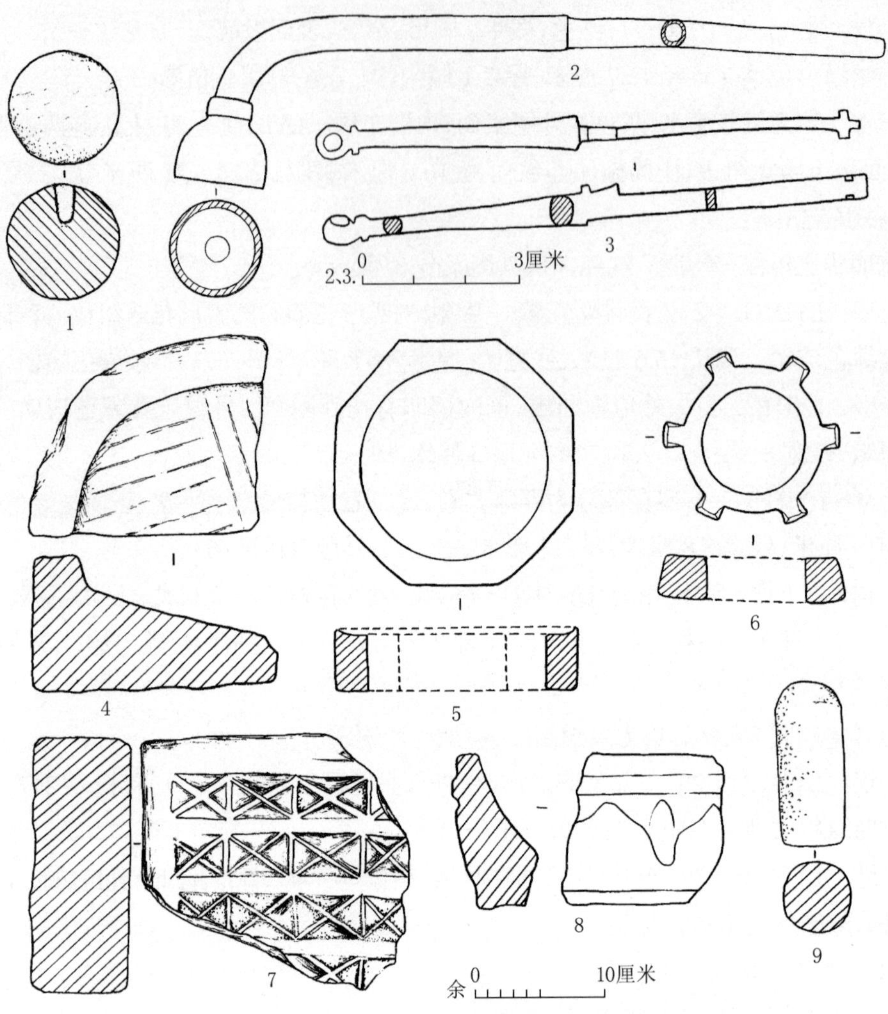

图四　上、下层堆积出土铜、铁、石器及建筑材料

1.石球(LYD1②：4)　2.铜烟锅(LYD1①26)　3.铜钥匙(LYD1①：27)　4.石磨(LYD1②：1)　5.铁箍(LYD1②：7)　6.铁辖(LYD1②：6)　7.模印花砖(LYD1②：5)　8.石臼(LYD1②：2)　9.石磨棒(LYD1②：3)

厘米(图四,6;彩版壹伍捌,2)。

箍　LYD1②：7,外侧为六边形,内圆。外侧每边长 8 厘米,内径 14.8 厘米,宽 4.8 厘米,厚 2 厘米(图四,5;彩版壹伍捌,3)。

模印花砖　LYD1②：5,一面残存有 4 道等距的凹弦纹,凹槽之内压印有二方连续图案;一面平整。残长 22 厘米,残宽 20 厘米,厚 8 厘米(图四,7;彩版壹伍伍,1)。

二、上层建筑基址及出土物

上层建筑基址由石砌围基、建筑殿址和西北角房址三部分组成。

1.石砌围基

平面为一大致呈方形的台基，中间以杂土夯筑，四周以自然石块围砌。东西宽33.25米，南北长34.05米，高1.5～1.8米，方向188°。在石砌围基南部外侧正中，建有前窄后宽的斜坡式踏道，全长9.1米。踏道平面呈凸字形，分为两部分，北面踏道长4米，两边由南向北略内收，平面略呈梯形，宽5.9～6.35米。南面踏道长5.1米，宽3.5米。台基及踏道外侧以扁平的自然石块呈"人"字形逐层包砌，宽0.55米（彩版壹肆柒，1）。包砌的石墙外表较为平齐。方形台基表面局部留有平铺的方砖。在石砌围基外的西侧（南距基址西南角约3米）和东侧（南距基址东南角约8.5米），向外各延伸出一道石墙，宽0.5米，残高约0.7～0.8米，东侧墙残长3.2米，西侧墙残长2.9米。在东侧的石墙也向北延伸出2.5米；由东北角向西11.8米处的北墙外侧，亦有向北伸出的一道石墙，残长4米，宽0.8米，高0.5～1.6米。因围基址周围堆积揭露较少，故外侧短墙的用途尚不清楚（图五）。

2.殿址

（1）　建筑结构

殿址建于石砌围基的台基中部偏北处，平面横呈长方形，为砖木结构回廊式建筑。建筑面阔7间，进深6间，东西宽16.9米，南北进深12.6米。在建筑殿址四周紧贴墙基，整齐排列有一周柱础，从分布看应为26个。除四角柱础外，南北外侧各为6个，其中南侧西半部3个柱础缺失（彩版壹肆柒，2；彩版壹肆捌，1、2）；东西外侧柱础各为5个（彩版壹肆玖）。四角柱础石除东北角外，其他三角柱础石缺失。殿址南侧设4根檐柱，分别与南侧居中4根廊柱对称。在东西两侧墙体正中各夹暗柱1根。现存柱础石料系灰黄色砂岩，有的柱础边缘还留有燕尾槽。柱础形制为覆盆式，素面。有的系利用了旗杆基座，中间有插杆的圆孔（彩版壹伍零，1）。覆盆高约5厘米，各柱础盆径大致相近，约44～54厘米。覆盆以下的座体多为方形或长方形，凿制不规整，且大小各异。其中，最大的约80厘米×82厘米，最小的47厘米×50厘米，多数为56厘米×56厘米。座体高厚亦参差不齐，在16～25厘米之间。

柱础内侧为一砖砌长方形建筑，东西宽14米，南北长10米，墙体厚0.6米，残高约1.1米。除门道处外，建筑四周皆以长约40～105厘米，宽约25厘米的2层石条座基，高约0.55米。石砌基础多数以凿制较为整齐，表面平整的条形砂岩平铺错缝砌成，石条间用黄泥坐浆，泥厚约1.5～2厘米，墙表以白灰抹缝。底层石条高约27厘米，上层石条高约23～25厘米。值得注意的是，石砌基础的石料中有部分为头大尾小的伊斯兰教墓顶石，其上多数刻有花纹。石砌基础之上，外侧均以大型青砖错缝平砌，现存6～8层，内侧则部分以残砖斜向立砌，残高约0.55米。用砖多以长43厘米，宽21.5厘米，厚6厘米的长方形灰色素面砖为主；其间夹杂有规格略小的长砖和残砖，许多砖有明显多次使用的痕迹。门道位于南墙正中，宽

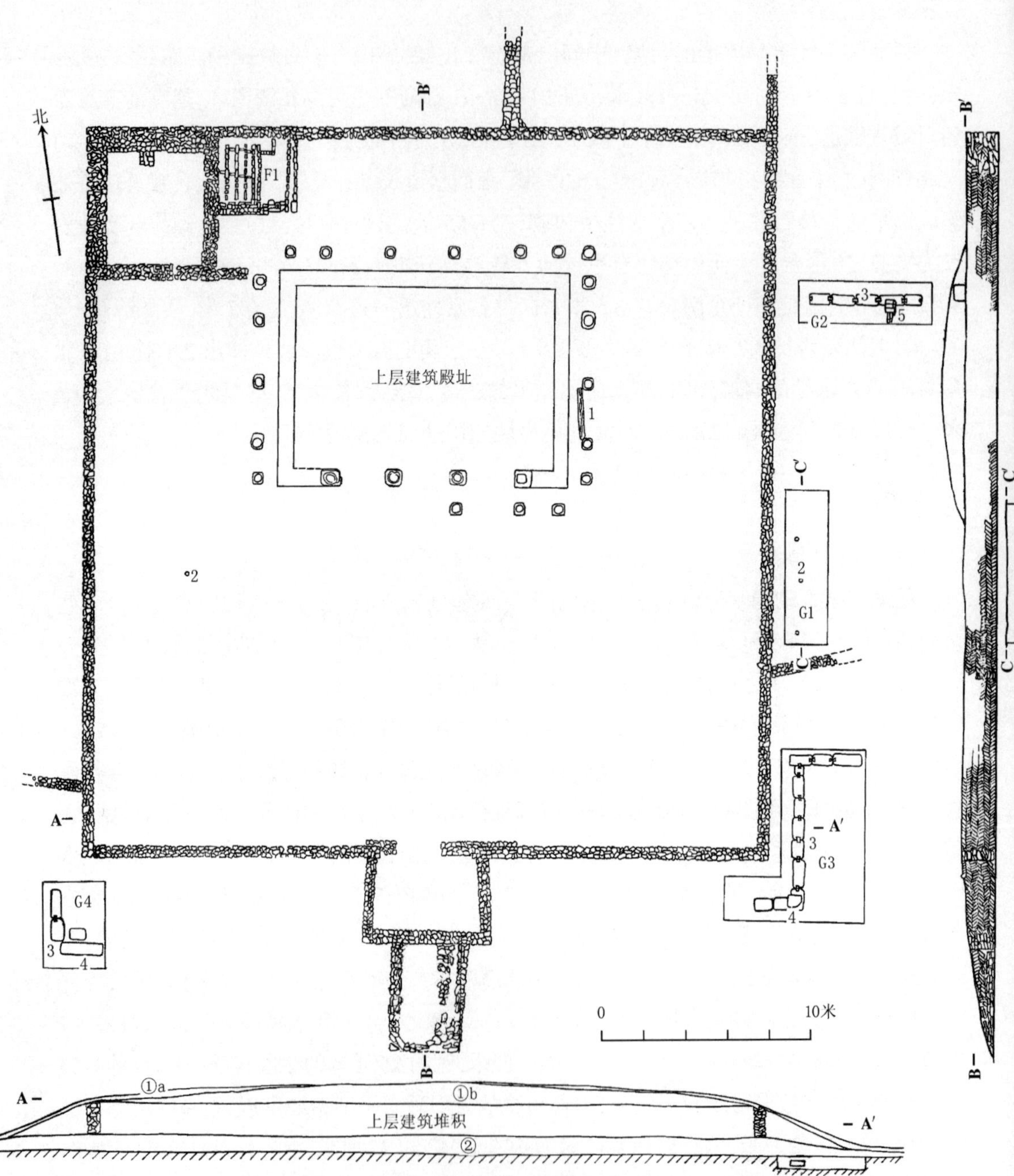

图五　元上都宫城1号基址平、剖视图

1.木柱　2.木桩　3.基石　4.汉白玉角柱　5.砖墙

2.5米。房址之内地面用正方形砖铺砌,殿内前面多半部分以边长40厘米的方砖铺地,亦有少数规格不同的方砖和长方形砖及残砖,多为灰色素面,有的方砖上浮雕盘龙纹或拍有手印(彩版壹伍壹)。殿内后面少半部分地面没有铺砖,仅见有少量的石块,可能是放置塑像的地方。在殿内东南角有一近方形的地窖,四壁以青砖立砌,中间南北向砌一隔墙。地窖东西长1.25米,南北宽1.15米,深约0.4米,其内存放有较多的木炭(图六;彩版壹伍贰)。从清理的堆积中,出土了大量的建筑构件,主要有板瓦、筒瓦、龙纹瓦当,兽面纹滴水,长砖、方砖、各式花砖、房脊拼花空心构件,以及各类雕花石刻等,质料有绿、黄、紫各色琉璃及汉白玉、砂岩等。在石砌围基北侧墙下还出土了大量的浮雕藏文和蒙文的六字真言石板。

(2)　出土遗物

在殿址清理中出土了一定数量的遗物,以砖、瓦等建筑材料为主,少量的瓷器及墓顶石、坩埚、铁器和石刻等。

建筑材料　以砖、瓦、瓦当为多,少量的建筑构件、滴水等。

砖　以模制为主,少量的其他型砖。

模制花砖　数量较少,多为灰色,个别红色琉璃,质地坚硬,制作精细。依其模制图案,可分为七型。

A型　LYD1M:162,残。正面模印有凤纹、荷花图案。残长22.4厘米,宽20.4厘米,厚6厘米(图七,4;彩版壹伍玖,1)。

B型　LYD1M:163,残。砖上对角模印有团花润叶纹一组,另一对角饰如意纹。残长14.5厘米,残宽14.5厘米,厚4.5厘米(图七,12;彩版壹陆零,1)。

C型　LYD1M:165,残。其上模印有龙纹海水花卉图案(仅有尾部)。残长16厘米,残宽16厘米,厚6厘米(图七,6;彩版壹伍玖,2)。

D型　LYD1M:164,残。两侧边框内模印有缠枝花草图案,两边作素宽缘,背部和侧面残留有白灰痕迹。残长20.8厘米,宽19.5厘米,厚6.2厘米(图七,9;彩版壹陆零,2)。

E型　LYD1M:174,残存一角。正面模印有缠枝花草图案。正背面均有白灰痕迹。残长12.8厘米,残宽9厘米,厚5.6厘米(图七,8)。

F型　LYD1M:169,残。方形,正面模印有龙纹一条,龙身弯曲,嘴大张,双目突出,双角直立,五爪,龙身略有剥落;四角各饰一如意纹图案,龙身四周衬托以祥云。边长30.5厘米,厚5.2厘米(图七,1;彩版壹伍玖,3)。

G型　LYD1M:217,略有残缺。正面印一牡丹花蕾,下边饰一对等距的如意纹。制作规整。长39厘米,宽32.4厘米,厚7.8厘米(图七,14;彩版壹陆零,3)。

雕花砖　LYD1M:173,残。正面雕刻有几何纹和花卉图案,泥质红陶。残长16.6厘米,残宽9.2厘米,厚6厘米(图七,5;彩版壹伍玖,4)。

琉璃砖　数量较少,红色,正面制作规整,背面粗糙。分2型。

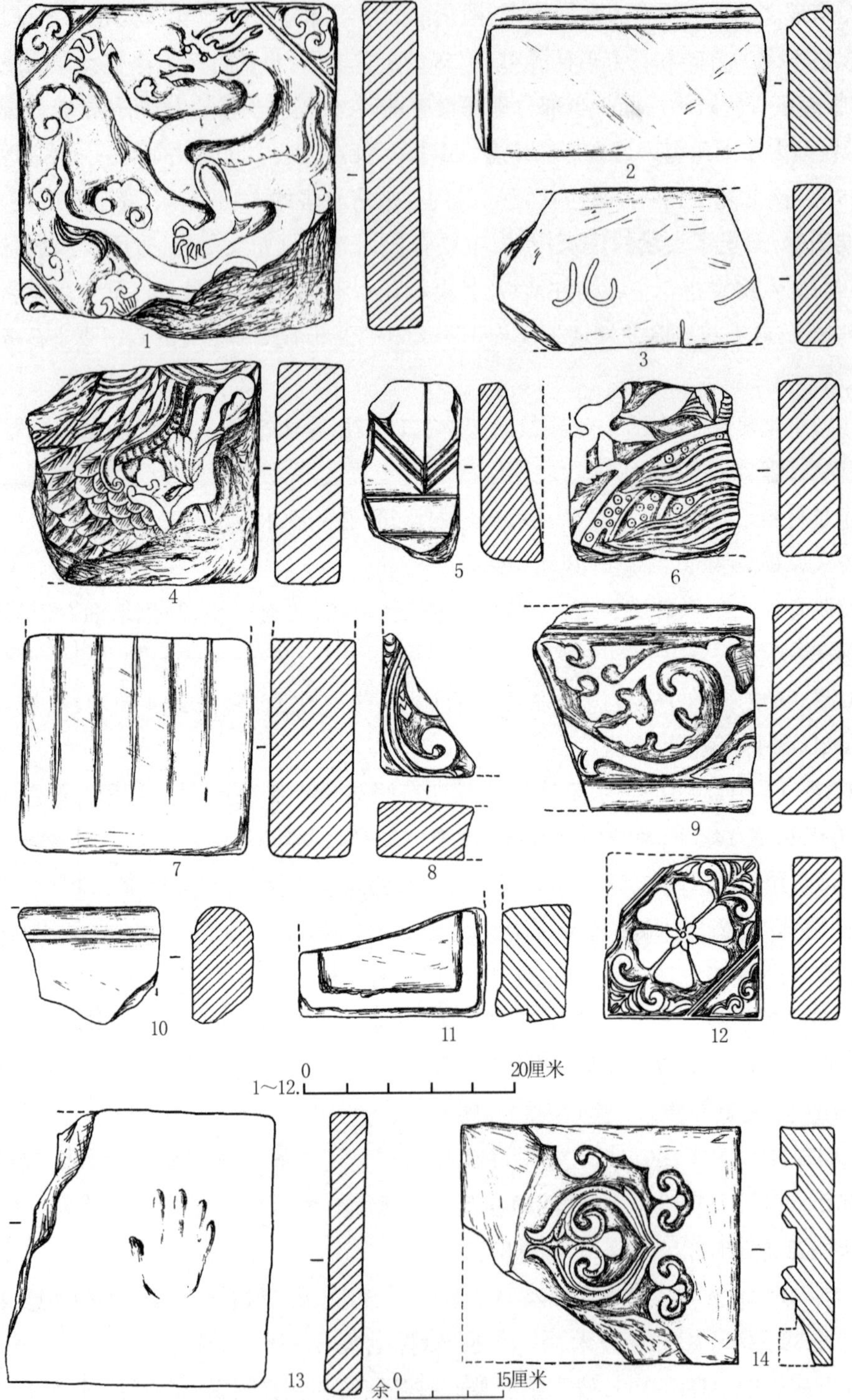

图七　上层殿址出土建筑材料

1.F 型模制花砖（LYD1M：169） 2.素面砖（LYD1M：166） 3.A 型琉璃砖（LYD1M：172） 4.A 型模制花砖（LYD1M：162） 5.雕花砖（LYD1M：173） 6.C 型模制花砖（LYD1M：165） 7.沟纹砖（LYD1M：170） 8.E 型模制花砖（LYD1M：174） 9.D 型模制花砖（LYD1M：164） 10. 素面砖（LYD1M：175） 11.B 型琉璃砖（LYD1M：177） 12.B 型模制花砖（LYD1M：163） 13.手印纹砖（LYD1M：167） 14.G 型模制花砖（LYD1M：217）

A型　LYD1M：172,残。长方形,正面残留有绿色琉璃,模印颇似楷书“儿”字。宽14.8厘米,残长25.2厘米,厚3.8厘米(图七,3)。

B型　LYD1M：177,残。侧面作两级阶梯状,外侧及正面边缘施绿色琉璃。宽17.4厘米,残长10厘米,厚6厘米(图七,11)。

手印纹砖　LYD1M：167,残。方形,表面印有一完整清晰的手印。灰色,制作粗糙。边长37.4厘米,厚5.6厘米(图七,13;图版一〇,1)。

沟纹砖　LYD1M：170,残。长方形,一面施有5道沟纹,另一面平整。灰色,质地坚硬。宽23厘米,残长20厘米,厚7.8厘米(图七,7;彩版壹陆零,4)。

素面砖　LYD1M：175,残。一侧长边磨制成圆弧形。灰色,较为规整。残长14厘米,残宽10厘米,厚6.5厘米(图七,10)。LYD1M：166,完整。灰色,砖的一长边和短边(外侧暴露面)磨制成上、下两层圆弧棱,另外两边平齐,制作规整。长27.6厘米,宽13.2厘米,厚4.6厘米(图七,2)。

瓦　可分为筒瓦和板瓦两类。

筒瓦　以琉璃筒瓦为主,少量的其他类型。

琉璃筒瓦　皆残。子母口,圆唇,红色,内壁布纹。LYD1M：7,瓦之一侧作两个弧形内收的缺口,外壁施绿釉。宽11.6厘米,残长20厘米,厚1.6厘米(图八,1)。LYD1M：8,外壁施孔雀蓝琉璃。残宽14.5厘米,残长17.2厘米,厚1.8厘米(图八,3)。LYD1M：6,弧是圆的1/2,外壁施孔雀蓝琉璃。宽12～13厘米,残长20.8厘米,厚1.8厘米(图八,6;彩版壹陆壹,1)。LYD1M：9,瓦之中部钻有一孔,外壁施深绿釉。残长14.6厘米,厚1.6厘米(图八,9)。

划花筒瓦　LYD1M：155,完整。平面略呈梯形,子母口,圆形,弧是圆的1/2。泥质灰陶,外壁刻划团化一朵,内壁布纹。长25.6厘米,宽12.5～13厘米,厚1.6厘米(图八,7;彩版壹陆贰,1)。

素面筒瓦　LYD1M：158,残。方圆头,弧是圆的1/2。泥质灰陶,外壁素面,内壁布纹。宽13.2厘米,残长20厘米,厚2厘米(图八,2)。

板瓦　数量相对较少。有琉璃和素面两种。

琉璃板瓦　皆残存小块,形制不清,泥质红陶。LYD1M：12,内外壁施浅绿釉。残长14.4厘米,残宽12.2厘米,厚1.6厘米。LYD1M：14,内壁施孔雀蓝釉,外壁不施釉。残长8厘米,残宽5.6厘米,厚2.4厘米(图八,10)。

素面板瓦　LYD1M：161,平面略呈梯形,方头,头中部饰一道凹弦纹。灰色,外壁素面,内壁布纹。长24厘米,宽14.5～16.5厘米(图八,4)。

鸱吻　数量较少,均残。泥质灰陶,制作精细。LYD1M：200,正面作立体龙身图案,龙鳞排列整齐,背部平整。残长36厘米(图八,5;彩版壹陆贰,2)。LYD1M：202,仅存龙头。龙头前伸,双目突出,嘴大张,胡须卷曲。残长27厘米(图八,8;彩版壹陆贰,3)。

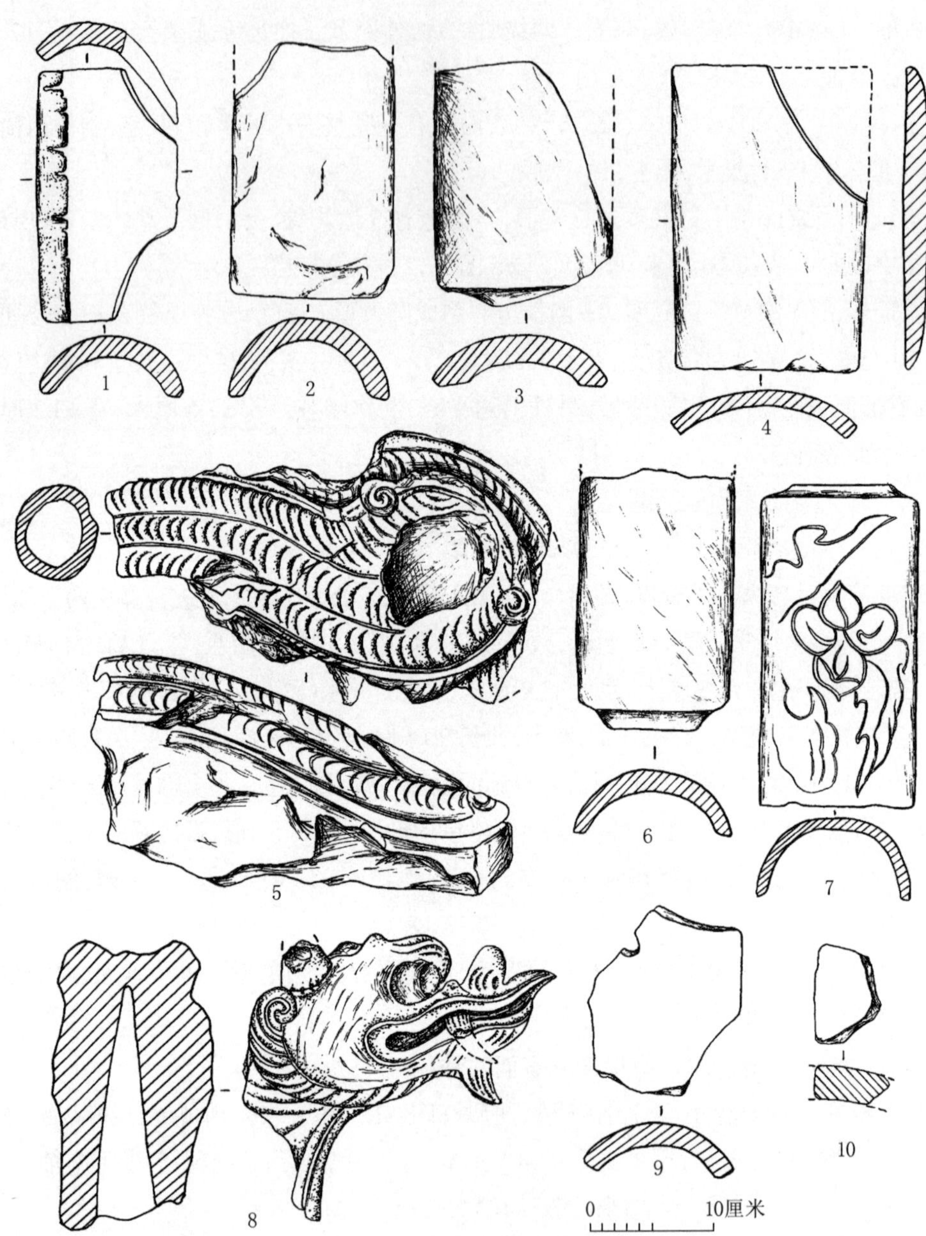

图八　上层殿址出土建筑材料

1、3、6、9.琉璃筒瓦(LYD1M：7、8、6、9)　2.素面筒瓦(LYD1M：158)　4.素面板瓦(LYD1M：161)
5、8.鸱吻(LYD1M：200、202)　7.划花筒瓦(LYD1M：155)　10.琉璃板瓦(LYD1M：14)

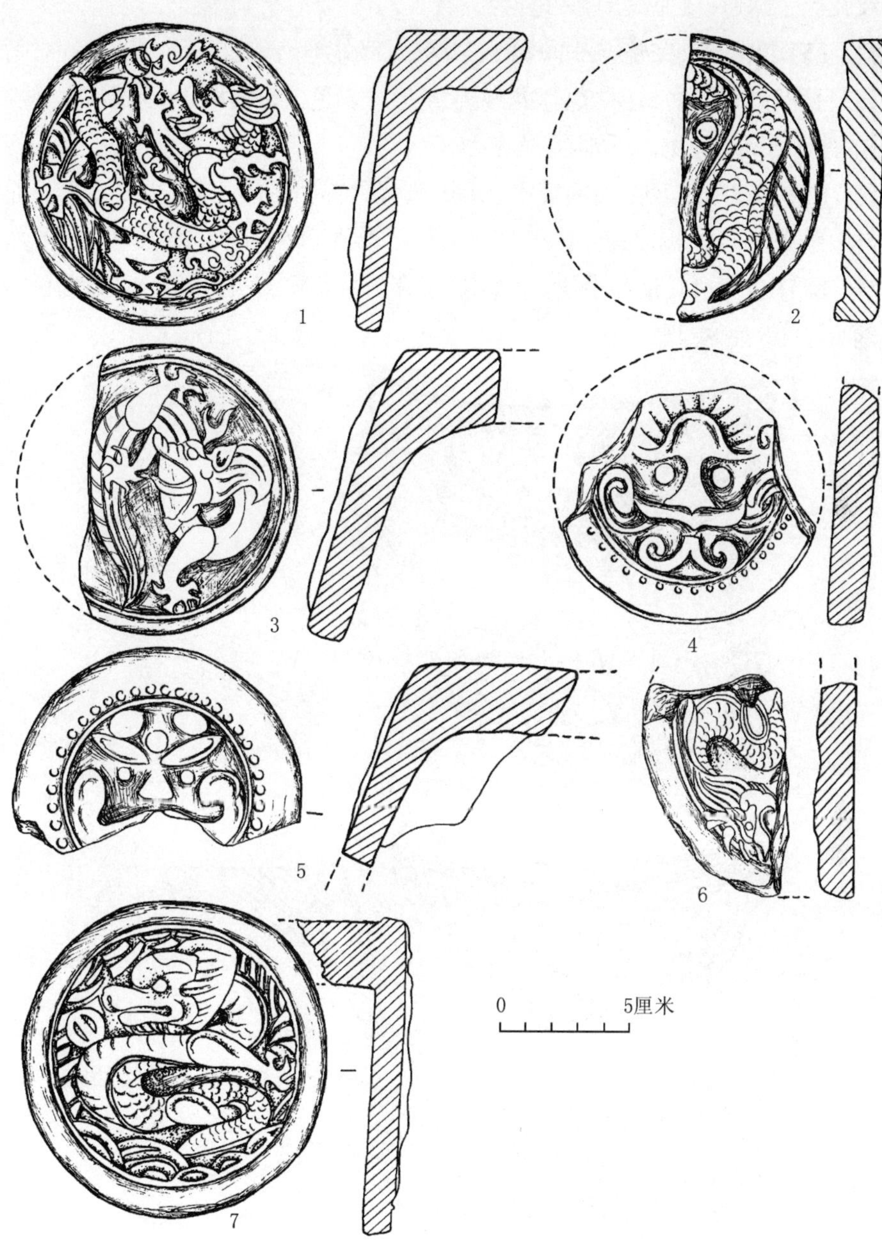

图九　上层殿址出土建筑材料

1.A 型龙纹瓦当(LYD1M：55)　2.D 型龙纹瓦当(LYD1M：54)　3.B 型龙纹瓦当(LYD1M：129)　4.A 型兽面瓦当(LYD1M：136)　5.B 型兽面瓦当(LYD1M：132)　6.C 型龙纹瓦当(LYD1M：144)　7.E 型龙纹瓦当(LYD1M：48)

瓦当　多为龙纹瓦当，少量的兽面纹瓦当。

龙纹瓦当　圆形，依龙纹形态可分为五型。

A型　LYD1M：55，完整。表面微鼓，窄缘，近缘处饰凸弦纹一周，龙身弯曲，嘴大张，舌前伸，双目圆睁，角略短，近尾部作龙鳞纹，4爪。灰色，背面压印有手指纹一枚。直径11.6厘米，厚1厘米（图九，1；彩版壹陆贰，4）。

B型　LYD1M：129，残。表面突出，窄缘，近缘处饰凸弦纹一周。龙身变形卷曲，嘴大张，舌前伸，眼珠突出，龙体无鳞，4～5爪。灰色。直径11.3厘米，厚1.6厘米（图九，3）。

C型　LYD1M：144，仅存小块。素宽缘，仅存少量龙尾，龙身弯曲，4爪。红色，外壁施蓝色琉璃。厚1.5厘米（图九，6）。

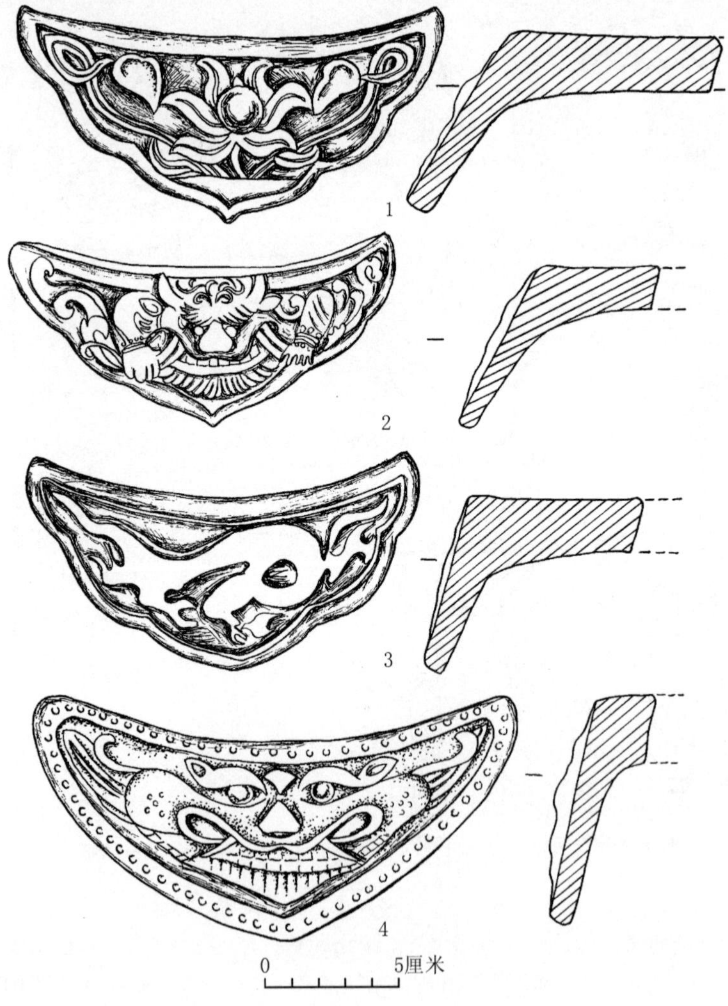

图一〇　上层殿址出土建筑材料

1.荷花纹滴水（LYD1M：117）　2.A型兽面纹滴水（LYD1M：137）
3.龙纹滴水（LYD1M：15）　4.B型兽面纹滴水（LYD1M：30）

D 型　LYD1M：54，残。表面平整，窄缘。仅存 1/2 龙身，龙鳞排列整齐，龙身粗壮，龙身周边用海水、乳钉纹衬托。灰色。直径 10.8 厘米，厚 1.6 厘米（图九，2）。

E 型　LYD1M：48，完整。表面略鼓，素宽缘，近边部饰凸弦纹一周。龙身弯曲，嘴大张，眼珠突出，龙须直立，4 爪，盘龙以海水衬托。红胎，表施绿色琉璃。直径 12 厘米，厚 1.2 厘米（图九，7；彩版壹陆壹，2）。

兽面瓦当　数量较少，残，圆形，灰色。分两型。

A 型　LYD1M：136，表面略鼓，三角缘。双目圆睁，眼珠突出，三角鼻。嘴部上翘，面部胡须弯曲。直径 10.5 厘米，厚 1.6 厘米（图九，4）。

B 型　LYD1M：132，表面较平，素宽缘，缘内侧各饰联珠纹和凸弦纹一周。兽头双眉上翘，眼珠突出，三角形鼻，嘴部变形卷曲。直径 11.5 厘米，厚 1.6 厘米（图九，5；彩版壹陆壹，3）。

滴水　在所出遗物中占有一定比例。平面呈弧边三角形，完整，表面微鼓，灰色。其图案有龙纹、兽面、荷花三类。

龙纹滴水　LYD1M：15，上饰盘龙一条，图案模糊不清，4 爪。长 15.8 厘米，宽 6.4 厘米，厚 0.8～1.5 厘米（图一〇，3；图一一，1）。

兽面纹滴水　2 件。分 A、B 两型。

A 型　LYD1M：137，双角上翘，眼珠突出，三角形鼻，嘴部向上弯曲，双齿外露，面部两侧各有一手前伸，周边饰卷云纹图案。长 15 厘米，宽 6 厘米，厚 0.8～1.5 厘米（图一〇，2；图一一，2；图版一〇，2）。

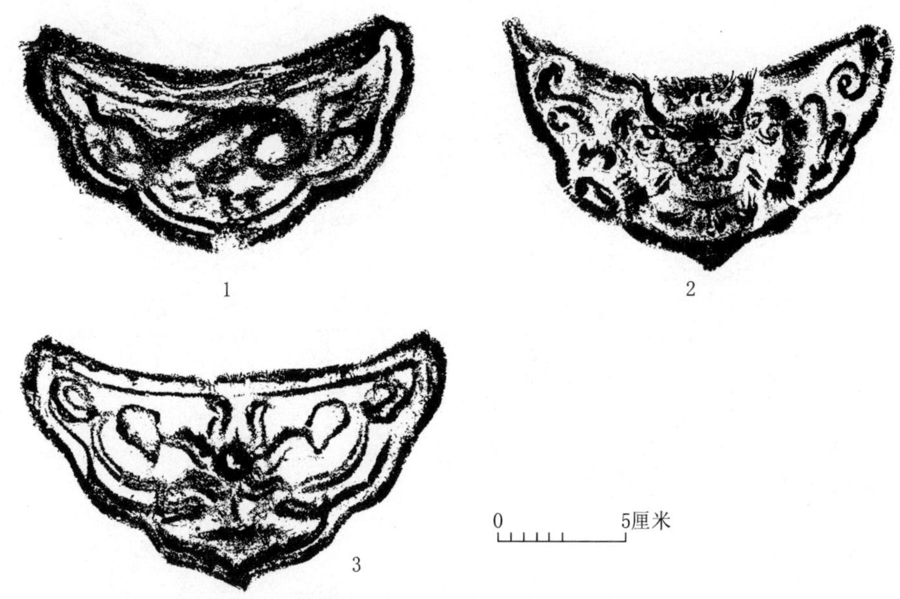

图一一　上层殿址出土建筑材料拓片

1.龙纹滴水（LYD1M：15）　2.A 型兽面纹滴水（LYD1M：137）　3.荷花纹滴水（LYD1M：117）

B型　LYD1M：30，双眉较粗，眼珠突出，三角形鼻，嘴巴弯曲上翘，牙齿外露，两侧各有一尖齿，胡须较粗。外缘之上饰联珠纹一周。长19厘米，宽7.6厘米，厚1.2厘米（图一〇，4）。

荷花纹滴水　LYD1M：117，其上模制有荷花纹图案一朵。长16.5厘米，宽7厘米，厚0.9～1.7厘米（图一〇，1；图一一，3；彩版壹陆壹，4）。

瓷器　数量较少。均残。有龙泉窑盘、高足杯、月白釉碗、耀州窑盘和白釉盆、青花盘等。

龙泉窑盘　LYD1M：212，敞口，圆唇，弧折沿，平底。瓷质细腻，内外壁施浅绿釉。口径20.4厘米，底径8厘米，高3.8厘米（图一二，3）。

龙泉窑高足杯　LYD1M：　217，敞口，圆唇，弧腹斜收，足部残缺。瓷质细腻，内外壁施浅绿釉。口径7.6厘米，残高4厘米（图一二，6）。

月白釉碗　LYD1M：211，敞口，圆唇，弧腹斜收，圈足，瓷质细腻，外壁施月白釉，口

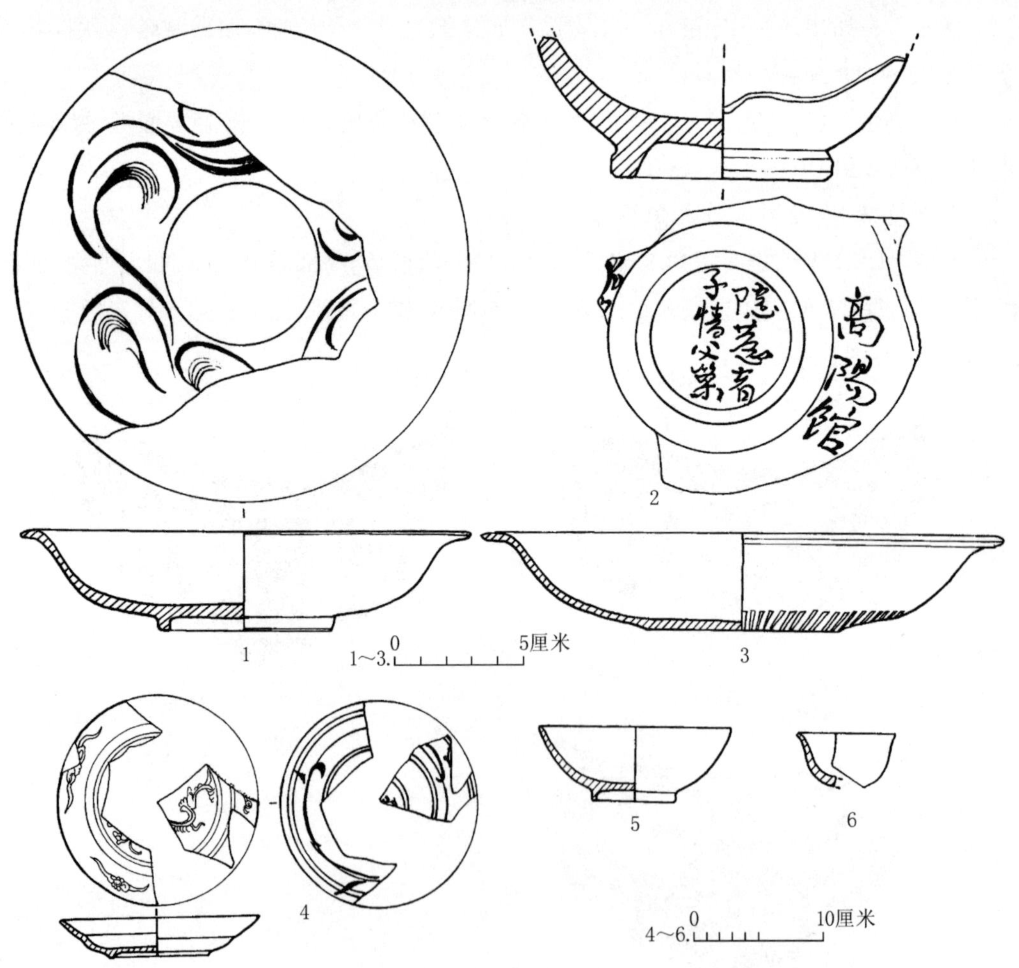

图一二　上层殿址出土瓷器

1.耀州窑盘（LYD1M：210）　2.白釉盆（LYD1M：216）　3.龙泉窑盘（LYD1M：212）　4.青花盘（LYD1M：213）　5.月白釉碗（LYD1M：211）　6.龙泉窑高足杯（LYD1M：217）

部和圈足脱釉。口径16.5厘米,底径7厘米,高6厘米(图一二,5)。

耀州窑盘 LYD1M:210,敞口,圆唇,弧腹斜收,圈足。瓷质细腻,内外壁施深绿釉,内底绘有三组花草图案。口径18厘米,底径6.8厘米,高3.8厘米(图一二,1;图版九,3)。

白釉盆 LYD1M:216,仅存底部。圈足。瓷质细腻,内壁施白釉,外壁脱釉,内底残存有5个支钉痕迹。外壁近底和圈足内写有墨书。圈足外侧有"高阳馆"三字,圈足内书有"隐惹者,子情父策"七字。底径9厘米,残高5厘米(图一二,2)。

青花盘 LYD1M:213,敞口,宽斜折沿,深腹,平底矮圈足。瓷质细腻,内壁沿面涂有两道重彩,其下有等距的三组花草纹,底部亦用重彩涂满,下残存有变形龙纹。外壁腹部有简单的草叶纹,底部施平圈纹,内残存有花草。口径16厘米,底径8.5厘米,高2.2厘米(图一二,4;图版九,2)。

墓顶石 共出土12块,大小略有差异,一般略作头大尾小状,均底面向外砌筑于上层建筑殿址外墙的石基础之上。皆呈白黄色,石质坚硬,凿刻较为规整。依其形制分3式。

Ⅰ式 1件。LYD1M:221,灰白色砂岩。长条形,前高后底,三面略呈圆柱体,顶部成圆弧形,底面加工平整。长116厘米,一端略粗,横宽19厘米,高20厘米;另一端略细,横

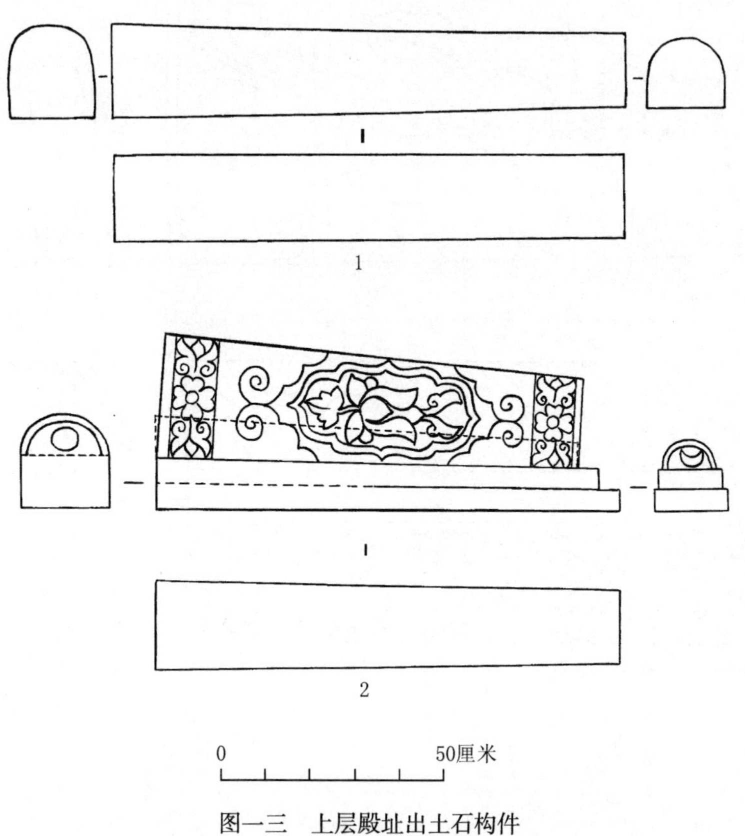

图一三 上层殿址出土石构件

1.Ⅰ式墓顶石(LYD1M:221) 2.Ⅱ式墓顶石(LYD1M:219)

宽 18.5 厘米，高 16 厘米（图一三，1；彩版壹陆叁）。弧面和两端均阴刻阿拉伯文。弧面横向刻 6 行字，两端各刻 2 行字。靠近粗端的弧形正面有 25 厘米见方的一块残缺。石刻弧面的前 4 行释文为：

“奉至仁至善的真主之名，不信道的人们几乎以他们的怒目使你跌倒。当他们听到宣读教诲的时候，他们说：‘他确是一个疯子’。这《古兰经》不是别的，它是对全世界的教诲。真主奉使人类有了他就不再崇拜其他神灵的真主之名，奉裁决一切的真主之名，奉崇高的真主之名，真主赐福于真主的使者、穆斯林的埃米尔、至仁至善的真主的挚友穆罕默德。一切赞颂归于坐在最高宝座上的真主……”（彩版壹陆肆）。

石刻两端的释文为，粗端：“穆罕默德是真主的使者。”细端：“除真主外，别无神灵”（图一五；彩版壹陆伍）。

Ⅱ式　8 件。均黄褐色砂岩。前高后底，顶部作半圆形弧状。一端粗大，一端渐窄，顶部为一平卧的半圆柱体，其下是两级逐级加宽加长的台阶式基座。LYD1M：219，通长 105 厘米，基座底面粗端宽 20 厘米，高 20 厘米；细端宽 17 厘米，高 16 厘米。弧隆部分两

图一四　上层殿址出土石构件

1.Ⅲ式墓顶石（LYD1M：226）　2.石雕构件（LYD1M：220）

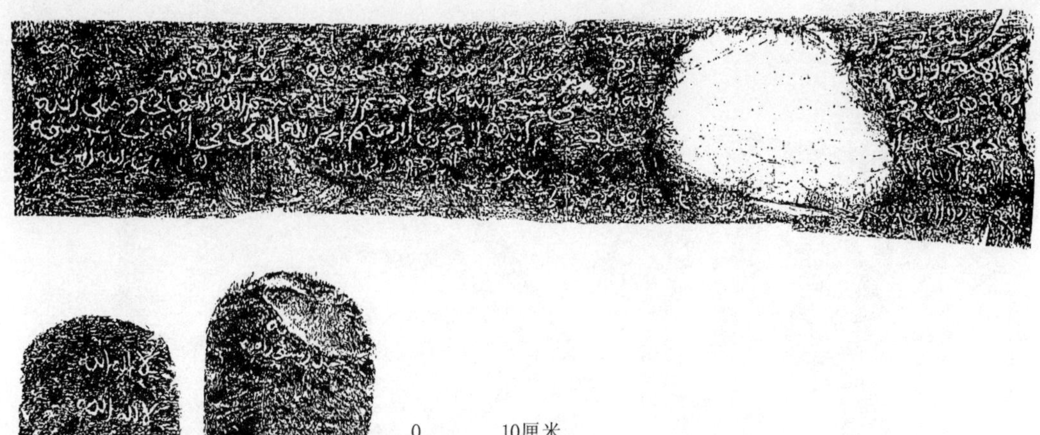

0　10厘米

图一五　上层殿址出土石构件拓片
Ⅰ式墓顶石(LYD1M：221)

端浮雕有宝相花,两侧各饰变形牡丹一朵,中间饰三周海棠弧线图案,内饰牡丹一朵。宽、窄两端分别浮雕出日、月形象(图一三,2;彩版壹陆陆)。

Ⅲ式　3件。均黄褐色砂岩。顶部作扁平圆弧状,底面平整。略前宽后窄,弧面浮雕花卉图案。LYD1M：226,前半部残缺,后半部弧面浮雕有宝相花卉和枝叶,尾部雕两道凸弦纹,内施倒顺三角形,内有变形三角形花草图案。窄端正面浮雕一奔跑的动物和弯月,动物作回首望月状。残长44.5厘米,前宽0.22米,后宽20.8厘米,高11厘米(图一四,1;图一六;彩版壹陆柒)。

石刻　有雕花构件和浮雕经板。

石雕构件　1件。LYD1M：220,平面呈长方形,上、下两面平整,一侧面浮雕图案。图案底部刻一边框,中部以一宽条带将画面分为上下两部分。下部雕刻有长条状缠枝花卉图案,上部用单线条雕刻有变形卷云纹。构件残长48厘米,宽14.8厘米,高23厘米(图一四,2;彩版壹陆捌,1)。

石刻经板　17件。均为灰色砂岩,还有较

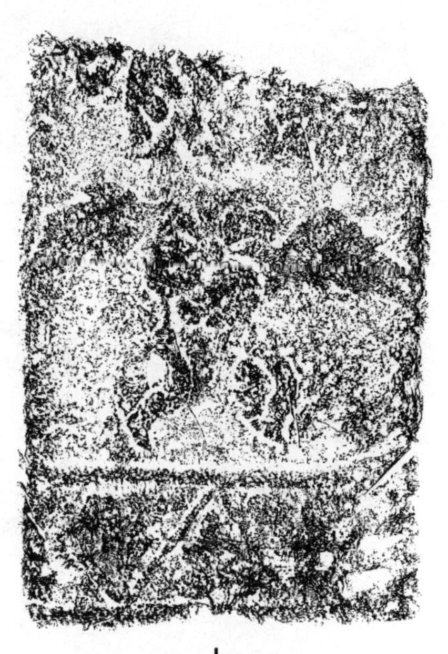

0　10厘米

图一六　上层殿址出土石构件拓片
Ⅲ式墓顶石(LYD1M：226)

图一七　上层殿址出土石刻经板拓片
1～5.石刻经板（LYD1M：231、M230、M228、M232、M229）

多残片,出土于石砌围基北墙外侧。石板形状不一,均利用原始形状略作加工,在其上均浮雕有藏文或蒙文的六字箴言。LYD1M：231,平面为不规则形,其上浮雕有蒙文六字箴言。长23厘米,宽22厘米,厚4厘米,(图一七,1)。LYD1M：230,平面形状不规则,上面刻有藏文六字箴言。长24厘米,宽12.2厘米,厚3.8厘米(图一七,2)。LYD1M：228,平面形状略作五边形。表面雕有5个等份的如意纹,中间为一圆弧形,其内雕有藏文六字箴言。长33.3厘米,宽27.5厘米,厚5厘米(图一七,3;彩版壹陆玖,1)。LYD1M：232,残。平面呈不规则四边形,其上浮雕有藏文六字箴言。长19.7厘米,宽16厘米,厚5厘米(图一七,4)。LYD1M：229,平面作不规则五边形,其上用蒙、藏两种文字浮雕有六字箴言。长33厘米,宽28厘米,厚4.5厘米(图一七,5;彩版壹陆玖,2)。

坩埚　数量极少。LYD1M：214,砂质灰陶,外残留有红色烧结釉。口部残缺,腹部较直略外侈,圜底。残高11.5厘米,残径7.5厘米(图一八,3)。

铁器　3件。有犁、马镫。

犁　1件。LYD1M：238,残。中起脊,背部平整。表面锈蚀严重。残长20.5厘米(图一八,1;彩版壹柒零,1)。

马镫　2件。完整,形制相同,铸制。LYD1M：239,镫身作不规则椭圆形,上有长方形横穿,镫板较宽,扁平,表面锈蚀较为严重。高16.4厘米,宽13厘米(图一八,2;彩版壹柒零,2)。

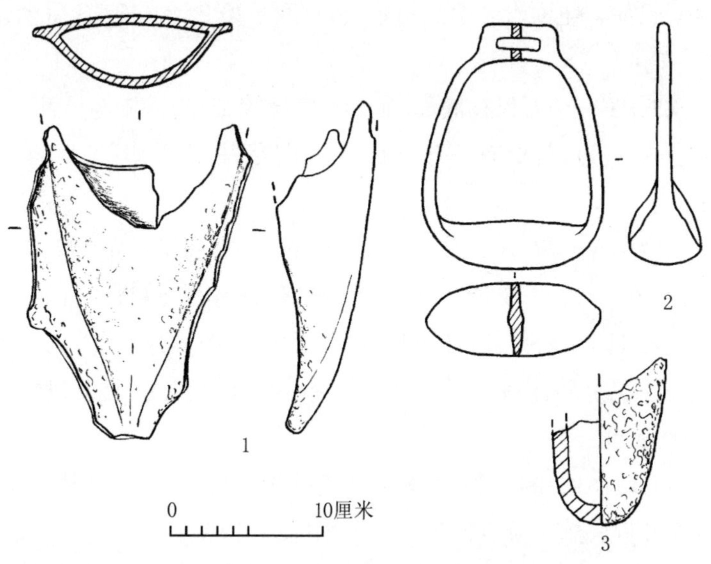

图一八　上层殿址出土铁器、坩埚

1.铁犁(LYD1M：238)　2.马镫(LYD1M：239)　3.坩埚(LYD1M：214)

3.房址

(1) 建筑结构

房址位于石砌围基之上的西北角(编号为F1),由西侧大房址和东侧小房址两部分组成。西侧大房址平面略呈长方形,东西宽6米,南北长6.8米。墙体用自然石块垒砌,基础部分的砌法与石砌围基相同,亦为侧"人"字形相对斜砌。墙宽0.6米,现存高度0.8米。南墙向东延伸出1.4米,北墙内侧有一长约0.6米的短隔墙。南墙略偏东处,似有门道痕迹。东侧房址依西侧房址的东墙北段而建,平面略呈长方形,东西长3.8米,南北宽3.6米。为砖石混砌而成,门道位于南墙东侧,宽0.9米,门道一侧还留有石制的门枢。室内西侧有暖炕一铺,现存有炕洞5道。暖炕的东北侧建有灶台。

(2)出土遗物

该房址内出土遗物较多,以瓷器为主,少量的釉陶器、陶器、坩埚、铁器、石器、角器和砖。

瓷器 数量较多,均残。

影青瓷碗 LYD1F1:28,仅存底部。下腹弧内收,圈足。瓷质细腻,内外壁施影青釉,内底印有宝相花,内壁残存有龙纹图案。底径7厘米,残高5厘米(图一九,1)。

酱釉牛腿瓶 LYD1F1:30,仅存下腹。下腹斜收,喇叭口底。瓷质较粗,内外壁施酱釉。底径11厘米,残高18.6厘米(图一九,2)。

磁州窑器盖 LYD1F1:1,完整。圆形,子母口,盖面隆起,扁平圆纽。瓷器略粗,外壁施白釉黑花,内壁脱釉。纽面有4个支钉痕迹。直径20厘米,高6.8厘米,纽径5.5厘米(图一九,3;图版九,4)

白釉瓷盆 LYD1F1:29,仅存底部。圈足。瓷质较细,内外壁施白釉,外壁近底脱釉,内底残存有2个支钉痕迹。外壁有墨书一处,由右向左书"西双望"三字。底径9.6厘米,残高5.2厘米(图一九,7)。

米黄釉碗 LYD1F1:27,残。敞口,圆唇,弧腹斜收,圈足。瓷质略粗,内外壁施米黄釉,有开片,下腹脱釉。口径9.6厘米,底径3.5厘米,高4厘米(图一九,6;图版九,5)。

白釉瓷盘 LYD1F1:2,残。直口,圆唇,上腹较直,下腹急收,圈足。瓷质较细,内壁及口外侧施白釉,外壁脱釉,内底残存4个支钉痕迹。口径22.2厘米,底径10厘米,高4厘米(图二〇,3;图版九,6)。

青花碗 LYD1F1:9,敞口,圆唇,略作弧腹斜收,近底残缺,瓷质细腻,外壁施繁密的花草,内壁口部及近底施平圈纹。残高4厘米(图二〇,5)。

釉陶器 2件。完整。均为盏,形制相同。敞口,圆唇,直腹斜收,平底,内底作圜底。外壁及口部脱釉。LYD1F1:4,内壁施黑釉,口径5.7厘米,底径2.9厘米,高2厘米(图

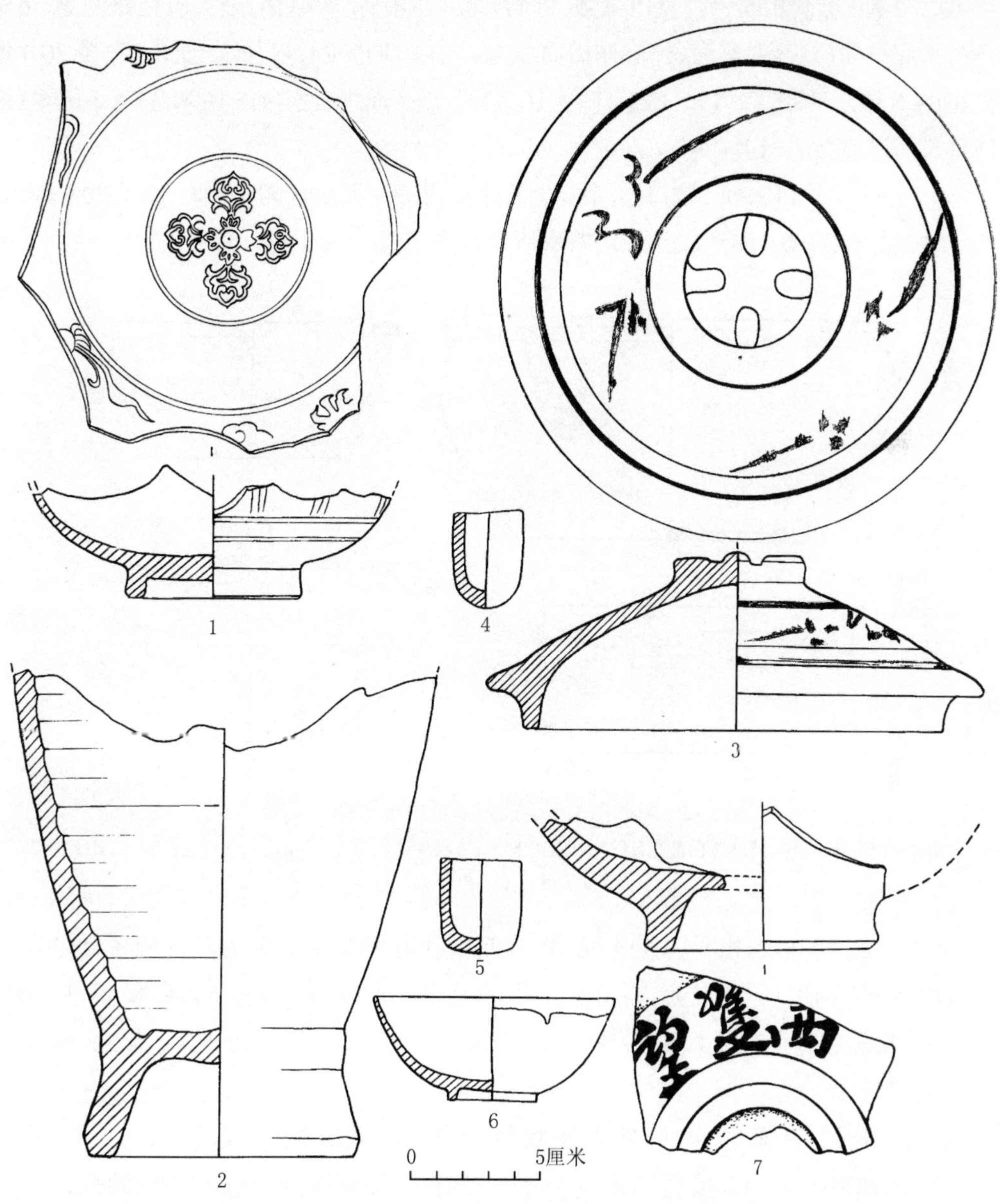

图一九　上层建筑基址出土器物

1.彩青瓷碗(LYD1F1：28)　2.酱釉牛腿瓷瓶(LYD1F1：30)　3.磁州窑瓷器盖(LYD1F1：1)　4、5.陶坩埚(LYD1F1：25、26)　6.米黄釉瓷碗(LYD1F1：27)　7.白釉瓷盆(LYD1F1：29)

二○,4)。LYD1F1:5,内壁施茶绿釉。口径5.5厘米,底径2.8厘米,高1.9厘米(图二○,6)。

陶器 有盆、钵、坩埚等。

盆 2件。形制相同,残。直口微敛,圆唇,短弧折沿,上腹略侈,最大腹径略偏上,下腹斜收,平底。泥质灰陶,素面,外壁作横向压光。LYD1F1:24,口径32厘米,底径20.4厘米,高14.8厘米(图二○,1)。LYD1F1:16,口径19.8厘米,底径13厘米,高8.5厘米(图二○,2;彩版壹柒壹,1)。

钵 LYD1F1:17,残。敞口,方唇,直腹斜收,平底。泥质灰陶,素面。口径20.6厘米,底径13.2厘米,高6.4厘米(图二○,7;彩版壹柒壹,2)。

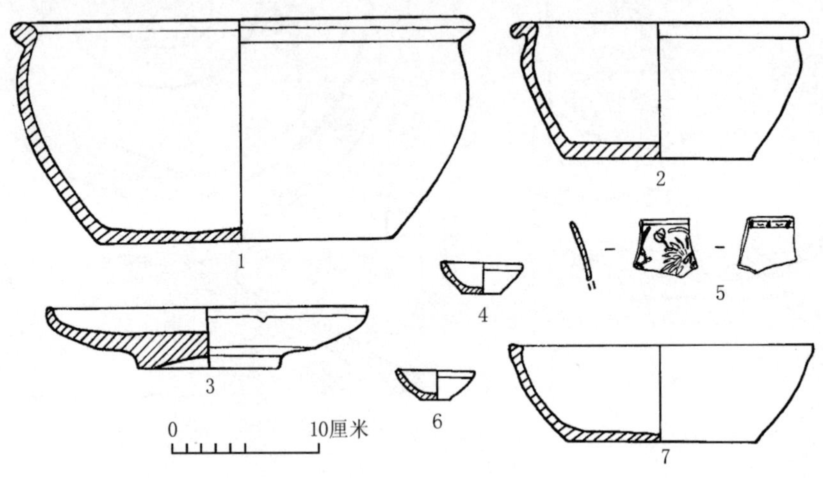

图二○ 上层建筑基址出土器物

1、2.陶盆(LYD1F1:16、24) 3.白釉瓷盘(LYD1F1:2) 4、6.釉陶盏(LYD1F1:4、5) 5.青花瓷碗(LYD1F1:9) 7.陶钵(LYD1F1:17)

坩埚 2件。形制相同。直口,方唇,直腹。砂质灰陶,外壁附者黑褐色高温烧结层。LYD1F1:26,平底。器壁较薄,略粗糙,口部和底部均经磨修。口径3.2厘米,高3.6厘米(图一九,5;彩版壹柒壹,3)。LYD1F1:25,圆底。较粗糙。口径2.8厘米,高3.8厘米(图一九,4;彩版壹柒壹,4)。

铁器 均残,有饰件、车轴、车具、锥状器、环等。均表面锈蚀严重。

饰件 LYD1F1:12,完整,锻铸。扁平长条状,一端圆弧,有一不规则的圆孔;另一端弯有一圆环。长14.5厘米,宽1.5厘米,厚0.25厘米(图二一,1)。

车轴 LYD1F1:11,残,锻铸。长方体柱状,端部作圆柱状。长13.5厘米,宽3.1厘米,厚2.8厘米(图二一,2;彩版壹柒贰,1)。

车具 LYD1F1:33,残,浇铸。内侧呈弧形,外侧作多边形。宽4.2厘米,厚1.5厘米(图二一,3)。

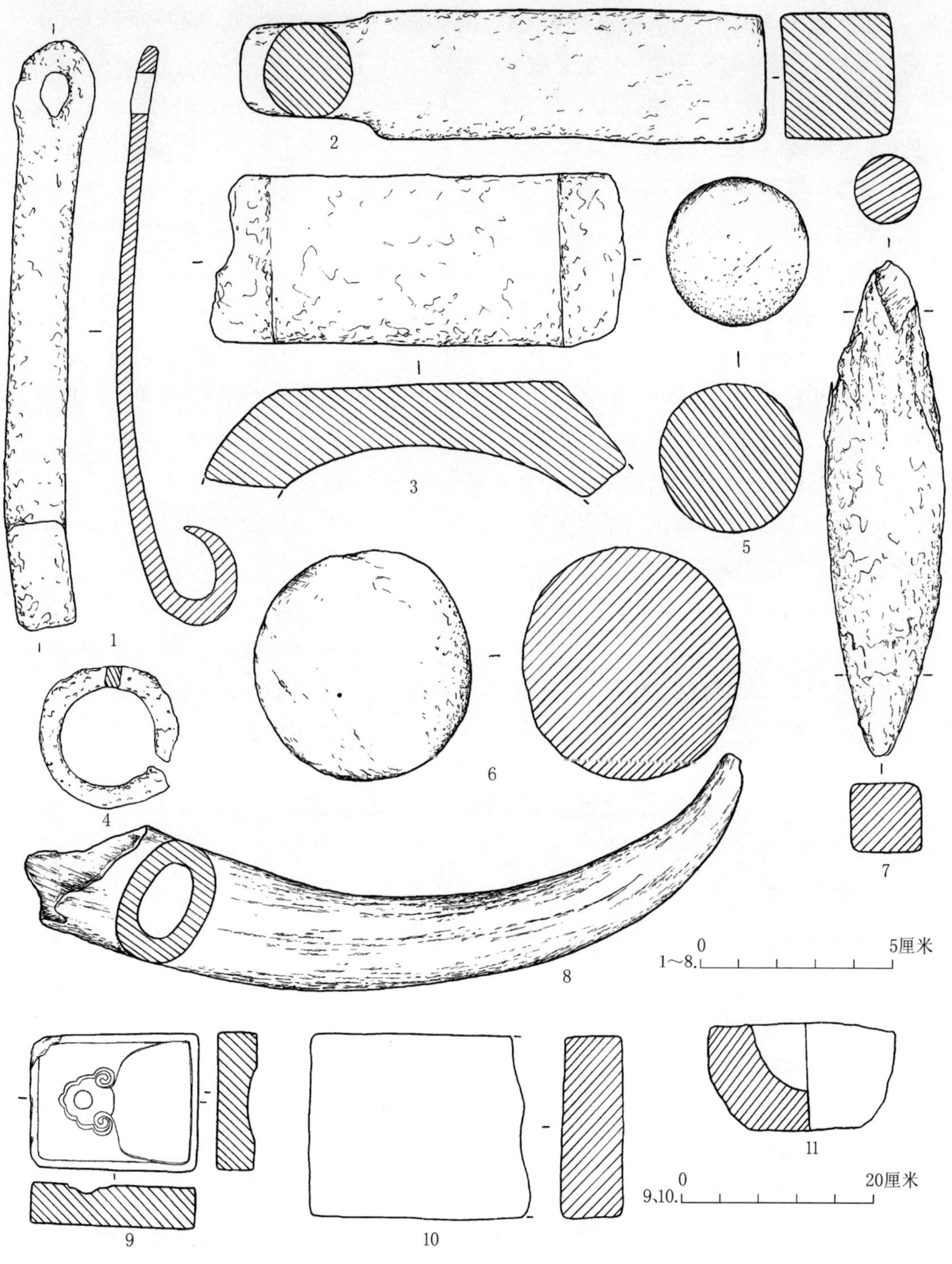

图二一　上层建筑基址出土器物

1.铁饰件(LYD1F1：12)　2.铁车轴(LYD1F1：11)　3.铁车具(LYD1F1：33)　4.铁环(LYD1F1：13)　5、6.石球(LYD1F1：20、21)　7.铁锥状器(LYD1F1：14)　8.骨角器(LYD1F1：22)　9.石砚台(LYD1F1：18)　10.砖(LYD1F1：23)　11.石门臼(LYD1F1：19)

锥状器　LYD1F1：14，完整。棱形体，中间粗，一端作尖圆状，另一端作四面体尖状。长 12.4 厘米，宽 3 厘米（图二一，7；彩版壹柒贰，2）。

环　LYD1F1：13，完整，锻铸。圆形环，有缺口，横截面呈扁长方形。环径 3.6 厘米，截面 0.5 厘米 × 0.35 厘米（图二一，4）。

石器　有砚台、门臼、石球。保存完整。

砚台　1 件。LYD1F1：18，平面呈长梯形，长边作两个矮足。砚面外侧饰一浅凹弦纹，中部用凹弦纹刻有如意纹图案，内有一臼坑，另一侧为砚墨之处。长 17.2 厘米，宽 12.5～13.8 厘米，厚 4.4 厘米（图二一，9；彩版壹柒叁，1）。

门臼　1 件。LYD1F1：19，完整，出土于 F1 门道一侧。作不规则圆形，中间内圆形臼坑，坑底尖圆。外壁略不规整，平底。石质坚硬，呈灰白色。直径 19.7 厘米，高约 10.4 厘米，臼坑直径 12.5 厘米，深 6 厘米（图二一，11；彩版壹柒叁，3）。

石球　2 件。完整。圆球体，表面略有麻点坑。石质较硬，呈白黄色，制作较为规整。LYD1F1：20，直径 3.7 厘米（图二一，5；彩版壹柒叁，2 小）。LYD1F1：21，直径 5.6 厘米（图二一，6；彩版壹柒叁，2 大）。

角器　1 件。LYD1F1：22，为山羊角，两端略残，尖部有磨痕。长 18.5 厘米，粗端直径 3.2 厘米（图二一，8）。

砖　1 件。LYD1F1：23，残。为炕洞隔墙，灰色，长方形，素面，一面规整，另一侧略粗糙（此面有烟熏痕迹）。残长 23 厘米，宽 18 厘米，厚 6.1 厘米（图二一，10）。

三、下层建筑基址及出土物

1.建筑基址

该层建筑基址叠压在上层建筑基址的石砌围基之下，应是直接在原生的地面之上起建。为了保存上层建筑基址的完整性，仅在该基址的东侧和东南、西南两角布 4 条探沟，做了局部的清理。其中：

一号探沟（编号 LYD1G1）　位于上层石砌围基的东侧，中部略偏南。南北长 7 米，东西宽 2 米，发掘深度 1.2 米。出有南北向排列的木桩 3 根，木桩直径约 15 厘米（彩版壹伍叁，1）。

二号探沟（编号 LYD1G2）　位于上层石砌围基的东侧偏北处。东西长 6.4 米，南北宽 2 米，发掘深度 0.2 米。揭露出东西向排列的砂岩基石 5 方，并出有较多的瓷器残片等。

三号探沟（编号 LYD1G3）　位于上层石砌围基的东南角。南北长 8 米，东西宽 4 米，在南端又向西扩出长 2.8 米，宽 2 米的折角，发掘深度 0.2 米。揭露出一纵两横，彼此相交成内外两个直角的 3 列砂岩基石 12 方。同时在西南角的基石之上，清理出残断的汉白玉角柱一方(彩版壹伍叁,2)。

四号探沟(编号LYD1G4)　位于上层石砌围基的西南角。南北长4米,东西长3米,发掘深度0.2米。揭露出折角排列的砂岩基石3方。同时在基石的南侧,清理出基本完整的汉白玉角柱一方(彩版壹伍肆)。

从探沟清理暴露的情况看,下层建筑仅存基址部分。排列有序的砂岩基石分布在同一个平面之上,因此东南和西南两角的距离可以确定。初步判断,下层建筑基址除正面有门之外,东西两侧还应各有两门。就基址而言,其东西基宽约36.5米,南北已知长度为30米。该基址底部外缘以凿制规整的条形砂岩围基。但所用石条大小宽窄,规格不甚统一,一般长80～130厘米,宽50～60厘米,厚约25厘米。石条间的彼此相连处凿有燕尾槽,以便相互连接。石条之内外侧均为坚硬的垫土,似经夯筑。在基址石条间和基础内侧,常见有加固基础的直径约15～20厘米的木桩。应是文献记载中所说的用来封堵泉眼,稳固基础的"木钉"。

2.出土遗物

清理的下层基址出土遗物较少。有汉白玉角柱及其残块,以及一定数量的瓷器和少量的铁器。

汉白玉角柱　1件。LYD1G4∶1,完整,底角和上角部略有残损。汉白玉,长方体柱状,高2.1米,宽0.53米,厚0.52米(彩版壹柒肆)。角柱顶端正中有一长0.14米,宽0.12米,深0.09米的方形卯孔。角柱的四个侧面中,外露的南、西两面制作十分规整精细(彩版壹柒伍);与墙体相接的另两面只经粗略加工,表面较为粗糙。南、西两面四周均刻有边框,两侧边框宽6厘米,上边框宽20厘米,下边框宽16厘米。在边框内各浮雕有精美的腾龙一条,并有花卉图案相衬。两侧图案相同,并相互对称(彩版壹柒陆)。龙头相背前伸,嘴微张,牙外露,双角直立,龙须上扬,龙身弯曲,身上密布规整的龙鳞,五爪(彩版壹柒柒、壹柒捌)。龙体周围饰以繁密的牡丹、菊花、荷花和莲藕等花卉。雕刻的龙纹神态飘逸,形象逼真,图案十分精美,表现出纯熟精湛的雕刻技法(图二二;彩版壹柒玖;彩版壹捌零,1)。

汉白玉角柱残块　集中出土于基址东南角略偏西处,共残存13块。LYD1G3∶1,仍位于砂岩基石的西南角上,仅余基部,且东南角部残损。宽、厚均为0.53米,残高0.41米,从南、东两侧面仍可看出边框和底部的花卉图案,与西南角柱图案完全一致(图二三,1、2)。其余残片皆为浮雕图案各部位残块,有龙体、龙鳞和花卉等,应为汉白玉角柱砸碎后的残留,加工精细,技法纯熟(图二三,3～7;彩版壹捌零,2;彩版壹捌壹)。

瓷器　瓷器有龙泉窑、磁州窑瓷器和白釉、酱釉、茶绿釉瓷器。

龙泉窑瓷器　均残。瓷质细腻,内外壁施绿釉,有器盖、碗。

图二二　下层殿址出土汉白玉角柱(LYD1G4：1)

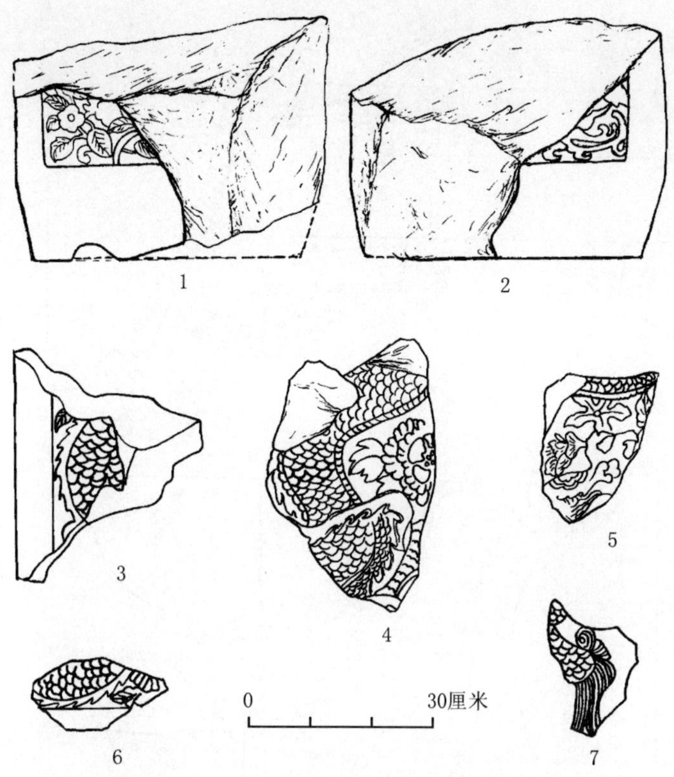

图二三　下层殿址出土汉白玉角柱残块

1、2.汉白玉角柱正面、东侧面(LYD1G3：1)　3～7.汉白玉角柱残块(LYD1G3：2、3、4、5、6)

器盖　LYD1G2：2,仅存小块。圆形,子母口,宽沿,中间弧隆。直径22厘米,高5厘米(图二四,1)。

碗　LYD1G2：3,底部残缺。敞口,圆唇,弧腹斜收。口径16厘米,残高5.5厘米(图二四,5)。

磁州窑罐　LYD1G2：5,肩部以下残缺。直口,方唇,矮颈,鼓肩。瓷质细腻,外壁施白釉黑花,内壁及口部施白釉。口径18厘米,残高5.4厘米(图二四,2)。

白釉瓷　均残。瓷质略粗,器形有小口双系罐、碗。

小口双系罐　LYD1G2：1,小口,圆唇,矮颈,领部残存一系,鼓肩,长圆腹,圈足。口部及外壁施白釉,近底脱釉。口径4.4厘米,底径6.8厘米,高13.6厘米(图二四,4)。

碗　LYD1G2：4,敞口,圆唇,弧腹斜收,圈足。口部及内壁施白釉,外壁脱釉,内底残存有2个支钉痕迹。口径12厘米,底径5厘米,高3.5厘米(图二四,6)。

酱釉牛腿瓶　LYD1G2：6,残存底部。下腹内收,近底略外侈,假圈足。瓷质较细,外壁施酱釉,近底脱釉。底径8厘米,残高13厘米(图二四,3)。

铁器　1件。LYD1G2：7,为铁砍刀,完整。应为建筑工地砌砖专用工具。长圆柄,刀

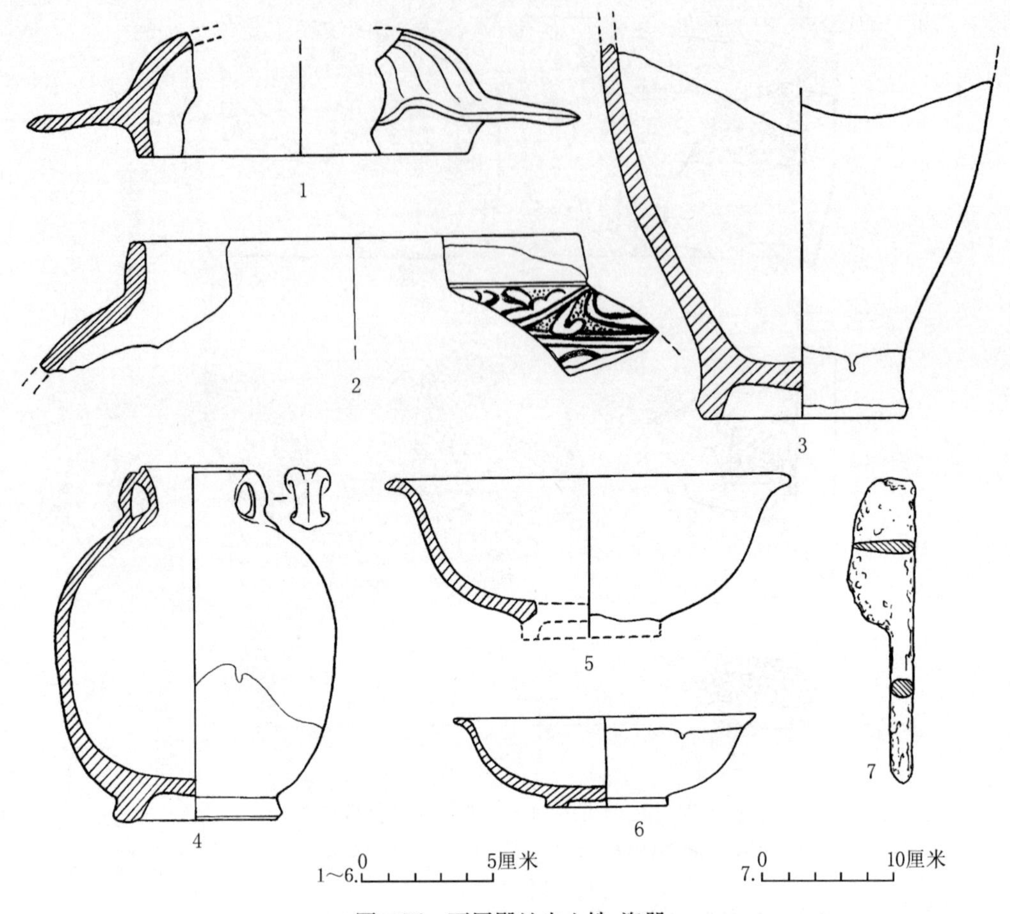

图二四　下层殿址出土铁、瓷器

1.龙泉窑瓷器盖(LYD1G2：2)　2.磁州窑瓷罐(LYD1G2：5)　3.酱釉牛腿瓶(LYD1G2：6)　4.白釉小口双系罐(LYD1G2：1)　5.龙泉窑瓷碗(LYD1G2：3)　6.白釉瓷碗(LYD1G2：4)　7.铁砍刀(LYD1G2：7)

面作较小的长方形,刃部残损严重,呈圆弧形,直背。长 22.3 厘米,柄径 1.2 厘米(图二四,7;彩版壹柒贰,3)。

四、结　语

元上都宫城 1 号宫殿建筑基址的发掘,是近一个世纪以来对元上都进行的科学考察工作中,最为重要的考古调查和发掘工作。由于宫城 1 号宫殿基址位于宫城正中的三街相对之处,位置十分重要,所以近代许多学者对其多有考证。李逸友先生根据考古调查,认为该基址为元上都最重要的建筑大安阁的旧址[1]。陈高华、史为民二位先生亦持同样观点[2]。大安阁,为元朝开国皇帝忽必烈于至元三年(1266 年)所建。元代史料载:“大安阁,故宋汴熙春阁也,迁建上京”[3]。“世祖皇帝在藩,已开平为分地,即为城郭宫室。取故宋熙春阁材于汴，稍损益之，以为此阁，名曰大安”[4]。因此，大安阁所用主要建筑材料和外观造型均取自于南宋首都汴京（今河南开封）熙春阁，其规模只是在原来熙春阁的基础上“稍损益之”。建成后的大安阁雄伟壮观，成为上都城的象征。元代诗人曾有“大安御阁势岧亭，华阙中天壮上京”[5]，“大安阁是广寒宫，尺五青天八面风”[6]的诗情画意的描述，从这些诗句中，我们可以窥见大安阁的壮丽。

据《元史》记载，至正十八年（1358 年）十二月，以关先生、破头潘、沙刘二等为首的元末起义的红巾军，由大同向东北直趋上都，攻破上都城池，“焚宫阙，留七日”[7]。到至正二十八年（1368 年）闰七月，明军攻打上都，顺帝仓皇北逃。八月十五日到达上都”，“上都经红贼焚掠，公私扫地，宫殿官署皆焚毁，民居间有幸存者”[8]。经过两次战争和焚烧，元上都大安阁及其诸宫殿官署随着元朝的灭亡，也彻底化为了灰烬。

从考古发掘得知，现存元上都宫城 1 号建筑基址，是由上层建筑基址和下层建筑基址两个不同时代的建筑基址所组成。

下层建筑基址被叠压于上层建筑基址之下。这处建筑基址虽没有全面揭露，但从东南角和西南角两处探沟清理出的浮雕有龙纹、牡丹、菊花和莲花等常见的元代装饰图案的完整汉白玉角柱及其残块，以及从下层基址周边揭露出的砂岩基石的分布和规模来看，该层建筑基址应属于忽必烈至元三年（1266 年）建造的大安阁旧址。

上层建筑基址修建在下层建筑基址的废墟之上，其大部分建筑材料均是拆用早期基址和其他元代的建筑材料，从建筑规格和技法上均远不及下层建筑基址。故分析其建筑年代应当是在元上都城毁灭之后，而且沿用年代较久。从殿后出土的大量用藏文和蒙文浮雕六字箴言的石板来分析，此应为周围居民为寺庙所刻。据此推断，上层建筑应当是一处喇嘛庙建筑遗址。

通过两次发掘，我们可以得到以下几点认识。

1）在上层晚期建筑基址中，发现许多拆用的早期建筑构件。其中一件石条构件，三面平齐，弧面阴刻有 5 行古阿拉伯文，两端亦各有 2 行。经北京大学陈嘉厚教授释读，为古兰经的有关章节和内容。另有数件石条形制基本相同，其中一件上端弧面浮雕有对称的花卉图案，粗端面浮雕太阳，细端面浮雕新月。还有的石条端面浮雕有回首望月的奔跑的神兽，石刻的内容等与伊斯兰教有关。

伊斯兰教在唐高宗时传入中国。到元朝时期，由于蒙古族上层采取了兼容并蓄的宗教政策，使伊斯兰教很早就传入了北方草原地带，许多蒙古人也信奉伊斯兰教。在中国南方的泉州、扬州、杭州等地，现仍有许多伊斯兰教的“圣墓”，称作拱北、麻札。泉州灵山“圣墓”为元代所建，有至治三年（1323 年）州伊斯兰公会所立，记述墓主三贤、四贤事略的阿拉伯文辉绿岩石碑一通，其墓顶石形状与元上都宫城 1 号基址中出土的颇为一致[9]。另在新疆喀什的阿帕克霍加墓祠中，有大小墓共 68 座，其墓顶上均有与元上都出土者相类的墓顶石[10]。同时在内蒙古东部的草原地带也发现有伊斯兰教墓顶石的元代墓葬[11]。由此可知,元上都宫城1号宫殿基址上层建筑基址出土的部分石构件,均是来自于元上都伊斯兰教徒墓地的墓顶石。这从另一个侧面反映了蒙元时期中外宗教文化的广泛交流。

2)在这处基址的清理中,出土了数量较多的模制或雕刻的贴面砖,有的砖上施有各色琉璃。表明在元上都的许多宫殿建筑,可能也包括大安阁在内,在建筑上贴有一定数量的琉璃砖作为装饰。这与元代诗人"大安阁是延春阁,峻宇雕墙古有之"[12],"层甍复阁接青冥,金色浮图七宝楹"[13]等对大安阁的诗歌吟颂相吻合。这从另一个侧面印证了这处基址的下层堆积当是元上都大安阁旧址所在。

3)这次发掘所获得的层位关系和揭露的遗迹特征,作为一个重要标尺,将元代的遗存与其后的明、清及其更晚的遗存区分开来,并依据典型的元代遗存特征,将建于元上都遗址中晚于元代的遗存中的元代遗物辨识出来。这对我们更加清晰、准确、完整地了解元上都古城的本来面貌及重要遗迹的文化性质和相互关系,有着重要的意义。

总之,通过对这次发掘出土的不同时期遗存地深入研究,可以为以往许多调查资料的认识,提供了一个可依据的标尺。从而使我们在许多方面,走出过去局限于地面调查而产生的误区。

附记:两次发掘工作均由魏坚主持,参加发掘的有王新宇、杨春文、张清秀、王登亮、陈爱旺等。在发掘中,得到了正蓝旗旗委、政府、文化局、文物管理所的大力支持,在此谨表谢意。

执笔:魏坚　李兴盛　王新宇

拓片、绘图:王新宇　郝晓菲

注　释

[1] 李逸友:《大安御阁势岧亭》,参见《中国蒙古史学会第三次年会》提交论文,内蒙古锡林郭勒盟正蓝旗,1998年。

[2] 陈高华、史为民:《元上都》,吉林教育出版社,1988年。

[3] 周伯琦:《扈从上京官学纪事绝句二十首》,《近光集》卷一。

[4] 《道园学古录》卷十;《道园类稿》卷32,明初复刊本。

[5] 周伯琦:《次韵王师鲁待制史院题壁二首》,《近光集》卷一。

[6] 许有壬:《竹枝十首和继学韵》,《至正集》卷二七。

[7] 《元史》卷四五《顺帝记》八。

[8] 刘佶:《北巡私记》,云窗丛刻本。

[9]　吴文良:《泉州宗教石刻(增订本)》,科学出版社,2005年。

[10]　李勇燕:《阿帕克霍加墓(香妃墓)》,《中国地名》2001年第1期。

[11]　在内蒙古赤峰市宁城县元大宁路遗址,曾发现伊斯兰教墓顶石,现藏内蒙古博物馆。

[12]　张昱:《辇下曲》,《张光弼诗集》卷三。

[13]　周伯琦:《扈从上京官学纪事》,《近光集》卷一。

伍　多伦县砧子山西区墓地

砧子山墓地，位于内蒙古锡林郭勒盟多伦县西北的上都河乡境内，东南距多伦县政府所在地城关镇18千米，西北9千米处为著名的元上都古城遗址（图一），是目前已发现的元上都附近规模最大的元代居民丛葬墓地。墓地凭依砧子山主峰，在四面山麓缓坡地带约20余平方千米的范围内相连成片分布，连同每座墓茔内的单体墓葬初步统计，约有近1500余座墓葬（彩版壹捌贰）。此外，在元上都城南的丘陵地带和砧子山南面不远的南屏山脚下，也见有少量墓葬分布。1973年，内蒙古大学贾洲杰先生等，在调查元上都时曾对墓地进行过调查[1]；1990年，内蒙古文物考古研究所对墓地南区墓葬进行了发掘，共清理墓茔44座，墓葬96座[2]（彩版壹捌叁；彩版壹捌肆，1）；1992年以来，内蒙古文物考古研究所对元上都古城及附近墓葬、祭祀遗址展开了大规模的调查、测绘和抢救性清理发掘工作，取得了一批令人瞩目的学术成果。其中，1998～2000年，曾连续3年对砧子山墓地的西区被盗墓葬进行发掘清理工作，共清理墓茔48座（编号DZXMY1～DZXMY48），墓葬102座（DZXM1～DZXM102；附表一；彩版壹捌肆，2；彩版壹捌伍）。1998～1999年的墓葬

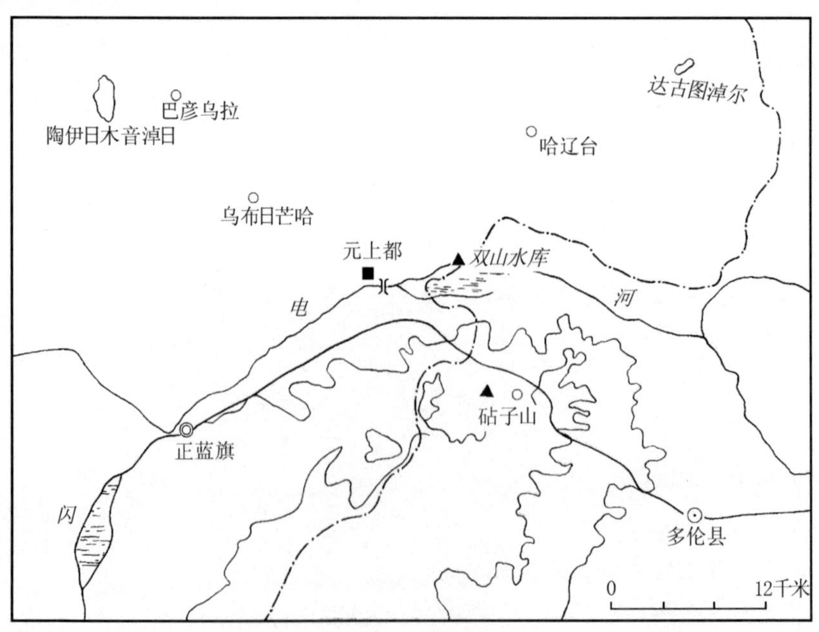

图一　砧子山墓地位置示意图

发掘成果曾有简报发表[3]，此次公布的是砧子山墓地3年发掘的全部资料。以前发表的资料如与本报告有相悖之处，以本报告为准。

一、地理概况

砧子山位于元上都遗址东南方，海拔高度为1360～1400米，由元上都远眺清晰可见。其山为一座孤峰，南北略长，东西较窄，略偏西北—东南走向。山峰顶部平缓，上半部如梯形斜直陡立，下半部地势平缓，因其形状如锻铁的砧子，故名砧子山。

这次发掘的砧子山西区墓地，东依砧子山，从山麓向西坡下渐次展开，墓地之北为闪电河，视野开阔。墓地南侧为西北—东南穿行而过的集（宁）—多（伦）公路。墓地分布在东西长约3000米，南北宽约2000米的范围之内，地表留有从山坡向下的东西向的冲沟数条。墓地内环境幽静，植被保存较好。地表覆盖1～2米厚的灰褐色土，其下为黄色砂性土，土质较为坚硬。

元上都，位于美丽的金莲川草原闪电河之北岸。闪电河本是蒙古语"上都河"之音转，属滦河上游。此河发源于河北省沽源县境内，进入正蓝旗境后，先由西南向东北流，汇入诸多小河之后，流经元上都城南，再渐东流而后折向东南，进入多伦县境内，又汇入几条大河后入河北省围场县境，以下称为滦河。上都四周群山环抱，闪电河两岸的金莲川草原景色优美，每年夏季金莲花盛开之时，川中金色灿烂，遍野飘香，气候宜人。故而，这一地区因夏季气候凉爽，而成为消夏避暑的理想之地。元宪宗六年（1256年），蒙哥汗在位时，命其弟忽必烈南下驻帐金莲川，忽必烈命汉人谋臣刘秉忠在桓州东、滦河北"选地建城郭，三年建成"[4]，初名开平府。中统元年（1260年），忽必烈在此继汗位，开平成为临时都城。中统四年（1263年）"升开平府为上都"[5]，元上都正式成为元朝都城。中统五年（1264年），改燕京为中都，至元四年（1267年），大都建成，至此，以大都为正都，上都为夏都，两都制正式确立。自忽必烈始，元朝的历代皇帝都实行两都巡幸制，每年农历四月至九月，元朝皇帝都在元上都避暑和处理政务。因此，自元上都建城开始，就有大量居民、工匠和商人由内地陆续迁来，他们死后均葬在上都之周围。其中，砧子山墓地应该是元上都居民百年历史中最大的丛葬区。

二、墓地概述

砧子山墓地西区墓葬，因砧子山山体走向而略呈西北—东南斜向分布。在这一区域之中，墓葬的分布相对较为密集，大部分墓葬有石砌的茔墙。因为仅是对成片集中分布的被盗墓葬进行了抢救性清理发掘，故墓葬平面图上标示的只是经过清理发掘的墓茔和墓葬，而不包括尚未清理的墓茔和墓葬。墓葬的墓茔墙体大部保存较好，只个别茔墙被当地人近年取石挖掉，地表往往留有一道明显取石后的凹槽。墓茔和墓茔或与没有墓茔的墓葬之间，分布错落有致，最近的相距约5米,处于边缘地带的有的相距在100米以上。墓茔内的墓葬方向一般和墓茔方向大致相同,大部分为东北向,少量为正北或略偏西北,多在345°~25°之间,个别墓茔方向为40°。

在发掘的102座墓葬中,有84座墓葬分属48座墓茔,另有18座墓葬地表无墓茔。墓茔据结构大致可以分为单墓茔、多进式墓茔和双重式墓茔等几种形式,极个别墓茔为刀把形结构(DZXMY43)。茔墙墙体均为自然石块垒砌,较为规整,其间不坐泥浆。墓茔多数(约2/3)在南墙设有门道,少量为三进或二进式墓茔和双重式墓茔,门道宽度多为2米左右,个别较窄者仅1米,最宽者达3.5米;少数墓茔没有门道痕迹。茔墙墙体宽约0.5~1米,存高在0.4~1.2米之间。墓茔内墓葬均位于北区或内区,以一茔一墓者多见,一茔多墓者较少。一茔多墓者一般为2~3座墓葬,最多的2个墓茔(DZXMY1、DZXMY16)内有7座墓葬(图二)

墓葬以土坑竖穴墓为主,共92座;其次有砖室墓7座;还有砖石混砌墓、石砌墓和石板木椁墓各1座。其中带墓道的墓葬有2座(DZXM8、DZXM64)。

土坑竖穴墓以长方形占绝大多数,计75座;长梯形墓次之,共9座;正方形墓4座;还有不规则形墓(DZXM47)、"凸"字形墓(DZXM13)、上圆下方墓(DZXM74)和侧洞室墓(DZXM83)各一座。其中,正方形墓穴内均为骨灰葬;有5座墓带有生土二层台。土坑竖穴墓多为直壁,有12座墓直壁斜收,作口大底小状。从地表保存较好的墓葬来看,有15座墓在墓口地表平铺自然石块做为标志,其中DZXM61地表标志呈"T"字形。此外,有7座墓地表用砖或石块垒砌一边框。墓地除早期盗扰十分严重外,近年又屡遭盗掘,仅有15座墓葬保存完整。

发掘的102座墓葬中,葬有尸骨者略多,共64座;骨灰墓略少,共38座。葬有尸骨的墓葬多以木棺做葬具,仅DZXM17以石板为葬具。木棺形制多样,以平面呈长梯形,头大尾小者为多,长方形木棺次之。从可以判断其葬式的46座墓中,以仰身直肢葬为主,有41座;其次仰身屈肢葬和侧身直肢葬各2座,侧身屈肢葬1座。尸骨基本头向北,仅个别头向南。面向多偏西,个别面向上或偏东。骨灰墓多将骨灰置于木制长方形或正方形骨灰盒内,其中,DZXM11和DZXM12无骨灰盒,骨灰置于尸床之上;DZXM49骨灰置于石函之内。墓地内多为单人葬,仅DZXM1、DZXM5、DZXM8、DZXM64、DZXM66和DZXM67(异穴合葬)、DZXM69和DZXM73(异穴合葬)、DZXM70、DZXM77、DZXM96九座双人合葬墓。

可做人骨鉴定的墓有58座,共有64具尸骨个体。其中,男性个体31例,女性个体26例,儿童个体7例。除儿童外,年龄最大者45~50岁,最小的17~19岁,平均年龄为28~33岁。在64例尸骨个体中,有5例个体含有欧罗巴人种成分。

在102座墓葬中,有随葬品的墓葬59座,其余各墓或因早期盗扰和近年盗掘,未见随葬品。此次发掘共出土随葬品1963件。各墓随葬品多寡不一,最多的达237件(DZXM23),最少的仅1件。随葬品中以钱币数量最多,有1657枚,多散布于墓底、棺(骨灰盒)底部,少量出于填土中。有11座墓葬的底部发现了涂有红色颜料的瘗钱(附表二)。瓷器为125件,以小口瓶为主,梅瓶、罐、碗次之,少量的小口双耳瓶、四系小口瓶、盏、器

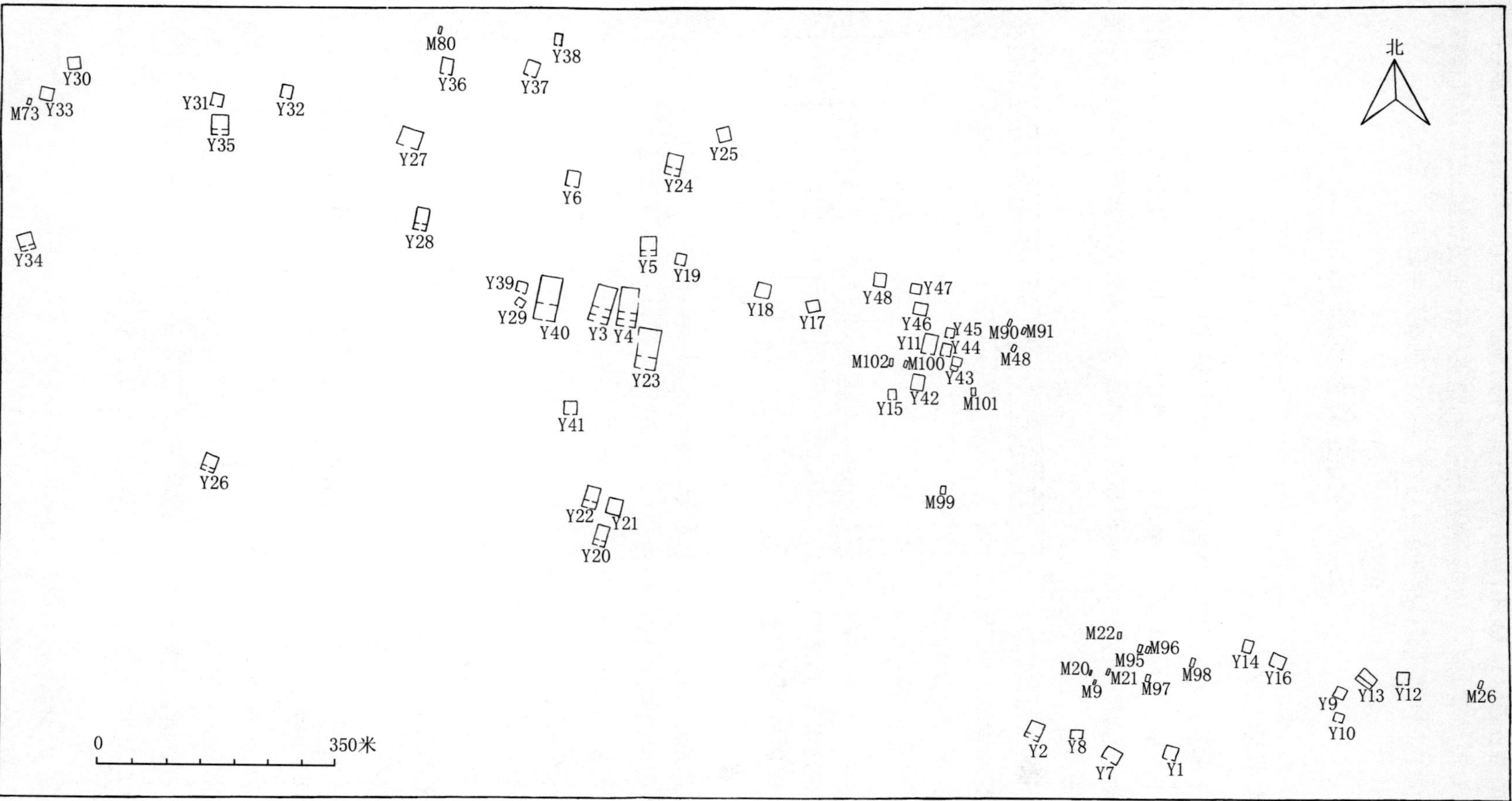

图二　砧子山西区墓地发掘墓葬平面图

盖等。釉陶器香炉计有13件。另有铁饰件21件。此外,还有少量的铜器、金器、银器、骨器、珠器、木器、石器、彩石、漆器、陶器、料器和建筑材料、毛类织物、皮制品和桦树皮等。墓葬中还出土铁棺箍、棺钉、棺环等135件,一并在随葬品中叙述。

三、墓茔、墓葬和随葬品

1.一号墓茔(DZXMY1)

位于墓地发掘区东南部。西侧约60米为DZXMY7。

墓茔平面呈长方形,单墓茔。南北长17.5米,东西宽13.5米,方向15°。墓茔墙体用自然石块垒砌,较为整齐,宽约0.7米,残高约0.6米。其西墙大部,北墙东、西两段,东墙北端被人为取石破坏。仅南墙、西南角和东南角保存较好。墓茔门道位于南墙正中,宽2米。在墓茔之内东南角保存一房屋基址,南北长4米,东西宽2.2米,东、南两墙利用墓茔之墙体,西墙与北墙用自然石块坐黑灰色胶泥砌成,宽约0.5米,残高0.6米,没有发现门道。

墓茔内中部偏北处共有7座墓葬(编号为DZXM1～DZXM7),均为圆角长方形土坑竖穴墓,少数墓口之上堆砌一层与墓口长、宽相等的碎石,堆石厚度不同。茔内各墓大小不一,由北向南大致可划分为3排。北面正中为DZXM1,中部由西向东分别为DZXM2、DZXM3、DZXM4、DZXM5,南面一排有DZXM6、DZXM7(图三)。

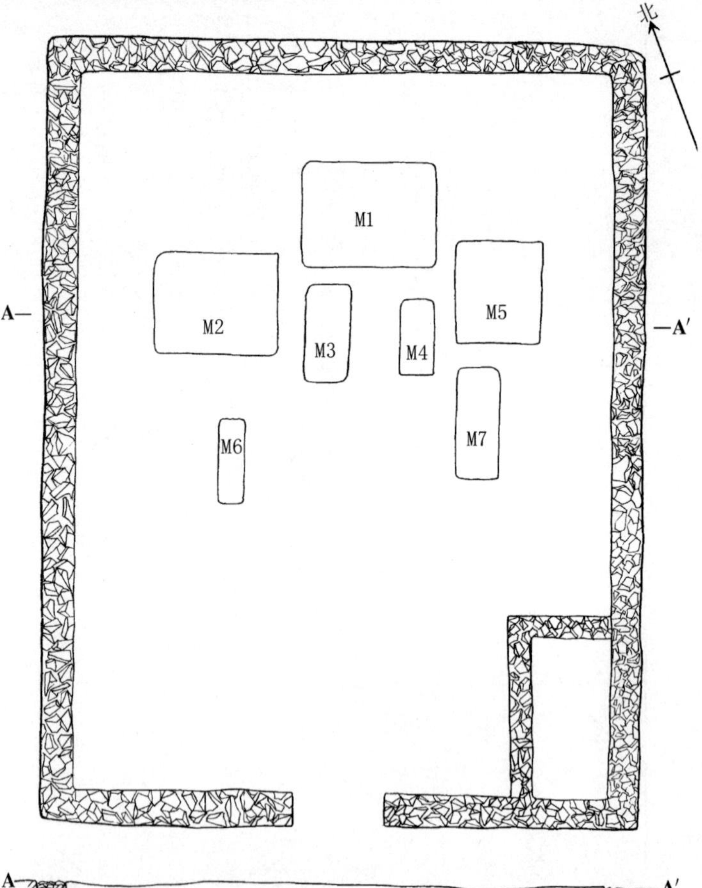

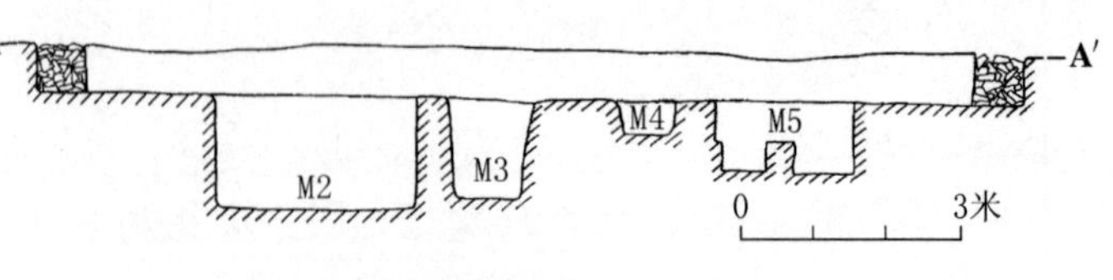

图三　DZXMY1平、剖面图

DZXM1 位于 DZXMY1 正中北部。东南距 DZXM5 约 0.4 米,西南距 DZXM2 约 0.4 米,南面距 DZXM3 和 DZXM4 分别约 0.4 和 0.7 米。

1) 墓葬形制

土坑竖穴墓,早期盗扰。平面呈圆角长方形,东西长 3 米,南北宽 2.3 米,深 1.6 米。方向 15°。墓壁较直,墓底平整。在墓口之上整齐堆放有 0.3 米厚的自然石块,堆石边缘整齐(图四)。在墓圹的东部有一 1.4 米×2.3 米的近似椭圆形盗洞。墓内西侧置有木棺 2 具(编号为:东侧木棺 DZXM1A,西侧木棺 DZXM1B)。DZXM1A,木棺平面呈长方形,长 1.8 米,

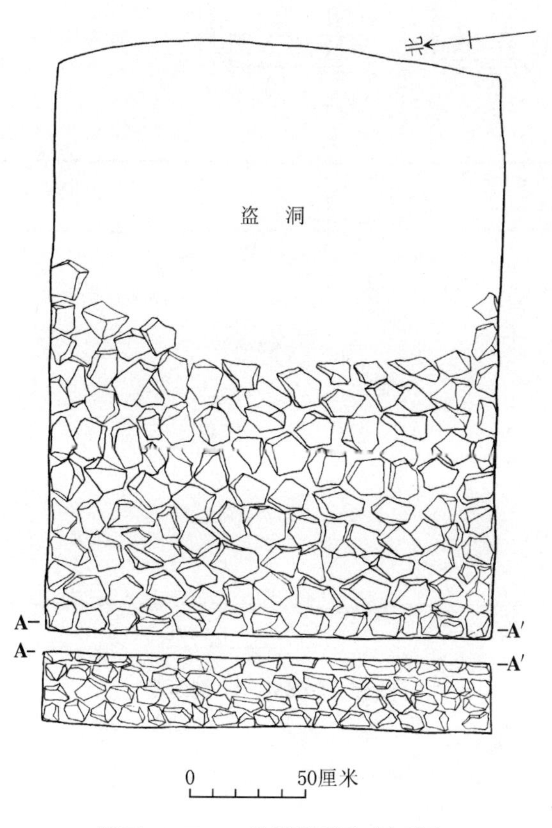

图四 DZXM1 墓顶积石平、剖面图

宽 0.6 米,残高 0.3 米,棺板厚 0.06 米。木棺两侧长于两端,用铁钉钉合。棺内置尸骨 1 具,头部及盆骨以上被扰动,从保存较好的脊椎骨和盆骨以下部分判断,应为仰身直肢葬,因头骨破碎,面向不清。性别及年龄不详。DZXM1B,木棺平面作长梯形,头部略宽,尾部略窄。长 1.8 米,头部宽 0.55 米,尾部宽 0.5 米,残高 0.35 米,棺板厚 0.4 米。木棺两侧长于两端,用铁钉钉合。棺内置尸骨 1 具,保存完整,仰身直肢,面向西。男性,年龄不详(图五;彩

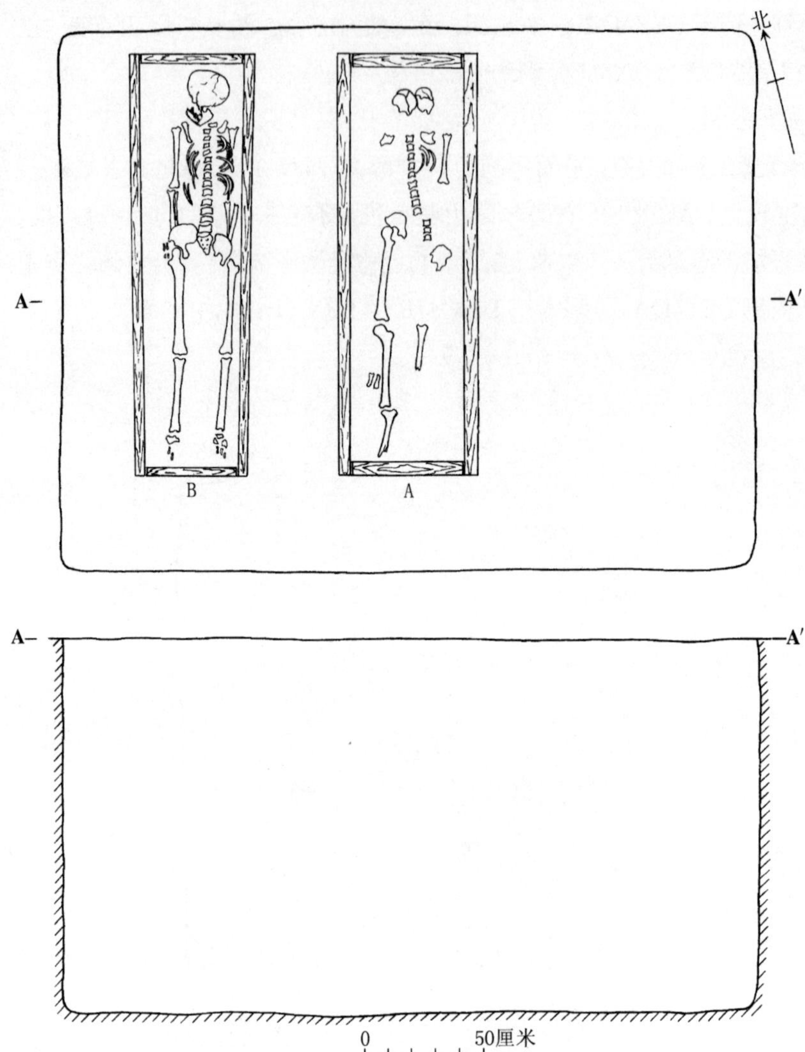

图五　DZXM1 平、剖面图

版壹捌陆,1)。

2） 随葬品

墓内无随葬品。

DZXM2 位于 DZXMY1 中部西侧,西距 DZXM3 约 0.6 米,南距 DZXM6 约 1.4 米。

1） 墓葬形制

土坑竖穴墓,早期盗扰。平面呈长方形,东西长 2.8 米,南北宽 2.3 米。深 1.5 米。方向 15°。墓壁加工规整,墓底平整。墓内因早期盗扰十分严重,葬具、尸骨和随葬品荡然无存。仅在墓内扰土中发现有少量的朽木(图六)。

2） 随葬品

墓内无随葬品

DZXM3　位于 DZXMY1 各墓之中部，东约 1.1 米为 DZXM4，西约 0.6 米为 DZXM2，北约 0.4 米为 DZXM1。

1）　墓葬形制

土坑竖穴墓，早期盗扰。平面呈不规则长方形，墓壁斜收，作口大底小。墓口南北长 2.3 米，东西宽 1.05 米，墓底南北长 2 米，东西宽 0.84 米，深 1.3 米。方向 15°。墓内置有木棺，因朽蚀严重，仅见棺木灰，形制不清。从残存的 6 枚铁棺钉判断，木棺系用铁钉钉合。棺内置尸骨 1 具，除头部扰动外，其余保存完好，作仰身直肢葬，两腿交叉，女性，年龄 30～35 岁（图七；彩版壹捌陆，2）。

2）　随葬品

墓内无随葬品。

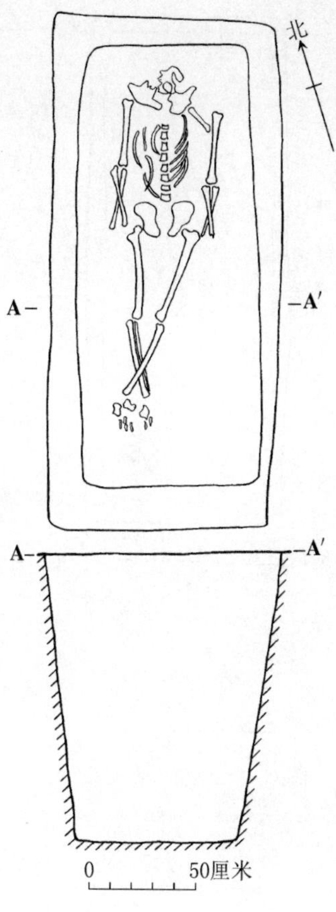

图七　DZXM3 平、剖面图

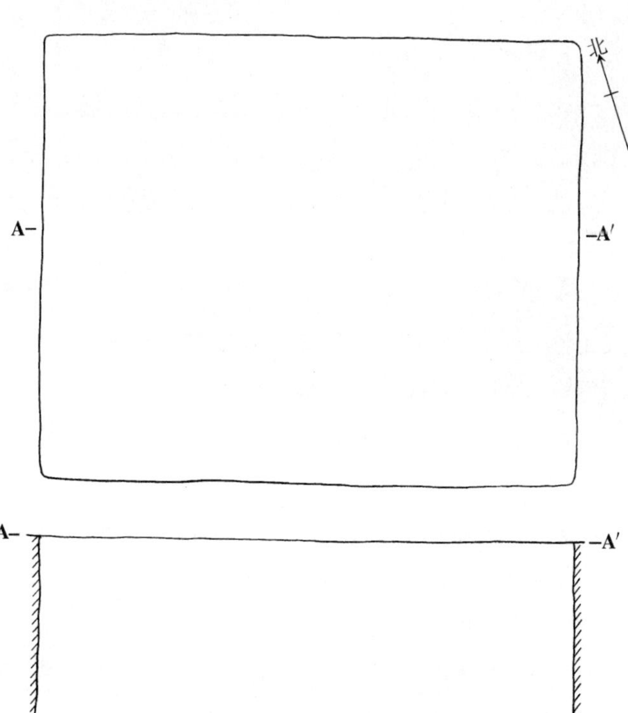

图六　DZXM2 平、剖面图

DZXM4　位于 DZXMY1 墓葬中部偏东。东约 0.45 米为 DZXM5，东南约 0.5 米为 DZXM7，西约 1.1 米为 DZXM3，北约 0.7 米为 DZXM1。

1）　墓葬形制

土坑竖穴墓，早期盗扰。平面呈圆角长方形，墓壁规整，由上向下略斜收，墓口略大于墓底。墓口南北长 1.8 米，东西宽 0.7 米，墓底南北长1.64 米，东西宽 0.6 米，深 0.4 米。

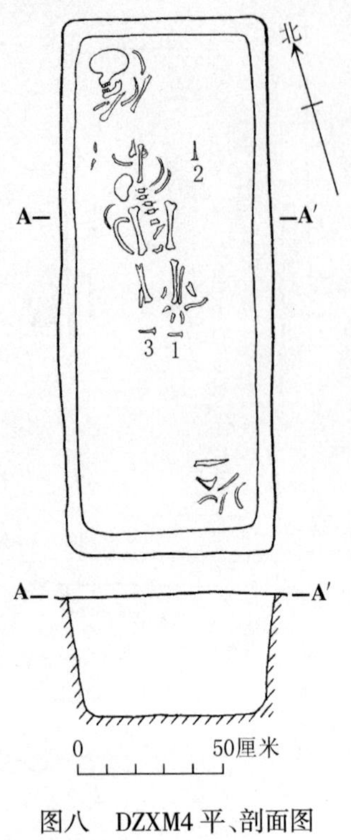

图八　DZXM4平、剖面图
1～3.棺钉

方向15°。墓内置有木棺，但因朽蚀严重，形制不清。从木棺内发现的铁棺钉来看，木棺系用铁棺钉钉合。内置尸骨1具，现被扰动至墓穴之西北部，从残存尸骨来看，原应为仰身直肢葬，系一儿童墓（图八；彩版壹捌柒，1）。

在墓内填土中出土有钱币13枚。

2）　随葬品

共16件，以钱币为主，少量的铁器。

铁器　3件。均为棺钉，1件残缺。钉身呈方形，由上至下渐细，头部尖圆，端部扁平。表面锈蚀较为严重。DZXM4：2，端部弧形弯曲，长18厘米，截面径0.75厘米×0.55厘米（图九，1）。DZXM4：3，表面残留有朽木痕迹，长17.8厘米，截面径0.55厘米×0.5厘米（图九，2）。DZXM4：4，下半段残缺，残长6.3厘米，截面径0.7厘米×0.5厘米（图九，3）。

钱币　13枚。以北宋钱为主，少量的唐钱，钱文不清者1枚。

唐钱　2枚。均为开元通宝。小平，八分书，对读。DZXM4：1，直径2.4厘米（图九，4）。

北宋钱　10枚。皆为小平钱。

淳化元宝　1枚。DZXM4：13，完整。行书，旋读。直径2.4厘米（图九，5）。

咸平元宝　1枚。DZXM4：5，完整。真书，旋读。直径2.4厘米（图九，7）。

景德元宝　1枚。DZXM4：6，完整。表面略有锈蚀，真书，旋读。直径2.4厘米（图九，9）。

祥符通宝　2枚。完整。真书，旋读。DZXM4：7，宽郭，平背，钱文较大。直径2.4厘米（图九，11）。DZXM4：8，钱文较小，直径2.5厘米（图九，13）。

天禧通宝　1枚。DZXM4：9，略有残缺。真书，旋读。直径2.5厘米（图九，6）。

熙宁元宝　2枚。完整，一枚字迹不清。DZXM4：10，篆书，旋读。直径2.4（图九，8）。

元丰通宝　2枚。完整，旋读。DZXM4：11，草书。直径2.35厘米（图九，10）。DZXM4：12，篆书。直径2.4厘米（图九，12）。

DZXM5　位于DZXMY1中部东侧。西侧0.45米为DZXM4，南距DZXM7约0.5米。

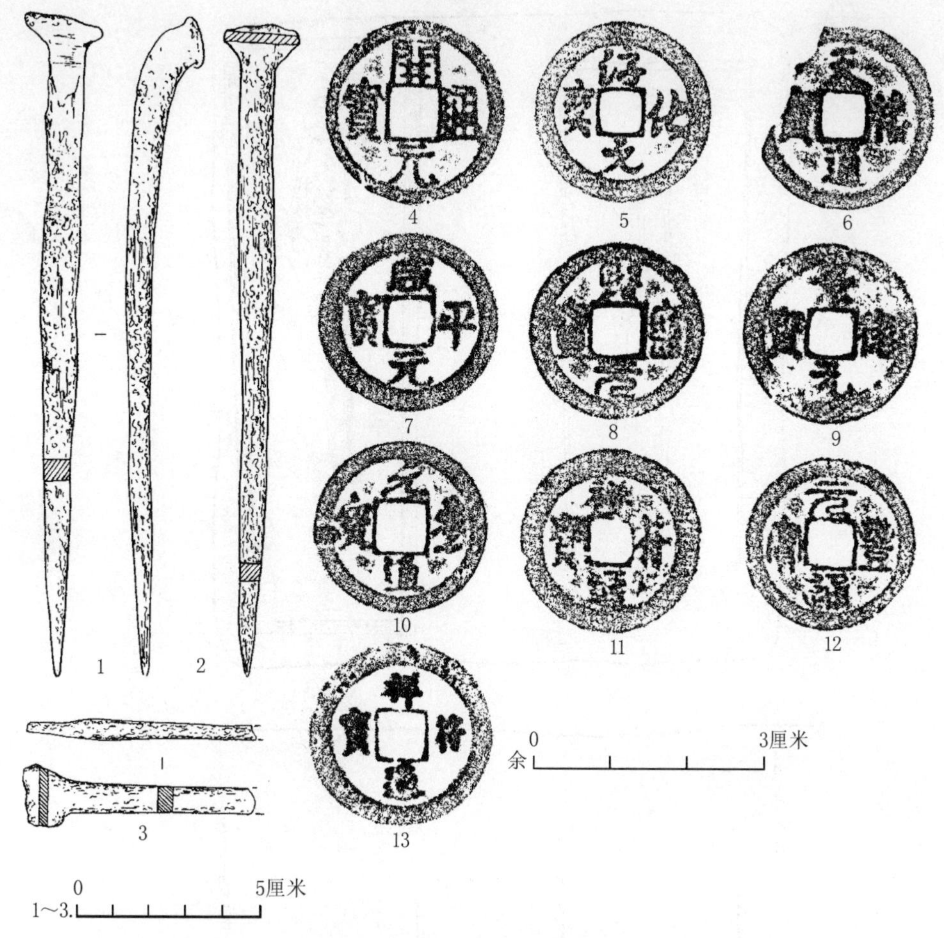

图九　DZXM4 出土铁器、钱币
1～3.铁棺钉(DZXM4:2、3、4)　4～13.钱币(DZXM4:1、13、9、5、10、6、11、7、12、8)

1） 墓葬形制

土坑竖穴墓，早期盗扰。平面呈圆角长方形，南北长 2.4 米，东西宽 2.1 米，深 0.95 米。方向 15°。墓壁较直，墓底平整。在墓穴东、西两壁和中部置生土二层台，东壁和中部二层台高 0.4 米，东壁二层台宽 0.02 米，中部二层台宽 0.56 米，西壁二层台高 0.36 米，宽 0.14 米。在两个二层台之间各置木棺 1 具(编号为：东侧木棺 DZXM5A，西侧木棺 DZXM5B)。DZXM5A，木棺平面呈长梯形，保存较好。长 2.24 米，头部宽 0.76 米，尾部宽 0.65 米，中部残高 0.3 米，棺板厚 0.05 米。木棺两侧长于两端，用铁钉钉合。内置尸骨 1 具，除头骨扰动外，其他保存完好，侧身直肢葬，女性，年龄约 30～35 岁。DZXM5B，木棺平面呈长梯形，长 1.9 米，头部宽 0.73 米，尾部宽 0.64 米，中部残高 0.4 米，棺板厚 0.03 米。木棺朽蚀较为严重，但仍可看出其棺板两侧长于两端，用铁钉钉合。棺内置尸骨 1 具，侧身直肢葬，头骨及肋骨扰动，其他保存完好，男性。内出有少

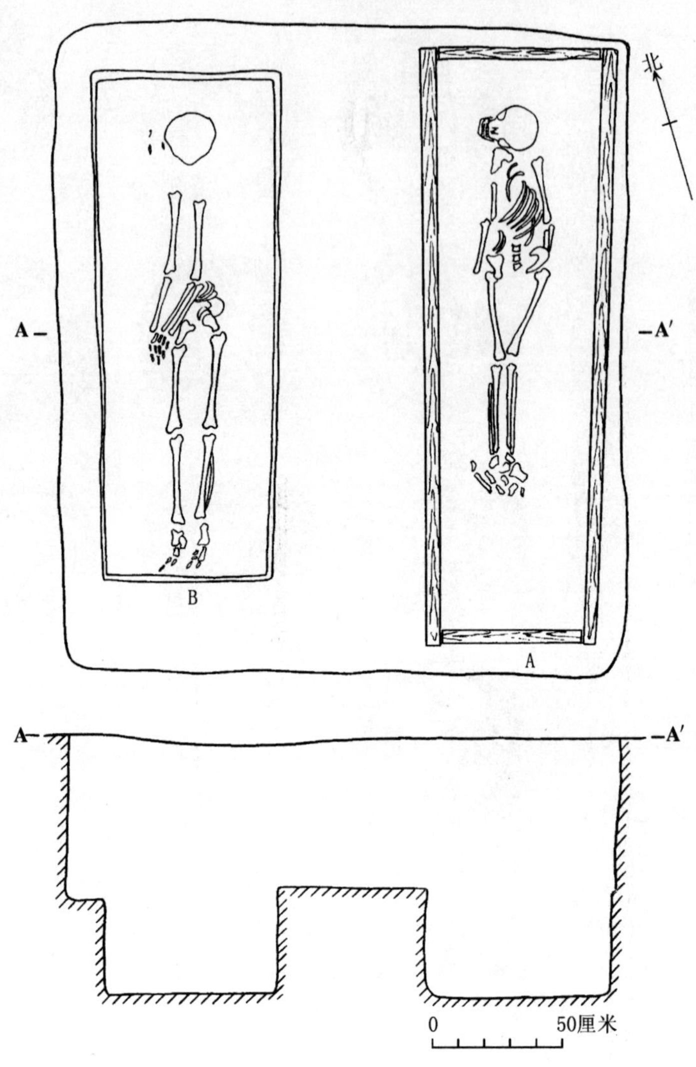

图一〇　DZXM5 平、剖面图

量棺钉(图一〇;彩版壹捌柒,2)。

墓内填土中出土钱币 3 枚。

2)　随葬品

钱币　3 枚。均为北宋钱,完整。有天圣元宝、圣宋元宝。

天圣元宝　2 枚。真书,旋读。DZXM5∶1,字迹清晰。直径 2.4 厘米(图一一,1)。

圣宋元宝　1 枚。DZXM5∶2,篆书,旋读。直径 2.4 厘米(图一一,2)。

DZXM6　位于 DZXMY1 之西南部。北距 DZXM2 约 1.4 米。

1)　墓葬形制

土坑竖穴墓,早期盗扰。在墓口之上堆放一层自然石块,堆石边缘整齐,略大于墓口长 2.14 米,宽 1.0 米,厚 0.2 米(图一二)。墓坑平面呈圆角长方形,长 1.9 米,宽 0.6 米,深 0.7 米。方向 15°。从残存的朽木灰判断,应有木棺,但形制不详。棺内葬有尸骨 1 具,保存完好,仰身直肢葬,面向西,男性,年龄约 25～30 岁(图一三;彩版壹捌捌)。

2） 随葬品

墓内无随葬品。

DZXM7 位于 DZXMY1 之南部，西北和北面 0.5 米处分别与 DZXM4、DZXM5 相邻。

1） 墓葬形制

土坑竖穴墓,早期盗扰。平面长方形,南北长 2.35 米,宽 0.9 米,深 1.5 米。方向 15°。墓壁整齐,墓底平整。在墓内东、西两侧距墓底高 0.3 米处置生土二层台,东壁二层台宽 0.17 米,西壁二层台宽 0.04 米。墓内近西壁置木棺 1 具,保存较好。木棺平面略作长梯形,长 1.92 米,头部宽 0.7 米,尾部宽 0.65 米,残高 0.32 米,棺板厚 0.03 米。

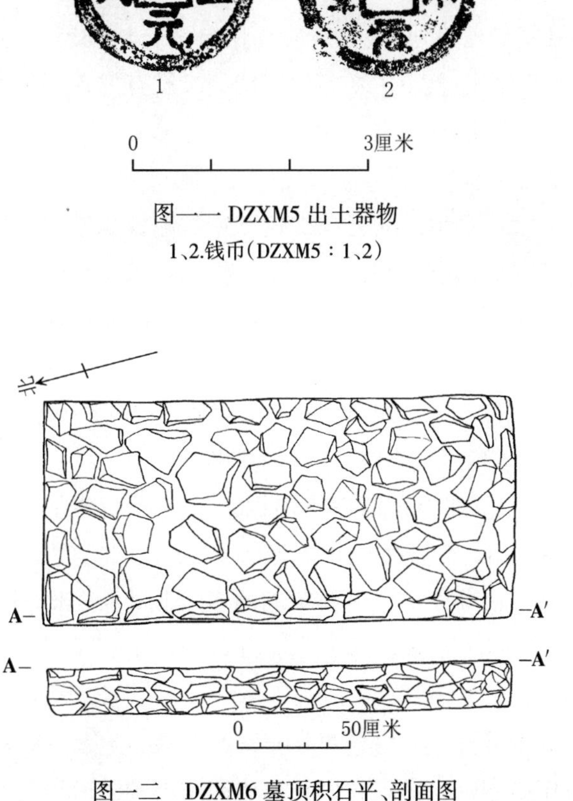

图一一 DZXM5 出土器物
1、2.钱币(DZXM5：1、2)

图一二　DZXM6 墓顶积石平、剖面图

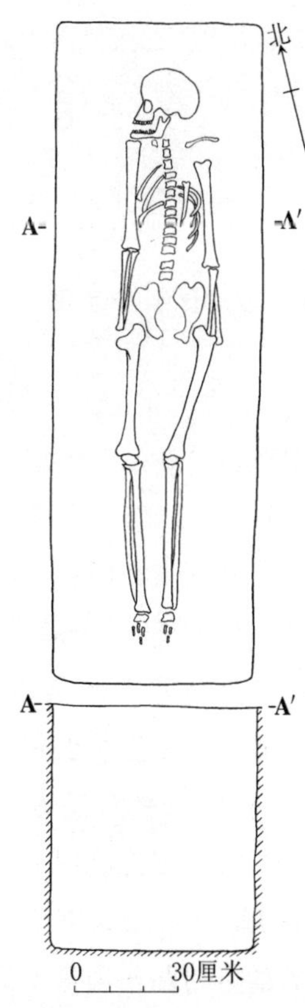

图一三　DZXM6 平、剖面图

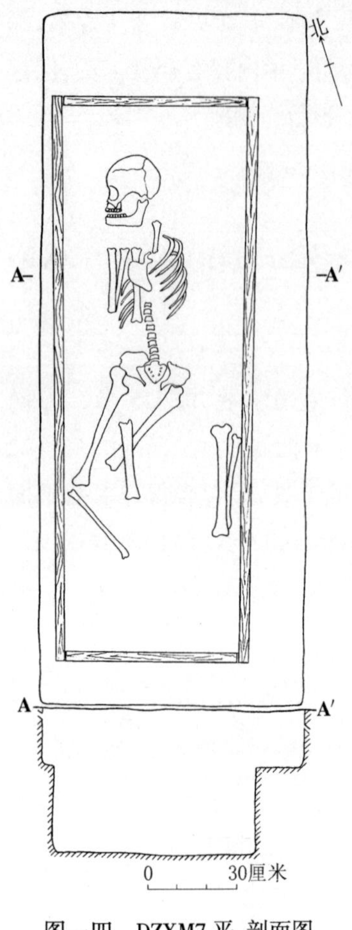

图一四　DZXM7 平、剖面图

棺内置尸骨1具，除胫、腓骨及以下扰动外，其余保存较好，从保存部分看，应为侧身屈肢葬，男性，年龄25～30岁（图一四）。

2）　随葬品

墓内无随葬品。

2.二号墓茔（DZXMY2）

位于发掘区的东南部，东距DZXMY8约30米。

墓茔平面呈长方形，为二进式墓茔。墓茔南北长31.2米，东西宽22米，方向20°。墓茔墙体保存完整，系用自然石块垒砌，宽0.8米，现存高度0.5米，在南墙正中略偏西处开一门道，宽3.5米。在墓茔南部距南墙6米处垒砌一道东西隔墙，将茔区分为南北两区，在隔墙中部偏西处设置一门道，宽6.5米。南茔区内无任何遗迹。在北茔区东南侧紧依东墙保存一房屋基址，南北长4.7米，东西宽4.5米，房址四墙除东墙利用墓茔东墙外，其他三墙均用自然石块坐黑灰色胶泥砌筑而成，宽0.7米，残高0.5米，没有发现门道痕迹。北茔区之内仅发现DZXM8一座墓葬（图一五；彩版壹捌玖）。

DZXM8　位于DZXMY2中部略偏西处。

1）　墓葬形制

为方形砖室仿木结构穹隆顶壁画墓，早期盗扰。由墓圹、墓室、墓门、甬道、墓道、祭台等组成（图一六；彩版壹玖零）。

墓圹　平面作圆形，直径3.55米，深3.05～3.25米。墓圹壁面加工整齐，土色呈褐色，含有少量的黄色细砂，土质较为坚硬。圹口距地表深0.35～0.4米。

墓室　为砖券方形墓室穹隆顶墓，顶部因早期盗扰坍塌。墓室平面略呈长方形，南北长2.4米，东西宽2.46米，残高2.04米，方向20°。墓室以长0.3米，宽0.14米，厚0.04米的灰色素面长方形砖叠砌。墓壁仅南壁纵砖双排叠砌，墙厚0.3米。其余三壁均纵砖单排叠砌，墙厚0.14米。砖间皆用黄泥坐浆，厚约0.5～1厘米（图一七；彩版壹玖壹）。

方形墓室的四角由墓底向上0.6米处开始向内叠涩收分，在四角距地表0.8米处起券一拱形顶，拱高0.24米，由四角向内突出0.55米，在四角形成四个小的拱形券门。在由

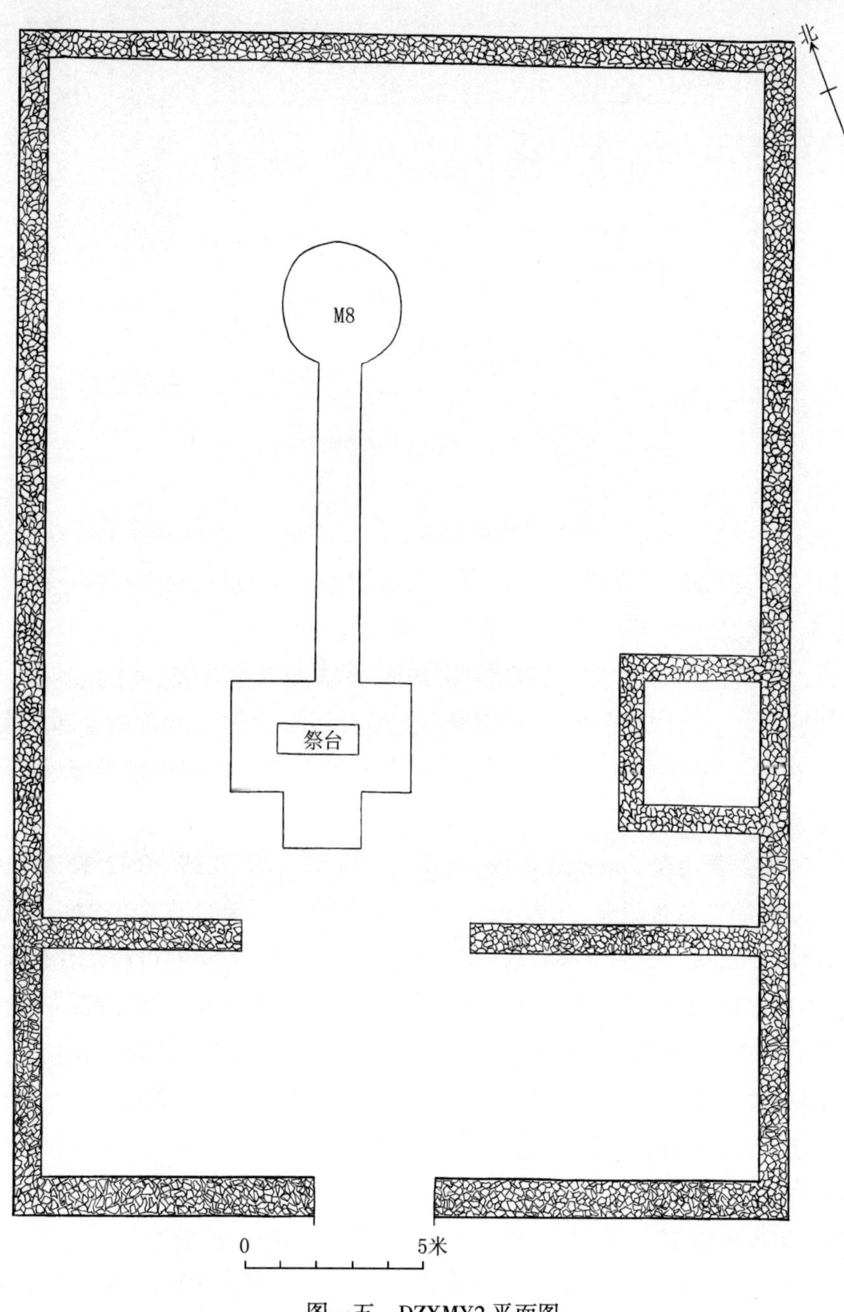

图一五　DZXMY2 平面图

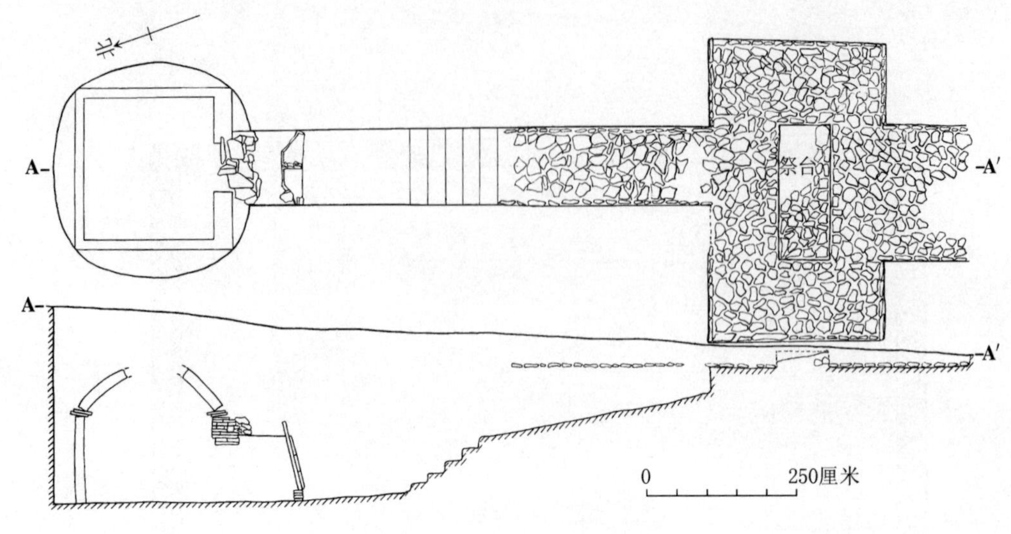

图一六　DZXM8 平、剖面图

地表向上至 1.45 米时,墓室上口渐变成圆形,其上为穹隆顶。墓顶亦为单砖券砌,厚 0.14 米,现存 20 层砖,顶部因早期被盗,形成直径 1.14 米的盗洞。墓顶封口石为一石雕仿木结构屋顶,早期盗扰时砸碎,后大部复原(彩版壹玖贰,1)。

墓室地面用黄色胶泥、碎砖、白灰渣和泥抹面,厚 3 厘米左右,较为平整。

墓室四壁及墓顶均抹有白灰面,其四壁白灰面大部保存完好,顶部则全部剥落。在墓室四壁及墓顶均绘有壁画,但皆保存较差,大多模糊不清。现将四壁及墓顶壁画叙述如下:

北壁　壁画主要绘在一屏风式框内。屏风长 1.14 米,残高 0.35～0.42 米。屏风外框及底座用 6 厘米宽的黑彩带绘制,向内 1.5～2.5 厘米用宽 1 厘米的黑彩绘内框。屏风底座高 10 厘米。该壁壁画上半部全部剥落,仅存下半部。壁画从左至右可辨认者有 4 人。左侧第一人,头部残缺,上身穿红色长袖衫,双手置于胸前,下身不清。第二人,头部残缺,身穿黑色长袍。第三人呈半跪状,面部不清,身穿黑色宽袖长衫,双手前伸,面向前二人作服侍状。第四人形象模糊不清。第三、四人之间有树木、花卉等图案。第四人右面亦有人物,但因严重漫漶,无法辨认。

在屏风外的左、右两侧各有一墨线勾勒的人物,但因图案严重漫漶不清,无法辨认其形态及服饰(彩版贰零零)。

此外,在东北角拱形券上也绘有宽 6 厘米的黑色边框,其间用墨、绿两彩绘有花卉。

东壁　绘制一与北壁完全相同的屏风式框。屏风长 1.08 米,残高 0.34～0.64 米。屏风框内图案严重漫漶不清,仅在其残存部分判别出有花卉和站立两个穿红色衣服的人(彩版贰零壹,1)。

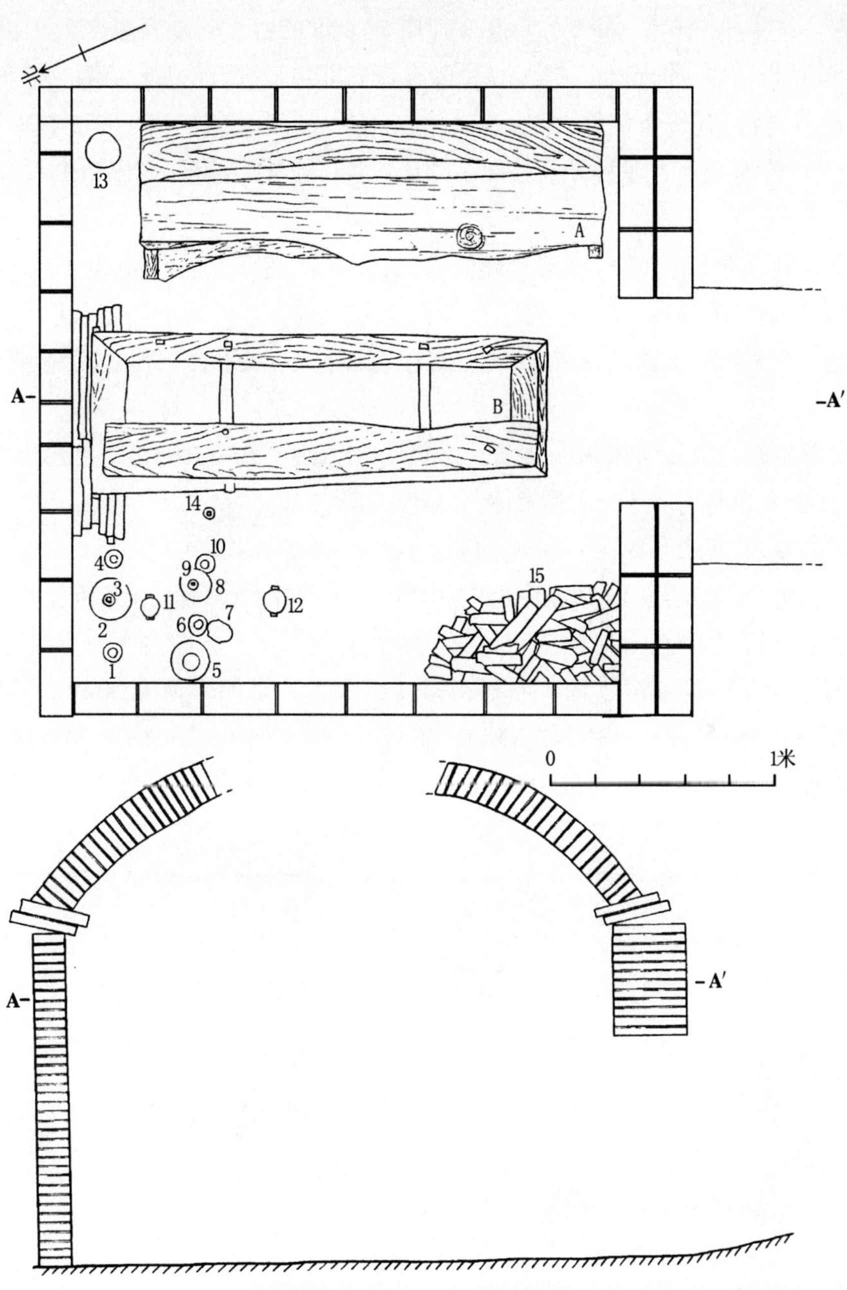

图一七　DZXM8 墓室平、剖面图

1、4、6、10.小口瓶　2、8、13.碗　3、9、14.钱币　5、7.罐　11、12.香炉　15.木炭

屏风两侧亦各有一用墨线勾勒的人物。左侧人物模糊不清。右侧人物面部不清，身穿黑色宽袖长袍(彩版贰零壹,2)。

南壁　正中为墓门。墓门之上也分别用宽1厘米和6厘米的黑彩勾出内、外框。框内西侧人物清楚，前面为一牵马人(仅存胸部以下);后面马上骑有一人(仅存马身)，马作行走状，其线条简炼，雄健有力;马后有一随从，模糊不清(彩版壹玖捌;彩版壹玖玖,1)。东侧画面严重残缺，仅存马的下半身和随从的腿部，判断应和西侧画面内容相同。

门之左侧人物保存较好。头戴展翅幞头，面部不清，身穿宽袖长衫，双手置于脑前，手握骨朵(彩版壹玖柒,1)。

门之右侧人物亦头戴展翅幞头，身穿黑色宽袖长衫，双手置于胸前，手握骨朵(彩版壹玖柒,2)。

西壁　也有与东、北两壁相同的屏风，屏风长1.01米，残高0.65米。框内画面严重漫漶不清，仅能大致判别出5个人物个体(彩版壹玖玖,2)。

屏风之左、右两侧亦各有一墨线勾勒之人物，均漫漶不清。

墓顶壁画全部剥落，但从填土中出土的墓顶壁画残片看，墓顶之上绘有云纹图案。云纹用墨浓淡相间，个别在云头上点有绿彩(图一八)。

墓内东部并列置木棺2具，形制相同(编号为：东侧木棺DZXM8A，西侧木棺DZXM8B)。以保存较为完整的DZXM8B为例说明：木棺平面呈长梯形，头阔尾矮，长2米，头部宽0.7米，高0.69米，尾部宽0.62米，高0.61米，棺板厚0.06厘米。棺之两侧和底

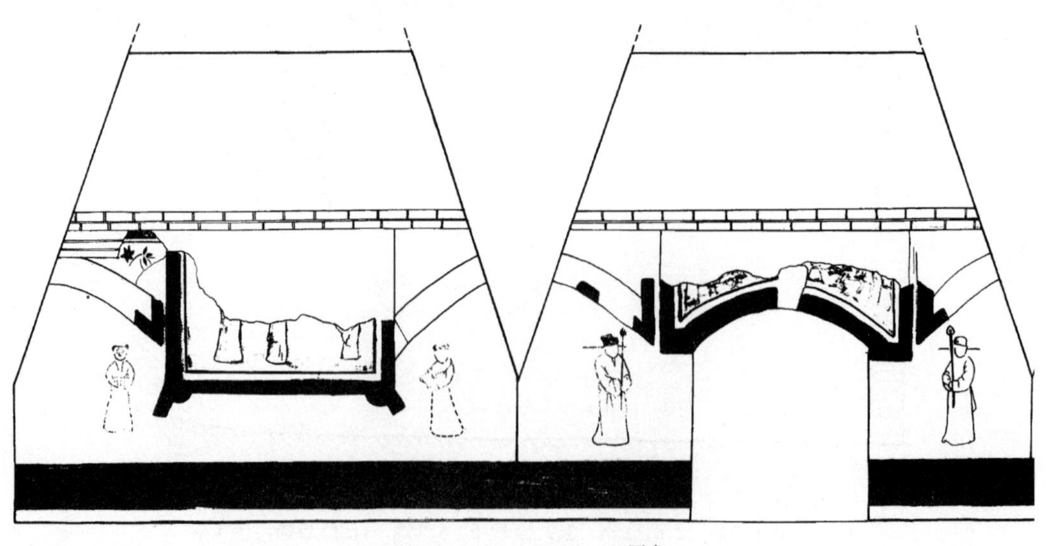

图一八　DZXM8

部长于两端，采用榫峁和长 14 厘米的铁棺钉钉合。棺盖外观呈上窄下宽的梯形，高 16 厘米。为了固定棺盖板，盖之中间有两根横向拉带。棺身与棺盖亦用铁钉钉合（图一九）。DZXM8A 保存较差，结构与 DZXM8B 相同。长 2.05 米，头部宽 0.75 米，尾部宽 0.66 米（彩版壹玖肆，1）。

两个棺内各有尸骨 1 具。东侧的 DZXM8A 棺内为成年女性，除头骨扰动至左肩部外，其他保存较好，仰身直肢葬，双手置于盆骨处。在清理中，发现尸骨用较厚的毛类织物包裹，判断死者在入棺时穿戴或包裹有一层毛类絮成的棉衣或棉被。在尸骨右侧盆骨外随葬一铁釜片，釜片之上置有少量的钱币。在左肱骨外侧近棺板处随葬一件环形银饰件，胸部出土一水晶珠饰，在左股骨外侧随葬一梳妆盒，盒内装有银鱼饰、银镯各 1 件，镶绿松石戒指 1 枚（图二〇；彩版壹玖伍，2）。

西侧 DZXM8B 棺内人骨为男性，年龄 45～50 岁。棺内尸骨严重盗扰，仅存头骨和少量的脊椎骨，在棺内近头部出有骨簪 1 件，金质“天下太平”春钱和“皇宋通宝”铜钱各 1 枚（图二一）。

此外，在清理中发现，东侧的 DZXM8A 棺下头部和尾部各平垫一层砖。DZXM8B 之头部棺底垫有一层宽约 0.45 米，厚约 0.2 米的木炭，木炭用直径 5～7 厘米的圆木烧成。因此，墓室西南角堆放的木炭，原应垫在 DZXM8B 棺之尾部，应系早期盗墓者盗墓时移动（彩版壹玖陆）。

墓内随葬品除棺内所出之外，主要集中在墓室之西北角，大致分为两组。北面一组中间置黑釉碗 1 件，碗内放有“大观通宝”和“大元通宝”（八思巴文）铜钱各 1 枚，两侧各置 1

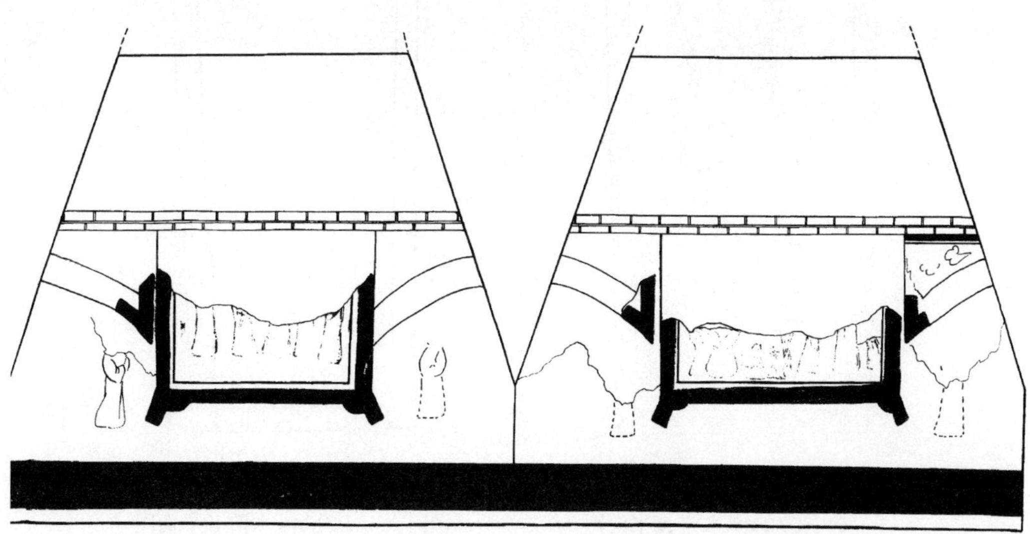

墓壁展开图

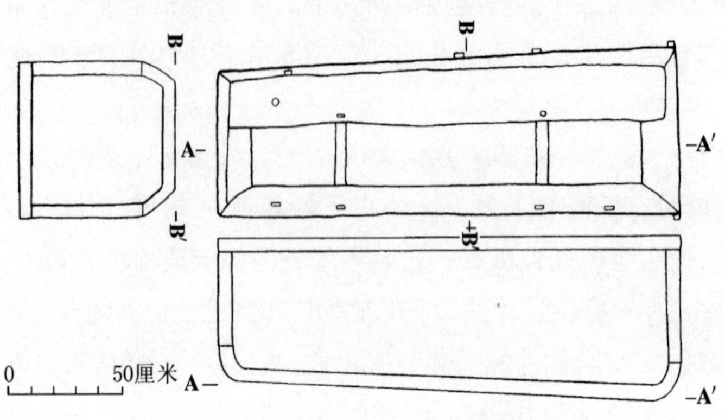

图一九　DZXM8 木棺 B 俯视、侧视图

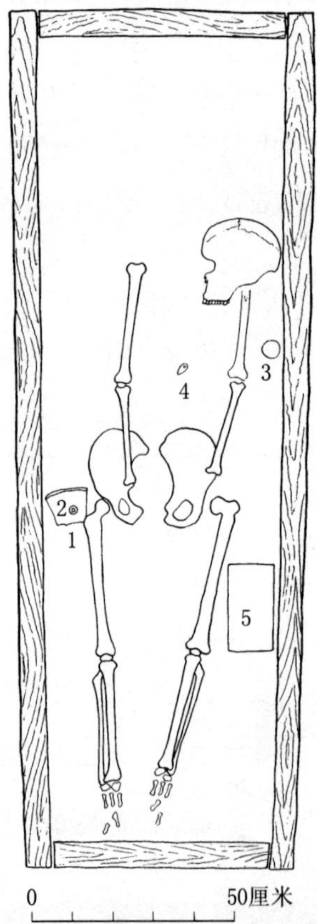

图二〇　DZXM8 木棺 A 平面图

1.铁釜　2.钱币　3.银镯　4.珠饰　5.梳妆盒

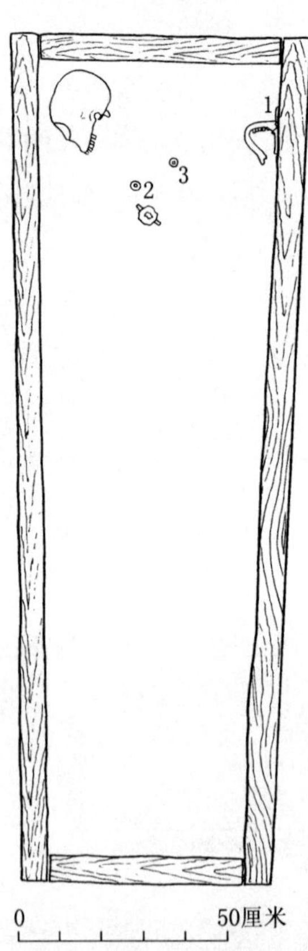

图二一　DZXM8 木棺 B 平面图

1.骨簪　2、3.钱币

黑釉小口瓶,碗的南面置绿釉香炉1件。南面一组中间置黑釉碗1件,碗内置钱币2枚,币以线绳捆绑,钱文不辨,直径约4厘米(彩版贰零陆,6)。两侧各置1黑釉小口瓶,西侧黑釉小口瓶南面和西面分别置白釉罐和茶绿釉罐各1件,碗的前面置绿釉香炉1件,内积满香灰(彩版壹玖肆,2;彩版壹玖伍,1)。从墓室西北角随葬的两组随葬品推断,该墓为二次埋葬,两组随葬品应是分两次放入的。此外,在DZXM8A头部随葬有青瓷碗1件。在墓室底部散布有数十枚铜钱。

在清理中,发现墓室底部有约0.2米厚的淤泥,木棺与随葬品皆置于淤泥之上,判断该墓在死者入葬前即被已有淤泥淤积。

墓门　位于南壁正中。高0.96米,宽0.86米,深0.32米,呈拱洞式。墓门外侧抹有2厘米厚的白灰面,门之内侧用砖横侧立砌封堵。早期被盗时,拱顶封砖已被取出,现共残存有4层半。此外,在墓门外侧亦封堵一层砖,但大部被取掉,并保留有砍砸之痕迹(图二二;彩版壹玖叁)。

甬道　位于墓门之南侧,顶部坍塌。长2.25米,宽1.2米,残高1.1米。甬道南侧用两块长1.1米,宽0.6米,厚0.05米的石板封堵,石板下面平砌3～4层砖,石板中间缝隙用纵向三砖封堵(图二三;彩版壹玖贰,2)。

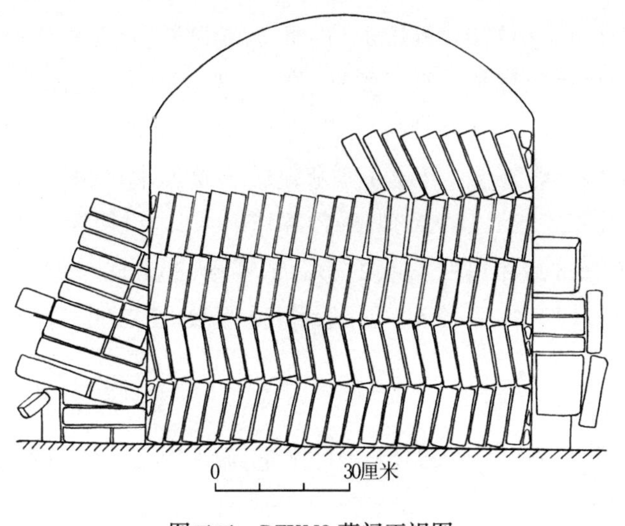

图二二　DZXM8墓门正视图

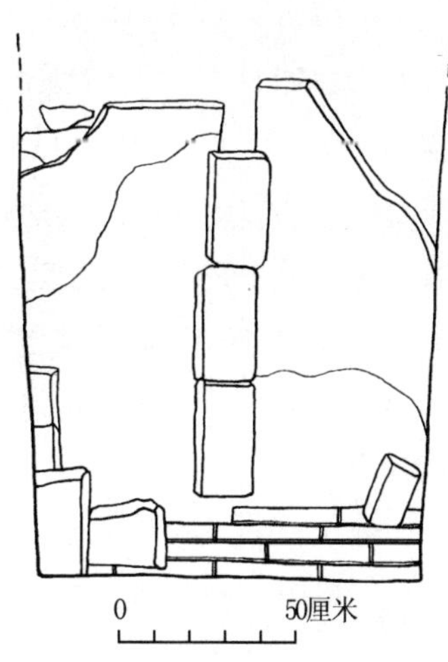

图二三　DZXM8封门石正视图

墓道　位于甬道南侧,长6.8米,宽1.2米,深2.8～0.8米。南北两段呈斜坡式,中段偏北处为5级台阶,阶梯高0.15米,宽0.25米。阶梯以南墓道之上平铺一层平整的石板,两侧用石板立砌整齐边框。

祭台　位于墓道之南端,与墓道顶部铺石连为一体。祭台亦用自然石块铺砌,四边用石板立砌整齐边框。平面呈长方形,东西长4.8米,南北宽2.9米。在祭台中部略偏南处砌一东西长2.3米,南北宽0.85米的祭台(供桌),祭台早期被破坏,现存高度约0.1米。从祭台四壁残存的厚1厘米的白灰面判断,原祭台外面均抹有平整的白灰面。在祭台南面有宽2.2米的石砌通道,通道南面被盗扰破坏,现存长度1.4米。

从发现墓道北段近墓门处铺石被取,墓门外侧封砖被拆后重新封堵和墓内西北角随葬品明显分为两组分析,墓葬应经过二次下葬。

2) 随葬品

墓内随葬品较为丰富,共92件。以瓷器、钱币为主,少量的釉陶器、金器、银器、铁器、骨器、木器、珠饰和建筑材料。

瓷器 9件。器型有罐、小口瓶、碗。

罐 2件,完整。分两型。

A型 1件。DZXM8∶5,直口圆唇,短颈鼓腹,圈足底。瓷质较细,内外壁均施茶绿釉,口部及近底脱釉,腹部有四道不明显的折棱。口径7.5厘米,腹径14.6厘米,底径7.6厘米,高13.2厘米(图二四,8;彩版贰零贰,1)。

B型 1件。DZXM8∶7,直口微侈,颈部略高,溜肩鼓腹,圈足底。瓷质较粗,口部及外壁施白釉,内壁施浅豆绿釉,外壁下腹脱釉。口径6.2厘米,腹径8厘米,底径4.8厘米,高6.8厘米(图二四,10;彩版贰零贰,2)。

小口瓶 4件。完整,形制基本相同。小口圆唇,短折沿,溜肩,长圆腹,近底外侈、作喇叭口圈足底。瓷质略粗,口部及外壁施黑釉。近底脱釉,肩、腹部有不明显的凹弦纹。DZXM8∶1,直领,口径3.5厘米,腹径7厘米,底径5.2厘米,高17.2厘米(图二四,11;彩版贰零叁,1)。DZXM8∶4,领部略外侈。口径4厘米,腹径7.2厘米,底径5.2厘米,高19.6厘米(图二四,4;彩版贰零叁,2)。DZXM8∶6,领部作喇叭口。口径3.8厘米,腹径6.8厘米,底径4.5厘米,高16.8厘米(图二四,2;彩版贰零叁,3)。DZXM8∶10,领部略外侈。口径4厘米,腹径7.4厘米,底径5.2厘米,高20厘米(图二四,7;彩版贰零叁,4)。

碗 3件。完整,有天目碗和米黄釉碗。

天目碗 2件。形制相同。敞口圆唇,弧腹斜收,圈足,内底平整。瓷质较细,内、外壁皆施黑釉。DZXM8∶2,内壁有纵向整齐的铁锈色天目纹窑变,近底脱釉。口径18.7厘米,底径7.2厘米,高9.7厘米(图二四,5;彩版贰零肆,1)。DZXM8∶8,内壁有纵向整齐的两周银白色天目纹窑变,下腹脱釉。口径14.2厘米,底径6厘米,高6.5厘米(图二四,9;彩版贰零肆,2)。

黄釉碗 1件。DZXM8∶13,完整。敞口圆唇,腹壁斜收,圈足底,内底尖圆。胎质较厚,内、外壁均施米黄釉,挂釉不匀,近底脱釉,外壁有三处修补痕迹。口径19.8厘米,底径6.8厘米,高8.6厘米(图二四,1;彩版贰零贰,3)。

釉陶器　2件。均为香炉。

香炉　2件。完整。直口平沿，尖圆唇，颈部较长，扁鼓腹，口外侧作对称直耳，底部施三个尖圆足。口内侧及外壁施绿釉，耳部外侧模印有花草纹。DZXM8∶11，口径9.6厘米，高9.5厘米（图二四，6；彩版贰零伍，1）。DZXM8∶12，外壁腹部堆塑有对称的花草纹。口径9.6厘米，高9.2厘米（图二四，3；彩版贰零伍，2）。

金器　2件。完整。有"天下太平"春钱和戒指。

"天下太平"春钱　1枚。DZXM8∶16，用0.1厘米厚的金片剪成，中部作一方穿，边部有郭，正面刻有"天下太平"四字，平背。直径2.5厘米（图二五，4；彩版贰零陆，1）。

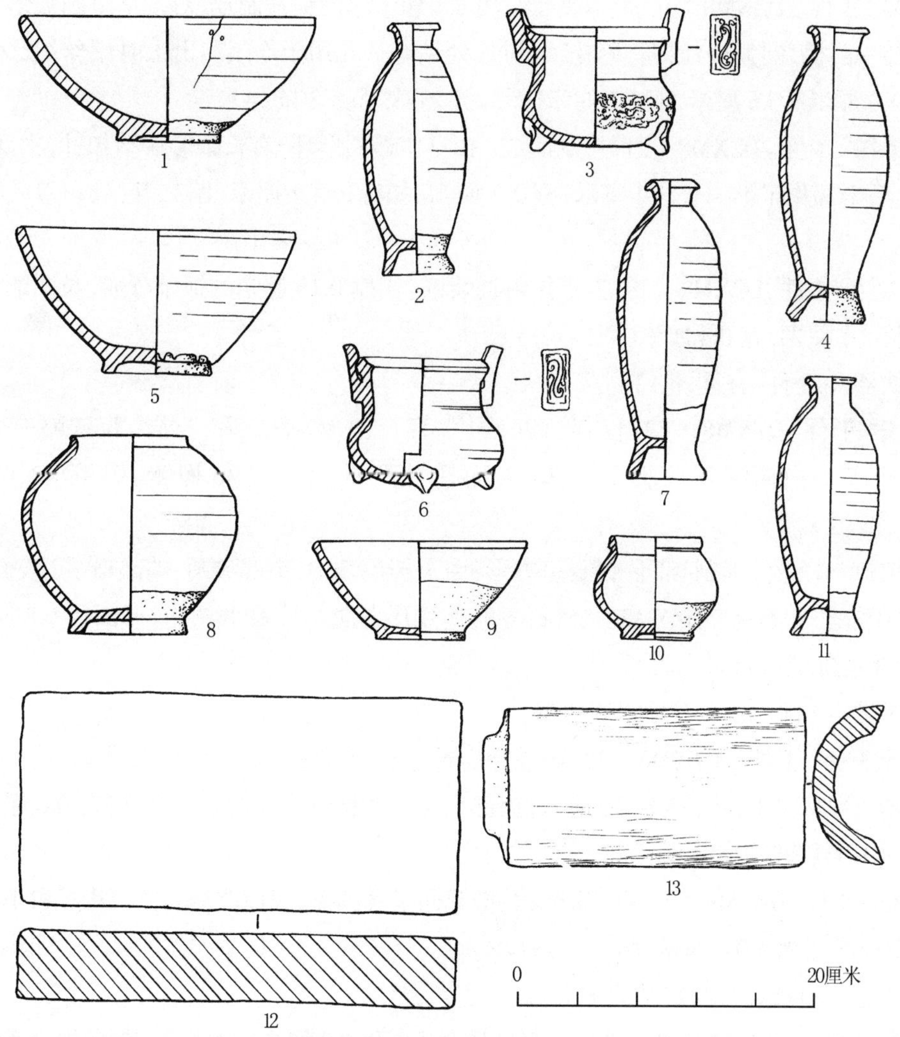

图二四　DZXM8出土器物

1、5、9.瓷碗（DZXM8∶13、2、8）　2、4、7、11.小口瓷瓶（DZXM8∶6、4、10、1）　3、6.釉陶香炉（DZXM8∶12、11）　8、10.瓷罐（DZXM8∶5、7）　12.砖（DZXM8∶28）　13.瓦（DZXM8∶31）

戒指　1件。DZXM8：15，完整。用0.2厘米的金丝弯成，接口处用细金丝缠绕。上焊有两个圆形花饰，其中一个花饰内镶嵌有绿松石，另一个花饰内绿松石已失落。在花饰四侧对称施有小圆形花饰，其中一个残缺。直径2.1厘米（图二五，9；彩版贰零陆，2）。

银器　4件。完整。有双鱼纹佩饰、镯、带扣、饰件。

双鱼纹佩饰　1件。DZXM8：18，系模制锤叠而成。为两条鲤鱼相对，鲤鱼生动逼真，两鱼之间有一圆形环饰，环下有一花朵。长9.4厘米，宽2.6厘米，厚0.5～1.4厘米（图二五，2；彩版贰零柒，2）。

镯　1件。DZXM8：17，略有变形。用0.1厘米厚的银片制成，对接部呈圆弧形，镯体两边饰一凸棱，圆弧形处刻有荷花纹，对接处钻有一孔用于连接。出土时用丝织品包裹。直径4.9厘米×5.6厘米，宽1.2厘米（图二五，6；彩版贰零陆，4）。

带扣　1件。DZXM8：21，打制而成。扣身作椭圆形环，有长条形活动扣针，中部贯轴连接，后半部作圭形。长3.2厘米，宽2.2厘米，扣针长1.1厘米（图二五，3；彩版贰零陆，3）。

饰件　1件。DZXM8：29，为带扣附近装饰。用厚0.15厘米的银条弯成，长圆形，无纹饰。长3.1厘米，宽0.4厘米（图二五，5）。

铁器　13件，有釜、棺钉。

釜　1件。DZXM8：33，仅存口部残片。直口微敛、平折沿、方唇、腹壁略有弧度，上腹残存一横向錾耳。胎质较薄，表面锈蚀严重。口径40厘米，残高12.8厘米（图二五，1）。

棺钉　12枚。形制相同。钉身呈方形，由上至下渐细，头部尖圆，端部扁平。表面朽蚀严重，上有朽木痕迹。DZXM8：25，钉身略作弧形弯曲。长18.8厘米，截面径0.8厘米×0.7厘米（图二五，11）。

骨器　2件。残。有牙刷柄和簪。

牙刷柄　1件。DZXM8：23，刷头为扁长方形，头部圆弧，正面有两排12孔，背部有一凹槽，柄部为圆柱形。残长16厘米，头部长4.2厘米，头部宽0.8厘米，柄径0.6厘米（图二五，10；彩版贰零柒，1）。

簪　1件。DZXM8：22，残。扁圆状，横截面呈椭圆形，表面磨制光滑。残长12.1厘米，截面径0.5厘米×0.4厘米（图二五，8）。

木器　有梳妆盒和较多的木炭。

梳妆盒　1件。DZXM8：24，仅存少量盒板。用0.9厘米的木板制成，盒外刷有红漆，其上用小铜泡钉钉有铜箔图案，因残损和朽蚀严重，图案不清。从残存的盒板判断，梳妆盒系用铜钉钉合。盒板长30.6厘米（图二六）。

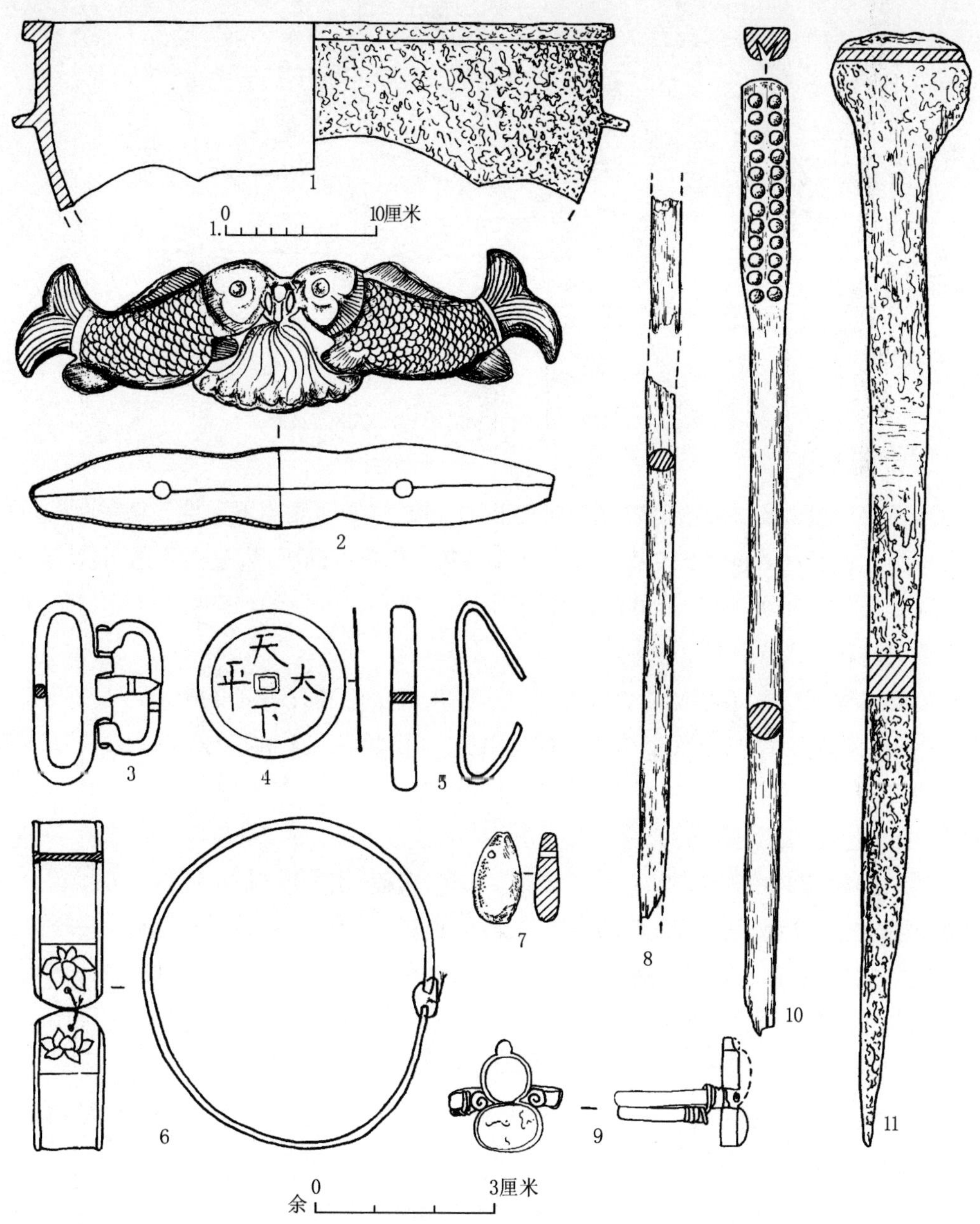

图二五　DZXM8 出土铁、金、银、玛瑙、骨器

1.铁釜(DZXM8：33)　2.银双鱼纹佩饰(DZXM8：18)　3.银带扣(DZXM8：21)　4.金“天下太平”春钱(DZXM8：16)　5.银饰件(DZXM8：29)　6.银镯(DZXM8：17)　7.玛瑙珠饰(DZXM8：19)　8.骨簪(DZXM8：22)　9.金戒指(DZXM8：15)　10.骨牙刷柄(DZXM8：23)　11.铁棺钉(DZXM8：25)

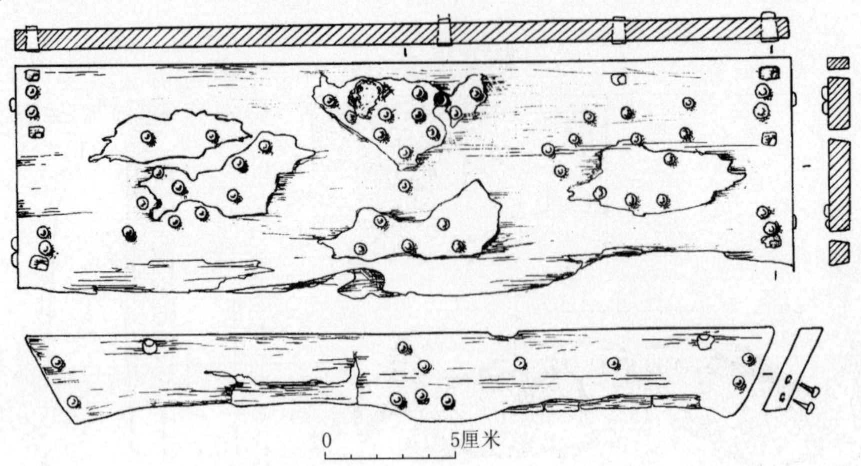

图二六　DZXM8 出土梳妆盒(DZXM8：24)

木炭皆长短不齐,用直径 5～7 厘米的圆木烧成,垫于西侧棺下和堆于墓室西南角。

珠饰　1 件。DZXM8：19,完整。为水晶珠饰。作扁体椭圆形,呈白色透明状,端部钻有一孔。长径 1.55 厘米,短径 0.8 厘米,厚 0.2～0.35 厘米,孔径 0.15 厘米(图二五,7)。

建筑材料　采集 8 件,完整。有石雕屋顶、砖、瓦。

石雕屋顶　1 件。DZXM8：26,残,可复原。由灰白色岩石雕刻而成,用于砖券墓顶封石。上面中部雕有屋脊,下面由筒瓦和板瓦组成,瓦下雕有飞子和檐椽。再下残缺,似应有斗拱痕迹,形制不清。檐椽之下残留有雕刻的卷云纹图案。长 72.4 厘米,宽 41 厘米,高 22 厘米(图二七;彩版贰零柒,3)。

砖　5 块。完整。形制相同,为券墓用。灰色,素面,长方形,制作规整。DZXM8：28,长 29.6 厘米,宽 14.2 厘米,厚 4.6 厘米(图二四,12)。

瓦　2 块。完整。形制相同。灰色、外壁素面,内壁布纹,平面作长方形,子母口,头部作圆形,弧是圆的 1/6。DZXM8：31,长 21.5 厘米,宽 10.6 厘米,厚 1.7 厘米(图二四,13)。

钱币　50 枚。分别出土于碗内、东侧木棺内和墓底。

碗内钱币共 4 枚。有大元通宝(八思巴文)和大观通宝各一枚。余 2 枚为线绳捆绑在一起,钱文不清(彩版贰零陆,6)。

大元通宝(八思巴文)　1 枚。DZXM8：3,折十钱,八思巴文,旋读。直径 3.9 厘米(图二八,30;彩版贰零陆,5 右)。

大观通宝　1 枚。DZXM8：30,折十钱,瘦金体,对读。直径 4 厘米(图二八,31;彩版贰零陆,5 左)。

东侧木棺内出土 28 枚。多为北宋钱,少量的唐钱和金钱。钱文不清者 1 枚。

唐钱　3 枚。均为“开元通宝”。折二,八分书,对读。DZXM8：20,背部穿上饰仰月。

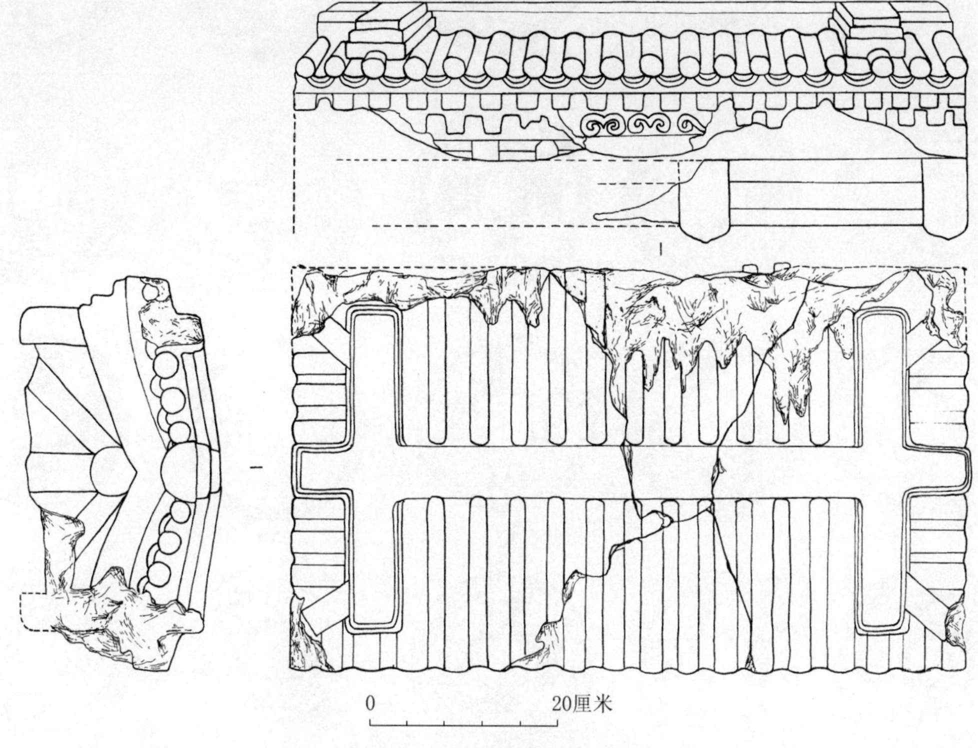

图二七　DZXM8 出土石雕屋顶(DZXM8：26)

直径 2.4 厘米(图二八,1)。DZXM8：59,折二,直径 2.5 厘米(图二八,2)。

北宋钱　23 枚。

宋元通宝　1 枚。DZXM8：34,折二,真书,对读,宽郭。直径 2.5 厘米(图二八,3)。

太平通宝　2 枚。折二,真书,对读。DZXM8：35,直径 2.4 厘米(图二八,4)。

淳化元宝　1 枚。DZXM8：36,折二,行书,旋读,宽郭。直径 2.5 厘米(图二八,5)。

咸平元宝　2 枚。折二,真书,旋读。DZXM8：37,直径 2.4 厘米(图二八,6)。

景德元宝　4 枚。折二,真书,旋读。DZXM8：38,直径 2.4 厘米(图二八,7)。

祥符元宝　3 枚。折二,真书,旋读。DZXM8：39,直径 2.4 厘米(图二八,8)。

祥符通宝　2 枚。折二,真书,旋读。DZXM8：40,直径 2.5 厘米(图二八,9)。

天禧通宝　2 枚。折二,真书,旋读。DZXM8：41,直径 2.5 厘米(图二八,10)。

天圣元宝　2 枚。折二,真书,旋读。DZXM8：42,直径 2.5 厘米(图二八,11)。

皇宋通宝　1 枚。DZXM8：43,折二,篆书,对读。直径 2.5 厘米(图二八,12)。

崇宁重宝　1 枚。DZXM8：9,出土时用皮蝇捆绑。折十,隶书,对读。直径 3.6 厘米(图二八,32)。

政和通宝　1 枚。DZXM8：44,折二,真书,对读。直径 2.4 厘米(图二八,13)

图二八　DZXM8 出土钱币

1～33.钱币(DZXM8：20、59、34～46、14、47～58、27、3、30、9、32、)

宣和通宝　1枚。DZXM8：45,折二,篆书,对读。直径2.4厘米(图二八,14)。

金钱　1枚。为“正隆元宝”。DZXM8：46,折二,真书,旋读。直径2.5厘米(图二八,15)。

墓底出土钱币共18枚,均为北宋钱。

淳化元宝　1枚。DZXM8：14,折二,行书,旋读,宽郭。直径2.4厘米(图二八,16)。

至道元宝　2枚。折二,旋读,宽郭。DZXM8：47,真书,直径2.5厘米(图二八,17)。DZXM8：48,行书,直径2.4厘米(图二八,18)。

咸平元宝　1枚。DZXM8：49,折二,真书,旋读,宽郭。直径2.5厘米(图二八,19)。

祥符元宝　2枚。折二,真书,旋读,宽郭。直径2.5厘米。DZXM8：50,字体较细,穿较大(图二八,20)。DZXM8：51,字体较粗,穿略小(图二八,21)。

天圣元宝　3枚。折二,真书,旋读。DZXM8：52,直径2.5厘米(图二八,22)。

皇宋通宝　2枚。折二，对读。DZXM8：53，真书，直径2.45厘米（图二八,23)。DZXM8：54,篆书,直径2.5厘米(图二八,24)。

至和通宝　1枚。DZXM8：55,折二,篆书,对读。直径2.4厘米(图二八,25)。

元丰通宝　1枚。DZXM8：56,折二,行书,旋读。直径2.5厘米(图二八,26)。

元祐通宝　2枚。折二，旋读，直径2.4厘米。DZXM8：57,行书(图二八,27)。DZXM8：58,篆书(图二八,28)。

圣宋元宝　2枚。折二,篆书,旋读。DZXM8：27,直径2.4厘米(图二八,29)。

政和通宝　1枚。DZXM8：32,折二,真书,对读。直径2.4厘米(图二八,33)。

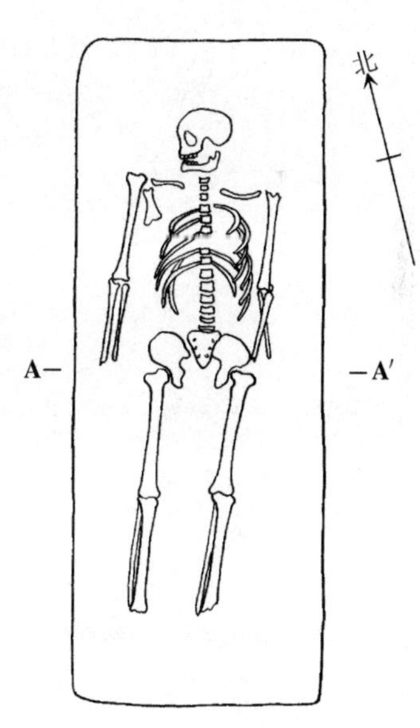

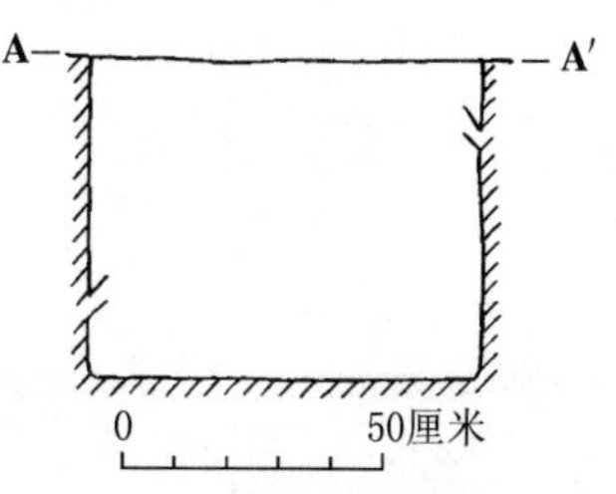

图二九　DZXM9平、剖面图

3.无墓茔墓

DZXM9　位于墓地发掘区之东南部，西北距DZXM20约7米。

1）　墓葬形制

墓葬为圆角长方形土坑竖穴墓,南北长2米,东西宽0.76米,深1.34米。方向10°。墓壁加工整齐,墓底平整。从墓内出土的铁棺钉和朽木灰判断,墓内置有木棺,但因棺木朽蚀成灰,形制及尺寸不详。内葬有人骨1具,保存较好,仰身直肢,面向西,为成年男性(图二九)。

2） 随葬品

墓内无随葬品。

4.三号墓茔(DZXMY3)

位于墓葬发掘区中部,东约5米为DZXMY4,西约50米为DZXMY40。

墓茔平面呈长方形,为三进式墓茔。墓茔南北长60米,东西宽30米。方向10°。墓茔墙体保存较好,系用自然石块垒砌而成,墙体宽0.75米,现存高度0.6米。南墙正中设置一门道,宽2.5米。在距南墙依次向北17.3米和29.5米处亦用自然石块东西砌2道石墙,将墓茔分为南、中、北3个茔区。中区与北区之门道与南区墓茔门道处在同一轴线,门道宽度相同。在墓茔的南区和中区无任何遗迹,北区内仅有DZXM10一座墓葬(图三〇)。

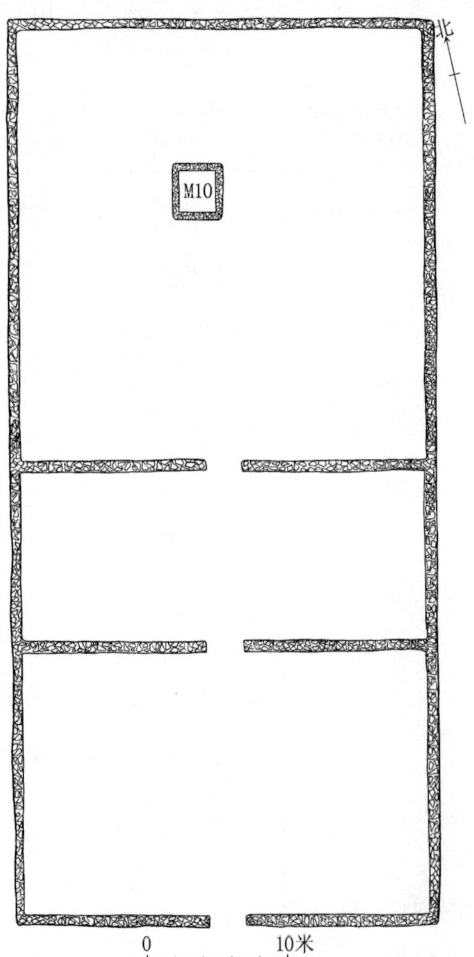

图三〇 DZXMY3平面图

DZXM10 位于DZXMY3北茔区中部略偏西北处。

1） 墓葬形制

石砌墓,早期盗扰。平面呈圆角长方形,墓圹南北长3.68米,东西宽3.52米,深2.8米。方向5°。墓圹之内四壁用自然石块坐泥浆垒砌而成。墓底平铺6厘米厚的白石板一层,现仅在东北角和西南角有少量残存。在四壁砌石及墓底铺石之上先用3～4厘米黑灰色胶泥抹平,其上再抹2厘米厚的白灰面。墓壁上部所抹泥浆及白灰面严重剥落,胶泥面现存高度为0.5～1.6米,白灰面现存高度为0.3～0.9米。从墓内出土的棺板朽木和铁棺钉判断,墓内应置木棺1具,因盗扰破坏严重,形制不清。在墓内出有尸骨1具,严重盗扰,仅在填土中出土有头骨及墓底中部近东壁处出土有股骨、肱骨,葬式不清,男性,年龄17～18岁。

在墓内紧靠西壁中部、西南角、东南角分别有小口瓶1件;在东壁中部及偏南部随葬有钱币。此外在填土中还出有黑釉和绿釉小口瓶各1件、影青瓷碗1件、骨牙刷柄1件、金耳饰1件、石饰1件及钱币若干(图三一)。

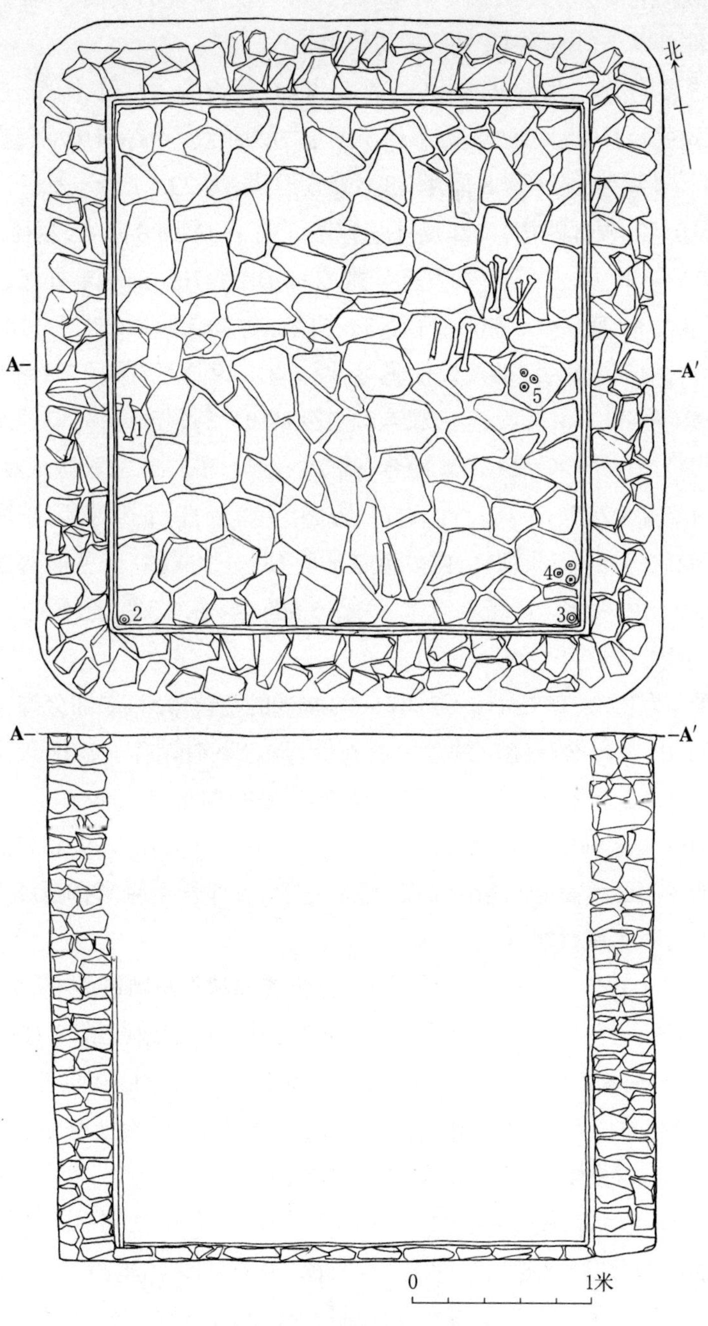

图三一　DZXM10平、剖面图
1～3.小口瓶　4、5.钱币

2） 随葬品

墓内出土随葬品较多，共61件。以瓷器、钱币为主，少量的金器、骨器、石饰件、墨等。

瓷器　6件。以小口瓶为主，另有影青瓷钵。

小口瓶　5件。完整，形制基本相同。小口圆唇，短折沿，溜肩长圆腹，近底外侈，作喇叭口圈足底。瓷质较粗，近底脱釉，腹部作不明显的凸弦纹。DZXM10：1，直领，口部及外壁施黑釉。口径4厘米，腹径7.8厘米，底径5.6厘米，高22.4厘米（图三二，1；彩版贰零捌，3）。DZXM10：2，领部略侈，口部及外壁施茶绿釉。口径3.8厘米，腹径7.8厘米，底径5.5厘米，高20.7厘米（图三二，2；彩版贰零捌，2）。DZXM10：3，领部外侈，口部及外壁施茶绿釉。口径4厘米，腹径7.6厘米，底径5.5厘米，高20.7厘米（图三二，4；彩版贰零捌，1）。DZXM10：4，领部略侈，口部及外壁施黑釉。口径3.9厘米，腹径7.8厘米，底径5.6厘米，高18.8厘米（图三二，6；彩版贰零捌，4）。DZXM10：5，领部略侈，口部及外壁施黑釉。口径4厘米，腹径10.6厘米，底径7.6厘米，高25厘米（图三二，3；彩版贰零玖，1）。

影青钵　1件。DZXM10：6，残。直口、方唇、上腹较直、下腹圆弧、平底微内凹，近口部饰浅细的凹弦纹一周。瓷质细腻，内外壁施影青釉，口部脱釉。外壁腹部施莲花纹，内有“福如东海寿比南山”八字。口径9厘米，底径5.6厘米，高3.3厘米（图三二，5；彩版贰零玖，2）。

金器　1件。为耳饰。DZXM10：7，由0.15厘米的金丝弯成，端部穿饰一绿松石珠，珠上嵌一用直径0.01厘米金丝制成的盘旋状花饰，珠之下端焊有一金花饰，花饰中间嵌一宝石，已失落。高3.2厘米（图三二，8；彩版贰壹零，1）。

骨器　1件。为牙刷柄。DZXM10：9，完整。刷头为扁长方形，头部圆弧，正面作两排13孔，柄部为圆柱形，表面磨制精细。长19.4厘米，头部长4厘米，宽0.8厘米，柄经0.5厘米（图三二，10；彩版贰壹零，4）。

石饰件　1件。DZXM10：8，完整。用白色半透明状石料雕制而成，呈半浮雕状。饰件平面近似三角形，三角处各雕1鱼头，鱼眼处钻孔用于固定或佩带，3鱼之身联为一体，上面间饰有花朵。长4.9厘米，厚0.6厘米，高3厘米（图三二，9；彩版贰壹零，2）。

墨　1件。DZXM10：11，四方体略不规则，表面光滑，一端有研磨痕迹。长4厘米，宽2.3厘米，厚1.4～1.8厘米（图三二，7；彩版贰壹零，3）。

钱币　51枚。以北宋钱为主，少量的唐代和南唐钱，其中钱文不清者2枚。

唐钱　3枚。均为“开元通宝”。八分书，对读。DZXM10：10，折二，背部穿上饰仰月。直径2.4厘米（图三三，1）。DZXM10：12，小平。直径2.3厘米（图三三，2）。

南唐钱　1枚。DZXM10：13，为“开元通宝”。折二，篆书，对读，宽郭。直径2.4厘米（图三三，3）。

北宋钱　45枚。

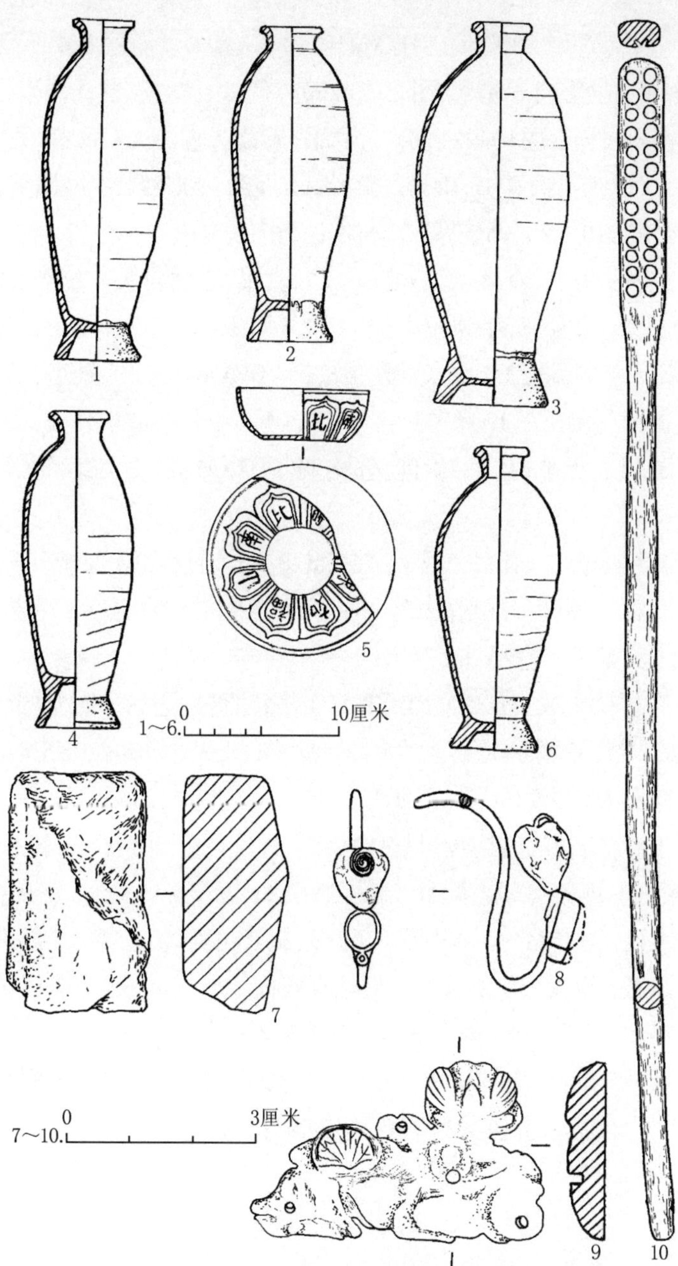

图三二　DZXM10 出土器物

1～4、6.小口瓷瓶（DZXM10：1、2、5、3、4）　5.影青瓷钵（DZXM10：6）　7.墨（DZXM10：11）　8.金耳饰（DZXM10：7）　9.石饰件（DZXM10：8）　10.骨牙刷柄（DZXM10：9）

咸平元宝 1枚。DZXM10：14,折二,真书,旋读,宽郭。直径2.5厘米(图三三,4)。

景德元宝 1枚。DZXM10：15,折二,真书,旋读。直径2.4厘米(图三三,5)。

天圣元宝 3枚。折二，旋读。DZXM10：16，真书。直径2.4厘米（图三三,6)。DZXM10：33,篆书。直径2.4厘米(图三三,23)。

天禧通宝 1枚。DZXM10：21,折二,真书,旋读。直径2.5厘米(图三三,11)。

景祐元宝 2枚。折二,真书,旋读。直径2.4厘米。DZXM10：22,穿较大,字体略大(图三三,12)。DZXM10：23,郭较宽,字体略小(图三三,13)。

皇宋通宝 6枚。折二,对读。DZXM10：17,真书,字体较大。直径2.4厘米(图三三,7)。DZXM10：18,真书,宽郭,字体较小。直径2.4厘米(图三三,8)。DZXM10：19,篆书,字体较大,宋字头方折。直径2.4厘米(图三三,9)。DZXM10：20,篆书,字体略小,宋字头圆折。直径2.5厘米(图三三,10)。

嘉祐元宝 2枚。小平,真书,旋读,郭略宽。DZXM10：24,直径2.3厘米(图三三,14)。

嘉祐通宝 2枚。折二,真书,对读。DZXM10：25,直径2.4厘米(图三三,15)。

治平元宝 3枚。旋读。DZXM10：26，折二，真书。直径2.4厘米（图三三,16)。DZXM10：27,小平,篆书。直径2.3厘米(图三三,17)。

熙宁元宝 7枚。旋读。DZXM10：28，小平，真书。直径2.3厘米（图三三,18)。DZXM10：29,折二,篆书,篆体圆弧。直径2.4厘米(图三三,19)。DZXM10：30,小平,篆书,篆体方折。直径2.3厘米(图三三,20)。

元丰通宝 11枚。小平,旋读。DZXM10：31,行书。直径2.3厘米(图三三,21)。DZXM10：32,篆书。直径2.3厘米(图三三,22)。

元祐通宝 1枚。DZXM10：34,折二,行书,旋读,宽郭。直径2.5厘米(图三三,24)。

绍圣元宝 3枚。旋读。DZXM10：35,略有残损。折二,行书,宽郭。直径2.4厘米(图三三,25)。DZXM10：36,小平,篆书。直径2.3厘米(图三三,26)。

圣宋元宝 2枚。旋读。DZXM10：37,折二,真书,宽郭。直径2.5厘米(图三三,27)。DZXM10：38,小平,行书。直径2.3厘米(图三三,28)。

5.四号墓茔(DZXMY4)

位于墓葬发掘区中部,西距DZXMY3约5米。

墓茔平面呈长方形,为三进式墓茔。墓茔南北长64.5米,东西宽31.4米,方向5°。茔墙墙体保存较好,系自然石块垒砌,墙体宽0.7米,现存高度0.7米。墓茔在南墙正中设一门道,宽2米。在距墓茔南墙依次向北16.8米和30.2米处,亦分别用自然石块东西向与南墙平行砌2道石墙,将茔区分为南、中、北3区。中区与北区之门道与南区门道处在同

图三三　DZXM10 出土钱币

1～28.钱币（DZXM10：10、12～38）

一轴线上,门道宽度均为 2 米。在墓茔的南区和中区没有发现任何遗迹,北区内中部偏北处有 DZXM11、DZXM12 两座墓葬(图三四)。

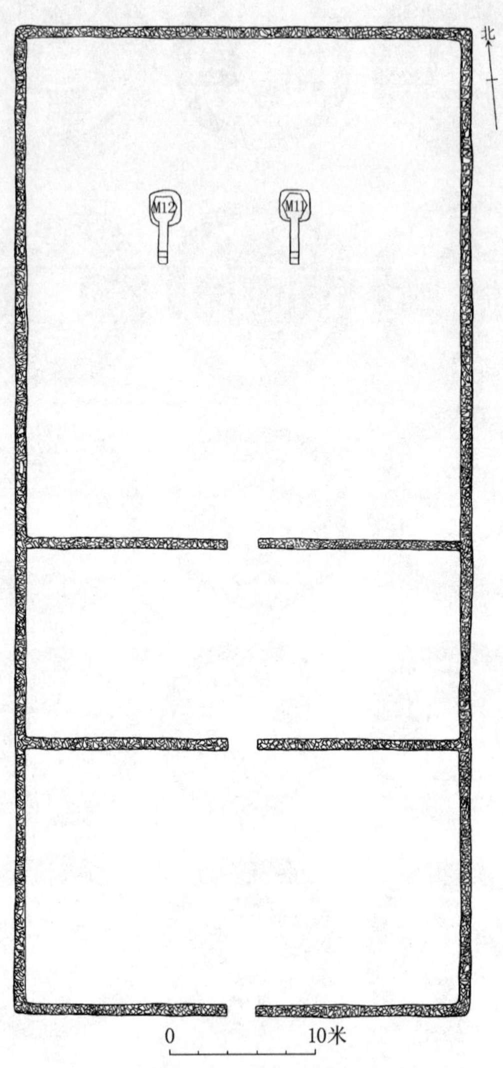

图三四　DZXMY4 平面图

DZXM11　位于 DZXMY4 东北部,西距 DZXM12 约 8 米。

1)　墓葬形制

砖室六边形穹隆顶墓,早期盗扰。由墓圹、墓室、墓门、墓道等组成(图三五)。

墓圹　平面呈圆角长方形,南北长 2 米,东西宽 2.08 米,深 2.14 米。墓圹四壁加工整齐,填土呈灰褐色,细砂质,夹有少量盗扰的砖及石块。

墓室　为砖室穹隆顶,平面呈六边形。南北长 1.8 米,东西宽 2.05 米,残高 0.72 米。方向 5°。墓室均用长 0.3 米,宽 0.14 米,厚 0.04 米的灰色素面长方砖平铺单砌而成,砖间坐有 0.5 厘米厚的黄泥浆。墓壁南边长 0.98 米，其余五边基本相等，每边长约 0.88 米。顶部因早期盗墓坍塌，用石桌为墓顶封口。

墓室六角由墓底向上 0.48 米开始叠涩起券，向上逐渐变成圆形穹隆顶。墓顶因早期被盗，最高处残存有 5 层，高约 0.23 米。墓室地面与尸床用券墓的灰色砖铺砌。尸床位于墓室北部，由北向南用两横两纵长方形砖相间，在地面铺砖之上平砌 3 层，南边长 1.62 米，宽 0.88 米，高 0.12 米。地面铺砖由尸床向南为两纵一横。墓壁、墓顶和地面皆抹有 0.5～1 厘米的白灰面，大部剥落。

墓内无任何葬具，只在墓底出有少量骨灰，应为骨灰葬。在墓门外侧出土一黑釉小口瓶。此外，在东北角、东部及墓门外出土一定数量的钱币。

墓门　位于墓室南壁正中，呈砖券拱洞形。由下向上 0.48 米开始两侧对称起券，券门以单砖横侧立砌。墓门高 0.72 米，宽 0.7 米，厚 0.14 米。墓门之内用砖斜向横侧立封堵，因被盗顶部封砖已被取走，现仅残存 2 层。

墓道　位于墓门之南侧，长 2.74 米，宽 0.82 米，深 2.14 米。墓道南端（入口处）设宽 0.4 米，高 0.4 米和 0.6 米两级阶梯，北段作斜坡式。

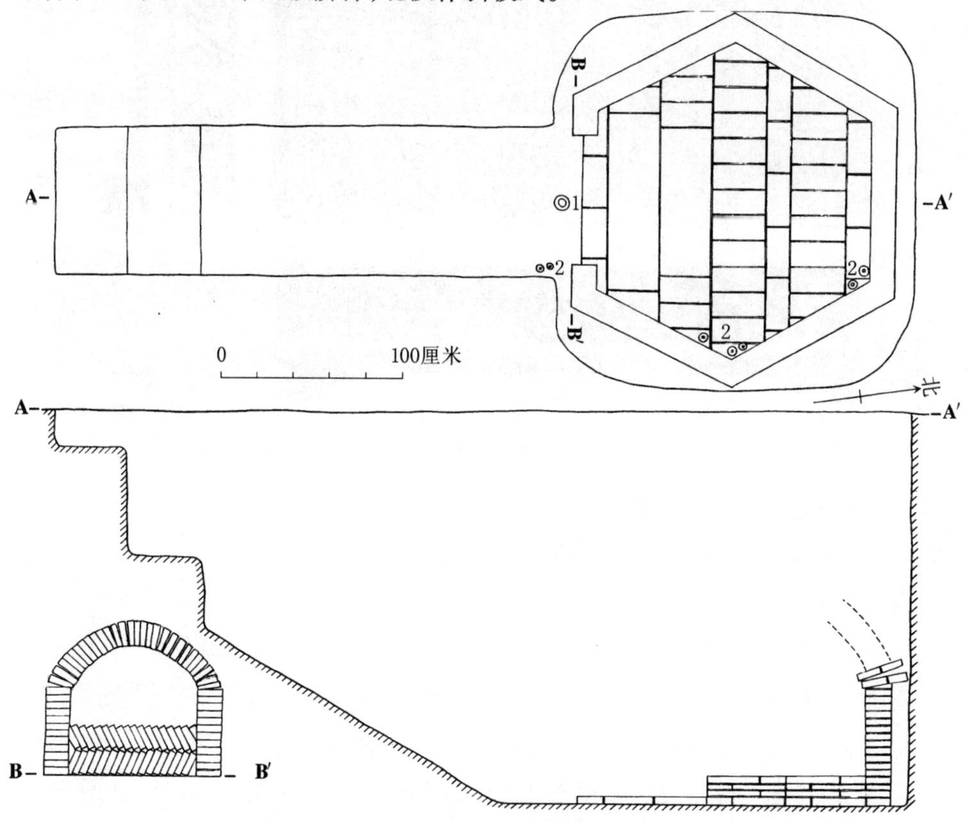

图三五　DZXM11 平、剖面图及墓门正视图
1.瓶　2.钱币

2)　随葬品

墓内出土随葬品较少，仅有小口瓶1件，石桌1件，钱币19枚。

瓷器　1件。小口瓶DZXM11：1，完整。小口圆唇，短折沿，领部外侈，溜肩长圆腹，近底外侈，作喇叭口圈足底。瓷质较粗，口部及外壁施黑釉，近底脱釉。口径3.6厘米，腹径7.2厘米，底径5.3厘米，高20厘米（图三九，4；彩版贰壹壹，1）。

石桌　1件。DZXM11：21，完整。平面呈长方形，矮足。正面阴刻有整齐的方格纹，每个方格内阴刻相同的花瓣图案。除一长边外，其他三个侧面阴刻有相同的卷云纹图案。卷云纹下饰凹弦纹一周，用白黄色石料制成，较为规整。长68厘米，宽43.2厘米，高13.6厘米（图三六；彩版贰壹壹，3）。

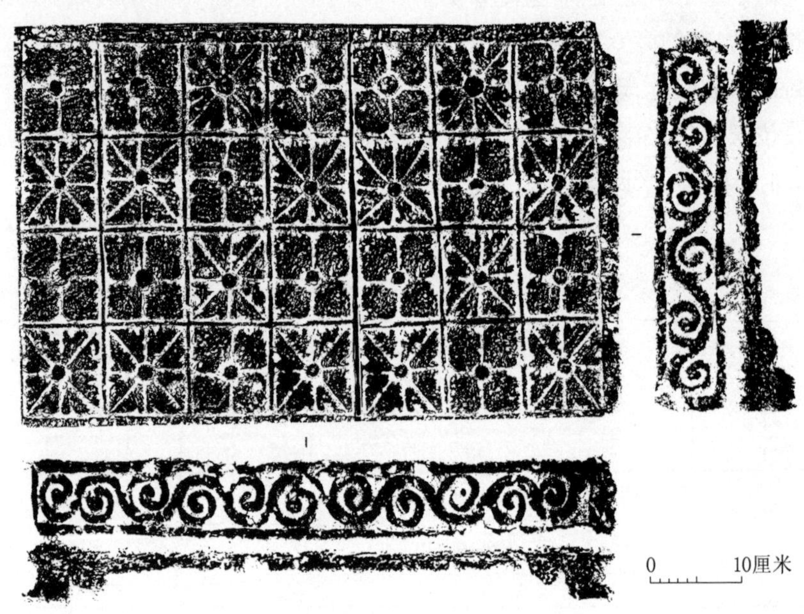

图三六　DZXM11出土石桌拓片（DZXM11：21）

钱币　19枚，分别出于墓底或墓道近墓口处。

墓底10枚，多为北宋钱，有南宋钱1枚。

北宋钱　9枚。

咸平元宝　1枚。DZXM11：2，折二，真书，旋读。直径2.5厘米（图三七，1）。

天禧通宝　1枚。DZXM11：4，折二，真书，旋读，钱文模糊。直径2.5厘米（图三七，3）。

嘉祐通宝　1枚。DZXM11：5，折二，真书，对读，宽郭。直径2.55厘米（图三七，4）。

熙宁元宝　3枚。小平，旋读，直径2.3厘米。DZXM11：6，真书，郭较宽（图三七，5）。DZXM11：7，篆书（图三七，6）。

元丰通宝　1枚。DZXM11：8，折二，篆书，旋读，宽郭。直径2.5厘米（图三七，7）。

元祐通宝　1枚。DZXM11：9，折二，篆书，旋读。直径2.4厘米（图三七，8）。

元符通宝　1枚。DZXM11：10，折二，行书，旋读，宽郭。直径2.5厘米（图三七，9）。

南宋钱　1枚。为"建炎通宝"。DZXM11：11，折二，篆书，对读。直径2.8厘米（图三七，10）。

近墓口处9枚。以北宋钱为主，仅见唐钱1枚。

唐钱　1枚。为"开元通宝"。DZXM11：3，折二，八分书，对读。直径2.5厘米（图三七，2）。

北宋钱　8枚。

景德元宝　1枚。DZXM11：15，折二，真书，旋读，宽郭。直径2.5厘米（图三七，14）。

元丰通宝　5枚。折二，旋读，宽郭。DZXM11：12，行书，花穿。直径2.5厘米（图三七，12）。DZXM11：13，篆书。直径2.4厘米（图三七，11）。

元祐通宝　2枚。DZXM11：14，折二，行书，旋读，郭较宽。直径2.4厘米（图三七，13）。

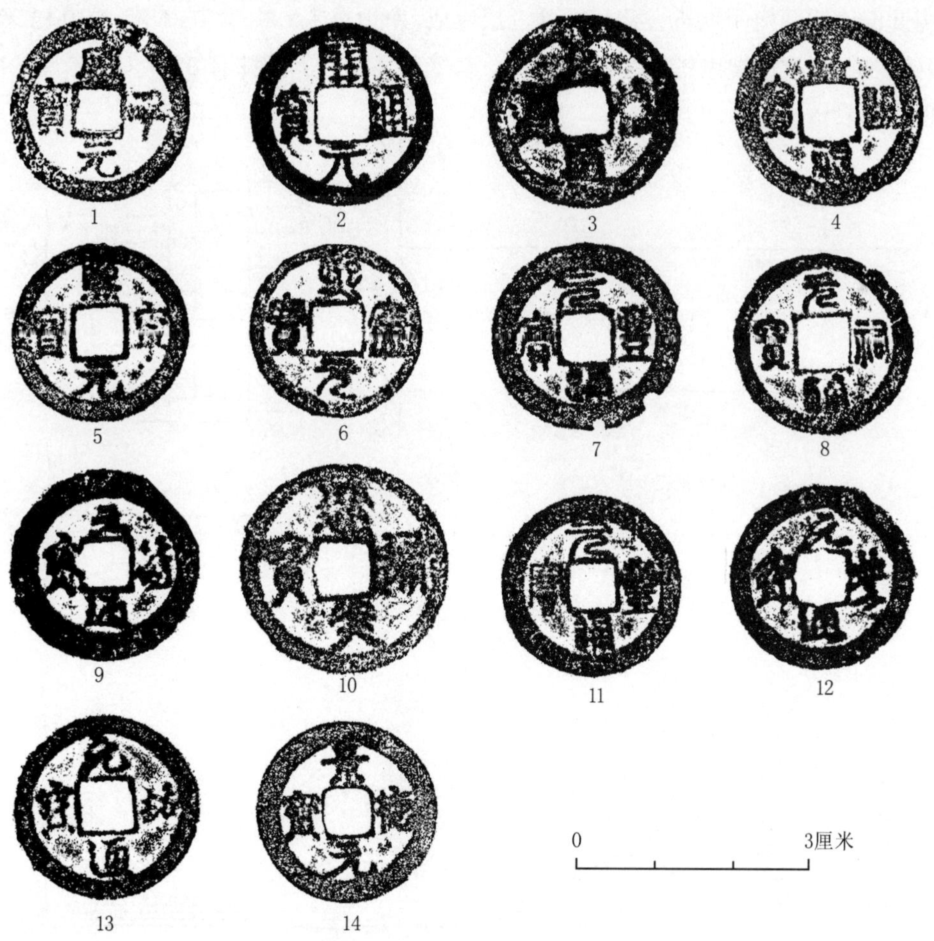

图三七　DZXM11出土钱币

1～14.钱币（DZXM11：2～11、13、12、14、15）

DZXM12 位于 DZXMY4 西北部，西距 DZXM11 约 8 米。

1） 墓葬形制

砖室六边形穹隆顶墓，早期盗扰。由墓圹、墓室、墓门、墓道等组成（图三八）。

墓圹 平面呈圆角长方形，南北长 1.96 米，东西宽 2.16 米，深 2.14 米。墓圹四壁加工较为整齐。内填灰褐色细砂土，夹杂有少量盗扰的砖和石块等。

墓室 为砖室穹隆顶墓，平面呈六边形。南北长 1.48 米，东西宽 1.76 米，残高 0.8 米。方向 5°。墓室用长 0.3 米，宽 0.14 米，厚 0.04 米的灰色素面长方形砖平铺单砌，厚 0.14 米，砖间坐有 0.5 厘米厚的黄砂泥浆，墓壁六边除南、北两壁边长为 0.88 米外，其他四壁基本相等，边长 0.85 米。

墓室六角由墓底向上 0.48 米处开始叠涩起券，逐渐收成圆形穹隆顶。因早期被盗，最高处现存 10 层砖，约 0.45 米。墓室地面及尸床铺砖与券墓用砖相同。尸床位于墓室的北部，由北向南用两横两纵长方砖相间共三层砌成。南边长 1.6 米，宽 0.86 米，高 0.12 米。地面铺砖一层，由尸床向南铺砖为两纵一横。墓壁和地面之上皆抹有 0.5～1 厘米厚的白灰面，但大部剥落。

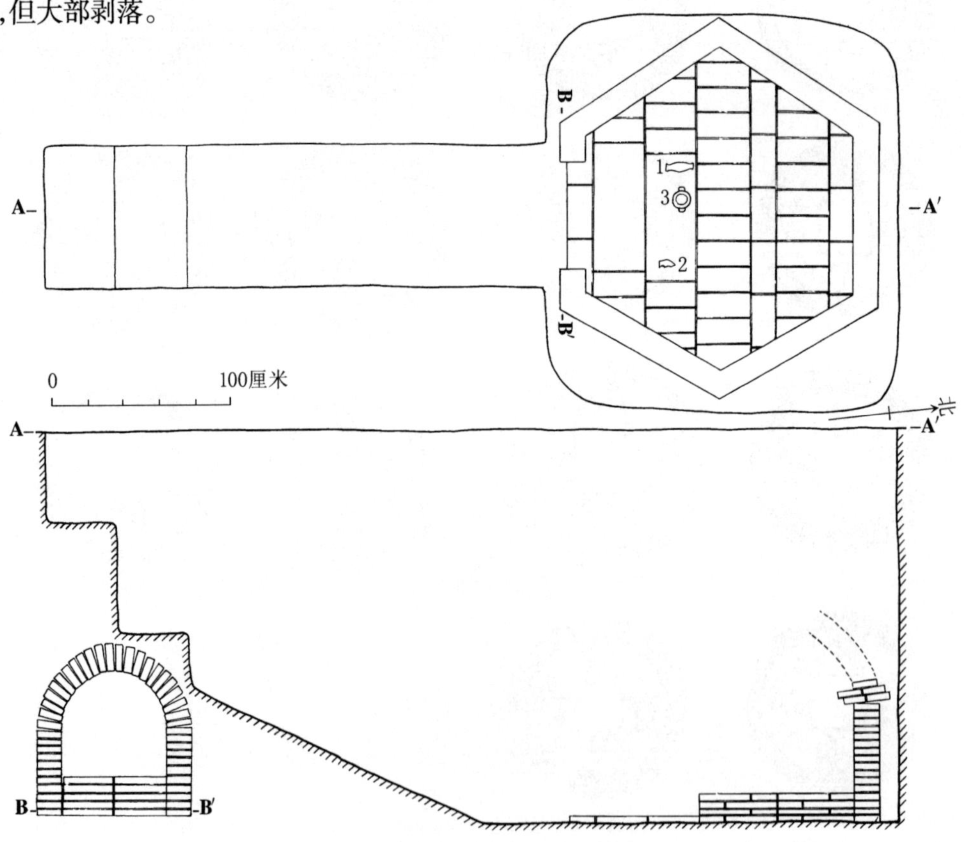

图三八 DZXM12 平、剖面图及墓门正视图

1、2.瓶 3.香炉

墓内未发现任何葬具，只在墓底及填土中出有少量骨灰，应为骨灰葬。在墓底近尸床处随葬有香炉1件，香炉两侧各置一黑釉小口瓶。

墓门　位于墓室南壁正中，为砖券拱洞形。由下向上0.52米开始两侧对称起券，券门以单砖横侧立砌。墓门高0.8米，宽0.58米，深0.14米。墓门内侧用青砖单层平砌封堵，因被盗顶部封砖已被取走，现仅存5层。

墓道　位于墓门南侧，南段作斜坡式，长22.8米，宽0.78米，深2.14米。墓道南端（入口处）设宽0.4米，高0.5米、0.6米和0.3米的3级阶梯。

2）　随葬品

墓内出土遗物较少，共4件。瓷器2件，釉陶器和铜镜各1件。

瓷器　2件。均为小口瓶。完整，形制相同。小口圆唇，短折沿，领部略侈，溜肩长圆腹，近底外侈，作喇叭口圈足底。瓷质较粗，口部及外壁饰黑釉，近底脱釉。DZXM12：1，口径3.6厘米，腹径6.8厘米，底径5.2厘米，高15.6厘米（图三九，1；图版一一，1）。DZXM12：2，口径3.6厘米，腹径6.8厘米，底径5厘米，高16.2厘米（图三九，3；彩版贰壹壹，2）。

釉陶器　1件。　香炉。DZXM12：3，直口平沿，尖圆唇，颈部较长，扁鼓腹，口外侧作对称双耳，底部施3个尖圆足。耳部外侧模印有花草纹，口内侧及外壁施绿釉，且有剥落，外壁近底及内壁脱釉。口径9.2厘米，腹径9.2厘米，高9.2厘米（图三九，2；彩版贰壹贰，3）。

铜镜　1件。DZXM12：4，完整。圆形，圆纽，三角缘，镜面平整。镜背分内、外两区，内区由瑞兽纹组成，外区作花草纹一周。直径9厘米，缘宽0.15厘米，缘厚0.7厘米（图三九，5；彩版贰壹贰，1）。

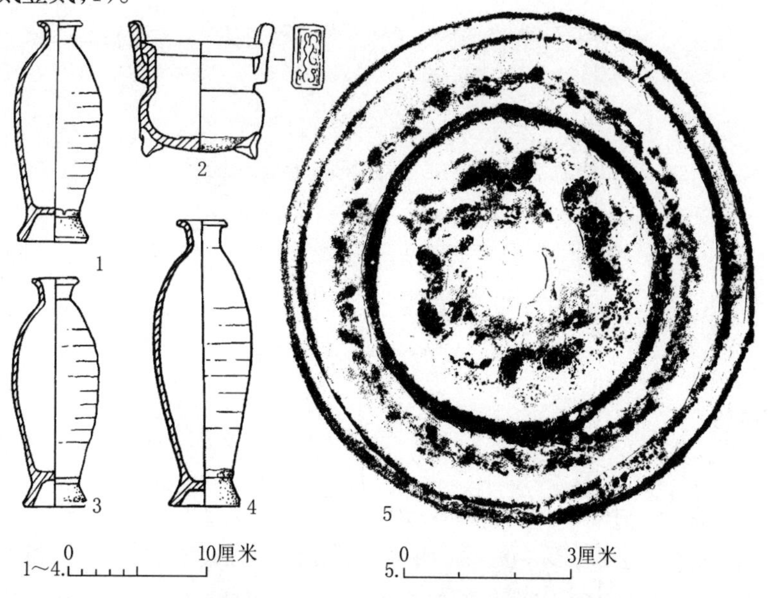

图三九　DZXM11、M12出土铜镜、瓷器、釉陶器

1、3.小口瓷瓶（DZXM12：1、2）　2.釉陶香炉（DZXM12：3）　4.小口瓷瓶（DZXM11：1）　5.铜镜（DZXM12：4）

6.五号墓茔(DZXMY5)

位于发掘墓葬区中部。东南距 DZXMY19 约 25 米,西南距 DZXMY4 约 45 米。

墓茔平面呈长方形,为二进式墓茔。墓茔南北长 33.2 米,东西宽 27.8 米。方向 0°。墓茔墙体保存完整,系用自然石块垒砌,现存高度约 1 米。茔之四墙除东墙宽度为 1 米外,其余各墙宽度皆为 0.6 米。门道位于南墙正中略偏西处,宽 1.4 米。在距墓茔南墙向北 6.4 米处垒砌一道东西隔墙,将墓茔分为南、北两区,北区门道略向西移,宽 1.6 米。在墓茔的南区无任何遗迹,北区有 DZXM13 一座墓葬(图四〇)。

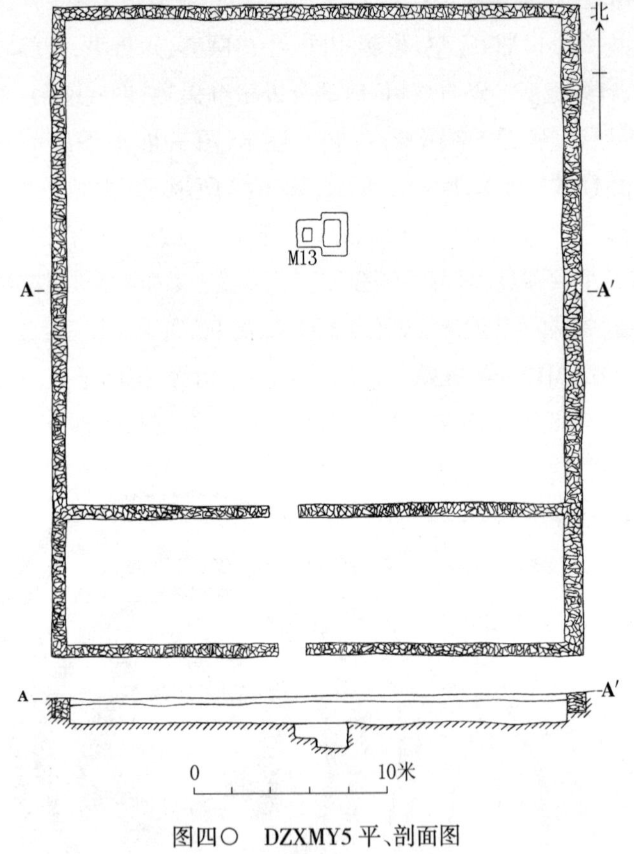

图四〇　DZXMY5 平、剖面图

DZXM13　位于 DZXMY5 之中部偏北处。

1)　墓葬形制

土坑竖穴墓,早期盗扰。平面呈横倒的"凸"字形,分为东、西两个墓穴。东侧墓穴南北长 1.9 米,东西宽 1.32 米,深 1.06 米。方向 0°。在东侧墓穴中部偏西北处用 5 厘米厚的石板立砌有石椁,南北长 1.36 米,东西宽 1.03 米,高 0.92 米。每面用两块较为平整,略有凹凸的石板砌筑。东面北侧石板长 0.76 米,南侧石板长 0.52 米;南面石板向东突出,西侧石板长 0.62 米，东侧石板长 0.4 米。西面石板两端突出，北侧石板长 0.92 米，南侧石板长 0.47 米。北面石板向东突出，西侧石板长 0.62 米，东侧石板长 0.38 米。石椁之内置一木骨灰盒（编号为 DZXM13A），平面呈长方形，除盒中部有盗洞外，其余保存较好。骨灰盒用榫峁结构和铁钉钉合制成，两侧长于两端，长 1.24 米，宽 0.9 米，高 0.79 米，盒板厚 0.05 米。骨灰盒与石椁高度相同，木盖板将石椁及骨灰盒口封住，之上再盖有 0.06 米厚的石板。骨灰盒内东北部放有一小型木制雕花梳妆盒，因朽蚀严重，形状不清，盒内东北部见有少量骨灰。西侧墓穴紧依东侧墓穴西边中段，开口同一层位，东面与主穴相通。平面呈长方形，南北长 1.22 米，东西宽 0.96 米，深 0.49 米。墓内正中置有一小木骨灰盒（编号为 DZXM13B），上半部残损，内装有骨灰。长 0.6 米，宽 0.38 米，残高 0.06～0.16 米，盒板厚 0.04 米。判断西侧墓穴应在东侧墓穴墓主人埋葬后因合葬而埋入。

墓内随葬品多随葬在两个木制骨灰盒之内。DZXM13A 随葬品较多。正中近北壁置有完整筒瓦 1 件，东南角和西南角各随葬小口瓶 1 件，东北角置金耳饰 1 件，中部偏北有金箔残片，西北角出土一玛瑙珠饰和铁棺钉，中部偏南处有木雕梳妆盒残片，在骨灰盒底部散布有钱币 81 枚。DZXM13B 内随葬品较少，仅在盒底散布有 5 枚钱币。此外，在西侧墓穴近南壁正中和东南角随葬有小口瓶各 1 件（图四一）。

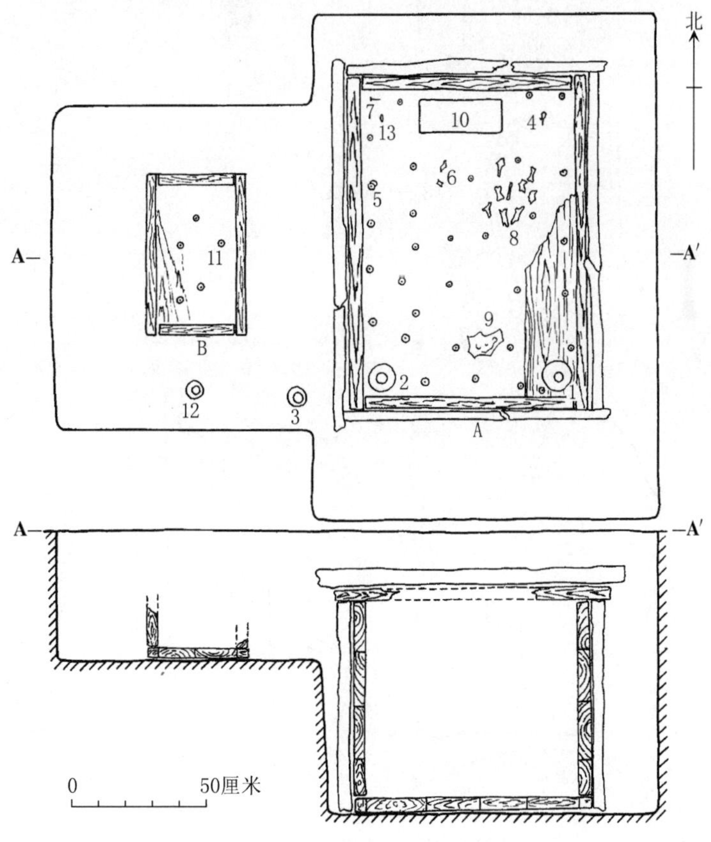

图四一　DZXM13 平、剖面图
1～3、12.小口瓶　4.金耳饰　5、11.钱币　6.金箔　7.棺钉　8.骨灰　9.陶片　10.瓦　13.玛瑙珠饰

2）随葬品

墓葬内出土随葬品共 118 件，以钱币、铁器为主，瓷器次之，少量的金器、木器、珠饰和板瓦等。

瓷器　4 件。均为小口瓶。形制基本相同，除 1 件口部残外，余均完整。小口圆唇，短折沿，领部略侈，长圆腹，近底外侈，作喇叭口圈足底。瓷质较粗，腹部做不明显的凹弦纹，近底脱釉。DZXM13：1，肩部微鼓，体略胖，口部及外壁施茶绿釉。口径 4.4 厘米，腹径 11.8 厘米，底径 6.6 厘米，高 23.2 厘米（图四二，9；彩版贰壹叁，1）。DZXM13：2，肩部微鼓，体略胖，口部及外壁施茶绿釉。口径 4 厘米，腹径 11 厘米，底径 6.4 厘米，高 22 厘米（图四二，10；彩版贰壹叁，2）。DZXM13：3，溜肩，体较瘦，口部及

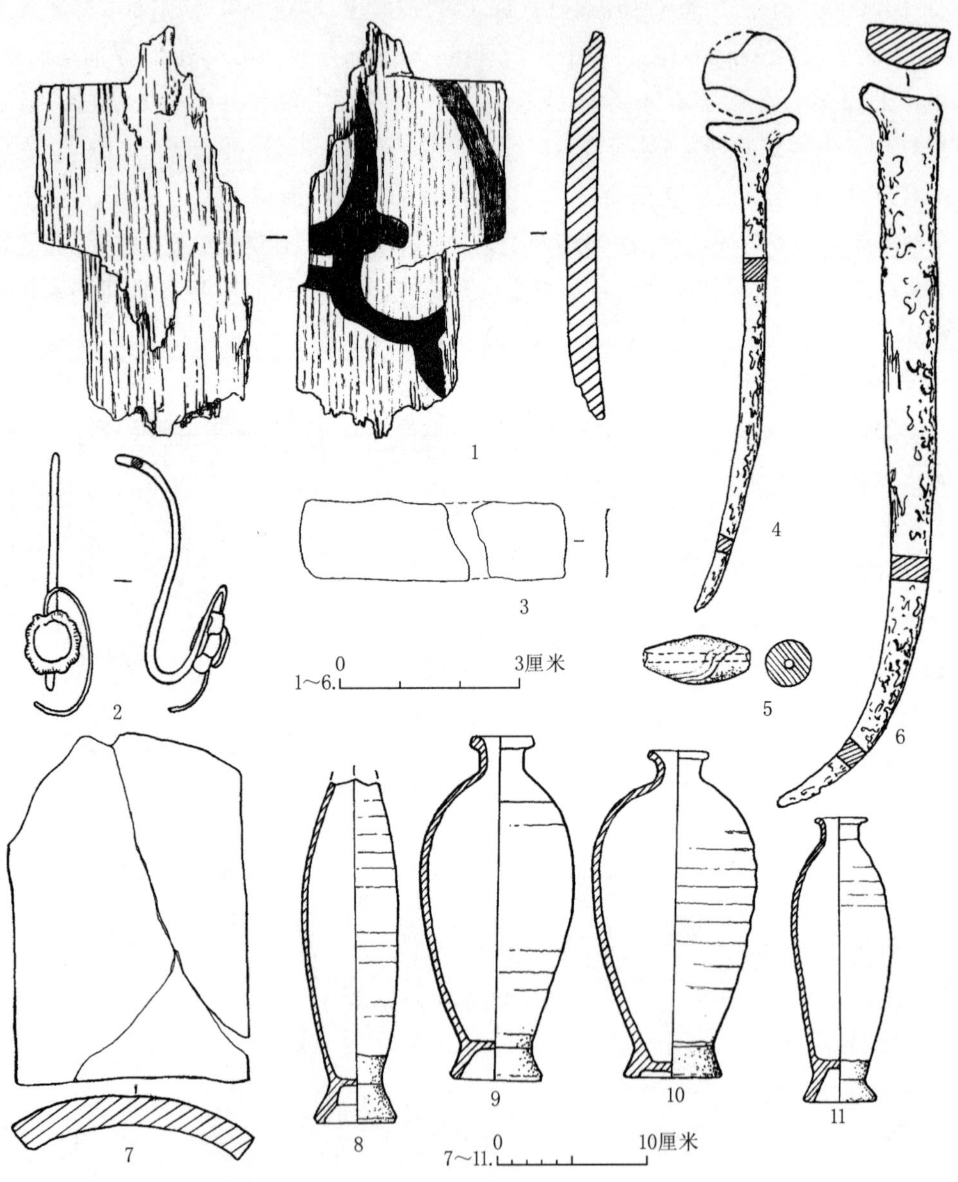

图四二　DZXM13 出土器物

1.木器（DZXM13：9）　2.金耳饰（DZXM13：12）　3.金箔（DZXM13：6）　4、6.铁棺钉（DZXM13：7、8）　5.玛瑙珠饰（DZXM13：13）　7.瓦（DZXM13：10）　8～11.小口瓷瓶（DZXM13：4、1～3）

外壁施茶绿釉。口径3.6厘米，腹径7.2厘米，底径5.6厘米，高18.8厘米（图四二，11；彩版贰壹叁，3）。DZXM13：4，溜肩，体较瘦，口部残，外壁施黑釉。腹径6.5厘米，底径5.6厘米，残高23.2厘米（图四二，8）。

金器　3件。有耳饰、金箔。

耳饰　2件。形制相同，完整。用0.01～0.15厘米的金丝弯成，近端部焊有一圆形花饰，内镶嵌宝石，已失落。DZXM13：12，长4厘米（图四二，2）。

金箔　1件。DZXM13：6，残碎。呈长条形，形制及用途不明。断续残长4.6厘米，宽1.4厘米（图四二，3；彩版贰壹贰，2）。

铁器　20件。皆为棺钉，形制相同。钉身呈方形，略有弯曲，头部尖圆，表面锈蚀严重。DZXM13：7，端部平面呈不规则圆形。长8.5厘米，截面径0.4厘米×0.4厘米（图四二，4）。DZXM13：8，端部扁平。长12.6厘米，截面径0.4厘米×0.7厘米（图四二，6）。

木器　1件。为梳妆盒残片，盒板上阴刻有图案，因残损严重，图案不清。DZXM13：9，残长7厘米，残高4.7厘米（图四二，1）。

珠饰　1件。DZXM13：13，完整。用玛瑙制成，呈红黄色，橄榄形，竖穿一孔。长1.8厘米，最大径0.85厘米，孔径0.1厘米（图四二，5）。

板瓦　1块。DZXM13：10，残。平面呈长方形，方圆头，弧是圆的1/8。灰色外壁素面，内壁布纹，外壁一侧涂有少量红彩。残长23.5厘米，宽15.5厘米，厚1.8厘米（图四二，7）。

钱币　88枚，以北宋钱为主，少量的唐钱，其中钱文不清者2枚。

唐钱　3枚。均为“开元通宝”。折二，八分书，对读。DZXM13：5，直径2.4厘米（图四三，1）。

北宋钱　83枚。

淳化元宝　1枚。DZXM13：11，折二，行书，旋读，宽郭。直径2.5厘米（图四三，2）。

至道元宝　4枚。折二，旋读，宽郭。DZXM13：14，行书，直径2.4厘米（图四三，3）。DZXM13：15，草书。直径2.5厘米（图四三，4）。

咸平元宝　4枚。折二，真书，旋读，郭较宽。DZXM13：16，直径2.4厘米（图四三，5）。

景德元宝　5枚。折二，真书，旋读，宽郭。DZXM13：17，直径2.4厘米（图四三，6）。

祥符元宝　3枚。折二，真书，旋读，宽郭。DZXM13：47，直径2.4厘米（图四三，35）。

祥符通宝　3枚。折二，真书，旋读，宽郭，字体较小。DZXM13：18，直径2.5厘米（图四三，7）。

天禧通宝　5枚。折二，真书，旋读，郭较宽。DZXM13：19，直径2.5厘米（图四三，8）。

天圣元宝　6枚。折二，旋读，直径2.4厘米。DZXM13：20，真书（图四三，9）。DZXM13：21，篆书（图四三，10）。

图四三　DZXM13 出土钱币

1～35.钱币（DZXM13：5、11、14～42、44～47）

明道元宝　1枚。DZXM13∶22,折二,篆书,旋读。直径2.45厘米(图四三,11)。

景祐元宝　1枚。DZXM13∶23,折二,真书,旋读,郭较宽。直径2.5厘米(图四三,12)。

皇宋通宝　6枚。折二,对读。DZXM13∶24,真书,郭较宽。直径2.4厘米(图四三,13)。DZXM13∶25,真书,字体略小。直径2.4厘米(图四三,14)。DZXM13∶26,篆书。直径2.5厘米(图四三,15)。

嘉祐元宝　3枚。折二,真书,旋读,郭较宽。DZXM13∶27,直径2.4厘米(图四三,16)。

嘉祐通宝　4枚。折二,对读。DZXM13∶28,真书。直径2.4厘米(图四三,17)。DZXM13∶29,篆书,字体较圆。直径2.4厘米(图四三,18)。DZXM13∶30,篆书,宽郭,字体较方。直径2.5厘米(图四三,19)。

治平元宝　2枚。小平,旋读,郭较宽。直径2.3厘米。DZXM13∶31,真书(图四三,20)。DZXM13∶32,篆书(图四三,21)。

熙宁元宝　12枚。旋读。DZXM13∶33,小平,真书。直径2.3厘米(图四三,22)。DZXM13∶34,小平,篆书,字体圆弧、较小。直径2.3厘米(图四三,23)。DZXM13∶35,折二,篆书,字体圆折、较大。直径2.4厘米(图四三,24)。

元丰通宝　10枚。折二,旋读。直径2.4厘米。DZXM13∶36,行书(图四三,25)。DZXM13∶37,篆书,宽郭(图四三,26)。

元祐通宝　5枚。旋读。DZXM13∶38,小平,篆书。直径2.3厘米(图四三,27)。DZXM13∶40,折二,行书,直径2.4厘米(图四三,29)。

绍圣元宝　1枚。DZXM13∶39,小平,篆书,旋读,郭较宽。直径2.3厘米(图四三,28)。

元符通宝　2枚。折二,旋读,宽郭。DZXM13∶41,行书。直径2.45厘米(图四三,30)。DZXM13∶42,篆书。直径2.4厘米(图四三,31)。

圣宋元宝　2枚。旋读。DZXM13∶43,小平,行书,郭较宽。直径2.4厘米。DZXM13∶44,折二,篆书。直径2.4厘米(图四三,32)。

大观通宝　1枚。DZXM13∶45,折二,瘦金体,对读。直径2.4厘米(图四三,33)。

政和通宝　2枚。DZXM13∶46,折二,篆书,对读。直径2.45厘米(图四三,34)。

7.六号墓茔(DZXMY6)

位于墓葬发掘区中部偏北。南约140米为DZXMY40。

墓茔平面呈长方形,为单墓茔,南北长19米,东西宽14米,石墙残高0.9米,宽0.5米。方向3°。墙体用自然石块垒砌。墓茔除西北角保留有砌石外,其余均被当地老乡挖掉,

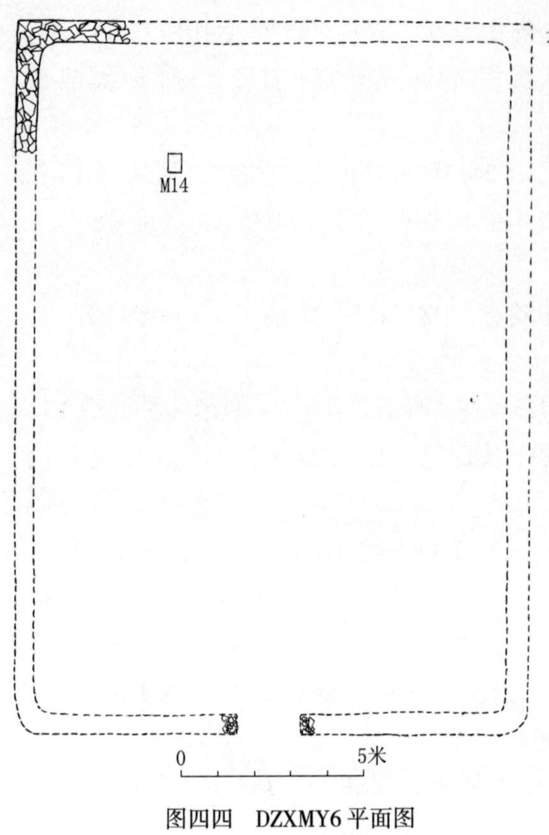

图四四　DZXMY6 平面图

使地表形成一凹槽,故仍可复原墓茔形制。门道位于南墙正中,宽 1.7 米。墓茔内西北角有 DZXM14 一座墓葬(图四四)。

DZXM14　位于 DZXMY6 之西北部。

1)　墓葬形制

土坑竖穴墓,早期盗扰。平面呈长方形,南北长 1 米,东西宽 0.8 米,深 0.6 米。方向 3°。墓壁较直,底部平整。在墓口处发现有少量排列不规则的灰砖及碎石,填土内夹杂有骨灰。墓内置一木制骨灰盒,因朽蚀严重,形制不清,从出土的铁钉判断,骨灰盒系用铁钉钉合。盒内葬有骨灰,因盗扰位置不详,仅在其西边偏北处发现牙齿 1 枚。在盒内中部偏南处随葬黑釉瓷罐 1 件,墓底散布有钱币 10 枚(图四五)。

2)　随葬品。

墓内出土随葬品较少,共 21 件。多为钱币和铁钉,另有一件瓷罐。

瓷罐　1 件。DZXM14∶2,直口微敛,圆唇短颈,溜肩鼓腹,下腹斜收,圈足底。内外壁均施黑釉,近底脱釉。口径 7.4 厘米,腹径 13.5 厘米,底径 6.2 厘米,高 11.6 厘米(图四六,3;彩版贰壹贰,4)。

铁钉　10 件。皆为棺钉,形制相同。钉身呈方形,由上至下渐细,头部尖圆,端部扁平,表面锈蚀严重。DZXM14∶9,完整。钉身作 90°弯曲。长 8.9 厘米,截面径 0.25 厘米×0.4 厘米(图四六,2)。

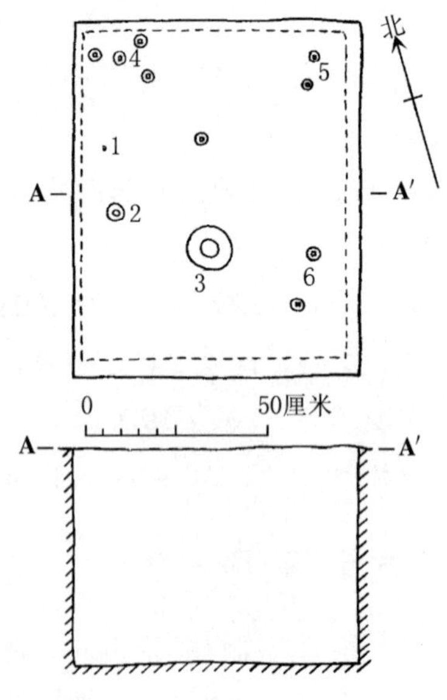

图四五　DZXM14 平、剖面图
1.牙齿　2、3.罐　4~6.钱币

DZXM14：10，头部残缺，表面有朽木痕迹。残长 6 厘米，截面径 0.2 厘米×0.4 厘米（图四六，1）。

钱币　10 枚。均为北宋钱。

太平通宝　1 枚。DZXM14：11，折二，八分书，对读。直径 2.4 厘米（图四七，6）。

天圣元宝　3 枚。折二，旋读。DZXM14：12，真书。直径 2.45 厘米（图四七，7）。DZXM14：13，篆书。直径 2.4 厘米（图四七，8）。

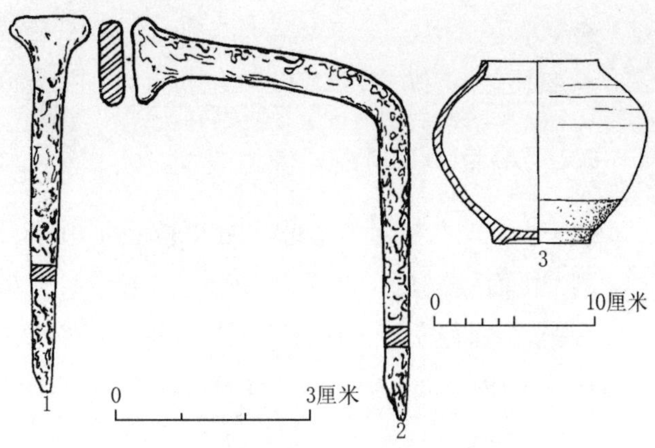

图四六　DZXM14 出土铁、瓷器
1、2.铁棺钉（DZXM14：10、9）　3.瓷罐（DZXM14：2）

熙宁重宝　1 枚。DZXM14：14，折五，隶书，旋读，宽郭。直径 3 厘米（图四七，1）。

元符通宝　3 枚。折五，旋读，宽郭。直径 3.1 厘米。DZXM14：15，行书（图四七，2）。DZXM14：16，篆书（图四七，3）。

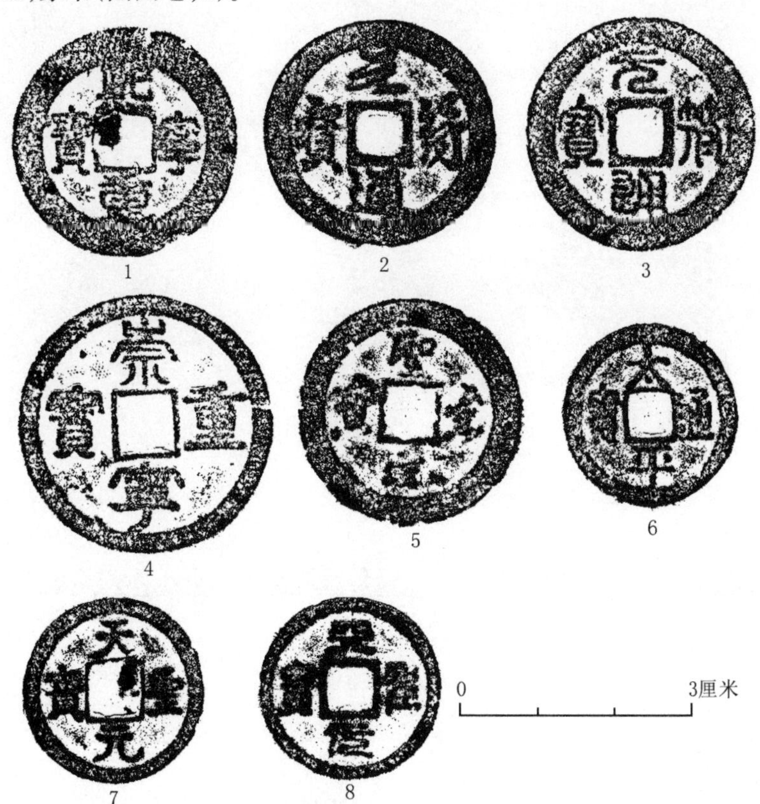

图四七　DZXM14 出土钱币
1～8.钱币（DZXM14：14～18、11～13）

崇宁重宝　1 枚。DZXM14∶17,折十,隶书,旋读。直径 3.4 厘米(图四七,4)。

圣宋通宝　1 枚。DZXM14∶18,折五,行书,旋读,宽郭。直径 2.9 厘米(图四七,5)。

8.七号墓茔(DZXMY7)

位于发掘区东南部。西北距 DZXMY8 约 40 米,东距 DZXMY1 约 60 米。

墓茔平面呈长方形,单墓茔,东西长 24.9 米,南北宽 21.1 米。方向 40°。墓茔墙体用自然石块垒砌,保存完整,较为整齐,茔墙宽 0.7 米,残高约 0.6 米。门道位于南墙正中,宽 1.8 米。墓茔内东北部分别有 DZXM15、DZXM16、DZXM19 三座墓葬(图四八)。

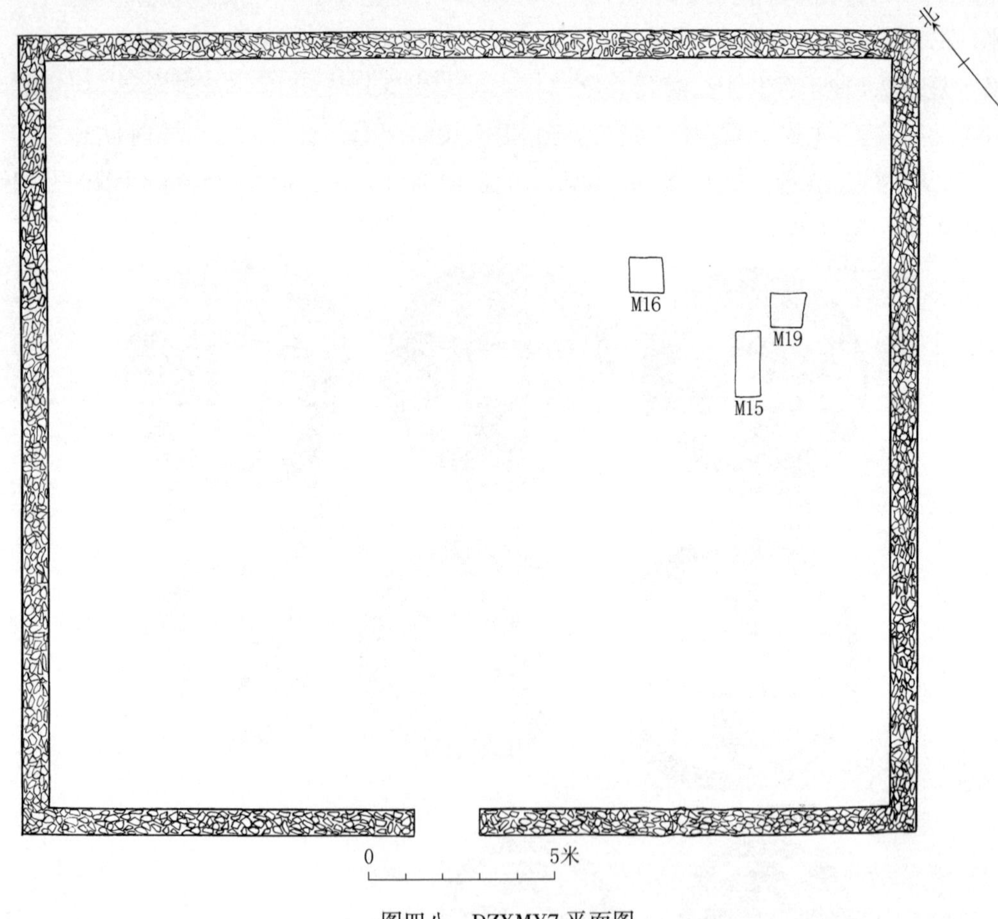

图四八　DZXMY7 平面图

DZXM15　位于 DZXMY7 东北部。东北约 0.3 米为 DZXM19,西北约 2 米为 DZXM16。

1)　墓葬形制

土坑竖穴墓,平面呈长方形,墓壁由上至下直壁斜收,墓口南北长 1.7 米,东西宽 0.7 米;墓底南北长 1.6 米,东西宽 0.5～0.55 米,深 0.4 米。方向 40°。墓内置木棺 1

具,因朽蚀严重,结构不详,从发现的铁棺钉判断,木棺应系铁钉钉合。棺内东侧置尸骨1具,仰身直肢,面向上,除头骨、左上肢骨和腿骨保存较好外,其他皆朽蚀不清(图四九)。

2）　随葬品

墓内无随葬品出土。

DZXM16　位于DZXMY7东北部,东南约2米为DZXM15。

1）　墓葬形制

土坑竖穴墓,平面略呈长方形,西壁由南向北斜收。墓口南北长1米,南壁宽0.99米,北壁宽0.91米,深0.73米。方向38°。墓壁加工较为规整,墓底平整。东壁由上至下略斜收,墓底宽0.89米。墓内中部紧贴南壁置有骨灰,从周围散布的铁钉判断,骨灰原应装在木制骨灰盒之内,因盒木朽蚀严重,形制不详。在骨灰的东、西两侧各对称随葬1茶绿釉小口瓷瓶,西侧瓷瓶周围散布有3枚钱币(图五〇)。

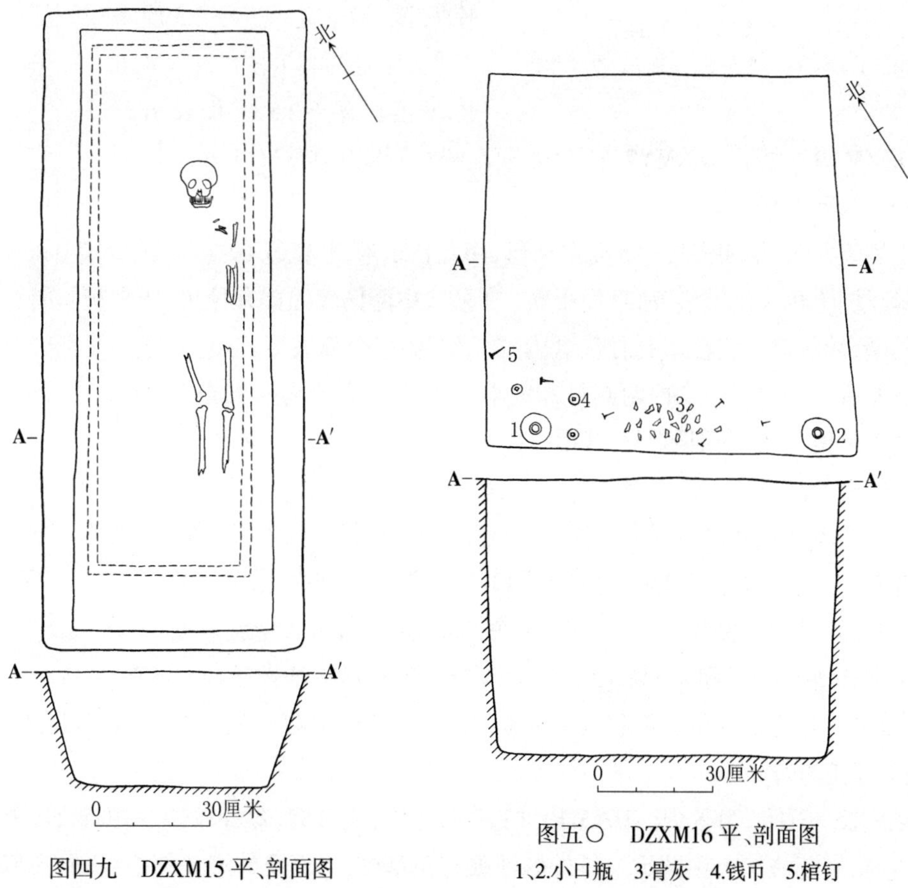

图四九　DZXM15平、剖面图

图五〇　DZXM16平、剖面图

1、2.小口瓶　3.骨灰　4.钱币　5.棺钉

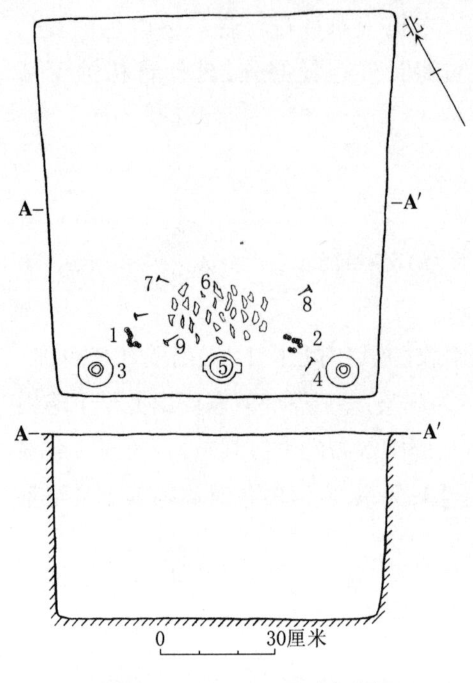

图五一　DZXM19 平、剖面图
1、2.钱币　3、4.小口瓶　5.香炉　6.骨灰　7~9.棺钉

2）　随葬品

墓内出土随葬品共 5 件。有瓷器和钱币。

瓷器　2 件。均为小口瓶，形制相同。小口圆唇，高领外侈，溜肩长圆腹，近底外侈，作喇叭口圈足。瓷质较粗，口部及外壁施茶绿釉，近底脱釉。DZXM16：1，口径 3.8 厘米，腹径 6.2 厘米，底径 5.6 厘米，高 19.5 厘米(图五二，1)。DZXM16：2，完整。口径 3.6 厘米，腹径 6.6 厘米，底径 5.8 厘米，高 28.2 厘米(图五二，4)。

钱币　3 枚。为北宋和金代钱币。

北宋钱　2 枚。

皇宋通宝　1 枚。DZXM16：3，折二，真书，对读。直径 2.45 厘米(图五三，1)。

元符通宝　1 枚。DZXM16：4，小平，篆书，旋读，郭略宽。直径 2.3 厘米(图五三，2)。

大定通宝　1 枚。DZXM16：5，折二，真书，对读。直径 2.5 厘米(图五三，3)。

DZXM19　位于 DZXMY7 东北角，西南约 0.3 米为 DZXM15。

1）　墓葬形制

土坑竖穴墓，早期盗扰。平面呈梯形，南北长 1 米，北壁宽 0.97 米，南壁宽 0.86 米，深 0.49 米。方向 40°。墓壁整齐，墓底平整。在墓穴中部偏南处葬有骨灰，从骨灰周围散布的铁钉判断，骨灰原应装在木制骨灰盒内，因早期盗扰全部破坏，形制不清。在骨灰的南面随葬三彩香炉 1 件，其东、西两侧对称置小口瓶各 1 件，在骨灰的东南、西南侧(香炉与小口瓶之间略偏北处)分别随葬有钱币 1 串(图五一)。

2）　随葬品

墓内出土随葬品较多，共 46 件。以钱币为主，少量的瓷器、釉陶器和彩石。

瓷器　2 件。均为小口瓶，完整。小口圆唇，溜肩长圆腹，近底外侈，作喇叭口圈足底。瓷质较粗，外壁近底脱釉。DZXM19：1，领部略侈，口部及外壁施黑釉。口径 3.2 厘米，腹径 6.5 厘米，底径 5.2 厘米，高 19.2 厘米(图五二，3；彩版贰壹肆，2)。DZXM19：2，短折沿，口部及外壁施茶绿釉。口径 3.6 厘米，腹径 7 厘米，底径 5.2 厘米，高 17.8 厘米(图五二，2；彩版贰壹肆，1)。

釉陶器　1 件。为香炉。DZXM19：3，直口平沿，尖圆唇，颈部较长，扁鼓腹，口外侧作对称直耳，底部施三个尖圆足。耳外侧浮雕有花草纹，口部及外壁颈部施绿釉，腹部施黄釉,近底脱釉。口径8.3厘米,高8.2厘米(图五二,5;彩版贰壹肆,3)。

彩石　2块。均为自然石块。DZXM19：4,作不规则三角形石块,呈黄色,上面涂有绿彩(图五二,6)。DZXM19：6,作不规则椭圆体,呈暗灰色,其上涂有蓝彩(图五二,7)。

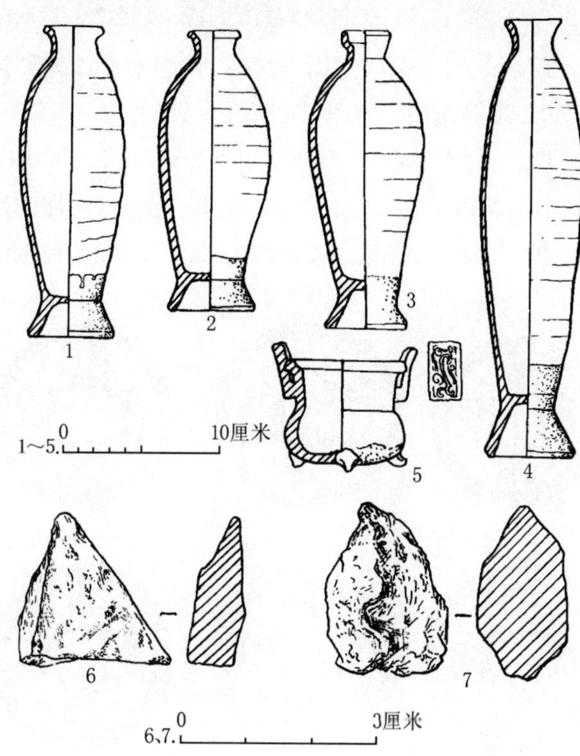

图五二　DZXM16、M19出土瓷、釉陶、石器
1～4.小口瓷瓶(DZXM16：1　DZXM19：2、1　DZXM16：2)
5.釉陶香炉(DZXM19：3)　6、7.彩石(ZDZXM19：4、6)

钱币　41枚。以北宋钱为主,少量的唐钱。

唐钱　6枚。

开元通宝　5枚。折二,八分书,对读。DZXM19：5,直径2.4厘米(图五三,4)。

乾元重宝　1枚。DZXM19：7,残。折二,真书,对读。直径2.5厘米(图五三,5)。

北宋钱　35枚。

宋元通宝　1枚。DZXM19：8,折二,真书,对读。直径2.4厘米(图五三,6)。

景德元宝　2枚。折二,真书,旋读。DZXM19：9,直径2.5厘米(图五三,7)。

祥符通宝　2枚。折二,真书,旋读,字迹较小。DZXM19：10,直径2.45厘米(图五三,8)。

天禧通宝　2枚。折二,真书,旋读。DZXM19：11,直径2.5厘米(图五三,9)。

天圣元宝　2枚。折二,篆书,旋读。DZXM19：12,直径2.5厘米(图五三,10)。

明道元宝　2枚。折二,篆书,旋读,花穿。DZXM19：13,直径2.5厘米(图五三,11)。

景祐元宝　1枚。DZXM19：14，折二，真书，旋读，郭较宽。直径2.5厘米（图五三，12）。

皇宋通宝　3枚。折二，真书，对读。DZXM19：15，直径2.5厘米（图五三，13）。

嘉祐通宝　2枚。折二，真书，对读。DZXM19：16，直径2.4厘米（图五三，14）。

熙宁元宝　4枚。小平，篆书，旋读。DZXM19：17，直径2.3厘米（图五三，15）。

元丰通宝　8枚。旋读。DZXM19：18，小平，行书。直径2.3厘米（图五三，18）。DZXM19：19，折二，篆书，宽郭，直径2.4厘米（图五三，19）。

元祐通宝　3枚。折二，行书，旋读。DZXM19：20，直径2.4厘米（图五三，20）。

元符通宝　1枚。DZXM19：21，折二，篆书，旋读。直径2.4厘米（图五三，16）。

圣宋元宝　2枚。折二，篆书，旋读。DZXM19：22，直径2.4厘米（图五三，17）。

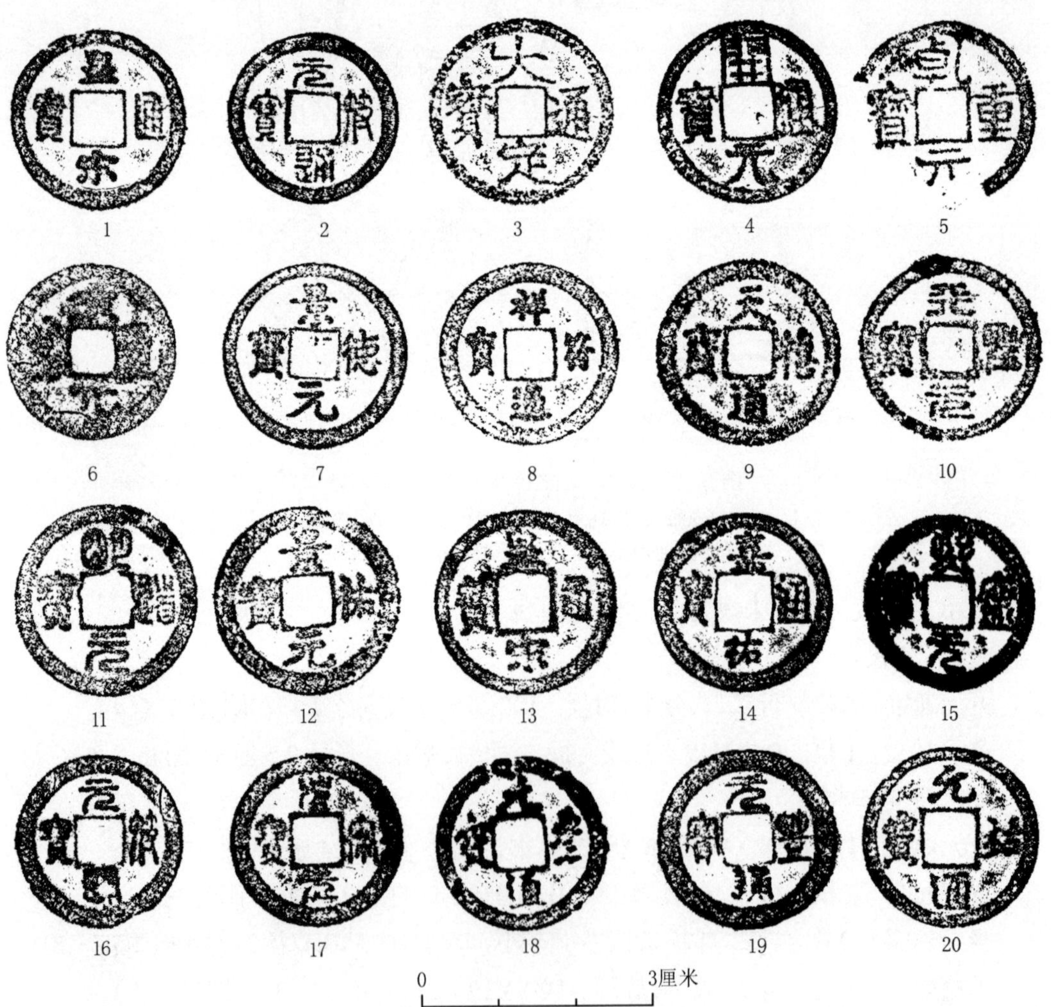

图五三　DZXM16、M19出土钱币

1～3.钱币（DZXM16：3～5）　4～20.钱币（DZXM19：5、7～17、21、22、18～20）

9.无墓茔墓

DZXM20　位于墓地发掘区东南部，东约23米处为DZXM21，东南约7米为DZXM9。

1）墓葬形制

土坑竖穴墓，早期盗扰。平面呈长方形，南北长2.78米，东西宽2.1米，深0.6米。方向0°。在墓圹的口部内侧用自然石块垒砌有宽0.46米，高0.2米的石框。石框南半部被取石挖走，留有一明显的凹槽。在墓圹底东南部挖一墓穴，墓穴南北长2米，东西宽0.72米，深0.73米。方向10°。墓穴内置木棺1具，平面呈长方形，两端长于两侧，棺板两边长出两侧棺板约3厘米。木棺系用铁钉钉合。木棺长1.9米，宽0.63米，高0.44米。棺内置尸骨1具，仅存头骨和下肢骨，盆骨至头部以下盗扰，仰身直肢葬，面向西，成年女性（图五四）。

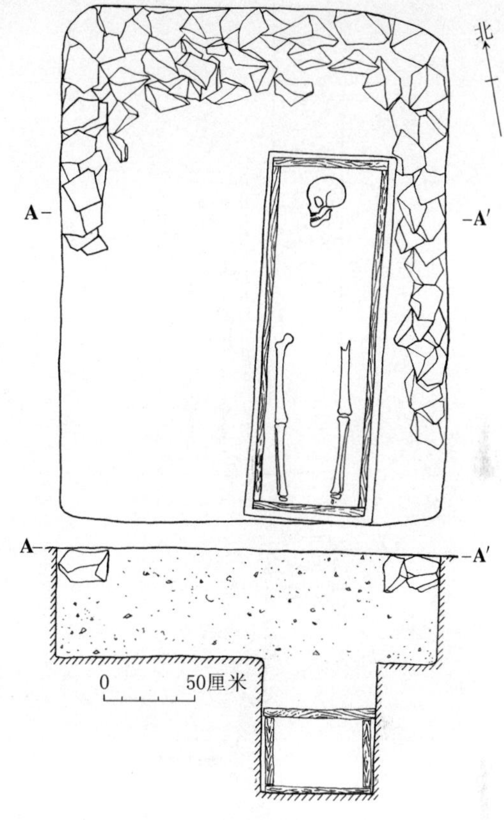

图五四　DZXM20平、剖面图

2）随葬品

墓内无随葬品。

DZXM21　位于墓地发掘区东南部，西距DZXM20约23米，东北约50米为DZXM22。

1）墓葬形制

土坑竖穴墓，早期盗扰。平面呈长方形，东西长3.35米，南北宽2.5米，深0.7～0.98米。方向7°。在墓框里边用自然石块砌有石围墙一周，围墙宽约0.3米，高0.28米，保存较好，其间未坐泥浆。在墓圹底部西南角挖一墓穴，墓穴内紧贴四壁置1木棺，平面呈长方形，两侧长于两端，从出土的铁棺钉判断，木棺应为铁钉钉合。木棺长1.36米，宽0.43米，残高0.3米，棺板厚0.04米。棺内置尸骨1具，仰身直肢葬，保存较好，成年男性（图五五）。

2）随葬品

墓内无随葬品。

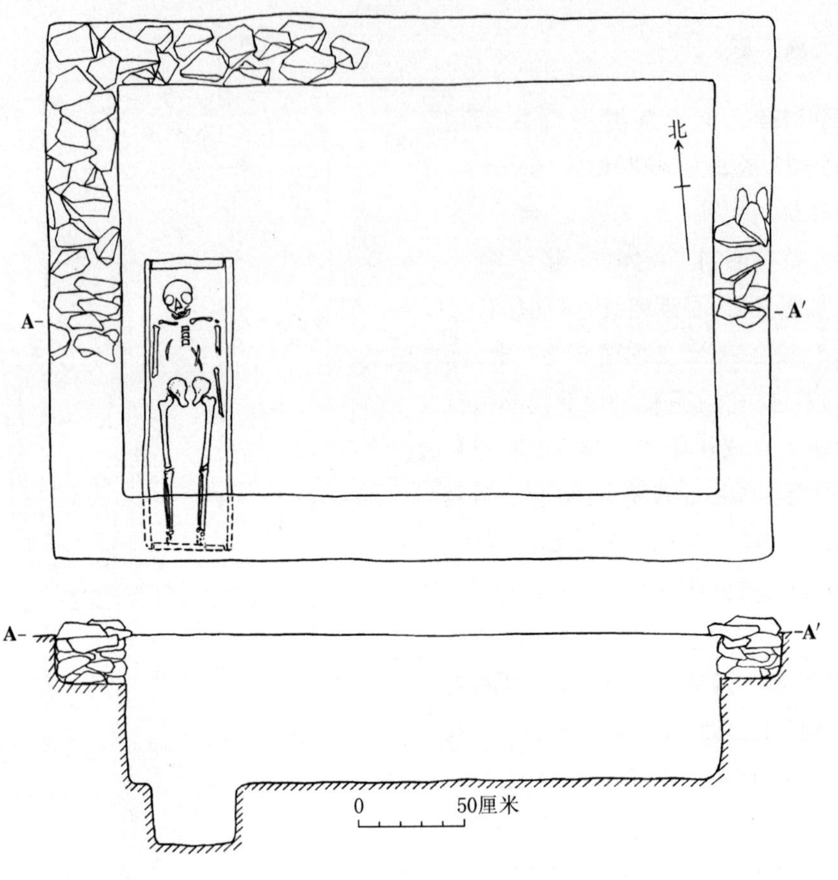

图五五　DZXM21平、剖面图

DZXM22　位于墓地西坡发掘区东南部。东南约50米为DZXM95,西南距DZXM21约50米。

1）　墓葬形制

土坑竖穴墓,平面呈长梯形。长2.2米,头部宽0.9米,尾部宽0.81米,深1.34。方向5°。墓内置木棺1具,因朽蚀严重成木灰,形制不详。从墓内出土的少量棺钉判断,木棺应为铁钉钉合。墓内置尸骨1具,保存较好,仰身直肢葬,面向上,成年男性(图五六)。

2）　随葬品

墓内无随葬品。

10.八号墓茔(DZXMY8)

位于发掘区东南部,西距DZXMY2约30米,东南约40米为DZXMY7。

墓茔平面呈长方形,单墓茔。东西长16.3米,南北宽14米。方向0°。墓茔墙体用自然石块垒砌,较为整齐。墙体除南墙和西墙南端被取石挖掉,留有一明显的凹槽外,其余保存较好。茔墙宽约1米，残高0.7米。门道位于南墙正中，宽1.6米。墓茔内东北和西北部分别有DZXM17、DZXM18两座墓葬(图五七)。

DZXM17　位于DZXMY8东北部。

1）　墓葬形制

土坑竖穴墓，早期盗扰。平面呈长方形，南北长2米，东西宽1.3米，深0.4米。方向0°。墓壁整齐，墓底平整。墓穴内东半部有石板立砌的长方形墓框，现仅保存西壁石板，东、南、北三面石板均被盗扰，西壁石板复原其长度为1.8米，高0.3米。内置尸骨1具，仰身直肢葬，面向西，头骨至盆骨部分被盗扰。盆骨以下完整，胫、腓骨交叉。经鉴定为一男性，年龄约35岁。在石板西侧的墓穴内堆满自然石块(图五八)。

2）　随葬品

墓内无随葬品。

DZXM18　位于DZXMY8西北部。

1）　墓葬形制

土坑竖穴墓，早期盗扰。平面呈长方形，南北长2.37米，

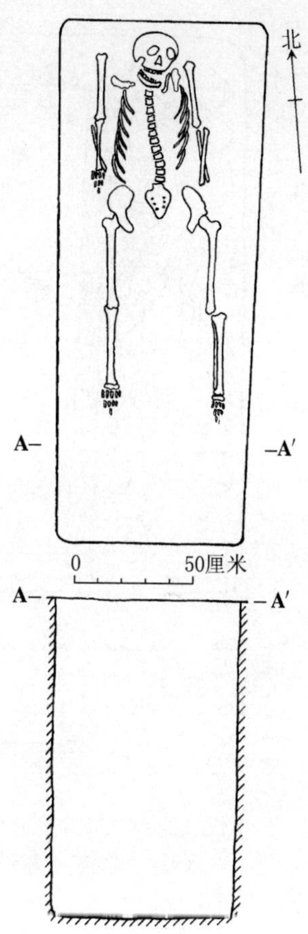

图五六　DZXM22平、剖面图

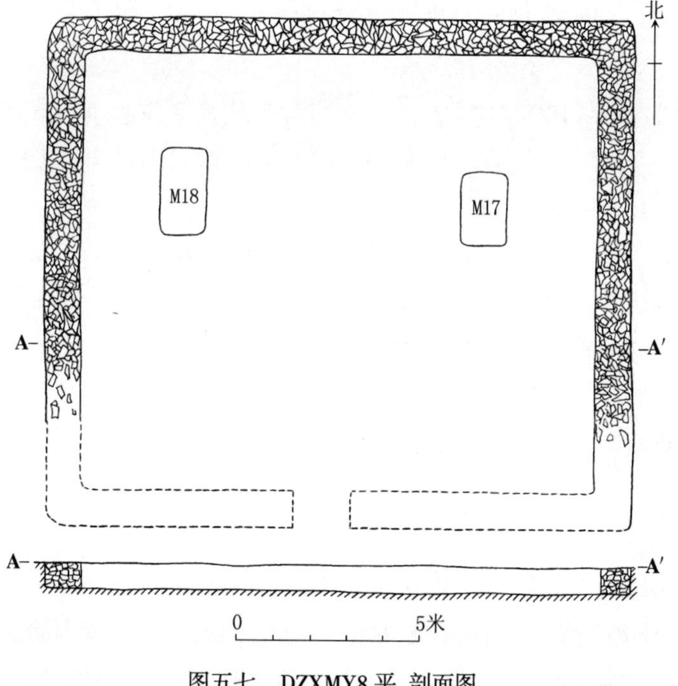

图五七　DZXMY8平、剖面图

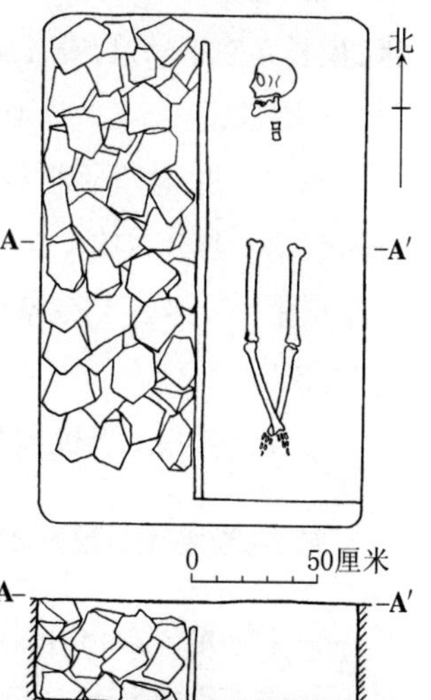

图五八　DZXM17平、剖面图

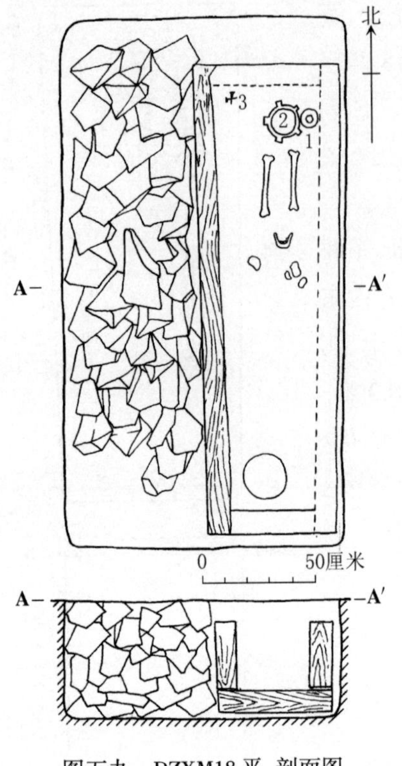

图五九 DZXM18平、剖面图
1.罐 2.铁辖 3.棺钉

东西宽1.28米，深0.52米。方向0°。墓壁整齐，墓底平整。填土内夹杂有少量的碎石块。墓内紧贴东壁置木棺1具，其北部及东侧棺板被盗扰，但仍可复原其形制。木棺平面呈长梯形，前宽后窄，两侧长于两端。采用榫峁结构和铁钉钉合。木棺长2.1米，头部宽0.66米，尾部宽0.59米，残高0.4米。木棺棺板较厚，约10厘米。棺内置尸骨1具，严重盗扰，仅见下颌骨和股骨。葬式不清。经鉴定为一女性，年龄约25～30岁。在棺底近头部出有黑釉瓷罐1件，铁辖1件和铁棺钉2枚，尾部出有漆器1件。木棺西侧部分由墓底向上填满自然石块（图五九）。

2） 随葬品

墓内出土随葬品较少，共36件。以铁器为主，仅有瓷器1件和少量的漆器残片。

瓷器 1件。器形为罐。DZXM18∶1，直口微侈，圆唇短颈，鼓肩，最大腹径略偏上，下腹斜收，平底内凹。瓷质较细，内、外壁均施黑釉，外壁底部脱釉。口径8.8厘米，腹径11.4厘米，底径5.8厘米，高11.2厘米（图六〇，3；彩版贰壹肆，4）。

铁器 34件。多为棺钉。

辖 2件。均残，外轮残存有3齿。DZXM18∶2，外径9.2厘米，内径7厘米，厚1.1厘米，齿长1.1厘米，齿宽1.4厘米（图六〇，2）。DZXM18∶4，外径11.4厘米，内径9.2厘米，厚1.1厘米，齿长1.2厘米，齿宽1.3厘米（图六〇，1）。

棺钉 32枚。形制相同。钉身作方形，头部尖圆，端部扁平，表面锈蚀严重，有少量的朽木痕迹。DZXM18∶3，头部残缺，钉身略作弯曲。残长10.3厘米，截面径0.5厘米×0.6厘米（图六〇，4）。DZXM18∶5，钉身较直。长11.3厘米，截面径0.4厘米×0.75厘米（图六〇，5）。

漆器 1件。朽蚀残损严重，仅存少量的漆片，形制及用途不详。

11.九号墓茔（DZXMY9）

位于墓地发掘区东南端。南约18米为DZXMY10，东北距DZXMY13约13米。

墓茔平面略呈长方形，为双重式墓茔。外茔区东西长17米，南北宽16.5米。方向25°。墓茔墙体用自然石块垒砌，较为规整。茔墙宽0.6米，残高0.8米（最高处残存6层）。

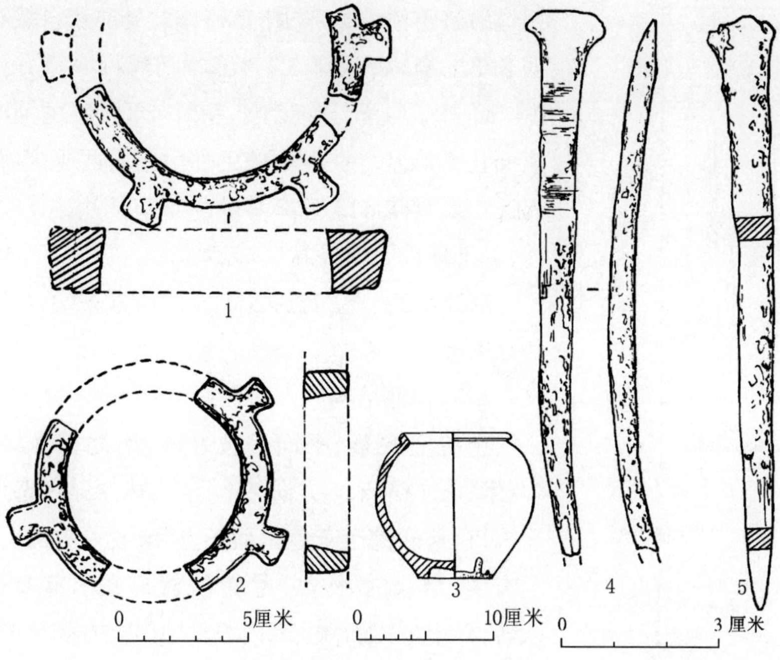

图六〇　DZXM18 出土铁、瓷器

1、2.铁辖(DZXM18∶4、2)　3.瓷罐(DZXM18∶1)　4、5.铁棺钉(DZXM18∶3、5)

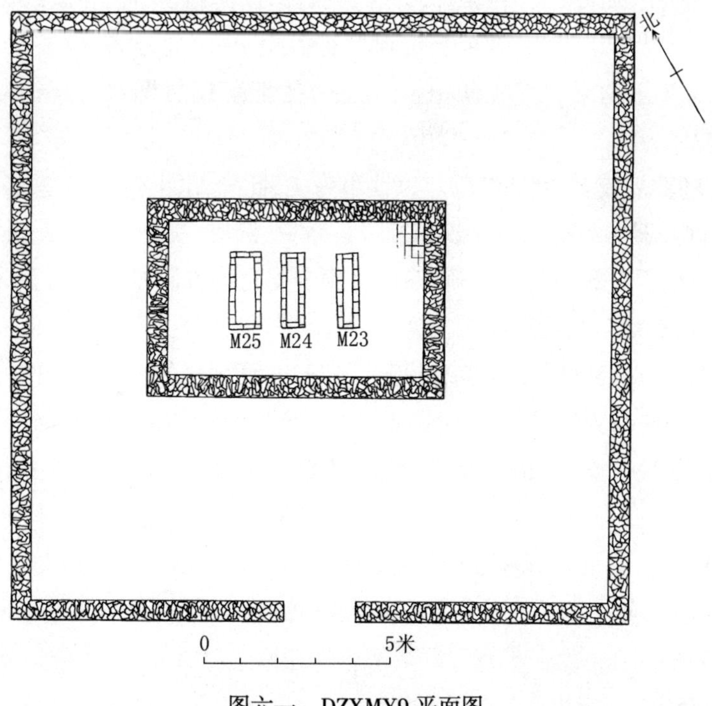

图六一　DZXMY9 平面图

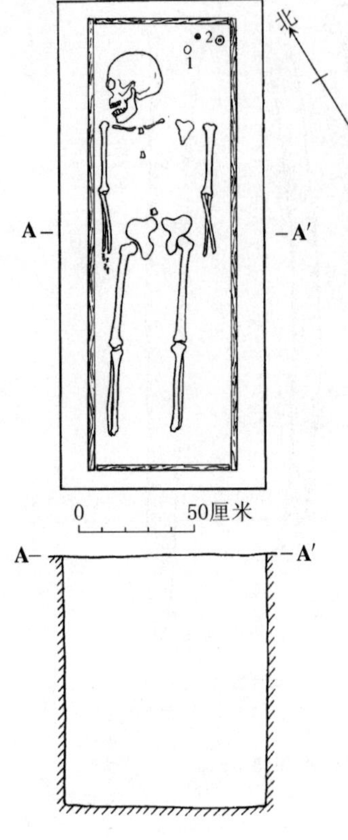

图六二　DZXM23平、剖面图
1.银盒　2.钱币

门道痕迹不清。墓茔内中部略偏北处亦用自然石块垒砌东西长8.1米，南北宽5.3米的内茔墙，墙宽0.55米，残高0.4米。外茔区无任何遗迹。在内茔区整齐的铺有一层灰色素面长方形砖。在石框的中部由东向西排列有DZXM23、DZXM24、DZXM25三座墓葬，墓口四边之上亦砌数层青砖，其上堆以石块(图六一)。

DZXM23　位于DZXMY9内石框东端，西距DZXM24约0.9米。

1）　墓葬结构

土坑竖穴墓，平面呈长方形，南北长2.1米，东西宽0.9米，深1.08米。方向25°。墓穴内紧贴四壁用石块垒砌至墓口，墓底铺有灰色素面长方砖，放入木棺后，将四边填土夯实，填入白泥膏后再填土，最后在木棺上面铺砌3层灰砖，砖上堆以石块。墓内填土中出土有少量的动物骨骼。墓内置木棺1具，平面呈长方形。棺长1.94米，宽0.66米，残高0.32米，棺板厚0.03米。木棺两侧长于两端，从墓内出土的铁钉判断，木棺应为铁钉钉合。墓内置尸骨1具，保存较好，仰身直肢葬，面向西，女性，年龄约25～30岁。棺内东北角随葬有银盒1件，此外，在棺底散布有钱币235枚，填土内出土白釉瓷碗1件(图六二)。

2）　随葬品

墓内出土随葬品较多，共237件。以钱币为主，此外，出土瓷碗、银盒各1件。

瓷器　1件。器形为碗，残。DZXM23：1，敞口，圆唇，浅腹，圈足底，内底较平。瓷质较细，内壁及外壁近口部施白釉，内底残存有两个支钉痕迹。口径16.2厘米，底径7.2厘米，高4.8厘米(图六三，1；图版一二，4)。

银盒　1件。DZXM23：2，平面作圆形，子母口，两面微鼓。两面均作牡丹花纹，一面为盛开的牡丹，另一面为牡丹花蕾，边饰卷云纹。盒之上端均钻有一孔，分别穿有银链，两链交合用一链联接。全长36.5厘米，盒径4.5厘米，厚0.8～1.3厘米，链长32厘米(图六三，2)。

钱币　235枚。以北宋钱和金钱为主，少量的唐钱和元钱，其中钱文不清者7枚。

唐钱　11枚。均为“开元通宝”。折二，八分书，对读。DZXM23：3。直径2.5厘米(图六四，1)。

北宋钱　75枚。

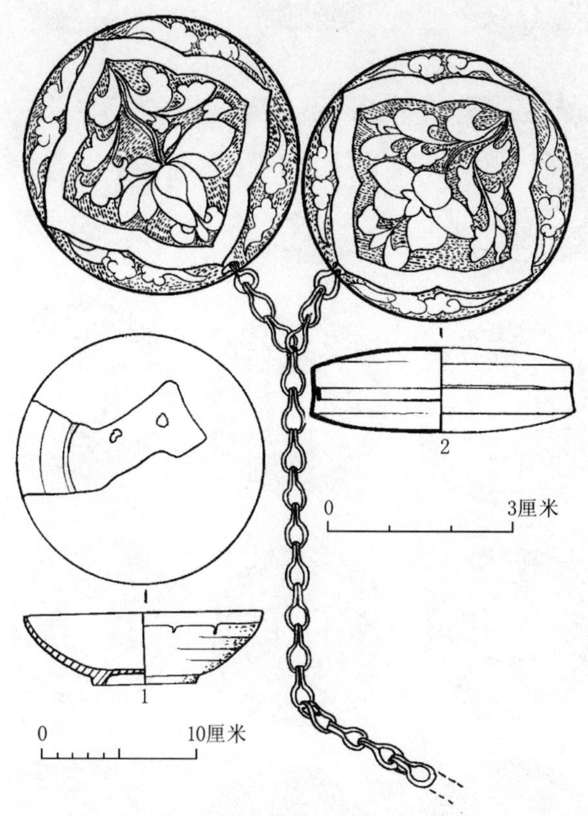

图六三　DZXM23出土银、瓷器
1.瓷碗(DZXM23：1)　2.银盒(DZXM23：2)

咸平元宝　2枚。折二,真书,旋读。DZXM23：4,直径2.4厘米(图六四,2)。

景德元宝　2枚。折二,真书,旋读,郭较宽。DZXM23：5,直径2.4厘米(图六四,3)。

祥符元宝　2枚。折二,真书,旋读。DZXM23：6,直径2.5厘米(图六四,4)。

天禧通宝　1枚。DZXM23：7,折二,真书,钱文模糊,旋读。直径2.5厘米(图六四,5)。

天圣元宝　6枚。折二,旋读,直径2.5厘米。DZXM23：8,真书(图六四,6)。DZXM23：9,篆书(图六四,7)。

皇宋通宝　10枚。折二,对读。DZXM23：10,真书,字体较小。直径2.45厘米(图六四,8)。DZXM23：11,篆书,字体略小。直径2.4厘米(图六四,9)。DZXM23：12,篆书,字体略大。直径2.4厘米(图六四,10)。

嘉祐元宝　2枚。折二,真书,旋读。DZXM23：13,直径2.45厘米(图六四,11)。

嘉祐通宝　2枚。折二,对读。DZXM23：14,真书。直径2.45厘米(图六四,12)。DZXM23：15,篆书。直径2.5厘米(图六四,13)。

治平元宝　1枚。DZXM23：16,折二,篆书,旋读。直径2.4厘米(图六四,14)。

图六四　DZXM23 出土钱币
1～35、钱币（DZXM23：3～37）

治平通宝　1枚。DZXM23∶17,小平,篆书,对读。直径2.3厘米(图六四,15)。

熙宁元宝　11枚。旋读。DZXM23∶18,折二,真书。直径2.4厘米(图六四,16)。DZXM23∶19,小平,真书。直径2.3厘米(图六四,17)。DZXM23∶20,折二,篆书。直径2.4厘米(图六四,18)。DZXM23∶21,小平,篆书。直径2.3厘米(图六四,19)。

元丰通宝　15枚。旋读。DZXM23∶22,折二,行书。直径2.4厘米(图六四,20)。DZXM23∶23,小平,行书。直径2.3厘米(图六四,21)。DZXM23∶24,折二,篆书,字体略大。直径2.5厘米(图六四,22)。DZXM23∶25,篆书,宽郭,字体略小。直径2.4厘米(图六四,23)。

元祐通宝　9枚。折二,旋读。直径2.4厘米。DZXM23∶26,行书,(图六四,24)。DZXM23∶27,篆书(图六四,25)。

绍圣元宝　3枚。旋读。DZXM23∶28,小平,篆书,字体较小。直径2.3厘米(图六四,26)。DZXM23∶29,折二,篆书,宽郭,字体较大。直径2.4厘米(图六四,27)。

元符通宝　2枚。折二,旋读。DZXM23∶30,行书。直径2.45厘米(图六四,28)。DZXM23∶31,篆书,字迹模糊。直径2.4厘米(图六四,29)。

圣宋元宝　5枚。折二,旋读。DZXM23∶32,行书。直径2.45厘米(图六四,30)。DZXM23∶33,篆书。直径2.4厘米(图六四,31)。

政和通宝　1枚。DZXM23∶34,折二,篆书,对读。直径2.4厘米(图六四,32)。

金钱　139枚,均为“大定通宝”。小平,真书,对读。DZXM23∶35,直径2.3厘米(图六四,33)。DZXM23∶36,背穿上施“酉”字。直径2.2厘米(图六四,34)。

元钱　3枚,为“大元通宝”。折十,八思巴文,对读,字迹清晰。DZXM23∶37,直径4.1厘米(图六四,35)。

DZXM24　位于DZXMY9石框中部。东距DZXM23约0.9米,西面约0.5米为DZXM25。

1)　墓葬结构

土坑竖穴墓,平面呈长方形,墓壁整齐,由上向下略内收。墓口南北长2.1米,东西宽0.7米,深1.04米;墓底长2米,宽0.64米。方向25°。墓内偏南置1木棺,木棺平面呈长方形,长1.75米,宽0.58米,残高0.45米,棺板厚0.04米。木棺两侧长于两端,用铁钉钉合。棺内葬尸骨1具,保存完整。仰身直肢葬,面向西,女性,年龄约20～22岁(图六五)。

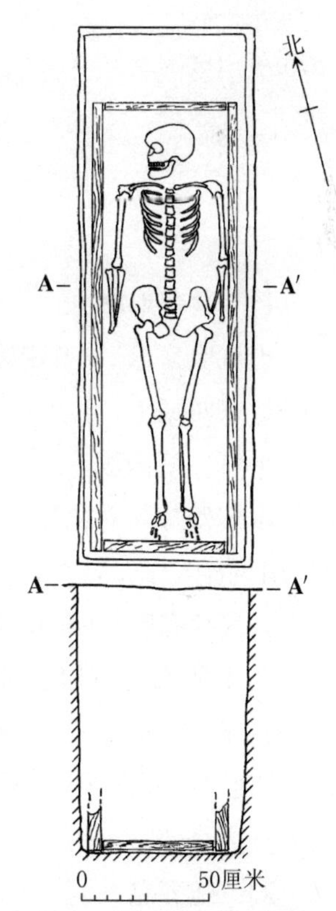

图六五　DZXM24平、剖面图

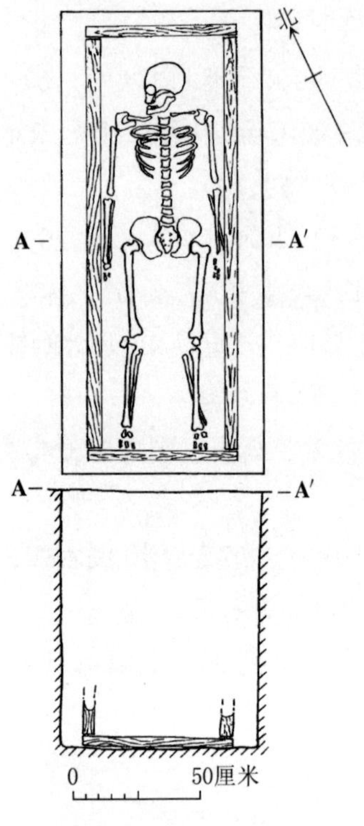

图六六　DZXM25平、剖面图

2）　随葬品

墓内无随葬品。

DZXM25　位于DZXMY9西端，东距DZXM24约0.5米。

1）　墓葬形制

土坑竖穴墓，平面呈长方形，南北长1.82米，东西宽0.8米，深1米。方向25°。墓壁加工规整，墓底平整。墓内置木棺1具，保存较好。长1.7米，宽0.6米，残高0.16米，棺板厚0.04米。木棺两端长于两侧，用铁钉钉合。棺内葬有尸骨1具，保存完整。仰身直肢葬，面向西，男性，年龄45岁左右(图六六)。

2）　随葬品

墓内无随葬品。

12.无墓茔墓

DZXM26　位于墓地发掘区东南部东端，西距DZXMY12约100米。

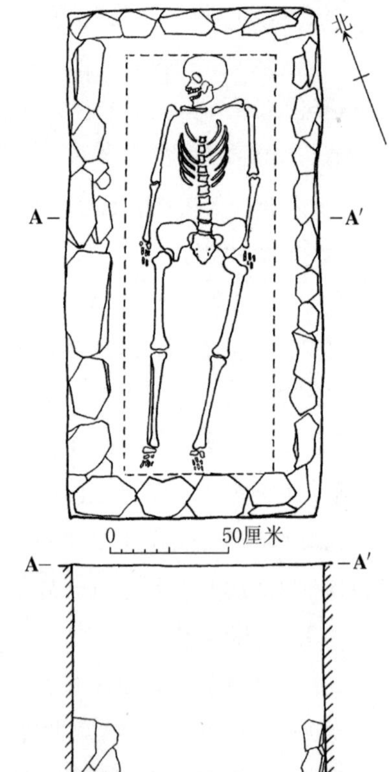

图六七　DZXM26平、剖面图

1）　墓葬形制

土坑竖穴墓，早期盗扰。平面呈长方形，南北长2.2米，东西宽1.1米，深1.3米。方向20°。墓壁整齐，墓底平整。墓内填土中夹杂有碎石、残砖及少量的骨骼和木棺残片。墓内紧贴墓穴四壁用自然石块叠砌，西、南两壁略宽，约0.19～0.2米，东北两壁略窄，约0.1米，现存高度0.64米。内置木棺1具，残损严重，从残存朽木灰大致可以复原其形状。木棺平面呈长方形，长1.8米，宽0.63米。棺内置尸骨1具，保存完好。仰身直肢葬，面向西，男性，年龄25岁左右，含有欧罗巴人种成分(图六七)。

2）　随葬品

墓内无随葬品。

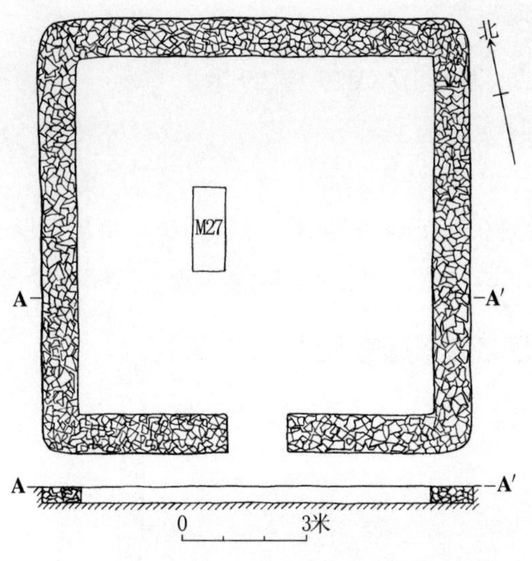

图六八　DZXMY10平、剖面图

13.十号墓茔(DZXMY10)

位于墓地发掘区东南部,北距DZXMY9约18米。

墓茔平面呈正方形，单墓茔。边长10.5米,方向10°。墓茔墙体用自然石块垒砌,较为规整。墙体宽约0.9米,现存高度0.8米。门道位于南墙正中,宽1.5米。墓茔内仅发现DZXM27一座墓葬(图六八)。

DZXM27　位于DZXMY10中部偏西处。

1)　墓葬形制

土坑竖穴墓,早期盗扰。平面呈长方形,南北长2米,东西宽0.8米,深1米。方向10°。墓壁加工整齐,墓底平整。墓内置木棺1具,因朽蚀严重形状不清,从墓内出土的棺钉判断,木棺应系铁钉钉合。棺内葬有尸骨1具,保存完整。仰身直肢葬,面向西南,男性,年龄约17～19岁。含有欧罗巴人种成分(图六九)。

2)　随葬品

墓内无随葬品。

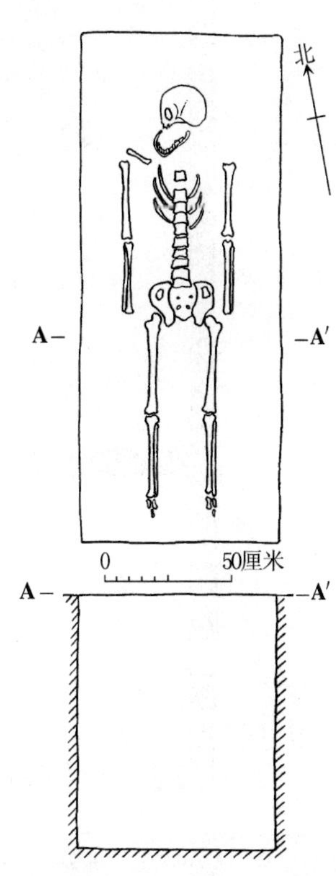

图六九　DZXM27平、剖面图

14.十一号墓茔(DZXMY11)

位于墓地发掘区中部偏东。东约6米处分别为DZXMY44、DZXMY45，西南距DZXM100约30米，北距DZXMY46约30米。

墓茔平面呈长方形,为二进式墓茔。墓茔南北长29米,东西宽23.2米。方向10°。墓茔墙体保存完整,系用自然石块垒砌。茔墙宽0.6米,现存高度0.9米。门道位于南墙中部略偏西,宽2.5米。墓茔南部距南墙6.9米处用宽0.5米的自然石块东西向砌有一隔墙，将墓茔分为南、北两区,隔墙门道与南墙门道处在同一轴线,宽2.5米。南茔区内无任何遗迹，北茔区中部偏北处发现有

DZXM28 和 DZXM29 两座墓葬(图七〇)。

DZXM28　位于 DZXMY11 中部略偏东北处,西距 DZXM29 约 3.9 米。

1)　墓葬形制

为砖室墓,早期盗扰。由墓圹和墓室两部分组成。

墓圹　平面呈长方形,东西长 1.1 米,南北宽 0.9 米,深 0.74 米。方向 10°。墓圹四壁加工整齐,填土中出有较多的石块和砖。

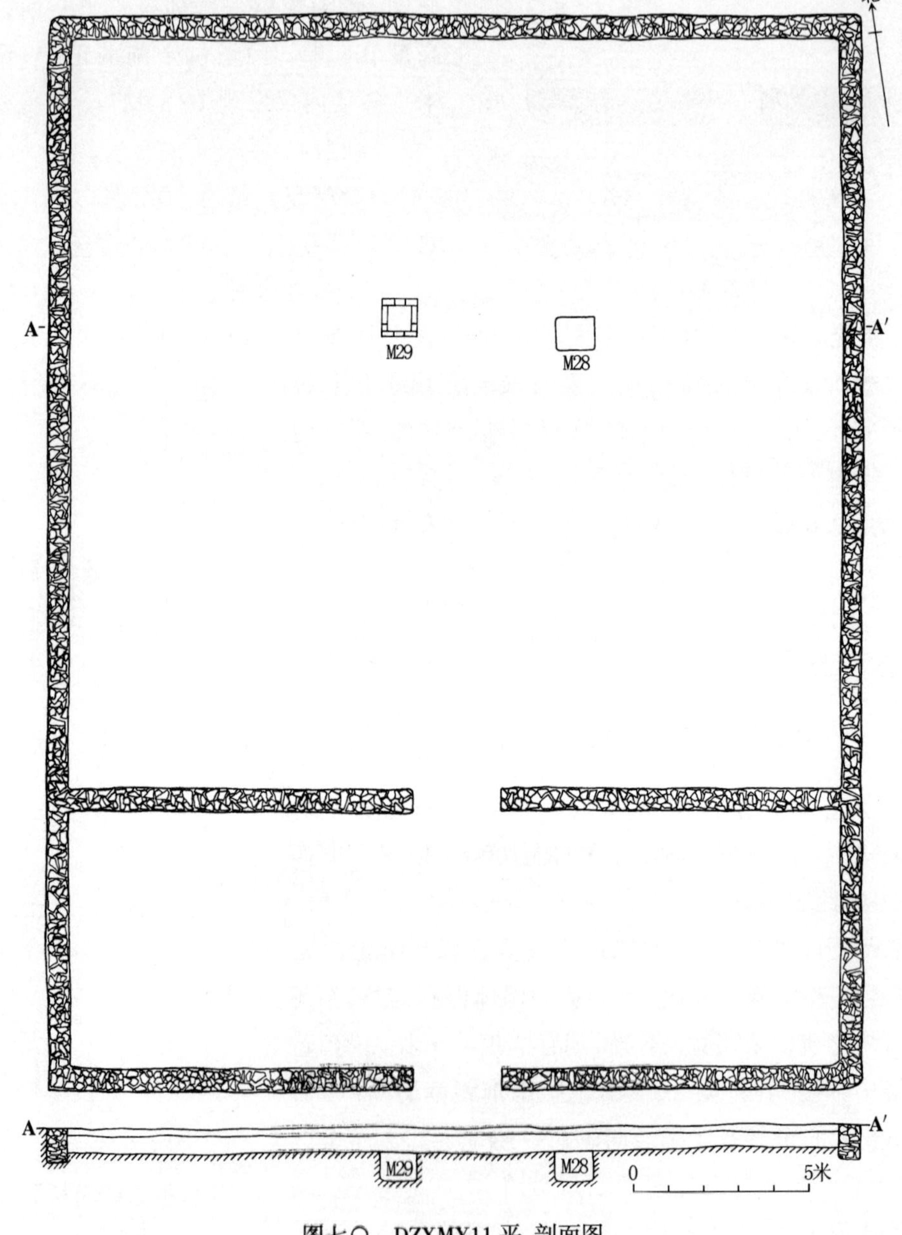

图七〇　DZXMY11 平、剖面图

墓室　为砖室墓，紧贴墓圹券砌。因早期盗扰破坏，仅在墓室西壁和南壁残存有1～4层砖。残长1.08米，残宽0.88米，残高0.04～0.16米。从残存情况看，墓室先在墓底平铺一层石板，在石板之上用长0.29米，宽0.14米，厚0.04米的灰色素面长方砖券砌，砖间坐有泥浆。墓室内底部铺有一层木板，墓门位置不清。墓内散布有少量骨灰，从墓内出土的铁钉来看，骨灰原应装在木制骨灰盒内。

墓内严重盗扰，在墓室西北角出土残瓷罐1件，近南壁中部略偏东处出土1动物骨骼，墓底西部铺石上刻有墓志，墓底散布有钱币75枚。此外，在墓内填土中出有瓷瓶1件（图七一）。

2）随葬品

墓内出土随葬品较多，共81件。以钱币为主，少量的瓷器，另有墓志和动物骨骼。

瓷器　1件。为四系小口瓶，系残。DXM28：1，小口圆唇，短折沿，溜肩，肩部施对称四系（均残），长圆腹，圈足底。瓷质较粗，口部及外壁施黑釉，近底脱釉。口径5.2厘米，腹径12.4厘米，底径7.2厘米，高24.4厘米（图七四，2；彩版贰壹玖，3）。

墓志　1件。DZXM28：4，完整。用灰白色岩石制成，碑身平面呈梯形，两面加工平

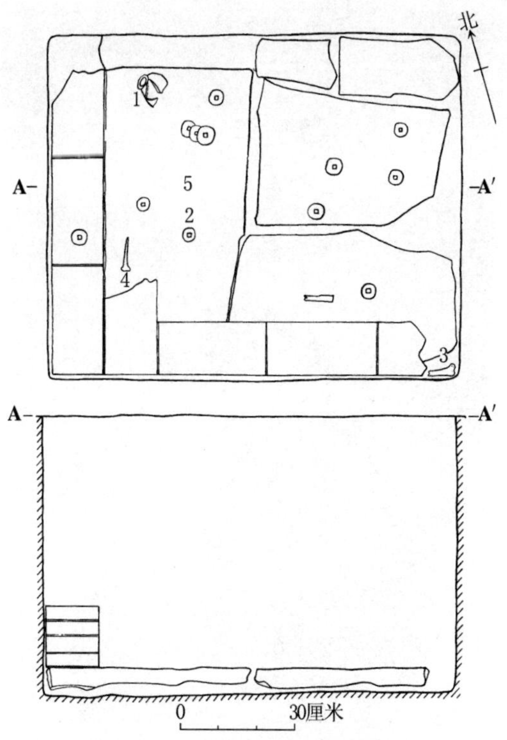

图七一　DZXM28平、剖面图
1.四系小口瓶　2.钱币　3.动物骨骼　4.棺钉　5.墓志

整，由上至下渐厚。碑身一面刻一边框，边框内阴刻有楷书，4行21字。碑文为“上都小东关住人□□黄得禄之位小黄大多□女合舍”。全长79厘米，碑身长54厘米，碑身宽45～52.5厘米，碑座长25厘米，碑座宽34～38厘米，厚9～11厘米（图七二；彩版贰壹伍）。

动物骨骼　2件。均为肢骨，残。DZXM28：3，残长6.8厘米（图七六，5）。DZXM28：5，残长4.9厘米（图七六，6）

钱币　77枚。以北宋钱为主，唐钱次之，少量的金钱。其中钱文不清者2枚，瘗钱3枚。

唐钱　19枚。均为“开元通宝”。折二，八分书，对读。DZXM28：2，穿上饰仰月。直径2.5厘米（图七五，1）。DZXM28：6，直径2.4厘米（图七五，2）。

北宋钱　48枚。

至道元宝　2枚。折二，旋读，宽郭。DZXM28：7，真书。直径2.45厘米（图七五，3）。DZXM28：8，草书，直径2.4厘米（图七五，4）。

咸平元宝　3枚。DZXM28：9，折二，真书，旋读，宽郭。直径2.45厘米（图七五，5）。

景德元宝　4枚。DZXM28：10，折二，真书，旋读，宽郭。直径2.4厘米（图七五，6）。

图七二　DZXM28出土墓志拓片（DZXM28：4）

祥符元宝　4枚。折二,真书,旋读,郭较宽。DZXM28：11,直径2.5厘米(图七五,7)。

祥符通宝　2枚。折二,真书,旋读,宽郭。DZXM28：12,直径2.5厘米(图七五,8)。

天禧通宝　1枚。DZXM28：13,折二,真书,旋读。直径2.5厘米(图七五,9)。

天圣元宝　3枚。折二,真书,旋读。DZXM28：14,直径2.4厘米(图七五,10)。

景祐元宝　1枚。DZXM28：18,折二,篆书,旋读,宽郭。直径2.55厘米(图七五,14)。

皇宋通宝　5枚。对读。直径2.4厘米。DZXM28：15,真书,字体较大(图七五,11)。DZXM28：16,真书,宽郭,字体较小(图七五,12)。DZXM28：17,篆书,(图七五,13)。

熙宁元宝　4枚。旋读。DZXM28：19,折二,真书,字体较大。直径2.5厘米(图七五,15)。DZXM28：20，折二，真书，郭较宽。直径2.4厘米（图七五,16)。DZXM28：21,折二,真书,郭较宽。直径2.4厘米(图七五,17)。DZXM28：22,小平,篆书(图七五,18)。

元丰通宝　13枚。折二,旋读,郭较宽。DZXM28：23,行书(图七五,19)。DZXM28：24,篆书(图七五,20)。

元祐通宝　3枚。折二，旋读。直径2.4厘米。DZXM28：25，行书（图七五,21)。DZXM28：26,篆书,宽郭(图七五,22)。

绍圣元宝　3枚。折二，旋读。直径2.4厘米。DZXM28：29，行书（图七五,25)。DZXM28：30,篆书,宽郭(图七五,26)。

金钱　5枚。均为“大定通宝”。小平,真书,对读,直径2.3厘米。DZXM28：27,背穿上饰“酉”字(图七五,23)。DZXM28：28,光背(图七五,24)。

DZXM29　位于北茔区中部偏西北处,东距DZXM28约3.9米。

1）　墓葬形制

砖室穹隆顶墓,早期盗扰。由墓圹、墓室2部分组成。

墓圹　平面略呈长方形,东西长1.1米,南北宽1.05米,现存深度0.75米。方向10°。墓圹四壁加工整齐,填土内夹杂有少量的砖块。

墓室　为砖室穹隆顶墓,平面略呈长方形,东西长0.98米,南北宽0.93米,顶部破坏,残高0.75米。墓室用长0.29米,宽0.14米,厚0.04米的灰色素面长方砖横向券砌,厚0.14米,砖间坐有泥浆。墓室四壁由下向上由两纵两横相间券砌。由墓底向上0.44米处开始叠涩内收,逐渐变成圆形,墓顶由于早期被盗,最高处现存5层砖,墓门位置不详。墓室地面由砌墓砖一纵两横铺砌,铺砌不甚规整。

墓室地面中部葬有骨灰两处,从周围出土的铁钉和小块朽木判断,骨灰原应装在木制骨灰盒内。在紧贴墓壁西南角由南向北分别随葬有梅瓶2件、彩石1件、带盖黑釉瓷罐

1 件；在东南角随葬有香炉 1 件，东壁中段和北段出有 3 块彩石，北壁东侧出有蓝釉香炉盖 1 件。此外，在墓室地面散布有 40 枚钱币（图七三）。

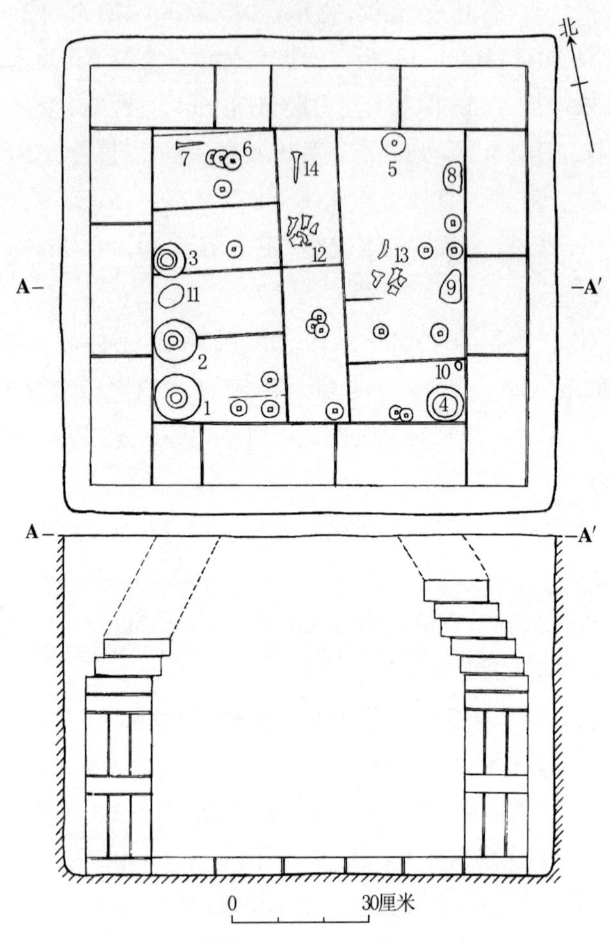

图七三　DZXM29 平、剖面图

1、2.梅瓶　3.带盖罐　4.香炉　5.香炉盖　6.钱币　7.14 棺钉　8～11.彩石　12、13.骨灰

2）　随葬品

墓内出土随葬品较多，共 50 件。以钱币为主，少量的瓷器、釉陶器、砖和彩石。

瓷器　3 件。有梅瓶和带盖罐。

梅瓶　2 件。形制相同，完整。小口圆唇，短折沿，束颈鼓肩，长圆腹，最大腹径偏上，下腹斜收，近底外侈，平底内凹。瓷质较细，上腹施凹弦纹。DZXM29：1，口部及外壁施茶绿釉。口径 5.2 厘米，腹径 14.2 厘米，底径 9.6 厘米，高 28 厘米（图七四，1；彩版贰壹陆，1）。DZXM29：2，口部及外壁施黑釉。口径 5.6 厘米，腹径 14.8 厘米，底径 9.6 厘米，高 27.2 厘米（图七四，3；彩版贰壹陆，2）。

带盖罐　1 件。DZXM29：3，直口微移，圆唇鼓肩，圈足底。瓷质较粗，内、外壁均施黑釉，口部及外壁近底脱釉。罐盖呈圆弧形，盖顶中部作一圆纽，内作子母口，外壁施黑釉，内壁脱釉。口径7.2厘米，腹径14.2厘米，底径6.6厘米，高14.2厘米（图七四，5；彩版贰壹陆，4）。

釉陶器　1件。为带盖香炉，DZXM29：4，完整。直口平沿，尖圆唇，颈部较长，扁鼓腹。腹部对称贴塑有行龙一条，间饰云纹。底部施3个尖圆足。香炉盖呈圆弧顶，盖顶中部作一小圆纽，内作子母口。香炉口部、外壁及盖壁均施蓝釉。口径9.6厘米，腹径9.6厘米，高13厘米（图七四，4；彩版贰壹陆，3）。

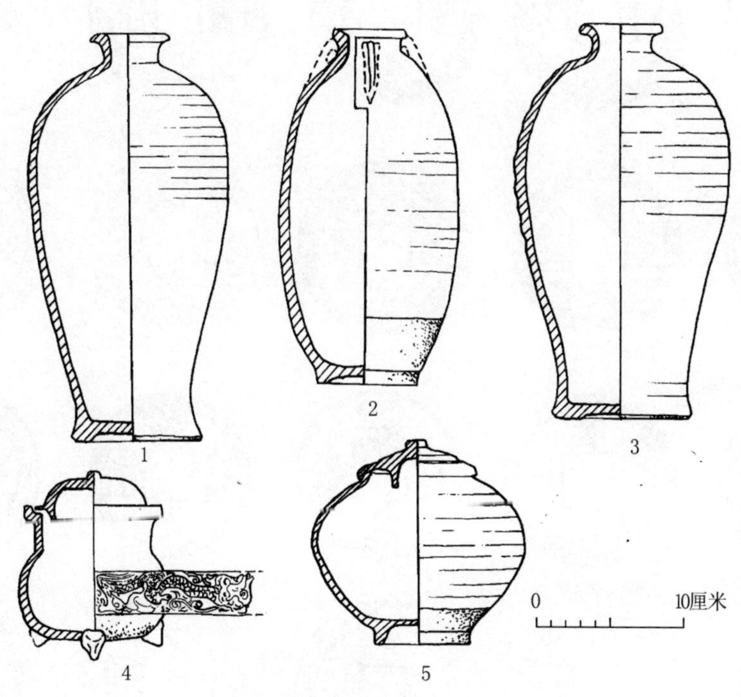

图七四　DZXM28、M29出土瓷、釉陶器

1、3.瓷梅瓶（DZXM29：1、2）　2.四系小口瓷瓶（DZXM28：1）　4.带盖釉陶香炉（DZXM29：4）　5.带盖瓷罐（DZXM29：3）

砖　2块。券墓用砖。灰色，素面，长方形。DZXM29：11，长29.5厘米，宽14厘米，厚4.5厘米。

彩石　4块。皆为自然石，未经加工。DZXM29：7，河卵石，呈暗红色，作扁体椭圆形，表面光滑。直径3.8厘米×4.5厘米，厚2.4厘米（图七六，2）。DZXM29：8，河卵石，呈暗红色，椭圆体，表面光滑长3.1厘米，宽2.5厘米，厚2厘米（图七六，4）。DZXM29：9，作不规则方形，呈红黄色，表面有烟炱，似经火烧过。长4.3厘米，宽3.6厘米，厚3.6厘米（图七六，1）。DZXM29：10，作不规则方形，呈黄红色，表面涂有红色。长3.9～4.4厘米，厚3.6

图七五　DZXM28、M29出土钱币

1～27.钱币(DZXM28：2、6～30、DZXM29：6)

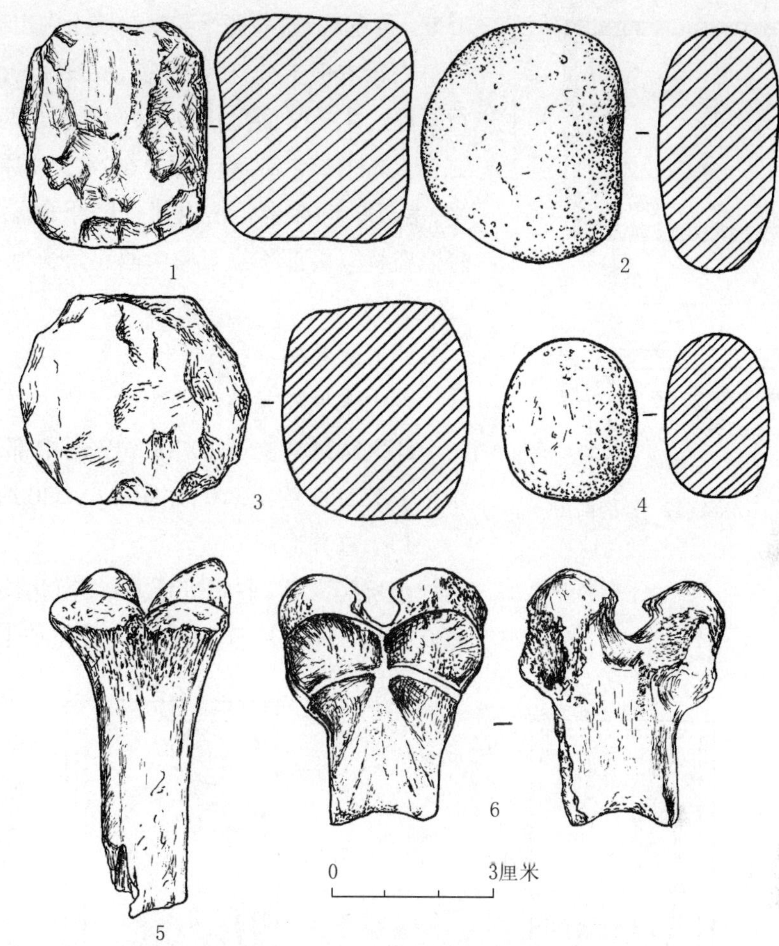

图七六　DZXM28、M29 出土石、骨器

1～4 彩器（DZXM29：9、7、10、8）　5、6 动物骨骼（DZXM28：3、5）

厘米（图七六，3）。

钱币　40 枚。均为"大定通宝"。小平，真书，对读。DZXM29：6，直径 2.3 厘米（图七五，27）。

15.十二号墓茔（DZXMY12）

位于墓地发掘区东南部东端。东约 100 米为 DZXM26，西距 DZXMY13 约 30 米。

墓茔平面呈长方形，单墓茔。东西长 5.4 米，南北宽 4 米。方向 0°。茔墙系用自然石块垒砌，四墙除东墙不规整外，其余三墙均较整齐，宽 0.3 米，现存高度 0.8 米，门道不清。墓茔之内葬有 4 座墓，分别为 DZXM30、DZXM31、DZXM32、DZXM50（图七七）。

DZXM30　位于 DZXMY12 西北角，东距 DZXM31 约 1.6 米。

1）　墓葬形制

土坑竖穴墓，早期盗扰。平面呈长方形，南北长 1.9 米，东西宽 0.7 米，深 0.7 米。方向

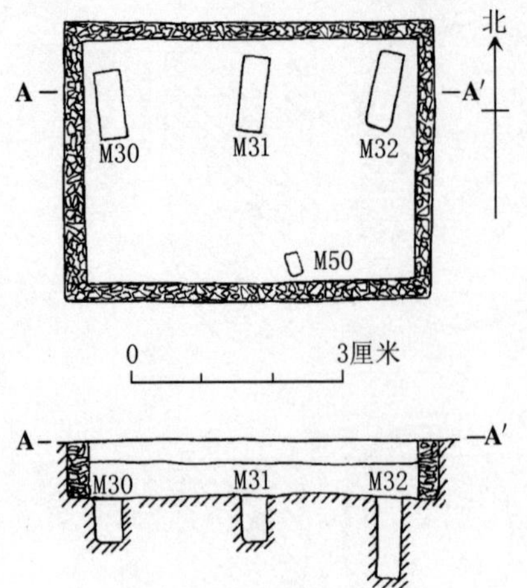

图七七　DZXMY12平、剖面图

355°。墓壁规整,墓底平整。在填土内出有少量的棺钉。内置木棺1具,朽蚀严重,从残存的少量棺板进行复原。木棺平面呈长方形,两端长于两侧,用铁钉钉合。木棺长1.87米,宽0.67米,复原高度约0.4米,棺板厚0.03米。棺内葬有尸骨1具,仰身直肢,轻微盗扰。头部移位至棺内西北角。为一成年女性(图七八)。

2)　随葬品

墓内未见随葬品。

DZXM31　位于DZXMY12的中部近北茔墙。东距DZXM32约1.5米,西距DZXM30约1.6米。

1)　墓葬形制

土坑竖穴墓,平面呈长方形,南北长2米,东西宽0.8米,深0.7米。方向15°。墓壁加工规整,墓底

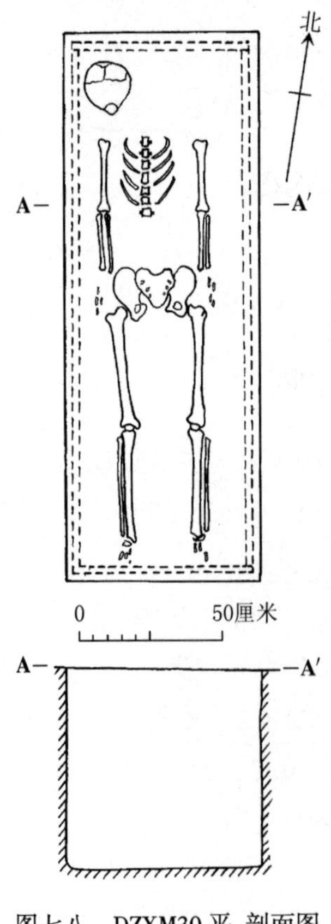

图七八　DZXM30平、剖面图

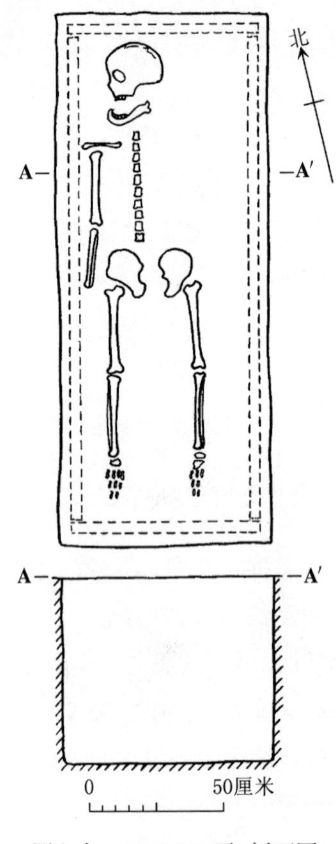

图七九　DZXM31平、剖面图

平整。墓内置木棺1具，朽蚀较为严重，但仍可复原其形制。木棺平面呈长方形，两端长于两侧，用铁钉钉合。棺长1.92米，宽0.72米，残高0.37米，棺板厚0.04米。棺内葬有尸骨1具，保存完整。头部略有破碎。仰身直肢葬，成年女性（图七九）。

2）随葬品

墓内无随葬品。

DZXM32　位于DZXMY12之东北角，西距DZXM31约1.5米。

1）墓葬形制

土坑竖穴墓，早期盗扰。平面呈长方形，南北长2.1米，东西宽0.7米，深1.2米。方向15°。墓壁加工规整，墓底平整。墓内置木棺1具，保存较好。平面呈长方形，两端长于两侧，系用铁钉钉合。棺长2.02米，宽0.66米，残高约0.5米，棺板厚0.06米。棺内葬有尸骨1具，保存较好，仰身直肢，尸骨中缺尺骨和桡骨，面向上，男性，年龄30～35岁左右（图八〇）。

2）随葬品

墓内无随葬品。

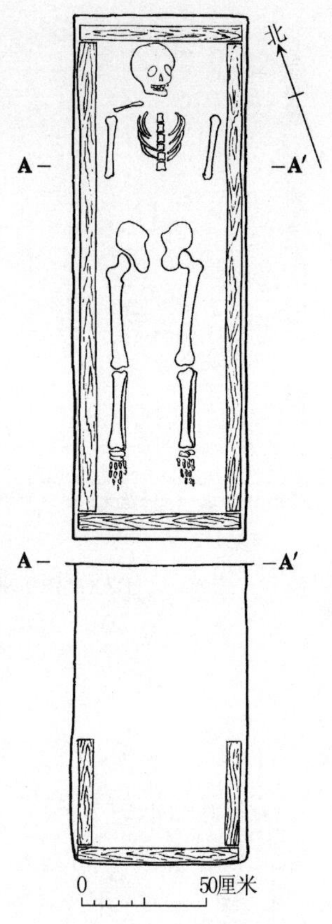

图八〇　DZXM32平、剖面图

DZXM50　位于DZXMY12中部偏东南茔墙内侧，东北、西北约1.7米分别为DZXM32、DZXM31。

1）墓葬形制

土坑竖穴墓，早期盗扰。平面呈长方形，南北长0.7米，东西宽0.4米，深0.7米。方向330°。墓内置木棺一具，因朽蚀严重，形制不清；从残存的铁钉判断，木棺应系铁钉钉合。棺内葬有一小孩。约为2～3岁儿童。（图八一）。

2）随葬品

墓内无随葬品。

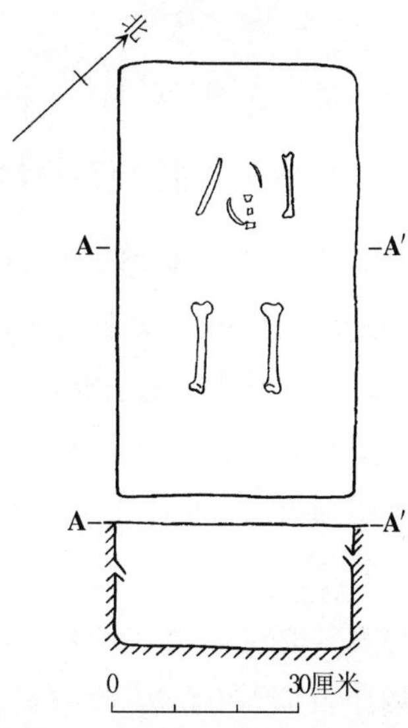

图八一　DZXM50平、剖面图

16.十三号墓茔（DZXMY13）

位于墓地发掘区东南部东端。东约30米为DZXMY12，西南距DZXMY9约20米。

墓茔平面呈长方形，为二进式墓茔。东西长22.2米，南北宽19.2米。方向40°。茔墙砌石大部取走，仅残存西北一隅，

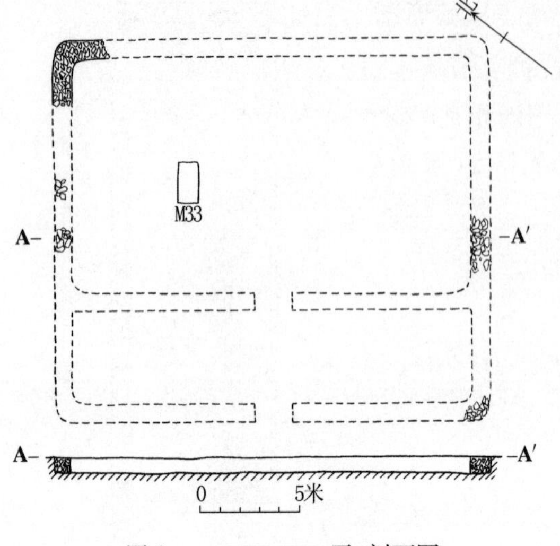

图八二 DZXMY13 平、剖面图

取石处留有明显的凹沟，基本可复原墓茔形制。从西北角残存茔墙墙体判断，墓茔墙体均用自然石块垒砌。茔墙宽约 1 米，现存高度约 0.8 米。在距墓茔南茔墙 4.7 米处，东西向砌有一墙（留有明显凹沟），将茔区分为南、北两区。墓茔各墙没有发现门道痕迹。南茔区内无任何遗迹，北茔区内有 DZXM33 一座墓葬（图八二）。

DZXM33 位于 DZXMY13 中部偏西处。

1） 墓葬形制

土坑竖穴墓，早期盗扰。平面呈长方形，南北长 2.6 米，东西宽 1.4 米，深 1.2 米。方向 40°。墓壁加工规整，墓底平整。墓内填土中发现有少量的铁钉和棺板。墓内中部略偏北处置 1 木棺，木棺基本保存完好。木棺平面呈长方形，长 2.09 米，宽 0.8 米，残高 0.46 米。棺板厚 0.04 米，棺板两侧长于两端，系用铁钉钉合。墓内葬有尸骨 1 具，保存完整。仰身直肢葬，面向上，成年男性（图八三）。

2） 随葬品

墓内无随葬品。

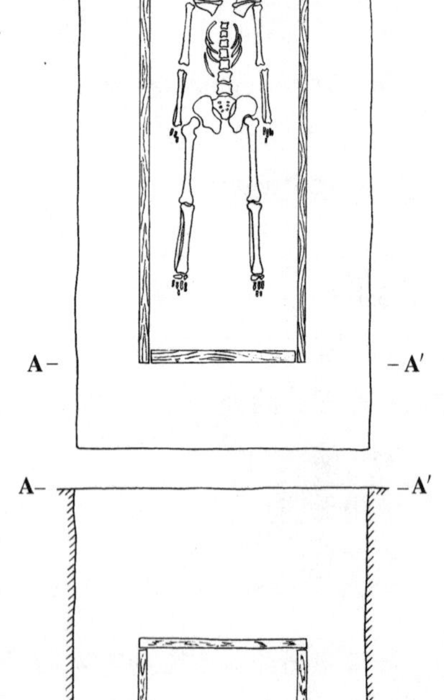

图八三 DZXM33 平、剖面图

17.十四号墓茔（DZXMY14）

位于墓地发掘区东南部北端。东南约 31 米处为 DZXMY16，西南距 DZXM98 约 70 米。

墓茔平面呈长方形，为双重式墓茔。外茔区南北长 15.5 米，东西宽 14.8 米。方向 10°。墓茔墙体用自然石块砌成，较为整齐。茔墙宽约 0.45 米，现存高度 1 米，没有发现门道痕迹。茔墙中部略偏西北部用自然石块垒砌一南北长 8.4 米，东西宽 4.5 米的内茔，内茔石墙宽 0.6 米，现存高度 0.4 米。外茔区无任何遗迹。在内茔区中段紧贴东墙用砖纵砌一边长 0.9

米,高 0.18 米的正方形祭台,在西南角和中部偏南铺有少量的砖面。在内茔区中部偏北(祭台北面)由西向东分别为排列整齐的 DZXM41、DZXM38、DZXM40,中部(祭台西面)有 DZXM39、DZXM37,祭台南面为 DZXM36,共 6 座墓(图八四)。

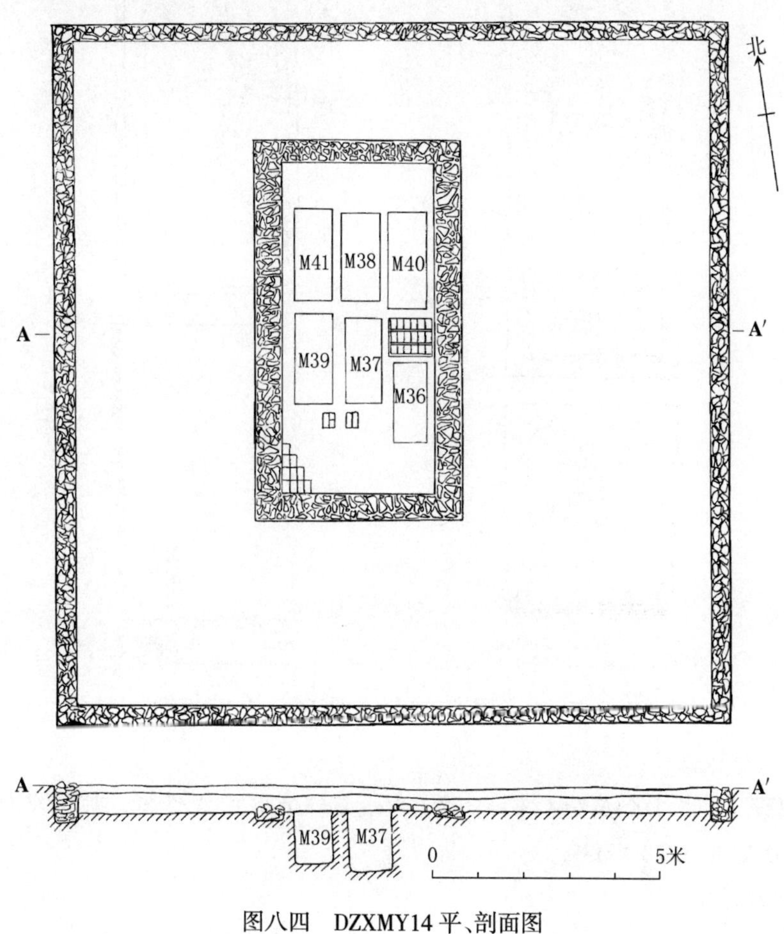

图八四　DZXMY14 平、剖面图

DZXM36　位于 DZXMY14 祭台南侧,西距 DZXM37 约 0.25 米。

1)　墓葬形制

土坑竖穴墓,早期盗扰。平面呈长方形,南北长 1.76 米,东西宽 0.66 米,深 0.8 米。方向 10°。墓壁整齐,墓底平整。在填土中出土有铁棺钉 1 枚。墓内置木棺 1 具,朽蚀较为严重。木棺平面呈长方形,长 1.66 米,宽 0.56 米,残高 0.2 米,棺板厚 0.04 米。木棺两侧长于两端,系用铁钉钉合。棺内葬有尸骨 1 具,保存完整,仰身直肢葬,面向西,女性,年龄 30～35 岁左右(图八五)。

2)　随葬品

墓内无随葬品。

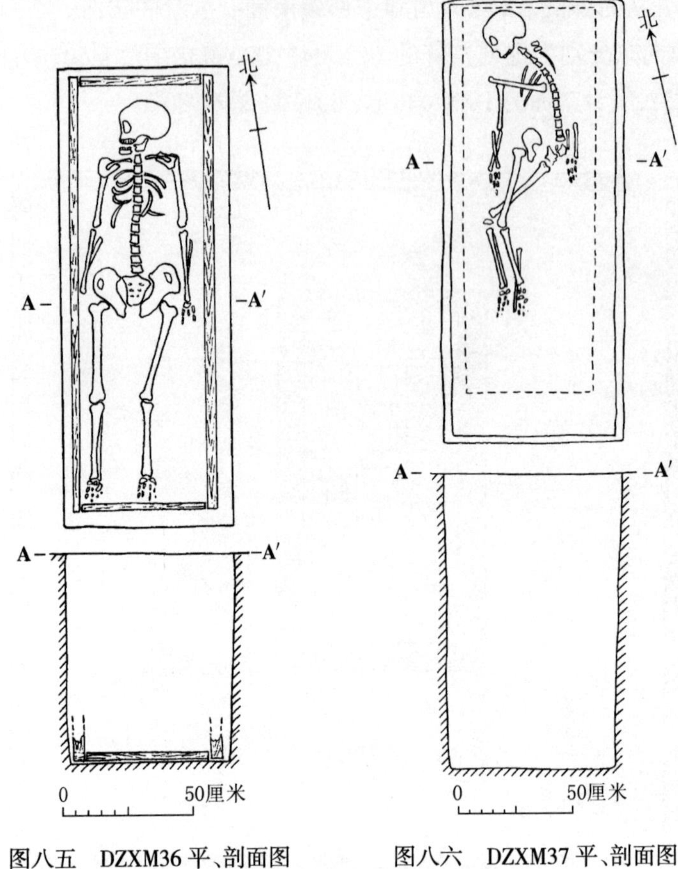

图八五　DZXM36平、剖面图　　图八六　DZXM37平、剖面图

DZXM37　位于DZXMY14南排中部。东距DZXM36约0.25米，西距DZXM39约0.3米，北面约0.35米为DZXM38。

1）　墓葬形制

土坑竖穴墓，平面呈长方形，墓壁较直由上向下略斜收。墓口南北长1.95米，东西宽0.8米，墓底南北长1.9米，东西宽0.72米，深1.3米。方向10°。墓内置木棺1具，保存较差，棺板严重朽蚀。从棺板木灰复原木棺的长为1.7米，宽0.58米，用铁钉钉合。棺内上半部葬有尸骨1具，保存完整，侧身屈肢葬，面向西，上身脊柱弯曲，下身屈肢，为一成年女性(图八六)。

2）　随葬品

墓内无随葬品。

DZXM38　位于DZXMY14北排中部。东距DZXM40约0.2米，南距DZXM37约0.35米，西约0.2米为DZXM41。

1）　墓葬形制

土坑竖穴墓，平面呈长方形。南北长1.97米，东西宽0.72米，深1.7米。方向10°。墓壁加工较规整，墓底平整。墓内置木棺1具，保存较好。长1.86米，宽0.6米，残高0.32米，棺板厚0.08米。木棺两端长于两侧，用铁钉钉合。棺内葬有尸骨1具，保存较好。仰身直肢，面向西，左侧手臂斜放在右侧盆骨之上，右侧手臂压在盆骨之下，为男性，年龄约25～30岁（图八七）。

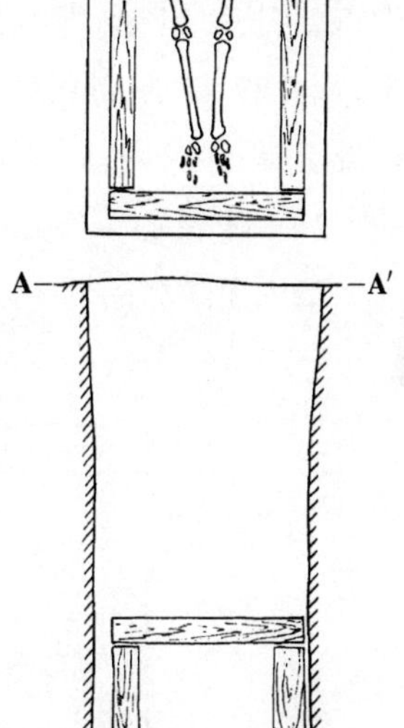

图八七　DZXM38平、剖面图

2）随葬品

墓内无随葬品。

DZXM39　位于DZXMY14南排西侧。东距DZXM37约0.3米，北约0.25米为DZXM41。

1）墓葬形制

土坑竖穴墓，早期盗扰。平面呈长方形。南北长2米，东西宽0.90米，深0.84米。方向10°。墓壁较规整，墓底平整。墓内置木棺1具，保存较好。棺长1.89米，宽0.82米，现存高度0.3米，棺板厚0.04米。棺板两侧长于两端，系用铁钉钉合。棺内葬有尸骨1具，保存完整。仰身直肢葬，面向东，上身弯曲，头骨至棺内东北角，不见右侧尺骨和桡骨。为一成年女性（图八八）。

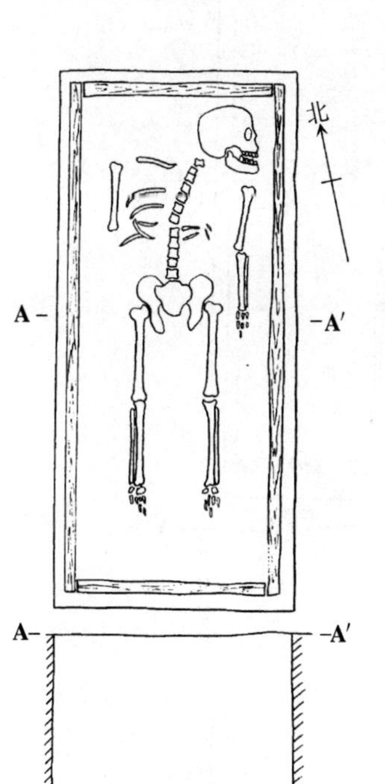

图八八　DZXM39平、剖面图

2）随葬品

墓内无随葬品。

DZXM40　位于DZXMY14东南。南距祭台约0.25米，西约0.2米处为DZXM38。

1）墓葬形制

土坑竖穴墓，平面呈长方形。南北长2.1米，东西宽0.8米，深1.64米。方向10°。墓壁加工整齐，墓底平整，填土中出有少量棺钉。墓内置木棺1具，保存较好。棺长1.99米，宽0.68米，残高0.3米，棺板厚0.06米。木棺两侧长于两端，系用铁钉钉合。棺内葬有尸骨1具，保存完整。仰身直肢，面向上，为一男性，年龄30岁左右（图八九）。

2）　随葬品

墓内无随葬品。

DZXM41　位于 DZXMY14 北排西侧。东距 DZXM38 约 0.2 米，南约 0.25 米为 DZXM39。

1）　墓葬形制

土坑竖穴墓，平面呈长方形。墓壁加工整齐，略作口大底小状。墓口长 2.2 米，宽 0.97 米；墓底长 2.14 米，宽 0.91 米，深 1.3 米。方向 10°。墓内置木棺 1 具，保存较好。棺长 2 米，宽 0.89 米，残高 0.3 米，棺板厚 0.05 米。木棺两侧长于两端，系用铁钉钉合。棺内葬有尸骨 1 具，保存完整。仰身直肢葬，面向西，成年男性（图九〇）。

2）　随葬品

墓内无随葬品。

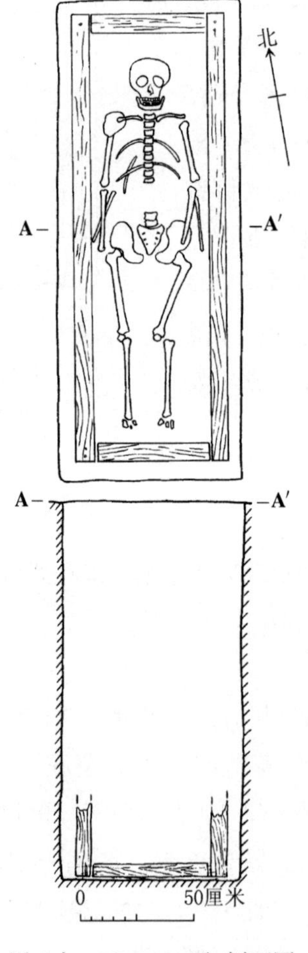

图八九　DZXM40 平、剖面图

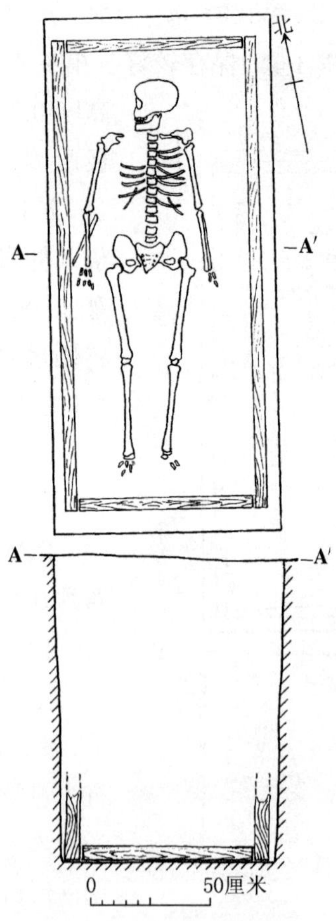

图九〇　DZXM41 平、剖面图

18.十五号墓茔(DZXMY15)

位于墓地发掘区中部偏东南处,东北距DZXMY42约20米。

墓茔平面呈长方形,单墓茔。南北长16.7米,东西宽12.5米,方向355°。茔墙墙体用自然石块垒砌,较为整齐。茔墙宽0.6米,经解剖现存高度约0.7米。门道位于南墙中部,宽1.5米。

墓茔内中部偏西处有DZXM34、DZXM35两座墓葬(图九一)。

DZXM34　位于DZXMY15中部偏西处,西距DZXM35约0.3米。

1)　墓葬形制

土坑竖穴墓,早期盗扰。平面呈长方形。南北长1米,东西宽0.5米,深0.6米。方向355°。墓壁加工较为规整,墓底平整。墓内置木制骨灰盒1具,仅残存西侧盒板中段和南侧盒板大部。残长0.57米,残宽0.41米,盒板厚0.03米。从墓底散布的铁棺钉判断,木盒系用铁钉钉合。骨灰盒内西南部和中部偏西北处葬有少量骨灰(图九二)。

2)　随葬品

墓内无随葬品。

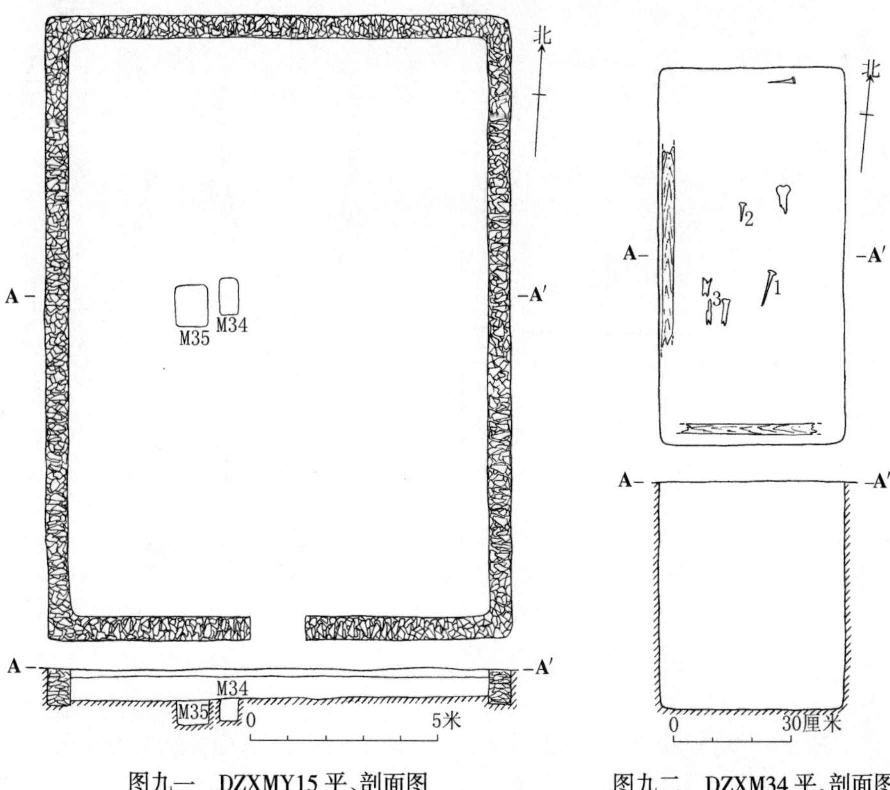

图九一　DZXMY15平、剖面图　　图九二　DZXM34平、剖面图

DZXM35　位于 DZXMY15 中部偏西处，东距 DZXM34 约 0.3 米。

1）　墓葬形制

土坑竖穴墓，早期盗扰。平面呈长方形，南北长 1.1 米，东西宽 0.9 米，深 0.7 米。方向 355°。墓壁加工规整，墓底平整，在填土中出有铁棺钉和棺板朽木。墓内西北角留一东西长 0.3 米，南北宽 0.25 米，高 0.2 米的生土台。在墓的西壁距南壁 0.2 米处与墓底平齐向内挖一壁龛，壁龛口宽 0.23 米，高 0.3 米，深 0.19 米。在墓中部偏西南处葬有骨灰，从墓底散布的棺钉和朽木判断，骨灰原应装在木制骨灰盒之内，因严重盗扰，形制不清。从残存的朽木看，盒板厚 0.03 米。

墓内西北角生土台上随葬香炉 1 件，壁龛之内置小口瓶 1 件，南壁东段出土小口瓶 1 件。此外，在墓底散布有 50 枚钱币（图九三）。

2）　随葬品

墓内出土随葬品较多，共 53 件。以钱币为主，有少量的瓷器和釉陶器。

瓷器　2 件。均为小口瓶，完整，形制相同。小口圆唇，短折沿，领部外侈，溜肩长圆腹，

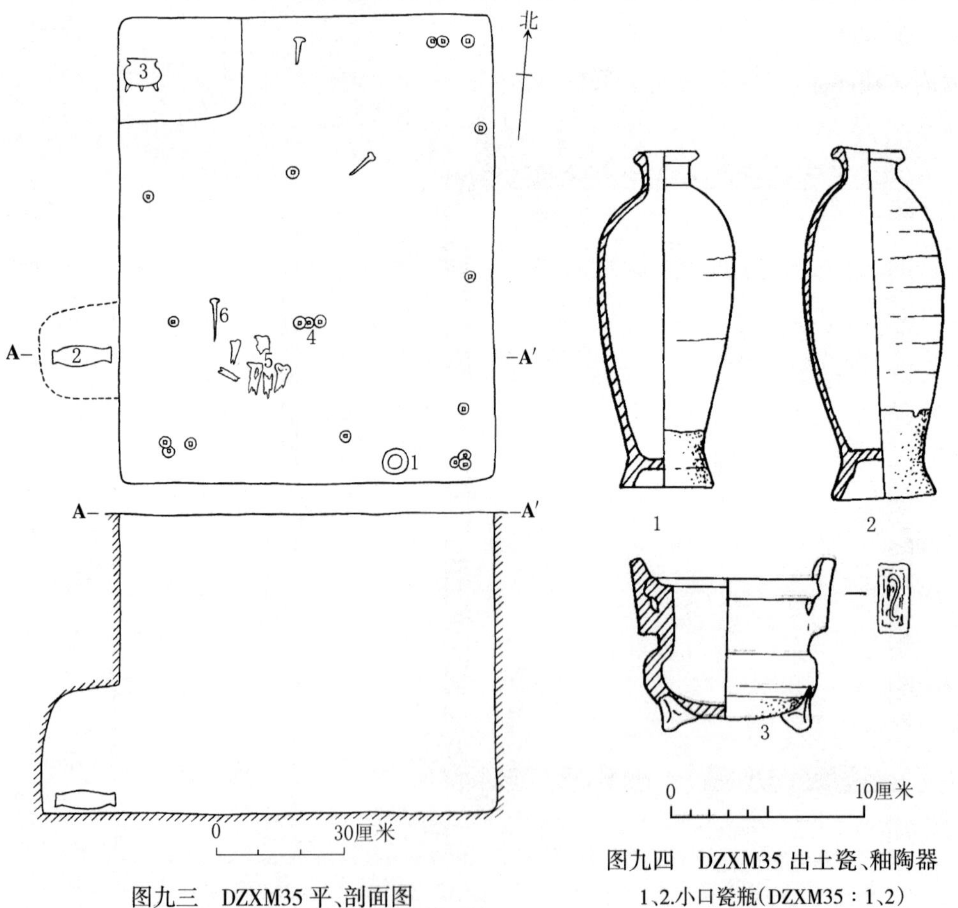

图九三　DZXM35 平、剖面图

1、2.小口瓶　3.香炉　4.钱币　5.骨灰　6.棺钉

图九四　DZXM35 出土瓷、釉陶器

1、2.小口瓷瓶（DZXM35：1、2）

3.釉陶香炉（DZXM35：3）

近底外侈，作喇叭口圈足底。瓷质较细，近底脱釉。DZXM35：1，口部略有变形，口部及外壁施茶绿釉。口径3.5厘米，腹径7.2厘米，底径4.8厘米，高17.6厘米（图九四，1；彩版贰壹柒，1）。DZXM35：2，口部严重变形，口部及外壁施黑釉。口径3.6厘米，腹径7.6厘米，底径5.6厘米，高18.6厘米（图九四，2；彩版贰壹柒，2）。

釉陶器　1件。香炉。DZXM35：3，完整。直口平沿，尖圆唇，颈部较长，扁鼓腹，口外侧作对称直耳，底部施3个尖圆足。耳部外侧刻划有花草纹，口部内侧及外壁施绿釉，釉面严重剥落，外壁底部及内壁脱釉。口径9.6厘米，高9.2厘米（图九四，3；彩版贰壹柒，3）。

钱币　50枚。以北宋钱为主，少量的唐钱、金钱。其中瘗钱1枚。

唐钱　5枚。均为“开元通宝”。对读，八分书。DZXM35：4，小平。直径2.3厘米（图九五，1）。DZXM35：5，折二，宽郭，背穿上饰仰月纹。直径2.4厘米（图九五，2）。

北宋钱　43枚。

至道元宝　1枚。DZXM35：6，折二，行书，旋读，宽郭。直径2.4厘米（图九五，3）。

咸平元宝　3枚。DZXM35：7，折二，真书，旋读，宽郭。直径2.4厘米（图九五，4）。

景德元宝　3枚。折二，真书，旋读，宽郭。DZXM35：8，直径2.4厘米（图九五，5）。

祥符元宝　3枚。折二，真书，旋读，宽郭。DZXM35：9，直径2.5厘米（图九五，6）。

天禧通宝　1枚。DZXM35：10，折二，真书，旋读。直径2.4厘米（图九五，7）。

天圣元宝　1枚。DZXM35：11，折二，篆书，旋读。直径2.5厘米。（图九五，8）。

景祐元宝　3枚。DZXM35：12，折二，篆书，旋读。直径2.5厘米（图九五，9）。

皇宋通宝　6枚。折二，对读。DZXM35：13，真书，宽郭，字体较小。直径2.5厘米（图九五，10）。DZXM35：14，篆书，宽郭，字体较小。直径2.5厘米。（图九五，11）。DZXM35：15，篆书，字体较大。直径2.4厘米（图九五，12）。

嘉祐通宝　2枚。小平，对读。直径2.45厘米。DZXM35：16，真书（图九五，13）。DZXM35：17，篆书（图九五，14）。

治平元宝　2枚。折二，旋读。直径2.4厘米。DZXM35：18，真书（图九五，15）。DZXM35：19，篆书（图九五，16）。

治平通宝　1枚。DZXM35：20，折二，真书，对读。直径2.45厘米（图九五，17）。

熙宁元宝　5枚。折二，真书，旋读。DZXM35：21，直径2.4厘米（图九五，18）。

元丰通宝　2枚。折二，旋读。DZXM35：22，行书，直径2.5厘米（图九五，19）。DZXM35：23，篆书，郭较宽，直径2.4厘米（图九五，20）。

元祐通宝　3枚。折二，行书，旋读。DZXM35：24，直径2.4厘米（图九五，21）。

绍圣元宝　1枚。DZXM35：25，小平，篆书，旋读。直径2.3厘米。行书（图九五，22）。

圣宋元宝　3枚。折二，旋读，直径2.4厘米。DZXM35：26，行书（图九五，23）。DZXM35：27，篆书（图九五，24）。

图九五 DZXM35 出土钱币
1～26.钱币（DZXM35：4～29）

政和通宝　3枚。折二,篆书,对读,花穿。DZXM35：28,直径2.5厘米(图九五,25)。

金钱　1枚。为"正隆元宝",折二,真书,旋读。DZXM35：29,直径2.5厘米(图九五,26)。

19.十六号墓茔(DZXMY16)

位于墓地发掘区东南部,西北距DZXMY14约31米。

墓茔平面呈长方形,为双重式墓茔。外茔区南北长20米,东西宽18.5米,方向15°。茔墙用自然石块垒砌,较为规整,墙宽0.8米,残高0.9米。外茔门道位于南墙中部略偏西,宽1.2米。在外茔中部距北墙向南1.9米处亦用自然石块垒砌一东西长11.55米,南北宽5.2米的内茔,内茔石墙宽0.4米,现存高度0.9米,门道位于南墙正中,宽1米。外茔区无任何遗迹。内茔区地表自然堆积厚0.3～0.35米,其下有0.4米厚的建墓时遗留的堆积,内含有黑色淤泥、白灰碎块、滴水、瓦当、碎石、砖块和瓷片等。在此层下用长0.35米,宽

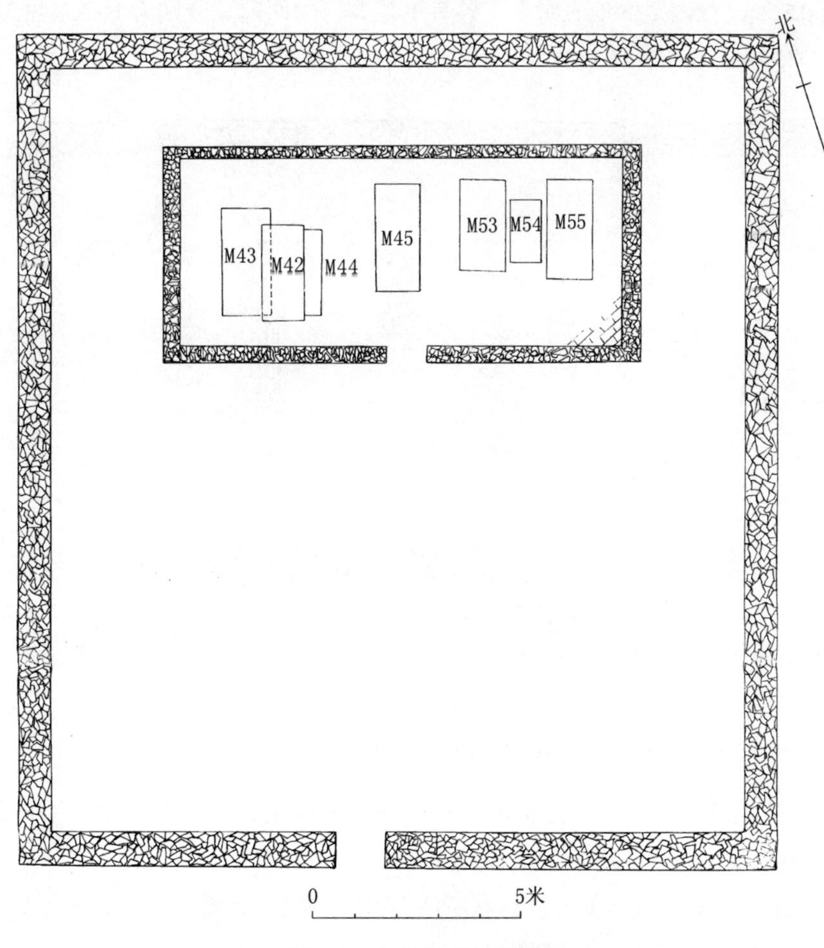

图九六　DZXMY16平面图

0.2 米灰色长方砖铺砌,现仅存东南角,其他被破坏。在砖的下面有厚约 5 厘米的夯土层,用黄褐色黏土夯筑而成,范围遍及整个内茔区(图九六)。

此外,在内茔区的自然堆积层下,由西向东在依墓口处纵向用自然石块和砖砌有较为整齐的长方形地表封石。由西向东 DZXM43 地面封石,距西墙约 1 米,用自然石块砌成,南北长 1.1 米,东西宽 0.4 米,高 0.4 米。DZXM42 与 DZXM43 平齐,西距 DZXM43 封石 0.5 米,用自然石块砌成,南北长 1.1 米,宽 0.4 米,高约 0.35 米。DZXM44 封石略向北移,西距 DZXM42 封石 1.1 米,用自然石块砌成,南北长 0.95 米,东西宽 0.45 米,高约 0.3 米。DZXM45 封石又略向北移,西距 DZXM44 封石约 1.4 米,用自然石块砌成,南北长 1.1 米,东西宽 0.4 米,高约 0.4 米。DZXM53 封砖,西距 DZXM45 约 1.1 米,用灰色素面长方形砖垒砌,四边砖纵向砌筑,中间平砌,共用 4 层砖,砖间坐以白灰,外用白泥抹面并绘以红色彩绘,彩绘因剥落严重,图案不清。南北长 1.8 米,东西宽 0.4 米,高 0.2 米。DZXM54 封砖,西距 DZXM53 约 0.65 米,南北长 1 米,东西宽 0.4 米,高约 0.35 米。DZXM55 封石西距 DZXM54 约 0.6 米,南北长 1.5 米,东西宽 0.5 米,高约 0.5 米。在内茔区地表封石下各有 1 墓葬,由西向东分别为 DZXM43、DZXM42、DZXM44、DZXM45、DZXM53、DZXM54、DZXM55,共 7 座墓(图九七)。

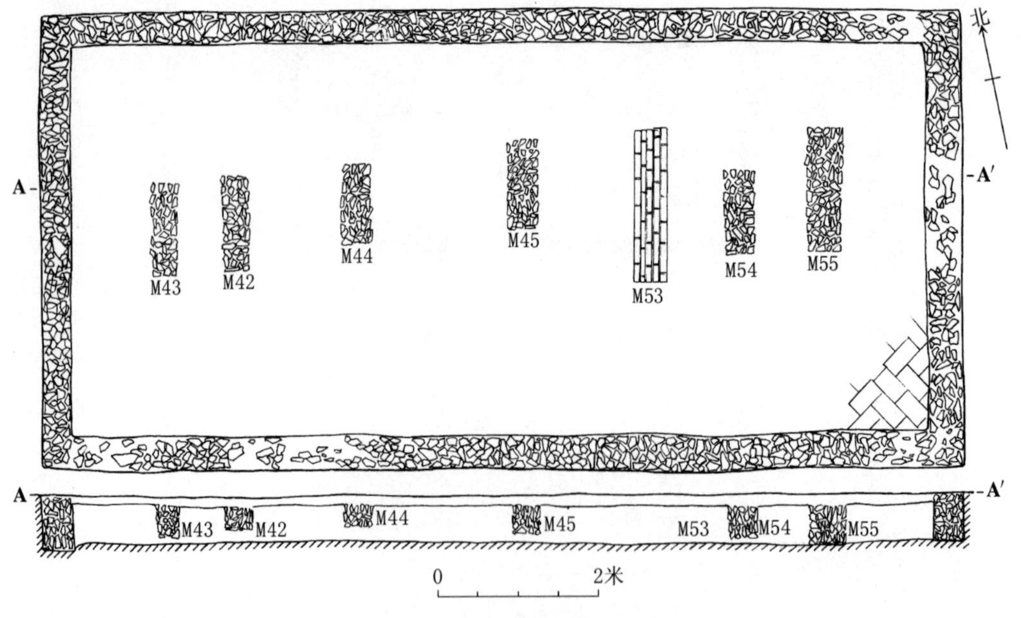

图九七 DZXMY16 内侧石墙及墓葬平、剖面图

建筑材料 墓茔内出土一定数量的建筑材料,共采集各类标本 13 件。有砖、瓦当、滴水和建筑构件。

砖 1 件。DZXMY16∶3,残。形状不清,一面平整,一面模印有等距的菱形纹。残长 19 厘米,残宽 17.5 厘米,厚 6.6 厘米(图一〇一,2)。

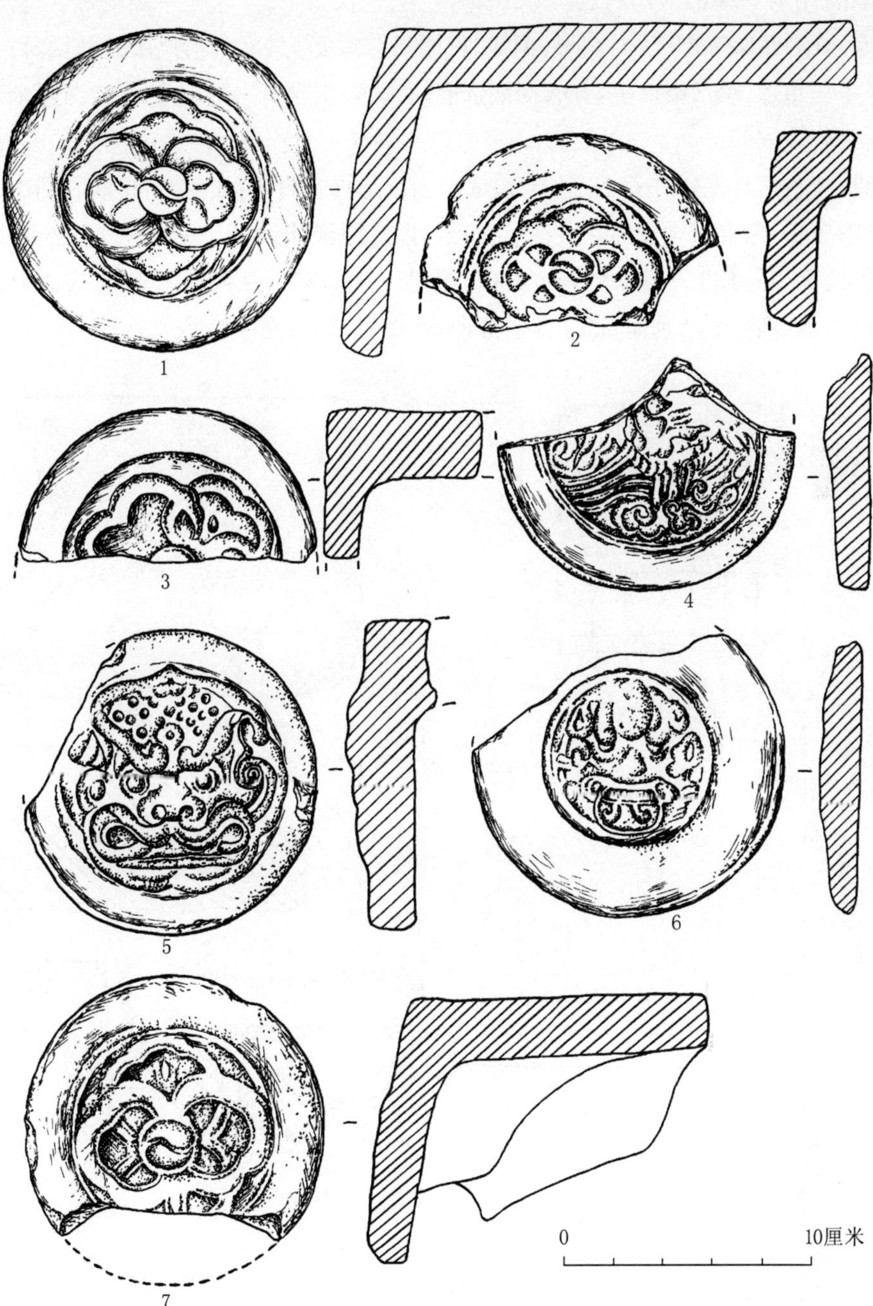

图九八　DZXMY16 出土瓦当

1～7.瓦当(DZXMY16：7、8、10、9、5、4、6)

瓦当　7件。有兽面纹瓦当、海兽纹瓦当、莲花纹瓦当和琉璃瓦当。

兽面纹瓦当　2件。残,灰色。分两型。

A型　1件。DZXM16∶4,圆形,宽缘,表面略有弧度。兽面表情严肃,横眉怒目,眼珠微突,鼻呈三角形,嘴部略向上弯曲,两颊饰有胡须,口内含有一环。直径12.3厘米(图九八,6;图一○○,4)。

B型　1件。DZXMY16∶5,圆形,表面凸出。边饰花瓣纹,面部怒目,双眼凸出,鼻部双孔,嘴部较长,两颊胡须卷曲。直径12厘米,厚2厘米(图九八,5;图一○○,5)。

海兽纹瓦当　1件。DZXMY16∶9,残。圆形,表面略鼓,从残存图案看,应由海水、瑞兽和云纹组成。直径12厘米,厚1.2～1.8厘米(图九八,4;图一○○,7)。

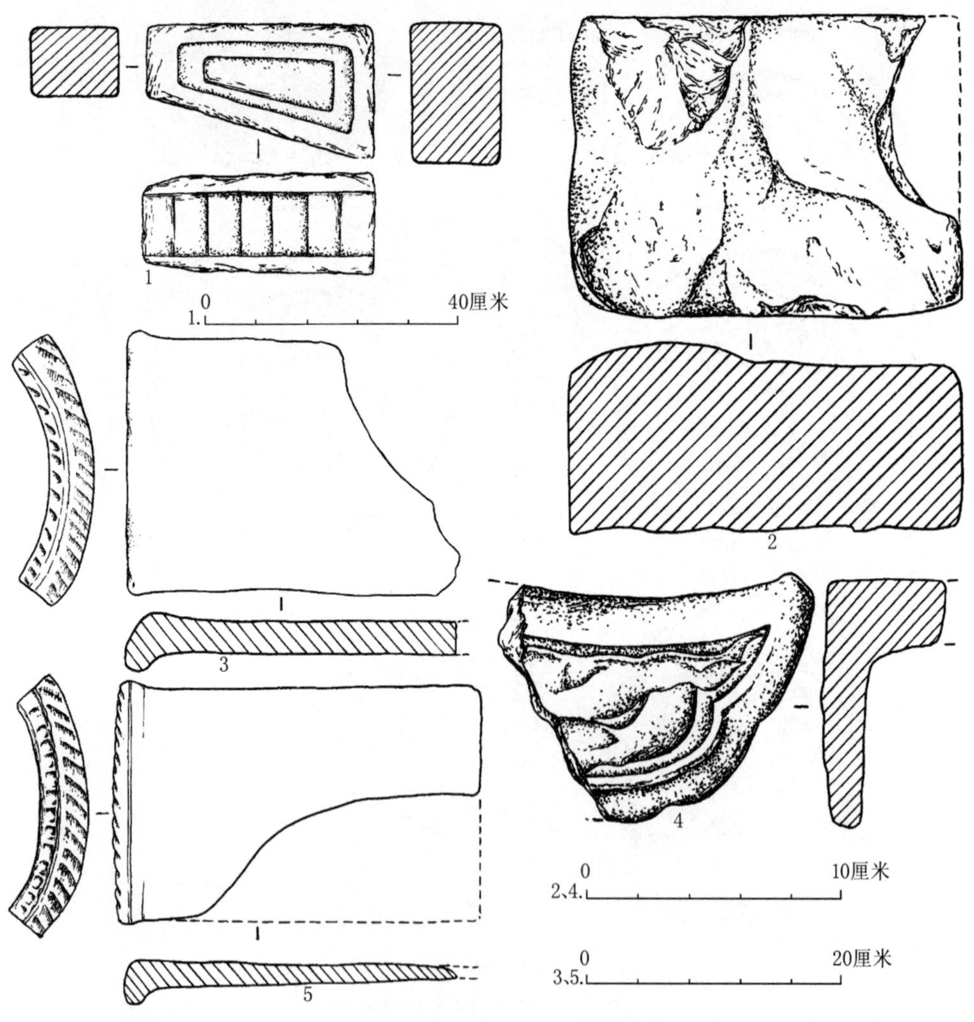

图九九　DZXMY16出土建筑材料

1.石构件(DZXMY16∶13)　2.建筑构件(DZXMY16∶2)　3、5.带状滴水(DZXMY16∶11、12)　4.滴水(DZXMY16∶1)

莲花纹瓦当　3件。灰色，平面平整，中间饰变形荷花纹，瓦当后面与筒瓦连接。DZXMY16：6,残。直径12厘米(图九八,7;图一〇〇,1)。DZXMY16：7,完整。直径12.5厘米(图九八,1;图一〇〇,2)。DZXMY16：8,残。背面筒瓦残缺(图九八,2;图一〇〇,3)。

琉璃瓦当　1件。DZXMY16：10,残。圆形,表面平整,花卉图案不清。筒瓦和边缘施绿釉,花卉处施黄釉。直径12.2厘米(图九八,3;图一〇〇,6)。

滴水　3件。有琉璃滴水和带状滴水。

琉璃滴水　1件。DZXMY16：1,残。平面呈三角形,图案不清。泥质红陶,外施绿色琉璃。残长10.5厘米,宽9厘米(图九九,4;图一〇一,1)。

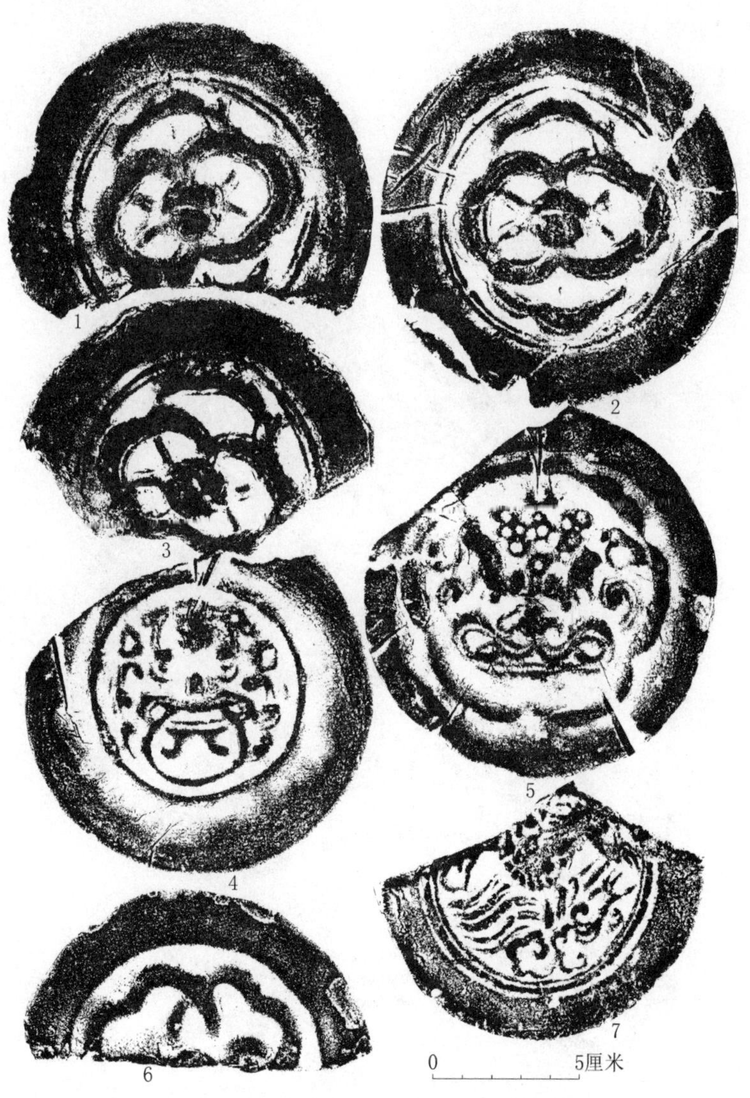

图一〇〇　DZXMY16出土瓦当拓片

1～7.瓦当(DZXMY16：6、7、8、4、5、10、9)

带状滴水　2件。残，分两型。

A型　1件。DZXMY16：11，中间施一道凸弦纹，上施压印的等距三角纹，下饰绳纽纹。灰色，背面连接板瓦。残长25.5厘米，宽18.6厘米，滴水宽3.6厘米（图九九，3；图一〇一，3）。

B型　1件。DZXMY16：12，中间偏上施两道平行的凸弦纹，其上作戳刺纹，下饰绳纽纹。灰色，背与板瓦连接。长29厘米，宽17.6厘米，滴水宽4厘米（图九九，5；图一〇一，4）。

建筑构件　1件。DZXMY16：2，残。正面饰浮雕图案，图案不清。泥质红陶，上饰白色琉璃，背部不平整，判断应为建筑上贴塑饰件。残长15.6厘米，宽11厘米，厚2.1～5.7厘米（图九九，2）。

石构件　1件。DZXY16：13，完整。平面呈长条形阶梯状，侧面前高后低。正面斜坡上凿有7级阶梯，两侧长面凿刻有两个相套的梯形图案。白黄色砂岩，石质较硬，制作略粗糙。长36厘米，宽14.5厘米，前高20.8厘米，后高10.4厘米（图九九，1；彩版

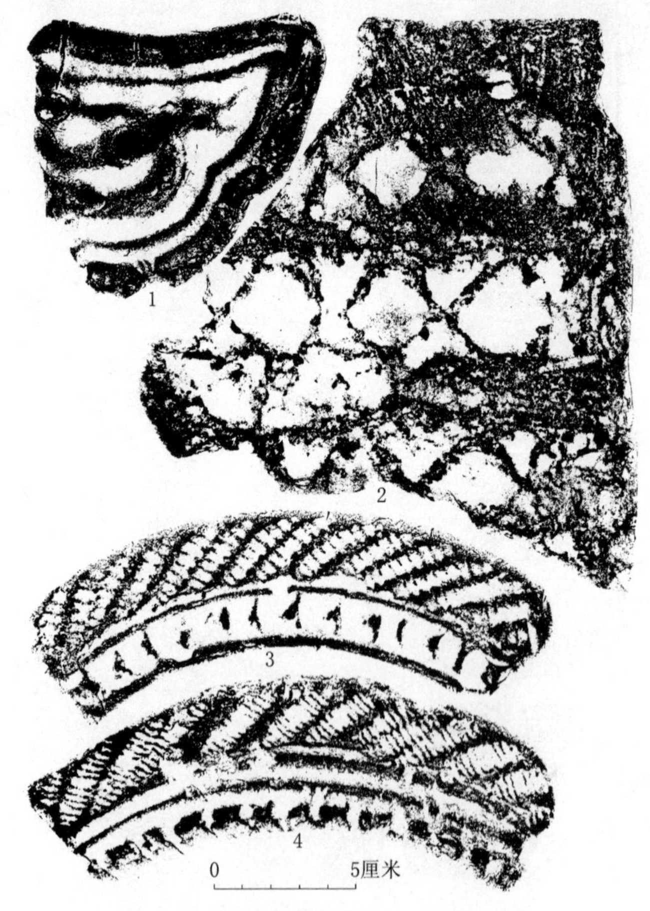

图一〇一　DZXMY16出土滴水、花纹砖拓片

1.滴水（DZXMY16：1）　2.砖（DZXMY16：3）　3、4.带状滴水（DZXMY16：11、12）

贰贰零,2)。

DZXM42　位于DZXMY16内茔区由西向东第二封石下。分别打破DZXM43东半部和DZXM44西半部。

1）　墓葬形制

土坑竖穴墓，早期盗扰。平面呈长方形，南北长2.5米,东西宽1.2米,深1.5米。方向15°。墓壁加工规整,墓底平整,填土内夹杂有少量的残砖、碎石及白灰面。墓穴正中置有木椁,平面呈长方形。椁长2.22米,宽0.92米,残高0.48米,椁板厚0.06米。椁板两侧长于两端,系用榫峁结构与铁钉钉合。椁内略偏东置木棺1具,木棺平面呈长方形,长1.82米,宽0.64米,残高0.4米,棺板厚0.02米。棺板两侧长于两端,用铁钉钉合。棺内葬有尸骨1具,盆骨至头部盗扰,仅存头骨及盆骨以下部分,仰身直肢葬,面向上,为一成年女性,含有欧罗巴人种成分(图一〇二)。

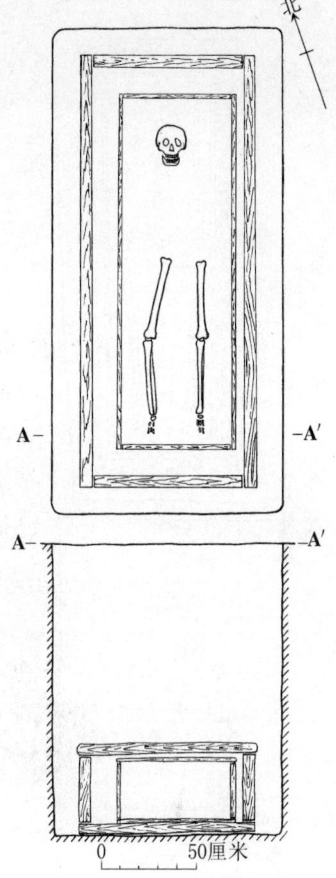

图一〇二　DZXM42平、剖面图

在填土中出有10枚钱币。

2）　随葬品

钱币　10枚。均为北宋钱。

至道元宝　1枚。DZXM42∶1,折二,行书,旋读,宽郭。直径2.4厘米(图一〇四,1)。

皇宋通宝　2枚。折二,真书,对读,宽郭。DZXM42∶2,直径2.5厘米(图一〇四,2)。

嘉祐通宝　1枚。DZXM42∶3,折二,篆书,对读。直径2.5厘米(图一〇四,3)。

熙宁元宝　1枚。DZXM42∶4,折二,篆书,旋读。直径2.4厘米(图一〇四,4)。

元丰通宝　3枚。折二,行书,旋读。DZXM42∶5,直径2.4厘米(图一〇四,5)。

元祐通宝　1枚。郭部略残。DZXM42∶6,折二,篆书,旋读。直径2.5厘米(图一〇四,6)。

元符通宝　1枚。DZXM42∶7,折二,行书,旋读。直径2.4厘米(图一〇四,7)。

DZXM43　位于DZXMY16内茔西侧,东壁被DZXM42打破。

1）　墓葬形制

土坑竖穴墓,早期盗扰。平面呈不规则长方形,东壁被DZXM42打破到底,仅在东北角有少量保存。南北长2.6米,东西宽1.22米,深1.58米。方向12°。墓壁除东壁外,其他三壁加工规整,墓底平整,填土内包含有少量的残砖、白灰块和碎石。墓内置有木椁,平面呈长方形。椁长2.26米,宽0.8米,残高0.6米,椁板厚0.08米。椁板两端长于两侧2～4

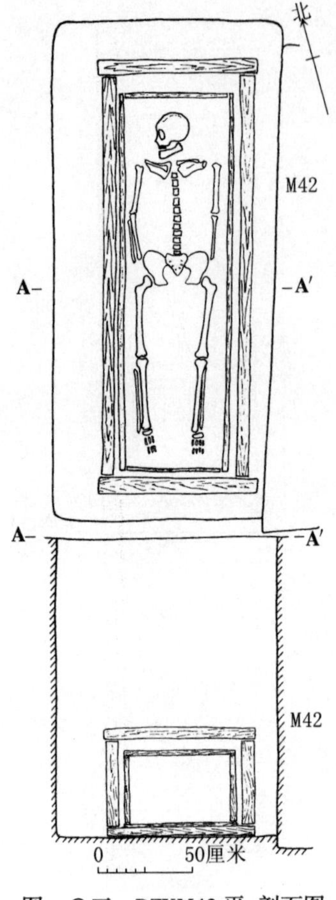

图一〇三　DZXM43 平、剖面图

厘米，用榫峁结构与铁钉钉合。椁内置木棺 1 具，平面呈长方形，长 1.98 米，宽 0.6 米，残高 0.48 米，棺板厚 0.02 米。棺板两侧长于两端，系用铁钉钉合。棺内葬有尸骨 1 具，除胸部盗扰外，其他保存较好，仰身直肢葬，面向西，为男性，年龄约 25～30 岁，含有欧罗巴人种成分（图一〇三）。

填土中出土钱币 2 枚。

2）　随葬品

墓内出土钱币 2 枚。其中熙宁通宝 1 枚，钱文不清者 1 枚。

熙宁通宝　1 枚。DZXM43：1，折二，篆书，旋读。直径 2.4 厘米（图一〇四，8）。

DZXM44　位于 DZXMY16 内茔区由西向东第三墓，其西侧被 DZXM42 打破。

1）　墓葬形制

土坑竖穴墓，早期盗扰。因西部被 DZXM42 打破到底，平面形状不清。南北长 2.2 米，东西宽 0.42～0.5 米，深 0.76 米。方向 20°。墓壁残存部分较为规整，填土内包含有少量的残砖、碎石及白灰渣。墓内东南角置木棺 1 具，呈不规则长方形，西侧棺板从头部至尾部逐渐向东斜收。棺长

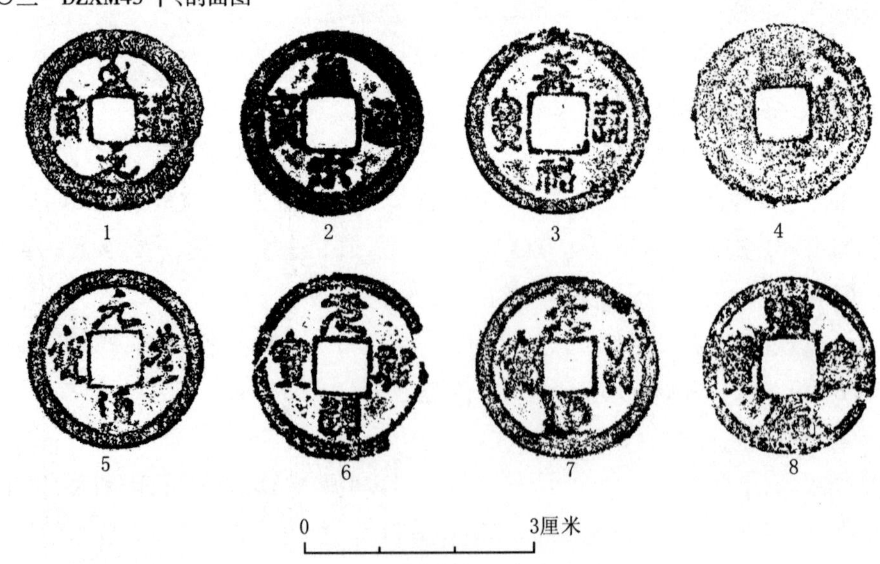

图一〇四　DZXM42、M43 出土钱币

1～7.钱币（DZXM42：1～7）　8.钱币（DZXM43：1）

1.58 米,头部宽 0.44 米,尾部宽 0.3 米,残高 0.25 米,棺板厚 0.02 米。棺板两侧长于两端,用铁钉钉合。棺内置尸骨 1 具,除个别被扰动外,其余保存较好。仰身直肢葬,面向西,为 7 岁左右的儿童,性别不详(图一〇五)。

2） 随葬品

墓内无随葬品。

DZXM45　位于 DZXMY16 内茔区中部，东距 DZXM53 约 1 米，西面约 1.5 米处为 DZXM44。

1） 墓葬形制

土坑竖穴墓,早期盗扰。平面呈圆角长梯形,南北长 2.62 米,头部宽 1 米,尾部宽 1.06 米,深 1.3 米。方向 15°。墓壁加工规整,墓底平整,填土内夹杂有少量的残砖、碎石及白灰

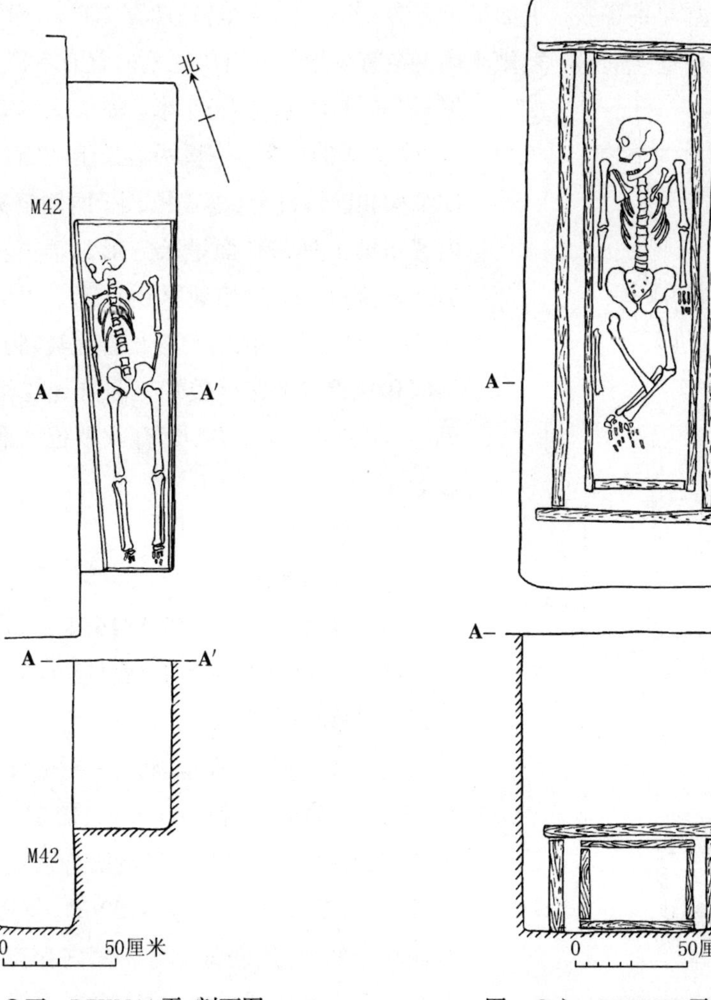

图一〇五　DZXM44 平、剖面图

图一〇六　DZXM45 平、剖面图

渣。墓穴内置有木椁,平面呈长方形,无底部。椁长2.12米,宽0.74米,高0.46米,两侧椁板厚0.06米,两端椁板厚0.04米。椁板两端长于两侧0.02～0.1米不等,椁盖长出两侧木棺0.03米,系用榫卯结构和铁钉钉合。椁内置木棺1具,平面呈长方形,棺长1.92米,宽0.5米,高0.39米,棺板厚0.03米。木棺两侧长于两端0.02米,用铁钉钉合。棺内葬有尸骨1具,除右胫、腓骨扰动外,其他保存较好。仰身屈肢葬,盆骨以上较直,胫、腓骨弯曲交叉,为一成年女性(图一〇六)。

2）随葬品

墓内无随葬品。

DZXM53　位于DZXMY16内茔区中部偏东，西距DZXM45约1米，西约0.1米为DZXM54。

1）墓葬形制

土坑竖穴墓,早期盗扰。平面呈长方形,南北长2.2米,东西宽1.1米,深1.1米。方向15°。墓壁加工规整,墓底平整,填土内夹杂有少量的碎石块。墓内置有木椁,平面呈长方形,椁长2.02米,宽0.7米,高0.38米,椁板厚0.04米,椁盖厚0.03米。椁板两端长于两侧,无椁底,用榫卯结构和铁钉钉合。椁盖板长于两侧棺板0.02米。椁内置木棺1具,平面呈长方形,木棺长1.96米,宽0.62米,高0.33米,棺板厚0.02米。木棺两侧长于两端,用铁钉钉合。棺内葬有尸骨1具,胸部严重盗扰,头部和盆骨以下保存较好。仰身直肢葬,面向西,为男性,年龄25岁左右,含有欧罗巴人种成分(图一〇七)。

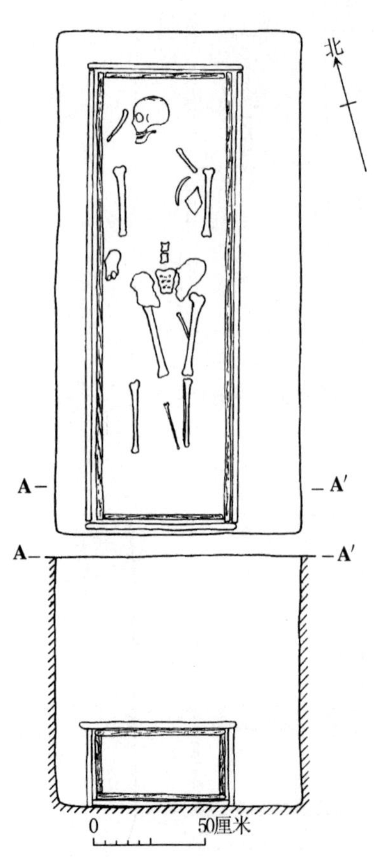

图一〇七　DZXM53平、剖面图

2）随葬品

墓内无随葬品。

DZXM54　位于DZXMY16东部,东距DZXM55约0.15米,西约0.1米为DZXM53。

1）墓葬形制

土坑竖穴墓,早期盗扰。平面呈长方形,南北长1.5米,东西宽0.56米,深0.6米。方向15°。墓壁加工规整,墓底平整。墓内中部略偏东置木棺1具,平面呈长方形,棺长0.94米,宽0.32米,残高0.3米,棺板两侧长于两端,用铁钉钉合。棺内葬有尸骨1具,除保存有头骨和少量的肋骨外,余皆不详。葬式不清,面向上。为一儿童,性别不详(图一〇八)。

2)　随葬品

墓内无随葬品。

DZXM55　位于 DZXMY16 东端,西约 0.15 米为 DZXM54。

1)　墓葬形制

土坑竖穴墓,早期盗扰。平面呈圆角长方形,南北长 2.36 米,东西宽 1.1 米,深 1.3 米。方向 15°。墓壁整齐,墓底平整,填土内夹杂有少量的沙岩碎块。墓内置有木椁,平面呈长方形,椁长 2.06 米,宽 0.84 米,高 0.6 米,椁板厚 0.06 米。木椁两端长于两侧,两端和椁盖分别长出 0.02 米,椁板用铁钉钉合。椁内近西侧置 1 具木棺,平面呈长方形,棺长 1.9 米,宽 0.6 米,高 0.52 米,棺板厚 0.02 米。棺板两端长于两侧,用榫卯结构连接。棺内葬有尸骨 1 具,除胸部肋骨外,其余保存较好。仰身直肢葬,双手压在盆骨之下,面向西,为女性,年龄 22 岁左右(图一〇九)。

2)　随葬品

墓内无随葬品。

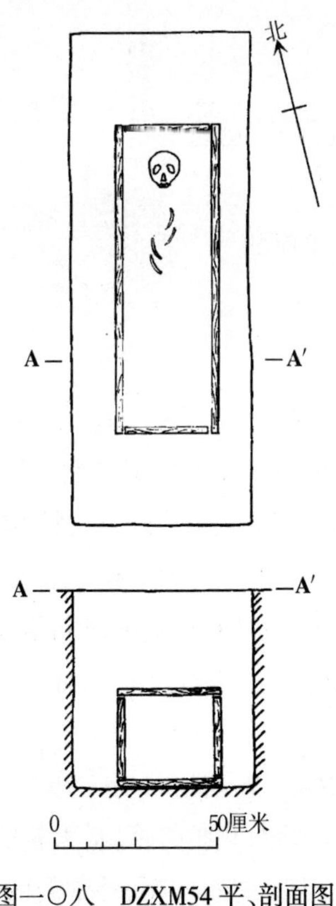

图一〇八　DZXM54 平、剖面图

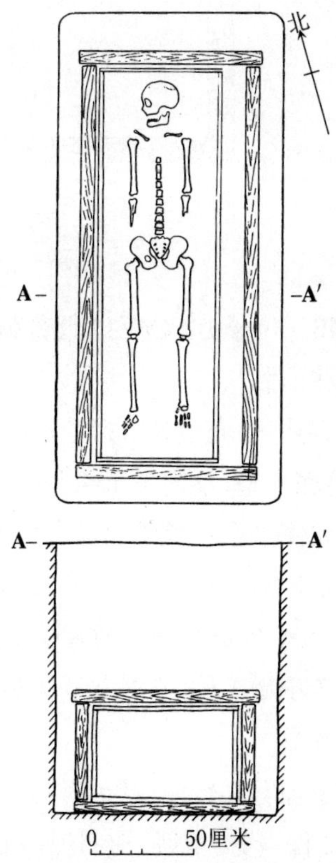

图一〇九　DZXM55 平、剖面图

20.十七号墓茔(DZXMY17)

位于墓地西坡发掘区中部偏东。西北距 DZXMY18 约 55 米。

墓茔平面略呈长方形,单墓茔。东西长 12.5 米,南北长 12 米,方向 350°。茔墙墙体保存完整。用自然石块垒砌,较为规整,宽 0.5 米,现存高度 0.8 米。四墙没有发现门道痕迹。墓茔内仅发现 DZXM46 一座墓葬(图一一〇)。

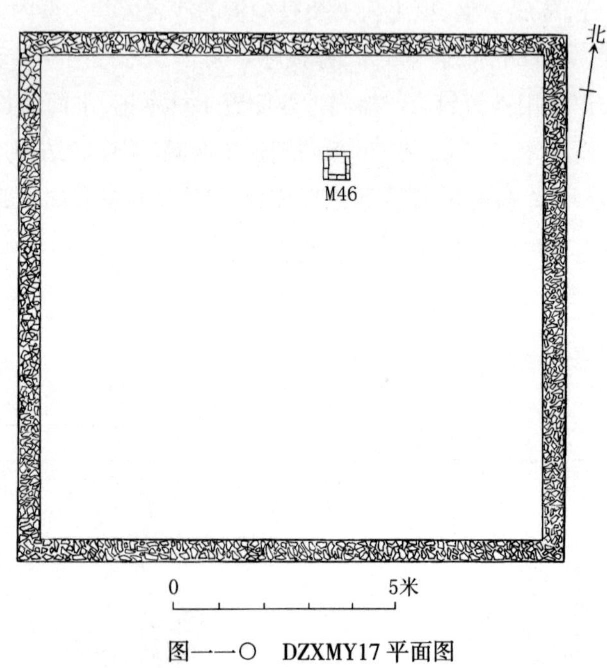

图一一〇　DZXMY17 平面图

DZXM46　位于 DZXMY17 北部偏东处。

1)　墓葬形制

土坑竖穴墓,平面呈长方形。东西长 0.6 米,南北宽 0.5 米,深 1 米。方向 350°。墓壁较为整齐,墓底平整,墓内填土略坚硬。墓内底部平铺有平整的两层自然石块,高 0.1 米。墓口之上沿内侧平砌灰色素面长方砖两层,高 0.1 米。墓内正中置一木制骨灰盒,平面呈长方形,南北长 0.30 米,东西宽 0.23 米,残高 0.2 米,盒板厚 0.015 米。盒板两端长于两侧,用铁钉钉合。骨灰盒中部葬有少量骨灰,随葬品均在盒内,在盒的东北角、西北角分别随葬酱釉带盖小罐 1 件,在骨灰底部散布钱币 85 枚(图一一一)。

2)　随葬品

墓内出土随葬品较多,共 85 件。以钱币为主,少量的瓷器。

瓷器　2 件。均为盖罐,形制规格完全相同。敛口圆唇,直腹外侈,最大腹径近底部,圈足底。罐盖向上直腹斜收,中部饰一折棱,顶部作小圆纽。瓷质较粗,外壁酱釉中有黑色窑变,内壁及近底脱釉。DZXM46∶1、2,口径5.6厘米,腹径9.4厘米,底径6厘米,高11厘米(图一一二,33、34;彩版贰壹捌,3、4)。

钱币　83枚。以北宋钱为主,少量的唐钱。其中瘗钱1枚。

唐钱　9枚。均为“开元通宝”。折二,八分书,对读,直径2.4厘米。DZXM46∶3,背面铸制不规范(图一一二,1)。DZXM46∶4,花穿,郭略宽(图一一二,2)。DZXM46∶5,方穿(图一一二,3)。

北宋钱　73枚。

景德元宝　1枚。DZXM46∶6,折二,真书,旋读。直径2.5厘米(图一一二,4)。

祥符元宝　1枚。DZXM46∶7,折二,真书,旋读,宽郭。直径2.5厘米(图一一二,5)。

祥符通宝　1枚。DZXM46∶8,折二,真书,旋读。直径2.5厘米(图一一二,6)。

天圣元宝　4枚。折二,旋读。DZXM46∶9,真书。直径2.6厘米。(图一一二,7)。DZXM46∶10,篆书。直径2.4厘米(图一一二,8)。

明道元宝　1枚。DZXM46∶11,折二,篆书,旋读。直径2.5厘米(图一一二,9)。

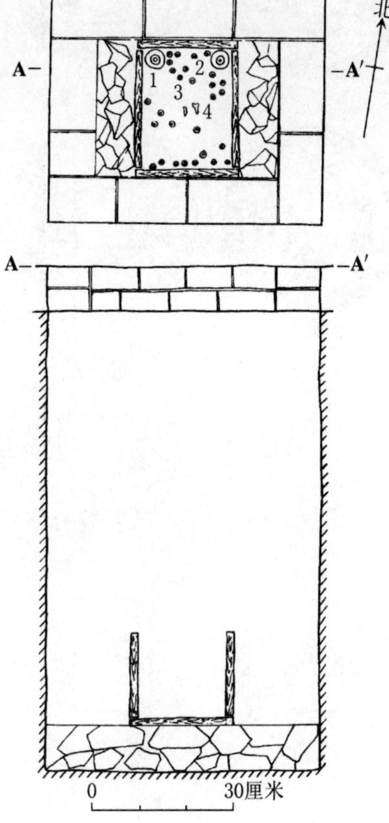

图一一一　DZXM46平、剖面图
1、2.带盖罐　3.钱币　4.骨灰

景祐元宝　1枚。DZXM46∶12,折二,篆书,旋读。直径2.5厘米(图一一二,10)。

皇宋通宝　10枚。折二,对读。直径2.5厘米。DZXM46∶13,真书,字体较小(图一一二,11)。DZXM46∶14,真书,花穿,字体较大(图一一二,12)。DZXM46∶15,篆书,宽郭(图一一二,13)。

至和元宝　1枚。DZXM46∶16,小平,篆书,旋读。直径2.3厘米(图一一二,14)。

至和通宝　1枚。DZXM46∶17,折二,真书,对读,宽郭。直径2.45厘米(图一一二,15)。

嘉祐元宝　2枚。小平,真书,旋读。DZXM46∶18,直径2.3厘米(图一一二,16)。

嘉祐通宝　4枚。折二,篆书,对读。DZXM46∶19,篆体圆弧,直径2.4厘米(图一一二,17)。DZXM46∶20,宽郭,篆体方折。直径2.5厘米(图一一二,18)。

治平元宝　2枚。折二,旋读,篆书,字体不同。直径2.4厘米。DZXM46∶32(图一一二,30)。DZXM46∶33(图一一二,31)。

熙宁元宝　7枚。旋读。DZXM46∶21,折二,真书。直径2.5厘米(图一一二,19)。

图一一二　DZXM46 出土瓷器、钱币

1～32.钱币（DZXM46：3～25、27、28、26、29～34）　33、34.瓷盖罐（DZXM46：2、DZXM46：1）

DZXM46：22，小平，真书，直径2.3厘米（图一一二，20）。DZXM46：23，折二，篆书，篆体方折。直径2.4厘米（图一一二，21）。DZXM46：24，小平，篆书，篆体圆折。直径2.3厘米（图一一二，22）。

元丰通宝　15枚。折二，旋读，直径2.4厘米。DZXM46：25，篆书，郭略宽（图一一二，23）。DZXM46：26，行书（图一一二，26）。

元祐通宝　12枚。折二，旋读。DZXM46：27，行书。直径2.4厘米（图一一二，24）。DZXM46：28，篆书，直径2.45厘米（图一一二，25）。

绍圣元宝　7枚。折二，旋读。DZXM46：29，行书。直径2.4厘米（图一一二，27）。DZXM46：30，篆书，直径2.35厘米（图一一二，28）。DZXM46：31，篆书，花穿。直径2.35厘米（图一一二，29）。

圣宗元宝　2枚。折二，篆书，旋读。直径2.4厘米。

政和通宝　1枚。DZXM46：34，折二，篆书，对读。直径2.5厘米（图一一二，32）。

21.十八号墓茔（DZXMY18）

位于墓地发掘区中部偏东。东南距DZXMY17约55米。北距DZXM48约10米。

墓茔平面略呈长方形，单墓茔。南北长17米，东西宽16米，方向10°。茔墙保存完整，用自然石块垒砌，较为整齐，宽0.8米，残高0.8米。没有发现门道痕迹。茔内仅发现DZXM47一座墓葬（图一一三）。

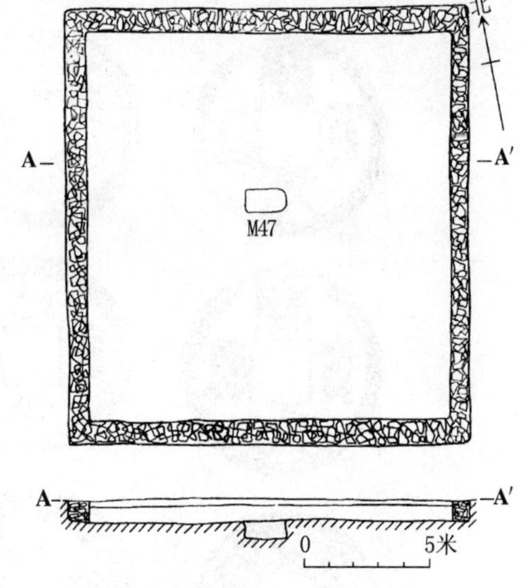

图一一三　DZXMY18平、剖面图

DZXM47　位于DZXMY18中部略偏北。

1）　墓葬形制

土坑竖穴墓，早期盗扰。平面形状不规整。其西部为方形；东部弧形斜收，东边为不规则弧形，基本作马蹄形。墓壁较为规整，墓底平整。墓穴东西长1.35米，西部南北宽0.9米，东部南北宽0.9～0.5米，深0.7米。墓向0°。墓内西部置一木制骨灰盒。骨灰盒平面呈长方形，保存较好，南北长0.76米，东西宽0.5米，高0.3米，盒板厚0.04米。盒板两端长于两侧，用铁钉钉合。骨灰盒内装有少量的骨灰。在东侧（东半部）与骨灰盒顶部平行叠放有长0.5米，宽0.4米，厚0.02～0.04米的两块石板。

墓内仅在木制骨灰盒外侧东北角和东南角各随葬1件黑釉小口瓶，在骨灰盒底部散布有钱币19枚（图一一四）。

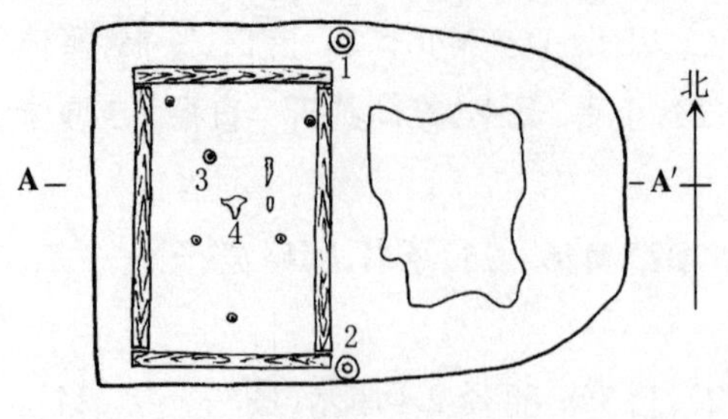

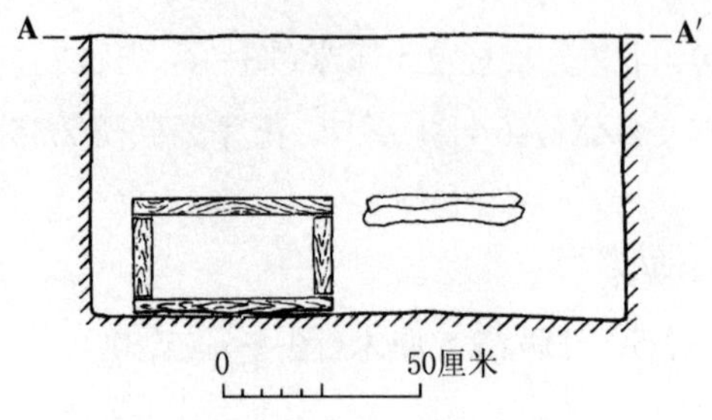

图一一四　DZXM47 平、剖面图

1、2.小口瓶　3.钱币　4.骨灰

2）随葬品

墓内出土随葬器较少，共 21 件。以钱币为主，少量的瓷器。

瓷器　2 件。完整。均为小口瓶。小口圆唇，短折沿，领部略侈，溜肩长圆腹，近底外侈，作喇叭口圈足底。瓷质较粗，口部及外壁施黑釉，近底脱釉。DZXM47：1，口径 3.8 厘米，腹径 6.6 厘米，底径 5.8 厘米，高 21.2 厘米（图一一五，6；彩版贰壹捌，1）。DZXM47：2，口径 3.8 厘米，腹径 6.6 厘米，底径 5.6 厘米，高 21.6 厘米（图一一五，7；彩版贰壹捌，2）。

钱币　19 枚。以唐钱为主，少量的北宋钱。

唐钱　16 枚。均为“开元通宝”。折二，八分书，对读。DZXM47：3，背穿上饰仰月纹。直径 2.4 厘米（图一一五，1）。DZXM47：4，直径 2.5 厘米（图一一五，2）。

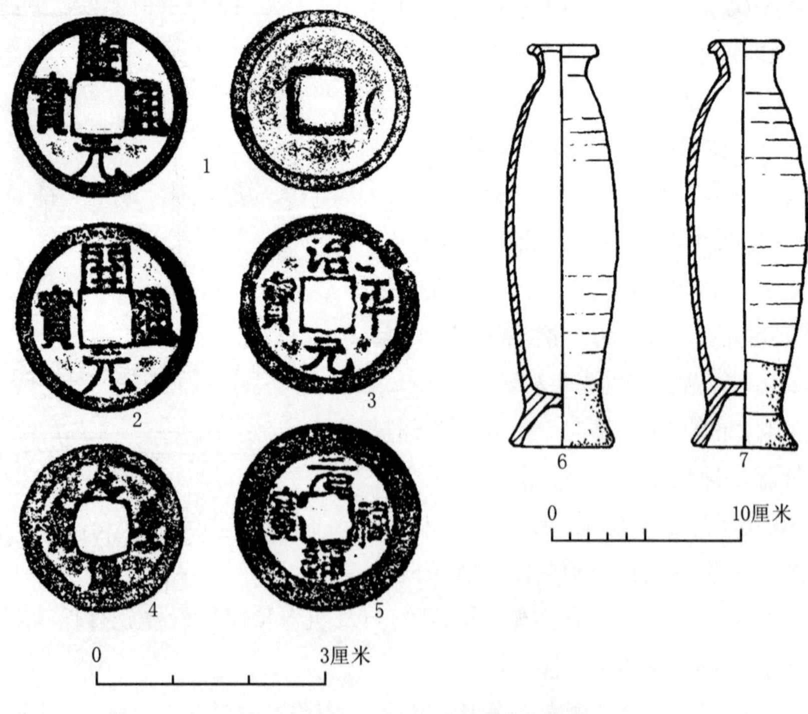

图一一五　DZXM47 出土瓷器、钱币

1～5.钱币（DZXM47：3～7）　6、7.小口瓷瓶（DZXM47：1、2）

北宋钱3枚。

治平元宝　1枚。DZXM47∶5,折二,真书,旋读。直径2.4厘米(图一一五,3)。

元丰通宝　1枚。DZXM47∶6,小平,行书,旋读。直径2.3厘米(图一一五,4)。

元祐通宝　1枚。DZXM47∶7,折二,篆书,旋读,宽郭。直径2.5厘米(图一一五,5)。

22.无墓茔墓

DZXM48　位于墓地发掘区中部,南距DZXMY18约10米。

1)　墓葬形制

土坑竖穴墓,早期盗扰。平面呈长方形,南北长1米,东西宽0.9米,深0.55米。方向10°。墓壁加工整齐,墓底平整,内夹杂有少量的石块。墓内中部有少量的骨灰,从周围出土的铁钉判断,骨灰原应装在木制骨灰盒内,因盗扰或朽蚀形制不清。

墓内随葬品主要集中在南部,在东南角出土小口双耳壶1件,在西南部随葬双耳瓷壶、瓷盏各1件。此外,在墓底散布有钱币81枚(图一一六)。

2)　随葬品

墓内出土随葬品较多,共95件。以钱币为主,瓷器次之,少量的铜器和陶器。此外出有少量铁棺钉。

瓷器　3件。有小口双耳瓶和盏。

小口双耳瓶　2件。双耳残。小口圆唇,短折沿,矮领略侈,溜肩长腹,圈足底。颈部施对称双耳,腹部作均匀的凹弦纹。瓷质较细,口部及外壁施茶绿釉,近底脱釉。DZXM48∶1,口径4.2厘米,腹径8厘米,底径5.4厘米,高15.4厘米(图一一七,5;彩版贰壹玖,4)。DZXM48∶2,口径4.2厘米,腹径7.8厘米,底径5厘米,高15.8厘米(图一一七,4)。

盏　1件。DZXM48∶3,完整。敞口圆唇,直腹斜收,小平底,内底较平。瓷质较粗,内壁施茶绿釉,口部及外壁脱釉,外壁有烟炱痕迹。口径6.4厘米,底径2.8厘米,高2.8厘米(图一一七,6)。

铜器　2件。有钗、簪。

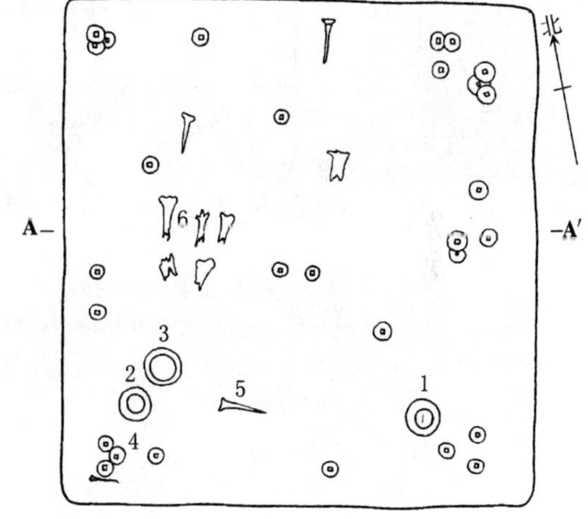

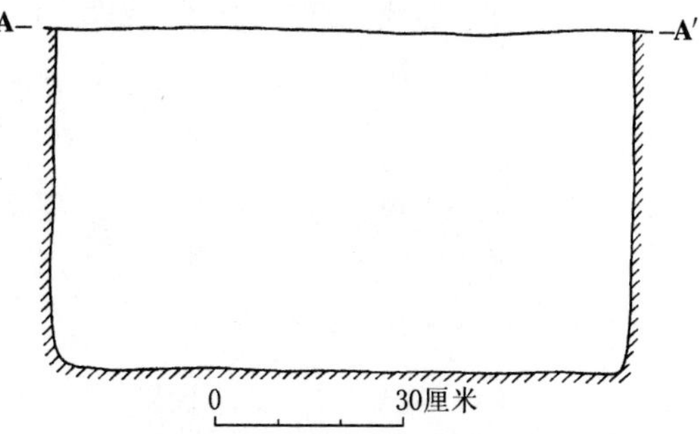

图一一六　DZXM48平、剖面图

1、2.小口双耳瓶　3.盏　4.钱币　5.棺钉　6.骨灰

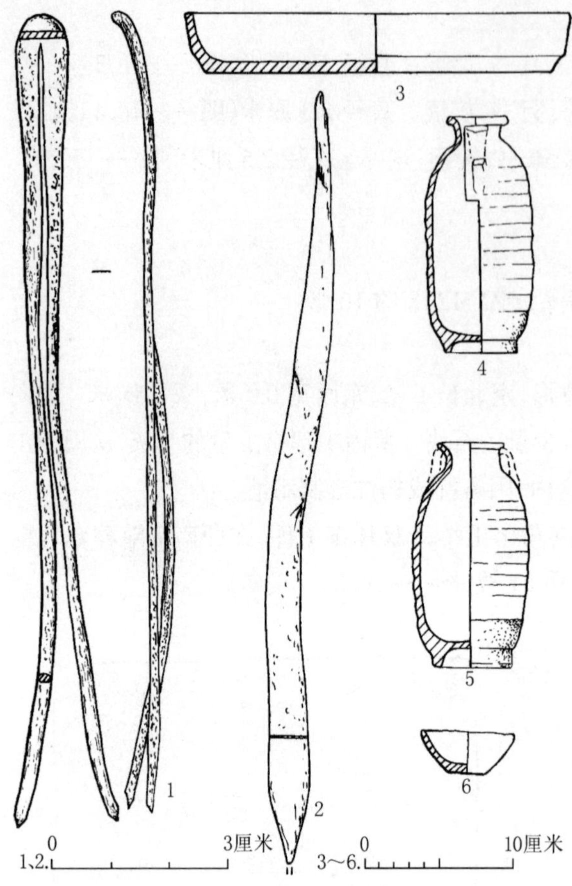

图一一七　DZXM48 出土铜、陶、瓷器
1. 铜钗（DZXM48：5） 2. 铜簪（DZXM48：7） 3. 陶盘（DZXM48：6） 4、5.小口双耳瓷瓶（DZXM48：2、1） 6.瓷盏（DZXM48：3）

钗　1件。DZXM48：5,完整。双股细长,端部圆弧,头部尖圆,钗身弯曲。长13.8厘米,头部宽0.9厘米,厚0.15厘米(图一一七,1)。

簪　1件。DZXM48：7,端部残。长条形,由上至下渐细,簪身严重变形。残长13.1厘米,厚0.1厘米(图一一七,2)。

陶器　1件。为陶盘。DZXM48：6,残。直口微侈、方圆唇、腹壁较直、近底作折棱内收、平底。泥质灰陶,素面。口径26.5厘米,底径23厘米,高4.1厘米(图一一七,3;图版一二,3)。

钱币　89枚。以金钱为主,北宋钱次之,少量的唐钱。其中有瘗钱9枚。

唐钱　1枚,为“开元通宝”。DZXM48：4,小平,八分书,对读,字迹不清。直径2.2厘米(图一一八,1)。

北宋钱　32枚。

至道元宝　1枚。DZXM48：8,折二,草书,旋读,郭略宽。直径2.5厘米(图一一八,2)。

咸平元宝　3枚。DZXM48：9,折二,真书,旋读,郭略宽。直径2.45厘米(图一一八,3)。

景德元宝　2枚。折二,真书,旋读。DZXM48：10,直径2.4厘米(图一一八,4)。

祥符元宝　2枚。折二,真书,旋读,郭略宽。DZXM48：11,直径2.4厘米(图一一八,5)。

祥符通宝　3枚。折二,真书,旋读,郭略宽。DZXM48：12,直径2.5厘米(图一一八,6)。

天禧通宝　2枚。真书,旋读。DZXM48：13,折二。铸制错版,字体较大。直径2.4厘(图一一八,7)。DZXM48：14,小平。字体略小,直径2.3厘米(图一一八,8)。

天圣元宝　5枚。折二,旋读。DZXM48：15,真书。直径2.45厘米。(图一一八,9)。DZXM48：16,篆书。直径2.5厘米(图一一八,10)。

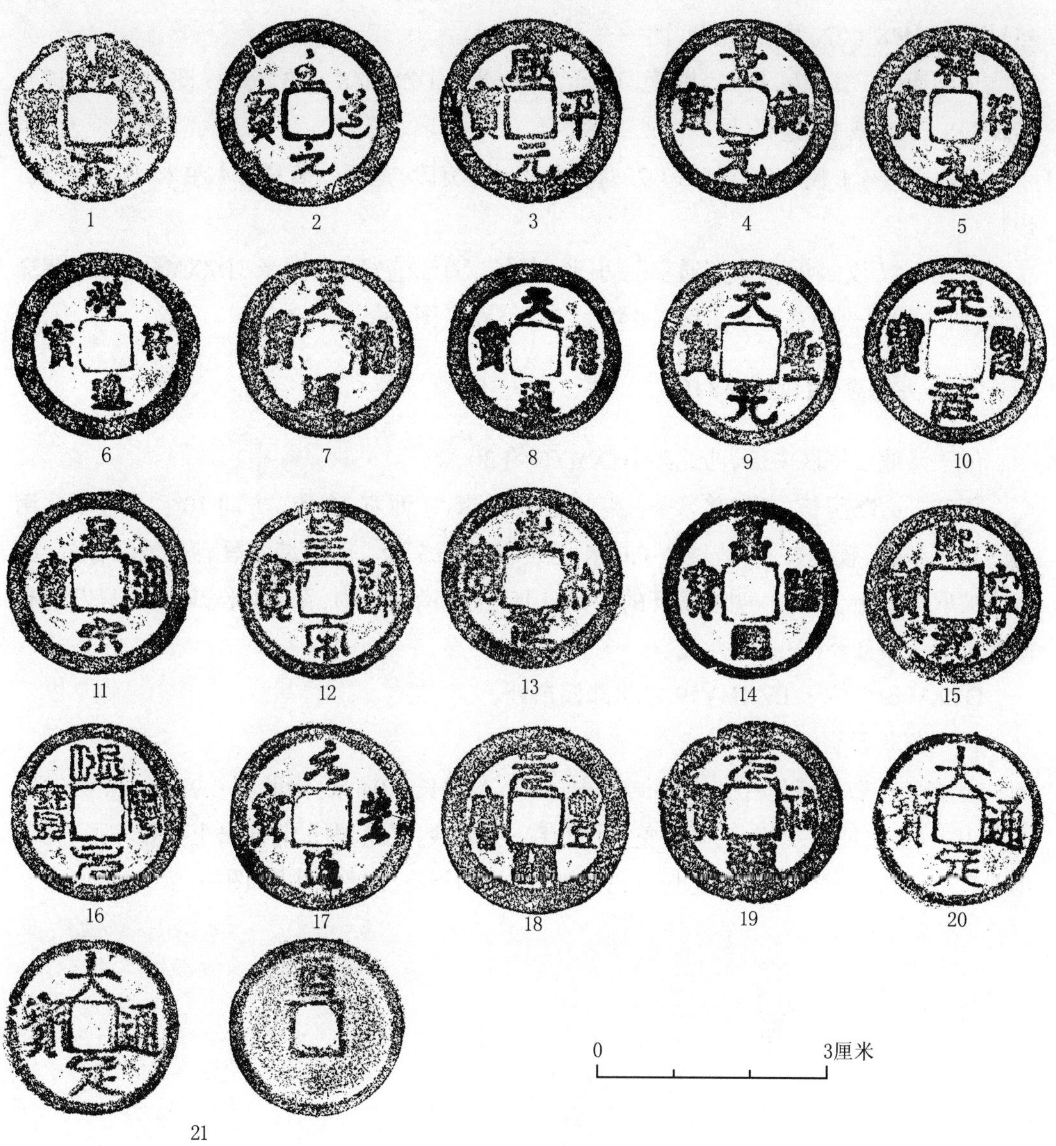

图一一八　DZXM48 出土钱币

1～21.钱币(DZXM48：4、8～25、27、26)

皇宋通宝　4 枚。折二,对读。直径 2.4 厘米。DZXM48：17,真书,郭略宽(图一一八,11)。DZXM48：18,篆书(图一一八,12)。

至和元宝　1 枚。DZXM48：19,折二,篆书,旋读,郭略宽。直径 2.4 厘米(图一一八,13)。

嘉祐通宝　1 枚。DZXM48：20,折二,篆书,对读。直径 2.4 厘米(图一一八,14)。

熙宁元宝　4 枚。折二,旋读。直径 2.4 厘米。DZXM48：21,真书,郭略宽(图一一八,

15)。DZXM48：22,篆书,花穿(图一一八,16)。

元丰通宝　3枚。折二,旋读,直径2.5厘米。DZXM48：23,行书(图一一八,17)。DZXM48：24,篆书,宽郭(图一一八,18)。

元祐通宝　1枚。DZXM48：25,折二,篆书,旋读,宽郭。直径2.4厘米(图一一八,19)。

金钱　47枚。均为"大定通宝"。小平,真书,对读,直径2.3厘米。DZXM48：26,背穿上饰"酉"字(图一一八,21)。DZXM48：27,无背文(图一一八,20)

23.十九号墓茔(DZXMY19)

位于墓地发掘区中部,西北距DZXMY5约30米。

墓茔平面略呈长方形,单墓茔。南北长13.5米,东西宽13米。方向10°。墓茔墙体用自然石块垒砌,较为整齐,茔墙宽0.6米,现存高度0.5米。除西墙北段有少量保存外,其余均被取石挖走,留有一明显整齐的凹框。门道位于南墙正中,宽1.4米。墓茔内只发现有DZXM49一座墓葬(图一一九)。

DZXM49　位于DZXMY19之北部偏东处。

1)　墓葬形制

土坑竖穴墓,早期盗扰。平面略呈长方形,东西长1.04米,南北宽0.93米,深0.5米。方向10°。墓壁加工规整,墓底平整,且铺有一层河砂。在墓内东北部出土一长方形石函,函盖之上用灰色素面长方形砖封口,石函之内及四周有少量的骨灰(图一二〇)。

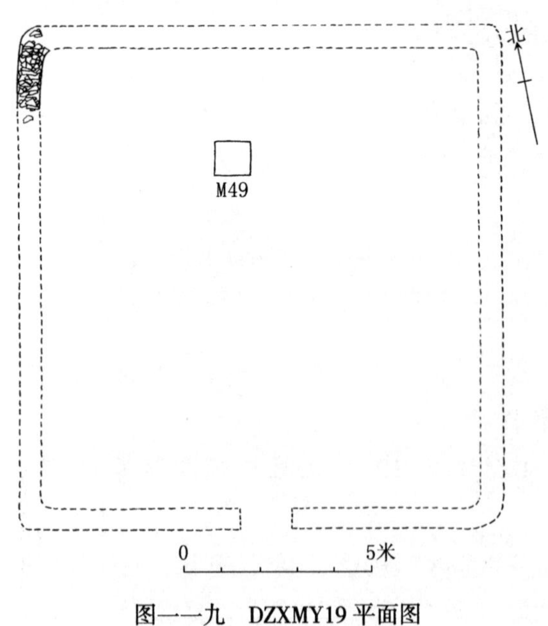

图一一九　DZXMY19平面图

2）　随葬品

墓内仅出土石函1件。

石函　1件。DZXM49：1,完整。直口，浅槽，平底。近底凿刻有卷云纹图案。白黄色石料制成，石质坚硬，加工精细。长35厘米，宽28厘米，高21厘米（图一二一；彩版贰贰零，1）。

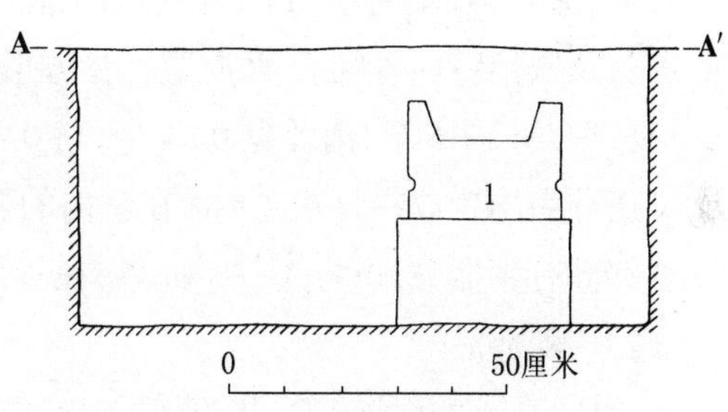

图一二〇　DZXM49平、剖面图

1.石函

24.二十号墓茔（DZXMY20）

位于墓地发掘区中部南端。北距DZXMY21约20米。

墓茔平面呈长方形，为二进式墓茔。南北长23米，东西宽16.6米。方向11°。茔墙墙体用自然石块垒砌，较为整齐，茔墙宽0.7米，现存高度0.6米。在墓茔距南茔墙4.4米处，东西向砌有一墙，将茔区分为南、北两区，在茔墙之上没有发现门道痕迹。南茔区内无任何遗迹，北茔区北部有DZXM51、DZXM56两墓（图一二二）。在DZXM51的南边设有用长0.28米，宽0.14米，厚0.04米

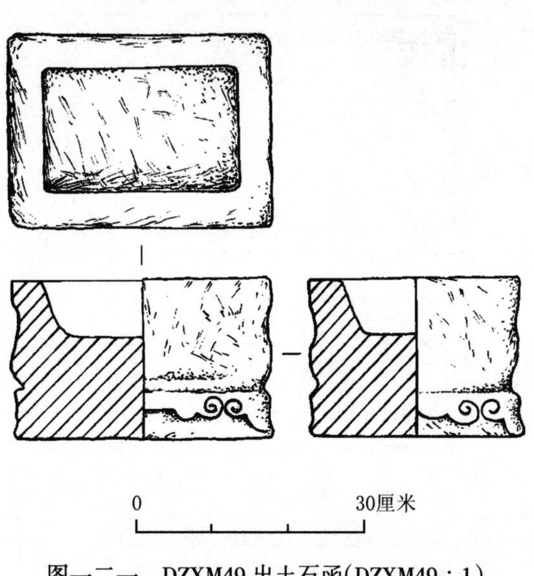

图一二一　DZXM49出土石函（DZXM49：1）

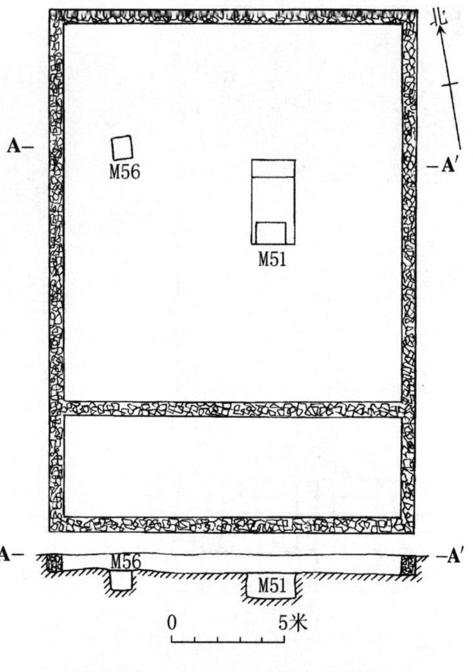

图一二二　DZXMY20平、剖面图

的灰色素面长方砖垒砌的一祭台，平面呈长方形，东西长1.4米，南北宽1米，现存高度0.15米。祭台四壁均有不同程度的破坏。墓口地表内侧用灰色素面长方形砖立砌有一边框，边框内平铺一层砖，与南侧祭台连成一体。地表铺砖仅在东、西两边及中部存有少量，其余多被盗扰。地表的北面用砖立砌一东西长1.30米，南北宽1米的不规则边框，用途不明。在祭台的北部出土残牛腿瓶1件，并在其周围有少量的白灰膏残片（图一二三）。

DZXM51　位于DZXMY20北茔区东北部，西北距DZXM56约5.4米。

1）　墓葬形制

土坑竖穴墓，早期盗扰，位于地表铺砖的中部。平面呈长方形，东西长1.72米，南北宽0.96米，深0.60米。墓向11°。墓壁加工规整，墓底平整，填土中夹杂有大量的白灰和少量的骨灰及铁棺钉。墓内东、西向置一长方形木制骨灰盒，盒板两侧长于两端，用铁钉钉合。骨灰盒东西长1.6米，南北宽0.84米，高0.36米。骨灰盒中部置有少量骨灰。

随葬品均置放在骨灰盒内。在盒内的西北角分别随葬有黑釉小口瓶、铁扣环各1件，东北部葬有漆器、彩石各1件。此外，在骨灰盒底部散布有钱币34枚（图一二四）。

2）　随葬品

墓内出土随葬品较多，共40件。以钱币为主，少量的瓷器、铁器和彩石。

瓷器　2件。完整，均为小口瓶，形制相同。小口圆唇，短折沿，领部略侈，溜肩长圆腹，近底外侈，作喇叭口圈足底。瓷质较粗，口部及外壁施黑釉，近底脱釉。DZXM51：1，口径

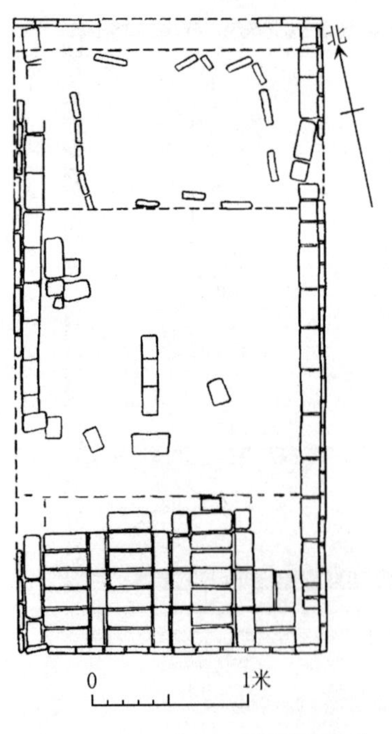

图一二三　DZXM51墓顶平面图

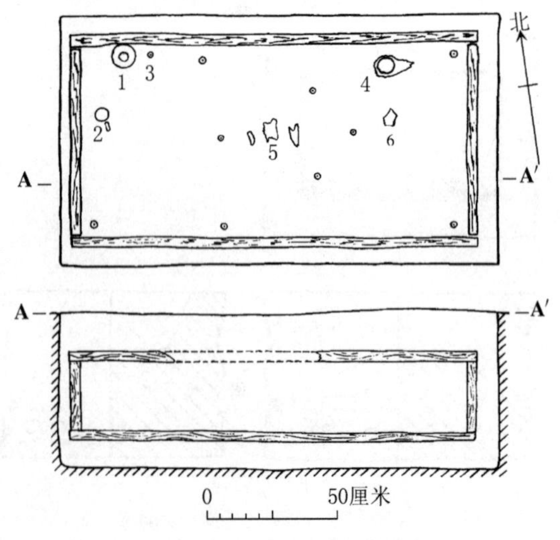

图一二四　DZXM51平、剖面图

1.小口瓶　2.环　3.钱币　4.漆器　5.骨灰　6.彩石

4厘米，腹径7.4厘米，底径5.2厘米，高19厘米（图一二七，1；彩版贰壹玖，1）。DZXM51：2，口径4厘米，腹径8.2厘米，底径5.2厘米，高20.8厘米（图一二七，5；彩版贰壹玖，2）。

铁器　2件。有环、片饰。

环　1件。DZXM51：4，完整。平面作圆形，扁平状，横截面呈长方形，表面锈蚀严重。外径4.1厘米，内径3厘米，厚0.2厘米（图一二七，3）。

片饰　1件。DZXM51：6，残。长条形片状，正面略有弧度，一端弯有圆环。残长5.1厘米，宽1.4厘米，厚0.15厘米（图一二七，4）。

彩石　1件。DZXM51：5，平面呈不规则的长方形，无加工痕迹，表面涂有红彩。长3厘米，宽2.5厘米，厚2.7厘米（图一二七，7）。

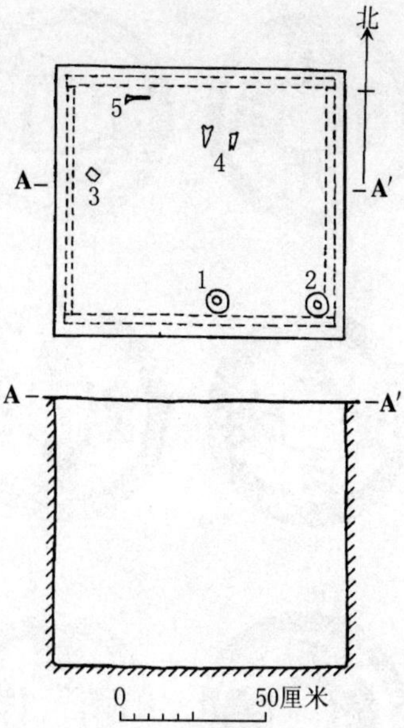

图一二五　DZXM56平、剖面图
1、2.小口瓶　3.彩石　4.骨灰　5.棺钉

钱币　35枚。以北宋钱为主，少量的唐钱。其中有瘗钱1枚。

唐钱　4枚。均为“开元通宝“。折二，八分书，对读。直径2.4厘米。DZXM51：3，背穿上饰仰月纹（图一二六，1）。DZXM51：7（图一二六，2）。

北宋钱　30枚。

至道元宝　2枚。折二，行书，旋读，宽郭。DZXM51：8，直径2.5厘米（图一二六，3）。

咸平元宝　1枚。DZXM51：9，折二，真书，旋读，宽郭。直径2.5厘米（图一二六，4）。

景德元宝　2枚。折二，真书，旋读，郭略宽。DZXM51：10，直径2.4厘米（图一二六，5）。

祥符通宝　1枚。折二，真书，旋读。DZXM51：11，直径2.5厘米（图一二六，6）。

天圣元宝　2枚。折二，旋读。直径2.5厘米。DZXM51：12，真书（图一二六，7）。DZXM51：13，篆书（图一二六，8）。

景祐元宝　1枚。DZXM51：14，折二，真书，旋读，郭略宽。直径2.5厘米（图一二六，9）。

皇宋通宝　5枚。折二，对读。DZXM51：15，真书。直径2.5厘米（图一二六，10）。DZXM51：16，篆书。直径2.4厘米（图一二六，11）。

治平元宝　1枚。DZXM51：17，折二，篆书，旋读，郭略宽。直径2.4厘米（图一二六，12）。

嘉祐通宝　1枚。DZXM51：18，折二，真书，对读，钱文模糊。直径2.4厘米（图一二六，13）。

图一二六　DZXM51 出土钱币
1～19.钱币（DZXM51：3、7～24）

熙宁元宝　6 枚。旋读。DZXM51：19，折二，真书。直径 2.4 厘米（图一二六，14）。DZXM51：20，小平，篆书，直径 2.3 厘米（图一二六，15）。

元丰通宝　6 枚。折二，旋读，直径 2.4 厘米。DZXM51：21，行书（图一二六，16）。DZXM51：22，篆书（图一二六，17）。

元祐通宝　1 枚。DZXM51：23，折二，篆书，旋读。直径 2.4 厘米（图一二六，18）。

圣宋元宝　1 枚。DZXM51：24，折二，篆书，旋读，郭略宽。直径 2.5 厘米（图一二六，19）。

DZXM56　位于 DZXMY20 东北部，西距 DZXM51 约 6.4 米。

1）　墓葬形制

土坑竖穴墓，早期盗扰。平面呈长方形，东西长 1 米，南北宽 0.9 米，深 0.9 米。方向

359°。墓壁较规整，墓底平整，填土内夹杂有大量的白灰渣。在墓口地表四边内侧用灰色素面长方形平铺一内框，因盗扰仅有少量残存。墓内置有一木制骨灰盒，严重朽蚀，但从其残存的朽木仍可复原其形制。骨灰盒平面呈长方形，用铁钉钉合。东西长 0.92 米，南北宽 0.84 米，残高 0.48 米。盒内北部略偏东葬有少量骨灰。

随葬品均置于骨灰盒内，在南壁东段随葬有小口瓶 2 件（图一二五）。

2）　随葬品

墓内出土随葬品有小口瓶 2 件。

小口瓶　2 件。小口圆唇，短折沿，领部略侈，肩部略鼓，长圆腹，近底外侈，作喇叭口圈足底。瓷质较粗，近底脱釉。DZXM56：1，完整。口部及外壁施黑釉。口径 3.6 厘米，腹径 8.2 厘米，底径 5 厘米，高 20 厘米（图一二七，6；彩版贰贰壹，3）。DZXM56：2，底部残缺。口部及外壁施茶绿釉。口径 4.2 厘米，腹径 7.8 厘米，高 18.4 厘米（图一二七，2）。

25.二十一号墓茔（DZXMY21）

位于墓地发掘区中部南端。南距 DZXMY20 约 20 米，西距 DZXMY22 约 15 米。

墓茔平面略呈长方形，单墓茔。东西长 19.5 米，南北宽 18.5 米。方向 10°。墓茔墙体

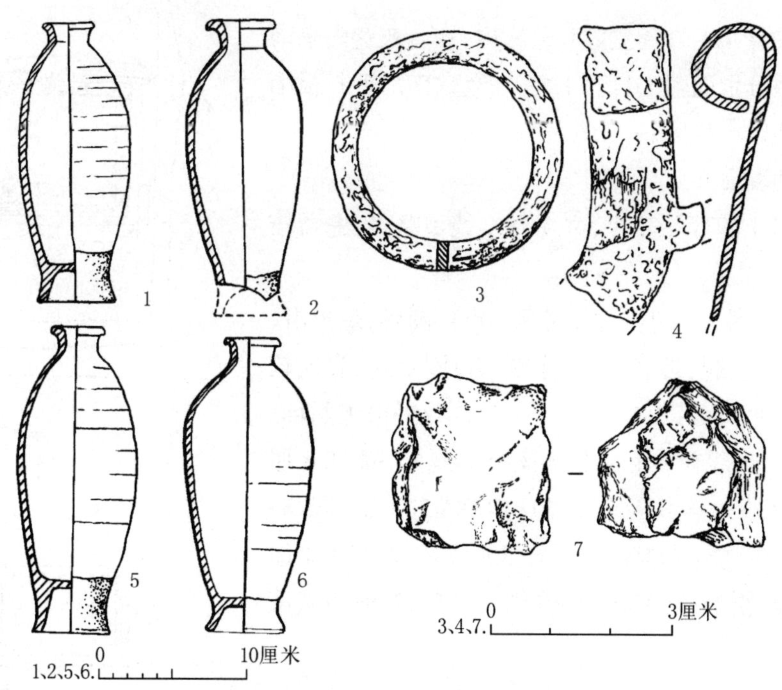

图一二七　DZXM51、M56 出土铁、瓷、石器

1、2.小口瓷瓶（DZXM51：1　DZXM56：2）　3.铁环（DZXM51：4）　4.铁片饰（DZXM51：6）　5、6.小口瓷瓶（DZXM51：2　DZXM56：1）　7.彩石（DZXM51：5）

用自然石块垒砌,除西北角有少量保存外,其余均被取石挖走,取石处形成一明显的凹槽。从西北角少量残存看,茔墙垒砌较为整齐,宽0.5米,现存高度0.6米,门道位置不清。墓茔内有DZXM52一座墓葬(图一二八)。

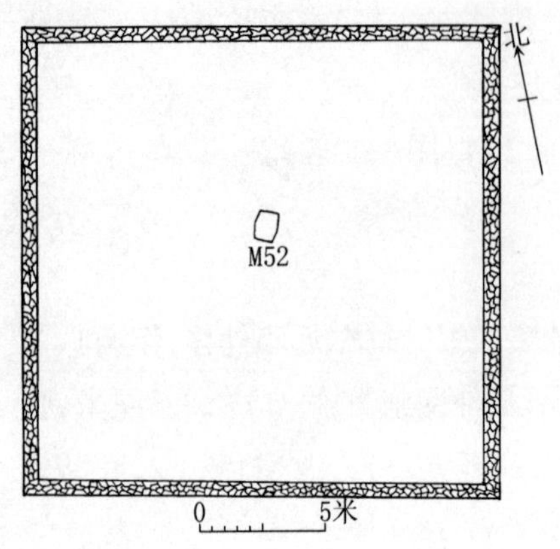

图一二八　DZXMY21平面图

DZXM52　位于DZXMY21中部。

1)　墓葬形制

土坑竖穴墓,早期盗扰。平面呈长梯形,墓口四边不规整,墓壁斜收作口大底小状。墓口南北长1.34米,东西宽0.8～0.96米;墓底南北长1.2米,东西宽0.8米,深1.1米。方向20°。墓壁及底部不甚平整,在墓室底部铺有厚约0.04米河沙。内置有一木制骨灰盒,保存较好。骨灰盒平面略长方形,长0.56米,宽0.5米,残高约0.3米。用铁钉钉合。在紧贴骨灰盒四边用石板围砌,石板围砌高度0.4米,石板外侧空隙间填充河沙。在骨灰盒内南部葬有少量的骨灰。

随葬品分布于骨灰盒内和墓穴内。在骨灰盒内东南角和西南角分别随葬小口瓶1件,在墓穴南部近石板围砌处出土钱币5枚(图一二九)。

2)　随葬品

墓内出土随葬品较少,共7件。钱币略多,瓷器较少。

瓷器　2件。为小口瓶,完整。小口圆唇,短折沿,肩部略鼓,长圆腹,近底外侈,作喇叭口圈足底。瓷质较粗,近底脱釉。DZXM52∶1,直领,口部及外壁施黑釉。口径4.4厘米,腹径8.4厘米,底径5.6厘米,高18.8厘米(图一三〇,1;彩版贰贰壹,1)。DZXM52∶2,领部略侈,口部及外壁施茶绿釉。口径3.8厘米,腹径8.4厘米,底径4.8厘米,高18.8厘米(图一三〇,2;彩版贰贰壹,2)。

钱币　5枚。均为北宋钱。

明道元宝　1枚。DZXM52∶3,折二,篆书,旋读。直径2.5厘米(图一三〇,3)。

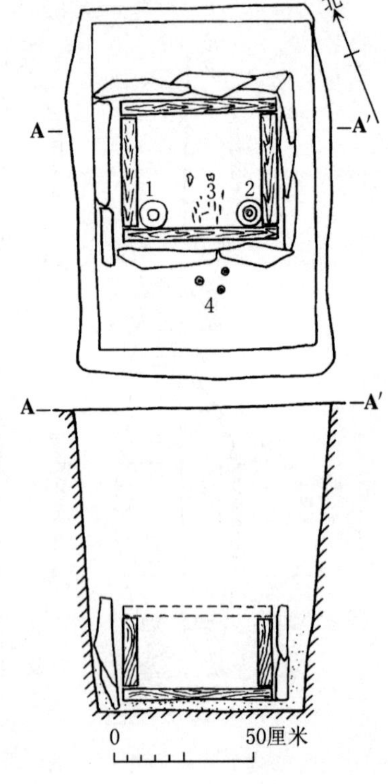

图一二九　DZXM52平、剖面图
1、2.小口瓶　3.骨灰　4.钱币

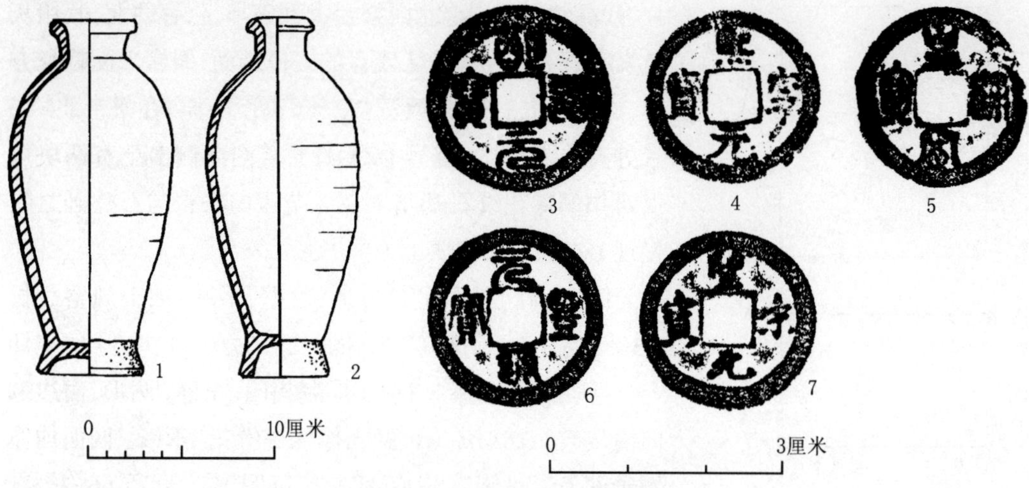

图一三〇　DZXM52 出土瓷器、钱币

1、2.小口瓷瓶(DZXM52：1、2)　3～7.钱币(DZXM52：3～7)

熙宁元宝　1 枚。DZXM52：4,小平,真书,旋读。直径 2.3 厘米(图一三〇,4)。

皇宋通宝　1 枚。DZXM52：5,折二,篆书,对读。直径 2.4 厘米(图一三〇,5)。

元丰通宝　1 枚。DZXM52：6,折二,篆书,旋读,花穿。直径 2.4 厘米(图一三〇,6)。

圣宋元宝　1 枚。DZXM52：7,折二,行书,旋读。直径 2.4 厘米(图一三〇,7)。

26.二十二号墓茔(DZXMY22)

位于墓地发掘区中部南端。东距 DZXMY21 约 15 米,东南距 DZXMY20 约 25 米。

墓茔平面呈长方形,为二进式墓茔。南北长 25.2 米,东西宽 17.5 米。方向 10°。墓茔墙体保存较好,垒砌规整。经解剖,茔墙宽 0.6 米,现存六层，高约 0.7 米。门道位于南墙中段略偏西处。宽 1.6 米。在墓茔距南茔墙 4.8 米处东西向砌石墙一道,将墓茔分为南、北两区,北茔区门道与南茔区门道位于同一轴线,宽 1.6 米。南茔区内无任何遗迹。在北茔区中部垒砌有两个祭台,两者南北相距约 0.2 米,均严重盗扰破坏。南侧祭台呈正方形,边长 2 米,用灰色素面长方形砖垒砌,四边立砌边框,中间沿立框内侧平铺一层平砖,其余用碎石填充,内夹杂有少量的瓷

图一三一　DZXMY22 平面图

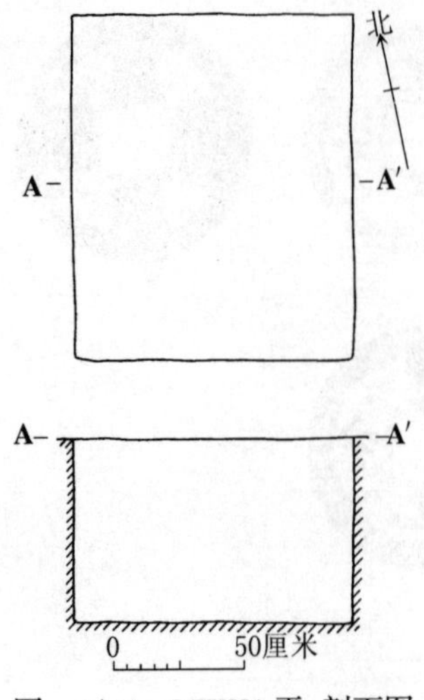

图一三二　DZXH1 平、剖面图

片，残高约 0.35 米。北面祭台大部破坏，仅存西北角，用灰色素面长方砖垒砌。从残存的痕迹判断，祭台平面略呈方形，南北长 2.3 米，东西宽 2.2 米，高度不详。在祭台北约 3 米处有一方形坑（编号 DZXH1），坑内北侧出土有两块可以对扣的莲花纹石基座。在北茔区内祭台与石柱础之间发现 DZXM57 一座墓葬（图一三一）。

DZXH1　平面呈长方形，直壁，平底，加工规整。长 1.3 米，宽 1.1 米，深 0.7 米（图一三二）。

莲花纹石基座　2 件。形制相同，完整。圆形，由边缘向内微鼓。DZXH1∶1，两面作八等份花瓣图案，两面均作圆形平面，两侧雕刻有缠绕花草图案。直径 66 厘米，

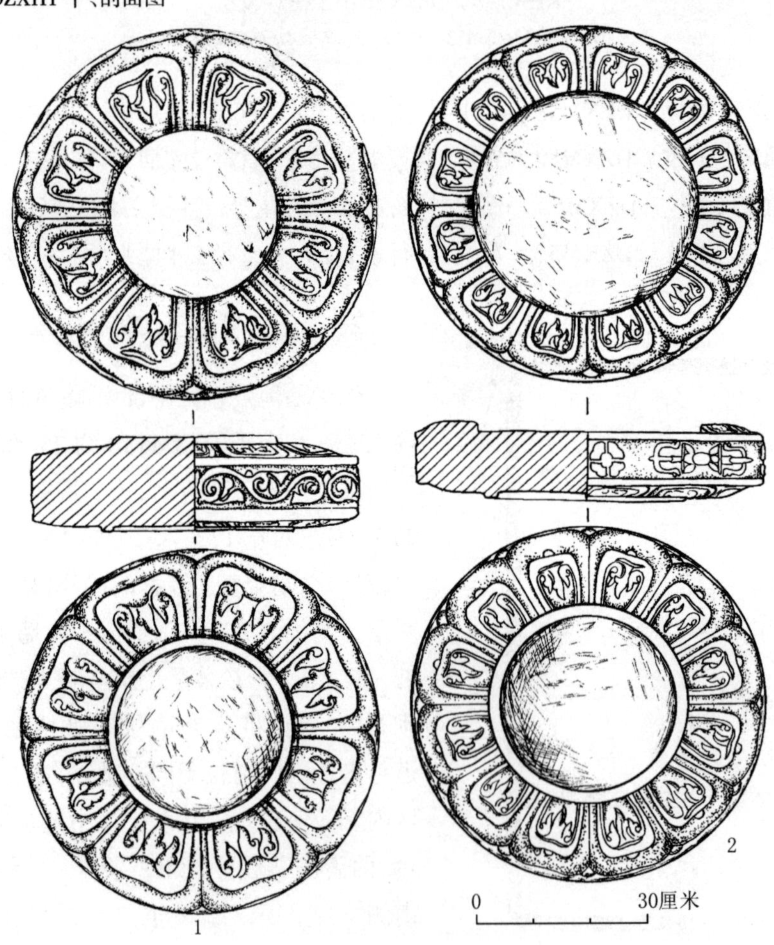

图一三三　DZXMY22 内 H1 出土石构件

1、2.莲花纹石基座　（DZXH1∶1、2）

厚12～16厘米（图一三三,1；彩版贰贰贰,1）。DZXH1∶2,两面作12等份花瓣图案,一面圆形平面微鼓,一面圆形内凹。周边雕刻有宝相花和如意相间图案。直径64厘米,厚9～12厘米(图一三三,2;彩版贰贰贰,2)。

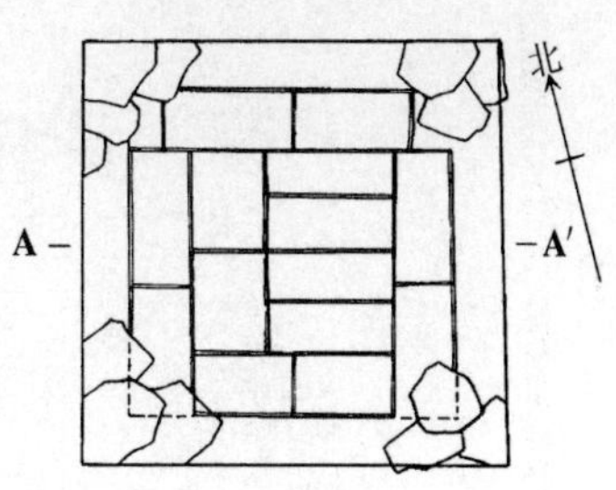

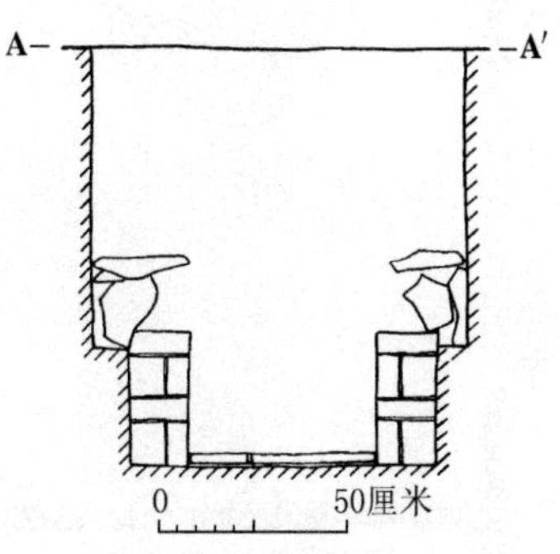

图一三四　DZXM57平、剖面图

DZXM57　位于DZXMY22北部偏东处。

1）墓葬形制

土坑竖穴墓,平面略呈正方形。边长1.04米,深1.1米。方向10°。墓壁较为规整,墓底平整,内夹杂有少量的骨灰。在距墓口向下0.8米处沿墓穴内侧四壁置宽0.1米、高0.32米的生土二层台。在二层台内侧用灰色素面长方形砖券砌宽0.12～0.16米,高0.36米的砖墙,底部平铺一层。在砖墙体顶部的四边各有3～5块不等的自然石块(图一三四)。

仅在墓内西南角出土黑釉梅瓶1件。

2）随葬品

墓内随葬品极少,仅有梅瓶1件。

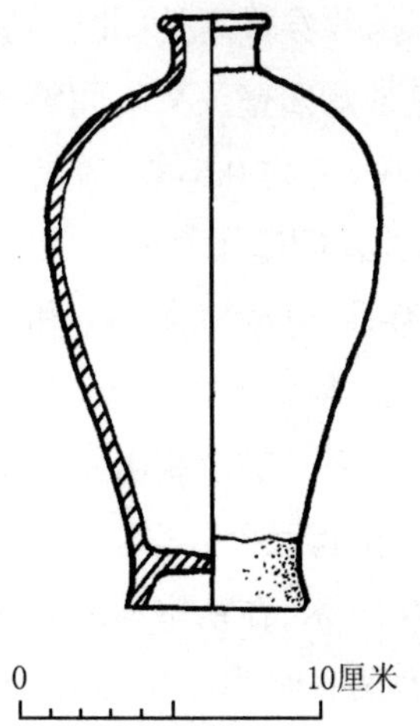

图一三五　DZXM57出土瓷器
1.梅瓶(DZXM57∶1)

梅瓶　1件。DZXM57∶1,完整。小口圆唇,短折沿,领部略侈,鼓肩,最大腹径近肩部,下腹斜收,近底微侈,平底内凹。瓷质较粗,口部及外壁施黑釉,有铁锈窑变,近底脱釉。口径3.8厘米,腹径11.6厘米,底径6厘米,高20厘米(图一三五;图版一一,3)。

27.二十三号墓茔(DZXMY23)

位于墓地发掘区中部,西北距DZXMY4约10米。

墓茔平面呈长方形,为二进式墓茔。南北长61.4米,东西宽33米。方向8°。墓茔墙体均用自然石块垒砌,保存完整,较为整齐。茔墙宽1米,现存高度0.8米。门道位于南墙正中,宽1.8米,南部往北距南茔墙16.8米处东西向垒砌一墙,将墓茔分为南、北两区,北茔区门道位于中部略偏西处,宽1.8米,与DZXM64基本处在同一轴线。南茔区中无任何遗迹,北茔区发现DZXM64一座墓葬(图一三六)。

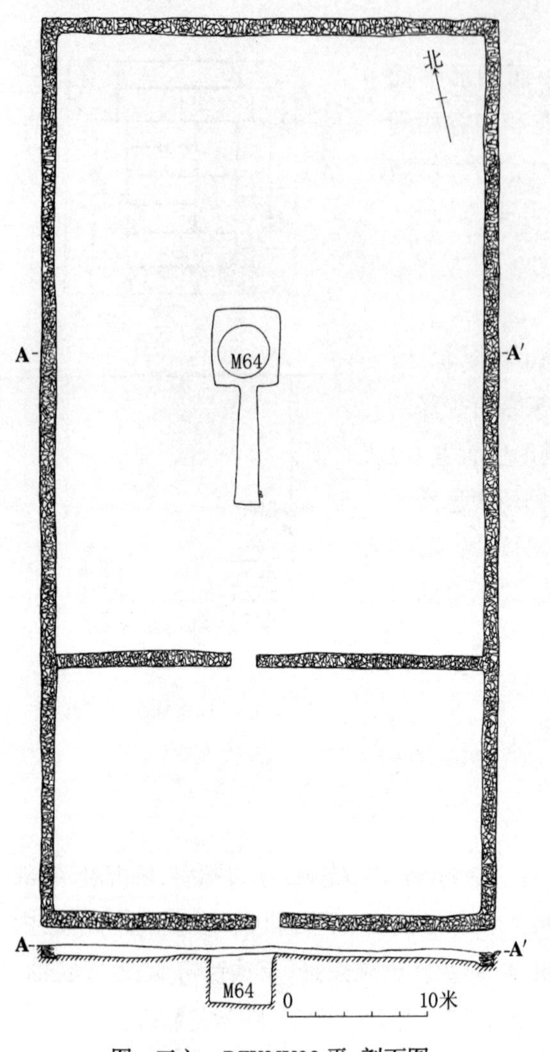

图一三六　DZXMY23 平、剖面图

DZXM64　位于 DZXMY23 中部略偏西处。

1）　墓葬形制

墓葬为大型砖石混砌墓，早期盗扰，由墓圹、墓室、墓门、甬道、墓道等组成(图一三七)。

墓圹　平面呈弧边长方形,南、北两边平直,东、西两边微弧。东西长 5 米,南北宽 4.65～4.95 米,现存深度 2.5 米。墓框加工整齐,为黄色细砂土,质地坚硬。墓圹距地表深 0.4～0.6 米,填土内夹杂有大量石块。

墓室　为砖石混砌正方形穹隆顶墓，顶部因早期盗扰坍塌。墓室边长 3.17 米，残高 2.3 米，方向 8°。墓室四壁下半部用自然石块券砌，除南壁石墙高 0.6 米外，其他三壁高 1.48 米，厚 0.3 米。上半部用长 0.3 米，宽 0.14 米，厚 0.04 米的灰色素面长方形砖平铺，砖间用红胶泥坐浆。由砖向上平砌至第八层（距墓底高 1.8 米）开始向内叠涩收券，收券最高处(北壁)现存 8 层砖。在墓室外侧四壁及墓圹间整齐的堆放有自然石块，宽约 0.6 米，最高处残高 2.28 米。墓顶及四壁用 0.5～1 厘米的红胶泥抹平，在红胶泥之上抹有 0.2 厘米的白灰面，严重剥落。墓顶、墓壁残存部分和剥落碎片上均绘有红、黑两彩，应为墓内之壁画，因剥落和漫漶严重，内容不详。

墓内尸床位于墓室北部与北壁相连，由内侧尸床和外侧尸床两部分组成。内侧尸床用与券墓砖规格相同灰色素面长方砖垒砌，由外向内为三纵两横相间铺砌，其间坐有红胶泥，共 4 层。尸床长 3.17 米，宽 1.2 米，高 0.23 米。外侧尸床宽 0.76 米，在墓室地面紧贴内侧尸床东西向间隔砌有 3 组顺砌垫砖，均为两层，高 0.1 米。西面一组为双排，距西壁 0.2 米，宽 0.32 米，东面一组也为双排，距东面砖墙 0.8 米，宽 0.32 米，两组之间有宽约 0.14 米的单砖一组。判断外侧尸床应为二次下葬时临时增筑，砖墙上面铺有一层厚约 5～6 厘米的木板，但木板朽蚀严重。

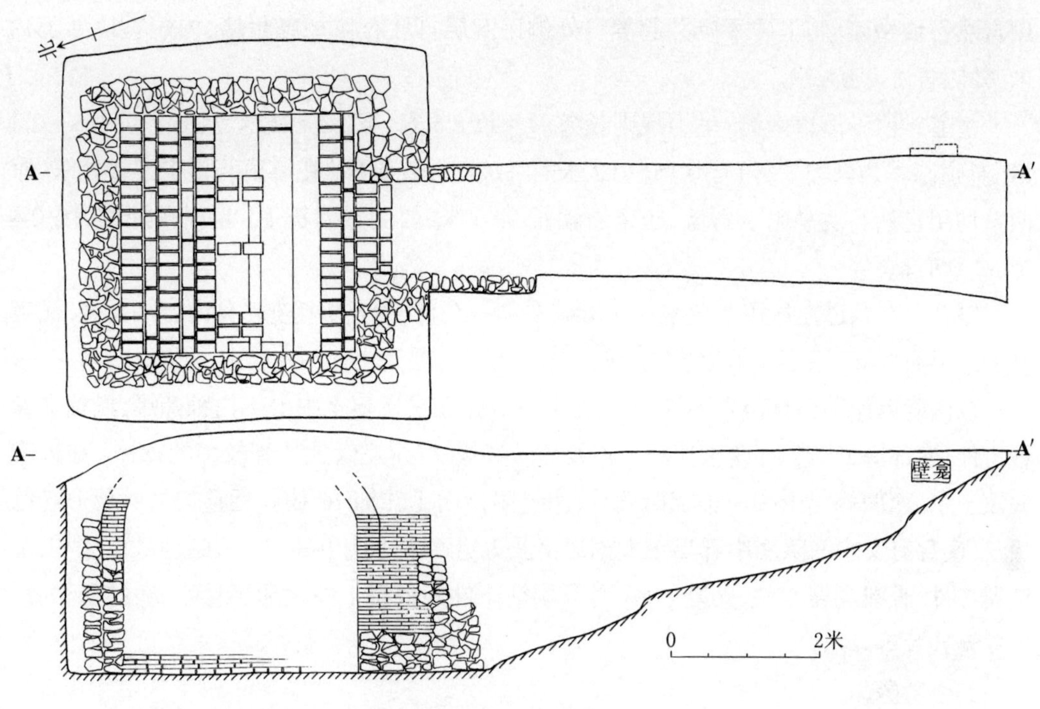

图一三七　DZXM64平、剖面图

墓室地面亦用灰色素面长方砖铺砌，为平铺错缝排列，砖间用红胶泥坐浆，砖面之上抹有一层略不平整的白灰面。

墓室尸床之上原应有木棺，但破坏严重，形制不清，从填土中出土的木棺残片、铁棺钉和铁棺箍判断，木棺应为铁钉钉合，棺外有铁棺箍，其他情况不详。

墓内尸骨因严重盗扰，葬式不清。在墓室填土中发现两个头骨和少量肋骨、盆骨等。其中一具头骨完整，另一头骨破碎。经鉴定为男、女合葬墓，男性年龄约45～50岁，女性年龄约30～35岁。

墓门　位于墓室南壁正中，呈拱洞形，门之两侧用自然石块垒砌，石墙之西侧平砌两层砖，东侧平砌6层砖后开始券弧形顶。墓门高1.3米，宽1.25米。墓门由墓底向上0.62～0.8米用自然石块封堵，其上用砖封堵。因盗扰，将封门砖取走，仅在东壁有少量残存(图一三八)。

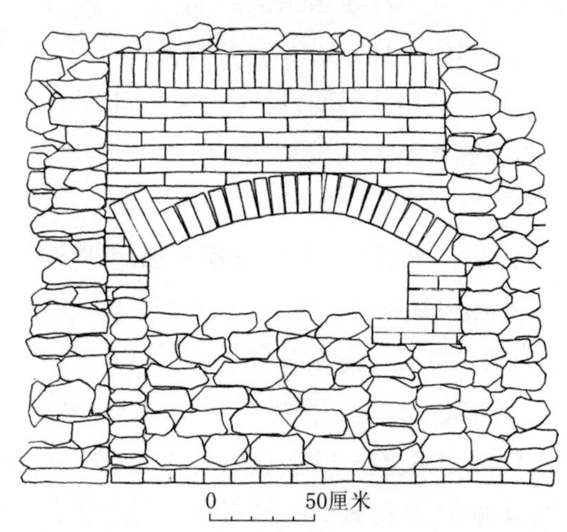

图一三八　DZXM64墓门正视图

甬道　位于墓门南侧。长1米，宽1.25米，高1.3米。甬道由底向上0.6米用自然石块垒砌,其上砖平砌并起券。外侧用两层自然石块垒砌封堵,内层石块高 1.42 米,外侧石块高 0.8 米。

墓道　位于甬道南侧,呈不规则长条形。长 8.5 米,宽 1.5～2 米,现存深度 0.5～2.4 米。墓道基本为斜坡式,内有 0.15～0.2 米的三级斜坡式阶梯。在墓道与甬道连接处东、西两壁均用自然石块垒砌一石墙,东壁石墙长 0.72 米,西侧石墙长 1.5 米,石墙厚 0.3～0.4 米,高 0.8 米。

祭台　在墓道东端用灰色素面长方砖垒砌一祭台,为方形壁龛。龛内有一瓦当,瓦当之上朱书有"□□□□永不侵争"字样。

墓内随葬品因盗扰位置不详,均出于填土中。在墓室填土中出土白釉瓷罐、黑釉瓷罐各 1 件,底部墨书"宅"字白釉器底 1 件及建筑残块、桦树皮囊残片和较多的瓷片。在近墓底填土东、西两侧出土残白釉瓷碗残片,东壁附近出土珠饰 16 枚。近墓门处发现一红色漆盘(底部有文字),墓底中部出土大德通宝及大定通宝等钱币 36 枚。在墓底填土中出土铁器 2 件、骨雕刻器 5 件、陶鼎 1 件、骨牙刷柄 1 件和银器 1 件及动物骨骼、陶盆残片、桦树皮囊残片等。

2）　随葬品

该墓虽经早期盗掘,但墓内出土随葬品仍较为丰富,共 90 件。以钱币略多,瓷器、骨器次之。少量的陶器、铁器、白铜器、石器、玉器、漆器、珠饰、建筑材料、兽骨、桦树皮等。

瓷器　11 件。有罐、盆、碗、盘。

罐　2 件。完整。分两型。

A 型　1 件。DZXM64：1,敛口圆唇,矮领较直,鼓腹,圈足底。瓷质略粗,口部及外壁施白釉,内壁作豆青釉,近底脱釉。口径 6.8 厘米,腹径 8.8 厘米,底径 5.2 厘米,高 7 厘米(图一三九,4;彩版贰贰陆,1)。

B 型　1 件。DZXM64：2,侈口圆唇,矮领鼓肩,最大腹径略偏上,平底内凹。瓷质较细,内外壁均施黑釉,近底脱釉。口径 8 厘米,腹径 10.8 厘米,底径 5.7 厘米,高 9.2 厘米(图一三九,5;彩版贰贰陆,2)。

盆　1 件。DZXM64：7,残。直口圆唇,短平折沿,上腹较直,下腹弧形斜收,圈足底,内底较平。瓷质较细,内壁施白釉,外壁饰白釉黑花,绘有花草图案,近底脱釉。口径 34 厘米,底径 12.6 厘米,高 15.5 厘米(图一三九,3;图版一二,1)。

碗　4 件。分两型。

A 型　3 件。残。敞口圆唇,弧腹斜收,圈足底,内底较平,内残存有 7 个支钉痕迹。瓷质较粗,内壁及外壁上腹施白釉,下腹脱釉。DZXM64：3,内壁近底饰铁锈花彩一道。口径 21.4 厘米,底径 6.8 厘米,高 6.8 厘米(图一三九,7;彩版贰贰柒,1)。DZXM64：4,内壁近底饰铁锈花彩一道。口径 21.2 厘米,底径 6.4 厘米,高 6.8 厘米(图一三九,13;彩版贰贰

图一三九　DZXM64出土陶、瓷、石器

1.陶釜(DZXM64：12)　2、7、10、13.瓷碗(DZXM64：5、3、6、4)　3.瓷盆(DZXM64：7)　4、5.瓷罐(DZXM64：1、2)　6、8、11、12、瓷盘(DZXM64：11、8、9、10)　9.石刻(DZXM64：27)

柒,2)。DZXM64：5,口径 21.5 厘米,底径 6.4 厘米,高 7 厘米(图一三九,2;彩版贰贰柒,3)。

B 型　1 件。DZXM64：6,完整。直口圆唇,上腹较直,下腹弧形斜收,圈足底,内底尖圆。瓷质较细,内壁施黑褐色的天目纹,外壁饰褐釉,近底脱釉。口径 18 厘米,底径 6.2 厘米,高 7.2 厘米(图一三九,10;彩版贰贰柒,4)。

盘　4 件。完整。分两型。

A 型　2 件。敞口圆唇,腹较深,圈足。瓷质较粗,内壁及外壁近口部施釉,外壁口部以下脱釉。DZXM64：8,内壁施白釉黑花,近底绘 3 组花草图案,内底残存有 7 个支钉痕迹。口径 17.6 厘米,底径 6.4 厘米,高 4.2 厘米(图一三九,8;彩版贰贰捌,1)。DZXM64：10,施白釉,内底残存有 6 个支钉痕迹,底部圈足内墨书一“宅”字。口径 16 厘米,底径 6.0 厘米,高 4 厘米(图一三九,12;彩版贰贰捌,2)。

B 型　2 件。完整。直口圆唇、,腹较直,下腹斜收,浅腹,圈足底。瓷质较粗,内壁及外壁近口部施白釉,外壁脱釉,内底残存有 3 个支钉痕迹。DZXM64：9,底部圈足内墨书一“余” 字。口径 17.6 厘米, 底径 7.2 厘米, 高 3.6 厘米 (图一三九,11; 彩版贰贰捌,3)。DZXM64：11,假圈足。口径 12.2 厘米,底径 5.2 厘米,高 2.4 厘米(图一三九,6;彩版贰贰捌,4)。

铁器　3 件。有车辖和棺钉。

辖　2 件。残。圆形,表面锈蚀严重。DZXM64：28,其上残存 2 齿(图一四〇,6)。DZXM64：37,其上残存 3 齿(图一四〇,7)。

棺钉　1 枚。DZXM64：29,完整。钉身呈方形,由上至下渐细,头部尖圆,端部扁平,横截面呈方形。表面锈蚀严重。长 15.6 厘米,截面径 0.3 厘米 × 0.5 厘米(图一四〇,1)。

白铜器　1 件。簪,DZXM64：36,长条形,扁平体,端部弯曲,平面作椭圆形,簪身由上至下渐细,头部圆钝,横截面呈椭圆形。长 13.4 厘米,宽 0.2～0.5 厘米,厚 0.2 厘米(图一四一,9;彩版贰叁贰,3)。

骨器　10 件。有雕刻饰片、装饰条和牙刷柄。

雕刻饰片　为一骨装饰品,现存 5 块 0.1 厘米厚骨板制成的雕刻饰片。分三型。

A 型　2 件。平面呈梯形,骨板作圆弧形。上半部分刻划有 22 道平行浅纹,其间装饰有戳点纹;其下有 3 组 3 条平行线组成的图案,内用菱形戳点纹组成倒顺三角形图案;下部也施 3 道平行线纹,间饰菱形戳点纹组成的三角形图案。中部主体为变形勾云纹图案。DZXM64：15,两边留有叠压部分,一侧钻有一 0.25 厘米的连接孔。长 11.7 厘米,宽 5～6.7 厘米(图一四一,1;彩版贰叁零,1 右;图版一四,4)。DZXM64：16,上半部刻有 16 道平行线。一边留有叠压部分,一侧钻有 0.2 厘米的连接孔。长 10.8 厘米,宽 5～7.5 厘米(图一四一,2;彩版贰叁零,1 左;图版一四,3)。

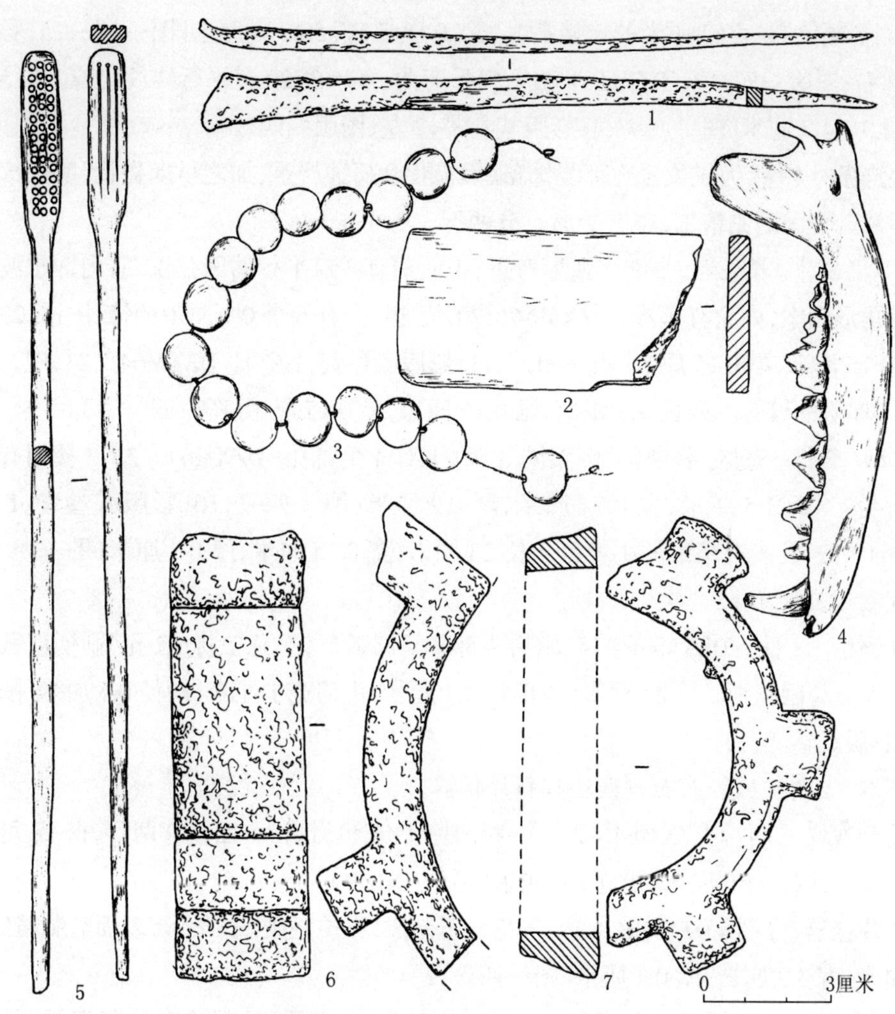

图一四〇　DZXM64 出土铁、石、骨器

1.铁棺钉（DZXM64：29）　2.石片（DZXM64：31）　3.石珠饰（DZXM64：25）　4.动物骨骼（DZXM64：30）
5.骨牙刷柄（DZXM64：14）　6、7.铁辖（DZXM64：28、37）

B 型　1 件。DZXM64：17，边部略残。上半部作长条形，下半部作梯形，连接处呈圆弧形。上半部表面磨制精细，中间连接处刻几道平行的弧线三角纹，其下有 13 道平行线纹，内施戳点纹；其下和下边各有 3 道平行线纹，内用菱形戳点纹组成三角形图案。下半部以花草和祥云作背景，中间雕刻一肥硕的兔子，作蹲踞回首状，双耳直立，形象生动逼真。中间钻有一 0.25 厘米的连接孔。长 14.5 厘米，上部宽 2.6 厘米，底部宽 4.9 厘米（图一四一，6；彩版贰叁零，1 中；图版一三，2）。

C 型　2 件。平面呈梯形，上端饰 3 组由 3 道平行线组成的图案，其间用菱形戳点纹组成三角形图案。DZXM64：18，其下由 26 道平行线组成，内施戳点纹。两边留有叠压部分，一侧上端钻有一 0.2 厘米的连接孔。长 5.9 厘米，宽 5.4～6 厘米（图一四一，5；彩版贰叁零，2 右；图版一四，1）。DZXM64：19，弧形弯曲，下端由 20 道平行线纹组成。长 5.1 厘米，宽 4.3～4.7 厘米（图一四一，4；彩版贰叁零，2 左；图版一四，2）。

装饰条　4 件。为梳妆盒边部装饰条，因梳妆盒朽蚀严重，加之早期盗扰，所饰部位及关系不清。表面磨制精细，略有变形。分两型。

A 型　2 件。长条形，一端作弧形弯折，正面刻有 3 道平行的凹弦纹，其内饰水波纹和倒顺三角形图案，内涂有黑彩。DZXM64：20，完整。上有 6 个 0.1 厘米的钉孔。长 23.3 厘米，宽 0.75 厘米，厚 0.15 厘米（图一四一，11；彩版贰叁壹，1 中）。DZXM64：23，残。上有 3 个 0.1 厘米的钉孔。残长 9.5 厘米，宽 0.75 厘米，厚 0.15 厘米（图一四一，7）。

B 型　2 件。完整。长条形，图案同 A 型，上有 4 个钉孔。DZXM64：21，3 孔内有精致的小骨钉。长 21.5 厘米，宽 0.75 厘米，厚 0.2 厘米（图一四一，10；彩版贰叁壹，1 上）。DZXM64：22，孔内有精致的小骨钉。长 23 厘米，宽 0.75 厘米，厚 0.2 厘米（图一四一，8；彩版贰叁壹，1 下）。

牙刷柄　1 件。DZXM64：14，刷头头部略呈圆弧形，上扎三排 15 孔，刷柄横截面呈圆形。表面磨制精细。长 21 厘米，头部长 4.1 厘米，头部宽 1 厘米，柄径 0.5 厘米（图一四〇，5；彩版贰叁贰，1）。

石器　2 件。残。有石刻残块和石片状器。

石刻残块　1 件。DZXM64：27，仅存小块。白灰色岩石，一面残存两字，楷书，可辨者为“资”字。残长 11.6 厘米，残宽 8.6 厘米（图一三九，9）。

石片状器　1 件。DZXM64：31，灰色岩石制成，石质坚硬。长条形，表面磨制精细。残长 7 厘米，宽 3.3 厘米，厚 0.4 厘米（图一四〇，2）。

陶器　1 件。为陶釜。DZXM64：12，直口平沿，短颈，颈部施对称竖直耳，耳上饰方穿，扁鼓腹，最大腹径略偏上，下腹斜收，平底。砂质灰陶，素面磨光，外壁有烟炱痕迹。口径 22.5 厘米，腹径 25.5 厘米，底径 15 厘米，高 19.5 厘米（图一三九，1；彩版贰贰玖，2）。

玉器　1 件。为饰件。DZXM64：35，平面作花瓣菱形状，内雕有镂空牡丹花一朵，背平整，制作精细。长 3.2 厘米，宽 2.4 厘米，厚 0.4 厘米（图一四一，3；彩版贰叁贰，2）。

漆器　1 件。DZXM64：13，仅存底部红色漆片。上残存有竖写墨书三行，为楷书。从右向左第一行为“南□（康）路总管府提调官达鲁花赤哈剌哈孙明威”；第二行位于中间，略偏高，字体较大，为“内府”其下一字缺左侧偏旁，右侧为一“易”字，可能是一“场”或“杨”字，再下缺失；第三行为“杂造局官孙进万□□□……”（彩版贰贰玖，1；图版一三，1）。

珠饰　16 枚。石质，形制规格完全相同。DZXM64：25，白色，圆球形，表面磨制精细，中间有 0.1 厘米的孔。直径 1.2 厘米（图一四〇，3；彩版贰叁壹，2）。

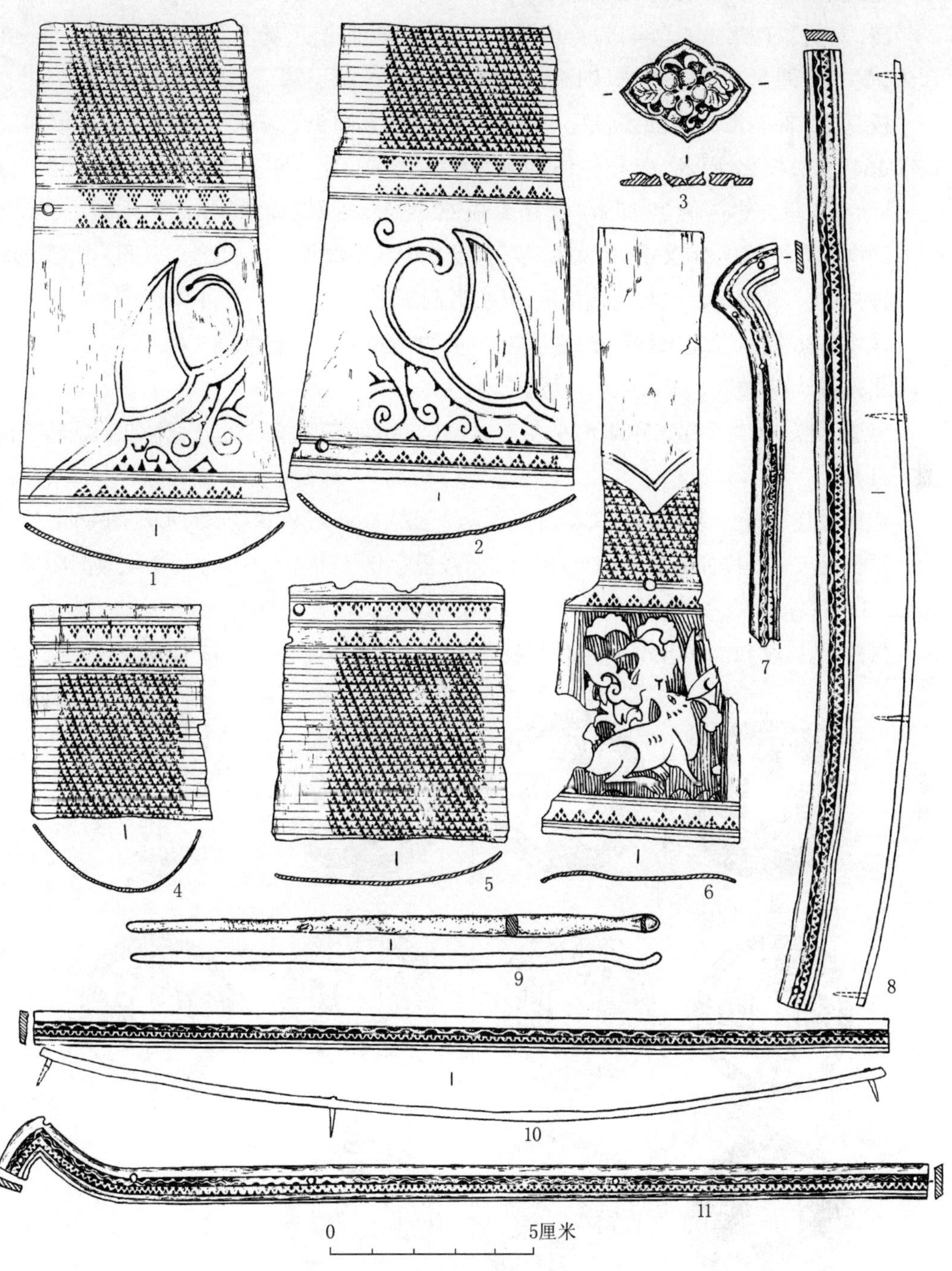

图一四一　DZXM64出土白铜、玉、骨器

1、2.雕刻骨饰片（DZXM64：15、16）　3.玉器（DZXM64：35）　4～6.雕刻骨饰片（DZXM64：19、18、17）
7、8.装饰骨条（DZXM64：23、22）　9.白铜簪（DZXM64：36）　10、11.装饰骨条（DZXM64：21、20）

建筑材料　6件。有砖、板瓦。

砖　4件。DZXM64：34，为券墓用砖，形制相同，完整。灰色，素面，长方形。长30.5厘米，宽14.5厘米，厚4.5厘米(图一四三，3)。

板瓦　2件。形制相同，完整。平面作长梯形，方圆头。灰色，外壁素面，内壁布纹。DZXM64：32，长27厘米，宽15～16厘米，厚1.6厘米(图一四三，2)。DZXM64：33，有烟炱，外涂有少量红彩。长28厘米，宽16.5～18.2厘米，厚1.7厘米(图一四三，1)。

动物骨骼　1件。DZXM64：30，完整。为犬科动物下颌骨。长11.2厘米(图一四〇，4)。

桦树皮　DZXM64：24，均残损成碎块，形制不清。

钱币　36枚。以北宋钱和金钱为主，少量的元钱。其中有瘗钱7枚。

北宋钱　13枚。

至道元宝　1枚。DZXM64：26，折二，行书，旋读，宽郭，穿较小。直径2.4厘米(图一四二，1)。

咸平元宝　2枚。折二，真书，旋读，郭较宽。DZXM64：38，直径2.5厘米(图一四二，2)。

祥符元宝　2枚。折二，真书，旋读，郭较宽。DZXM64：39，直径2.45厘米(图一四二，3)。

景祐元宝　1枚。DZXM64：40，折二，篆书，旋读，郭略宽。直径2.5厘米(图一四二，4)。

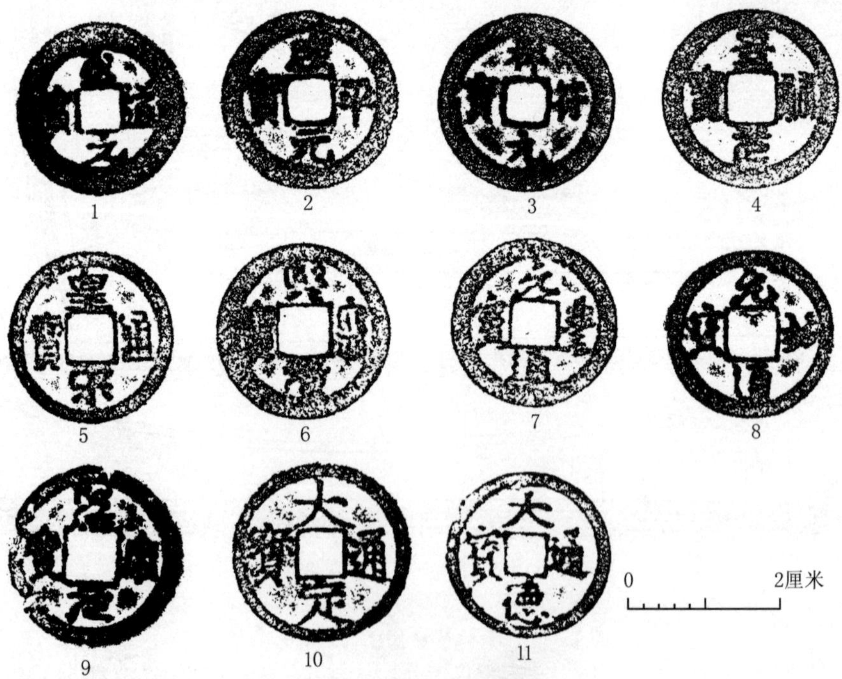

图一四二　DZXM64出土钱币

1～11.钱币(DZXM64：26、38～47)

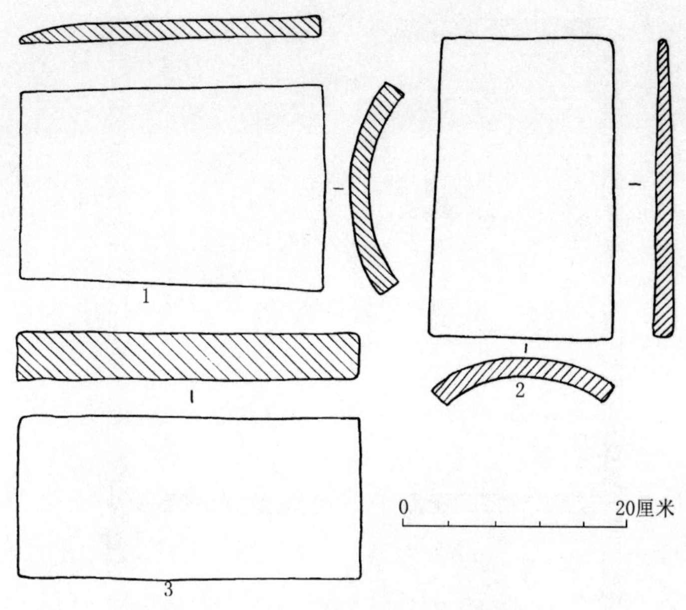

图一四三　DZXM64 出土建筑材料

1、2.瓦（DZXM64：33、DZXM64：32）　3.砖（DZXM64：34）

皇宋通宝　2 枚。折二，真书，对读。DZXM64：41，直径 2.4 厘米（图一四二，5）。

熙宁通宝　1 枚。DZXM64：42，折二，篆书，旋读。直径 2.4 厘米（图一四二，6）。

元丰通宝　2 枚。小平，行书，旋读，郭略宽。DZXM64：43，直径 2.3 厘米（图一四二，7）。

元祐通宝　1 枚。DZXM64：44，小平，行书，旋读。直径 2.4 厘米（图一四二，8）。

圣宋元宝　1 枚。DZXM64：45，折二，篆书，旋读。直径 2.4 厘米（图一四二，9）。

金钱　11 枚。均为“大定通宝”。折二，真书，对读。DZXM64：46，直径 2.5 厘米（图一四二，10）。

元钱　5 枚。均为“大德通宝”。小平，真书，对读。DZXM64：47，直径 2.3 厘米（图一四二，11）。

28.二十四号墓茔（DZXMY24）

位于墓地发掘区中部偏东北处，东北约 55 米处为 DZXMY25。

墓茔平面呈长方形，为二进式墓茔。南北长 28 米，东西宽 23 米。方向 10°。墓茔墙体用和自然石块垒砌，保存完整，较为整齐。经解剖，茔墙宽 0.8 米，现存高度 0.7 米。门道位于南墙正中，宽 3 米，在南部距南茔墙 5.2 米处东西向垒砌一墙，将墓茔分为南、北两区。北茔区门道与南茔区位于同一轴线，宽 3 米。南茔区内无任何遗迹，北茔区内由西向东分别有 DZXM58、DZXM59、DZXM60、DZXM61 四座墓葬。在茔区内堆积中出土金戒指 1 枚和铁箍残片（图一四四）。

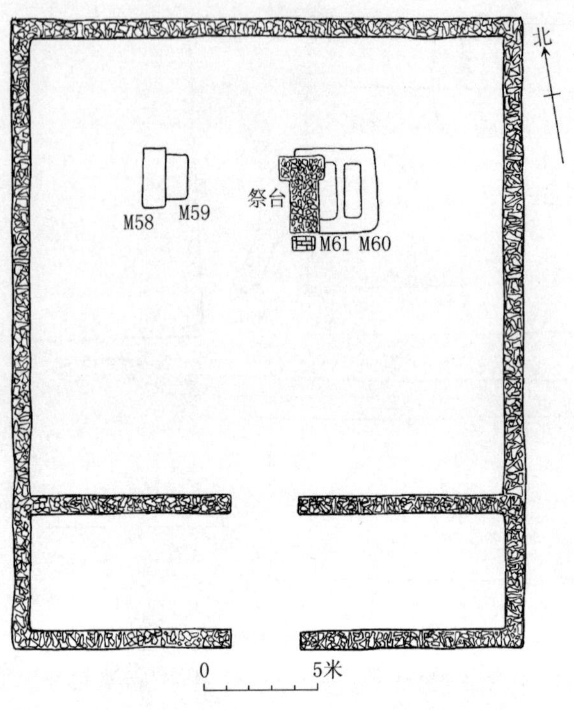

图一四四　DZXMY24 平面图

DZXM58　位于 DZXMY24 西北部，打破 DZXM59。

1）　墓葬形制

土坑竖穴墓，早期盗扰。平面呈长方形，墓壁由上至下略斜收，墓口南北长 2.46 米，东西宽 0.97 米；墓底南北长 2.3 米，东西宽 0.9 米；深 1.6 米。方向 10°。墓之四壁除东壁外，其余均规整，墓底平整。墓口原地表有石砌标志，填土内有大量石块，并在距墓口 1.4 米处出有头盖骨。墓内置木棺 1 具，保存较好。呈长梯形，头大尾小状。棺长 2.18 米，头部宽 0.7 米，尾部宽 0.6 米，残高 0.6 米。棺板厚 0.04 米，棺盖厚 0.06 米。棺外头部、中部和尾部各有一铁箍。棺板两侧长于两端，在两侧棺板外侧近头部和尾部略偏上各有一铁棺环，棺内四角钉有 8 个铁护角。棺盖之上绘有红色线条，棺身绘有红彩花纹，图案不清。棺内严重盗扰，仅在其内头部发现下颌骨 1 块，股骨移至棺外东侧近头部铁棺环处，葬式不清，为男性，年龄约 35 岁。

墓内随葬品多置于北壁至木棺头部间，中间随葬三彩香炉 1 件，东面随葬四系小口瓶 2 件，西部随葬四系小口瓶 1 件，木棺内底部散布有钱币 64 枚。此外，在东壁南部有漆器痕迹(图一四五)。

2）　随葬品

墓内出土随葬品较多，共 71 件。以钱币为主，少量的瓷器、釉陶器和铁器。

瓷器　3件。均为四系小口瓶，形制相同，完整。小口圆唇，矮领短折沿，领外侧施对称四系，肩部略鼓，长圆腹，圈足底。瓷质略粗，近底脱釉。DZXM58：1，口部及外壁施黑釉。口径5.8厘米，腹径12.2厘米，底径7.8厘米，高23.2厘米（图一四七，2；彩版贰贰叁，3）。DZXM58：2，口部及外壁施茶绿釉。口径5.2厘米，腹径10.8厘米，底径7.2厘米，高22厘米（图一四七，1；图版一一，4）。DZXM58：3，口部及外壁施茶绿釉。口径4.8厘米，腹径11.2厘米，底径7.2厘米，高22.4厘米（图一四七，4；彩版贰贰叁，1）。

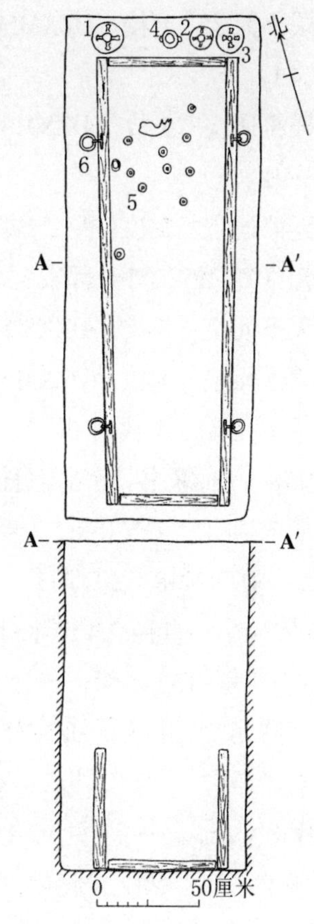

图一四五 DZXM58平、剖面图

1~3.四系小口瓷瓶　4.釉陶香炉　5.钱币　6.铁棺环

釉陶器　1件。为香炉。DZXM58：4，完整。直口平沿，尖圆唇，颈部较长，扁鼓腹，口外侧作对称直耳，底部施三个尖圆足。耳外侧刻划有花草纹，腹部施对称的行龙一条。口部和外壁施蓝釉，行龙之上作黄釉，内壁及底部脱釉。口径8.4厘米，高8.2厘米（图一四七，6；彩版贰贰叁，4）。

铁器　3件。有棺箍和棺环。

棺箍　2件。残。长条形片状，加工规整，依棺身弯曲，上残存有钉孔，钉有长1.6～3厘米的铁钉。DZXM58：6，作90°弯折，上残存有5个钉孔。长32厘米，宽6厘米，厚0.3～0.4厘米（图一四七，7）。DZXM58：7，作锐角弯曲，上残存有3个钉孔。长51.4厘米，宽3.2厘米，厚0.2～0.4厘米（图一四七，9）。

棺环　1件。DZXM58：8，完整。环作圆形，横截面呈扁平状，表面锈蚀严重。环体之上套一钉，双腹用于与棺体固定，铁钉钉入棺板后，内作90°弯曲以此更加坚固。外径3.6厘米，内径2.6厘米，截面径0.35厘米×0.5厘米，钉长6.8厘米（图一四七，8）。

钱币　64枚。以北宋钱为主，少量的唐钱和金钱。其中钱文不清者3枚，瘗钱1枚。

唐钱　6枚。均为“开元通宝”。折二，八分书，对读。DZXM58：5，直径2.4厘米（图一四六，1）。

北宋钱　50枚。

宋元通宝　1枚。DZXM58：9，折二，真书，对读。直径2.4厘米（图一四六，2）。

淳化元宝　1枚。DZXM58：10，折二，行书，旋读，郭略宽。直径2.5厘米（图一四六，3）。

咸平元宝　1枚。DZXM58∶11,残。折二,真书,旋读,郭略宽。直径2.45厘米(图一四六,4)。

祥符通宝　1枚。DZXM58∶12,折二,真书,旋读,郭略宽,字迹模糊。直径2.5厘米(图一四六,5)。

天禧通宝　2枚。折二,真书,旋读。DZXM58∶13,字体略大。直径2.45厘米(图一四六,6)。DZXM58∶14,郭较宽,字体略小。直径2.4厘米(图一四六,7)。

天圣元宝　3枚。DZXM58∶15,折二,真书,旋读。直径2.5厘米(图一四六,8)。

明道元宝　1枚。DZXM58∶16,折二,真书,旋读。直径2.5厘米(图一四六,9)。

景祐元宝　4枚。折二,旋读,直径2.5厘米。DZXM58∶17,真书(图一四六,10)。DZXM58∶18,篆书,郭略宽(图一四六,11)。

皇宋通宝　9枚。折二,对读。DZXM58∶19,真书,字体较大。直径2.5厘米(图一四六,12)。DZXM58∶20,真书,字体较小。直径2.4厘米(图一四六,13)。DZXM58∶21,篆书,字体较小。直径2.4厘米(图一四六,14)。DZXM58∶22,篆书,字体略大。直径2.4厘米(图一四六,15)。

至和元宝　1枚。DZXM58∶23,折二,真书,旋读。直径2.5厘米(图一四六,16)。

嘉祐通宝　2枚。折二,对读。DZXM58∶25,真书。直径2.5厘米(图一四六,18)。DZXM58∶26,篆书。直径2.4厘米(图一四六,19)。

熙宁元宝　5枚。旋读。DZXM58∶27,折二,真书。直径2.5厘米(图一四六,20)。DZXM58∶28,折二,篆书。直径2.4厘米(图一四六,21)。DZXM58∶29,小平,篆书。直径2.2厘米(图一四六,22)。

元丰通宝　10枚。折二,旋读,直径2.4厘米。DZXM58∶30,行书,(图一四六,23)。DZXM58∶31,篆书,郭略宽(图一四六,24)。

元祐通宝　4枚。折二,旋读,直径2.45厘米。DZXM58∶32,行书,郭略宽(图一四六,25)。DZXM58∶33,篆书(图一四六,26)。

绍圣元宝　1枚。DZXM58∶34,折二,篆书,旋读。直径2.4厘米(图一四六,27)。

圣宋元宝　2枚。DZXM58∶35,折二,行书,旋读。直径2.4厘米(图一四六,28)。

政和通宝　2枚。折二,对读,直径2.45厘米。DZXM58∶36,真书(图一四六,29)。DZXM58∶24,篆书(图一四六,17)。

金钱　4枚。均为“大定通宝”。真书,对读。DZXM58∶37,折二。直径2.5厘米(图一四六,30)。DZXM58∶38,小平,背穿上饰“西”字。直径2.3厘米(图一四六,31)。

DZXM59　位于DZXMY24东北部,被DZXM58打破。

1)　墓葬形制

土坑竖穴墓,西侧被DZXM58打破至底,早期盗扰。平面呈长方形,南北长2.24米,

图一四六　DZXM58 出土钱币
1～31.钱币(DZXM58：5、9～38)

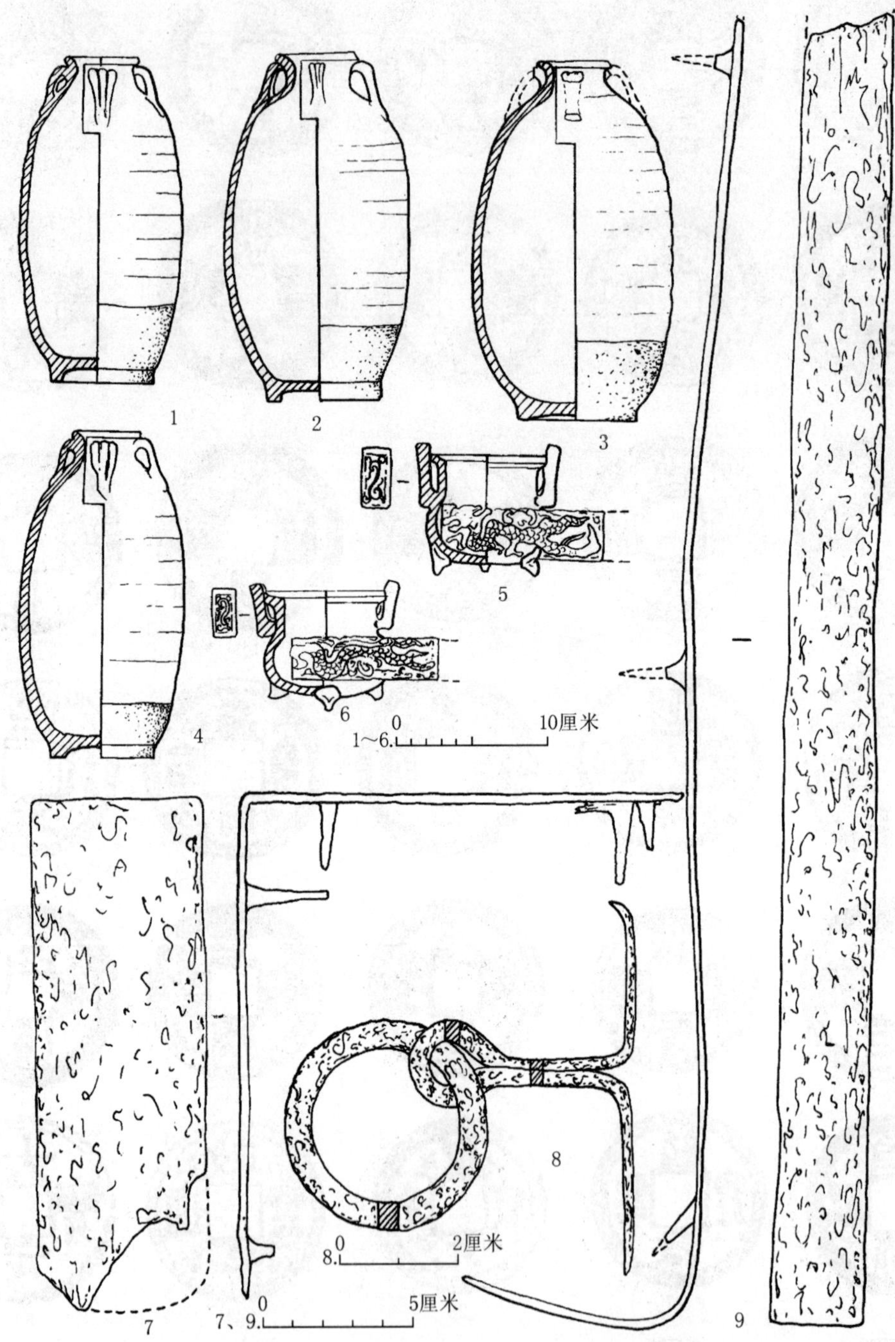

图一四七　DZXM58、M59 出土铁、瓷、釉陶器

1、2、4、3.四系小口瓷瓶(DZXM58：2、1、3　DZXM59：1)　5、6.釉陶香炉(DZXM59：2　DZXM58：4)　7、9.铁棺箍(DZXM58：6、7)　8.铁棺环(DZXM58：8)

东西宽0.65米，深1.5米。方向10°。墓壁除西壁被DZXM18打破外，其他三壁加工规整，墓底平整。墓内置木棺1具，平面呈长梯形，除西侧中部和头部棺板被打破略有残损外，其余保存较好。棺长1.96米，头部残宽0.53米，尾部宽0.5米，高0.56米，棺板厚0.05米。棺内尸骨严重盗扰，葬式不清，仅有下颌骨和少量的肋骨、肢骨，清理中发现上肢骨用皮制品包裹，皮制品上有铜丝和铜铆钉。为一成年女性。

随葬品置于棺内和头部外侧。在木棺头部外侧中部随葬香炉1件，东北角置一四系小口瓶。棺内中有漆器1件。此外，在棺内底部散布有钱币33枚(图一四八)。

2）　随葬品

墓内出土随葬品较多，共36件。以钱币为主，少量的瓷器、釉陶器和漆器。

瓷器　1件。为四系小口瓶。DZXM59：1，四系残。小口圆唇，短折沿，矮领，领部施对称四系，肩部略鼓，长圆腹，腹部作规整的凹弦纹，圈足底。瓷质略粗，口部及外壁施黑釉，近底脱釉。口径5厘米，腹径13.2厘米，底径7.8厘米，高23.8厘米(图一四七，3；彩版贰贰叁，2)。

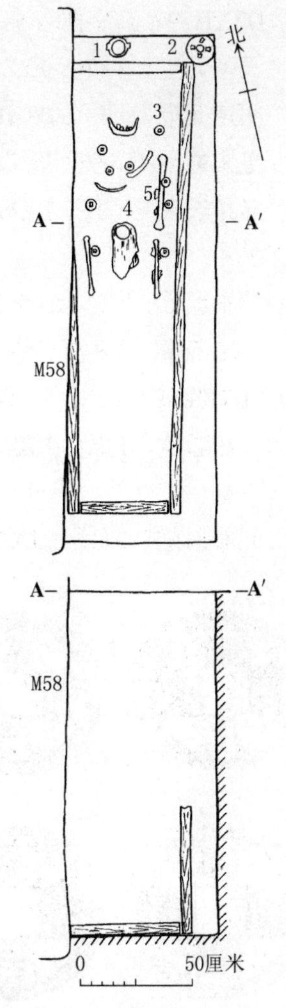

图一四八　DZXM59平、剖面图
1.釉陶香炉　2.四系小口瓷瓶　3.钱币　4.漆器

釉陶器　1件。为香炉。DZXM59：2，完整。直口平沿，尖圆唇，颈部较长，扁鼓腹，口外侧作对称直耳，底部施三个尖圆足。耳外侧刻划有花草纹，腹部施对称的行龙一条。口部和外壁施绿釉，行龙之上饰黄釉，内壁及底部脱釉。口径7.8厘米，高8.8厘米(图一四七，5；彩版贰贰叁，5)。

漆器　1件。严重残损仅存少量红色漆片，形制及用途不明。

钱币　33枚。以北宋钱为主，金钱次之，少量的唐钱。

唐钱　1枚。为“开元通宝”。DZXM59：3，小平，八分书，对读。直径2.2厘米(图一四九，1)。

北宋钱　20枚。

咸平元宝　1枚。DZXM59：4，折二，真书，旋读。直径2.4厘米(图一四九，2)。

景德元宝　1枚。DZXM59：5，折二，真书，旋读，郭略宽。直径2.5厘米(图一四九，3)。

祥符通宝　2枚。折二，真书，旋读。DZXM59：6，字体较大。直径2.5厘米(图一四九，

4)。DZXM59：7,字体较小。直径2.4厘米(图一四九,5)。

天圣元宝　2枚。折二,篆书,旋读。DZXM59：8,直径2.5厘米(图一四九,6)。

明道元宝　1枚。DZXM59：9,折二,篆书,旋读。直径2.5厘米(图一四九,7)。

皇宋通宝　4枚。折二,真书,对读。DZXM59：10,直径2.45厘米(图一四九,8)。

嘉祐通宝　1枚。DZXM59：11,折二,篆书,对读,郭略宽。直径2.5厘米(图一四九,9)。

治平元宝　1枚。DZXM59：12,折二,篆书,旋读。直径2.4厘米(图一四九,10)。

元丰通宝　3枚。旋读。DZXM59：13,折二,行书,宽郭。直径2.5厘米(图一四九,11)。DZXM59：14,小平,篆书。直径2.3厘米(图一四九,12)。

元祐通宝　2枚。DZXM59：15,折二,篆书,旋读,宽郭。直径2.5厘米(图一四九,13)。

元符通宝　1枚。DZXM59：16,折二,行书,旋读,花穿。直径2.4厘米(图一四九,14)。

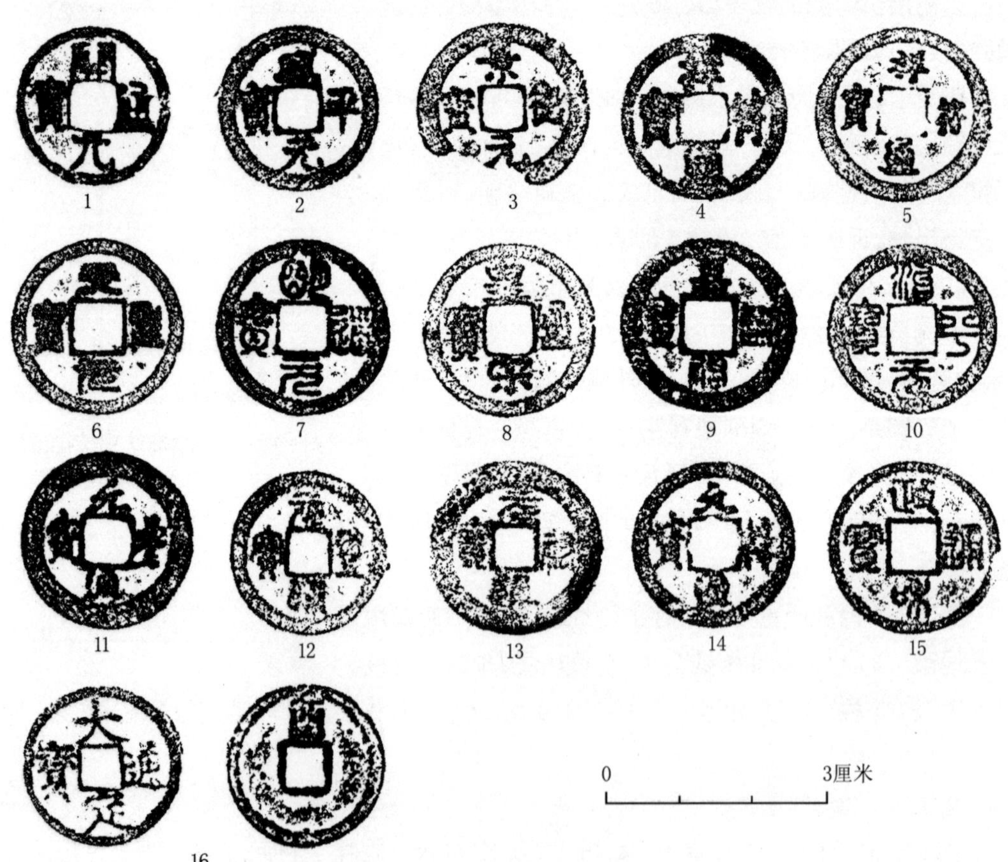

图一四九　DZXM59出土钱币

1～16.钱币(DZXM59：3～18)

政和通宝　1枚。DZXM59：17，折二，篆书，对读。直径2.4厘米（图一四九，15）。

金钱　12枚。DZXM59：18，均为“大定通宝”。小平，真书，对读，背穿上饰“酉”字。直径2.3厘米（图一四九，16）。

DZXM60　位于DZXMY24中部东北端，西距DZXM61约0.4米。

1）　墓葬形制

土坑竖穴墓，早期盗扰。平面呈长方形，南北长2.04米，东西宽0.66米，深0.7米。方向10°。墓口之上用自然石块垒砌一规整的长方形标志。标志南北长1.5米，东西宽1.1米，高0.4米，其间未坐泥浆。墓壁加工较为规整，墓底平整，填土内夹杂有少量的沙粒。墓内置木棺1具，保存较好，平面略呈长梯形，头大尾小。棺长1.76米，头部宽0.55米，尾部宽0.5米，高0.4米，棺板厚0.04米。棺板两侧长于两端，用铁钉钉合。棺内葬有尸骨1具，严重盗扰，葬式不清，内仅发现头骨上部和少量肢骨，为男性，年龄35岁左右。

墓内随葬品多置于棺内，在棺内头部随葬有黑釉瓷罐2件，头骨上部出土铜簪1件，头骨西侧近棺壁随葬铁车辖2件，头骨下端近东侧棺板出土单耳杯1件，中部偏南近东侧棺板处随葬漆器和残瓷瓶各1件。在棺内铁车辖南散布有钱币47枚。此外，墓内还出有少量的丝织品和毛织物（图一五〇）。

2）　随葬品

墓内出土随葬品较多，共57件。以钱币为主，少量的瓷器、铜器、金器、铁器、漆器和毛类织物。

瓷器　3件。有罐和瓶。

罐　2件。形制相同，完整。侈口，圆唇，短颈鼓肩，平底内凹。瓷质较细，内外壁均施黑釉，近底脱釉。DZXM60：1，口径8.2厘米，腹径11.6厘米，底径6厘米，高10.4厘米（图一五三，2；彩版贰贰肆，1）。DZXM60：2，口径7.6厘米，腹径11.4厘米，底径5.6厘米，高9.6厘米（图一五三，4；彩版贰贰肆，2）。

瓶　1件。DZXM60：3，仅存瓶盖和圈足底。瓶盖呈圆弧顶，子母口，上饰浮雕式花瓣图案。瓷质较细，外壁施青釉。残高2.2厘米。盖径4厘米，厚1.6厘米。瓶底圈足外侈，底径4厘米。（图一五三，6）。

铜器　2件。有平底杯、簪。

平底杯　1件。DZXM60：4，完整。直口圆唇，上腹较直，下腹圆弧，大平底，口外侧作宽带状耳。胎质较薄，表面锈蚀严重，上附着有绢类丝织品。口径9.6厘米，底径6.4厘

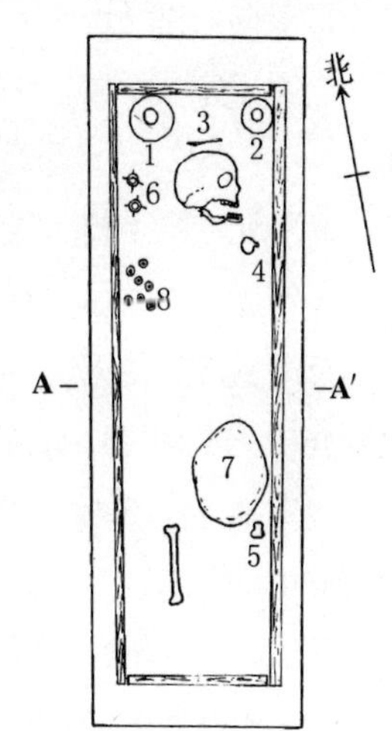

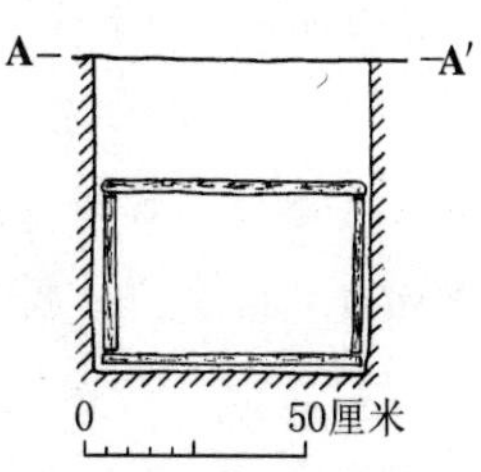

图一五〇　DZXM60平、剖面图
1、2.罐　3.簪　4.平底杯　5.小口瓶　6.铁辖　7.漆器　8.钱币

米,高 3.2 厘米(图一五三,5;彩版贰贰肆,3)。

簪　1 件。DZXM60：5,端部残缺。长条形,簪身弯曲,由上至下渐细。残长 11.5 厘米(图一五四,3)。

金器　1 件。为耳饰。DZXM60：10,用 0.2 厘米的联珠状金丝弯成,两端略呈尖圆状。直径 1.9 厘米(图一五四,5;彩版贰贰肆,4)。

铁器　2 件。为辖。完整,形制规格相同。圆形,外轮有四齿。DZXM60：7,外径 8.8 厘米,内径 7 厘米,厚 1 厘米,宽 0.5 厘米,齿长 1.4 厘米(图一五四,1)。

漆器　1 件。DZXM60：8,残损严重,仅存少量的红色漆片,形制及用途不详。

毛类织物　DZXM60：9,有少量残存,用途不详。

钱币　47 枚。以北宋钱为主,少量的唐钱和金钱。

唐钱　4 枚。

开元通宝　3 枚。折二,八分书,对读。DZXM60：6,背穿上饰仰月纹。直径 2.5 厘米(图一五一,1)。

乾元重宝　1 枚。DZXM60：30,折二,真书,对读。直径 2.6 厘米(图一五一,21)。

北宋钱　39 枚。

至道元宝　1 枚。DZXM60：11,折二,草书,旋读,郭略宽。直径 2.5 厘米(图一五一,2)。

咸平元宝　1 枚。DZXM60：12,折二,真书,旋读,郭略宽。直径 2.5 厘米(图一五一,3)。

祥符通宝　1 枚。DZXM60：13,折二,真书,旋读。直径 2.5 厘米(图一五一,4)。

天圣元宝　3 枚。折二,旋读。DZXM60：14,真书。直径 2.5 厘米(图一五一,5)。DZXM60：15,篆书。直径 2.4 厘米(图一五一,6)。

皇宋通宝　3 枚。折二,对读。DZXM60：16,真书。直径 2.4 厘米(图一五一,7)。DZXM60：17,篆书。直径 2.5 厘米(图一五一,8)。

嘉祐通宝　7 枚。折二,郭略宽。DZXM60：18,真书,对读。直径 2.5 厘米(图一五一,9)。DZXM60：19,篆书,旋读。直径 2.4 厘米(图一五一,10)。

熙宁元宝　10 枚。折二,旋读。直径 2.4 厘米。DZXM60：20,真书(图一五一,11)。DZXM60：21,篆书(图一五一,12)。DZXM60：22,篆书(图一五一,13)。

元丰通宝　6 枚。折二,旋读。DZXM60：23,行书。直径 2.5 厘米(图一五一,14)。DZXM60：24,篆书,宽郭。直径 2.55 厘米(图一五一,15)。

元祐通宝　3 枚。折二,行书,旋读。DZXM60：25,直径 2.4 厘米(图一五一,16)。

绍圣元宝　1 枚。DZXM60：26,小平,篆书,旋读。直径 2.3 厘米(图一五一,17)。

元符通宝　1 枚。DZXM60：27,折二,篆书,旋读。直径 2.4 厘米(图一五一,18)。

圣宋元宝　2 枚。折二,旋读。直径 2.4 厘米。DZXM60：28,行书(图一五一,19)。

DZXM60：29，篆书（图一五一，20）。

金钱　4枚。

正隆元宝　1枚。DZXM60：31，折二，真书，旋读。直径2.45厘米（图一五一，22）。

大定通宝　3枚。小平，真书，对读。DZXM60：32，背穿上施“酉”字。直径2.2厘米（图一五一，23）。

图一五一　DZXM60出土钱币

1～23.钱币（DZXM60：6、11～32）

DZXM61　位于 DZXMY24 中部偏东北，东距 DZXM60 约 0.4 米。西约 4.2 米为 DZXM59。

1）墓葬形制

土坑竖穴墓，早期盗扰。平面呈长方形，南北长 2.52 米，东西宽 0.94 米，深 1.02 米。方向 10°。墓口地表用自然石块垒砌有“T”字形标志，全长 3.3 米，北部东西长 1.8 米，南北宽 0.8 米，现存高度 0.7 米；南部南北长 2.5 米，东西宽 0.81 米，现存高度 0.4 米。“T”字形标志垒砌整齐，其间未坐泥浆。在“T”字形标志南侧 0.2 米处，用长 0.3 米，宽 0.15 米，厚 0.04 米的灰色素面长方砖垒砌一祭台，东西长 0.9 米，南北宽 0.6 米，现存高度 0.2 米。祭台共由 3 层组成，其东部下半部用石块垒砌，西部和东侧上半部用砖垒砌。墓壁加工整齐，墓底平整，填土内夹杂有少量的沙粒。在墓内底部铺有厚 0.23 米的自然石块，木棺外侧亦填充有自然石块。墓内置木棺 1 具，保存完整。平面呈长方形，头高尾低。棺长 2.1 米，宽 0.52 米，头部高 0.57 米，尾部高 0.45 米，两侧棺板厚 0.04 米，两端棺板厚 0.06 米。木棺用榫卯结构组合，两侧长于两端，四角用铁棺钉钉合，棺盖与棺身四角连接处用铁护角加固。棺外侧施有等距的 3 道铁箍，棺壁东、西两则近头部对称钉 1 铁棺环。在墓内底部平铺有 3 厘米厚的碎块木炭，木炭之上铺有长 1.92 米，宽 0.4 米，厚 0.02 米的木板（棺床），木板与棺底间垫有木垫。棺内葬有尸骨 1 具，严重盗扰，仅在中南部发现有少量的盆骨和肢骨，为男性，年龄约 45～50 岁。

墓内随葬品均出土于扰土中，棺板头部外侧出土黑釉双耳瓷瓶 2 件。此外，在扰土内还出有皮制品、毛毡、丝织品等（图一五二）。

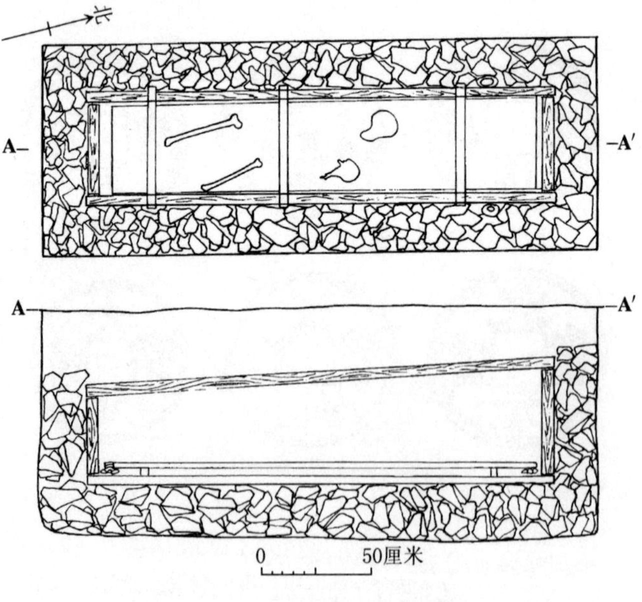

图一五二　DZXM61 平、剖面图

2）随葬品

墓内出土随葬品较少，共 12 件。瓷器和铁器略多，少量的皮制器、毛毡、丝织品和木炭。

瓷器　2 件。均为小口双耳瓶，完整。小口圆唇，短折沿，矮领，领部施对称双耳，肩部略鼓，长圆腹，圈足底。瓷质较粗，口部及外壁施茶绿釉。DZXM61：1，近底脱釉。口径 4.2 厘米，腹径 7.8 厘米，底径 5.2 厘米，高 14.4 厘米（图一五三，1；彩版贰贰伍，1）。DZXM61：2，口部略残，下腹脱釉。口径 4.2 厘米，腹径 7.8 厘米，底径 5.2 厘米，高 14.4 厘米（图一五三，3；图版一一，2）。

铁器　6 件。有棺箍、棺环和棺钉。

棺箍　1 件。DZXM61：9，残。长条形，其上有钉孔，内残存有铁钉。表面锈蚀严重。残长 42 厘米，宽 4 厘米，厚 0.3 厘米（图一五三，7）。

棺环　4 件。平面作圆形，横截面呈方圆形；上套有一棺钉，残。表面锈蚀严重。DZXM61：3，外径 7 厘米，内径 5.2 厘米，截面径 0.9 厘米 × 0.9 厘米（图一五四，4）。

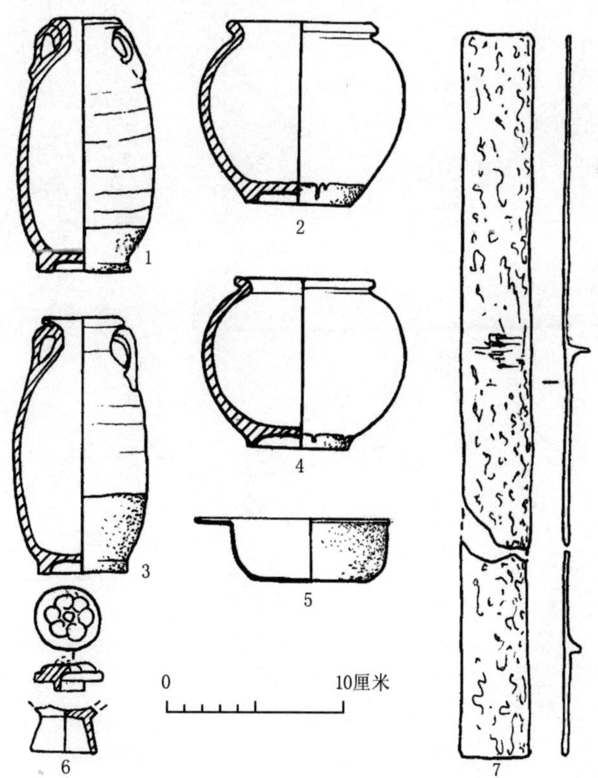

图一五三　DZXM60、M61 出土铜、铁、瓷器

1、3.小口双耳瓷瓶（DZXM61：1、2）　2、4.瓷罐（DZXM60：1、2）　5.平底铜杯（DZXM60：4）　6.瓷瓶（DZXM60：3）　7.铁棺箍（DZXM61：9）

棺钉　1件。DZXM61：8，端、头部残缺。钉身作方形，由上至下渐细，略有弯曲，横截面呈方形。表面锈蚀严重。残长12.4厘米，截面径0.5厘米×0.6厘米（图一五四，2）。

皮制品　DZXM61：5，仅存小块，用途不详。

毛毡　DZXM61：6，均朽蚀残碎，形制不清。

丝织品　DZXM61：7，为小块绢类织品，用途不详。

木炭　DZXM61：4，平铺于墓底用于防潮，残碎严重。

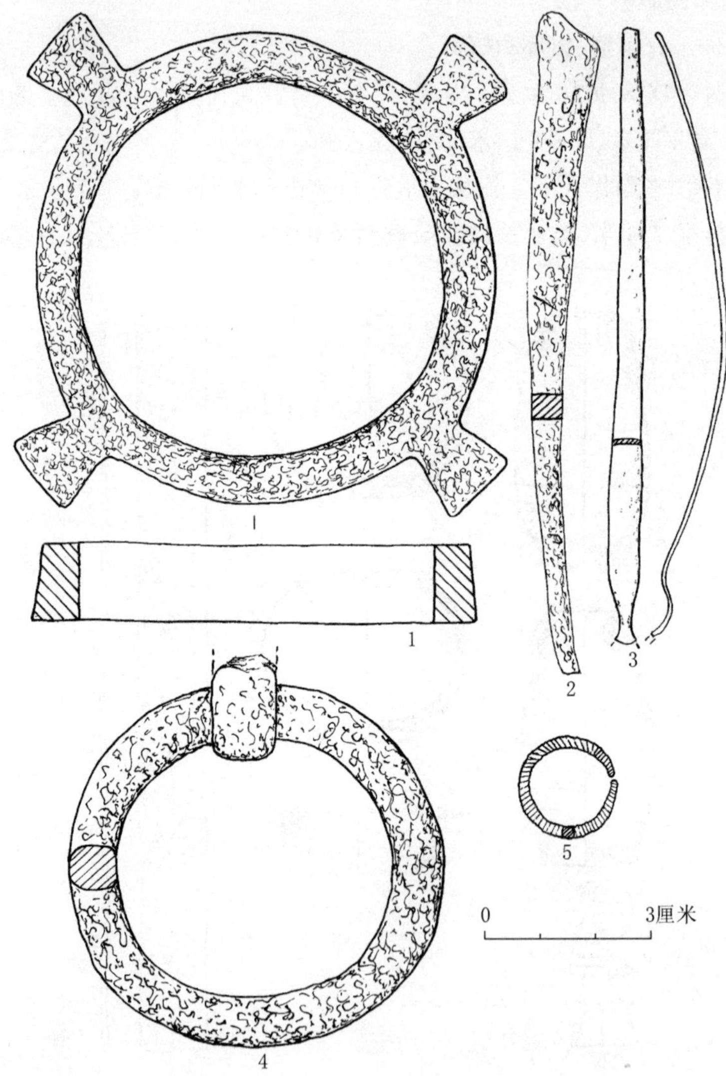

图一五四　DZXM60、M61出土铜、铁、金器

1.铁辖（DZXM60：7）　2.铁棺钉（DZXM61：8）　3.铜簪（DZXM60：5）　4.铁棺环（DZXM61：3）　5.金耳饰（DZXM60：10）

29.二十五号墓茔(DZXMY25)

位于墓地发掘区中部偏东北处，西南距DZXMY24约55米。

墓茔平面略呈梯形,单墓茔。东西长19～20米,南北宽19.2米。方向350°。茔墙墙体均用自然石块垒砌,除北墙大部被取石挖走外,其余保存完整,较为规整。经解剖,墙体宽0.6米,现存高度0.8米。没有发现门道痕迹。墓茔之内仅发现DZXM62一座墓葬(图一五五)。

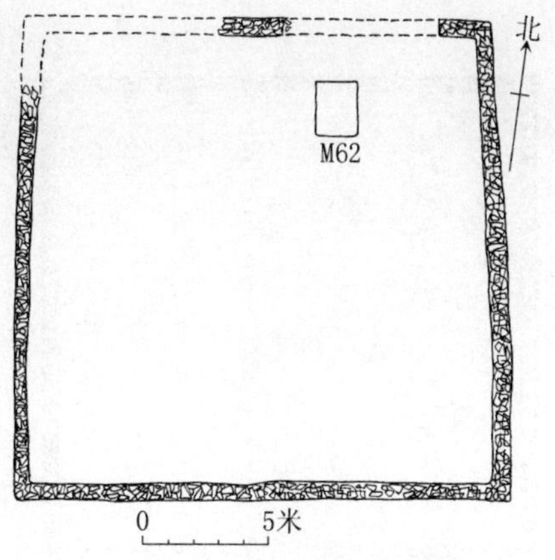

图一五五 DZXMY25平面图

DZXM62 位于DZXMY25东北部。

1) 墓葬形制

土坑竖穴墓,早期盗扰。平面呈长方形,南北长2.2米,东西宽1.66米,深1.4米。方向350°。墓壁加工较为规整,墓底平整,填土内夹杂有大量的白灰、残砖和石块,少量的朽木、铁钉、骨灰。墓内近底部无任何遗物。但从墓内填土中出土的棺板朽木、铁钉和骨灰判断,该墓应为骨灰葬,骨灰用木制骨灰盒盛装(图一五六)。

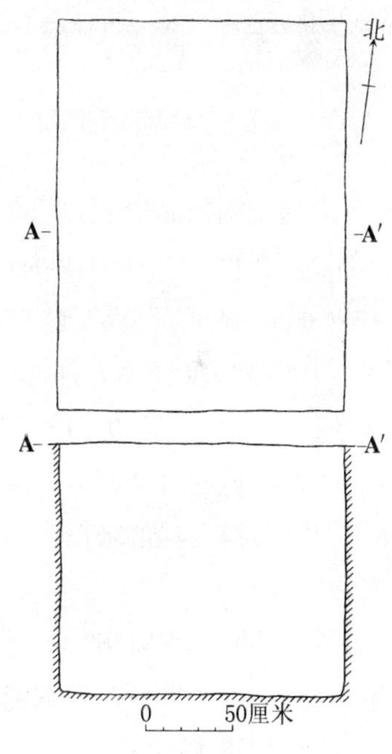

图一五六 DZXM62平、剖面图

2) 随葬品

墓内无随葬品。

30.二十六号墓茔(DZXMY26)

位于墓地发掘区西南端，最近西北距DZXMY34约400米。

墓茔平面呈长方形,为二进式墓茔。南北长24.2米,东西宽19.6米。方向20°。茔墙墙体用自然石块垒砌,保存完整,垒砌规整。茔墙宽0.5米,现存高度0.7米。茔墙门道位于南墙正中偏东,宽2.4米。在南部距南茔墙5米处东西向垒砌一宽0.4米的石墙,将墓茔分为南、北两区,两区门道基本处于同一轴线,北区门道宽2.5米。南茔区中无任何遗迹,北茔区内仅发现DZXM63一座墓葬(图一五七)。

DZXM63 位于DZXMY26北部偏西。

1) 墓葬形制

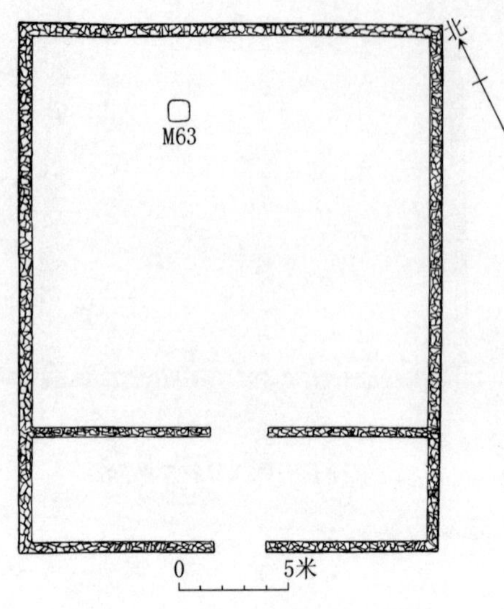

图一五七 DZXMY26平面图

土坑竖穴墓,早期盗扰。平面呈长方形,南北长1.2米,东西宽0.8米,深1.02米。方向20°。墓口地表出土写有"葬祭之门"的石雕。墓壁加工较为规整,墓底平整,填土内夹杂有较多的石块、残砖等。墓内置木制骨灰盒一具,平面长方形,长0.9米,宽0.54米,现存高度0.27米,盒板厚0.05米。骨灰盒两侧长于两端,用铁钉钉合。骨灰盒下放置5根已烧成木炭的圆木。骨灰盒内散布有少量骨灰,在填土中也发现有骨灰。

墓内骨灰盒外紧贴东侧中段随葬有黑釉小口瓶2件,其中1件残破。墓底骨灰盒下散布有77枚钱币(图一五八)。

2) 随葬品

墓内出土随葬品较多,共82件。多为钱币,少量的瓷器、石雕。

瓷器 2件。均为小口瓶。小口圆唇,短折沿,领部略侈,溜肩长圆腹,近底外侈,作喇叭口圈足底。瓷质较粗,口部及外壁施黑釉,近底脱釉。DZXM63:1,完整。口径4.4厘米,腹径9.6厘米,底径6.6厘米,高24厘米(图一五九,1;彩版贰贰伍,2)。DZXM63:2,口径4.4厘米,腹径10.8厘米,底径6.6厘米,高24厘米(图一五九,2;彩版贰贰伍,3)。

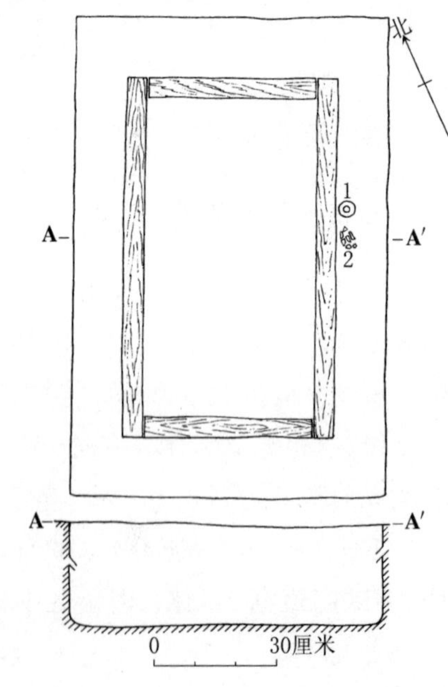

图一五八 DZXM63平、剖面图
1、2.小口瓷瓶

石雕 1件。DZXM63:34。顶部略残。底部两侧作卷云状,边部雕有较宽的凸边,中间略凹,内刻有楷书"葬祭之门"四字,顶部装饰残缺。残高23.8厘米,底宽24厘米,顶宽16厘米(图一五九,3)。

钱币 79枚。以北宋钱为主,少量的唐钱。其中有瘗钱2枚。

唐钱 7枚。均为"开元通宝"。折二,八分书,对读。直径2.4厘米。DZXM63:3,郭略宽(图一六〇,1)。DZXM63:4(图一六〇,2)。

北宋钱 70枚。

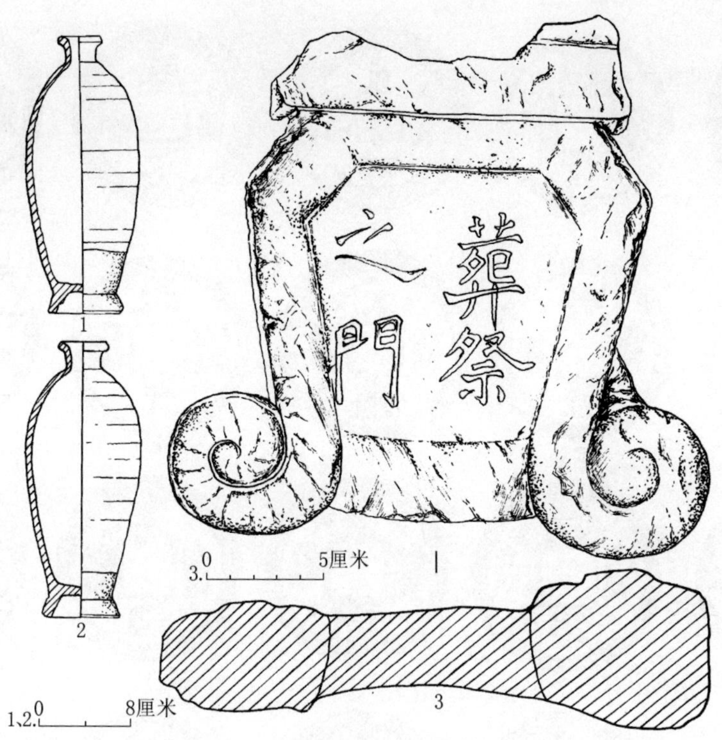

图一五九　DZXM63出土瓷、石器
1、2.小口瓷瓶(DZXM63：1、2)　3.石雕(DZXM63：34)

至道元宝　4枚。折二,草书,旋读,宽郭。DZXM63：5,直径2.4厘米(图一六〇,3)。

咸平元宝　5枚。折二,真书,旋读,郭略宽。DZXM63：6,直径2.4厘米(图一六〇,4)。

景德元宝　1枚。DZXM63：7,折二,真书,旋读,郭略宽。直径2.5厘米(图一六〇,5)。

祥符元宝　3枚。折二,真书,旋读,郭略宽。DZXM63：8,直径2.5厘米(图一六〇,6)。

祥符通宝　3枚。折二,真书,旋读。DZXM63：9,直径2.4厘米(图一六〇,7)。

天禧通宝　6枚。折二,真书,旋读。DZXM63：10,直径2.5厘米(图一六〇,8)。

天圣元宝　5枚。折二,旋读。直径2.4厘米。DZXM63：11,真书(图一六〇,9)。DZXM63：12,篆书(图一六〇,10)。

景祐元宝　2枚。折二,旋读。DZXM63：13,真书,直径2.45厘米(图一六〇,11)。DZXM63：14,篆书,直径2.4厘米(图一六〇,12)。

皇宋通宝　4枚。折二,对读。直径2.5厘米。DZXM63：15,真书(图一六〇,13)。

图一六〇　DZXM63 出土钱币

1～31.钱币(DZXM63：3～33)

DZXM63：16，篆书(图一六〇，14)。

至和元宝　1枚。DZXM63：17，折二，篆书，旋读。直径2.4厘米(图一六〇，15)。

嘉祐元宝　1枚。DZXM63：18，小平，篆书，旋读。直径2.2厘米(图一六〇，16)。

嘉祐通宝　5枚。折二，对读。DZXM63：19，真书。直径2.45厘米(图一六〇，17)。DZXM63：20，篆书。直径2.4厘米(图一六〇，18)。

治平元宝　4枚。旋读。DZXM63：21，小平，真书。直径2.3厘米(图一六〇，19)。DZXM63：22折二，篆书。直径2.4厘米。(图一六〇，20)。

熙宁元宝　2枚。折二，旋读。直径2.5厘米。DZXM63：23，真书(图一六〇，21)。DZXM63：24，篆书(图一六〇，22)。

元丰通宝　11枚。旋读。DZXM63：25，折二，行书，直径2.5厘米(图一六〇，23)。DZXM63：26，小平，行书，直径2.3厘米(图一六〇，24)。DZXM63：27，小平，旋读。直径2.3厘米(图一六〇，25)。

元祐通宝　10枚。折二，旋读。DZXM63：28，行书，郭略宽。直径2.5厘米(图一六〇，26)。DZXM63：29，行书，直径2.4厘米(图一六〇，27)。DZXM63：30，篆书。直径2.4厘米(图一六〇，28)。

绍圣元宝　2枚。折二，旋读。直径2.4厘米。DZXM63：31，行书(图一六〇，29)。DZXM63：32，篆书(图一六〇，30)。

政和通宝　1枚。DZXM63：33，折二，真书，对读。直径2.5厘米(图一六〇，31)。

31.二十七号墓茔(DZXMY27)

位于墓地发掘区中部偏西。东南距DZXMY28约90米，东北距DZXMY36约90米。

墓茔平面呈长方形，单墓茔。南北长32米，东西宽26米。方向15°。茔墙墙体用约5层自然石块垒砌，较为规整，墙宽0.8米，现存高度0.9米。门道位于南墙正中，宽1.5米。在墓茔堆积内发现有少量0.3米×0.14米—0.04米的灰色素面长方砖及少量的白灰渣和经雕凿的砂岩碎块。墓茔内发现DZXM65一座墓葬(图一六一)。

DZXM65　位于DZXMY27中部偏北。

1)　墓葬形制

土坑竖穴墓，早期盗扰。平面呈长方形，南北长1.2米，东西宽0.9米，深0.8米。方向15°。墓壁加工较为规整，墓底平整，填土内夹杂有少量的砂粒。墓内中部置有一木制骨灰盒，骨灰盒平面呈长方形，长0.72米，宽0.48米，盒板厚0.02米。用铁钉钉合。在紧贴木制骨灰盒四壁、顶部和底部均用加工规整的厚5厘米的石板围砌，形成一石椁。石椁底部与墓底间平铺有厚4厘米石板和厚3厘米的木板。骨灰盒内散布有少量的骨灰。

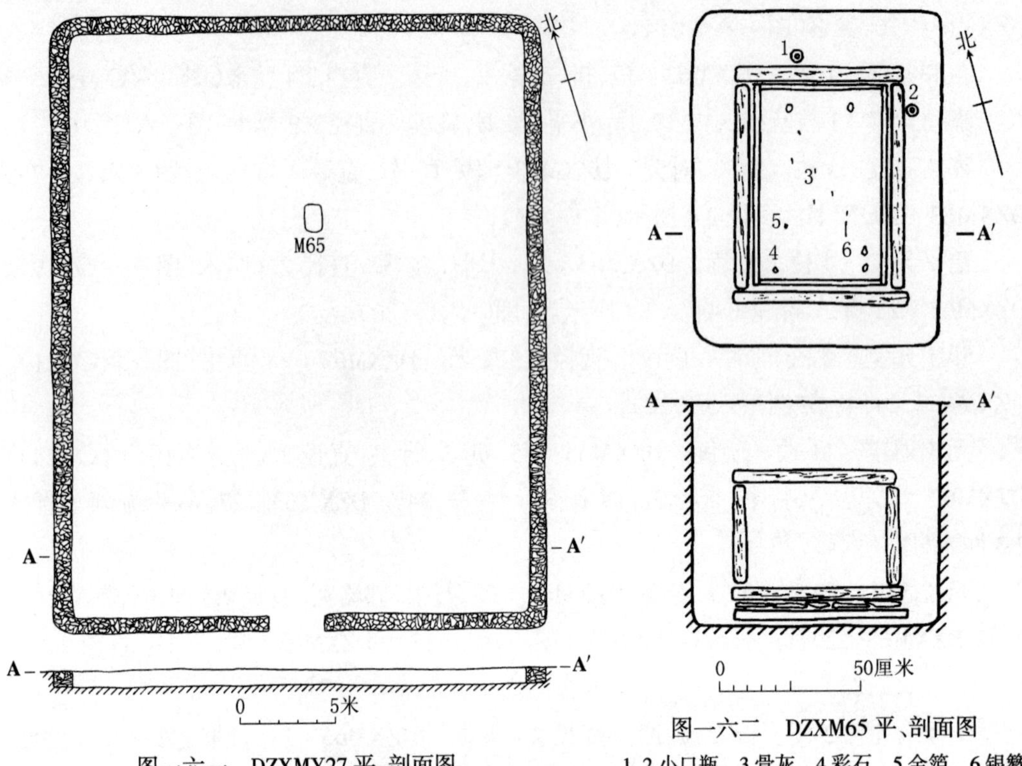

图一六一　DZXMY27 平、剖面图

图一六二　DZXM65 平、剖面图
1、2.小口瓶　3.骨灰　4.彩石　5.金箔　6.银簪

在石椁外侧北壁西段和东壁北段各随葬茶绿釉小口瓶 1 件。骨灰盒内四角随葬有数块彩石，东南部出土银簪 1 件，西南部出土金箔 1 件（图一六二）。

2）　随葬品

墓内出土随葬品较少，共 9 件。有瓷器、银器、金器和彩石。

瓷器　2 件。为小口瓶，形制相同，完整。小口圆唇，折沿，领部略侈，溜肩长圆腹，平底。瓷质较粗，口部及外壁施茶绿釉，腹部饰凹弦纹，近底脱釉。DZXM65：1，口径 5.4 厘米，腹径 7.5 厘米，底径 4.5 厘米，高 20.4 厘米（图一六三，9；彩版贰贰伍，4）。DZXM65：2，口径 5.4 厘米，腹径 7.4 厘米，底径 4.4 厘米，高 21 厘米（图一六三，8）。

银器　1 件。DZXM65：3，簪，残。长条形，扁平体，头部、中段和端部残缺。背面平整，正面略弧。残长 8.2 厘米（图一六三，6）。

金器　1 件。DZXM65：4 箔，残。仅有小块残片，残存平面呈不规则方形。残长 1.4 厘米，残宽 1.25 厘米，厚 0.1 厘米（图一六三，7）。

彩石　5 块。DZXM65：5，卵石，灰色玄武岩，呈不规则椭圆形，表面磨制精细。其上涂有白彩。长径 9.5 厘米，短径 5.1（图一六三，1）。DZXM65：6，白黄色砂岩，平面呈长方形，一面磨制平整，其上涂有绿彩。长 8.5 厘米，宽 5.7 厘米，厚 4 厘米（图一六三,2)。DZXM65：7,白花色砂岩,呈不规则长方形,表面有磨制痕迹。其上涂有白彩。长 8.8 厘米,宽 5.6 厘米,厚 4.8 厘米(图一六三,4)。DZXM65：8,白黄色砂岩,形状不规则。其上涂有红彩。长 9.6 厘米,宽 7 厘米,厚 6～7.8 厘米(图一六三,3)。DZXM65：9,白色岩石,呈不规则方形,似经为烧过,表面呈黑色。长 8.4 厘米,宽 6.4 厘米,厚 4 厘米(图一六三,5)。

32.二十八号墓茔(DZXMY28)

位于墓地发掘区西部。东南距 DZXMY29 约 175 米,西北距 DZXMY27 约 90 米。

墓茔平面呈长方形,为二进式墓茔。南北长 32 米,东西宽 16.3 米。方向 10°。茔墙墙体用自然石块垒砌,除东南角有少量保存外,其余均被取石挖走。保存墙体较为规整。墙宽 0.5 米,现存高度 0.6 米。门道位于南墙正中,宽 2 米。在南部距南茔墙 5.6 米处东西向垒砌一墙,将墓茔分为南、北两区。北茔区门道与南茔区门道位

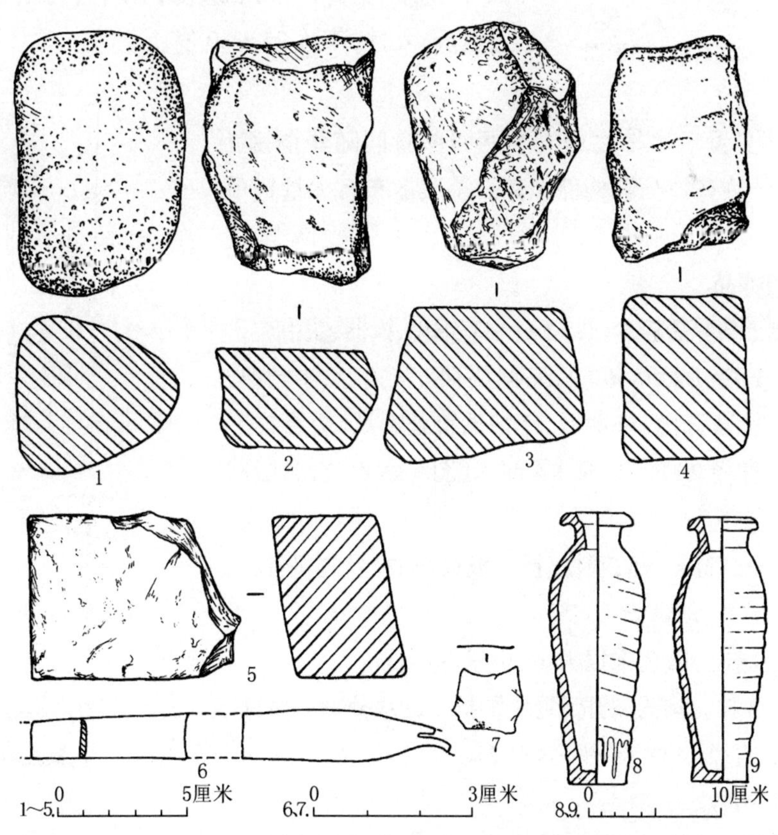

图一六三　DZXM65 出土金、银、瓷、石器

1～5.彩石(DZXM65：5、6、8、7、9)　6.银簪(DZXM65：3)　7.金箔(DZXM65：4)　8、9.小口瓷瓶(DZXM65：2、1)

图一六四　DZXMY28 平面图

于同一轴线，宽 2 米。南茔区内无任何遗迹，北茔区内有 DZXM66、DZXM67 两座墓葬（图一六四）。

DZXM66　位于 DZXMY28 中部偏北，打破 DZXM67。

1）　墓葬形制

土坑竖穴墓，早期盗扰。平面呈长方形，南北长 3.2 米，东西宽 0.88 米，深 2.32 米。墓向 12°。墓壁除西壁南段外均较规整，墓底平整，填土内夹杂有棺板朽木及钱币。墓内偏北部置木棺 1 具，平面呈长梯形，头大尾小，棺底铺有一层木炭。棺长 2 米，头部宽 0.6 米，尾部宽 0.52 米，残高 0.28 米，棺板厚 0.04 米。木棺两侧长于两端，用铁钉钉合。棺内葬有尸骨 1 具，盆骨以上严重盗扰，头骨移位至东侧中段，紧贴 DZXM67 木棺西侧，从保存完整的盆骨以下判断，头向南，方向 192°。为仰身直肢葬，女性，年龄 25～30 岁。

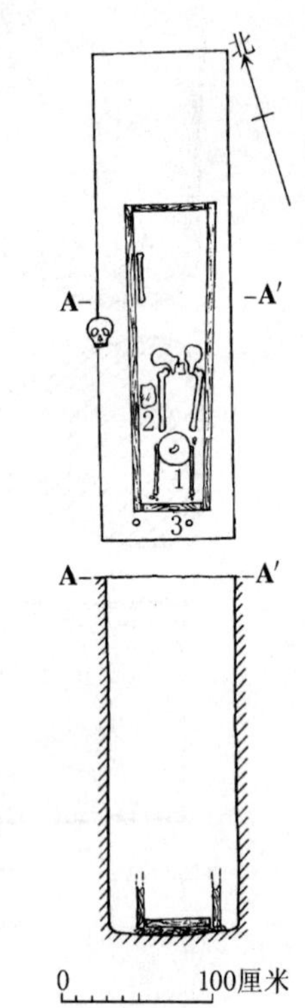

图一六五　DZXM66 平、剖面图、
1.铜镜　2.铁器　3.钱币

随葬品多置于木棺之内，在两腿髌骨间随葬铜镜 1 面，右股骨外侧有铁马鞍构件 1 件。墓底散布有少量钱币（图一六五）。

2）　随葬品

墓内出土随葬品较少，共 11 件。有铜镜、铁器、钱币。

铜镜　1 件。DZXM66：1，完整。圆形，三角缘，半圆纽，镜面平整。镜背分内、外两区，皆饰瑞兽葡萄纹，边缘饰三角纹一周。直径 20 厘米，厚 1.4 厘米（图一六六，1；彩版贰叁叁，1）。

铁器　DZXM66：8，残损、锈蚀成极小的碎块。形制及用途不明。

钱币　9 枚。以北宋钱为主，少量的唐钱。

唐钱　3 枚。均为“开元通宝”折二，八分书，对读。DZXM66：2，直径 2.4 厘米（图一六六，2）。

北宋钱　6 枚。

祥符元宝　1 枚。DZXM66：3，折二，真书，旋读，宽郭。直径 2.5 厘米（图一六六，3）。

熙宁元宝　2枚。折二，旋读。DZXM66：4，真书。直径2.5厘米（图一六六,4）。DZXM66：5,篆书。直径2.45厘米(图一六六,5)。

元祐通宝　3枚。折二，旋读。直径2.4厘米。DZXM66：6，行书（图一六六,6）。DZXM66：7,篆书,宽郭(图一六六,7)。

DZXM67　位于DZXMY28中部偏北,西侧被DZXM66打破。

1）　墓葬形制

土坑竖穴墓,早期盗扰。平面呈长方形,南北长2.2米,东西宽0.8米,深2.4米。墓向12°。墓壁除西壁外其他保存较好,墓底平整。墓的南端留有一生土二层台,宽0.2米,高0.25米。墓内置木棺1具,保存较好,平面呈长方形,棺长2米,宽0.48米,高0.4米,棺板厚0.06米。棺板两侧长于两端,用铁钉钉合。棺内葬有尸骨1具,头骨及髌骨以下部分扰

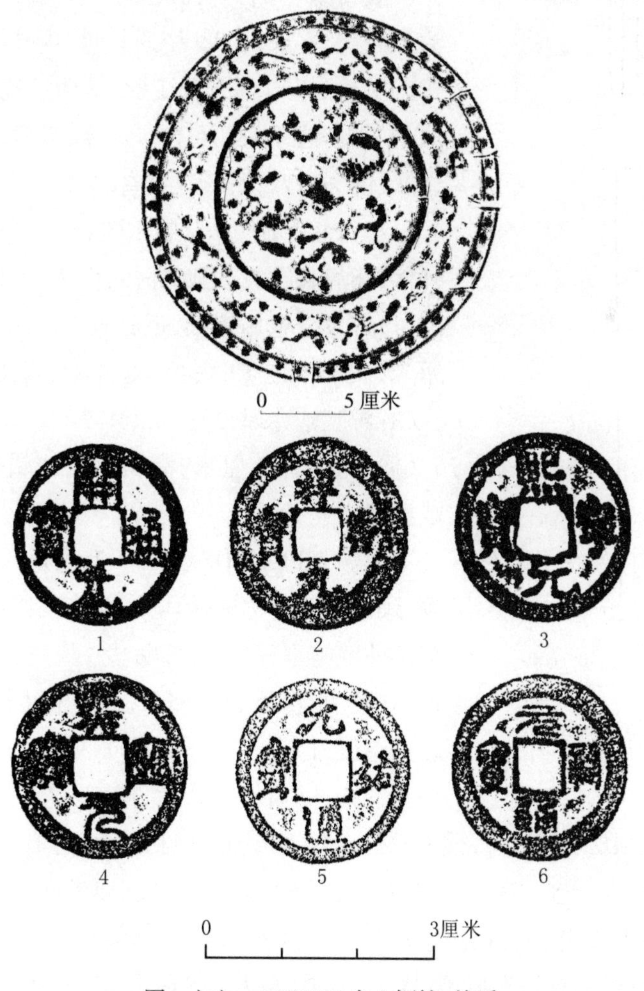

图一六六　DZXM66出土铜镜、钱币
1.铜镜(DZXM66：1)　2~7钱币(DZXM66：2~7)

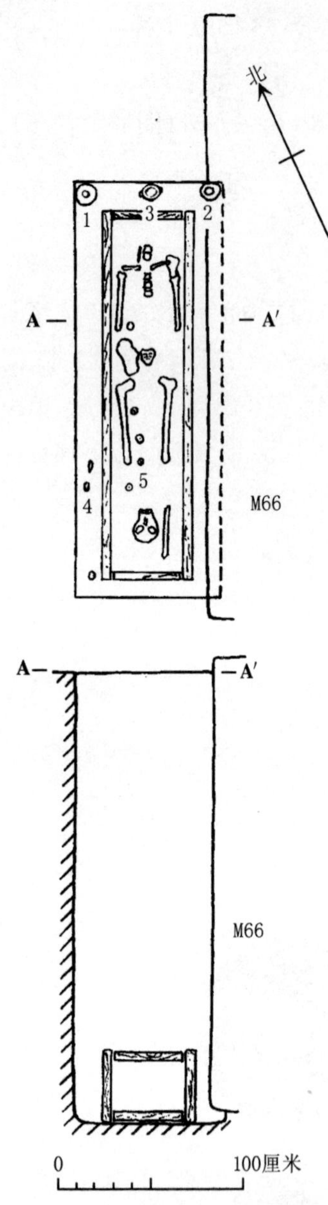

图一六七　DZXM67 平、剖面图
1、2.小口瓶　3.香炉　4.木棺　5.钱币

动,头骨移位于至脚部,仰身直肢葬,头向南,方向 192°,为成年男性。

墓内随葬品多置于棺外，棺头部外侧紧贴生土二层台中间随葬香炉 1 件，东、西两角各置一黑釉小口瓶,棺底散布有钱币 84 枚。此外,在扰土中还出土黑釉瓷罐 1 件(图一六七)。

2）随葬品

墓内出土随葬品较多,共 93 件。以钱币为主,少量的瓷器和铁器。

瓷器　3 件。完整。有敛口罐和小口瓶、香炉。

敛口罐　1 件。DZXM67：1,敛口尖圆唇,短折沿,溜肩鼓腹,平底内凹。瓷质较粗,内外壁均施黑釉,近底作凹弦纹,罐口部严重变形,平面呈椭圆形。口径 10.2 厘米×5.5 厘米,腹径 13.4 厘米,底径 8.8 厘米,高 17.2 厘米(图一六八,2;彩版贰叁肆,1)。

小口瓶　2 件。形制相同。小口圆唇,短折沿,领部外侈,溜肩长圆腹,近底外侈,作喇叭口圈足底。瓷质较细,口部及外壁施黑釉,近底脱釉。DZXM67：3,口径 4 厘米,腹径 8 厘米,底径 4.8 厘米,高 17.8 厘米(图一六八,3;彩版贰叁肆,2)。DZXM67：4,口径 3.8 厘米,腹径 7.2 厘米,底径 5 厘米,高 18.8 厘米(图一六八,1;彩版贰叁肆,3)。

香炉　1 件。DZXM67：2,直口,方圆唇,平折沿短颈,颈两侧施对称扁弧耳,底部作三兽足。瓷质较细,口部及外壁施影青釉,腹部贴塑一梅花图案,内壁脱釉。口径 10 厘米,腹径 11.6 厘米,高 8.6 厘米(图一六八,4;彩版贰叁伍,1)。

铁器　5 件。有饰片、棺钉。

饰片　1 件。DZXM67：7,残。平面呈长方形,角部钉孔内残存有铁钉。表面锈蚀严重,内壁残存有朽木痕迹。残长 11.5 厘米,宽 6.6 厘米,厚 0.2 厘米(图一六八,7)。

棺钉　4 件。形制相同。钉身呈方形,由上至下渐细,头部尖圆,端部扁平,横截面呈方形。表面锈蚀严重,上有朽木痕迹。DZXM67：6,长 9.5 厘米,截面径 0.3 厘米×0.4 厘米(图一六八,5)。DZXM67：8,端部残,钉身略作弯曲。残长 9.3 厘米,截面径 0.3 厘米×0.6

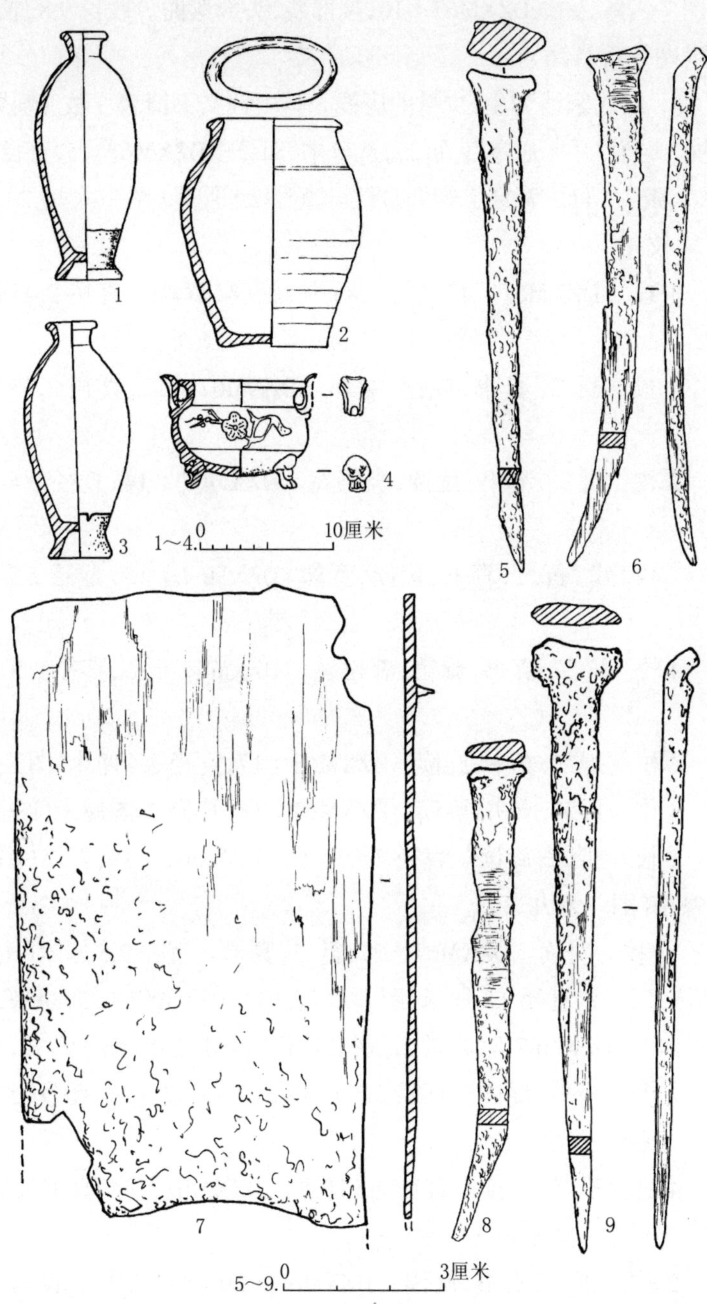

图一六八　DZXM67 出土铁、瓷器

1、3.小口瓷瓶（DZXM67：4、3）　2.敛口瓷罐（DZXM67：1）　4.瓷香炉（DZXM67：2）　5、6、8、9.铁棺钉（DZXM67：6、10、8、9）　7.铁片饰（DZXM67：7）

厘米(图一六八,8)。DZXM67：9,端部残,钉身略作弯曲。残长11.6厘米,截面径0.3厘米×0.4厘米(图一六八,9)。DZXM67：10,端部残,头部弯曲。残长9.8厘米,截面径0.3厘米×0.5厘米(图一六八,6)。

钱币　84枚。以北宋钱为主,少量的唐钱。其中钱文不清者1枚,瘗钱2枚。

唐钱　7枚。均为“开元通宝”。折二,八分书,对读。DZXM67：5,直径2.45厘米(图一六九,1)。DZXM67：11。背穿上饰仰月纹。直径2.5厘米(图一六九,2)。

北宋钱　74枚。

至道元宝　1枚。DZXM67：12,折二,行书,旋读,宽郭。直径2.45厘米(图一六九,3)。

咸平元宝　2枚。折二,真书,旋读,宽郭。DZXM67：13,直径2.45厘米(图一六九,4)。

景德元宝　2枚。折二,真书,旋读,郭略宽。DZXM67：14,直径2.4厘米(图一六九,5)。

祥符元宝　2枚,残。折二,真书,旋读,宽郭。DZXM67：15,直径2.5厘米(图一六九,6)。

祥符通宝　1枚。折二,真书,旋读,郭略宽。DZXM67：16,直径2.5厘米(图一六九,7)。

天禧通宝　4枚。折二,真书,旋读。DZXM67：17,直径2.4厘米(图一六九,8)。

天圣元宝　4枚。折二,真书,旋读。DZXM67：18,直径2.45厘米(图一六九,9)。

景祐元宝　2枚。折二,旋读。直径2.5厘米。DZXM67：19,真书(图一六九,10)。DZXM67：20,篆书(图一六九,11)。

皇宋通宝　13枚。对读。DZXM67：21,折二,真书。直径2.5厘米(图一六九,12)。DZXM67：22折二,真书。直径2.4厘米(图一六九,13)。DZXM67：23,小平,篆书直径2.3厘米(图一六九,14)。DZXM67：24,折二,篆书。直径2.4厘米(图一六九,15)。

嘉祐元宝　2枚。小平,旋读。直径2.3厘米。DZXM67：25,真书(图一六九,16)。DZXM67：26,篆书(图一六九,17)。

嘉祐通宝　4枚。折二,对读。直径2.5厘米。DZXM67：27,真书(图一六九,18)。DZXM67：28,篆书(图一六九,19)。

治平元宝　2枚。折二,真书,旋读。DZXM67：29,直径2.4厘米(图一六九,20)。DZXM67：30,折二,篆书,旋读。直径2.4厘米(图一六九,21)。

治平通宝　1枚。折二,真书,对读。直径2.45厘米。

熙宁元宝　8枚。小平,旋读。直径2.3厘米。DZXM67：31,真书(图一六九,22)。DZXM67：32,真书(图一六九,23)。DZXM67：33,篆书(图一六九,24)。

图一六九　DZXM67 出土钱币
1～34.钱币(DZXM67：5、11～43)

元丰通宝　11 枚。折二,旋读。DZXM67：34,行书。直径 2.4 厘米(图一六九,25)。DZXM67：35,篆书,直径 2.45 厘米(图一六九,26)。

元祐通宝　8 枚。折二,旋读。DZXM67：36,行书。直径 2.4 厘米(图一六九,27)。DZXM67：37,篆书,直径 2.4 厘米(图一六九,28)。DZXM67：38,行书,郭略宽。直径 2.5 厘米(图一六九,29)。

绍圣元宝　4 枚。折二,旋读。直径 2.4 厘米。DZXM67：39,行书(图一六九,30)。DZXM67：40,篆书(图一六九,31)。

元符通宝　1 枚。DZXM67：41,折二,篆书,旋读。直径 2.4 厘米(图一六九,32)。

圣宋元宝　1 枚。DZXM67：42,折二,行书,旋读。直径 2.45 厘米(图一六九,33)。

政和通宝　1 枚。DZXM67：43,折二,真书,对读。直径 2.5 厘米(图一六九,34)。

33.二十九号墓茔(DZXMY29)

位于墓地发掘区中部,东距 DZXMY40 约 15 米,北距 DZXMY39 约 10 米。

墓茔平面略呈方形,单墓茔。东西长 9.5 米,南北宽 9.4 米。方向 40°。茔墙墙体用自然石块垒砌,现存 5 层,较为整齐,墙宽 0.6 米,现存高度 0.7 米,门道位于南墙正中,宽 2 米。茔内仅发现 DZXM68 一座墓葬(图一七〇)。

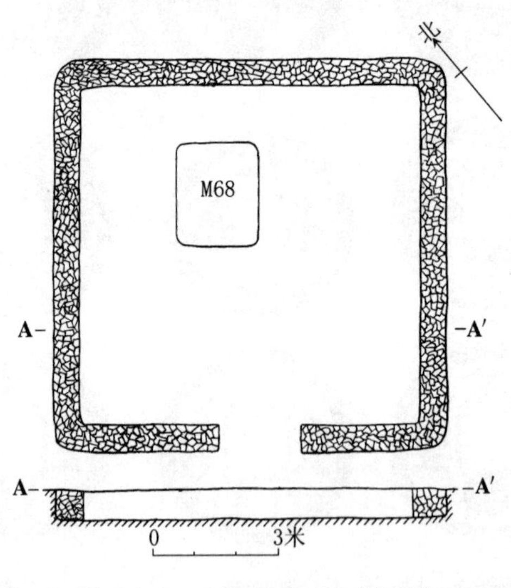

图一七〇　DZXMY29 平、剖面图

DZXM68　位于 DZXMY29 东北部。

1)　墓葬形制

土坑竖穴墓,早期盗扰。平面呈圆角长方形,南北长 2.5 米,东西宽 2 米,深 1 米。方向40°。墓壁加工规整,墓底平整。填土内发现有少量的脊椎骨、锁骨、肢骨及指骨和铁护角、棺钉等。墓内置木棺1具,保存较好。平面呈长梯形，头大尾小。棺长2米,头部宽0.8米,尾部宽0.6米,高50厘米。两侧棺板厚0.05米,两端棺板厚0.07米,棺盖厚0.06米。木棺用榫卯结构和铁钉钉合。从填土内出土的铁护角判断,棺的角部应用铁护角加固。棺内葬有尸骨1具,上身被严重盗扰。仰身直肢,面向东北,为男性,年龄约25岁(图一七一)。

墓内仅在填土中发现钱币1枚和少量的铁器。

2）　随葬品

墓内出土随葬品共7件。多为铁器,另有钱币1枚。

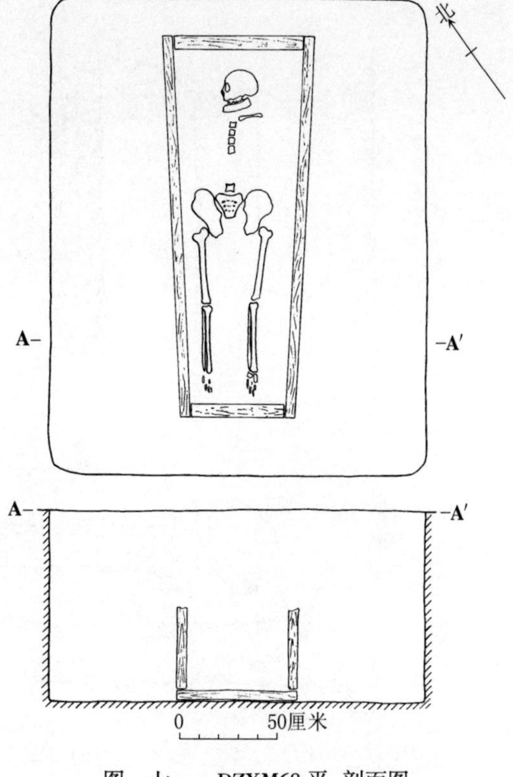

图一七一　DZXM68平、剖面图

钱币　1枚。为熙宁元宝。DZXM68∶1,折二,篆书,旋读。直径2.4厘米(图一七二,6)。

铁器　6件。有铁护角和棺钉。

铁护角　3件。残。长条形,作弧形,钉孔内残存有棺钉,内有朽木痕迹。表面锈蚀严重。DZXM68∶2,残长13.4厘米,宽4厘米,厚0.2厘米(图一七二,1)。DZXM68∶3,作弧形弯曲。残长16.5厘米,宽4.2厘米,厚0.2厘米(图一七二,3)。DZXM68∶4,残长10.6厘米,宽5.2厘米,厚0.3厘米(图一七二,2)。

棺钉　3件。残。钉身呈方形,由上至下渐细,头部尖圆,端部呈不规则圆形。表面朽蚀严重,上有朽木痕迹。DZXM68∶5仅存上半部。残长4.6厘米,截面径0.4厘米×0.4厘米(图一七二,4)。DZXM68∶6,端部残缺。残长8.9厘米,截面径0.3厘米×0.4厘米(图一七二,5)。

34.三十号墓茔(DZXMY30)

位于墓地发掘区的西北端,西南距DZXMY33约26米。

墓茔平面略呈长方形,单墓茔。南北长19米,东西宽17.8米。方向355°。茔墙墙体用自然石块垒砌,较为规整,墙宽0.6米,现存高度0.8米。没有发现门道痕迹。墓茔内发现有DZXM70、DZXM72两座墓葬(图一七三)。

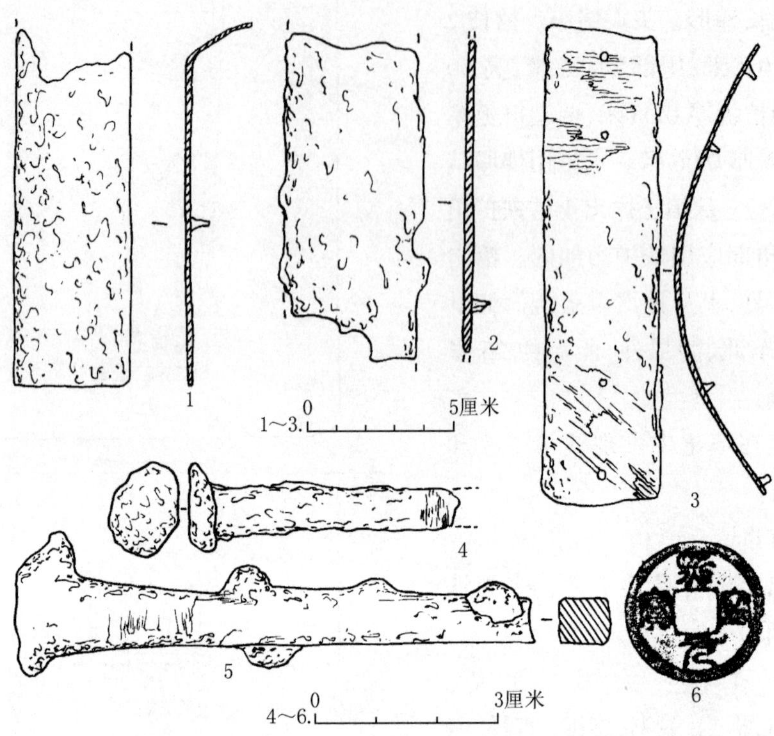

图一七二　DZXM68 出土铁器、钱币

1～3.铁护角（DZXM68：2、4、3）　4、5.铁棺钉（DZXM68：5、6）　6.钱币（DZXM68：1）

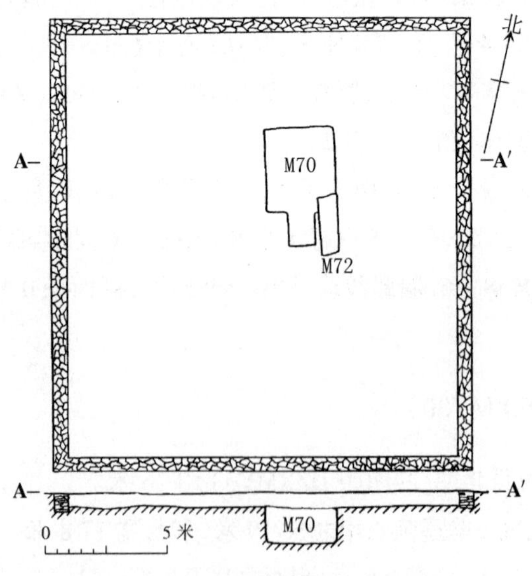

图一七三　DZXMY30 平、剖面图

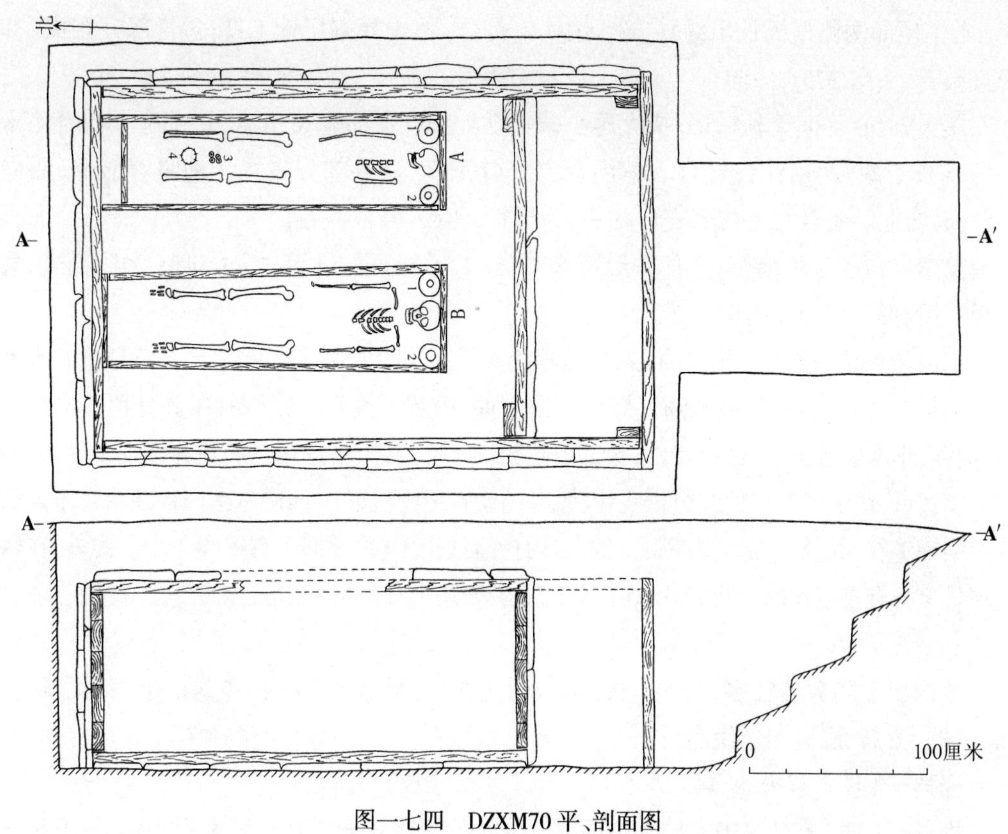

图一七四　DZXM70 平、剖面图
A:1.漆器　2.罐　3.钱币　4 铁辖　B:1.罐　2.梅瓶

DZXM70　位于 DZXMY30 中部略偏东北，东南角被 DZXM72 打破。

1）　墓葬形制

墓葬为石板木椁墓，早期盗扰。由墓圹、墓室和墓道等组成(图一七四)。

墓圹　平面呈长方形，南北长 3.44 米，东西宽 2.36 米，深 1.3 米。方向 355°。墓圹四壁加工规整，墓底平整。由墓口向下墓穴内填充有厚约 0.45 米的大块石板及自然石块。

墓圹内紧贴木椁外壁用加工较为平整的 5～8 厘米厚的石板立砌，东、西、北三壁各立砌两层，底部平铺一层，顶部亦盖有石板一层。石壁内为木椁室，椁室南北长 3.1 米，东西宽 1.9 米，高 0.96 米。用厚 0.06 米的木板搭制，分前、后两室。木椁内角结合部除后室北壁两角外，均用长 0.1 米，宽 0.06 米的立柱加固。前室为横长方形，东西长 1.9 米，南北宽 0.7 米，前室内北(后)壁亦立砌一层石板。后室为纵长方形，南北长 2.42 米，东西宽 1.9 米，

在木椁后室略偏东北并列置有木棺两具，编号为：东侧木棺 DZXM70A，西侧木棺 DZXM70B，两棺相距 0.28 米。

DZXM70A 平面略呈长梯形，长 1.8 米，头部宽 0.52 米，尾部宽 0.48 米，棺板厚 0.04

米。木棺尾部两侧棺板长出约 0.1 米，用铁钉钉合。棺内葬有尸骨 1 具，盆骨部分盗扰。仰身直肢葬，头向 175°，面向东。头骨之下枕有荞麦皮枕头，为女性，年龄约 25～30 岁。

DZXM70B 平面呈长梯形，头大尾小。棺长 1.9 米，头部宽 0.56 米，尾部宽 0.48 米。木棺两端长于两侧，用铁钉钉合。棺内葬有尸骨 1 具，盆骨部分盗扰。仰身直肢葬，头向 175°，面向上。头骨之下枕荞麦皮枕头，为男性，年龄 30 岁左右。

墓道　位于墓圹南侧，为长方形短墓道，长 1.56 米，宽 1.1 米，深 1.3 米。为阶梯式，共四级。阶梯高 0.2 米，宽 0.33 米。

墓内随葬品均置于木棺之内。东侧木棺内头骨东侧随葬 1 漆器（梳妆盒），漆器内装有木梳和铜簪各 1 件；在头骨西侧随葬黑釉瓷罐 1 件，内装黑蚕豆、松子等；在头骨顶部出有金饰、铜簪、小木梳各 1 件，铜钗 2 件；腰部出土银饰 1 件；在近脚部两腿间随葬铁辖 1 件，其上有一串钱币，钱币周围有丝麻织物残片（原系用丝麻织物包裹）。西侧木棺内仅在头骨东侧随葬黑釉罐 1 件，头骨西侧随葬梅瓶 1 件，口内含有钱币 1 枚，腰部出有皮囊 1 个。此外，在两具尸骨上身有多层丝麻织物残片，在尸骨的盆骨处均出有皮制品，应为死者入葬衣着之物。

2）　随葬品

墓内出土随葬品较多，共 58 件。以钱币为主，瓷器、铜器次之，少量的金器、银器、铁器、木器、漆器、皮囊和丝织品。

瓷器　3 件。有梅瓶、罐。

梅瓶　1 件。DZXM70：1，小口圆唇，短折沿，矮领较直，鼓肩，最大腹径偏上，下腹斜收，近底外侈，圈足底。瓷质较细，口部及外壁施黑釉。口径 5.2 厘米，腹径 14.8 厘米，底径 8.2 厘米，高 25 厘米（图一七五，1；彩版贰叁陆，1）。

罐　2 件。形制相同，完整。直口圆唇，矮领鼓肩，最大腹径略扁上，下腹斜收，圈足底。瓷质较细，内外壁均施黑釉，口部及近底脱釉。DZXM70：2，罐内装有荞麦。口径 7.4 厘米，腹径 13.6 厘米，底径 7 厘米，高 12 厘米（图一七五，2；彩版贰叁陆，2）。DZXM70：3，口部变形，罐内装有蚕豆和松子。口径 6.8 厘米，腹径 14.4 厘米，底径 6.4 厘米，高 12.8 厘米（图一七五，3；彩版贰叁陆，3）。

铜器　3 件。有钗和簪。

钗　2 件。完整。双股细长，头部尖圆、端部圆弧，钗身弯曲，体扁平。DZXM70：5，长 13.4 厘米，宽 1.1 厘米，厚 0.15 厘米（图一七六，3）。DZXM70：6，长 13.1 厘米，宽 1.1 厘米，厚 0.15 厘米（图一七六，4；彩版贰叁柒，1）。

簪　1 件。DZXM70：7，完整。长条形，体扁平，端部作一圆形耳勺，簪身由上至下渐细，尖部尖圆。长 12.4 厘米，宽 0.5 厘米（图一七六，2）。

金器　1 件。簪，DZXM70：4，完整。长条形，端部作椭圆形，簪身由上至下渐细，头部圆钝，制作精细。长 16.9 厘米，厚 0.1 厘米（图一七六，1）。

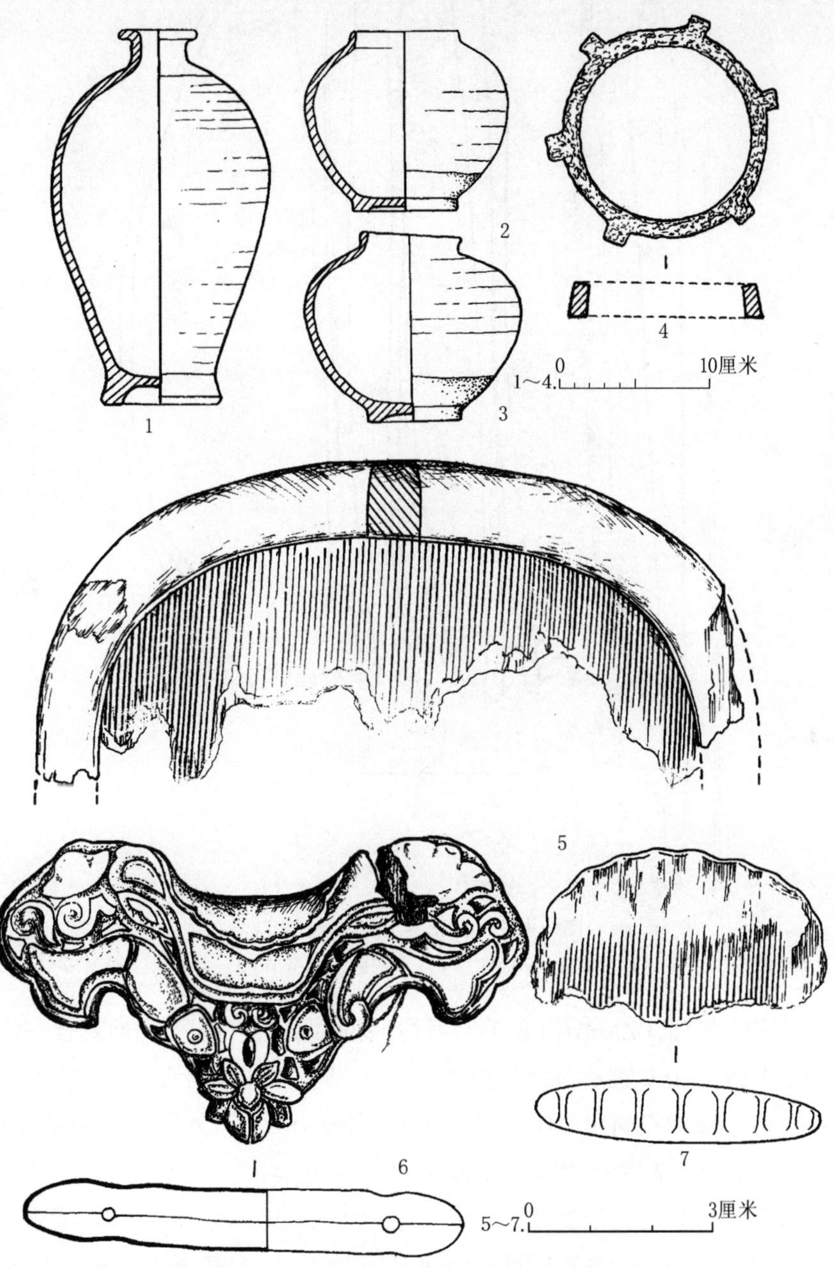

图一七五　DZXM70 出土铁、银、瓷、木器

1.瓷梅瓶（DZXM70：1）　2、3.瓷罐（DZXM70：2、3）　4.铁辖（DZXM70：10）　5、7.木梳（DZXM70：13、12）　6.银佩饰（DZXM70：8）

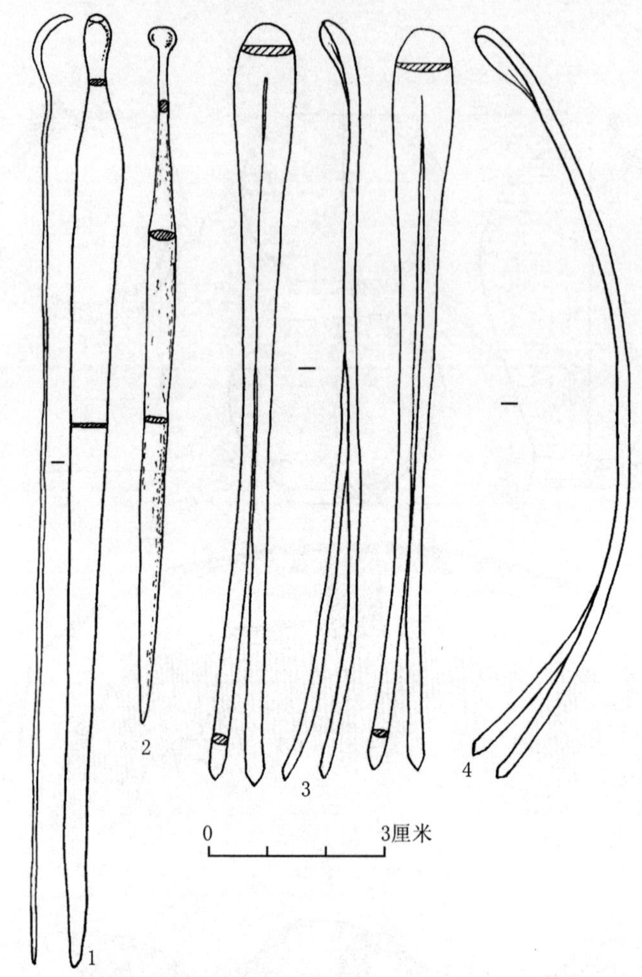

图一七六 DZXM70出土铜、金器

1.金簪(DZXM70：4) 2.铜簪(DZXM70：7) 3.铜钗(DZXM70：5) 4.铜钗(DZXM70：6)

银器 1件。佩饰,DZXM70：8,略有残损,平面呈弧边三角形,两面对合,表面皆锤叠有繁密的花卉图案。长9厘米,宽5.2厘米,厚0.9～1厘米(图一七五,6;彩版贰叁柒,3)。

铁器 1件。辖,DZXM70：10,完整。圆形,外壁有6齿。外径13.6厘米,内径12厘米,厚3.6厘米,齿长1.2厘米,齿宽1.6厘米(图一七五,4)。

木器 2件。均为梳。分2型。

A型 1件。DZXM70：12,半圆形,手握部作凹弧纹,无漆,梳齿较密。长5厘米,宽3.1厘米(图一七五,7;彩版贰叁柒,2)。

B型 1件。DZXM70：13,圆弧形,无漆,梳齿细密。长12.1厘米,宽5.2厘米(图一七五,5)。

漆器 DZXM70：11,仅存少量红色漆片,形制及用途不明。

皮囊　DZXM70∶15,为死者衣着之物,仅存残片,部位不详。

丝织品　DZXM70∶14,仅存小块残片,为绢类织品,部位不清。

钱币　44 枚。以北宋钱为主,少量的唐钱和金钱。其中,钱文不清者 3 枚,痤钱 1 枚。

唐钱　4 枚。均为“开元通宝”。折二,八分书,对读。DZXM70∶9,直径 2.5 厘米(图一七七,1)。DZXM70∶16,直径 2.4 厘米(图一七七,2)。

北宋钱　34 枚。

咸平元宝　1 枚。DZXM70∶17,折二,真书,旋读,宽郭。直径 2.4 厘米(图一七七,3)。

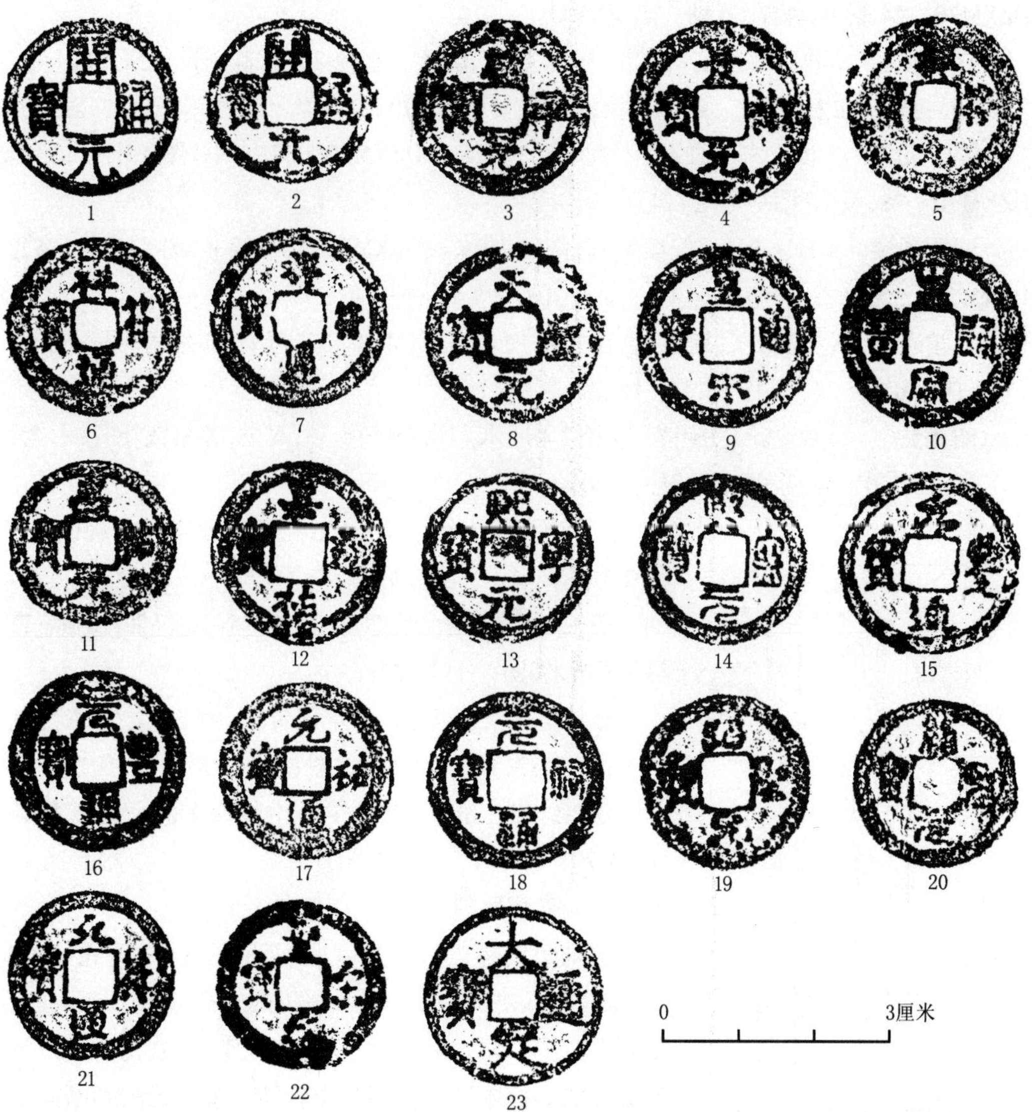

图一七七　DZXM70 出土钱币

1～23、钱币(DZXM70∶9、16～37)

景德元宝　1枚。DZXM70：18，折二，真书，旋读，郭略宽。直径2.5厘米（图一七七，4）。

祥符元宝　1枚，DZXM70：19，折二，真书，旋读，宽郭。直径2.4厘米（图一七七，5）。

祥符通宝　2枚。折二，真书，旋读。直径2.4厘米。DZXM70：20，字体较大（图一七七，6）。DZXM70：21，字体较小（图一七七，7）。

天圣元宝　3枚。折二，真书，旋读。DZXM70：22，直径2.5厘米（图一七七，8）。

皇宋通宝　4枚。折二，对读。直径2.5厘米。DZXM70：23，真书（图一七七，9）。DZXM70：24篆书，郭略宽（图一七七，10）。

嘉祐元宝　1枚。DZXM70：25，小平，真书，旋读。直径2.3厘米（图一七七，11）。

嘉祐通宝　2枚。折二，真书，对读，郭略宽。DZXM70：26，直径2.5厘米（图一七七，12）。

熙宁元宝　7枚。小平，旋读。直径2.3厘米。DZXM70：27，真书（图一七七，13）。DZXM70：28，篆书（图一七七，14）。

元丰通宝　4枚。折二，旋读。直径2.5厘米。DZXM70：29，行书（图一七七，15）。DZXM70：30，篆书，郭略宽。（图一七七，16）。

元祐通宝　3枚。折二，旋读。直径2.45厘米。DZXM70：31，行书，郭略宽（图一七七，17）。DZXM70：32，篆书（图一七七，18）。

绍圣元宝　3枚。折二，旋读。直径2.4厘米。DZXM70：33，真书，郭略宽（图一七七，19）。DZXM70：34，篆书（图一七七，20）。

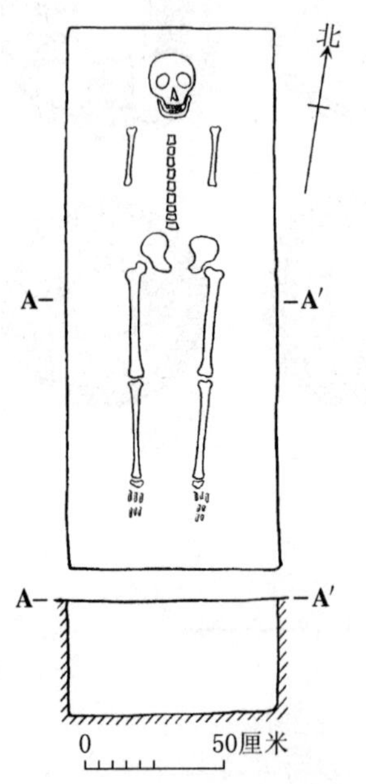

图一七八　DZXM72平、剖面图

元符通宝　1枚。DZXM70：35，小平，行书，旋读。直径2.3厘米（图一七七，21）。

圣宋元宝　1枚。DZXM70：36，小平，行书，旋读。直径2.3厘米（图一七七，22）。

金钱　2枚。均为"大定通宝"。折二，真书，对读。DZXM70：37，直径2.5厘米（图一七七，23）。

DZXM72　位于DZXMY30中部偏东北，北部打破DZXM70。

1）墓葬形制

土坑竖穴墓，早期盗扰。平面呈长方形，南北长1.9米，东西宽0.75米，深0.4米。方向355°。墓壁加工规整，墓底平整。在墓内填土中发现有棺板残片。在清理时发现尸骨周围有棺木灰。但因残损朽蚀严重，无法判断其形制。墓内葬有尸骨1具，两侧锁骨和尺骨、桡骨残缺。仰身直肢葬，面向上。为一儿童个体，性别不清（图一七八）。

2）随葬品

墓内无随葬品。

35.三十一号墓茔(DZXMY31)

位于墓地发掘区西北部，东北距DZXMY32约80米，南距DZXMY35约10米。

墓茔平面略呈长方形,单墓茔。东西长17.5米,南北宽17米。方向10°。茔墙墙体用自然石块垒砌,保存完整,较为规整,茔墙宽0.5米,现存高度1米,门道位于南墙正中,宽2米。墓茔内仅发现DZXM71一座墓葬(图一七九)。

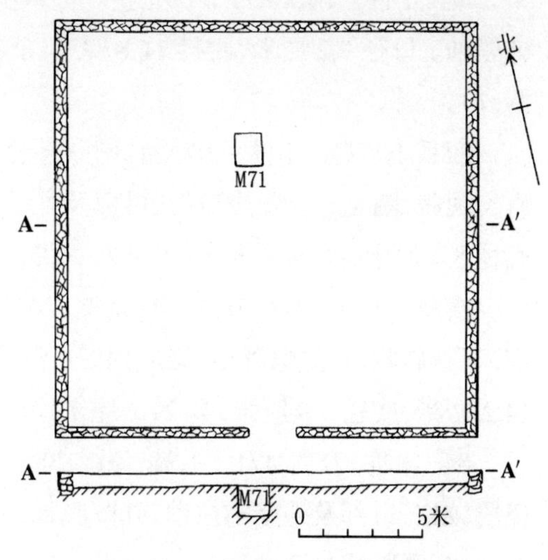

图一七九　DZXMY31平、剖面图

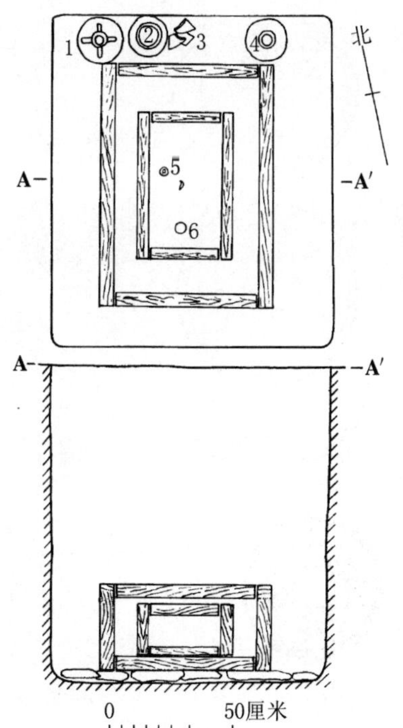

图一八○　DZXM71平、剖面图
1.四系小口瓶　2.罐　3.碗　4.梅瓶
5.钱币　6.银饰片

DZXM71　位于DZXMY31北部略偏东。

1）墓葬形制

土坑竖穴墓,早期盗扰。平面呈长方形,南北长1.37米,东西宽1.15米,深1.3米。方向10°。墓壁加工规整，墓底平整且平铺一层加工规整的石板，填土内夹杂有石块和白灰。墓内中部置一木椁,保存较好。椁长1米,宽0.72米,高0.36米,椁板厚0.06米。椁板两侧长于两端,用铁钉钉合。椁内置一木制骨灰盒,保存完整。骨灰盒长0.61米,宽0.4米,高0.23米,盒板厚0.04米。骨板盒两侧长于两端,亦用铁钉钉合,内有少量的骨灰。

墓内随葬品多出于木椁北侧和骨灰盒内。在木椁北侧和北壁处由东向西随葬有梅瓶、白釉瓷碗(残)、黑釉瓷罐、四系罐各1件。骨灰盒内底部出土有银片1件和钱币2枚(图一八○)。

2）随葬品

墓内随葬品出土较少,共7件。瓷器略多,少量的钱币和银饰片。

瓷器　4件。有罐、四系小口瓶、梅瓶、碗。

罐　1件。DZXM71∶1,完整。侈口圆唇,短颈鼓肩,平底内凹。瓷质较细,内外壁均施黑釉。口径8.2厘米,腹径11.8厘米,底径5.7厘米,高9.5厘米(图一八一,3;彩版贰叁捌,1)。

四系小口瓶　1件。DZXM71∶3,系残。小口圆唇,矮领短折沿,领部施对称四系,鼓肩长圆腹,圈足底。瓷质较粗,口部及外壁施黑釉,近底脱釉。口径5厘米,腹径13厘米,底径8.4厘米,高24.4厘米(图一八一,2;彩版贰叁捌,2)。

梅瓶　1件。DZXM71∶4,完整。小口圆唇,短折沿,矮领较直,鼓肩,最大腹径近肩部,下腹斜收,近底略外侈,平底内凹。瓷质较粗,口部及外壁施黑釉。口径5.6厘米,腹径14.2厘米,底径9.8厘米,高29.2厘米(图一八一,1;彩版贰叁捌,3)。

碗　1件。DZXM71∶2,残。敞口圆唇,弧腹斜收,圈足底,内底残存有4个支钉痕迹。瓷质较细,口部及外壁施白釉,外壁脱釉。口径11.4厘米,底径4.5厘米,高3.2厘米(图一八一,4;彩版贰叁叁,2)。

银器　1件。为饰片。DZXM71∶6,残缺严重,形制及用途不清。长2.4厘米,宽2厘米,厚0.1厘米(图一八一,5)。

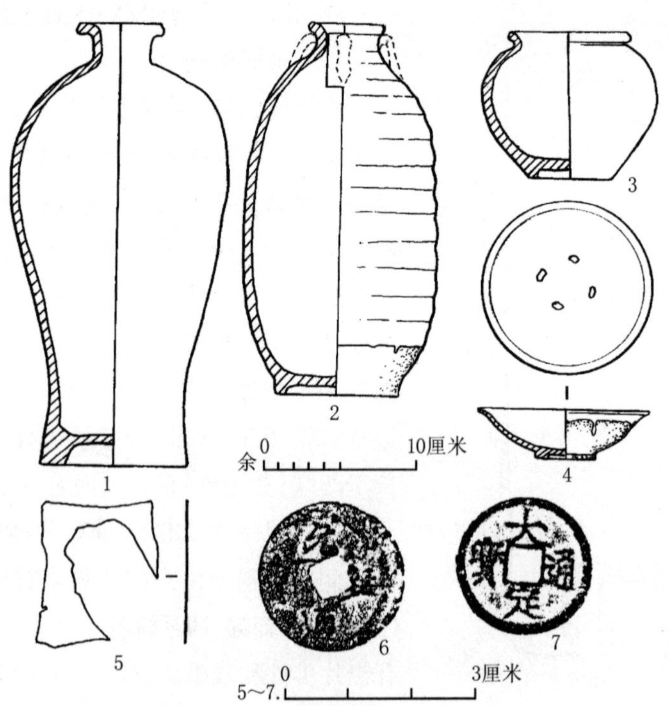

图一八一　DZXM71出土银、瓷器,钱币

1.瓷梅瓶(DZXM71∶4)　2.四系小口瓷瓶(DZXM71∶3)　3.瓷罐(DZXM71∶1)　4.瓷碗(DZXM71∶2)　5.银饰片(DZXM71∶6)　6、7.钱币(DZXM71∶5、7)

钱币　2枚。元丰通宝、大定通宝各1枚。

元丰通宝　1枚。DZXM71∶5，折二，行书，旋读，略有错版。直径2.4厘米（图一八一，6）。

大定通宝　1枚。DZXM71∶7，小平，真书，对读。直径2.3厘米（图一八一，7）。

36.三十二号墓茔（DZXMY32）

位于墓地发掘区西北部，西南距DZXMY31约80米。

墓茔平面呈长方形，单墓茔。南北长20米，东西宽16米。方向10°。茔墙墙体用3层自然石块垒砌，保存完整，垒砌较为规整。经解剖，茔墙宽0.8米，现存高度0.6米。门道位于南墙正中，宽2米。墓茔内发现有DZXM69和DZXM73两座墓葬（图一八二）。

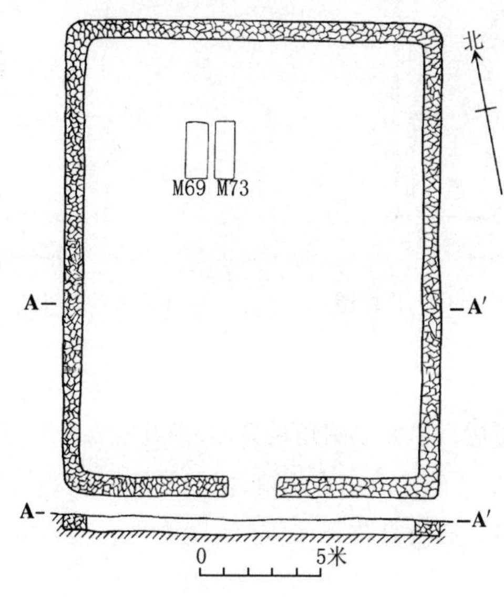

图一八二　DZXMY32平、剖面图

DZXM69　位于DZXMY32西北部，东距DZXM73约0.3米。

1）　墓葬形制

土坑竖穴墓，早期盗扰。平面呈长方形，南北长2.3米，东西宽1米，深1.2米。方向10°。墓壁加工规整，墓底平整，填土内夹杂有残砖块和白灰渣。墓内置木棺一具，平面呈长方形。棺长2.25米，宽0.88米，高0.52米，棺板厚0.04米。木棺两侧长于两端0.02米，用铁钉钉合。尸骨被盗扰至距墓口0.2米处，为一成年男性（图一八三）。

2）　随葬品

墓内无随葬品。

DZXM73　位于DZXMY32西北部，西距DZXM69约0.3米。

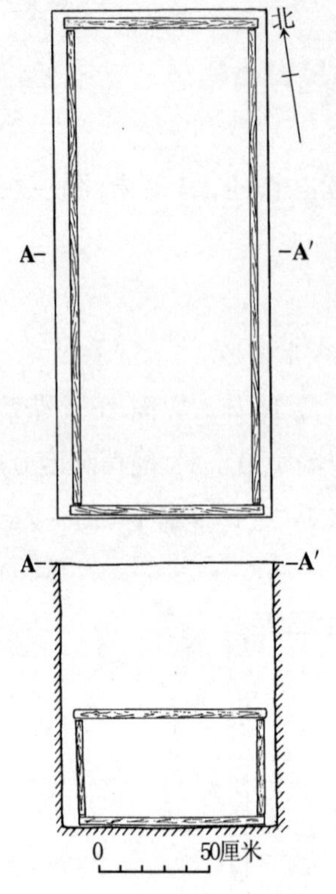

图一八三 DZXM69 平、剖面图

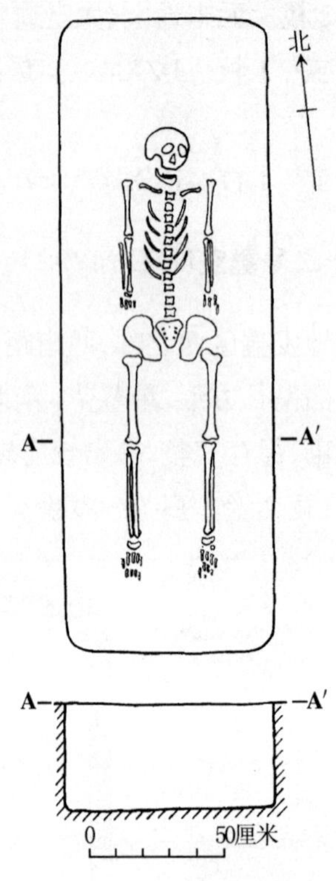

图一八四 DZXM73 平、剖面图

1） 墓葬形制

土坑竖穴墓，早期盗扰。平面呈圆角长方形，南北长 2.4 米，东西宽 0.8 米，深 0.4 米。方向 10°。墓壁规整，墓底平整。墓内有木棺，但因早期盗扰和朽蚀成灰，形制不清。墓内葬有尸骨 1 具，保存完整。仰身直肢葬，面向上，为女性，年龄 30 岁左右(图一八四)。

2） 随葬品

墓内无随葬品。

37.三十三号墓茔(DZXMY33)

位于墓地发掘区西北端，东北距 DZXMY30 约 26 米，西南距 DZXM75 约 15 米。

墓茔平面呈正方形，单墓茔。边长 20 米。方向 10°。茔墙墙体保存较好，由 3～4 层自然石块垒砌，较为规整。墙体宽 0.8 米，现存高度 0.6 米。门道位于南墙正中，宽 1.2 米。墓茔内仅有 DZXM74 一座墓葬(图一八五)。

DZXM74 位于 DZXMY33 中部偏东北。

1） 墓葬形制

土坑竖穴墓，早期盗扰，深 1.1 米。方向 10°。墓穴由上、下两部分组成。上部由地表

图一八五　DZXMY33 平、剖面图

向下挖一直径 1.8 米,深 0.3 米的圆形坑,下部在圆坑中部略偏东挖一边长 1.1 米,深 0.8 米的正方形竖穴土坑。上部圆形坑内壁堆砌有较为整齐的 4 层自然石块,基本与墓口平齐,将下部墓口封堵,高 0.3 米。下部正方形土坑竖穴墓底均用长 0.3 米,宽 0.15 米,厚 0.04 米的灰色素面长方形整齐铺砌一层。墓穴地面中部置一木制长方形骨灰盒。骨灰盒长 0.7 米,宽 0.5 米,残高 0.28 米,盒板厚 0.03 米。盒板两侧长于两端,用铁钉钉合。盒内仅有少量的骨灰。

墓内随葬品均置于骨灰盒内和外侧南部。在骨灰盒内中部出土黑釉瓷罐 1 件。骨灰盒外南侧偏西随葬三彩釉香炉,香炉两侧各置小口黑釉梅瓶 1 件。在骨灰盒底部和墓底散布有钱币 40 余枚。此外,在扰土中出土骨坠饰 1 件和少量钱币(图一八六)。

2）　随葬品

墓内出土随葬品较多,共 62 件。以钱币为主,少量的瓷器、釉陶器、铁器、骨器、石器和松香。

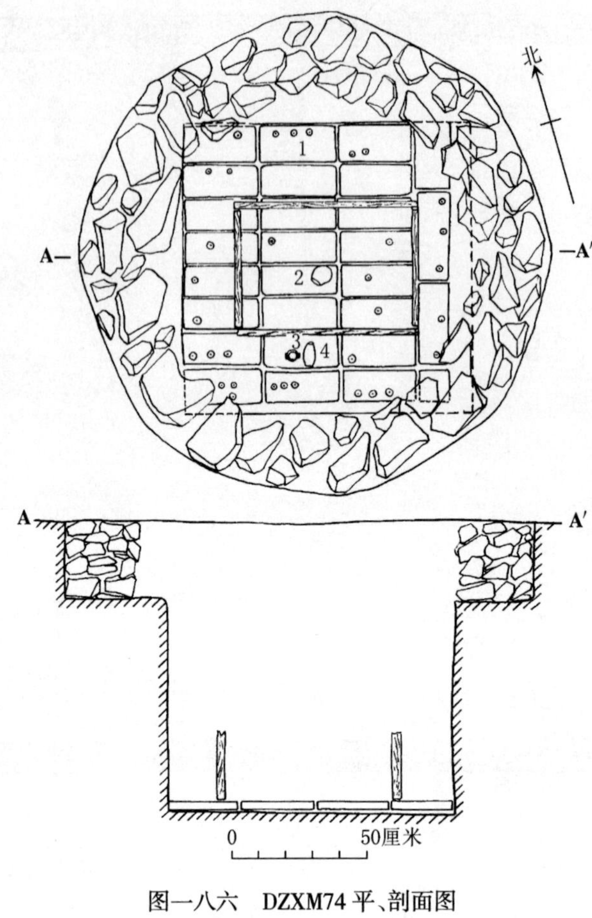

图一八六　DZXM74 平、剖面图

1.钱币　2.罐　3.香炉　4.梅瓶

瓷器　2件。完整,有罐、梅瓶。

罐　1件。DZXM74∶4,直口微敛,圆唇,矮领鼓肩,最大腹径略偏上,圈足底。瓷质较粗,内外壁均施黑釉,口部及近底脱釉。口径7.8厘米,腹径14厘米,底径6.3厘米,高12.8厘米(图一八七,2;彩版贰叁玖,1)。

梅瓶　1件。DZXM74∶2,小口圆唇,短折沿,矮领鼓肩,最大腹径近肩部,下腹斜收,近底外侈,平底内凹。瓷质较细,口部及外壁施黑釉。口径5.8厘米,腹径14厘米,底径8.8厘米,高25.5厘米(图一八七,1;彩版贰叁玖,2)。

香炉　1件。DZXM74∶3,为釉陶器,完整。直口平沿,尖圆唇,颈部较长,扁鼓腹,口外侧作对称直耳,底部施3个尖圆足。耳外侧刻划有花草纹,腹部贴塑对称行龙一条。口部和外壁施绿釉,行龙作黄釉,釉面剥落严重。口径8.6厘米,高8.8厘米(图一八七,3;彩版贰叁伍,2)。

铁器　2件。均为棺钉,残。钉身呈长条形,由上至下渐细,头部尖圆,端部扁平,横截面呈方形。表面朽蚀严重。DZXM74：8，端部残缺。残长9.2厘米，截面径0.25厘米×0.6厘米（图一八七，4）。DZXM74：9，头部残缺。残长6.8厘米，截面径0.4厘米×0.5厘米（图一八七，5）。

骨器　1件。为珠饰。DZXM74：5，完整。扁体椭圆形，端部钻有0.1厘米的圆孔。表面磨制精细。直径0.95厘米×0.65厘米，厚0.15厘米×0.35厘米（图一八七，7）。

石饰件　1件。DZXM74：6，严重残缺，形制不清，呈灰绿色。长1.8厘米，宽1.2厘米（图一八七，6）。

松香　1件。DZXM74：7，平面形状不规则，呈黄色透明状。长1.2厘米，宽0.65厘米，厚0.2～0.45厘米（图一八七，8）。

钱币　54枚。以北宋钱为主，少量的唐钱和金钱。其中钱文不清者2枚，瘗钱8枚。

唐钱　3枚。均为“开元通宝”。折二，八分书，对读。DZXM74：1，直径2.4厘米（图一八八，1）。

北宋钱　40枚。

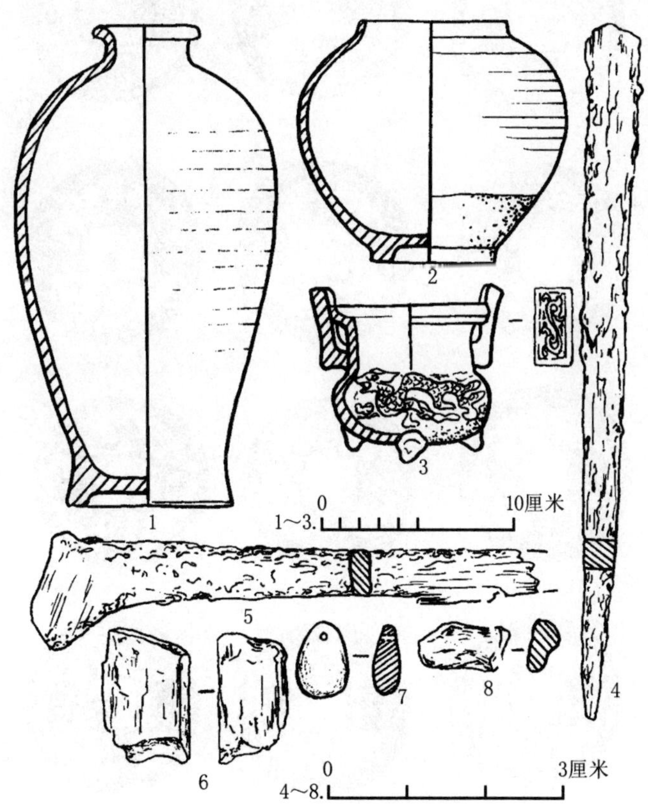

图一八七　DZXM74出土器物

1.瓷梅瓶（DZXM74：2）　2.瓷罐（DZXM74：4）　3.釉陶香炉（DZXM74：3）　4、5.铁棺钉（DZXM74：8、9）　6.石饰件（DZXM74：6）　7.骨珠饰（DZXM74：5）　8.松香（DZXM74：7）

祥符元宝　2枚,折二,真书,旋读。DZXM74：10,宽郭。直径2.45厘米(图一八八,2)。DZXM74：11,郭略宽。直径2.5厘米(图一八八,3)。

祥符通宝　2枚。折二,真书,旋读,郭略宽。DZXM74：12,直径2.5厘米(图一八八,4)。

天禧通宝　2枚。折二,真书,旋读。DZXM74：13,直径2.4厘米(图一八八,5)。

天圣元宝　4枚。折二,旋读。直径2.5厘米。DZXM74：14,真书(图一八八,6)。

图一八八　DZXM74出土钱币

1～25.钱币(DZXM74：1、10～33)

DZXM74：15,篆书(图一八八,7)。

皇宋通宝　11枚。折二,对读。直径2.4厘米。DZXM74：16,真书(图一八八,8)。DZXM74：17篆书,字体略大(图一八八,9)。DZXM74：18,篆书,字体略小(图一八八,10)。

至和通宝　1枚。DZXM74：19,小平,篆书,旋读。直径2.3厘米(图一八八,11)。

嘉祐元宝　1枚。DZXM74：20,折二,真书,旋读,钱文模糊。直径2.5厘米(图一八八,12)。

嘉祐通宝　2枚。折二,对读。直径2.5厘米。DZXM74：21,真书(图一八八,13)。DZXM74：22,篆书(图一八八,14)。

熙宁元宝　5枚。小平,旋读。直径2.3厘米。DZXM74：23,真书(图一八八,15)。DZXM74：24,篆书(图一八八,16)。

元丰通宝　3枚。折二,旋读。直径2.4厘米。DZXM74：25,行书(图一八八,17)。DZXM74：26,篆书(图一八八,18)。

元祐通宝　3枚。折二,旋读。直径2.4厘米。DZXM74：27,行书(图一八八,19)。DZXM74：28,篆书(图一八八,20)。

绍圣元宝　1枚。DZXM74：29,折二,篆书,旋读,宽郭。直径2.4厘米(图一八八,21)。

元符通宝　2枚。旋读。DZXM74：30,折二,行书,花穿,直径2.4厘米(图一八八,22)。DZXM74：31,小平,篆书,直径2.3厘米(图一八八,23)。

政和通宝　1枚。DZXM74：32,折二,真书,对读。直径2.45厘米(图一八八,24)。

金钱　1枚。为"大定通宝"。DZXM74：33,折二,真书,对读。直径2.5厘米(图一八八,25)。

38.无墓茔墓

DZXM75　位于墓地发掘区的西北端，东北距DZXMY33约15米。

1)　墓葬形制

土坑竖穴墓,早期盗扰。平面呈圆角长方形,南北长1.2米,东西宽0.7米,深0.2米。方向15°。墓壁略不规整,墓底平整,墓口地表铺有自然石块。内葬有尸骨1具,盆骨以上扰动破碎。仰身直肢葬,为一3岁左右儿童,性别不详(图一八九)。

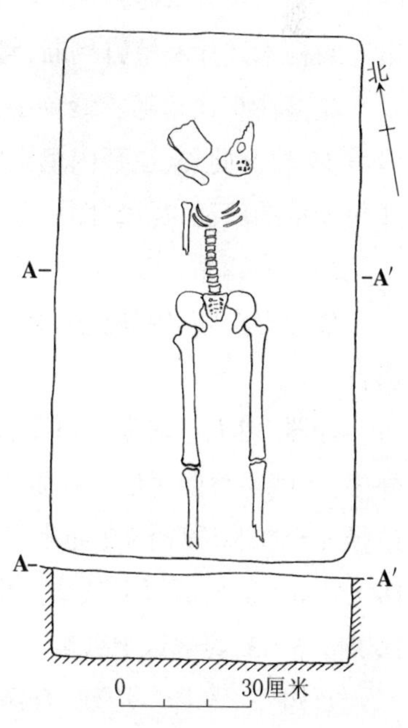

图一八九　DZXM75平、剖面图

墓内扰土中出有梅瓶1件。

2） 随葬品

梅瓶 1件。DZXM75：1，完整。小口圆唇，短折沿，矮领较直，鼓肩，最大腹径近肩部，下腹斜收，近底外侈。瓷质较细，口部及外壁施黑釉。口径5厘米，腹径13厘米，底径9.2厘米，高26厘米（图一九二，1；彩版贰叁玖，3）。

39.三十四号墓茔（DZXMY34）

位于墓地发掘区西端，北距DZXMY33、DZXM75约200米。

墓茔平面呈长方形，为二进式墓茔。南北长27.8米，东西宽24米。方向345°。茔墙墙体用自然石块垒砌，保存完整，较为规整，茔墙宽0.8米，现存高度0.6米。门道位于南墙东侧，宽2米，在距南墙3.2米处东西向垒砌一墙，将墓茔分为南、北两区。北茔区门道与南茔区门道位于同一轴线，宽2米。南茔区内无任何遗迹，北茔区内发现DZXM76一座墓葬（图一九〇）。

DZXM76 位于DZXMY34东北部。

1） 墓葬形制

砖室墓，早期盗扰。平面呈长方形，南北长1.66米，东西宽1.58米，深1.08米。方向345°。墓穴紧贴墓圹内壁用长0.29米，宽0.15米，厚0.04米的灰色素面长方形砖，以三平三立相间垒砌四壁，与墓口平齐，无券顶，砖间用白灰坐浆。墓底亦用与砌墓砖规格相同的灰色素面长方形砖三纵三横相间铺砌，十分整齐。墓内散布有少量骨灰，从墓内填土中出土的朽木残片和棺钉判断，骨灰原应装在木制骨灰盒内。

此墓在东北角随葬绿釉小口瓶1件，涂朱砂小石块1件和数枚棺钉。在墓底散布有钱币17枚。此外，在墓内填土中出有绿釉小口瓶2件和铁镞、方形花纹砖、石雕狮子各1件和少量的筒瓦、瓦当（图一九一）。

2） 随葬品

墓内出土随葬品略多，共31件。以钱币为主，少量的瓷器、石构件、铁镞、建筑材料、彩石。

瓷器 3件。均为小口瓶，形制相同。小口圆唇，短折沿，矮领略侈，溜肩长圆腹，近底外侈，作喇叭口圈足底。瓷质较细，近底脱釉。DZXM76：1，完整。口部及外壁施茶绿釉。口径4.5厘米，腹径9.2厘米，底径6.2厘米，高24.2厘米（图一九二，2；彩版贰肆零，1）。DZXM76：2，肩部以上残缺。腹径6.8厘米，底径4.8厘米，残高15.6厘米（图一九二，3）。DZXM76：3，腹部以上残缺。底径5.2厘米，残高11.2厘米（图一九二，4）。

石构件 6件。均残，有狮、羊头、底座、底足、饰件等。

狮 1件。DZXM76：9，灰白色砂岩制成，残损严重。为蹲踞式，头部侧转，面部不清。

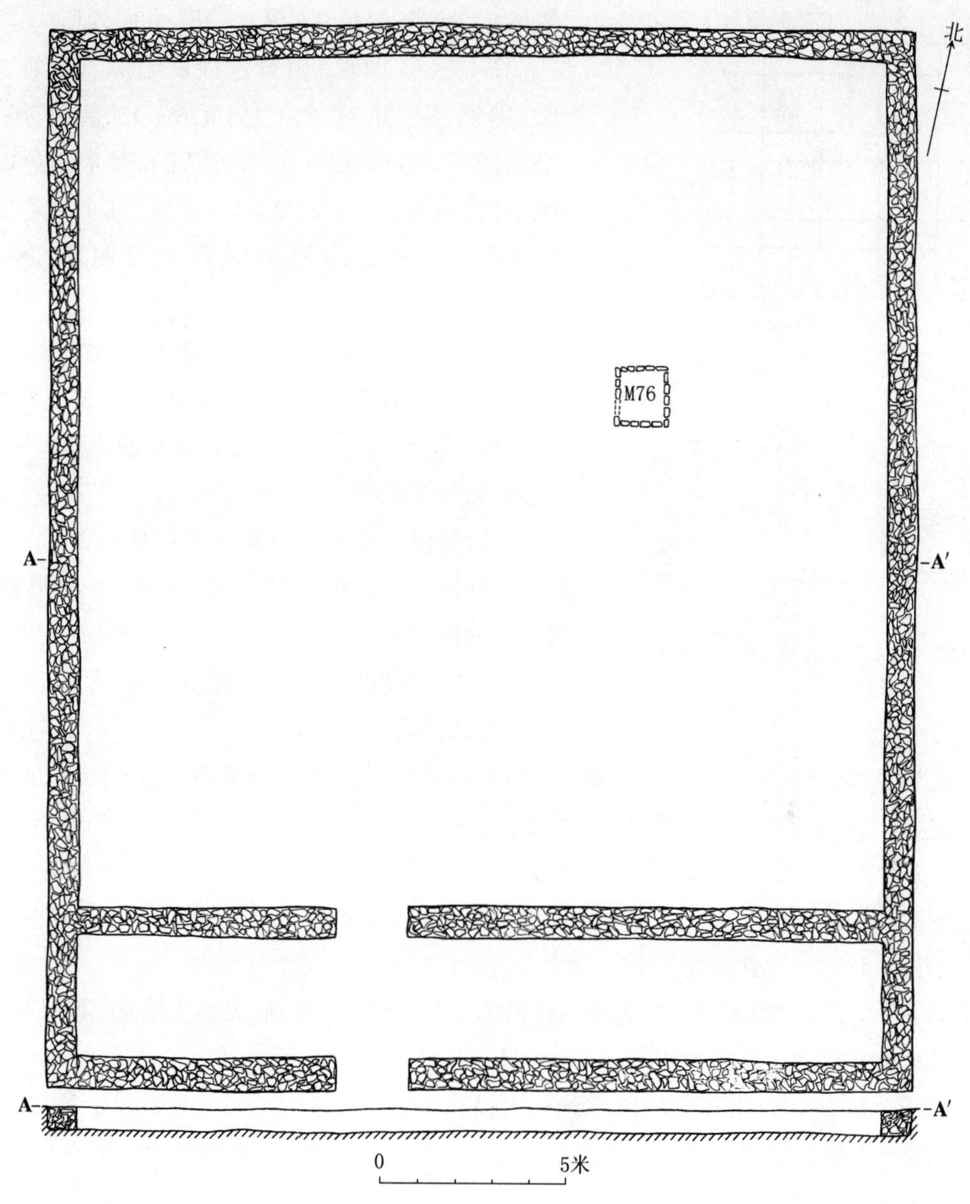

图一九〇　DZXMY34 平、剖面图

残长 21 厘米，残高 19.8 厘米（图一九三，1）。

羊头　1 件。DZXM76：10，灰白色砂岩制成，仅存头部前半部。嘴部紧闭，眼睛睁开，眼珠略突。残长 21 厘米，残高 15.8 厘米（图一九三，2）。

底座　1 件。DZXM76：11，灰白色砂岩制成，仅存底部。残存一尖圆足。残高 18.6 厘米，残宽 18 厘米，足高 3 厘米（图一九四，1）。

底足　1 件。DZXM76：12，白黄色砂岩制成，仅残存一足。为圆柱足，其上残损不清。

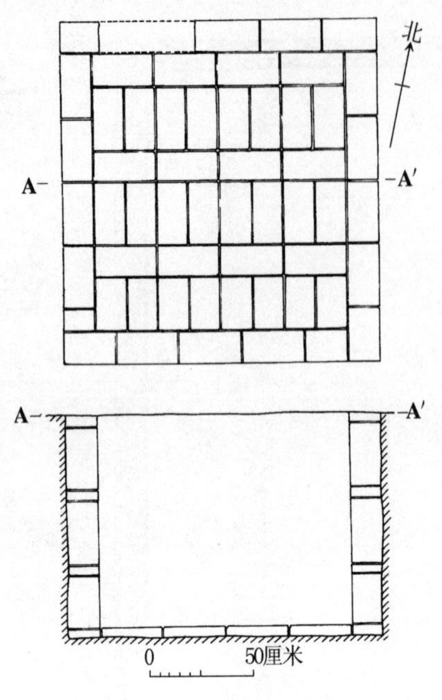

图一九一 DZXM76平、剖面图

残高9.2厘米，足径9.6厘米(图一九四,2)。

石饰件 2件。白黄色砂岩制成，仅存小块，形制及用途不详。DZXM76∶13，浮雕有4个半圆形。残长12.4厘米，残宽6厘米，厚3.6厘米(图一九四,3)。DZXM76∶14，其上残存有浮雕纹。残长22.6厘米，残高12.2厘米(图一九三,3)。

铁镞 1件。DZXM76∶5，残，仅存尾翼。中间为圆形箍饰，其上有小段箭铤，呈方形；其下作片状尾翼，由上至下渐宽。残长10.9厘米(图一九二,5；彩版贰叁叁,3)。

建筑材料 3件。有花砖和瓦当、筒瓦。

花砖 1件。DZXM76∶15，完整。正方形，灰色，正面模印有二方连续图案，背面残存有较多的白灰。边长17厘米，厚2.1厘米(图一九四,4；图一九五,1；彩版贰肆壹,3)。

瓦当 2件。DZXM76∶6。圆形，表面微鼓，背较平，内作浮雕式荷花纹；花边饰凹弦纹一周。灰褐色有砂性。直径8.3厘米，厚1.2厘米(图一九二,6；图一九五,3)。DZXM76∶7，灰色。平面作长方形，外壁素面，内壁布纹，制作粗糙，头部施圆形瓦当，略残，中间为侧视莲花图案。后面作子母口，方头。内有白色痕迹。长20.2厘米，宽8.8厘米，厚1.2～2厘米(图一九三,4；图一九五,2)。

彩石 1件。DZXM76∶8，为灰白色砂岩，平面形状不规则，无加工痕迹，其上涂红彩。长3.6厘米，宽2.9厘米，厚2.4厘米(图一九二,7)。

钱币 17枚。以北宋钱为主，少量的唐钱和南宋钱。

唐钱 3枚。为“开元通宝”。折二，八分书，对读。DZXM76∶4，背穿上饰仰月纹。直径2.5厘米(图一九六,1)。

北宋钱 12枚。

祥符元宝 1枚。DZXM76∶16，折二，真书，旋读。直径2.45厘米(图一九六,2)。

天圣元宝 2枚。折二，篆书，旋读。DZXM76∶17，直径2.5厘米(图一九六,3)。

熙宁元宝 2枚。折二，旋读。DZXM76∶18，真书。直径2.5厘米(图一九六,4)。DZXM76∶19，篆书。直径2.4厘米(图一九六,5)。

熙宁重宝 1枚。DZXM76∶20，折五，真书，旋读，宽郭。直径3.1厘米(图一九六,13)。

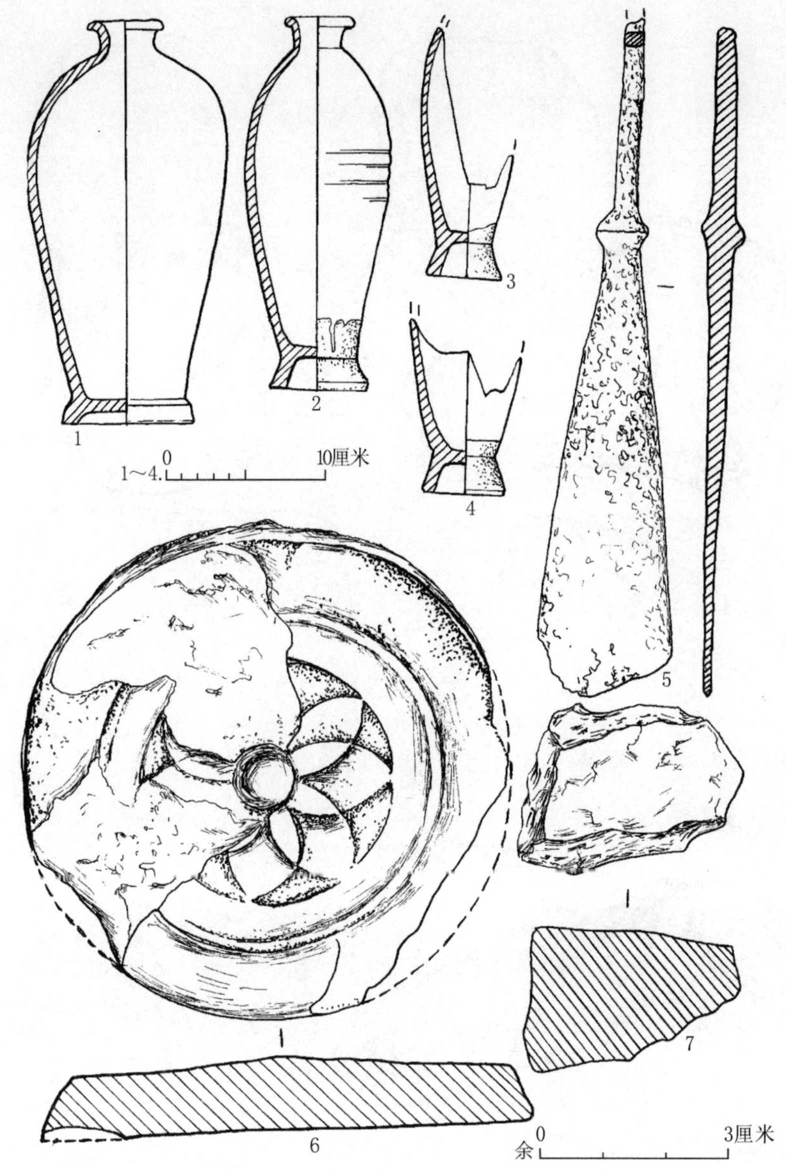

图一九二　DZXM75、DZXM76出土器物

1.瓷梅瓶（DZXM75：1）　2~4.小口瓷瓶（DZXM76：1、2、3）　5.铁镞（DZXM76：5）　6.瓦当（DZXM76：6）　7.彩石（DZXM76：8）

皇宋通宝　1枚。DZXM76：21，折二，真书，对读，郭略宽。直径2.4厘米（图一九六，6）。

元丰通宝　3枚。旋读。DZXM76：22，折二，行书。直径2.4厘米（图一九六，7）。DZXM76：23，折五，行书。直径2.8厘米（图一九六，8）。DZXM76：24，折五，篆书，郭略宽。直径2.9厘米。（图一九六，9）。

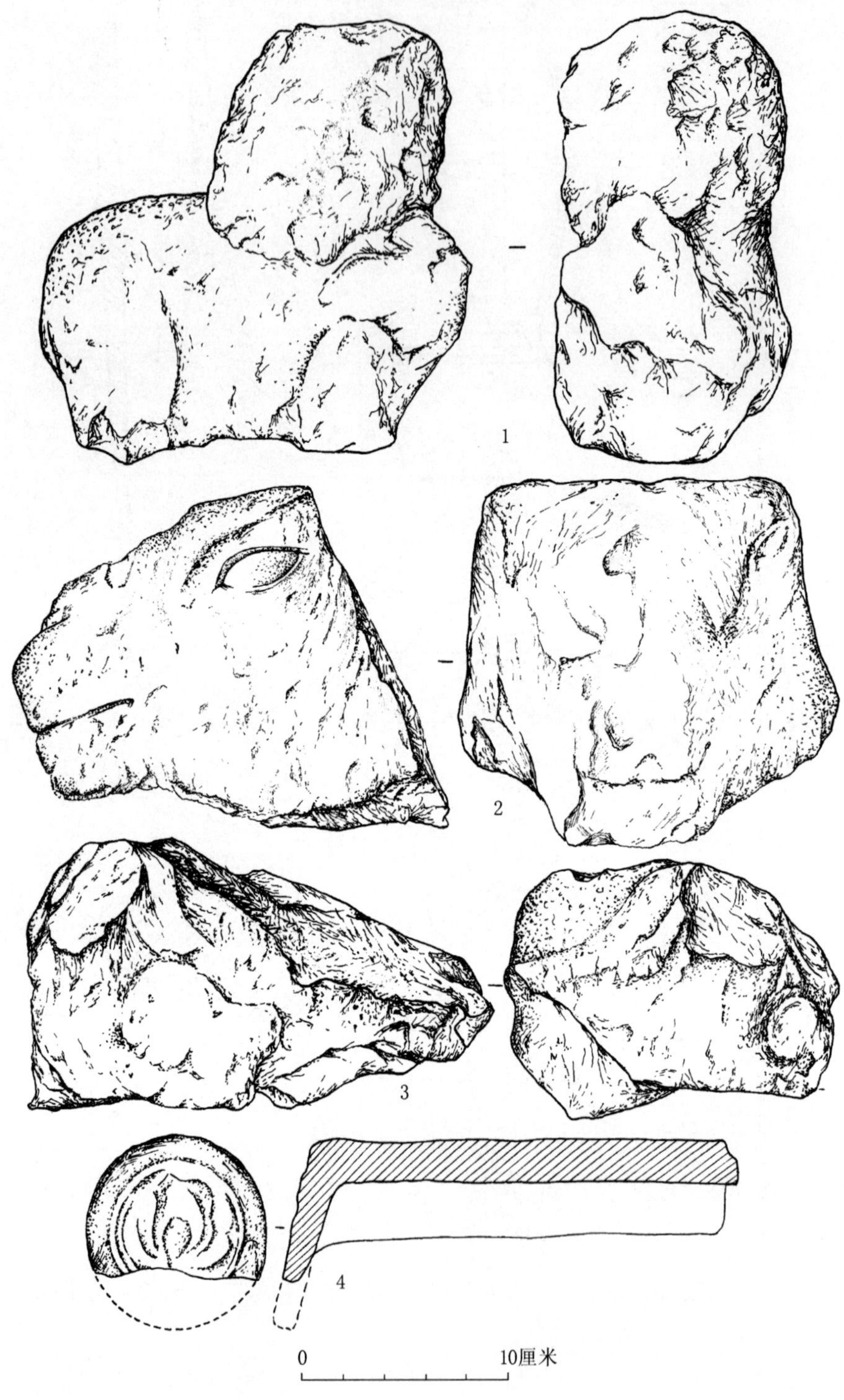

图一九三　DZXM76 出土器物

1.石狮（DZXM76：9）　2.石羊头（DZXM76：10）　3.石饰件（DZXM76：14）　4.瓦当（DZXM76：7）

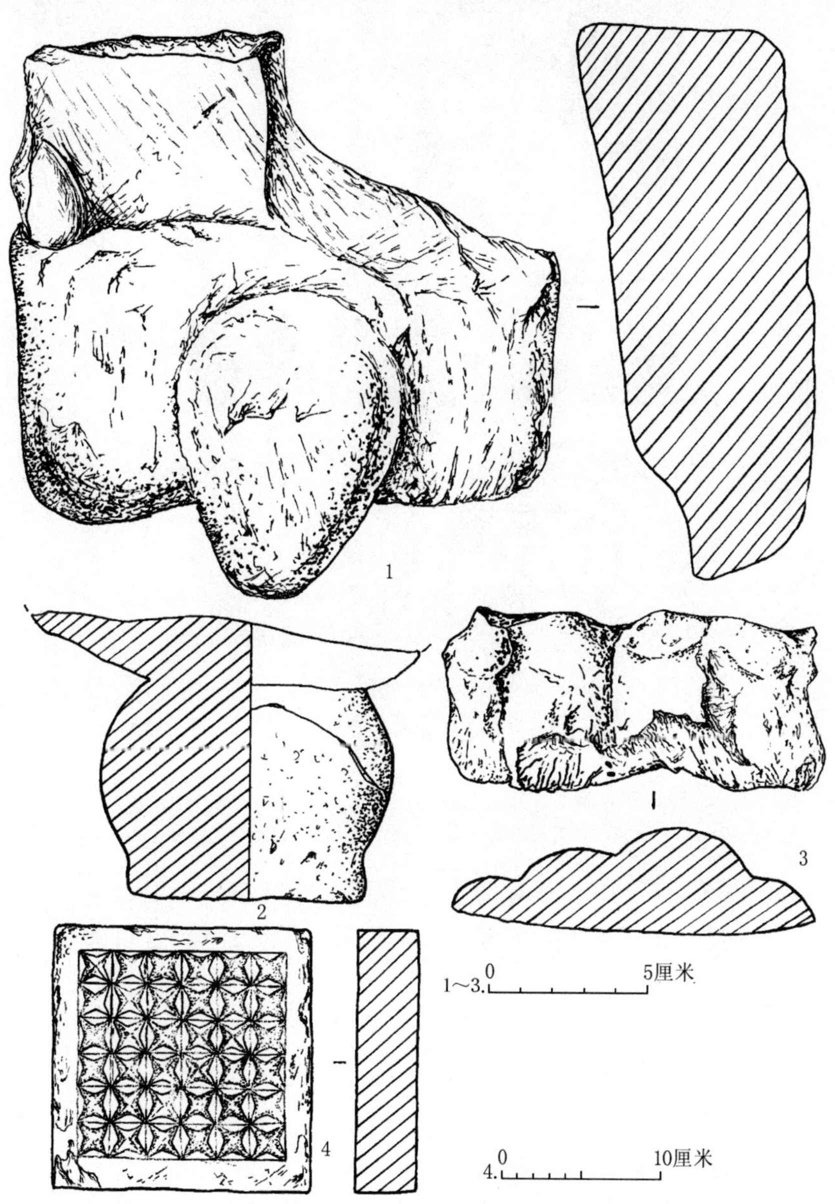

图一九四　DZXM76 出土器物

1.石底座（DZXM76：11）　2.石底足（DZXM76：12）　3.石饰件（DZXM76：13）　4.花砖（DZXM76：15）

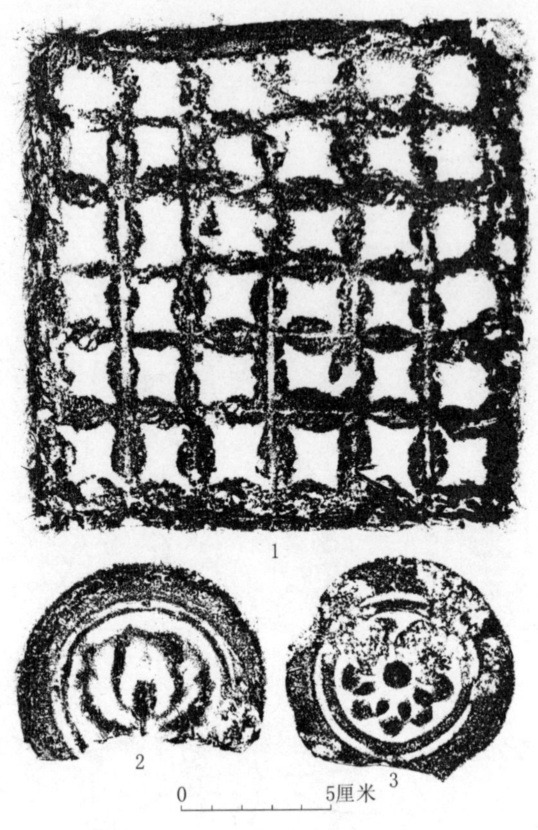

图一九五　DZXM76 出土砖、瓦当拓片
1.花砖（DZXM76：15）　2、3.瓦当（DZXM76：7、6）

崇宁通宝　1 枚。DZXM76：25，折十，瘦金体，旋读。直径 3.3 厘米（图一九六，12）。

崇宁重宝　1 枚。DZXM76：26，折十，隶书，对读。直径 3.4 厘米（图一九六，14）。

南宋钱　2 枚。均为“绍兴元宝”。折五，旋读。DZXM76：27，真书。直径 2.7 厘米（图一九六，10）。DZXM76：28，篆书，郭略宽。直径 2.8 厘米（图一九六，11）。

40.三十五号墓茔（DZXMY35）

位于墓地发掘区西部，北距 DZXMY31 约 10 米。

墓茔平面呈长方形，为二进式墓茔。南北长 31.5 米，东西宽 25.5 米。方向 0°。茔墙墙体用自然石块垒砌，较为规整，墙宽 0.6 米，现存高度 0.7 米。门道位于南墙中部略偏西，宽 1.5 米，在南部距南茔墙 7.8 米处东西向垒砌一墙，将墓茔分为南、北两区。北茔区门道与南墙区门道位于同一轴线，宽 1.5 米。南茔区内无任何遗迹，北茔区内仅发现 DZXM77 一座墓葬（图一九七）。

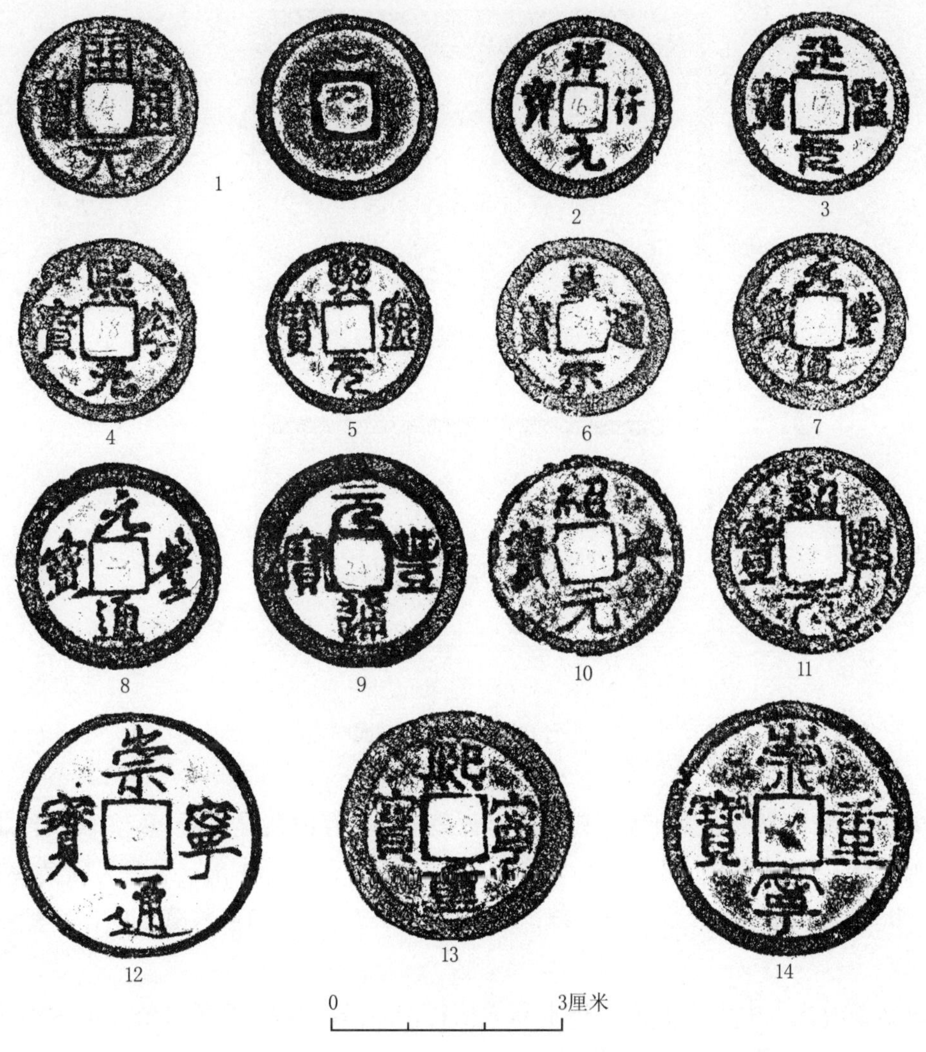

图一九六　DZXM76 出土钱币

1～14.钱币(DZXM76：4、16～24、28、25、20、26)

DZXM77　位于 DZXMY35 西北角。

1）　墓葬形制

砖室墓,早期盗扰。由墓圹和墓室两部分组成。

墓圹　平面呈长方形,南北长 3.5 米,东西宽 3.26 米,深 2 米。方向 0°。墓壁西、北两边较规整,东、南两边略不规则,墓底平整。填土内夹杂有瓦、瓷器残片、铁器、棺板朽木和少量的铁棺钉、钱币等。

墓室　大部被盗掘所破坏,仅在东北角、西北角和南壁有少量残存。复原其平面为长方形,南北长 2.96 米,东西宽 2.78 米,残高 0.33 米。墓砖为长 0.3 米,宽 0.15 米,

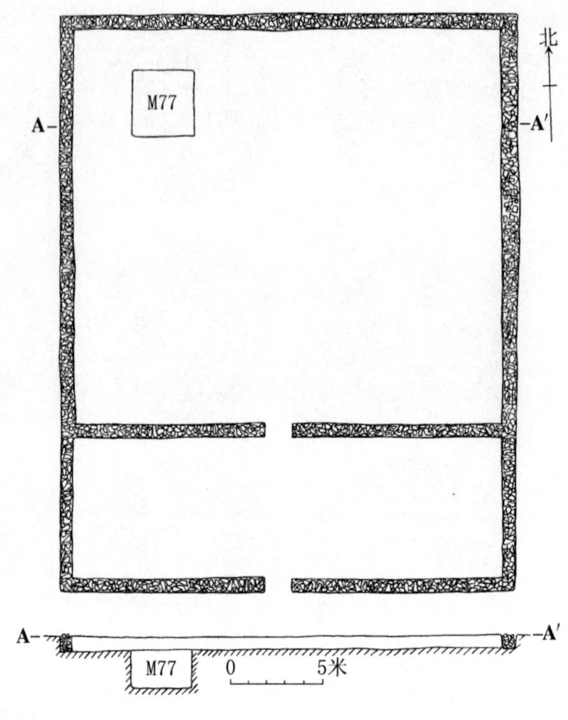

图一九七 DZXMY35 平、剖面图

厚 0.04 米的灰面素面长方形砖,其间坐有泥浆。从残存的情况来看,墓室东、西、北三壁底部用两层平砖垒砌,宽 0.3 米。其上用横砖叠砌,宽 0.15 米。南壁为纵砖垒砌,宽0.3 米。地面没有铺砖,墓门及顶部因盗扰形制不清。墓室四壁与墓圹间用自然石块填充。

根据墓内扰土中出土的棺板朽木和铁棺钉判断,墓内原应置有木棺。但因彻底盗扰,数量及形制不清。在墓内近底部和扰土中出有较多的尸骨。严重扰乱,葬式不清。经鉴定为两例个体,一例为男性,年龄 30 岁左右。另 1 例为女性,年龄约 25～30 岁(图一九八)。

墓内随葬品均出于扰土之中,有黑釉双耳罐、小口瓶、四系小口瓶、带字板瓦、钱币、铁器和铁棺钉。

2） 随葬品

墓内出土随葬品较少,共 22 件。以铁器为主,少量的瓷器、板瓦和钱币。

瓷器　4 件。有四系小口瓶、梅瓶、双耳罐。

四系小口瓶　2 件。形制相同,四系残。小口圆唇,短折沿,短领鼓肩,肩部作对称四系,长圆腹,圈足底。瓷质较粗,口部及外壁施黑釉,近底脱釉。DZXM77：1,口径 4.8 厘米,腹径 12.4 厘米,底径 7.5 厘米,高 24 厘米(图一九九,3;彩版贰肆贰,2)。

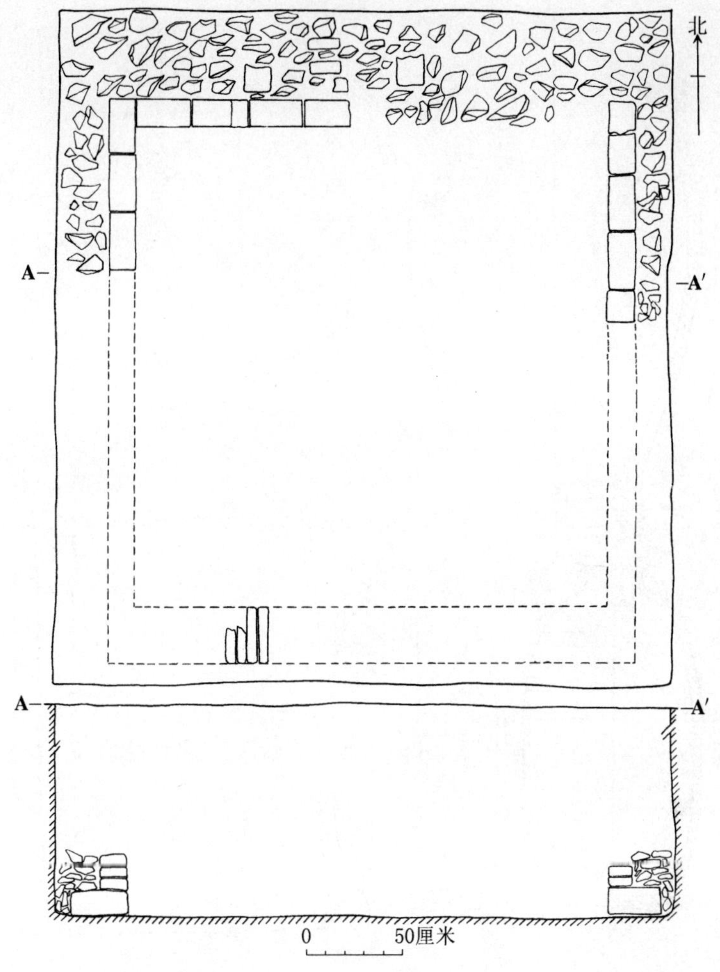

图一九八　DZXM77 平、剖面图

DZXM77：2，口径 5 厘米，腹径 12.4 厘米，底径 7.2 厘米，高 23.4 厘米（图一九九，4；彩版贰肆贰，3）。

梅瓶　1 件。DZXM77：4，完整。小口圆唇，短折沿，矮领外侈，鼓肩长圆腹，近底外侈，作喇叭口圈足底。瓷质较细，口部及外壁施黑釉。口径 5.8 厘米，腹径 20 厘米，底径 12.2 厘米，高 34.8 厘米（图一九九，1；图版一二，2）。

双耳罐　1 件。DZXM77：3，完整。直口微侈，矮领鼓肩，肩部饰对称双耳，最大腹径略偏上，平底微内凹。瓷质较细，内外壁施黑釉。口径 9.8 厘米，腹径 20.8 厘米，底径 9.8 厘米，高 23.2 厘米（图一九九，2；彩版贰肆贰，1）。

板瓦　1 件。DZXM77：5，残，其上有铭文。平面呈长梯形，方圆头。灰色，外壁素面，内壁布纹。内壁涂抹一层白灰，白灰之上用红色写有整齐的楷书，漫漶严重，无法辨识。长

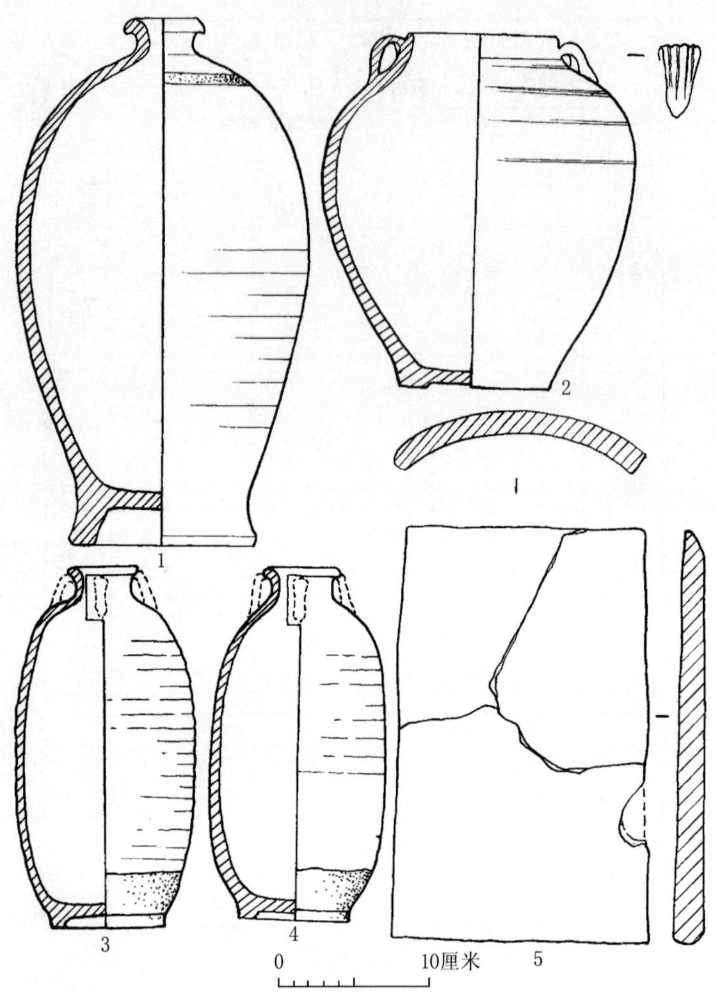

图一九九　DZXM77 出土瓷器、板瓦

1.瓷梅瓶(DZXM77：4)　2.双耳瓷罐(DZXM77：3)　3、4.四系小口瓷瓶(DZXM77：1、2)　5.板瓦(DZXM77：5)

27.6 厘米,宽 14～15 厘米,厚 1.7 厘米(图一九九,5)。

铁器　14 件。有棺箍、棺钉。

棺箍　1 件。DZXM77：10,残存小块。长条形,其上残存有钉孔痕迹。表面锈蚀严重。残长 6.5 厘米,宽 4.2 厘米,厚 0.2 厘米(图二○○,4)。

棺钉　13 枚。形制相同。钉身呈方形,由上至下渐细,端部扁平,头部尖圆,横截面作方形。表面锈蚀严重,上有朽木痕迹。DZXM77：9,钉身较直。长 15 厘米,截面径 0.5 厘米×0.6 厘米(图二○○,2)。DZXM77：11,钉身较直。长 14.5 厘米,截面径 0.4 厘米×0.5 厘米(图二○○,3)。DZXM77：12,钉身弯曲。长 15 厘米,截面径 0.4 厘米×0.5 厘米(图二○○,1)。

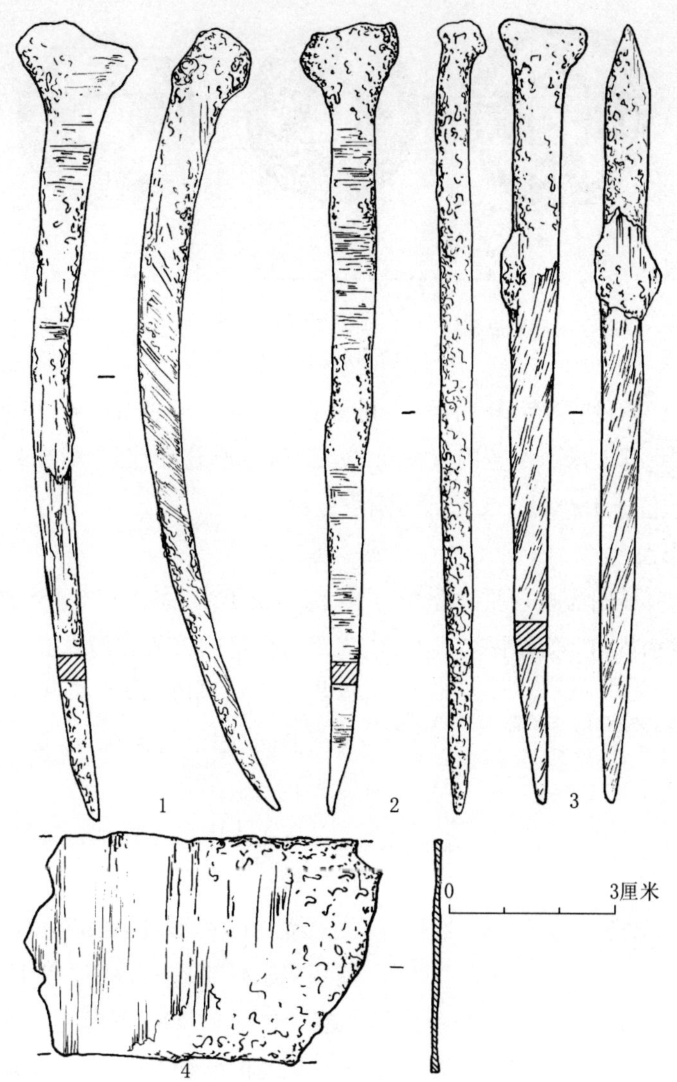

图二〇〇　DZXM77 出土铁器
1～3.棺钉(DZXM77：12、9、11)　4.棺箍(DZXM77：10)

钱币　3 枚。均为北宋钱。

天圣元宝　1 枚。DZXM77：6,折二,真书,旋读。直径 2.5 厘米(图二〇一,1)。

元丰通宝　2 枚。折二,旋读,郭略宽。DZXM77：7,行书。直径 2.3 厘米(图二〇一,2)。DZXM77：8,篆书。直径 2.4 厘米(图二〇一,3)。

41.三十六号墓茔(DZXMY36)

位于墓地发掘区中部偏西北。东距 DZXMY37 约 100 米,北距 DZXM80 约 35 米。

墓茔平面呈长方形,单墓茔。南北长 24 米,东西宽 13 米。方向 5°。茔墙墙体保存完

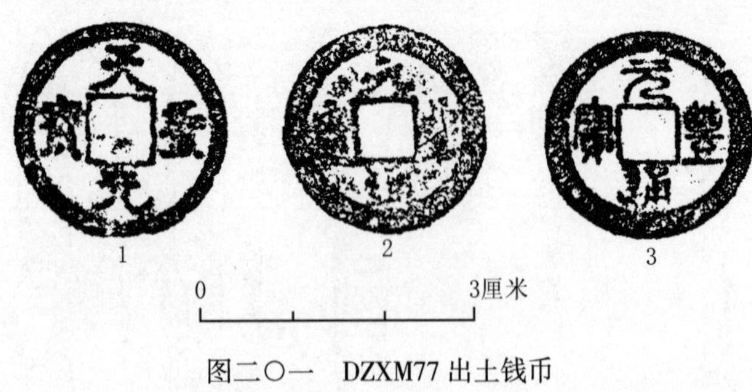

图二〇一　DZXM77 出土钱币
1～3.钱币(DZXM77：6～8)

整,用 3～4 层自然石块垒砌,较为规整,其间未坐泥浆。墙宽 0.6 米,现存高度 0.6 米,门道位于南墙正中,宽 1 米。墓茔内仅发现 DZXM78 一座墓葬(图二〇二)。

DZXM78　位于 DZXMY36 北部略偏西。

1）　墓葬形制

土坑竖穴墓,早期盗扰。平面呈长方形,南北长 1 米,东西宽 0.8 米,深 0.6 米。方向 5°。墓壁加工较为规整,墓底平整。填土内夹杂有少量的骨灰和朽木板。从填土中出土的骨灰和木板判断,应为骨灰葬,原应装在木制骨灰盒内,因严重盗扰,形制及规格不清(图二〇三)。

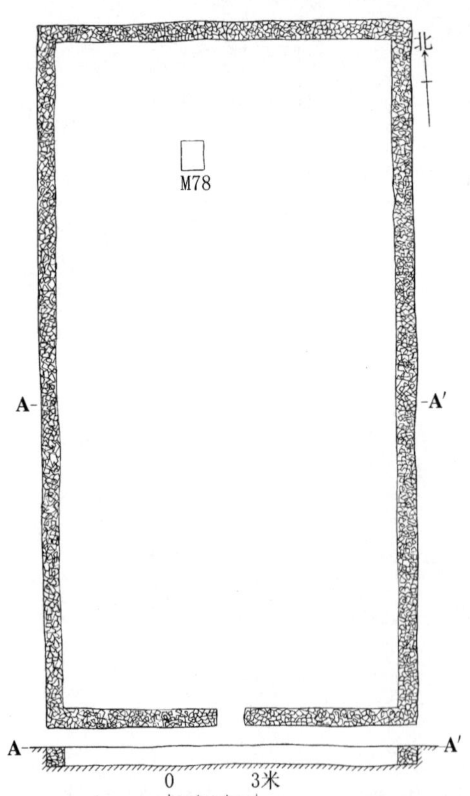

图二〇二　DZXMY36 平、剖面图

在扰土中出土黑釉瓷罐和器盖各 1 件。

2）　随葬品

罐　1 件。残。DZXM78：1,直口微敛,圆唇矮领,鼓腹,平底略内凹。瓷质较细,内外壁施黑釉。口径 8 厘米,腹径 14.4 厘米,底径 6.6 厘米,高 12.8 厘米(图二〇四,1)。

器盖　1 件。DZXM78：2,完整,略有变形。圆弧顶,中间施一圆纽,子母口。瓷质较粗,外壁施黑釉,内壁脱釉。盖径 9.2 厘米,高 3 厘米(图二〇四,2)。

42.三十七号墓茔(DZXMY37)

位于墓地发掘区中部偏北。东北距 DZXMY38 约 40 米,西距 DZXMY36 约 95 米。

墓茔平面呈长方形,单墓茔。南北长 20 米,东西宽 16 米。方向 20°。茔墙墙体用自然石

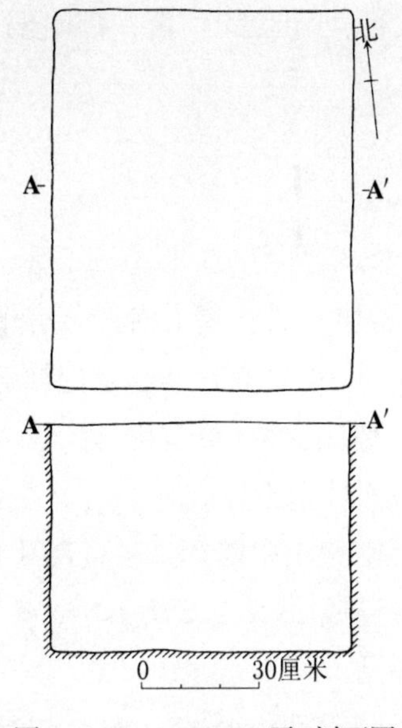

图二〇三　DZXM78平、剖面图

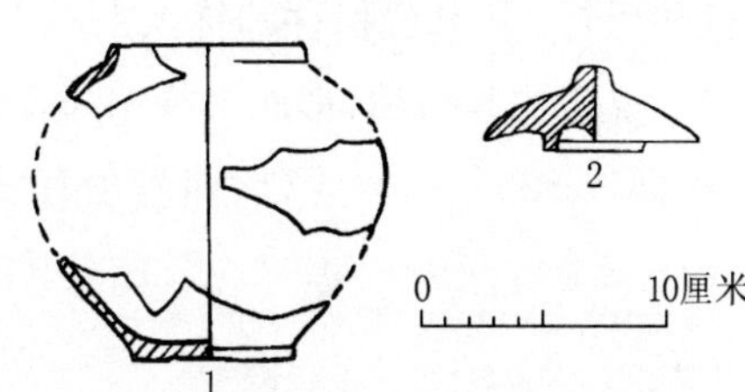

图二〇四　DZXM78出土瓷器

1.罐(DZXM78：1)　2.器盖(DZXM78：2)

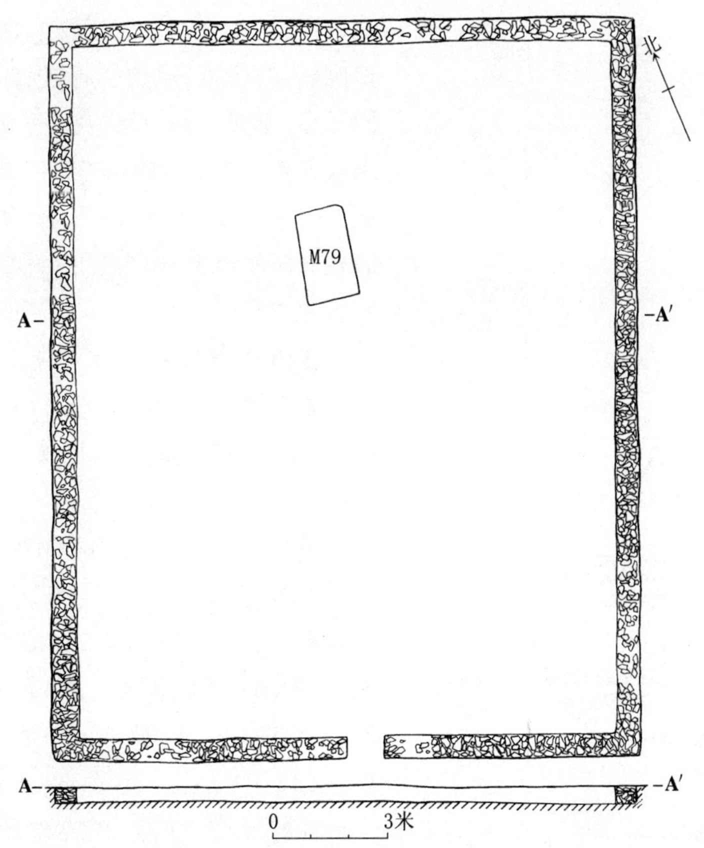

图二〇五　DZXMY37平、剖面图

块垒砌，保存完整，较为规整，墙宽 0.6 米，现存高度 0.4 米，门道位于南墙中部略偏东，宽 1 米。墓茔内仅发现 DZXM79 一座墓葬（图二〇五）。

DZXM79　位于 DZXMY37 中部略偏北。

1）　墓葬形制

土坑竖穴墓，早期盗扰。平面呈长方形，南北长 2.4 米，东西宽 1.3 米，深 1.2 米。方向 15°。墓壁加工较为规整，墓底平整，在墓口处平铺自然石块一层。填土内夹杂有棺板朽木、铁钉和尸骨。从墓底保存和扰土中出土少量的棺板朽木和铁棺钉判断，墓内原应置有木棺，因严重盗扰和朽蚀，形制及规格不清。墓内葬有尸骨 1 具，严重盗扰，葬式不清，仅在墓内中部近东壁有头骨上部，西南角有肢骨两根。年龄、性别不详。

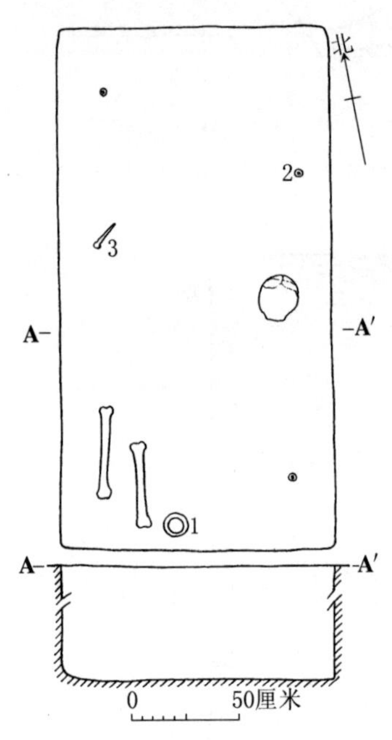

图二〇六　DZXM79 平、剖面图
1.瓷罐　2.钱币　3.铁棺钉

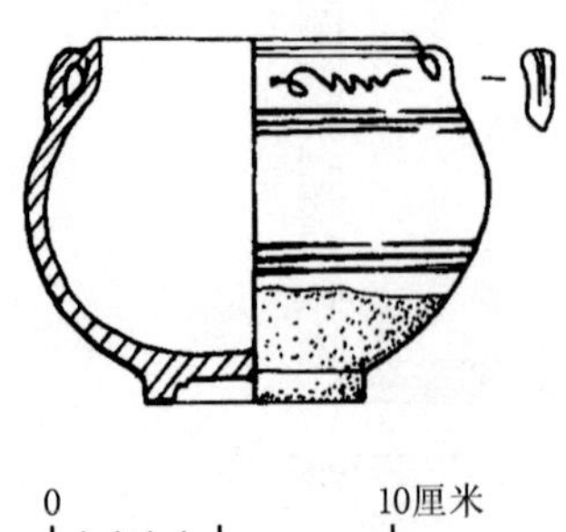

图二〇七　DZXM79 出土瓷罐（DZXM79：1）

墓内在近南壁正中随葬绿釉瓷罐 1 件，在墓底散布有少量钱币（图二〇六）。

2）　随葬品

墓内出土随葬品较少，仅 6 件。以钱币为主，少量的瓷器。

瓷器　1 件。为罐，完整。DZXM79：1，直口圆唇，短折沿，矮领鼓肩，领部施对称双耳，圈足底。瓷质较细，口部及外壁施蓝釉，肩部及下腹各施三条平行的黑彩，肩部也施黑彩，近底和内壁脱釉。口径 10 厘米，腹径 13.2 厘米，底径 6.6 厘米，高 10.6 厘米（图二〇七，1；彩版贰肆零，2）。

钱币　5 枚。均为北宋钱。

咸平元宝　1 枚。DZXM79：2，折二，真书，旋读，宽郭。直径 2.4 厘米（图二〇八，1）。

景德元宝　1 枚。DZXM79：3，折二，真书，旋读。直径 2.4 厘米（图二〇八，2）。

祥符通宝　2 枚。折二，旋读。直径 2.5 厘米。DZXM79：6，宽郭，字体较大（图二〇八，5）。DZXM79：5，郭略宽，字体略小（图二〇八，4）。

祥符元宝　1 枚，DZXM79：4，小平，真书，旋读。直径 2.3 厘米（图二〇八，3）。

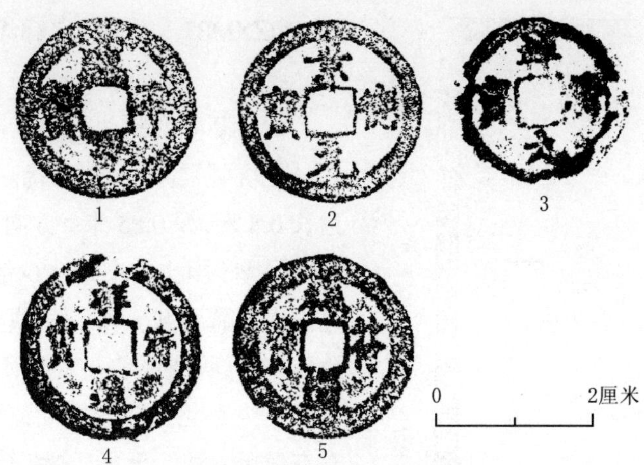

图二〇八　DZXM79 出土钱币

1～5.钱币(DZXM79：2～6)

43.无墓茔墓

DZXM80　位于墓地发掘区西北部,南距 DZXMY36 约 35 米。

1)　墓葬形制

土坑竖穴墓,早期盗扰。平面呈长方形,南北长 1.66 米,东西宽 1 米,深 0.46 米。方向 7°。墓壁加工较为规整,墓底平整,在近墓底处置有生土二层台。二层台东西两面宽 0.05 米,南部宽 0.4 米,北部宽 0.35 米,高 0.06 米。在墓内二层台内发现有棺板朽木和棺钉,判断原应有木棺,因盗扰和朽蚀严重,形制及规格不清。二层台内葬有人骨 1 具,轻微盗扰,仰身屈肢葬。为 6～7 岁儿童,性别不详(图二〇九)。

2)　随葬品

墓内无随葬品。

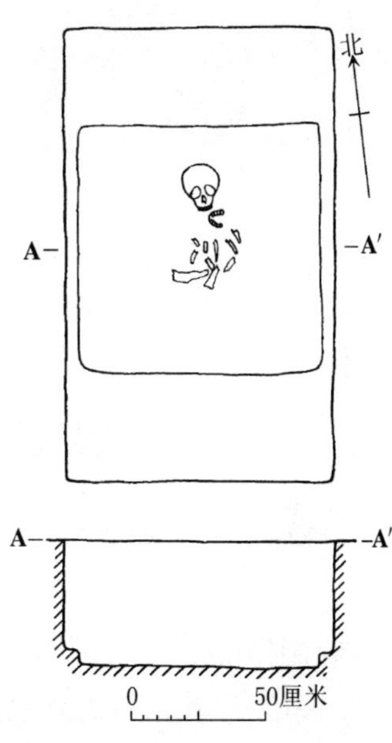

图二〇九　DZXM80 平、剖面图

44.三十八号墓茔(DZXMY38)

位于墓地西发掘区北部,西南距 DZXMY37 约 40 米。

墓茔平面呈长方形,单墓茔。南北长 14 米,东西宽 10 米。方向 15°。茔墙墙体用自然石块垒砌,保存完好,较为规整,其间未坐泥浆。墙宽 0.7 米,现存高度 1.1 米,门道位于南墙正中,宽 2 米。墓茔内发现 DZXM81 一座墓葬(图二一〇)。

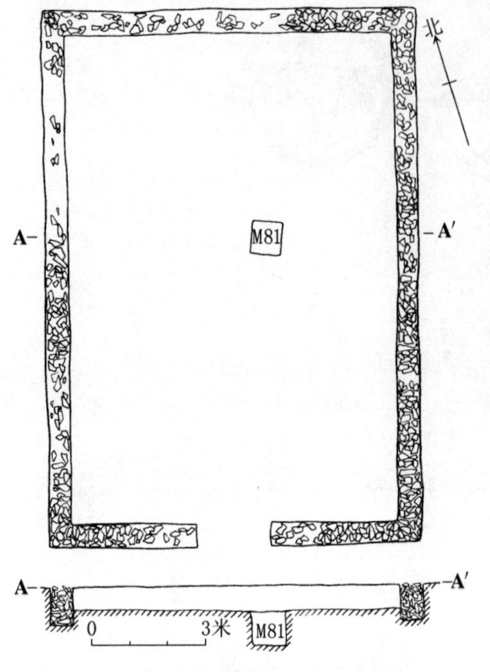

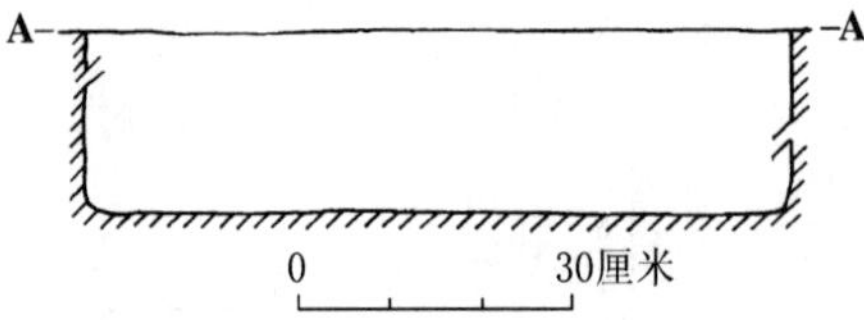

图二一○　DZXMY38 平、剖面图

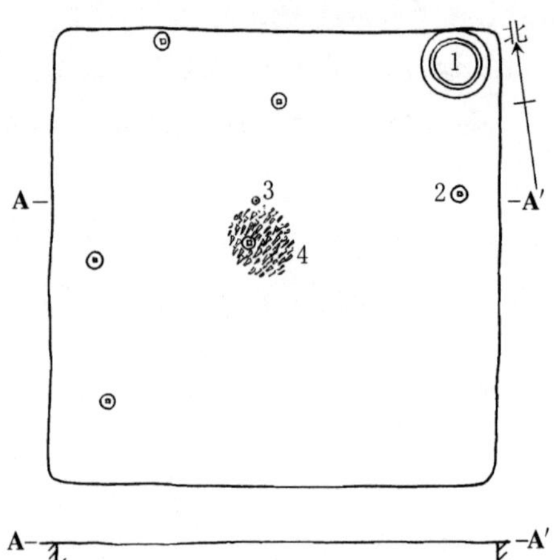

A– –A′

0　30厘米

图二一一　DZXM81 平、剖面图
1.双耳罐　2.钱币　3.珠饰　4.骨灰

DZXM81　位于 DZXMY38 中部略偏东北。

1）　墓葬形制

土坑竖穴墓，早期盗扰。平面呈正方形，边长 0.8 米，深 0.85 米。方向 10°。墓壁规整，墓底平整。填土内夹杂有少量的朽木和棺钉。墓内中部置骨灰一堆，从填土出土的朽木和铁钉来看，骨灰应装在木制骨灰盒内。

墓内东北角随葬黑釉瓷罐 1 件，墓底散布有钱币 6 枚。此外，在填土中出有金耳饰 1 件和玛瑙珠饰 1 件(图二一一)。

2）　随葬品

墓内出土随葬品较少，共 11 件。以钱币为主，少量的瓷器、金器和珠饰。

瓷器　1 件。为双耳罐，耳残。DZXM81∶1。直口圆唇，高领，圆鼓腹，圈足底。上腹施对称双耳。瓷质较粗，腹部饰凹弦纹，内壁饰茶绿釉，外壁黑釉，口部及外壁近底脱釉。口径 9.6 厘米，腹径 11.8 厘米，底径 5.6 厘米，高 10.6 厘米(图二一二，1；彩版贰肆零，3)。

金器　1 件。为耳饰，残。DZXM81∶2，用金丝缠绕而成，头部穿有一绿松石珠。残长 2 厘米(图二一二，2)。

珠饰　2 件。完整。有玛瑙珠饰和绿松石饰片。

玛瑙珠饰　1 件。DZXM81∶3，红黄色。扁圆形，略不平整，中间略偏钻有一孔。直径 1.6 厘米，厚 0.5～0.8 厘米，孔径 0.15 厘米(图二一二，4)。

绿松石饰片　1 件。DZXM81∶4，圆形，片状，制作精细，为金耳饰花饰中镶嵌用。直径 0.9 厘米，厚 0.2 厘米(图二一二，3)。

钱币　7 枚。均为北宋钱。

熙宁重宝　1 枚。DZXM81∶5，折十，真书，旋读。直径 3.1 厘米(图二一三，1)。

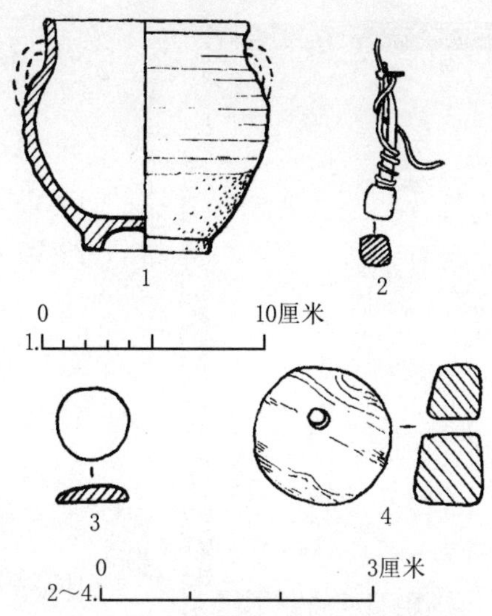

图二一二　DZXM81 出土金、瓷器、玛瑙、绿松石

1.双耳瓷罐(DZXM81∶1)　2.金耳饰(DZXM81∶2)　3.绿松石饰片(DZXM81∶4)　4.玛瑙珠饰(DZXM81∶3)

元丰通宝　3 枚。折五，旋读。DZXM81∶6，行书。直径 2.7 厘米（图二一三,2)。DZXM81∶7,篆书,直径 2.7 厘米(图二一三,3)。

元丰重宝　1 枚。DZXM81∶8,折十,篆书,旋读,宽郭。直径 3.1 厘米(图二一三,4)。

元祐通宝　1 枚。DZXM81∶9,折五,行书,旋读。直径 2.7 厘米(图二一三,5)。

圣宋元宝　1 枚。DZXM81∶10,折五,行书,旋读,宽郭。直径 2.9 厘米(图二一三,6)。

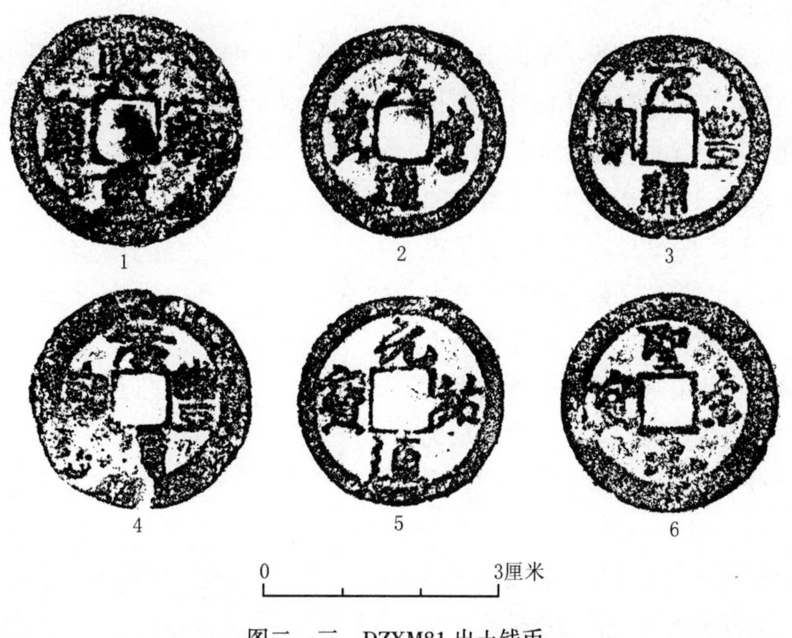

图二一三　DZXM81 出土钱币

1～6.钱币(DZXM81∶5～10)

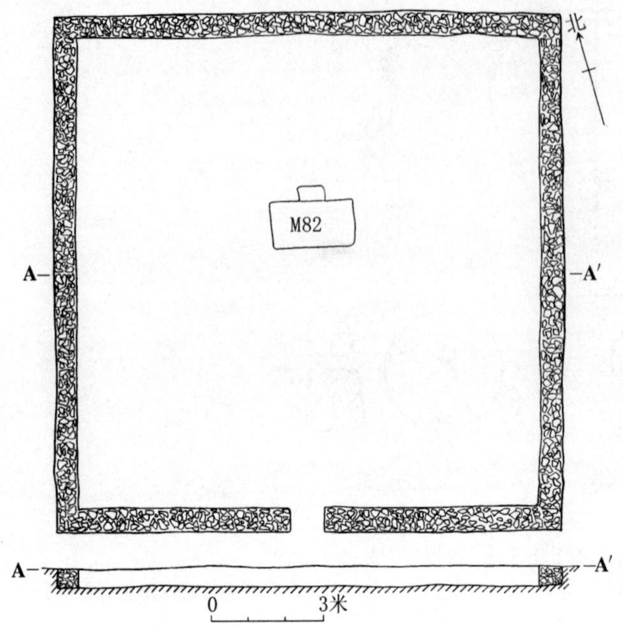

图二一四 DZXMY39平、剖面图

45.三十九号墓茔(DZXMY39)

位于墓地发掘区中部。东距DZXMY40约15米,南距DZXMY29约10米。

墓茔平面呈正方形,单墓茔。边长14米。方向18°。茔墙墙体用自然石块垒砌,较为规整,墙体宽0.6米,现存高度0.4米。门道位于南墙正中,宽1米。墓茔内有DZXM82一座墓葬。墓之北壁中段有一长0.75米,宽0.4米的长方形盗洞(图二一四)。

DZXM82 位于DZXMY39中部略偏北。

1) 墓葬形制

土坑竖穴墓,早期盗扰。平面呈长方形,墓内四壁由上向下斜收。墓口东西长2.3米,南北宽1.25米,墓底东西长2.1米,南北宽0.9米,深2米。方向275°。墓壁加工规整,墓底平整,在北壁中部盗洞扰土内夹杂有铁棺钉、尸骨、残砖和碎石等。墓内置一木棺,因盗扰朽蚀严重,形制规格不清。仅在墓底发现有3道等距平行的铁棺箍,棺箍之上有铁钉孔。墓内尸骨严重扰乱,葬式不清。为女性,年龄23岁左右(图二一五)。

在墓内腿部下面出有皮革制品,然已朽蚀不堪。此外还出有少量的铁棺箍和铁棺钉。

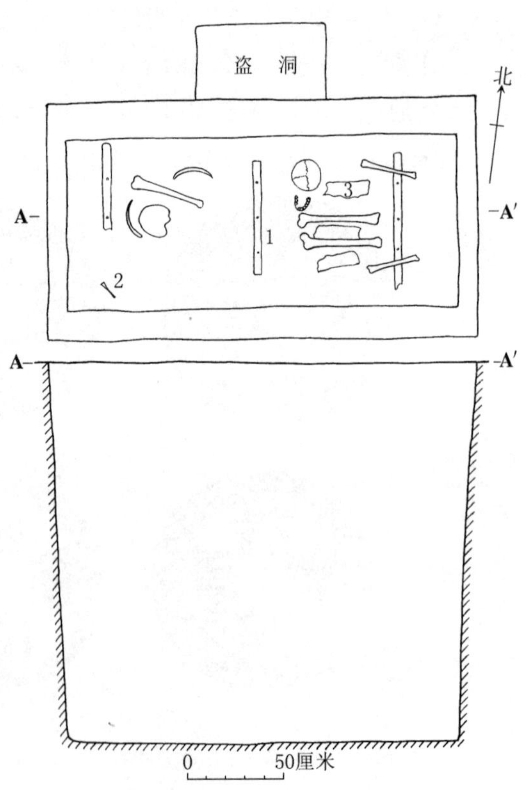

图二一五 DZXM82平、剖面图
1.棺箍 2.棺钉 3皮革

2）　随葬品

墓内出土随葬品有 7 件。主要为铁器,少量皮革残块。

铁器　6 件。有棺箍和棺钉。

棺箍　4 件。DZXM82∶1,残。长条形,端部略收,方圆头,上面残存有 2 个棺钉。表面锈蚀严重,内有朽木痕迹。残长 27.4 厘米,宽 4.2 厘米,厚 0.3 厘米(图二一六,1)。

棺钉　2 件。形制相同。钉身作方形,由上至下渐细,端部扁平,头部尖圆,横截面呈方形。表面锈蚀严重,上有朽木痕迹。DZXM82∶2,完整。长 12.5 厘米,截面径 0.4 厘米 × 0.5 厘米(图二一六,2)。DZXM82∶3,头部残缺。残长 11.7 厘米,截面径 0.4 厘米 × 0.5 厘米(图二一六,3)。

皮革　均残块。似为羊皮。

46.四十号墓茔(DZXMY40)

位于墓地发掘区中部。东距 DZXMY3 约 50 米,西距 DZXMY29、DZXMY39 约 15 米。

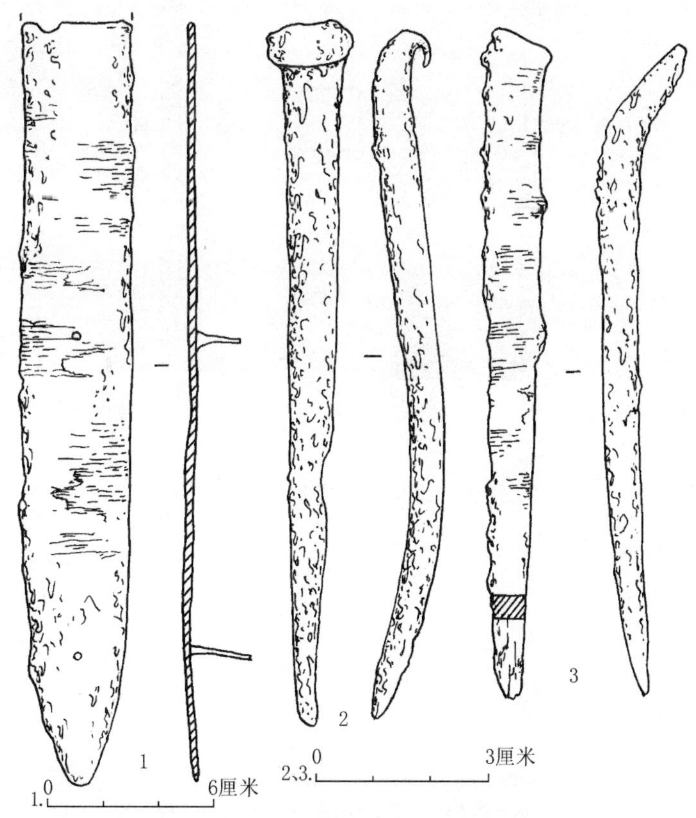

图二一六　DZXM82 出土铁器

1.棺箍(DZXM82∶1)　2、3.棺钉(DZXM82∶2、3)

墓茔平面呈长方形,为三进式墓茔。南北长70.2米,东西宽30.5米。方向10°。茔墙墙体用自然石块垒砌,保存完好,较为规整,墙宽1.5米,现存高度0.6米。门道位于南墙正中,宽3米。在墓茔距南茔墙向北21米和31.2米处平行垒砌有两道石墙,将墓茔分为南、中、北三区。中茔区门道和北茔区门道与南墙区门道位于同一轴线,宽3米。南茔区和中茔区内无任何遗迹。北茔区中部略偏东用自然石块垒砌有内茔区,内茔区平面基本为正方形,南北长5.4米,东西宽5.1米。茔墙宽0.6米,现存高度0.6米。没有发现门道。内茔区内发现DZXM83一座墓葬(图二一七)。

DZXM83　位于DZXMY40北茔区之内茔区东南部。

1）　墓葬形制

为侧洞室土坑竖穴墓,早期盗扰,方向10°。墓室先挖一南北长2米,东西宽1.5米,深2.3米的长方形土坑竖穴,之后在其西壁南部0.53米,距墓底0.2米处向内挖一侧穴。

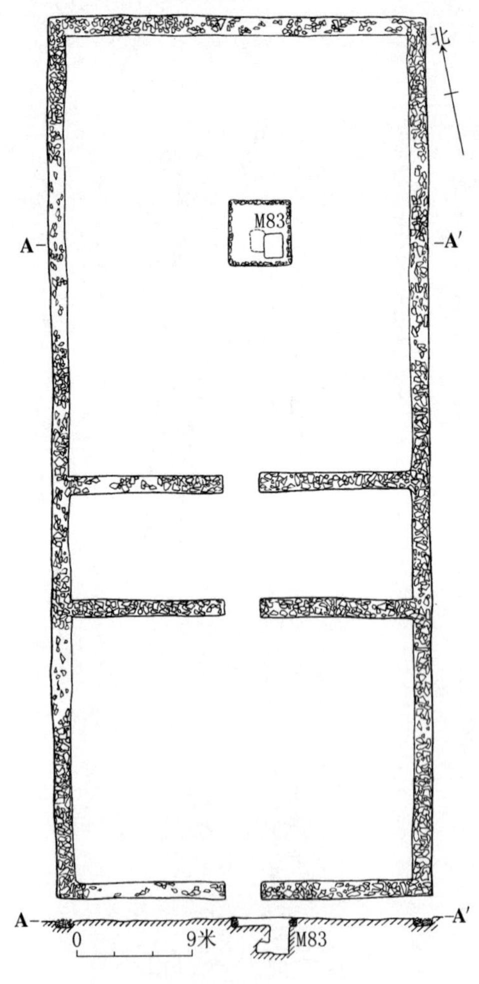

图二一七　DZXMY40平、剖面图

土坑竖穴四壁由上向下斜收，墓底东西长1.32米，南北宽1.4米，底部平铺较为平整的石板一层，厚0.1米，在填土中出土钱币2枚和少量的白釉瓷片。侧洞穴平面呈圆角长方形，洞穴壁面略不规整，底部平整，顶部圆弧。南北长1.6米，东西进深1.2米，口部高0.86米，穴内最高处1米。洞穴口部用自然石块封堵，长1.1米，高0.85米，宽0.3米。在土坑竖穴和洞室内各置一木制骨灰盒。均保存较好。两侧长于两端，用铁钉钉合。外侧竖穴骨灰盒置于中部略偏东北，平面呈长方形，长0.5米，宽0.4米，高0.2米，盒板厚0.02米。内装有少量骨灰；骨灰盒底部朽蚀不清。洞穴内骨灰盒置于洞穴中部略偏西。平面呈长方形，南北长0.9米，东西宽0.6米，高0.4米，盒板厚0.04米，盒盖用铁钉钉合。

墓内随葬品均置放于骨灰盒外南侧。土坑竖穴内骨灰盒南侧中部并列随葬香炉和木碗各1件，其两侧（骨灰盒两角处）各随葬茶绿釉小口瓶1件。洞穴内骨灰盒南侧中段和西侧（西南角）亦各置1茶绿釉小口瓶（图二一八）。

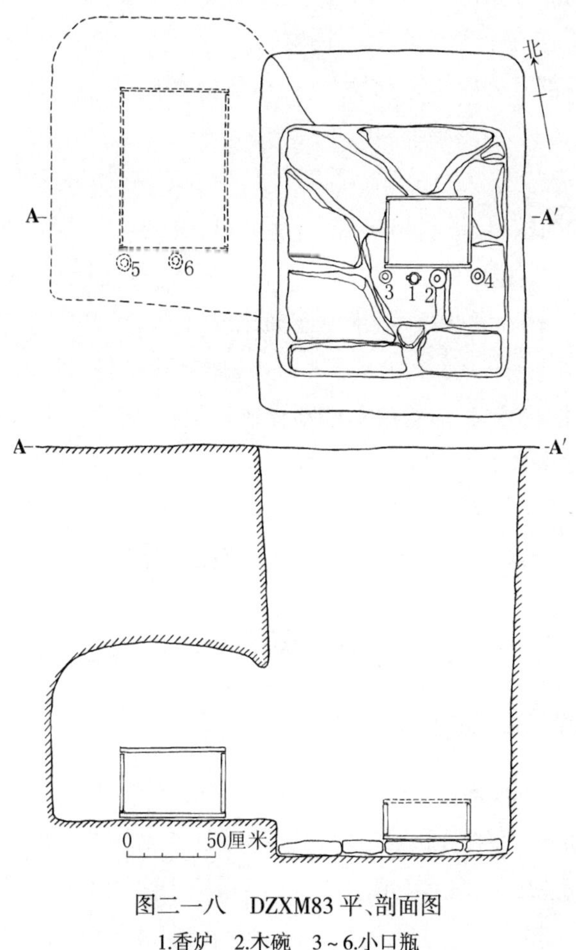

图二一八　DZXM83平、剖面图

1.香炉　2.木碗　3～6.小口瓶

2） 随葬品

墓内出土随葬品共23件。以铁器为主，瓷器次之，少量的釉陶器、木器、彩石和钱币。

瓷器　5件。有小口瓶、高领罐。

小口瓶　4件。形制相同，完整。小口圆唇，短折沿，领部略侈，溜肩长圆腹，近底外侈，作喇叭口圈足底。瓷质较粗，口部及外壁施茶绿釉，近底脱釉。DZXM83∶1，口径4厘米，腹径7厘米，底径5.2厘米，高20厘米（图二一九，1；彩版贰肆叁，1）。DZXM83∶2，器形略胖。口径4厘米，腹径8.4厘米，底径5.2厘米，高19厘米（图二一九，3；彩版贰肆叁，2）。DZXM83∶3，口径4厘米，腹径7.4厘米，底径5.2厘米，高19.8厘米（图二一九，2；彩版贰肆叁，3）。DZXM83∶4，器形略胖。口径3.6厘米，腹径8厘米，底径5.6厘米，高18.2厘米（图二一九，4；彩版贰肆叁，4）。

高领罐　1件。DZXM83∶12，仅存领部。直口圆唇，高领。瓷质较细，口部及外壁施白釉，内壁施酱釉。口径11.5厘米，残高7.8厘米（图二一九，6）。

釉陶器　香炉，1件。DZXM83∶5，为，完整。直口平沿，尖圆唇，长颈，颈部两侧施对称直耳，扁鼓腹、底部作三个尖圆足。耳外侧模印有花草纹图案，颈部贴塑宝相花，腹部对称贴塑行龙一条。口部及外壁施绿釉，行龙处作黄釉，内壁及近底脱釉。口径10厘米，高10.8厘米（图二一九，5；彩版贰肆肆，1）。

木器　1件。为碗。DZXM83∶6，残损严重，形制不清，内外壁皆施红漆。

铁器　13件。均为棺钉，形制相同。钉身呈方形，由上至下渐细，端部扁平，头部尖圆。表面锈蚀严重，有朽木痕迹。DZXM83∶8，长11.7厘米，截面径0.4厘米×0.5厘米（图二一九，8）。DZXM83∶10，长12.6厘米，截面径0.4厘米×0.6厘米（图二一九，10）。DZXM83∶11，长11.7厘米，截面径0.4厘米×0.5厘米（图二一九，9）。

彩石　1件。DZXM83∶7，形状呈不规则梯形，无加工痕迹，白色黄砂岩，其上涂红彩。长3.6厘米，宽2.7厘米（图二一九，7）。

钱币　2枚。均为北宋钱。

元丰通宝　1枚。DZXM83∶9，折二，篆书，旋读，郭略宽。直径2.4厘米（图二二三，1）。

元祐通宝　1枚。DZXM83∶13，折二，行书，旋读。直径2.4厘米（图二二三，2）。

47.四十一号墓茔（DZXMY41）

位于墓地发掘区中部偏南。东南距DZXMY22约115米，东北距DZXMY23约100米。

墓茔平面呈正方形，为双重式墓茔。外茔区边长16米，方向0°。茔墙墙体用自然石块垒砌，较为规整，墙宽1.2米，现存高度1.2米。门道位于南墙中部，宽2米。在外茔区正中用自然石块垒砌有内茔区，呈正方形，边长9.6米，墙宽和现存高度同外茔墙。门道位于南

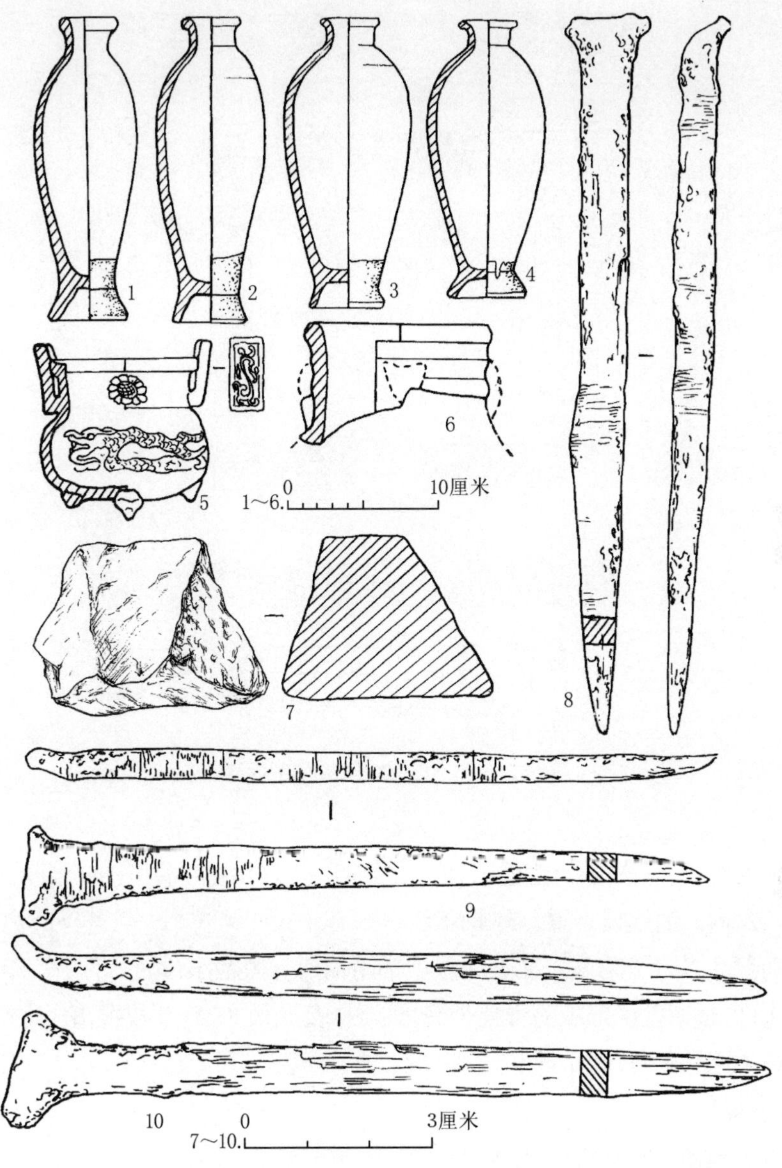

图二一九　DZXM83 出土铁、瓷、釉陶、石器

1～4.小口瓷瓶（DZXM83：1、3、2、4）　5.釉陶香炉（DZXM83：5）　6.高领瓷罐（DZXM83：12）　7.彩石（DZXM83：7）　8～10.铁棺钉（DZXM83：8、11、10）

墙中部，宽 2 米。外茔区内无任何遗迹，内茔区内仅发现 DZXM84 一座墓葬（图二二○）。

DZXM84　位于 DZXMY41 中部略偏西。

1）　墓葬形制

土坑竖穴墓，早期盗扰。平面呈圆角正方形，边长 1.1 米，深 0.9 米。方向 345°。墓壁加工较为规整，墓底平整。墓壁加工较为规整，墓底平整，墓口平铺一层自然石块。填土中

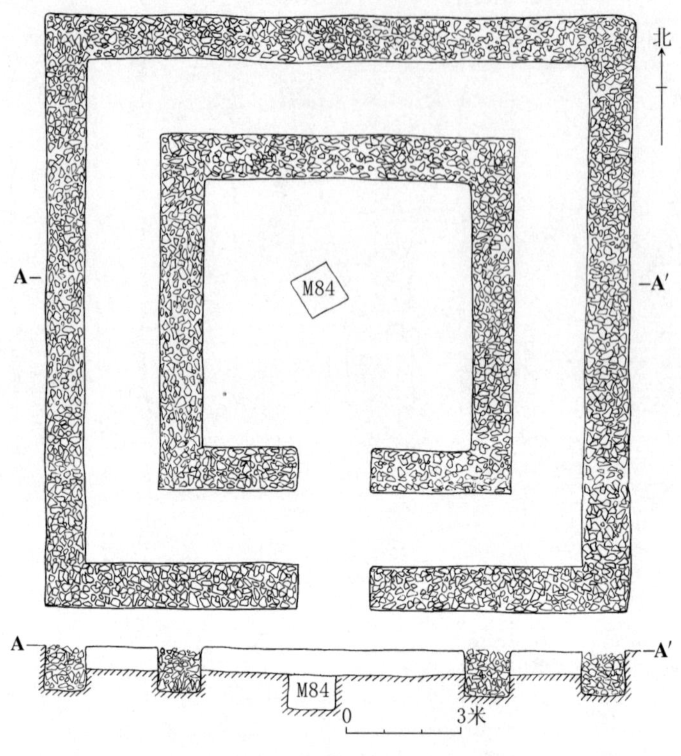

图二二〇 DZXMY41 平、剖面图

夹杂有较多的石块。墓底葬有少量骨灰,从周围和扰土中的朽木和铁钉判断,骨灰原应装在木制骨灰盒内。因残损严重,形制不清。

墓内随葬品多出于墓底。在近北壁中部略偏西有黑釉小口瓶 1 件,南壁西段随葬绿釉小口瓶 1 件,近南壁中部随葬青瓷带流盏 1 件,墓底散布有 10 枚钱币。此外,在扰土内出土青瓷碗 1 件和 13 枚钱币(图二二一)。

2) 随葬品

墓内出土随葬品共 27 件。以钱币为主,少量的瓷器。

瓷器 4 件。有小口瓶、碗、带流盏。

小口瓶 2 件。形制相同,完整。小口圆唇,短折沿,矮领略侈,溜肩长圆腹,近底外侈,作喇叭口圈足底。瓷质较粗,近底脱釉。DZXM84∶1,口部及外壁施黑釉,口径 3.8 厘米,腹径 7.4 厘米,底径 5.6 厘米,高 20.6 厘米(图二二二,3;彩版贰肆伍,1)。DZXM84∶2,口部及外壁施酱釉,口径 4.3 厘米,腹径 7.2 厘米,底径 5.6 厘米,高 22 厘米(图二二二,4;彩版贰肆伍,2)。

碗 1 件。DZXM84∶3,残。敞口圆唇,直腹斜收,近底作折角,圈足底,内底较平。瓷质细腻,内外壁施淡青釉,内壁和内底均施缠枝牡丹花图案。口径 12 厘米,底径 4.2 厘米,高 5 厘米(图二二二,2;彩版贰肆伍,3)。

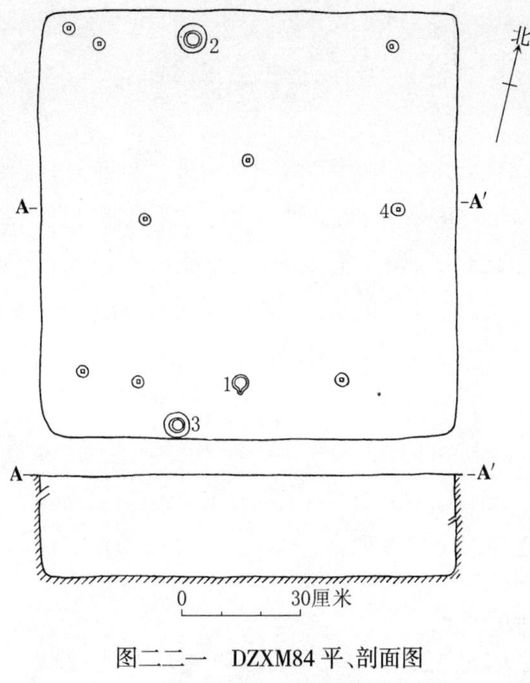

图二二一　DZXM84平、剖面图

1.盏　2、3.小口瓶　4.钱币

带流盏　1件。DZXM84：4，完整。敞口圆唇，直腹平底，口部一侧有一短流。瓷质细腻，内外壁施淡青釉，口部及底部脱釉。口径4.4厘米，底径3.2厘米，高1.8厘米（图二二二，1；彩版贰肆伍，4）。

钱币　23枚。以北宋钱为主，少量的唐钱。

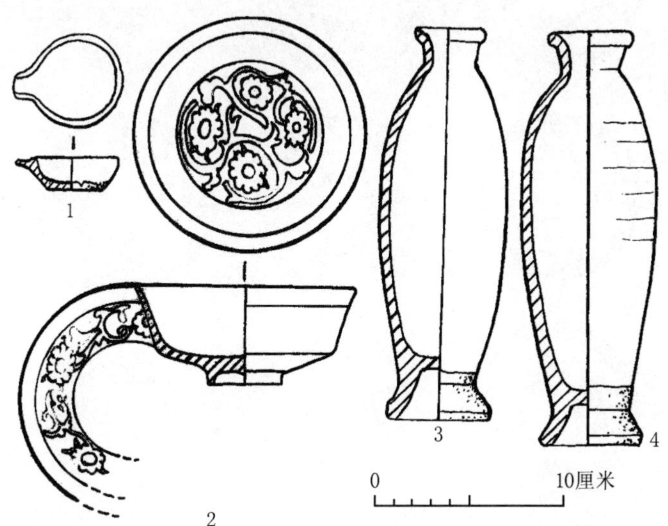

图二二二　DZXM84出土瓷器

1.带流盏（DZXM84：4）　2.碗（DZXM84：3）　3、4.小口瓶（DZXM84：1、2）

唐钱　5枚。均为“开元通宝”。折二,八分书,对读。DZXM84：5,直径2.55厘米(图二二三,3)。DZXM84：6,直径2.4厘米(图二二三,4)。

北宋钱　18枚。

天圣元宝　1枚。DZXM84：7,折二,篆书,旋读。直径2.5厘米(图二二三,5)。

皇宋通宝　1枚。DZXM84：8,折二,真书,对读,郭略宽。直径2.4厘米(图二二三,6)。

至和元宝　1枚。DZXM84：9,折二,篆书,旋读。直径2.4厘米(图二二三,7)。

嘉祐通宝　1枚。DZXM84：10,折二,篆书,对读。直径2.4厘米(图二二三,8)。

治平元宝　4枚。折二,旋读。直径2.4厘米。DZXM84：11,真书,宽郭(图二二三,9)。DZXM84：12,篆书(图二二三,10)。

熙宁元宝　1枚。DZXM84：13,折二,篆书,旋读。直径2.4厘米(图二二三,11)。

元丰通宝　4枚。旋读。DZXM84：14,小平,行书,直径2.3厘米(图二二三,12)。DZXM84：15,折二,篆书,直径2.5厘米(图二二三,13)。DZXM84：16,折二,篆书,宽郭。

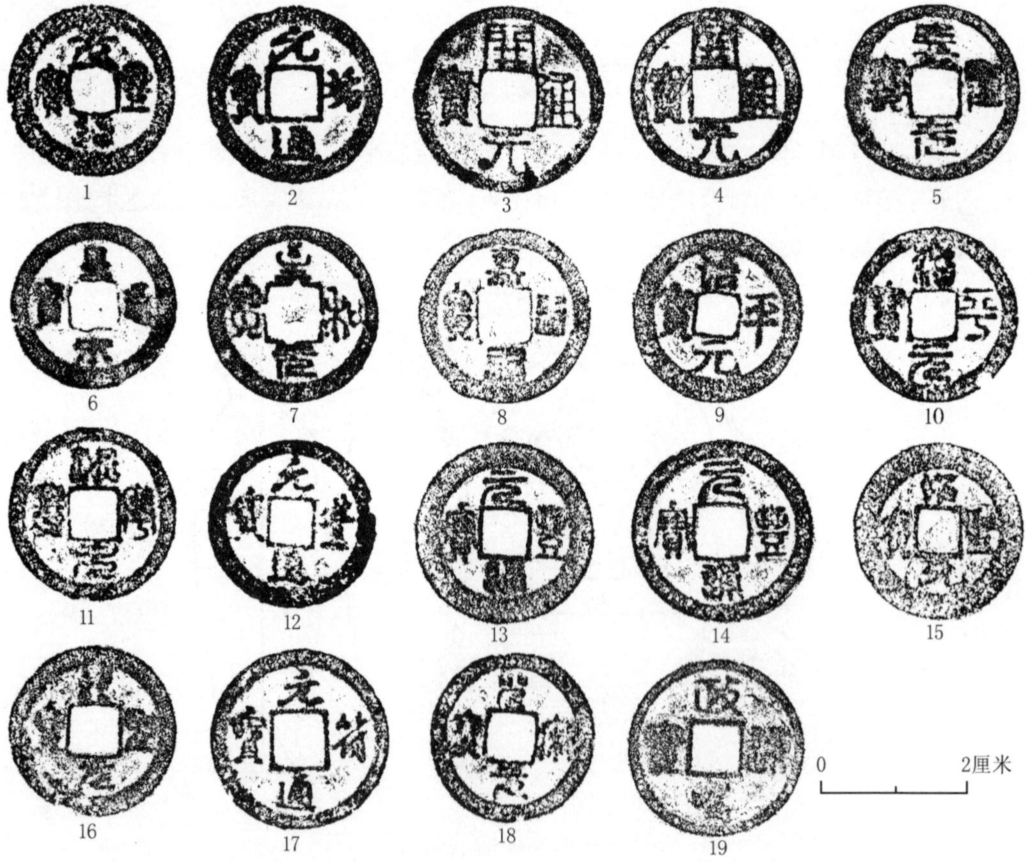

图二二三　DZXM83、M84出土钱币

1、2.钱币(DZXM83：9、13)　3～19.钱币(DZXM84：5～21)

直径2.5厘米(图二二三,14)。

绍圣元宝　2枚。折二,旋读。直径2.4厘米。DZXM84∶17,真书,宽郭(图二二三,15)。DZXM84∶18,篆书(图二二三,16)。

元符通宝　1枚。DZXM84∶19,折二,行书,旋读。直径2.45厘米(图二二三,17)。

圣宋元宝　1枚。DZXM84∶20,小平,篆书,旋读。直径2.3厘米(图二二三,18)。

政和通宝　1枚。DZXM84∶21,折二,篆书,对读。直径2.4厘米(图二二三,19)。

48.四十二号墓茔(DZXMY42)

位于墓地发掘区中部偏东。西南距DZXMY15约20米,西北距DZXM100约15米。

墓茔平面呈长方形,单墓茔。南北长22米,东西宽15米。方向5°。茔墙墙体用自然石块垒砌,较为规整,墙宽0.5米,现存高度0.6米,没有发现门道痕迹。墓茔内仅发现

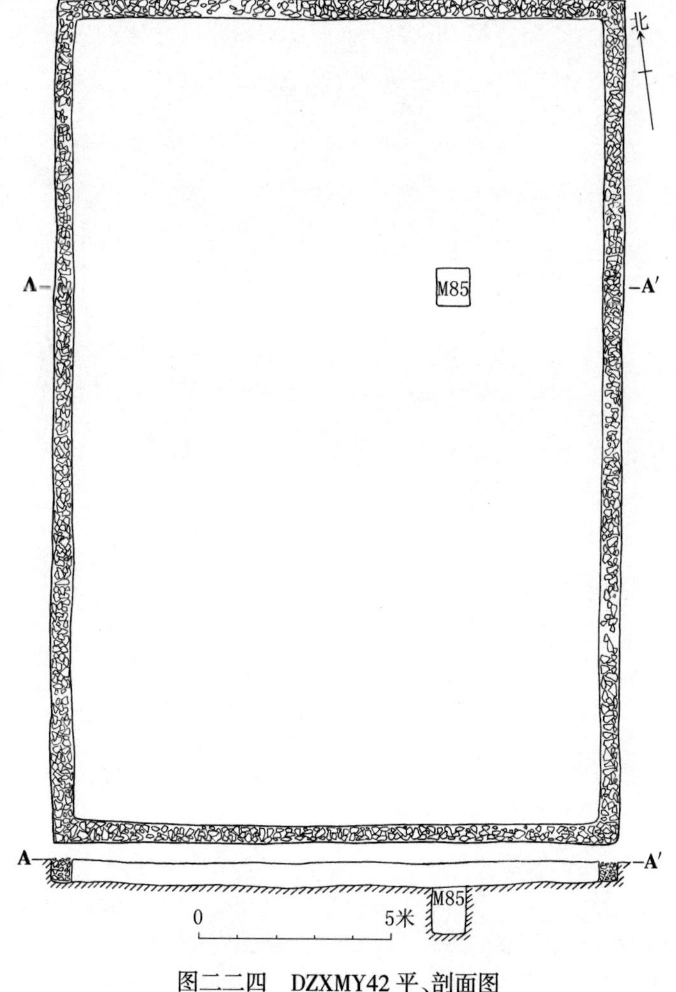

图二二四　DZXMY42平、剖面图

DZXM85 一座墓葬(图二二四)。

DZXM85　位于 DZXMY42 东北部。

1）　墓葬形制

土坑竖穴墓,平面略呈长方形。南北长 1 米,东西宽 0.9 米,深 0.5 米。方向 5°。墓内置一木制骨灰盒,平面呈长方形,长 0.75 米,宽 0.5 米,高 0.3 米,盒板厚 0.04 米。盒板两侧长于两端,用铁钉钉合。骨灰盒中部葬有少量的骨灰。

墓内随葬品多出于墓底。骨灰盒东南角随葬黑釉小口瓶 1 件,西南角随葬茶绿釉小口瓶 1 件,在骨灰盒东西两侧各置两排钱币。骨灰盒骨灰中出土银戒指 1 件。此外,在填土和骨灰盒底部出有少量的钱币(图二二五)。

2）　随葬品

墓内出土随葬品共 35 件。多为钱币,少量的瓷器、银器和彩石。

瓷器　2 件。均为小口瓶,形制相同。小口圆唇,短折沿,矮领外侈,溜肩长圆腹,近底外侈,作喇叭口圈足底。瓷质较粗,近底脱釉。DZXM85：1,完整。口部及外壁施茶绿釉。口径 4.4 厘米,腹径 8.8 厘米,底径 6.6 厘米,高 20.8 厘米(图二二六,1;彩版贰肆肆,2)。

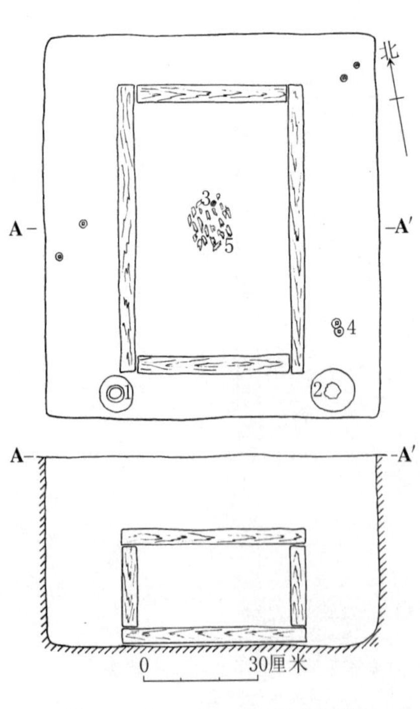

图二二五　DZXM85 平、剖面图

1、2.小口瓶　3.指环　4.钱币　5.骨灰

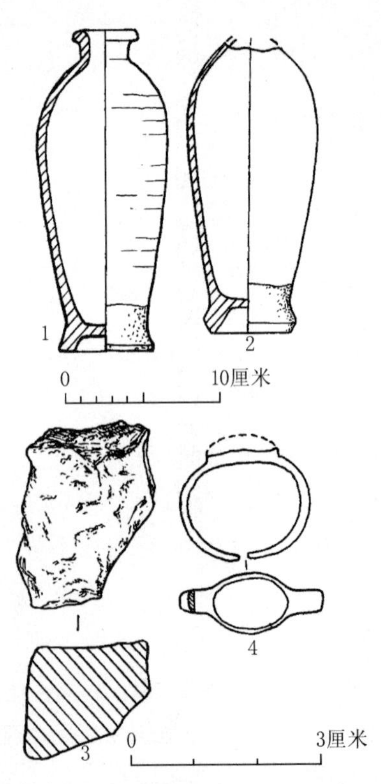

图二二六　DZXM85 出土银、瓷、石器

1、2.小口瓶(DZXM85：1、2)　3.彩石(DZXM85：4)　4.银指环(DZXM85、3)

DZXM85：2,领部以上残。口部及外壁施黑釉。腹径8.2厘米,底径5.2厘米,残高18.8厘米(图二二六,2)。

银器　1件。为指环。DZXM85：3,用厚0.1厘米的银片打成,指环面作一椭圆形用于镶嵌宝石,宝石已失落。直径1.5～1.8厘米,宽0.4厘米(图二二六,4)。

彩石　1件。DZXM85：4,平面形状不规则,灰白色砂岩,其上涂有红彩。长3厘米,宽2.4厘米,厚1.5厘米(图二二六,3)。

钱币　31枚。以北宋钱为主,少量的唐钱和金钱。

唐钱　1枚。为"开元通宝"。DZXM85：5,折二,八分书,对读。直径2.4厘米(图二二七,1)。

北宋钱　29枚。

景德元宝　2枚。小平,真书,旋读。DZXM85：6,直径2.3厘米(图二二七,2)。

祥符元宝　1枚,DZXM85：7,折二,真书,旋读,宽郭。直径2.45厘米(图二二七,3)。

祥符通宝　1枚。DZXM85：8,折二,真书,旋读。直径2.5厘米(图二二七,4)。

天禧通宝　1枚。DZXM85：9,折二,真书,旋读。直径2.4厘米(图二二七,5)。

天圣元宝　1枚。DZXM85：10,折二,真书,旋读,郭略宽。直径2.4厘米(图二二七,6)。

皇宋通宝　4枚。折二,对读。DZXM85：11,真书。直径2.45厘米。(图二二七,7)。DZXM85：12篆书。直径2.　4厘米(图二二七,8)。

嘉祐元宝　1枚。DZXM85：13,折二,篆书,旋读。直径2.45厘米(图二二七,9)。

治平元宝　2枚。折二,篆书,旋读。DZXM85：14,直径2.4厘米(图二二七,10)。

熙宁元宝　2枚。折二,篆书,旋读。直径2.4厘米。DZXM85：15,篆字圆折(图二二七,11)。DZXM85：16,篆字方折(图二二七,12)。

熙宁通宝　1枚。DZXM85：17,小平,真书,旋读。直径2.2厘米(图二二七,13)。

元丰通宝　4枚。折二,旋读。直径2.4厘米。DZXM85：18,行书(图二二七,14)。DZXM85：19,篆书(图二二七,15)。

元祐通宝　2枚。折二,旋读。直径2.4厘米。DZXM85：20,行书(图二二七,16)。DZXM85：21,篆书(图二二七,17)。

绍圣元宝　4枚。折二,旋读。直径2.4厘米。DZXM85：27,行书(图二二七,23)。DZXM85：22,篆书(图二二七,18)。

元符通宝　1枚。DZXM85：23,折二,行书,旋读。直径2.45厘米(图二二七,19)。

圣宋元宝　2枚。折二,篆书,旋读。DZXM85：24,直径2.4厘米(图二二七,20)。DZXM85：25,直径2.5厘米(图二二七,21)。

金钱　1枚。为"大定通宝"。DZXM85：26,折二,真书,对读。直径2.5厘米(图二二七,22)。

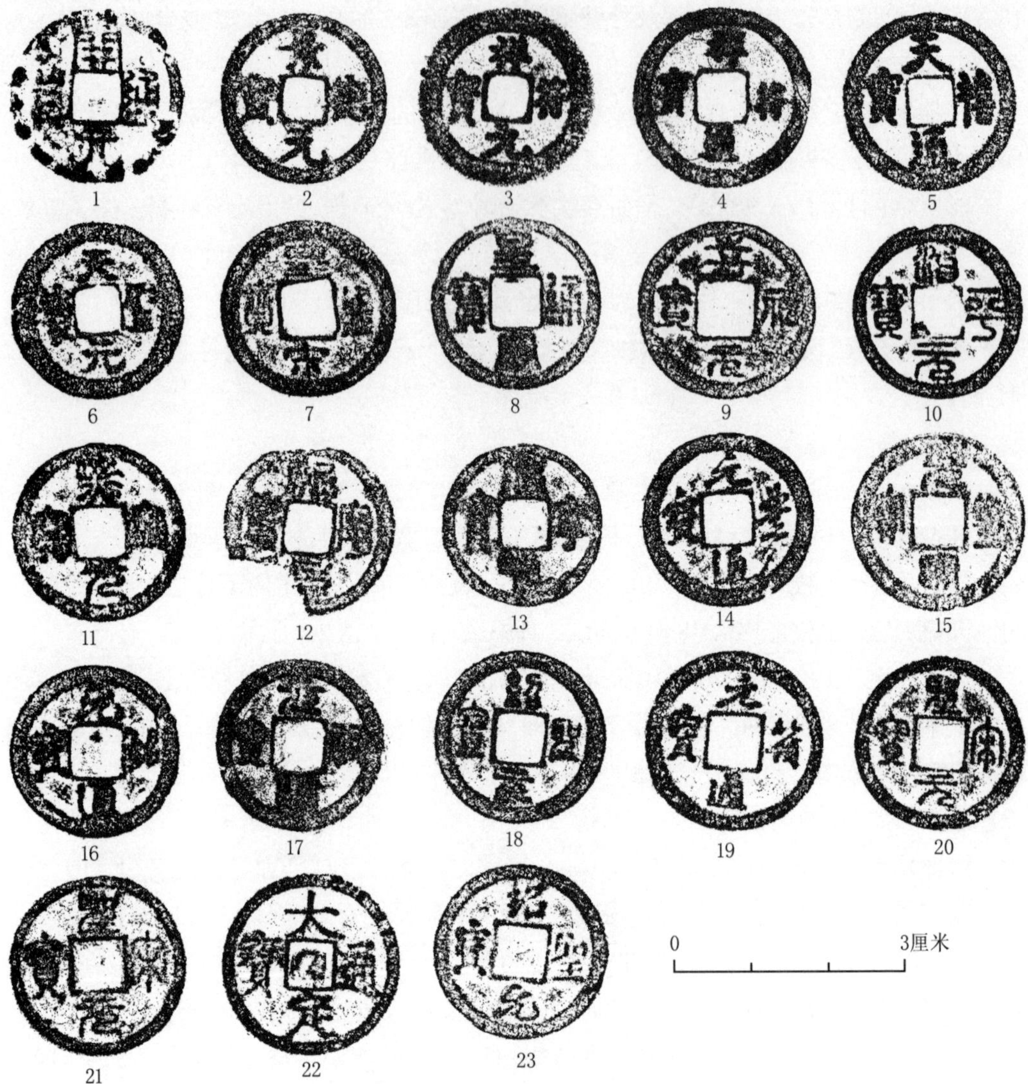

图二二七　DZXM85 出土钱币

1～23.钱币（DZXM85：5～27）

49.四十三号墓茔（DZXMY43）

位于墓地发掘区中部偏东。东南距 DZXM101 约 30 米，西北距 DZXMY44 约 7 米。

墓茔由南、北两个墓茔组成，平面呈刀把形。方向 12°。南茔区平面呈长方形，南北长 13 米，东西宽 11 米。茔墙墙体用自然石块垒砌，较为规整，墙宽 0.6 米，现存高度 0.8 米，没有发现门道痕迹。北茔区利用南茔区之北墙，在南茔区东墙基础上向北延伸，平面略呈长方形,东西长 8 米,南北宽 7 米。墙体宽度和现存高度同南茔区,亦无门道痕迹。在南茔区和北茔区分别发现 DZXM86 和 DZXM87 两座墓葬(图二二八)。

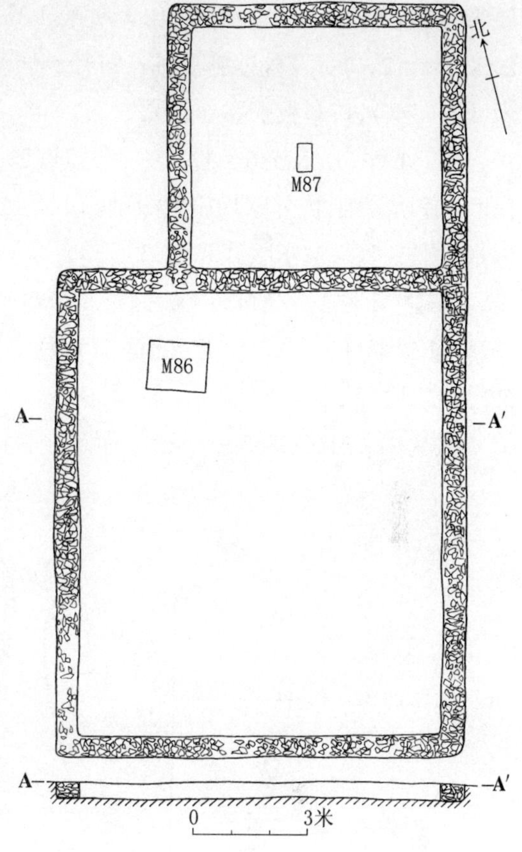

图二二八　DZXMY43 平、剖面图

DZXM86　位于 DZXMY43 南茔区之西北部。

1）　墓葬形制

土坑竖穴墓,平面呈长方形。东西长 1.6 米,南北宽 1.3 米,深 0.7 米。方向 12°。墓壁加工规整,墓底平整,填土内夹杂有灰色长方形和正方形沟纹砖及自然石块。在墓底西北部葬有骨灰，从出土的铁箍和铁钉判断,骨灰原应装在木制骨灰盒内。因骨灰盒严重朽蚀,形制及规格不清。

在墓底中部略偏西北角葬铁板 1 块,铁板之下压有 59 枚钱币。在铁板的东面分别随葬有黑釉梅瓶 1 件、茶绿釉瓷罐 1 件、红漆碗 1 件。在墓底西南部随葬有白釉梅瓶 1 件。在骨灰周围出有穿孔石珠饰 1 件、骨珠饰 1 件、钧窑瓷罐 1 件、白釉瓷盏 1 件、金簪 1 件、银簪 1 件、骨牙刷柄 3 件、骨簪 1 件、钱币 31 枚和彩石(图二二九)。

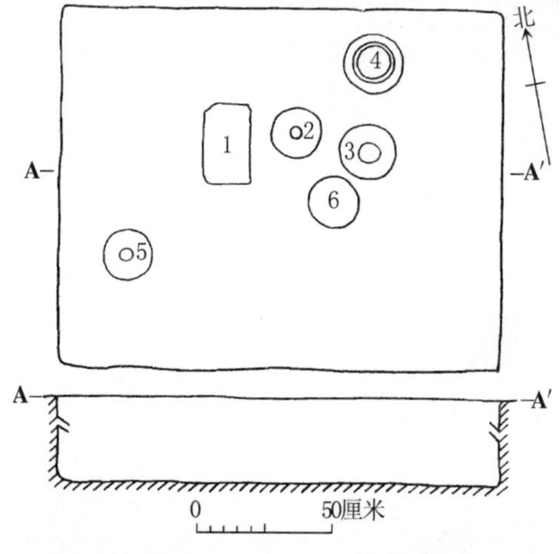

图二二九　DZXM86 平、剖面图
1.铁板　2、5.梅瓶　3.红漆碗　4.罐　6.彩石

2）　随葬品

墓内出土随葬品较为丰富，共 117 件。以钱币为主,少量的瓷器、骨器、金器、银器、铁器、石器、漆器。

瓷器　5 件。有梅瓶、罐、小罐、盏。

梅瓶　2 件。形制相同,完整。小口圆唇,矮领略侈,鼓肩,最大腹径近肩部,下腹斜收，近底外侈，平底内凹。瓷质较细，DZXM86：1,口部及外壁施白釉。口径 4.6

厘米，腹径 18.2 厘米，底径 10.4 厘米，高 31.3 厘米（图二三〇,4；彩版贰肆陆,1）。DZXM86：2,口部及外壁施黑釉。口径 5 厘米,腹径 18.4 厘米,底径 11.4 厘米,高 34.8 厘米(图二三〇,1;彩版贰肆陆,2)。

罐　1 件。DZXM86：3,完整。侈口圆唇,矮领鼓肩,最大腹径略偏上,下腹斜收,平底内凹。瓷质较细,内外壁均施茶绿釉。口径 15.2 厘米,腹径 22 厘米,底径 9.6 厘米,高 20.8 厘米(图二三〇,2;彩版贰肆陆,3)。

小罐　1 件。DZXM86：4,完整。小口圆唇,矮领鼓腹,腹部作花瓣形,圈足底。钧窑瓷,瓷质较细,口部及外壁施蓝釉。有紫色窑变,挂釉较厚,近底脱釉。口径 2.2 厘米,腹径 5.2 厘米,底径 2.5 厘米,高 4.4 厘米(图二三〇,5;彩版贰肆陆,4)。

盏　1 件。DZXM86：5,完整。敞口圆唇,弧腹斜收,浅腹,圈足底。瓷质较粗,内外壁

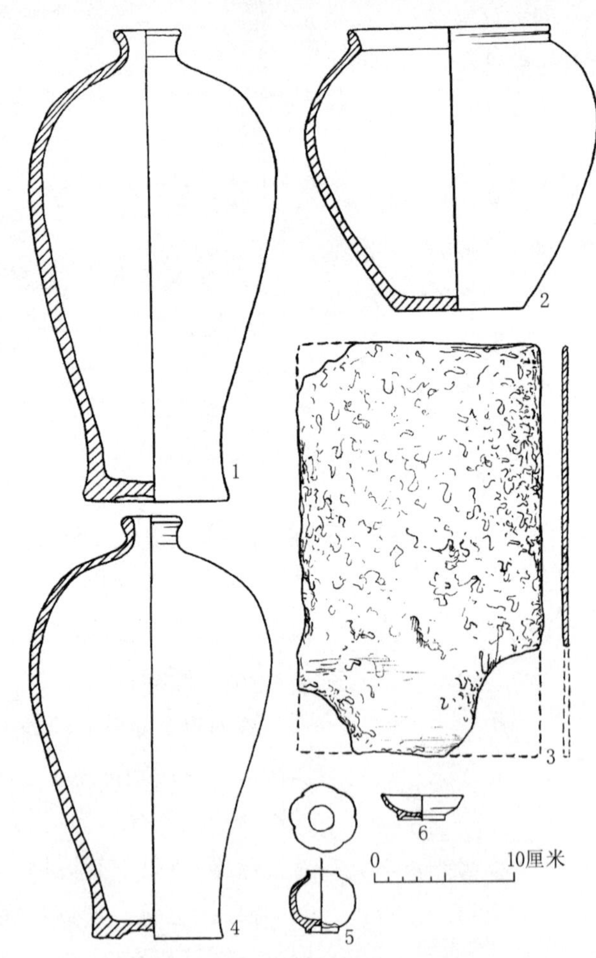

图二三〇　DZXM86 出土铁、瓷器

1、4.瓷梅瓶(DZXM86：2、1)　2.瓷罐(DZXM86：3)　5.小瓷罐(DZXM86：4)　3.铁板(DZXM86：23)　6.瓷盏(DZXM86：5)

施灰白釉，口部脱釉。口径5.8厘米，底径3.6厘米，高1.8厘米（图二三〇，6）。

骨器　7件。有牙刷柄、饰片、珠饰等。

牙刷柄　3件。形制基本相同，残。DZXM86：6，头部有两排13孔，背有凹槽用于固定刷毛。柄部略有弯曲，横截面呈圆形。残长18.6厘米，头部长4厘米，头部宽0.7厘米，柄径0.4厘米（图二三二，1；图版一五，1）。DZXM86：7，头部有三排13孔，背部有三条细槽用于固定刷毛。柄上半部呈扁圆形，下半部作圆形。残长18.1厘米，头部长3.5厘米，头部宽0.8厘米，上段柄径0.2厘米×0.45厘米，下段柄径0.3厘米（图二三二，2）。DZXM86：8，头部有一排6孔，背部有一凹槽用于固定刷毛。柄上半部呈圆形，下半部作扁平状。残长14.5厘米，头部长2厘米，头部宽0.5厘米，柄径0.3厘米（图二三二，3；图版一五，2）。

饰片　3件。形制相同，完整。平面呈梯形，两短边尖圆，表面磨制精细。中间钻有双孔，内穿有0.1厘米的铜丝。DZXM86：9，长3.3～3.5厘米，宽1.5厘米，厚0.1厘米（图二三一，

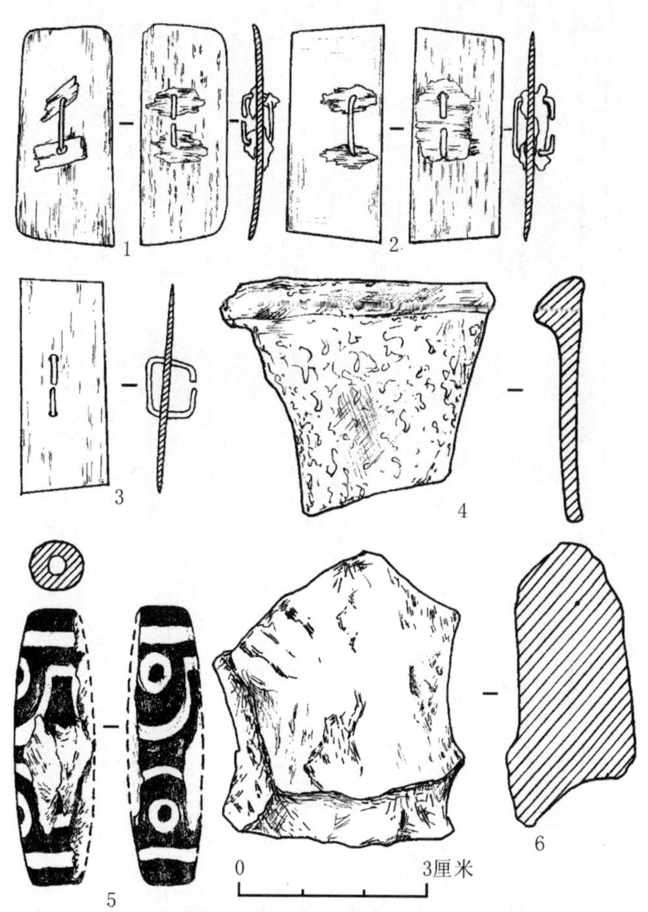

图二三一　DZXM86出土铁、骨、石器

1～3.骨饰片（DZXM86：11、9、10）　4.铁釜（DZXM86：17）　5.石珠饰（DZXM86：14）　6.彩石（DZXM86：16）

2)。DZXM86：10,长 3.3～3.5 厘米,宽 1.5 厘米,厚 0.1 厘米(图二三一,3)。DZXM86：11,四角圆弧,片身略有弯曲。长 3.3～3.5 厘米,宽 1.4 厘米,厚 0.1 厘米(图二三一,1)。

珠饰　1 件。DZXM86：15,完整。圆柱体,中部横向对钻一孔,表面磨制精细,长 1.7 厘米,直径 0.8 厘米,孔径 0.1 厘米(图二三二,6)。

金器　1 件。为簪。DZXM86：12,完整。长条形,体扁平,由上至下渐细。端部弯曲,作椭圆形;头部尖圆。长 11.5 厘米,宽 0.2～0.6 厘米,厚 0.1 厘米(图二三二,5)。

银器　1 件。为簪。DZXM86：13,完整。长条形,体扁平,由上至下渐细。端部弯曲,

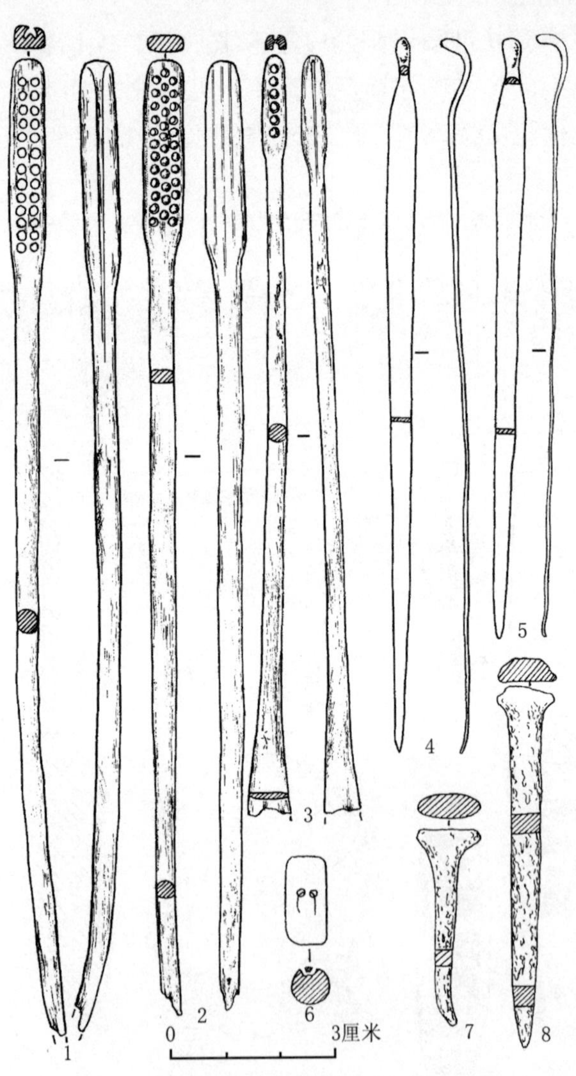

图二三二　DZXM86 出土银、金、铁、骨器

1～3.骨牙刷柄(DZXM86：6、7、8)　4.银簪(DZXM86：13)　5.金簪(DZXM86：12)　6.骨珠饰(DZXM86：15)　7、8.铁棺钉(DZXM86：18、22)

作椭圆形;头部尖圆。长13.6厘米,宽0.2～0.6厘米,厚0.1厘米(图二三二,4)。

铁器　10件。有釜、铁板、棺箍、棺钉。

釜　1件。DZXM86∶17,仅存少量口部。直口、尖圆唇、上腹略内收,下腹残缺(图二三一,4)。

铁板　1件。DZXM86∶23,残。平面呈长方形,边部略有残缺。表面锈蚀严重。残长30厘米,宽18厘米,厚0.4厘米(图二三〇,3)。

棺箍　2件。仅存小块残片，长条形，表面锈蚀严重，残存两个钉孔内有铁钉。DZXM86∶21,残长8厘米,残宽5厘米,厚0.4厘米。

棺钉　6枚。形制相同。钉身呈方形，由上至下渐细，端部作椭圆形，头部尖圆。DZXM86∶18，头部弯曲。长3.7厘米，截面径0.3厘米×0.3厘米（图二三二,7)。DZXM86∶22,长6.9厘米,截面径0.3厘米×0.5厘米(图二三二,8)。

石器　2件。有珠饰、彩石。

珠饰　1件。DZXM86∶14,表面略粗。圆柱体,中间略鼓,两端略收,竖穿一孔。表面磨制精细,施黑白相间的圈点纹。长4.6厘米,宽0.8～1.3厘米,孔径0.3厘米(图二三一,5)。

彩石　1件。DZXM86∶16,平面形状不规则,无加工痕迹。白黄色砂岩,其上涂有红彩。长4.8厘米,宽4.1厘米,厚2厘米(图二三一,6)。

漆器　1件。为碗。木胎,残损严重,仅存少量红色漆片,形制不清。

钱币　90枚。多为北宋钱,个别的唐钱。钱文不清者1枚。

唐钱　4枚。均为“开元通宝”。折二,八分书,对读,直径2.4厘米。DZXM86∶19,背穿上饰仰月纹(图二三三,1)。DZXM86∶20,郭略宽(图二三三,2)。

北宋钱　85枚。

淳化元宝　1枚。DZXM86∶24,折二,行书,旋读,郭略宽。直径2.4厘米(图二三三,3)。

至道元宝　2枚。折二,旋读。直径2.4厘米。DZXM86∶25,真书,郭略宽(图二三三,4)。DZXM86∶26,行书,宽郭(图二三三,5)。

咸平元宝　1枚。真书,旋读。DZXM86∶27,折二,宽郭。直径2.4厘米(图二三三,6)。

治平元宝　1枚。DZXM86∶28,小平,郭略宽。直径2.2厘米(图二三三,7)。

祥符元宝　6枚。折二,真书,旋读,郭略宽。DZXM86∶29,直径2.45厘米(图二三三,8)。

天禧通宝　1枚。DZXM86∶30,折二,真书,旋读。直径2.5厘米(图二三三,9)。

天圣元宝　6枚。折二,旋读。直径2.5厘米。DZXM86∶31,真书(图二三三,10)。DZXM86∶32,篆书(图二三三,11)。

景祐元宝　1枚。折二,真书,旋读,郭略宽。DZXM86∶33,直径2.5厘米(图二三三,12)。

图二三三　DZXM86 出土钱币

1～34.钱币（DZXM86：19、20、24～55）

皇宋通宝　11枚。折二,对读。DZXM86∶34,真书较大。直径2.5厘米(图二三三,13)。DZXM86∶35,真书,字较小,郭略宽。直径2.4厘米(图二三三,14)。DZXM86∶36,篆书,字较大。直径2.5厘米(图二三三,15)。DZXM86∶37,篆书,字较小。直径2.4厘米(图二三三,16)。

嘉祐元宝　1枚。DZXM86∶38,小平,篆书,旋读。直径2.3厘米(图二三三,17)。

治平元宝　7枚。旋读。DZXM86∶39,小平,真书。直径2.3厘米(图二三三,18)。DZXM86∶40折二,篆书。直径2.4厘米(图二三三,19)。

熙宁元宝　10枚。折二,旋读。DZXM86∶41,真书。直径2.4厘米(图二三三,20)。DZXM86∶42,篆书。直径2.5厘米(图二三三,21)。DZXM846∶43,篆书。直径2.4厘米(图二三三,22)。

元丰通宝　12枚。折二,旋读。直径2.4厘米。DZXM86∶44,行书,字略大(图二三三,23)。DZXM86∶45,行书,字略小(图二三三,24)。DZXM86∶46,篆书,字略小(图二三三,25)。DZXM86∶47,篆书,字略大(图二三三,26)。

元祐通宝　10枚。折二,旋读。DZXM86∶48,行书。直径2.4厘米(图二三三,27)。DZXM86∶49,行书,宽郭。直径2.5厘米(图二三三,28)。DZXM86∶50,篆书,直径2.5厘米(图二三三,29)。DZXM86∶51,篆书,宽郭。直径2.5厘米(图二三三,30)。

绍圣元宝　5枚。旋读。DZXM86∶52,小平,行书。直径2.3厘米(图二三三,31)。DZXM86∶53,折二,篆书,直径2.4厘米(图二三三,32)。

圣宋元宝　4枚。旋读。DZXM86∶54,小平,行书。直径2.3厘米(图二三三,33)。DZXM86∶55,小平,篆书。直径2.3厘米(图二三三,34)。DZXM86∶56,折二,篆书,宽郭。直径2.45厘米(图二三四,1)。

政和通宝　6枚。折二,对读。DZXM86∶57,真书。直径2.4厘米(图二三四,2)。DZXM86∶58,篆书。直径2.5厘米(图二三四,3)。

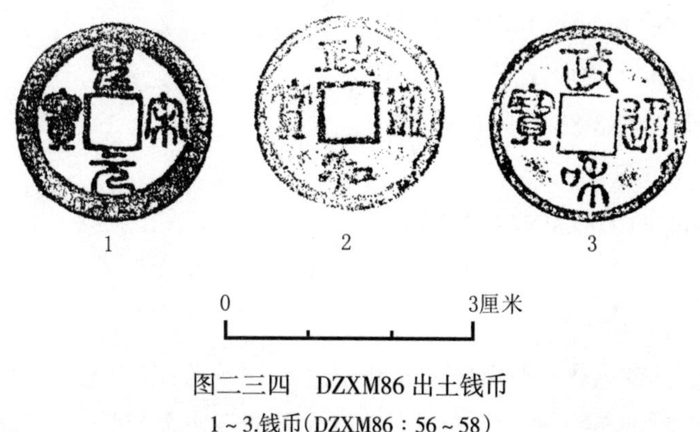

图二三四　DZXM86出土钱币

1～3.钱币(DZXM86∶56～58)

DZXM87　位于DZXMY43中部略偏南。

1）　墓葬形制

土坑竖穴墓，早期盗扰。平面呈圆角长方形，南北长0.9米，东西宽0.6米，深0.5米。方向5°。墓壁加工规整，墓底平整。墓内置木棺一具，朽蚀残损较为严重。平面呈长方形，棺长0.75米，宽0.4米，残高0.3米。棺板厚0.03米。棺板两侧长于两端，用铁钉钉合。棺内葬有少量肢骨，葬式不清，年龄、性别不详。从墓葬和木棺规格分析，均不及人体高度，故判断似为二次迁葬所致(图二三五)。

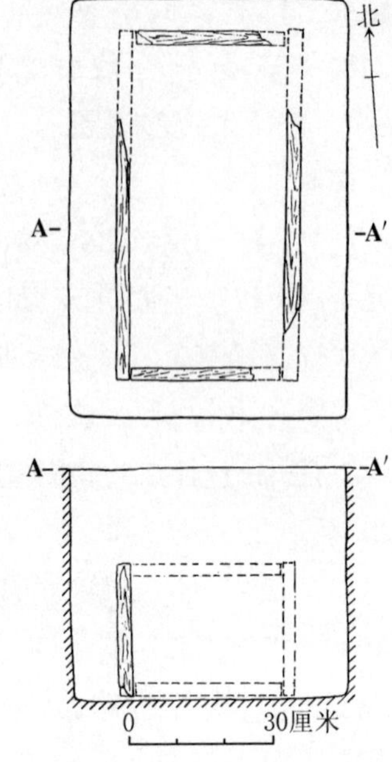

图二三五　DZXM87平、剖面图

2）　随葬品

墓内无随葬品。

50.四十四号墓茔(DZXMY44)

位于墓地发掘区中部偏东。东南距DZXMY43约8米。西约6米为DZXMY11，北距DZXMY45约5米。

墓茔平面呈长方形，单墓茔。东西长16米，南北宽14米。方向10°。茔墙墙体用自然石块垒砌，但墙体大部被取石挖走，仅在四墙有小段残存，取石处留有一道明显的凹槽。残存部分宽0.6米，现存高度0.5米，门道位于南墙正中，宽1.2米。墓茔内仅发现DZXM88一座墓葬(图二三六)。

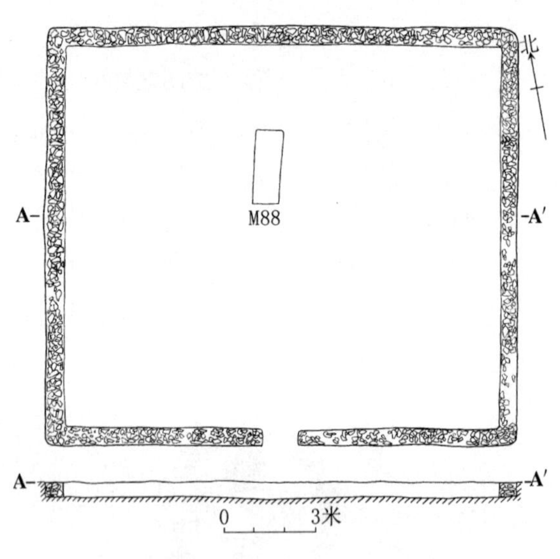

图二三六　DZXMY44平、剖面图

DZXM88　位于DZXMY44中部偏北处。

1）　墓葬形制

土坑竖穴墓，早期盗扰。平面呈长方形，南北长2.4米，东西宽0.9米，深1.1米。方向12°。墓壁加工规整，墓底平整。填土内夹杂有大量的石块及尸骨。墓内置木棺1具，平面

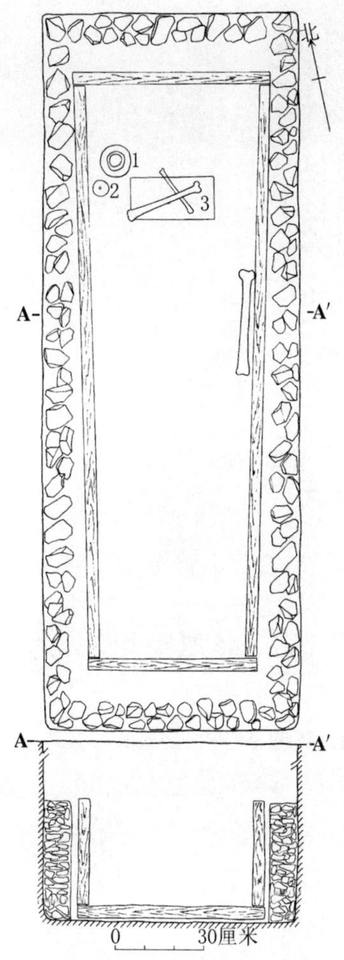

图二三七　DZXM88 平、剖面图
1.罐　2.器盖　3.砖

呈长梯形,头大尾小。棺长 2 米,头部宽 0.7 米,尾部宽 0.6 米,高 0.4 米,棺板厚 0.04 米,木棺两端长于两侧,用铁钉钉合。在墓圹与木棺间紧贴墓壁用自然石块垒砌有宽 0.1 米的石墙,高 0.4 米(与棺顶平齐)。棺内葬有尸骨 1 具,严重盗扰。棺内仅存少量肢骨,葬式不清,年龄、性别不详。

木棺内西北角随葬黑釉瓷罐 1 件, 罐内装有钱币 90 余枚, 在木棺中部出土骨饰件 1 件和珠饰 2 枚 (图二三七)。

2) 随葬品

墓内出土随葬品较多。共 99 件。以钱币为主,少量的瓷器、石器和骨器。

瓷器　1 件。为盖罐。DZXM88：1,完整。直口圆唇,短颈鼓肩,圈足底。罐盖圆弧形隆起,顶部饰一圆纽,子母口。瓷质较粗,内外壁均施黑釉,近底脱釉。口径 7.3 厘米,腹径 13.8 厘米,底径 6.6 厘米,通高 13.2 厘米(图二三八,1;彩版贰肆肆,3)。

石器　2 件。均为珠饰,形制相同。圆球形,竖穿一孔。白色岩石,表面磨制精细。DZXM88：2,直径 1.25 厘米,孔径 0.2 厘米(图二三八,2)。DZXM88：3,直径 1.3 厘米,孔径 0.2 厘米(图二三八,3)。

骨器　1 件。为珠饰。DZXM88：4,完整。平面呈梯形,上边内凹,底边略不平整,中部竖穿两孔。表面磨制精细。上边宽 0.7 厘米,底宽 1.6 厘米,高 1 厘米,厚 0.25 厘米,孔径 0.15 厘米(图二三八,4)。

钱币　95 枚。以北宋钱为主,余为唐钱、金钱和元钱。钱文不清者 9 枚。

唐钱　4 枚。开元通宝,折二,八分书,对读。DZXM88：5,直径 2.4 厘米(图二三九,1)。DZXM88：6,直径 2.5 厘米(图二三九,2)。

北宋钱　79 枚。

太平通宝　2 枚。折二,真书,对读。DZXM88：7,直径 2.4 厘米(图二三九,3)。

淳化元宝　1 枚。DZXM88：8,折二,行书,旋读,郭略宽。直径 2.5 厘米(图二三九,4)。

咸平元宝　3 枚。折二,真书,旋读,郭略宽。DZXM88：9,直径 2.4 厘米(图二三九,5)。

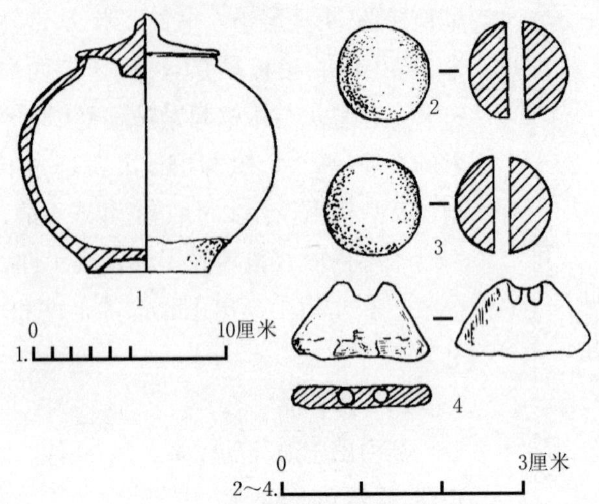

图二三八　DZXM88出土瓷、石、骨器

1.瓷盖罐(DZXM88;1)　2、3.石珠饰(DZXM88：2、3)　4.骨器(DZXM88：4)

祥符元宝　3枚。折二，真书，旋读，郭略宽。DZXM88：10，直径2.45厘米(图二三九，6)。

祥符通宝　1枚。DZXM88：11，折二，真书，旋读。直径2.4厘米(图二三九，7)。

天禧通宝　3枚。折二，真书，旋读。DZXM88：12，直径2.5厘米(图二三九，8)。

天圣元宝　5枚。折二，旋读。DZXM88：13，真书。直径2.5厘米(图二三九，9)。DZXM88：14，篆书。直径2.4厘米(图二三九，10)。

皇宋通宝　16枚。折二，对读。DZXM88：15，真书，字略大。直径2.4厘米(图二三九，11)。DZXM88：16，真书，字略小。直径2.45厘米(图二三九，12)。DZXM88：17，篆书。直径2.4厘米(图二三九，13)。DZXM88：18，真书，郭略宽。直径2.45厘米(图二三九，14)。

至和元宝　1枚。DZXM88：19，折二，篆书，旋读。直径2.4厘米(图二三九，15)。

嘉祐元宝　1枚。DZXM88：20，小平，真书，旋读。直径2.3厘米(图二三九，16)。

嘉祐通宝　2枚。小平，篆书，对读。DZXM88：21，直径2.3厘米(图二三九，17)。

治平元宝　4枚。旋读。DZXM88：22，小平，真书。直径2.3厘米(图二三九，18)。DZXM88：23，折二，真书，宽郭。直径2.4厘米(图二三九，19)。DZXM88：24，折二，篆书，直径2.4厘米(图二三九，20)。

熙宁元宝　13枚。旋读。DZXM88：25，折二，真书。直径2.45厘米(图二三九，21)。DZXM88：26，小平，真书。直径2.3厘米(图二三九，22)。DZXM88：27，小平，篆书。直径2.3厘米(图二三九，23)。DZXM88：28，小平，篆书。直径2.3厘米(图二三九，24)。

元丰通宝　12枚。折二，旋读。直径2.4厘米。DZXM88：29，行书(图二三九，25)。

图二三九　DZXM88 出土钱币

1～35.钱币(DZXM88：5～39)

DZXM88：30,篆书,宽郭(图二三九,26)。

元祐通宝　6 枚。折二,旋读。直径 2.4 厘米。DZXM88：31,行书(图二三九,27)。DZXM88：32,篆书(图二三九,28)。

绍圣元宝　3 枚。折二,旋读。直径 2.4 厘米。DZXM88：33,真书,郭略宽(图二三九,29)。DZXM88：34,篆书(图二三九,30)。

元符通宝　1 枚。DZXM88：35。小平,篆书,旋读,郭略宽。直径 2.3 厘米(图二三九,31)。

圣宋元宝　1 枚。DZXM88：36,小平,篆书,旋读。直径 2.3 厘米(图二三九,32)。

政和通宝　1 枚。DZXM88：37,折二,真书,对读。直径 2.4 厘米(图二三九,33)。

金钱　2 枚。为正隆元宝。折二,真书,旋读。DZXM88：38,直径 2.5 厘米(图二三九,34)。

元钱　1 枚。为至大通宝。DZXM88：39,折二,真书,对读。直径 2.4 厘米(图二三九,35)。

51.四十五号墓茔(DZXMY45)

位于墓地发掘区中部偏西。南距 DZXMY44 约 5 米,西南距 DZXMY11 约 6 米。

墓茔平面呈长方形,单墓茔。南北长 13 米,东西宽 10 米。方向 8°。茔墙墙体用自然石块垒砌,较为规整,墙宽 0.6 米,现存高度 0.4～0.5 米。门道位于南墙正中,宽 1 米。墓茔内仅发现 DZXM89 一座墓葬(图二四〇)。

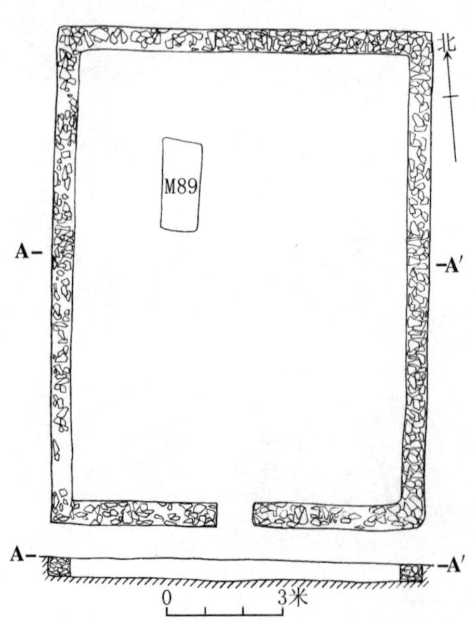

图二四〇　DZXMY45 平、剖面图

DZXM89　位于墓地发掘区 DZXMY45 西北部。

1）　墓葬形制

土坑竖穴墓，早期盗扰。平面呈长梯形,墓壁由上向下略斜收,墓口南北长 2.52 米,北壁宽 1.06 米,南壁宽 0.91 米;墓底南北长 2.33 米,北壁宽 0.95 米,南壁宽 0.84 米,深 1.6 米。方向 15°。墓壁加工较为规整,墓底平整,填土中夹杂有尸骨和棺板朽木。墓内置有木棺 1 具,除棺盖外其余保存较好。平面呈长梯形,头大尾小。棺长 2.15 米,头部宽 0.68 米,尾部宽 0.64 米,高 0.4 米,棺板厚 0.03 米。棺板两侧长于两端,用铁钉钉合。棺内葬有尸骨 1 具,严重盗扰,

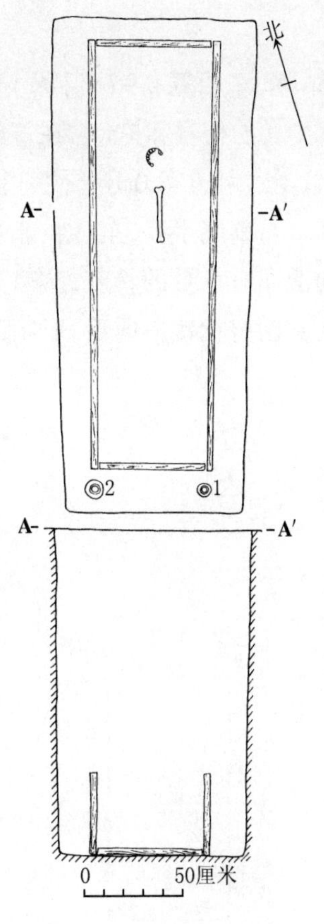

图二四一　DZXM89 平、剖面图
1、2.梅瓶

仅存下颌骨和肢骨，葬式不清，为女性，年龄25 岁左右。

墓内仅在木棺外南部两角处各随葬有黑釉梅瓶 1 件（图二四一）。

2）　随葬品

墓内出土随葬品仅有梅瓶 2 件。

梅瓶　2 件。形制相同，完整。小口圆唇，短折沿，矮直领，鼓肩，最大腹径近肩部，下腹斜收，近底略外侈，平底内凹。瓷质较粗，口部及外壁施黑釉。DZXM89：1，口径 4.2 厘米，腹径 13.8 厘米，底径 10 厘米，高 24.8 厘米（图二四二，1；彩版贰肆柒，1）。DZXM89：2，口径 4.8 厘米，腹径 13.8 厘米，底径 9.8 厘米，高 26 厘米（图二四二，2；彩版贰肆柒，2）。

52.无墓茔墓

DZXM90　位于墓地发掘区中部偏东处，东南距 DZXM91 约 20 米。

1）　墓葬形制

土坑竖穴墓，早期盗扰。平面呈长方形，南北长 1 米，东西宽 0.7 米，深 0.6 米。方向25°。墓壁加工规整，墓底平整，填土内出有少量的朽木和铁钉。墓口之上用自然石块垒砌，高 0.3 米。墓内散布有少量的骨灰。从填土中发现的朽木和铁钉判断，骨灰原应装在木制骨灰盒内，因全部破坏，形制和规格不清（图二四三）。

2）　随葬品

墓内无随葬品。

DZXM91　位于墓地发掘区中部偏东处，西北距 DZXM90 约 20 米。

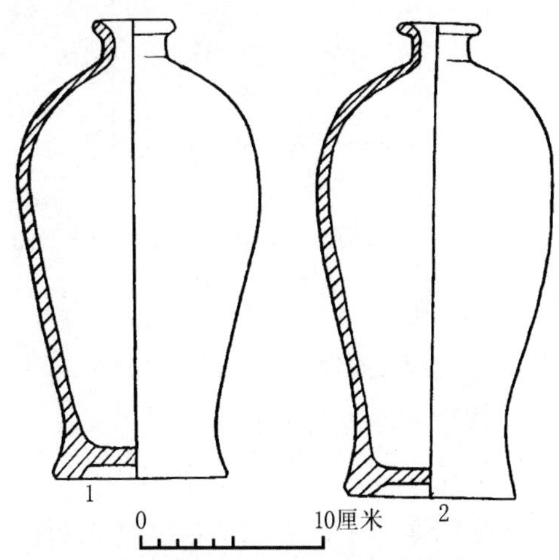

图二四二　DZXM89 出土瓷器
1、2.梅瓶（DZXM89：1、2）

1）墓葬形制

土坑竖穴墓，早期盗扰。平面呈长方形，南北长1.56米，东西宽0.96米，深1.04米。方向20°。墓壁加工较为规整，墓底平整，填土内出土有少量的朽木和棺钉。在墓底向上0.32米处置有生土二层台，四边宽度不同，东边宽0.11米，南边宽0.1米，西边宽0.2米，北边宽0.15米。在二台层内用石板立砌至墓口，基本与墓底平齐，东、南、北和西壁南段用1层石板立砌，西壁北段用3层石板立砌。墓内散布有少量的骨灰，从填土中出土的朽木和棺钉判断，骨灰应装在木制骨灰盒内。骨灰盒因盗扰残损严重，形制及规格不清（图二四四）。

墓内填土中出土钱币4枚。

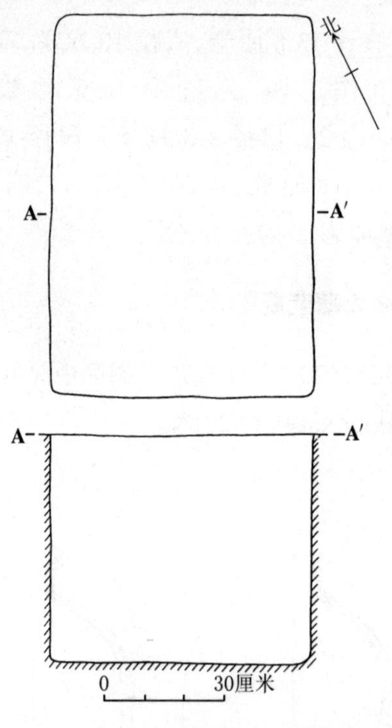

图二四三　DZXM90平、剖面图

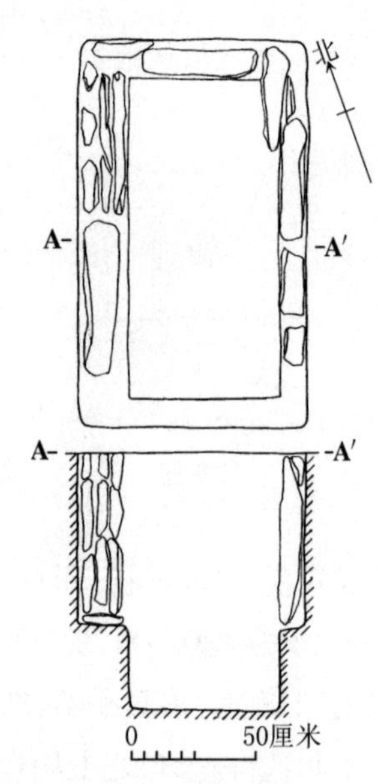

图二四四　DZXM91平、剖面图

2）随葬品

墓内出土随葬品仅有钱币4枚。

钱币　均为北宋钱。

天圣元宝　1枚。DZXM91：1，折二，篆书，旋读。直径2.45厘米（图二四五，1）。

皇宋通宝　1枚。DZXM91：2，折二，真书，对读。直径2.5厘米（图二四五，2）。

嘉祐通宝　1枚。DZXM91：3，折二，篆书，对读。直径2.5厘米（图二四五，3）。

绍圣元宝　1枚。DZXM91：4，小平，行书，旋读。直径2.3厘米（图二四五，4）。

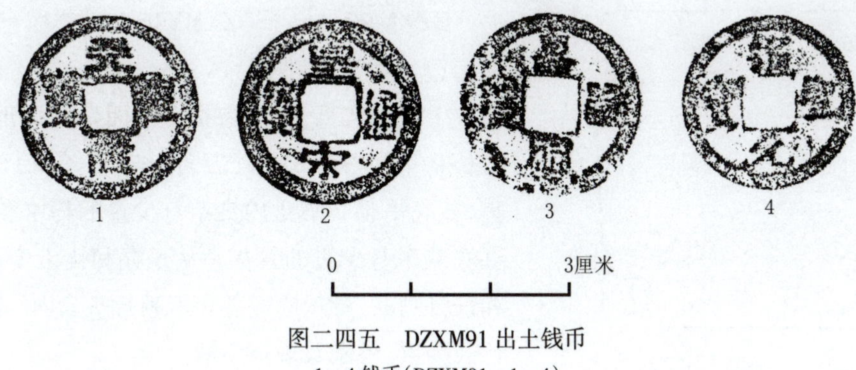

图二四五　DZXM91 出土钱币
1～4.钱币（DZXM91：1～4）

53.四十六号墓茔（DZXMY46）

位于墓地发掘区中部偏东处。东南距 DZXMY11 约 30 米，北距 DZXMY47 约 10 米。

墓茔平面略呈方形，单墓茔。东西长 18 米，南北宽 17.8 米。方向 10°。茔墙墙体用自然石块垒砌，除南墙略不规整外，其他三墙均较为规整，墙宽 0.5～0.6 米，现存高度 0.9 米，没有发现门道痕迹。墓茔内仅发现 DZXM92 一座墓葬（图二四六）。

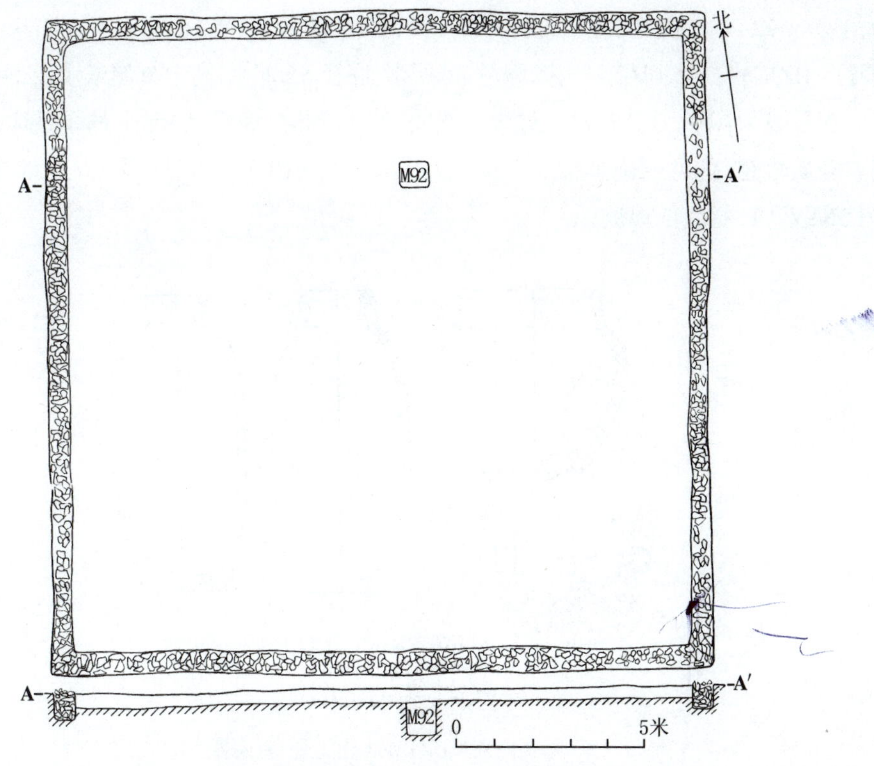

图二四六　DZXMY46 平、剖面图

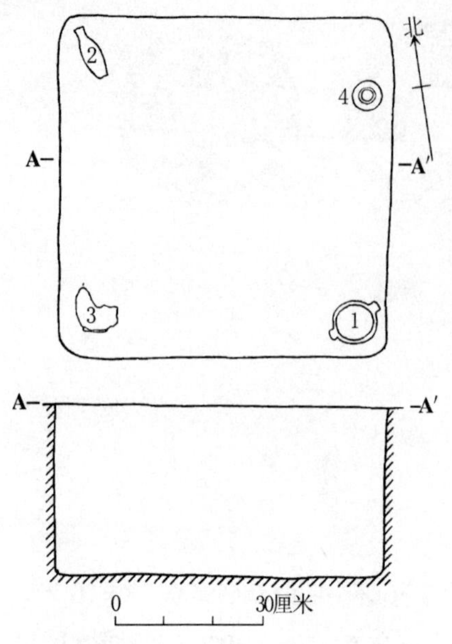

图二四七 DZXM92 平、剖面图

1.釉陶香炉 2、4.小口双耳瓷瓶 3.双耳瓷罐

DZXM92 位于 DZXMY46 北部略偏东。

1） 墓葬形制

土坑竖穴墓，早期盗扰。平面呈圆角正方形，边长 0.7 米，深 0.35 米。方向 10°。墓壁加工较为规整，墓底平整。填土内夹杂有少量的朽木和铁钉。墓底散布有少量的骨灰，从残存和扰土中的朽木和铁钉判断，骨灰原应装在木制骨灰盒内。因盗扰朽蚀严重，形制及规格不清。

墓内随葬品置于四角，西南角和东南角随葬有黑釉双耳罐和香炉 1 件，其余两角各随葬黑釉小口瓶 1 件（图二四七）。

2） 随葬品

墓内出土随葬品仅 4 件。

瓷器 3 件。有小口双耳瓶、双耳罐。

小口双耳瓶 2 件。形制相同，双耳残。小口圆唇，短折沿，矮领较直，领部作对称双耳，肩部略鼓，长圆腹，圈足底。瓷质较粗，口部及外壁施黑釉。DZXM92：1，口径 4.2 厘米，腹径 7.2 厘米，底径 5.2 厘米，高 16 厘米（图二四八，2；彩版贰肆捌，1）。DZXM92：2，口径 4 厘米，腹径 7.6 厘米，底径 5.2 厘米，高 15.6 厘米（图二四八，3）。

双耳罐 1 件。DZXM92：3，双耳残缺。敛口圆唇，溜肩，肩部作对称双耳，鼓腹，圈足底。瓷质较粗，内外壁施黑釉。口径 7.2 厘米，腹径 10.2 厘米，底径 5.6 厘米，高 9.6 厘米（图二四八，1；彩版贰肆捌，2）。

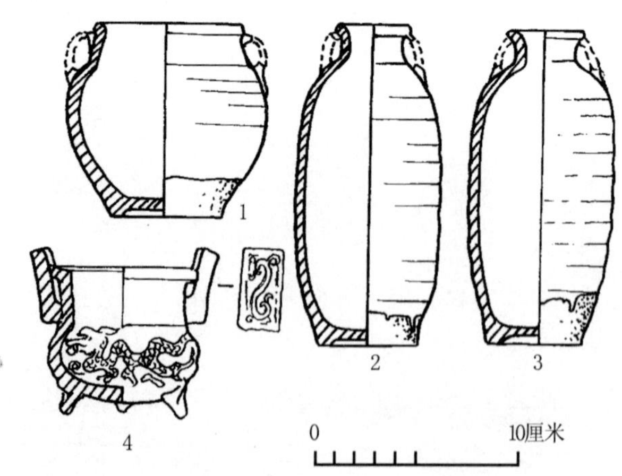

图二四八 DZXM92 出土瓷、釉陶器

1.双耳瓷罐（DZXM92：3） 2、3.小口双耳瓷瓶（DZXM92：1、2） 4.釉陶香炉（DZXM92：4）

釉陶器　1件。香炉，DZXM92：4，完整。直口平沿，尖圆唇，颈部较长，扁鼓腹，口外侧作对称双耳，底部施三个尖圆足。耳部外侧刻划有花草纹，口部内侧及外壁施绿釉，外壁近底及内壁脱釉。口径7.2厘米，高8.4厘米（图二四八，4；彩版贰肆捌，3）。

54.四十七号墓茔(DZXMY47)

位于墓地发掘区中部偏东。南距DZXMY46约10米，西北距DZXMY48约40米。

墓茔平面略呈方形，单墓茔。南北长17.5米，东西宽17米。方向5°。茔墙墙体用自然石块垒砌，保存完整，较为规整，墙宽0.5米，现存高度0.6米，没有发现门道痕迹。墓茔内仅发现DZXM93一座墓葬（图二四九）。

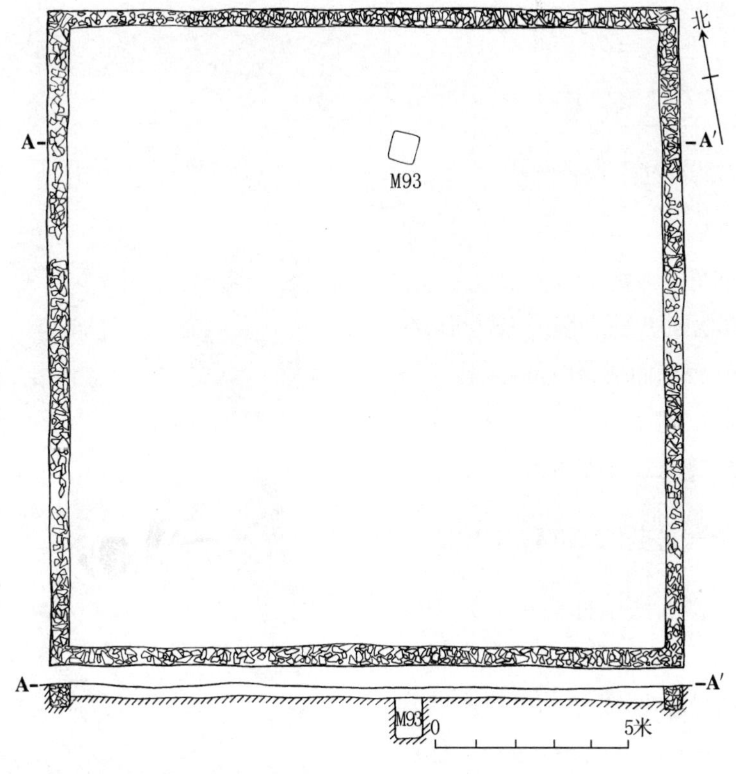

图二四九　DZXMY47平、剖面图

DZXM93　位于DZXMY47北部略偏东。

1）　墓葬形制

土坑竖穴墓，早期盗扰。平面略呈长方形，南北长0.77米，东西宽0.7米，深0.5米。方向10°。墓壁加工较为规整，墓底平整。填土内出土有正方形浮雕荷花砖一块。墓内置一木制骨灰盒，因盗扰和朽蚀严重，形制及规格不清。骨灰盒朽木周围散布有少量的骨灰（图二五〇）。

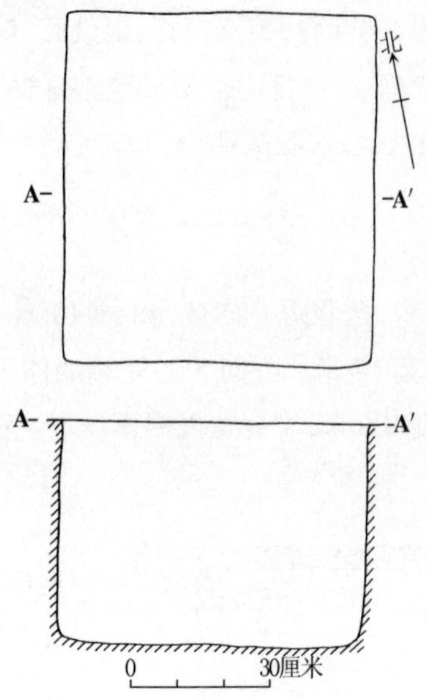

图二五〇　DZXM93 平、剖面图

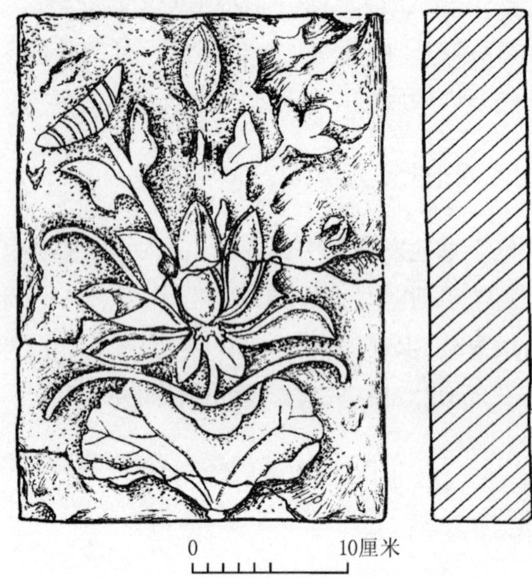

图二五一　DZXM93 出土花砖(DZXM93：1)

2）　随葬品

墓内仅出花砖 1 块。

花砖　DZXM93：1,完整。长方形,制作规整。灰色,模制而成,作浮雕式荷花图案。长 32.8 厘米,宽 23.8 厘米,厚 6.6 厘米(图二五一;图二五二;彩版贰肆玖,3)。

图二五二　DZXM93 出土花砖拓片(DZXM93：1)

55.四十八号墓茔(DZXMY48)

位于墓地发掘区中部偏东，东南距 DZXMY47 约 40 米。

墓茔平面呈长方形,单墓茔。南北长 22 米,东西宽 17 米。方向 6°。茔墙墙体用自然石块垒砌,保存完整,较为规整,墙体宽 0.6 米,现存高度 0.45 米。门道位于南墙中部,宽 1 米。墓茔内仅发现 DZXM94 一座墓葬(图二五三)。

DZXM94　位于 DZXMY48 中部偏北。

1）　墓葬形制

土坑竖穴墓,早期盗扰。平面呈圆角长方形,南北长 0.8 米,东西宽 0.6 米,深 0.4 米。

图二五三　DZXMY48 平面图

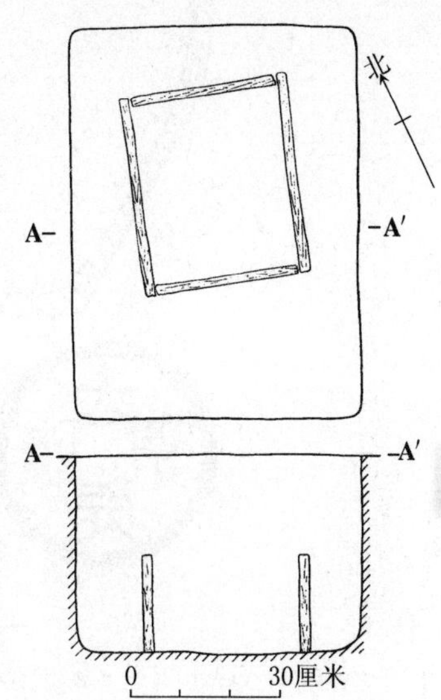

图二五四　DZXM94 平、剖面图

方向 11°。墓壁较为规整，墓底平整。填土内夹杂有瓷器残片和石块，墓口地表平铺自然石块一层。墓内北部置有一木制骨灰盒，保存较完整，略呈西北—东南向放置。平面呈长方形，长 0.41 米，宽 0.35 米，高 0.2 米，盒板厚 0.02 米。骨灰盒内有少量骨灰。

墓内随葬品均出于骨灰盒内，有银饰片 1 件，钱币 1 枚，绿松石珠饰 1 粒。扰土内出土茶绿釉瓷罐 1 件(图二五四)。

2)　随葬品

墓内出土随葬品 4 件。有瓷器、银器、绿松石珠和钱币。

瓷器　1 件。为罐。DZXM94：4，残。直口圆唇，矮领鼓肩，最大腹径略偏上，下腹弧内收，平底。瓷质较细，内外壁施茶绿釉。口径 15 厘米，腹径 23 厘米，底径 11.2 厘米，高 21.6 厘米(图二五五，1)。

银器　1 件。为饰片。DZXM94：1，残。平面呈椭圆形，作弧形弯曲。残长径 0.95 厘米，短径 0.4～0.6 厘米，厚 0.1 厘米(图二五五，5)。

绿松石珠　1 枚。DZXM94：2，残。平面形状不规则，背面平整，表面圆弧，竖穿一孔未通。残长 1.1 厘米，宽 0.8 厘米，厚 0.5 厘米，孔径 0.1 厘米(图二五五，4)。

钱币　1 枚。DZXM94：3，为“大定通宝”。折二，真书，对读，背穿上施一“酉”字。直径 2.5 厘米(图二五五，3)。

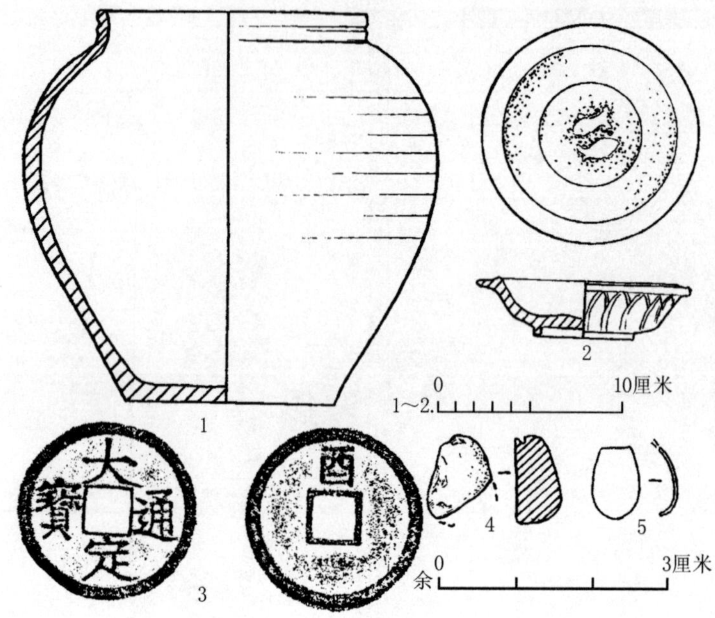

图二五五　DZXM94、M96出土器物

1.瓷罐（DZXM94：4）　2.瓷盘（DZXM96：1）　3.钱币（DZXM94：3）　4.绿松石珠（DZXM94：2）　5.银饰片（DZXM94：1）

56.无墓茔墓

DZXM95　位于墓地发掘区东南部。东距DZXM96约8米，南距DZXM97约30米，西北距DZXM22约25米。

1）　墓葬形制

土坑竖穴墓，早期盗扰。平面呈长方形，南北长2.1米，东西宽1.0米，深0.3米。方向15°。墓壁加工较为规整，墓底平整。填土内夹杂棺板朽木和铁棺钉。棺内葬有尸骨1具，胸部盗扰，仰身直肢，尺、桡骨微向内曲，面向上。从填土中出土的棺板和铁钉判断，尸骨应装在木棺之内，因严重盗扰，形制及规格不清。为男性，年龄30岁左右（图二五六）。

2）　随葬品

墓内无随葬品出土。

DZXM96　位于墓地发掘区东南部。南距DZXM97约30米，西距DZXM95约8米。

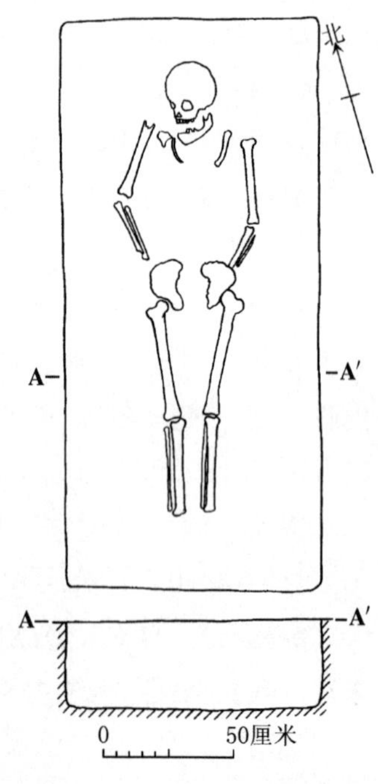

图二五六　DZXM95平、剖面图

1）　墓葬形制

土坑竖穴墓，早期盗扰。平面呈长梯形，南北长2米，东西宽1.7～1.45米，深0.3米。方向10°。墓壁加工略不规整，墓底平整，填土内夹杂有棺板朽木和铁棺钉。墓内并列葬有尸骨2具，均盗扰。东侧尸骨盗扰严重，仅存右肱骨、尺骨和桡骨、左股骨和胫腓骨，以及少量的脊椎骨，仰身直肢，为女性，年龄25岁左右。西侧尸骨除腹部盗扰外，其余保存较好，头向0°，仰身直肢，面向西。为成年男性。从墓内填土中出土的棺板朽木和铁棺钉判断，尸骨原应装在木棺之内，因盗扰破坏严重，形制及规格不清（图二五七）。

墓内仅在填土中出有瓷器1件和少量的瓷器残片。

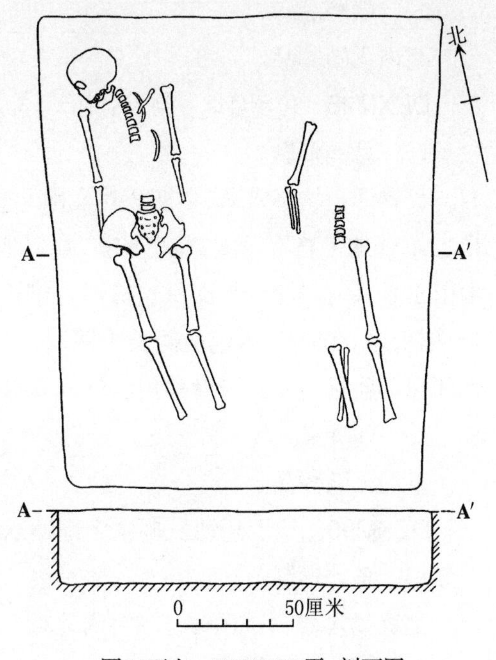

图二五七　DZXM96平、剖面图

2）　随葬品

龙泉窑瓷盘　1件。DZXM96∶1，残。敞口圆唇，平折沿，弧腹斜收，圈足底。瓷质细腻，内外壁施青釉，外壁作莲花纹，内底饰双鱼纹。口径12.2厘米，底径5.6厘米，高3厘米（图二五五，2）。

DZXM97　位于墓地发掘区东南部。北距DZXM95、DZXM96约30米。

1）　墓葬形制

土坑竖穴墓，早期盗扰。平面呈长梯形，墓壁由上至下斜收。墓口南北长2.28米，东西宽0.94～0.82米；墓底南北长2.13米，东西宽0.83～0.72米；深1.1米。方向7°。墓壁加工规整，墓底平整，墓口之上平铺一层整齐的自然石块，在填土中夹杂有棺板朽木、铁棺钉和少量的陶器残片。墓内仅在东侧北段保存有木棺痕迹，但因盗扰和朽蚀严重，形制不清，棺板厚0.03米。墓内葬有尸骨1具，胸部盗扰，脊椎骨作弧形弯曲，左肩胛骨、肱骨、胫腓骨向外移位。仰身直肢葬，面向西，为男性，年龄约45～50岁（图二五八）。

图二五八　DZXM97平、剖面图

2）　随葬品

墓内无随葬品。

DZXM98　位于墓地发掘区东南部。东北距 DZXMY14 约 70 米，西距 DZXM96 约 70 米。

1）　墓葬形制

长梯形土坑竖穴墓，早期盗扰。南北长 2.1 米，东西宽 1.15～0.84 米，深 0.7 米。方向 15°。墓壁加工略不规整，墓底平整，墓口地表之上整齐的平铺有一层自然石板。墓内置有木棺 1 具，保存较好，平面呈长梯形。棺长 1.88 米，头部宽 1.07 米，尾部宽 0.8 米，高 0.48 米，棺板厚 0.03 米。木棺两侧长于两端，用铁钉钉合。棺内紧贴西壁葬有尸骨 1 具，左侧盆骨和腹部盗扰，左胫、腓骨移位。仰身直肢，面向西，成年女性（图二五九）。

2）　随葬品

墓内无随葬品。

DZXM99　位于墓地发掘区中部偏东南。西北距 DZXMY15 约 145 米。

1）　墓葬形制

土坑竖穴墓，平面呈长方形，南北长 1 米，东西宽 0.7 米，深 0.4 米。方向 10°。墓壁较为规整，墓底平整，墓口地表垒砌有整齐的自然石块，高 0.3 米，填土内夹杂有少量的小石块。墓内正中置一木制骨灰盒，保存较好。骨灰盒长 0.8 米，宽 0.4 米，高 0.29 米，盒板厚 0.03 米。骨灰盒两端长于两侧，用铁钉钉合。骨灰盒内装有骨灰（图二六〇）。

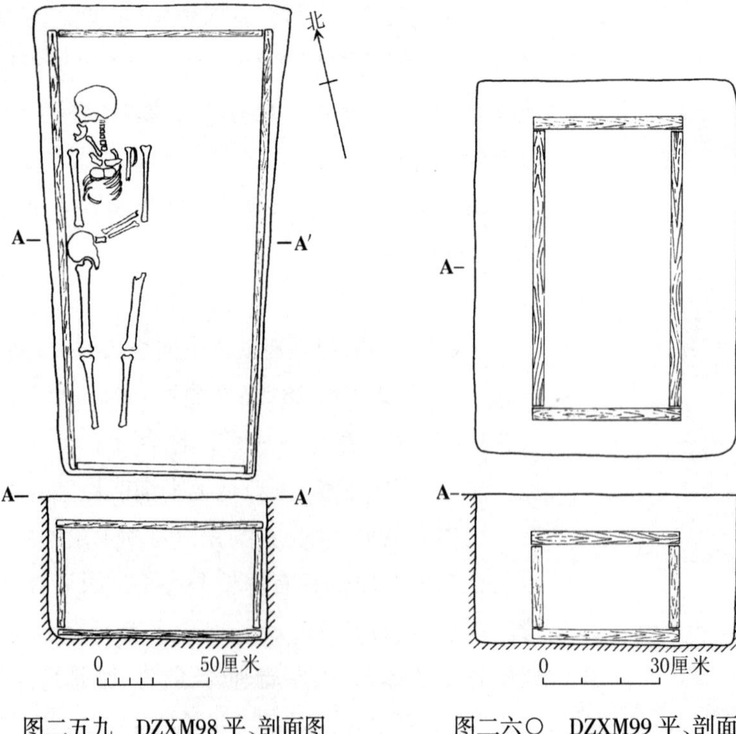

图二五九　DZXM98 平、剖面图

图二六〇　DZXM99 平、剖面图

在骨灰盒内随葬银簪1件。

2）　随葬品

银簪　1件。DZXM99：1，完整。长条形，由上至下渐细，端部作椭圆形，头部尖圆。长12.7厘米，宽0.2～0.7厘米，厚0.1厘米（图二六一，5）。

DZXM100　位于墓地发掘区中部偏东。东北距DZXMY11约25米，东南距DZXMY42约10米，西距DZXM102约10米。

1）　墓葬形制

土坑竖穴墓，早期盗扰。平面略呈长方形，东西长1米，南北宽0.9米，深0.55米。方向25°。墓壁加工规整，墓底平整，填土内夹杂有碎石块和沙粒。墓内置有一木制骨灰盒，用铁钉钉合。因残损严重，形制及规格不清。骨灰盒处散布有少量的骨灰（图二六二）。

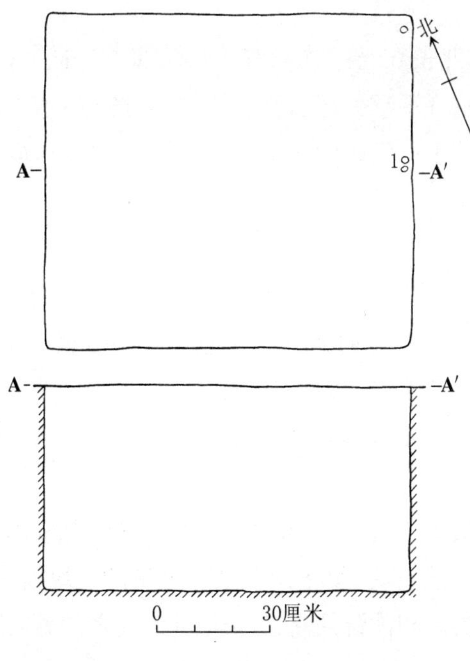

图二六二　DZXM100平、剖面图

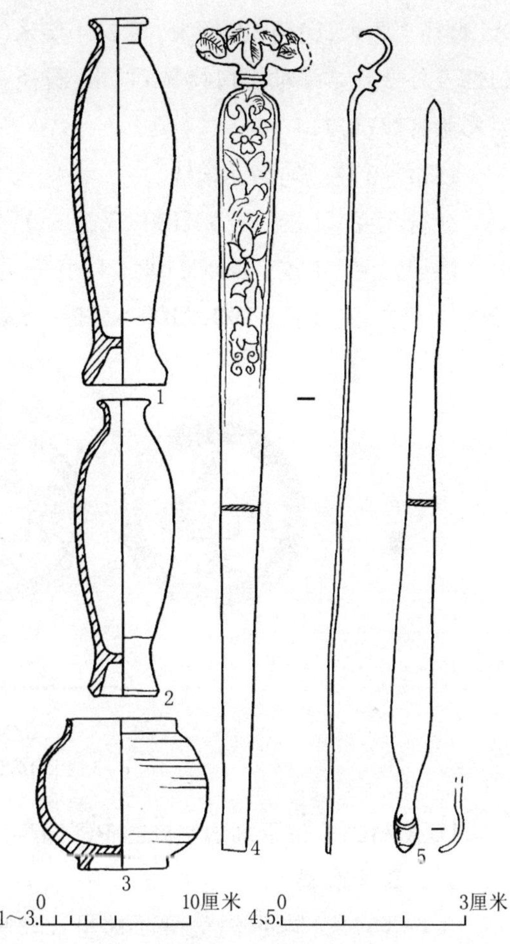

图二六一　DZXM99、M100、M101、M102出土银、瓷器
1、2.小口瓷瓶（DZXM100：1、2）　3.釉陶罐（DZXM101：1）
4.银簪（DZXM102：1）　5.银簪（DZXM99：1）

墓底东壁出土有钱币3枚。此外，在近底部扰土中出土黑釉鸡腿瓶和绿釉鸡腿瓶各1件。

2）　随葬品

墓内出土随葬品共5件。钱币略多，瓷器略少。

瓷器　2件。均为小口瓶，形制相同，完整。小口圆唇，短折沿，矮领略侈，溜肩长圆腹，近底外侈，作喇叭口圈足底。瓷质较粗，近底脱釉。DZXM100：1，口部及外壁施黑釉。口径4厘米,腹径7厘米,底径5.7厘米,高24.4厘米(图二六一,1;彩版贰肆玖,1)。DZXM100:2,口部及外壁施茶绿釉。口径3.6厘米,腹径7厘米,底径4.6厘米,高20厘米(图二六一,2;彩版贰肆玖,2)。

钱币 3枚。均为北宋钱。

祥符元宝 1枚。DZXM100:3,折二,真书,旋读,郭略宽。直径2.5厘米(图二六三,1)。

熙宁元宝 1枚。DZXM100:4,小平,篆书,旋读。直径2.3厘米(图二六三,2)。

元丰通宝 1枚。DZXM100:5,折二,篆书,旋读,花穿,郭略宽。直径2.5厘米(图二六三,3)。

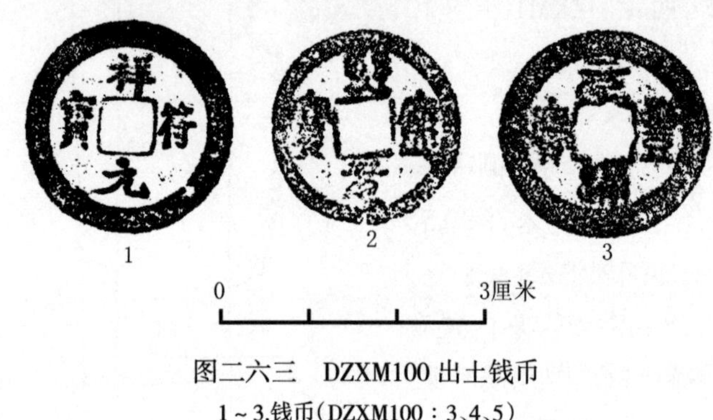

图二六三 DZXM100出土钱币

1~3.钱币(DZXM100:3、4、5)

DZXM101 位于墓地发掘区中部偏东,西偏北距DZXMY42约70米。

1) 墓葬形制

土坑竖穴墓,早期盗扰。平面略呈长方形,南北长0.8米,东西宽0.7米,深0.7米。方向0°。墓壁加工较为规整,墓底平整;墓口地表整齐平铺一层自然石块,厚0.15米;填土内夹杂有朽木和棺钉。墓内出土有少量骨灰,从填土中发现的朽木和铁钉判断,骨灰原应装在木制骨灰盒内(图二六四)。

墓内仅在近底部出土釉陶罐1件。

2) 随葬品

釉陶罐 1件。直口圆唇,矮领鼓腹,圈足底。外壁蓝釉全部剥落,仅有零星残缺。口径7.6厘米,腹径11.6厘米,底径6厘米,高9.8厘米(图二六一,3)。

DZXM102 位于墓地发掘区中部偏东,东距DZXM100约10米。

1) 墓葬形制

土坑竖穴墓,平面略呈长方形。南北长1.1米,东西宽1米,深1米。方向5°。墓壁加工规整,墓底平整,墓口地表平铺一层较整齐的自然石块,填土内夹杂有大量的石块、朽木和铁钉。墓内有少量的骨灰,从填土中发现的朽木和铁钉判断,骨灰原应装在木制骨灰盒内(图二六五)。

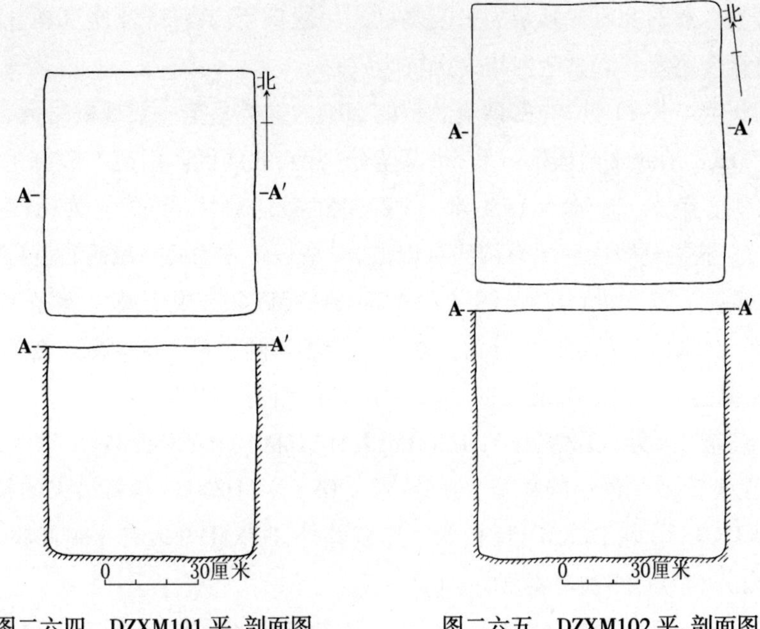

图二六四　DZXM101平、剖面图　　图二六五　DZXM102平、剖面图

墓内在近底部出土鎏金银簪1件。

2）　随葬品

鎏金银簪　1件。DZXM102∶1，残。扁长条形，由上至下渐细，表面鎏金。簪身上半部錾刻有精细的牡丹花，头部锤叠有浮雕式牡丹花一朵。长14厘米，宽0.4～1厘米，厚1厘米（图二六一，4）。

四、结　语

1.文化特征

砧子山墓地是目前在内蒙古地区发现的规模最大的元代墓葬群。这处墓地在墓葬形制、葬具使用、丧葬习俗等方面都呈现出较为鲜明的文化特征，是研究元代社会生活的极为珍贵的资料。

（1）墓茔形制

砧子山墓地的墓茔有多种形制，其中以单墓茔为主，二进式墓茔次之，三进式、双重式和刀把式墓茔较少。

单墓茔　共29处，约占墓茔总数的60%。这类墓茔一般规格较小，最小的墓茔仅有5.4米×4米（DZXMY12），最大的墓茔为32米×16米（DZXMY27）。墓茔平面多作竖长方形，少量的作正方形（DZXMY30、DZXMY33、DZXMY39）。这类墓茔多为一茔一墓，共24

座，占单墓茔总数的80%。其余为一茔多墓，一般墓茔内有2～4座墓葬，最多的墓茔DZXMY1内有7座墓葬。墓茔内均为土坑竖穴墓。

二进式墓茔　共11处，约占墓茔总数的20%。这类墓茔一般规格略大，在墓茔的南墙北侧3.2～16.8米处东西横砌一墙，将墓茔分为南、北两区。门道一般位于同一轴线之上。最小的墓茔为23米×18.2米（DZXMY34），最大的墓茔为61.4米×33米（DZXMY23）。这类墓茔内一般有两座墓以上，一墓一茔者为砖室或砖石混砌墓。

三进式墓茔　有3处（DZXMY3、DZXMY4、DZXMY40），规模最大，墓茔长度在60米以上，宽度在30米以上。墓茔内分为石砌墓或砖券穹隆顶墓。这类墓茔在墓茔南部东西横砌两墙，将墓茔分为南、中、北三区。门道基本位于同一轴线之上。

双重式墓茔　4处（DZXMY9、DZXMY14、DZXMY16、DZXMY41），这类墓茔平面呈"回"字形，规模较小。最小的墓茔为15.5米×14.8米（DZXMY14），最大的墓茔20米×18.5米（DZXMY16）。除DZXMY41内为一座墓葬外，DZXMY9内有3座墓葬，DZXMY14、DZXMY16内分别为6座和7座墓葬。

刀把式墓茔　仅见DZXMY43一处，平面呈刀把形，北茔区较小，南茔区略大，无门道痕迹。这类墓茔应为在原来南侧的单墓茔北墙外，又二次加筑了北侧墓茔。

上述各类墓茔中，除DZXMY43南、北茔区均有墓葬外，其他类型墓茔之墓葬均位于北茔区或内茔区，其他区域均无墓葬和其他建筑遗迹。同时，从墓茔内墓葬结构和随葬品数量来看，二进式和三进式墓茔规格较高，出土随葬品亦较丰富。其他类型墓茔之墓葬规格相对较低。这种在墓茔和墓葬结构上的差异，应是墓主人生前身份高低的反映。

（2）墓葬形制

砧子山墓地墓葬有多种形制。大致可分为土坑竖穴墓、大型砖室墓、小型砖（石）墓、侧洞室墓、"凸"字形墓和石板墓等六种形式。

土坑竖穴墓　在墓地中发现的数量最多，共92座。平面形状不一，以长方形墓为主，共75座；长梯形墓较少，有9座；此外，还有正方形墓4座，不规则形墓1座，上圆下方墓1座，侧洞室墓1座，"凸"字形墓1座。长梯形墓穴均为头（北）宽尾（南）窄。其中凡正方形墓均为骨灰葬。不规则形墓和上圆下方墓，应为早期盗扰所至。五座墓内置有生土二台层，其中长方形墓4座，正方形墓1座。侧洞室墓仅见DZXM83一座。由土坑竖穴和侧穴两部分组成。竖穴在东，侧穴位于竖穴之西侧，距墓底0.2米处挖一侧穴。侧穴壁面略不规整，底部平整，顶部圆弧。在竖穴和侧穴内均置有木制骨灰盒1具。"凸"字形墓只有DZXM13一座，土坑竖穴式。东侧墓穴为主穴，平面呈长方形，在东侧墓穴西壁中段向西又开一墓穴，平面呈长方形。在东侧墓穴用石板砌有石椁，椁内置有木制骨灰盒；西侧墓穴内置一木制骨灰盒。这类墓葬应为二次葬，先建有东侧墓穴，其后再在旁边建西侧墓穴。无墓茔之18座墓中的DZXM20、DZXM90、DZXM99和DZXMY20内的DZXM51等墓葬,墓口地表垒砌有自然石块或青砖。

大型砖(石)室墓　有 DZXM8、DZXM11、DZXM12、DZXM64 四座墓。所在墓茔均为二进式或三进式墓茔,规格较大。这类墓葬由墓圹、墓室、墓门、甬道和墓道组成。其中骨灰墓(DZXM11、DZXM12)北半部置有尸床,DZXM8、DZXM64 为夫妻合葬墓,在墓壁及墓顶之上绘有壁画。DZXM8 墓道南端还设有祭台,

小型砖(石)墓　有 DZXM10、DZXM28、DZXM29、DZXM76、DZXM77 五座墓。所在墓茔亦均为二进式或三进式墓茔,墓葬规格相对较小,由墓圹和墓室组成。这类墓葬一般紧贴墓圹四边用砖或石块垒砌。其中 DZXM28、DZXM29、DZXM76 为骨灰墓,DZXM77 为夫妻合葬墓,DZXM10 因盗扰严重,仅发现一女性尸骨。

石板木椁墓　仅见 DZXM70 一座。土坑竖穴式。在墓内木椁外侧用 5～8 厘米的石板立砌,底部平铺石板一层,顶部盖有石板一层。石板之内为木椁,木椁之内并列有木棺两具,为夫妻合葬墓。

(3)祭台和地表标志

在所发掘清理的 48 座墓茔中,存有在墓茔内墓葬的南端或北侧设立祭台的习俗。只是因为盗掘破坏，有的祭台没有保留下来。此次发掘，在 DZXMY2 的 DZM8 墓道南端、DZXMY14 的 DZXM36 北侧、DZXMY20 的 DZXM51 南端、DZXMY22 的 DZXM57 北侧、DZXMY23 的 DZXM64 墓道东侧、DZXMY24 的 DZXM61 南端,共 6 座墓茔地表发现设有祭台。祭台用灰色素面长方砖垒砌,DZXMY2、DZXM20、DZXMY24 祭台平面呈长方形,DZXMY14、DZXMY22、DZXMY23 祭台平面呈正方形,表面抹有白灰面。DZXM8、DZXM64 祭台位于墓道入口处，其余各墓祭台位于墓口之南侧或北侧。此外，在 DZXMY16 的 DZXM42、DZXM43、DZXM45 和 DZXM53 四座墓口之上的夯土层表面,也用长方形青砖围砌成长方形祭台,极少部分保留 4 层,用白泥抹面,外表涂以红色彩绘,惜已破坏不堪。祭台四周用砖或自然石块铺砌平整的地面,用于拜祭。

在墓葬地表用自然石块垒砌标志的有 18 座墓。地表石砌标志基本与墓口大小相同,有的略大于墓口。地表标志除 DZXMY24 的 DZXM58 因早期盗扰，形状不清,DZXMY24 的 DZXM61 地表作“T”字形标志外,余平面均作长方形。地表石砌标志大致可分两类。一类在墓口地表平铺自然石块一层，有 6 座墓葬（DZXMY37 的 DZXM79、DZXMY41 的 DZXM84、DZXMY48 的 DZXM94、和没有墓茔的 DZXM75、DZXM97、DZXM98)。另一类则用自然石块垒砌,其间未坐泥浆,标志高度普遍在 0.3～0.4 米之间,最高的为 0.5 米,有 12 座墓葬（DZXMY1 的 DZXM1 和 DZXM6、DZXMY16 的 DZXM42、DZXM43、DZXM44、DZXM45、DZXM53、DZXM54 和 DZXM55、DZXMY24 的 DZXM58、DZXM60 和 DZXM61)。

(4)葬具

主要有木棺、木制骨灰盒和木椁,个别有石函。

木棺　主要用于装殓尸骨之用,多数因盗扰破坏,仅有少量的木棺结构较为完整。大致可分3型。

A型　普遍见于砧子山墓地各墓。以DZXM1B木棺为例:平面呈长梯形,头部略宽,尾部低窄,两侧长于两端。有的木棺采用榫卯结构和铁钉钉合,大多则用铁钉钉合。个别木棺如DZXM58木棺之上有铁棺环,棺之上下四角有铁护角加固,棺身及棺盖之上绘有红彩。个别的棺体用铁棺箍加固。

B型　数量较少。木棺平面呈长方形,两侧长于两端,用铁钉钉合。

C型　是墓地中发现的木棺中结构最为复杂的。仅见于DZXM8之中。以DZXM8B为例:木棺平面呈长梯形,头阔尾矮,棺板两侧和底部长于两端。棺盖呈上窄下宽梯形,高16厘米,四边向外作弧形,为了加固棺盖板,棺盖中间有两根横向拉带。木棺采用榫卯结构和铁钉钉合。

木制骨灰盒　因早期盗扰和朽蚀,多损毁严重。从保存较好的骨灰盒看,作为骨灰盒其体积规格一般略大,平面多呈长方形,少量的呈正方形,尺寸大者长约126厘米,宽约90厘米;小者长仅30厘米,宽约22厘米。骨灰盒木板一般较薄,总体上结构较为简单,多数为铁钉钉合,少数的为榫卯结构和铁钉钉合。DZXM86骨灰盒用铁棺箍加固。

木椁　多用木板围成长方形，套在木棺之外。共发现10座墓建有木椁(DZXM10、DZXM13、DZXM42、DZXM43、DZXM45、DZXM53、DZXM55、DZXM66、DZXM70、DZXM71)。其中,DZXM13在木椁外还用石板围砌有石椁;DZXM66墓内木椁用0.06米厚的木板搭制而成,分前、后两室。前室为横长方形,后室为纵长方形。木椁内角结合部除后室北侧两角外,均用0.1米×0.06米的木柱加固。紧贴木椁四壁立砌一层石板,底部和顶部平铺和盖有一层石板。

此外,在DZXM52骨灰墓的木制骨灰盒外侧也围砌有石椁。DZXM49的葬具为一特制的石函。

(5)葬俗

砧子山墓地经过发掘清理的102座墓葬,共有111个人的个体。除去40个骨灰葬个体外,71个尸体葬个体中,有男性个体33个,女性个体26个,儿童个体7个,不详个体5个。尸体葬占近70%。

尸体墓均有木棺作葬具,在46例葬式清楚的墓葬中,所见葬式有4种。以仰身直肢葬最多,共41例。仰身屈肢葬和侧身屈肢葬各2例,侧身直肢葬只有1例。头向多大致向北,仅见DZXM66和DZXM67异穴合葬墓、DZXM70同穴合葬墓两座墓尸骨头向南。个别尸骨头下枕有荞麦皮枕头(DZXM64)。从西坡墓地保存较好的DZXM8A女性墓来看,尸骨在入棺时穿有用毛类絮成的棉衣或用棉被包裹。DZXM70两具尸骨有多层丝麻织物残片,棺内尸骨盆骨处出有皮制品,也应为尸者入葬时的衣着之物。

骨灰葬是砧子山墓地的一个显著特征,反映了元朝时期元上都地区的居民对佛教的信仰。

常见墓葬中、墓穴底部或木棺（骨灰盒）底部散布有数量不等的钱币。其中的DZXM23墓底和棺底钱币多达235枚,最少的DZXM68和DZXM94仅有钱币1枚。这种葬俗在内蒙古四子王旗城卜子古城(元代净州路)附近墓葬中有也有发现[6],应是元代特有的葬俗之一。

(6)随葬品

以钱币为大宗,瓷器和铁器次之,少量的金器、银器、釉陶器、铜器、骨器、漆器、建筑材料等。

砧子山墓地的墓葬因早期盗扰十分严重,墓内随葬品位置多已扰乱,组合亦不清楚。仅有30座墓葬未被彻底盗掘,可大致看出随葬品位置及部分器物的组合特点和规律。

尸体墓的墓内随葬品多置于木棺外侧头部,少量的置于木棺内侧头部。木棺外侧主要随葬器物以中间一碗、一香炉,两侧各有1~2件黑釉小口瓶或黑釉四系罐为多。但也有个例,如DZXMY8的DZXM18在木棺外侧头部随葬黑釉瓷罐1件和铁车辖1件。梳妆用品和装饰品均随葬于棺内。总体看木棺内头部随葬物品较少,瓷器最多为2件,多数仅1件,器型主要有黑釉瓷罐、梅瓶等。此外,DZXMY30的DZXM70B尸骨口内含有口含钱1枚。

骨灰墓随葬品多置于木制骨灰盒外侧的南部,少量的置于骨灰盒东南、西南角或骨灰盒四角,也有的置于骨灰盒内。随葬品置于骨灰盒外南侧的中间多为香炉,东、西两侧各置黑釉小口瓶。置于骨灰盒南面东、西两角的器物有瓷瓶、黑釉梅瓶、小口瓶、双耳瓷壶等,不见香炉。四角皆置有随葬品的,香炉多置于东南角,其他三角分别各随葬黑釉双耳壶或梅瓶、带盖黑釉罐等。骨灰盒内随葬品多见小口瓶和梅瓶等。

DZXMY2的DZXM8、DZXMY30的DZXM70两座双木棺墓和DZXMY40的DZXM83双骨灰盒墓，各有两组相同的随葬品。而外侧一组随葬品数量较内侧多1~2件。在DZXM8南侧一组香炉中积满香灰,反映了死者在入葬时可能进行过祭典活动。

此外，还在墓地内出有少量的铁辖和铁制马鞍具及个别使用的铁棺箍和铁镞等器物,这应是元上都居民在草原地区长期生活的反映。在其中四座骨灰墓内还分别出有1~3块涂过红色朱砂的石块,这些石块应具有镇墓的作用。

2.与砧子山南区墓地的差别

这次发掘的砧子山西区墓地,因与1990年公布的南区墓地同处于一个墓地,故在文化面貌和具体特征方面有诸多的相似之处。但是,因为砧子山墓地分布范围广阔,延续使用时间亦较长,所以两片墓地亦有较大的区别,主要表现在以下4个方面:

第一,南区墓地各墓茔与西区墓地墓茔相比,规模较小。从发表的资料看,仅见有单墓茔,没有二进式、三进式墓茔和双重式墓茔。墓茔之内不见有西区墓地的大型砖室墓和砖(石)砌墓,也无西区墓地规整的墓穴。

第二,南区墓地埋葬尸体之墓葬多无葬具,而西区墓地埋葬尸体之墓葬则在墓穴内均有木棺葬具。南区墓地骨灰墓有的装在木制骨灰盒内,有一定数量的骨灰盛装在瓷罐和陶罐之中,也有一定数量的骨灰则无任何葬具盛装。骨灰墓多无固定的墓葬形式,最简陋的骨灰墓仅在地表用不规则的自然石块垒砌一不太规整的方形墓穴,内放骨灰和少量的随葬品。西区墓地骨灰墓则均有固定规整的墓穴,骨灰均盛装于木制骨灰盒或石函之内,有的还在木制骨灰盒外围建石板为椁。DZXM11 和 DZXM12 的骨灰则是置于砖砌穹隆顶墓内的尸床之上。

第三,南区墓地清理的 96 座墓葬中,骨灰葬多达 65 座,约占墓葬总数的 64%;可以认定的尸体葬仅有 16 座; 而西区墓地 102 座墓中, 尸体葬有 63 座, 约占墓葬总数的 61%,其余 39 座为骨灰葬。

第四,在西区墓地不见南区墓地出土的大型石牌坊、石碑和买地券等,但却出土有大型的对扣莲花石基座、仿木结构的屋顶和石阶梯等。

西区墓地与南区墓地之所以从墓茔规模、墓葬形制和葬具等方面有上述差异,我们分析,似乎不能单纯解释为,两个墓地的墓主人在生前有身份地位和富有程度的差别。因为,虽然南区墓地不见多进式大型墓茔,但是石牌坊、“丁公之茔”碑刻等大型的石构件的存在,也似乎反映出其社会地位并不低下。所以,两片墓地的差异也许反映的是年代上的差别,亦或是来自不同的原居住地而造成了葬俗的差异。

3.墓地所反映的问题

砧子山西区墓地发掘的 102 座墓中,仅有 15 座墓没有被盗,其余大多数墓葬都遭到了不同程度的早期盗扰和近年的盗掘,这对墓地进行综合研究带来了较大的困难。但就目前的发掘所得来看,仍是研究元上都居民社会生活不可多得的资料。下面就墓地所反映出的问题进行初步探讨。

(1)年代与族属

砧子山西区墓地的墓葬结构较为复杂多样。DZXM8 大型砖室壁画墓的券砌方法与凉城县后德胜元代壁画墓[7]的券砌方法相一致,而 DZXM8 的 C 型木棺与四子王旗元代净州路古城元代墓地[8]发现的木棺形制相近。DZXM1B 的 A 型木棺在墓地中大量存在,与元上都附近羊群庙墓地[9]的木棺形制也极为一致。

从墓地出土的碑刻、砖铭上,有“大德十年”、“延祐七年”、“泰定二年”、“至正”等年号,以及各墓中出土的钱币下限亦为“大德通宝”、“大元通宝”等来看,墓地的年代应当基本贯穿了元朝一代。

墓地出土的随葬品是元代墓地常见之物。所出瓷器均属元代较为典型之器型。

上述情况表明,砧子山墓地属元代墓地。它随着元上都的兴起而建立,也随着元上都的毁灭而废弃。

砧子山西区墓地从葬俗和随葬品来看,带有明显的中原汉族家族特征。1990年和本次清理的墓茔、墓葬中出土的碑刻和砖铭上,有“丁公之茔”、“吴相高”、“居住妻孟氏”、“成氏杨氏”、“殡故父亲贺元进之灵柩”、“李孝□”、“李□之□”、“黄得禄之位” 和 “刘”、“林”、“陈”、“郝”等,均为汉人之姓名。从DZXM64中出土的漆器墨书中有“达鲁花赤、南□路总管府提调官、内府、杂造局官”等内容来看,在砧子山西区墓地中,有的墓主人在当时有着较高的社会地位,有的可能为元朝或上都的官员。再从有的墓茔内分排葬有多个墓葬,有的墓葬经过二次合葬,并在地表设有祭台的情形分析可知,砧子山西区墓地应为有元一代,居住在元上都及周围地区的汉人家族的丛葬墓地。

砧子山西区墓葬在墓茔结构、墓葬形制和随葬规格上的较大差别,反映的应是墓主人生前的贫富差距。

(2)墓茔的作用与功能

规格齐整的墓茔,是砧子山墓地与元代其他墓地的主要差别,也是元上都附近墓地极具特征之处。此类情形,在元上都西北的卧牛石墓地[10]、一棵树墓地[11]和正镶白旗的伊松敖包墓地[12]也有发现,但在数量和规模上远不及砧子山墓地。

综合考察砧子山墓地墓茔的功能与作用,主要有以下三个方面:

首先,墓地各墓茔应是元上都死者生前宅院的象征。元上都砧子山墓地从两次大规模考古发掘获得的资料分析,均属于由中原地区来元上都从事工匠或商业活动之汉人墓地。这些人在生前积累了一定的财富,死后则按照中原地区汉族家庭几进宅院的居住习惯埋葬。从1990年清理的南区墓地出土的“丁公之茔”石碑,砧子山南区M44采集的“祖茔”砖铭和这次清理中DZXMY10中出土的“葬祭之门”石碑和墓茔内出土的部分汉式建筑构件都能较为有力的证实这一点。

其次,墓茔反映了家族或家庭纽带的存在。从本次清理的48座墓茔内的84座墓葬分析,有DZXMY1、DZXMY7、DZXMY9、DZXMY12、DZXMY14、DZXMY16、DZXMY24等7座墓茔内有3~7座墓葬;男女合葬墓中进行过尸骨鉴定的,有DZXMY2的DZXM8、DZXMY23的DZXM64、DZXMY28的DZXM66和DZXM67、DZXMY32的DZXM69和DZXM73、DZXMY30的DXZM70、DZXMY35的DZXM77、DZXM96等7座墓,或同穴合葬,或异穴合葬,均应为夫妻合葬墓,此类墓葬的墓茔内,也常常存在其他墓葬;仅有一座墓葬的墓茔内,墓葬往往偏于一侧,明显留出了再次埋葬的空间。可见这类墓茔很可能是在进行第一次埋葬时,就在同一个的墓茔内,给夫妻的另一方或家庭和家族的其他成员预留下了埋葬的空间。因此,这类墓茔应为家族和家庭之墓地。

再次,墓茔是保护墓葬和茔内地面建筑的围墙。从目前发现的元代墓葬来看,围建规模较大的石砌墓茔墙,仅限于元上都地区诸墓地。元上都及周边地区是水草丰美的天然牧场,每年暑夏,元朝皇帝来上都避暑理政期间,都有大批的官员随从,同时,各路诸王和商人也都云集上都。这时,会有大量的牲畜在元上都周边地区放牧。因此,墓茔的设立很可能是为了防止牲畜进入墓地内踩踏。

(3)其他相关问题

在砧子山墓地内经过人骨鉴定的墓葬共58座64例个体中,发现5例含有欧罗巴人种成分的尸骨,可能为欧罗巴人种,或是欧罗巴人种和蒙古人种的混血,而以欧罗巴人种成分占优势,这些墓葬均与当地居民同处于一个墓地。其中DZXM42、DZXM43和DZXM53与其他4座墓葬同在DZXMY16墓茔之内,其墓葬结构、葬俗及随葬品也无特殊之处。这或许反映了西方人不仅在元上都为元朝服务或通商,同时也可能与当地人出现了通婚的现象。

墓地内DZXM70西侧尸骨口内发现口含钱1枚,这一葬俗应该是中原汉族常见的葬俗之一。有关口含钱的葬俗在山东茌平汉墓[13]、山西朔县秦汉墓[14]、宁夏固原县唐墓[15]中都有发现。有研究认为,这类葬俗应起源于中国内地,并通过丝绸之路中道与南道不断西传进入西方各国[16]。元上都地区墓葬发现的这类葬俗,应是来自中原内地的居民带入的。

墓地内尸体葬和骨灰葬两种葬俗共存,尸体葬略多于骨灰葬。这两种葬俗在墓葬形制和随葬品方面没有明显的差别,应该是墓主人生前宗教信仰的不同而产生在葬俗方面的不同。在墓地中同一墓茔之内,如DZXMY7、DZXMY16和DZXMY43等墓茔内,既有尸体葬,又有骨灰葬,可能是同一家族内的人由于宗教信仰不同而表现在葬俗上的差异。

墓地内钱币均出自于墓底和木棺底部,这种葬俗在内蒙古草原地带的金、元时期墓葬中常有发现。同时,在少量墓内的钱币上涂有人工专门涂抹的朱色,加之在有些墓中还出有涂有朱色和绿色的小石块。关于这一现象,李逸友先生在研究砧子山南区墓地时,将其分别认定为镇墓用的瘗钱和镇墓石[17],这在元上都以外地区的元代墓葬中未见有关报导,应为当地的一种极具特点的葬俗。

此外,在DZXM8西侧木棺内出土1枚金质"天下太平"春钱。在砧子山南区墓地和赤峰市敖汉旗玛尼罕乡五十家子村钱币窖藏中[18],都分别出有这类铜质"天下太平"和金质"至大元宝"春钱。李逸友先生依据"至大改元,妇人首饰皆以金、银作小钱,戴之,谓之春钱",考证认为是女子头饰上的装饰品[19]。但DZXM8西侧尸骨经过人骨鉴定为男性,这说明在元代春钱不仅是妇女的专用品,男性亦有可能存在使用春钱来作为装饰品的习俗,但仍需在今后的考古资料中得到更充分的证实。

总之,这次发掘基本上搞清了砧子山墓地的布局、墓茔(墓葬)形制、葬俗等方面的情况,为研究元上都地区的政治、经济、文化提供了翔实宝贵的资料。

附记:砧子山西区墓地的清理发掘,得到了锡林郭勒盟文化局和文物站,多伦县和正蓝旗人民政府和文化、文物部门的大力支持。在此谨表谢意。

砧子山墓地的发掘由魏坚主持。1998 年参加发掘的有李兴盛、杨春文、陈爱旺、罗金明、王登亮及内蒙古草原地带文物考古训练班全体学员;1999 年参加发掘的有吕军、胡延春、杨春文、邢建军、罗金明、张运平和吉林大学 97 级学生周高亮、周蜜、金君利、盛之翰、赵明星、张帆等;2000 年参加发掘的有杨春文、李树国、刘洪元、苏宁等。

执　　笔：魏　坚　李兴盛
绘图拓片：杨春文　郝晓菲

注　释

[1] 贾洲杰:《元上都调查报告》,《文物》1977 年第 5 期。

[2] 内蒙古文物考古研究所、锡林郭勒盟文物管理站、多伦县文物管理所:《元上都城南砧子山南区墓葬发掘报告》,《内蒙古文物考古文集》(第一辑),中国大百科全书出版社,1994 年。

[3] 内蒙古文物考古研究所、吉林大学边疆考古研究中心:《元上都城址东南砧子山西区墓葬发掘简报》,《文物》2001 年第 9 期。

[4] 王士熙:《上京次李学士韵》,《皇元风雅》卷一二。

[5] 《元史》卷五《世祖纪》二。

[6] 内蒙古文物考古研究所、乌兰察布博物馆、四子王旗文物管理所:《四子王旗城卜子古城及墓葬》,《内蒙古文物考古文集》第二辑,中国大百科全书出版社,1997 年。

[7] 内蒙古文化厅文物处、乌兰察布盟文物工作站:《内蒙古凉城县崞县窑子元墓》,《文物》1994 年第 10 期。

[8] 内蒙古文物考古研究所、乌兰察布博物馆、四子王旗文物管理所:《四子王旗城卜子古城及墓葬》,《内蒙古文物考古文集》第二辑,中国大百科全书出版社,1997 年。

[9] 内蒙古文物考古研究所、正蓝旗文物管理所:《正蓝旗羊群庙元代祭祀遗址及墓葬》,《内蒙古文物考古文集》第一辑,中国大百科全书出版社,1994 年。

[10] 参见本书:《正蓝旗卧牛石墓地》。

[11] 参见本书:《正蓝旗一棵树墓地》。

[12] 参见本书:《正镶白旗伊松敖包墓地》。

[13] 山东大学历史系考古专业、聊城地区文化局、茌平县图书馆:《山东茌平县陈庄遗址发掘简报》,《考古》1985 年第 4 期。

[14] 平朔考古队:《山西朔县秦汉墓发掘简报》,《文物》1987 年第 6 期。

[15] 宁夏固原博物馆:《宁夏固原唐史道德墓清理简报》,《文物》1985 年第 11 期。

[16] 王维坤:《丝绸之路沿线发现的死者口中含币习俗研究》,《考古学报》2003 年第 2 期。

[17] 内蒙古文物考古研究所、锡林郭勒盟文物管理站、多伦县文物管理所:《元上都城南砧子山南区墓葬发掘报告》,《内蒙古文物考古文集》第一辑,中国大百科全书出版社,1994 年。

[18] 敖汉旗博物馆:《敖汉旗发现的元代金银器窖藏》,《内蒙古文物考古》1991 年第 1 期。

[19] 内蒙古文物考古研究所、锡林郭勒盟文物管理站、多伦县文物管理所:《元上都城南砧子山南区墓葬发掘报告》,《内蒙古文物考古文集》第一辑,中国大百科全书出版社,1994 年。

附表一　多伦县砧子山西区墓地墓茔及墓葬登记表

墓茔					墓葬													备注
墓茔号	规格(米) 长×宽—高	方向	门道(米)	结构	墓号	结构	尺寸(米) 长×宽—深	人数	墓向	葬式	葬具	性别	年龄	殉牲	盗扰	随葬品		
DZXMY1	17.5×13.5—0.6	15°	2	单墓茔	DZXM1	长方形土坑竖穴墓	3×2.3—1.6	2	15°	仰身直肢	木棺2	男女	成年不详		早期盗扰			同穴合葬墓
					DZXM2	长方形土坑竖穴墓	2.3×2.3—1.5		15°			不详	不详		早期盗扰			
					DZXM3	长方形土坑竖穴墓	2.3×1.05—1.3	1	15°	仰身直肢	木棺	女	30～35		早期盗扰			
					DZXM4	长方形土坑竖穴墓	1.8×0.7—0.4	1	15°	仰身直肢	木棺	儿童			早期盗扰	铁棺钉3、钱币13		
					DZXM5	长方形土坑竖穴墓	2.4×2.1—0.95	2	15°	侧身直肢	木棺2	男女	成年30～35		早期盗扰	钱币3		同穴合葬置生土二层台
					DZXM6	长方形土坑竖穴墓	1.9×0.6—0.7	1	15°	仰身直肢	木棺	男	25～30		早期盗扰			

续附表一

墓茔					墓葬												备注
墓茔号	规格(米)长×宽—高	方向	门道(米)	结构	墓号	结构	尺寸(米)长×宽—深	人数	墓向	葬式	葬具	性别	年龄	殉牲	盗扰	随葬品	
DZXMY1	17.5×13.5—0.6	15°	2		DZXM7	长方形土坑竖穴墓	2.35×0.9—1.5	1	15°	侧身屈肢	木棺	男	25~30		早期盗扰		内置生土二层台
DZXMY2	31.2×22—0.5	20°	3.5	二进式墓茔	DZXM8	砖室仿木结构壁画墓	直径3.55米，深3.05~3.25米	2	20°	仰身直肢	木棺2	男女	45~50成年		早期盗扰	瓷罐2、小口瓶4、碗3、香炉2、金质“天下太平”春钱1、金戒指1、双鱼纹银佩饰1、银镯1、银带扣1、银饰件1、铁釜1、铁棺钉12、骨牙刷柄1、骨簪1、梳妆盒1、木炭、水晶珠饰1、石雕屋顶1、砖5、瓦2、钱币50	由墓圹、墓室、甬道、墓门、祭台等组成
					DZXM9	长方形土坑竖穴墓	2×0.76—1.34	1	10°	仰身直肢	木棺	男	成年				

续附表一

墓茔					墓葬												
墓茔号	规格(米)长×宽—高	方向	门道(米)	结构	墓号	结构	尺寸(米)长×宽—深	人数	墓向	葬式	葬具	性别	年龄	殉牲	盗扰	随葬品	备注
DZXMY3	60×30—0.6	10°	2.5	三进式墓茔	DZXM10	石砌墓	3.68×3.52—2.8	1	5°		木棺	男	17~18		早期盗扰	小口瓶5、影青钵1、金耳饰1、骨牙刷柄1、石饰件1、墨1、钱币51	
DZXMY4	64.5×31.4—0.7	5°	2	三进式墓茔	DZXM11	砖室穹隆顶墓	2.08×2—2.14		5°						早期盗扰	小口瓶1、石臬1、钱币19	骨灰墓，有尸床
					DZXM12	砖室穹隆顶墓	2.16×1.96—2.14		5°						早期盗扰	小口瓶2、香炉1、铜镜1	骨灰墓，有尸床
DZXMY5	33.2×27.8—1	0°	1.5	二进式墓茔	DZXM13	“凸”字形土坑竖穴墓	东：1.9×1.32—1.06 西：1.22×0.96—0.49		0°		骨灰盒2				早期盗扰	小口瓶4、金耳饰2、金箔1、铁棺钉20、梳妆盒1、玛瑙珠1、板瓦1、钱币88	骨灰墓
DZXMY6	19×14—0.9	3°	1.7	单墓茔	DZXM14	长方形土坑竖穴墓	1×0.8—0.6		3°		骨灰盒				早期盗扰	瓷罐1、铁棺钉10、钱币10	骨灰墓

续附表一

墓茔					墓葬												备注
墓茔号	规格(米) 长×宽—高	方向	门道(米)	结构	墓号	结构	尺寸(米) 长×宽—深	人数	墓向	葬式	葬具	性别	年龄	殉牲	盗扰	随葬品	
DZXMY7	24.9×21.1—0.6	40°	1.8	单墓茔	DZXM15	长方形土坑竖穴墓	1.7×0.7—0.4	1	40°	仰身直肢	木棺	不详	不详		早期盗扰		尸骨朽蚀
					DZXM16	长方形土坑竖穴墓	1×0.99—0.73		38°		骨灰盒				早期盗扰	小口瓶2、钱币3	骨灰墓
					DZXM19	长梯形土坑竖穴墓	1×(0.97~0.86)—0.49		40°		骨灰盒				早期盗扰	小口瓶2、香炉1、彩石2、钱币41	骨灰墓
DZXMY8	16.3×14—0.7	0°	1.6	单墓茔	DZXM17	长方形土坑竖穴墓	2×1.3—0.4	1	0°	仰身直肢	石板	男	35±		早期盗扰		
					DZXM18	长方形土坑竖穴墓	2.37×1.28—0.52	1	0°		木棺	女	25~30		早期盗扰	瓷罐1、铁辖2、铁棺钉32、漆器1	
					DZXM20	长方形土坑竖穴墓	2.78×2.1—0.6	1	0°	仰身直肢	木棺	女	成年		早期盗扰		墓口用自然石块垒砌边框

续附表一

墓茔					墓葬													
墓茔号	规格(米)长×宽一高	方向	门道(米)	结构	墓号	结构	尺寸(米)长×宽一深	人数	墓向	葬式	葬具	性别	年龄	殉牲	盗扰	随葬品	备注
					DZXM21	长方形土坑竖穴墓	3.35×2.5—(0.7～0.98)	1	7°	仰身直肢	木棺	男	成年		早期盗扰		
					DZXM22	长梯形土坑竖穴墓	长 2.2 宽 0.9～0.8 深 1.34	1	5°	仰身直肢	木棺	男	成年		早期盗扰		
					DZXM23	长方形土坑竖穴墓	2.1×0.9—1.08	1	25°	仰身直肢	木棺	女	25～30		早期盗扰	瓷碗1、银盒1、钱币235	墓穴与木棺间填土夯实上部填白泥膏
DZXMY9	17×16.5—0.8	25°		双重式墓茔	DZXM24	长方形土坑竖穴墓	2.1×0.7—1.04	1	25°	仰身直肢	木棺	女	20～22				
					DZXM25	长方形土坑竖穴墓	1.82×0.8—1	1	25°	仰身直肢	木棺	男	45±				
					DZXM26	长方形土坑竖穴墓	2.2×1.1—1.3	1	20°	仰身直肢	木棺	男	25±		早期盗扰		含有欧罗巴人种成分

续附表一

墓茔					墓葬													备注
墓茔号	规格(米)长×宽－高	方向	门道(米)	结构	墓号	结构	尺寸(米)长×宽－深	人数	墓向	葬式	葬具	性别	年龄	殉牲	盗扰	随葬品		
DZXMY10	10.5×10.5－0.8	10°	1.5	单墓茔	DZXM27	长方形土坑竖穴墓	2×0.8－1	1	10°	仰身直肢	木棺	男	17~19		早期盗扰			含有欧罗巴人种成分
DZXMY11	29×23.2－0.9	10°	2.5	二进式墓茔	DZXM28	砖室穹隆顶墓	1.1×0.9－0.74		10°		骨灰盒				早期盗扰	四系小口瓶1、墓碑1、动物骨骼2、钱币77		骨灰墓
					DZXM29	砖室穹隆顶墓	1.1×1.05－0.75		10°		骨灰盒				早期盗扰	梅瓶2、带盖罐1、香炉1、砖2、彩石4、钱币40		骨灰墓
DZXMY12	5.4×4－0.8	0°		单墓茔	DZXM30	长方形土坑竖穴墓	1.9×0.7－0.7	1	355°	仰身直肢	木棺	女	成年		早期盗扰			
					DZXM31	长方形土坑竖穴墓	2×0.8－0.7	1	15°	仰身直肢	木棺	女	成年					
					DZXM32	长方形土坑竖穴墓	2.1×0.7－1.2	1	15°	仰身直肢	木棺	男	30~35		早期盗扰			
					DZXM50	长方形土坑竖穴墓	0.7×0.4－0.7	1	330°		木棺		2~3		早期盗扰			

续附表一

墓茔					墓葬												备注
墓茔号	规格(米) 长×宽－高	方向	门道(米)	结构	墓号	结构	尺寸(米) 长×宽－深	人数	墓向	葬式	葬具	性别	年龄	殉牲	盗扰	随葬品	
DZX MY13	22.2×19.2－0.8	40°		二进式墓茔	DZXM33	长方形土坑竖穴墓	2.6×1.4－1.2	1	40°	仰身直肢	木棺	男	成年		早期盗扰		
DZX MY14	15.5×14.8－1	10°		双重式墓茔	DZXM36	长方形土坑竖穴墓	1.76×0.66－0.8	1	10°	仰身直肢	木棺	女	30～35		早期盗扰		
					DZXM37	长方形土坑竖穴墓	1.95×0.8－1.3	1	10°	侧身屈肢	木棺	女	成年				
					DZXM38	长方形土坑竖穴墓	1.97×0.72－1.7	1	10°	仰身直肢	木棺	男	25～30				
					DZXM39	长方形土坑竖穴墓	2×0.9－0.84	1	10°	仰身直肢	木棺	女	成年		早期盗扰		
					DZXM40	长方形土坑竖穴墓	2.1×0.8－1.64	1	10°	仰身直肢	木棺	男	30±				
					DZXM41	长方形土坑竖穴墓	2.2×0.97－1.3	1	10°	仰身直肢	木棺	男	成年				

续附表一

墓茔					墓葬												备注
墓茔号	规格(米) 长×宽－高	方向	门道(米)	结构	墓号	结构	尺寸(米) 长×宽－深	人数	墓向	葬式	葬具	性别	年龄	殉牲	盗扰	随葬品	
DZXMY15	16.7×12.5－0.7	355°	1.5	单墓茔	DZXM34	长方形土坑竖穴墓	1×0.5－0.6		355°		骨灰盒				早期盗扰		骨灰墓
					DZXM35	长方形土坑竖穴墓	1.1×0.9－0.7		355°		骨灰盒				早期盗扰	小口瓶2、香炉1、钱币50	骨灰墓
DZXMY16	20×18.5－0.9	15°	1.2	双重式墓茔	DZXM42	长方形土坑竖穴墓	2.5×1.2－1.5	1	15°	仰身直肢	木棺	女	成年		早期盗扰	钱币10	含有欧罗巴人种成分，打破M43、M44
					DZXM43	长方形土坑竖穴墓	2.6×1.22－1.58	1	12°	仰身直肢	木棺	男	25～30		早期盗扰	钱币2	含有欧罗巴人种成分，被M42打破
					DZXM44	长梯形土坑竖穴墓	2.2×(0.42～0.5)－0.76	1	20°	仰身直肢	木棺		7±		早期盗扰		被M42打破
					DZXM45	长梯形土坑竖穴墓	2.62×(1～1.06)－1.3	1	15°	仰身屈肢	木棺	女	成年		早期盗扰		

续附表一

墓茔					墓葬												备注
墓茔号	规格(米) 长×宽－高	方向	门道(米)	结构	墓号	结构	尺寸(米) 长×宽－深	人数	墓向	葬式	葬具	性别	年龄	殉牲	盗扰	随葬品	
DZX MY16	20×18.5－0.9	15°	1.2	双重式墓茔	DZXM53	长方形土坑竖穴墓	2.2×1.1－1.1	1	15°	仰身直肢	木棺	男	25±		早期盗扰		含有欧罗巴人种成分
					DZXM54	长方形土坑竖穴墓	1.5×0.56－0.6	1	15°		木棺		儿童		早期盗扰		
					DZXM55	长方形土坑竖穴墓	2.36×1.1－1.3	1	15°	仰身直肢	木棺	女	22±		早期盗扰		
DZX MY17	12.5×12－0.8	350°		单墓茔	DZXM46	长方形土坑竖穴墓	0.6×0.5－1		350°		骨灰盒					盖罐2、钱币83	骨灰墓
DZX MY18	17×16－0.8	10°		单墓茔	DZXM47	不规则形土坑竖穴墓	1.35×(0.9～0.5)－0.7		0°		骨灰盒				早期盗扰	小口瓶2、钱币19	骨灰墓
					DZXM48	长方形土坑竖穴墓	1×0.9－0.55		10°		骨灰盒				早期盗扰	小口双耳瓶2、瓷盏1、铜钗1、铜簪1、陶盘1、钱币89	骨灰墓

续附表一

墓茔					墓葬												备注
墓茔号	规格(米) 长×宽—高	方向	门道(米)	结构	墓号	结构	尺寸(米) 长×宽—深	人数	墓向	葬式	葬具	性别	年龄	殉牲	盗扰	随葬品	
DZXMY19	13.5×13—0.5	10°	1.4	单墓茔	DZXM49	长方形土坑竖穴墓	1.04×0.93—0.5		10°		石函				早期盗扰		骨灰墓
DZXMY20	23×16.6—0.6	11°		二进式墓茔	DZXM51	长方形土坑竖穴墓	1.72×0.96—0.60		11°		骨灰盒				早期盗扰	小口瓶2、铁环1、铁片饰1、彩石1、钱币35	骨灰墓
					DZXM56	长方形土坑竖穴墓	1×0.9—0.9		359°		骨灰盒				早期盗扰	小口瓶2	骨灰墓
DZXMY21	19.5×18.5—0.6	10°		单墓茔	DZXM52	长梯形土坑竖穴墓	1.34×(0.8～0.96)—1.1		20°		骨灰墓				早期盗扰	小口瓶2、钱币5	骨灰墓
DZXMY22	25.2×17.5—0.7	10°	1.6	二进式墓茔	DZXM57	正方形土坑竖穴墓	1.04×1.04—1.1		10°							梅瓶1	墓内四边置生土二层台、骨灰墓

续附表一

墓茔					墓葬												备注
墓茔号	规格(米)长×宽—高	方向	门道(米)	结构	墓号	结构	尺寸(米)长×宽—深	人数	墓向	葬式	葬具	性别	年龄	殉牲	盗扰	随葬品	
DZXMY23	61.4×33—0.8	8°	1.8	二进式墓茔	DZXM64	砖石混砌墓	5×(4.65～4.95)-2.5	2	8°		木棺2	男 女	45～50 30～35		早期盗扰	瓷罐2、瓷盆1、瓷碗4、瓷盘4、铁锜2、铁棺钉1、白铜簪1、骨雕刻饰片5、骨装饰条4、骨牙刷柄1、石刻残块1、石片状器1、陶釜1、玉饰件1、漆器1、珠饰16、砖4、瓦2、动物骨骼1、桦树皮1、钱币36	同穴合葬墓。由墓圹、墓室、墓门、甬道、墓道组成
DZXMY24	28×23—0.7	10°	3	二进式墓茔	DZXM58	长方形土坑竖穴墓	2.46×0.97—1.6	1	10°		木棺	男	35±		早期盗扰	四系小口瓶3、香炉1、铁棺箍2、铁棺环1、钱币64	打破M59

续附表一

墓茔					墓葬												备注
墓茔号	规格(米)长×宽—高	方向	门道(米)	结构	墓号	结构	尺寸(米)长×宽—深	人数	墓向	葬式	葬具	性别	年龄	殉牲	盗扰	随葬品	
DZXMY24	28×23—0.7	10°	3	二进式墓茔	DZXM59	长方形土坑竖穴墓	2.24×0.65—1.5	1	10°		木棺	女	成年		早期盗扰	四系小口瓶1、香炉1、漆器1、钱币33	被M58打破
					DZXM60	长方形土坑竖穴墓	2.04×0.66—0.7	1	10°		木棺	男	35±		早期盗扰	瓷罐2、瓶1、平底铜杯1、铜簪1、金耳饰1、铁辖2、漆器1、毛类织物、钱币47	
					DZXM61	长方形土坑竖穴墓	2.52×0.94—1.02	1	10°		木棺	男	45～50		早期盗扰	小口双耳瓶2、铁棺箍1、铁棺环4、铁棺钉1、皮制品1、毛毡1、丝织品1、木炭1	
DZXMY25	(19～20)×19.2—0.8	350°		单墓茔	DZXM62	长方形土坑竖穴墓	2.2×1.66—1.4		350°		骨灰盒				早期盗扰		骨灰墓

续附表一

墓茔					墓葬													备注
墓茔号	规格(米)长×宽－高	方向	门道(米)	结构	墓号	结构	尺寸(米)长×宽－深	人数	墓向	葬式	葬具	性别	年龄	殉牲	盗扰	随葬品		
DZXMY26	24.2×19.6－0.7	20°	2.4	二进式墓茔	DZXM63	长方形土坑竖穴墓	1.2×0.8－1.02		20°		骨灰盒				早期盗扰	小口瓶2、钱币79、石雕1		骨灰墓
DZXMY27	32×26－0.9	15°	1.5	单墓茔	DZXM65	长方形土坑竖穴墓	1.2×0.9－0.8		15°		骨灰盒				早期盗扰	小口瓶2、银簪1、金箔1、彩石5		骨灰墓
DZXMY28	32×16.3－0.6	10°	2	二进式墓茔	DZXM66	长方形土坑竖穴墓	3.2×0.88－2.32	1	12°	仰身直肢	木棺	女	25~30		早期盗扰	铜镜1、铁器1、钱币9		与M67为异穴合葬墓、头向南192°
					DZXM67	长方形土坑竖穴墓	2.2×0.8－2.4	1	12°	仰身直肢	木棺	男	成年		早期盗扰	敛口罐1、小口瓶2、香炉1、铁饰片1、铁棺钉4、钱币84		与M66异穴合葬、头向南192°
DZXMY29	9.5×9.4－0.7	40°	2	单墓茔	DZXM68	长方形土坑竖穴墓	2.5×2－1	1	40°	仰身直肢	木棺	男	25±		早期盗扰	铁护角3、铁棺钉3、钱币1		

续附表一

墓茔					墓葬												备注
墓茔号	规格(米)长×宽—高	方向	门道(米)	结构	墓号	结构	尺寸(米)长×宽—深	人数	墓向	葬式	葬具	性别	年龄	殉牲	盗扰	随葬品	
DZXMY30	19×17.8—0.8	355°		单墓茔	DZXM70	石板木椁墓	3.44×2.36—1.3	2	355°	仰身直肢	木棺	女	25～30 30±		早期盗扰	梅瓶1、瓷罐2、铜钗2、铜簪1、金簪1、银佩饰1、铁辖1、木梳2、漆器1、皮囊1、丝织品1、钱币44	同穴合葬墓、头向南175°
					DZXM72	长方形土坑竖穴墓	1.9×0.75—0.4	1	355°	仰身直肢	木棺		儿童		早期盗扰		
DZXMY31	17.5×17—1	10°	2	单墓茔	DZXM71	长方形土坑竖穴墓	1.37×1.15—1.3		10°		骨灰盒				早期盗扰	瓷罐1、四系小口瓶1、梅瓶1、瓷碗1、银饰片1、钱币2	骨灰墓
DZXMY32	20×16—0.6	10°	2	单墓茔	DZXM69	长方形土坑竖穴墓	2.3×1—1.2	1	10°		木棺	男	成年		早期盗扰		与M73为合葬墓
					DZXM73	长方形土坑竖穴墓	2.4×0.8—0.4	1	10°	仰身直肢	木棺	女	30±		早期盗扰		与M69为合葬墓

续附表一

墓茔					墓葬												备注
墓茔号	规格(米) 长×宽－高	方向	门道(米)	结构	墓号	结构	尺寸(米) 长×宽－深	人数	墓向	葬式	葬具	性别	年龄	殉牲	盗扰	随葬品	
DZX MY33	20×20－0.6	10°	1.2	单墓茔	DZXM74	上圆下方形 土坑竖穴墓	上都直径1.8 深0.3 下都边长1.1×1.1－0.8		10°		骨灰盒				早期盗扰	瓷罐1、梅瓶1、香炉1、铁棺钉2、骨珠饰1、石饰件1、松香1、钱币54	墓穴上圆下方、骨灰墓
					DZXM75	长方形土坑竖穴墓	1.2×0.7－0.2	1	15°	仰身直肢		不详	3±		早期盗扰	梅瓶1	
DZX MY34	27.8×24－0.6	345°	2	二进式墓茔	DZXM76	砖室墓	1.66×1.58－1.08		345°		骨灰盒				早期盗扰	小口瓶3、石狮1、石羊头1、石底座1、石底足1、石饰件2铁镞1、花砖1、瓦当2、彩石1、钱币17	骨灰墓

续附表一

墓茔					墓葬													
墓茔号	规格(米) 长×宽－高	方向	门道(米)	结构	墓号	结构	尺寸(米) 长×宽－深	人数	墓向	葬式	葬具	性别	年龄	殉牲	盗扰	随葬品	备注
DZXMY35	31.5×25.5－0.7	0°	1.5	二进式墓茔	DZXM77	砖室墓	3.5×3.26－2	2	0°		木棺	男 女	30± 25～30		早期盗扰	四系小口瓶2、梅瓶1、双耳罐1、板瓦1、铁棺箍1、铁棺钉13、钱币3	同穴合葬、由墓圹和墓室组成
DZXMY36	24×13－0.6	5°	1	单墓茔	DZXM78	长方形土坑竖穴墓	1×0.8－0.6		5°		骨灰盒				早期盗扰	瓷罐1 器盖1	骨灰墓
DZXMY37	20×16－0.4	20°	1	单墓茔	DZXM79	长方形土坑竖穴墓	2.4×1.3－1.2	1	15°		木棺	不详	不详		早期盗扰	罐1、钱币5	有少量肢骨
					DZXM80	长方形土坑竖穴墓	1.66×1－0.46	1	7°	仰身屈肢	木棺		6～7		早期盗扰		有生土二层台
DZXMY38	14×10－1.1	15°	2	单墓茔	DZXM81	正方形土坑竖穴墓	0.8×0.8－0.85		10°		骨灰盒				早期盗扰	双耳罐1、金耳饰1、玛瑙珠饰1、绿松石饰片1、钱币7	骨灰墓

续附表一

墓茔					墓葬												备注
墓茔号	规格(米) 长×宽—高	方向	门道(米)	结构	墓号	结构	尺寸(米) 长×宽—深	人数	墓向	葬式	葬具	性别	年龄	殉牲	盗扰	随葬品	
DZX MY39	14×14—0.4	18°	1	单墓茔	DZXM82	长方彤土坑竖穴墓	2.3×1.25—2	1	275°		木棺	女	23±		早期盗扰	铁棺箍4、铁棺钉2、皮革残块1	
DZX MY40	70.2×30.5—0.6	10°	3	三进式墓茔	DZXM83	侧洞室土坑竖穴墓	竖穴:2×1.5—2.3 侧洞室:1.6×1.2—0.86		10°		骨灰盒2				早期盗扰	小口瓶4、高领罐1、香炉1、木碗1、铁棺钉13、彩石1、钱币2	骨灰墓
DZX MY41	16×16—1.2	0°	2	双重式墓茔	DZXM84	正方形土坑竖穴墓	1.1×1.1—0.9		345°		骨灰盒				早期盗扰	小口瓶2、瓷碗1、带流盏1、钱币23	骨灰墓
DZX MY42	22×15—0.6	5°		单墓茔	DZXM85	长方形土坑竖穴墓	1×0.9—0.5		5°		骨灰盒					小口瓶2、银指环1、彩石1、钱币31	骨灰墓

续附表一

墓茔					墓葬												备注
墓茔号	规格(米) 长×宽—高	方向	门道(米)	结构	墓号	结构	尺寸(米) 长×宽—深	人数	墓向	葬式	葬具	性别	年龄	殉牲	盗扰	随葬品	
DZXMY43	南茔区：13×11—0.8 北茔区：8×7—0.8	12°		刀把式墓茔	DZXM86	长方形土坑竖穴墓	1.6×1.3—0.7		12°		骨灰盒					梅瓶2、罐1、小罐1、盏1、骨牙刷柄3、骨饰片3、骨珠饰1、金簪1、银簪1、铁釜1、铁板1、铁棺箍2、铁棺钉6、珠饰1、彩石1、漆器1、钱币90	骨灰墓
					DZXM87	长方形土坑竖穴墓	0.9×0.6—0.5	1	5°		木棺	不详	不详		早期盗扰		疑为迁葬
DZXMY44	16×14—0.5	10°	1.2	单墓茔	DZXM88	长方形土坑竖穴墓	2.4×0.9—1.1	1	12°		木棺	不详	不详		早期盗扰	盖罐1、珠饰2、骨珠饰1、钱币95	有少量肢骨

续附表一

墓茔					墓葬												
墓茔号	规格(米) 长×宽一高	方向	门道(米)	结构	墓　号	结　构	尺寸(米) 长×宽一深	人数	墓向	葬式	葬具	性别	年龄	殉牲	盗扰	随葬品	备　注
DZXMY45	13×10—(0.4～0.5)	8°	1	单墓茔	DZXM89	长梯形土坑竖穴墓	2.52×(1.06～0.91)—1.6	1	15°		木棺	女	25±		早期盗扰	梅瓶 2	
					DZXM90	长方形土坑竖穴墓	1×0.7—0.6		25°		骨灰盒				早期盗扰		骨灰墓，墓口用自然石块垒砌
					DZXM91	长方形土坑竖穴墓	1.56×0.96—1.04		20°		骨灰盒				早期盗扰	钱币 4	墓灰墓，有生土二层台
DZXMY46	18×17.8—0.9	10°		单墓茔	DZXM92	正方形土坑竖穴墓	0.7×0.7—0.35		10°		骨灰盒				早期盗扰	小口双耳瓶 2、双耳罐 1、香炉 1	骨灰墓
DZXMY47	17.5×17—0.6	5°		单墓茔	DZXM93	长方形土坑竖穴墓	0.77×0.7—0.5		10°		骨灰盒				早期盗扰	花砖 1	骨灰墓
DZXMY48	22×17—0.45	6°	1	单墓茔	DZXM94	长方形土坑竖穴墓	0.8×0.6—0.4		11°		骨灰盒				早期盗扰	罐 1、银饰片 1、绿松石珠 1、钱币 1	骨灰墓

续附表一

墓茔					墓葬													备注
墓茔号	规格(米) 长×宽—高	方向	门道(米)	结构	墓号	结构	尺寸(米) 长×宽—深	人数	墓向	葬式	葬具	性别	年龄	殉牲	盗扰	随葬品	
					DZXM95	长方形土坑竖穴墓	2.1×1.0—0.3	1	15°	仰身直肢	木棺	男	30±		早期盗扰		
					DZXM96	长梯形土坑竖穴墓	2×(1.7～1.45)—0.3	2	10°	仰身直肢	木棺2	男 女	成年 25±		早期盗扰	瓷盘1	
					DZXM97	长梯形土坑竖穴墓	2.28×(0.94～0.82)—1.1	1	7°	仰身直肢	木棺	男	45～50		早期盗扰		
					DZXM98	长梯形土坑竖穴墓	2.1×(1.15～0.84)—0.7	1	15°	仰身直肢	木棺	女	成年		早期盗扰		
					DZXM99	长方形土坑竖穴墓	1×0.7—0.4		10°		骨灰盒				早期盗扰	银簪1	墓口垒砌自然石块
					DZXM100	长方形土坑竖穴墓	1×0.9—0.55		25°		骨灰盒				早期盗扰	小口瓶2、钱币3	骨灰墓
					DZXM101	长方形土坑竖穴墓	0.8×0.7—0.7		0°		骨灰盒				早期盗扰	釉陶罐1	骨灰墓
					DZXM102	长方形土坑竖穴墓	1.1×1—1		5°		骨灰盒				早期盗扰	鎏金银簪1	骨灰墓

附表二　多伦县砧子山西区墓地出土钱币登记表

墓号	历代钱币						备注	瘗钱
	总数	唐	北宋	南宋	金	元		
M4	13	开元通宝2	淳化元宝1 咸平元宝1 景德元宝1 祥符通宝2 熙宁元宝2 元丰通宝2 天禧通宝1				钱文不清1枚	
M5	3		天圣元宝2 圣宋元宝1					
M8	18		淳化元宝1 至道元宝2 咸平元宝1 祥符元宝2 天圣元宝3 皇宋通宝2 至和通宝1 元丰通宝1 元祐通宝2 圣宋元宝2 政和通宝1				墓底出土	
	28	开元通宝3	宋元通宝1 太平通宝2 淳化元宝1 咸平元宝2 景德元宝4 祥符元宝3 祥符通宝2 天禧通宝2 天圣元宝2 皇宋通宝1 崇宁重宝1 政和通宝1 宣和通宝1		正隆元宝1		东侧木棺内出土钱文不清1枚	
	4		大观通宝（折十）1			大元通宝（八思巴文折十）1	出于碗内钱文不清2枚	
M10	51	开元通宝3 开元通宝（南唐）1	咸平元宝1 景德元宝1 天圣元宝3 天禧通宝1 景祐元宝2 皇宋通宝6 嘉祐元宝2 嘉祐通宝2 治平元宝3 熙宁元宝7 元丰通宝11 元祐通宝1 绍圣元宝3 圣宋元宝2				钱文不清2枚	
M11	10		咸平元宝1 天禧通宝1 嘉祐通宝1 熙宁元宝3 元丰通宝1 元祐通宝1 元符通宝1	建炎通宝1			墓底出土	
	9	开元通宝1	景德元宝1 元丰通宝5 元祐通宝2				墓道近墓处	

续附表二

墓号	历代钱币						备注	瘗钱
	总数	唐	北宋	南宋	金	元		
M13	88	开元通宝3	淳化元宝1　至道元宝4 咸平元宝4　景德元宝5 祥符元宝3　祥符通宝3 天禧通宝5　天圣元宝6 明道元宝1　景祐元宝1 皇宋通宝6　嘉祐元宝3 嘉祐通宝4　治平元宝2 熙宁元宝12 元丰通宝10 元祐通宝5　绍圣元宝1 元符通宝2　圣宋元宝2 大观通宝1　政和通宝2				钱文不清2枚	
M14	10		太平通宝1　天圣元宝3 熙宁重宝1　元符通宝3 崇宁重宝1　圣宋通宝1					
M16	3		皇宋通宝1　元符通宝1		大定通宝1			
M19	41	开元通宝5 乾元重宝1	宋元通宝1　景德元宝2 祥符通宝2　天禧通宝2 天圣元宝2　明道元宝2 景祐元宝1　皇宋通宝3 嘉祐通宝2　熙宁元宝4 元丰通宝8　元祐通宝3 元符通宝1　圣宋元宝2					
M23	235	开元通宝11	咸平元宝2　景德元宝2 祥符元宝2　天禧通宝1 天圣元宝6 皇宋通宝10 嘉祐通宝2　嘉祐元宝2 治平元宝1　治平通宝1 熙宁元宝11 元丰通宝15 元祐通宝9　绍圣元宝3 元符通宝2　圣宋元宝5 政和通宝1		大定通宝139	大元通宝（八思巴文折十）3	钱文不清7枚	

续附表二

墓号	历代钱币						备注	瘗钱
	总数	唐	北宋	南宋	金	元		
M28	77	开元通宝19	至道元宝2　咸平元宝3 景德元宝4　祥符元宝4 祥符通宝2　天禧通宝1 天圣元宝3　景祐元宝1 皇宋通宝5　熙宁元宝4 元丰通宝13　元祐通宝3 绍圣元宝3		大定通宝5		钱文不清2枚	咸平元宝1枚 祥符通宝1枚 天圣元宝1枚 涂红
M29	40				大定通宝40			
M35	50	开元通宝5	至道元宝1　咸平元宝3 景德元宝3　祥符元宝3 天禧通宝1　天圣元宝1 景祐元宝3　皇宋通宝6 嘉祐通宝2　治平元宝2 治平通宝1　熙宁元宝5 元丰通宝2　元祐通宝3 绍圣元宝1　圣宋元宝3 政和通宝3		正隆元宝1			景德元宝1枚
M42	10		至道元宝1　皇宋通宝2 嘉祐通宝1　熙宁元宝1 元丰通宝3　元祐通宝1 元符通宝1					
M43	2		熙宁通宝1				钱文不清1枚	
M46	83	开元通宝9	景德元宝1　祥符元宝1 祥符通宝1　天圣元宝4 明道元宝1　景祐元宝1 皇宋通宝10　至和元宝1 至和通宝1　嘉祐元宝2 嘉祐通宝4　治平元宝2 熙宁元宝7　元丰通宝15 元祐通宝12　绍圣元宝7 圣宋元宝2　政和通宝1					治平元宝1枚

续附表二

<table>
<tr><th rowspan="2">墓号</th><th colspan="6">历代钱币</th><th rowspan="2">备注</th><th rowspan="2">瘗钱</th></tr>
<tr><th>总数</th><th>唐</th><th>北宋</th><th>南宋</th><th>金</th><th>元</th></tr>
<tr><td>M47</td><td>19</td><td>开元通宝16</td><td>治平元宝1 元丰通宝1
元祐通宝1</td><td></td><td></td><td></td><td></td><td></td></tr>
<tr><td>M48</td><td>89</td><td>开元通宝1</td><td>至道元宝1 咸平元宝3
景德元宝2 祥符元宝2
祥符通宝3 天禧通宝2
天圣元宝5 皇宋通宝4
至和元宝1 嘉祐通宝1
熙宁元宝4 元丰通宝3
元祐通宝1</td><td></td><td>大定通宝47</td><td></td><td></td><td>咸平元宝2枚
景德元宝2枚
祥符通宝1枚
天禧通宝1枚
皇宋通宝1枚
嘉祐通宝1枚
元丰通宝1枚</td></tr>
<tr><td>M51</td><td>35</td><td>开元通宝4</td><td>至道元宝2 咸平元宝1
景德元宝2 祥符通宝1
天圣元宝2 景祐元宝1
皇宋通宝5 治平元宝1
嘉祐通宝1 熙宁元宝6
元丰通宝6 元祐通宝1
圣宋元宝1</td><td></td><td></td><td></td><td></td><td>元丰通宝1枚</td></tr>
<tr><td>M52</td><td>5</td><td></td><td>明道元宝1 熙宁元宝1
皇宋通宝1 元丰通宝1
圣宋元宝1</td><td></td><td></td><td></td><td></td><td></td></tr>
<tr><td>M58</td><td>64</td><td>开元通宝6</td><td>宋元通宝1 淳化元宝1
咸平元宝1 祥符通宝1
天禧通宝2 天圣元宝3
明道元宝1 景祐元宝4
皇宋通宝9 至和元宝1
嘉祐通宝2 熙宁元宝5
元丰通宝10 元祐通宝4
绍圣元宝1 圣宋元宝2
政和通宝2</td><td></td><td>大定通宝4</td><td></td><td>钱文不清3枚</td><td>元丰通宝1枚</td></tr>
<tr><td>M59</td><td>33</td><td>开元通宝1</td><td>咸平元宝1 景德元宝1
祥符通宝2 天圣元宝2
明道元宝1 皇宋通宝4
嘉祐通宝1 治平元宝1
元丰通宝3 元祐通宝2
元符通宝1 政和通宝1</td><td></td><td>大定通宝12</td><td></td><td></td><td></td></tr>
</table>

续附表二

墓号	历代钱币						备注	瘗钱
	总数	唐	北宋	南宋	金	元		
M60	47	开元通宝3 乾元重宝1	至道元宝1　咸平元宝1 祥符通宝1　天圣元宝3 皇宋通宝3　嘉祐通宝7 熙宁元宝10　元丰通宝6 元祐通宝3　绍圣元宝1 元符通宝1　圣宋元宝2		正隆元宝1 大定通宝3			
M63	79	开元通宝7	至道元宝4　咸平元宝5 景德元宝1　祥符元宝3 祥符通宝3　天禧通宝6 天圣元宝5　景祐元宝2 皇宋通宝4　至和元宝1 嘉祐元宝1　嘉祐通宝5 治平元宝4　熙宁元宝2 元丰通宝11　元祐通宝10 绍圣元宝2　政和通宝1					咸平元宝1枚 祥符元宝1枚
M64	36		至道元宝1　咸平元宝2 祥符元宝2　景祐元宝1 皇宋通宝2　熙宁通宝1 元丰通宝2　元祐通宝1 圣宋元宝1		大定通宝11	大德通宝5		咸平元宝2枚 至道元宝1枚 祥符元宝2枚 大定通宝2枚
M66	9	开元通宝3	祥符元宝1　熙宁元宝2 元祐通宝3					
M67	84	开元通宝7	至道元宝1　咸平元宝2 景德元宝2　祥符元宝2 祥符通宝1　天禧通宝4 天圣元宝4　景祐元宝2 皇宋通宝13　嘉祐元宝2 嘉祐通宝4　治平元宝2 治平通宝1　熙宁元宝8 元丰通宝11　元祐通宝8 绍圣元宝4　元符通宝1 圣宋元宝1　政和通宝1				钱文不清1枚	祥符元宝1枚 皇宋通宝1枚
M68	1		熙宁元宝1					

续附表二

墓号	历代钱币						备注	瘗钱
	总数	唐	北宋	南宋	金	元		
M70	44	开元通宝4	咸平元宝1 景德元宝1 祥符元宝1 祥符通宝2 天圣元宝3 皇宋通宝4 嘉祐元宝1 嘉祐通宝2 熙宁元宝7 元丰通宝4 元祐通宝3 绍圣元宝3 元符通宝1 圣宋元宝1		大定通宝2		钱文不清3枚	元符通宝1枚
M71	2		元丰通宝1		大定通宝1			
M74	54	开元通宝3	祥符元宝2 祥符通宝2 天禧通宝2 天圣元宝4 皇宋通宝11 至和通宝1 嘉祐元宝1 嘉祐通宝2 熙宁元宝5 元丰通宝3 元祐通宝3 绍圣元宝1 元符通宝2 政和通宝1		大定通宝(残)1		钱文不清2枚	开元通宝1枚 祥符元宝1枚 皇宋通宝5枚 元祐通宝 1枚
M76	17	开元通宝3	祥符元宝1 天圣元宝2 熙宁元宝2 熙宁重宝1 皇宋通宝1 元丰通宝3 崇宁通宝1 崇宁重宝1	绍兴元宝2				
M77	3		天圣元宝1 元丰通宝2					
M79	5		咸平元宝1 景德元宝1 祥符元宝1 祥符通宝2					
M81	7		熙宁重宝1 元丰通宝3 元丰重宝1 元祐通宝1 圣宋元宝1					
M83	2		元丰通宝1 元祐通宝1					
M84	23	开元通宝5	天圣元宝1 皇宋通宝1 至和元宝1 嘉祐通宝1 治平元宝4 熙宁元宝1 元丰通宝4 绍圣元宝2 元符通宝1 圣宋元宝1 政和通宝1					

续附表二

墓号	历代钱币						备注	瘗钱
	总数	唐	北宋	南宋	金	元		
M85	31	开元通宝1	景德元宝2　祥符元宝1 祥符通宝1　天禧通宝1 天圣元宝1　皇宋通宝4 嘉祐元宝1　治平元宝2 熙宁元宝2　熙宁通宝1 元丰通宝4　元佑通宝2 绍圣元宝4　元符通宝1 圣宋元宝2		大定通宝1			
M86	90	开元通宝4	淳化元宝1　至道元宝2 咸平元宝1　治平元宝1 祥符元宝6　天禧通宝1 天圣元宝6　景佑元宝1 皇宋通宝11 嘉佑元宝1 治平元宝7 熙宁元宝10 元丰通宝12 元佑通宝10 绍圣元宝5　圣宋元宝4 政和通宝6				钱文不清1枚	
M88	95	开元通宝4	太平通宝2　淳化元宝1 咸平元宝3　祥符元宝3 祥符通宝1　天禧通宝3 天圣元宝5 皇宋通宝16 至和元宝1　嘉佑元宝1 嘉佑通宝2　治平元宝4 熙宁元宝13 元丰通宝12 元佑通宝6　绍圣元宝3 元符通宝1　圣宋元宝1 政和通宝1		正隆元宝2	至大通宝1	钱文不清9枚	
M91	4		天圣元宝1　皇宋通宝1 嘉佑通宝1　绍圣元宝1					
M94	1				大定通宝1			
M100	3		祥符元宝1　熙宁元宝1 元丰通宝1					

陆　正蓝旗卧牛石墓地

卧牛石墓地，位于正蓝旗元上都古城西北约17千米的上都音高勒苏木的山湾之内(图一)。墓地北面依山,西、南两面为丘陵区,东面地势平整,为开阔的草原。西南约100米处有较宽的自然冲沟一条,深约4米。墓地内地势呈北高南低的缓坡状。上层堆积有厚约1米的黑色砂土,下层为黄砂土,质地坚硬。

1995年8月，内蒙古文物考古研究所在对元上都附近元代遗存调查中发现该处墓地。1998年8月,为配合打击盗墓活动,对其中的5座被盗墓葬(附表)进行了清理(编号LWM1～LWM5)现将所获资料,报告如下。

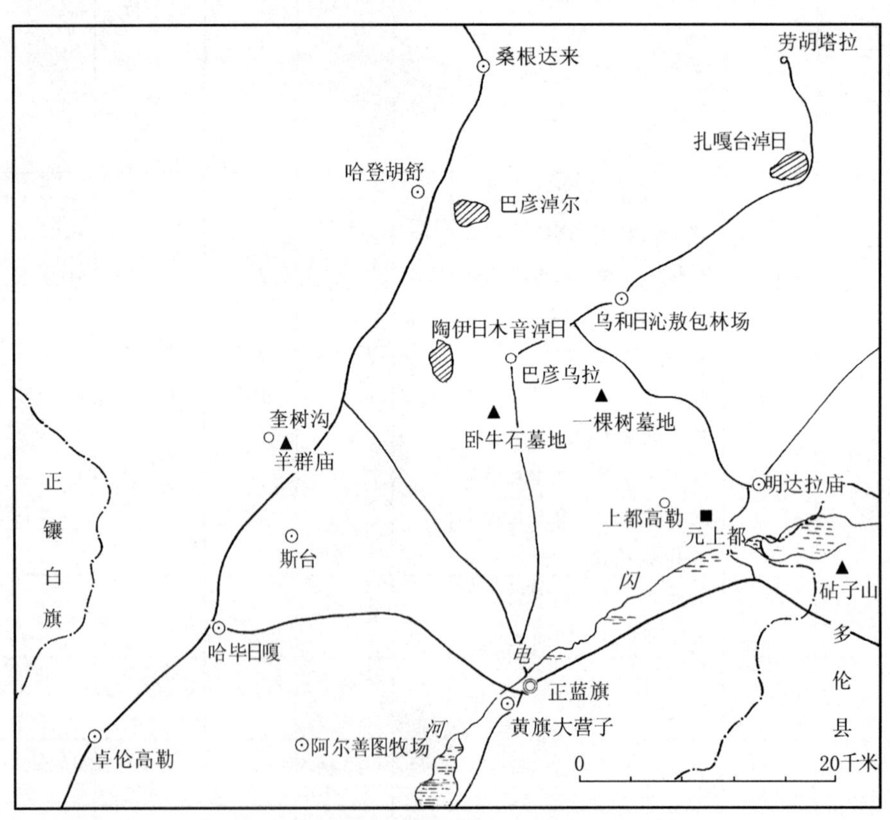

图一　卧牛石墓地位置示意图

一、墓地概况

该处墓地面积较大，在沿缓坡东西宽约800余米，南北长约近300米的范围之内，散落分布有40余座墓葬，其中有石围墙墓茔的墓葬10余座。无论有无墓茔，在墓室顶部均堆有一层大小不等的自然石块。墓地早期盗扰十分严重，现今地表也分布有较多的盗坑。此次清理的5座墓葬均属早期盗扰。墓向均西北向，在340°～355°之间。

5座墓葬中有1座带有墓茔，平面呈“凸”字形。为二进式墓茔。用自然石块垒砌，门道位于南墙正中。

清理的5座墓内均为木制骨灰盒，除LWM5因盗扰和朽蚀形状不清外，LWM1～LWM3为正方形木制骨灰盒，LWM2、LWM3骨灰盒外侧用灰色素面长方形砖垒砌至骨灰盒高度做为外椁，底部铺有平整的石板一层。LWM4木制骨灰盒为长方形，骨灰盒外侧有一规格略大的木椁。

墓内随葬品较为丰富，共159件。但各墓随葬品数量悬殊较大，多者60件（LWM1），少则仅1件（LWM5）。其中以钱币为主，共134枚，多散布于骨灰盒底部或墓底；瓷器8件，器型主要有小口瓶、梅瓶和碗；陶器为陶盒；金器5件，均为饰片；釉陶器均为香炉。此外，还有少量的骨器、铜饰件、珠饰、蚌饰、琥珀饰片、彩石和木炭。彩石之上皆涂红彩。另有铁棺钉11件，一并放在随葬品中叙述。

二、墓茔、墓葬形制及随葬品

1.一号墓茔（LWMY1）

位于墓地中部偏西处，西北距LWM2约300米。

墓茔平面呈“凸”字形，分为南北两区，为二进式墓茔。南北总长32米，北区为双层茔墙，外墙南北长25.5米，东西宽18.5米；内墙长24米，宽15.5米；内外墙间距1米。南区南北长6.5米，东西宽与北区内墙相同。墙体厚度相同，均为0.5米，现存高度

图二　LWMY1平面图

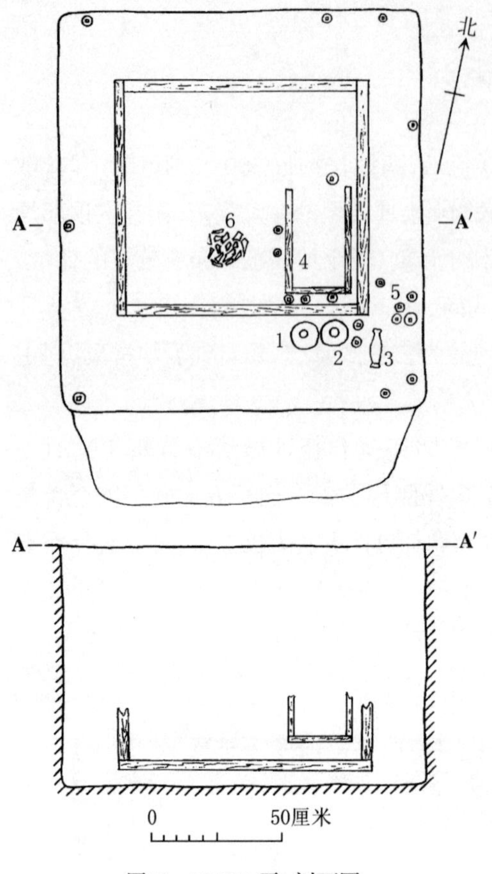

图三　LWM1 平、剖面图
1、2.碗　3.小口瓶　4.梳妆盒　5.钱币　6.骨灰

0.65 米。门道皆位于南墙正中,宽 2 米。墓茔方向 343°。茔墙体用自然石块垒砌,较为整齐,其间未坐泥浆(图二)。

墓茔内仅发现 LWM1 一座墓葬。

LWM1　位于 LWMY1 东北部。

1）　墓葬形制

土坑竖穴墓,早期盗扰。平面略呈圆角长方形,南北长 1.5 米,东西宽 1.4 米,深 0.9 米。方向 343°。墓壁除南壁 0.35 米以上被早期盗洞破坏外,其余较为规整,墓底平整,填土内夹杂有较多石块。墓内中部置一木制骨灰盒。骨灰盒平面呈正方形,边长 0.98 米,残高 0.24 米,盒板厚 0.04 米。骨灰盒两侧长于两端,用铁钉钉合。骨灰盒内中部偏南有少量骨灰。在骨灰盒东南角随葬一木制梳妆盒。梳妆盒平面呈长方形,北壁残缺,残长 0.4 米,宽 0.26 米,残高 0.18 米,盒板厚 0.03 米,用铁钉钉合,盒内未见随葬品。

墓内随葬品多出于骨灰盒外，在骨灰盒外紧贴东南角处随葬有白瓷小碗 2 件和小口瓶 1 件,棺外南侧出土彩石 1 件。骨灰盒内骨灰中出土金箔 3 件,在墓底和骨灰盒底部散布钱币 50 枚。此外,在盗洞扰土中出土黑釉小口瓶 1 件,钱币 3 枚和铁钉 5 枚(图三)。

2）　随葬品

墓内出土随葬品较多,共 65 件。以钱币为主,瓷器、金器次之,少量的釉陶器、铁器、彩石和木炭。

瓷器　4 件。有小口瓶、碗。

小口瓶　2 件。形制相同。小口圆唇,短折沿,矮颈略侈,溜肩,长圆腹,近底外侈,作喇叭口圈足底。瓷质较粗,近底脱釉。LWM1：1,完整,口部及外壁施黑釉。口径 3.8 厘米,腹径 7.6 厘米,底径 6 厘米,高 24 厘米(图四,1;彩版贰伍零,1)。LWM1：2,颈部以上残缺,外壁施茶绿釉。腹径 7.6 厘米,底径 6 厘米,高 23.4 厘米(图四,2)。

碗　2 件。形制相同,完整。敞口圆唇,浅腹圈足。瓷质略粗,内外壁施白釉,近底脱釉。LWM1：3,内底残存有 3 个支钉痕迹。口径 8.8 厘米,底径 4.2 厘米,高 3.4 厘米(图四,3;

图版一六,2)。LWM1：4,内底残存有4个支钉痕迹。口径8.6厘米,底径4.2厘米,高3.4厘米(图四,4;图版一六,3)。

釉陶器　1件。为香炉,LWM1：5,仅存耳部。直口平沿,尖圆唇,口外侧残存一竖直耳。耳外侧刻划有花草纹,口部及外壁施绿釉(图四,9)。

金器　3件。均为饰片,形制及规格相同。用0.01厘米厚的金片剪成,呈"十"字形交叉,应为梳妆盒上的贴饰物。LWM5：6,长1.5厘米,宽1.2厘米(图四,8)。

铁器　5件。均为棺钉,形制相同。钉身呈长方形,由上至下渐细,端部作圆形,头部尖圆,表面锈蚀严重。LWM1：8,长6.7厘米,截面径0.35厘米×0.4厘米(图四,5)。LWM1：11,横截面呈扁长方形。长11.4厘米,截面径0.4厘米×0.9厘米(图四,6)。

彩石　1件。LWM1：9,平面呈不规则四边形,无加工痕迹。白灰色砂岩,其上涂红彩。长6.1厘米,宽4.8厘米,厚2厘米(图四,7)。

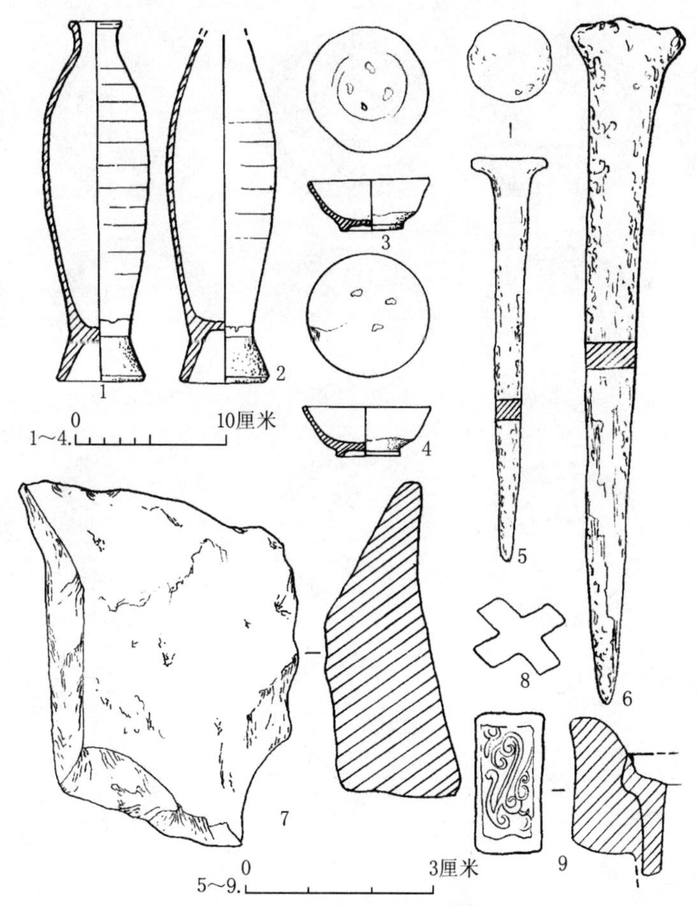

图四　LWM1出土铁、金、瓷、石器

1、2.小口瓷瓶(LWM1：1、2)　3、4.瓷碗(LWM1：3、4)　5、6.铁棺钉　(LWM1：8、11)　7.彩石(LWM1：9)　8.金饰片(LWM1：6)　9.釉陶香炉耳(LWM1：5)

木炭　LWM1：7，出土于填土中，残损严重，形制及用途不详。

钱币　50枚。多为北宋钱，少量的唐钱和南宋钱，钱文不清者1枚（彩版贰伍零，2）。以下分述之：

唐钱　3枚

开元通宝　2枚。八分书，对读。LWM1：10，折二，背穿上饰月牙纹。直径2.5厘米（图五，1）。LWM1：12，小平，背穿上、下各有一月纹（图五，2）。

乾元重宝　1枚。LWM1：13，折二。真书，对读。直径2.4厘米（图五，3）。

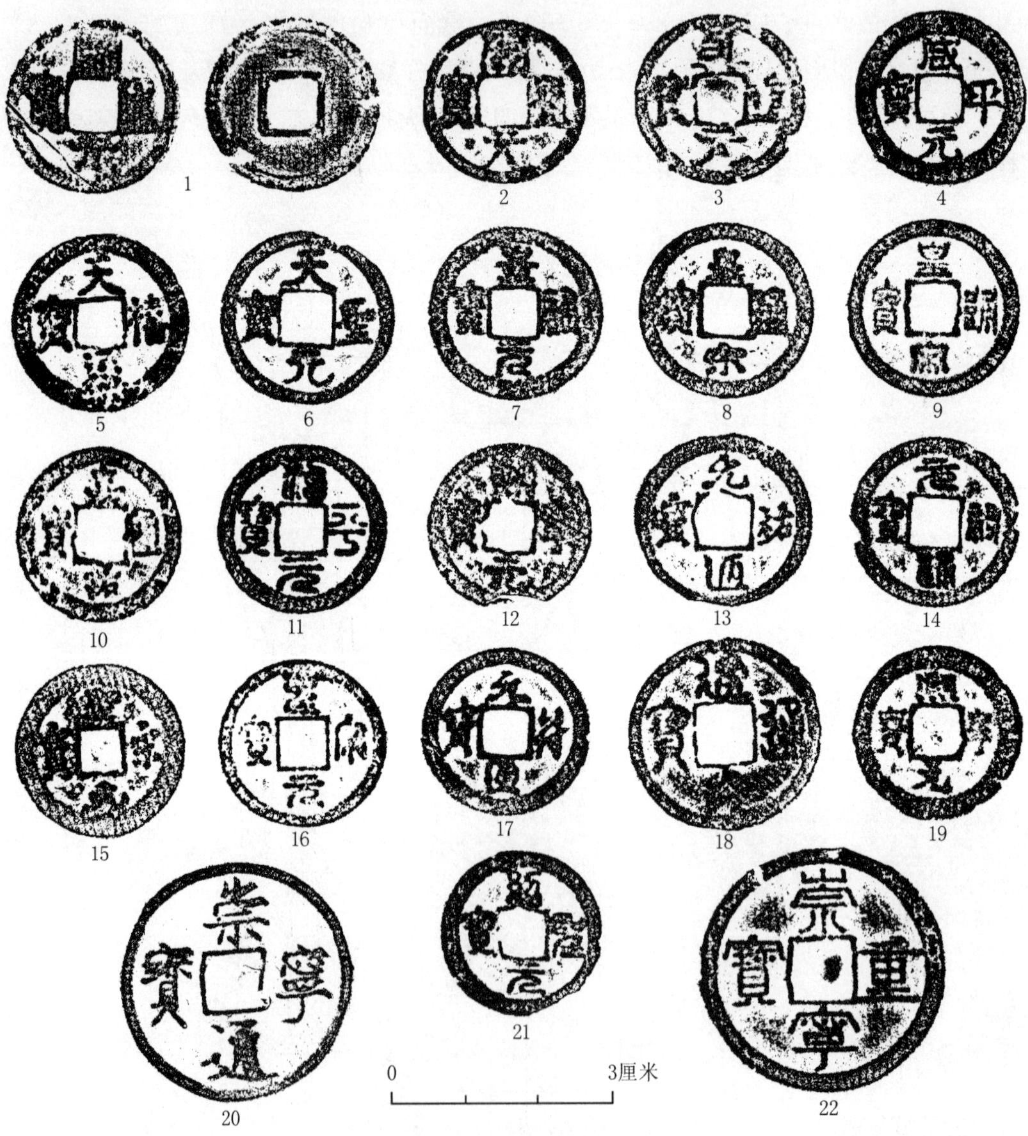

图五　LWM1出土钱币

1~22.钱币（LWM1：10、12~26、29~31、27、32、28）

北宋钱　45枚。

咸平元宝　2枚。折二,真书,旋读,郭略宽。LWM1∶14,直径2.45厘米(图五,4)。

天禧通宝　2枚。折二,真书,旋读。LWM1∶15,直径2.55厘米(图五,5)。

天圣元宝　1枚。LWM1∶16,折二,真书,旋读。直径2.5厘米(图五,6)。

景祐元宝　1枚。LWM1∶17,折二,篆书,旋读。直径2.45厘米(图五,7)。

皇宋通宝　2枚。折二,对读,直径2.5厘米。LWM1∶18,真书(图五,8)。LWM1∶19,篆书(图五,9)。

嘉祐通宝　1枚。LWM1∶20,折二,真书,对读。直径2.4厘米(图五,10)。

治平元宝　1枚。LWM1∶21,折二,篆书,旋读。直径2.4厘米(图五,11)。

熙宁元宝　3枚。折二,真书,旋读。LWM1∶31,字体较小,郭略宽。直径2.45厘米(图五,19)。LWM1∶22,字体较大,直径2.4厘米(图五,12)。

元祐通宝　3枚。折二,旋读。LWM1∶23,行书。直径2.5厘米(图五,13)。LWM1∶24,篆书。直径2.45厘米(图五,14)。

绍圣元宝　1枚。LWM1∶32,折二,篆书,旋读。直径2.4厘米(图五,21)。

圣宋元宝　2枚。折二,旋读。LWM1∶25,行书,郭略宽。直径2.5厘米(图五,15)。LWM1∶26,篆书。直径2.4厘米(图五,16)。

崇宁通宝　23枚。折十,瘦金体,旋读。LWM1∶27,直径3.3厘米(图五,20)。

崇宁重宝　2枚。折十,隶书,旋读。LWM1∶28,直径3.3厘米(图五,22)。

元符通宝　1枚。LWM1∶29,折二,行书,旋读。直径2.4厘米(图五,17)。

南宋钱　1枚。为“建炎通宝”。折五,篆书,对读。LWM1∶30,直径2.75厘米(图五,18)。

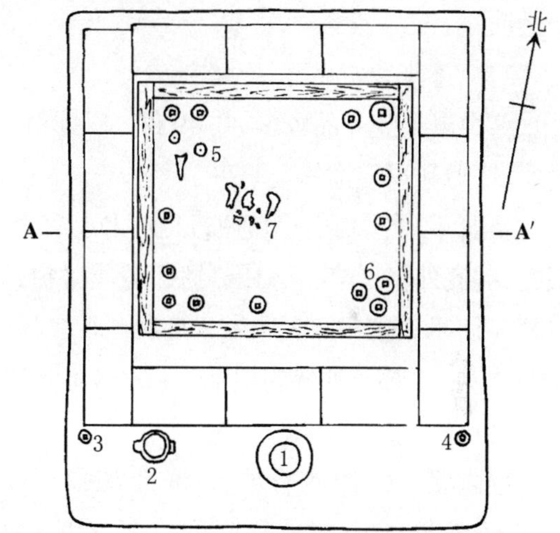

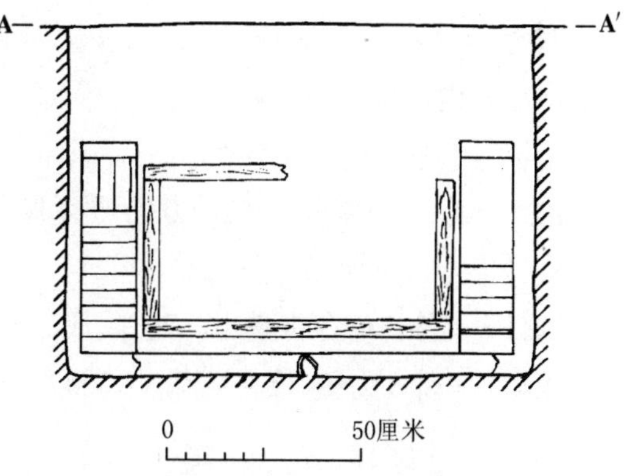

图六　LWM2平、剖面图

1.陶盒　2.香炉　3、4.小口瓶　5.金饰片　6.钱币　7.骨灰

2.无墓茔墓

LWM2　东南距LWM1约300米。

1）　墓葬形制

土坑竖穴墓，早期盗扰。平面呈长方形，南北长1.5米，东西宽1.22米，深0.9米。方向345°。在墓穴北部用长0.28米，宽0.14米，厚0.04米的灰色素面长方砖垒砌一长1.16米，宽1.14米的砖框，下层和顶部平砌，西壁顶部一层以下砖为横立砌，东壁顶部一层以下砖为竖立垒砌而成。底部平铺一层加工平整，厚0.06的石板，砖框口部盖有长0.95米，宽0.8米，厚0.04米的石板1块。石板已经被搬动移位。砖框之内置一木制骨灰盒，平面呈正方形，边长0.85米，高0.34米，盒板厚0.04米。盒板两侧长于两端，用铁钉钉合。骨灰盒内中部偏西葬有少量的骨灰（图六）。

在墓内砖框南墙外侧中部随葬陶盒1件，西侧随葬香炉1件，东南、西南两角各随葬小口瓶1件。在骨灰盒内西北角有金饰片1件，骨灰中出土银钗1件，金饰片3件和铜簪1件，琥珀饰片2枚。在墓底和骨灰盒底部出有钱币33枚。此外，在填土中出土有少量铁钉。

2）　随葬品

墓内出土随葬品较多，共49件。以钱币为主，少量的瓷器、釉陶器、陶器、金器、银器、铜器、铁器和玛瑙饰片。

瓷器　2件。均为小口瓶，形制相同，完整。小口圆唇，短折沿，矮颈较直，肩部略鼓，长圆腹，近底外侈，作喇叭口圈足底。瓷质略粗，近底脱釉。LWM2：1，口部及外壁施茶绿釉。口径4厘米，腹径8.3厘米，底径5.6厘米，高18.4厘米（图七，4；彩版贰伍壹，1）。LWM2：2，口部及外壁施黑釉。口径4.1厘米，腹径8.4厘米，底径5.6厘米，高19.2厘米（图七，1）。

釉陶器　1件。为香炉，完整。LWM2：3，直口平沿，尖圆唇，颈部略长，口外侧作对称直耳，扁鼓腹，底部施3个尖圆足。耳外侧刻划有花草纹，腹部贴塑行龙一条。口部及外壁施绿釉。行龙施黄釉，内壁及底部脱釉。口径8厘米，高7.4厘米（图七，3；图版一六，1）。

陶盒　1件。泥质灰陶，完整。LWM2：4，圆形，顶、底部平整，腹部略弧，下半部内侧作子母口。内外壁表面磨光。顶（底）径16.6厘米，腹径18.2厘米，高8.4厘米（图七，2）。

金器　2件。残。有饰片、饰件。

饰片　1件。LWM2：6，用0.01厘米厚的金片剪成，平面呈不规则圆形，中间有一方孔。直径1.7～1.9厘米（图七，8）。

饰件　1件。仅存少量边部残片，成三段，形制及用途不明。

银器　1件。为簪，仅存端部。LWM2：5，其上锤叠有牡丹花一朵。残长2.8厘米（图七，7）。

铜器　1件。为簪，完整。LWM2：7，长条形，由上至下渐细，端部呈椭圆形，头部尖圆，簪身作“U”字形弯曲。长12.1厘米，宽0.2～0.6厘米，厚0.15厘米（图七，9）。

琥珀饰片　2件。分两型。

A型　1件。LWM2∶9,残。残存平面呈方形,背部平整。正面沿边有一凹浅边框,内浮雕有宝相花一朵,花中镶嵌一绿松石珠。四角各有一0.1厘米的钉孔,制作精细。残长3厘米,宽2.7厘米,厚0.25～0.55厘米(图七,6;彩版贰伍壹,2上)。

B型　1件。LWM2∶10,完整。由上、下两个菱形组成,上面菱形较大,下面菱形较小,边缘作凹浅边框。上面菱形浮雕有牡丹花一朵,花内镶嵌一绿松石珠。下面菱形浮雕有宝相花一朵。背部平整,制作精细,边缘有0.1厘米的钉孔,长4.5厘米,宽2.1～2.6厘米,厚0.2～0.5厘米(图七,5;彩版贰伍壹,2下)。

铁器　6件。均为棺钉,形制相同。钉身作四边形,由上至下渐细,端部扁平,头部尖圆。表面锈蚀严重。LWM2∶11,长11.8厘米,截面径0.4厘米×0.5厘米(图七,10)。

钱币　33枚。多为北宋钱,个别的唐钱。

唐钱　1枚。为“开元通宝”。LWM2∶8,折二,八分书,对读。直径2.5厘米(图八,1)。

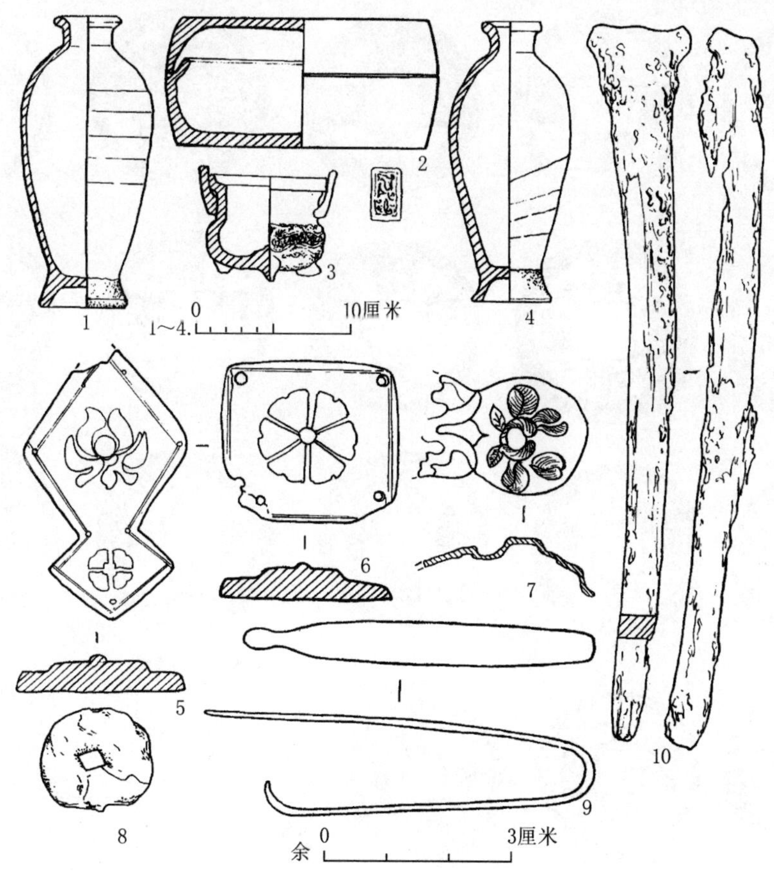

图七　LWM2出土铜、铁、金、银、陶、瓷、釉陶器,琥珀

1、4.小口瓷瓶(LWM2∶2、1)　2.陶盒(LWM2∶4)　3.釉陶香炉(LWM2∶3)　5、6.琥珀饰片(LWM2∶10、9)　7.银簪(LWM2∶5)　8.金饰片(LWM2∶6)　9.铜簪(LWM2∶7)　10.铁棺钉(LWM2∶11)

北宋钱　32枚。

淳化元宝　1枚。LWM2：13，折二，行书，旋读。直径2.4厘米（图八，2）。

至道元宝　1枚。LWM2：14，折二，草书，旋读，宽郭。直径2.4厘米（图八，3）。

祥符元宝　1枚。LWM2：15，折二，真书，旋读，宽郭。直径2.5厘米（图八，4）。

天禧通宝　1枚。LWM2：16，折二，真书，旋读。直径2.5厘米（图八，5）。

天圣元宝　4枚。折二，旋读，直径2.5厘米。LWM2：17，真书（图八，6）。LWM2：18，篆书（图八，7）。

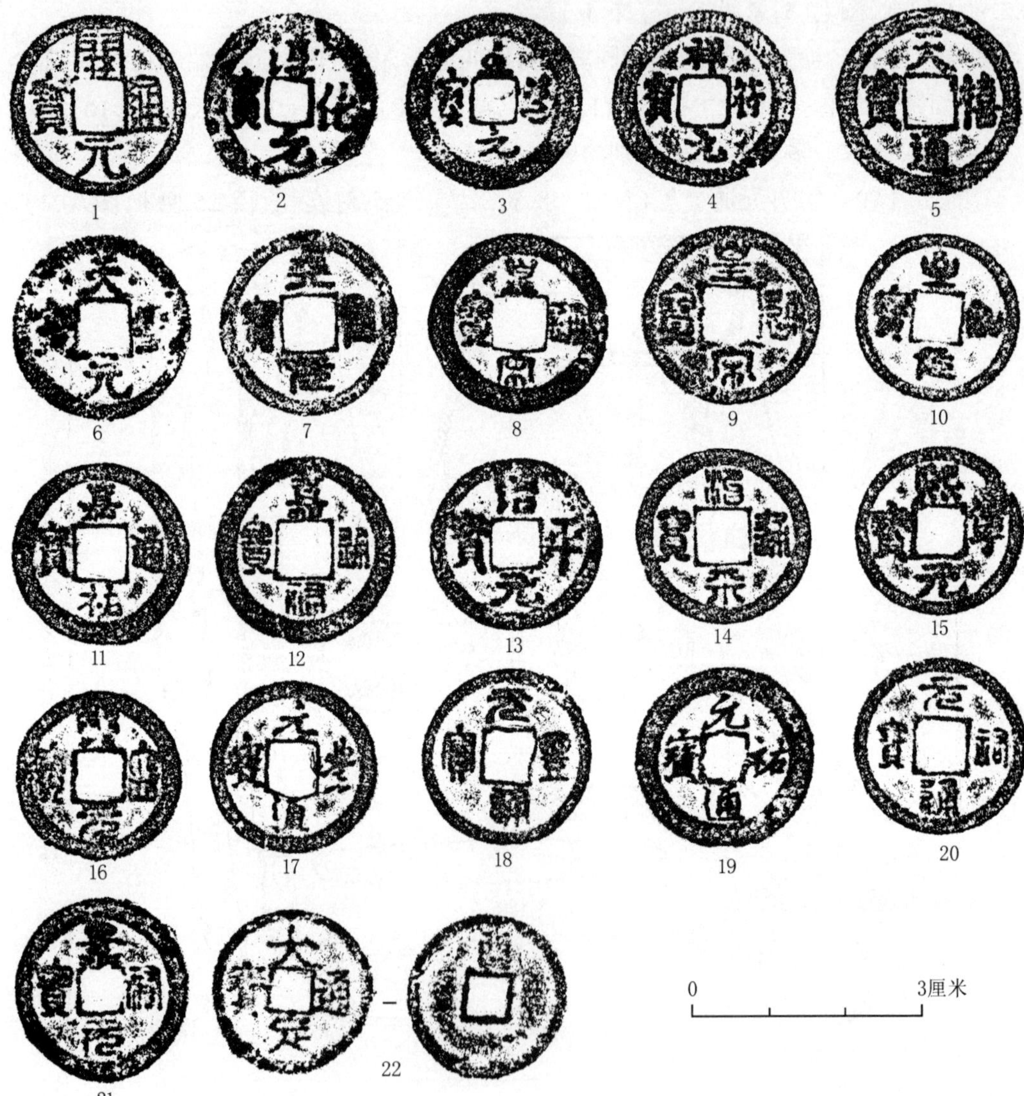

图八　LWM2、M3出土钱币

1~21.钱币（LWM2：8、13~32）　22.钱币（LWM3：3）

景祐元宝　1 枚。LWM2：32，折二，篆书，旋读。直径 2.4 厘米(图八，21)。

皇宋通宝　5 枚。折二，篆书，对读。直径 2.5 厘米。LWM2：19，字体略小，宽郭(图八，8)。LWM2：20，字体略大(图八，9)。

至和元宝　1 枚。LWM2：21，小平，篆书，旋读。直径 2.3 厘米(图八，10)。

嘉祐通宝　3 枚。折二，对读。直径 2.5 厘米。LWⅡM2：22，真书，郭略宽(图八，11)。LWM2：23，篆书(图八，12)。

治平元宝　1 枚。折二，旋读。直径 2.45 厘米。LWM2：24，真书(图八，13)。

治平通宝　1 枚。LWM2：25，对读，篆书(图八，14)。

熙宁元宝　3 枚。折二，旋读。直径 2.4 厘米。LWM2：26，真书(图八，15)。LWM2：27，篆书(图八，16)。

元丰通宝　4 枚。折二，旋读。LWM2：28，行书。直径 2.4 厘米(图八，17)。LWM2：29，篆书。直径 2.45 厘米(图八，18)。

元祐通宝　5 枚。折二，旋读。直径 2.5 厘米。LWM2：30，行书。郭略宽(图八，19)。LWM2：31，篆书(图八，20)。

LWM3　北距 LWM2 约 2 米。

1）　墓葬形制

土坑竖穴墓，早期盗扰。平面略呈长方形，南北长 1.6 米，东西宽 1.5 米，深 1.42～1.48 米。方向 355°。墓壁加工规整，墓底作斜弧状，填土内夹杂有较多的自然石块。墓内偏西北处用长 0.28 米，宽 0.14 米，厚 0.04 米的灰色素面长方砖垒砌一砖框，共由 12 层砖垒砌而成，底部平铺有较平整的石板，砖框口部盖有 3 块石板。砖框之内置一木制骨灰盒，平面呈长方形，因盗扰变形，南侧盒壁已缺失。盒残长 0.64 米，宽 0.56 米，盒板厚 0.04 米。盒板两侧长于两端，用铁钉钉合。骨灰盒内葬有少量骨灰。

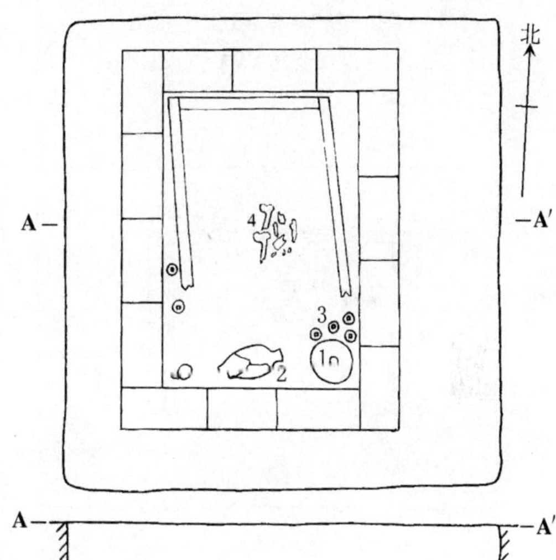

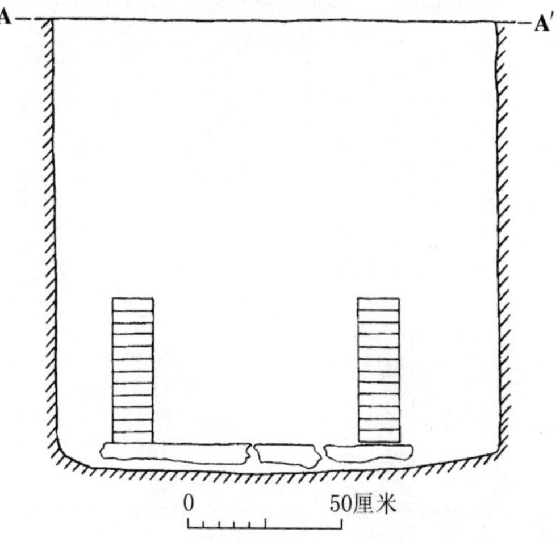

图九　LWM3 平、剖面图
1、2.瓷梅瓶　3.钱币　4.骨灰

墓内随葬品均出于砖框之内，在其东南角和南壁正中各出土梅瓶 1 件。在砖框内

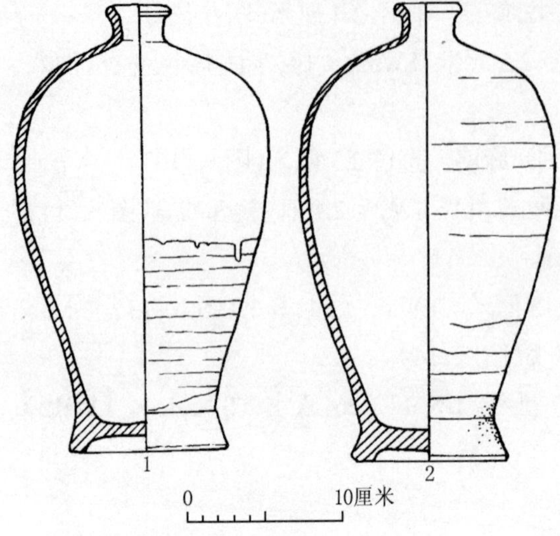

图一〇　LWM3 出土瓷器
1、2.梅瓶(LWM3：1、2)

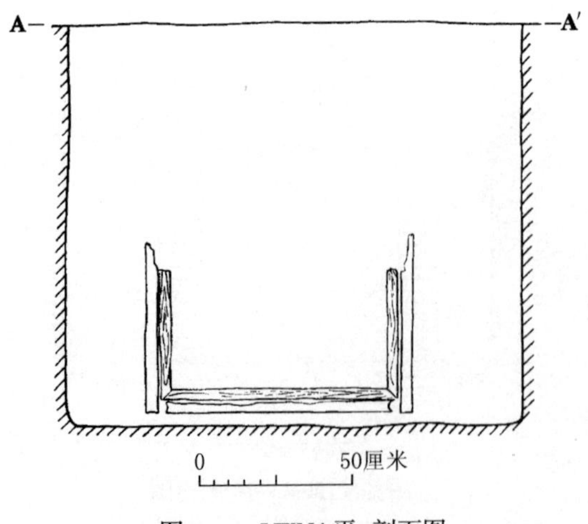

图一一　LWM4 平、剖面图

底部石板之上散布有钱币 48 枚。此外,在扰土中出土钱币 3 枚(图九)。

2）随葬品

墓内出土随葬品较多，共 53 件。多为钱币,少量为瓷器。

瓷器　2 件。均为梅瓶,完整。小口圆唇,矮颈略侈,圆肩鼓腹,最大腹径近肩部,下腹斜收,近底外侈,平底内凹。瓷质较细,口部及外壁施黑釉,近低脱釉。LWM3：1,口径 4.4 厘米,腹径 17 厘米,底径 10 厘米,高 29.6 厘米(图一〇,1;彩版贰伍贰,1)。LWM3：2,口径 4.4 厘米,腹径 17 厘米,底径 10 厘米,高 29.6 厘米(图一〇,2;彩版贰伍贰,2)。

钱币　51 枚。均为“大定通宝”,小平,真书,对读。LWM3：3 背穿上饰一“酉”字。直径 2.3 厘米(图八,22;彩版贰伍壹,3)。

LWM4　东南距 LWM2 约 1.5 米。

1）墓葬形制

土坑竖穴墓,早期盗扰。平面呈长方形,东西长 1.5 米,南北宽 1.1 米,深 1.3 米。方向 340°。墓壁加工较为规整,墓底平整，填土内夹杂有较多的自然石块。墓内中部略偏西北处置木制骨灰盒，骨灰盒平面呈长方形，长 0.79 米,宽 0.58 米,残高 0.43 米,盒板厚 0.03 米，盒板长边包短边，用铁钉钉合。在骨灰盒外四壁及底部，以厚 0.04～0.06 米的石板为墓椁,包砌骨灰盒。石板墓椁长 0.88 米,宽 0.68 米,残高 0.58 米,石板长边包短边。在骨灰盒中部偏西北葬有少量骨灰(图一一)。

骨灰盒内出土蚌饰和琥珀珠饰各 1 件。

2）　随葬品

蚌饰　1 件。LWM4：1,残损严重,形制及用途不详。表面磨制精细,一面平整,一面作精致的连弧纹。残长 4.6 厘米,残宽 2.8 厘米(图一三,1)。

琥珀珠饰　1 件。LWM4：2,完整。橄榄形,竖穿一孔,表面磨制精细。长 2.3 厘米,最大径 1 厘米,孔径 0.15 厘米(图一三,2)。

LWM5　东距 LWM2 约 2 米。

1）　墓葬形制

土坑竖穴墓,早期盗扰。平面呈长方形,南北长 1.2 米,东西宽 1 米,深 1.3 米,方向 345°。墓壁加工规整,墓底平整,填土内夹杂有大量的自然石块和少量的朽木。墓内置有木制骨灰盒,因盗扰全部破坏,形制及规格不清。墓内中部偏南留有少量骨灰(图一二)。

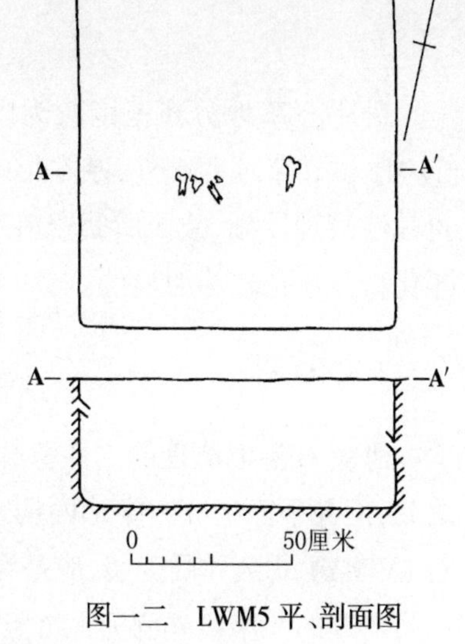

图一二　LWM5 平、剖面图

仅在扰土中出土铜带饰 1 件。

2）　随葬品

铜带饰　1 件。LWM5：1,完整。上半部呈“吕”字形,下边有　较宽的皮条连接一长方形环。长 2.9 厘米,宽 2～2.5 厘米(图一三,3)。

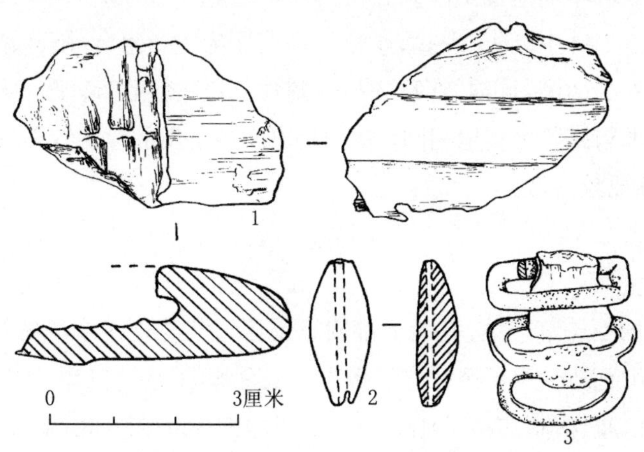

图一三　LWM4、M5 出土铜、琥珀、蚌器

1.蚌饰(LWM4：1)　2.琥珀珠饰(LWM4：2　3.铜带饰(LWM5：1)

三、结　语

卧牛石墓地分布范围较为广阔，早期和近年被盗严重。这次清理的5座墓葬，除LWM1位在墓地西端外，基本集中分布在墓地中部略偏西处。因是配合打击盗墓所作的抢救性清理发掘，故而所获资料不一定能够反映墓地的全貌。但其所反映的文化面貌和年代特征还是较为明显的。

1.文化特征

卧牛石墓地清理的5座墓葬中，仅LWM1有二进式石砌墓茔，与砧子山墓地有相同之处，但其平面呈“凸”字形的构筑形制，与砧子山墓地的二进式墓茔[1]也有所区别。卧牛石LWMY1北区外层茔墙，应是在内层茔墙的基础上，二次砌筑而成。

清理的5座墓葬皆为土坑竖穴墓，平面呈长方形，均为骨灰葬。这类墓葬比较常见的尸体墓规格略小，最大者LWM3，长度为1.6米，最小者LWM5长度仅1.2米。墓穴较大的LWM2、LWM3用灰色素面长方形砖垒砌一椁，底部平铺石板一层，内置木制骨灰盒。

5具木制骨灰盒中有4具保存相对较好，依其形状和埋葬方式可以分为2型。

A型　2具(LWM2、LWM3)。平面呈方形或长方形，外侧用灰色素面长方形砖垒砌有砖椁，骨灰盒放在椁内。

B型　2具(LWM1、LWM4)。平面作方形或长方形，外侧四壁或顶部与底部以石板作石椁包砌骨灰盒。

卧牛石墓地在清理的5座墓中不见殉牲习俗，这与元上都东南的砧子山墓地相同。

墓内随葬品虽因早期盗扰给准确分析其器物随葬规律带来一定困难，但仍可大致看出其随葬器物是以2件小口瓶、1件香炉或两件梅瓶为主要组合。随葬品均随葬于木制骨灰盒南侧或砖椁外的南侧。同时，在墓底与木制骨灰盒底部散布有数量较多的钱币。这种随葬品组合也基本与砧子山墓地相同。特别是出土镇墓用的涂有红彩的彩石和瘗钱的葬俗，也在砧子山墓地较为常见。

2.年代

卧牛石墓地的石砌墓茔墙，是元上都附近地区元代墓地中常见的地表建筑，经正式考古发掘的砧子山墓地[2]、及正镶白旗的伊松敖包墓地[3]等均有发现。

随葬品中小口瓶、梅瓶、香炉与砧子山墓地出土的同类器物相同。骨灰葬也是草原地区元代墓葬常见的埋葬习俗之一。表明了汉文化和佛教文化对日常生活的影响。

因此，卧牛石墓地应该是元代元上都城及附近汉族居民的墓地。

附记：发掘工作得到了锡林郭勒盟文化局、文物工作站和正蓝旗人民政府、文化局、文物管理所的大力支持，在此谨表谢意。

墓地发掘由魏坚主持，参加发掘的有杨春文、罗金明、张运平、陈爱旺、邢建钧等。

执笔：魏　坚　李兴盛

绘图　拓片：杨春文　郝晓菲

摄影：李　言

注　释

[1] 参见本书:《多伦县砧子山西区墓地》。

[2] 内蒙古文物考古研究所、锡林郭勒盟文物管理站、多伦县文物管理所:《元上都城南砧子山南区墓地》,《内蒙古文物考古文集》第一辑,中国大百科全书出版社,1994 年;参见本书:《多伦县砧子山西区墓地》。

[3] 参见本书:《正镶白旗伊松敖包墓地》。

附表　正蓝旗卧牛石墓地墓茔及墓葬登记表

墓茔					墓葬												备注
墓茔号	规格(米)长×宽—高	方向	门道(米)	附属建筑	墓号	结构	尺寸(米)长×宽—高	人数	墓向	葬式	葬具	性别	年龄	殉牲	盗扰	随葬品	
LWMY1	32×18.5—0.65	343°	2	二进式墓茔	LWM1	长方形土坑竖穴墓	1.5×1.4—0.9		343°		骨灰盒				早期盗扰	小口瓶2、碗2、香炉1、金饰片3、铁棺钉5、彩石1、木炭1、钱币50	墓茔平面呈“凸”字形骨灰墓
					LWM2	长方形土坑竖穴墓	1.5×1.22—0.9		345°		骨灰盒				早期盗扰	小口瓶2、香炉1、陶盒1、金饰片1、金饰件1、银簪1、铜簪1、琥珀饰片2、铁棺钉6、钱币33	骨灰墓
					LWM3	长方形土坑竖穴墓	1.6×1.5—(1.42～1.48)		355°		骨灰盒				早期盗扰	梅瓶2、钱币51	骨灰墓
					LWM4	长方形土坑竖穴墓	1.5×1.1—1.3		340°		骨灰盒				早期盗扰	蚌饰1、琥珀珠饰1	骨灰墓
					LWM5	长方形土坑竖穴墓	1.2×1—1.3		345°		骨灰盒				早期盗扰	铜带饰1	骨灰墓

柒　正蓝旗一棵树墓地

一棵树墓地，位于正蓝旗元上都古城西北约12千米的上都音高勒苏木北面的山湾之阳坡(图一)。墓地内各墓葬基本分布在两个相邻的缓坡地带,分为两个区,东西相距约1500米。地表上层覆盖有厚约1米的黑色砂土,下层为黄土,土质较为坚硬。Ⅰ区墓地位于西侧一较大的山湾之内,北、东、西三面山梁突起,南面地势开阔。墓葬分布在山梁下的缓坡地带,其中除LYM2和LYM3分布偏西侧山坡外,其余6座墓葬较集中的分布在东北侧山坡。Ⅱ区墓地位在Ⅰ区墓地以东,地形为北、西、南三面浅山环绕,东面地势开阔平整的草原地带。墓地西南约100米处和东侧各有一自然冲沟,宽均约10余米,深约4米。墓葬分布在北面断续相连的浅山阳坡之上,地势呈北高南低,作平坦的缓坡状。

1995年8月，内蒙古文物考古研究所在对元上都附近元代遗存调查中发现该处墓地。因见早期盗扰和近年盗掘十分严重,遂当即对墓地Ⅰ区的8座墓葬(图二)、Ⅱ区的11座墓葬进行了清理,两区统一编号为LYM1～LYM19。1996年7月,又对墓地Ⅱ区的4座墓葬进行清理,编号为LYM20～LYM23。1998年8月,再次在Ⅱ区清理了3座墓葬,编号为LYM24～LYM26(图三)。三次共清理墓葬26座(附表),取得了一批较有价值的资料,现报告如下。

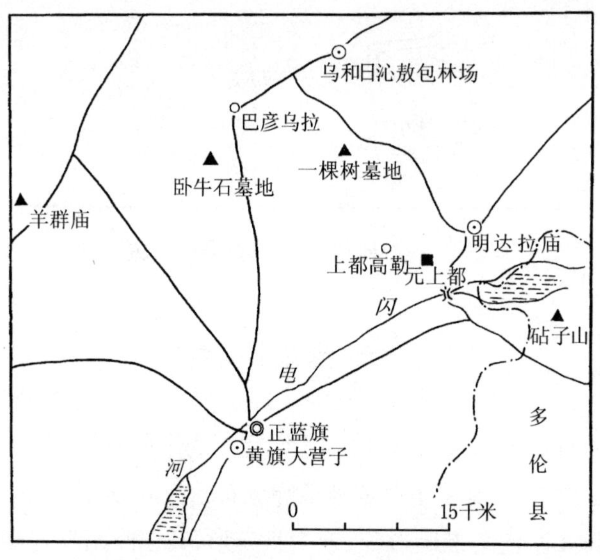

图一　一棵树墓地位置示意图

图二　一棵树墓地 Ⅰ 区墓葬分布示意图

图三　一棵树墓地Ⅱ区墓葬分布示意图

一、墓地概况

一棵树墓地清理的26座墓葬,均遭到不同程度的早期盗扰。墓地内墓向均为东北或西北向,在325°～20°之间。其中Ⅰ区墓地墓葬分布较为分散,清理的8座墓葬中,有6座带有石砌墓茔墙,除LYM5为椭圆形外,余为长方形,其他两座没有墓茔。Ⅱ区墓地内各墓分布呈东—西向排列,大致可以分为南北两排。各墓东西墓距一般约2～8米,仅最西端的 LYM26 相距约 18 米。其中只有 LYM10 带有长方形墓茔。

墓地内的 7 座墓茔，均为单墓茔。平面以长方形墓茔为主，共 5 座(LYMY1、LYMY2、LYMY4、LYMY6、LYMY7)、不规则长方形(LYMY5)和椭圆形墓茔(LYMY3)各 1 座。墓茔方向多为北略偏西，在 330°～358°之间，仅 LYMY7 为 6°。墓茔墙体均用自然石块垒砌，其间未坐泥浆，较为规整。墓茔规格较小，多在 10 米以内，最大的墓茔 LYMY3 长 10.3 米，宽 8 米；最小的墓茔 LYMY4 长 7.25～7.75 米，宽 7.75 米。茔墙现存高度多在 0.55～0.7 米之间，最高的 LYMY2 高达 1.2 米，最矮的 LYMY1 高 0.3 米。清理的 7 座墓茔均无门道之痕迹。7 座墓茔内皆为一茔一墓，墓茔内各墓方向在 325°～20°之间。

清理的 26 座墓葬中，有 19 座墓葬没有墓茔。均为土坑竖穴墓，平面以长梯形墓为主，共 16 座；长方形墓次之，共 10 座。各墓规格悬殊较大，一般长度 2～2.5 米左右，宽度 1 米左右，深 0.46～2.3 米。最大的 LYM7，长 3.3 米，宽 3.1 米，深 1.4 米。最小的 LYM2，长 1.9 米，宽 0.7～0.6 米，深 0.6 米。墓向多为西北向，共 19 座，在 325°～357°之间，其余 7 座为东北向，在 8°～20°之间。凡有墓茔之墓葬，除 LYMY7 的 LYM10 墓口地表堆砌有自然石块外，其余墓茔内各墓均无地表标志。无墓茔的墓葬除 LYM23～LYM26 四座墓的墓口地表无标志外，其余各墓墓口地表均用自然石块垒砌有地面标志，形状多不规则。墓内置有生土二层台的墓 2 座，LYM1 在南壁留有生土二层台，LYM9 东、西两侧置生土二层台，台内墓穴平面呈长梯形，底部铺砖，应是木棺之替代物。

墓地内各墓早期盗扰十分严重，葬式多不清楚，仅 LYM6、LYM9 从保存较好的盆骨以下判断为仰身直肢葬。墓内有木棺的墓葬 15 座。约占墓葬总数的 1/2 略多。木棺大多保存较差。可以确定其形制的木棺，除 LYM14 平面为长方形外。其余 9 具均平面呈长梯形，木棺头部高阔，尾部低短。长梯形木棺除 LYM22 外，棺体外侧近头部、中部和近尾部均用铁棺箍加固。有殉牲的墓葬共 9 座，均用羊骨殉牲，除 LYM21 殉牲于墓内西北角外，其余 8 座墓皆殉牲于墓内东北角。

因墓内尸骨经盗扰，保存较差。可供进行人骨鉴定的墓葬有 5 座，其中女性墓 3 座，男性墓 2 座。均为成年，年龄在 20～30 岁之间。

墓内随葬品位置因盗扰多不清楚。墓葬出土随葬品普遍较少，共出土各类随葬品 182 件，有 8 座墓无任何随葬品。有随葬品的墓亦多寡不一，一般在 5～8 件左右，最多的 LYM21 共 61 件，少的墓仅 1 件。随葬品中以钱币为主，共 77 枚。主要随葬于墓坑底部或木棺内底部；铁器次之，共 23 件，主要有剑、辖、马镫、镞、环等，马镫多随葬于木棺近脚部。此外，还有少量的铜镜、桦树皮器、金耳饰、银器、骨器、铜饰件、珠饰和少量的毛毡、丝织品。有的墓内同时出土少量铁棺箍、棺钉，一并放在随葬品中叙述。

二、墓茔、墓葬形制及随葬品

1.无墓茔墓

LYM1 位于I区墓地中部，东距LYM4约40米，西距LYM2约75米。

1） 墓葬形制

土坑竖穴墓，平面呈长方形，南北长2.1米，东西宽0.8米，深1.2米。方向10°。墓内四壁加工较为规整，墓底平整，在墓内之南壁留有一生土二层台，二层台高0.2米，宽0.2米。墓口地表堆砌有自然石块，形状不规则，填土内夹杂有少量的黄土块。墓内置木棺一具，朽蚀严重。从残存的少量棺板朽木判断，木棺应为长梯形状，头大尾小，规格不清。棺外侧平行等距的扎3道铁棺箍。棺内置尸骨1具，腐烂严重，仅存有少量的骨屑，葬式不清。

墓内仅在木棺底部南端铁棺箍处随葬铜镜1面（图四；彩版贰伍叁，1）。

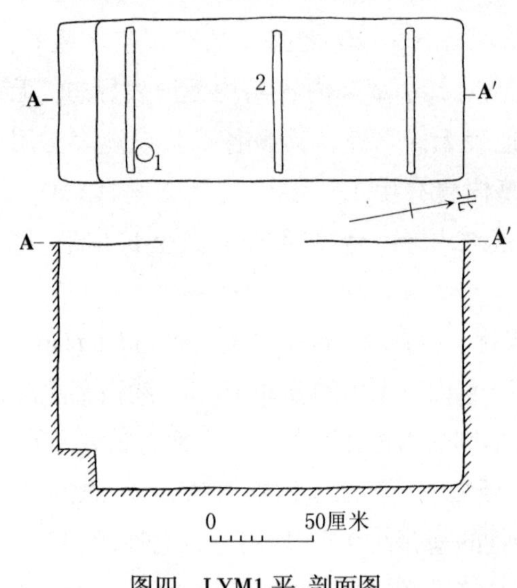

图四 LYM1平、剖面图
1.铜镜 2.铁棺箍

2） 随葬品

墓内出土随葬品较少，共7件。以铁器略多，余为铜镜、桦树皮。

铁器 5件。有棺箍、棺钉。

棺箍 3件。形制相同，残。长条形，扁平状。表面锈蚀严重，内有朽木痕迹。LYM1：2，残长12.8厘米，宽3.2厘米，厚0.4厘米（图五，5）。LYM1：3，一端作90°弯曲。残长16.4厘米，宽4厘米，厚0.3厘米（图五，4）。LYM1：4，边部残损，不规整。残长12.8厘米，宽3.4厘米，厚0.4厘米（图五，6）。

棺钉　2件。残，形制相同。钉身呈方形，由上至下渐细，端部扁圆，头部尖圆。表面锈蚀严重，上有朽木的痕迹。LYM1：5仅存上半部。残长7.5厘米，截面径0.5厘米×0.8厘米（图五，2）。LYM1：6，尖部残。残长9.8厘米，截面径0.5厘米×0.8厘米（图五，3）。

铜镜　1件。LYM1：1，完整。圆形，半圆纽，圆纽座，素宽缘，镜面平整。镜背内区饰细凸弦纹两周，区内作四个重圈乳钉纹和“家常富贵”四字，重圈纹与镜铭间饰花草图案。直径9.9厘米，缘宽1.1厘米，厚0.5厘米（图五，1）。

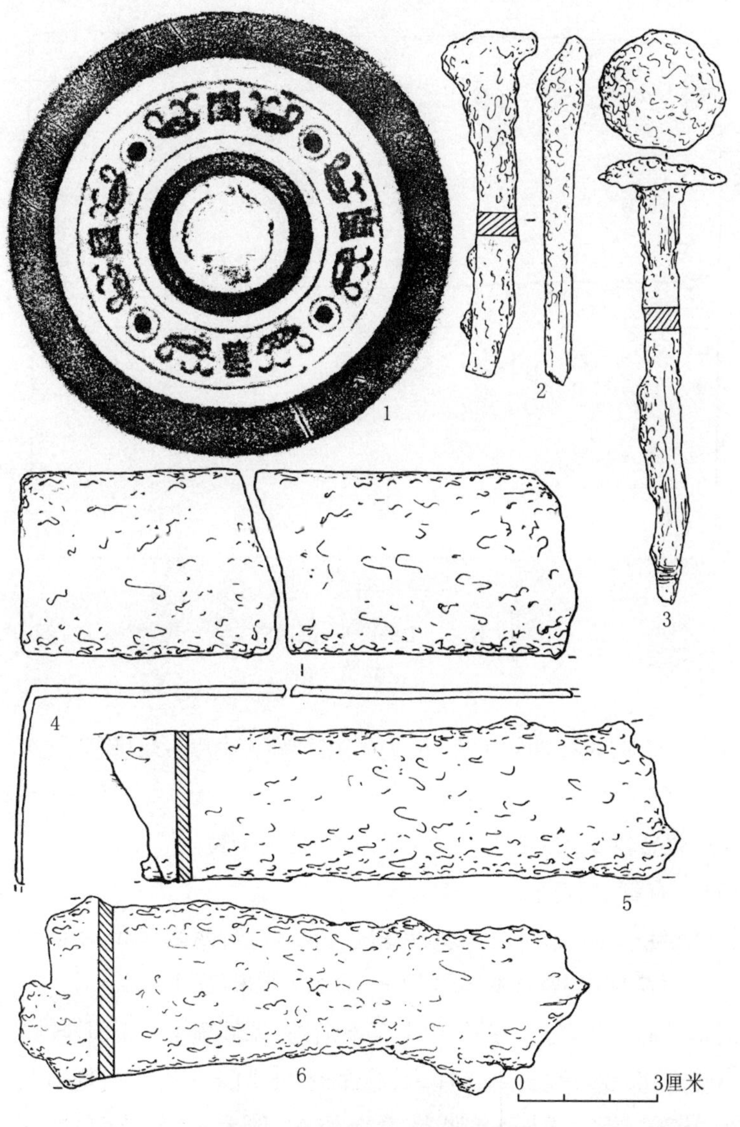

图五　LYM1出土铜镜、铁器

1.铜镜（LYM1：1）　2、3.铁棺钉（LYM1：5、6）　4~6.铁棺箍（LYM1：3、2、4）

桦树皮　1件。LYM1：7,残。出于棺内,残损严重,形制及用途不清。

LYM2　位于Ⅰ区墓地西部,西距LYMY1约10米,东距LYM1约75米。

1）　墓葬形制

土坑竖穴墓,早期盗扰。平面呈长梯形,南北长1.9米,北端宽0.7米,南端宽0.6米,深0.6米。方向20°。墓壁加工较为规整,墓底平整。墓口地表垒砌有自然石块,因早期盗扰,形状不清。填土内夹杂有少量的尸骨和黄土块。墓内无葬具,葬有尸骨1具,因严重盗扰,仅在中部偏北出有少量的肢骨,葬式不清。

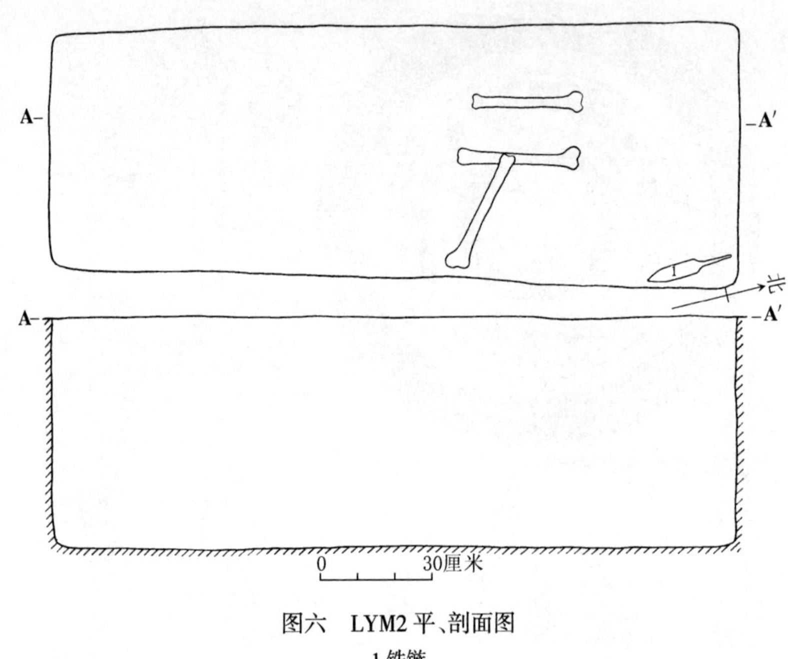

图六　LYM2平、剖面图

1.铁镞

墓内仅在东北角随葬有铁剑1件,填土中出土铜镜残片1块(图六)。

2）　随葬品

墓内出土随葬品较少,共4件。以铁器为主,另为铜镜。

铁器　3件。有剑、棺钉。

剑　1件。LYM2：3,残。仅存剑身小段。剑身较宽,两侧锋利,中间微微隆起。表面锈蚀严重。残长11.7厘米,宽3.3～4.3厘米,厚0.3厘米(图七,4)。

棺钉　2件。均残。钉身呈方形,由上至下渐细,端部扁平。表面锈蚀严重,上有朽木痕迹。LYM2：2,头部残。残长10.5厘米,截面径0.6厘米×0.5厘米(图七,2)。LYM2：4,仅存上半部,端部弯折。残长5.4厘米,截面径0.4厘米×0.5厘米(图七,3)。

铜镜　1件。LYM2：1,残。仅存少部,圆形,窄缘,分内、外两区,素面。缘厚0.3厘米

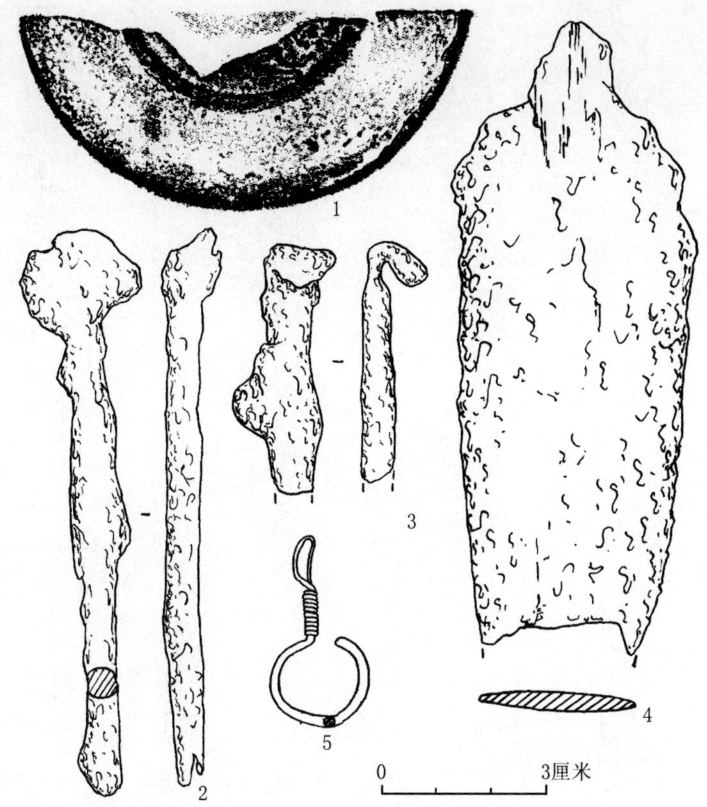

图七　LYM2、M3 出土铜镜，铁、金器

1.铜镜(LYM2：1)　2、3.铁棺钉(LYM2：2、4)　4.铁剑(LYM2：3)　5.金耳饰(LYM3：1)

(图七，1)。

2.一号墓茔(LYMY1)

位于 I 区墓地 LYM2 西侧约 10 米。

墓茔平面略呈圆角不规则长方形，西边长 9.3 米，东边长 8.75 米，南边长 8 米，北边长 7.5 米，方向 355°。茔墙墙体用自然石块垒砌，较为整齐。茔墙宽度不等，宽 0.5～0.6 米，现存高度 0.3 米。没有发现门道痕迹。墓茔内仅有 LYM3 一座墓葬(图八)。

LYM3　位于 LYMY1 中部。

1)　墓葬形制

土坑竖穴墓，早期盗扰。平面呈长梯形，南北长 2.2 米，北端宽 1 米，南端宽 0.7 米，深 0.8 米。方向 20°。墓壁略不规整，墓底较平整，填土内夹杂有少量尸骨和黄土块。墓口地表堆有自然石块，形状不规则。墓内四壁用长 0.3 米，宽 0.15 米，厚 0.04 米的灰色素面长方砖顺砌，因大部盗扰，仅存北壁一段。墓底平铺加工较为平整的石板一层，厚 0.03 米。墓

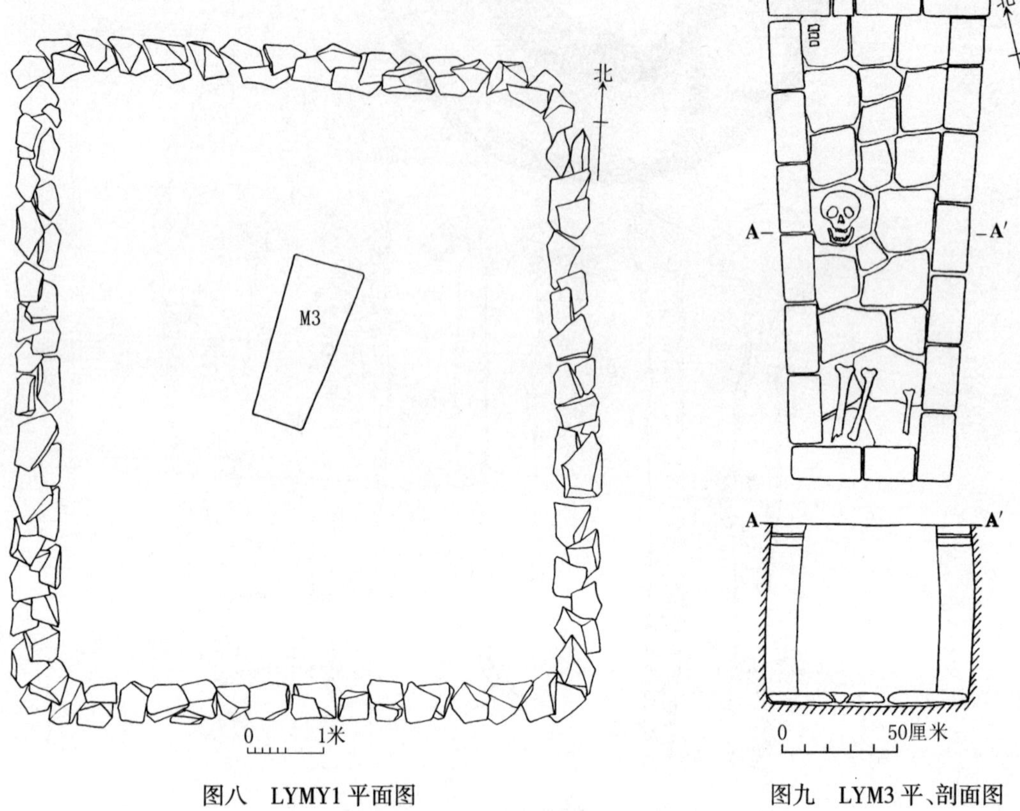

图八　LYMY1 平面图

图九　LYM3 平、剖面图

内无葬具，内葬有尸骨 1 具，严重盗扰，葬式不清。头骨移位至中部近西壁，股骨和胫腓骨移位至南壁(图九)。

墓内西北角随葬有金耳饰 1 件。

2） 随葬品

金耳饰　1 件。LYM3：1，用 0.1～0.2 厘米的金丝弯成，下半部作一直径 1.8 厘米的圆形，上半部用金丝缠绕。高 3.5 厘米(图七，5)。

3.二号墓茔(LYMY2)

位于 I 区墓地东部，西距 LYM1 约 40 米，东北距 LYMY3 约 7 米。

墓茔平面略呈长方形，东西长 8.85～9 米，南北宽 7.75 米。方向 358°。茔内堆积有 0.95～1.1 米的深褐色土。墙体用自然石块垒砌，较为规整。墙体宽度不等，宽 0.5～0.6 米，现存高度 1.2 米。没有发现门道痕迹。墓茔内仅有 LYM4 一座墓葬(图一〇)。

LYM4　位于 LYMY2 西北部。

1） 墓葬形制

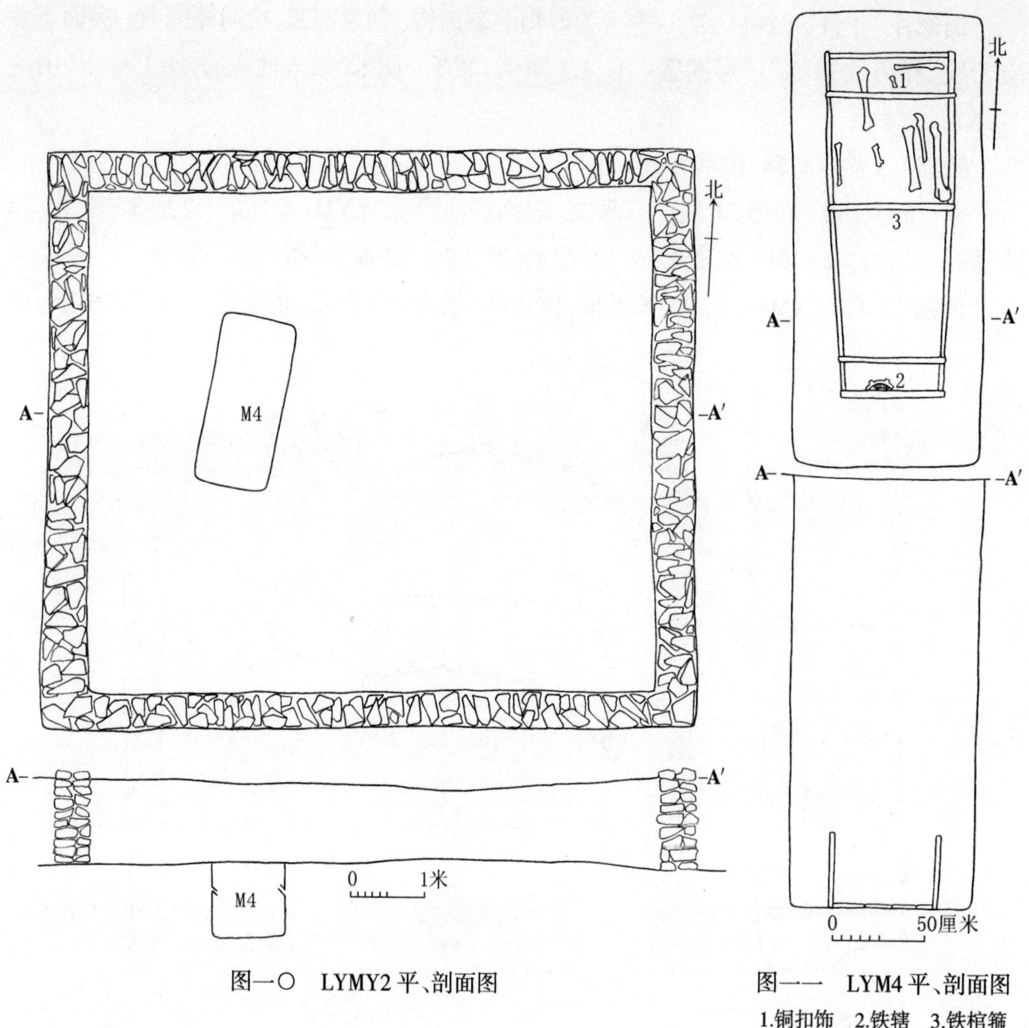

图一〇　LYMY2 平、剖面图

图一一　LYM4 平、剖面图
1.铜扣饰　2.铁辖　3.铁棺箍

土坑竖穴墓，早期盗扰。平面呈长方形，南北长 2.4 米，东西宽 1.02 米，深 2.3 米，方向 12°。墓壁加工规整，墓底平整，填土内夹杂有少量的自然石块和黄土块。墓内置一木棺，保存较好。木棺平面呈长梯形，头大尾小，长 1.83 米，头部宽 0.72 米，尾部宽 0.58 米，残高 0.4 米，棺板厚 0.03 米。棺板头部两侧长于两端，尾端长于两侧，用铁钉钉合，棺身外侧头部、中部和尾部均用铁棺箍加固，四角装有铁护角。棺内葬有尸骨 1 具，盗扰严重，葬式不清，墓内头部残留有少量的肢骨。

墓内在近头部出土铜饰件 1 件，在棺内中部和尾部各出铁车辖 1 件。此外，在棺底散布有钱币 16 枚（图一一）。

2）　随葬品

墓内出土随葬品共 24 件。以钱币为主，铁器次之，铜饰件 1 件。

铜饰件　1件。LYM4：2，完整。为器物上装饰物。两端圆弧，中间略内收。表面重叠有云纹、栉齿纹和“X”字形图案。长3.3厘米，宽1.1厘米×1.6厘米，厚0.1厘米（图一二，6）。

铁器　8件。有辖、棺箍、护角、棺钉。

辖　2件。残。圆形，上残存有两齿。表面锈蚀严重。LYM4：3，宽1.2厘米，厚1.3厘米（图一二，2）。LYM4：4，宽1.5～1.8厘米，厚1.2～1.5厘米（图一二，3）。

棺箍　1件。LYM4：5，残。长条形，体扁平。表面锈蚀严重，内侧残存有朽木痕迹。残

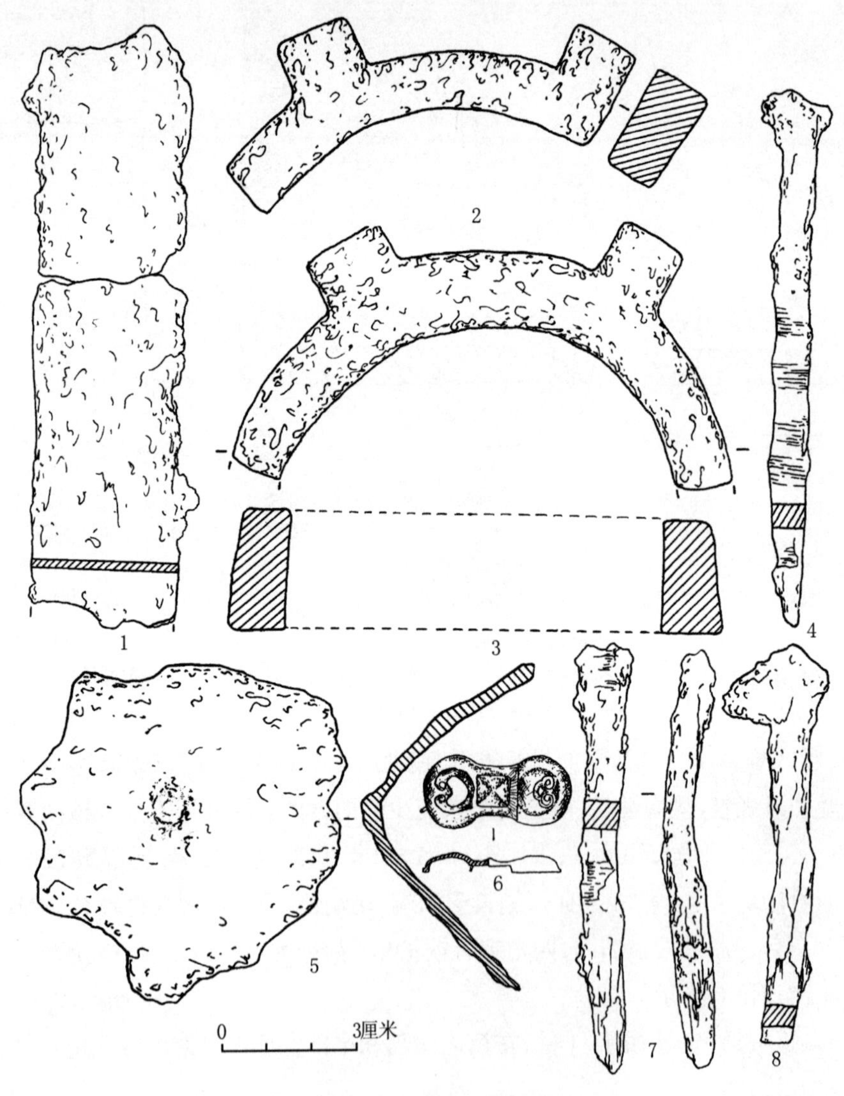

图一二　LYM4出土铜、铁器

1.铁棺箍（LYM：4：5）　2、3.铁辖（LYM4：3、4）　4、7、8.铁棺钉（LYM4：8、10、9）　5、铁护角（LYM4：7）　6、铜饰件（LYM4：2）

长 13.5 厘米，宽 4 厘米，厚 0.25 厘米（图一二，1）。

护角　1 件。LYM4∶7，边部略浅。木棺四角之用，为锻铸而成，从四角向内作 90°内收。厚 0.2 厘米（图一二，5）。

棺钉　3 件。钉身作方形，由上至下渐细，端部扁平，头部尖圆。表面锈蚀严重，上有朽木痕迹。LYM4∶8，完整。长 11.7 厘米，截面径 0.4 厘米 × 0.6 厘米（图一二，4）。LYM4∶9，头部残。残长 8.8 厘米，截面径 0.4 厘米 × 0.7 厘米（图一二，8）。LYM4∶10，头部残。残长 9.2 厘米。截面径 0.5 厘米 × 0.7 厘米（图一二，7）。

钱币　16 枚。以北宋钱为主，少量的唐钱。

唐钱　2 枚。为“开元通宝”。折二，八分书，对读。LYM4∶1，直径 2.4 厘米（图一三，1）。

北宋钱　14 枚。

至道元宝　1 枚。LYM4∶12，郭部略残。折二，行书，旋读，宽郭，穿较小。直径 2.5 厘米（图一三，2）。

熙宁元宝　4 枚。折二，真书，旋读。LYM4∶13，直径 2.5 厘米（图一三，3）。LYM4∶14，直径 2.45 厘米（图一三，4）。

皇宋通宝　3 枚。折二，对读。LYM4∶15，真书，直径 2.4 厘米（图一三，5）。LYM4∶

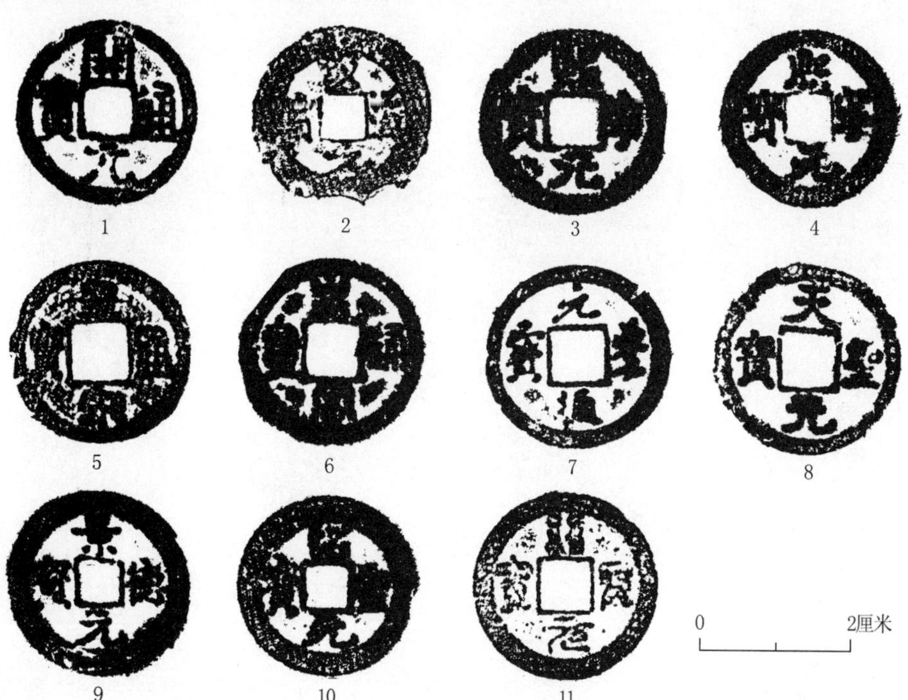

图一三　LYM4 出土钱币

1~11.LYM4∶1、12~21

16,篆书。直径2.5厘米(图一三,6)。

元丰通宝　2枚。折二,行书,旋读。LYM4∶17,直径2.45厘米(图一三,7)。

天圣元宝　1枚。LYM4∶18,折二,真书,旋读。直径2.5厘米(图一三,8)。

景德元宝　1枚。LYM4∶19,折二,真书,旋读,郭略宽。直径2.5厘米(图一三,9)。

绍圣元宝　2枚。折二,旋读。LYM4∶20,真书,郭略宽。直径2.4厘米(图一三,10)。LYM4∶21,篆书。直径2.5厘米(图一三,11)。

4.三号墓茔(LYMY3)

位于I区墓地东北部,西南距LYMY2约7米。

墓茔平面呈椭圆形,东西长径10.3米,南北短径8.8米。墙体用自然石块垒砌,较为规整。墙体宽度不等,宽0.5～0.8米,现存高度0.85～1.1米。没有发现门道痕迹。在墓茔内墓穴周围散布有少量石块,基本呈椭圆形,无垒砌痕迹。墓茔内有LYM5一座墓葬(图一四)。

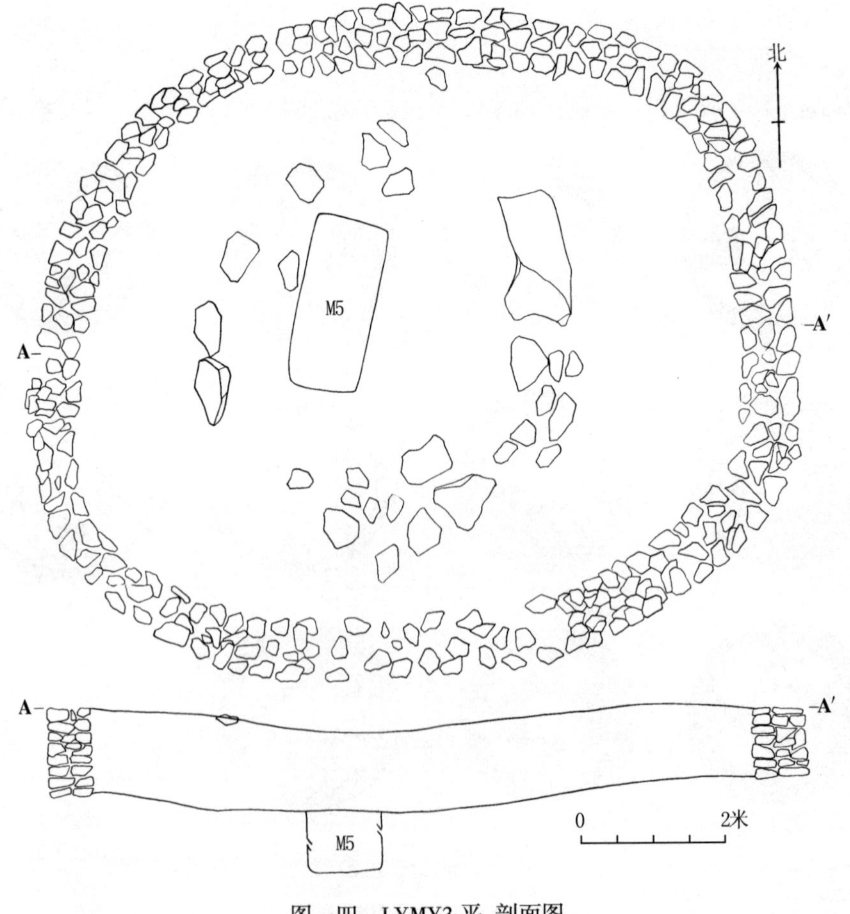

图一四　LYMY3平、剖面图

LYM5　位于 LYMY3 中部偏西。

1）　墓葬形制

土坑竖穴墓，早期盗扰。平面呈长梯形，南北长 2.34 米，头部宽 1.02 米，尾部宽 0.86 米，深 1.7 米。方向 12°。墓壁加工略不规整，西壁南段为早期盗洞所破坏。墓底平整，填土内夹杂有大量石块和黄土块。墓内置木棺 1 具，平面呈长梯形，头大尾小。棺长 2.05 米，头部宽 0.72 米，尾部宽 0.48 米，残高 0.44 米。棺板厚度不同，两端和西侧棺板厚 0.04 米，东侧棺板厚 0.06 米。棺板两侧长于两端约 0.02 米，用铁钉钉合，棺身外侧头部、中部、尾部用铁棺箍加固。棺内葬有尸骨 1 具，均盗扰至棺内中南部，有头骨、盆骨和少量的肢骨，葬式不清。经鉴定为女性，年龄 20～25 岁。

墓内盗扰头骨南侧出土铜镜 1 面（图一五）。

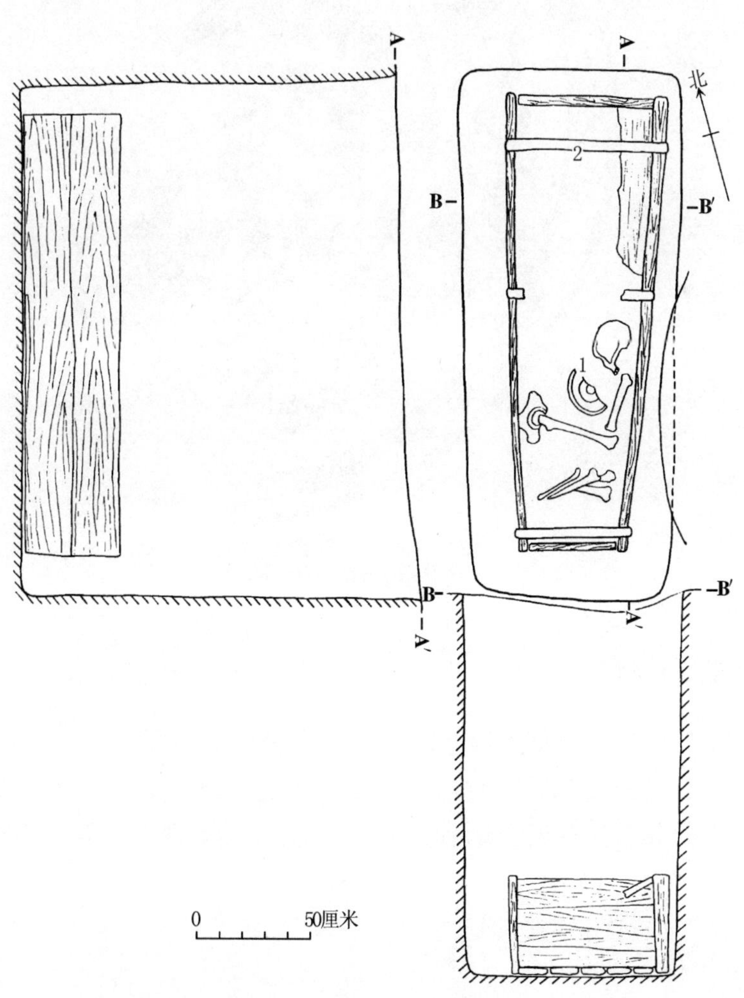

图一五　LYM5 平、剖面图

2）　随葬品

铜镜　1 面。LYM5：1，残。圆形，镜面平整，半圆纽，三角缘。镜背分内、外两区，皆作海兽葡萄纹，边缘饰葡萄纹一周。厚 1.1 厘米（图一六；彩版贰伍伍，1 左）。

图一六　LYM5 出土铜镜拓片（LYM5：1）

5.四号墓茔（LYMY4）

位于Ⅰ区墓地东部，西北距 LYMY2 约 17 米，东南距 LYMY6 约 15 米。

墓茔平面略呈圆角长方形，南壁向内斜收。南北长 7.25～7.75 米，东西宽 7.75 米。方向 330°。茔墙墙体用自然石块垒砌，较为规整。墙宽 0.6 米，现存高度 0.55 米。没有发现门道痕迹。墓茔内仅有 LYM6 一座墓葬（图一七）。

LYM6　位于 LYMY4 中部偏东。

1）　墓葬形制

土坑竖穴墓，早期盗扰。平面呈长方形，南北长 2.5 米，东西宽 1.3 米，深 1.2 米。方向

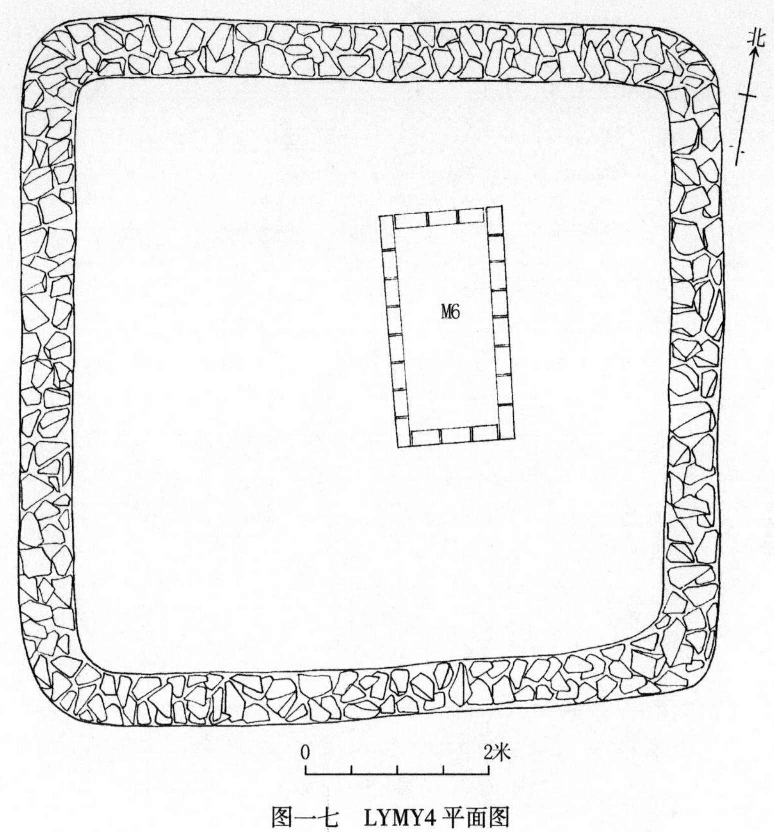

图一七　LYMY4 平面图

325°。墓穴下半部建在岩石之上，在距墓口 0.46 米处开始用长 0.29 米，宽 0.14 米，厚 0.04 米的灰色素面长方砖在墓壁基岩上垒砌，共由 8 层砖砌成，其间坐有泥浆。墓内无葬具，葬有尸骨 1 具，盆骨以上盗扰，有头骨和少量的肢骨、肋骨。从保存完整的盆骨以下判断，应为仰身直肢葬(图一八)。

2）　随葬品

墓内未见随葬品。

6.五号墓茔(LYMY5)

位于 I 区墓地东部偏南，东北距 LYMY4 约 20 米。

墓茔平面呈不规则长方形，南北长 9 米，东西宽 6.1～5.9 米。方向 354°。茔墙墙体用自然石块垒砌，西墙由南向北内收，较为规整。墙宽 0.6 米，现存高度 0.6 米。没有发现门道痕迹。墓茔内仅发现 LYM7 一座墓葬(图一九)。

LYM7　位于 LYMY5 中部偏西。

1）　墓葬形制

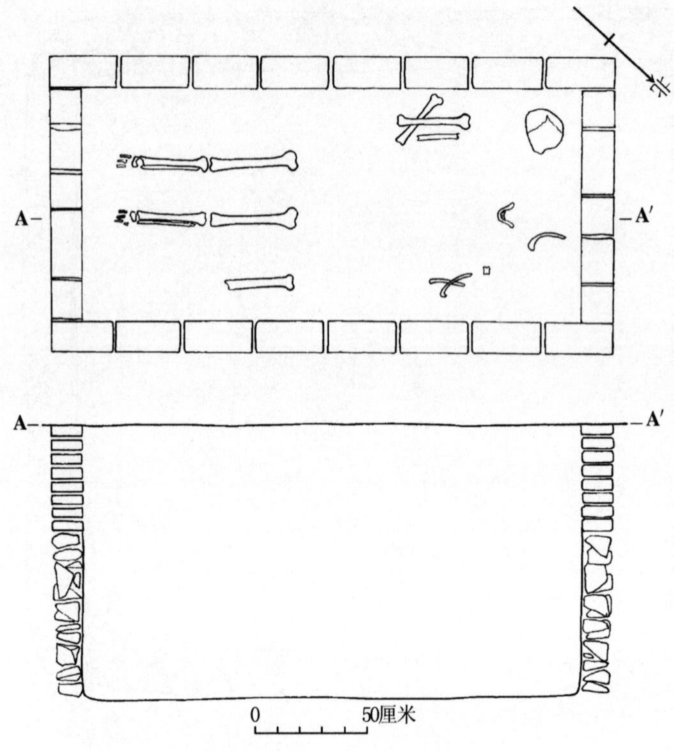

图一八 LYM6 平、剖面图

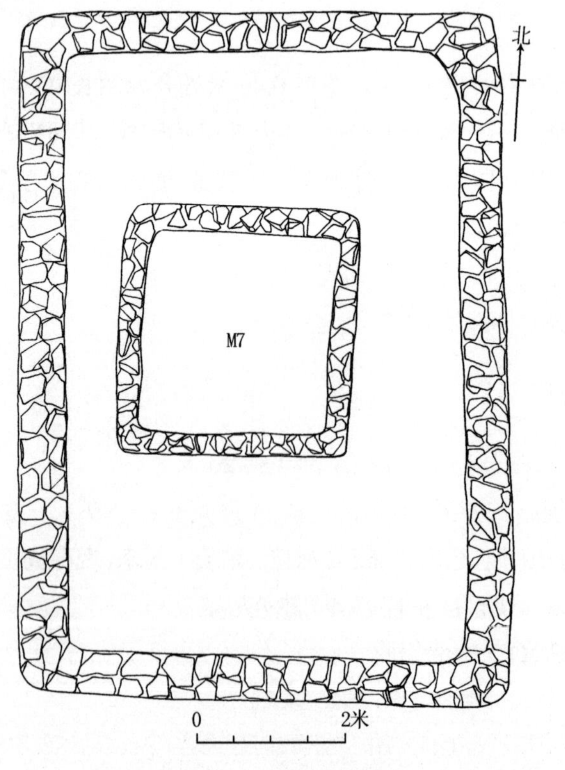

图一九 LYMY5 平面图

土坑竖穴墓,早期盗扰。平面略呈圆角长方形,南北长 3.3 米,东西宽 3.1 米,深 1.4 米。方向 8°。墓壁加工规整,墓底平整。填土内夹杂有自然石块和砂粒。墓内紧贴四壁用较为平整的石块垒砌,墙宽 0.3 米。墓内葬有尸骨 2 具,严重盗扰,葬式不清(图二〇)。

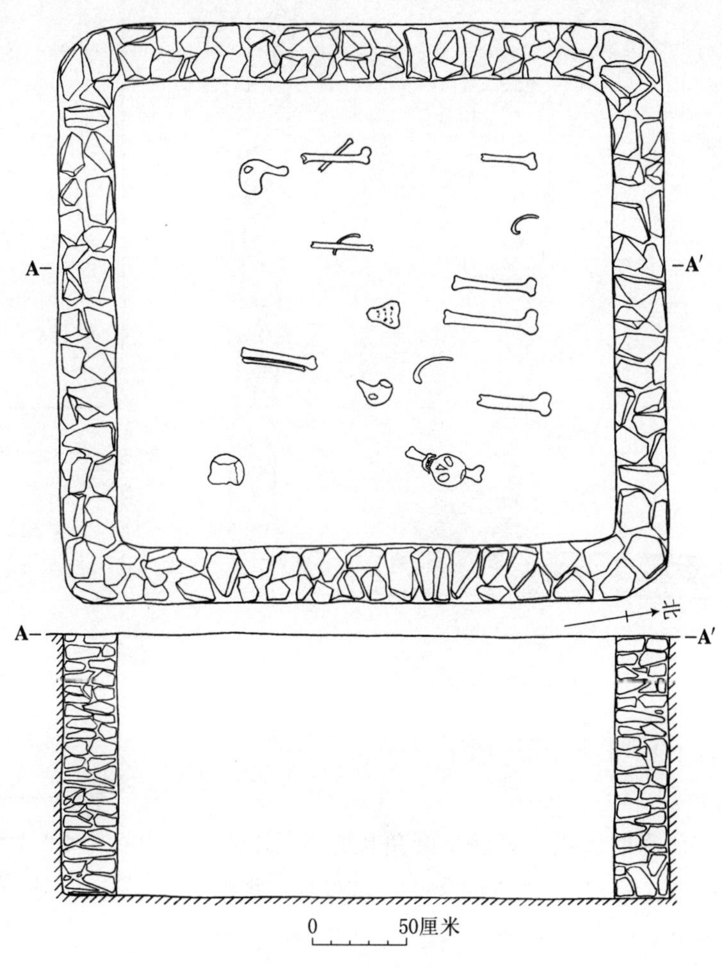

图二〇 LYM7 平、剖面图

2) 随葬品

墓内未见随葬品。

7.六号墓茔(LYMY6)

位于 I 区墓地东部偏南,西北距 LYMY4 约 15 米。

墓茔平面呈圆角长方形,南北长 10 米,东西宽 8～8.5 米。方向 355°。茔墙墙体用自然石块垒砌,较为规整,东、西两边由南向北略斜收。墙宽 0.7 米,现存高度 0.65 米。没有发现门道痕迹。墓茔内仅发现 LYM8 一座墓葬(图二一)。

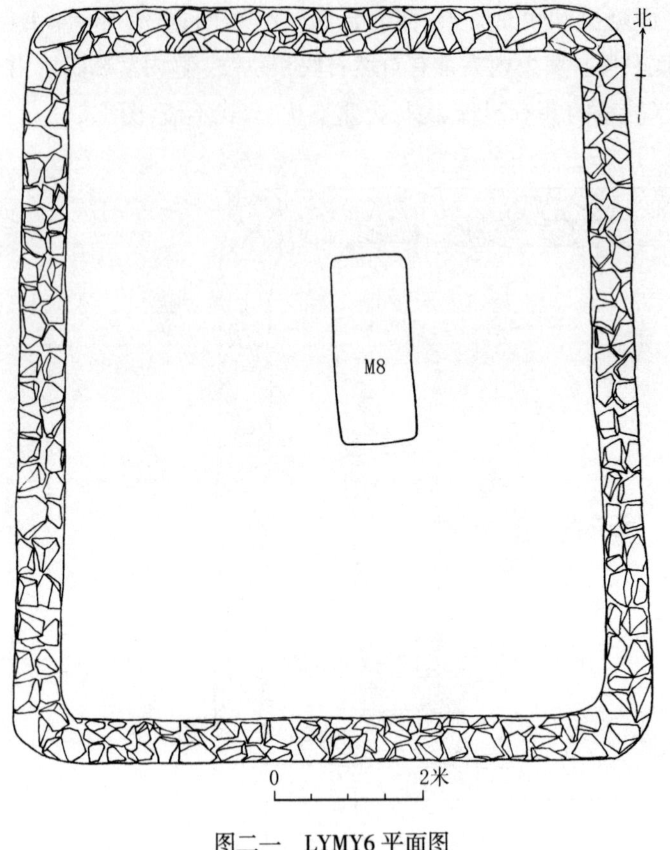

图二一　LYMY6 平面图

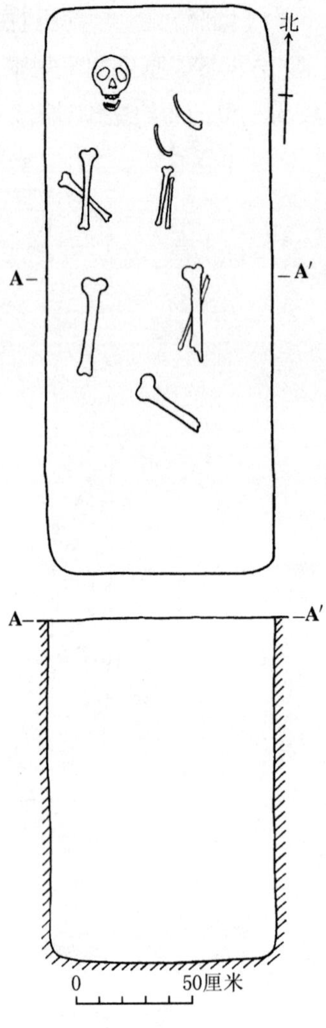

图二二　LYM8 平、剖面图

LYM8　位于 LYMY6 中部偏东。

1）　墓葬形制

土坑竖穴墓,早期盗扰。平面呈圆角长方形,南北长 2.5 米,东西宽 1 米,深 1.5 米。方向 357°。墓壁加工规整,墓底平整,填土内夹杂有少量砂粒。墓内无葬具,葬有尸骨 1 具,严重盗扰,仅有头骨、肢骨和少量的肋骨,葬式不清。

墓内西壁出土骨器 1 件(图二二)。

2）　随葬品

骨器　1 件。LYM8∶1,完整。平面呈椭圆形,顶部圆弧,向下较直,底部中间钻有一孔,未通。表面磨制精细。长径 2 厘米,短径 1.1 厘米,高 1.5 厘米,孔径 0.4 厘米(图二八,2)。

8.无墓茔墓

LYM9　位于Ⅱ区墓地北排中部,西距 LYM11 约 3 米,东距 LYM13 约 2 米。

1）　墓葬形制

土坑竖穴墓，早期盗扰。平面呈长方形，南北长 2.8 米，东西宽 1.6 米，深 1.44 米。方向 350°。墓壁加工较为规整，墓底平整。墓口地表堆有自然石块，形状不规则。

填土内夹杂有黄砂土。墓内四壁由底部向上 0.64 米置有生土二层台，宽度不一。南、北两侧宽 0.3 米，东西两侧二层台由北向南渐宽，东侧宽 0.2～0.26 米，西侧宽 0.3～0.34 米，二层台内墓穴形成一长梯形，墓内底部用长 0.3 米，宽 0.15 米，厚 0.04 米的灰色素面砖平铺一层。盗扰严重，从头部和脚部残存的铺砖判断，为平铺错缝式。四壁亦用与墓底规格相同的砖垒砌，与二层台平齐，砖框之上表面再平铺一层砖，形成一砖棺。墓内偏西葬有尸骨 1 具，盆骨以上及头骨以下全部盗扰。从保存较好的盆骨以下和头骨分析，为仰身直肢葬，面向上（图二三）。

在墓内二层台上东北角随葬木碗 1 件，木碗之上置铁剪一把。墓底东北角出土瓷罐 1 件，近西壁出土银耳环 1 件。

2）　随葬品

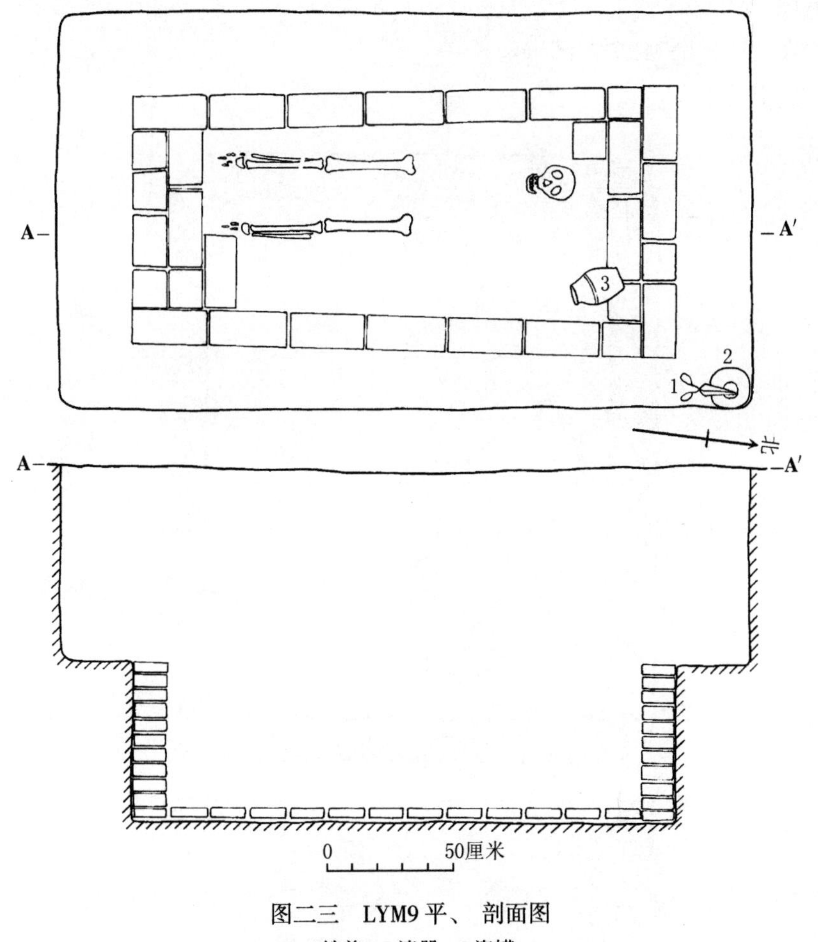

图二三　LYM9 平、剖面图

1.铁剪　2.漆器　3.瓷罐

瓷罐　1件。LYM9∶1,完整。敛口,尖圆唇,平短折沿,溜肩,长圆腹,平底微内凹。瓷质较粗。内外壁施酱釉,口部脱釉。口径10.4厘米,腹径16.8厘米,底径9.6厘米,高24厘米(图二八,1)。

银耳饰　1件。LYM9∶2,残。用0.15厘米的银丝弯成,近端部用细银丝缠绕。残长6.1厘米(图二八,4)。

铁剪　1件。LYM9∶3,完整。剪之两刃交合,表面锈蚀严重。长21.5厘米(图二八,9)。

木碗　1件。LYM9∶4,朽蚀严重,形制及规格不清。

9.七号墓茔(LYMY7)

位于Ⅱ区墓地南排西侧,东距LYM18约4.4米,北距LYM9约8米。

墓茔平面呈圆角长方形,南北长8米,东西宽6.5米。方向6°。茔墙墙体用自然石块垒砌。较为规整。墙宽0.65米,现存高度0.7米。没有发现门道痕迹。墓茔内仅发现LYM10一座墓葬(图二四)。

LYM10　位于LYMY7中部偏南。

1)　墓葬形制

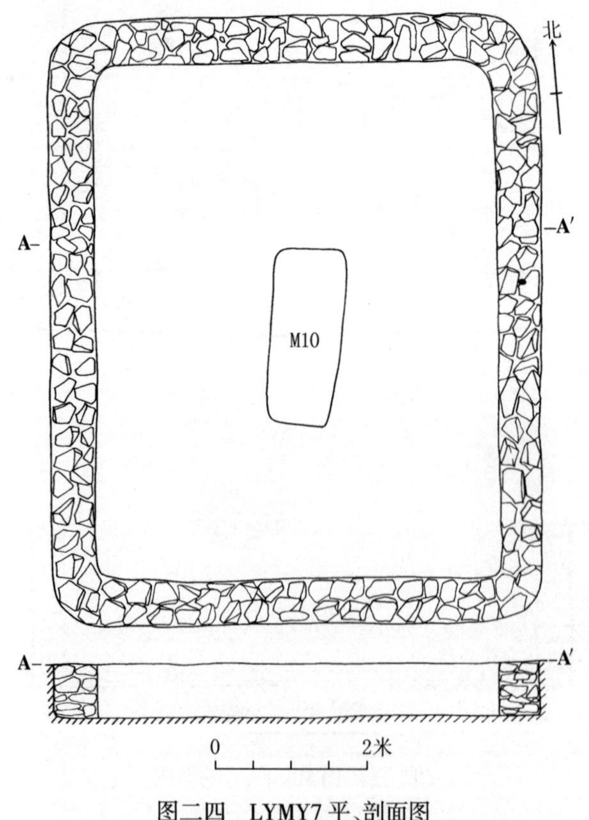

图二四　LYMY7平、剖面图

土坑竖穴墓，早期盗扰。平面呈长梯形，南北长2.3米，北端宽0.9米，南端宽0.82米，深1.1米。方向10°。墓壁加工规整，墓底平整，由墓底向上0.4米一段凿在岩石之上。墓口地表堆有自然石块，形状不规则，填土内夹杂有黄砂土块。墓内无葬具，内葬有尸骨1具，严重盗扰，仅存头骨、盆骨及少量的肢骨，葬式不清。

墓内底部北侧出土玛瑙珠和铁镞各1件（图二五）。铁镞因腐朽已成残片，无法提取。

2）　随葬品

玛瑙珠　1件。LYM10：1，完整。红黄色，圆球形，竖穿一孔。直径1.2厘米，孔径0.1厘米（图二八，3）。

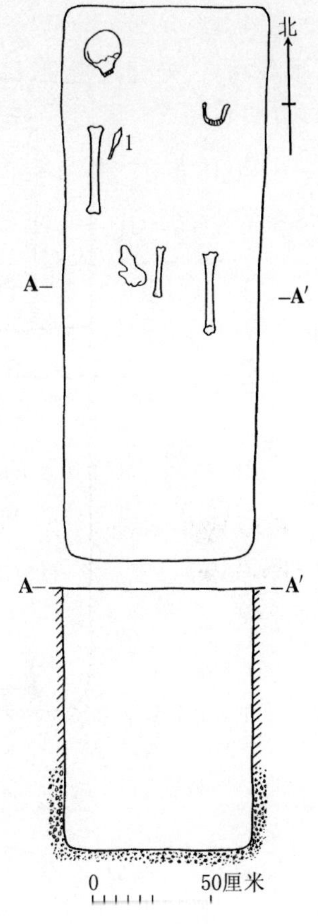

图二五　LYM10平、剖面图
1.铁镞

10.无墓茔墓

LYM11　位于Ⅱ区墓地北排偏西处，西距LYM12约4米，东距LYM9约3米。

1）　墓葬形制

土坑竖穴墓，早期盗扰。平面呈长梯形，南北长2.3米，北端宽1米，南端宽0.84米，深1.2米。方向345°。墓壁加工规整，墓底平整。墓口地表堆有自然石块，形状不规则，填土内夹杂有黄土块。墓内置木棺1具，保存较好，平面呈长梯形，头大尾小。棺长1.9米，头部宽0.76米，尾部宽0.6米，残高0.4米，棺板厚0.03米。木棺两侧长于两端，用铁钉钉合，棺身外侧近头部、中部、近尾部用铁棺箍加固。棺内葬有尸骨1具，均被盗扰至中部偏上，仅存有下颌骨、盆骨及部分肢骨，葬式不清。

墓内仅出土有铜扣饰1件（图二六）。

2）　随葬品

铜扣饰　1件。LYM11：1，残。上有活动针舌。长2.1厘米，宽1.5厘米（图二八，6）。

LYM12　位于Ⅱ区墓地北排偏西处，西距LYM17约7米，东距LYM11约4米。

1）　墓葬形制

土坑竖穴墓，早期盗扰，平面呈长梯形，南北长2米，北端宽0.9米，南端宽0.74米，深0.8米。方向325°。墓壁加工规整，墓底平整，填土内夹杂有黄砂土块，墓口地表堆有石块，因盗扰，形状不规则。墓内无葬具，葬有尸骨1具，盆骨以上部分严重盗扰，盆骨以下保存较好，直肢。

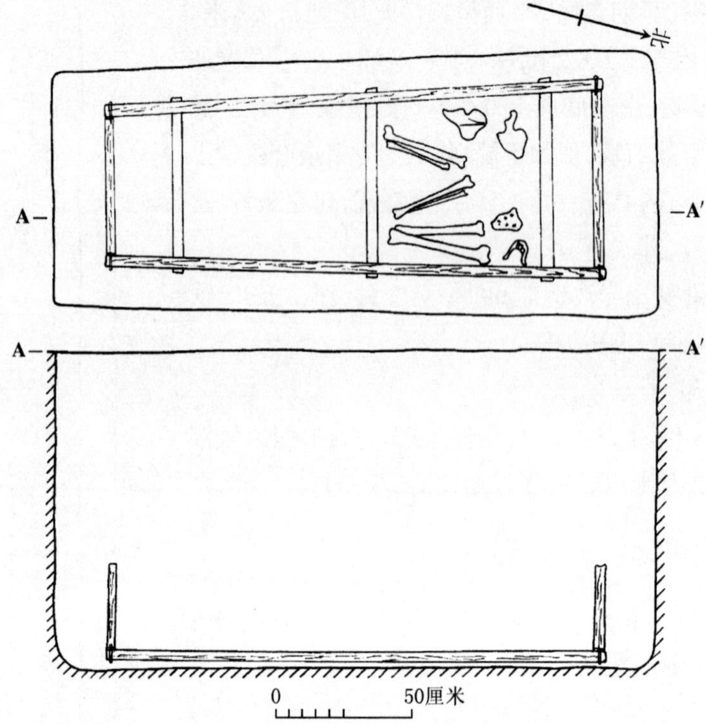

图二六　LYM11 平、剖面图
1.铁棺箍

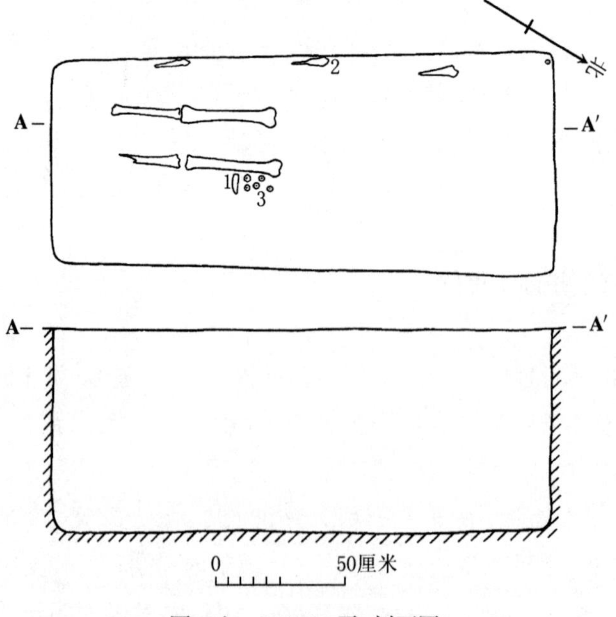

图二七　LYM12 平、剖面图
1.刀　2.铁镞　3.玛瑙珠饰

在墓底西壁中段等距随葬2枚铁镞。此外,还出土珠饰1串(图二七)。

2）　随葬品

铁镞　2枚。残。仅存尾部,残存少量的镞铤,呈圆形,镞尾呈扁平状。LYM12：2,残长10.1厘米(图二八,7)。LYM12：3残长9.3厘米(图二八,8)。

珠饰　1串。LYM12：1,共由15粒组成。玛瑙珠6粒,黄红色或红色,圆形,竖穿一

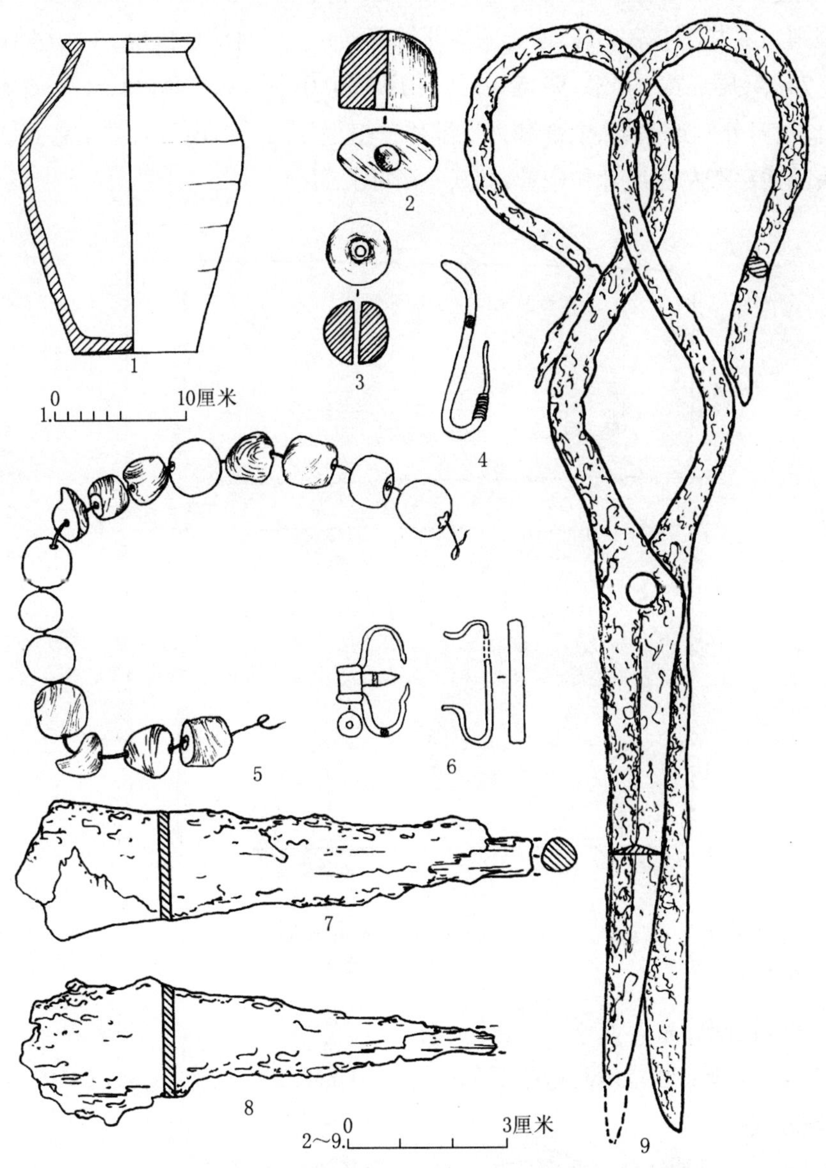

图二八　LYM8、M9、M10、M11、M12出土铜、铁、银、瓷、骨器

1.瓷罐(LYM9：1)　2.骨器(LYM8：1)　3.玛瑙珠饰(LYM10：1)　4.银耳饰(LYM9：2)　5.珠饰(LYM12：1)　6.铜扣饰(LYM11：1)　7、8.铁镞(LYM12：2、3)　9.铁剪(LYM9：3)

孔。表面磨制精细。最大径 1 厘米，最小径 0.7 厘米，孔径 0.1 厘米。料珠 9 粒，白色，作不规则圆形或椭圆形，穿有一孔(图二八，5)。

LYM13　位于Ⅱ区墓地北排中部，东距 LYM14 约 3 米，西距 LYM9 约 2 米。

1)　墓葬形制

土坑竖穴墓，早期盗扰。平面呈长梯形，南北长 2.5 米，东西宽 1～0.9 米，深 1.4 米。方向 351°。墓壁加工较为规整，墓底平整，填土内夹杂有黄砂土块。墓口地表堆有自然石块，形状不规则。墓内置木棺一具，棺之下半部保存较好。平面呈长梯形，头大尾小，长 2 米，头部宽 0.74 米，尾部宽 0.6 米。残高 0.3 米，棺板厚 0.04 米。木棺两侧长于两端 0.02 米，用铁钉钉合，棺身外侧近头部、中部和近尾部用铁棺箍加固。棺内尸骨严重盗扰，仅在棺内东壁近头部残存有左侧尺骨和桡骨，葬式不清(图二九)。

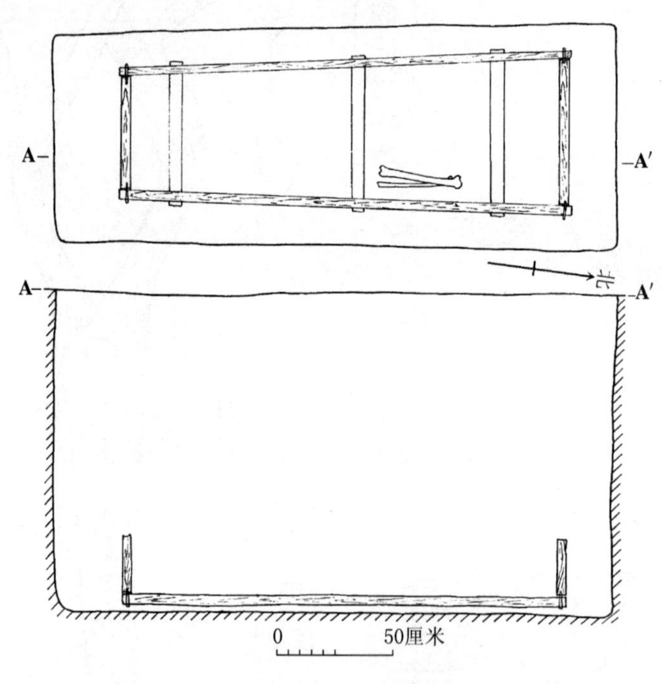

图二九　LYM13 平、剖面图

2)　随葬品

墓内无任何随葬品。

LYM14　位于Ⅱ区墓地北排中部偏东，西距 LYM13 约 3 米，东距 LYM15 约 6 米。

1)墓葬形制

土坑竖穴墓，早期盗扰。平面呈长方形，南北长 2.3 米，东西宽 0.9 米，深 1.3 米。方向 345°。墓壁加工较为规整，墓底平整，填土内夹杂有黄砂土块。墓口地表堆有自然石块，形状不规则。墓内置木棺 1 具，近底部保存较好。平面呈长方形，棺长 2 米，宽 0.68 米，残高

0.28 米,棺板厚 0.04 米。木棺两侧长于两端 0.02 米,用铁钉钉合。棺内置尸骨 1 具,严重盗扰。下颌骨移位至盆骨上端,胫腓骨移位至股骨处。经鉴定为女性,年龄 22 岁左右。在墓的东北角殉牲有动物骨头。

随葬品均出于棺内,棺内西南角随葬瓷罐 1 件,中部和略偏南处出土鎏金铜管状器 2 件和少量的铁器(图三〇)。

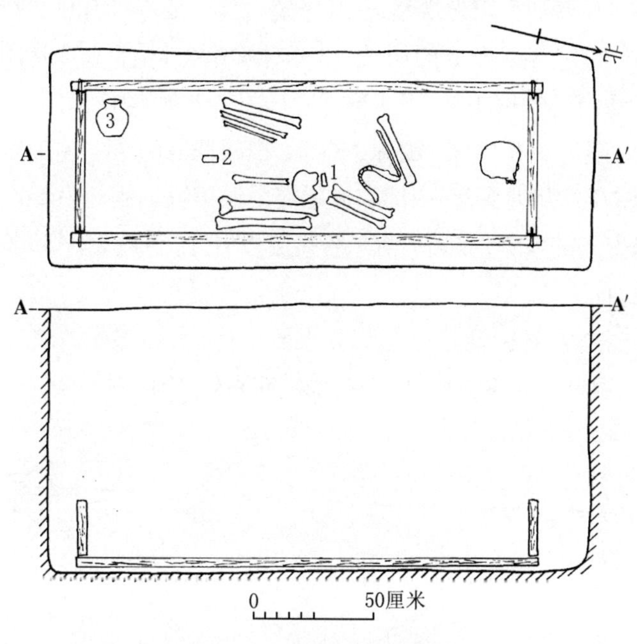

图三〇　LYM14 平、剖面图

1、2.鎏金铜管状器　3.瓷罐

2）　随葬品

瓷器　1 件。罐。LYM14：1,完整。直口微敛,圆唇,矮领,鼓肩,鼓腹,下腹斜收,平底内凹。瓷质较细,内外壁施黑釉,口部及底部脱釉。口径 7.8 厘米,腹径 14.6 厘米,底径 7 厘米,高 14.6 厘米(图三二,2)。

铜器　2 件。为鎏金铜管状器。圆管状形,两面封堵,表面錾刻有牡丹花图案。表面鎏金略有锈蚀。LYM14：3,中空。长 6.2 厘米,直径 1.4 厘米(图三二,4;彩版贰伍伍,3 左)。LYM14：2,一侧焊有两个竖穿,两面封堵。长 5.9 厘米,直径 1.4 厘米(图三二,3;彩版贰伍伍,3 右)。

铁器　3 件。残。有马镫和镞。

马镫　2 件。LYM14：5,形制及规格相同。锻铸,半环形,上端作扁方形鼻,鼻上有扁方形穿,镫环作圆弧形,镫环底板残缺。高 15 厘米,宽 15.6 厘米,鼻穿长 2.2 厘米,鼻穿宽 0.5 厘米(图三二,8)。

镞　1件。LYM14：4，仅存尾部。残存少量镞铤，横截面呈圆形，尾部作扁平状，上窄下宽。表面锈蚀严重。残长9.3厘米（图三二，6。）

LYM15　位于Ⅱ区墓地北排偏东处，西距LYM14约6米，东距LYM16约11米。

1）　墓葬形制

土坑竖穴墓，早期盗扰。平面呈长梯形，南北长2.4米，北端宽1米，南端宽0.8米，深1.4米。方向355°。墓壁加工较为规整，墓底平整。墓口地表堆有自然石块，形状不规则。填土内夹杂有黄砂土块。墓底整齐的用长0.3米，宽0.14米，厚0.04米的灰色素面长方砖平铺，铺砌平整。墓内置木棺1具，下半部保存较好。平面呈长梯形，头大尾小，棺长2.1米，头部宽0.66米，尾部宽0.52米，残高0.34米，棺板厚0.04米。木棺两侧长于两端0.02米，用铁钉钉合。棺身外侧近头部、中部和近尾部用铁棺箍加固。棺内葬有尸骨1具，严重盗扰，仅存头骨和少量的肢骨，葬式不清。经鉴定为男性，年龄25～30岁。在棺外侧东壁偏北处殉牲有羊肋骨。

随葬品均出于棺内，在南侧近底部随葬银壶1件，紧贴银壶西北部出有珠饰38枚。近头部略偏西出土银饰片1件。此外，在棺底散布有钱币10枚（图三一）。

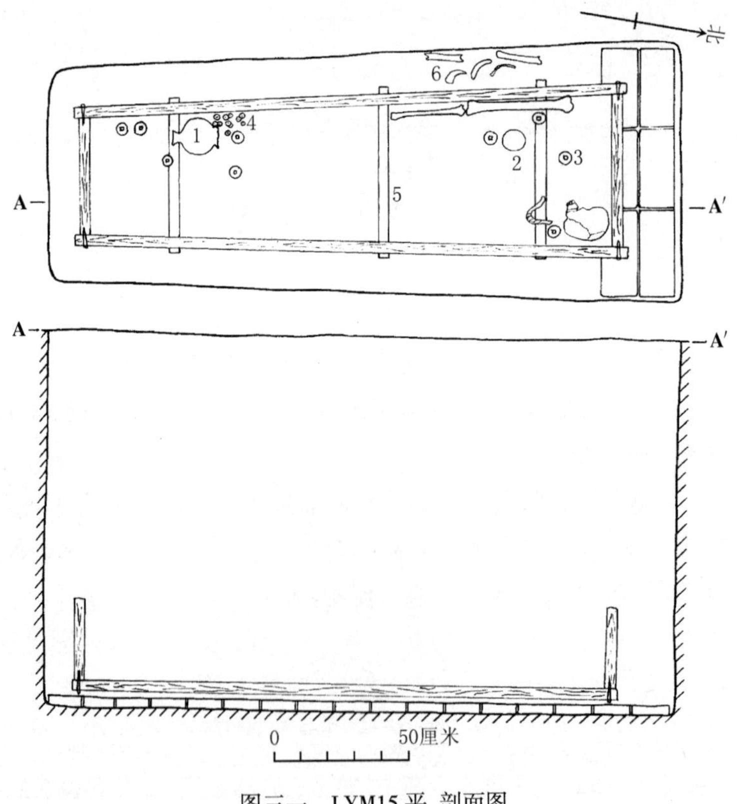

图三一　LYM15平、剖面图

1.银壶　2.银饰片　3.钱币　4.骨珠饰　5.铁棺箍　6.羊肢骨

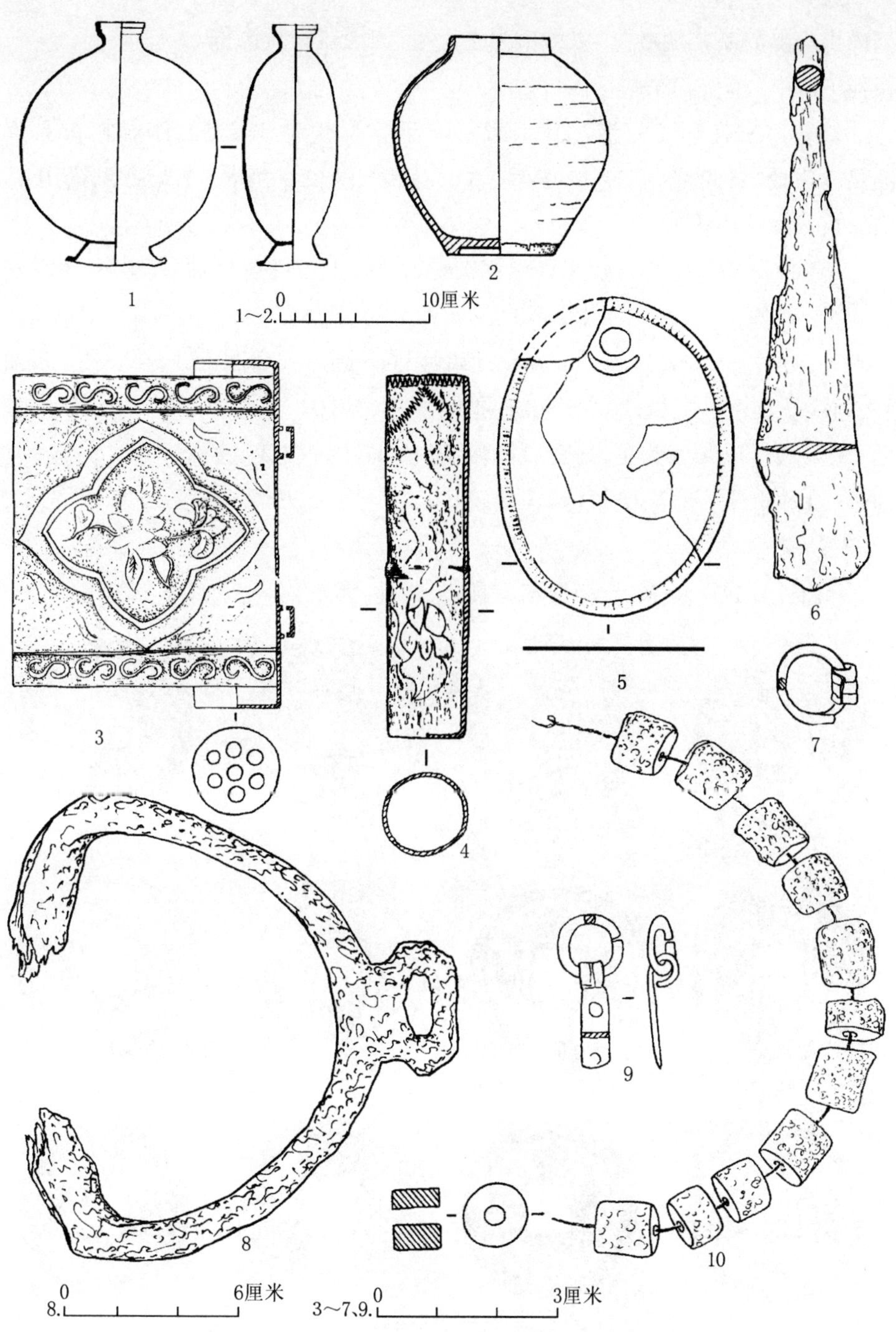

图三二　LYM14、M15、M20出土铜、铁、银、瓷、骨器

1.银壶(LYM15:1)　2.瓷罐(LYM14:1)　3、4.铜管状器(LYM14:2、3)　5.银饰片(LYM15:2)　6.铁镞(LYM14:4)　7、9.铜带环(LYM20:1、3)　8.铁马镫(LYM14:5)　10.骨珠饰(LYM15:4)

2）随葬品

墓内出土随葬品共 49 件。以钱币为主，少量的银器和骨饰件。

银器　2 件。有壶、饰片。

壶　1 件。LYM15：1 完整。小口圆唇，领部略高，束颈，圆鼓腹，体扁平，底部焊有喇叭口圈足。口径 3.4 厘米，腹径 14 厘米，厚 6.4 厘米，底径 4 厘米 × 7.2 厘米，高 16.4 厘米（图三二，1；彩版贰伍伍，2）。

饰片　1 件。LYM15：2，残。平面呈椭圆形，片状，上方锤鍱出日、月图案，周缘一周绳索纹。长径 5.4 厘米，短径 4 厘米，厚 0.05 厘米（图三二，5）。

骨珠饰　1 串。LYM15：4，共 38 粒，形制相同。圆形或扁圆形，竖穿一孔。表面略经磨制，较粗糙。直径 1 厘米，厚 0.5～0.9 厘米（图三二，10）。

钱币　9 枚。以宋钱为主，另有唐钱和金钱。其中一枚钱文不清。

唐钱　1 枚。开元通宝，LYM15：3，略残。折二，八分书，对读。直径 2.5 厘米（图三三，1）。

北宋钱　7 枚。

咸平元宝　1 枚。LYM15：5，折二，真书，旋读，郭略宽。直径 2.5 厘米（图三三，2）。

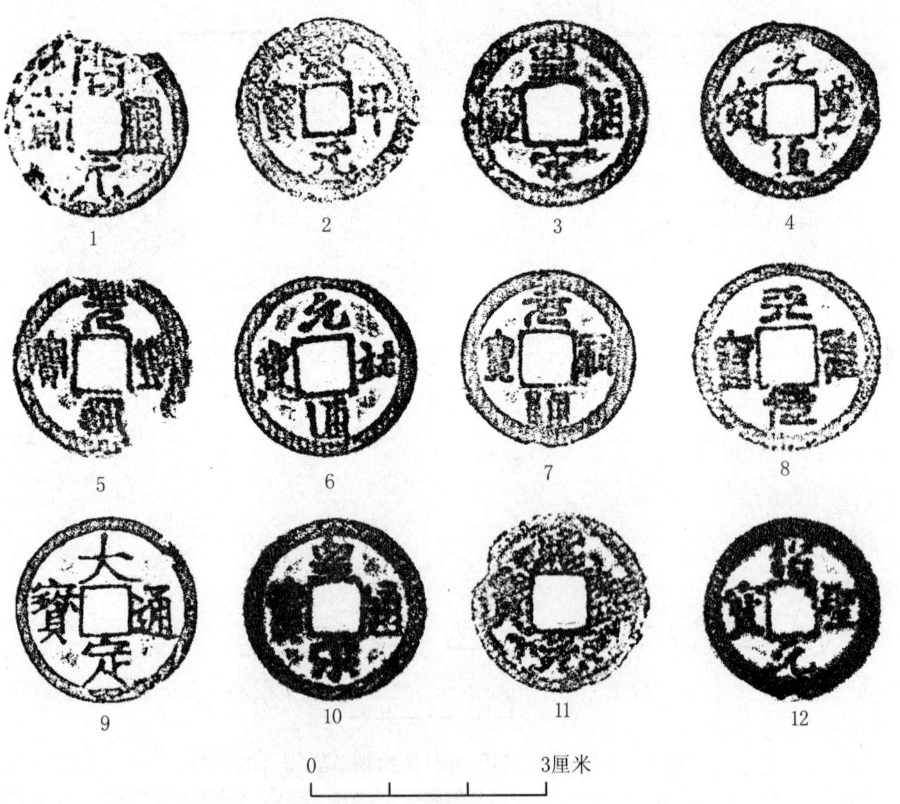

图三三　LYM15、LYM23 出土钱币

1~9.LYM15：3、5~9　10~12.LYM23：1~3

皇宋通宝　1 枚。LYM15：6，折二，真书，对读，郭略宽。直径 2.5 厘米（图三三，3）。

元丰通宝　2 枚。旋读。LYM15：7，小平，行书。直径 2.4 厘米（图三三，4）。LYM15：8，折二，篆书。直径 2.5 厘米（图三三，5）。

元祐通宝　2 枚。旋读。LYM15：9，折二，行书。直径 2.5 厘米（图三三，6）。LYM15：10，小平，篆书，郭略宽。直径 2.4 厘米（图三三，7）。

天圣元宝　1 枚。LYM15：11，折二，篆书，旋读。直径 2.5 厘米（图三三，8）。

金钱　1 枚，LYM15：12，为"大定通宝"。折二，真书，对读。直径 2.5 厘米（图三三，9）。

LYM16　位于Ⅱ区墓地北排东端，西距 LYM15 约 11 米。

1）墓葬形制

土坑竖穴墓，早期盗扰。平面呈圆角长方形，南北长 2 米，东西宽 0.7 米，深 1.1 米。方向 340°。墓壁加工较为规整，墓底平整。墓口地表堆有自然石块，形状不规则。填土内夹杂有黄砂土块。墓内置木棺 1 具，盗扰朽蚀严重，仅在东侧有少量残存，形制不清，棺板厚 0.03 米。墓内葬有尸骨 1 具，胸部盗扰，仰身直肢葬，面向上。墓内东北角殉牲有羊骨 1 块。

墓内仅在左侧盆骨随葬铜镜 1 件（图三四）。

2）随葬品

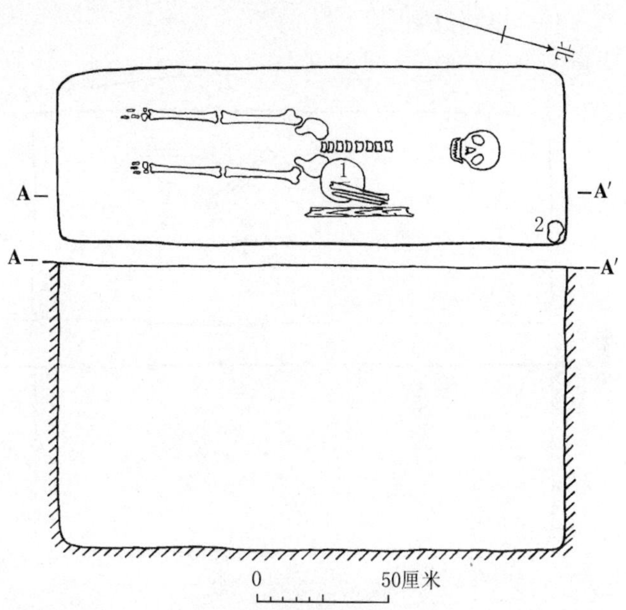

图三四　LYM16 平、剖面图
1.铜镜　2.羊骨

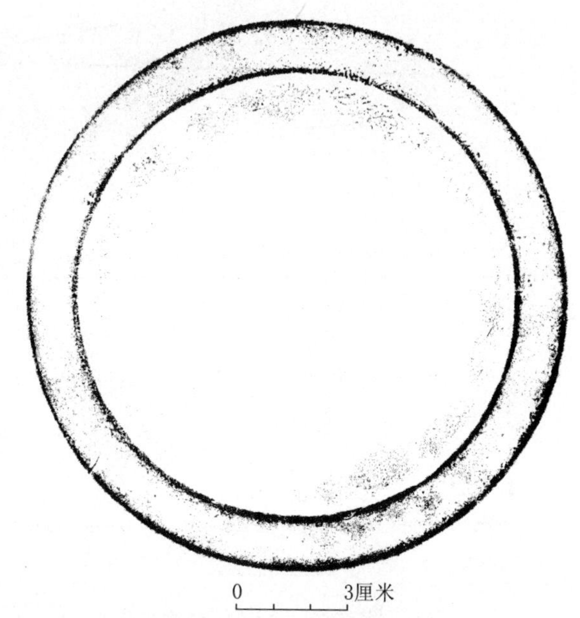

图三五　LYM16 出土铜镜拓片（LYM16：1）

铜镜　1件。LYM16：1，完整。圆形，镜面较平，半圆形纽，三角缘，近缘处饰凸弦纹一周。直径15.5厘米，厚0.7厘米（图三五；彩版贰伍伍，1右）。

LYM17　位于Ⅱ区墓地北排西端，东距LYM12约7米，西南距LYM26约9米。

1）　墓葬形制

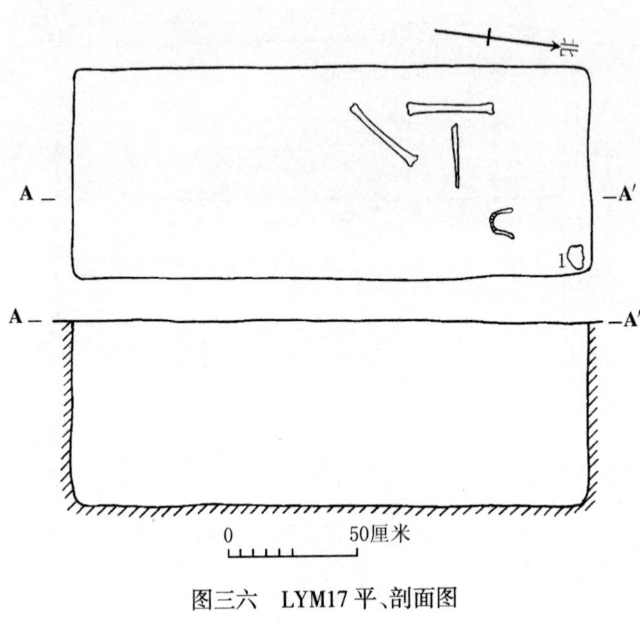

图三六　LYM17平、剖面图
1.羊骨

土坑竖穴墓，早期盗扰。平面呈长方形，南北长2米，东西宽0.8米，深0.7米。方向348°。墓壁加工较为规整，墓底平整。墓口地表堆有自然石块，形状不规则。填土内夹杂有黄砂土块。墓内无葬具，内葬有尸骨1具，盗扰严重，仅存下颌骨和少量的肢骨。葬式不清。墓内东北角殉牲有羊骨1块（图三六）。

2）　随葬品

墓内无任何随葬品。

LYM18　位于Ⅱ区墓地南排中部，西距LYMY7约4米，东距LYM19约7米。

1）　墓葬形制

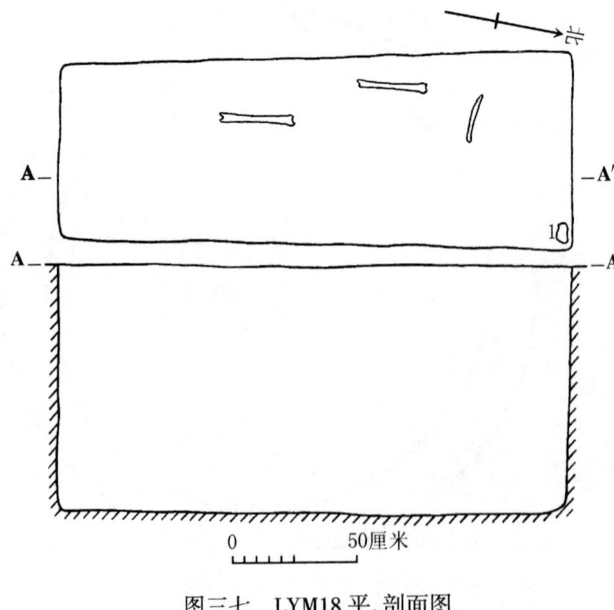

图三七　LYM18平、剖面图
1.羊骨

土坑竖穴墓，早期盗扰。平面呈长梯形，南北长2.1米，东西宽0.8～0.72米，深1米。方向335°。墓壁加工较为规整，墓底平整。墓口地表堆有自然石块，形状不规则。填土内夹杂有黄砂土块。墓内无葬具。墓内尸骨盗扰严重，仅有少量的肢骨和肋骨，葬式不清。墓内东北角殉牲有羊骨1块（图三七）。

2）　随葬品

墓内无任何随葬品。

LYM19　位于Ⅱ区墓地南排中部，西距 LYM18 约 7 米，东距 LYM20 约 2 米。

1）　墓葬形制

土坑竖穴墓，早期盗扰。平面呈长梯形，南北长 2.2 米，东西宽 0.8～0.7 米，深 1.2 米。方向 350°。墓壁加工较为规整，墓底平整。墓口地表堆有自然石块，形状不规则。填土内夹杂有黄砂土块。墓内无葬具。尸骨严重盗扰，仅在南部残存两根肢骨，应为一个体，葬式不清。墓内东北角殉牲有羊骨 1 块（图三八）。

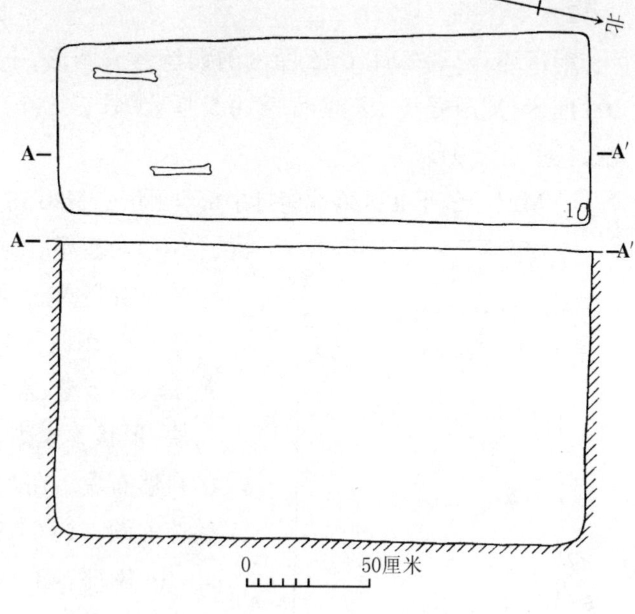

图三八　LYM19 平、剖面图

1.羊骨

2）　随葬品

墓内无任何随葬品。

LYM20　位于Ⅱ区墓地南排中部，西距 LYM19 约 2 米，东距 LYM21 约 2 米。

1）　墓葬形制

土坑竖穴墓，早期盗扰。平面呈圆角长梯形，南北长 2.05 米，东西宽 0.74～0.64 米，深 0.9 米。方向 343°。墓壁加工较为规整，墓底平整。墓口地表堆有散乱的自然石块，形状不规则。地表堆石多为 0.15～0.2 米的石块。墓内填土明显扰乱，距墓口深约 0.75 米处出土一大型石块，分析应为棺顶封石。墓内置有木棺一具，朽蚀严重，在距墓口 0.54～0.6 米处发现棺板朽灰，并根据其大致可复原木棺形制。木棺平面呈长梯形，头大尾小。棺长约 1.82 米，头部宽约 0.6 米，尾部宽约 0.34 米，高约 0.36 米。从棺板附近出土的铁棺钉判断，应为铁钉钉合。棺内葬有人骨 1 具，严重盗扰，仅存盆骨、股骨、胫骨和少量肋骨，肋骨移位至棺外西北角，盆骨和股骨北移至棺内近头部和中部。在墓内东北角殉牲一羊肢骨。

墓内股骨旁出土铜带环，已朽烂（图三九；彩版贰伍叁，2）。

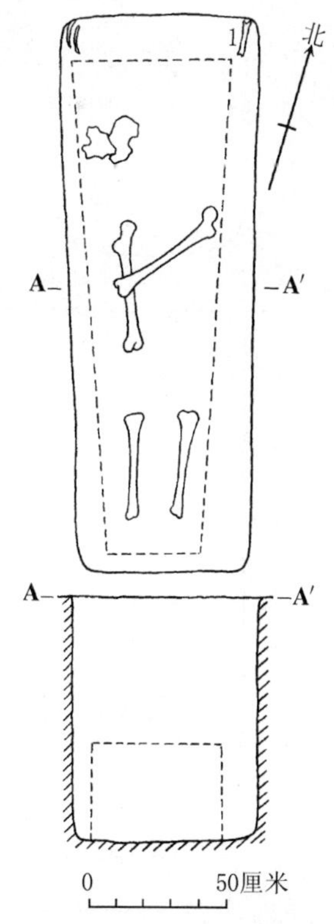

图三九　LYM20 平、剖面图

1.羊骨

2）　随葬品

铜带环　2 件。用 0.15 厘米的铜丝弯成圆形，下面连接有皮条。LYM20：1，环径 1.05 厘米，皮条残长 1.8 厘米，宽 0.5 厘米（图三二，7）。LYM20：2，环径 1.4 厘米，上有皮条（图三二，9）。

LYM21　位于Ⅱ区墓地南排中部，西距 LYM20 约 2 米，东距 LYM22 约 3 米。

1）　墓葬形制

土坑竖穴墓，早期盗扰。平面呈圆角长方形，南北长 2.5 米，东西宽 1.02 米，深 1.7 米。方向 348°。墓壁加工较为规整，墓底平整。墓口地表堆有散乱的自然石块，形状不规则。地表堆石多为 0.15～0.2 米长宽的自然石块。在距墓口深约 0.6 米的填土中，有 3 块整体浑圆，约 0.45 米见方的石块，分别置于墓坑的北、中、南部。填土中夹杂有黄色和黑色土块。墓内置有木棺 1 具，根据棺板朽木大致可复原。木棺平面呈长梯形，头大尾小。棺长 2 米，头部宽 0.67 米，尾部宽 0.45 米，高约 0.47 米。棺板两侧由底向上外侈；棺盖略作拱形，周边较厚，中间较薄，边缘厚 0.09 米。木棺用长 0.12 米的铁钉钉合，棺身外侧用三道平形等距的铁棺箍加固，木棺头部有一盗洞。棺内尸骨严重盗扰，仅存盆骨且移位于淤泥之中，葬式不清。墓内西北角殉牲有羊肢骨 1 块（图四〇；彩版贰伍肆，1）。

墓内随葬品多置于棺外，在墓内东南角随葬有木马鞍 1 件，其西侧随葬有铁马镫 2

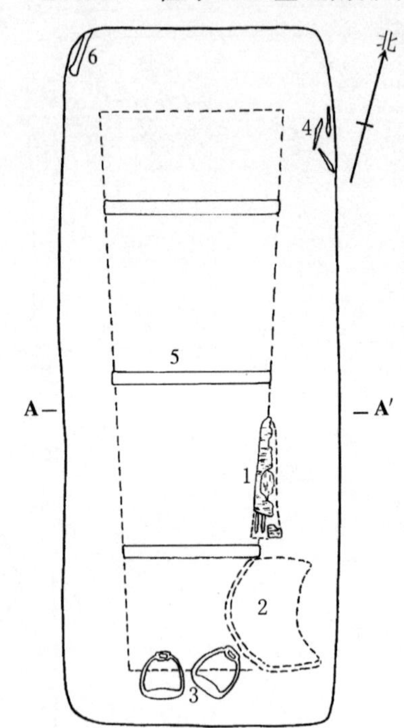

图四〇　LYM21 平、剖面图
1.箭箙　2.马鞍　3.马镫　4.镞　5.铁棺箍　6.羊骨

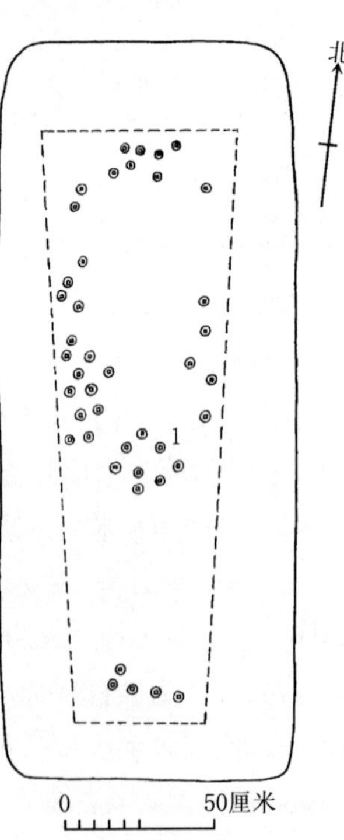

图四一　LYM21 墓地平面图
1.钱币

件,北部随葬1桦树皮箭箙,在墓底近东北角出土铁镞6枚。此外,在棺底和墓底散布有钱币49枚(图四一)。

2）随葬品

墓内出土随葬品较多,共63件。以钱币为主,铁器次之,少量的木器及桦树皮器。

铁器　12件。有马镫、镞。

马镫　2件。LYM21：1,形制相同,铸制。作不规则椭圆体,长方形穿,镫板扁平,表面锈蚀严重。高16厘米,宽14厘米(图四二,2)。LYM21：34,高16厘米,宽14厘米(图四

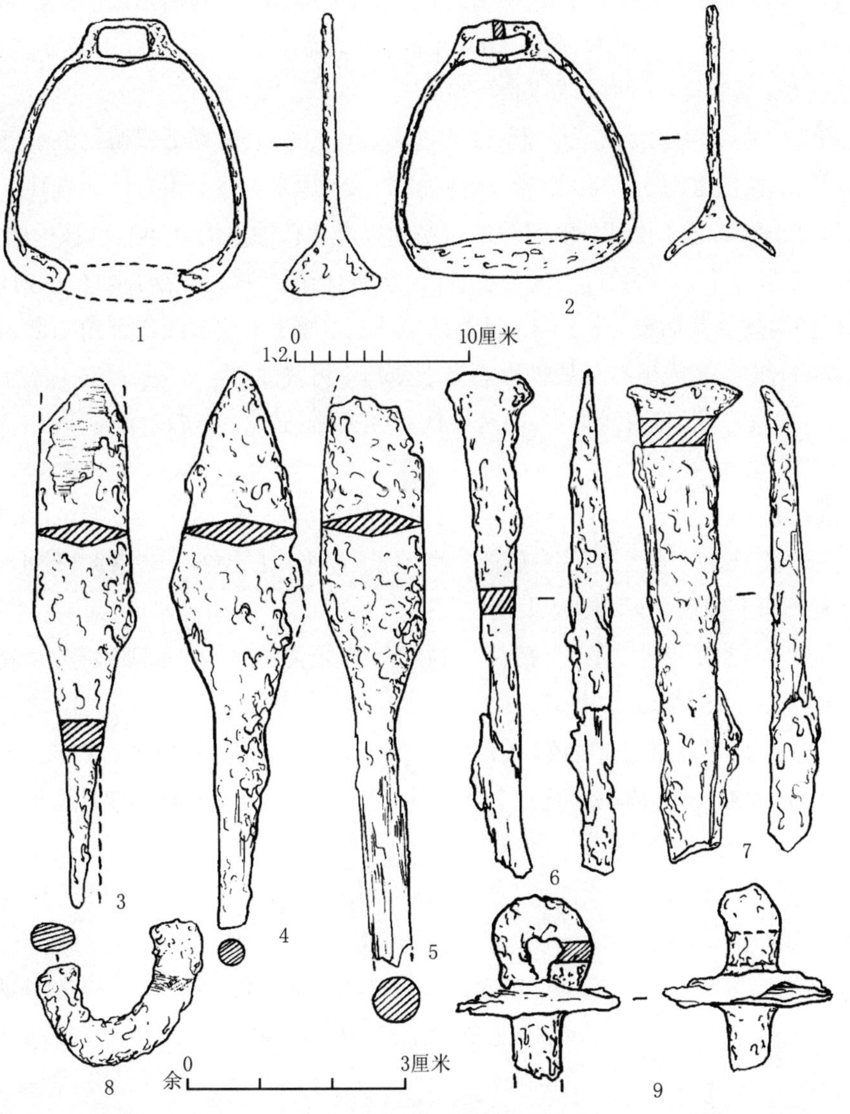

图四二　LYM21出土铁器

1、2.马镫(LYM21：34、1)　3~5、镞(LYM21：2、3、4、)　6、7.棺钉(LYM21：7、8)　8、9、环(LYM21：5、6)

二,1;彩版贰伍陆,1)。

镞　6件。残。仅存镞尾，尾部呈扁平状，两侧略尖，中微起脊。表面锈蚀严重。LYM21∶2,残存镞铤呈方形。残长7.7厘米,镞铤截面0.5厘米×0.7厘米(图四二,3)。LYM21∶3,残存镞铤呈圆形。残长8厘米,镞铤截面径0.3厘米(图四二,4)。LYM21∶4,残存镞铤呈圆形。残长8.1厘米,截面径0.7厘米(图四二,5)。

环　2件。残。横截面呈圆形,表面锈蚀严重。LYM21∶5,残长2.7厘米,截面径0.4×0.6厘米(图四二,8)。LYM21∶6,截面径0.4厘米×0.6厘米(图四二,9)。

棺钉　2件。残。钉身呈方形,由上至下渐细,端部扁平。表面锈蚀严重,上有朽木痕迹。LYM21∶7,残长7.3厘米,截面10.4厘米×0.5厘米(图四二,6)。LYM21∶8,残长7厘米,截面0.4厘米×1.1厘米(图四二,7)。

马鞍　1件。LYM21∶9,为木制,残朽过甚。出土时,表面局部残留红漆痕迹,内外均裹有麻织物。鞍桥宽约35～40厘米,鞍高约22～25厘米。鞍上附有铁质鞍环4只,鞍桥根部每侧钉小型铜泡3枚,以铆缀革片,可惜均以严重朽蚀残损,形制及规格不清。

桦树皮器　1件。LYM21∶10,为箭箙。长条形,朽蚀严重,出土时观察,以内外纹理相错的双层桦树皮缝制而成。长约43厘米,口宽约11厘米。横截面作圆角方形,上端作敞口,下端收为钝角,箙内出有三枚铁镞。惜已残朽不可复原。

钱币　49枚。以北宋钱为主,另有金钱,其中钱文不清者6枚。

北宋钱　42枚。

景德元宝　1枚。LYM21∶11,折二,真书,旋读,郭略宽。直径2.5厘米(图四三,1)。

祥符通宝　5枚。折二,真书,旋读。直径2.5厘米。LYM21∶12,钱文较小(图四三,2)。LYM21∶13,宽郭,钱文较大(图四三,3)。

天圣元宝　2枚。折二,真书,旋读。直径2.5厘米,LYM21∶14,郭略宽,穿较小(图四三,4)。LYM21∶15,穿较大(图四三,5)。

皇宋通宝　8枚。折二,对读。LYM21∶22,真书,郭略宽,穿略大。直径2.5厘米(图四三,11)。LYM21∶23,真书。直径2.45厘米(图四三,12)。LYM21∶24,篆书。直径2.4厘米(图四三,13)。

熙宁元宝　6枚。折二,旋读。直径2.4厘米。LYM21∶16,真书(图四三,6)。LYM21∶17,篆书(图四三,7)。

元丰通宝　8枚。折二,旋读。LYM21∶19,行书,穿较大。直径2.5厘米(图四三,8)。LYM21∶20,行书,郭略宽。直径2.4厘米(图四三,9)。LYM21∶21,篆书,郭略宽。直径2.4厘米(图四三,10)。

元祐通宝　4枚。折二,旋读。LYM21∶27,行书,宽郭,穿较小。直径2.5厘米(图四三,16)。LYM21∶25,篆书。直径2.4厘米(图四三,14)。LYM21∶26,篆书,花穿。直径2.4

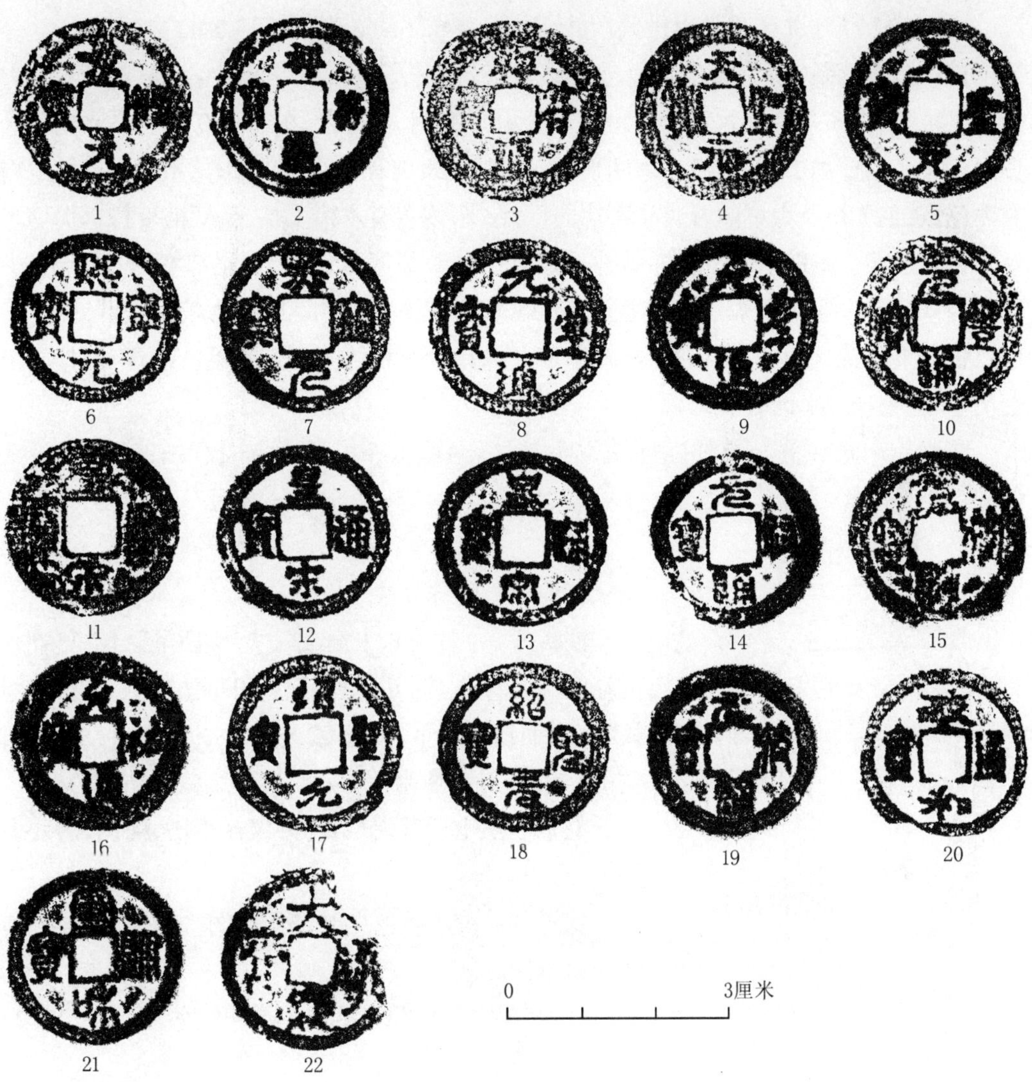

图四三　LYM21 出土钱币

1~22.钱币(LYM21：11~17、19~33)

厘米(图四三,15)。

绍圣元宝　4 枚。折二,旋读。LYM21：28,行书产,郭略大。直径 2.5 厘米(图四三,17)。LYM21：29,篆书。直径 2.4 厘米(图四三,18)。

元符通宝　2 枚。折二,篆书,旋读,郭略宽。LYM21：30,直径 2.4 厘米(图四三,19)。

政和通宝　1 枚。LYM21：31,折二,真书,对读。直径 2.4 厘米(图四三,20)。

宣和通宝　1 枚。LYM21：32,折二,篆书,对读,穿较小。直径 2.5 厘米(图四三,21)。

金钱　1 枚。为"大定通宝",残。LYM21：33,折二,真书,对读。钱文锈蚀严重。直径 2.5 厘米(图四三,22)。

LYM22　位于Ⅱ区墓地南排偏东处，西距 LYM21 约 3 米，东距 LYM23 约 3 米。

1)　墓葬形制

土坑竖穴墓，早期盗扰。平面呈圆角长方形，南北长 2 米，东西宽 0.86 米，深 1.2 米。方向 344°。墓壁加工较为规整，墓底平整。墓口地表堆有自然石块，形状不规则。填土内有黑色、黄色土块及大量的石块和盗扰的尸骨。墓内置有木棺 1 具，但从棺板朽木仍可大致复原其形状。木棺平面呈长梯形，长约 1.78 米，头部宽约 0.57 米，尾部宽约 0.33 米，中段高约 0.35 米。棺板较薄，头部挡板厚 0.025 米。两侧棺板厚 0.02 米，木棺用铁钉钉合。墓内尸骨严重盗扰，仅有胫骨残断，葬式不清。从尸骨旁和墓内出土的毛毡来看，尸骨原用毛毡包裹，毛毡之上铺有丝织物。

在木棺南端左侧胫骨外随葬铁熨头 1 件，棺底散布有钱币 45 枚(图四四；彩版贰伍肆，2)。

2)　随葬品

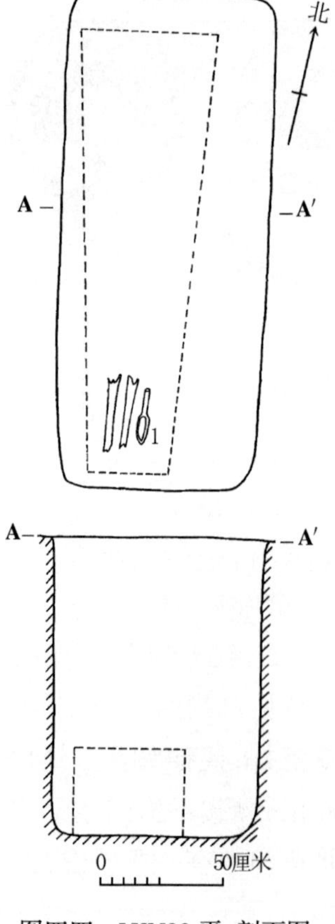

图四四　LYM22 平、剖面图
1.铁熨斗

墓内出土随葬品共 3 件。

铁熨斗　1 件。残。LYM22：1。熨面呈狭长三角形，前端较尖且略上翘，斗背作较浅的凹槽，斗柄呈实心圆柱状。表面锈蚀严重。残长 22.5 厘米，熨面长 11.2 厘米，宽 3.6 厘米，厚 1 厘米(图四八，1；彩版贰伍陆，2)。

毛毡　出土于墓内尸骨旁，仅存小块，褐色，因残损严重，形制不详。

丝织品　铺于毛毡之上，朽蚀严重，仅存小块。形制及用途不详。

LYM23　位于Ⅱ区墓地南排偏东处，西距 LYM22 约 3 米，东距 LYM24 约 2 米。

1)　墓葬形制

土坑竖穴墓，早期盗扰。平面呈长方形，南北长 2.3 米，东西宽 0.94 米，深 1.5 米。方向 342°。墓壁加工较为规整，墓底平整。填土内夹杂有大量的黑色、黄色土块和少量的自然石块、棺板朽木、铁钉等。墓内置木棺 1 具，朽蚀严重，形制及规格不清。从残存的铁棺钉、铁棺箍判断，木棺应为铁钉钉合，棺身之外用铁棺箍加固。墓底四角各有一自然石块，北部两角石块轻微扰动，应为木棺下垫石。墓内原葬有尸骨 1 具，严重盗扰，仅在填土中出有极少数骨骼残块，葬式不清。

墓内东南部出土铁马镫2件,墓底中部和填土中出土钱币3枚(图四五)。

2)　随葬品

墓内出土随葬品共5件。

铁器　2件。为马镫,只可辨镫梁为圆形,上有长方穿。因残朽而无法提取。

钱币　3枚。均为北宋钱。

皇宋通宝　1枚。LYM23:1,折二,真书,对读。直径2.45厘米(图三三,10)。

熙宁元宝　1枚。LYM23:2,郭部略残。折二,真书,旋读,钱文模糊。直径2.4厘米(图三三,11)。

绍圣元宝　1枚。LYM23:3,折二,行书,旋读。直径2.4厘米(图三三,12)。

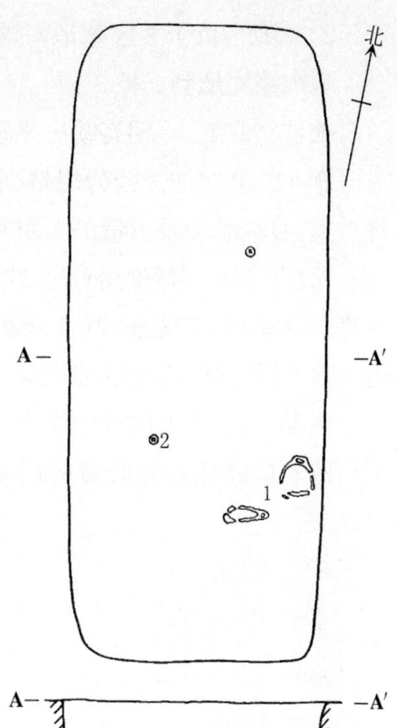

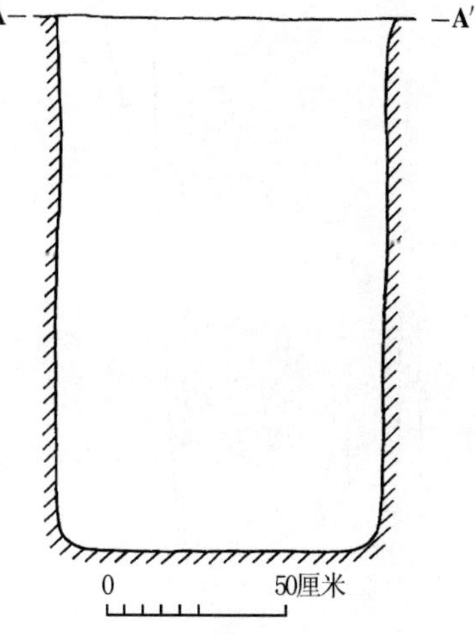

图四五　LYM23平、剖面图
1.铁马镫　2.钱币

LYM24　位于Ⅱ区墓地南排偏东处,西距LYM23约2米,东距LYM25约3米。

1)　墓葬形制

土坑竖穴墓,早期盗扰。平面呈长梯形,南北长1.9米,东西宽0.7～0.6米,深1.1米。方向345°。墓壁加工较为规整,墓底平整。填土内夹杂有较多的自然石块。墓内置木棺,因盗扰朽蚀严重,形制及规格不清,从出土的铁棺钉判断,木棺应为铁钉钉合。墓内葬有尸骨1具,严重盗扰,仅存头骨上部和左侧盆骨及股骨、胫腓骨等,多数移位,葬式不清。经鉴定为女性,年龄25岁左右。墓内东北角殉牲有一羊肢骨(图四六)。

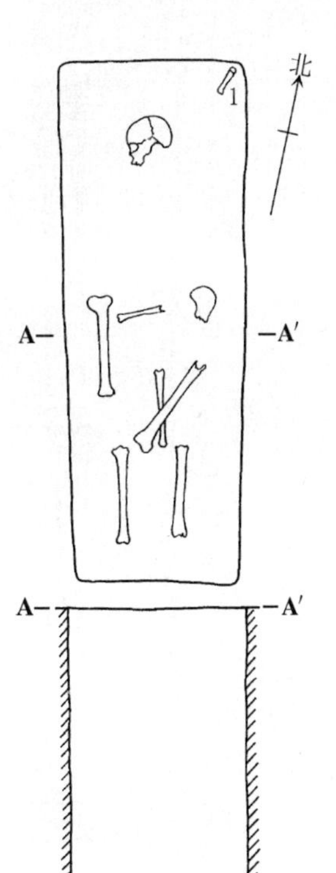

图四六　LYM24平、剖面图
1.羊骨

在填土内出土有少量的随葬品。

2） 随葬品

墓内出土随葬品极少，共5件。

铁器　4件。均残，有镞、棺钉等。

镞　2件。仅存少量的镞铤和尾翼。镞铤呈圆形，尾翼为上窄下宽的扁平状。表面锈蚀严重。LYM24：1，残长11.7厘米（图四八，3）。LYM24：2，残长11厘米（图四八，2）。

棺钉　2件。钉身呈方形，由上至下渐细，端部扁圆或扁平。表面锈蚀严重，上有朽木痕迹。LYM24：3，残长10.5厘米，截面径0.5厘米×0.5厘米（图四八，4）。LYM24：4，残长12.1厘米，截面径0.5厘米×0.6厘米（图四八，5）。

铜器　1件。LYM24：5，为饰片，残。用0.02厘米的铜片制成，内夹有朽木，上有0.1厘米的对穿钉孔。残长3.9厘米，残宽2.2厘米，厚0.5厘米（图四八，6）。

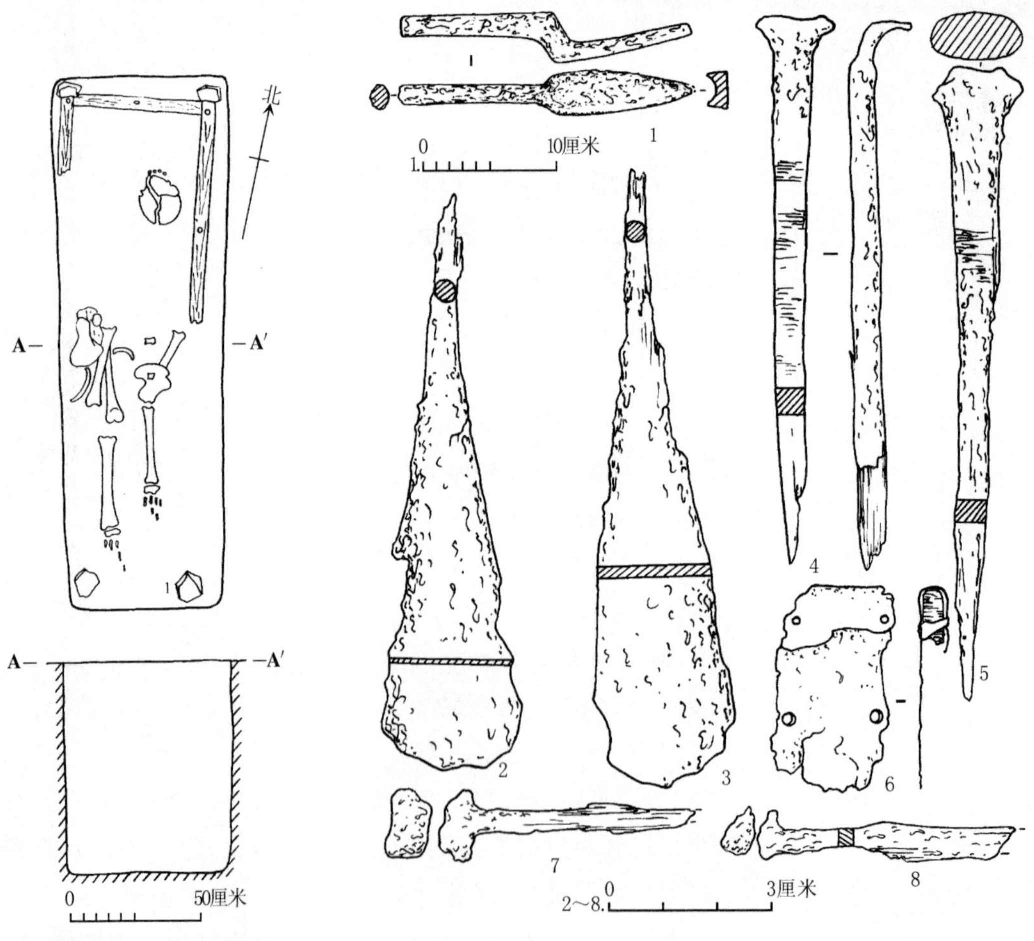

图四七　LYM25平、剖面图
1.石块

图四八　LYM22、M24、M25出土铜、铁器
1.铁熨斗（LYM22：1）　2、3.镞（LYM24：2、1）　4、5、7、8、铁棺钉（LYM24：3、4、、LYM25：1、2）　6.铜器（LYM24：5）

LYM25　位于Ⅱ区墓地南排东端，西距 LYM24 约 3 米。

1）　墓葬形制

土坑竖穴墓，早期盗扰。平面呈圆角长梯形，南北长 2 米，东西宽 0.7～0.6 米，深 0.8 米。方向 345°。墓壁加工较为规整，墓底平整。填土内夹杂有少量的胶泥。墓内置木棺 1 具，北段小部保存较好，平面形状不清，木棺两侧长于两端，棺板厚 0.05 米，用铁钉钉合。木棺底部四角与墓底间垫有自然石块。棺内葬有尸骨 1 具，严重盗扰，仅存头骨、盆骨、股骨、胫腓骨和少量肢骨，葬式不清。经鉴定为男性，年龄约 20～25 岁。

墓内仅在填土中出土铁棺钉 2 件(图四七)。

2）　随葬品

棺钉　2 件。残。钉身呈方形，表面锈蚀严重，上有朽木痕迹。LYM25：1，残长 4.9 厘米，截面径 0.3 厘米 × 0.5 厘米(图四八，7)。LYM25：2，残长 4.9 厘米，截面径 0.3 厘米 × 0.6 厘米(图四八，8)。

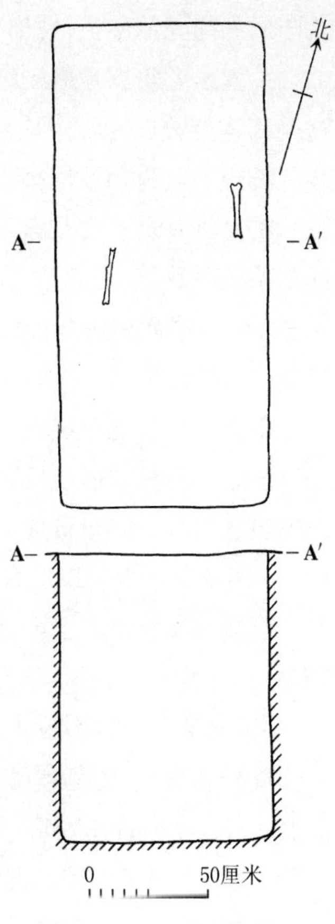

图四九　LYM26 平、剖面图

LYM26　位于Ⅱ区墓地南排西端，东距 LYMY7 约 17 米，北距 LYM17 约 9 米。

1）　墓葬形制

土坑竖穴墓，早期盗扰。平面呈长方形，南北长 2 米，东西宽 0.9 米，深 1.2 米。方向 345°。墓壁加工较为规整，墓底平整。填土内夹杂有少量的自然石块。墓内置木棺 1 具，因盗扰朽蚀严重，形制及规格不清。墓内尸骨严重盗扰，仅在中部残存有少量肢骨，葬式不清(图四九)。

2）　随葬品

墓内无任何随葬品。

三、结　语

一棵树墓地 3 次共清理墓葬 26 座，虽因遭盗掘而破坏严重，但是，还是获得了一批文化特征鲜明的有价值的墓葬资料，对研究元上都及附近居民丧葬制度及社会生活有着较为重要的价值。

1.文化特征

墓茔　一棵树墓地发掘清理的 26 座墓葬中，有 7 座墓葬有墓茔，且都是一茔一墓。

墓茔形制均为单墓茔,规格较小,无门道。依其平面形状,大致可分为3型。

A型 平面长方形或略呈梯形,有LYMY1、LYMY2、LYMY4、LYMY5、LYMY6五座。这类墓茔多做长方形,因边长不一,径口平面呈不规则梯形,其中LYMY4为横梯形墓茔。墓茔长边和短边相差较小,一般在0.15～0.5米之间。

B型 平面呈长方形,仅LYMY7一座。这类墓茔垒砌较为规整,与砧子山墓地发现的单墓茔一致。

C型 平面呈椭圆形,仅LYMY3一座。这类墓茔垒砌方法在元上都周围地区墓葬的墓茔中为特殊形状。

墓葬 均为土坑竖穴墓,依其平面形状大致分为2型。

A型 为长方形土坑竖穴墓。属于此类形制的墓葬有LYM1、LYM4、LYM6～LYM9、LYM11、LYM16、LYM17、LYM21～LYM23、LYM26,共计13座墓。这类墓在LYM1南壁和LYM9四壁置有生土二层台。

B型 为长梯形土坑竖穴墓。属于此类形制的墓葬有LYM2、LYM3、LYM5、LYM10、LYM12～LYM15、LYM18～LYM20、LYM24、LYM25共计13座墓。这类墓葬一般头部略宽,尾部略窄。墓内不置生土二层台。

此外,无墓茔的墓葬(LYM10除外)大多数在墓葬地表用自然石块堆砌标志。这类墓葬有LYM1、LYM2、LYM9～LYM22,共计16座。其地表堆石均因早期盗扰破坏,地表堆石形制不清,无规律可循。但初步分析,这些墓主人因在当时的社会和经济地位较低,无能力垒砌大型的墓茔,故而采用地表堆石做为墓葬的标志来替代墓茔,以供后人祭祀。

葬具 一棵树墓地有木棺墓葬15座,大多数保存较差,通过残存棺板可以大致确定其木棺形制的墓葬有10座。依其平面形制,大致可以分为两型。

A型 木棺平面呈长梯形,属此类木棺的有LYM1、LYM4、LYM5、LYM11、LYM13～LYM15、LYM21、LYM22,共9具。木棺头部高阔,尾部低矮,皆用铁钉钉合。除LYM22木棺外,其余木棺皆在棺身外侧近头部、中部和近尾部用铁棺箍加固。个别墓(LYM4)的木棺角部用铁护角加固。

B型 木棺平面呈长方形,仅LYM14一具。亦系铁钉钉合,无铁棺箍和铁护角。因其数量较少,无法做全面的推断。

葬俗 一棵树墓地清理的各墓均为尸体葬,墓内所葬人数除LYM2为一穴内葬有2具尸骨外,其余各墓穴内均葬有1具尸骨。但墓内尸骨皆因早期盗扰破坏严重,墓内仅存少量尸骨,多葬式不清。仅从LYM6和LYM9保存较好的盆骨以下判断为仰身直肢葬。

墓内有殉牲的墓葬9座,约占清理墓葬总数的1/3略多,所殉动物均为羊肢骨或羊骨。殉牲的羊骨多置放于墓内的东北角;仅LYM24置于墓内的西北角。

从LYM23木棺底部四角用自然石块支垫习俗判断,墓地内有棺底用自然石块支垫的风俗习惯。

墓地内清理的26座墓中，有LYM4、LYM15、LYM21、LYM23四座墓内分别在棺内底部或墓内底部散布有数量不等的钱币。数量少的10多枚，多则近50枚。

从LYM22尸骨周围和墓内出土的毛毡及丝织品分析，尸体在入棺前先用丝织品包裹，丝织品之外用毛毡包裹。

随葬品位置多因盗扰不详，铁马镫和木马鞍出于木棺内近脚部。墓内器物组合无规律可循。同时也反映出该墓地的独特性。

2.年代

一棵树墓地从清理的26座墓葬来看，反映出较为明显的年代特征。

墓地内以自然石块围砌的墓茔在元上都附近墓地中常见，如元上都东南的砧子山墓地[1]和西北的卧牛石墓地[2]均发现有一定数量的墓茔。其墓葬结构也是元上都附近墓地所常见的。在墓底或棺底散布钱币的习俗在砧子山墓地、四子王旗元代净州路附近墓地[3]均有同类葬俗发现。木棺外侧用铁棺箍和铁护角加固的方法亦常见于砧子山墓地。

墓地内所出随葬品均是元代墓葬中的常见之物。如黑釉瓷罐在四子王旗元代净州路附近墓地有同类器物出土，铁马镫、铁剪在砧子山南区和西区墓地出土有与其形制相同的器物。此外，铜镜、金耳饰及银器也是元代的常见之物。

此外，一棵树墓地出土有极具游牧民族的铁马镫、铁镞、银壶、银牌饰等和殉葬羊骨的习俗。反映了墓主人具有游牧生活的习俗，因此，一棵树墓地很可能是元代生活在元上都周围的蒙古人的墓地。

3.几点认识

首先，一棵树墓地与砧子山墓地存在着较大的差异。

这两处墓地虽然同为元上都及附近居民的墓地有着许多共同之处。但两个墓地在墓葬形制、葬俗和随葬品方面存在的差异也是明显的。

1)一棵树墓地均为小型土坑竖穴墓，不见砧子山墓地的大型砖室墓、石砌墓和土洞墓。

2)一棵树墓地均为尸体葬，不见骨灰葬。同时存在的殉牲习俗，也不见于砧子山墓地。

3)一棵树墓地以铁马镫、铁镞、银壶和银饰牌等为代表的极具游牧特征的随葬品，与砧子山墓地以香炉和较多瓷器为特征的汉族家族丧葬习俗形成鲜明的对比。而砧子山墓地中出土的瘗钱在一棵树墓地则没有发现。

其次，墓地中游牧和武备特征较为明显。

一棵树墓地具有较为浓厚的游牧文化和武备特征。主要表现在以下几个方面。

1)墓地内殉牲习俗比较发达，清理的26座墓中，有9座墓内在东北或西北角殉牲有羊骨。这种葬俗在元上都附近的砧子山、卧牛石汉人墓地中没有发现。

2)墓地内出土随葬品中有铁马镫、银壶和具有武备特征的铁剑、铁镞等具有游牧和武备特征的文物,反映了墓主人在生前从事游牧生活和尚武习俗。

附记:本墓地发掘由魏坚主持。参加调查和发掘的有曹建恩、王新宇、杨春文、王庆华等。发掘工作得到锡林郭勒盟文化局、文物工作站和正蓝旗人民政府、文化局、文管所的大力支持,在此谨表谢意。

执笔:魏　坚　李兴盛　曹建恩

绘图、拓片:杨春文　郝晓菲

摄　影:李　言

注　释

[1] 内蒙古文物考古研究所、锡林郭勒盟文物管理站、多伦县文物管理所:《元上都城南砧子山南区墓葬发掘简报》,《内蒙古文物考古文集》第一辑,中国大百科全书出版社,1994 年;参见本书:《多伦县砧子山西区墓地》。

[2] 参见本书:《正蓝旗卧牛石墓地》。

[3] 内蒙古文物考古研究所、乌兰察布博物馆、四子王旗文物管理所:《四子王旗城卜子古城及墓葬《内蒙古文物考古文集》第二辑,中国大百科全书出版社,1997 年。

附表　正蓝旗一棵树墓地墓茔及墓葬登记表

墓茔					墓葬													备注
墓茔号	形制	规格(米) 长×宽－高	方向	结构	墓号	结构	尺寸(米) 长×宽－深	人数	墓向	葬式	葬具	性别	年龄	殉牲	盗扰	随葬品		
					LYM1	长方形土坑竖穴墓	2.1×0.8－1.2	1	10°		木棺				早期盗扰	铁棺箍3、铁棺钉2、铜镜1、桦树皮1	墓内南壁置生土二层台，地表堆砌有自然石块	
					LYM2	长梯形土坑竖穴墓	1.9×(0.7～0.6)－0.6	1	20°						早期盗扰	铁剑1、铁棺钉2、铜镜1	地表堆砌有自然石块	
LYMY1	长方形	(9.3～8.75)×(7.5～8)－0.3	355°	单墓茔	LYM3	长梯形土坑竖穴墓	2.2×(1～0.7)－0.8	1	20°						早期盗扰	金耳饰1		
LYMY2	长方形	(8.85～9)×7.75-1.2	358°	单墓茔	LYM4	长方形土坑竖穴墓	2.4×1.02－2.3	1	12°		木棺				早期盗扰	铜饰件1、铁车辖2、铁棺箍1、铁棺钉3、铁护角1、钱币16		
LYMY3	椭圆形	10.3×8.8－(0.85～1.1)		单墓茔	LYM5	长梯形土坑竖穴墓	2.34×(1.02～0.86)－1.7	1	12°		木棺	女	20～25		早期盗扰	铜镜1		
LYMY4	长方形	(7.25～7.75)×7.75－0.55	330°	单墓茔	LYM6	长方形土坑竖穴墓	2.5×1.3－1.2	1	325°	仰身直肢					早期盗扰			
LYMY5	不规则长方形	9×(6.1～5.9)－0.6	354°	单墓茔	LYM7	长方形土坑竖穴墓	3.3×3.1－1.4	2	8°						早期盗扰			
LYMY6	长方形	10×(8～8.5)－0.65	355°	单墓茔	LYM8	长方形土坑竖穴墓	2.5×1－1.5	1	357°						早期盗扰	骨器1		

续附表一

墓茔					墓葬													备注
墓茔号	形制	规格(米)长×宽—高	方向	结构	墓号	结构	尺寸(米)长×宽—深	人数	墓向	葬式	葬具	性别	年龄	殉牲	盗扰	随葬品		
					LYM9	长方形土坑竖穴墓	2.8×1.6—1.44	1	350°	仰身直肢					早期盗扰	瓷罐1、银耳饰1、铁剪1、木碗1		地表堆砌有自然石块，墓内置二层台
LYMY7	长方形	8×6.5—0.7	6°	单墓茔	LYM10	长梯形土坑竖穴墓	2.3×(0.9～0.82)—1.1	1	10°						早期盗扰	玛瑙珠1 铁镞1		地表堆砌有自然石块
					LYM11	长梯形土坑竖穴墓	2.3×(1～0.84)—1.2	1	345°		木棺				早期盗扰	铜扣饰1		地表堆砌有自然石块
					LYM12	长梯形土坑竖穴墓	2×(0.9～0.74)—0.8	1	325°						早期盗扰	铁镞2、珠饰15		地表堆砌有自然石块
					LYM13	长梯形土坑竖穴墓	2.5×(1～0.9)—1.4	1	351°		木棺				早期盗扰			地表堆砌有自然石块
					LYM14	长方形土坑竖穴墓	2.3×0.9—1.3	1	345°		木棺	女	22±	羊肢骨	早期盗扰	瓷罐1、鎏金铜管状器2、铁马镫2、铁镞1		地表堆砌有自然石块
					LYM15	长梯形土坑竖穴墓	2.4×(1～0.8)—1.4	1	355°		木棺	男	25～30	羊肋骨	早期盗扰	银壶1、银饰片1、骨珠饰38、钱币9		地表堆砌有自然石块
					LYM16	长方形土坑竖穴墓	2×0.7—1.1	1	340°	仰身直肢	木棺			羊骨	早期盗扰	铜镜1		地表堆砌有自然石块
					LYM17	长方形土坑竖穴墓	2×0.8—0.7	1	348°					羊骨	早期盗扰			地表堆砌有自然石块

续附表一

墓茔					墓葬												备注
墓茔号	形制	规格(米) 长×宽—高	方向	结构	墓号	结构	尺寸(米) 长×宽—深	人数	墓向	葬式	葬具	性别	年龄	殉牲	盗扰	随葬品	
					LYM18	长梯形土坑竖穴墓	2.1×(0.8～0.72)—1	1	335°					羊骨	早期盗扰		地表堆砌有自然石块
					LYM19	长梯形土坑竖穴墓	2.2×(0.8～0.7)—1.2	1	350°					羊骨	早期盗扰		地表堆砌有自然石块
					LYM20	长梯形土坑竖穴墓	2.05×(0.74～0.64)—0.9	1	343°		木棺			羊肢骨	早期盗扰	铜带环2	地表堆砌有自然石块
					LYM21	长方形土坑竖穴墓	2.5×1.02—1.7	1	348°		木棺			羊肢骨	早期盗扰	铁马镫2、铁镞6、铁环2、铁棺钉2、木马鞍1、桦树皮箭箙1、钱币49	地表堆砌有自然石块
					LYM22	长方形土坑竖穴墓	2×0.86—1.2	1	344°		木棺				早期盗扰	铁熨斗1、毛毡1、丝织品1	地表堆砌有自然石块
					LYM23	长方形土坑竖穴墓	2.3×0.94—1.5	1	342°		木棺				早期盗扰	铁马镫2、钱币3	
					LYM24	长梯形土坑竖穴墓	1.9×0.7～0.6—1.1	1	345°		木棺	女	25±	羊肢骨	早期盗扰	铁镞2、铁棺钉2、铜饰片1	
					LYM25	长梯形土坑竖穴墓	2×0.7～0.6—0.8	1	345°		木棺	男	20～25		早期盗扰	铁棺钉2	
					LYM26	长方形土坑竖穴墓	2×0.9—1.2	1	345°		木棺				早期盗扰		

捌　正镶白旗三面井墓地

三面井墓地，位于锡林郭勒盟正镶白旗乌宁巴图苏木东北三面井嘎查北约2千米的浅山之阳坡上，西南距旗政府所在地查干淖日镇22千米（图一），东略偏南距元上都遗址约85千米。

墓地位于孤立的木松陶勒盖山之南坡，山坡下是地势开阔的平川草原。墓地呈北高南低的缓坡状，地表上层堆积约1.5米厚的黑灰色砂土层，其下为山岩。

1999年9月，内蒙古文物考古研究所、锡林郭勒盟文物站和正镶白旗文物所，在对元上都及周边地区草原地带的蒙元时期遗存进行重点调查时，发现了该处墓地（彩版贰伍柒、贰伍捌）。2000年7月，由内蒙古文物考古研究所、锡林郭勒盟文物站和正镶白旗文物所组成的联合考古队，对这处墓地进行了抢救性发掘，共清理墓葬10座（编号BWSM1～BWSM10），取得了一批较有价值的墓葬资料（附表）。报告如下。

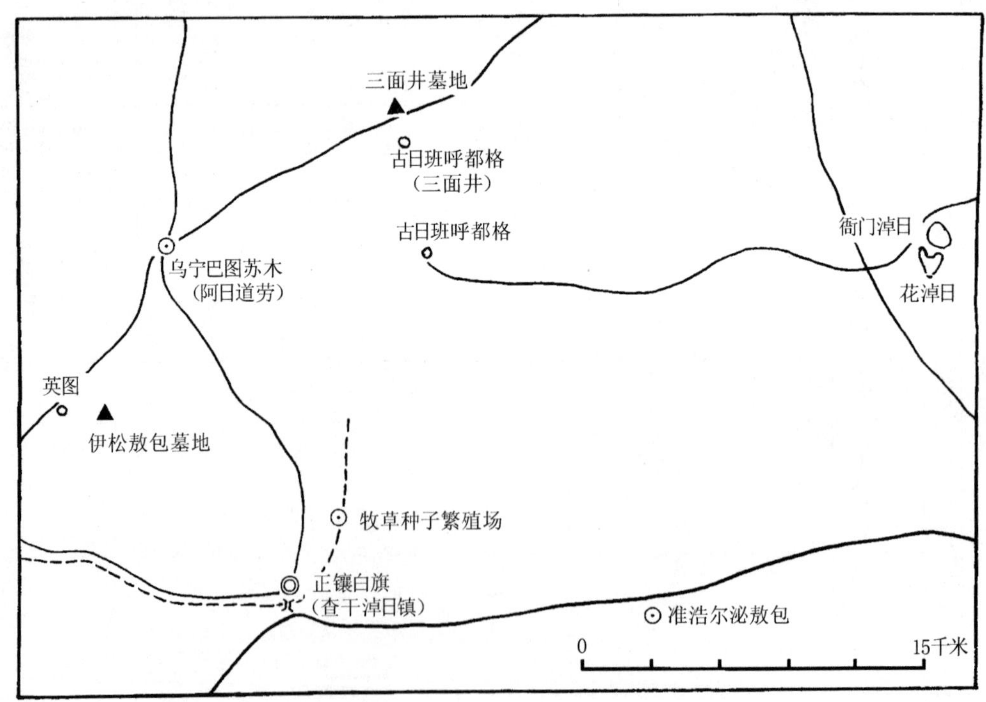

图一　三面井墓地位置示意图

一、墓地概况

该处墓地早期盗扰十分严重，近年又多次被盗掘。此次发掘除墓地东端的2座墓葬因被彻底破坏未作清理外（编号BWSM11和BWSM12），共清理10座墓葬（编号BWSM1～BWSM10）。墓葬均为西北向，在305°～354°之间。各墓间相距较远，多在10～12米，相距最近者6米，最远者墓距为18.5米（图二）。

这次清理的10座墓，大部分被早期盗扰。墓葬均为土坑竖穴墓，以长梯形土坑竖穴墓为主，共8座，长方形土坑竖穴墓2座（BWSM1、BWSM4）。各墓大小规格基本接近，长2～2.4米，宽0.5～1米，深0.5～1.35米。最大者（BWSM10）长2.4米，宽0.9～0.7米，深1.35米；最小者（BWSM5）长2米，宽0.7～0.6米，深0.5米。墓口地表皆平铺自然石块，范围略大于墓口，深入表土以下0.3～0.4米，形成长方形或不甚规整的长方形地表标志。

墓葬绝大部分为一墓一棺，极个别没有木棺。木棺平面呈长梯形，头部高阔，尾部低矮。棺内均为单人葬，尸骨盗扰严重，仅BWSM2、BWSM4、BWSM8保存相对完整，其中BWSM2为侧身直肢葬，余为仰身直肢葬。其中BWSM4、BWSM5尸骨头部垫有桦树皮器。其中有殉牲的墓葬5座（BWSM2、BWSM7、BWSM8、BWSM9、BWSM10），皆为羊肢骨，置于墓内东北角。

墓地所出尸骨经过鉴定，男性墓6座，女性墓4座，均为成人墓。平均年龄27～32岁，年龄最大者45岁左右，最小者20岁左右。

出土遗物较少，共出土各类随葬品23件，数量总体偏少。除BWSM1和BWSM9无随葬品外，出土随葬品的8座墓葬，少者1件（BWSM3），多者仅6件（BWSM5）。所出随葬品有

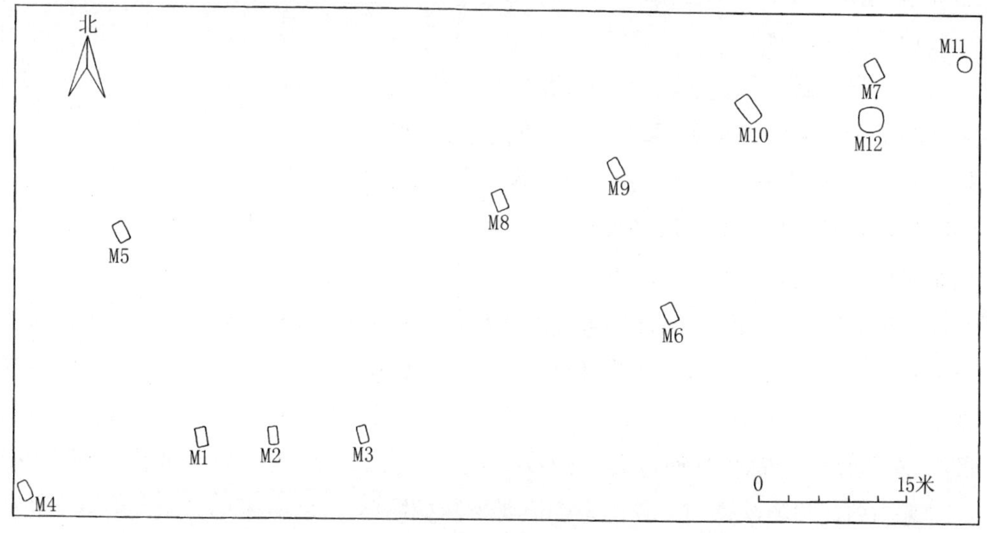

图二　正镶白旗三面井墓地墓葬分布示意图

铁器、铜镜和少量的铜饰件、桦树皮器、铅制品、骨饰件等。另出部分铁棺箍、棺钉和铁护角等，在此一并叙述。

二、墓葬形制及随葬品

BWSM1　位于墓地发掘区西南部，东距BWSM2约6米。

1）　墓葬形制

土坑竖穴墓。平面呈长方形，南北长2.2米，东西宽0.8米，深0.6米。方向354°。墓壁加工较为规整，墓底平坦，墓口平铺一层自然石块，垒砌规整，呈长方形，南北长2.6米，东西宽2.1米。填土内夹杂有黑土块。墓内置木棺1具，两端朽蚀严重，两侧保存较好，平面略呈长梯形，头大尾小。棺长2.02米，头部宽0.6米，尾部宽0.56米，中部残高0.35米，棺板厚0.03米。棺内葬有尸骨1具，因盗扰，人骨多移位于棺内北部，葬式不清，经鉴定为男性，年龄45岁左右（图三）。

2）　随葬品

墓内因盗掘未见随葬品。

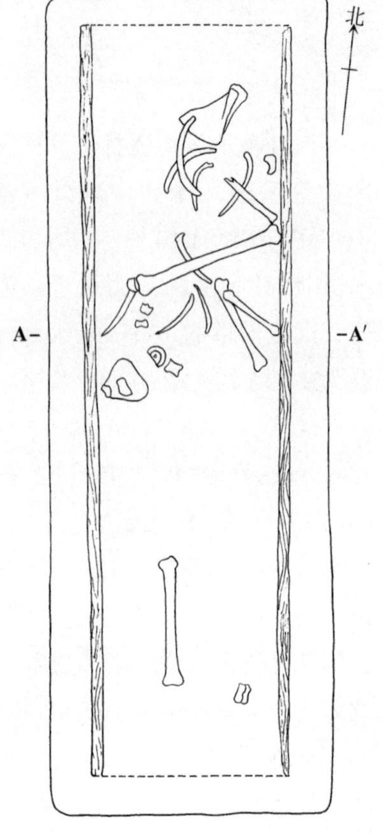

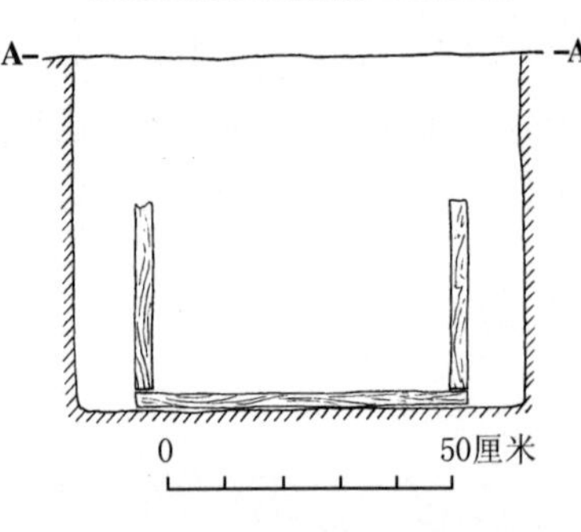

图三　BWSM1平、剖面图

BWSM2　位于墓地发掘区西南部，西距BWSM1约6米，东距BWSM3约8米。

1）　墓葬形制

土坑竖穴墓。平面呈长梯形，南北长2.05米，北端宽0.87米，南端宽0.76米，深1.03米。方向352°。墓壁较为规整，墓底平整。墓口地表堆积自然石块一层，厚0.4米，高出地表约0.15米，平面形状不规则，填土内夹杂有少量的白胶泥快。墓内置木棺1具，保存完整，平面呈长梯形，头大尾小。棺长1.83米，头部宽0.62米，尾部宽0.42米，高0.38米，棺板厚0.03米。木棺两端长于两侧，用榫卯结构组合。棺盖和棺底包接四壁，棺盖及棺盖下的棺木四壁之上，开有9个对应的长条形卯口，以木钉钉合。棺内葬有尸骨1具，保存完整。侧身直肢葬，左上肢骨弯曲，面向西。女性，年龄25～30岁。墓内东北角殉一羊肢骨（图四）。

墓内西北角随葬铁刀1件。棺内膑骨下随葬铜镜1面，骨架中部上侧有铁剪1件。

2）　随葬品

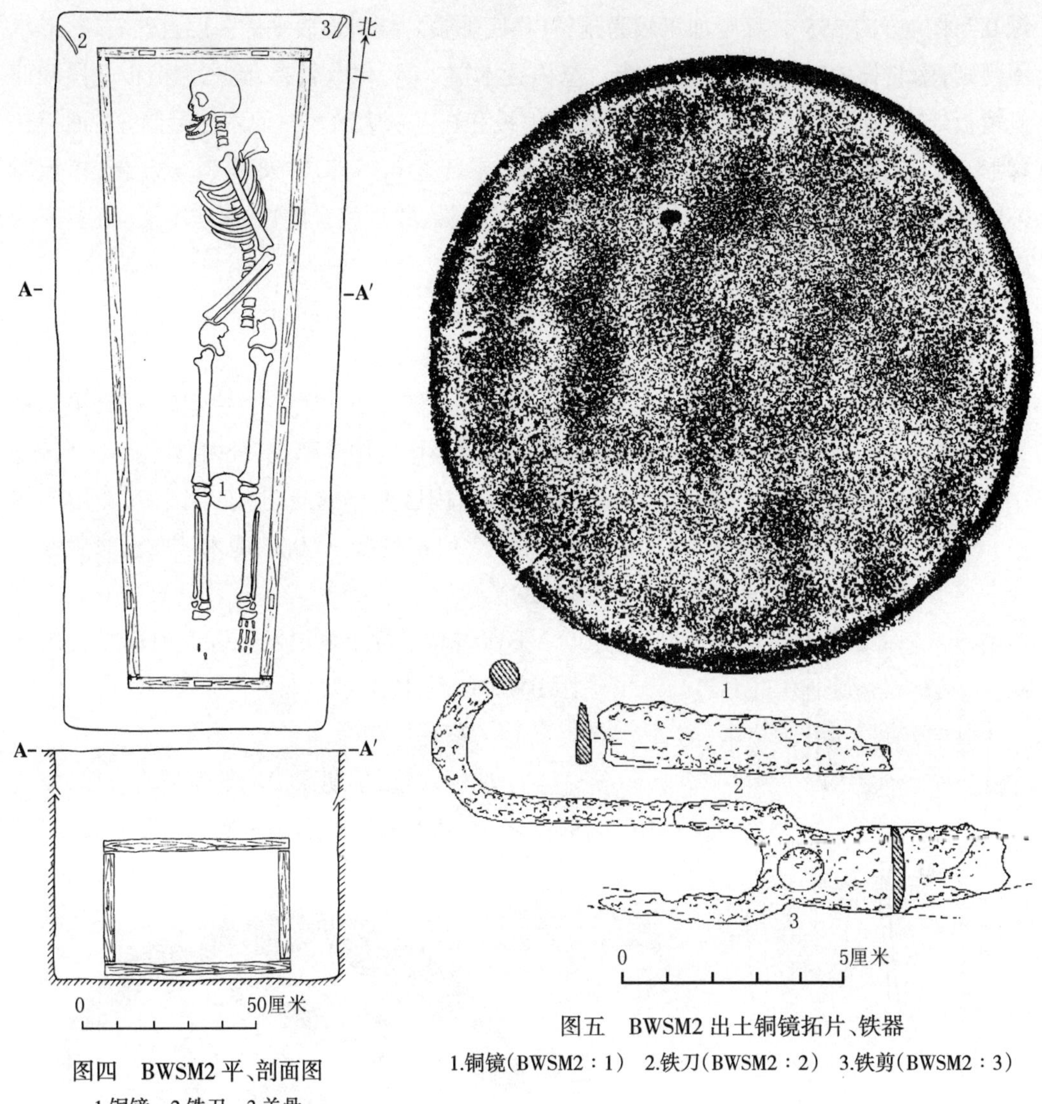

图四　BWSM2 平、剖面图
1.铜镜　2.铁刀　3.羊骨

图五　BWSM2 出土铜镜拓片、铁器
1.铜镜(BWSM2：1)　2.铁刀(BWSM2：2)　3.铁剪(BWSM2：3)

墓内出土随葬品共3件。有铜镜1件、铁剪和铁刀各1件。

铜镜　1件。BWSM2：1,完整。圆形,素面,体较薄,无纽,薄窄缘,镜内略作弧形。直径14.3厘米,缘厚0.15厘米(图五,1;彩版贰伍玖,1)。

剪　1件。BWSM2：3,残,表面锈蚀严重。残长13.4厘米(图五,3)。

刀　1件。BWSM2：2,仅存刀身大部,厚脊,双面刃,表面锈蚀严重。残长6.8厘米(图五,2)。

BWSM3　位于墓地发掘区西南部,东北距BWSM8约25米。西距BWSM2约8米。

1)　墓葬形制

土坑竖穴墓,早期盗扰。平面呈长梯形,南北长2.1米。北端宽0.85米,南端宽0.6米,深0.7米。方向355°。墓壁加工较为规整,墓底平整。墓口地表平铺一层自然石块,形状不规则,南北长3.5米,东西宽2.4米。墓内置木棺1具,保存较差,除东侧棺板北段和西侧棺板外,余皆盗扰朽蚀严重,但根据现存棺板和朽木灰大致可复原木棺形制。平面呈长梯形,头大尾小,棺长1.92米,头部宽0.63米,尾部宽0.55米,中部残高0.35米,棺板厚0.025米。棺内葬有尸骨1具,因盗扰,仅存少量肢骨、肋骨和脊椎骨,葬式不清。经鉴定为成年女性(图六)。

墓内仅在东北角距地表0.1米处出土铜镜1件。

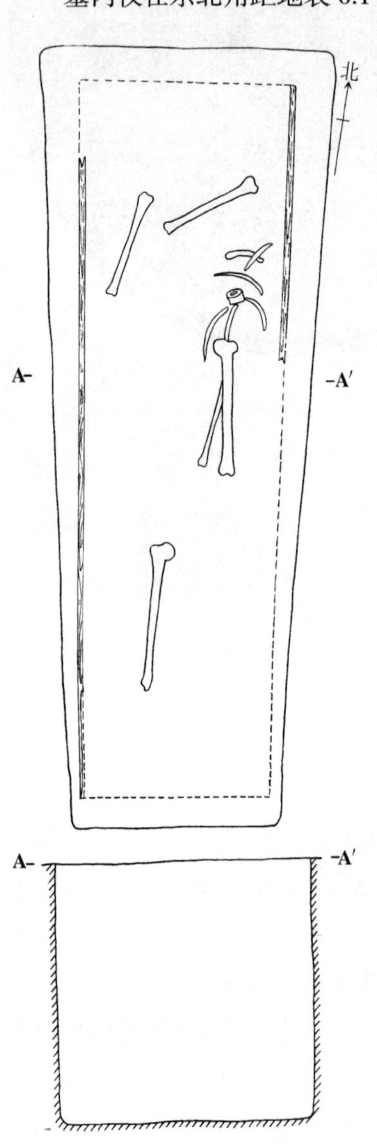

图六 BWSM3平、剖面图

2) 随葬品

铜镜 1件。BWSM3∶1,完整。圆形,镜面略有弧度。边缘作内向连弧纹,分内、外两区,外区饰缠枝牡丹,内区亦作内向连弧,半圆纽,花瓣形纽座。直径12.4厘米,厚0.35厘米(图七;彩版贰伍玖,2)。

BWSM4 位于墓地发掘区西南边缘,东北距BWSM1约17.1米。

1) 墓葬形制

土坑竖穴墓,早期盗扰。平面呈长方形,南北长2米,东西宽0.7米,深0.5米。方向340°。墓壁

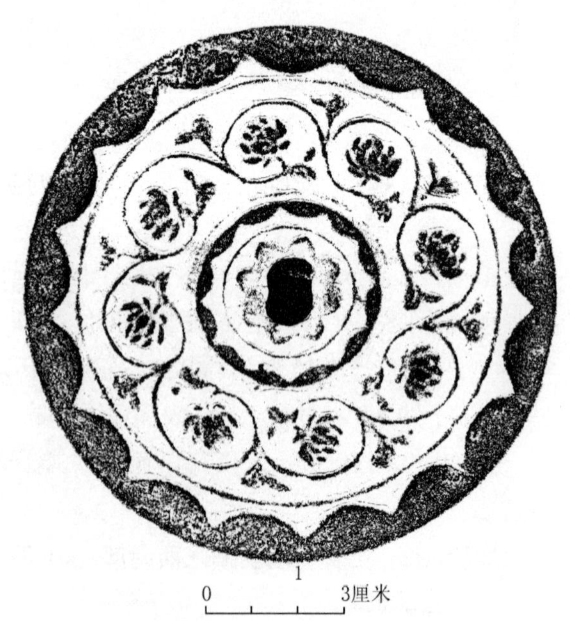

图七 BWSM3出土铜镜拓片(BWSM3∶1)

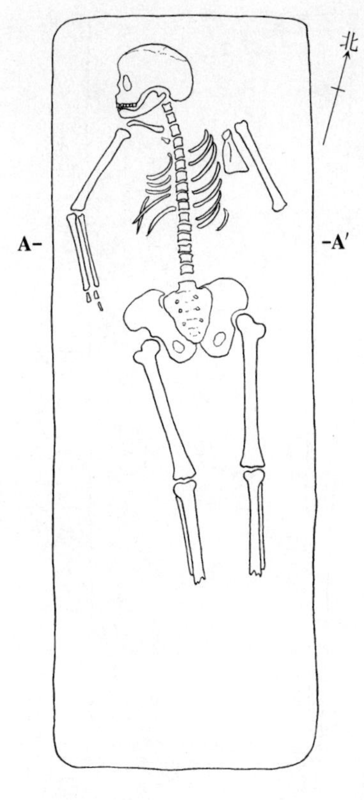

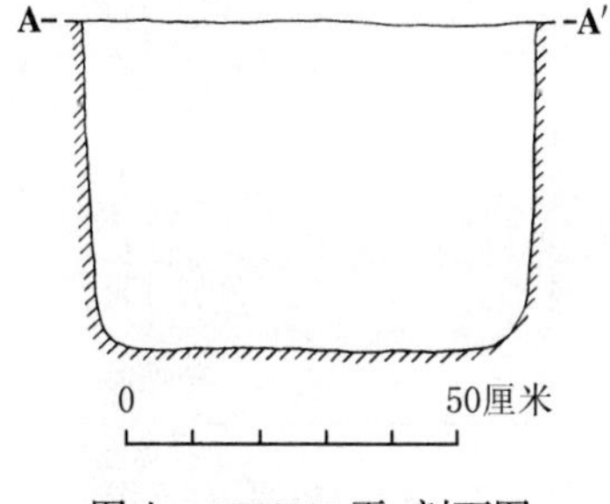

图八　BWSM4 平、剖面图

加工略不规整，墓底较平。墓口地表平铺自然石块一层，厚 0.3 米，形状不规则。填土内夹杂有少量的白胶泥块。从墓内出土的棺板朽木分析，墓内原应有木棺，但因朽蚀和盗扰破坏，形制不清。墓内葬有尸骨 1 具，轻微扰动，保存基本完好。仰身直肢，肱骨外侈，尺、桡骨内曲，面向西。头部下方垫有桦树皮器，桦树皮上有缝合针眼，男性，年龄 25～30 岁（图八）。

墓底中部出土铁器 1 件。

2）　随葬品

墓内出土随葬品仅 3 件。有铁器 2 件，桦树皮囊 1 件。

铁器　2 件。均残。有剪、棺钉。

剪　1 件。BWSM4∶1，表面锈蚀严重。残长 8.7 厘米（图九，2）。

棺钉　1 件。BWSM4∶3，仅存上半部，钉身作扁长方形，由上至下渐细，端部扁平作 90°折角。表面锈蚀严重。残长 4.9 厘米，截面径 0.25×0.6 厘米（图九，3）。

桦树皮器　1 件。BWSM4∶2，残损严重，边部有针孔。从残存的碎片判断，应为桦树皮囊。残长 18.2 厘米，残宽 5.9 厘米，厚 0.2 厘米（图九，1）。

BWSM5　位于墓地发掘区西北端，东南距 BWSM1 约 19.8 米。

1）　墓葬形制

土坑竖穴墓，早期盗扰。平面呈长梯形，南北长 2 米，北端宽 0.7 米，南端宽 0.6 米，深 0.5 米。方向 325°。墓壁加工略不规整，墓底平整。墓口地表平铺自然石块一层，平面呈不规则长方形。填土内夹杂有少量的白色胶泥块。墓内置木棺 1 具，除西侧中段有少量保存外，余皆盗扰朽蚀严重，形状和规格不清，棺板厚 0.02 米。棺内葬有尸骨 1 具，因盗扰，仅存头骨和少量的肢骨，头骨下见有桦树皮包器。女性，年龄 22 岁左右（图一〇）。

随葬品均置于棺内。中部近西侧棺板出土铜镜 1 面，北部近东侧棺板随葬铁熨斗 1 件，棺底中部出有铜指环 1 枚。

2）　随葬品

墓内出土随葬品共 6 件。有铜镜、铁器、铜器、桦树皮囊、竹条。

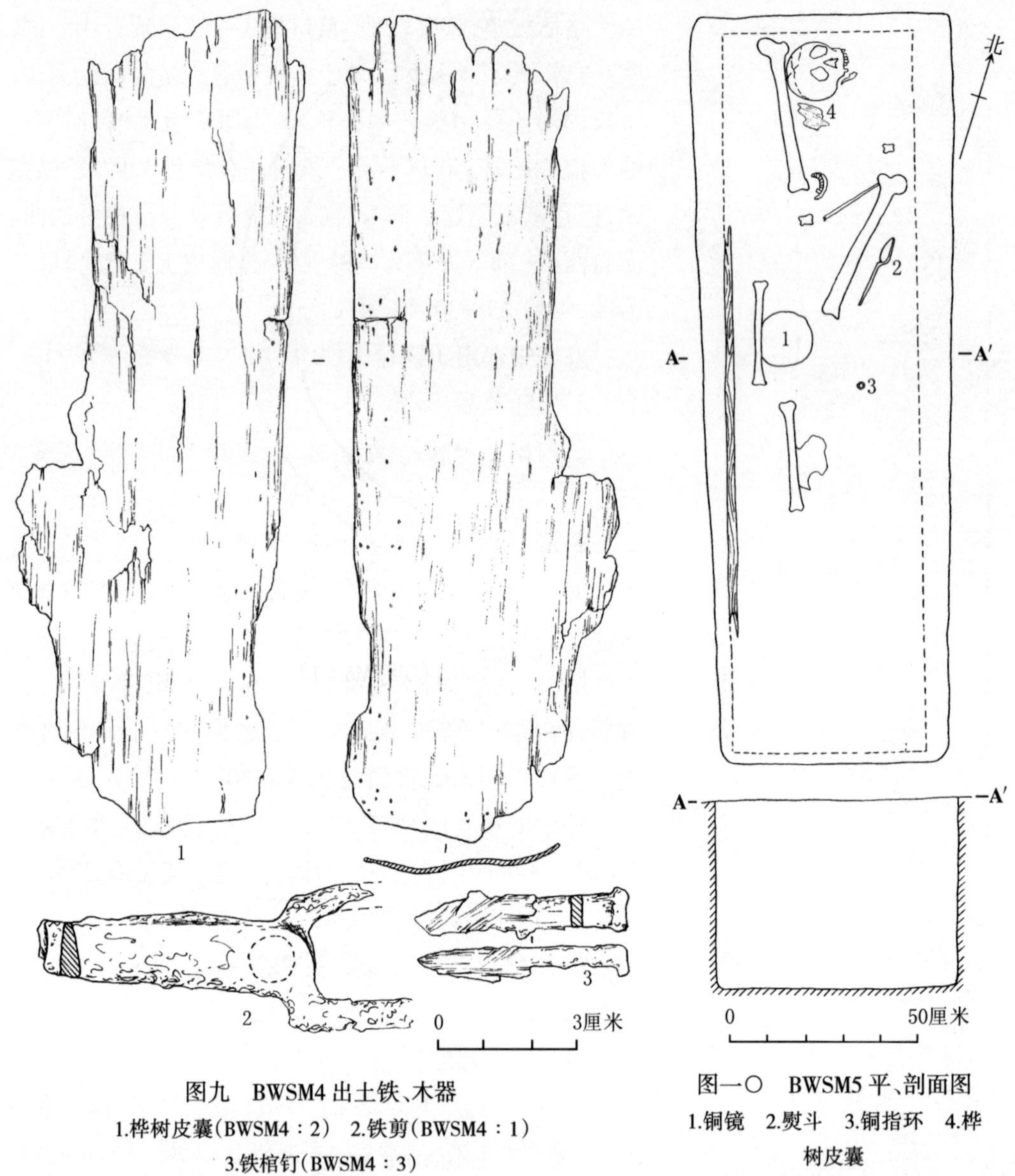

图九　BWSM4出土铁、木器
1.桦树皮囊（BWSM4：2）　2.铁剪（BWSM4：1）
3.铁棺钉（BWSM4：3）

图一〇　BWSM5平、剖面图
1.铜镜　2.熨斗　3.铜指环　4.桦树皮囊

铜镜　1件。BWSM5：1，完整。圆形，半圆纽，镜面平整，边缘饰凹弧纹，内外两边作三角缘起，素面，纽之外侧饰浅细凹弦纹两周。直径15.6厘米，缘宽1.5厘米，缘厚0.25厘米（图一一；彩版贰陆零，1）。

铁器　2件。有辖、熨斗。

辖　1件。BWSM5：2，残。圆形，其上仅存两齿。宽1.6厘米，厚0.5～0.9厘米（图一二，5）。

熨斗　1件。BWSM5：5，完整。熨面呈三角形，前端较尖且略有弧度。柄部作实心圆

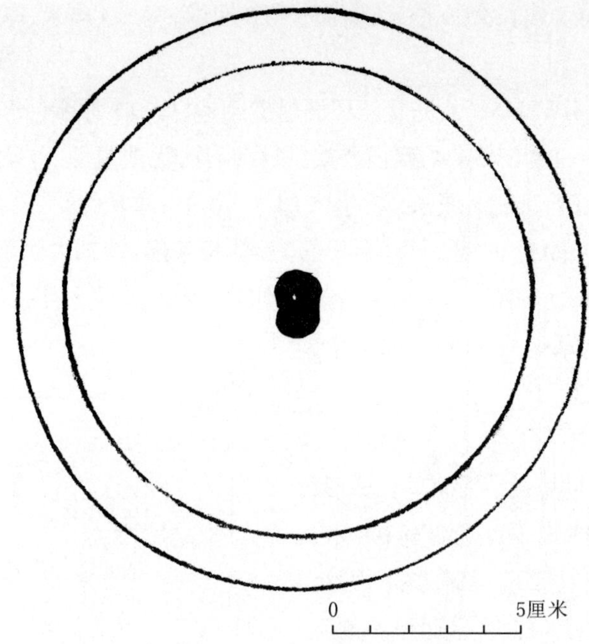

图一一　BWSM5 出土铜镜拓片(BWSM5：1)

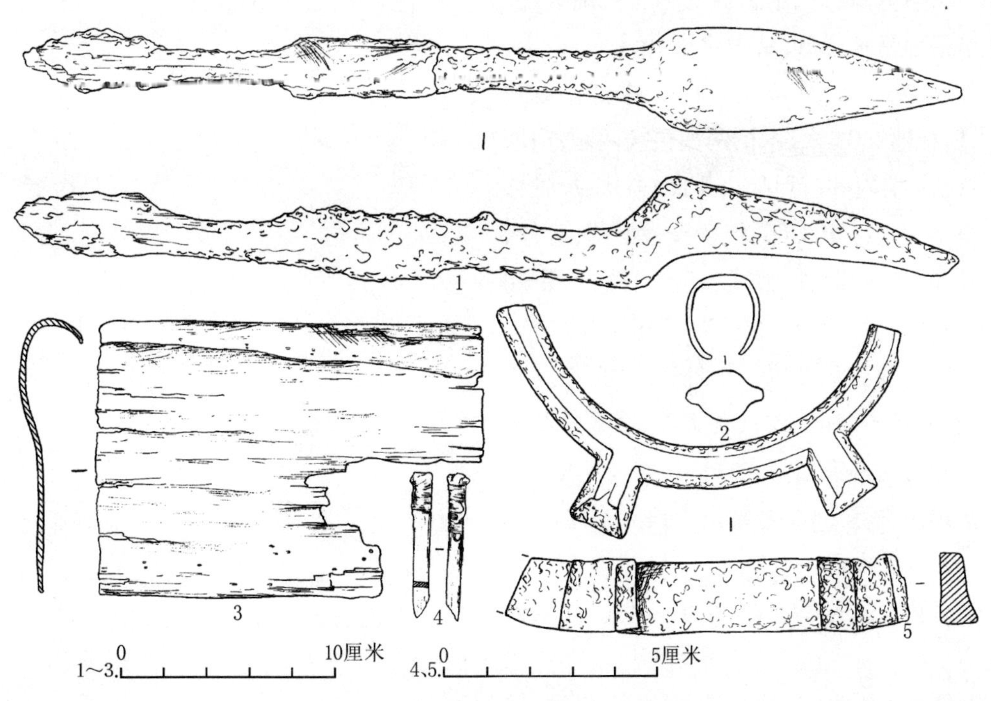

图一二　BWSM5 出土铜、铁、木器

1.铁熨斗(BWSM5：5)　2.铜指环(BWSM5：3)　3.桦树皮囊(BWSM5：4)　4.竹条(BWSM5：6)　5.铁辖(BWSM5：2)

柱状。表面锈蚀严重。残长 21.9 厘米，熨面长 6.8 厘米，宽 2.3 厘米，厚 0.8 厘米(图一二，1；彩版贰陆壹，1)。

铜指环　1 件。BWSM5∶3，完整。环面呈椭圆形，厚 0.1 厘米(图一二，2)。

桦树皮囊　1 件。BWSM5∶4，残损严重，仅存碎片，无法复原。平面呈长方形，一边作弧形弯曲，边部有针孔。长 18 厘米，宽约 15 厘米，厚 0.2 厘米(图一二，3)。

竹条　1 件。BWSM5∶6，残，仅存上半部。扁体长条形，端部内侧用细铜丝纵向包裹，铜丝外用麻线横向缠绕。残长 3.2 厘米，宽 0.4 厘米，厚 0.15 厘米(图一二，4)。

BWSM6　位于墓地发掘区中部偏南，西北距 BWSM9 约 13.5 米。

1)　墓葬形制

土坑竖穴墓，早期盗扰。平面呈长梯形，南北长 2.1 米，北端宽 1 米，南端宽 0.8 米，深 1.03 米。方向 325°。墓壁、墓底略不规整。墓口地表平铺一层自然石块，平面呈不规则长方形，墓内填土夹杂有少量白色胶泥块。内置有木棺 1 具，除头部和脚部两端棺板外，其他保存较好，棺之西北角有火烧痕迹。木棺平面呈长梯形，头大尾小。棺长 1.94 米，头部宽 0.51 米，尾部宽 0.4 米，中部高 0.32 米，棺板厚 0.03 米。木棺两端包接两侧，用铁钉钉合。棺内葬有尸骨 1 具，因盗扰，尸骨移位至棺内中部至头部，仅存头骨上部，耻骨、肢骨和少量的肋骨，葬式不清。男性，年龄 20 岁左右(图一三)。

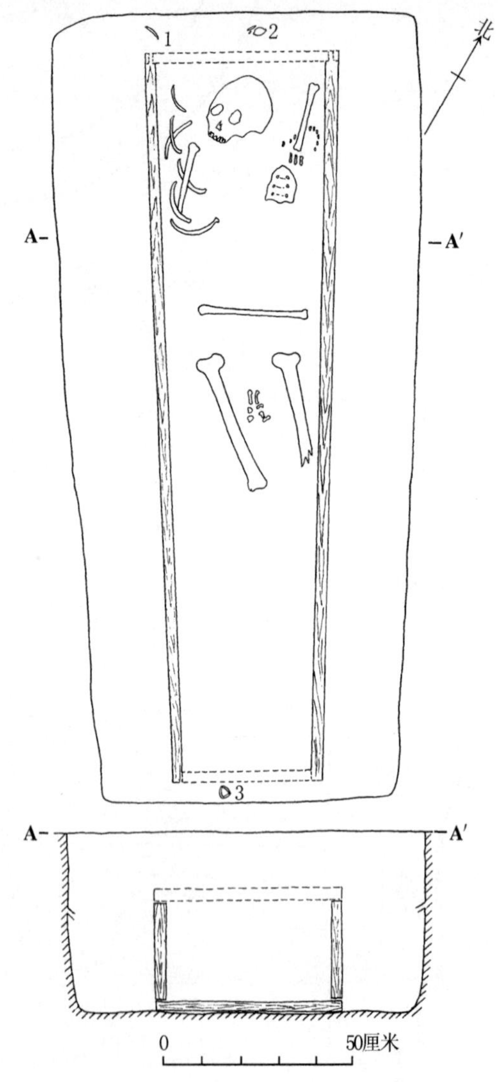

图一三　BWSM6 平、剖面图
1.铁刀　2.铁器　3.铁马镫

墓内随葬品多置于棺外，在木棺外近北壁随葬有铁刀和铁炊具各 1 件，尾部紧贴南壁随葬有铁马镫 2 件和铁器 1 件。棺内头骨下面出土骨器 1 件，中部出土铁器 1 件。

2)　随葬品

墓内出土随葬品略多，共 8 件。以铁器为主。

铁器　7 件。均残。有马镫、刀、棺箍、护角、棺钉。

马镫　2件。BWSM6∶1,锻制,上端扁长方形穿及镫板残缺,呈半圆形。残高8厘米,宽4.5～8.5厘米(图一四,1)。

刀　1件。BWSM6∶3,厚脊,双面刃,表面锈蚀严重。残长10.3厘米,宽1.6～2厘米(图一四,2)。

棺箍　1件。BWSM6∶2,仅存小段。长条形,表面锈蚀严重。残长8.2厘米,宽5.9厘米,厚0.2厘米(图一四,4)。

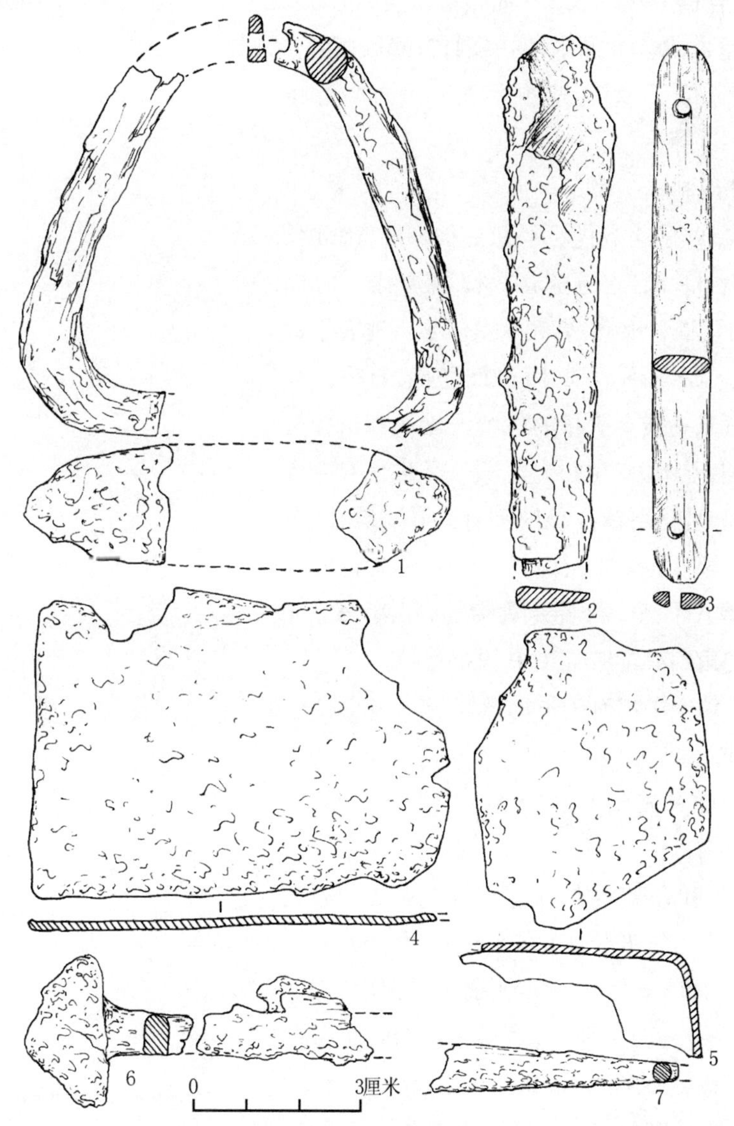

图一四　BWSM6出土铁、骨器

1.铁马镫(BWSM6∶1)　2.铁刀(BWSM6∶3)　3.骨器(BWSM6∶5)　4、铁棺箍(BWSM6∶2)　5、铁护角(BWSM6∶6)　6、7、铁棺钉(BWSM6∶4、7)

护角　1 件。BWSM6：6,边部残缺。为锻制而成,由外向内作 90°内收。残长 5.7 厘米,残宽 4.6 厘米,厚 0.2 厘米(图一四,5)。

棺钉　2 件。钉身呈方形，由上至下渐细，端部圆弧，头部尖圆。表面锈蚀严重。BWSM6：4,仅存上半部。残长 6.8 厘米(图一四,6)。BWSM6：7,仅存下半部,尖部残缺。残长 4.8 厘米(图一四,7)。

骨器　1 件。BWSM6：5,长条形饰件,完整。用动物骨骼加工而成,表面磨制精细。体扁平,两端呈圭形,一面平整,一面略有弧度,近端部各钻有一 0.25 厘米的圆孔。长 10.2 厘米,宽 1.1 厘米,厚 0.3 厘米(图一四,3;彩版贰陆壹,2)。

BWSM7　位于墓地发掘区东端，西南距 BWSM10 约 11.7 米。

1)　墓葬形制

土坑竖穴墓,早期盗扰。平面呈长梯形,南北长 2.1 米,北端宽 0.8 米,南端宽 0.7 米,深 1 米。方向 335°。墓壁加工较为规整,墓底平整。墓口地表平铺一层自然石块,形状不规则,因早期盗扰,石块大部不存。墓内填土夹杂有少量的白胶泥硬块和棺板朽木。墓内木棺因盗扰和朽蚀严重,只在墓底保存有少量棺板,形制和规格不清。墓内葬有人骨 1 具,除右侧股骨外,均盗扰至头部,有头骨、肢骨和少量的肋骨、脊椎骨,葬式不清。经鉴定为男性,年龄 25～30 岁。墓内东北角殉有羊肢骨 1 块(图一五)。

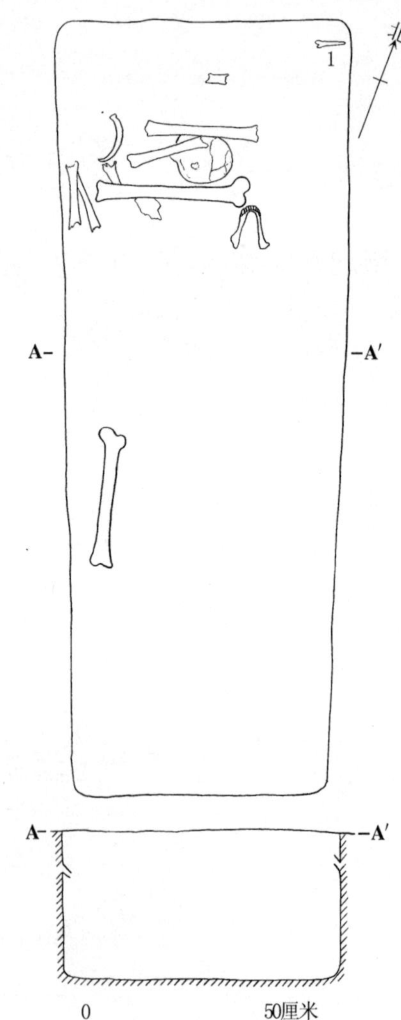

图一五　BWSM7 平、剖面图
1.羊骨

墓内仅在填土中出有少量的铁器。

2)　随葬品

墓内出土随葬品较少,共 5 件,均为残铁器,有剪、环、护角、棺钉。

剪　1 件。BWSM7：4,仅存小部。剪之两刃交合。表面锈蚀严重。残长 4.1 厘米(图一六,3)。

环　1 件。BWSM7：5,残存平面作椭圆形。表面锈蚀严重。长径残长 3.9 厘米,短径 3.2 厘米,横截面呈椭圆形。截面径 0.5 厘米 × 0.7 厘米(图一六,5)。

护角　1 件。BWSM7：3,木棺四角之包角,残缺严重,形制不清。残长 6 厘米,残宽 3.9 厘米,厚 0.3 厘米(图一六,2)。

棺钉　2 件。钉身呈方形,由上至下渐细,端部作不规则圆形,头部尖圆,表面锈蚀严重。BWSM7：1,仅存上半部。残长 5.1 厘米,截面径 0.5 厘米×0.8 厘米(图一六,4)。BWSM7：2,仅存下半部。残长 7.2 厘米,截面径 0.4 厘米×0.5 厘米(图一六,1)。

BWSM8　位于墓地发掘区中部,东距 BWSM9 约 11 米。

1)　墓葬形制

土坑竖穴墓。平面呈长梯形,南北长 2 米,北端宽 0.8 米,南端宽 0.6 米,深 0.6 米。方向 340°。墓壁加工规整,墓底平整。墓口地表平铺一层自然石块,形状不规则,填土内夹杂有少量的白胶泥块。墓内无葬具,葬有尸骨 1 具,保存完整。仰身直肢葬,右侧肱骨外侈,尺、桡骨内曲。经鉴定为男性,年龄 45 岁左右。墓内东北角殉有羊肢骨一块(图一七)。

墓内中部出土铅制纺轮和铜饰件各 1 件。

2)　随葬品

铅制纺轮　1 件。BWSM8：2,完整。圆形,平底,由下至上弧形内收,中间竖穿一 0.8 厘米的圆孔,外饰不规则的纵向条纹,表面不平整。底径 2.5 厘米,高 1.4 厘米(图一八,5)。

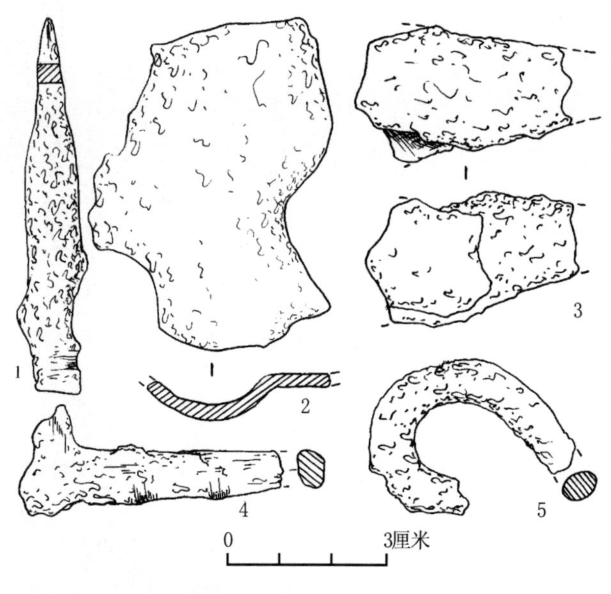

图一六　BWSM7 出土铁器

1、4.棺钉(BWSM7：2、1)　2.护角(BWSM7：3)　3.剪(BWSM7：4)　5.环(BWSM7：5)

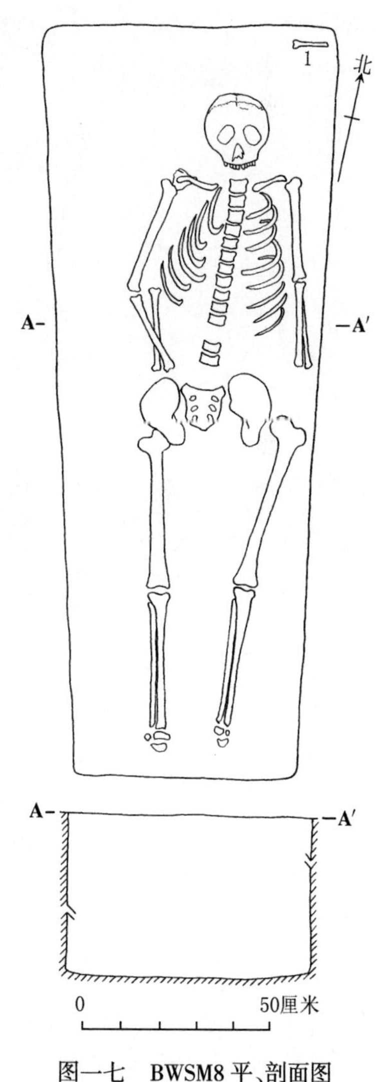

图一七　BWSM8 平、剖面图

1.羊骨

铜饰件　1件。BWSM8：1，残。上端为数根0.1厘米的铜丝，每两根铜丝为一组弯成直径0.3厘米左右的重圈纹。因残损严重，图案及用途不详（图一八，4）。

BWSM9　位于墓地发掘区中部偏东。东北距BWSM10约12.8米，西南距BWSM8约11.5米。

1）　墓葬形制

土坑竖穴墓，早期盗扰。平面呈圆角长梯形，南北长2.1米，宽北端0.8米，南端宽0.6米，深1米。方向305°。墓壁加工较为规整。墓底平整。墓口地表平铺自然石块一层，因

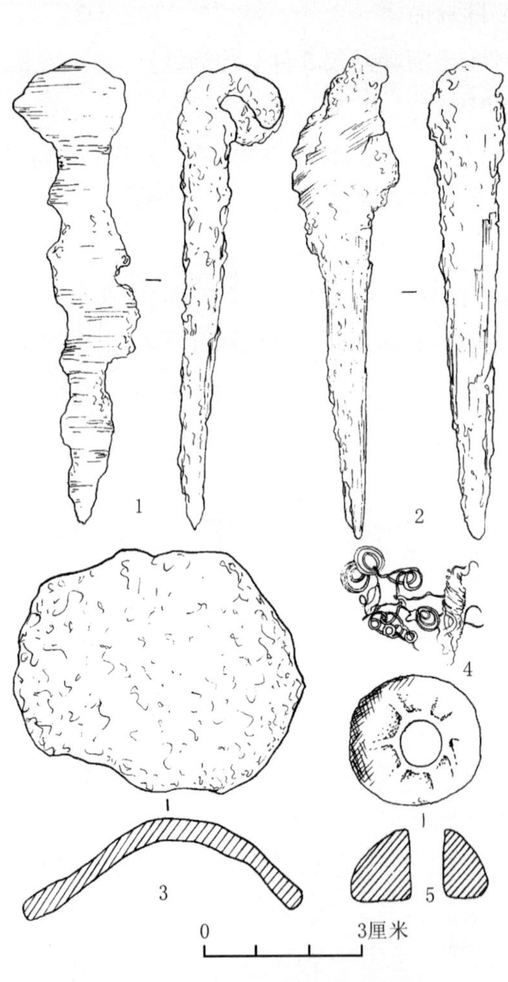

图一八　BWSM8、M9出土铜、铁、铅器

1、2.铁棺钉（BWSM9：2、1）　3.铁护角（BWSM9：3）

4.铜饰件（BWSM8：1）　5.铅制纺轮（BWSM8：2）

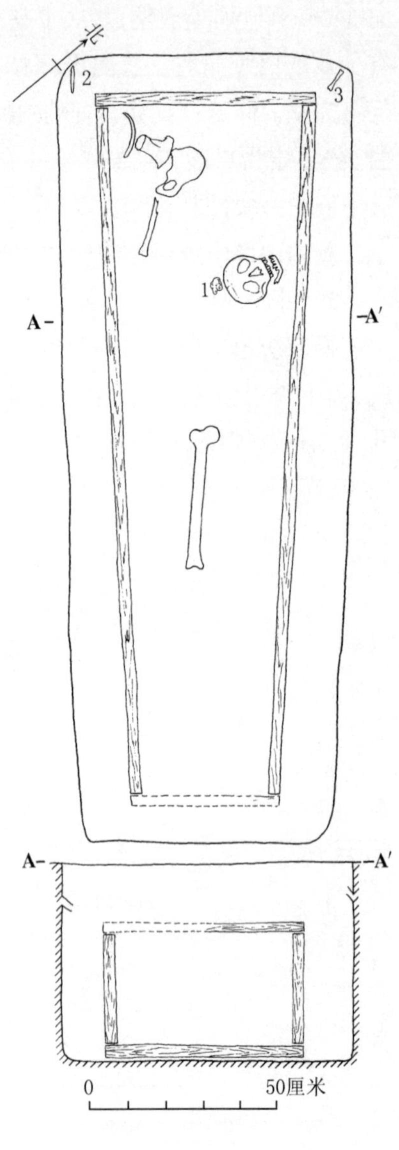

图一九　BWSM9平、剖面图

1.铁器　2.铁刀　3.羊骨

早期盗扰，形成一圆形锅底坑。填土内夹杂有较多的石块。墓穴内置木棺1具，除南端棺板不清外，其余保存较好。木棺平面呈长梯形，长1.9米，头部宽0.6米，尾部宽0.4米，中部高0.36米，棺板厚0.03米。木棺两端包接两侧，棺盖和棺底包接四壁，用铁钉钉合。棺内葬有尸骨1具，因盗扰，仅存头骨、盆骨和少量的肢骨，均移位于木棺中部以北。葬式不清。经鉴定为男性，年龄在20～25岁。墓内东北角殉葬有羊肢骨一块（图一九）。

墓内西北角随葬铁刀1件，棺内头骨西侧出土铁器1件。

2）　随葬品

墓内出土随葬品仅3件。均为铁器，有护角和棺钉。

护角　1件。BWSM9∶3，残损严重，形制不清。现存平面呈不规则椭圆形。表面锈蚀严重。残径4.7厘米×5.2厘米。厚0.3厘米（图一八，3）。

棺钉　2件。完整。钉身呈方形，由上至下渐细，端部扁平，尖部圆钝。表面锈蚀严重，上有朽木痕迹。BWSM9∶1，长9.3厘米（图一八，2）。BWSM9∶2，端部弧折。长9厘米（图一八，1）。

BWSM10　位于墓地发掘区东部。东北距BWSM7约11.7米，西南距BWSM9约12.9米。

1）　墓葬形制

土坑竖穴墓，早期盗扰。平面呈长梯形，南北长2.4米，北端宽0.9米，南端宽0.71米，深1.35米。方向325°。墓壁加工规整，墓底平整。墓口地表平铺一层自然石块，平面形状不规则，因早期盗扰，形成一不规则的弧形坑。墓内填土夹杂有大量的碎石块。墓穴内置木棺1具，保存较好。木棺平面呈长梯形，长2米，头部宽0.6米，尾部宽0.42米，中部高0.4米，棺板厚0.04米，木棺两端包接两侧，棺底亦包接四壁，用铁钉钉合。墓内葬有尸骨1具，因盗扰，仅存头骨、盆骨和耻骨，葬式不清。经鉴定为女性，年龄40～45岁。墓内东北角殉牲有羊肢骨一块（图二〇）。

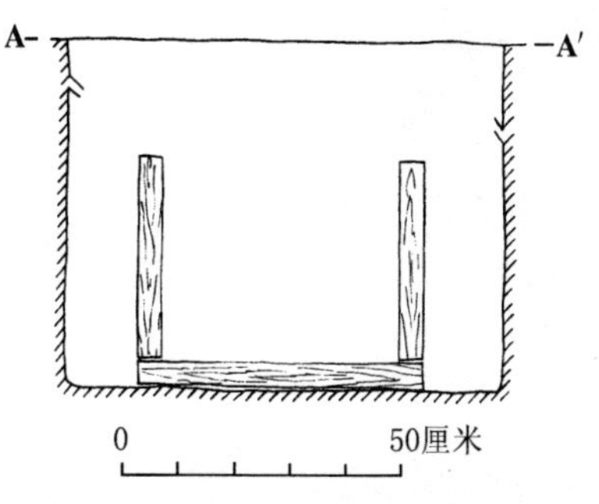

图二〇　BWSM10平、剖面图
1.铜镜　2.铅制纺轮　3.固姑冠　4.羊骨

墓葬随葬品均置于棺内，头骨东侧随葬桦树皮固姑冠1件，冠内用柳条编成框架，冠外用丝织品包裹；中部出有铜镜1面，脚部出有铅制圆形器1件。

2） 随葬品

墓内出土随葬品共6件。铁器略多，另有铜镜、固姑冠、铅纺轮、铜簪等。

铜镜 1件。BWSM10：1，完整。圆形，素面。镜面平整，半圆纽，窄缘。缘一侧錾刻有“□□官□□”验官铭文。直径12.7厘米，缘宽0.4厘米，缘厚0.25厘米（图二一，1；彩版贰陆零，2）。

固姑冠 1件。BWSM10：6，完整。冠体上半部呈长方形直筒，下半部作喇叭口外侈；下口两边长边平直，两短边做弧形，底部略弧内凹。固姑冠最里层用上半部3个等距的长方形竹圈和底部1个大竹圈，四角用四根纵向竹条和中部3根纵向竹条加固成形，底部亦用竹条加固。竹条之外用桦树皮包裹，桦树皮外（最大层）用绢类织品包裹缝合。从桦树包上残存的多处铜锈痕迹判断，固姑冠上应装饰有铜饰件。高31厘米，上口径11厘米×6厘米，下口径24.5厘米×12厘米（图二二；彩版贰陆贰，1）。

铅制纺轮 1件。BWSM10：2，完整。圆锥体，平底，中间有一0.3厘米的圆孔，孔内残存有朽木。表面剥落严重。底径2.3厘米，高1.7厘米（图二一，3；彩版贰陆贰，2）。

铜簪 1件。BWSM10：4，端部残。长条形，体扁平，簪身由上至下渐细，头部尖圆，残长10.2厘米（图二一，4；彩版贰陆壹，3）。

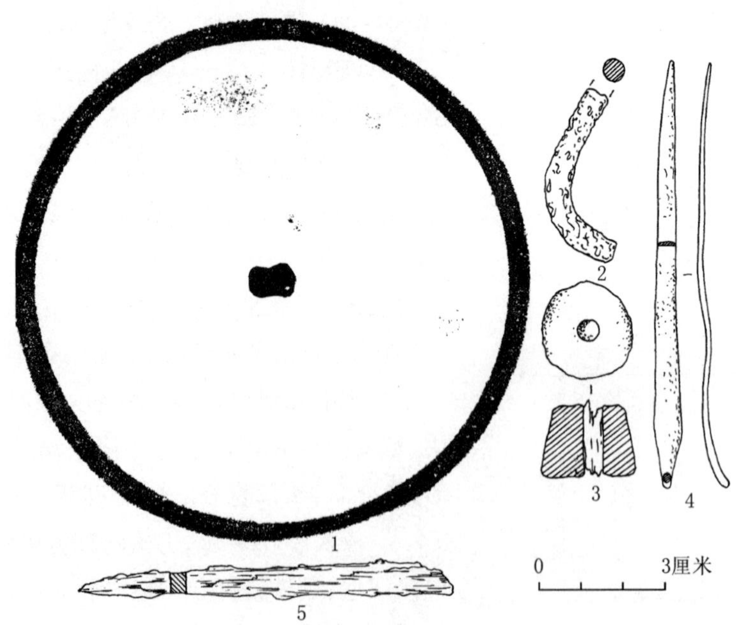

图二一　BWSM10出土铜镜拓片、铁、铅器

1.铜镜（BWSM10：1）　2.铁环（BWSM10：3）　3.铅制纺轮（BWSM10：2）　4.铜簪（BWSM10：4）　5.铁棺钉（BWSM10：5）

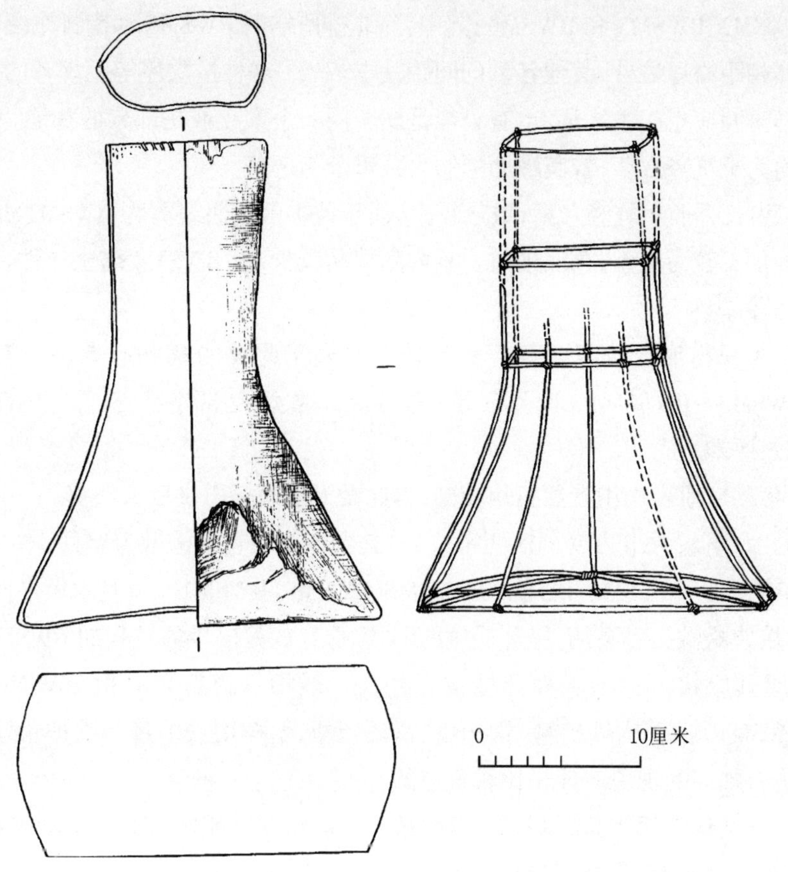

图二二　BWSM10出土固姑冠(BWSM10：6)

铁器　2件。均残。有环、棺钉。

环　1件。BWSM10：3,仅存小段,形制不清,横截面呈圆形。截面径0.5厘米(图二一,2)。

棺钉1件。BWSM10：5,端部残。钉身呈方形,由上至下渐细。表面锈蚀严重,上有朽木痕迹。残长9.1厘米,截面径0.4厘米×0.5厘米(图二一,5)。

三、结　语

1.文化特征

清理的10座墓葬均位于木松陶勒盖山之南面阳坡之上,因山势低矮,坡度平缓,墓葬排列也较为有序，可以明显的分为南北两排。从墓地西南端向东北方的北边一排为5座墓：BWSM5、BWSM8、BWSM9、BWSM10和BWSM7；南边一排为5座墓：BWSM4、

BWSM1、BWSM2、BWSM3 和 BWSM6。其中，除北排西端的 BWSM5 和南排东端的 BWSM6 与本排墓葬相距略远之外，其他各墓的间距基本相当。这种按次序等距埋葬的形式，表明了其埋葬的时间应当相去不远，也有可能是属于同一个家族或是部族的墓地。

墓葬均为土坑竖穴墓，依其平面形制大致可分为两型。

A 型　为长方形土坑竖穴墓，数量较少。属于此类的 2 座墓葬为 BWSM1、BWSM4。这类墓葬一般加工较为规整，墓底平整。墓内随葬品较少，仅 BWSM4 出土 3 件，而 BWSM1 则无任何随葬品。

B 型　为长梯形土坑竖穴墓，数量较多。属于此类的墓葬有 8 座，有 BWSM2、BWSM3、BWSM5～BWSM10。此类墓葬一般为头部略宽，尾部略窄，头部与尾部的宽度差距在 10～25 厘米之间。

此外，各墓口地表均用自然石块铺砌，以此做为地表标志供后人祭奠。

清理的 10 座墓中，除 BWSM8 无葬具外，其余各墓均有木棺做为葬具。木棺形制保存较好的有 BWSM1～BWSM3、BWSM5、BWSM6、BWSM9、BWSM10。7 具木棺平面均为长梯形。这类木棺皆略做头部高阔，尾部低矮的形式。保存较好的榫卯结构的 BWSM2 木棺，可以完整复原其原状。棺木除榫卯结构之外，一般用铁钉钉合。由 BWSM6、BWSM7、BWSM9、BWSM10 出土的铁棺箍、铁护角、铁环判断，木棺用铁棺箍和铁护角等在棺身外部和四角进行加固的现象应该是比较普遍的。

三面井墓地均为尸体葬，基本一墓一棺一尸。从保存相对较好的 BWSM2、BWSM4、BWSM8 三具尸骨来看，流行仰身直肢葬。

墓地内殉牲习俗相对比较流行，有殉牲的墓葬占清理墓葬总数的 1/2。殉牲均为羊肢骨，所殉羊肢骨都置放在墓的东北角。

从 BWSM4、BWSM5 两座墓内出土桦树皮器具，而 BWSM10 女性墓中出土的固姑冠分析，这类墓葬的墓主人日常使用桦树皮器具较多。

这类墓葬出土随葬品较少，除铁棺箍、铁护角和铁棺钉外，主要以铜镜、铁剪、铁辖和少量的铜、骨、铅饰件、纺轮等随葬，不见元代墓地中常见的陶、瓷器皿和金饰件。

2.年代与族属

三面井墓地虽然出土随葬品较少，但从墓葬结构、葬俗和随葬品分析，仍具有较强的时代特征。

墓地内各墓葬形制，特别是在墓口用自然石块垒砌地表标志的方法，在元上都一棵树墓地[1]、伊松敖包墓地[2]均有此类葬俗。墓葬形制也与上述墓地有许多共同之处。

墓内葬具木棺形制及在木棺外侧用铁棺箍、铁护角加固的方法，在砧子山墓地、一棵树墓地、卧牛石墓地等元上都附近和锡林郭勒草原地区元代墓地均有同类习俗。墓地内

BWSM4、BWSM5 尸骨头部下方垫桦树皮器具，BWSM10 尸骨头部随葬桦树皮固姑冠的习俗，在元代净州路附近的墓地[3]和砧子山西区等墓地均有发现，应是金、元时期蒙古族常见的葬俗之一。

出土随葬品中，BWSM5 出土的铜镜在镜缘处錾刻有验官铭文是金代铜镜的特征之一。BWSM3 出土铜镜内的缠枝牡丹图案，在包头市燕家梁出土的元代青花瓷器[4]和羊群庙二号祭祀遗址石雕人像的服饰中[5]，均有与其相同的缠枝花草图案，应是元代较为典型的图案。此外，铁辖、铁剪、铁马镫在内蒙古北部草原地区是元代墓葬中的常见之物。

综上分析，三面井墓地的年代大致应相当于元代早期阶段。

三面井墓地虽然仅清理了 10 座墓葬，所出随葬品相对较少。但仍表现出其较为浓厚的民族特征。

首先，在这次清理的 BWSM10 头骨东侧随葬桦树皮固姑冠，BWSM3、BWSM4 垫于头部的桦树皮器具，是蒙元时期蒙古族极富特征的服饰和器具之一。关于固姑冠，在当时的中外文献记载中多有提及。《长春真人西游记》："妇人冠以桦树皮，高二尺许，往往以皂褐笼之，富者以红绡，其末如鹅鸭，名曰姑姑"，元代诗人杨允孚在《滦京杂咏》诗中有"香车七宝固姑袍"。13～14 世纪的西方旅行家约翰·普兰诺·加宾尼在《蒙古史》中有关固姑冠的记叙更为具体："（已婚的蒙古族妇女）的头上，有一个以树枝或桦树皮制成的圆形头饰。这种头饰有一厄尔高，其顶端呈方形；从底部至顶端，其周围逐渐加粗，在其顶端，有一根用金、银、木或甚至一根羽毛制成的长而细的棍棒。这种头饰缝在一顶帽子上，这顶帽子下垂至肩。这种帽子和头饰覆以粗麻布、天鹅绒或织锦。"从上述中外史籍记载不难看出固姑冠应是元代妇女所特有的冠饰。

其次，墓地内殉牲较为普遍，占发掘墓葬总数的 1/2，并有铁马镫随葬以及在棺外加设铁棺箍。殉牲和以马具随葬的习俗是历代北方少数民族极具特色的丧葬习俗，而在棺外加设铁棺箍的葬俗，在内蒙古地区发现的蒙元时期的蒙古族墓葬中则极为独特。

由此可以判断，三面井墓地应为元代早期蒙古人之墓地。

三面井墓地，是在元上都及附近地区发现的为数不多的较为集中的蒙古人墓地。它不论在丧葬习俗还是在随葬品方面都与已经发表的砧子山墓地存在一定的差异。主要表现在以下三个方面：

第一、墓葬地表均用自然石块垒砌标志。

第二、墓地内各墓的殉牲较为发达，砧子山墓地则不见殉牲。

第三、墓地内各墓出土随葬品以铁器为主，铜器等次之，在砧子山汉人墓葬中出土的香炉、小口瓶等瓷器或釉陶器，这里则基本不见，表现出与该墓地较大的差异。

附记：本次发掘由魏坚主持。参加发掘工作的有杨春文、刘洪元、苏宁、李树国、刘雪峰、王刚、陈启清等同志。发掘工作得到锡林郭勒盟文化局、正镶白旗人民政府和文化局的大力支持。在此谨表谢意。

执笔：魏　坚　李兴盛

绘图　拓片：杨春文　郝晓菲

摄影：孔　群

注　释

[1] 参见本书：《正蓝旗一棵树墓地》。

[2] 参见本书：《正镶白旗伊松敖包墓地》。

[3] 内蒙古文物考古研究所、乌兰察布博物馆、四子王旗文物管理所：《四子王旗城卜子古城及墓葬》，《内蒙古文物考古文集》第二辑，中国大百科全书出版社，1997 年。

[4] 刘幻真：《包头燕家梁出土元代瓷器调查记》，《内蒙古文物考古》创刊号，1981 年。

[5] 内蒙古文物考古研究所、正蓝旗文物管理所：《正蓝旗羊群庙元代祭祀遗址及墓葬》，《内蒙古文物考古文集》第一辑，中国大百科全书出版社，1994 年。

附表　正镶白旗三面井墓地墓葬登记表

墓号	形状	尺寸 长×宽－深	人数	头向	葬式	葬具	性别	年龄	殉牲	随葬品	备注
BWSM1	长方形土坑竖穴墓	2.2×0.8－0.6	1	354°		木棺	男	45±			地表用自然石块铺砌，早期盗扰。
BWSM2	长梯形土坑竖穴墓	长2.05 宽0.87～0.76 深1.03	1	352°	侧身直肢	木棺	女	25～30	羊肢骨	铜镜1、铁剪1、铁刀1	地表用自然石块铺砌，早期盗扰。
BWSM3	长梯形土坑竖穴墓	长2.1 宽0.85～0.6 深0.7	1	355°		木棺	女	成年		铜镜1	地表用自然石块铺砌，早期盗扰。
BWSM4	长方形土坑竖穴墓	2×0.7－0.5	1	340°	仰身直肢	木棺	男	25～30		铁剪1、棺钉1、桦树皮囊1	地表用自然石块铺砌，早期盗扰。
BWSM5	长梯形土坑竖穴墓	长2 宽0.7～0.6 深0.5	1	325°		木棺	女	22±		铜镜1、铁辖1、铁熨斗1、铜指环1、桦树皮囊1、竹条1	地表用自然石块铺砌，早期盗扰。
BWSM6	长梯形土坑竖穴墓	长2.1 宽1～0.8 深1.03	1	325°		木棺	男	20±		铁马镫2、铁刀1、铁棺箍1、铁护角1、铁棺钉2、骨饰件1	地表用自然石块铺砌，早期盗扰。
BWSM7	长梯形土坑竖穴墓	长2.1 宽0.8～0.7 深1	1	335°		木棺	男	25～30	羊肢骨	铁剪1、铁环1、铁护角1、铁棺钉2	地表用自然石块铺砌，早期盗扰。
BWSM8	长梯形土坑竖穴墓	长2 宽0.8～0.6 深0.6	1	340°	仰身直肢		男	45±	羊肢骨	铅制纺轮1、铜饰件1	地表用自然石块铺砌，早期盗扰。
BWSM9	长梯形土坑竖穴墓	长2.1 宽0.8～0.6 深1	1	305°		木棺	男	20～25	羊肢骨	铁护角1、铁棺钉2	地表用自然石块铺砌，早期盗扰。
BWSM10	长梯形土坑竖穴墓	长2.4 宽0.9～0.71 深1.35	1	325°		木棺	女	40～45	羊肢骨	铜镜1、固姑冠1、铅制纺轮1、铜簪1、铁环1、铁棺钉1	地表用自然石块铺砌，早期盗扰。

玖　正镶白旗伊松敖包墓地

伊松敖包墓地，位于锡林郭勒盟正镶白旗乌宁巴图苏木伊松敖包的西南坡，西北距英图嘎查约3千米，东南距旗政府所在地查干淖日镇约11千米（图一），东距元上都遗址约105千米。

墓地位于一列西北—东南走向的浅山丘陵之西南坡上，西、南两面地势平坦。墓地内略作东高西低，地势不甚平整。墓地东南侧约500米处有一南北向冲沟，深约3米，可见地表覆盖有厚约1.5米的黑灰色砂土。

墓地内据地表观察，有近30座墓葬，因大部被盗掘，地表盗坑遍布。2000年6～7月，内蒙古文物考古研究所、锡林郭勒盟文物站和正镶白旗文物所组成的联合考古队，在对元上都周围地区元代遗存进行调查时，发现了该处墓地，并对其中近期没有被盗的9座墓葬（附表）进行了紧急抢救清理（墓葬编号BWYM1～BWYM9）。现将发掘情况报告如下。

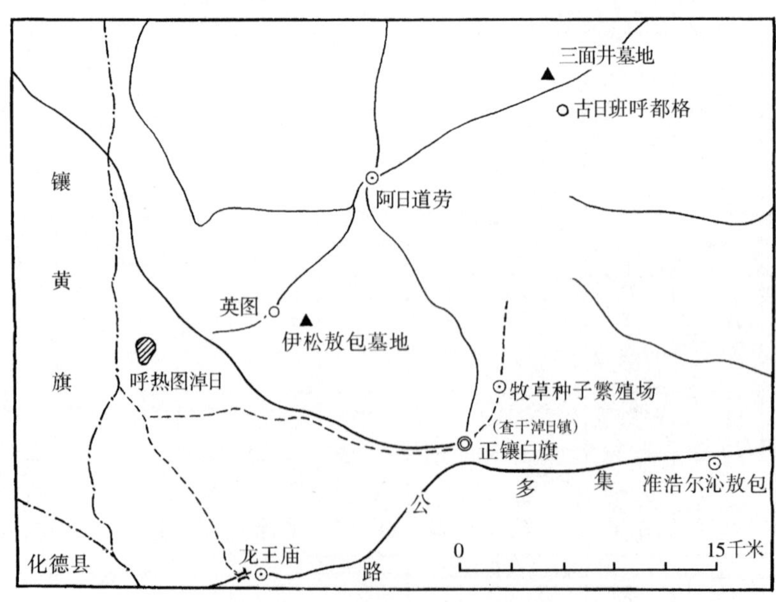

图一　伊松敖包墓地位置示意图

一、墓地概况

伊松敖包墓地依据其分布,大致可以分为较为集中的西、中、东三片。西片略偏南,清理墓葬3座(编号BWYM1～BWYM3);中片位于西片之东约35米偏北处,因盗扰十分严重,此片墓地北侧和西侧的墓葬基本已被盗掘一空,地表可以确认的近期又被盗掘的墓葬有16座,仅在南侧清理墓葬2座(编号BWYM4、BWYM5);东片在中片东北方向约70米处,清理墓葬4座(编号BWYM6～BWYM9)。该墓地墓向多为东北向,共6座,墓向多为0°～10°之间。此外,BWYM6、BWYM7、BWYM9三座墓葬为圆形或椭圆形墓。从墓地的墓葬分布来看,墓与墓间距不等,每片墓地各墓间距一般约4～8米,最远的相距11米,最近的相距1.8米(图二)。

墓地内有墓茔6座，均为单墓茔。其中，有长方形墓茔3处(BWYMY1、BWYMY2、BWYMY5),圆形墓茔2处(BWYMY3、BWYMY4),椭圆形墓茔1处(BWYMY6)。茔墙墙体皆用自然石块垒砌,未见坐浆痕迹。长方形墓茔墙体垒砌较为规整,圆形或椭圆形墓茔内边整齐,外边略不规整。墓茔规模较小,边长或直径均在8米以内,墓穴平面形状与墓茔形状基本一致。

清理的9座墓均为土坑竖穴式,平面形状则较为多样。其中长方形墓共3座,圆形或椭圆形墓3座,长梯形墓2座,正方形墓1座。

9座墓均为早期被盗,墓中没有发现葬具。有骨灰墓3座,尸骨墓2座,其他4座墓葬因早期盗扰十分严重,情况不详。2座尸骨墓(BWYM4、BWYM5)尸骨保存不完整,均为仰身直肢。墓内有殉牲的墓5座(BWYM3～BWYM6、BWYM8),均为羊肢骨和羊肩胛骨,分别出土于墓底或填土中。

可供鉴定的2例尸骨均为成年女性,BWYM4年龄25岁左右,BWYM5年龄45～50岁。

墓地内所清理的9座墓因被盗严重,发现的随葬品极少,仅在填土内出有少量的铁器和桦树皮残片。

二、墓茔与墓葬形制

清理发掘的9座墓葬,有6座带有墓茔。为了叙述方便,以下按墓茔顺序及各墓茔内所含各墓的序号依次叙述。

1.一号墓茔(BWYMY1)

位于墓地西南端,东距BWYMY2约1.8米。

墓茔平面呈长方形,东西长6.5米,南北长6米,方向10°。茔墙墙体用自然石块垒砌,

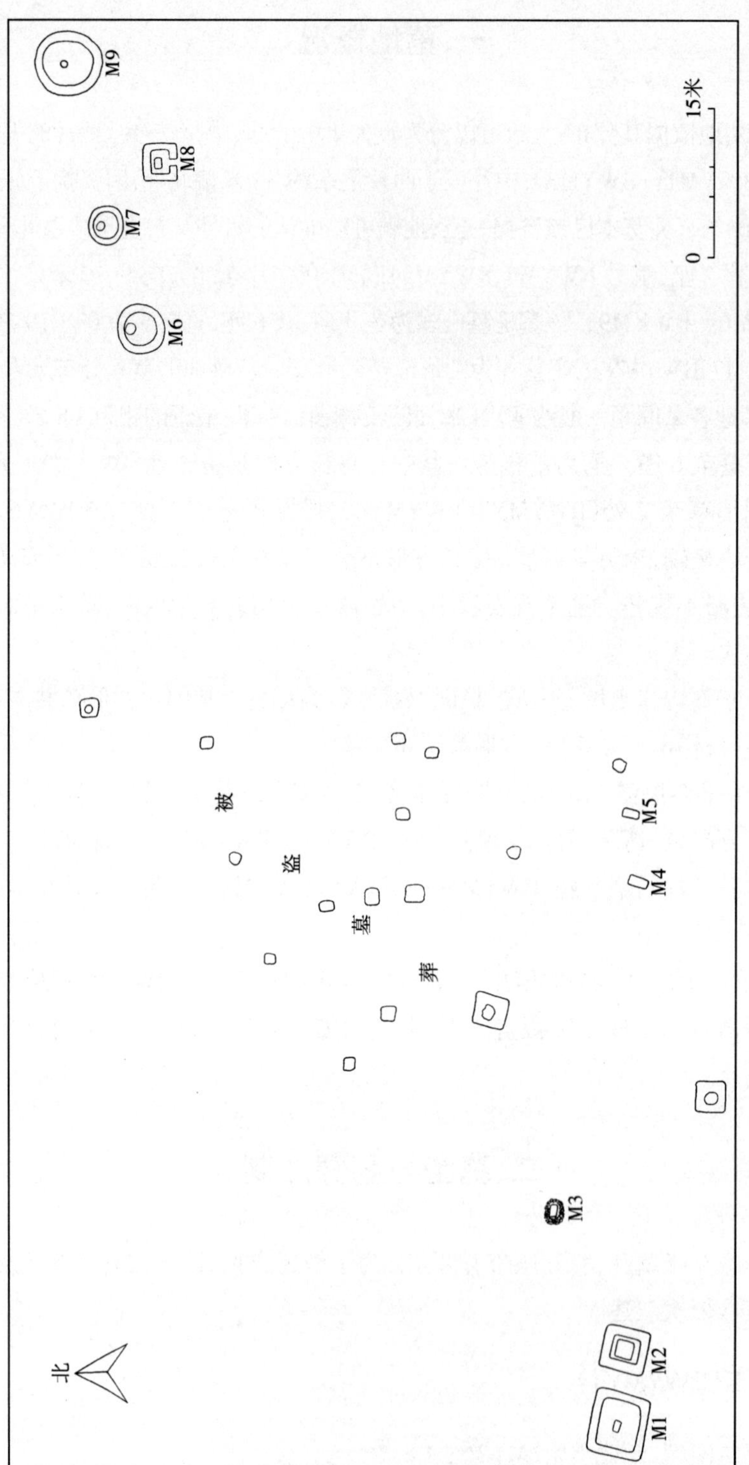

图二 正镶白旗伊松敖包墓地墓葬分布示意图

图三　BWYMY1 平、剖面图

保存较好，其间未坐泥浆。茔墙深入地表以下 0.2 米，宽 0.8 米，现存高度 0.25 米。没有发现门道痕迹。墓茔内仅发现 BWYM1 一座墓葬(图三)。

BWYM1　位于 BWYMY1 中部略偏南。

1)　墓葬形制

土坑竖穴墓，早期盗扰。平面呈长方形，东西长 0.8 米，南北宽 0.5 米，深 0.2 米。方向 10°。墓壁加工规整，墓底平整。墓口地表外侧用石块平铺一层，其平面呈正方形，边长 1.5 米。墓内填土呈黑灰色，较为松软。墓内无葬具，仅在墓底保存有少量的骨灰(图四)。

2)　随葬品

墓内未见随葬品。

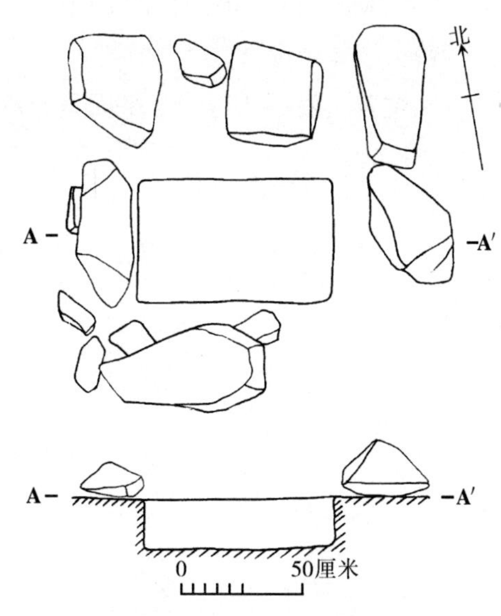

图四　BWYM1 平、剖面图

2.二号墓茔(BWYMY2)

位于墓地西南端，西邻 BWYMY1 约 1.8 米，东北距 BWYM3 约 11 米。

墓茔平面呈长方形,南北长 5 米,东西宽 4.5 米,方向 5°。茔墙墙体用较小的自然石块垒砌,保存完整,其间未坐泥浆。茔墙宽度不一,东、北两墙宽 1 米,南墙宽 0.8 米,西墙宽 0.75 米,墙体深入地表以下 0.25 米,现存高度 0.35 米。没有发现门道痕迹。墓茔内仅发现 BWYM2 一座墓葬(图五)。

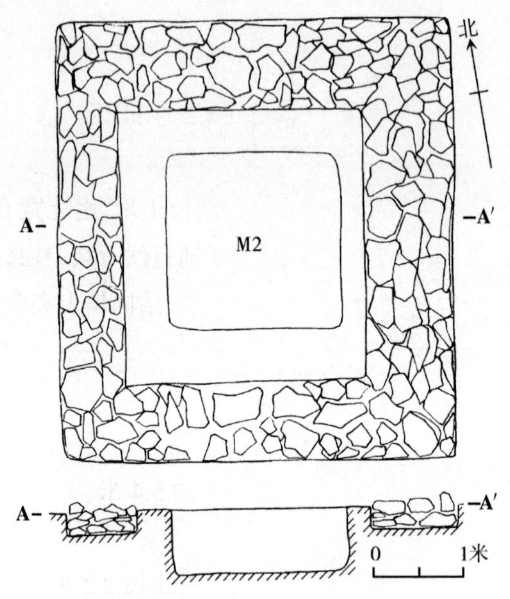

图五　BWYMY2 平、剖面图

BWYM2　位于 BWYMY2 的中部。

1)　墓葬结构

土坑竖穴墓,早期盗扰。平面呈圆角正方形,边长 2 米,深 0.75～0.78 米。方向 5°。墓

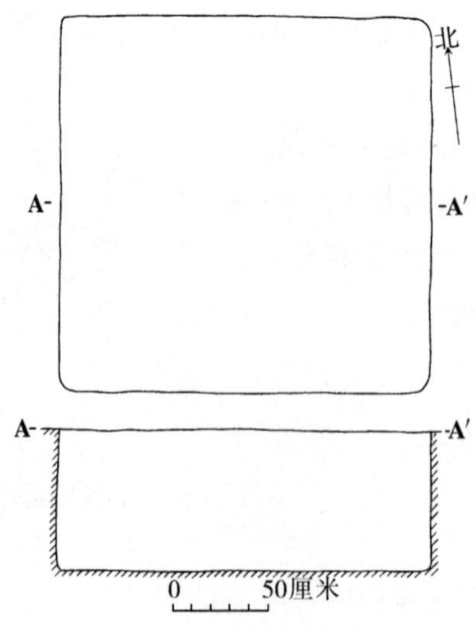

图六　BWYM2 平、剖面图

壁加工规整，墓底略不平整，填土内夹杂有少量的灰色素面长方砖块，砖的尺寸为29.5×13厘米—6厘米。墓葬上方中央有塌陷的盗洞，墓内无葬具，也没有发现骨灰和尸骨（图六）。

2）　随葬品

墓内没有发现随葬品。

3.无墓茔墓

BWYM3　位于墓地西南部，西南距BWYMY2约11米。

1）　墓葬形制

土坑竖穴墓，早期盗扰。平面呈长方形，东西长1米，南北宽0.6米，深0.3米。方向10°。墓壁加工较为规整，墓底平整。墓室地表平铺自然石块一层，平面形状呈椭圆形，东西直径3米，南北直径2.3米，积石厚0.15～0.25米。墓内填土夹杂有少量石块，没有发现人骨或骨灰。墓内殉有少量的羊骨（图七）。

2）　随葬品

墓内不见随葬品。

BWYM4　位于墓地中部偏南，东距BWYM5约5.4米。

1）　墓葬形制

土坑竖穴墓，早期盗扰。平面呈圆角长梯形，南北长2.2米，北端宽0.9米，南端宽0.8米，深0.55米。方向10°。墓壁加工较为规整，墓底平整。墓口地表平铺一层自然石块，平

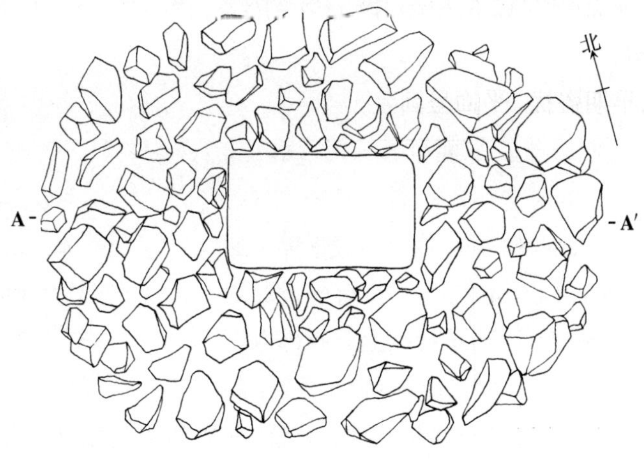

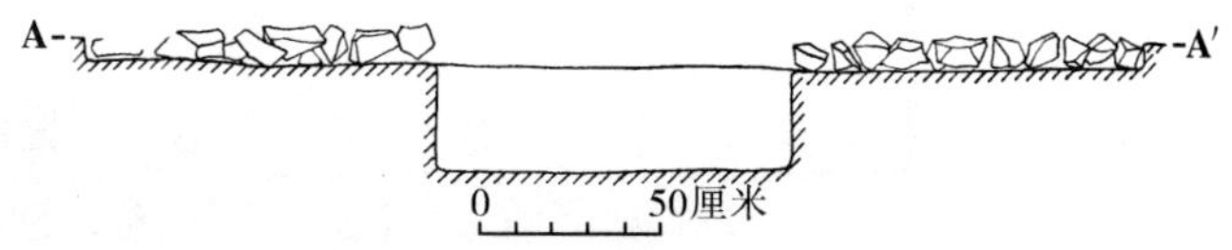

图七　BWYM3平、剖面图

面形状略呈圆形。填土较为坚硬,夹杂有少量的碎石块。墓内靠近西壁葬有尸骨1具,头骨以下至胫腓骨以上部分严重盗扰。仰身直肢葬,面向东。为女性,年龄25岁左右。墓内东北角殉葬有少量的羊肢骨和肩胛骨(图八)。

2) 随葬品

墓内出土随葬品1件,为木柄铁刀,另出有棺钉3件。

木柄铁刀　1件。BWYM4∶1,仅存木柄。经火烧过,刀柄嵌入木柄。柄部截面呈长方形。残长14.5厘米,柄截面径2.4×1.5厘米(图九,1)。

棺钉　3件。钉身由上至下渐细,表面锈蚀严重。BWYM4∶2,端部残缺,横截面呈椭圆形,钉身略有弧度,残长6.5厘米,截面径0.5×0.6厘米(图九,5)。BWYM4∶3,端、尖部残缺,钉身弯曲。残长9.8厘米(图九,2)。BWYM4∶4,端部残缺,钉身弧形弯曲,头部圆钝,横截面呈方形,残长7.2厘米,截面径0.5×0.7厘米(图九,4)。

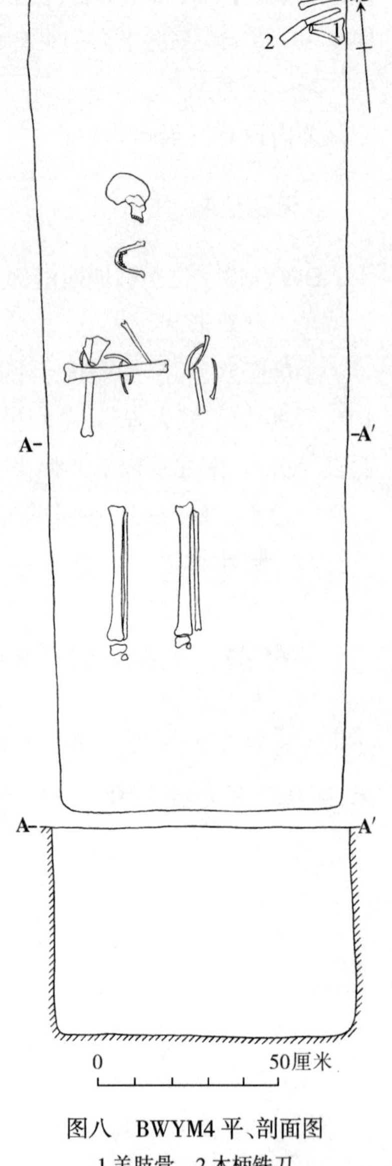

图八　BWYM4平、剖面图
1.羊肢骨　2.木柄铁刀

BWYM5　位于墓地中南部,西距BWYM4约5.4米。

1) 墓葬形制

土坑竖穴墓,早期盗扰。平面呈长梯形,南北长2.0米,北端宽0.7米,南端宽0.5米,深0.8米。方向5°。墓壁加工略不规整,墓底平整。墓口地表平铺一层自然石块,形状略呈椭圆形。填土内夹杂有少量石块和尸骨。墓内葬有尸骨1具,胫腓骨以上至腹部以下严重盗扰。仰身直肢葬,面向东。墓主为女性,年龄45～50岁。墓内出有桦树皮器和铁器残片,墓底东北角和近西北角分别殉葬有羊肩胛骨和羊肢骨1块(图一〇)。

2) 随葬品

铁器　1件。BWYM5∶1,残。直口、圆唇、上腹作弧形内收,下腹残缺。因仅存少量口部残片,器形及用途不明,表面锈蚀严重。口径37厘米,残高3.4厘米(图九,3)。

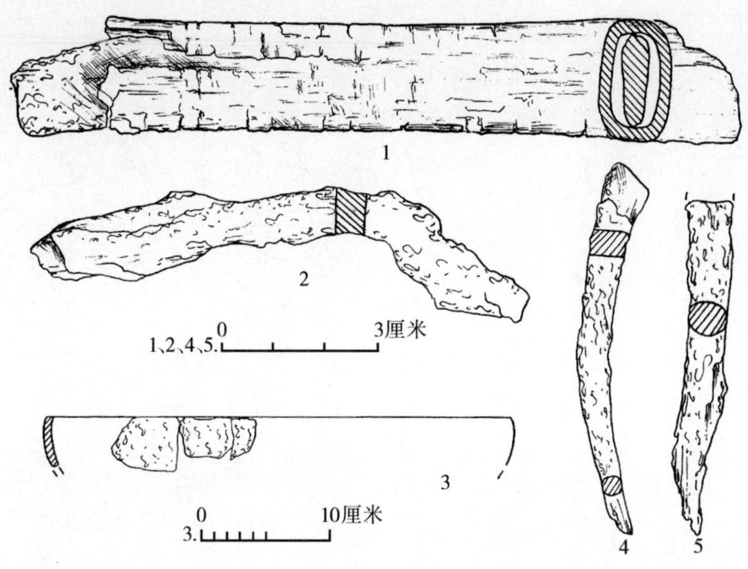

图九　BWYM4、M5 出土铁器

1、木柄铁刀(BWYM4:1)　2、4、5、棺钉(BWYM4:3、4、2)　3、铁器(BWYM5:1)

4.三号墓茔(BWYMY3)

位于墓地东北部西侧,东北距 BWYMY4 约 6 米。

墓茔平面呈圆形,茔墙墙体用较碎的自然石块垒砌,分为内外两层石框,中间石块较少,或许被人为取石挖走。茔墙外径约 5 米,内径约 3 米。墙体宽约 1.05 米,深入地表以下约 0.15 米,现存高度 0.2 米。没有发现门道痕迹。墓茔内仅发现 BWYM6 一座墓葬(图一一)。

BWYM6　位于 BWYMY3 北部。

1)　墓葬形制

土坑竖穴墓,早期盗扰。平面呈圆形,直径 1 米。深 0.5 米。墓壁加工规整,墓底平整,墓内填土较为坚硬。墓内未见葬具,墓底葬有骨灰,殉牲有羊骨(图一二)。

2)　随葬品

墓内无任何随葬品。

5.四号墓茔(BWYMY4)

位于墓地的东北部。东南距 BWYMY5 约 3 米,西南距 BWYMY3 约 6 米。

墓茔平面呈圆形,直径 4 米。茔墙墙体在地表开槽,用自然石块垒砌,保存完整,较为整齐,其间未坐泥浆。茔墙槽深 0.4 米,宽 0.75 米,现存高度 0.25～0.52 米。没有发现门道

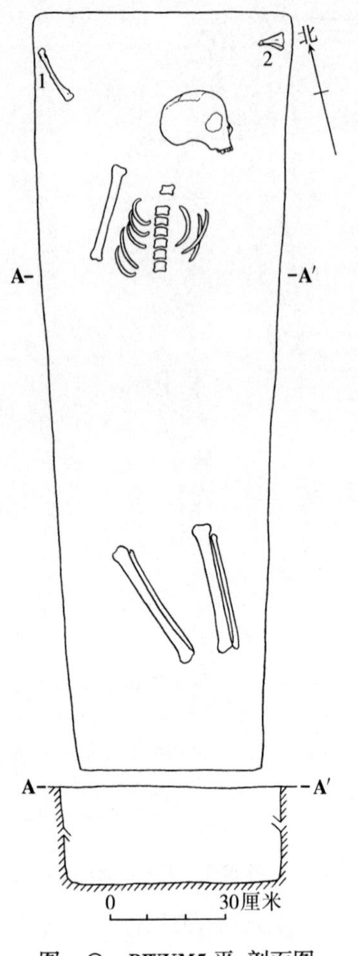

图一〇　BWYM5 平、剖面图

1、2、羊骨

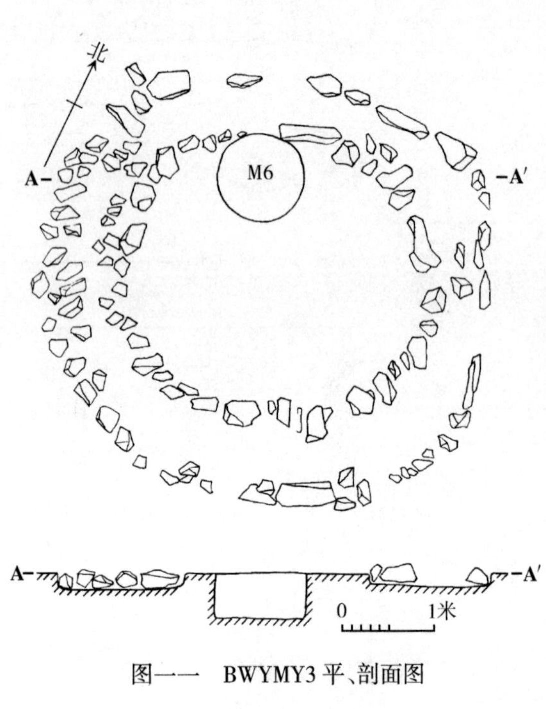

图一一　BWYMY3 平、剖面图

痕迹，茔墙内东南侧有较大的石头一块。墓茔内仅发现 BWYM7 一座墓葬（图一三）。

BWYM7　位于 BWYMY4 北部。

1）　墓葬形制

土坑竖穴墓，早期盗扰。平面呈椭圆形，东西长径 0.8 米，南北短径 0.7 米。深 0.5 米。方向 0°。墓壁加工规整，墓底平整，填土内夹杂有少量的石块。盗扰严重，没有发现葬具和骨灰（图一四）。

2）　随葬品

墓内没有随葬品。

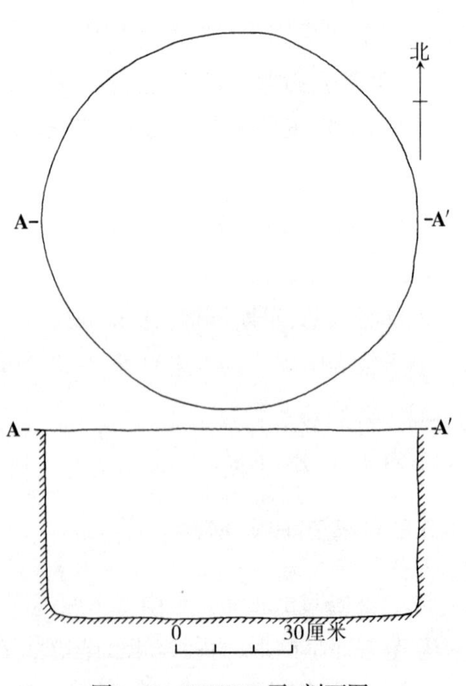

图一二　BWYM6 平、剖面图

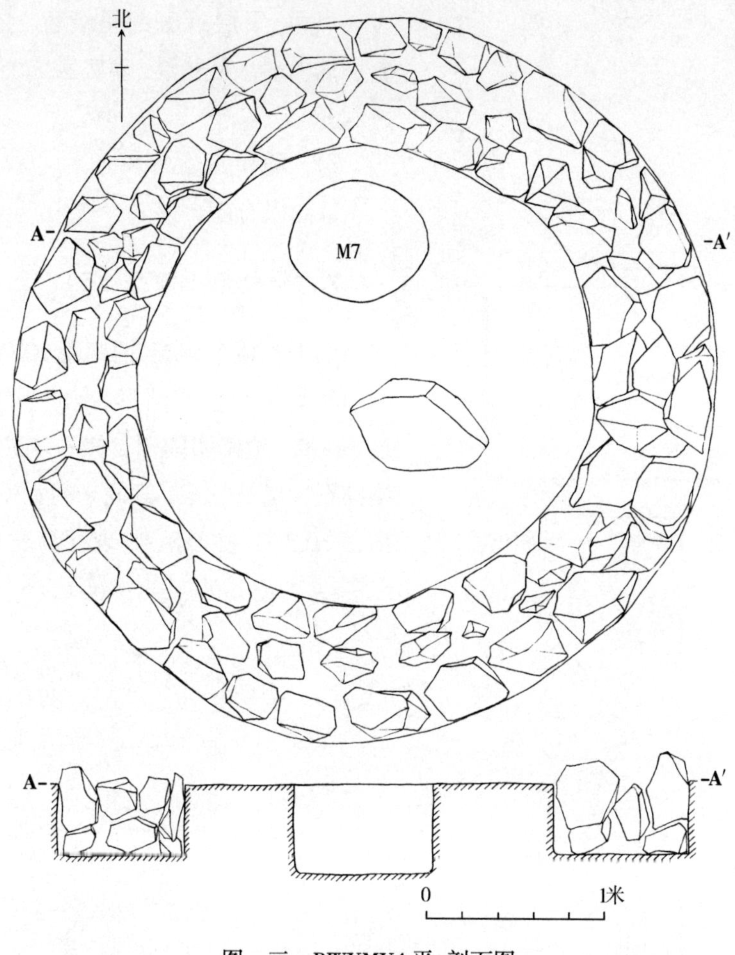

图一三　BWYMY4 平、剖面图

6.五号墓茔(BWYMY5)

位于墓地东北部。东北距 BWYMY6 约 8.3 米,西北距 BWYMY4 约 3 米。

墓茔平面呈长方形,南北长 3.72 米,东西宽 3.82 米。方向 0°。茔墙墙体用自然石块垒砌,保存完整,较为整齐,其间未坐泥浆。茔墙在地表开槽,宽 0.8 米,现存高度 0.4 米。门道位于南墙正中,宽 0.5 米,门道内用自然石块封堵。墓茔内仅发现 BWYM8 一座墓葬(图一五)。

BWYM8　位于 BWYMY5 西北部。

1)　墓葬形制

土坑竖穴墓,早期盗扰。平面呈不规则长方形,东西长 0.98 米,南北宽 0.8 米。深 0.5 米。方向 0°。墓壁加工略不规整,墓底平整,填土依土色大致可分为两部分,上层

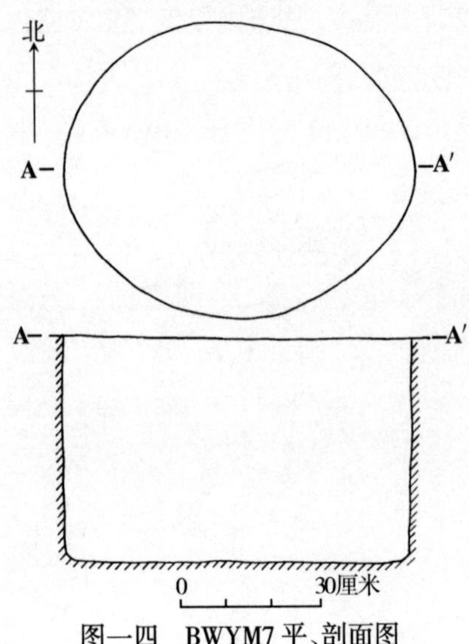

图一四　BWYM7 平、剖面图

为灰黑色，下层近底部呈黄色。在填土中夹杂有少量的羊骨。无葬具，墓底散布有少量的骨灰（图一六）。

2）　随葬品

墓内没有随葬品。

7.六号墓茔（BWYMY6）

位于墓地东北端，西南距 BWYMY5 约 8.3 米。

墓茔平面呈椭圆形，南北长径 7.6 米，东西短径 6.6 米。茔墙墙体用自然石块垒砌，较为规整，墙体砌石少量被挖走。其间未坐泥浆。茔墙在地表开槽，深 0.3 米，宽 0.8 米，现存高度 0.35 米。没有发

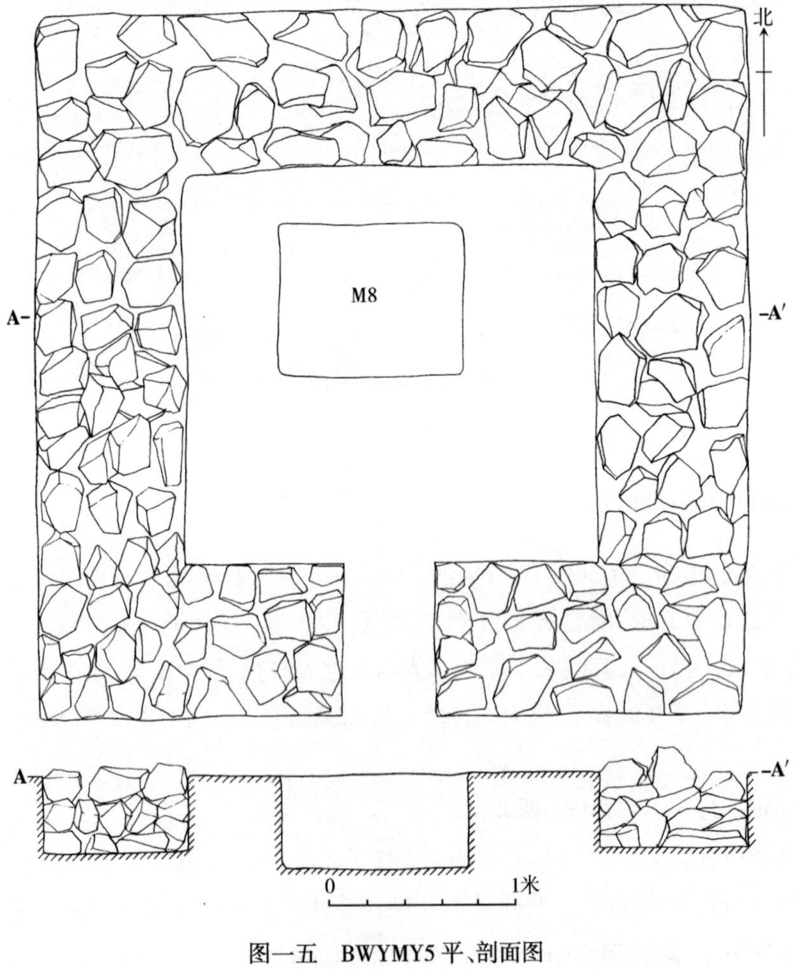

图一五　BWYMY5 平、剖面图

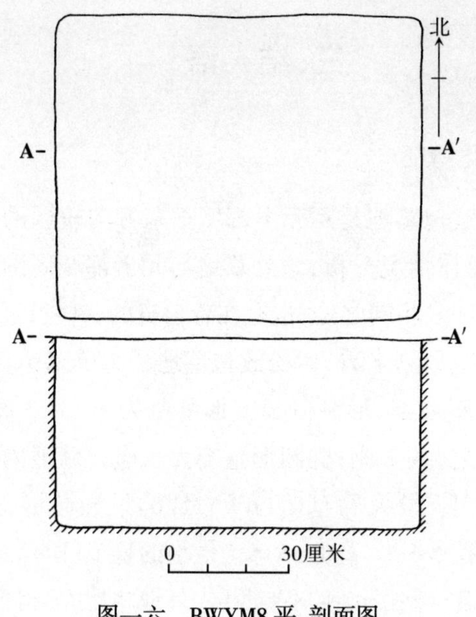

图一六　BWYM8 平、剖面图

现门道痕迹。墓茔内仅发现 BWYM9 一座墓葬(图一七)。

BWYM9　位于 BWYMY6 中部。

1）　墓葬形制

土坑竖穴墓,早期盗扰。平面呈椭圆形,南北长边 0.6 米,东西短边 0.4 米。深 0.35 米。墓壁较为规整,墓底平整,填土较为松软,呈黑灰色。严重盗扰,没有发现葬具和骨灰(图一八)。

2）　随葬品

墓内未见随葬品。

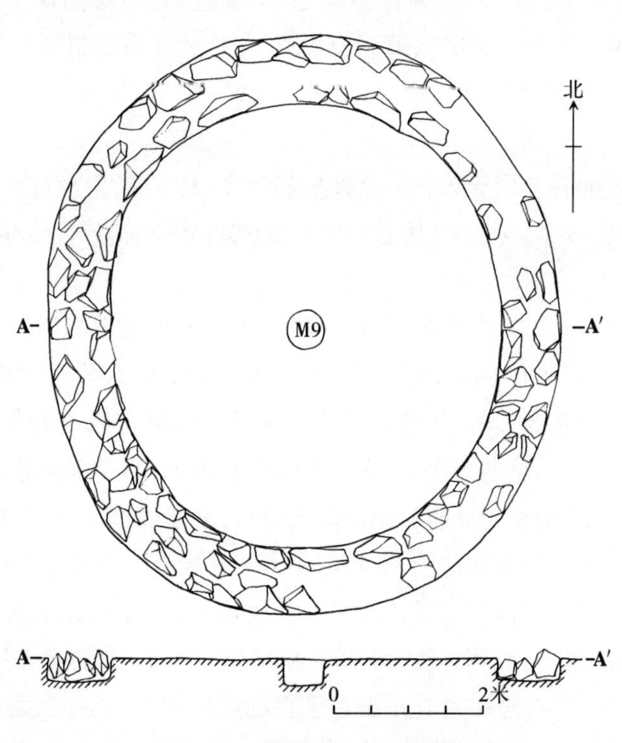

图一七　BWYMY6 平、剖面图

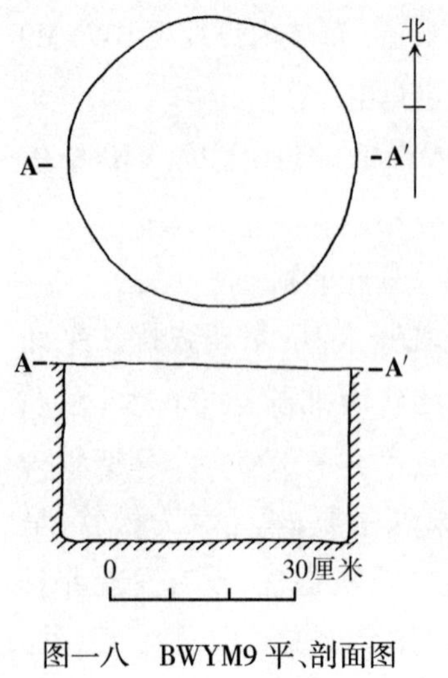

图一八 BWYM9 平、剖面图

三、结 语

1.文化特征

伊松敖包墓地是距元上都城正东方向较远的一处墓地,从总体情况分析,该处墓地与元上都城周围诸墓地既具有许多相同之处,也存在着自身的一些特征。

从墓茔形制来看,伊松敖包墓地均为单墓茔,经过清理的 6 座墓茔,形制以长方形墓茔为主,共 3 座;圆形墓茔次之,共 2 座;椭圆形墓茔为 1 座。墓地内墓茔的规格较小,最大的墓茔(BWYMY6)呈椭圆形,长径 7.6 米,短径 6.6 米,高 0.35 米。最小的墓茔(BWYMY5)长 3.72 米,宽 3.82 米,高 0.4 米。墓茔的砌筑与砧子山南区[1]、西区[2]墓地相比,显得简单、粗糙。仅在墓穴之地表垒砌 1 层或 2 层自然石块,内边规整,外边多不整齐。各墓茔除 BWYMY5 在南墙正中留有门道,并在内侧用自然石块封堵,其余皆无门道。

从墓葬形制看,该墓地内清理的 9 座墓均为土坑竖穴墓。平面形状以长方形和圆形或椭圆形墓为主,共 6 座;其次为长梯形墓,有 2 座;正方形墓仅 1 座。无墓茔的 3 座墓葬为长梯形和长方形土坑竖穴墓;有墓茔的 6 座墓葬形制基本与地表墓茔形状相同。墓壁加工多略不规整,墓穴较浅,最深的 BWYM2 为 0.78 米,最浅的 BWYM1 仅 0.2 米。

从葬俗看,清理的各墓均无葬具。以骨灰墓较多,共 3 座,但也仅在墓底或填土中发现少量骨灰。尸骨葬较少,共 2 座,从 BWYM4 和 BWYM5 出土尸骨残存部分判断为仰身直肢葬。

此外,其他 4 座墓葬经多次盗扰,没有发现尸骨及骨灰,情况不明。

墓地内有殉牲的墓葬有五座,均为羊肢骨和羊肩胛骨等,多出土于墓底。BWYM4 和 BWYM5 殉牲没有经过盗扰,均置于墓内东北角或西北角,应是该类墓葬殉牲的特征。

清理的 9 座墓葬均因早期盗扰,几乎没有随葬品出土,亦或有少量的随葬品,也因多次盗掘而位置不详。从清理的 9 座墓葬特征来分析,墓茔规模较小,墓葬形制简单,墓内没有葬具,可知墓主人的社会地位较低,经济实力相对较差。骨灰葬相对较多,可能表明了对佛教的信仰。此外,墓内没有日常使用的器物随葬,究其原因,很可能是死者因为经济地位和宗教信仰的缘故,入葬时就没有随葬品殉葬。因为早期盗墓者应该是只注意金、银器,而实用的陶器、瓷器等在当时并没有重要的经济价值,不应在盗墓者猎取的范围之内。

2.年代及相关问题

清理的9座墓葬，虽然仅出有少量的随葬品，但从墓茔和墓葬结构仍可大致分析出其年代。

该处墓地的墓茔结构，是元上都附近居民墓地常见的形式，如元上都遗址周围的砧子山墓地[3]、一棵树墓地[4]、卧牛石墓地[5]均有墓茔存在。在一棵树墓地并见有形制相同的椭圆形墓茔。墓葬的几种形制也是上述墓地和其他元代墓葬常见的形制。因此，推断伊松敖包墓地为元代墓葬。

伊松敖包墓地虽然在总体文化面貌上与一棵树等墓地较为一致，但也具备一定的自身特征，主要表现在以下几个方面：

首先，墓地内的墓茔结构简单，垒砌较不规则。墓葬平面形状形式多样，有常见的方形墓茔，但圆形或椭圆形墓茔仍占有一定的比例，这类墓茔仅在一棵树墓地LYMY3发现1例，其他墓地均无发现。墓茔除BWYMY5在墓茔南墙留有门道外，其余各墓茔均没有设置门道。究其原因，可能是墓茔当时垒砌较矮，主要作用是防止牲畜践踏。再者伊松敖包墓地的墓主人在当时的政治地位和经济条件远不及砧子山墓地埋葬的墓主人，所以在规格和讲究程度与砧子山墓地形成较大的差异。

其次，伊松敖包墓地均为一茔一墓，显然不是以家族墓地的形式进行埋葬的。在葬俗上，不见木棺或木制骨灰盒，这也与元上都附近砧子山诸墓地有所区别。但殉牲的比例较其他墓地有所增加，这应该与墓主人的经济生活、宗教信仰和风俗习惯有着较大的关系。以此，我们推断墓主人在当时的经济形态以畜牧业占据主导地位。

第三，伊松敖包各墓几乎均没有随葬物品，如元代墓葬中常见的瓷器、铜镜、饰件等。此外，墓地内各墓均无钱币出土，这与元上都东南砧子山墓地、四子王旗元代净州路故城金元时期墓地[6]所见，将钱币葬于墓内底部和棺内底部的习俗有较大的差异。这也许是与墓主人生前经济生活和风俗习惯有关。

附记：本次发掘过程中，得到了锡林郭勒盟文化局、正镶白旗人民政府和文化局的大力支持。在此一并表示谢意。

伊松敖包墓地发掘由魏坚主持。参加发掘的有杨春文、苏宁、李树国、刘洪元、陈启清、王刚、刘雪峰等。

执笔：　魏　坚　李兴盛

绘图：　杨春文　郝晓菲

注　释

[1] 内蒙古文物考古研究所、锡林郭勒盟文物管理站、多伦县文物管理所:《元上都城南砧子山南区墓葬发掘报告》,《内蒙古文物考古文集》第一辑,中国大百科全书出版社,1994 年。

[2] 参见本书:《多伦县砧子山西区墓地》。

[3] 内蒙古文物考古研究所、锡林郭勒盟文物管理站、多伦县文物管理所:《元上都城南砧子山南区墓葬发掘报告》,《内蒙古文物考古文集》第一辑,中国大百科全书出版社,1994 年;参见本书:《多伦县砧子山西区墓地》。

[4] 参见本书:《正蓝旗一棵树墓地》。

[5] 参见本书:《正蓝旗卧牛石墓地》。

[6] 内蒙古文物考古研究所、乌兰察布博物馆、四子王旗文物管理所:《四子王旗城卜子古城及墓葬》、《内蒙古文物考古文集》第二辑,中国大百科全书出版社,1997 年。

附表　正镶白旗伊松敖包墓地墓茔墓葬登记表

墓茔					墓葬												备注
墓茔号	规格(米) 长×宽—高	方向	形状	结构	墓号	结构	尺寸(米) 长×宽—深	人数	墓向	葬式	葬具	性别	年龄	殉牲	盗扰	随葬品	
BWYMY1	6.5×6—0.25	10°	长方形	单墓茔	BWYM1	长方形土坑竖穴墓	0.8×0.5—0.2		10°						早期盗扰		骨灰墓
BWYMY2	5×4.5—0.35	5°	长方形	单墓茔	BWYM2	正方形土坑竖穴墓	2×2—(0.75～0.78)		5°						早期盗扰		
					BWYM3	长方形土坑竖穴墓	1×0.6—0.3		10°					羊骨	早期盗扰		
					BWYM4	长梯形土坑竖穴墓	2.2×(0.9～0.8)—0.55	1	10°	仰身直肢		女	25±	羊肢骨肩胛骨	早期盗扰	木柄铁刀1 棺钉3	
					BWYM5	长梯形土坑竖穴墓	2.0×(0.7～0.5)—0.8	1	5°	仰身直肢		女	45～50	羊肢骨肩胛骨	早期盗扰	铁器1 桦树皮1	
BWYMY3	直径5—0.2		圆形	单墓茔	BWYM6	圆形土坑竖穴墓	直径1—0.5							羊骨	早期盗扰		骨灰墓
BWYMY4	直径4—(0.25～0.52)		圆形	单墓茔	BWYM7	椭圆形土坑竖穴墓	直径0.8×0.7—0.5		0°						早期盗扰		
BWYMY5	3.72×3.82—0.4	0°	长方形	单墓茔	BWYM8	长方形土坑竖穴墓	0.98×0.8—0.5		0°					羊骨	早期盗扰		骨灰墓
BWYMY6	直径7.6×6.6 高0.35		椭圆形	单墓茔	BWYM9	椭圆形土坑竖穴墓	直径0.6×0.4—0.35								早期盗扰		

拾　镶黄旗乌兰沟墓地

乌兰沟墓地，位于锡林郭勒盟镶黄旗所在地新宝力格镇西约 15 千米处，南距宝格达高勒苏木所在地希博图约 4 千米，其北 3 千米处为东北—西南走向的金界壕（图一），东略偏北约 190 千米为元上都遗址。

墓地北、西、南三面环山，中部为一条东西向的自然大冲沟，沟之两侧亦有多条小的冲沟纵横交错。墓葬多位于山湾内北坡的缓坡及沟沿地带，地表可见分布的石堆和遍布的大小盗坑。该墓地的墓葬因为自然破坏和人为盗掘而所剩无几。

2000 年 7 月，内蒙古文物考古研究所、锡林郭勒盟文物站和镶黄旗文物所组成的联合考古队，清理了其中 2 座墓葬（编号为 HBWM1、HBWM2）。现报告如下。

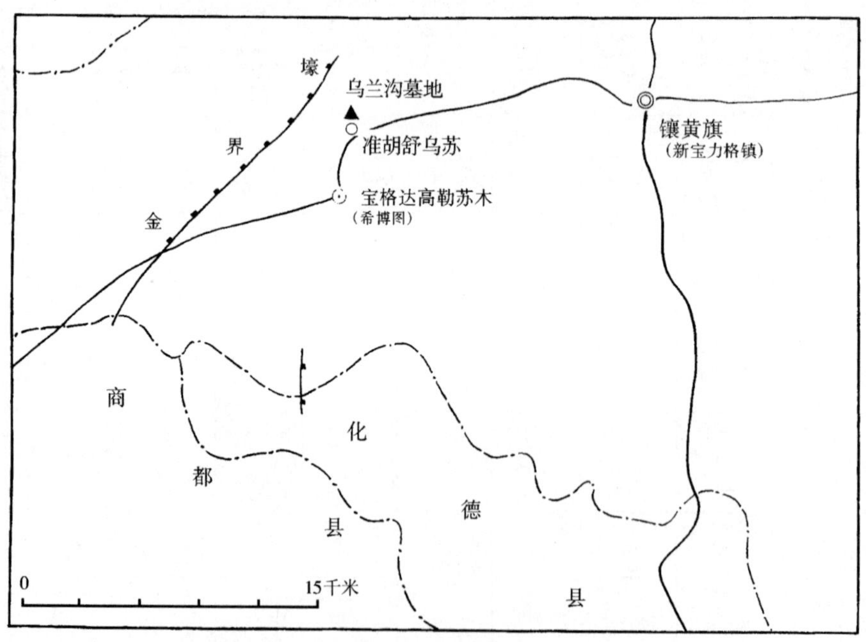

图一　乌兰沟墓地位置示意图

一、墓葬形制及随葬品

HBWM1

1）墓葬形制

土坑竖穴墓，早期盗扰。平面呈长方形，南北长1.5米，东西宽1米，深0.6米。方向344°。墓口地表用一层自然石块覆盖，垒砌成长方形边框，因盗掘而有所破坏，东西长3.6米，南北宽2.6米。墓葬位于石框下的北部偏东处，墓壁加工较为规整，填土内夹杂有石块。墓内无葬具，近底部出土有少量的尸骨，葬式不清（图二）。

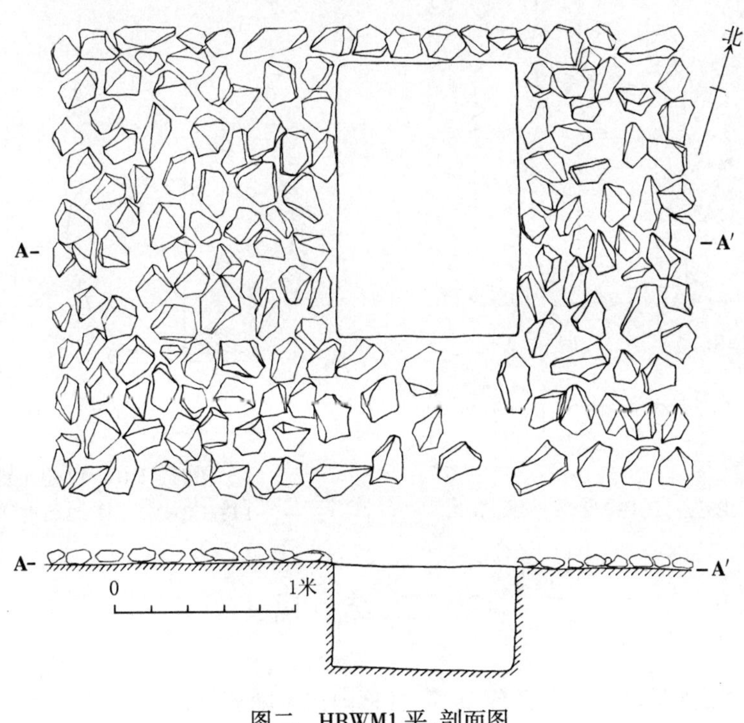

图二　HBWM1平、剖面图

2）随葬品

不见随葬品。

HBWM2

1）墓葬形制

土坑竖穴墓，早期盗扰。平面呈长方形，南北长1.4米，东西宽1.25米，深0.5米。方向335°。墓壁加工规则，墓底平整。墓口地表平铺自然石块一层，中部因盗扰铺石多有破坏，形成一弧形坑。铺石南、北两边平齐，东、西两边圆弧，东西长4.75米，南北长4.5米，厚

0.2 米左右。墓内填土夹杂有较少的石块。墓内无葬具,葬有少量骨灰。

墓内仅在扰土中出土黑釉瓷罐和铁剪各 1 件(图三)。

2） 随葬品

瓷罐　1 件。HBWM2：2,口部残缺。折肩,下腹斜收,平底内凹。瓷质较粗,外壁施黑釉。残高 7.6 厘米,底径 6 厘米(图四,1)。

铁剪　1 件。HBWM2：1,仅存尖部。双刃合拢,表面锈蚀严重。残长 3.5 厘米(图四,2)。

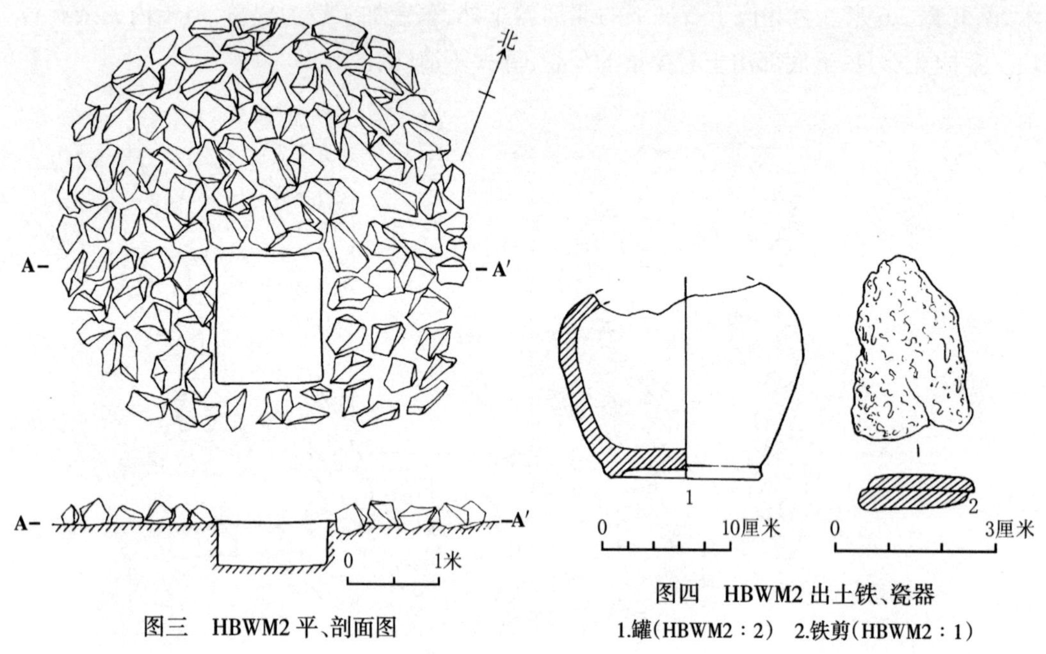

图三　HBWM2 平、剖面图

图四　HBWM2 出土铁、瓷器
1.罐(HBWM2：2)　2.铁剪(HBWM2：1)

二、结　语

乌兰沟墓地虽然仅清理两座墓葬,且墓内出土随葬品极少。但与元上都附近范围内发现的元代墓葬仍具有共同的特点。如在墓口地表用自然石块垒砌边框和平铺一层石块的墓葬形制,在锡林浩特市东南的贝力克墓地[1]、元上都遗址西北的一棵树墓地[2]、正镶白旗的三面井墓地[3]等处,都有同类丧葬习俗的墓葬发现。骨灰葬也是草原地区元代的主要埋葬习俗之一。

1988 年,在该处墓地曾出土金马鞍饰件、高足金杯、金手镯、金耳坠等一批珍贵文物[4]。因此,综合贝力克等墓地的葬俗判断,该墓地应为元代墓地。

附记:清理工作由魏坚主持,参加清理发掘的有德力格尔、刘洪元、杨春文、哈斯、李树国、苏宁、刘雪峰、陈启清和王刚等。

执笔：魏　坚　李兴盛

绘图：郝晓菲

注　释

[1] 参见本书:《锡林浩特市贝力克墓地》。

[2] 参见本书:《正蓝旗一棵树墓地》。

[3] 参见本书:《正镶白旗三面井墓地》。

[4] 内蒙古博物馆、锡林郭勒盟文物管理站:《镶黄旗乌兰沟出土一批蒙元时期金器》,《内蒙古文物考古文集》第一辑,中国大百科全书出版社,1994年。

拾壹　镶黄旗博克敖包山墓葬

博克敖包山墓葬,位于锡林郭勒盟镶黄旗翁贡乌拉苏木乌拉因乌苏嘎查博克敖包山东南的缓坡地带,西南距旗政府所在地新宝拉格镇约26千米(图一),元上都遗址位于其正东约150千米处。

墓葬所在的坡下是东西狭长的平川地带,南侧面临王墓山,西面地势开阔平坦。墓地西约200米有一南北向冲沟,深约10米。沟内有泉水,形成小溪,向南流去。墓地内地势由西北向东南作缓坡状,地表较为平整。地面表层覆盖有厚约1米的黑砂土,其下为黄土堆积,质地坚硬。在地表见有圆形石头圈和石头堆等墓葬标志,在冲沟断崖壁上,也发现带有木棺的土坑墓暴露。

1993年10月,内蒙古文物考古研究所曾对这处墓地作过调查,发现墓葬20余座。2000年7月,内蒙古文物考古研究所在对元上都周边地区进行调查时,又对该处墓地进行复查,并对其中的一座墓葬进行清理(编号为HWBM1),现将发掘情况介绍如下:

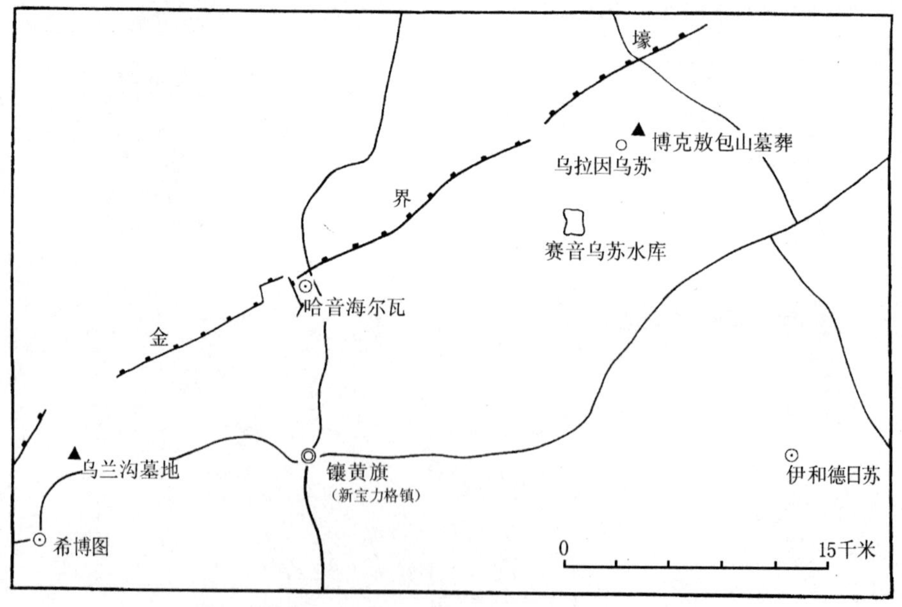

图一　博克敖包山墓葬位置示意图

一、墓葬形制及随葬品

HWBM1　由墓茔和墓葬两部分组成。

墓茔平面略呈圆形。茔墙墙体用一层自然石块铺砌，南部一段保存略好，其余大部被人为取石挖掉，地表留有一明显的凹槽。南北直径7.5米，东西直径7米。茔墙宽约1米，现存高度0.2～0.3米。没有发现门道痕迹。墓穴位于墓茔中部略偏北（图二）。

1）　墓葬形制

土坑竖穴墓，早期盗扰。平面呈长方形，南北长2.5米，东西宽1米，深1米。方向25°。墓壁加工规整，墓底平整，填土内夹杂有大量石块。墓内置木棺一具，基本保存完整，木棺顶部偏上方处，有1盗洞。木棺平面呈长方形，长2.2米，宽0.66米，中部高0.6米，棺板厚0.1

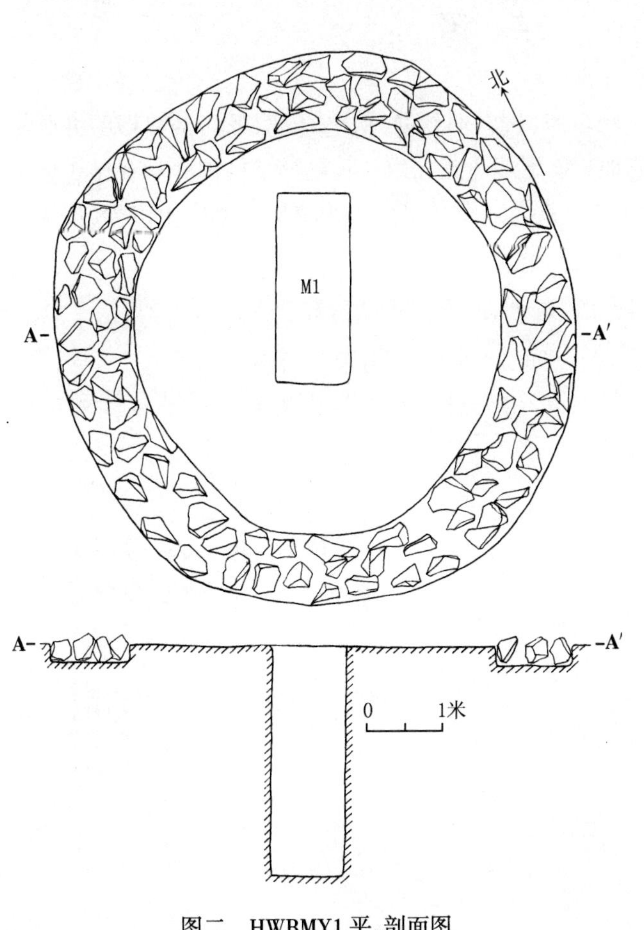

图二　HWBMY1平、剖面图

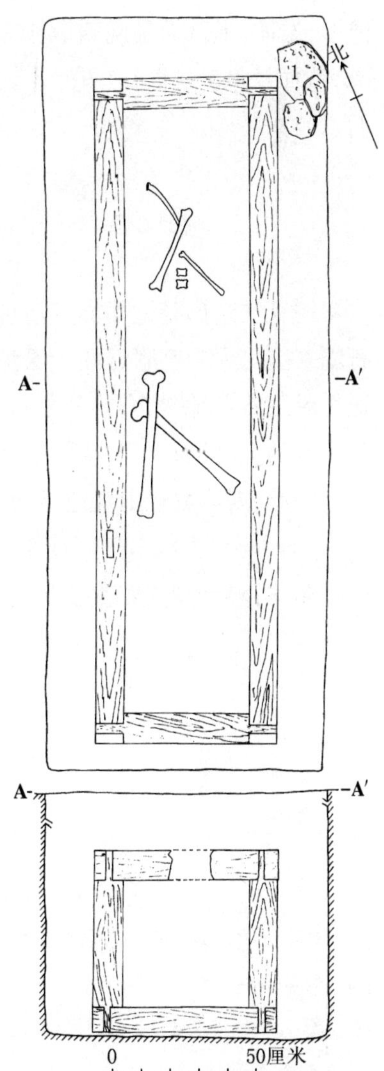

图三　HWBM1平、剖面图

米。棺板两侧长于两端,用榫峁结构连接。墓内葬有尸骨1具,因盗扰仅存少量肢骨、脊椎骨和肋骨,葬式不清。

在木棺外东北角,放有铁釜1件,因残朽形制不清。棺内出土有金耳饰和珠饰各1件(图三)。

2）随葬品

金耳饰　1件。HWBM1:1,用0.1厘米的金丝弯成椭圆形,上端作一小圆纽,直径1.1厘米×1.4厘米,穿径0.15厘米(图四,2)。

珠饰　1件。HWBM1:2,完整。平面略呈橄榄形,扁体,横截面呈椭圆形,竖穿一孔。长1.6厘米,截面径0.5厘米×1.1厘米,孔径0.2厘米(图四,1)。

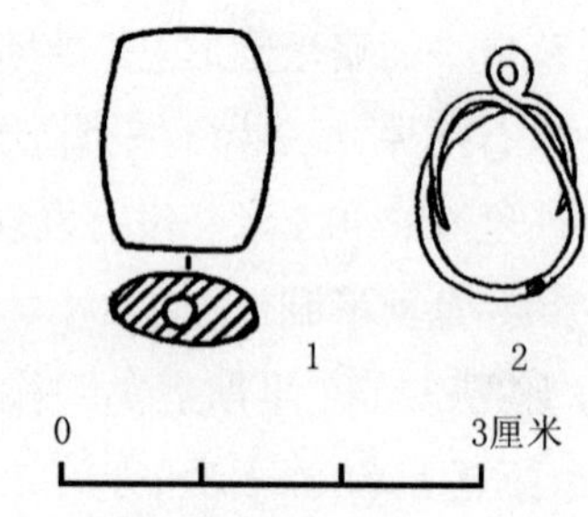

图四　HWBM1出土金、石器
1.珠饰(HWBM1:2)　2.金耳饰(HWBM1:1)

二、结　语

博克敖包山墓地虽然仅清理一座墓葬,但其时代特征仍十分明显。墓地内的椭圆形石圈墓茔与元上都附近的一棵树墓地[1] C型墓茔相一致。其墓葬结构和葬具在砧子山墓地[2]、卧牛石墓地[3]均有与其相同的发现。墓内随葬品虽然因为早期盗掘出土极少,但用金丝弯制的金耳饰在元上都附近墓地属常见之物。

因此,博克敖包山墓地当为一处元代墓地,此次清理的墓葬应为元代墓葬。

附记:参加调查与发掘的有魏坚、苏俊、李兴盛、杨春文、王庆华、刘洪元、李树国、王刚、哈斯等。

执笔:魏　坚　李兴盛

绘图:郝晓菲

注　释

[1]　参见本书:《镶黄旗一棵树墓地》。

[2]　参见本书:《多伦县砧子山西区墓地》。

[3]　参见本书:《正蓝旗卧牛石墓地》。

拾贰　锡林浩特市贝力克墓葬

贝力克墓葬，位于锡林浩特市南207国道锡（林浩特）～张（家口）段41千米里程碑东南约3千米的贝力克牧场内（图一），南距元上都遗址约100千米。

墓地位于锡林郭勒草原中部，地势较为平坦，其西北5千米为浅山丘陵区，当地俗称平顶山。墓地周围地表间或分布有较多的火山岩块。地表为黑砂土，厚约1米左右。黑砂土下为黄土堆积。墓葬位于黑砂土中。

2000年8月，内蒙古文物考古研究所和锡林郭勒盟文物站，在配合锡（林浩特）—桑（根达来）铁路建设工程中，发现石圈墓3座，并对其中位于铁路线内的1座墓葬进行了清理（编号XSBM1）。现介绍如下：

一、墓葬形制及随葬品

墓葬为土坑竖穴式，已遭早期盗扰。墓坑平面呈圆形，直径2米，深0.4米。墓口外侧

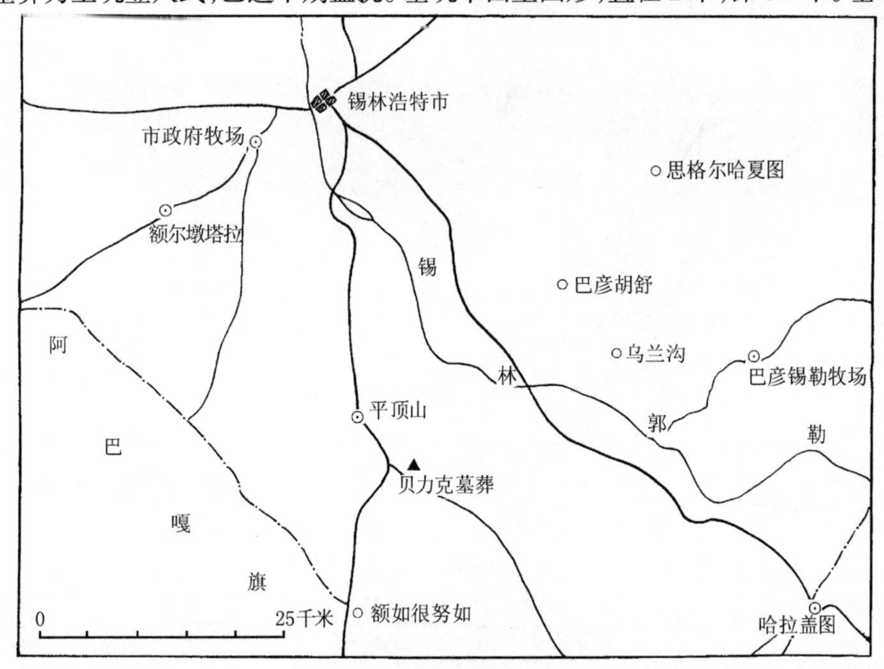

图一　贝力克墓葬位置示意图

地表平铺一层大小悬殊的自然石块，形成石围墙，高约 0.23 米，厚约 0.30～0.45 米。东西长径 2.75 米，南北短径 2.5 米。墓壁筒形，加工较为规整，墓底平整，填土较为松软，呈黑褐色。因盗扰没有发现葬具和尸骨（图二）。

墓内无随葬品出土，但在填土中发现有典型的元代瓷片。

二、结　语

贝力克墓葬 XSBM1 因遭早期盗掘，破坏十分严重。虽然该墓地没有出土可证年代的

图二　XSBM1 平、剖面图

随葬品，但从填土中所出的少量瓷片判断，时代特征仍较为明显。

该墓地在墓口外侧地表用自然石块平铺的习俗，在一棵树墓地[1]、乌兰沟墓地[2]均有发现，所出瓷片也是元代古城和墓葬中常见之物。

综上所述，贝力克墓葬当为元代墓葬。

附记：参加调查清理的有德力格尔、刘洪元、李树国、杨春文和王刚。

执笔：魏　坚　李兴盛

绘图：郝晓菲

注　释

[1] 参见本书：《正蓝旗一棵树墓地》。

[2] 参见本书：《镶黄旗乌兰沟墓地》。

拾叁　正蓝旗羊群庙元代祭祀遗址及墓葬

羊群庙祭祀遗址，位于锡林郭勒盟正蓝旗羊群庙乡奎树沟村北约0.5千米处山湾内的缓坡地带（当地俗称石人湾）。墓葬在祭祀遗址之西，东距一号祭祀遗址约0.5千米。国道207线（锡林浩特～张家口）在遗址东侧约1千米处通过，其南距交通要冲哈毕日嘎18.5千米，东南距旗府所在地敦达浩特镇约30千米。祭祀遗址和墓葬所在地为浅山丘陵地貌，海拔高度1400米左右，属半农半牧区。在该地区闪电河沿岸有著名的元上都古城和金代桓州（四郎城）古城（图一；彩版贰陆肆）。

因祭祀遗址地表均有明显的石砌围墙和堆土痕迹，故被多次盗掘。内蒙古文物考古研究所在几次调查的基础上，于1992年8月至10月对其中四处规模较大的祭祀遗址（编号为92LYKJ1～J4；彩版贰陆伍）和附近的四座墓葬（编号为92LYKM1～M4）进行了抢救性清理发掘。现将这次发掘的收获介绍如下。

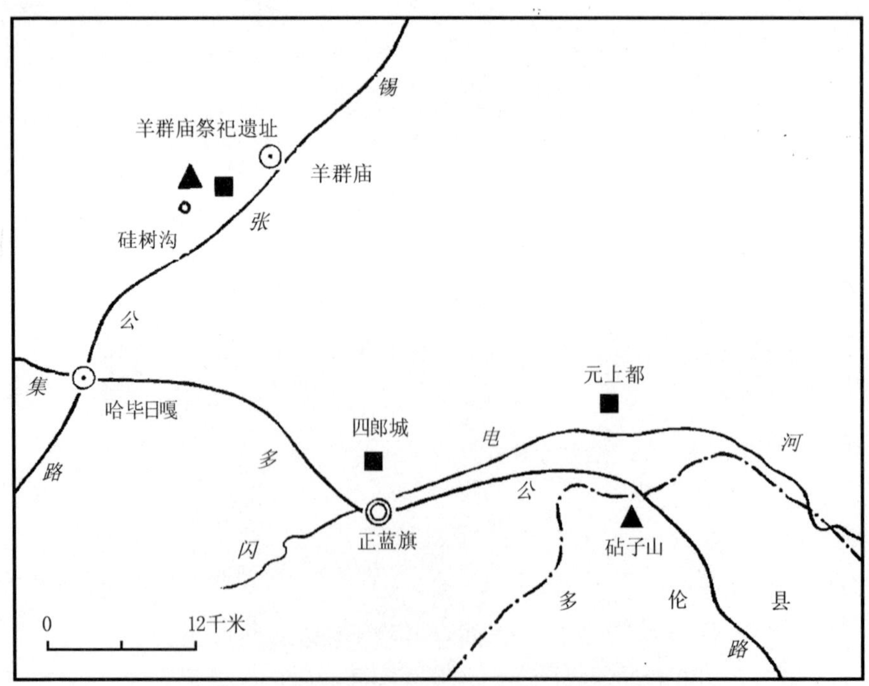

图一　羊群庙祭祀遗址及墓葬位置示意图

一、祭祀遗址

祭祀遗址分布在一列大致东北—西南走向的小山脚下，地势背西向东，十分开阔平整。四处祭祀遗址由南向北依次排列，其中，一号祭祀遗址距二号祭祀遗址最近，间距约350米；三号祭祀遗址距四号祭祀遗址最远，间距约900米。每处祭祀遗址均由石围墙、祭台和汉白玉石雕像组成，大都残存有部分建筑基址和供祭遗存等（彩版贰陆陆）。

1.一号祭祀遗址（92LYKJI）

地表为隆起的土堆，高约1.5米，其间杂有石块和砖瓦构件（彩版贰陆柒，1）。

石围墙　南、北两条长边作平行直线，东、西两边作弧形弯曲，平面呈椭圆形，东、西长34.3米，南、北宽30.5米，方向110°。围墙系用自然石块叠砌而成，墙基宽1.3米。因石墙大部分地段的石块被挖走，故现地表形成一道深约20厘米的规则浅沟。

祭台　位于围墙内中间偏后处，西距围墙10.6米，东距石雕像2.8米。经解剖得知，在祭台及石雕像下，夯筑一东西长13.5、南北宽8.75米的长方形基座。基座系在原地表挖一深0.95～1米的基槽，槽壁较为规整，底部略小于口部，在基槽内，用5层自然石块和5层黄土相间夯筑，每层石块间距不甚相等（彩版贰柒零）。祭台基座质地坚硬，表面十分平整，在其上筑有祭台和其他建筑遗迹。祭台平面呈正方形，底边长8.75米，现存高度约1.25米。祭台四周基座上挖有一条宽1.1米，深0.1米的规整浅槽，从残留的大量白灰渣和西北角立砌的小砖来看，原应砌有砖墙（彩版贰陆玖，2）。在墙内为边长6.55米的方形夯土台。土台用黄色砂土掺和灰色胶泥混合夯筑而成，内较纯净，只含有少量的草根，质地坚硬，四边较为规整，向上稍有收分，顶部因破坏较多，略作拱形。祭台不分层夯筑，夯窝均匀，间距为1厘米左右。夯窝平面呈圆形，夯面作锅底状，直径6厘米，深2.5厘米。

建筑遗址　破坏十分严重。在石雕像和祭台的四角均保存有基石。基石质地坚硬，表面平整，平面作不规则形。在石雕像四周东西4.8米，南北3.45米基石范围内，保存有平整的黄土硬面，局部还残存有白灰面痕迹。在雕像南北两侧，有宽80厘米，深5厘米的浅槽两道，从东南角残存的平铺小砖看，应是砖墙拆除后残留的基槽（图二；彩版贰陆捌，2、贰陆玖，1）。

汉白玉石雕像　位于石围墙内中间偏东处，东距围墙10.4米。石雕像下因盗掘，形成一不规则盗洞，雕像下沉后向前方倾斜（彩版贰陆柒，2）。雕像除头部已失，右手稍有残缺，其余保存较好，残高1.37米，最宽0.75米，最厚0.56米（彩版贰柒壹）。石雕人像正襟端坐于靠背圈椅之上，服饰为内穿紧袖口长衫，外穿右衽半袖长袍（彩版贰柒贰，1）。长袍环胸背及双肩饰双龙纹和卷云纹图案。龙首在胸前做相向对称式分布，环绕至背部龙尾相对。龙头偏而略长，疏发，龙身略作弯曲，鳞甲整齐细密，五爪、蛇尾、龙纹间填饰有卷云

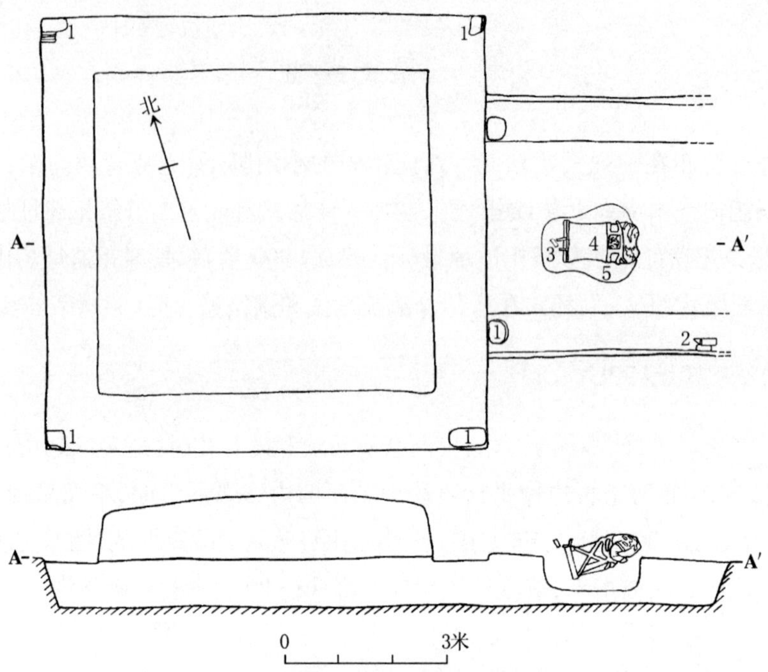

图二　一号祭祀遗址祭台及建筑遗迹平、剖面图

1.基石　2.砖　3.供台　4.石雕像　5.盗洞

纹(彩版贰柒陆)。雕像脚登厚底靴靴尖饰如意纹图案(彩版贰柒贰,2),右臂挽于胸部,手内握一高足杯;左臂下垂,左手自然放于圈椅的扶手之上,无名指上戴有一镶珠宝的戒指。在雕像颌下残存有两缕分叉胡须(彩版贰柒柒)。雕像靠椅上端呈半斜圈状,后背呈方

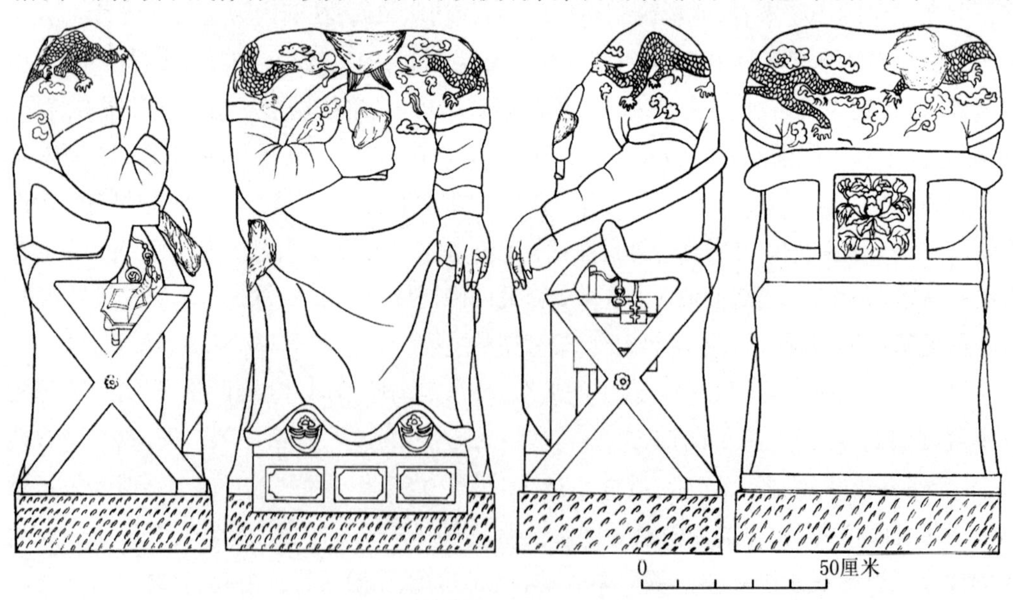

图三　一号祭祀遗址石雕像

形,其上浮雕有牡丹花卉图案(彩版贰柒伍)。座椅两侧腿部十字交股,交叉处雕花瓣纹泡饰。雕像腰部右侧佩有带鞘刀、方形小袋和黄羊角锥(彩版贰柒叁);左侧对称处亦带有带鞘刀、长方形袋和方形小盒等(彩版贰柒肆)。雕像座椅下为长方形基座,其正面上方有雕刻整齐的3组长方形如意纹图案,其他三面无纹饰(图三)。

供台　叠压在倾倒的石雕像后部的基座上。系用残砖和石片四面围砌而成,平面呈不规则的长方形,口部长25.6厘米,宽20厘米,高18～22厘米。供台内西侧叠放两个青瓷小壶(彩版贰陆捌,1)。在距供台下深60厘米的□洞填土内,出土33枚钱币,其中"乾隆通宝"15枚、"嘉庆通宝"18枚。

2.二号祭祀遗址(92LYKJ2)

地表为隆起的土堆,其间杂有石块和砖瓦构件等,高约1.6米(彩版贰柒捌,1)。

石围墙　大部分保存较好,均用自然石块砌成。围墙南北两边作平行直线,东、西两边作弧形弯曲,平面呈椭圆形,东西长37.5米,南北宽30米,石墙厚1.3米,残存高度0.45～0.6米。方向115°(图四)。

祭台　位于石围墙内中部偏后处,西距石围墙10米,东距石雕像2.4米,建在地表原

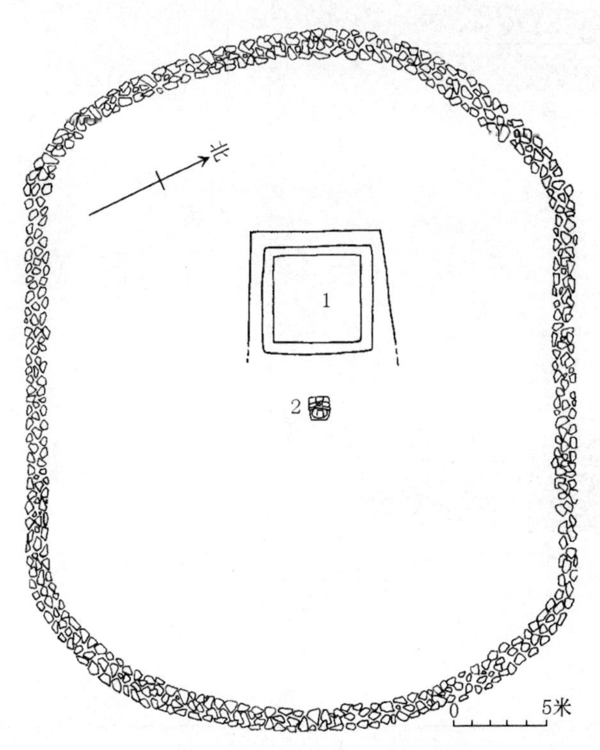

图四　二号祭祀遗址石围墙
1.祭台　2.石雕像

生土层之上。祭台平面呈正方形，底边长约7～7.5米，现存高度2.17米。祭台外侧由下至上大致可分为3层，中间则以黄土和碎石块混合不分层夯筑，内较为纯净，质地坚硬，略有收分（彩版贰柒捌，2）。下层用残砖围砌边框，边框除东侧靠近石雕像处破坏严重外，其他三边保存较好（彩版贰柒玖）。砖框宽70～110厘米，存高30～40厘米。砖框外侧小砖平铺规整，内侧则以残砖平铺随意填充，由下而上略有收分，每层约2～3厘米。其间用泥浆掺白灰作浆，厚约1厘米。在夯土台高约80厘米处，祭台第2层边长收至5.6厘米，四边用自然石块垒砌边框，石块以黑褐色胶泥作浆，四壁均保存有4～5层。石框宽约50厘米，存高55～65厘米。祭台现存第三层，四边较为整齐，仅余顶部呈圆拱状的夯土台，其上不见其他遗迹。在祭台西侧正中和东侧偏北处，各有一盗洞（彩版贰捌零）。

建筑遗迹　是已清理的四处祭祀遗址中保存最好的一处。在石雕像和祭台的四周均保存有较大的基石，石质一般十分坚硬，表面平整，多作不规则的方形和长方形，近旁常留有平铺的小砖，其上均残存有白灰痕迹（彩版贰捌壹）。

在石雕像的南北两侧2.1米处各残存一道砖墙。南墙为单砖纵砌，最高处存有4层，

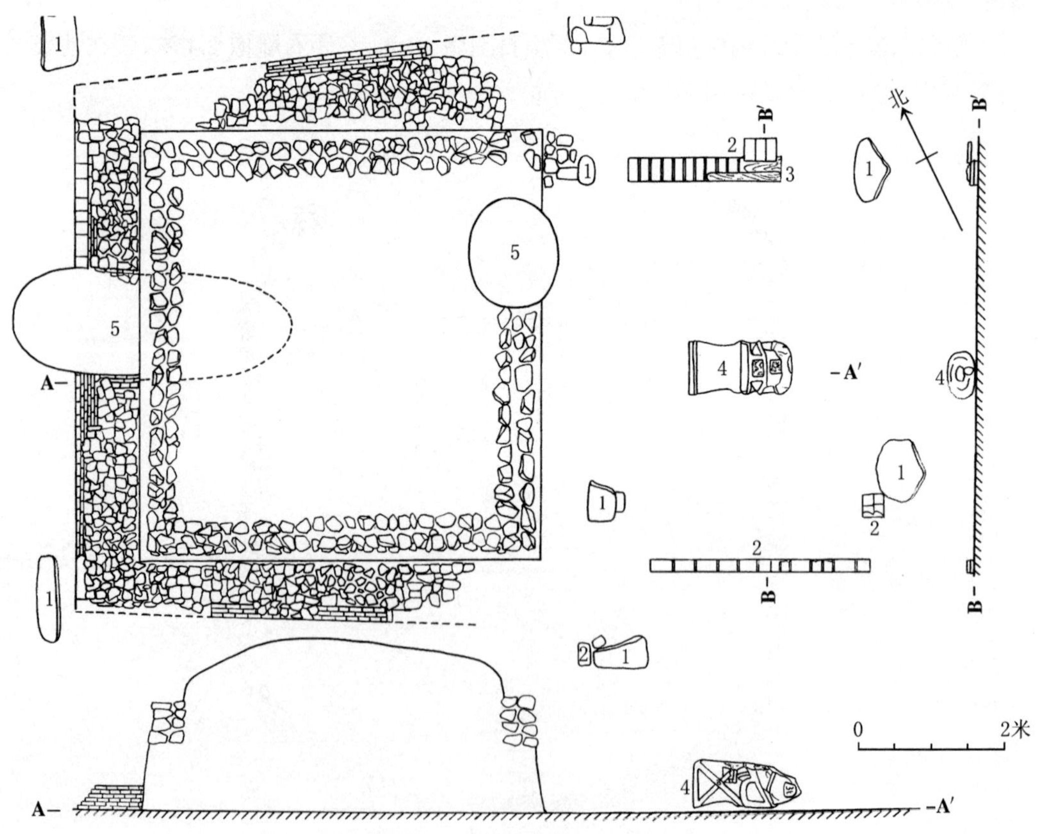

图五　二号祭祀遗址祭台及建筑遗迹平、剖面图

1.基石　2.砖　3.木材　4.石雕像　5.盗洞

残长3米,残高0.24米,宽0.15米,用白灰作浆;北墙为单砖横砌,最高处残存两层砖,残长2.1米,残高0.1米,宽0.3米。亦垫用白灰作浆,在其东端叠压有3块横砖,并存有一段朽木,残长1.1米,因朽蚀严重,形制不清。两墙间地面十分平整,局部保存有较好的黄土硬面,面上段续保存有小面积的白灰面(图五;彩版贰捌贰)。

汉白玉石雕像 位于石围墙内祭台前略居中,已向前方倾倒,东距围墙15.2米。雕像除头部残缺外,其余保存较好,残高1.35米,最宽0.79米,最厚0.58米(彩版贰捌叁)。石雕人像端坐于靠背圈椅之上,内穿紧袖口长衫,外穿右衽半袖长袍(彩版贰捌肆,1)。袍之前胸与后背各有一组方形的变形缠枝花卉图案(彩版贰捌柒,1)。长袍的两肩之上也各有一组三角形的卷云纹图案,卷云纹之上又各有一小的横椭圆形花卉图案(彩版贰捌柒,2)。雕像脚穿厚底靴,靴尖部饰如意纹图案(彩版贰捌肆,2)。雕像右臂挽于前胸,手中握有一长方形"高脚杯";左臂下垂,左手自然放于圈椅的扶手与膝盖之上,小拇指上带一镶珠宝的戒指(彩版贰捌玖)。在雕像的后肩部还残存有一束长发(彩版贰捌捌)。雕像座椅上端呈半斜圈状,后高前低,座椅后靠背为方形,其上浮雕有牡丹花卉图案。椅腿作十字交股,交叉处雕有花瓣形泡饰。扶手下雕反扣的莲花图案。在雕像腰部右侧挂有带鞘刀、方形小袋和角锥(彩版贰捌伍);左侧也佩有带鞘刀、长方形袋、小方盒等(彩版贰捌陆)。雕像座椅下为长方形基座,在基座正面上雕刻有3组长方形如意纹图案,其他三面无花纹(图六)。

3.三号祭祀遗址(92LYKJ3)

遗址地处山前的漫坡地带,地表为隆起土堆,夹杂有残碎砖瓦、石块等(彩版贰玖零,1)。

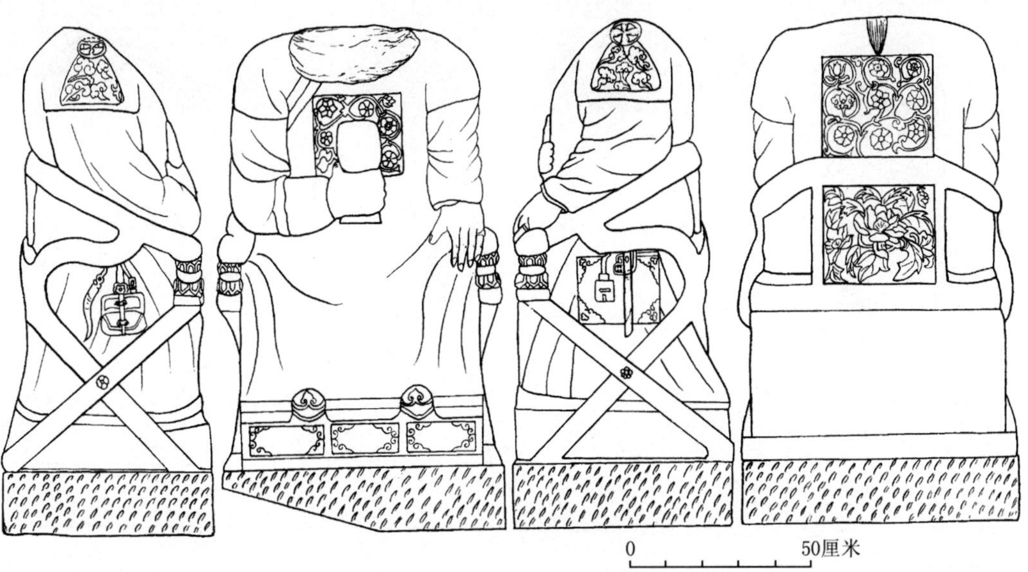

图六 二号祭祀遗址石雕像

石围墙　该围墙保存较好，南、北两边作直线，东、西两边呈弧形弯曲，平面作椭圆形。东西长41米，南、北、西端宽30米，东端宽28米，方向130°。石墙共保存有3层石块，墙宽1.5米，现存高度0.7米，均用自然石块砌成，最大石块0.30米×0.25米，最小石块0.15米×0.1米，墙体两侧较为平整。

祭台　位于石围墙内偏西南处，西距围墙14米，东距石雕像2.35米，建在地表原黄土层上。祭台平面呈长方形，西侧和顶部因早期盗掘被破坏，其他三面保存较好。东西长4米、南北长3.5米，存高0.7米。祭台用较大自然石块和灰褐色胶泥土分层夯筑而成。系用石块平砌一层，再用泥浆把四个侧面和平面铺平，再砌下一层。现存石块有4层，四边较为整齐，顶部残留处亦较平整（彩版贰玖零，2）。

建筑遗迹　该祭祀遗址因破坏十分严重（彩版贰玖壹，1），故无建筑遗迹残存，但在石雕人像周围保存有较大面积的白灰面痕迹。

汉白玉石雕像　位于石围墙中部略偏东南，东距围墙16.2米，雕像因盗掘，下沉约0.5米（彩版贰玖壹，2）。该雕像头部、左臂和右手有残缺，其余保存较好，残高1.55米，最宽0.84米、最厚0.5米（彩版贰玖叁）。石雕像端坐于靠背圈椅之上，内穿紧袖口长衫，外穿右衽半袖长袍（彩版贰玖肆，1）。袍之胸背及双肩部饰双龙纹和卷云纹图案。双龙环绕胸背，首尾相连。龙身略作弯曲，鳞甲整齐细密，四至五爪，蛇尾。但双龙的头部稍有差异，前胸龙头部向下，已残缺，有角，角分双叉；背部龙头扁而细长，疏发。卷云纹饰在龙的上下两侧（彩版贰玖捌，1）。雕像脚登厚底靴，靴尖部饰如意纹图案（彩版贰玖肆，2）。雕像右臂挽于胸部，手部残缺，但仍残存有高脚杯的上部（彩版贰玖捌，2）；左臂自然下垂，小臂残缺。雕像座椅上端为半斜圈状，后高前低。靠背正中为方形，其上浮雕有牡丹花卉（彩版

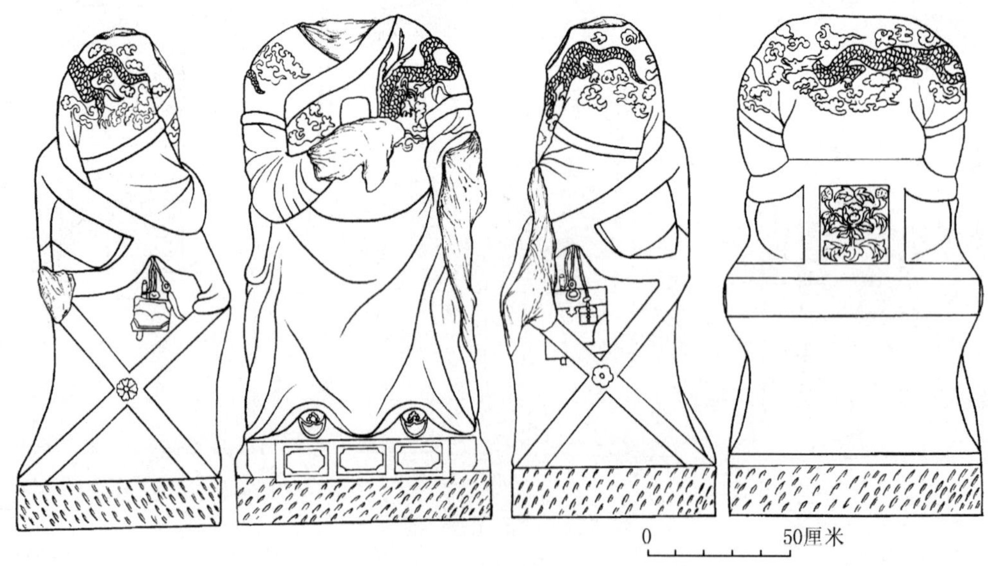

图七　三号祭祀遗址石雕像

贰玖柒)。座椅两侧腿部做十字交股,交叉处雕有花瓣形泡饰。雕像腰部右侧佩有带鞘刀、小方袋和角锥(彩版贰玖伍);左侧亦挂有带鞘刀、长方形大袋和小方盒等(彩版贰玖陆)。雕像座椅下为长方形基座，其正面上方为 3 组长方形如意纹图案，其他三面不见纹饰(图七)。

供台　位于祭台和石雕像之间,平面呈长方形。供台用完整的青砖围砌而成,底部砖平铺,四壁砖立砌,南北长 0.6 米,东西宽 0.4 米,高 0.3 米,顶部用 3 块砖平铺封顶。供台内紧贴砖壁置一木箱,无前壁,箱板厚 1.5～2.3 厘米,为榫卯结构,箱内北壁绘有绿彩,箱底严重朽蚀。箱内西壁正中南北并排放有两个短颈青瓷罐(罐内有谷物),两罐间放有一尊较大的白瓷弥勒佛坐像,大佛前面并列有两尊略小的白瓷弥勒佛坐像,小佛像放在砖块之上(彩版贰玖贰,1)。佛像腹内均有一木签,签上有朱色藏文。在佛像南北两侧各置两个绿釉瓷碟(彩版贰玖贰,2)。大佛南侧插有一木签(图八)。此外,在供桌内西南角还斜放一青瓷小壶。

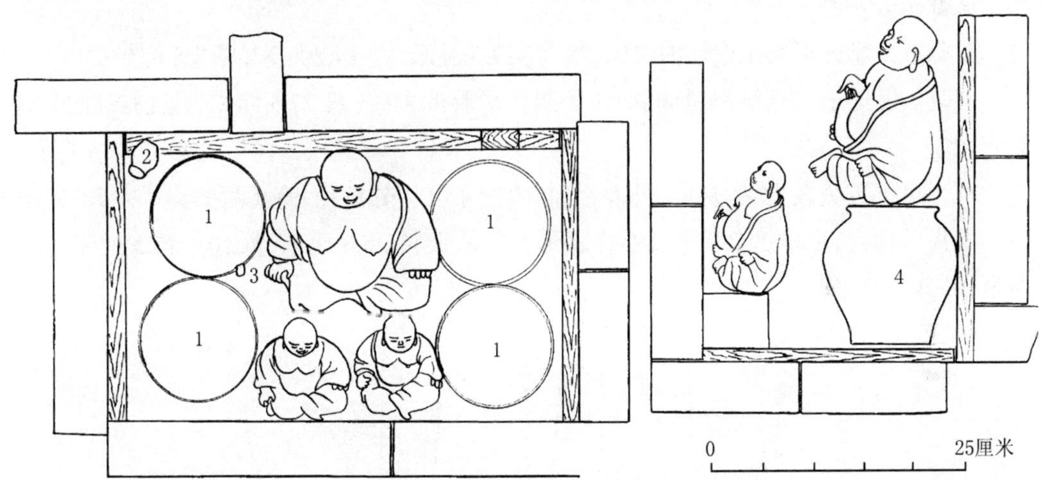

图八　三号祭祀遗址供台俯视、侧视图
1.瓷碟　2.瓷壶　3.木签　4.瓷罐

4.四号祭祀遗址(92LYKJ4)

地表为隆起的土堆,夹杂有残碎砖瓦及石块,高约 1.5 米(彩版贰玖玖,1)。

石围墙　该围墙西半部保存较好,用自然石块砌筑,东半部石墙已拆,仅余规则土沟。围墙南北两边作平行直线,东西两边作弧形弯曲,平面呈椭圆形,东西长 30 米,南北宽 26 米,墙基宽 1.3 米,石墙现存高度 0.5 米,方向 115°。

祭台　位于围墙内中部略偏西处,西距围墙 10.3 米,东距雕像 2.4 米。平面呈正方形,边长 6 米,残高 0.95～1.2 米。该祭台砌筑较为简陋,用灰色胶泥、黑土和少量的自然石块不分层混筑而成,四壁较为规整。台顶部因被盗掘,呈弧形下凹。

建筑遗迹　仅在祭台及石雕人像之间残存有两块基石,平面呈方形,石质坚硬,表面平整。

石雕像　位于石围墙中部偏东处,东距围墙9.7米。雕像已被砸毁,仅存两块残片,其中一块可辨出属基座上双脚部位,质料为较粗糙的汉白玉(彩版贰玖玖,2)。

5.出土遗物

四处祭祀遗址出土的遗物以砖、瓦等建筑材料为主,其他质地的遗物出土较少。可分为建筑材料、瓷器、陶器、木签、铜钱等,依次介绍如下:

建筑材料　出土数量最多,均出土于祭祀遗址的堆积和建筑遗迹内。

砖　以残砖为主,均为灰色,素面。火候普遍较高,少量的火候较低,中间有黑色夹心。分方砖和长方砖两种。

方砖　J2∶9,边长33厘米,厚5厘米。

长方砖分两型。

A型　大量见于祭祀遗址内,J1∶38,长29.5厘米,宽14.2厘米,厚4.5厘米。

B型　仅见于三号祭祀遗址供台,为制作规整的青砖,长27.5厘米,宽13.5厘米,厚5厘米。

瓦　出土数量较少,皆灰色,外表素面,内壁布纹。分板瓦、筒瓦两类。

板瓦　均残,标本J2∶3平面略作梯形,方头,残长25.5厘米,宽16～17.5厘米,厚2厘米(图九,1)。

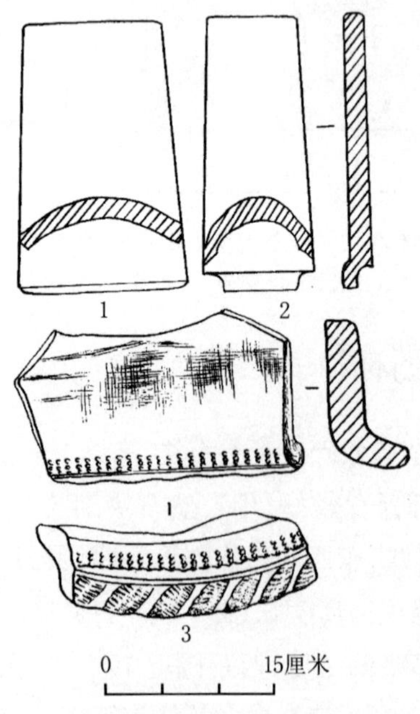

图九　祭祀遗址出土建筑构件

1.板瓦(J2∶3)　2.筒瓦(J2∶4)　3.滴水(J2∶2)

筒瓦　均子母口，方圆头，截面呈半圆形。标本J2：4，长25.5厘米，宽12.5厘米，厚2厘米（图九，2）。

滴水　1件。J2：2，滴水呈弧带状，带间施凹弦纹一道，其上施平行的联珠纹，下面作压印的绳纽纹边（图九，3）。

瓷器　13件。均出土于砖砌供台和供台周围。

弥勒佛像　3件。形制相同。J3：1，佛像作盘坐式，面部表情欢喜，两耳垂于肩部，身披袈裟，袒胸露腹，双手自然放于双腿之上。瓷质细腻，外壁施白釉。高11.8厘米（图一〇，1）。

罐　3件。形制相同。J3：5，直口，方唇，短颈，鼓腹，下腹斜收，平底。瓷质一般，内外壁均施浅蓝釉，口部及底部脱釉。口径9厘米，高13厘米，底径9.6厘米（图一〇，2）。

碟　4件。形制相同。J3：10，浅盘，圆唇，圈足。瓷质细腻，内外壁均施绿釉，口部脱釉，外底部有“大清嘉庆年作”年款。口径11厘米，高2.6厘米，底径6.6厘米（图一〇，3）。

壶　3件。形制相同。标本J1：2，侈口，方唇，束颈，圆折肩，下腹较直，大平底。瓷质一般，内外壁均施浅蓝釉，底部脱釉。口径4、高5.8、底径4.8厘米（图一〇，5）。

“擦擦”　1件。J2：1，泥质灰陶，呈圆锥体，腰部施联珠纹一周。高4.5厘米，底径4.3厘米（图一〇，4）。

木签　4件。分2型。

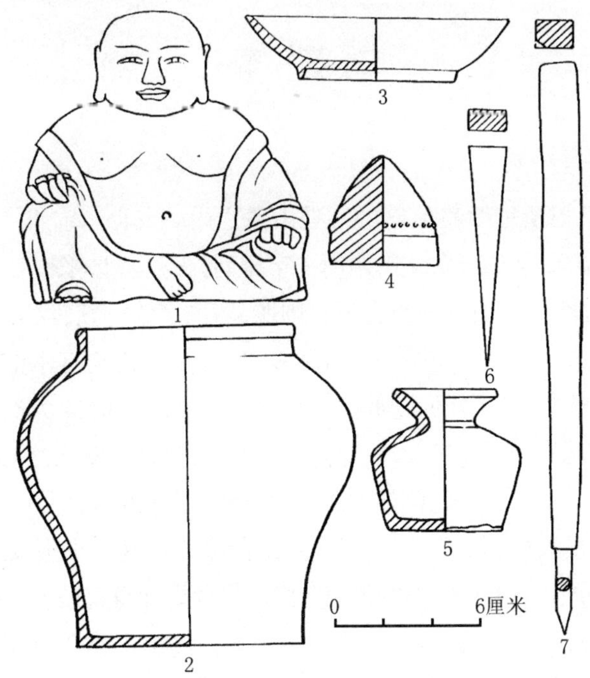

图一〇　祭祀遗址出土陶、瓷、木器

1.瓷弥勒像（J3：1）　2.瓷罐（J3：5）　3.瓷碟（J3：10）　4.陶擦擦（J2：1）　5.瓷壶（J1：2）　6.A型木签（J3：14）　7.B型木签（J3：11）

A 型　2 件。标本 J3：14，签身作锥状体，横截面呈长方形，签身一侧有 3 个朱色藏文，长 9.1 厘米（图一〇，6）。

B 型　2 件。标本 J3：11，签身作长方体，横截面呈方形，近端部长 3.8 厘米加工成圆锥体。长 23.7 厘米（图一〇，7）。

铜钱　33 枚。其中"乾隆通宝"15 枚，"嘉庆通宝"18 枚，皆"宝源"局铸（图一一）。

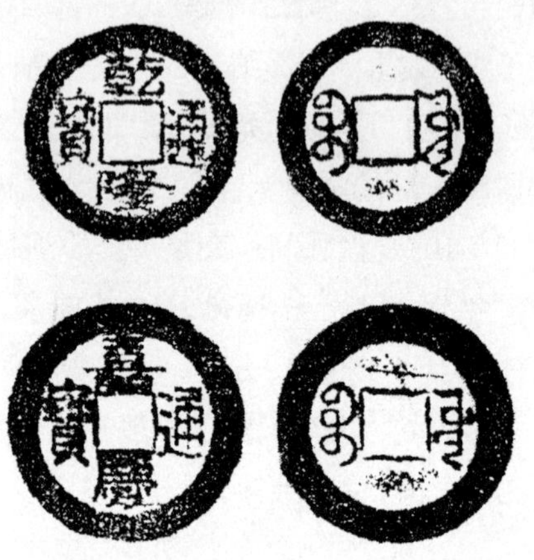

图一一　祭祀遗址出土钱币（原大）

二、墓　葬

1.地理环境及墓葬形制

墓地位于一号祭祀遗址西略偏南的一处山湾之内。其西、南、北三面均为低山所环抱，形似簸箕。清理的 4 座墓由东北向西南一字排列，头向西北（图一二）。

墓葬地表均用自然石块围成一长方形石围墙，墙内多为一穴，仅 LYKM4 为两穴。墓穴皆为土坑竖穴墓，除 LYKM3 为小孩墓，无木棺外，其他墓内均有木棺，皆为单人仰身直肢葬，墓内随葬物品极少，多无任何随葬品。现以 LYKM1、LYKM4 为例做简要介绍：

LYKM1　石围墙长 5.6 米，宽 3.4 米，厚 0.9～1 米，现存高度 0.3～0.42 米。墙内墓穴为长梯形土坑竖穴式。长 2.23 米，西端宽 0.76 米，东端宽 0.6 米，深 0.8 米，方向 300°。墓内置木棺 1 具，平面呈长梯形，棺大部已残朽，仅存部分南壁和小头，小头宽 48 厘米，棺板厚 3 厘米，在木棺周围出土有较多的棺钉。棺内尸骨为仰身直肢葬，头部等处被鼠类扰动，其他保存较好。墓内随葬物品极少，只在右小臂内侧出土鎏金银杯 1 件，杯的周围残存有少量的丝织品（图一三）。

LYKM4　为较大型石围墙墓，平面呈长方形，石围墙长 9 米，宽 7.2 米，墙厚 0.9 米，存高 0.4 米，除个别地段外，大部较为规整。该石围墙内南、北并列两个墓穴，均为长方形

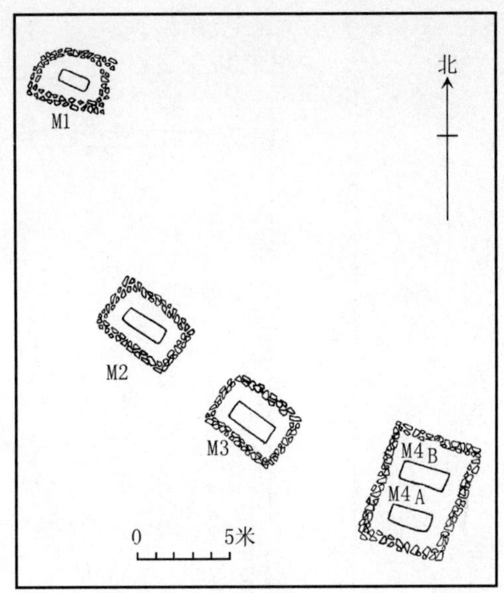

图一二　羊群庙墓葬平面示意图

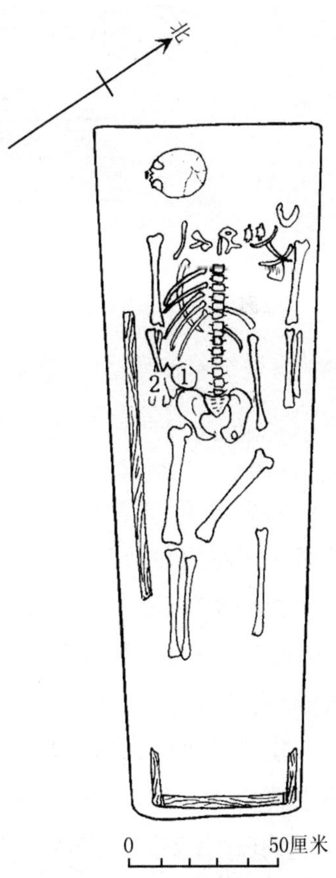

图一三　LYKM1 平面图
1.鎏金银杯　2.丝织品

土坑竖穴墓，墓坑方向 285°。分别编为 LYKM4A、LYKM4B。

LYKM4A　位于 LYKM4B 之南。长 2.1 米，宽 0.85 米，深 0.95 米。墓内置木棺 1 具，棺板除南壁一段保存较好外，其他皆朽蚀严重，但从填土仍可看出木棺的形制和尺寸。木棺头大尾小，长 1.95 米，大头宽 0.65 米，小头宽 0.45 米，残高 0.25 米，四壁棺板皆用铁钉钉合。棺内尸骨仰身直肢，头部和胸部均因老鼠扰动移位。墓内随葬物品极少，只在木棺大头部出土 6 枚鎏金铜扣饰，从其形制判断，应为木棺大头部的装饰件（图一四左）。

LYKM4B　南距 LYKM4A1.45 米。墓穴长 2.5 米，宽 0.85～0.95 米，深 0.95 米。墓内置木棺 1 具，除棺盖朽蚀外，其他均保存较好。木棺作头大尾小，长 1.95 米，大头宽 0.69 米，小头宽 0.5 米，残高 0.25～0.3 米，棺板厚 4.5 厘米。两侧棺板及棺底均长于两端棺板，并用铁钉钉合。棺内尸骨仰身直肢，内无任何随葬品（图一四右）。

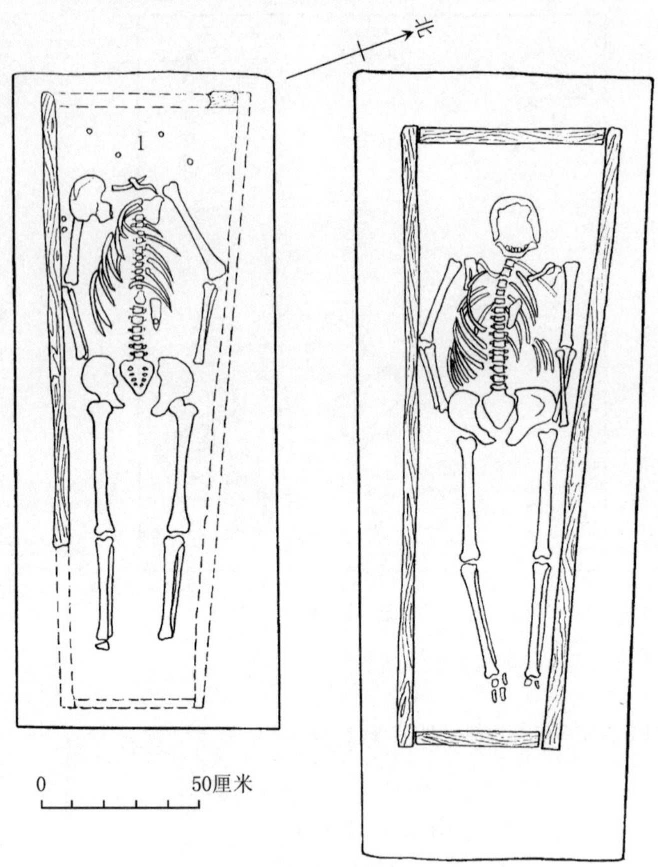

图一四　LYKM4A(左)、M4B(右)平面图

1.鎏金铜扣饰

2.随葬品

鎏金银杯　1件。LYKM1：1,直口,圆唇,弧腹,平底。外壁近口部饰卷草纹一周,内底施牡丹花图案,周边作缠枝花草。口径8厘米,高2.5厘米,底径5.4厘米(图一五,1)。

鎏金铜扣饰　6件。分两型。

A型　5件。标本LYKM4A：1,平面呈圆形,中间为一凸出的乳钉纹,周边由8个花瓣组成,背部有两个圆形小钉,直径1.2厘米,厚0.3厘米(图一五,3)。

B型　1件。LYKM4A：6,平面呈T字型,中间花饰同A型,但在两边和下面均作延伸装饰,长4.3厘米,宽2.4厘米,厚0.3厘米(图一五,2)。

铁环　1件。LYKM4A：7,残。表面锈蚀严重,平面呈椭圆形,横截面为方形。长6厘米,短径4.2厘米(图一五,4)。

铁棺钉　出土数量最多。钉身截面呈四边形,近尖部作尖圆状。LYKM4B：1,长11.7

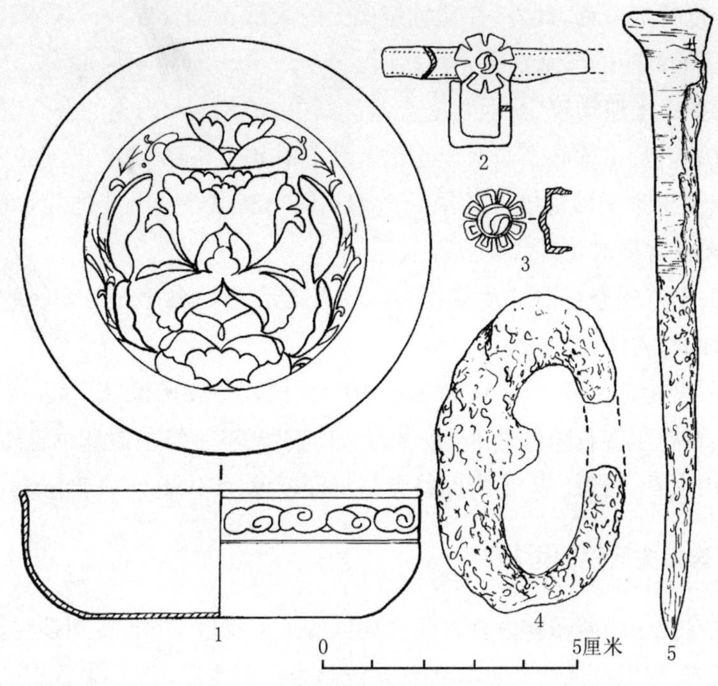

图一五　墓葬出土铜、铁、银器

1.鎏金银杯(LYKM1∶1)　2.B型鎏金铜扣饰(LYKM4A∶6)　3.A型鎏金铜扣饰(LYKM4A∶1)　4.铁环(LYKM4A∶7)　5.铁棺钉(LYKM4B∶1)

厘米(图一五,5)。

砖　在LYKM1和LYKM4填土上方有少量出土。均为灰色,素面,火候较高,有方形和长方形两种。方砖边长30.5厘米,厚4.5厘米。长方砖长29.5厘米,宽14.5厘米,厚4.5厘米。

丝织品　仅见于LYKM1,均朽损,为绢类织品。

三、结　语

1.关于祭祀遗址和墓葬的年代

正蓝旗羊群庙祭祀遗址的发现和发掘是近年来重要的考古收获。出土遗物中最具有特征的是三尊精雕细刻的汉白玉石雕人像。关于这类遗存的年代,国内外学者曾有过多种推断。在二号祭祀遗雕人像服饰上表现的变形缠枝花卉图案,与江西乐安县元代窖藏瓷器中的Ⅱ式碗、Ⅱ式盘[1],安徽歙县医药公司工地出土的元代窖藏瓷器[2],江苏省淮安市博物馆征集的元青花瓷盖罐[3]和河北磁县南开河元代木船中发现的枢府碗、盘[4]等器物上的图案,均完全相同或相近。而一、三号祭祀遗址石雕像上的卷云龙纹图案,同安徽歙县人民银行工地出土的元代高足杯内的云龙纹[5]及新疆霍城县元代云龙纹大碗[6]的图案,在风格和造型上也基本一致。此外，在遗址中出土的大量A型长方砖，与内蒙古凉城县后德胜元代壁画墓[7]券墓砖的形制规格完全相同。

羊群庙墓葬出土遗物较少，但有鎏金器。其中，LYKM4A出土的鎏金铜饰花瓣图案，见于内蒙古呼和浩特市郊区辛辛板出土的元代石香炉上[8]；LYKM1出土的鎏金银杯则与内蒙古敖汉旗五十家子城址出土的银碗造型相同[9]；其内外壁上装饰的卷草纹和牡丹花卉图案，也是元代常见的花卉纹样。

由此可知，羊群庙祭祀遗址及墓葬的年代当属元代无疑，至于二者间的关系，还有待于将来进一步的深入研究。

在一、三号祭祀遗址祭台前出土的砖砌供台、白瓷弥勒佛像、罐、壶、碟及木签等；从一号遗址内供台叠压在石雕像之上、并出有清代铜钱，三号祭祀遗址小磁碟底部有"大清嘉庆年作"款识来看，当为后人为借助祭台祭祀而增设，年代不会早于清嘉庆年间。

2.与石雕像相关问题的考辨

石雕人像在我国的新疆和内蒙古北部地区等地均有过发现[10]特别是在蒙古国的东南部地区发现较多，但以往的研究者多将其笼统归为突厥遗存。近年来，前苏联学者维克托罗娃和蒙古国学者巴雅儿根据对蒙古达里甘加和温都尔汗山等地发现的石雕像的比较研究，得出了其中大部分石雕像属13、14世纪蒙古人的雕像的结论[11]。这一认识是颇有见地的。羊群庙出土的汉白玉石雕人像，在服饰、佩饰物、手中器皿及座椅等许多方面，完全通于蒙古发现的上述遗存，可见这些石雕人像也当属13～14世纪蒙古人的遗存。

据《元史·郊祀上》载："世祖中统二年（1261年），亲征北方。夏四月已亥，躬祀关于旧桓州之西北。洒马湩以为礼，皇族之外，无得而与。"羊群庙祭祀遗址即位于著名的元上都和金代桓州城（四郎城）西北约30～40千米范围之内。可知元世祖忽必烈带领皇族宗亲所做的这次祭祀活动，极有可能是在羊群庙一带进行的。法国人鲁不鲁乞于13世纪中叶曾出使蒙古，他曾写道："库蛮人在死者墓上堆成一座大冢，并为他竖立一尊雕像，面向东方，手持酒杯，酒杯的位置，在它的肚脐前面。"[12]这一记载或可说明，类似于羊群庙祭祀遗址的石雕人像，最迟在13世纪中叶就已经存在并流行于蒙古汗国范围内了。

羊群庙祭祀遗址石雕人像头部均被砸毁，建筑亦遭到严重破坏，当与元末农民战争有直接关系。史载，至正十八年（1358年），红巾军攻陷上都城，"焚宫阙，留七日"[13]。至正二十八年（1368年）八月，"上都经红贼焚掠，公私扫地，宫殿官署皆焚毁"[14]。元上都既遭此破坏，羊群庙祭祀遗址的被毁就是可想而知的了。

3.祭祀遗址反映的问题

由椭圆形石筑围墙、方形祭台、汉白玉石雕人像及附属性建筑组成的羊群庙祭祀遗址，反映了元代蒙古上层贵族祖先崇拜的思想。首先，从地理位置上，选择背西向东、地势开阔的山前地带。其次，石围墙构筑整齐，祭台叠砌考究，均为椭圆形和正方形，似乎反映了中国传统的“天圆地方”观念。第三，石雕像周围均有白灰面遗迹，四角的基石和两侧的矮墙等，说明在雕像上可能有亭阁式建筑。第四，雕刻精细入微、刻化逼真传神的汉白玉石雕人像，身穿云龙纹和牡丹花卉图案的短袖长袍，形象庄严肃穆，体现了其身分的高贵。第五，石雕像细微之处的差别，如衣饰、发式和胡须等的不同，特别是藏于正蓝旗文物管理所的有明显女性特征的同类石雕像[15]，表明每一座不同的雕像，都可能确指一个特定的人。第六，蒙古贵族上层，特别是蒙古大汉死后都要归葬肯特山祖先发祥之地。因此，在上都城附近选地树雕像以遥祭其显赫祖先，是十分可能的。总之，在元上都附近发现的规模如此浩大、并显示被祭祀者高贵身分的祭祀遗址，应是13世纪中叶至14世纪中叶，元代皇族或上层贵族为祭奠其显赫祖先而建立的祭祀场所。这一发现与研究，将为探讨蒙元时期蒙古上层贵族的思想观念和宗教信仰，开辟一条新的途径。

附记：本次发掘由魏坚主持。参加发掘工作的有陈永志、李兴盛、哈达、特木尔、张少英、韩淑清等。发掘工作得到了正蓝旗旗委、政府和文化局、公路段的大力支持，在此谨表谢意。

执笔：魏　坚　李兴盛
绘图：田　丽　郝晓菲
摄影：魏　坚　陈永志

注　释

[1]　余家栋、梅绍裘：《江西乐安发现元代窑藏瓷器》，《文物》1989年第1期。

[2]　歙县博物馆、叶涵鋆等：《歙县出土两批元瓷珍品》，《文物》1988年第5期。

[3]　刘桂山、陈锦惠、王锡民：《介绍一件元青花瓷盖罐》，《文物》1979年第8期。

[4]　磁县文化馆：《河北磁县南开河元代木船发掘》，《考古》1978年第6期。

[5]　歙县博物馆、叶涵鋆等：《歙县出土两批元瓷珍品》，《文物》1988年第5期。

[6]　新疆博物馆：《新疆伊犁地区霍城县出土的元青花瓷等文物》，《文物》1979年第8期。

[7]　内蒙古自治区文化厅文物处、乌兰察布盟文物工作站：《内蒙古凉城县后德胜元墓清理简报》，待刊。

[8]　翁善珍：《元朝佛教兴盛的物证》，中国考古学会第八次年会论文。

[9]　敖汉旗博物馆：《敖汉旗发现的元代金银器窑藏》，《内蒙古文物》1991年第1期。

[10]　李征：《阿勒泰地区石人墓调查简报》，《文物》1962年第7、8合期；郑隆：《略述内蒙古北部边疆部分地区的“石头墓”和“石板墓”》，《包头文物资料》第二辑，包头市文物管理处。

[11] [苏]Л.Л. 维克托罗娃：《蒙古石人研究》,《第五次国际蒙古学家大会苏联代表团论文集》第一集,莫斯科,1987年;[蒙古]巴雅儿：《东蒙古石人研究》,《蒙古的古代文化》,新西伯利亚,1985年。

[12] 《出使蒙古记·鲁不鲁乞东游记》,中国社会科学出版社,1983年。

[13] 《元史·顺帝纪》。

[14] 刘佶：《北巡私记》。

[15] 雕像现藏于正蓝旗文物管理所。

参考文献

一、古　籍

司马迁:《史记》,中华书局点校本。
班固:《汉书》,中华书局点校本。
范晔:《后汉书》,中华书局点校本。
陈寿:《三国志》,中华书局点校本。
魏收:《魏书》,中华书局点校本。
魏徵、颜师古等:《隋书》,中华书局点校本。
刘昫等:《旧唐书》,中华书局点校本。
脱脱等:《辽史》,中华书局点校本。
脱脱等:《金史》,中华书局点校本。
宋濂等撰:《元史》,中华书局点校本。
《永乐大典》,中华书局1986年影印本。
《明实录》,台湾中央研究院影印本。
孙世芳等:《宣府镇志》,嘉靖四十年修,万历二年补修本。
《通制条格》,黄时鉴点校,浙江古籍出版社,1986年。
郦道元:《水经注》,陈桥驿点校本,上海古籍出版社,1990年。
温大雅:《大唐创业起居注》,上海古籍出版社,1983年。
叶隆礼:《契丹国志》,贾敬颜、林荣贵点校本,上海古籍出版社,1985年。
宇文懋昭:《大金国志》,《国学基本丛书》本。
刘祁:《归潜志》,崔立印点校本,中华书局,1983年。
《圣武亲征录校本》(上、中、下),贾敬颜点校,1979年中央民族学院油印本。
《大元圣政国朝典章》(简称《元典章》),1976年台北故宫博物院影印元刊本。
赵万里辑录:《元一统志》,中华书局,1986年。
权衡:《庚申外史》,任崇岳笺证本,中州古籍出版社,1991年。
熊梦祥:《析津志》,北京图书馆《析津志辑佚》本,北京古籍出版社,1983年。
陶宗仪:《南村辍耕录》,《元明史料笔记丛刊》本,中华书局,1980年。
刘佶:《北巡私记》,《云窗丛刻》本。
金幼孜:《北征录》,《满蒙丛书》本。

彭大雅、徐霆:《黑鞑事略》,《王国维遗书》第十三册,上海古籍书店影印本。

李志常:《长春真人西游记》,《王国维遗书》第十三册,上海古籍书店影印本。

苏天爵编:《元朝名臣事略》,1962年中华书局影印元刊本。

苏天爵编:《元文类》,《四部丛刊》本。

陈元靓编:《事林广记》,中华书局1963年影印至顺建安椿庄书院刻本。

段成式:《酉阳杂俎》,中华书局,1981年。

《大元马政记》,《广仓学窘丛书》本。

《大元官制杂记》,《广仓学窘丛书》本。

《大元毡罽工物记》,《广仓学窘丛书》本。

顾祖禹:《读史方舆纪要》,中华书局,1957年刊本。

黄可润:《口北三厅志》,《满蒙丛书》本。

余寀:《塞程别纪》,《小方壶斋舆地丛钞》第二帙,杭州古籍书店。

孙嘉淦:《孙文定公奏疏》,沈云龙编《近代中国史料丛刊》第55辑,台湾文海出版有限公司。

杨士奇等编:《历代名臣奏议》,台湾商务印书馆《四库全书》本。

萧洵:《故宫遗录》,《知不足斋丛书》本。

王士点:《禁扁》,扬州书局重刊楝亭藏本。

念常:《佛祖历代通载》,《大正新修大藏经》本。

祥迈:《至元辨伪录》,《大正新修大藏经》本。

李道谦辑:《甘水仙源录》,《道藏》本。

严光大:《祈请使行程记》,《四库全书总目提要》第九卷。

孔齐:《静斋至正直记》,《粤雅堂丛书》本。

叶子奇:《草木子》,《元明史料笔记丛刊》本,中华书局,1983年。

刘一清:《钱塘遗事》,上海古籍出版社,1985年。

杨瑀:《山居新语》,《知不足斋丛书》本。

《庙学典礼》,浙江古籍出版社,1992年版。

《汉天师世家》,《道藏》本,北京文物出版社、上海书店、天津古籍出版社,1988年。

赵秉文:《闲闲老人滏水文集》,《四部丛刊》本。

元好问:《遗山先生文集》,《四部丛刊》本。

王恽:《秋涧先生大全文集》,《四部丛刊》本。

刘秉忠:《藏春集》,《北京图书馆古籍珍本丛刊》影印明刊本。

魏初:《青崖集》,《四库全书》本。

程钜夫:《雪楼集》,《四库全书》本。

赵孟頫:《松雪斋文集》,《四部丛刊》本。

虞集:《道园学古录》,《四部丛刊》本。

姚燧:《牧庵集》,《四部丛刊》本。

郝经:《郝文忠公集》,嘉庆三年重修本。

马祖常:《石田先生文集》,《元人文集珍本丛刊》本。
宋褧:《燕石集》,《北京图书馆古籍珍本丛刊》影印清抄本。
张养浩:《张文忠公文集》,元刻本。
张养浩:《归田类稿》,乾隆五十五年周氏刊本。
黄溍:《金华黄先生文集》,《四部丛刊》本。
袁桷:《清容居士集》,《四部丛刊》本。
柳贯:《柳待制文集》,《四部丛刊》本。
柳贯:《上京纪行诗》,1930 年北平故宫博物院图书馆影印明洪武刊本。
欧阳玄:《圭斋文集》,《四部丛刊》本。
许有壬:《至正集》,聊城石印本。
朱德润:《存复斋文集》,《四部丛刊续编》本。
苏天爵:《滋溪文稿》,中华书局点校本,1997 年。
贡师泰:《玩斋集》,《四库全书》本。
吴师道:《吴正传先生文集》,《元代珍本文集汇刊》影印明兰格抄本。
吴师道:《吴礼部文集》,《续金华丛书》本。
张昱:《张光弼诗集》,《四部丛刊续编》本。
胡助:《纯白斋类稿》,《金华丛书》本。
陈旅:《安雅堂集》,《元代珍本文集汇刊》景印明刻本。
迺贤:《金台集》,《诵芬室丛书》本。
马臻:《霞外诗集》,汲古阁刊《元人集十种》本。
王沂:《伊滨集》,《四库珍本丛书初集》本。
王袆:《王忠文公集》,《金华丛书》本。
道森编:《出使蒙古记? 鲁不鲁乞东游记》,中国社会科学出版社,1983 年。
周伯琦:《扈从集》,文渊阁《四库全书》,台湾商务印书馆,1983 年。
周伯琦:《近光集》,文渊阁《四库全书》,台湾商务印书馆,1986 年。
萨都剌:《雁门集》,殷孟伦、朱广祁点校,上海古籍出版社,1982 年。
宋本:《上京杂诗》,《永乐大典》卷七七〇二,1986 年中华书局影印本。
伍良臣:《上京》,《永乐大典》卷七七〇二,1986 年中华书局影印本。
郑彦昭:《上京行幸词》,《永乐大典》卷七七〇二,1986 年中华书局影印本。
程端学:《积斋集》,《四明丛书》本。
郭钰:《静思集》,文渊阁《四库全书》本,台北商务印书馆 1986 年影印。
李存:《俟庵集》,文渊阁《四库全书》本。
张仲深:《子渊诗集》,文渊阁《四库全书》本。
张翥:《蜕庵诗集》,《四部丛刊续编》本。
杨允孚:《滦京杂咏》,《知不足斋丛书》本。
危素:《危太朴集》,刘氏嘉业堂刊本。

傅习、孙存吾辑:《皇元风雅》,《四部丛刊初编》本。
顾嗣立编选:《元诗选》,中华书局 1987 年标点本。
朱有燉:《元宫词》,《借月山房汇钞》本。
朱偰:《元大都宫殿图考》,北京古籍出版社,1990 年。
张维:《陇右金石录》,1943 年甘肃省文献征集委员会校印本。
武树善:《陕西金石志》,1943 年铅印本。
沈涛:《常山贞石志》,清道光二十二年刊本。
王磐:《藁城令董文炳遗爱碑》,《嘉靖藁城县志》卷八。

二、报告、专著及图录

日本东亚考古学会编:《上都——蒙古多伦诺尔元代都城址调查》,东亚考古学会,1941 年。
黄文弼:《新疆考古的发现》,《考古》1960 年第 2 期。
李征:《阿勒泰地区石人墓调查简报》,《文物》1962 年第 7、8 合期。
内蒙古自治区文物工作队编:《内蒙古出土文物选集》,文物出版社,1963 年。
内蒙古自治区文物工作队编:《内蒙古文物资料选辑》,内蒙古人民出版社,1964 年。
内蒙古大学蒙古史研究室编:《内蒙古文物古迹简述》,内蒙古人民出版社,1977 年。
贾洲杰:《元上都调查报告》,《文物》1977 年第 5 期。
磁县文化馆:《河北磁县南开河元代木船发掘》,《考古》1978 年第 6 期。
项春松、王建国:《内蒙古昭盟赤峰三眼井元代壁画墓》,《文物》1982 年第 1 期。
项春松:《内蒙古赤峰市元宝山元代壁画墓》,《文物》1983 年第 4 期。
山东大学历史系考古专业、聊城地区文化局、茌平县图书馆,《山东省茌平县南陈庄遗址发掘简报》,《考古》1985 年 4 期。
辽宁博物馆、凌源县文化馆:《凌源富家屯元墓》,《文物》1985 年第 6 期。
平朔考古队:《陕西朔县秦汉墓发掘简报》,《文物》1987 年第 6 期。
宁夏固原博物馆:《宁夏固原唐史道德墓清理简报》,《文物》1985 年第 11 期。
敖汉旗博物馆:《敖汉旗发现的元代金银器窖藏》,《内蒙古文物考古》1991 年第 1 期。
刘保爱、张德文:《陕西宝鸡元墓》,《文物》1992 年第 2 期。
李逸友、魏坚主编:《内蒙古文物考古文集》第一辑,中国大百科全书出版社,1994 年。
魏坚主编:《内蒙古文物考古文集》第二辑,中国大百科全书出版社,1997 年。
内蒙古文化厅文物处、乌兰察布盟文物工作站:《内蒙古凉城县崞县窑子元墓》,《文物》1994 年第 10 期。
内蒙古草原地带文物干部考古培训班:《正蓝旗四郎城调查简报》,《内蒙古文物考古》1999 年第 2 期。
内蒙古文物考古研究所、吉林大学边疆考古研究中心:《元上都城东南砧子山西区墓葬发掘简报》,《文物》2001 年第 9 期。
志费尼:《世界征服者史》,何高济汉译本,内蒙古人民出版社,1980 年。
郑麟趾:《高丽史》,1957 至 1958 年朝鲜铅印本。
朱风、贾敬颜:《汉译蒙古黄金史纲》,内蒙古人民出版社,1985 年。

拉施特丁:《史集》,余大钧、周建奇汉译本,商务印书馆,1983、1985年。

道森编译:《出使蒙古记》,吕浦、周良霄汉译本,中国社会科学出版社,1983年。

《马可·波罗行纪》,冯承钧汉译本,台湾商务印书馆,2000年。

鄂多立克:《鄂多立克东游录》,何高济译本,中华书局,2002年。

阿·马·波兹德涅耶夫:《蒙古及蒙古人》,张梦玲等汉译本,内蒙古人民出版社,1983年。

陈高华:《元代画家史料》,上海人民美术出版社,1980年。

陈高华:《元大都》,北京出版社,1982年。

萧启庆:《元代史新探》,新文丰出版公司,1983年。

达仓宗巴·班觉桑布:《汉藏史集》,西藏人民出版社,1986年。

陈高华、史卫民:《元上都》,吉林教育出版社,1988年。

叶新民:《元上都研究》,内蒙古大学出版社,1998年。

魏坚:《内蒙古地区鲜卑墓葬的发现与研究》,科学出版社,2004年。

蔡美彪:《元代白话碑集录》,科学出版社1955年《北京图书馆藏中国历代石刻拓本汇编》第四八册,中州古籍出版社,1990年。

赵芳志主编:《草原文化——游牧民族的广阔舞台》,香港商务印书馆,1996年。

中国历史博物馆遥感与航空摄影考古中心、内蒙古文物考古研究所:《内蒙古东南部航空摄影考古报告》,科学出版社,2002年。

三、研究论文

姚鉴:《上都》,《留日同学会季刊》1943年第4期。

石田干之助:《关于元上都》,《日本大学创立70周年纪念论文集》第1卷,人文科学编,1960年。

劳延煊:《元朝诸帝季节性游猎生活》,《大陆杂志》第26卷第3期,1963年。

劳延煊:《金元诸帝游猎生活的行帐》,《大陆杂志》第27卷第9期,1963年。

费海玑:《元代上都人的生活》,《大陆杂志》第19卷第11期。

袁翼:《元代两京间驿路考释》,《元王恽赴上都行程考释》,《元史研究论集》,台湾商务印书馆,1974年。

野上俊静:《元上都的佛教》,《佛教史学》1950年第2期。

野上俊静:《〈元史·释老传〉研究》,京都,1978年。

刘桂山、陈锦惠、王锡民:《介绍一件元青花瓷盖罐》,《文物》1979年第8期。

新疆博物馆:《新疆伊犁地区霍城县出土的元青花瓷等文物》,《文物》1979年第8期。

郑绍宗:《考古学上所见之察罕脑儿行宫》,《历史地理》第三辑,1983年。

尹自先:《元代察罕脑儿行宫及明安驿故址辨》,《河北师院学报》1984年第4期。

杉山正明:《忽必烈与大都》,《中国近世的都市与文化》,1984年。

付乐焕:《辽代四时捺钵考五篇》,《辽史丛考》,中华书局,1984年。

陈得芝:《元察罕脑儿行宫今地考》,《元史论集》,人民出版社,1984年。

巴雅尔:《东蒙古石人研究》,《蒙古的古代文化》,新西伯利亚,1985年。

贾洲杰:《元上都》,《内蒙古大学学报》1977年,第3期。

贾洲杰:《元上都的经济与居民生活》,《蒙古史研究》,第二辑,1986 年。

李逸友:《内蒙古元代城址概说》,《内蒙古文物考古》第 4 期,1986 年。

Л.Л. 维克托罗娃:《蒙古石人研究》,《第五次国际蒙古学家大会苏联代表团论文集》第一集,莫斯科,1987 年。

歙县博物馆,叶涵鋆等:《歙县出土两批元瓷珍品》,《文物》1988 年 5 期。

余家栋、梅绍裘:《江西乐安发现元代窑藏瓷器》,《文物》1989 年 1 期。

郑隆:《略述内蒙古北部边疆部分地区的"石头墓"和"石板墓"》,《包头文物资料》第二辑,1991 年。

翁善珍:《元朝佛教兴盛的物证》,中国考古学会第八次年会论文,1991 年。

贾敬颜:《王恽〈开平纪行〉疏证稿》,《元史论丛》第五辑,1993 年。

肖瑞玲:《元上都的历史地位》,《中国蒙古史学会第三次年会论文集》,内蒙古锡林郭勒盟正蓝旗 1998 年。

王风雷:《元上都教育考》,《中国蒙古史学会第三次年会论文集》,内蒙古锡林郭勒盟正蓝旗 1998 年。

冯立升:《扎马鲁丁与元上都天文台》,《中国蒙古史学会第三次年会论文集》,内蒙古锡林郭勒盟正蓝旗 1998 年。

李逸友:《大安御阁势岧亭》,《中国蒙古史学会第三次年会论文集》,内蒙古锡林郭勒盟正蓝旗 1998 年。

杨选第:《元上都与元代地位争夺之关系》,《广播电视大学学报(哲学社会科学版)》1998 年第 2 期。

魏坚、王新宇:《元上都重要考古发现的意义》,《中国文物报》1997 年 3 月 16 日 3 版。

魏坚:《元上都及周围地区的考古发现与初步研究》,《内蒙古文物考古》1999 年第 2 期。

陆思贤:《关于元上都宫城北墙中段的阙式建筑台基》,《内蒙古文物考古》1999 年第 2 期。

张景明:《元上都与大都城址的平面布局》,《内蒙古文物考古》1999 年第 2 期。

特木尔:《金代旧桓洲城址考》,《内蒙古文物考古》1999 年第 2 期。

乌恩:《论蒙古鹿石的年代及相关问题》,《考古与文物》2003 年第 1 期。

王维坤:《丝绸之路沿线发现的死者口中含币习俗研究》,《考古学报》2003 年第 2 期。

白石典之:《窝阔台的哈剌和林》,《文物天地》2003 年第 10 期。

后 记

辽阔无垠的锡林郭勒,如诗如画的金莲川草原,宛若彩练般的闪电河和那承载着大元王朝百年兴衰的元上都古城,是我考古生涯中永恒的记忆!

望着书案上两摞厚厚的文字和图版的最后打印稿,回想在元上都考古的日日夜夜和所经历的酸甜苦辣,那些人、那些事又历历在目地浮现在了眼前,我的思绪又一次飞向了魂牵梦绕的元上都。

1992 年 7 月,锡林郭勒盟正蓝旗羊群庙发生了盗墓事件。作为内蒙古自治区人大教科文卫委员会、文化厅和公安厅组成的联合调查组的一员,我与内蒙古自治区文化厅文物处苏俊处长一行,在正蓝旗旗委副书记甘珠尔的带领下,来到了水清草美的锡林郭勒草原。那是我第一次到真正的草原深处来。当时正值盛夏时节,起伏的丘陵草原,烂漫的遍野鲜花,清澈弯曲的河流,悠闲散漫的牛羊,热情好客的基层干部和牧民,特别是元上都遗址雄浑壮美的景色和她埋藏的鲜为人知的历史真谛,实在让我留连忘返。从那时起的 16 年来,我的心再没有离开锡林郭勒草原,我的考古研究也再没有离开金莲川上的元上都。

然而,一座在中国乃至世界历史上产生过重要影响的帝国都城的考古工作,绝非是靠一个部门或几个人的力量和智慧可以完成的。因此可以说,时至今日元上都考古所取得的成就,以及即将出版的这本著作,是国家文物局、内蒙古自治区各级政府,以及内蒙古自治区文化、文物行政主管部门领导和文物考古部门的相关专业人员共同努力工作的结晶。

元上都位于蒙古高原的南缘,平均海拔高度在 1200 米以上,地处高寒地带,又兼交通不甚便利,因此,每年在此进行考古工作的有效时间往往不足 4 个月。回顾我们在元上都的考古工作,大致可以分为三个阶段。

第一阶段是准备阶段,从 1992 年至 1994 年。做了元上都遗址的调查、测绘和城区周围祭祀遗址和墓葬的调查、清理工作。1992 年羊群庙元代祭祀遗址的发掘与确认,让我们认识到了其与元上都的密切关系和元上都考古研究的重要性。其后两年的城址及其四关的测绘和小范围的调查清理,结合前人的研究成果,使我们初步了解了城址的布局和城区墓葬的分布规律,并逐渐掌握了在草原地区进行古城遗址考古的基本要领,为下一步的工作打下了基础。

第二阶段是发掘清理阶段,从1995年至2000年。首先,对元上都宫城主要建筑基址、皇城角台、外城城门、南关部分遗址和城区周围被盗墓葬进行了发掘清理,获得了大批最新的考古资料;在此基础上,又完成了对元上都遗址城区及其周围地区祭祀遗址和墓地的航空遥感勘测。其次,逐步扩大调查研究的范围,基本摸清了元上都周边正镶白旗、镶黄旗和锡林浩特市等地元代墓葬的分布情况,并清理了部分严重被盗的墓葬,获得了一批可资对比研究的珍贵资料。

第三阶段是遗址保护和资料整理阶段,从2001年至2008年初。配合元上都申报世界文化遗产的工作部署,在国家文物局、内蒙古自治区文化厅和盟旗两级政府的努力下,完成了对居住在元上都遗址内的内蒙古畜牧厅下辖五一种畜场四分场一百多户职工的搬迁,整治了周围环境,划定了元上都遗址和金莲川草原的重点保护范围,并建立了保护围栏;在调查研究的基础上,保护性清理修复了350余米皇城东墙,并部分清理和修复了皇城南门瓮城;同时,对考古调查、测绘、清理发掘和保护修复所获资料,进行了科学细致的系统整理研究,直至完成这一阶段性考古报告。

上都城在元末的战火中沦为一片废墟,而它昔日的辉煌却永远地留在了马可波罗及许多人的记述中。正如西方一位学者所言"这是一座拥抱着巨大文明的废墟"。探寻和解读这一"文明的废墟"的过程,给我留下了许多难以抹去的记忆。忘不了初夏时节金莲川醉人的花香和百灵鸟的悦耳鸣唱,蜿蜒流淌的闪电河畔的考古发掘现场,曾给了我们多少对那个远逝王朝的无尽遐想;忘不了龙岗后面茂密的原始森林的探秘和山岗之颠元代敖包的踏查,水鸟云集的小扎格斯台湖畔的畅饮,让我和同事们忘记了全身的疲惫并领略了真正的牧场风光;忘不了骄阳似火的普查途中,牧民家里端上的甘甜的奶食和清香的奶茶;忘不了秋雨连绵的蒙古包里,当夜晚的寒意袭来时品尝的手把肉和蘑菇汤;忘不了冰封雪盖的元上都明德门旁,为了申报世界文化遗产我们十冬腊月还在为规划奔忙。

我深深地怀念16年来为我排忧解难、与我同甘共苦的那些领导、同事和朋友们,由于他们始终如一的支持和帮助,才能使我初步完成这项旷日持久的工作,并交上一份可能还很难令人满意的答卷。曾记得项目启动之初,为了在元上都建立野外工作站,苏俊处长和甘珠尔副书记四处奔走,苦心谋划,终于使我们在四分厂低矮的民房苦熬三年后有了一处明亮的栖身之所,从而奠定了元上都考古工作的基础;曾记得在调查、测绘和抢救性清理的考古资料积累过程中,我的同事李兴盛、陈永志、曹建恩、王晓琨、王新宇、罗金明、张运平、胡延春和内蒙古测绘局的张秉刚工程师等,头顶烈日,忍着蚊虫叮咬,先后所付出的艰辛劳动;曾记得正蓝旗文体局满达、哈丰嘎、孟克巴特尔、乌云达来、刘学民和文物所哈达、特木尔、珊丹、董丽萍等,在元上都工作期间始终给予我们的无私关照与配合;曾记得多伦县文体局吴克林、谷建华、徐文芝、韩淑清、张少英等,为了砧子山墓地的清理发掘和元上都相关遗址的清理保护，在和我们共同辛劳之余，给予我们太多的关怀和体贴；曾记得锡林郭勒盟委宣传部、文体局季华、齐白乙拉、金鸷、吉雅和文物站斯钦巴图、德力格尔、赛佳、刘洪元、王洪江等，为了元上都及其周边地区的考古调查和保护工作排忧解难，尽心尽力；曾记得我带领的技工杨春文、王庆华、王登亮、陈爱旺、张清秀、徐小凤、邢建钧、徐刚等人，特别是驾驶员那义忠、那玮父子，十几年与我朝夕相处，苦乐相随，元上都考古使我们情深义重，每一份成就的取得，都有着他们不可磨灭的功绩。

难忘记学界前辈宿白、徐苹芳、张忠培、林沄先生亲访元上都，从城市布局到遗址保护的谆谆教诲，使我在感到肩上的担子沉重的同时，也更加坚定了完成这项工作的信心；难忘记国家文物局张文彬局长、杨志军司长以及郭旃、杨林、王军诸师友带领的国家文物局考察团对元上都考古和遗址保护工作的肯定和支持；难忘记阿宝钢、韩志刚、斯钦毕力格、李少锋、张武、查干莲花、那顺孟克、包志群、哈斯海日汗等正蓝旗几届领导强有力的支持和不懈的努力，金莲川草原多少次的迎送，蒙古包里多少次的举杯畅饮，那醉人的蒙古长调和悠扬的马头琴声时时回荡在耳边。

元上都考古和申报世界文化遗产工作的进展，引起了各级领导的高度关注。全国人大副委员长盛华仁一行和全国政协副主席张思卿一行都曾考察元上都，给与我们极大的鼓舞和关怀；内蒙古自治区领导储波、杨利民、陈朋山、任亚平和锡林郭勒盟领导刘卓志、荣天厚、邓月楼等都是几次考察元上都，并在现场办公，实地解决搬迁和保护经费等具体问题，为申报世界文化遗产扫清障碍；内蒙古自治区文化厅焦雪岱、高延青、赵芳志、刘兆和等领导除实地考察元上都外，还多次召开专门会议研究元上都的文物保护和开发利用问题。在此，让我对他们表示由衷的感谢和敬意！

元上都遗址的考古学研究及对周边地区墓葬人骨、金属器的分析鉴定，城市生态系统的环境背景考察，以及绘图、照相等资料整理方面的工作，得到了众多师友的的鼎力相助。其中，《元上都》上编中的《元上都的考古学研究》一文，是我在林沄教授指导下完成的博士论文，文章在写作过程中多次得到徐苹芳先生的悉心指导，在此，对两位先生的提携和厚爱表示深深地谢意！上编的其余 3 篇则主要是由专门的研究者完成的。吉林大学边疆考古研究中心朱泓教授几次到元上都工作现场和庙子沟工作站采集人骨标本，并指导方启和魏东等完成了人骨研究报告；北京科技大学冶金与材料史研究所李秀辉副教授完成了金属器物的分析鉴定报告；吉林大学边疆考古研究中心汤卓炜教授完成了元上都城市生态系统的环境背景研究报告。对他们卓有成效的研究一并表示感谢！下编 13 篇报告中的《正蓝旗羊群庙元代祭祀遗址及墓葬》一文曾经发表过，为保证元上都相关材料的完整性，这次在作个别订正后编入本书。其余 12 篇发掘报告是在庙子沟工作站两年多的整理工作中，由杨春文、陈爱旺、王登亮作了大量整理核对、拣选统计等准备工作，再由李兴盛据发掘记录写出初稿，郑燕负责录入，郝晓菲绘制了器物图和全部墨线图，最后由我审核定稿。这其中，李兴盛和郝晓菲为初稿的完成，几乎放弃了所有节假日。为此，让我对他们付出的辛劳和友情，表示诚挚的谢意！

我于2004年调入中国人民大学从事教学工作，工作的变动给尚未完成的报告编写带来了诸多的困难。感谢三年来中国人民大学历史学院和北方民族考古研究所提供的必要的整理条件和经费支持；感谢王晓琨、魏婧、何京、刘珊、丁利娜、卢祥亮等博士和硕士研究生在报告的后期整理阶段废寝忘食地努力工作。

最后，我要感谢我的妻子计红女士，我20多年的考古生涯，始终有她给予的关爱和理解。在我常年在外的日子里，她孝敬长辈，和睦弟妹，课教幼子，独立承担了几乎全部家务而从无怨言，而且还经常提出一些合理化的建议使我获益良多。我所取得的每一点成绩都饱含着她默默的支持。

著名书画家、内蒙古文化厅厅长高延青先生为本书题写书名。

恩师林沄先生百忙中拨冗欣然为本书作序。

英文摘要和目录由何京翻译。

华翰轩雅文化发展有限公司为出版提供经费赞助！

本书还存在诸多遗憾和不足，如对一些资料的研究不够深入，考证还显粗浅，特别是关于元代城市发展演变规律的认识，以及与蒙元时期其他都城布局的对比研究仍付阙如，只能留待以后与众位方家共同探讨了。

魏 坚

2008年2月6日除夕夜

于中国人民大学人文楼

ABSTRACT

The book "Shangdu Site of the Yuan Dynasty" contains two parts, which are "Research" and "Reports".The preface of the book is written by the famous archaeologist Lin Yun.

The "Research" includes "The Archaeological Research on Shangdu Site of the Yuan Dynasty", which is finished by the author after fifteen years' archaeological practice and study in Shangdu Site of the Yuan Dynasty, and three articles"Research on Human Bones of Yuan Dynasty from Cemeteries around Shangdu Site", "The Analysis and Research on the Metalwork from Shangdu Site and Its Surrounding", "The Research on the Environmental Background of Shangdu's City Ecosystem" are written by the author in cooperation with experts of the relevant subjects.

Based on a wide collection of descriptive materials of Shang Du Site of the Yuan Dynasty from Chinese and foreign travellers since Yuan Dynasty, through a comprehensive archaeological research on the cemeteries and ceremonial sites near Shang Du Site of the Yuan Dynasty, the article"The Archaeological Research on Shangdu Site of the Yuan Dynasty" made a relatively overall analysis of the ancient Shangdu city by adopted an archeaological mothod and combined with historical documents. According to the archaeological survey and mapping, this article pointed out that the triple city wall and the structure of main city architectures were constructed step by step in different periods, also the article suggested the name of every city gate in the light of historical documents. Based on the distribution pattern of kinds of architectural remains in Siguan, the article discussed the different function and importance in social life of Siguan. Investigated the main architectures of Shangdu city, the article considered Shangdu Site, as a summer capital of the Yuan Dynasty, developed on the basis of incorporation and coexistence. On the overall distribution, Shangdu City embodied its characteristics of incorporation between traditional Chinese city pattern and the Mongolia nomaidism. These different styles integrated each other and characterized the features of the architecture in the city. Based on the excavated evidences from nine cemeteries and one ceremonial site around the city and suburban, the article conclueded that there were two different burial types and this reflected the separately cemetery choose between the Mogul nationality and the Han nationality. The Yangqun Miao area was probably the ceremonial area of the Yuan royals. The stone statues founded in this area originated the "Lushi(deer stone) culture", which popularized in the Mongolian plateau for a long time. The four ceremonial sites excavated at Quishu Gou of this area were probably the ancestral temple of Eltemur, the influential official of the Yuan Dynasty, and the living temple of Eltemur himself.

On the basis of fully analysing the excavated materials as human bones, metalwork and the surroundings, the other three articles made an anthropologic and natural scientific conclusion on race constitution, metal smelting ingredient and the evironmental evolution around Shang–du city and its surrounding.

The "Reports" includes thirteen field archaeological reports of survey and excavation in the area of Shangdu Site and its vicinity. "The Survey on Siguan of Shangdu Site of the Yuan Dynasty", "The Pre–excavation on Nanguan Ruins in Shangdu Site of the Yuan Dynasty", "The Report of Excavation and Restoration on the Southern Gate and the Eastern Wall of the Royal Palace in Shangdu Site of the Yuan Dynasty", "The Excavation Report of the Steading Ⅰ of the Palace City in Shangdu Site of the Yuan Dynasty" are reports of archaeological survey, excavation and restoration in Shangdu city. "The Cemetery of the Western Area of Zhenzi Shan in Duolun Country", "The Cemetery of Woniu Shi in Zhenglan Banner", "The Cemetery of Yike Shu in Zhenglan Banner", "The Cemetery of Sanmian Jing in Zhengxiang Bai Banner", "The Cemetery of Yisong Obo in Zhengxiang Bai Banner", "The Cemetery of Wulan Gou in Xianghuang Banner", "The Grave of Boke Obo Shan in Xianghuang Banner", "The Grave of Beili Ke in Xilinhot City" are reports of cemeteries belonged to the Han nationality and the Mogul nationality, which excavated near the city and its surrounding. "The Sacrificial Ruins and the Grave of the Yangqun Miao area in Zhenglan Banner of the Yuan Dynasty" suggested the area of Yangqun Miao, as a sacrificial place, was of great significance for the Yuan royals.

The book "Shangdu Site of the Yuan Dynasty" is about 500,000 characters, with apendixes of 538 ink–line diagram, 335 color photographs and 20 black–and–white photographs.